금융법 강의 • 04

금융시장

이상복 저

박영사

머리말

2015년 12월부터 금융위원회 증권선물위원회 비상임위원으로 활동하면서 금융법 전체를 공부할 필요를 느꼈다. 그래서 금융법 강의를 낼 계획을 세웠다. 이런저런 고민 끝에 몇 년의 준비기간을 거쳐 금융법 강의를 내게 되었다. 아직 저자가 많이 부족한 탓에 선배 학자들의 업적을 넘어서지는 못했다. 다만 금융법 전체를 대강이나마 이해해야 금융시장에서 일어나는 현상들을 파악할 수 있다는 일념에서 다소 장황하고 방대한 감이 있더라도 출간을 서두르게 되었다. 가능한 한 쉽게 설명하고자 노력했으며, 금융에 관심 있는 사람들에게 금융의 본질을 알리는 데 중점을 두었다.

사람들은 농산물시장이나 수산물시장에서 상인으로부터 상품을 산다. 그런데 누군가는 시장을 관리한다. 마찬가지로 사람들은 금융시장에서 금융기관으로부터 금융상품을 산다. 일반시장, 일반상인, 일반상품과 달리 금융시장, 금융기관, 금융상품으로 구성된 금융산업은 금융의 공공성으로 인해 기본적으로 규제산업이다. 그래서 정부가 규제하고 감독한다. 이를 금융행정이라 할 수 있다. 금융법 강의를 전체 4권으로 구성하였다. 1권은 금융행정, 2권은 금융상품, 3권은 금융기관, 4권은 금융시장이다. 금융법 강의에서는 은행법, 자본시장법, 보험업법 등 금융업권별로 개별법 대부분을 다루었고, 또 금융산업 전체를 아우르는 대부분의 금융관련법령을 필요한 범위에서 다루었다. 개별법이 따로 움직이는 것이 아니라 상호 연결되어 영향을 주고받으며 금융행정, 금융상품, 금융기관, 금융시장이 함께 작동하는 것으로 생각되기 때문이다.

그동안 축적된 법학자들의 글을 참조하고, 때로는 경제학자와 경영학자들의 글도 참조했다. 법학 관련 글만으로 금융을 이해하는 것이 쉽지 않았기 때문이다. 경제학과 경영학자들의 글을 완전히 소화하지 못해 부족한 부분이 있을 것이다. 현재로서는 저자의 능력이 미치지 못했던 탓으로 돌리고 차후 기회가 닿는 대로 보완해 나갈 것을 다짐한다.

4권 금융시장은 다음과 같이 구성되어 있다. 제1편에서는 금융시장을 분류한 후 금융정책과 금융시장, 금융환경과 금융시장에 관하여 살펴보았다. 제2편 금융시장에서는 단기금융시장(콜시장, RP시장, CD시장, CP시장, ABSTB시장), 자본시장(주식시장, 채권시장), 외환시장, 파생상품시장을 다루었다. 제3편에서는 금융시장규제를 다루었는데, 정보공시규제로는 발행공시, 지분공시, 유통공시, 주권상장법인에 대한 특례를 살펴보았고, 불공정거래규제로는 내부자거래, 시세조종행위, 부정거래행위와 공매도, 시장질서 교란행위를 살펴보았다.

이 책을 출간하면서 감사드릴 분들이 많다. 바쁜 일정 중에도 초고를 읽고 조언과 논평을 해준 장기홍, 이민철, 이종록, 양계원, 김태영, 현태주, 김성순, 정동희 변호사에게 감사드린다. 박영사의 심성보 위원이 정성을 들여 편집해주고 제작 일정을 잡아 적시에 출간이 되도록 해주어 감사드린다. 출판계의 어려움에도 출판을 맡아 준 박영사 안종만 회장님과 안상준 대표님께 감사의 말씀을 드린다. 그리고 법률가와 학자로서의 길을 가는 동안 격려해준 아내 이은아와 딸 이가형, 아들 이지형과 함께 출간의 기쁨을 나누고 싶다.

2020년 9월

이 상 복

차 례

제1편 총 설

제1장 개 관

제2장 금융정책과 금융시장

제 2 편　금융시장

제1장　단기금융시장(자금시장)

제2장 자본시장

제3장 외환시장

제4장 파생상품시장

제 3 편　금융시장규제

제1장　서　설

제2장　발행시장 공시규제(발행공시)

제3장　기업지배권 변동과 공시규제(지분공시)

제4장 유통시장과 공시규제(유통공시)

제5장 주권상장법인에 대한 특례

제6장 내부자거래

제8장　부정거래행위와 공매도

제 1 편 /

총 설

개 관

제1절 서 설

Ⅰ. 금융시장의 의의

　　금융시장이란 가계, 기업, 정부 등 경제주체들이 금융상품을 거래하여 필요한 자금을 조달하고 여유자금을 운용하는 조직화된 장소를 말한다. 금융상품이란 현재 또는 미래의 현금흐름에 대한 법률적 청구권을 갖는 상품을 의미하는데, 주식·채권 등의 증권과 같은 기초금융상품뿐만 아니라 선물·옵션·스왑 등 파생금융상품을 포함한다. 조직화된 장소란 반드시 증권거래소와 같이 구체적인 형체를 지닌 시장(장내시장)만을 의미하는 것은 아니며, 거래가 체계적·계속적·반복적으로 이루어지는 장외시장과 같은 추상적 의미의 시장도 포함한다.

　　금융시장은 거래되는 금융상품의 성격에 따라 일반적으로 예금·대출시장, 집합투자증권(펀드)시장, 보험시장, 단기금융시장(자금시장), 자본시장, 파생상품시장, 외환시장으로 구분된다. 파생상품시장과 외환시장에서는 자금의 대차거래가 이루어지지 않지만, 자금이 운용되고 있는 점에서 금융시장의 범주에 포함시킨다.

　　단기금융시장은 통상 "만기 1년 이내의 금융상품"(단기금융상품)이 거래되는 시장으로 참가자들이 일시적인 자금수급의 불균형을 조정하는 시장이다. 콜시장, 환매조건부매매시장(RP시장), 양도성예금증서시장(CD시장), 기업어음시장(CP시장), 전자단기사채시장(ABSTB시장) 등이 이에 해당된다. 자본시장은 장기금융시장이라고도 하며 주로 일반기업·금융기관 등이 만기 1

년 이상의 장기자금을 조달하는 시장으로 주식시장과 채권시장 등이 여기에 속한다.

외환시장은 서로 다른 종류의 통화가 거래되는 시장으로 거래당사자에 따라 외국환은행 간 외환매매가 이루어지는 은행간시장과 은행과 비은행 고객 간에 외환매매가 이루어지는 대 고객시장으로 구분할 수 있다. 은행간시장은 금융기관, 외국환중개기관, 한국은행 등이 참가하 는 시장으로 외환거래가 대량으로 이루어지는 도매시장의 성격을 가지며 일반적으로 외환시장 이라 할 때는 은행간시장을 의미한다.[1]

파생상품시장은 금융상품을 보유하는 데에 따르는 금리·주가·환율의 변동위험을 회피하 기 위하여 형성된 시장으로서, 이곳에서는 단기금융시장과 자본시장 및 외환시장 거래에서 발 생하는 위험을 회피하기 위한 금리선물·통화선물·주가지수선물·옵션 등의 거래가 이루어진다.

Ⅱ. 금융시장의 기능

금융시장의 기능은 다음과 같다. ⅰ) 금융시장은 국민경제 내 자금의 공급부문과 수요부 문을 직·간접적으로 연결함으로써 원활한 생산활동을 지원하는 한편 효율적인 자원배분을 통 하여 경제주체들의 후생 증진에 기여한다.[2]

ⅱ) 금융시장은 가계에 여유자금을 운용할 수 있는 수단을 제공하고 이러한 여유자금을 생산 및 투자를 담당하는 기업 등으로 이전시킴으로써 국가경제의 생산활동을 지원한다. 또한 금융시장은 소비주체인 가계에 적절한 자산운용 및 차입기회를 제공하여 가계가 소비 시기를 선택하는 것을 가능하게 함으로써 소비자 효용을 증진시킨다.

ⅲ) 금융시장은 시장참가자들이 투자위험을 분산시킬 수 있는 환경을 제공한다. 즉 투자 자들은 금융시장에 존재하는 다양한 금융상품에 분산하여 투자하거나 파생금융상품과 같은 위 험 헤지수단을 활용함으로써 투자위험을 줄일 수 있다.

ⅳ) 금융시장은 부동산 등 실물 투자자산과 달리 현금화가 쉬운 유동성 수단을 제공한다. 일반적으로 금융상품의 가격은 유동성 수준을 반영하여 결정된다. 예를 들어 투자자는 유동성 이 떨어지는 금융상품을 매수할 경우에는 향후 현금으로 전환하는 데 따른 손실을 예상하여 일정한 보상, 즉 유동성 프리미엄을 요구하게 된다.

ⅴ) 금융시장은 금융거래에 필요한 정보를 수집하는 데 드는 비용과 시간을 줄여준다. 금 융거래 당사자가 거래상대방의 신용도, 재무상황 등에 관한 정보를 직접 파악하려 한다면 비용 과 시간이 많이 들 뿐 아니라 때로는 불가능할 수도 있다. 그런데 금융시장에서는 이러한 정보

---

1) 한국은행(2016a), 「한국의 금융시장」, 한국은행(2016. 12), 5쪽.
2) 한국은행(2016a), 2-4쪽.

들이 주가나 회사채 금리 등 여러 가격변수에 반영되므로 투자자들은 이를 통해 투자에 필요한 기본적인 정보를 손쉽게 파악할 수 있다.

vi) 금융시장은 시장규율(market discipline) 기능을 수행한다. 시장규율이란 시장참가자가 주식이나 채권 가격 등에 나타난 시장신호(market signal)를 활용하여 당해 차입자의 건전성에 대한 감시기능을 수행하는 것이다. 예를 들면 어떤 기업이 신규사업을 영위하기 위해 인수·합병 계획을 발표했는데, 그러한 계획이 당해 기업의 재무건전성을 악화시킬 것으로 평가된다면 금융시장에서 거래되는 동 기업의 주식이나 회사채 가격이 즉각 하락하게 된다. 즉 시장참가자들의 인수·합병 계획에 대한 부정적인 시각이 가격에 반영되어 그 기업의 자금조달비용이 높아져 인수·합병을 통한 무리한 사업 확장에 제동이 걸릴 수 있다.

제2절 금융시장의 구조(분류)

금융거래가 금융중개기관을 통해 이루어지느냐 여부에 따라 금융시장을 직접금융시장과 간접금융시장으로, 금융상품의 신규발행 여부에 따라 발행시장과 유통시장으로, 거래규칙의 표준화 여부에 따라 장내시장(증권거래소시장)과 장외시장으로 구분하기도 한다. 또한 금융시장을 금융거래 당사자의 거주성 및 거래 발생 장소에 따라 국내금융시장과 국제금융시장으로, 금융상품의 표시통화에 따라 원화금융시장과 외화금융시장으로 구분하기도 한다.

Ⅰ. 국내금융시장

1. 간접금융시장과 직접금융시장

(1) 간접금융시장

간접금융시장은 자금공급자와 자금수요자가 직접적인 거래의 상대방이 되지 않고 은행과 같은 중개기관이 거래당사자로 개입하여 자금의 중개기능을 하는 금융시장이다. 간접금융시장에서는 은행과 투자신탁회사와 같은 금융중개기관이 예금증서나 수익증권과 같은 간접증권(indirect or secondary security)을 발행하여 조달한 자금으로 자금의 최종 수요자가 발행하는 직접증권을 매입하여 자금을 공급하는 방법으로 금융이 이루어진다. 간접금융시장에는 다음과 같은 시장이 있다. 예금·대출시장은 금융중개기관(대표적인 것으로 은행이 있다)을 통해 예금상품 및 대출상품이 거래되는 시장이다. 집합투자증권(펀드)시장은 펀드상품이 거래되는 시장이고, 신탁시장은 신탁상품이 거래되는 시장이며, 보험시장은 보험상품이 거래되는 시장이다.

(2) 직접금융시장

직접금융시장에서는 자금공급자와 자금수요자가 직접 거래의 상대방이 된다. 직접금융시장에는 ⅰ) 단기금융시장(자금시장), ⅱ) 자본시장(주식시장, 채권시장), ⅲ) 외환시장, ⅳ) 파생금융상품시장 등이 있다.

직접금융시장 가운데 가장 중요한 자본시장에서 거래되는 대표적인 금융상품은 주식과 채권(債券)이다. 주식은 주식회사가 발행하지만 채권은 주식회사가 발행하는 회사채 이외에도 국가, 지방자치단체, 공기업 등이 발행하는 국채, 지방채, 공채도 있다. 자본시장법에서는 주식은 지분증권에 속하고 채권은 채무증권에 속한다. 전통적인 회사채 이외에 파생상품적 요소가 가미된 파생결합사채도 일정한 요건을 갖추면 채무증권에 속한다. 회사채에 특수한 조건을 붙인 경우로는 만기가 없는 영구채(perpetual bond), 채권의 순위가 일반 채권자보다 후순위인 후순위채(subordinated bond), 원리금 감면 또는 주식전환 조건을 특별히 정한 조건부자본증권 등을 들 수 있다. 파생상품시장에서는 파생상품이 거래된다.[3]

2. 발행시장과 유통시장

(1) 발행시장

자본시장(증권시장)은 발행시장과 유통시장으로 구분되며, 두 시장은 상호보완 관계에 있다. 발행시장은 증권이 발행인 또는 보유자로부터 최초의 투자자에게 매도되는 시장으로서 자금의 수요자인 발행주체가 증권을 새로 발행하거나 특정인(예: 대주주)이 보유하고 있는 증권을 투자자에게 매각함으로써 증권시장에 새로운 증권을 공급하고 자금을 조달하는 추상적인 시장이다. 새로운 증권이 최초로 출현하는 시장이라는 점에서 1차 시장(Primary Market)이라고도 한다. 이에 반해 유통시장(2차 시장: Secondary Market)은 이미 발행되어 있는 증권을 투자자 상호간에 매매하는 구체적·현실적인 시장을 말한다. 즉 발행시장은 발행인과 투자자 사이에 이루어지는 종적 시장, 장소적 개념이 없는 추상적 시장인데 반해, 유통시장은 투자자 사이에 이루어지는 횡적 시장, 장소적 개념을 전제로 하는 구체적인 시장이다.

발행시장은 증권의 발행인이 자금을 조달하는 시장이다. 발행시장은 원칙적으로 증권거래소와는 아무런 관련이 없다. 발행인은 증권을 직접 투자자들에게 매각하는 것이 아니라, 인수인(underwriter)이라는 중개기관을 통해서 매각한다. 여기서 인수인과 투자자 사이의 매매는 증권거래소 밖에서 이루어진다. 따라서 상장되어 있는 증권의 경우에만 공모발행이 가능한 것은 아니다. 물론 주식이 이미 증권거래소에 상장되어 있다면 신규로 발행하는 주식의 가격은 거래소의 시세에 따라 결정될 것이다. 그러나 그 경우에도 발행되는 주식은 증권거래소를 통하지

---

3) 박준·한민(2019), 「금융거래와 법」, 박영사(2019. 8), 15쪽.

않고 인수인으로부터 투자자에게 직접 넘어간다. 거래규모면에서 발행시장은 유통시상에 비하여 훨씬 왜소하다.[4]

(2) 유통시장

유통시장은 이미 발행된 증권이 투자자와 투자자 사이에서 거래되는 시장을 말한다. 따라서 유통시장은 회사 등이 새로운 자금을 조달할 수 있는 시장은 아니지만, 투자의 유동성을 제공함으로써 회사 등의 자금조달에 간접적으로 이바지한다. 투자자가 자신의 투자를 다시 쉽게 회수할 수 있는 유통시장이 없다면, 투자자들은 당초에 발행시장에 들어가는 것을 주저할지도 모른다. 이러한 의미에서 원활한 유통시장의 존재는 발행시장의 발달에 필수적인 조건이다.[5] 발행시장에서 증권의 발행이 완료되면 발행된 증권은 유통시장에서 다수의 투자자들 사이에 매매가 이루어지게 된다.

3. 장내시장과 장외시장

(1) 장내시장

"금융투자상품시장"이란 증권 또는 장내파생상품의 매매를 하는 시장을 말한다(자본시장법 8의2①, 이하 "법"). 금융투자상품거래는 그 거래가 이루어지는 장소에 따라 장내거래와 장외거래로 구분한다. 그리고 장내거래시장의 개설 주체는 거래소와 다자간매매체결회사이고, 거래소가 개설하는 금융투자상품시장을 "거래소시장"이라고 한다(법8의2③). 거래소시장을 장내시장이라고 한다. 거래소시장은 거래대상 상품에 따라 증권의 매매를 위한 증권시장과 장내파생상품의 매매를 위한 파생상품시장으로 구분한다(법8의2④).

"다자간매매체결회사(ATS)"란 "다자간매매체결업무"를 하는 투자매매업자 또는 투자중개업자를 말하는데, "다자간매매체결업무"란 정보통신망이나 전자정보처리장치를 이용하여 동시에 다수의 자를 거래상대방 또는 각 당사자로 하여 다음의 어느 하나에 해당하는 매매가격의 결정방법으로 증권시장에 상장된 주권, 그 밖에 대통령령으로 정하는 증권("매매체결대상상품")[6]의 매매 또는 그 중개·주선이나 대리 업무를 하는 투자매매업자 또는 투자중개업자를 말한다(법8의2⑤). 2019년 12월 말 현재 대체거래소라 불리는 다자간매매체결회사(ATS) 인가 신청은 없는 상태이다.

---

4) 이상복(2012), 「기업공시」, 박영사(2012. 6), 31-32쪽.
5) 김건식·송옥렬(2001), 「미국의 증권규제」, 홍문사(2001. 7), 37쪽.
6) "대통령령으로 정하는 증권"이란 다음의 어느 하나에 해당하는 것을 말한다(자본시장법 시행령7의3①, 이하 "영").
　1. 주권과 관련된 증권예탁증권으로서 증권시장에 상장된 것
　2. 그 밖에 공정한 가격형성 및 거래의 효율성 등을 고려하여 총리령으로 정하는 증권

1. 경쟁매매의 방법(매매체결대상상품의 거래량이 대통령령으로 정하는 기준을 넘지 아니하는 경우[7]로 한정)
2. 매매체결대상상품이 상장증권인 경우 해당 거래소가 개설하는 증권시장에서 형성된 매매가격을 이용하는 방법
3. 그 밖에 공정한 매매가격형성과 매매체결의 안정성 및 효율성 등을 확보할 수 있는 방법으로서 대통령령으로 정하는 방법[8]

(2) 장외시장

장외시장이란 거래소시장 및 다자간매매체결회사 이외의 시장을 말한다(금융투자업규정5-1조(1)). 자본시장법은 장외거래를 거래소시장 및 다자간매매체결회사 외에서 증권이나 장외파생상품을 매매하는 경우(영177)로 규정하고 있는데, 이러한 장외거래가 이루어지는 시장이 장외시장이다. 본래 증권의 거래는 수많은 증권보유자가 다양한 필요에 의해 다양한 방식으로 이루어지므로 정형화된 거래소시장만으로는 그 수요를 만족시키기 어렵고 이러한 필요에 의해 장외시장의 존재는 불가피하다.

Ⅱ. 국제금융시장

1. 국제금융시장의 의의와 기능

(1) 국제금융시장의 의의

국내거주자들 사이에 소요자금의 조달과 보유자금의 운용이 이루어지는 것을 국내금융이라고 한다면, 이와 같은 자금의 조달 및 운용이 비거주자를 상대로 국경을 넘어 이루어지는 경우를 국제금융이라고 한다. 국제금융에서 "국제"란 국가 사이란 의미도 있지만, 국제금융거래의 주체는 한쪽이 반드시 비거주자이기 때문에 거주자와 비거주자 간 또는 비거주자 간이라는 의미도 갖는다. 국제금융시장이란 이러한 국제금융이 이루어지는 장소로, 국가 간에 장단기자

---

7) "대통령령으로 정하는 기준을 넘지 아니하는 경우"란 다음의 요건을 모두 충족하는 경우를 말한다(영7의3②)
  1. 매월의 말일을 기준으로 법 제4조 제2항에 따른 증권의 구분별로 과거 6개월간 해당 다자간매매 체결회사의 경쟁매매의 방법을 통한 매매체결대상상품(법 제8조의2 제5항 각 호 외의 부분에 따른 매매체결대상상품)의 평균거래량(매매가 체결된 매매체결대상상품의 총수량을 매매가 이루어진 일수로 나눈 것)이 같은 기간 중 증권시장에서의 매매체결대상상품의 평균거래량의 15% 이하일 것
  2. 매월의 말일을 기준으로 과거 6개월간 해당 다자간매매체결회사의 경쟁매매의 방법을 통한 종목별 매매체결대상상품의 평균거래량이 같은 기간 중 증권시장에서의 그 종목별 매매체결대상상품의 평균거래량의 30% 이하일 것
8) "대통령령으로 정하는 방법"이란 매매체결대상상품의 종목별로 매도자와 매수자 간의 호가가 일치하는 경우 그 가격으로 매매거래를 체결하는 방법을 말한다(영7의3③).

금의 거래가 지속적으로 이루어지면서 자금의 수급이 국제적 차원에서 효율적으로 연계되는 장소 또는 거래 메커니즘을 총칭하는 개념이다.

전통적으로 국제금융시장은 국내 거주자 간에 자금의 대차가 이루어지는 국내금융시장과 대칭되는 개념으로 이용되어 왔다. 또한 구체적 장소의 개념으로서 국제금융시장은 런던, 뉴욕 등 주요 국제금융 중심지나 이 지역에서 운영되고 있는 증권거래소, 선물옵션거래소 등을 의미한다. 그러나 오늘날에는 각국의 금융시장이나 외환시장에서 규제가 크게 완화 또는 철폐되고 정보통신기술이 급속히 발전하면서 금융시장의 세계적 통합화 현상이 가속화됨에 따라 국제금융시장은 거주성이나 장소적 구분을 초월하여 각국의 금융시장이나 유로시장 그리고 외환시장을 포괄하는 총체적인 거래 메커니즘으로 이해되고 있다.[9]

(2) 국제금융시장의 기능

(가) 순기능

일반적으로 자유무역이 세계자원의 효율적 배분과 이용을 촉진하듯이 효율적이고 완전한 국제금융시장은 세계금융자산의 최적배분을 촉진하게 한다. 한 국가의 재무상태에 따라 국가 전체적인 재무환경이 좋지 않을 때는 국제금융시장을 통하여 자금을 차입할 수 있고, 반대로 재무환경이 좋은 시기에는 동 시장을 통하여 자금을 대여할 수 있다. 기업 입장에서는 이용 가능한 자금이 증대되어 궁극적으로 자본비용을 절감할 수 있게 된다. 미시적으로 국제금융시장은 자금수급자 모두에게 보다 높은 유동성과 수익성 그리고 안정성을 제공한다. 거시적으로도 시장의 경쟁시스템에 따라 금융자산의 효율적 배분은 결국 각국의 실물자산의 생산성을 높이고 세계무역의 확대나 직접투자의 증대를 가져오게 함으로써 세계경제의 지속적 발전에 기여하게 된다.

국제금융시장은 세계적 차원에서 자금을 효율적으로 배분시켜 자본의 생산성을 제고하고, 무역 및 투자를 확대하며, 국제유동성을 조절함으로써 세계 경제발전을 촉진하고 있다. 자본을 수입함으로써 국내투자와 성장을 촉진시킬 수 있게 된다. 국제금융시장이 발달하는 경우에는 금융기관 간 상호경쟁을 촉진하여 더욱 효율적인 금융시스템을 가져오게 만들고, 기업공개비용을 낮추는 효과도 가져올 수 있다.[10]

(나) 역기능

오늘날 국제금융의 특징 중의 하나는 금융의 세계화가 진행되면서 금융기관 간 치열한 경쟁이 이루어지고 있다는 점이다. 이 과정에서 금융기관들은 고수익·고위험 자산에 투자를 증

---

9) 김희준(2011), "국제금융시장을 통한 회사자금조달의 법적 문제점과 해결방안: 회사법·자본시장법·세법을 중심으로", 고려대학교 대학원 박사학위논문(2011. 12), 7-8쪽.

10) 김희준(2011), 20쪽.

가시켜 경영면에서 불안정성이 높아졌다. 한 금융기관의 도산이 다른 금융기관으로 즉시 확산되는 시스템리스크로 인해 국제금융제도의 불안정성이 크게 높아졌다. 리스크의 확산은 금융기관 간의 문제에 그치지 아니하고, 국제금융시장의 발전으로 한 국가의 금융위기가 인접국을 넘어 세계경제 전체를 충격에 빠트릴 수 있기 때문에 규제의 신중과 국가 간 공조체제의 유지가 필요하다.[11]

2. 국제금융시장의 성격과 법적 측면

(1) 국제금융시장의 성격

국제금융시장은 전통적으로 금융기관들이 참여하는 대규모 도매시장이라고 할 수 있지만, 점차 국제금융거래에 참여하는 일반투자자들이 증가하고 있다. 국제금융시장을 규율하는 국제법이 별도로 존재하는 것은 아니고 국제금융거래에 관여한 당사자·통화·장소를 관할하는 국가의 금융관련법령이 적용된다.[12]

(2) 국제금융시장 발전의 법적 측면

국제금융시장은 1960년대 유로시장이 발생하면서 성장하고 경제활동의 국제화와 더불어 계속 발전하고 있다. 국제금융시장의 발전 요인과 관련하여 법적인 면에서 관심을 둘 사항은 금융거래 하부구조의 강화[예: 결제 및 예탁을 담당하는 유로클리어(Euroclear-1968년)와 세델(Cedel-1971년)의 설립], 금융계약의 표준화[예: 1985년 설립된 ISDA(International Swaps and Derivatives Association)의 파생상품거래 계약서의 표준화] 및 금융기관 규제에 관한 협력의 증진[예: 1974년 Herstatt Bank 위기를 계기로 설립된 바젤은행감독위원회(BCBS)의 은행감독기준 설정, 글로벌 금융위기 이후 2009년 설립된 금융안정위원회(FSB)의 활동] 등을 들 수 있다.[13]

---

11) 김희준(2011), 21쪽.
12) 박준·한민(2019), 18쪽.
13) 박준·한민(2019), 18쪽.

금융정책과 금융시장

제1절 금융안정과 금융시장

I. 금융안정의 개념과 위협요소

1. 금융안정의 개념

금융안정은 금융시스템 및 실물경제 전반의 원활한 작동을 보장하는 윤활유 역할을 수행한다. 금융안정은 통화안정과 같이 명확하게 정의할 수 없다. 통화안정은 물가안정과 같은 뜻이며, 개별 경제주체들의 의사결정에 직접 영향을 미칠 수 있기 때문에 구체적인 목표를 설정할 수 있다. 그러나 금융안정은 경제적 변수가 아니기 때문에 물가안정과 같이 구체적으로 목표를 설정하는 것이 어렵다.[1]

2008년 글로벌 금융위기를 극복하는 과정에서 금융안정이 중요한 화두로 떠올랐음에도, 금융안정을 정확하게 정의할 수 없기 때문에 금융위기를 교훈 삼아 금융안정을 제고하는 데 더 어려움이 있다. 예를 들어 미국의 도드-프랭크법(Dodd-Frank Wall Street Reform and Consumer Protection Act)은 금융안정을 목적으로 제정되었음에도 금융안정에 대한 정의규정을 포함하지 못하였다.

여기서는 금융안정을 금융기관의 안정, 금융시장의 안정, 금융인프라의 안정으로 정의한

---

1) 이성복(2013), "금융안정과 금융감독: 이론적 해석", 금융안정연구 제14권 제1호(2013, 6), 5-6쪽.

다. 따라서 금융안정은 금융시스템 전반의 리스크인 시스템리스크로 측정할 수 있다고 보아야
한다. 금융시스템은 크게 금융기관, 금융시장, 금융인프라로 구분하여 이해할 수 있다. 금융기
관은 자금의 공급자와 수요자를 위해 예금 등으로 자금을 조달하고 대출 등으로 자금을 공급
하는 간접 자금중개기능을 제공한다. 금융시장은 단기금융시장과 자본시장을 통해 직접 자금
중개기능을 제공한다. 금융인프라는 원활한 자금의 흐름을 제공하는 지급결제시스템, 중앙은행
의 최종대부자 역할, 예금보험제도, 금융부실정리제도 등으로 이루어진다. 이런 측면에서 금융
시스템은 금융소비자가 안정적으로 금융·경제 활동에 최소한의 비용으로 참여할 수 있도록 돕
는 기능적·제도적 장치라고 볼 수 있다.

금융안정은 금융소비자의 의사결정이 왜곡되거나 쏠리지 않도록 지도하고, 효율적 자원배
분을 유도하여 실물경제 성장을 돕는 질서체계와 같다. 금융기관과 금융시장은 직·간접금융으
로 가계와 기업의 자금수요를 충족시키고, 효율적인 자원배분을 통해 실물경제 성장에 기여한
다. 금융기관은 위험자산 보유 등을 통해 초과수익을 실현하는 방식으로 자금을 조달한다. 가
계와 기업은 여유자금을 저축하고 부족자금을 대출받아 원활한 소비를 유지하거나 투자에 사
용한다. 이렇게 금융시스템과 실물경제를 연결해 주는 채널이 레버리지와 만기변환이다. 레버
리지는 자산을 얼마나 부채로 조달했는가, 만기변환은 단기부채가 얼마나 장기자산에 투자되
었는가를 의미한다.

그러나 금융기관의 레버리지와 만기변환이 최적의 수준보다 과도하게 되면, 개별 금융기관
의 건전성뿐만 아니라 금융시스템 전반의 유동성 위기와 부실전염으로 발전할 수 있고 실물경제
가 외부충격에 취약하게 될 수 있다. 금융기관 또는 금융자산 간의 상호연계성 정도에 따라 금융
시스템 전반으로 위험전이가 확대될 수 있다. 경기호황기에는 신용팽창하고 경기불황기에는 신
용위축되는 금융의 경기순응성으로 실물경제 파급효과도 증폭될 수 있다. 이러한 이유로 금융
안정을 직접 목표로 할 수 있는 금융정책을 설계할 필요가 있다. 그러나 금융안정을 정의하기 어
렵기 때문에 금융안정을 직접 목표로 하기보다는 금융안정에 위협이 되는 요소를 구체적으로
인식하고 이를 사전적으로 예방하는 금융정책체계를 세워나가는 것이 보다 현실적일 수 있다.

2. 금융안정의 위협요소

금융안정은 금융시스템 및 실물경제 전반의 원활한 작동을 보장하는 윤활유로 비유될 수
있다. 왜냐하면 금융안정이 위협받으면 금융시스템이 원활하게 작동하지 않고 실물경제도 심
각하게 침체될 수 있기 때문이다. 이렇게 금융안정을 위협할 수 있는 요소는 크게 세 가지로
제시된다.[2]

---

2) 이성복(2013), 2쪽.

ⅰ) 금융회사의 과도한 도덕적 해이이다. 특히 시스템적으로 중요한 금융회사일수록 과도한 위험행위 추구를 통해 금융안정을 위협할 수 있다. 절대 망하지 않을 것이라는 금융시장의 암묵적 신뢰를 악용할 수 있고, 이를 바탕으로 상대적으로 높은 반사적 이익을 누리면서 과도한 위험행위를 추구할 수 있기 때문이다.

ⅱ) 금융회사 또는 금융자산 간 상호연계성이다. 금융회사 간의 익스포져는 개별 금융회사의 부실의 전이경로가 되고 유동성 악순환의 연결고리가 된다. 또한 특정 금융자산에 대한 쏠림은 금융시스템이 자산가격 하락에 취약해지는 원인으로 작용한다. 2003년 3월 카드사 및 투신사 유동성 사태는 카드채에 의한 금융회사 간 상호연계성으로 금융불안정이 어떻게 금융시스템 전반으로 확산되었는지를 보여주는 사례이다.

ⅲ) 경기호황기에는 신용팽창, 경기불황기에는 신용위축이 증폭되는 금융의 경기순응성이다. 경기호황기에는 낙관적인 경기전망, 자산가격의 상승, 리스크 과소평가 등으로 개별 금융회사들이 경쟁적으로 외형확장을 추구하다, 경기불황기로 접어들면 동시다발적으로 신용위축이 발생하여 실물경제의 침체를 악화시키기 때문이다.

Ⅱ. 금융안정과 금융시장의 중요성

과거에는 금융안정과 관련하여 금융기관의 경영안정 또는 금융시장의 가격변수 안정 등과 같은 미시건전성 측면이 강조되었으나 글로벌 금융위기 이후에는 금융시스템 전체의 관점에서 시스템리스크를 체계적으로 관리·제어하는 거시건전성이 중시되고 있다. 시스템리스크란 금융서비스의 제공 과정에서 광범위한 혼란을 발생시켜 경제 전반에 심각한 악영향을 미칠 수 있는 리스크를 말하며 금융의 상호연계성과 경기순응성에 의한 리스크로 구분된다. 특히 시스템리스크가 금융시장을 통해 누적되고 현재화된다는 점 등을 고려할 때 금융시장은 금융안정, 나아가 거시경제 전체의 안정에 매우 중요하다.[3]

ⅰ) 금융시장은 대내외 충격이 금융시스템 및 경제 전반으로 파급되는 전달 경로가 된다. 동일한 충격이라도 금융시장의 충격흡수능력 또는 자생적 복원력 정도에 따라 금융시스템에 대한 영향이 달라질 수 있으므로 이러한 충격흡수능력이나 자생적 복원력은 금융시장의 심도(depth of financial market)에 의해 크게 좌우된다. 금융시장의 심도가 높을수록 금융시장의 충격흡수능력이 제고되어 충격에 대한 시장의 변동성과 2차·3차 충격에 따른 시스템리스크로의 확산 가능성도 줄어들 수 있기 때문이다. 따라서 금융안정을 위해서는 금융시장 규모 확대, 시장참가자들의 저변 확대, 금융시장의 중층화 등을 통해 금융시장의 심도를 높여나갈 필요가 있다.

---

3) 한국은행(2016a), 11–12쪽.

ii) 금융-실물 간 연계가 강화됨에 따라 금융시장의 안정적인 역할이 강조되고 있다. 금융활동이 실물경기의 진폭을 확대하고 실물부문이 다시 금융부문에 영향을 주는 과정에서 금융시장의 변동성이 증폭되고 실물부문에 대한 충격이 확산될 수 있기 때문이다. 따라서 선제적인 거시건전성정책을 통해 금융시장의 안정을 도모하는 것은 금융안정뿐만 아니라 거시경제의 안정적 성장을 위해서도 매우 중요하다.

iii) 금융시장은 금융·경제 상황에 대한 정보를 신속히 제공한다. 기초경제여건의 변화, 불확실성 등이 금융시장의 가격변수와 거래량에 즉시 반영되기 때문이다. 금융시장이 효율적으로 기능한다면 경제주체들이 여러 가지 불안요인을 조기에 인식하고 이에 대응함으로써 금융불안이 현실화되는 것을 사전에 차단할 수 있다. 이러한 차원에서 정책당국도 금융시장의 가격변수와 거래량에 반영된 정보를 보다 정확하고 신속하게 분석할 수 있는 능력을 제고하기 위해 노력해야 한다.

이처럼 금융시장이 전반적인 금융안정 측면에서 중요한 위치를 차지하고 있기 때문에 우리나라를 포함한 여러 국가에서 금융시장에 대한 모니터링 및 분석을 강화하고 있다. 각국에서 금융안정성을 평가하는 데 활용하고 있는 금융안정지도에 금융시장 상황을 중요한 구성요소로 포함하고 있다.

Ⅲ. 금융안정과 금융시장의 발전

금융시장의 발전은 금융시스템의 안정에 양면적인 영향을 미친다. 금융혁신에 따른 새로운 금융상품 및 거래기법 개발, 장외파생상품 성장 등은 시장참가자들의 자금조달 및 운용의 효율성 제고에 기여하지만 다른 한편으로 금융불안의 원인을 제공하며 이를 확산시키는 통로로 작용하기도 한다. 2008년 미국에서 시작된 글로벌 금융위기가 대표적인 사례이다. 금융위기가 발생하기 이전까지는 대출상품(모기지론)이 자산유동화증권뿐만 아니라 신종 금융상품인 신용파생상품과 직·간접적으로 연계되어 빠르게 늘어났으며 이로 인해 금융시장의 자금중개기능도 크게 향상된 것으로 인식되었다. 그러나 이와 같은 금융상품 간의 연계 심화로 인해 대출상품의 부실이 자산유동화증권 및 신용파생상품의 부실화로 이어지면서 금융위기가 발생하였다. 우리나라의 경우에도 글로벌 금융위기 직후 부동산PF 대출 부실화가 동 대출을 기초자산으로 하여 발행된 PF ABCP 등의 자산유동화증권으로 전이되면서 PF대출 시장뿐만 아니라 자산유동화시장으로 불안이 확산된 경험이 있다.[4]

금융시장의 발전과 금융안정이 병존하기 위해서는 금융하부구조[5]를 효율적으로 구축·운

---

4) 한국은행(2016a), 12-13쪽.

영하는 동시에 금융기법 발전으로 인해 야기되는 새로운 위험을 관리할 수 있는 시스템을 갖추어야 한다. 신용 및 거래정보 공시 강화 등 금융거래에 대한 적절한 감독과 규제는 시장의 투명성을 제고할 뿐만 아니라 과도한 쏠림현상이나 레버리지 확대 등과 같은 위험요인이 누적되지 않도록 예방하는 데에도 기여한다.

국제적으로도 금융혁신으로 금융상품과 금융거래 기법 등이 획기적으로 변화하였음에도 불구하고 이에 걸맞게 금융하부구조가 충분히 개선·정비되지 못한 점이 금융위기를 초래한 원인으로 인식되고 있다. 글로벌 금융위기 이후 금융안정위원회(FSB) 등을 중심으로 논의되고 있는 금융규제 개혁도 금융하부구조의 개선을 통한 위험관리 노력의 일환으로 이해될 수 있다. 이러한 목적하에 추진되고 있는 글로벌 금융규제는 은행에 대한 자본 및 유동성 규제(바젤Ⅲ), 시스템적으로 중요한 금융기관(SIFI)에 대한 규제, 그림자은행(shadow banking) 규제 및 장외파생상품시장 개혁 등을 주요 내용으로 하고 있다.

제2절 금융정책과 금융시장

금융정책은 금융시장에서 구체적으로 시현된다. 금융행정기관은 시장규율에 맞추어 규제수준과 감독방식을 설정하고, 시장규율은 금융정책으로 환원되어 반영되는 관계로 금융행정기관은 항상 금융시장을 관찰(monitoring)한다.[6]

Ⅰ. 통화정책과 금융시장

1. 통화정책과 금융시장의 연계성

통화정책은 독점적 발권력을 지닌 중앙은행이 통화량이나 금리에 영향을 미쳐 물가안정, 금융안정 등 최종목표를 달성함으로써 경제가 지속가능한 성장을 이룰 수 있도록 하는 정책을 말한다. 중앙은행은 통화정책의 최종목표와 밀접한 관계가 있는 통화량, 환율, 물가상승률 등과 같은 지표를 선택하여 목표수준을 결정한 다음, 이를 달성할 수 있도록 통화정책을 수행한다. 하지만 이런 지표들은 일반적으로 중앙은행이 직접적으로 제어하기 어렵다. 따라서 중앙은행은 다른 변수의 영향을 받지 않고 직접적으로 그 수준을 통제할 수 있는 지표인 단기시장금

---

5) 금융하부구조(financial infrastructure)란 시장참가자들이 금융거래를 수행하는 데 필요한 모든 규칙이나 제도, 감독, 공적 금융안전망, 결제시스템 등을 총칭한다.

6) 정찬형·최동준·김용재(2009), 「로스쿨 금융법」, 박영사(2009. 9), 31쪽.

리나 지급준비금 등을 운용목표를 활용한다. 중앙은행은 운용목표의 적정 수준을 설정하고 공개시장 조작, 지급준비제도, 여수신제도 등의 정책수단을 활용하여 이를 유지함으로써 궁극적으로 최종목표를 달성하고자 노력한다.[7]

금융시장은 중앙은행의 통화정책이 파급되는 통로가 된다. 중앙은행이 단기금융시장에서 콜금리 등 운용목표를 직접적으로 제어·조정하며 그에 따른 영향이 자본시장 등 금융시장 전반으로 파급되어 소비·투자 등 실물경제로 이어지기 때문이다. 이러한 통화정책의 파급경로가 원활하게 작동하기 위해서는 금융거래가 활발히 이루어지면서 금융시장의 기능이 효율적으로 작동하여야 한다.

중앙은행과 금융시장 간 커뮤니케이션도 통화정책이 효과적으로 파급되는 데 매우 중요하다. 금융시장 참가자들은 금융거래시 통화정책을 주요 요소로 고려하며 금리와 같은 금융시장 가격변수에는 미래의 통화정책에 대한 기대가 반영되어 있다. 따라서 중앙은행과 시장 간 커뮤니케이션이 원활하지 못할 경우 시장의 기대와 통화정책 방향 간 괴리로 금융시장의 변동성이 확대되고 통화정책의 유효성이 저하될 수 있다. 이와 같이 금융시장은 통화정책의 중요한 파급경로로서 시장참가자를 비롯한 경제주체들에게 정책 내용과 방향을 효과적으로 전달하는 등 중앙은행의 정책수행에 매우 중요한 의미를 가진다.

2. 통화정책 운영체계

우리나라의 통화정책 운영체계는 기준금리 조정 등을 통해 정부와의 협의하에 설정된 물가안정목표를 달성하는 물가안정목표제이다. 한국은행은 다양한 정보변수를 활용하여 장래의 인플레이션을 예측하고 실제 물가상승률이 목표치에 수렴할 수 있도록 통화정책을 운영하고 있다. 그러나 글로벌 금융위기 이후 금융안정 없이는 경제의 지속적이고 안정적인 성장이 어렵다는 공감대가 확산됨에 따라 한국은행은 금융안정에도 유의하는 가운데 경제성장을 지원하는 방향으로 통화정책을 수행하고 있다.[8]

한국은행은 국내외 금융·경제 여건을 종합적으로 고려하여 정책금리인 한국은행 기준금리를 결정하며 공개시장 조작, 지급준비제도, 여수신제도 등과 같은 통화정책 수단들을 이용하여 콜금리가 기준금리 수준에서 크게 벗어나지 않도록 관리한다. 이를 위한 시중 유동성 조절은 주로 일상적인 공개시장 조작을 통해 지급준비금 예치의무가 있는 은행들의 지준규모를 변경하는 방식으로 이루어진다.

한국은행은 통화정책 수단으로 공개시장 조작을 주로 활용하고 있다. 이는 공개시장 조작

---

7) 한국은행(2016a), 8-9쪽.
8) 한국은행(2016a), 9-10쪽.

이 단기금융시장이나 채권시장과 같은 공개시장에서 금융기관을 상대로 시장친화적으로 이루어져 시장왜곡이 적은 정책수단인 데다 시기 및 규모도 비교적 신축적으로 조정할 수 있어 정책효과가 뛰어나기 때문이다. 기조적인 유동성 흡수를 위해서는 장기물 통화안정증권 발행 또는 증권 단순매각을, 일시적인 유동성 조절을 위해서는 RP매매, 통화안정계정 또는 단기물 통화안정증권 발행·환매를 주로 활용한다. 그 이후에도 유동성 과부족이 해소되지 않을 경우 금융기관들은 한국은행의 대기성여수신제도인 자금조정대출 및 예금을 활용한다. 우리나라에서는 경상수지흑자 지속으로 국외부문에서 기조적인 초과유동성이 발생함에 따라 주로 유동성을 흡수하는 방향으로 공개시장 조작을 실시하고 있다.

Ⅱ. 재정정책과 금융시장

적절한 재정 및 경제구조 정책(fiscal and structural policy)은 금융불안의 발생가능성을 낮추는 데 매우 중요하다. 이는 시스템리스크가 대내외 거시경제 불균형과 경제구조의 비효율성에 의해서도 축적될 수 있기 때문이다. 예를 들어 만성적인 경상수지적자로 해외자본이 지속적으로 유입되고 이로 인해 국내에서 신용팽창이 발생하는 경우 거시건전성정책을 통해 대외자본 유출입을 통제하는 것만으로는 시스템리스크를 완화하는 데 한계가 있다. 이 경우 지속적인 경상수지적자를 초래하는 근본적인 원인을 해소하는 경제구조정책이 병행된다면 더욱 효과적으로 리스크를 관리할 수 있을 것이다. 한편 재정부문의 건전성은 대외부채의 안전성을 유지하고 국가부도위험(sovereign risk)에 따른 금융시장의 혼란을 방지하는 데 필수적이다. 거시건전성정책 담당자는 거시경제의 잠재 리스크와 불균형이 시스템리스크에 미치는 영향을 모니터링하고 관련 정보를 재정 및 경제구조 정책 관련 기관에 제공함으로써 적절한 조치가 이루어지는 데 도움을 줄 수 있다.[9]

조세정책이 시스템리스크를 유발하는 편의(bias)의 원인으로 작용할 경우 거시건전성 정책 기관이 금융안정의 목적을 달성하는 데 어려움을 겪을 수 있다. 법인세제도는 일반적으로 기업들로 하여금 자기자본보다 부채로 자금을 조달하는 유인을 제공한다. 수익에서 차감되는 지급이자는 세금을 경감시키는 반면 배당금은 절세효과가 없기 때문에 발생하는 부채편의(debt bias) 때문이다. 주택관련 세제도 부채편의를 유발할 수 있다. 대부분의 국가들의 소득세제가 주택담보대출에 대해 세제혜택을 주는 반면 주택소유자의 귀속임대료를 인정하지 않고 있다. 이는 가계가 투자나 소비 목적으로 주택담보대출을 적극적으로 이용하도록 하는 경제적 동기를 제공한다.

---

9) 한국은행(2015), 「한국의 거시건전성정책」, 한국은행(2015. 5), 139-140쪽.

한편 조세정책이 시스템리스크에 대한 직접적인 대응수단으로 활용될 수도 있다. 대표적인 예가 IMF가 제안한 바 있는 금융안정분담금(FSC, Financial Stability Contribution)이다. 이 제도는 금융기관들의 지나친 레버리지 확대와 시장성자금 조달을 억제하는 한편 신뢰성 있고 효과적인 정리절차를 위한 재원을 마련하는 데 의의가 있다. 또 다른 예는 자산시장에 대한 조세정책이다. 예를 들어 세금부담을 부동산가격의 급등기에 늘리는 반면 부동산가격의 급락이 예상될 때는 낮춤으로써 부동산시장의 경기순응성을 완화할 수 있다. 홍콩, 싱가포르 등의 국가들은 외국자본의 부동산투자 증가에 따른 가격 급등에 대해 취득세 인상으로 대응한 바 있다. 다만 이와 같은 경기대응적(countercyclical) 조세정책은 관련 법령의 제·개정에서 실제 시행이 이루어지기까지 일정 시일이 소요되기 때문에 정책의 적시성이 낮을 수 있다.

제3절 글로벌 금융환경과 금융시장

Ⅰ. 주요국의 정책변화와 중국경제의 부상

2008년 글로벌 금융위기 이후 미국을 비롯한 주요국에서는 금융안정을 유지하는 가운데 실물경제의 성장세 확대를 위해 보다 적극적인 금융완화 및 재정확대 정책을 추진하였다. 그럼에도 불구하고 세계경제가 위기 이전의 성장경로로 복귀하지 못함에 따라 저성장 지속에 대한 우려가 이어지고 있다. 이러한 경제상황에 대응하여 주요국들은 정책금리를 제로 수준으로 인하한 데 이어 양적완화정책을 시행하였으며, 최근에는 유럽중앙은행(ECB) 등을 비롯한 덴마크, 스웨덴, 스위스, 일본 등 일부 중앙은행들의 경우 마이너스금리를 도입하였다. 마이너스금리가 실질금리 하락을 통해 소비와 투자를 증대시킬 뿐만 아니라 통화가치 하락을 초래하여 수출을 증대시키는 효과 등[10]이 기대되기 때문이다.[11]

양적완화 확대, 마이너스 정책금리 도입 등 주요국의 비전통적 통화정책 대응과 이 과정에서 크게 늘어난 글로벌 유동성은 주요국의 국채금리가 마이너스를 나타내는 데 주된 요인으로 작용하였다. 또한 장기간 지속된 저금리와 풍부한 유동성은 시장참가자들로 하여금 주식이나 신흥시장국 자산처럼 수익률은 높지만 상대적으로 변동성도 큰 상품에 대한 투자를 지속적으로 확대하는 유인으로 작용하였다.

하지만 투자자의 위험선호 경향이 지나치게 높아질 경우 국제금융시장의 변동성이 작은

---

10) 통화가치 하락을 통해 수입물가 상승을 초래하여 인플레이션 상승 요인으로도 작용할 수 있다.
11) 한국은행(2016a), 14-17쪽.

충격에도 급격한 쏠림과 같은 과도한 반응을 보이면서 크게 확대될 수 있다는 우려도 제기되고 있다. 실제 일부 시장참가자들은 2013년 5월 테이퍼탠트럼(Taper tantrum)[12]과 2015년 5월 분트탠트럼(Bund tantrum)[13] 등의 사례를 들면서 미국 연준의 정책금리 인상 관련 불확실성, 마이너스 시장금리의 되돌림 등이 채권금리가 급등하거나 신흥시장국 내 외국인 증권투자자금의 유출입 변동성이 확대되는 요인으로 작용할 수 있음을 지적하고 있다.

한편 금융위기 이후 주요 선진국 경기가 미약한 회복세를 보이고 있는 가운데서도 중국경제는 양호한 성장세를 이어감에 따라 국제금융시장에 대한 중국 금융 및 외환 시장의 영향력이 이전에 비해 크게 확대되고 있다. 특히 2016년 초에는 중국 금융·경제의 경착륙이 우려되는 가운데 자본유출이 확대되고 위안화가 큰 폭 절하되자 중국뿐만 아니라 주요 선진국 및 신흥시장국의 주가가 급락하고 환율과 국채금리가 급변동하는 등 국제금융시장 가격변수의 변동성이 크게 확대된 바 있다. 이와 같이 중국의 실물경제와 금융시장 상황은 신흥시장국뿐만 아니라 글로벌 경제 향방에 영향을 미칠 수 있는 중요한 변수로 자리잡고 있다.[14]

이러한 주요국들의 정책환경 변화와 중국경제의 부상 등 글로벌 금융·경제의 환경 변화는 앞으로도 상당기간 국내금융시장의 불확실성을 높이는 요인으로 작용할 것으로 예상된다.

ⅰ) 트럼프 행정부의 경제정책 관련 불확실성[15] 등으로 인플레이션 기대심리가 높아지는 가운데 금융시장에서는 연준의 통화정책 정상화 속도가 당초 예상보다 빨라질 것이라는 기대까지 대두되고 있어 국내 장기시장금리의 상방압력을 증대시키는 요인으로 작용할 것으로 보인다. 글로벌 금융위기 이후 국내외 금융시장 간 연계성 심화로 국내 채권금리변동에 대한 국제금융시장 상황 변화, 주요국 경기여건 등 대외적 요인의 영향력이 이전에 비해 크게 확대되었기 때문이다.[16] 특히 국내외 금융시장 간 연계가 높아진 상황에서 미국을 비롯한 주요국의 통화정책 기조가 전환될 경우 그간 크게 늘어났던 글로벌 유동성의 되돌림 현상이 강화되면서 국제금융시장뿐만 아니라 국내금융시장의 변동성도 크게 확대될 가능성에 유의할 필요가 있다.

---

12) 2013년 5월 미 연준의 Bernanke 의장이 양적완화 축소 등 통화정책 정상화 가능성을 언급한 이후 국채금리가 급등하고 외국인 증권투자자금이 신흥시장국으로부터 급격히 유출된 사례를 말하며 긴축발작이라고도 번역된다.

13) 2015년 5월 스왑시장 불안에서 촉발된 독일 국채(Bund)의 수익률 급등 사례를 말한다.

14) 미국 연준도 중국경제와 금융시장의 불안을 언급하면서 중국경제 부진이 잠재적으로 미국 경제성장의 저해요인이 될 수 있음을 우려하고 있다.

15) 2016년 11월 미국 대선 결과 트럼프(Trump)가 당선됨에 따라 트럼프 행정부의 감세, 재정지출 확대 등 경제정책에 대한 불확실성으로 국내외 시장금리의 변동성이 확대되었다.

16) 2014년 이후 2016년 10월까지의 국내 장기시장금리 하락세는 저성장과 저물가라는 대내적 요인에 더해 주요국의 미약한 경기 회복세, 마이너스 국채금리 등 저금리 심화에 따른 국내 채권의 상대적인 금리메리트 부각 등에도 상당 부분 기인한 측면이 있다.

ⅱ) 그간의 주요국의 완화적 통화정책 지속 등의 영향으로 투자자의 수익률 추구 경향이 강화되면서 외국인 투자자금이 상당 규모로 유입됨에 따라 향후 국제금융시장의 급격한 변화 시 국내금융시장의 자본유출입 변동성이 확대될 가능성이 높아졌다고 할 수 있다. 실제 2015년 하반기 중 자원수출국을 중심으로 일부 신흥국 경제의 취약성이 크게 부각되었을 때 우리나라의 양호한 기초경제여건 등에도 불구하고 취약 신흥국의 자본유출 발생에 따른 부정적 효과와 불안심리가 국내금융시장으로 전이되면서 외국인의 국내 증권투자자금이 상당 규모 유출된 바 있다.

ⅲ) 우리나라에 대한 중국경제의 영향력이 높아진 상황에서 중국의 금융·경제 불안은 중국을 포함한 외국인 투자자들의 주식 및 채권투자 축소와 같은 포트폴리오 경로뿐만 아니라 중국에 대한 수출 위축 등에 따른 수출기업의 주가하락, 원화가치 하락 등과 같은 간접적인 경로를 통해서도 국내금융시장에 부정적인 영향을 미칠 수 있다.

현재로서는 우리 경제의 기초여건이 상대적으로 양호[17]한 점을 감안하면 국제 금융환경 변화에 따른 국내금융시장에 대한 부정적 영향이 여타 신흥시장국에 비해 제한적일 것으로 기대된다. 하지만 예기치 못한 국제금융시장의 환경 변화나 단기간내 대외리스크 증대시에는 금융시장 가격변수의 변동성이 커지고 시장의 쏠림현상이 발생하면서 우리 금융시장의 안정성이 저해될 가능성에 유의할 필요가 있다.

Ⅱ. 국내외 금융시장 간 연계성 심화

규제 완화, IT기술의 발달 및 이에 따른 글로벌 자금이동의 급속한 증가 등으로 전 세계 국제금융시장이 상호 밀접하게 연계되어 움직이고 있다. 우리나라 금융시장도 1997년 외환위기 이후 해외 금융시장과의 연계성이 크게 높아졌다. 이는 자본이동 자유화 심화, 정보통신기술의 발달 등으로 외국자본의 국내 유입이 큰 폭으로 확대되고, 글로벌 시장정보가 국내금융시장으로 빠르게 파급된 데에 주로 기인한다.[18]

먼저 국내에 유입된 외국인 증권투자자금 규모[19](잔액기준)를 보면 2000년말 803억 달러로 명목GDP의 14.3%에 불과하였으나 2015년말에는 5,519억 달러로 명목GDP의 40.1%에 이르고 있다. 이에 따라 국내 자본시장에서 외국인 투자자의 역할이 크게 확대되었다. 이는 주식시장에서 외국인이 차지하는 비중(거래금액기준)이 2000년 중 9.2%에서 2016년 상반기에 26.1%로

---

17) S&P는 2016년 8월 8일 우리나라 국가신용등급을 중국(AA-)과 일본(A+)보다 높고 영국과 뉴질랜드와 동일하게 "AA"(사상 최고수준)로 상향조정하였다.
18) 한국은행(2016a), 17-21쪽.
19) 국제투자대조표의 외국인 증권투자 잔액기준이다

대폭 상승한 데에서 잘 나타나고 있다.[20] 채권시장의 경우에도 외국인의 비중이 현물시장[21]에서는 높지 않으나 국채선물시장에서는 2001년 2.9%에서 2016년 상반기에 31.8%로 큰 폭 상승하였다. 이러한 외국자본의 유입 증가는 글로벌 유동성 증가, 투자다변화 진전 등 해외요인(push factor)과 우리나라의 자본자유화 확대, 양호한 투자여건 등 국내요인(pull factor)이 복합적으로 작용한 결과로 분석된다. 한편 외국자본 유입 증가로 국내 외환시장도 일평균 거래규모가 2000년 32억 달러에서 2016년 상반기에 240억 달러로 성장하였고 국내 주가·금리와 환율 간의 연계성[22]도 커졌다.

국내금융시장에서 글로벌 투자자의 역할이 커지면서 국제금융시장의 정보가 국내에 빠르게 파급됨에 따라 국내외 금융시장 가격변수 간 동조성도 강화된 것으로 판단된다. 우리나라와 미국 금융시장 가격변수 간 상관관계[23]를 보면 주가의 경우 외환위기 이후 크게 높아졌으며 국채수익률도 글로벌 금융위기 이후 크게 상승하였다.[24]

한편 파생상품시장의 급성장도 외국자본 유입을 촉진하여 국내외 금융시장의 연계성을 높이는 요인으로 작용하였다. 우리나라의 교역규모가 늘어나고 현·선물시장에서 외국인투자가 확대되면서 외환관련 파생상품거래 규모(일평균 기준)도 2002년 중 4.8조원에서 2016년 상반기중 45.0조원으로 급성장하였다. 이와 같이 국내 외환관련 파생상품시장 성장은 외국인의 투자에 필요한 헤지 수요를 충족시키고 국내 증권투자와 차익거래 활동을 촉진함으로써 국내 원화-외화시장 간 연계거래를 확대시키는 요인으로 작용하였다.

국내외 금융시장 간의 연계성 심화는 국내외 정보에 대한 가격변수의 반응 속도를 높여 금융시장의 효율성을 제고할 뿐만 아니라 중장기적으로 금융제도의 발전과 거시정책의 규율개선 등을 통해 경제발전에 기여하는 등 순기능이 크다. 그러나 자본유출입과 금융시장 가격변수의 변동성이 높아지면서 금융시스템이 취약해지고 나아가 거시경제의 불확실성이 증대되는 등 부작용이 수반되기도 한다.[25] 국내외 금융시장의 연계성 심화에 따른 문제점으로 다음과 같은

---

20) 외국인의 주식 보유비중은 1998년 21.9%에서 2001년 36.6%로 큰 폭 상승하였으며 2016년 6월말 기준으로 는 32.7%를 나타내고 있다.

21) 채권거래에서 외국인의 비중은 2016년 상반기중 1.6%에 불과하고 외국인의 채권보유비중도 2016년 6월말 현재 5.6% 정도이다.

22) 예를 들어 주식의 경우 외국인의 매수시 주가상승 및 환율하락 요인으로 작용한다. 채권의 경우에는 투자 자금의 성격에 따라 영향의 차이가 있다. 즉 외국인이 스왑시장과 연계된 금리재정거래 목적으로 채권을 매수할 경우 금리하락 요인으로 작용하나 환율에 미치는 영향은 크지 않다. 반면 환차익을 겨냥하고 환헤 지 없이 유입되는 경우는 외국인의 채권매수가 금리하락뿐만 아니라 환율하락 압력으로 작용한다.

23) 주가 및 국채수익률의 변동폭을 이용하여 추정하였다.

24) 다만 2013년 이후에는 미국 주가가 풍부한 유동성을 바탕으로 사상 최고치를 경신하며 상승한 반면 국내 주가는 기업실적 부진 등으로 약세를 보이면서 한·미 주가 간 상관성이 다소 약화되었다.

25) 예를 들어 자본유입기에는 신용팽창, 자산가격 급등, 외화신용위험 등의 금융안정 리스크가 발생하고 인플 레이션, 경기과열, 통화가치 급등, 통화정책 파급경로 약화 등으로 인해 거시경제의 불확실성이 높아진다.

점 등을 들 수 있다.

ⅰ) 외국인 투자자본의 유출입이 금융불안 요인이 될 수 있다. 우리나라에서는 1990년대 이후 경기확장기에 자본순유입 규모가 상대적으로 커지고, 이는 다시 경기확장을 심화시키는 등 외자유출입의 경기순응적 특징이 뚜렷하게 나타났다. 이러한 외국인 투자자본의 유출입 행태는 금융시장 참가자의 군집행태(herd behavior) 및 금융기관의 경기순응적 대출행태와 함께 시스템리스크를 야기하여 금융안정을 저해할 수 있다.

ⅱ) 외국인 투자자금 유출입이 투자대상국의 경제상황보다 글로벌 금융·경제 여건 변화에 더 민감하게 반응할 경우 투자대상국 내에서는 금융부문과 실물부문과의 연관성이 저하되는 실물·금융부문 간 괴리현상이 심화될 수 있다. 실제로 우리나라를 포함한 상당수 아시아 신흥시장국들에서는 주가·금리 등 금융변수가 각국의 실물경제 여건과 무관하게 글로벌 금융 변화에 영향받는 경우가 많이 관찰되고 있다. 이러한 실물·금융부문 간 부조화 현상은 자산가격의 변동성 확대, 자원배분의 효율성 저하 등 금융·경제의 안정성을 저해하는 요인으로 작용할 수 있다.26)

ⅲ) 국내외 금융시장 간 연계성이 심화되면 거시경제의 운영이 어려워지는 상황이 발생할 수 있다. 자본이동이 자유로운 개방경제에서는 "Impossible trinity"에 따라 통화정책의 자율성과 환율안정을 동시에 달성하기가 어렵기 때문이다. 변동환율제 아래서는 외국인 채권투자가 급증할 경우 통화절상 기대에 기인한 자금유입이 가세함으로써 장기시장금리의 하락압력이 커질 수 있다. 또한 채권시장에서 단기금리가 자국 내 거시경제 여건에 영향을 받는 반면 장기금리는 글로벌 시장과의 동조화 현상으로 인해 해외 요인의 영향을 받으면서 장·단기시장 간 분할(market segmentation) 현상이 나타날 수 있다. 이 경우 단기금리에서 장기금리로의 금리정책 파급경로가 훼손될 수 있으므로 통화정책의 효과가 제약될 수도 있다.

결론적으로 소규모 개방경제인 우리나라로서는 외국인 투자자본 유입의 편익을 극대화하기 위해서는 시장의 효율적인 자원배분기능을 저해하지 않으면서도 자본유출입의 급변동 위험을 적절히 제어하는 대응체계를 구축하는 것이 중요하다. 이와 관련하여 우리나라는 글로벌 금융위기 이후 국제자본이동의 변동성으로 인한 충격을 완화하기 위해 금융기관에 대한 선물환포지션한도(2010년 10월), 외환건전성부담금제도(2011년 8월) 등 외환부문 거시건전성정책27)을 도입하였으며 국내 금융부문의 경기순응성을 완화하도록 규제체계를 개선하는 등 다양한 조치를 취하였다.

---

26) 예를 들어 유입된 자본이 해외충격에 의해 급격히 유출될 경우 신흥시장국은 기초여건이 건실한 경우에도 외환시장의 안정을 유지할 수 없다.

27) 선물환포지션한도제도는 조선·중공업체의 과도한 선물환 매도(은행은 선물환 매입)로 인한 단기외채 증가를 방지하기 위해, 외환건전성부담금제도는 금융기관의 과도한 외화부채 증가를 억제하기 위해 각각 도입하였다.

금융시장

단기금융시장(자금시장)

제1절 서 설

Ⅰ. 의의

단기금융시장은 경제주체들이 단기적인 자금과부족을 조절하기 위해 보통 만기 1년 이내의 단기금융상품을 거래하는 시장으로 자금시장이라고도 한다. 단기금융시장은 단기금융상품이 발행되는 발행시장과 이들 상품이 거래되는 유통시장으로 구분된다. 유통시장에는 특정한 장소를 중심으로 매매거래를 하는 거래소거래 방식과 딜러들이 여러 장소에서 전화 등을 이용하여 매매거래를 하는 장외거래 방식이 있다. 단기금융상품은 주식이나 일반채권과는 달리 정형화된 거래소가 존재하는 경우가 드물며, 주로 전화나 전자적 플랫폼(electronic platform)을 통하여 장외시장 거래가 이루어지고 거래빈도도 상대적으로 높지 않다. 거래단위가 주로 10억 원 이상의 큰 규모로 형성되기 때문에 개인의 참여는 제한적이며 은행, 증권회사, 보험회사 등의 금융기관이 주된 시장참가자인 딜러간 시장(inter-dealer market)이다. 콜시장 등 일부 단기금융시장의 경우 유통시장이 전혀 없거나 거의 일어나지 않을 수 있어 모든 단기금융상품에 대해 항상 유통시장이 형성되는 것은 아니다.

단기금융시장은 만기가 짧고 유동성이 높은 증권이 거래되는 시장으로 금융기관이나 일반기업이 단기성 자금을 조달하거나 운용하는 금융시장의 중요한 구성요소이다. 단기금융시장에서는 증권의 발행 및 거래단위가 관행적으로 매우 크게 형성되고, 발행일로부터 1년 이하의 만기를 가지는데 대개의 경우 만기가 120일 이내이다. 만기가 짧고 시장참여 주체가 주로 기관투자자, 대형 금융기관 및 대기업이기 때문에 일반적으로 부도위험이 상대적으로 낮다. 이러한 특성으로 인해 단기금융상품은 현금에 준하는 금융상품으로 간주되는 경향이 있다. 유동성이 높다는 것은 쉽게 현금화가 가능하다는 의미이다.[1]

단기금융시장에는 정부를 포함한 모든 경제주체들이 참가하고 있다. 일반은행은 양도성예금증서 발행, 콜머니(콜차입, call money), 환매조건부매도 등을 통해 자금을 조달하고 일시적으로 남는 자금은 콜론(콜대여, call loan), 환매조건부매수 등으로 운용한다. 증권회사, 자산운용회사 등은 주로 환매조건부매매시장 등을 통해 부족자금을 조달하거나 여유자금을 운용하며, 기업은 기업어음이나 전자단기사채를 발행하여 단기 부족자금을 조달하고 여유자금은 환매조건부매수, 양도성예금증서 매입 등으로 운용한다. 한편 한국은행은 환매조건부매도(매수) 등을 통해 시중의 유동성을 환수(공급)하는 등 통화정책을 수행하기 위하여 단기금융시장에 참가한다. 이 밖에 가계도 일시적인 여유자금을 운용하기 위하여 단기금융시장에 참가하고 있다.

Ⅱ. 특징

금융시장에서의 충격이 단기금융시장에서부터 전파된다는 측면에서 단기금융시장은 금융시스템의 안정성 제고에 핵심적인 요소 가운데 하나이다. 단기금융시장이 금융시스템의 안정성 및 효율성 제고에 중요한 이유 가운데 하나는 자본시장에서와는 달리 단기금융시장에서는 시장참가자의 자금조달 및 운용이 지속적으로 이루어진다는 것이다. 즉 자본시장에서의 충격에 비해 단기금융시장에서의 충격은 시장참가자에게 즉각적인 영향을 미치게 된다.[2] 금융위기가 발생하는 경우 각 참가자에 대한 영향은 자본시장보다 크게 나타날 수 있다. 이는 시장참가자의 신용위험 변화와 관련이 있다.[3]

금융위기가 발생하면 일부 시장참가자의 신용위험이 급격히 확대되는 경우가 빈번하며, 이는 곧바로 신용경색으로 연결된다. 즉 거래상대방의 신용위험의 불확실성이 급격히 확대됨에 따라 거래상대방을 불문하고 자금공급을 기피하는 현상이 나타나면서 신용경색이 발생하게 된다. 이에 따라 단기금융시장에서 자금을 조달하지 못하는 시장참가자는 심각한 유동성위험

---

[1] 황세운·김준석·손삼호(2013), "국내 단기금융시장 금리지표의 개선에 관한 연구", 재무관리연구 제30권 제3호(2013. 9), 232쪽.

[2] 물론 단기금융시장과 자본시장은 명확히 구분되지 않으며 서로 유기적으로 연계되어 있으므로 두 시장에서의 충격을 분리하는 것은 사실상 불가능하다. 그러나 단기금융시장에서의 문제는 일상적인 재무활동에 영향을 미친다는 점에서 자본시장에서의 문제보다 더 심각하다고 할 수 있다.

[3] 박동민·이항용(2011), "전자단기사채제도 도입을 통한 기업어음시장 개선에 관한 연구", 한국증권학회지 제40권 1호(2011. 2), 110쪽.

에 직면하게 되며, 신용경색이 지속되는 환경에서 유동성위험은 빈번히 파산위험으로 확대된다. 특히 단기금융시장은 기업이 투자목적상 부정기적으로 간혹 자금을 조달하는 자본시장과는 달리 참가자들이 일상적으로 자금을 조달하는 시장이라는 측면에서 단기금융시장의 경색은 경제에 즉각적인 영향을 미친다.

단기금융시장은 일반대중에 대한 노출 정도가 낮은 시장이지만, 전체 금융시장 및 국가 경제에 미치는 영향력은 결코 무시할 수 없다.[4]

Ⅲ. 기능

단기금융시장은 단기차입 수단, 통화정책 수단, 유동성 조절 수단, 단기금리지표의 산출 등의 기능을 수행한다.

ⅰ) 경제주체들은 단기금융시장에서 단기자금을 조달·운용함으로써 단기자금 과부족을 효율적으로 해결하고 있는데, 이는 경제주체들이 금융자산을 보유함으로써 가지게 되는 유동성위험을 관리할 수 있게 해주며, 유휴자금에 대해서도 자금운용을 하게 해주어 금리손실을 어느 정도 만회할 수 있게 해준다.

ⅱ) 단기금융시장은 한국은행의 통화정책 수단이 되는 시장이며, 그에 따른 정책효과가 시작되는 역할을 하고 있다. 단기금융시장은 중앙은행의 통화신용정책의 파급경로 역할을 한다. 따라서 단기금융시장의 발달은 금융시스템의 효율성 제고에 중요하다. 일반적으로 중앙은행은 상업은행의 지준거래시장의 금리를 정책목표로 삼아 이를 조정함으로써 통화정책을 수행한다. 단기금융시장은 중앙은행에 의한 통화정책의 변경 효과가 가장 우선적으로 나타나는 통로이다. 중앙은행의 기준금리 결정에 직접적인 영향을 받으며, 이로부터 순차적으로 자본시장 및 전체 금융시장으로 금리변경의 영향이 퍼져나가게 된다. 그 과정에서 전반적인 이자율 기간구조가 형성됨은 당연한 결과이다. 우리나라의 경우 중앙은행인 한국은행은 콜금리 조정을 통해 단기금융시장의 금리를 변화시키고 나아가 장기금융상품의 금리, 통화량, 환율 등 금융시장과 거시경제 지표에 영향을 미친다. 이러한 면에서 단기금융시장에서 특히 콜시장은 중앙은행의 통화정책의 효과가 전파되는 시발점이라 할 수 있다.[5]

ⅲ) 단기금융시장은 기업이나 금융기관의 유동성 관리에 중요한 수단을 제공한다. 일시적인 여유자금을 가진 기업이나 금융기관은 단기금융시장을 통하여 대규모의 자금운용을 하게 된다. 최근 기업경영에 있어서 다른 목적을 위하여 집행될 일시적인 여유자금이라도 현금이나

---

4) 황세운·김준석·손삼호(2013), 232쪽.
5) 박동민·이항용(2011), 110-111쪽.

매우 낮은 이자율을 지급하는 은행예금에 비해 다소 높은 수익률을 제공하는 단기금융상품의 형태로 보유하려는 유동자산이나 순운전자본 관리의 경향이 관찰된다. 단기금융시장이 유동성의 기회비용을 줄이는 효과적인 수단이 되기 때문이다. 일시적인 자금을 필요로 하는 기업이나 금융기관도 단기금융시장을 통하여 자금수요를 유리한 비용으로 해결할 수 있다. 일시적인 자금부족을 상대적으로 간편한 절차와 적절한 금리비용을 가진 단기금융시장에서 해결할 수 있기 때문이다. 물론 일시적인 자금의 운용이나 조달은 은행을 통해서도 가능하다. 사실 은행이 가진 중요한 기능 중의 하나가 바로 단기자금의 수신과 여신에 있음은 주지의 사실이다. 은행은 예금자 또는 차입자와 오랜 기간에 걸친 자금거래 관계를 유지하는 경향이 강해서 고객들에 관한 정보수집에 있어서는 단기금융시장에 비해 우수한 면이 있다. 금융시장의 중요 이슈 중의 하나인 정보비대칭의 문제에 있어서 좀 더 유리한 위치를 점하고 있는 것이다. 그러나 유통시장을 통한 위험의 분산과 규제비용 측면에서는 단기금융시장이 은행에 비해서 우위를 가진다. 단기금융시장은 기본적으로 1년 이내의 만기를 가진 상품들이 거래된다는 점에서 자본시장과는 구별되지만, 만기 이외의 측면에서는 자본시장과 유사한 특성을 가지며 수많은 기관이 시장에 참여하고 있기 때문에 위험의 분산기능에 있어서 은행시스템에 비하여 상대적으로 우수한 편이다. 규제측면에 있어서도 단기금융시장에서 거래되는 상품들은 지준적립이나 여신규제 등으로부터의 제한이 적어 조달과 운용 양쪽에서 다양한 전략의 구사가 가능하다는 장점이 있다.[6)]

　　ⅳ) 단기금융시장의 중요한 기능 중의 하나는 단기금리지표의 산출이다. 단기금리지표는 국내 가계와 기업의 대출에서 높은 비중을 차지하고 있는 변동금리부 대출의 준거금리로 사용된다. 또한 파생상품시장에서도 중요한 역할을 하는데, 국내 장외파생상품시장에서 가장 거래가 활발한 종목 중의 하나인 이자율스왑(IRS) 시장에서도 단기금리지표가 중요한 가격지표로 사용된다. 대출시장과 파생상품시장의 중요 가격변수로 작용하는 단기금리지표의 변화는 가계와 기업의 의사결정에 일정 부분 영향을 미친다. 이는 결국 소비와 기업 경영활동의 패턴에 변화를 주고 자원배분의 양상을 바꾸게 된다.[7)]

Ⅳ. 종류

　　단기금융시장에서 거래되는 상품의 종류는 크게 콜(call), 환매조건부채권(RP 또는 Repo), 양도성예금증서(CD), 기업어음(CP), 전자단기사채(ABSTB) 등으로 구분할 수 있다. 경우에 따라

---

6) 황세운·김준석·손삼호(2013), 232-233쪽.
7) 황세운·김준석·손삼호(2013), 233쪽.

표지어음(cover bill)[8]이나 통화안정증권[9]을 단기금융상품으로 분류하기도 하지만, 표지어음은 전체 단기금융시장에서 차지하는 비중이 미미하고, 통화안정증권은 2년물 중심의 시장으로 자리잡아감에 따라 단기금융시장의 논의에서는 일반적으로 제외하는 경향이 있다.[10]

언론에서 단기금융상품에 관한 기사가 보도될 때 CMA[11]나 MMF[12]와 같은 상품들이 언급되기도 한다. CMA나 MMF의 경우 엄밀한 의미에서 단기금융상품으로 보기 어려우며, 오히려 여기서 설명하고 있는 단기금융상품들을 담아서 운용하는 증권사 계좌이거나 운용기구로 보아야 하므로 단기금융상품 논의에서 제외한다. 동일한 이유에서 MMDA,[13] MMT[14] 등의 은행계정, 신탁도 논의에서 제외한다.

단기금융시장에서 거래되는 단기금융상품은 듀레이션[15]이 짧아 가격변동위험이 낮으며

---

8) 표지어음이란 금융기관이 할인하여 보유하고 있는 상업어음, 무역어음, 팩토링어음 등을 분할 또는 통합하여 새로이 발행한 약속어음으로 일반적으로 만기 1년 이내인 원어음의 남은 만기를 기초로 하여 발행되고 있어 단기금융상품으로 분류된다.

9) 통화안정증권의 발행만기는 최단 14일에서 최장 2년이다. 따라서 통화안정증권시장은 단기금융시장과 자본시장의 성격을 모두 가지고 있다고 볼 수 있다.

10) 황세운·김준석·손삼호(2013), 233-234쪽.

11) CMA(Cash Management Account: 자산관리계좌)는 본래 어음관리계좌로 부르는 상품으로 일반고객을 위하여 종합금융회사와 증권회사가 다수의 고객으로부터 자금을 조달하여 이 자금을 주로 기업어음 및 통화조절용 국공채 등 단기금융상품에 직접 투자하여 운용한 후 그 수익을 예탁기간에 따라 투자자에게 차등 지급하는 단기상품으로 현재 종합금융회사와 증권회사에서 취급하고 있다. 가입대상과 예탁금액에는 제한이 없으며 수시입출금이 허용되면서도 실세금리 수준의 수익을 올릴 수 있는 장점을 가지고 있다.

12) MMF(Money Market Fund)는 자본시장법 제229조 제5호에 따른 단기금융집합투자기구를 말한다. MMF는 복수의 투자자들로부터 모은 자금의 전부를 채권, 기업어음(CP), 예금, 양도성예금증서(CD), 환매조건부매수(RP매수), 콜론 등 단기금융상품에 투자하는 집합투자기구(펀드)이다. MMF는 콜, RP, CD, CP 및 전자단기사채시장 등 단기금융시장에서 주요 자금공급주체로서의 역할을 수행하고 있다. 이로 인해 MMF의 수신규모와 투자방식의 변화는 단기금리에 큰 영향을 미치게 된다. MMF의 운영구조를 보면 펀드판매는 은행, 증권사 등 판매회사가, 펀드자금의 운용은 자산운용사(집합투자업자)가, 운용지시의 실행 및 자금관리는 은행, 증권금융 등 수탁회사가, 기준가격 산정 등은 사무관리회사가 각각 나누어 수행하고 있다.

13) 수시입출금식 저축성예금(MMDA: Money Market Deposit Account)은 은행의 수시입출 및 결제기능을 가진 요구불예금에 시장금리를 지급하는 예금이다. 1997년 7월 요구불예금에 대한 수신금리가 자유화되면서 처음 출시한 상품으로 시장 실세금리에 의한 고금리가 적용되고 수시입출 및 각종 이체 및 결제기능이 가능한 단기상품이다. 실적배당상품과 같이 변동된 시장금리를 지급하며 일반적으로 특정증권의 수익률이나 특정지수에 연계된다.

14) MMT(Money Market Trust: 수시입출금특정금전신탁)는 일반적으로 위탁자가 신탁재산의 운용방법과 조건을 정하고 수탁자는 위탁자의 지시에 따라 운용하는 특정금전신탁 중에서 중도해지 수수료 없이 수시입출금이 가능한 신탁상품이다. 고객별, 신탁계약 기간별 별도 펀드를 구성하여 관리·운용하므로 고객의 투자성향, 투자기간, 투자금액 등에 따라 맞춤형 투자가 가능한 신탁상품이다. 고객이 운용대상(주식, 채권, 부동산, 펀드 등), 운용방법, 운용조건 등을 지정하고 신탁업자는 고객이 지시한 대상물을 편입하여 운용 후 실적배당한다. MMT는 MMF와 달리 당일 입출금이 가능하고 위탁자가 운용방법과 조건을 정할 수 있어 정부 기금 및 기업 등의 단기자금 운용수단으로 활용된다. 위탁자와 수탁자 간 개별 계약에 기초하는 신탁의 특성을 반영하여 MMT에는 특별한 운용규제가 없다.

15) 듀레이션(duration)이란 채권에서 발생하는 현금흐름의 가중평균만기이다. 듀레이션은 채권의 현금흐름 발생기간에 각 시점 현금흐름의 현재가치가 채권가격에서 차지하는 비중을 가중치로 곱하여 산출하는데, 이

상대적으로 신용위험도 낮은 안정적인 투자수단이다. 즉 금리변동이 심화되는 경우에도 시장위험은 거의 무시할 수 있는 수준으로 낮다. 일반적으로 단기금융시장에서 자금을 조달하는 경제주체의 신용도는 일정 수준 이상으로 단기금융상품의 신용위험도 낮은 편이다. 통상적으로 CP는 우량기업 또는 신용도가 높은 비은행금융기관이 발행하며 CD는 신용위험이 상대적으로 낮고 실질적으로 유동성에 문제가 없는 것으로 간주될 수 있는 상업은행이 발행한다. RP는 발행기관과 대상채권 발행기관이 동시에 파산되어야 지급불능이 된다는 측면에서 파산위험으로부터 이중으로 보호된다. 또한 단기금융상품은 만기가 짧고 유통시장이 비교적 잘 발달되어 있어 유동성위험도 낮은 편이다.16)

단기금융상품은 주로 정부기관, 금융기관, 신용도가 높은 대기업 등이 발행하고 있어 높은 안전성을 가지고, 발행인의 신용등급, 권리이전의 용이성, 거래규모, 상품의 규격화 또는 동질성 여부에 따라 그 유동성 수준에 차이가 있다. 여기서는 국내 단기금융시장에서 거래되는 상품을 기준으로 시장을 세분하여 상품의 기본 특성과 시장의 일반구조에 대해 살펴본다.

제2절 콜(call)시장

Ⅰ. 서설

1. 의의

콜시장은 일시적인 자금과부족을 해결하기 위해 금융기관 간에 초단기(1일물 등)로 자금을 대여·차입하는 시장을 말한다. 콜시장에서의 자금대여(공급)기능을 콜론(call loan), 자금차입기능을 콜머니(call money)라고 한다. 금융기관에서는 일시적인 자금이 남아 운용을 하지 못할 경우 비용만 발생하게 되어 단기적으로 유동성을 필요로 하는 다른 금융기관에 대여해 주는 거래로 대부분 1일물로 거래되고 있으며 은행, 증권회사, 자산운용회사, 보험회사 등이 주로 참여하고 있는 시장으로 가장 낮은 금리로 조달·운용이 가능한 시장이라 할 수 있다. 콜시장에 참여한 금융기관 입장에서는 단기자금을 조달·운용할 수 있으므로 일시적인 유동성 자금을 관리하는 데 효율적인 시장이다.

는 채권투자액의 현재가치 1원이 회수되는데 걸리는 평균회수기간을 의미한다. 채권의 발행만기는 최종현금지급시점을 나타내는 데 비해 듀레이션은 만기 이전에 발생하는 모든 현금흐름을 감안한 평균회수기간이기 때문에 만기 이전에 현금흐름이 발생하는 이표채권의 듀레이션은 항상 채권의 발행만기보다 짧다.
16) 박동민·이항용(2011), 110쪽.

2. 특징과 기능

콜거래는 90일 이내의 금융기관 등 간의 단기자금거래를 말한다(자본시장법 시행령 346②). 지급준비제도 적용대상 금융기관들이 지급준비금("지준") 과부족을 주로 콜거래를 통해 조정하고 있다는 점에서 콜시장은 지준시장으로서의 의미도 갖는다.

콜거래는 일시적 자금과부족을 조절하는 거래이기 때문에 만기가 최대 90일 이내에서 일별로 정할 수 있으나 실제 거래에서는 초단기(예: 1일물) 거래가 대부분을 차지한다. 따라서 매일의 자금수급 상황에 따라 콜거래에 적용되는 금리도 새로이 결정되고 금리 수준은 다시 단기자금 수급에 영향을 미친다. 이러한 금리파급경로로서 중앙은행은 금융기관의 단기유동성 및 콜금리에 영향을 미침으로써 국내 경기를 바람직한 방향으로 유도한다. 일반적으로 콜금리의 변동은 장단기 금리차를 이용한 재정거래를 통해 CD, CP 등의 단기금리 변동으로 이어진다. 단기금리의 변동은 이어서 회사채 금리나 은행여수신 금리 등 장기금리의 변화로 이어지고 궁극적으로 소비·투자 등 실물경제 활동에 파급된다.

3. 연혁

콜시장의 태동은 예금은행의 지준거래를 위한 것이었지만, 1970-1980년대를 지나면서 예금은행 이외의 금융기관에 대해서도 참가를 확대하였다. 콜시장에 비은행금융기관의 참가를 허용하였던 것은 당시의 국내 단기금융시장의 발달수준이 낮아 비은행금융기관들의 단기자금조달과 운용이 크게 제한되어 있었기 때문이었다. 비은행금융기관의 콜시장 참여는 콜거래에 매우 다양한 거래유형을 양산하는 이유가 되었다. 예금은행 간의 자금거래는 전형적인 지준거래로 볼 수 있다. 그러나 예금은행과 비예금금융기관 간의 거래는 대출이나 또는 예금거래의 성격을 가지고 있으며, 비예금금융기관 간의 거래는 CP거래와 그 성격이 매우 유사하다. 이는 우리나라 콜시장이 상업은행의 지준거래시장으로서뿐만 아니라 각종 금융기관의 단기자금조달 및 운용시장의 역할을 수행하고 있다는 것을 의미한다.

일반은행(상업은행) 외의 기관에 대해 콜시장 참여를 허용한 것은 우리나라 단기금융시장의 발달 정도와 관련이 있다. 비은행금융기관의 주요 자금조달 창구인 RP 및 CP시장 제도가 완비되지 않은 가운데 이들 기관의 단기자금조달과 운용을 용이하게 해주는 장치가 필요했던 것이다. 그러나 이러한 콜시장제도는 이제 오히려 콜시장의 효율성을 저하시키고 그 기능을 저해하는 요인으로 작용하고 있는 동시에 RP 및 CP시장의 발전을 제약하는 요소가 되었다.[17] 즉

---

17) 미국의 경우 비은행금융기관이 Federal Fund Market에 참여하지 못함에 따라 이들의 단기자금운용이나 차입은 주로 CP시장과 RP시장에서 이루어지고 있다. 이에 따라 미국에서는 1일물 CP의 발행이 활성화되

콜시장에서의 자금차입이 상대적으로 간편할 뿐만 아니라 금리도 낮아 이들 금융기관이 RP 또는 CP를 통해 자금을 조달할 필요가 없는 것이다.[18]

　　2008년 리먼 브라더스의 파산으로 촉발된 글로벌 금융위기 이후 금융기관의 단기자금 수요와 공급이 지나치게 콜시장으로 집중됨에 따라 콜시장의 시스템리스크가 증가하고 있다는 비판이 강하게 제기되었다. 리먼 브라더스의 파산 직후 무담보신용거래가 중심이었던 콜시장은 급격히 경색되었으며, 특히 일부 증권사들이 콜시장에서의 자금을 결제하지 못할 수도 있다는 공포감이 확산되었다. 중요한 금융시장 인프라 중의 하나인 콜시장의 마비는 금융시스템 전체에 엄청난 파장을 몰고 올 수 있으므로, 2010년부터 제2금융권의 지나친 콜차입을 규제하기 위한 방안이 발표되었다. 2010년 7월 금융당국은 「콜시장 건전화 및 단기지표채권 육성 등을 통한 단기금융시장 개선방안」을 발표하면서 증권사의 일별 콜차입 규모를 자기자본의 100% 이내로 제한하였다. 이후 2011년 11월 금융당국이 발표한 「금융회사간 단기자금시장의 구조적 개선방안」은 증권사의 콜차입 한도를 월평잔 기준으로 자기자본의 25% 이내로 강화하였으며, 2014년부터는 제2금융권의 콜시장 참여를 원칙적으로 금지하였다.[19]

　　여기서 비은행금융기관 등에게 초단기자금조달을 원활하게 하기 위하여 가장 우선적으로 CP제도를 선진국과 같이 전자단기사채(ABSTB)제도를 도입하여 개선하는 것이 중요하다. 콜머니가 필요한 증권회사 등 비은행금융기관 등은 콜어음(기업어음증권: CP)을 발행하여 은행에 제시하고 은행은 CP의 교환청구를 통하여 자금을 상환하는 구조이다. 자금은 콜자금을 쓰고 담보 및 상환방법으로 CP를 이용하는 것이다. 이는 외국의 경우 콜시장에 참가할 수 없는 비은행금융기관 등이 CP 발행을 통한 상업은행으로부터의 자금차입과 동일한 형태를 취하고 있으나 우리나라는 비은행금융기관이 콜시장 참가자라는 것이 다르다. 우리나라의 경우 CP를 발행하는 경우에는 원천징수 등이 필요하나 콜어음은 이러한 원천징수 등을 교묘하게 피하고 있는 등 진입장벽이 상대적으로 낮아 비은행금융기관 등이 CP보다 낮은 금리로 콜자금을 조달할 수 있는 또 하나의 중요한 요인이기도 하다. 따라서 CP를 대체하고자 하는 전자단기사채에 대하여 진입장벽을 낮추어 할인율 인하 등을 통하여 우리나라 단기금융시장의 국제 경쟁력을 강화하기 위하여 선진국과 같은 수준의 규제완화가 시급하다.[20]

어 있으며 CP시장에서 비은행금융기관의 비중이 매우 높은 편이다.
18) 박동민·이항용(2011), 111쪽.
19) 황세운·김준석·손삼호(2013), 235−236쪽.
20) 박동민·이항용(2011), 112쪽.

Ⅱ. 참가기관 등

1. 참가기관

콜거래(90일 이내의 금융기관 등 간의 단기자금거래)의 중개·주선 또는 대리를 할 수 있는 기관은 은행, 한국산업은행, 중소기업은행, 한국수출입은행, 그 밖에 금융기관 등 간의 원활한 자금거래를 위하여 필요하다고 인정하여 금융위원회가 정하여 고시하는 자[21]이다(자본시장법 시행령346②).

자금중개회사는 자금중개를 할 경우에는 단순중개(자금중개회사가 일정한 수수료만 받고 자금대여자와 자금차입자 간의 거래를 연결해 주는 것)를 하여야 한다(자본시장법 시행령346③ 본문). 다만 콜거래중개의 경우에는 원활한 거래를 위하여 금융위원회가 정하여 고시하는 최소한의 범위에서 매매중개(금융위원회가 정하여 고시하는 매매거래 형식의 중개)를 할 수 있다(자본시장법 시행령346③ 단서).[22]

2. 콜론·콜머니기관

콜시장의 자금대여(공급)자인 콜론 기관은 자산운용회사, 국내은행 및 외국은행 국내지점 등이다. 자산운용회사는 펀드 환매에 대비하여 보유하는 고유동성 자산을 콜론으로 운용하며 국내은행은 지준잉여자금을 콜론으로 공급한다.

콜시장의 자금차입자인 콜머니 기관은 국내은행 및 외국은행 국내지점, 증권회사(PD·OMO 대상기관) 등이다. 국내은행은 콜자금을 공급하기도 하지만 지준자금 조절을 위한 콜머니 수요가 보다 많은 편이다. 외국은행 국내지점은 수신기반이 취약하여 주로 본지점 차입이나 콜머니를 통해 영업[23]자금을 조달해야 하므로 콜자금의 공급보다는 차입이 많은 편이다. 자금조달수단이 고객예탁금, RP매도 등으로 제한되는 증권회사도 자금 조달·운용상의 불일치 조정

---

21) "금융위원회가 정하여 고시하는 자"란 다음의 어느 하나에 해당하는 자를 말한다(금융투자업규정8-81①).
   1. 「국고채권의 발행 및 국고채전문딜러 운영에 관한 규정」에 따라 기획재정부 장관이 지정하는 국고채전문딜러로 지정된 자
   2. 한국은행법 제28조 제6호 및 제7호, 제68조, 제69조의 업무를 수행하기 위하여 금융통화위원회가 선정하는 대상기관으로 선정된 자
   3. 집합투자업 인가를 받은 자
   4. 증권금융회사
22) 영 제346조 제3항에 따라 중개회사의 자금중개는 단순중개(자금중개회사가일정 수수료만 받고 자금대여자와 자금차입자간의 거래를 연결해 주는 것)를 원칙으로 한다. 다만 콜거래중개의 경우에는 거래의 원활을 위하여 필요한 최소한의 범위에서 매매중개(자금중개회사가 자기계산으로 거래에 직접 참여하는 것)를 할 수 있다(금융투자업규정8-81②).
23) 외국은행 국내지점은 단기 채권매매 또는 내외금리차를 이용한 재정거래를 주된 영업으로 하고 있다.

등을 위해 콜자금을 차입하고 있다.[24)]

콜차입 거래의 경우 증권사의 콜차입 한도를 설정한 후 단계적으로 축소하였으며 2015년 3월부터는 국고채전문딜러(PD: Primary Dealer) 및 한국은행 공개시장운영(OMO: Open Market Operation) 대상기관 증권사에 대해서만 자기자본의 15% 이내 범위에서 허용하고 있다. 콜론 거래의 경우 2015년 3월 이후 자산운용사에 대해 총 집합투자재산의 2% 이내로 허용하고 있다. 여타 비은행금융기관의 콜시장 참가는 전면 배제되고 있다.[25)]

3. 중개기관

현재 한국자금중개(주), 서울외국환중개(주), KIDB자금중개(주) 등 3개의 자금중개회사가 콜거래 중개업무를 영위하고 있다. 이들 자금중개회사의 콜거래중개는 단순중개[26)]를 원칙으로 하고 있으며 거래의 원활화를 위해 필요한 최소한의 범위에서 매매중개[27)]를 할 수 있다(자본시장법 시행령346③, 금융투자업규정8-81②). 그러나 자금중개회사가 매매중개를 하는 경우는 거의 없다. 자금중개회사는 단순중개를 제공하는 대가로 중개수수료를 거래 쌍방으로부터 각각 받는다.

Ⅲ. 담보콜과 무담보콜

콜거래는 담보제공 여부에 따라 담보콜과 무담보콜(신용콜)로 구분된다. 콜거래는 국채, 지방채, 통화안정증권, 특수채, 금융채, 양도성예금증서(CD) 등을 담보로 하여 조달하는 담보콜도 있으나 콜시장에 참여하는 금융기관의 신용위험이 작고 통제가 가능하므로 담보콜 보다는 대부분 무담보 신용으로 거래되며, 담보콜은 거래량이 극히 적은 수준이다. 이는 담보콜의 경우 담보물의 인수도, 질권 설정 등으로 거래절차가 복잡하기 때문이다.[28)]

담보콜거래 관리업무에 관하여는 한국예탁결제원의 「증권등의담보관리에관한규정」이 자세히 정하고 있다. 주요 내용을 살펴본다. 담보콜거래란 콜거래로서 현금 또는 증권을 담보로 하는 콜거래를 말한다(증권등의담보관리에관한규정2①(5)). 한국예탁결제원의 「증권등의담보관리에관한규정」이 정하는 담보콜거래를 위한 담보는 예탁대상증권등 또는 전자등록주식등 중 상장주권, 채권평가회사가 가격을 평가할 수 있는 채권, 집합투자증권, 기업어음증권 및 현금으

---

24) 한국은행(2016a), 34쪽.
25) 한국은행(2016a), 41쪽.
26) 자금중개회사가 일정 수수료만 받고 자금대여자와 자금차입자간의 거래를 연결해 주는 것을 말한다.
27) 자금중개회사가 자기계산으로 거래에 직접 참가하는 것을 말한다.
28) 한국은행(2016a), 33쪽.

로 제한된다(동규정62①). 다만 거래소가 관리종목으로 지정한 주권, 2개 이상의 채권평가회사로부터 BBB이상의 평가등급을 받지 못한 특수채(정부보증채를 제외)·은행채·금융기관채 및 회사채, 중도환매가 불가능한 집합투자증권, 투자신탁의 해지 또는 투자회사의 해산이 불가능한 집합투자기구의 집합투자증권, 2개 이상의 채권평가회사로부터 A3 이상의 평가등급을 받지 못한 기업어음증권, 자금차입자가 발행한 증권은 제외된다(동규정 시행세칙33).

제3절   환매조건부매매(RP)시장

Ⅰ. 서설

1. 환매조건부매매의 의의

환매조건부매매(RP)란 "증권을 일정기간 경과 후 원매도가액에 이자 등 상당금액을 합한 가액으로 환매수할 것을 조건으로 하는 매도"(조건부매도) 또는 "증권을 일정기간 경과 후 원매수가액에 이자 등 상당금액을 합한 가액으로 환매도할 것을 조건으로 하는 매수"(조건부매수)하는 조건부매매를 말한다(금융투자업규정5-1(6)).

증권의 매매가 처음 이루어지는 시점과 이후 환매매가 이루어지는 시점을 각각 매입일(purchase date)과 환매일(repurchase date)이라 하며, 매입일의 증권 매매가격은 매입가(purchase price), 환매일의 매매가격은 환매가(repurchase price)라고 부른다. 또한 매입일에 매입가를 수취하고 증권을 매도하는 것을 "RP매도"라 하며, 매입가를 지급하고 증권을 매입하는 것을 "RP매수"라 한다.[29]

2. 환매조건부매매의 법적 성격

법적으로 RP거래는 약정기간 동안 대상증권의 법적 소유권이 RP매도자에서 RP매수자로 이전되는 증권의 매매거래이다. 따라서 RP매도자가 파산 등으로 약정 사항을 이행하지 못할 경우 RP매수자는 대상증권을 정산할 권리를 갖게 된다. 채무자회생법에서도 기본계약에 근거하여 이루어진 RP거래는 회생 및 파산 절차상의 해제, 해지, 취소 및 부인의 대상에서 제외(채무자회생법120③)됨으로써 매매거래로서의 성격을 강화하고 있다.[30]

---

29) 한국은행(2016a), 50쪽.
30) 한국은행(2016a), 51쪽.

이러한 법적 성격에도 불구하고 경제적 실질 측면에서 RP거래는 일정기간 동안 RP매도자가 RP매수자에게 증권을 담보로 제공하고 자금을 차입하는 증권담보부 소비대차로서 기능한다. 이러한 측면에서 RP매수자와 RP매도자는 각각 자금대여자 및 자금차입자이며, 매매대상 증권은 차입담보에 해당된다. 또한 환매가와 매입가의 차이는 대출이자로, 매매대상 증권의 시가와 매입가의 차이는 초과담보로 볼 수 있다.

3. 환매조건부매매의 유형

환매조건부매매는 거래주체를 기준으로 ⅰ) 일정한 범위의 전문투자자(영7④(3))[31]에 해당하는 기관 간에 이루어지는 "기관간조건부매매"(기관간RP: 금융투자업규정5-1(7)), ⅱ) 투자매매업자등[투자매매매업자(겸영금융투자업자를 제외), 투자매매업 인가를 받은 은행, 증권금융회사 및 종합금융회사]이 일정한 범위의 전문투자자(영7④(3))에 해당하는 기관 이외의 법인 또는 개인과 행하는 "대고객조건부매매"(대고객RP: 금융투자업규정5-1(8)), ⅲ) 한국은행의 공개시장 조작 수단으로서 한국은행과 금융기관 간에 이루어지는 한국은행RP[32]로 구분된다.

RP유형 중 단기금융시장에 가장 중요한 영향을 미치는 유형은 기관간RP인데 금융기관의 단기자금조달을 통한 유동성 관리와 단기금융시장과 자본시장의 연결이라는 측면에서 기관간 RP는 핵심적인 역할을 담당한다. 기관간RP의 주된 매도기관(즉 자금조달기관)은 증권사와 증권사 신탁계정이다.[33] 국내은행과 기타 여신기관들로부터 일정 수준의 매도가 이루어지고는 있지만, 매도량의 절반 이상이 증권사와 증권사 신탁계정에 의한 것으로 나타난다. 이는 증권사들이 콜머니 차입제한 조치에 대응하면서 단기자금을 조달하기 위하여 보유하고 있는 채권들을 적극적으로 활용하고 있기 때문이다. 사실 기관간RP 시장의 급격한 성장은 제2금융권에 대한 콜머니 차입제한 조치에 힘입은 바가 크다.[34]

---

31) 다음의 어느 하나에 해당하는 자 간 환매조건부매매하는 경우(영7④(3)).
　　가. 은행, 한국산업은행, 중소기업은행, 한국수출입은행, 농업협동조합중앙회,수산업협동조합중앙회, 보험회사, 금융투자업자(겸영금융투자업자 제외), 증권금융회사, 종합금융회사, 자금중개회사, 금융지주회사, 여신전문금융회사, 상호저축은행 및 그 중앙회, 산림조합중앙회, 새마을금고연합회, 신용협동조합중앙회, 기타 위의 기관에 준하는 외국 금융기관(영10②)
　　나. 예금보험공사 및 정리금융회사, 한국자산관리공사, 한국주택금융공사, 한국투자공사(영10③ 1호부터 4호까지), 그리고 집합투자기구, 신용보증기금, 기술보증기금, 법률에 따라 설립된 기금(신용보증기금 및 기술보증기금 제외) 및 그 기금을 관리·운용하는 법인, 법률에 따라 공제사업을 경영하는 법인(영10③ 9호부터 13호까지)
　　다. 그 밖에 금융위원회가 정하여 고시하는 자
32) 한국은행 RP에 관하여는 공개시장운영규정에서 정하고 있다.
33) 증권사 신탁계정은 신탁업 인가를 받은 증권사가 고객(위탁자)으로부터 위탁받은 재산(주로 금전)을 관리하기 위하여 증권사의 고유계정과는 별도로 설정한 계정을 말한다. 신탁업을 겸업하는 증권사는 신탁계정의 재산을 증권사 고유계정의 재산과는 엄격히 분리하여 관리해야 한다.
34) 황세운·김준석·손삼호(2013), 237-238쪽.

4. 환매조건부매매시장의 기능

환매조건부매매시장은 국채 등 담보자산에 대해 여타 부차적인 조건 없이 즉시 유동성을 공급한다는 측면에서 전당포와 유사한 역할을 은행에 제공하고 있으며, 은행들의 단기유동성 확보를 위한 필수적인 신용조달 채널로 자리 잡고 있다. 은행 등 금융기관들은 일상적으로 환매조건부매매시장을 통해 단기금융펀드(MMF)나 여타 잉여 유동성을 보유하고 있는 금융기관들로부터 최단기 익일물 신용(overnight loan)을 확보하고 있다.

RP거래의 가장 큰 기능은 채권을 담보로 하기 때문에 자금회수 가능성을 높임으로써 금융기관 간 장기 자금거래 가능성을 높인다는 점이다. 그 이유는 거래상대방위험보다는 담보채권의 가치에 거래의 위험성이 결정되기 때문에 무거래기관과의 장기 자금거래도 가능하게 된다. RP거래는 장기상품인 채권과 연계하여 이루어지는 거래라는 고유의 특성을 가지고 있어, RP거래를 이용한 금융기법을 통해 다양한 효과를 기대할 수 있다. RP시장이 활성화되면 단기시장금리와 채권수익률의 격차를 이용한 차익거래, 채권의 현·선물시장과 연계된 차익거래 등을 활용하여 금융시장간 연계를 강화시킬 수 있다. RP시장이 활성화되면 단기금융시장을 대상으로 하는 중앙은행 통화정책의 효과가 채권시장 등 장기금융시장으로 원활히 파급되면서 통화정책의 효율성이 높아진다. 미국의 경우 미연준이 공개시장 조작을 통해 공급한 자금이 RP시장을 통해 금융기관에 배분되면서 페더럴펀드시장과 채권시장이 긴밀하게 움직인다.[35]

한국은행은 공개시장 조작 수단의 하나로 환매조건부매매(RP)를 이용하고 있다. 한국은행은 일시적인 유동성 과부족을 조절하기 위한 수단으로 RP매매를 활용하기 때문에 통화안정증권, 통화안정계정에 비해 단기로 운용된다. RP매매는 RP매각과 RP매입으로 구분되는데 한국은행은 유동성을 흡수하기 위해서는 RP매각을 실시하고 유동성을 공급하기 위해서는 RP매입을 실시한다. 미국, 유럽중앙은행(ECB), 영란은행 등 유로지역 등 주요 선진국 중앙은행들은 환매조건부매매를 주된 공개시장 조작 수단으로 활용하고 있다. 이는 RP매매가 증권을 담보로 하기 때문에 신용위험이 작고, 유동성 상황에 따라 유동성조절 방향과 규모, 만기, 금리 등을 탄력적으로 조정할 수 있기 때문이다.

---

35) 김영도(2013), "국내 단기금융시장의 발전과 향후 과제: 단기지표금리 개선 과제를 중심으로", 한국금융연구원 금융리포트(2013. 3), 14–15쪽.

Ⅱ. 대고객조건부매매(대고객RP)

1. 의의

투자매매업자는 일정한 범위의 전문투자자(영7④(3))에 해당하는 기관 이외의 법인 또는 개인("일반투자자등")과 환매조건부매매를 하는 경우에는 다음의 기준을 준수하여야 한다(자본시장법 시행령181①).[36]

1. 국채증권, 지방채증권, 특수채증권, 그 밖에 금융위원회가 정하여 고시하는 증권을 대상으로 할 것
2. 금융위원회가 정하여 고시하는 매매가격으로 매매할 것
3. 환매수 또는 환매도하는 날을 정할 것. 이 경우 환매조건부매수를 한 증권을 환매조건부매도하려는 경우에는 해당 환매조건부매도의 환매수를 하는 날은 환매조건부매수의 환매도를 하는 날 이전으로 하여야 한다.
4. 환매조건부매도를 한 증권의 보관·교체 등에 관하여 금융위원회가 정하여 고시하는 기준을 따를 것

2. 참가기관

대고객RP는 투자매매업자(겸영금융투자업자 제외), 투자매매업 인가를 받은 은행, 증권금융회사 및 종합금융회사(금융투자업규정5-1(8)) 및 우체국예금보험법(법19)에 의한 체신관서가 취급하고 있다.

3. 매매대상 증권

(1) 대상증권

매매대상 증권은 국채증권, 지방채증권, 특수채증권, 그 밖에 금융위원회가 정하여 고시하는 증권을 대상으로 하여야 한다(영181①(1)). 여기서 "금융위원회가 정하여 고시하는 증권"이란 다음의 어느 하나에 해당하는 증권을 말한다(금융투자업규정5-18①). 그리고 전자등록주식등이다(증권등의담보관리에관한규정39②).

1. 보증사채권

---

36) 거래 약관으로는 금융투자협회가 제정한 「대고객환매조건부매매약관」이나 개별 금융기관이 자체적으로 제정한 약관이 사용된다. 금융기관별로 최저 가입금액이나 약정 기간별 금리를 차등 규정하는 경우도 있으나, 중도 환매는 일반적으로 허용하고 있다.

2. 다음의 어느 하나에 해당하는 증권으로서 모집 또는 매출된 채권

    가. 무보증사채권

    나. 공공기관운영법에 따른 공공기관이 발행한 채권

    다. 지방공기업법에 따른 지방공사가 발행한 채권

    라. 자산유동화법 제32조[37])에 따라 신탁업자가 자산유동화계획에 의해 발행하는 수익증권

    마. 주택저당채권유동화회사법 제2조 제1항 제4호[38])에 따른 주택저당증권

    바. 한국주택금융공사법 제2조 제5호[39])에 따른 주택저당증권 및 같은 조 제7호[40])에 따른 학자금대출증권

3. 외국정부가 발행한 국채증권

(2) 요건

대고객조건부매매의 대상이 되는 증권은 다음의 요건을 모두 충족하여야 한다(금융투자업규정5-18②).

1. 시장성이 있고 채권평가회사등이 일별로 시가평가를 할 수 있을 것
2. 다음의 어느 하나에 해당하는 증권일 것

    가. 신용평가업자로부터 투자적격(회사채 BBB이상) 판정을 받은 증권. 다만 투자매매업자 등이 투자자와의 약정에 따라 투자자자금을 자동투자하는 대고객조건부매매거래의 경우에는 대상 증권의 신용등급(둘 이상의 신용평가업자로부터 신용등급을 받은 경우에는 그중 낮은 신용등급)이 조건부매매거래시점을 기준으로 상위 3개 등급 이내인 증권

    나. 금융감독원장이 정하는 적격금융기관이 발행 또는 보증한 증권

    다. 정부 또는 지방자치단체가 보증한 증권

    라. 영 제124조의2 제2항 각 호[41])의 요건을 모두 충족하는 외국정부가 발행하는 국채증권

(3) 매매의 관리

금융투자업규정 제5-1조 제8호의 투자매매업자등은 투자자에게 매도한 매도증권을 보

---

37) 제32조(수익증권의 발행) ① 신탁업자는 자산유동화계획에 따라 수익증권을 발행할 수 있다.
    ② 제1항의 규정에 의한 수익증권의 발행에 관하여는 자본시장법 제110조 제1항부터 제4항까지를 적용하지 아니한다.
38) 4. "주택저당증권"이란 주택저당채권을 기초로 하여 발행하는 수익증권을 말한다.
39) 5. "주택저당증권"이란 공사가 주택저당채권을 기초로 하여 발행하는 수익증권을 말한다.
40) 7. "학자금대출증권"이란 공사가 학자금대출채권을 기초로 하여 발행하는 수익증권을 말한다.
41) 1. 해당 외국정부 또는 법 제9조 제16항 제5호에 해당하는 자의 신용등급 등이 금융위원회가 정하여 고시하는 기준을 충족할 것
    2. 투자매매업자 또는 투자중개업자를 통하여 매출이 이루어질 것
    3. 제2호에 따른 투자매매업자 또는 투자중개업자가 해당 증권 및 증권의 발행인에 관한 정보를 금융위원회가 정하여 고시하는 방법에 따라 인터넷 홈페이지 등에 게재할 것
    4. 그 밖에 금융위원회가 정하여 고시하는 요건을 충족할 것

관·관리하는 경우 이를 지체없이 예탁결제원에 예탁하거나 고객계좌부(전자증권법 제2조 제3호 가목에 따른 고객계좌부)에 전자등록하여야 한다(증권등의담보관리에관한규정56①). 매도증권을 예탁하거나 고객계좌부에 전자등록한 투자매매업자등은 매영업일마다 매도증권의 종목별 수량합계와 매도증권의 환매가액 합계액를 예탁결제원에 통지하여야 한다(동규정56②). 예탁결제원은 투자매매업자등의 매도증권에 대하여 세칙으로 정하는 바에 따라 매영업일마다 일일정산을 실시하고, 그 결과를 투자매매업자등에게 통지하여야 한다(동규정57①). 통지를 받은 투자매매업자등은 부족한 매도증권을 납부하여야 하며, 초과한 매도증권은 반환을 청구할 수 있다(동규정57②).

4. 매매가격

매매가격은 금융위원회가 정하여 고시하는 매매가격으로 매매하여야 한다(영181①(2)). 여기서 "금융위원회가 정하여 고시하는 매매가격"이란 매매대상 증권을 공정한 시세로 평가한 가액("시장가액")에서 환매수 또는 환매도의 이행을 담보하기 위하여 제공하거나 제공받는 추가담보상당가액을 차감한 가액을 말한다(금융투자업규정5-19).

5. 환매수 또는 환매도하는 날

환매수 또는 환매도하는 날을 정하여야 한다. 이 경우 환매조건부매수를 한 증권을 환매조건부매도하려는 경우에는 해당 환매조건부매도의 환매수를 하는 날은 환매조건부매수의 환매도를 하는 날 이전으로 하여야 한다(영181①(3)).

6. 매도증권의 보관 및 교체

환매조건부매도를 한 증권의 보관[42]·교체[43] 등에 관하여 금융위원회가 정하여 고시하는

---

42) 금융투자업규정 제5-21조(매도 증권의 보관·관리 등) ① 투자매매업자등은 대고객 조건부매도업무를 영위함에 있어 거래상대방의 위탁을 받거나 요구가 있는 경우 조건부매도 증권을 보관·관리할 수 있다. 이 경우 그 보관 중에 받은 수입이자는 동 증권의 환매수일까지 이를 거래상대방에게 지급하지 아니한다.
   ② 투자매매업자등은 제1항에 따라 보관하게 되는 조건부매도 증권 전부에 대하여 다음의 구분에 따라 관리하여야 한다.
   1. 예탁대상증권등: 투자자예탁분임을 명시하여 지체 없이 예탁결제원에 예탁
   2. 전자등록주식등: 고객계좌부(전자증권법 제22조 제2항에 따라 작성되는 고객계좌부)에 지체 없이 증가의 전자등록(전자증권법 제2조 제2호에 따른 전자등록)
   ③ 투자매매업자등은 제1항에 따라 투자자의 조건부매도 증권을 보관하는 경우에는 매 영업일마다 투자자별로 산정한 그 증권의 시장가액이 환매수가액의 105% 이상이 되도록 유지하여야 한다.
   ④ 투자매매업자등은 투자자별 조건부매도 증권을 보관·관리함에 있어 그 증권의 시장가액이 제3항에서 정한 비율에 미달하는 경우에는 지체 없이 그 부족분 이상을 투자자에게 이전하여야 하며, 초과하는 경우에는 그 초과분을 투자자로부터 이전받을 수 있다.

기준을 따라야 한다(영181①(4)).

7. 매매거래의 통지

투자매매업자등은 투자자와 조건부매매거래가 성립된 때에는 다음의 사항이 포함된 매매
거래성립내용을 투자자에게 지체 없이 통지하여야 한다(금융투자업규정5-20①).

1. 대고객조건부매매거래 매도 또는 매수가액
2. 환매수 또는 환매도 약정일자 또는 기한
3. 환매수 또는 환매도 가액 또는 그 결정방법
4. 대고객조건부매매거래 증권의 내용(종류 및 종목명, 발행인, 발행일 및 만기일, 표면이율,
   액면금액 등)
5. 대고객조건부매매거래 증권의 시장가액 및 신용등급(신용등급을 받은 경우에 한한다)

8. 겸영금융투자업자

별표 1의 인가업무 단위 중 11r-1r-1의 인가를 받은 겸영금융투자업자는 일반투자자등을
상대로 환매조건부매수업무를 영위하여서는 아니 된다(영181②). 다만 금융위원회가 정하여 고
시하는 자인 증권금융회사는 제외한다(영181②, 금융투자업규정5-18③).

---

43) 금융투자업규정 제5-22조(매도 증권의 종목교체) ① 투자매매업자등이 제5-21조 제1항에 따라 조건부매
도 증권을 보관·관리하는 경우에는 환매수에 지장을 주지 아니하는 범위 내에서 보관중인 증권을 다른 증
권으로 교체("종목교체")할 수 있다.
② 투자매매업자등이 종목교체를 함에 있어 보관중인 증권보다 신용등급이 낮은 증권으로 교체하는 경우
또는 교체 후 증권의 시장가액이 종전 가액을 하회하는 경우 등 투자자에게 불리한 조건으로 종목교체를
할 때에는 서면, 전화녹취 등의 방법을 통하여 사전에 투자자의 동의를 얻어야 한다. 다만 투자매매업자등
이 거래를 개시하기 전에 교체범위에 관하여 서면 등의 방법으로 투자자의 확인을 받고 그 범위 내에서
교체하는 경우에는 투자자의 동의를 얻은 것으로 본다.
③ 투자매매업자등이 제5-21조 제4항에 따른 증권의 이전 또는 제1항에 따른 종목교체를 행하는 경우에
는 제5-20조 제1항 제4호 및 제5호의 사항이 포함된 조건부매도 증권 변동내역을 지체 없이 투자자에게
통지하여야 한다. 다만 투자매매업자등이 다음의 조건을 충족하는 조치를 취하는 경우에는 통지를 생략할
수 있다.
1. 조건부매도 증권을 제5-21조 제2항에 따라 보관·관리하고 조건부매도거래와 관련하여 적정수준의 담
   보 유지 여부 등에 대한 예탁결제원 또는 전자등록기관의 점검서비스를 제공받을 것
2. 투자매매업자등이 보관·관리하는 조건부매도 증권의 내용을 투자자가 상시 확인할 수 있는 체제를 구
   축할 것
④ 제3항의 변동내역 통지에 관하여는 제4-36조 및 영 제70조 제1항을 준용한다.

Ⅲ. 기관간조건부매매(기관간RP)

1. 개요

기관간RP의 경우 대상증권의 종류, 가격, 만기, 거래금액 등 거래조건에 관한 제도적 제한은 없으며, 거래약관이나 환매서비스기관의 운영규정 등에 기초하여 거래당사자 간 협의로 결정된다. 거래약관으로는 금융투자협회가 제정한 「기관간환매조건부매매약관」이 주로 사용되고 있으며 일부 외국계 금융기관과의 거래시에는 「국제표준약관」이 사용되기도 한다. 시장 운영규정은 장외 RP의 경우 한국예탁결제원이, 장내 RP의 경우 한국거래소가 정하고 있는데 이들 간에는 대상증권과 만기, 매매단위 등에서 차이가 있다. 장외 RP의 경우 대상증권 등에 관하여는 한국예탁결제원의 「증권등의담보관리에관한규정」 및 동규정 시행세칙이 정하고 있으며, 장내 RP의 경우에 대상증권등에 관하여는 한국거래소의 「유가증권시장 업무규정」 및 동규정 시행세칙이 정하고 있다.

2. 참가기관

기관간 RP거래는 자본시장법상 전문투자자에 해당하는 금융기관 및 금융공기업 등이 참가할 수 있다(금융투자업규정5-1(7)). 따라서 자금중개회사가 중개하는 장외 RP시장 참가자는 은행, 한국산업은행, 중소기업은행, 한국수출입은행, 농업협동조합중앙회,수산업협동조합중앙회, 보험회사, 금융투자업자(겸영금융투자업자 제외), 증권금융회사, 종합금융회사, 자금중개회사, 금융지주회사, 여신전문금융회사, 상호저축은행 및 그 중앙회, 산림조합중앙회, 새마을금고연합회, 신용협동조합중앙회, 기타 위의 기관에 준하는 외국 금융기관(영10②), 그리고 예금보험공사 및 정리금융회사, 한국자산관리공사, 한국주택금융공사, 한국투자공사(영10③ 1호부터 4호까지), 그리고 집합투자기구, 신용보증기금, 기술보증기금, 법률에 따라 설립된 기금(신용보증기금 및 기술보증기금 제외) 및 그 기금을 관리·운용하는 법인, 법률에 따라 공제사업을 경영하는 법인(영10③ 9호부터 13호까지: 이에 준하는 외국인 포함)이다.

현재 장외 RP거래의 중개는 한국자금중개(주), KIDB자금중개(주), 서울외국환중개(주) 등 자금중개회사 3사와 한국증권금융 등이, 장내 RP의 중개는 한국거래소가 수행하고 있다.

3. 매매대상 증권 등

(1) 장내 RP거래

(가) 대상증권

환매채거래의 대상채권(매매거래일부터 환매일까지의 기간중 만기가 도래하는 종목 제외)은 국채·지방채, 통화안정증권, 예금보험기금채권, 사채권 및 특수채(통화안정증권과 예금보험기금채권 제외) 중 "신용평가회사"가 발표하는 신용등급(신용평가회사별 신용등급이 다른 경우에는 가장 낮은 신용등급을 적용)이 AA 이상인 일반사채와 특수채(주식관련사채권은 제외)이다(유가증권시장 업무규정61 및 동규정 시행세칙87).

(나) 거래기간 및 환매일

환매채거래의 거래기간(매매대금을 결제한 날부터 환매일까지의 기간)은 1년 이내(거래기간 계산시 휴장일 산입)으로 하는데, 거래기간의 종류는 1일, 2일, 3일, 4일, 7일, 14일, 21일, 30일, 60일, 90일로 하며, 거래기간별 환매일은 매매대금을 결제한 날부터 기산하여 각각 2일째, 3일째, 4일째, 5일째, 8일째, 15일째, 22일째, 31일째, 61일째, 91일째 되는 날로 한다(유가증권시장 업무규정62 및 동규정 시행세칙88).

(2) 장외 RP거래

(가) 대상증권

매매관리업무의 대상증권은 국채·지방채·특수채·사채, 기업어음증권, 자산유동화법에 따라 신탁업자가 발행하는 유동화증권(수익증권에 한한다), 주택저당채권유동화회사법에 따라 주택저당채권유동화회사가 발행하는 주택저당증권, 한국주택금융공사가 발행하는 주택저당증권 및 학자금대출증권, 상장지수집합투자증권, 상장주권이다(증권등의담보관리에관한규정39①).

(나) 매매의 결제

매도자인 참가자는 기관간조건부매매 체결 후 지체없이 세칙으로 정하는 방법에 따라 매매체결내역("매매자료")을 예탁결제원에 통지하여야 한다. 다만 투자중개업자의 중개에 의한 매매거래인 경우에는 그 투자중개업자가 통지할 수 있다(동규정44①). 예탁결제원은 매매자료를 통지받은 때에는 이를 지체없이 상대방 참가자(투자중개업자의 중개에 의한 매매거래인 경우에는 참가자 쌍방을 말한다)에게 통지하여야 한다(동규정44②).

기관간조건부매매의 체결에 따른 결제("개시결제")는 매매체결일에 행한다. 다만 매매당사자가 매매체결일과 다른 날을 결제일로 정한 경우에는 그 날에 행한다(동규정46①).

환매결제는 환매일이 도래하거나 참가자의 환매청구가 있는 때에 행한다(동규정47①). 참가자는 기관간조건부매매의 체결시 환매일을 정한 경우에는 환매일 전이라도 거래상대방의 동의를 얻어 언제든지 예탁결제원에 환매를 청구할 수 있으며, 환매일을 정하지 아니한 경우로서 매매당사자 간 별도의 정함이 없는 때에는 환매하고자 하는 날을 포함하여 3영업일 이전에 환매를 청구하여야 한다(동규정47②).

(다) 매매의 관리

예탁결제원은 매수증권을 기관간조건부매매의 매수자의 예탁자계좌부 또는 전자등록계좌부에 기재·관리하여야 한다(동규정50①). 예탁결제원은 매수증권 및 증거금에 대하여 매영업일마다 세칙으로 정하는 바에 따라 일일정산을 실시하고, 그 결과를 해당 참가자에게 통지하여야 한다(동규정51①). 예탁결제원은 참가자가 납부하는 증권증거금을 거래 상대방의 예탁자계좌부 또는 전자등록계좌부에 기재·관리하여야 한다(동규정52①).

4. 준수사항

(1) 의의

기관 간에 환매조건부매매를 할 경우 다음의 사항을 준수해야 한다(영181③).

1. 대상 증권의 매수자는 담보증권의 특성과 매도자의 신용위험을 반영한 최소증거금률(환매조건부매매가액 대비 그 증권의 시장가액의 비율)을 설정·적용할 것
2. 대상 증권의 매도자는 금융위원회가 정하여 고시하는 바에 따라 현금성 자산을 보유할 것

(2) 현금성 자산의 범위

금융위원회가 정하여 고시하는 현금성 자산이란 처분에 제한이 없고, 당일 현금화가 가능한 자산으로서 다음의 어느 하나에 해당하는 경우를 말한다(금융투자업규정5-23의2①). 현금(제1호), ⅱ) 예금·적금(제2호), ⅲ) 양도성예금증서(제3호), ⅳ) 당일 인출가능한 대출 약정(제4호), ⅴ) 증권금융회사 예탁금(고객자금·증거금 등 처분에 제한이 있는 자금은 제외)(제5호), ⅵ) 수시입출식 금전신탁·투자일임재산(MMT,[44] MMW[45])[다만 MMT, MMW의 경우 시장충격 상황하에서 대규모 출금 요청시 현금화 제약 가능성이 있어, 현재 시행 중인 고유동성 규제비율[46](30%)만큼만 인정](제6호), ⅶ) 법 제360조 제1항에 따른 단기금융회사의 발행어음, 법 제336조 제1항에 따른 종합금융회사(겸영금융투자업자를 포함)의 발행어음 및 법 제330조 제2항에 따른 증권금융회사의 발행어음(모두 수시 상환이 가능한 경우에 한한다)(제7호), ⅷ) 한국은행에 보유된 지급준비금(제8호)으

---

44) MMT(Money Market Trust)는 특정금전신탁상품 중 1일물 또는 시장매각을 통해 즉시 현금화가 가능한 자산으로 운용하는 수시입출식금전신탁 상품을 말한다.

45) MMW(Money Market Wrap)는 투자일임계약상품 중 투자자의 단기자금운용 수요에 대응하여 금융회사 예치, CP, 콜론, RP, 채권 등 유동자산 등으로 일임재산을 운용하는 상품이다.

46) 현금, 국채, 통안채, RP, 단기대출, 수시입출예금, 잔존만기 7영업일 이내 CD·예금, 지방채, 특수채 ⇒ 집합투자재산의 30% 이상 유지해야 한다(금융투자업규정4-77(14) 및 4-93(20)).

로 한정된다.

(3) 현금성 자산 보유의무 비율

환매조건부매매거래에서 증권의 매도자는 현금성 자산을 다음의 구분에서 정하는 비율로 매 영업일마다 보유하여야 한다(금융투자업규정5-23의2②). 현금성 자산 보유비율은 직전 3개월 간 환매조건부 매도잔액이 없는 경우에는 적용하지 아니한다(금융투자업규정5-23의2④).

1. 매매거래일부터 1영업일 이내에 환매수할 기관간조건부매도: 매월 직전 3개월의 환매조건 부 매매거래의 월별 일평균 매도잔액(해당월 중 영업일별 총매도 잔액누적액을 해당월 중 영업일수로 나눈 값) 중 가장 높은 금액의 20% 이상
2. 매매거래일 2영업일 이후부터 3영업일 이내에 환매수할 기관간조건부매도 및 환매일을 정 하지 않은 기관간조건부매도: 매월 직전 3개월의 환매조건부 매매거래의 월별 일평균 매도 잔액 중 가장 높은 금액의 10% 이상
3. 매매거래일 4영업일 이후부터 6영업일 이내에 환매수할 기관간조건부매도: 매월 직전 3개 월의 환매조건부 매매거래의 월별 일평균 매도잔액 중 가장 높은 금액의 5% 이상

RP거래 만기에 따라 만기 1영업일은 기준금액의 20%, 2-3영업일은 10%, 4-6영업일은 5% 이상 보유하여야 한다. 만기가 짧을수록 차환리스크가 큰 것을 반영하고, 만기가 긴 거래를 유도하기 위해 만기에 따라 현금성 자산 보유비율을 차등화한 것이다.

(4) 현금성 자산 비율 산정기준 금액

제2항에도 불구하고 집합투자업자는 집합투자재산을 운용함에 있어 각 집합투자기구별로 현금성 자산을 다음의 구분에서 정하는 비율로 매 영업일마다 유지하여야 한다(금융투자업규정 5-23의2③).

1. 매매거래일부터 1영업일 이내에 환매수할 기관간조건부매도: 당일 매도잔액의 20% 이상
2. 매매거래일 2영업일 이후부터 3영업일 이내에 환매수할 기관간조건부매도 및 환매일을 정 하지 않은 기관간조건부매도: 당일 매도잔액의 10% 이상
3. 매매거래일 4영업일 이후부터 6영업일 이내에 환매수할 기관간조건부매도: 당일 매도잔액 의 5% 이상

금융위원회는 급격한 경제여건의 변화 등 불가피한 사유가 있는 경우 6개월 이내의 기간 을 정하여 현금성 자산 규제비율을 완화할 수 있다(금융투자업규정5-23의2⑤).

5. 결제방법

기관(일정한 범위의 전문투자자)은 다음의 어느 하나에 해당하는 경우에는 금융위원회가 정

하여 고시하는 방법에 따라 그 대상증권과 대금을 동시에 결제하여야 한다(영181④ 본문). 다만 금융위원회가 정하여 고시하는 경우에는 그 대상증권과 대금을 동시에 결제하지 아니할 수 있다(영181④ 단서).

1. 일정한 범위의 전문투자자 상호 간에 투자중개업자를 통하여 환매조건부매매를 한 경우
2. 투자매매업자를 상대방으로 환매조건부매매를 한 경우(신탁업자가 신탁재산으로 환매조건 부매매를 한 경우는 제외)

Ⅳ. 한국은행 환매조건부매매(한국은행RP)

1. 의의

한국은행은 RP매매를 주된 공개시장 조작[47] 수단의 하나로 이용하고 있다.[48] 한국은행은 통화신용정책을 수행하기 위하여 자기계산으로 ⅰ) 국채, ⅱ) 원리금 상환을 정부가 보증한 유가증권, ⅲ) 그 밖에 금융통화위원회가 정한 유가증권을 공개시장에서 매매하거나 대차할 수 있다(한국은행법68①). 위의 유가증권은 자유롭게 유통되고 발행조건이 완전히 이행되고 있는 것으로 한정한다(한국은행법68①). 한국은행법 제68조에 따라 한국은행은 자기계산으로 공개시장에서 증권을 매매할 수 있다(공개시장운영규정1).

한국은행은 일시적인 유동성 과부족을 조절하기 위한 수단으로 RP매매를 활용하기 때문에 통화안정증권, 통화안정계정에 비해 단기로 운용된다. RP매매는 RP매각과 RP매입으로 구분

---

[47] 공개시장 조작은 중앙은행이 금융시장에서 금융기관을 상대로 증권 등을 거래하여 시중유동성이나 시장금리 수준에 영향을 미치는 통화정책 수단이다. 오늘날 대부분의 선진국 중앙은행들은 지급준비제도, 중앙은행 여수신제도 등과 함께 공개시장 조작을 주된 통화정책 수단으로 사용하고 있으며 금융위기 이후에는 금융시장 안정 수단으로서 그 중요성이 더욱 강조되고 있다. 공개시장 조작은 다른 통화정책 수단에 비해 운영시기와 규모를 신축적으로 조절할 수 있을 뿐만 아니라 다양한 경제주체가 참가하는 금융시장에서 시장메커니즘에 따라 이루어지기 때문에 시장경제시스템에 가장 부합하는 정책수단이다. 또한 중앙은행과 금융기관 간의 즉각적인 매매거래만으로 신속하게 정책을 시행할 수 있다는 장점이 있다(한국은행(2016a), 87쪽).

[48] 한국은행은 공개시장 조작을 통해 금융기관의 지급준비금("지준") 규모를 변동시킴으로써 콜금리가 기준금리에서 크게 벗어나지 않도록 조정한다. 한국은행법에 의해 지준예치의무가 있는 금융기관은 지준 적립 대상 채무에 대해서 필요지급준비금("필요지준")만큼을 한국은행에 예치하여야 하며 지준 과부족이 발생할 경우 콜시장을 통해 자금을 조달하거나 운용한다. 즉 금융기관은 보유하고 있는 지준이 필요지준에 미치지 못할 경우에는 콜머니를 통해 부족한 지준을 조달하고 보유지준이 필요지준을 초과할 경우에는 콜론으로 잉여 지준을 운용한다. 한편 금융기관의 지준 부족으로 콜머니가 증가하고 콜금리 상승압력이 증대될 경우 한국은행은 RP매입 등의 공개시장 조작을 통해 지준을 공급하여 콜금리의 상승을 제한하며, 반대로 지준 잉여로 콜론이 증가하고 콜금리 하락압력이 증대될 경우에는 RP매각, 통화안정계정 예치, 통화안정증권 발행 등의 공개시장 조작을 통해 잉여 지준을 흡수하여 콜금리의 하락을 제한한다. 이처럼 한국은행은 공개시장 조작을 통해 지준의 수급 불일치를 조정함으로써 콜금리가 기준금리에서 크게 벗어나지 않도록 유지하고 있다(한국은행(2016a), 87-88쪽).

되는데 한국은행은 유동성을 흡수하기 위해서는 RP매각을 실시하고 유동성을 공급하기 위해서는 RP매입을 실시한다. RP매각의 경우 한국은행이 보유채권을 금융기관에 매도하면서 일정기간 후에 그 채권을 되사기로 하는 계약을 체결한다. 따라서 RP매각 시점에서는 한국은행이 금융기관의 유동성을 흡수하게 되고 RP매각 만기도래 시점에서는 채권 환매수를 통해 다시 유동성을 공급하게 된다. 이와 반대로 RP매입의 경우 한국은행이 금융기관 보유채권을 매입하면서 일정기간 후에 그 채권을 되팔기로 하는 계약을 체결한다. 따라서 RP매입 시점에서는 한국은행이 금융기관에 유동성을 공급하게 되고 RP매입 만기도래 시점에서는 채권 환매도를 통해 유동성을 흡수하게 된다.[49]

2. 매매방식

공개시장운영규정(제2조 제1호, 제7조 및 제8조)에 따르면 한국은행 RP매매는 매매방식에 따라 공개시장에서 불특정 상대방을 대상으로 하는 공모방식과 특정 상대방을 대상으로 하는 상대매매로 구분된다. 상대매매는 금융시장의 안정 또는 통화신용정책의 원활한 운영을 위하여 필요한 경우 예외적으로 실시하며 금리와 만기 등 매매조건은 한국은행과 상대기관간 협의에 의해 결정된다.

공모방식에 의한 매매는 경쟁입찰과 모집으로 나누어진다. 경쟁입찰은 금리입찰방식으로서 한국은행이 결정한 내정금리와 금융기관이 제시한 응찰금리에 따라 낙찰기관이 결정된다. RP매입의 경우에는 최저 매입내정금리 이상에서 높은 금리 순으로 낙찰기관이 정해지고, RP매각의 경우에는 최고 매각내정금리 이하에서 낮은 금리 순으로 낙찰기관이 결정된다. 모집은 고정금리 입찰방식으로서 매매금리가 고정되고 입찰참가기관의 응찰규모에 따라 낙찰규모가 비례 배분된다.

3. 대상증권

RP매매 대상증권은 2020년 4월 9일 현재 ⅰ) 국채(제1호), ⅱ) 정부가 원리금 상환을 보증한 증권(제2호), ⅲ) 통화안정증권(다만 환매도를 조건으로 매입하는 경우에 한정)(제3호), ⅳ) 한국주택금융공사가 발행한 주택저당증권(제4호), ⅴ) 한국산업은행이 발행한 산업금융채권(제5호), ⅵ) 중소기업은행이 발행한 중소기업금융채권(제6호), ⅶ) 한국수출입은행이 발행한 수출입금융채권(제7호), ⅷ) 다음의 법인이 발행한 특수채(정부가 원리금 상환을 보증한 채권은 제외), 즉 예금보험공사, 중소벤처기업진흥공단, 한국가스공사, 한국도로공사, 한국수자원공사, 한국전력공사, 한국철도공사, 한국철도시설공단, 한국토지주택공사가 발행한 특수채(제8호), ⅸ) 다음 각

---

49) 한국은행(2016a), 74쪽.

목의 채권, 즉 농업협동조합중앙회나 농협은행이 발행한 농업금융채권, 수산업협동조합중앙회나 수협은행이 발행한 수산금융채권, 은행법 제33조에 따라 은행이 발행한 금융채(다만 전환사채, 교환사채 및 신주인수권부사채로서 그 매매기간 내에 채권에 부속된 청구권의 행사기간이 도래하는 채권은 제외)(제9호)이다(공개시장운영규정4①).

위 제1항 제8호 및 제9호의 채권의 매매는 환매조건부매매에 한정한다(공개시장운영규정4②). 위 제1항 제4호부터 제9호까지의 채권으로서 증권매매 상대방 자신 또는 그와 다음의 어느 하나에 해당하는 관계에 있는 자가 발행하는 채권은 매매할 수 없다(공개시장운영규정4③).

1. 매매상대방을 지배하는 금융지주회사법에 따른 금융지주회사의 다른 자회사 또는 손자회사
2. 매매상대방이 발행한 의결권 있는 주식총수의 30% 이상을 소유하고 있거나 최다수 주식 소유자로서 경영에 참여하고 있는 회사

위 제1항 제4호부터 제9호까지의 증권으로서 매매기간 내에 그 발행인 또는 소지인이 만기전 상환을 요구할 수 있는 선택권의 행사기간이 도래하는 증권은 매매할 수 없다(공개시장운영규정4④).

후순위채권, 상각 또는 주식전환 등의 가능성이 있는 조건부자본증권, 환매기간 중에 원금의 상환기한이 도래하거나 발행인 또는 소지인이 만기 전 상환을 요구할 수 있는 선택권의 행사기간이 도래하는 증권은 매매 대상으로 할 수 없다(공개시장운영세칙9).

4. 거래 대상기관

대상기관은 은행, 중소기업은행, 한국산업은행, 한국수출입은행, 투자매매업자, 투자중개업자, 집합투자업자, 신탁업자, 증권금융회사, 종합금융회사, 자금중개회사, 한국거래소, 보험회사, 국민연금기금이다(공개시장운영규정2①). 한국은행총재는 원칙적으로 매년 1회 위 대상기관 중에서 공개시장운영과 관련한 거래를 행할 대상기관을 <별표>에서 정하는 기준에 따라 선정하여야 한다. 다만 총재는 금융경제 상황 등을 고려하여 필요하다고 인정하는 경우 금융통화위원회의 의결을 거쳐 <별표>의 기준과는 별도로 대상기관을 추가 선정할 수 있다(공개시장운영규정2②).

제4절 양도성예금증서(CD)시장

Ⅰ. 서설

1. 의의

양도성예금증서(CD)는 은행의 정기예금증서에 양도성이 부여된 단기금융상품이다. CD에 관한 법규정은 없으며 한국은행 금융통화위원회가 제정한 「금융기관 지급준비규정」과 「양도성 예금증서의 발행조건」에 근거를 두고 발행되고 있다. CD는 무기명 할인식으로 발행되고 양도가 가능하다. CD의 만기는 30일 이상(중도해지 불가능. 다만 2002년 6월 30일 이전에 발행되고 토요일에 만기가 도래하는 경우 직전 영업일에 해지 가능)으로 제한되어 있는데, 1년 이상의 만기를 가진 CD의 발행은 거의 없으며, 만기 6개월 미만의 CD발행이 주를 이룬다. CD는 투자 주체에 따라 은행간 CD와 대고객 CD로 구분할 수 있는데, 현재 국내은행의 CD발행은 대고객 CD 중심으로 이루어지며 은행간 CD발행은 지극히 미미한 편이다.

2. 법적 성격

CD는 예금이다. CD는 한국은행법상 지급준비금 적립대상[50]이 되는 예금채무에 해당한다. 다만 은행을 상대로 발행하는 CD는 지급준비금 적립대상에서 제외[51]된다. 일반 고객을 대상으로 하는 CD거래는 예금채무에 해당되어 한국은행에 지급준비금을 예치할 의무가 있지만, 은행예금과는 달리 예금보험대상은 아니다(예금자보호법2(2) 단서 및 동법 시행령3②(2)).[52]

CD는 권리의 이전과 행사를 위해 증권의 소지가 필요하다는 점에서 상법상 유가증권이다. CD는 만기 전 양도되는 경우 시중금리에 따라 원본손실위험이 있으므로 투자성이 인정되나 ⅰ) 만기가 짧아 금리변동에 따른 가치변동이 미미한 점, ⅱ) 통상 은행에서 거래되는 CD를 금융투자상품으로 파악하면 기존의 금융업종 간 업무 배분에 혼란이 초래되는 점을 고려하여 정책적으로 제외한 것이다(자본시장법3①(1)). 반면 외화표시 CD는 환율변동에 따라 가치변동이

---

50) 「금융기관 지급준비규정」 제2조 제1항 제2호에 따라 대고객 CD는 정기예금, 정기적금, 상호부금, 주택부금 등과 함께 2.0% 이상의 지급준비금 적립대상에 해당한다.

51) 「금융기관 지급준비규정」 제2조 제2항에 따르면 한국은행에 지급준비금 보유의무가 있는 금융기관을 상대로 발행된 양도성예금증서 발행채무는 지급준비금 적립대상 채무에서 제외된다.

52) 예금보험대상이라 함은 금융기관이 영업정지나 파산 등으로 고객의 예금을 지급하지 못하게 될 경우 예금보험공사가 금융기관을 대신하여 예금자를 보호하게 되는데, 이때 보호대상이 되는 금융상품을 의미한다. 일반적으로 보통예금, 정기예금, 정기적금 등과 같은 예금상품들은 예금보험의 대상이 되지만 은행에서 취급하더라도 CD나 실적배당형 상품인 투자신탁 등은 보호대상이 아니다.

클 수 있어 투자자보호 차원에서 자본시장법상 금융투자상품에 포함된다.

3. 기능

CD시장은 CD가 발행·유통되는 단기금융시장으로서 발행기관, 중개기관 및 매수기관으로 구성된다. 발행기관인 은행(예금은행)의 입장에서는 대출 등 자금수요에 따라 발행규모를 조절함으로써 탄력적인 자금조달이 가능하다. 중개기관(증권사, 종합금융회사, 자금중개회사)은 발행기관과 매수기관을 연결하여 수수료를 받을 수 있을 뿐 아니라 자기계산으로 매매에 참여하여 시세차익을 얻을 수도 있다. 매수기관은 만기 1년 이하 단기자금 운용수단으로서 CD를 매입하고 있다.[53]

Ⅱ. 거래조건

CD는 중도해지할 수는 없으나 양도가 가능하므로 매수자가 보유 CD를 현금화하고자 하는 경우 매각할 수 있다. 최저액면금액에 대한 제한은 없으나 은행들은 내규 등을 통해 5백만원 또는 1천만원으로 설정하여 운영하고 있다.

CD는 할인방식으로 발행된다. 할인이자는 "액면금액×할인율×(만기시까지의 일수/365)"로 계산된다. 매수자는 CD를 살 때 예치기간 동안의 이자를 뺀 금액만을 지급하고 만기에 액면금액을 받게 된다. 다만 은행에서는 여타 금융상품과 수익률을 비교할 수 있도록 할인율 대신에 수익률로 금리를 고시하고 있다. CD 발행금리(수익률)는 일반적으로 은행채 등 다른 시장금리, 발행금액 및 만기 등을 감안하여 결정되는데 은행별 신용도에 따라 금리 수준이 다르다.[54]

Ⅲ. 참가기관

1. 발행기관

CD를 발행할 수 있는 금융기관은 한국은행에 예금지급준비금 예치의무가 있는 금융기관이다. CD시장은 은행에 의해 무기명식으로 할인발행(발행시장)되어 거래(유통시장)되는 시장이다.

---

53) 한국은행(2016a), 91쪽.
54) 한국은행(2016a), 94쪽.

2. 중개기관

CD거래 중개업무는 증권회사, 종합금융회사 및 3개 자금중개회사[55]가 담당하고 있다. 중개기관은 단순중개와 매매중개를 모두 할 수 있으나 현재 자금력 부족 등으로 대부분 발행시장에서의 단순중개에만 치중하고 있다.[56]

3. 매수기관

CD는 매수 주체에 따라 대고객 CD와 은행간 CD로 구분된다. 대고객 CD는 다시 은행 창구에서 직접 발행되는 창구 CD(또는 통장식 CD)와 중개기관의 중개를 통해 발행되는 시장성 CD로 구분된다. 개인, 일반법인, 지방자치단체 등은 주로 발행은행 창구에서 직접 매입하는 반면 자산운용회사, 보험회사 등 금융기관은 중개기관을 통해 매입한다.

은행간 CD는 일반적으로 중개기관을 통하지 않고 발행은행과 매수은행간 직접 교섭에 의해 발행된다. 은행간 CD는 은행 상호간 자금의 과부족을 해소하기 위한 수단으로 발행되며, 지급준비금 적립대상에서 제외되는 대신 양도가 엄격히 금지되고 있다.[57]

제5절　기업어음(CP)시장

Ⅰ. 서설

1. 의의

CP시장은 신용상태가 양호한 기업이 상거래와 관계없이 자금운용에 필요한 단기자금을 조달하기 위하여 자기신용을 바탕으로 발행하는 만기 1년 이내의 융통어음이 발행되고 거래되는 시장이다. CP는 발행기업, 할인·매출기관 및 매수기관으로 구성되어 있으며, 할인·매출기관은 할인 CP를 매수기관에 매출하면서 매매익을 얻고 매수기관은 만기 1년 이하의 단기자금을 운용할 수 있다. 주 발행기관은 은행을 제외한 제2금융기관, 일반기업, 공사 등이 단기자금 조달수단으로 널리 사용되며 회사채와 달리 등록되지 않는 특성이 있다. 또한 일반적으로 은행대출보다 금리면에서 유리하다. 금리는 신용도 및 만기 등에 의해 결정되며 할인발행되는 것이

---

55) 한국자금중개, SMB외국환중개, KIDB자금중개.
56) 한국은행(2016a), 94-95쪽.
57) 한국은행(2016a), 95쪽.

일반적이다.

CP는 발행절차가 간편하고 담보없이 신용으로만 발행되기 때문에 기업의 신속한 자금조달수단으로 활용되고 있다. 반면 발행기업에 대한 정보가 시장에 충분히 제공되지 않기 때문에 투자자는 CP가 신용사건에 대한 잠재적인 도화선이 될 수 있다.[58]

어음법상의 특성으로 인하여 발행에 있어서는 신속성과 간편성을 확보하고 있지만, 유통의 측면에서는 불편함이 존재한다. 기업어음은 아직도 실물발행의 의무가 존재하며, 권면액 이하로 분할양도가 불가능하다. 액면분할이 허용되지 않는 것은 CP의 운용에 있어서 특히 문제가 되고 있다. 관행상 100억원 단위로 발행되는 CP를 특정펀드에 편입하였을 때 고객의 환매에 대응하여 펀드 내의 운용자산 중 해당 CP를 100억원 이하로 유지해야 할 경우 CP의 액면분할이 원칙적으로 불가능하기 때문에 해당 CP를 매각해야 하는 상황이 발생한다. 물론 실무에서는 편법적인 방법으로 CP를 액면분할하는 관행이 관찰되고 있지만 어음법을 엄격히 적용할 경우 이러한 분할행위는 모두 불법적인 행위이며 감독당국의 의지에 따라 규제를 강화해야 할 여지가 있는 영역이다. CP의 실물과 대금의 결제가 분리되어 있다는 점도 어음법 적용상의 문제점이다. 결제인프라의 발전으로 인하여 대부분의 증권거래가 동시결제(DVP)방식[59]에 의하여 처리되고 있음에도 불구하고 CP는 아직도 동시결제가 아니라 실물과 대금의 분리결제방식을 따르고 있어 거래당사자는 불필요한 신용위험에 노출되어 있다.[60]

2. 법적 성격

CP는 어음법상 융통어음인 동시에 자본시장법상의 기업어음증권이다. 자본시장법이 도입되기 이전부터 CP는 증권거래법상의 유가증권으로 정의되었으며, 자본시장법은 증권거래법을 받아들이면서 CP를 채무증권으로 정의(법4③)하였다. 그런데 자본시장법은 증권거래법상 존재하던 CP에 대한 요건을 대폭으로 완화하였으며, 발행주체(상장법인 등), 만기(1년), 최저액면금액(1억원), 신용등급(기업어음등급 B 이상) 등에 관한 요건이 모두 사라졌다. 이 중에서 특히 문제가 되는 부분은 만기의 제한이 없어졌다는 점인데, 증권거래법상 CP는 만기 1년 이내에서만 발행이 가능하였으나 현행 자본시장법에서는 CP의 만기에 대해 침묵하고 있어 사실상 CP의 만기에 제한이 없다. 만기에 대한 제한이 없을 경우 1년 이상의 만기를 가진 CP가 발행될 수 있고 실제로 1년 이상의 만기를 가진 장기 CP들이 상당수 발행되고 있다. 장기 CP는 잠재적으

---

58) 기업의 편리한 자금조달수단이기는 하지만, 금융시장의 경우 CP로 인하여 여러 문제가 발생한 경험이 있는데, 대우사태, SK글로벌사태, 카드사태 등이 문제가 발생하기 이전에 해당 기업이 CP발행을 급격히 늘려서 시스템문제가 발생한 사례였다.

59) 예탁결제원에 의해 증권결제되는 유가증권은 동시결제(DVP)방식으로 결제가 진행된다.

60) 황세운·김준석·손삼호(2013), 241쪽.

로 회사채의 발행을 구축할 수 있으며, 이는 공모 회사채시장이 가진 다양한 정보전달기능을 잠식할 가능성이 높다.[61]

3. 기능

CP는 주식, 채권과 달리 이사회 의결, 발행기업등록, 증권신고서 제출 등의 절차 없이 간편하게 발행이 가능하며 대부분 사모로 발행됨으로써 등록 및 공시 의무가 면제된다. 1개월 미만의 초단기 CP가 주종을 이루는 선진국과 달리 우리나라에서는 만기가 3개월 또는 6개월 이상의 CP 비중이 상대적으로 높게 나타나고 있는데, 이는 현재 우리나라 CP제도 자체의 문제점과 더불어 앞서 언급한 비은행금융기관 등의 콜시장 참가에 기인하는 것으로 추정된다. 발행기업의 입장에서 볼 때, CP의 가장 큰 장점은 간편한 발행절차라고 할 수 있다. CP는 어음법상 약속어음의 요건만 충족되면 발행가능하며, 금액과 만기를 조절할 수 있고, 금리도 발행기업의 신용도와 시장상황에 따라 협상에 의해 결정된다. CP의 또 다른 장점은 신용에 의한 자금조달이 가능하다는 것이다. CP는 발행단위가 거액이고 대부분 무담보 매출이어서 신용위험을 부담해야 하므로 투자자의 대부분은 기관투자자들이다. 이들 기관투자자들은 CP를 단기운용펀드에 편입하여 일반에게 간접매출을 하는 기능을 수행한다.[62]

Ⅱ. 발행조건

CP 발행기업의 요건과 발행조건은 할인금융기관에 따라 상이하다. 증권회사 고유계정이 할인 매입하는 CP의 경우 대상기업, 만기 및 액면금액 등에 대한 제한이 없다. 그러나 증권회사 고유계정이 장외시장에서 CP를 매매, 중개·주선 또는 대리하는 경우에는 2개 이상의 신용평가기관으로부터 신용평가를 받은 CP만을 대상으로 무담보매매·중개방식으로 할인을 할 수 있다.[63] 그러나 CP에 대한 직·간접의 지급보증은 할 수 없다(자본시장법 시행령183①(2)).

종합금융회사가 할인·매입하는 경우에는 만기 1년 이내 CP에 한해서만 할인·매매·중개를 할 수 있다(자본시장법336①(1)). 한편 종합금융회사가 기업을 대상으로 어음할인을 하기 위해서는 해당 기업을 적격업체로 선정해야 한다(자본시장법 시행령327①). 따라서 종합금융회사는 CP 할인 전 발행기업에 대한 신용조사와 함께 재무구조 및 경영상황 등을 분석하여 적격업체로 선정 여부를 결정한 후 동일인 여신한도(자본시장법342④ = 20%) 이내에서 적정 할인 한도를

---

61) 황세운·김준석·손삼호(2013), 241-242쪽.
62) 박동민·이항용(2011), 112쪽.
63) 한국은행(2016a), 115-116쪽.

설정한다.

국내 CP의 신용등급 체계는 A1을 최우량등급으로 하고 그 다음으로 A2, A3, B, C, D의 순으로 구성되어 있다. 이 중 투자등급은 A1−A3등급이며 투기등급은 B등급 이하이다. A2−B등급에 대해서는 동일등급 내에서 우열을 나타내기 위하여 +, − 부호를 부가하여 세분하고 있다. 한편 ABCP의 경우에는 상기 신용등급에 구조화 금융상품을 의미하는 'sf(structured finance)'를 추가하여 표시한다.[64]

Ⅲ. 참가기관

1. 발행기관

CP는 민간기업, 공기업, 증권회사, 신용카드회사, 특수목적회사(SPC)[65] 등이 발행하고 있다.

2. 할인 및 매출기관

CP의 할인 및 매출은 주로 증권회사와 종합금융회사가 담당하고 있다. 종합금융회사는 매출뿐만 아니라 자체 보유목적으로도 CP를 할인한다. 반면 수신기능이 제한적인 증권사는 일반적으로 CP를 할인한 후 자체보유하지 않고 매출한다.

한편 은행, 자산운용회사 및 보험회사 등의 CP 할인은 활발하지 않다. 은행의 경우 CP 할인이 대출로 간주되어 동일인 여신한도(은행법35 및 35의2: 동일계열 여신한도는 자기자본의 25%, 동일인 여신한도는 자기자본의 20%)의 제한을 받는 데다 당좌대출, 상업어음할인 등 CP 할인 외의 다양한 형태로 기업에 단기자금을 공급할 수 있기 때문이다. 자산운용회사나 보험회사, 여신전문금융회사의 경우에는 CP 발행기업에 대한 독자적인 심사기능을 갖추지 못하고 있는 데다 할인·매출기관을 통하여 CP를 매입하더라도 수수료 부담이 크지 않기 때문에 할인보다는 주로 증권회사와 종합금융회사를 통한 매입을 선호하고 있다.[66]

3. 매수기관

자산운용회사의 MMF, 종합금융회사, 은행신탁, 증권신탁 등이 주요 CP 매입 주체이다.[67]

---

64) 한국은행(2016a), 116쪽.
65) SPC는 통상 자산유동화를 목적으로 설립되며, 자산유동화증권의 일종인 자산담보부기업어음(ABCP)을 발행한다.
66) 한국은행(2016a), 117-118쪽.
67) 한편 개인들은 CP를 직접 매입하기보다는 은행의 특정금전신탁 또는 증권사 종금형 CMA 등을 통하여 간접적으로 투자하고 있다.

자산운용회사는 주로 증권회사와 종합금융회사가 중개한 CP를 매수하며 은행신탁은 할인·매출기관이 중개한 CP를 매입할 뿐만 아니라 직접 할인하여 매입하기도 한다.[68]

제6절 전자단기사채(ABSTB)시장

Ⅰ. 의의

전자단기사채(ABSTB)는 기업이 단기자금을 조달하기 위하여 발행하는 만기 1년 미만의 사채로서 실물이 아닌 전자증권으로 발행·유통되는 단기금융상품이다. 이는 CP의 편리성은 유지하면서도 CP가 가지고 있던 불편함을 개선하여 발행·유통의 편리성을 제고한 상품이다. 즉 ABSTB는 CP를 대체하기 위하여 2013년 1월에 도입된 새로운 상품으로 1972년에 도입된 CP가 거래의 투명성과 효율성 등 자본시장의 니즈에 맞는 새로운 상품으로 재설계된 것이다.[69]

전자단기사채의 법적 성격은 어음이 아닌 사채권이지만 경제적 실질은 기존의 CP와 동일하다. 다만 CP는 실물로 발행·유통되지만 ABSTB는 실물 없이 전자등록기관의 전자등록계좌부에 전자등록되는 방식으로 발행·유통되는 점이 다르다. 전자등록이란 주식등의 종류, 종목, 금액, 권리자 및 권리 내용 등 주식등에 관한 권리의 발생·변경·소멸에 관한 정보를 전자등록계좌부에 전자적 방식으로 기재하는 것을 말한다(전자증권법2(2)).

CP의 문제를 해결하기 위하여 2013년 1월 전자단기사채법을 시행하였다. 전자단기사채법은 CP의 법적 형식을 약속어음에서 사채로 전환하고(CP의 사채화), 그 사채의 발행·유통을 전자화한 것이다(사채의 전자화). 상법의 특별법인 전자단기사채법은 CP와 같은 상품성을 갖는 단기사채라는 새로운 종류의 사채를 정의하고, 이 단기사채가 CP와 같은 상품성을 유지하고 사채권 없이 전자적으로 발행·유통되도록 상법상 사채와는 다른 특례를 규정하였다.

2019년 9월 16일부터 시행된 전자증권법의 제정에 따라 전자단기사채법은 폐지되었다(전자증권법 부칙2②). 전자증권법에서는 전자단기사채법의 규정 중에서 전자단기사채등의 정의규정과 상법에 대한 특례규정을 옮겨서 규정하고 있다. 다만 명칭을 전자단기사채 대신 단기사채등으로 하고 있다.

---

68) 한국은행(2016a), 118쪽.
69) 박철영(2013), "전자단기사채제도의 법적 쟁점과 과제", 상사법연구 제32권 제3호(2013. 11), 9쪽.

Ⅱ. 도입배경

전자단기사채의 도입배경은 크게 두 가지 측면에서 살펴볼 수 있다.

ⅰ) 전자단기사채는 기업어음을 대체해 나가기 위해 도입되었다. 기업어음은 그동안 일반 기업과 금융기관의 단기자금 조달수단으로의 역할을 담당해 왔으나 그 과정에서 여러 구조적인 문제점도 노출하였다. 어음법과 자본시장법을 모두 적용받는 법적 지위[70]로 인해 운영상의 불편함이 있었으며, 어음의 특성상 발행절차는 간편[71]하지만 공시의무가 없어 시장 투명성과 투자자 보호를 위한 제도적 장치는 미흡하다는 지적을 받아 왔다. 아울러 증권과 대금의 동시 결제가 이루어지지 않아 발행회사가 신속하게 발행대금을 사용하기 어려우며, 이는 기업어음이 1일물과 같은 초단기물로 발행되는 것을 제약하는 요인으로 작용하였다.[72] 이러한 기업어음의 문제점을 해소할 뿐만 아니라 발행 및 유통의 편의성을 한층 제고하는 한편 단기자금 조달이라는 본연의 목적에도 보다 부합하는 새로운 자금조달수단으로 전자단기사채가 도입되었다.[73]

ⅱ) 증권사 등 비은행금융기관들의 단기자금 조달수요가 주로 콜시장에 집중되어 있던 현상을 완화할 필요가 있었던 점도 전자단기사채의 도입배경이 되었다. 우리나라의 콜시장은 은행간 시장으로 출범하였으나 점차 비은행금융기관까지 참가하는 대규모 초단기 신용시장으로 변화되었다. 은행보다 신용도가 상대적으로 떨어지는 비은행금융기관들의 콜시장 참가 확대가 개별 금융기관 입장에서는 효율적일 수 있으나, 금융시장 전체적으로는 시스템리스크를 증대시키는 요인으로 작용할 수 있다. 이에 정부는 비은행금융기관의 과도한 콜시장 참가를 제한하는 한편 콜시장을 통한 단기자금 조달 및 운용 수요를 흡수해 나가기 위해 전자단기사채제도를 도입하였다.[74]

Ⅲ. 발행조건

전자단기사채란 사채 또는 법률에 따라 직접 설립된 법인이 발행하는 채무증권에 표시되

---

70) 기업어음은 어음법상의 약속어음과 자본시장법상의 채무증권으로의 성격을 모두 지닌다. 그런데 어음법은 어음에 대해 발행을 비교적 자유롭게 허용하고 유통을 제한하고 있는 반면 자본시장법은 채무증권에 대해 발행은 까다롭게, 유통은 비교적 자유롭게 허용하고 있어 서로 상충되는 측면이 있다.
71) 기업어음의 경우 발행기업이 이사회의 의결이나 등록절차 없이 발행할 수 있기 때문에 자금이 필요한 경우 언제라도 즉시 발행할 수 있다.
72) 이외에 기업어음은 어음이기 때문에 일부배서, 즉 액면분할이 허용되지 않는(어음법12②) 점도 기업어음의 운용을 제약하는 요인으로 지적된다.
73) 한국은행(2016a), 136쪽.
74) 한국은행(2016a), 138쪽.

어야 할 권리로서 일정한 요건을 갖추고 전자등록된 것을 말한다. 여기서 일정한 요건이란 ⅰ) 각 사채등의 금액이 1억원 이상이어야 하고, ⅱ) 만기가 1년 이내이어야 하고, ⅲ) 사채등의 금액을 한꺼번에 납입하여야 하고, ⅳ) 만기에 원리금 전액을 한꺼번에 지급한다는 취지가 정해져 있어야 하고, ⅴ) 사채등에 전환권, 신주인수권, 그 밖에 다른 권리로 전환하거나 다른 권리를 취득할 수 있는 권리가 부여되지 아니하여야 하며, ⅵ) 사채등에 담보부사채신탁법 제4조에 따른 물상담보를 붙이지 아니하여야 한다(전자증권법59).

최소금액 요건은 발행뿐만 아니라 계좌간 대체 등록, 액면 분할시에도 적용되며, 만기를 1년 이내로 제한[75]한 것은 회사채시장과의 경합 가능성을 최소화하기 위해서이다. 일시 납입, 만기 전액 일시상환, 주식관련 권리 및 담보설정 금지 요건은 전자단기사채와 경제적 실질이 동일한 기업어음과 같이 권리·의무관계를 단순화하기 위함이다.[76] 한편 기업어음과 동일하게 투자매매업자 또는 투자중개업자가 전자단기사채를 장외에서 매매하거나 중개·주선 또는 대리하는 경우에는 2개 이상의 신용평가회사로부터 해당 전자단기사채에 대해 신용평가를 받아야 한다(자본시장법 시행령183③).

그리고 단기사채등에 대해서는 상법 제469조 제4항에도 불구하고 이사회가 정하는 발행한도(미상환된 단기사채등의 발행 잔액을 기준으로 한다) 이내에서 대표이사에게 단기사채등의 발행 권한을 위임할 수 있다. 또한 상법 제488조에도 불구하고 사채원부를 작성하지 아니하며, 사채권자집회에 관한 규정 다수도 적용이 배제된다(전자증권법59, 60, 61).

---

75) CP의 경우에는 만기제한이 없다. 그 영향으로 회사채 수요예측제도가 시행된 2012년 4월부터 2013년 4월까지는 동 제도를 회피하기 위해 만기가 1년 이상인 CP가 다수 발행되면서 CP가 회사채시장을 일부 잠식한다는 비판이 있었다. 다만 2013년 5월 이후로는 만기 1년 이상 CP에 대해 증권신고서 제출의무를 부과한 것이 사실상 만기를 제한하는 효과를 나타내고 있다.
76) 한국은행(2016a), 138쪽.

자본시장

제1절 서 설

Ⅰ. 자본시장의 형성과정

금융시장을 구성하는 하나의 시장인 자본시장은 주로 기업이 장기자금을 조달하는 장기금융시장이다. 우리나라의 자본시장에는 주식이 거래되는 주식시장과 국채, 회사채, 금융채 등이 거래되는 채권시장과 파생상품시장이 있다. 일반적으로 자본시장을 증권시장으로 부른다.

산업혁명에 이어 근대적 생산방식이 도입됨에 따라, 생산의 주체인 기업이 자본을 축적하고 조달하는 데 있어서도 큰 변화가 일어난다. ⅰ) 기업에 있어서 자본수요의 양적 확대이다. 대규모로 확대된 기업들은 거액의 자금을 수요하게 되고 기업은 광범위하게 사회 전반에 흩어져 있는 일반 대중의 유휴저축에서 자금의 원천을 찾게 된다. ⅱ) 기업에 있어서 장기적인 자본수요의 확대이다. 기업들이 기계·설비 등을 확대하면서 기업의 자본구성에서 차지하는 고정자산의 비중이 증대됨에 따라 이른바 자본의 유기적 구성의 고도화가 이루어진다. 기계·설비 등의 투하자본 회임기간이 길기 때문에 자본의 유기적 구성이 고도화하면 할수록 기업은 장기성 자금을 선호하게 된다.[1]

이처럼 근대자본주의 아래서 기업자본의 수요와 공급은 그 양적 측면에서 거액자본수요에 대한 소액자본공급 그리고 그 질적 측면에서 장기성 자본수요에 대한 단기성 자본공급이라는

---

[1] 허화·박종해(2010), 「자본시장론」, 탑북스(2010. 2), 12쪽.

두 측면에서 상호 불균형이 발생하게 된다. 이런 불균형적 상황은 새로운 금융제도를 출현시키게 된다. 바로 주식회사제도 아래서 생기게 된 증권시장제도이다. 주식회사는 증권시장에서 자본의 증권화를 활용하여 자금을 조달함으로써 자본수급의 불균형을 극복할 수 있게 된다. 다시 말해 자금수요자인 기업은 주식을 영구적으로 이용하고, 회사채에 대해서는 만기까지 자유로이 이용할 수 있게 되었다. 그리고 자본의 공급자인 투자자는 보유증권을 제3자에게 양도함으로써 언제든지 투자자금을 회수할 수 있게 되었다. 이처럼 자본의 증권화에 의하여 생성된 증권이 실제로 거래되는 자본시장이 형성되게 되었다. 자본시장의 기원은 증권의 매매가 일정한 규모에 달하여 조직적인 시장을 형성하게 된 19세기 이후이다.

Ⅱ. 자본시장의 의의와 기능

자본시장이란 기업, 정부, 지방자치단체, 공공기관 등이 장기자금을 조달하는 시장으로 넓은 의미에서는 은행의 시설자금대출 등 장기대출시장을 포함하기도 하나 통상적으로는 국채, 회사채, 주식등이 거래되는 증권시장을 의미한다. 여기서는 자본시장의 범위를 주식시장과 채권시장으로 제한하여 살펴본다.

자본시장은 다음과 같은 기능을 수행하고 있다.

ⅰ) 가계 등의 여유자금을 기업 등에 장기투자재원으로 공급함으로써 국민경제의 자금잉여부문과 자금부족부문의 자금수급 불균형을 조절한다.[2)]

ⅱ) 자금의 배분이 효율적으로 이루어지도록 한다. 미래 수익성이 높고 성장성이 기대되는 기업으로 자본이 집중되도록 하여 이들 기업이 다른 기업보다 낮은 비용으로 필요한 자금을 조달하고 생산능력을 확충할 수 있게 한다. 이에 따라 국민경제는 이들 기업을 중심으로 생산효율이 극대화되고 산업구조의 고도화가 촉진되면서 경제전체의 부(富)도 늘어난다.

ⅲ) 다양한 투자수단을 제공한다. 투자자의 입장에서 주식, 채권 등은 유용한 투자수단이 되며 자본시장 발달과 함께 증권의 종류가 다양화·고도화되면서 투자자는 더욱 다양한 포트폴리오를 구성할 수 있는 기회를 갖게 된다. 자본시장에서 거래되는 금융투자상품은 금리변동에 따른 자본손실위험 및 신용위험이 비교적 커서 이들 상품의 수익률이 단기금융상품에 비해 높은 것이 일반적이다. 최근 경제주체들의 금리민감도가 높아진 가운데 위험선호도가 높은 투자자를 중심으로 주식과 채권에 대한 수요가 확대되고 있으며 전체 금융상품 중 이들 장기금융상품의 비중도 높아지는 추세에 있다.

ⅳ) 자본시장은 중앙은행의 통화정책이 실물경제에 영향을 미치는 매개기능을 수행한다.

---

2) 한국은행(2016a), 150-151쪽.

중앙은행이 정책금리를 변경하면 여러 경로를 통해 자본시장의 장기수익률에 영향을 미치고 기업의 자본조달비용을 변동시킴으로써 궁극적으로 기업의 투자결정에 영향을 미친다. 동시에 채권 및 주식의 자산가치 변동으로 인한 부의 효과(wealth effect)를 통해 가계소비에도 영향을 미치게 된다.

제2절 주식시장

Ⅰ. 서설

1. 의의

주식은 자유로이 양도할 수 있고 그 권리의 내용이 정형화되어 고도의 유통성을 가지므로 시장에서 거래되는 금융상품으로서의 적격성을 지니고 있다. 그래서 연혁적으로 볼 때 주식회사제도는 증권시장과 함께 탄생하고 성장하였으며, 주식회사는 당초 증권시장을 통해 대중으로부터 자금을 집중시킬 목적으로 만들어진 제도이다. 오늘날 기업이 안정적으로 성장함에 따라 주식은 대중의 주된 자산관리수단으로 활용되고 있다. 이를 사회 전체로 보면 유휴자본을 축적하도록 유도하고 이를 다시 기능자본으로 전화시키는 수단이 되며, 또 증권시장에 투입된 자본은 단기적인 유동성을 가지므로 정부는 이를 유용한 유동성관리의 수단으로 삼을 수 있다.3)

주식시장은 주식회사의 지분권을 표시하는 증권인 주식이 거래되는 시장이다. 주식은 이익배당 및 잔여재산분배 등에 있어서 우선적 지위가 인정되나 의결권이 제한되는 우선주와 표준적 성격의 보통주로 나누어진다. 한편 우선주는 우선배당 이후 잔여이익분배에의 참여 여부 및 우선배당권의 차기이월 허용 여부에 따라 참가적·비참가적 우선주 및 누적적·비누적적 우선주로 다시 구분된다. 주식은 상환의무가 없고 경영실적에 따라 배당만 하면 되기 때문에 발행기업 입장에서는 매우 안정적인 자금조달수단이 되며 자기자본으로서 기업의 재무구조를 개선시키는 효과가 있다.

2. 구분

주식시장은 기업공개 및 유상증자 등을 통해 주식이 새롭게 공급되는 발행시장과 이미 발

---

3) 이철송(2014), 「회사법강의」, 박영사(2014. 2), 434-435쪽.

행된 주식이 투자자간에 거래되는 유통시장으로 나누어진다. 유통시장은 장내시장과 장외시장으로 구분되는데, 장내시장(거래소시장)은 유가증권시장, 코스닥시장, 코넥스시장으로 분류되고, 장외시장은 금융투자협회가 관리하는 K-OTC시장 등이 있다.

유가증권시장은 한국거래소에서 개설하는 시장으로 동 시장의 시가총액이 우리나라의 대표주가지수인 코스피의 산출기준이 되므로 코스피시장이라고도 한다. 코스닥시장은 유가증권시장과 더불어 거래소에 개설된 시장이며 유망 중소기업, 벤처기업 등에게 자본시장을 통한 자금조달 기회를 제공하는 한편 투자자에게는 고위험 · 고수익 투자수단을 제공하는 역할을 한다. 코넥스시장은 유가증권시장, 코스닥시장에 이은 제3의 거래소시장으로 중소기업기본법상 중소기업만 상장이 가능하다. K-OTC시장은 비상장 주식의 매매를 위해 한국금융투자협회가 자본시장법에 따라 개설 · 운영하는 장외시장이다.

Ⅱ. 발행시장

주식의 발행은 주식회사가 설립자본금을 조달하거나 자본금을 증액할 때 이루어진다. 자본금 증액을 위한 주식발행에는 금전의 출자를 받아 자본금을 증가시키는 유상증자 이외에 무상증자, 주식배당 및 전환사채의 주식전환 등이 포함된다. 발행시장은 새로운 주식이 최초로 출시되는 시장이라는 점에서 제1차 시장이라고도 한다.[4]

1. 기본구조

발행시장은 자금수요자인 발행인, 자금공급자인 투자자, 주식발행사무를 대행하고 발행위험을 부담하는 인수인으로 구성된다. 발행인에는 기업 등이 포함된다. 투자자는 일반투자자와 전문투자자로 구분되며 인수인의 역할은 투자매매업자가 담당한다. 여기서 전문투자자는 금융상품에 대한 전문성 구비 여부, 소유자산규모 등에 비추어 투자에 따른 위험감수능력이 있는 투자자로서 국가, 한국은행, 대통령이 정하는 금융기관 및 그 밖에 대통령이 정하는 자 등이다(자본시장법9⑤). 일반투자자는 전문투자자가 아닌 투자자를 말한다(자본시장법9⑥).

2. 발행형태

주식의 발행은 기업공개, 유상증자, 무상증자, 주식배당 등 여러 가지 형태로 이루어진다.
(1) 기업공개(IPO)

기업공개(IPO)란 주식회사가 신규 발행주식을 다수의 투자자로부터 모집하거나, 이미 발

---

4) 한국은행(2016a), 261-264쪽.

행되어 대주주 등이 소유하고 있는 주식을 매출하여 주식을 분산시키는 것을 말한다. 기업공개를 추진하는 기업은 먼저 금융위원회에 등록하고 증권선물위원회가 지정하는 감사인에게 최근 사업연도 재무제표에 대한 회계감사를 받아야 한다. 그리고 대표주관회사5)를 선정하고 수권주식수, 1주의 액면가액 등과 관련한 정관 개정 및 우리사주조합 결성 등의 절차를 진행한다. 이후 금융위원회에 증권신고서 제출, 수요예측 및 공모가격 결정,6) 청약·배정·주금납입, 자본금 변경등기, 금융위원회에 증권발행실적보고서 제출 등의 절차를 거쳐 한국거래소에 상장신청 후 승인을 받으면 공개절차가 마무리된다.

(2) 유상증자

유상증자란 기업재무구조 개선 등의 목적으로 회사가 신주를 발행하여 자본금을 증가시키는 것을 말한다. 유상증자시 신주인수권의 배정 방법에는 주주배정증자, 주주우선공모증자, 제3자배정증자, 일반공모증자 등이 있다. 주주배정증자는 주주와 우리사주조합에 신주를 배정하고 실권주가 발생하면 이사회의 결의에 따라 그 처리방법을 결정하는 것이다. 주주우선공모증자는 주주배정증자와 거의 동일하나 실권주발생시 불특정다수인을 대상으로 청약을 받은 다음 청약이 미달되면 이사회의 결의에 따라 그 처리방침을 정한다는 점에서 차이가 있다. 제3자배정증자는 주주 대신 관계회사나 채권은행 등 제3자가 신주를 인수하도록 하는 방식이며, 일반공모증자는 주주에게 신주인수 권리를 주지 않고 불특정다수인을 대상으로 청약을 받는 방식이다. 유상증자의 절차를 보면 주주배정증자방식의 경우 이사회의 신주발행 결의, 금융위원회에 증권신고서 제출, 신주발행 및 배정기준일 공고, 신주인수권자에 신주배정 통지, 신주청약 접수, 실권주 처리, 주금납입 및 신주발행등기, 신주 상장신청 순으로 이루어진다. 유상증자시 신주 발행가액은 기준주가7)에 기업이 정하는 할인율8)을 적용하여 산정한다.

(3) 무상증자

무상증자란 주금의 납입 없이 이사회의 결의로 준비금 또는 자산재평가적립금을 자본에 전입하고 전입액만큼 발행한 신주를 기존 주주에게 소유 주식수에 비례하여 무상으로 교부하는 것이다.

---

5) 대표주관회사란 상장신청인에게서 직접 증권의 인수를 의뢰받아 인수조건 등을 정하는 금융투자회사를 말한다.
6) 수요예측은 공모가격 결정을 위해 공모주 청약을 받기 전에 기관투자자 등으로부터 사전에 희망매수가격과 수량을 조사하는 것을 말하며, 공모가격은 수요예측 결과를 감안하여 대표주관회사와 발행사가 협의하여 정한다.
7) 제3자배정증자방식 및 일반공모증자방식의 경우 청약일 전 과거 제3거래일부터 제5거래일까지의 가중산술평균주가(그 기간 동안 증권시장에서 거래된 해당 종목의 총거래금액을 총거래량으로 나눈 가격)이다.
8) 제3자배정증자방식은 10% 이내, 일반공모증자방식의 경우에는 30% 이내로 제한된다.

(4) 주식배당

주식배당이란 현금 대신 주식으로 배당함으로써 이익을 자본으로 전입하는 것을 의미한다. 상법에서는 주식배당을 배당가능이익의 50% 이내로 제한하고 있다. 배당가능이익은 대차대조표상의 순자산액에서 자본금, 자본준비금 및 이익준비금을 차감하여 구한다.

3. 발행방식

주식의 발행방식은 주식의 수요자를 선정하는 방법에 따라 공모발행과 사모발행으로, 그리고 발행에 따르는 위험부담과 사무절차를 담당하는 방법에 따라 직접발행과 간접발행으로 구분된다.[9]

(1) 공모발행과 사모발행

공모발행이란 발행회사가 투자자에 제한을 두지 않고 동일한 가격과 조건으로 주식을 다수의 투자자(50인 이상)에게 발행하는 방식으로 자본시장법상 모집과 매출이 이에 해당한다. 모집이란 50인 이상의 투자자에게 새로 발행되는 증권의 취득 청약을 권유하는 것이며(자본시장법9⑦), 매출은 50인 이상의 투자자에게 이미 발행된 증권의 매도 또는 매수 청약을 권유하는 것(자본시장법9⑨)이다. 사모발행은 발행회사가 특정한 개인 및 법인을 대상으로 주식을 발행하는 방법이다(자본시장법9⑧).

(2) 직접발행과 간접발행

직접발행은 발행회사가 자기명의로 인수위험 등을 부담하고 발행사무도 직접 담당하는 방식으로 직접모집 또는 자기모집이라고도 한다. 이 방식은 미청약분이 발생하면 발행규모를 축소하거나 재모집해야 하므로 발행규모가 작고 소화에 무리가 없는 경우에 주로 이용된다. 간접발행은 발행회사가 전문적인 지식, 조직 및 경험을 축적하고 있는 금융투자회사를 통해 주식을 발행하는 방식이다. 이 경우 발행회사는 주식발행과 관련한 위험을 금융투자회사에 부담시키고 그 대가로 수수료를 지급하게 된다. 기업공개 및 유상증자는 간접발행을 통해 이루어진다.

한편 간접발행은 금융투자회사의 발행위험 부담 정도에 따라 다시 모집주선, 잔액인수 및 총액인수로 구분한다. 모집주선이란 발행회사가 발행위험을 부담하고 발행사무만 금융투자회사에 위탁하는 방법이다. 잔액인수란 응모총액이 모집총액에 미달할 경우 금융투자회사가 미소화분의 인수 의무를 부담하는 방법이다. 총액인수는 발행금액 전액을 금융투자회사가 인수하는 방식이다. 총액인수의 경우 인수에 따른 자금소요 및 위험부담이 큰 만큼 이를 분산시키고 발행주식의 매출을 원활히 하기 위해 통상 여러 금융투자회사가 공동으로 참가한다.

---

9) 일반적으로 공모발행은 간접발행방식을 취하며, 사모발행은 직접발행방식을 취한다.

Ⅲ. 유통시장

유통시장은 이미 발행된 주식이 매매되는 시장으로 제2차 시장이라고도 한다. 유통시장은 발행된 주식의 시장성과 환금성을 높여 주고 자유경쟁을 통해 공정한 가격을 형성하는 기능을 한다.

1. 장내시장(거래소시장)

(1) 의의

자본시장법상 "거래소"란 증권 및 장내파생상품의 공정한 가격형성과 그 매매, 그 밖의 거래의 안정성 및 효율성을 도모하기 위하여 금융위원회의 허가를 받아 금융투자상품시장을 개설하는 자를 말한다(법8의2②). "거래소시장"이란 거래소가 개설하는 금융투자상품시장을 말한다(법8의2③). 거래소시장을 장내시장이라고도 한다.

거래소시장은 거래대상 상품에 따라 증권의 매매를 위한 증권시장과 장내파생상품의 매매를 위한 파생상품시장으로 구분한다(법8의2④). 증권시장이란 증권의 매매를 위하여 거래소가 개설하는 시장(법8의2④(1))으로서, 한국거래소의 증권시장에는 유가증권시장, 코스닥시장, 코넥스시장 등이 있다.

유가증권시장이란 자본시장법 제4조 제2항 각 호의 증권(채무증권·지분증권·수익증권·투자계약증권·파생결합증권·증권예탁증권)의 매매거래를 위하여 개설하는 시장을 말한다. 코스닥시장은 유가증권시장에 상장되지 아니한 증권의 매매를 위하여 개설하는 시장을 말한다. 코넥스시장은 코스닥시장의 상장요건보다 완화된 요건이 적용되는 시장으로 코스닥시장과 별도로 개설·운영되는 시장을 말한다.

여기서는 거래소의 「유가증권시장 업무규정」("업무규정"), 「유가증권시장 상장규정」("상장규정"), 「유가증권시장 공시규정」("공시규정")의 주요 내용을 살펴본다.

(2) 주식시장 매매제도(업무규정)

(가) 시장운영

1) 매매거래의 일반절차

투자자가 증권시장에서 매매거래를 하기 위해서는 먼저 회원에 매매거래계좌를 개설해야 한다. 이후 투자자는 매매거래계좌를 개설한 회원에게 주문을 제출하고 회원은 해당 주문을 접수순서에 따라 거래소로 제출(호가)한다. 회원으로부터 매매거래의 호가를 접수한 거래소는 업무규정에서 정하는 매매체결원칙에 따라 매매거래를 체결하고, 그 결과를 즉시 해당 회원에게 통보한다. 회원은 거래소가 통보한 체결결과를 다시 투자자에게 통보하게 된다. 결제는 매매거래일(T)로부터 2거래일(T+2)에 이루어진다.[10] 투자자는 체결결과에 따라 결제일에 매수대금 또는 매도증권을 회원에게 납부하고, 반대로 회원은 투자자에게 매도대금을 지급하고 매수증권을 계좌에 입고한다.

2) 매매거래일 및 매매거래시간

매매거래일은 월요일부터 금요일까지이며 휴장일은 ⅰ) 관공서의 공휴일에 관한 규정에 의한 공휴일, ⅱ) 근로자의 날, ⅲ) 토요일, ⅳ) 12월 31일(공휴일 또는 토요일인 경우에는 직전의 매매거래일), ⅴ) 그 밖에 경제사정의 급변 또는 급변이 예상되거나 거래소가 시장관리상 필요하다고 인정하는 날이다(업무규정5). 휴장일에는 매매거래뿐 아니라 청산결제도 이루어지지 않는다.

매매거래시간은 ⅰ) 정규시장은 9시부터 15시 30분까지, ⅱ) 시간외시장의 경우, 장개시 전 시간외시장은 8시부터 9시까지, 장종료 후 시간외시장은 15시 40분부터 18시까지이다(업무규정4③).

3) 가격제한폭

유가증권시장, 코스닥시장 및 코넥스시장에서는 주식, DR, ETF, ETN, 수익증권의 공정한 가격형성을 도모하고 급격한 시세변동에 따른 투자자의 피해방지 등 공정한 거래질서 확립을 위해 하루 동안 가격이 변동할 수 있는 폭을 기준가격 대비 상하 30%로 제한(코넥스시장 15%)하고 있다. 가격제한폭 제도에 따라 당일에 변동 가능한 가격범위인 상한가와 하한가의 가격은 기준가격에 상하 30% 범위 이내에서 가장 가까운 호가가격단위에 해당하는 가격으로 정한다. 다만 가격변동의 폭이 큰 정리매매종목, 주식워런트증권(ELW), 신주인수권증서, 신주인수권증권의 경우에는 균형가격의 신속한 발견을 위하여 가격제한폭 제도를 적용하지 않는다. 또한 기초자산 가격변화의 일정배율(음의 배율도 포함)로 연동하는 레버리지 ETF 및 ETN은 그 배율만큼 가격제한폭을 확대하여 적용한다(유가증권시장 업무규정20, 코스닥시장 업무규정14, 코넥스시장 업무규정19).

(나) 호가

1) 호가(주문)의 종류

투자자가 회원에게 주문을 제출하고 회원은 해당 주문을 거래소에 호가로 제출하는 구조이므로, 호가 및 주문은 의사표시 주체에 따라 구분될 뿐 유형은 동일하다(업무규정2④⑤).[11] 주문이란 위탁자가 매매거래를 하기 위한 매도 또는 매수의 의사표시를 말하며, 다음과 같이 구분한다(업무규정2⑤).

---

10) 예외적으로 국채거래는 익일(T+1)결제이고, 일반채권 및 환매조건부채권 거래는 당일(T)결제이다.
11) 한국거래소(2019), 「2019 주식시장 매매제도의 이해」, 한국거래소(2019. 7), 50-55쪽.

ⅰ) 지정가주문은 시장에서 가장 일반적으로 이용되는 주문형태로서 투자자가 지정한 가격 또는 그 가격보다 유리한 가격으로 매매거래를 하고자 하는 주문이다. 즉 매수 지정가주문의 경우 투자자가 지정한 가격이나 그보다 낮은 가격, 매도 지정가주문의 경우 투자자가 지정한 가격이나 그보다 높은 가격이면 어떠한 가격으로도 매매거래가 가능하다. 지정가주문은 투자자가 지정한 가격보다 불리한 가격으로 체결되지 않는다는 장점이 있다. 하지만 동 가격에 부합하는 상대주문이 없는 경우에는 상대주문이 유입될 때까지 매매체결은 이루어지지 않는다.

ⅱ) 시장가주문은 수량을 지정하되 가격은 지정하지 않는 주문유형으로, 현재시점에서 시장에서 형성되는 가격으로 즉시 매매거래를 하고자 하는 주문(업무규정 제23조 제3항 및 제24조 제2항에서 각각 간주하는 가격으로 매매거래를 하고자 하는 주문)을 말한다. 시장가주문은 매매거래가 신속히 이루어진다는 장점이 있으나, 상대방 주문이 충분하지 않은 상태에서는 현재가와 현저히 괴리된 가격으로 체결될 위험이 있다. 따라서 정리매매종목, 신주인수권증서, 신주인수권증권, ELW와 같이 가격제한이 없는 종목 등의 경우에는 시장가주문을 허용하지 않는다.

ⅲ) 조건부지정가주문은 업무규정 제23조 제1항 제4호의 규정에 의하여 장종료시의 가격을 단일가격에 의한 개별경쟁매매의 방법으로 결정하는 경우 시장가호가로 전환할 것을 조건으로 하는 지정가주문을 말한다.

ⅳ) 최유리지정가주문은 상대방 최우선호가의 가격으로 즉시 체결이 가능하도록 하기 위해 주문 접수시점의 상대방 최우선호가의 가격으로 지정되는 주문형태이다. 즉 매도의 경우 해당 주문접수 시점에 가장 높은 매수호가의 가격, 매수의 경우 해당 주문접수 시점에 가장 낮은 매도호가의 가격의 지정가주문으로 보아 매매체결에 참여하는 주문이다.

ⅴ) 최우선지정가주문은 해당 주문의 접수시점에 자기 주문방향의 최우선호가 가격으로 지정되어 주문이 제출된다. 매도의 경우 해당 주문접수 시점에 가장 낮은 매도호가의 가격, 매수의 경우 해당 주문접수 시점에 가장 높은 매수호가의 가격의 지정가주문으로 보아 매매체결에 참여하는 주문이다.

ⅵ) 목표가주문은 투자자가 특정 지정가격이 아닌 당일의 거래량가중평균가격(VWAP) 등 향후에 결정될 가격 또는 그와 근접한 가격으로 매매체결을 원하는 경우, 회원이 재량으로 투자자가 목표로 하는 가격에 최대한 근접하여 체결될 수 있도록 하는 주문유형이다. 다만 목표가주문과 관련된 호가유형은 별도로 존재하지 않기 때문에 회원은 투자자가 정한 목표가격의 달성을 위해 투자자 주문을 지정가호가 또는 시장가호가 등의 형태로 분할하여 제출하여야 한다.

ⅶ) 경쟁대량매매주문은 투자자가 수량은 지정하되 당일의 거래량가중평균가격(VWAP)으로 매매거래를 하고자 하는 주문유형이다. 이는 시장충격을 최소화하는 대량매매제도의 한 유

형으로서 최소수량 요건 등이 적용되며 정규시장과는 별도의 시장에서 비공개로 매매체결이 이루어진다.

2) 호가의 효력

호가는 호가접수 당일의 호가접수시간 내에서 호가를 접수한 때부터 매매거래가 성립될 때까지 효력이 있다(업무규정12①).

3) 호가의 취소 및 정정

호가의 취소 및 정정은 매매거래가 성립되지 아니한 수량에 한한다(업무규정13①).

(다) 매매체결

매매거래는 개별경쟁매매의 방법에 의하며, 개별경쟁매매는 단일가격에 의한 개별경쟁매매와 복수가격에 의한 개별경쟁매매로 구분한다(업무규정22①).

1) 매매체결원칙

가) 가격우선의 원칙

낮은 가격의 매도호가는 높은 가격의 매도호가에 우선하고, 높은 가격의 매수호가는 낮은 가격의 매수호가에 우선한다. 다만 시장가호가는 지정가호가에 가격적으로 우선하되, 매도시장가호가와 하한가의 매도지정가호가, 매수시장가호가와 상한가의 매수지정가호가는 각각 동일한 가격의 호가로 본다(업무규정22②(1)).

나) 시간우선의 원칙

동일한 가격호가간의 우선순위와 시장가호가간의 우선순위는 호가가 행하여진 시간의 선후에 따라 먼저 접수된 호가가 뒤에 접수된 호가에 우선한다(업무규정22②(2)).

다) 동시호가(시간우선의 원칙의 예외)

업무규정 제23조 제1항 제1호 내지 제3호의 가격을 결정하기 위하여 참여한 호가 중 다음 각호의 호가는 동시호가로 하며, 동시호가의 우선순위는 세칙[12]으로 정한다(업무규정22③).

---

12) 유가증권시장 업무규정 시행세칙 제34조(동시호가의 우선순위) ① 규정 제22조 제3항 각 호 외의 부분 후단에 따라 동시호가의 우선순위는 위탁매매호가가 자기매매호가에 우선하는 것으로 한다.
② 제1항에 따른 위탁매매호가간, 자기매매호가간에는 호가별로 수량이 많은 호가가 수량이 적은 호가(수량이 동일한 때에는 거래소시스템상의 기록순위로 한다)보다 다음 제1호의 수량에 달할 때까지 우선한다. 제1호의 수량을 초과하는 호가는 위와 같은 방법으로 제2호부터 순차적으로 적용한다.
 1. 매매수량단위의 100배
 2. 매매수량단위의 500배
 3. 매매수량단위의 1,000배
 4. 매매수량단위의 2,000배
 5. 잔량의 2분의 1. 이 경우 매매수량단위 미만은 매매수량단위로 4사 5입한다.
 6. 잔량
③ 제1항 및 제2항에 따른 동시호가의 우선순위는 다음 각호의 시점까지 적용한다.
 1. 규정 제22조 제3항에 따른 상한가 매수호가 또는 하한가 매도호가의 경우 그 수량이 전량매매될 때까지

1. 당해 가격이 상한가로 결정되는 경우 상한가 매수호가. 이 경우 제23조 제3항의 규정에 의하여 상한가로 간주된 시장가호가 및 제37조 제1항에서 정하는 종목의 최초가격결정시 호가할 수 있는 최고호가가격의 호가를 포함한다.

2. 당해 가격이 하한가로 결정되는 경우 하한가 매도호가. 이 경우 제23조 제3항의 규정에 의하여 하한가로 간주된 시장가호가 및 제37조 제1항에서 정하는 종목의 최초가격결정시 호가할 수 있는 최저호가가격의 호가를 포함한다.

2) 매매체결방법

가) 단일가격에 의한 개별경쟁매매

단일가격에 의한 개별경쟁매매(단일가매매)는 일정 시간 동안 접수한 호가를 하나의 가격으로 집중 체결하는 방식이다. 다음의 어느 하나에 해당하는 가격의 결정은 단일가격에 의한 개별경쟁매매에 의한다(업무규정23①). 신규상장종목 및 세칙이 정하는 종목의 매매거래개시일의 최초의 가격결정은 단일가격에 의한 개별경쟁매매방법에 의한다(업무규정37①).

1. 시가
2. 제6조 제2항의 규정에 의하여 시장이 재개된 후 최초의 가격
3. 제25조 제1항, 제26조 제4항, 제107조 제4항, 상장규정 제153조 제2항 및 유가증권시장공시규정 제40조 제5항에 따라 매매거래가 재개된 후 최초의 가격
4. 장종료시의 가격
5. 제26조의2 제1항에 따라 매매계약체결방법을 변경한 후 최초의 가격

나) 복수가격에 의한 개별경쟁매매

제23조 제1항 각호 외의 정규시장의 매매거래시간중 가격의 결정은 복수가격에 의한 개별경쟁매매에 의하며(업무규정24①), 가격을 결정하는 경우 시장가호가는 그 수량이 전량매매될 때까지 다음의 가격으로 호가한 것으로 본다(업무규정24②).

1. 매도시장가호가의 경우 다음 각목의 가격중 가장 낮은 가격
   가. 매도지정가호가가 없는 경우에는 직전의 가격, 매도지정가호가가 있는 경우에는 당해 지정가호가 중 가장 낮은 지정가호가보다 1호가가격단위 낮은 가격(하한가를 한도로 한다)
   나. 가장 낮은 매수지정가호가의 가격
2. 매수시장가호가의 경우 다음 각목의 가격 중 가장 높은 가격

---

2. 규정 제22조 제3항에 따른 시장가호가의 경우 상한가 또는 하한가외의 가격으로 간주되기 전까지
3. 규정 제22조 제3항에 따른 최고호가가격 또는 최저호가가격의 호가의 경우 규정 제37조 제1항에 따른 최초의 가격결정시까지. 다만 그 최초의 가격이 호가가격단위 중 가장 낮은 가격인 경우에는 최저호가가격 매도호가의 수량이 전량 매매될 때까지로 한다.

가. 매수지정가호가가 없는 경우에는 직전의 가격, 매수지정가호가가 있는 경우에는 당해 지
정가호가 중 가장 높은 지정가호가보다 1호가가격단위 높은 가격(상한가를 한도로 한다)
나. 가장 높은 매도지정가호가의 가격

위 제1항의 규정에 의한 가격은 매도호가와 매수호가의 경합에 의하여 가장 낮은 매도호
가와 가장 높은 매수호가가 합치되는 경우 선행호가의 가격으로 하며, 제22조 제2항의 규정에
의한 호가의 우선순위에 따라 합치되는 호가 간에 매매거래를 성립시킨다(업무규정24③).

3) 특수한 매매체결방법

가) 장중경쟁대량매매

장중경쟁대량매매는 장중경쟁대량매매를 위한 호가접수시간 동안 종목(주권, 외국주식예탁
증권, 상장지수집합투자기구 집합투자증권 및 상장지수증권에 한한다. 이하 이 조 및 제31조·제32조에서
같다)에 대하여 경쟁대량매매호가를 접수받아 다음의 가격으로 경쟁대량매매호가간에 매매거
래를 성립시킨다(업무규정30의2①).

1. 해당 경쟁대량매매거래의 성립 후부터 장종료시까지 정규시장에서 성립된 해당 종목의 매
매거래를 기준으로 산출한 거래량가중평균가격. 이 경우 거래량가중평균가격의 산출방법
은 세칙으로 정한다.
2. 제1호의 거래량가중평균가격이 없는 경우에는 당일의 종가로 한다. 다만 당일의 종가가 없
는 경우에는 세칙에서 정하는 가격으로 한다.

장중경쟁대량매매에 참여하는 호가의 우선순위는 먼저 접수된 호가가 뒤에 접수된 호가에
우선한다(업무규정30의2②).

나) 장중대량매매

장중대량매매는 정규시장의 매매거래시간 동안 종목, 수량 및 가격이 동일한 매도호가 및
매수호가로 회원이 매매거래를 성립시키고자 거래소에 신청하는 경우 당해 종목의 매매거래를
성립시키는 방법으로 한다. 다만 당해 호가의 접수직전까지 정규시장에서 매매거래가 성립하
지 아니한 경우에는 매매거래를 성립시키지 아니한다(업무규정31①). 장중대량매매를 신청하여
호가할 수 있는 가격은 당해 호가의 접수직전까지 정규시장에서 형성된 최고가격과 최저가격
이내의 가격으로 한다(업무규정31②).

다) 장중바스켓매매

장중바스켓매매는 정규시장의 매매거래시간 동안 바스켓을 구성하는 각각의 종목에 대하
여 수량 및 가격이 동일한 매도호가 및 매수호가로 회원이 매매거래를 성립시키고자 거래소에
신청하는 경우 당해 바스켓을 구성하는 종목을 일괄하여 매매거래를 성립시키는 방법으로 한

다(업무규정32①). 장중바스켓매매를 신청하여 호가할 수 있는 가격은 각각의 종목에 대하여 당해 호가의 접수직전까지 정규시장에서 형성된 최고가격과 최저가격 이내의 가격으로 한다(업무규정32②).

라) 시간외매매

시간외시장은 ⅰ) 시간외종가매매(제1호), ⅱ) 시간외단일가매매(제2호), ⅲ) 시간외경쟁대량매매(2의2호), ⅳ) 시간외대량매매(제3호), ⅴ) 시간외바스켓매매(제4호) 거래가 이루어지는 시장으로 한다. 다만 제2호의 매매거래는 장종료 후 시간외시장에 한하고, 제2호의2는 장개시 전 시간외시장에 한한다(업무규정33).

마) 시간외종가매매

시간외종가매매는 시간외종가매매의 호가접수시간 동안 호가를 접수받아 당일(장개시전 시간외시장의 경우에는 전일로 한다) 종가로 매매거래를 성립시킨다. 다만 당일 정규시장의 매매거래시간중 매매거래가 성립하지 아니한 경우에는 매매거래를 성립시키지 아니한다(업무규정34①).

바) 시간외단일가매매

시간외단일가매매는 시간외단일가매매의 호가접수시간 동안 호가를 접수받아 단일가격에 의한 개별경쟁매매방법에 의하여 매매거래를 성립시킨다. 다만 당일 정규시장의 매매거래시간중 매매거래가 성립하지 아니한 경우에는 매매거래를 성립시키지 아니한다(업무규정34의2①). 시간외단일가매매를 위하여 호가할 수 있는 가격은 다음의 모두에 해당하는 가격으로 한다(업무규정34의2③).

1. 당일 종가를 기준으로 10% 높은 가격과 10% 낮은 가격 이내의 가격. 이 경우 호가가격 단위의 적용 등에 관하여는 제20조의 규정을 준용한다.
2. 당일의 상한가와 하한가 이내의 가격

사) 시간외경쟁대량매매

시간외경쟁대량매매는 장개시전 시간외시장의 호가접수시간 동안 경쟁대량매매호가를 접수받아 다음의 가격으로 경쟁대량매매호가간에 매매거래를 성립시킨다(업무규정34의3①). 시간외경쟁대량매매에 참여하는 호가의 우선순위는 먼저 접수된 호가가 뒤에 접수된 호가에 우선한다(업무규정34의3②).

1. 장개시시부터 장종료시까지 정규시장에서 성립된 해당 종목의 매매거래를 기준으로 산출한 거래량가중평균가격. 이 경우 거래량가중평균가격의 산출방법은 세칙으로 정한다.
2. 제1호의 거래량가중평균가격이 없는 경우에는 당일의 종가로 한다. 다만 당일의 종가가 없

는 경우에는 세칙에서 정하는 가격으로 한다.

아) 시간외대량매매

시간외대량매매는 시간외시장의 호가접수시간 동안 종목, 수량 및 가격이 동일한 매도호가 및 매수호가로 회원이 매매거래를 성립시키고자 거래소에 신청하는 경우 당해 종목의 매매거래를 성립시키는 방법으로 한다. 다만 당일(장개시전 시간외시장의 경우에는 전일로 한다) 정규시장의 매매거래시간중 매매거래가 성립하지 아니한 경우에는 매매거래를 성립시키지 아니한다(업무규정35①). 시간외대량매매를 신청하여 호가할 수 있는 가격은 당일의 상한가와 하한가 이내의 가격으로 한다(업무규정35②).

자) 시간외바스켓매매

시간외바스켓매매는 시간외시장의 호가접수시간 동안 바스켓을 구성하는 각각의 종목에 대하여 수량 및 가격이 동일한 매도호가 및 매수호가로 회원이 매매거래를 성립시키고자 거래소에 신청하는 경우 당해 바스켓을 구성하는 종목을 일괄하여 매매거래를 성립시키는 방법으로 한다(업무규정36①). 시간외바스켓매매를 신청하여 호가할 수 있는 가격은 각각의 종목에 대하여 당일의 상한가와 하한가 이내의 가격으로 한다(업무규정36②).

(라) 가격안정화장치

1) 주식시장의 매매거래중단(CB)

서킷브레이커스(CB: Circuit Breakers) 제도는 증시의 내·외적 요인에 의해 주가지수가 일정수준 이상 급락하는 경우 시장참여자들에게 냉정한 투자판단의 시간(Cooling-off Period)을 제공하기 위해 증권시장 전체의 매매거래를 일시적으로 중단하는 제도이다.

거래소는 코스피의 수치가 다음에 해당하는 경우 해당 각 호에서 정하는 바에 따라 주식시장 등의 모든 종목의 매매거래를 중단(취소호가를 제외한 호가접수를 중단하는 것)한 후 재개하거나 종결한다(업무규정25① 본문).

1. 직전 매매거래일의 최종 수치보다 8% 이상 하락하여 1분간 지속되는 경우: 20분간 매매거래중단 후 재개
2. 제1호에 따라 매매거래를 중단·재개한 후에도 직전 매매거래일의 최종 수치보다 15% 이상 하락하여 1분간 지속되는 경우: 20분간 매매거래중단 후 재개
3. 제2호에 따라 매매거래를 중단·재개한 후에도 직전 매매거래일의 최종 수치보다 20% 이상 하락하여 1분간 지속되는 경우: 매매거래중단 후 즉시 당일의 매매거래 종결

2) 변동성완화장치(VI)

종목별 변동성완화장치(Volatility Interruption)는 개별종목에 대한 가격안정화장치이다. 주

문실수, 수급불균형 등에 의한 일시적 주가급변시 단일가매매로 단기간의 냉각기간(Cooling-off Period)을 부여하여 시장참가자로 하여금 주가급변 상황에 대해 주의를 환기시킴으로써 가격급변을 완화하는 제도이다.

　　거래소는 주권, 외국주식예탁증권(DR), 상장지수집합투자기구 집합투자증권(ETF), 상장지수증권(ETN) 및 수익증권의 호가에 따른 잠정적인 체결가격이 다음의 어느 하나에 해당하는 경우 해당 종목의 매매계약체결방법을 단일가격에 의한 개별경쟁매매로 변경하거나 단일가매매참여호가의 범위를 연장(이하 "매매계약체결방법 등의 변경"이라 한다)할 수 있다(업무규정26의2 ①).13)

　　1. 정규시장의 매매거래시간(시가 결정시를 제외) 및 시간외시장(시간외단일가매매에 한한다)의 매매거래시간 중에 해당 호가 접수시점의 직전의 가격을 기준으로 세칙에서 정한 비율 이상 상승 또는 하락하는 경우

　　2. 정규시장의 매매거래시간 중에 해당 호가 접수시점의 직전의 가격(제23조에 따른 단일가격에 의한 개별경쟁매매의 방법으로 결정된 가격에 한하며, 시가 결정시에는 당일의 기준가격을 말한다)을 기준으로 세칙에서 정한 비율 이상 상승 또는 하락하는 경우

---

13) 유가증권시장 업무규정 시행세칙 제41조의2(종목별 매매계약체결방법 등의 변경) ① 규정 제26조의2 제1항 제1호에서 "세칙에서 정한 비율"이란 다음과 같다. 다만 제1호부터 제3호까지를 적용함에 있어 장종료시의 가격을 결정하기 위한 호가접수시간의 경우에는 "3%" 및 "6%"를 각각 "2%" 및 "4%"로 하여 적용하며, 「파생상품시장 업무규정」 제3조 제2항 제1호에 따른 주식상품시장의 선물거래종목 또는 옵션거래종목의 최종거래일에 기초자산(주가지수인 경우 해당 주가지수의 구성종목)의 장종료시의 가격을 결정하기 위한 호가접수시간의 경우 해당 기초자산은 "2%" 및 "4%"를 각각 "1%"로 하여 적용한다.
　1. 주권
　　가. 코스피200 구성종목의 경우: 3%
　　나. 그 밖의 종목의 경우: 6%
　2. 상장지수집합투자기구 집합투자증권 및 상장지수증권
　　가. 코스피200, 코스피100(코스피200 구성종목 중 시가총액이 큰 종목부터 100종목에 대하여 기준일인 2000년 1월 4일의 지수를 1천포인트로 하여 거래소가 산출하는 시가총액방식의 주가지수), 코스피50(코스피200 구성종목 중 시가총액이 큰 종목부터 50종목에 대하여 기준일인 2000년 1월 4일의 지수를 1천포인트로 하여 거래소가 산출하는 시가총액방식의 주가지수), KRX100(유가증권시장 및 코스닥시장에 상장된 주권 중 100종목에 대하여 기준일인 2001년 1월 2일의 지수를 1천포인트로 하여 거래소가 산출하는 시가총액방식의 주가지수), 채무증권으로만 이루어진 지수 및 이와 유사하다고 거래소가 판단하는 지수를 일대일로 연동(음의 방향으로 연동하는 경우를 포함)하는 경우: 3%
　　나. 그 밖의 가격 또는 지수를 연동하는 경우 : 6%
　3. 외국주식예탁증권 및 수익증권 : 6%
　② 규정 제26조의2 제1항 제2호에서 "세칙에서 정한 비율"이란 주권, 상장지수집합투자기구 집합투자증권, 상장지수증권, 외국주식예탁증권 및 수익증권에 대하여 각각 10%를 말한다.
　③ 규정 제26조의2 제1항에 따른 매매계약체결방법 등의 변경은 제35조 제4호의 시간 동안 다음의 어느 하나에 해당하는 조치를 하는 것을 말한다.
　1. 복수가격에 의한 개별경쟁매매의 경우: 단일가격에 의한 개별경쟁매매로의 전환
　2. 단일가격에 의한 개별경쟁매매의 경우: 참여호가의 범위 연장

(마) 기타 시장관리제도

1) 공매도 관리

공매도(Short Sale)는 일반적으로 증권을 소유하지 않은 자가 가격이 하락할 것으로 예상하는 경우 이익을 기대하고 증권을 매도하는 것을 말한다. 증권시장에서는 소유하지 않은 증권의 매도(무차입공매도)를 원칙적으로 금지하고 있으나, 일정한 경우 차입한 증권으로 매도(차입공매도)하는 것은 허용하고 있다(자본시장법180).

가) 공매도호가의 방법

회원은 무차입공매도를 하거나 그 위탁을 받아 호가를 하여서는 아니 된다(업무규정17①). 회원은 차입공매도를 하거나 그 위탁을 받아 호가를 하는 경우에는 다음의 방법에 따라 호가를 하여야 한다(업무규정17②).

1. 회원이 위탁자로부터 매도주문을 위탁받는 경우
   가. 그 매도가 차입공매도인지를 위탁자로부터 통보 받을 것. 이 경우 그 위탁자가 해당 상장법인의 임직원인 경우에는 그 사실을 포함하여 통보 받을 것
   나. 회원은 그 매도가 차입공매도인지와 그 차입공매도에 따른 결제가 가능한지를 확인할 것
   다. 회원은 차입공매도에 따른 결제를 이행하지 아니할 염려가 있는 경우에는 차입공매도의 위탁을 받거나 차입공매도 호가를 제출하지 아니할 것
   라. 회원은 그 매도가 차입공매도인 경우 이를 거래소에 알릴 것
2. 회원이 차입공매도 호가를 제출하는 경우 그 매도가 차입공매도임을 거래소에 알릴 것

회원은 제2항 제1호 나목에 따른 확인을 다음의 방법으로 하여야 한다(업무규정17③).

1. 위탁자로부터 매도 주문 수탁시 차입공매도 여부, 차입계약 성립 여부를 통보받을 것
2. 제1호의 통보는 다음 각 목의 어느 하나의 방법으로 할 것
   가. 문서에 의한 방법
   나. 전화·전보·모사전송·전자우편 등의 방법
   다. 컴퓨터 그 밖의 이와 유사한 전자통신의 방법
3. 통보받은 내용은 세칙에서 정하는 방법으로 기록·유지할 것

제3항에도 불구하고 회원이 위탁자로부터 차입공매도 주문을 제출하지 아니한다는 확약을 받고 해당 위탁자계좌에 대해 차입공매도 주문이 제출되지 않도록 전산조치를 한 경우에는 제2항 제1호 나목에 따른 확인을 이행한 것으로 본다. 다만 위탁자가 해당 계좌에서 공매도를 한 경우 회원은 그 사실을 안 날의 다음 매매거래일부터 120일간 제3항의 방법으로 제2항 제1

호 나목에 따른 확인을 하여야 한다(업무규정17④).

나) 공매도호가의 사후관리

회원은 결제일에 위탁자의 증권보유잔고가 결제해야 하는 증권의 수량보다 부족하다는 사실을 확인한 위탁자(법 제182조 제2항 제1호 나목의 신탁업자 또는 금융위원회의 금융투자업규정 제6-21조의 보관기관으로부터 증권보유잔고가 결제되어야 할 증권의 수량 이상이나 결제지시서가 미도착하거나 하자가 있다는 통보를 받은 위탁자를 포함하되, 결제시한 이전에 위탁자가 보유한 증권으로 결제한 경우에는 그러하지 아니하다)로부터 해당 매매거래와 관련된 차입계약서 또는 증권보유잔고내역 등 관련자료를 제출받아 소유하지 아니한 증권 또는 결제일까지 결제가 가능하지 아니한 증권을 매도하였는지 여부를 확인하고 이를 기록·유지하여야 한다(업무규정18의2①). 거래소는 회원에게 제1항에 따라 위탁자가 소유하지 아니한 증권 또는 결제일까지 결제가 가능하지 아니한 증권을 매도하였는지 여부를 확인한 내용 및 관련 자료를 제출하도록 요청할 수 있다(업무규정18의2②).

거래소는 제2항에 따라 회원으로부터 제출받은 회원의 확인내용과 관련 자료 및 감리 등을 통해 위탁자가 최근 6개월 동안 소유하지 아니한 증권 또는 결제일까지 결제가 가능하지 아니한 증권을 매도한 사실을 확인한 경우 또는 금융위원회로부터 위탁자의 법 제180조 제1항 위반 사실을 통보받은 경우에는 다음의 어느 하나에 해당하는 내용 및 그에 해당하는 위탁자 정보를 관련된 회원에게 통보할 수 있다. 이 경우 통보받은 회원은 이를 다른 회원에게 즉시 통보하여야 한다(업무규정18의2③).

1. 다음의 어느 하나에 해당하는 경우: 40일 동안 해당 위탁자의 차입공매도 주문을 수탁하는 경우 매도증권의 사전납부를 확인할 것
   가. 소유하지 아니한 증권 또는 결제일까지 결제가 가능하지 아니한 증권을 매도한 날("매도일수")이 1일이고 매도한 금액의 합계금액("누적매도금액")이 5억원 초과 10억원 이하인 경우
   나. 매도일수가 2일 이상 4일 이하이고 누적매도금액이 5억원 이하인 경우
2. 다음의 어느 하나에 해당하는 경우: 80일 동안 해당 위탁자의 차입공매도 주문을 수탁하는 경우 매도증권의 사전납부를 확인할 것
   가. 매도일수가 1일이고 누적매도금액이 10억원 초과인 경우
   나. 매도일수가 2일 이상 4일 이하이고 누적매도금액이 5억원 초과 10억원 이하인 경우
   다. 매도일수가 5일 이상이고 누적매도금액이 5억원 이하인 경우
3. 다음의 어느 하나에 해당하는 경우: 120일 동안 해당 위탁자의 차입공매도 주문을 수탁하는 경우 매도증권의 사전납부를 확인할 것
   가. 매도일수가 2일 이상 4일 이하이고 누적매도금액이 10억원 초과인 경우

나. 매도일수가 5일 이상이고 누적매도금액이 5억원 초과 10억원 이하인 경우

4. 매도일수가 5일 이상이고 누적매도금액이 10억원 초과인 경우: 120일 동안 매도증권의 사전납부를 확인할 것

다) 공매도호가의 가격제한(Uptick Rule)

회원이 자본시장법 시행령 제208조 제2항에 따라 차입공매도를 하거나 그 위탁을 받아 호가를 하는 경우에는 직전의 가격 이하의 가격으로 호가할 수 없다. 다만 직전의 가격이 그 직전의 가격(직전의 가격과 다른 가격으로서 가장 최근에 형성된 가격)보다 높은 경우에는 직전의 가격으로 호가할 수 있다(업무규정18①).

그러나 다음의 어느 하나에 해당하는 경우에는 직전의 가격 이하의 가격으로 호가할 수 있다(업무규정18②).

1. 지수차익거래를 위하여 매도하는 경우
1의2. 섹터지수(주식시장 상장주권을 대상으로 산업군별 또는 유형별로 구분하여 산출한 지수) 구성종목의 주식집단과 섹터지수에 대한 선물거래 종목간 가격차이를 이용하여 이익을 얻을 목적으로 주식집단과 선물거래 종목을 연계하여 거래하는 것으로서 세칙으로 정하는 거래를 위하여 주식집단을 매도하는 경우
2. 기초주권과 당해 기초주권에 대한 선물거래종목 또는 옵션거래종목 간의 가격차이를 이용하여 이익을 얻을 목적으로 기초주권과 선물거래종목 또는 옵션거래종목을 연계하여 거래하는 것으로서 세칙으로 정하는 거래를 위하여 기초주권을 매도하는 경우
3. 상장지수집합투자기구 집합투자증권을 매도하는 경우 또는 상장지수집합투자기구 집합투자증권과 당해 상장지수집합투자기구 집합투자증권이 목표로 하는 지수의 구성종목의 주식집단 간의 가격차이를 이용하여 이익을 얻을 목적으로 상장지수집합투자기구 집합투자증권과 주식집단을 연계하여 거래하는 것으로서 세칙으로 정하는 거래를 위하여 주식집단을 매도하는 경우
3의2. 상장지수증권을 매도하는 경우 또는 상장지수증권과 해당 상장지수증권이 목표로 하는 지수의 구성종목의 주식집단 간의 가격차이를 이용하여 이익을 얻으려는 목적으로 상장지수증권을 연계하여 거래하는 것으로서 세칙으로 정하는 거래를 위하여 주식집단을 매도하는 경우
4. 주식예탁증권(외국주식예탁증권을 포함)과 원주의 가격차이를 이용하여 이익을 얻을 목적으로 주식예탁증권과 원주를 연계하여 거래하는 것으로서 세칙으로 정하는 거래를 위하여 매도하는 경우
5. 제20조의2 제1항의 규정에 의한 유동성공급호가를 제출하는 경우
5의2. 제20조의9에 따른 시장조성호가를 제출하는 경우

6. 주식워런트증권에 대하여 제20조의2 제1항의 규정에 의한 유동성공급호가를 제출하는 회원
   이 매수하거나 매도한 주식워런트증권의 가격변동에 따른 손실을 회피하거나 줄이기 위하
   여 기초주권을 매도하는 경우

7. 상장지수집합투자기구 집합투자증권에 대하여 제20조의2 제1항의 규정에 의한 유동성공급
   호가를 제출하는 회원이 매수한 상장지수집합투자기구 집합투자증권의 가격변동에 따른 손
   실을 회피하거나 줄이기 위하여 기초주권을 매도하는 경우

7의2. 상장지수증권에 대하여 제20조의2 제1항에 따른 유동성공급호가를 제출하는 회원이 매
   수한 상장지수증권의 가격변동에 따른 손실을 회피하거나 줄이기 위하여 기초주권을 매도
   하는 경우

8. 파생상품시장 업무규정 제83조에 따른 시장조성자가 시장조성계좌를 통하여 매수한 선물거
   래종목 또는 매수하거나 매도한 옵션거래종목의 가격변동에 따른 손실을 회피하거나 줄이
   기 위하여 기초주권을 매도하는 경우

라) 공매도 과열종목 지정제도

거래소는 비정상적으로 공매도가 급증하고, 동시에 가격이 급락하는 종목에 대해 투자자
의 주의를 환기하고, 주가하락의 가속화를 방지하기 위하여 공매도 과열종목 지정제를 시행하
고 있다.

주가하락률 및 차입공매도 비중 등이 세칙으로 정하는 기준에 해당하는 종목은 차입공매
도를 제한할 수 있는데(업무규정17⑥ 본문), 여기서 "세칙으로 정하는 기준에 해당하는 종목"이
란 다음을 모두 충족하는 종목(주권 및 외국주식예탁증권에 한한다), 즉 "공매도 과열종목"을 말한
다(유가증권시장 업무규정 시행세칙24의3② 본문).

1. 당일 종가가 당일의 기준가격 대비 95% 이하일 것
2. 당일 거래대금 대비 차입공매도 거래대금 비중이 해당 매매거래일이 속한 분기의 직전 분
   기 전체 상장종목(주권 및 외국주식예탁증권에 한한다)의 거래대금 대비 같은 기간차입공
   매도 거래대금비중(소수점 셋째자리에서 반올림)의 3배(그 값이 0.2보다 큰 경우에는 0.2로
   한다) 이상일 것
3. 당일 차입공매도 거래대금이 직전 40매매거래일간 차입공매도 거래대금의 평균 대비 6배
   이상일 것

다만 시가기준가종목, 당일 정규시장에서 매매거래가 성립되지 않은 종목, 정리매매종목
또는 직전 40매매거래일 동안 매매거래가 성립된 날이 20일 미만인 종목의 경우에는 공매도
과열종목에서 제외한다(유가증권시장 업무규정 시행세칙24의3② 단서).

마) 공매도 금지조치

거래소는 다음의 어느 하나에 해당하는 종목에 대한 차입공매도를 제한할 수 있다(업무규정17⑥ 본문).

1. 주가하락률 및 차입공매도 비중 등이 세칙으로 정하는 기준에 해당하는 종목
2. 법 시행령 제208조 제4항에 따라 금융위원회가 증권시장의 안정성 및 공정한 가격형성을 해칠 우려가 있다고 판단하여 거래소의 요청에 따라 범위, 매매거래의 유형, 기한 등을 정하여 차입공매도를 제한한 종목

극단적인 시황급변 등으로 시장의 안정성 및 공정한 가격형성을 저해할 우려가 있는 경우 거래소는 금융위원회의 승인을 받아 상장증권의 전부 또는 일부에 대해 차입공매도를 제한할 수 있다. 2008년 글로벌 금융위기 및 2011년 미국 신용등급 하향조정 등에 따른 시황급변시 전체 상장증권에 대한 공매도 금지조치를 한 바 있다.

2) 프로그램매매호가 효력의 일시정지제도(Sidecar)

사이드카는 파생상품시장에서 선물가격이 급등락할 경우 프로그램매매가 주식시장(현물시장)에 미치는 충격을 완화하기 위해, 주식시장 프로그램매매 호가의 효력을 일시적으로 정지하는 제도이다.

거래소는 국내지수선물시장에서 거래되는 코스피200을 기초자산으로 하는 선물거래종목 중 직전 매매거래일의 거래량이 가장 많은 종목(그 종목이 2개 이상인 때에는 최종거래일이 가장 빨리 도래하는 종목)의 가격이 같은 규정 제70조 제2항에 따른 기준가격 대비 5% 이상 상승 또는 하락한 상태가 1분간 지속되는 경우 당해 시점부터 5분간 접수된 프로그램매매의 매수호가 또는 매도호가의 효력을 정지한다(업무규정16① 본문).

프로그램매매 호가의 효력정지는 당일 중 최초로 제1항의 규정에 의한 효력정지개시요건에 해당한 때에만 적용하며, 이 경우 프로그램매매 호가의 효력정지개시요건은 장개시 후 5분이 경과한 때부터 계산한다(업무규정16②).

제1항의 규정에 의하여 호가의 효력이 정지된 프로그램매매 호가(당해 호가의 취소 및 정정호가를 포함)는 다음의 어느 하나에 해당하는 때에 호가의 효력정지가 해제되며, 이 경우 접수순에 따라 가격결정에 참여한다(업무규정16③).

1. 프로그램매매 호가의 효력정지개시시점부터 5분이 경과한 때
2. 장종료 40분전
3. 프로그램매매 호가의 효력정지시간 중 제6조 및 제25조에 따라 주식시장의 매매거래가 중단된 경우에는 당해 매매거래가 재개된 때

(바) 시장 유동성 관리

1) 시장조성자제도

시장조성자(Market Maker)는 거래소가 금융투자회사와 시장조성계약을 체결하고 사전에 정한 종목에 대해 지속적으로 매도·매수 양방향의 호가를 제시하도록 하여 유동성을 높이는 제도이다.

시장에 유동성을 공급하기 위하여 거래소와 시장조성계약을 체결한 회원("시장조성자")은 거래소가 유동성을 평가하여 유동성이 낮다고 판단하는 종목("저유동성종목")에 대해 세칙으로 정하는 바에 따라 시장을 조성하는 호가("시장조성호가")를 제출할 수 있다(업무규정20의9① 본문). 시장조성호가를 제출할 수 있는 회원은 다음의 요건을 갖추어야 한다(업무규정20의9②).

1. 주권에 대하여 투자매매업 인가를 받은 결제회원일 것
2. 소속 임·직원 중에서 시장조성 담당자를 지정할 것
3. 그 밖에 전문성, 위험관리 능력, 재무건전성 및 사회적 신용 등을 고려하여 세칙으로 정하는 요건

시장조성자는 시장조성계약에서 정하는 경우 그 계약의 내용에 따라 시장조성호가를 제출하고 그 호가를 유지하여야 한다(업무규정20의10① 본문).

2) 유동성공급자제도

일부 매매거래가 부진한 종목은 주가가 불안정함에 따라 투자자의 신뢰가 저하되어 거래부진(유동성 부족) 현상이 더욱 심화될 수 있다. 이에 따라 거래소는 저유동성 종목의 원활한 가격형성을 도모하고자 상장법인과 회원 간 자율적 계약에 의해 회원이 해당 종목에 대해 지속적으로 매도·매수호가를 제시(유동성 공급)하도록 하는 유동성공급자(Liquidity Provider)제도를 운영하고 있다.

주권(외국주식예탁증권을 포함)의 상장법인과 유동성공급계약을 체결한 회원은 정규시장 중에 당해 종목에 대하여 유동성을 공급하기 위한 호가("유동성공급호가")를 제출할 수 있다(업무규정20의2①).

유동성공급호가를 제출할 수 있는 회원은 다음의 요건을 갖추어야 한다(업무규정20의2②).

가. 주권에 대하여 투자매매업 인가를 받은 결제회원일 것
나. 유동성공급업무를 담당하는 직원을 정할 것
다. 다음 각 세목의 어느 하나에 해당하는 경우에는 그때부터 1년 이상 경과할 것
    (1) 제20조의6의 규정에 의한 평가에 의하여 3회 연속 가장 낮은 등급을 받은 경우
    (2) 유동성공급업무를 수행함에 있어서 증권관계법규 및 거래소의 업무관련규정을 위반

하여 형사제재를 받거나 영업정지 또는 거래정지 이상의 조치를 받은 사실이 확인된 경우

(3) 주권상장 및 관리(상장규정)

(가) 상장의 의의와 종류

1) 증권상장규정

거래소는 증권시장에 상장할 증권의 심사 및 상장증권의 관리를 위하여 증권상장규정("상장규정")을 정하여야 한다(법390① 전단). 이 경우 거래소가 개설·운영하는 둘 이상의 증권시장에 대하여 별도의 상장규정으로 정할 수 있다(법390① 후단). 이에 따라 거래소는 「유가증권시장 상장규정」, 「코스닥시장 상장규정」, 「코넥스시장 상장규정」을 제정해 각 시장을 관리운영하고 있다. 여기서는 유가증권시장 상장규정("상장규정")을 중심으로 살펴보기로 한다.

2) 상장의 의의와 종류

상장이란 발행인의 신청에 의하여 당해 증권에 대하여 거래소시장에서 거래될 수 있는 자격을 부여하는 것을 말하며, 거래소에서 거래될 수 있는 자격을 얻은 증권을 상장증권이라고 한다. 즉 "상장"이란 상장규정에서 달리 정하는 경우를 제외하고는 특정한 종목의 증권에 유가증권시장에서 거래될 수 있는 자격을 부여하는 것을 말한다. 이 경우 상장의 종류는 다음과 같이 구분한다(상장규정2①(1)).

가. 신규상장: 유가증권시장에 상장되지 않은 종목의 증권을 처음 상장하는 것
나. 재상장: 유가증권시장에서 상장이 폐지된 보통주권 또는 채무증권을 다시 상장하거나 보통주권 상장법인의 분할, 분할합병, 합병으로 설립된 법인의 보통주권을 상장하는 것으로서 제38조 또는 제89조에서 정하는 것
다. 우회상장: 합병, 주식의 포괄적 교환, 영업 또는 자산의 양수, 현물출자 등과 관련하여 주권상장법인의 경영권이 변동되고 주권비상장법인의 지분증권이 상장되는 효과가 있는 것으로서 제32조 또는 제54조에서 정하는 것
라. 합병상장: 기업인수목적회사가 주권비상장법인과 합병함에 따라 새로이 발행한 주권을 상장하는 것
마. 추가상장: 상장법인이 자본금, 사채액, 신탁원본액 등의 증가에 따라 이미 상장되어 있는 증권과 같은 종목의 증권을 새로이 발행하여 이를 상장하는 것
바. 변경상장: 상장증권의 종류, 종목명, 액면금액, 수량 등을 변경하여 상장하는 것. 다만 추가상장에 해당하는 것은 제외한다.

(나) 상장주선인의 선임과 의무

다음에 해당하는 상장신청인은 상장주선인을 선임해야 한다. 다만 상장신청인이 제18조

제9호에 따른 공공적법인등인 경우, 그 밖에 거래소가 상장주선인 선임이 필요하지 않다고 인정하는 경우에는 선임하지 않을 수 있다(상장규정12①).

1. 보통주권의 신규상장, 우회상장 및 재상장
2. 외국주권등의 신규상장 및 우회상장
3. 부동산투자회사주권의 신규상장
4. 그 밖에 공익 실현과 투자자 보호를 위하여 상장주선인의 선임이 필요하다고 인정하여 세칙으로 정하는 경우

상장주선인은 증권을 대상으로 투자매매업(인수업이 포함된 것)과 투자중개업을 모두 인가받은 금융투자회사이어야 한다. 이 경우 상장주선인의 자격에 관하여 금융투자업규정 제4-19조 제7호[14]를 준용한다(상장규정12③). 대표주관회사가 있는 경우에는 그 대표주관회사가 상장주선인이 된다(상장규정12④).

상장주선인은 다음의 사항을 수행한다(상장규정12②).

1. 상장예비심사신청서와 첨부서류 등 상장을 위하여 거래소에 제출하는 서류의 작성과 그 제출에 관한 사항. 이 경우 거래소에 제출하는 서류는 세칙으로 정하는 요건을 충족해야 한다.
2. 주식분산 요건의 충족에 관한 사항
3. 이 규정에 따른 의무보유에 관한 사항

(다) 보통주권

보통주권이란 국내법인이 발행한 것으로서 보통주식(상법 제344조의 종류주식을 제외한 주식)에 대한 주권과 특별한 법률에 따라 직접 설립된 법인이 발행한 출자증권을 말한다. 다만 기업인수목적회사주권과 집합투자증권은 보통주권에서 제외한다(상장규정18(1)).

1) 신규상장 절차

가) 상장예비심사

보통주권의 신규상장신청인은 신규상장을 신청하기 전에 세칙으로 정하는 상장예비심사신청서와 첨부서류를 거래소에 제출하여 상장예비심사를 받아야 한다(상장규정26).

나) 의무보유

의무보유란 상장규정에 따른 의무보유대상자가 소유한 주식등을 일정기간 동안 한국예탁결제원("예탁결제원")에 계좌 간 대체 및 질권 설정·말소("처분등")가 제한되도록 전자등록하는

---

14) 7. 협회가 정하는 이해관계가 있는 자가 발행하는 주식(협회가 정하는 기업공개 또는 장외법인공모를 위하여 발행되는 주식에 한한다) 및 무보증사채권의 인수(모집의 주선을 포함)를 위하여 주관회사의 업무를 수행하거나 또는 가장 많은 수량을 인수하는 행위

것을 말한다(상장규정2(13) 본문).

보통주권의 신규상장과 관련하여 ⅰ) 신규상장신청인의 최대주주등(제1호), ⅱ) 상장예비심사 신청일 전 1년 이내에 신규상장신청인이 제3자배정 방식으로 발행한 주식등을 취득하거나 같은 기간 동안에 신규상장신청인의 최대주주등이 소유하는 주식등을 취득한 자(이 경우 해당 취득분에 한정)(제2호)는 자신이 소유하는 주식등을 의무보유해야 한다(상장규정27① 전단). 이 경우 주식등에는 상장 후 6개월 이내에 무상증자(유상증자와 무상증자를 동시에 실시하는 경우에는 무상증자만 해당)로 발행된 신주를 포함한다(상장규정27① 후단).

의무보유기간은 상장일부터 6개월로 한다. 다만 다음에 해당하는 경우에는 해당 호에서 정하는 기간으로 한다(상장규정27④).

1. 제3자배정 방식으로 발행한 주식등을 취득한 경우에는 발행일부터 1년으로 하되, 그날이 상장일부터 6개월 이내인 경우에는 상장일부터 6개월이 되는 날까지 의무보유기간을 연장한다.
2. 신규상장신청인의 최대주주가 자본시장법 제9조 제18항 제7호에 따른 사모투자전문회사인 경우 최대주주등에 대한 의무보유기간은 상장일부터 1년으로 한다.

다) 신규상장 신청

보통주권의 신규상장신청인이 거래소의 상장예비심사를 통과한 후에 해당 보통주권을 신규상장하려면 상장예비심사 결과를 통지받은 날부터 6개월 이내(제23조 제1항 제1호 마목 단서의 사유로 제출기한이 연장된 경우에는 그 연장된 날까지로 한다)에 세칙으로 정하는 신규상장신청서와 첨부서류를 거래소에 제출해야 한다(상장규정28①). 그러나 신규상장신청인이 상장예비심사를 신청한 후에 모집·매출을 하지 않거나 상장예비심사를 신청한 때에 제출한 서류에서 바뀐 사항이 없는 경우에는 해당 첨부서류의 제출을 생략할 수 있다(상장규정28②). 상장예비심사를 신청한 후에 모집·매출을 하는 신규상장신청인은 거래소가 필요하다고 인정하는 경우를 제외하고는 해당 모집·매출의 주금 납입기일까지 제1항의 신규상장신청서와 첨부서류를 거래소에 제출해야 한다(상장규정28③).

라) 형식적 심사요건

보통주권의 신규상장신청인은 다음의 형식적 심사요건을 모두 충족해야 한다(상장규정29①).

1. 영업활동기간: 상장예비심사 신청일 현재 설립 후 3년 이상이 경과하고 계속 영업을 하고 있을 것
2. 기업규모: 상장예비심사 신청일 현재 다음 각 목의 요건을 모두 충족할 것. 이 경우 상장예비심사를 신청한 후에 모집·매출을 하는 법인은 신규상장신청일을 기준으로 판단한다.

　　가. 상장예정인 보통주식총수가 100만주 이상일 것

　　나. 자기자본이 300억원 이상일 것. 이 경우 종속회사가 있는 법인(지주회사가 아닌 경우에
　　　는 한국채택 국제회계기준을 적용한 사업연도만 해당)의 자기자본은 연결재무제표상
　　　자본총계에서 비지배지분을 제외한 금액을 기준으로 하며, 이하 이 조에서 같다.

3. 주식분산: 상장예비심사 신청일 현재의 보통주식을 기준으로 다음 각 목의 요건을 모두 충
　족할 것. 이 경우 상장예비심사를 신청한 후에 모집·매출을 하는 법인은 신규상장신청일을
　기준으로 판단한다.

　　가. 일반주주의 소유주식 수 등이 다음의 어느 하나에 해당할 것. 다만 금융지주회사법 제2
　　　조 제1항 제5호의 은행지주회사 중 세칙으로 정하는 경우에는 이 목을 적용하지 않는다.

　　　(1) 일반주주가 보통주식총수의 25% 이상을 소유하고 있을 것. 다만 일반주주의 소유
　　　　　주식 수가 500만주 이상으로서 세칙으로 정하는 수량 이상인 경우에는 이 요건을
　　　　　충족한 것으로 본다.

　　　(2) 모집(자본시장법 시행령 제11조 제3항에 따라 모집으로 보는 경우를 제외한다. 이
　　　　　하 이 조에서 같다) 또는 매출로 발행하거나 매각한 주식의 총수가 보통주식총수의
　　　　　25% 이상일 것. 다만 모집 또는 매출로 발행하거나 매각한 주식의 총수가 500만주
　　　　　이상으로서 세칙으로 정하는 수량 이상인 경우에는 이 요건을 충족한 것으로 본다.

　　　(3) 상장예비심사를 신청한 후에 모집 또는 매출로 발행하거나 매각한 주식의 총수가 신
　　　　　규상장신청일 현재 보통주식총수의 10% 이상으로서 다음의 어느 하나에 해당할 것
　　　　　(가) 상장예비심사신청일 현재의 자기자본을 기준으로 다음의 어느 하나에 해당할 것
　　　　　　　1) 자기자본 500억원 이상 1,000억원 미만인 법인: 100만주 이상
　　　　　　　2) 자기자본 1,000억원 이상 2,500억원 미만인 법인: 200만주 이상
　　　　　　　3) 자기자본 2,500억원 이상인 법인: 500만주 이상
　　　　　(나) 신규상장신청일 현재의 기준시가총액을 기준으로 다음의 어느 하나에 해당할 것
　　　　　　　1) 기준시가총액 1,000억원 이상 2,000억원 미만인 법인: 100만주 이상
　　　　　　　2) 기준시가총액 2,000억원 이상 5,000억원 미만인 법인: 200만주 이상
　　　　　　　3) 기준시가총액 5,000억원 이상인 법인: 500만주 이상

　　　(4) 국내외 동시공모를 하는 법인의 경우에는 국내외 동시공모로 발행하거나 매각한 주
　　　　　식의 총수가 신규상장신청일 현재 보통주식총수의 10% 이상이고, 국내에서 모집
　　　　　또는 매출로 발행하거나 매각한 주식의 총수가 100만주(액면주식인 경우에는 액면
　　　　　가액 5,000원을 기준으로 한다) 이상일 것

　　나. 삭제<2014. 6. 18>

　　다. 일반주주의 수가 500명 이상일 것

4. 경영성과: 다음 각 목의 어느 하나에 해당할 것

　　가. 매출액과 수익성이 다음의 요건을 모두 충족할 것

　　(1) 매출액: 최근 사업연도에 1,000억원 이상이고, 최근 3사업연도(1사업연도가 1년 미만인 경우에는 3년으로 한다. 이하 이 조에서 같다) 평균 700억원 이상일 것. 이 경우 지주회사는 연결재무제표상 매출액을 기준으로 하며, 이하 이 조에서 같다.

　　(2) 수익성: 법인세비용차감전계속사업이익 또는 자기자본이익률이 다음 어느 하나에 해당할 것. 이 경우 종속회사가 있는 법인(지주회사가 아닌 경우에는 한국채택 국제회계기준을 적용한 사업연도만 해당)은 연결재무제표상 금액으로 하되, 자기자본이익률은 당기순이익에서 비지배지분을 제외한 금액을 기준으로 한다.

　　　　(가) 법인세비용차감전계속사업이익: 최근 사업연도에 30억원 이상이고, 최근 3사업연도의 합계가 60억원 이상일 것

　　　　(나) 자기자본이익률: 최근 사업연도에 5% 이상이고, 최근 3사업연도의 합계가 10% 이상일 것. 이 경우 최근 3사업연도 중 어느 한 사업연도의 자기자본이익률을 산출할 수 없는 때에는 해당 요건을 충족하지 못한 것으로 본다.

　　　　(다) 법인세비용차감전계속사업이익·자기자본이익률·영업현금흐름: 상장예비심사신청일 현재 자기자본이 1,000억원 이상인 법인으로서 최근 사업연도의 법인세비용차감전계속사업이익이 50억원 이상이거나 자기자본이익률이 3% 이상이고, 최근 사업연도의 영업활동에 따른 현금흐름("영업현금흐름")이 양(＋)일 것. 이 경우 지주회사는 연결재무제표상 영업현금흐름을 기준으로 한다.

　나. 최근 사업연도의 매출액이 1,000억원 이상이고, 신규상장신청일 현재의 기준시가총액이 2,000억원 이상일 것

　다. 최근 사업연도의 법인세비용차감전계속사업이익이 50억원 이상이고, 신규상장신청일 현재의 기준시가총액이 2,000억원 이상일 것

　라. 신규상장신청일 현재의 기준시가총액이 6,000억원 이상이고, 자기자본이 2,000억원 이상일 것

5. 감사의견: 최근 3사업연도의 개별재무제표와 연결재무제표에 대한 감사인의 감사의견이 다음 각 목의 모두에 해당할 것. 이 경우 종속회사가 있는 법인(지주회사를 제외)은 한국채택 국제회계기준을 적용한 사업연도만 연결재무제표를 적용한다.

　가. 최근 사업연도에 대하여 적정일 것

　나. 최근 사업연도의 직전 2사업연도에 대하여 적정 또는 한정(감사범위 제한에 따른 한정을 제외)일 것

6. 삭제＜2014. 6. 18＞

7. 주식양도 제한: 주식의 양도에 제한이 없을 것. 다만 법령·정관 등에 따라 주식의 양도가 제한되는 경우로서 그 제한이 유가증권시장의 매매거래를 해치지 않는다고 거래소가 인정하는 경우에는 이 호를 적용하지 않는다.

8. 사외이사: 지주회사의 경우 신규상장신청일 현재 제77조의 사외이사 선임 의무를 충족하고

있을 것. 이 경우 상법 시행령 제34조 제1항 제3호의 신규상장법인에 대한 유예기간규정을 준용하지 않는다.

9. 감사위원회: 지주회사의 경우 신규상장신청일 현재 제78조의 감사위원회 설치 의무를 충족하고 있을 것. 이 경우 상법 시행령 제37조 제1항 제4호의 신규상장법인에 대한 유예기간 규정을 준용하지 않는다.

마) 질적 심사요건

거래소는 형식적 심사요건을 충족한 법인의 보통주권을 상장하는 것이 적합한지에 대하여 ⅰ) 영업, 재무상황, 경영환경 등에 비추어 기업의 계속성이 인정될 것(제1호), ⅱ) 기업지배구조, 내부통제제도, 공시체제, 특수관계인과의 거래 등에 비추어 경영투명성이 인정될 것(제2호), ⅲ) 지분 당사자 간의 관계, 지분구조의 변동 내용·기간 등에 비추어 기업경영의 안정성이 인정될 것(제3호), ⅳ) 법적 성격과 운영방식 측면에서 상법상 주식회사로 인정될 것(제4호), ⅴ) 그 밖에 공익 실현과 투자자 보호를 해치지 않는다고 인정될 것(제5호)을 종합적으로 고려하여 심사한다(상장규정30①).

그러나 거래소는 ⅰ) 자기자본: 상장예비심사 신청일 현재 4,000억원 이상이고(제1호), ⅱ) 매출액: 최근 사업연도에 7,000억원 이상이고, 최근 3사업연도(1사업연도가 1년 미만인 경우에는 3년으로 한다) 평균 5,000억원 이상이며(제2호), ⅲ) 법인세비용차감전계속사업이익: 최근 사업연도에 300억원 이상이고, 최근 3사업연도의 합계가 600억원 이상일 것(이 경우 각 사업연도에 법인세비용차감전계속사업이익이 있어야 한다)(제3호)의 요건을 모두 충족하는 법인(그 적용에 필요한 사항은 세칙으로 정한다)에 대하여는 제1항 제1호의 기업 계속성을 고려하지 않고 심사한다. 다만 거래소가 공익 실현과 투자자 보호를 위하여 필요하다고 인정하는 경우에는 그러지 아니한다(상장규정30②).

2) 상장주권의 관리

가) 관리종목지정

(ㄱ) 관리종목지정 사유

거래소는 보통주권 상장법인이 다음의 어느 하나에 해당하는 경우에는 해당 보통주권을 관리종목으로 지정한다(상장규정47①).

1. 정기보고서 미제출: 사업보고서, 반기보고서 또는 분기보고서를 법정 제출기한까지 제출하지 않은 경우

2. 감사인 의견 미달: 감사인의 감사의견 또는 검토의견이 다음 각 목의 어느 하나에 해당하는 경우

    가. 최근 사업연도의 개별재무제표 또는 연결재무제표에 대한 감사의견이 감사범위 제한에

따른 한정인 경우

나. 최근 반기의 개별재무제표 또는 연결재무제표에 대한 검토의견이 부적정이거나 의견거절인 경우

3. 자본잠식: 최근 사업연도 말 현재 자본금의 50% 이상이 잠식된 경우. 다만 종속회사가 있는 법인은 연결재무제표상의 자본금과 자본총계(비지배지분을 제외)를 기준으로 해당 요건을 적용한다.

4. 주식분산 미달: 최근 사업연도 말 현재 보통주식의 분포 상황이 다음 각 목의 어느 하나에 해당하는 경우. 다만 정부등이 최대주주인 법인이나 공공적 법인에는 이 호를 적용하지 않는다.

   가. 일반주주의 수가 200명 미만인 경우

   나. 일반주주가 소유한 주식의 총수가 유동주식수의 5% 미만인 경우. 다만 다음의 어느 하나에 해당하는 경우에는 이 목을 적용하지 않는다.

      (1) 일반주주가 소유한 주식의 총수가 200만주 이상으로서 세칙으로 정하는 수량 이상인 경우

      (2) 신규상장 당시에 제29조 제1항 제3호 가목 (4)의 국내외 동시공모 요건을 적용받은 경우로서 일반주주가 소유한 주식의 총수가 70만주 이상인 경우

5. 거래량 미달: 보통주권을 기준으로 반기의 월평균거래량이 해당 반기 말 현재 유동주식수의 1% 미만인 경우. 다만 다음 각 목의 어느 하나에 해당하는 경우에는 이 호를 적용하지 않는다.

   가. 월평균거래량이 2만주 이상인 경우

   나. 일반주주가 소유한 주식의 총수가 유동주식수의 20% 이상이고, 해당 일반주주의 수가 300명 이상인 경우

   다. 신규상장법인의 경우. 다만 신규상장일이 속하는 반기에 한정한다.

   라. 반기 중 매매거래정지일 수가 해당 반기의 매매거래일 수의 50% 이상인 경우

   마. 해당 반기 말 현재 업무규정 제20조의3 제1항에 따른 유동성공급계약(계약기간이 6개월 이상인 것만 해당)이 체결되어 있는 경우

6. 지배구조 미달: 제77조의 사외이사 선임 의무나 제78조의 감사위원회 설치 의무를 위반한 경우로서 다음 각 목의 어느 하나에 해당하는 경우. 다만 지배구조 미달 사유가 주주총회의 정족수 미달로 발생한 경우로서 보통주권 상장법인이 주주총회 성립을 위해 전자투표제도 도입 등 세칙으로 정하는 노력을 한 사실을 종합적으로 고려하여 거래소가 인정하는 경우에는 해당 보통주권을 관리종목으로 지정하지 아니한다.

   가. 최근 사업연도의 사업보고서상 사외이사수가 제77조 제1항에서 정하는 수에 미달한 경우

   나. 최근 사업연도의 사업보고서상 사외이사의 수가 사외이사의 사임, 사망 등의 사유로 제77조 제1항에서 정하는 수에 미달하게 된 경우로서 그 사유가 발생한 후 최초로 소집

되는 주주총회에서 그 수를 충족하지 못하는 경우

다. 최근 사업연도의 사업보고서상 제78조에 따라 감사위원회가 설치되지 않은 경우

라. 최근 사업연도의 사업보고서상 감사위원의 수가 사임, 사망 등의 사유로 제78조의 감사위원회의 구성요건에 미달하게 된 경우로서 그 사유가 발생한 후 최초로 소집되는 주주총회에서 그 수를 충족하지 못하는 경우

7. 매출액 미달: 최근 사업연도 말 현재 매출액(재화의 판매와 용역의 제공금액을 합산한 금액)이 50억원 미만인 경우. 이 경우 지주회사는 연결재무제표상 매출액을 기준으로 한다.

8. 주가 미달: 보통주권의 종가가 액면가액의 20% 미만인 상태가 30일(해당 주권의 매매거래일을 기준으로 한다. 이하 이 항에서 같다) 동안 계속되는 경우. 다만 그 30일 동안의 평균 상장시가총액이 5,000억원 이상인 경우에는 이 호를 적용하지 않는다.

9. 시가총액 미달: 보통주권의 상장시가총액이 50억원 미달인 상태가 30일 동안 계속되는 경우

10. 파산신청: 채무자회생법에 따른 파산신청이 있는 경우. 다만 공익 실현과 투자자 보호 등을 고려하여 관리종목지정이 필요하지 않다고 거래소가 인정하는 경우를 제외한다.

11. 회생절차개시신청: 채무자회생법에 따른 회생절차개시의 신청이 있는 경우

12. 공시의무 위반: 공시규정에 따라 벌점을 부과받는 경우로서 해당 벌점을 포함하여 과거 1년 이내의 누계벌점이 15점 이상이 되는 경우

13. 그 밖에 공익 실현과 투자자 보호를 위하여 관리종목으로 지정하는 것이 필요하다고 거래소가 인정하는 경우

(ㄴ) 관리종목지정 해제

관리종목으로 지정 된 후 다음의 어느 하나에 해당하는 경우 거래소는 지체 없이 그 관리종목지정을 해제한다(상장규정47②).

1. 제1항 제1호부터 제9호까지 및 제13호의 경우: 사업보고서 등으로 관리종목지정 사유를 해소한 사실이 확인된 경우. 다만 다음 각 목의 어느 하나에 해당하는 경우에는 관리종목지정 사유를 해소한 것으로 본다.

가. 제1항 제1호에 해당하는 경우

(1) 해당 사업연도의 분기보고서 미제출 후 반기보고서 또는 사업보고서를 제출한 경우

(2) 반기보고서 미제출 후 사업보고서를 제출한 경우

(3) 사업보고서 미제출 후 10일 이내에 해당 사업연도 사업보고서를 제출한 경우

나. 제1항 제5호에 해당하는 경우: 반기말 현재 업무규정 제20조의3 제1항에 따른 유동성 공급계약(계약기간이 6개월 이상인 것만 해당)이 체결되어 있는 경우

2. 제1항 제10호의 경우: 법원의 파산신청 기각결정이 있은 때

3. 제1항 제11호의 경우: 법원의 회생절차종결 결정이 있은 때

4. 제1항 제12호의 경우: 관리종목지정일부터 1년이 지난 때. 다만 최근의 관리종목지정기간

중에 불성실공시법인지정 등에 따라 추가적으로 부과 받은 누계벌점이 15점 이상이 되는 경우에는 그 날부터 1년이 지난 때로 한다.

나) 상장폐지와 이의신청

(ㄱ) 상장폐지 사유

거래소는 보통주권 상장법인이 다음의 어느 하나에 해당하는 경우에는 해당 보통주권을 상장폐지한다(상장규정48①).

1. 정기보고서 미제출: 사업보고서, 반기보고서 또는 분기보고서와 관련하여 다음 각 목의 어느 하나에 해당하는 경우
   가. 사업보고서 미제출로 제47조 제1항 제1호에 따라 관리종목으로 지정된 상태에서 해당 사업보고서를 그 법정 제출기한부터 10일 이내에 제출하지 않은 경우
   나. 분기보고서나 반기보고서의 미제출로 제47조 제1항 제1호에 따라 관리종목으로 지정된 상태에서 추가로 사업보고서, 반기보고서 또는 분기보고서를 법정 제출기한까지 제출하지 않은 경우
2. 감사인 의견 미달: 감사인의 감사의견이 다음 각 목의 어느 하나에 해당하는 경우
   가. 최근 사업연도의 개별재무제표 또는 연결재무제표에 대한 감사의견이 부적정이거나 의견거절인 경우
   나. 감사범위 제한에 따른 한정으로 제47조 제1항 제2호 가목에 따라 관리종목으로 지정된 상태에서 최근 사업연도에도 개별재무제표 또는 연결재무제표에 대한 감사의견이 감사범위 제한에 따른 한정인 경우
3. 자본잠식: 자본금의 상태가 다음 각 목의 어느 하나에 해당하는 경우. 이 경우 종속회사가 있는 법인은 연결재무제표상의 자본금과 자본총계(비지배지분을 제외)를 기준으로 해당 요건을 적용한다.
   가. 최근 사업연도 말 현재 자본금 전액이 잠식된 경우
   나. 자본잠식으로 제47조 제1항 제3호에 따라 관리종목으로 지정된 상태에서 최근 사업연도 말 현재에도 자본금의 50% 이상이 잠식된 경우
4. 주식분산 미달: 보통주식의 분포 상황이 다음 각 목의 어느 하나에 해당하는 경우
   가. 일반주주 수 미달로 제47조 제1항 제4호 가목에 따라 관리종목으로 지정된 상태에서 최근 사업연도 말 현재에도 일반주주의 수가 200명 미만인 경우
   나. 일반주주 지분율 미달로 제47조 제1항 제4호 나목에 따라 관리종목으로 지정된 상태에서 최근 사업연도 말 현재에도 일반주주가 소유한 주식의 총수가 유동주식수의 5% 미만인 경우. 이 경우 제47조 제1항 제4호 나목 단서의 예외 규정을 준용한다.
5. 거래량 미달: 거래량 미달로 제47조 제1항 제5호에 따라 관리종목으로 지정된 상태에서 다음 반기에도 보통주권의 월평균거래량이 해당 반기 말 현재 유동주식수의 1% 미만인 경우. 다

만 제47조 제1항 제5호 각 목의 어느 하나에 해당하는 경우에는 이 호를 적용하지 않는다.

6. 지배구조 미달: 사외이사 선임 의무 또는 감사위원회 설치 의무위반으로 제47조 제1항 제6호에 따라 관리종목으로 지정된 상태에서 최근 사업연도에도 해당 사유를 해소하지 못한 경우. 다만 지배구조 미달 사유가 주주총회의 정족수 미달로 발생한 경우에는 해당 상장폐지 사유를 적용하지 아니한다.

7. 매출액 미달: 제47조 제1항 제7호에 따라 관리종목으로 지정된 상태에서 최근 사업연도 말 현재에도 매출액(재화의 판매와 용역의 제공금액을 합산한 금액)이 50억원 미만인 경우. 이 경우 지주회사는 연결재무제표상 매출액을 기준으로 한다.

8. 주가 미달: 주가 미달로 제47조 제1항 제8호에 따라 관리종목으로 지정된 후 90일(해당 주권의 매매거래일을 기준으로 한다. 이하 이 항에서 같다) 동안 해당 보통주권의 종가가 다음 각 목의 어느 하나라도 충족하지 못하는 경우
   가. 액면가액의 20% 이상인 상태가 10일 이상 계속될 것
   나. 액면가액의 20% 이상인 일수가 30일 이상일 것

9. 시가총액 미달: 시가총액 미달로 제47조 제1항 제9호에 따라 관리종목으로 지정된 후 90일 동안 보통주권의 상장시가총액이 다음 각 목의 어느 하나라도 충족하지 못하는 경우
   가. 50억원 이상인 상태가 10일 이상 계속될 것
   나. 50억원 이상인 일수가 30일 이상일 것

10. 해산: 법률에 따른 해산 사유가 발생한 경우

11. 최종부도 또는 은행거래 정지: 발행한 어음이나 수표가 최종부도로 처리되거나 은행과의 거래가 정지된 경우. 다만 기업구조조정 촉진 등과 관련하여 세칙으로 정하는 경우에는 이 호를 적용하지 않는다.

12. 지주회사 편입등: 보통주권 상장법인이 지주회사의 완전자회사(지주회사가 발행주식 총수를 소유하는 자회사)로 되는 등 최대주주등이 발행주식을 전부 소유하는 경우

13. 주식양도 제한: 주식의 양도가 제한되는 경우. 다만 법령·정관 등에 따라 양도가 제한되는 경우로서 그 제한이 유가증권시장의 매매거래를 해치지 않는다고 거래소가 인정하는 경우에는 이 호를 적용하지 않는다.

14. 우회상장기준 위반: 우회상장과 관련하여 다음 각 목의 어느 하나에 해당하는 경우
   가. 우회상장예비심사를 통과하지 못한 주권비상장법인을 대상으로 우회상장을 완료한 경우
   나. 우회상장예비심사신청서를 제출하기 전에 우회상장을 완료한 경우. 다만 중요한 영업양수 또는 자산양수에 관한 주요사항보고서를 제출한 후 6개월 이내에 공시규정에 따라 최대주주 변경을 신고하고, 해당 신고일부터 1개월 이내에 우회상장예비심사신청서를 제출하여 심사를 받은 경우에는 이 목을 적용하지 않는다.

(ㄴ) 상장적격성 실질심사와 상장폐지

(a) 상장적격성 실질심사

거래소는 보통주권 상장법인이 제48조 제2항 각 호의 어느 하나에 해당하는 사실을 확인한 날부터 15일(영업일을 기준으로 한다) 이내에 그 법인이 기업심사위원회의 심의대상인지를 결정해야 한다. 다만 심의대상인지를 결정하기 위하여 추가조사가 필요한 경우에는 15일 이내에서 그 기간을 연장할 수 있다(상장규정49①). 거래소는 제1항에 따라 보통주권 상장법인을 기업심사위원회의 심의대상으로 결정한 경우에는 지체없이 기업심사위원회를 개최하여 상장적격성유지 여부 또는 개선기간 부여, 그 밖에 세칙으로 정하는 사항을 심의한다(상장규정49②). 거래소는 제1항과 제2항의 심사 또는 심의에 필요하다고 인정하는 경우에 해당 보통주권 상장법인에 대하여 관련 자료의 제출 또는 관계자의 의견진술을 요청하거나 현지조사를 실시할 수 있다(상장규정49③).

거래소는 부여된 개선기간이 종료된 경우에는 기업심사위원회를 개최하여 개선계획의 이행 여부 등을 고려하여 상장적격성을 유지하고 있는지를 심의한다(상장규정49④ 본문). 다만 ⅰ) 개선계획을 이행하지 않는 경우(제1호), ⅱ) 영업활동에 필요한 자산을 보유하지 않거나 영업활동이 사실상 중단되는 등 계속기업으로서의 존립이 어렵다고 인정되는 경우(제2호), ⅲ) 해당 보통주권 상장법인의 신청이 있는 경우(제3호)에는 개선기간이 종료되기 전에 심의할 수 있다(상장규정49④ 단서).

(b) 상장폐지

거래소는 다음의 어느 하나에 해당하는 보통주권 상장법인에 대하여 상장적격성 실질심사를 실시한 결과 기업의 계속성, 경영의 투명성, 그 밖에 공익 실현과 투자자 보호 등을 종합적으로 고려하여 필요하다고 인정하는 경우에는 해당 보통주권을 상장폐지한다(상장규정48②).

1. 회생절차개시신청으로 제47조 제1항 제11호에 따라 관리종목으로 지정된 상태에서 법원의 회생절차개시신청 기각, 회생절차개시결정 취소, 회생계획 불인가, 회생절차폐지의 결정 등이 있는 경우. 다만 간이회생절차개시신청의 경우 채무자회생법 제293조의5 제2항 제2호 가목의 회생절차개시결정이 있거나 같은 조 제4항에 따라 회생절차가 속행되는 경우를 제외한다.

2. 공시의무 위반으로 제47조 제1항 제12호에 따라 관리종목으로 지정된 상태에서 다음 각목의 어느 하나에 해당하는 법인

    가. 불성실 공시에 따른 누계벌점이 최근 1년간 15점 이상 추가된 경우

    나. 기업경영에 중대한 영향을 미칠 수 있는 사항에 대하여 고의나 중과실로 공시의무를 위반하여 불성실공시법인으로 지정된 경우

3. 상장 또는 상장폐지 심사 과정에서 제출한 서류에 투자자 보호와 관련하여 중요한 사항이 거짓으로 적혀있거나 **빠져있는** 사실이 발견된 경우

4. 보통주권 상장법인이 다음 각 목의 어느 하나에 해당하는 경우. 이 경우 구체적인 판단기준은 세칙으로 정한다.

　가. 유상증자, 분할 등이 상장폐지를 회피하기 위한 것으로 인정되는 경우

　나. 해당 법인에 상당한 규모의 횡령·배임 등과 관련된 공시가 있거나 사실 등이 확인된 경우

　다. 국내회계기준을 중대하게 위반하여 재무제표를 작성한 사실이 확인되는 경우

　라. 주된 영업이 정지된 경우

　마. 자본잠식으로 제1항 제3호의 상장폐지 사유에 해당된 보통주권 상장법인이 사업보고서의 법정 제출기한까지 세칙으로 정하는 감사보고서를 제출하여 그 사유를 해소한 사실이 확인되는 경우

　바. 그 밖에 공익 실현과 투자자 보호를 위하여 상장폐지가 필요하다고 인정되는 경우

(ㄷ) 이의신청

다음의 상장폐지 사유에 해당하여 거래소로부터 통지를 받은 보통주권 상장법인은 상장폐지에 대한 이의신청을 할 수 있다(상장규정48③).

1. 제1항 제2호의 감사인 의견 미달 사유

2. 제1항 제4호의 주식분산 미달 사유

3. 제1항 제5호의 거래량 미달 사유

4. 제1항 제6호의 지배구조 미달 사유

5. 삭제<2015. 11. 4>

6. 삭제<2015. 11. 4>

7. 제1항 제11호의 최종부도 또는 은행거래 정지 사유

8. 제1항 제13호의 주식양도 제한 사유

9. 제1항제14호의 우회상장기준 위반 사유

10. 제2항 각 호의 상장적격성 실질심사 사유

(ㄹ) 상장폐지의 유예

계속기업 가정에 대한 불확실성으로 감사의견 부적정 또는 의견거절이 발생하여 제48조 제1항 제2호 가목의 상장폐지 사유에 해당하는 보통주권 상장법인이 정리매매를 시작하기 전에 해당 사유가 해소되었음을 증명하는 감사인의 의견서(감사보고서를 작성한 감사인이 작성한 것에 한정)를 제출하는 경우에 거래소는 상장공시위원회의 심의를 거쳐 반기보고서의 법정 제출

기한까지 상장폐지를 유예할 수 있다(상장규정51①). 상장폐지가 유예된 보통주권 상장법인의 반기재무제표에 대하여 감사인의 감사의견이 적정이거나 한정(감사범위 제한으로 한정인 경우를 제외)인 경우에 거래소는 해당 상장폐지 사유가 해소된 것으로 본다(상장규정51②).

(라) 종류주권

종류주권이란 국내법인이 발행한 것으로서 상법 제344조의 종류주식에 대한 주권을 말한다(상장규정18(2)).

1) 상장예비심사와 신규상장 신청

종류주권(외국종류주권을 포함)의 신규상장과 관련한 상장예비심사, 의무보유, 신규상장 신청에는 보통주권의 상장예비심사에 관한 제26조, 의무보유에 관한 제27조, 신규상장 신청에 관한 제28조를 준용한다(상장규정60① 본문). 제27조를 준용하는 경우에는 다음의 증권만을 의무보유 대상으로 한다(상장규정60②).

1. 종류주권. 이 경우 상장 후 6개월 이내에 무상증자(유상증자와 무상증자를 동시에 실시하는 경우에는 무상증자만 해당)로 발행된 종류주권을 포함한다.
2. 종류주권으로 전환되거나 상환될 수 있는 증권

2) 신규상장 심사요건

종류주권의 신규상장신청인은 상장하려는 종류주권(외국종류주권을 포함)의 종목별로 다음의 요건을 모두 충족해야 한다. 이 경우 상장예비심사를 신청한 후에 모집·매출을 하는 법인은 상장신청일을 기준으로 제3호부터 제6호까지를 판단한다(상장규정61①).

1. 신규상장신청인이 다음 각 목의 어느 하나에 해당할 것
   가. 보통주권 상장법인 또는 외국주권등 상장법인
   나. 보통주권 또는 외국주권등의 신규상장신청인
   다. 보통주권의 재상장신청인
2. 상장예비심사 신청일 현재 신규상장신청인의 보통주권 또는 외국주권등이 관리종목지정 사유에 해당하지 않을 것
3. 상장예정인 주식 수가 100만주 이상일 것
4. 기준시가총액이 50억원 이상일 것
5. 일반주주가 해당 종류주식총수의 25% 이상을 소유하고 있을 것
6. 일반주주 수가 300명 이상일 것
7. 전환청구권 등의 잔존 권리행사기간 또는 만기가 상장신청일 현재 1년 이상 남아 있을 것
8. 주식의 양도에 제한이 없을 것. 다만 법령(외국종류주권은 본국의 법령으로 한다)·정관 등에 따라 주식양도가 제한되는 경우로서 그 제한이 유가증권시장의 매매거래를 해치지 않는

다고 거래소가 인정하는 경우에는 이 호를 적용하지 않는다.

9. 종류주권의 발행이 경영권 방어수단으로 남용되거나 기존 주주의 이익을 침해할 우려가 있다고 인정되는 경우로서 세칙으로 정하는 사유에 해당하지 않을 것

제1항 제1호와 제2호는 해당 상장예비심사 신청일부터 신규상장일의 전일까지의 기간에도 적용한다(상장규정61②).

3) 관리종목 지정과 해제

거래소는 종류주권이 다음의 어느 하나에 해당하는 경우에는 해당 종류주권을 관리종목으로 지정한다. 이 경우 제2호부터 제5호까지는 해당 종류주권의 종목별로 적용한다(상장규정64①).

1. 발행인 자격 미달: 종류주권 상장법인의 보통주권 또는 외국주권등이 관리종목으로 지정되는 경우
2. 일반주주 수 미달: 최근 사업연도 말 현재 일반주주 수가 100명 미만인 경우
3. 상장주식 수 미달: 반기 말 현재 상장주식 수가 20만주 미만인 경우
4. 거래량 미달: 반기의 월평균거래량이 1만주 미만인 경우. 다만 다음 각 목의 어느 하나에 해당하는 경우에는 이 호를 적용하지 않는다.
   가. 종류주권이 신규로 상장된 경우. 다만 신규상장일이 속하는 반기에 한정한다.
   나. 반기 중 매매거래정지일 수가 해당 반기의 매매거래일 수의 50% 이상인 경우
   다. 해당 반기 말 현재 업무규정 제20조의3 제1항에 따른 유동성공급계약(계약기간이 6개월 이상인 것만 해당)이 체결되어 있는 경우
5. 시가총액 미달: 상장시가총액이 20억원에 미달하는 상태가 30일(해당 주권의 매매거래일을 기준으로 한다) 동안 계속되는 경우

관리종목으로 지정된 후 다음의 어느 하나에 해당하는 경우 거래소는 지체 없이 그 관리종목지정을 해제한다(상장규정64②).

1. 제1항 제1호의 경우: 해당 발행인의 보통주권 또는 외국주권등이 관리종목지정사유를 해소한 사실이 확인된 경우
2. 제1항 제2호부터 제5호까지의 경우: 사업보고서 등으로 관리종목 지정사유를 해소한 사실이 확인된 경우

4) 상장폐지와 이의신청

거래소는 다음의 어느 하나에 해당하는 경우에는 해당 종류주권을 상장폐지한다. 이 경우 제2호부터 제7호까지는 해당 상장법인이 발행한 종류주권의 종목별로 적용한다(상장규정65①).

1. 발행인 자격 미달: 종류주권 상장법인의 보통주권 또는 외국주권등이 상장폐지 되는 경우
2. 일반주주 수 미달: 다음의 어느 하나에 해당하는 경우
   가. 일반주주 수 미달로 제64조 제1항 제2호에 따라 관리종목으로 지정된 상태에서 최근 사업연도 말 현재에도 일반주주 수가 100명 미만인 경우
   나. 최대주주등이 발행주식을 전부 소유하는 경우
3. 상장주식 수 미달: 상장주식 수 미달로 제64조 제1항 제3호에 따라 관리종목으로 지정된 상태에서 다음 반기 말 현재에도 상장주식 수가 20만주 미만인 경우
4. 거래량 미달: 거래량 미달로 제64조 제1항 제4호에 따라 관리종목으로 지정된 상태에서 다음 반기에도 월평균거래량이 1만주 미만인 경우. 다만 제64조 제1항 제4호 각 목의 어느 하나에 해당하는 경우에는 이 호를 적용하지 않는다.
5. 시가총액 미달: 시가총액 미달로 제64조 제1항 제5호에 따라 관리종목으로 지정된 후 90일 (해당 주권의 매매거래일을 기준으로 한다) 동안 상장시가총액이 다음의 어느 하나라도 충족하지 못하는 경우
   가. 20억원 이상인 상태가 10일 이상 계속될 것
   나. 20억원 이상인 일수가 30일 이상일 것
6. 주식양도 제한: 종류주식의 양도가 제한되는 경우. 다만 법령·정관 등에 따라 제한되는 경우로서 그 제한이 유가증권시장의 매매거래를 해치지 않는다고 거래소가 인정하는 경우에는 이 호를 적용하지 않는다.
7. 그 밖에 공익 실현과 투자자 보호를 위하여 상장폐지가 필요하다고 거래소가 인정하는 경우

제1항 제4호의 거래량 미달 사유 및 같은 항 제7호의 상장폐지 사유에 해당하여 거래소로부터 통지를 받은 종류주권 상장법인은 상장폐지에 대한 이의신청을 할 수 있다(상장규정65②).

(마) 매매거래정지 및 해제

1) 매매거래정지 사유

거래소는 상장법인 또는 상장증권이 다음의 어느 하나에 해당하는 경우에는 해당 증권의 매매거래를 정지할 수 있다(상장규정153①).

1. 상장규정에 따라 관리종목으로 지정되는 경우. 다만 다음 각 목의 어느 하나에 해당하는 경우를 제외한다.
   가. 업무규정이나 공시규정에 따라 매매거래를 정지한 후 정규시장의 매매거래종료시점까지 매매거래의 재개가 이루어지지 않은 경우로서 매매거래를 정지할 필요가 없는 경우
   나. 상장지수펀드증권, 외국상장지수펀드증권 또는 상장지수증권이 관리종목으로 지정되는 경우

2. 상장규정에 따른 상장폐지 사유에 해당(상장적격성 실질심사의 대상인 경우에는 그에 해당하는 사실이 확인된 경우로 한다)되는 경우. 다만 제51조(제59조 및 제73조에서 준용하는 경우를 포함)에 따라 상장폐지를 유예하는 경우에는 해당 유예기간이 종료된 때에 매매거래를 정지할 수 있다.

3. 삭제<2019. 8. 28>

4. 주식(외국주식을 포함)의 병합, 분할, 주식교환, 주식이전 또는 액면주식과 무액면주식의 상호 전환 등으로 신규 전자등록 및 신규 전자등록 주식의 변경·말소의 전자등록이 필요한 경우

5. 법원의 회생절차개시결정(외국법인등의 경우 이에 준하는 결정을 포함) 이후 해당 상장법인의 재무상태, 영업실적 또는 회생계획의 이행여부 등을 고려하여 거래소가 공익실현과 투자자 보호를 위하여 필요하다고 인정하는 경우

6. 보통주권 상장법인이 제38조 제1항 제2호의 분할재상장에 따른 분할 또는 분할합병에 대하여 공시규정에 따라 신고한 경우

7. 보통주권 상장법인 또는 외국주권등 상장법인이 주권비상장법인(유가증권시장에 지분증권이 상장되지 않은 단체나 조합, 그 밖의 발행인을 포함)과 다음의 어느 하나에 해당하는 거래에 대하여 공시규정에 따라 신고하는 경우

   가. 합병(주권비상장법인이 코스닥시장 기업인수목적회사인 경우를 제외)

   나. 주식의 포괄적 교환

   다. 중요한 영업양수 또는 자산양수. 다만 중요한 자산양수는 주권비상장법인의 주요출자자로부터 양수하는 해당 주권비상장법인의 지분증권에 한정한다.

   라. 주권비상장법인의 주요출자자에 대하여 제3자 배정으로 신주를 발행하고, 신주 발행에 대한 납입이 해당 주권비상장법인의 지분증권으로 이루어지는 경우. 다만 현물출자되는 지분증권의 금액이 보통주권 상장법인 또는 외국주권등 상장법인의 최근 사업연도(공시규정에 따라 해당 신주 발행을 신고한 날이 속하는 사업연도의 직전사업연도) 말 현재 자산총액의 10% 이상인 경우만 해당한다.

8. 보통주권 또는 외국주권등 상장법인이 주권비상장법인(주권비상장법인의 주요출자자를 포함)을 대상으로 하는 중요한 영업양수 또는 자산양수의 주요사항보고서 제출일 이후 6개월 이내에 공시규정에 따라 제3자 배정 방식으로 신주 또는 주권 관련 사채권의 발행을 신고하거나 최대주주 변경을 신고한 경우. 다만 중요한 영업양수 또는 자산양수의 결의 또는 결정 당시 우회상장예비심사신청서를 제출하여 심사를 받은 경우에는 이 호를 적용하지 않는다.

9. 제34조 또는 제54조의 우회상장예비심사와 관련하여 다음의 어느 하나에 해당하는 경우

   가. 거래소가 우회상장이 부적격하다는 심사결과를 통지하는 경우

   나. 심사가 진행 중인 상태에서 우회상장을 완료한 사실이 확인된 경우. 다만 중요한 영업양수 또는 자산양수의 주요사항보고서를 제출한 후 6개월 이내에 세칙으로 정하는 최

대주주 변경이 예정된 경우로서 해당 주요사항보고서 제출 당시 우회상장예비심사 신청서를 제출하여 심사가 진행 중인 경우에는 해당 중요한 영업양수 또는 자산양수를 완료한 사실이 확인된 경우로 한다.

10. 보통주권 상장법인이 주권비상장법인의 최대주주등에 대하여 제3자 배정 방식의 신주발행을 공시규정에 따라 신고한 후에 상법 제422조에 따른 법원의 현물출자 검사결과 해당 신고에 대한 정정신고를 하는 경우. 다만 현물출자 되는 지분증권의 금액이 보통주권 상장법인의 최근 사업연도(공시규정에 따라 해당 신주 발행을 신고한 날이 속하는 사업연도의 직전사업연도) 말 현재 자산총액의 10% 이상인 경우만 해당한다.

11. 기업인수목적회사주권 상장법인이 합병의 상대방이 되는 법인과의 합병에 대하여 공시규정에 따라 신고하는 경우. 다만 합병의 상대방이 되는 법인이 합병상장예비심사의 신청대상이 아닌 경우로서 신고 당시 신고내용 또는 확인서 등에 따라 제72조 제2항 제8호 가목 (2)부터 (4)까지 또는 같은 호 다목의 어느 하나에 해당되지 않는 사실이 확인된 경우에는 매매거래를 정지하지 않을 수 있다.

11의2. 조건부자본증권이 주식으로 일부 전환되거나 원금 상환과 이자지급 의무가 일부 감면되는 경우. 이 경우 주식전환 사유 또는 채무재조정 사유가 발생한 날로부터 제3영업일이 되는 날을 기준으로 한다.

12. 상장지수펀드(외국상장지수펀드를 포함) 또는 상장지수증권이 목표로 하는 가격 또는 지수의 산출이 일시적으로 중단되거나 이용할 수 없게 되어 유동성공급자가 업무규정 제20조의4 제1항 제2호의 스프레드비율 이내로 정상적인 호가제출이 어려운 경우

13. 주식워런트증권이 다음 각 목의 어느 하나에 해당하는 경우
    가. 기초자산인 주가지수의 산출이 일시적으로 중단되는 경우
    나. 기초자산인 주권의 매매거래가 정지되는 경우

13의2. 상장지수증권이 다음 각 목의 어느 하나에 해당하는 경우
    가. 상장지수증권의 병합 또는 분할 등으로 신규·변경·말소의 전자등록이 필요한 경우
    나. 상장지수증권 상장법인이 제149조의9 제1항 제3호의3에 따라 조기청산 사유 발생을 신고한 경우

14. 신주인수권증권이나 신주인수권증서의 목적이 되는 주권이 이 규정에 따라 매매거래가 정지되는 경우

15. 보증사채권의 원리금의 지급을 보증한 보증기관이 제92조 제1항 제3호 각 목에 해당하는 경우

16. 그 밖에 공익 실현과 투자자 보호와 시장 관리를 위하여 거래소가 필요하다고 인정하여 세칙으로 정하는 경우

2) 매매거래정지 기간

매매거래정지 기간은 다음의 어느 하나와 같다. 이 경우 정지기간은 매매거래일을 기준으

로 한다(상장규정153②).

1. 제1항 제1호에 해당하는 경우: 1일(해당 종목이 이미 관리종목으로 지정된 경우는 제외). 다만 다음 각 목의 어느 하나에 해당하는 경우에는 해당 각 목에서 정하는 바에 따르며, 그 밖에 거래소가 공익 실현과 투자자 보호를 위하여 필요하다고 인정하는 경우에는 매매거래 정지를 계속할 수 있다.

   가. 사업보고서 미제출 사유로 관리종목으로 지정되는 경우: 해당 사업보고서 제출일까지
   나. 기업인수목적회사주권이 제71조 제2항 제3호 및 제4호의 사유로 관리종목으로 지정되는 경우: 해당 관리종목지정 사유 해소일까지
   다. 회생절차개시신청 사유로 관리종목으로 지정되는 경우: 법원의 회생절차개시 결정일까지

2. 제1항 제2호·제4호·제12호·제13호·제13호의2·제14호에 해당하는 경우: 해당 매매거래 정지 사유가 해소되었다고 인정된 때까지

3. 제1항 제15호에 해당하는 경우: 1일

4. 제1항 제5호에 해당하는 경우: 해당 상장법인이 제42조 제1항 제3호 가목의 매출액과 수익성 요건을 충족하거나 해당 매매거래정지 사유가 해소되었다고 인정되는 경우 그 확인일까지

5. 제1항 제6호에 해당하는 경우: 제39조에 따른 분할재상장예비심사신청서와 첨부서류의 제출일까지. 다만 상장예비심사신청서를 제출하기 전에 제1항 제6호에 따른 결의 또는 결정 사항에 대하여 취소결의 또는 결정이 있는 경우 그 결의 또는 결정일까지

6. 제1항 제7호·제8호·제10호에 해당하는 경우: 제33조 및 제54조에 따른 우회상장 확인서와 첨부서류 제출시까지. 다만 해당 확인서 등에 따라 주권비상장법인이 제32조에 따른 우회 상장 대상으로 확인된 경우에는 우회상장예비심사신청서 제출일(해당 제출일이 제1항 제7 호·제8호·제10호에 따른 신고일인 경우에는 그 다음 날)까지로 하며, 우회상장예비심사신 청서를 제출하기 전에 제1항 제7호·제8호·제10호에 따른 결의 또는 결정사항에 대하여 취소결의 또는 결정이 있는 경우에는 그 결의 또는 결정일까지로 한다.

7. 제1항 제9호에 해당하는 경우

   가. 제1항 제9호 가목의 경우: 제32조 각 호의 어느 하나에 해당하는 거래를 취소하는 결의 또는 결정일까지
   나. 제1항 제9호 나목의 경우: 제34조 및 제54조에 따른 심사결과 우회상장의 적격성이 인정된다는 통보를 한 날까지

8. 제1항 제11호에 해당하는 경우

   가. 합병의 상대방이 되는 법인이 제74조에 따른 상장예비심사 대상인 경우: 해당 심사결과 통보일까지. 다만 부적격의 심사결과를 통보한 경우에는 해당 법인과의 합병을 중단하는 결의 또는 결정일까지
   나. 합병의 상대방이 되는 법인이 제74조에 따른 상장예비심사 대상이 아닌 경우로서 공시 규정 제7조 제1항 제3호에 따른 합병의 결의 또는 결정에 대한 신고 당시 제72조 제2

항 제8호 가목 (2)부터 (4)까지 및 다목의 어느 하나에 해당되는 경우: 해당 법인과의 합병을 중단하는 결의 또는 결정일까지

9. 제1항 제11호의2에 해당하는 경우: 조건부자본증권의 상장금액 변경일 전일까지

10. 제1항 제16호에 해당하는 경우: 세칙으로 정하는 날까지

(4) 주권상장법인의 공시(공시규정)

거래소는 주권, 그 밖에 대통령령으로 정하는 증권을 상장한 법인("주권등상장법인")의 기업내용 등의 신고·공시 및 관리를 위하여 주권등상장법인 공시규정을 정하여야 한다. 이 경우 거래소가 개설·운영하는 둘 이상의 증권시장에 대하여 별도의 공시규정으로 정할 수 있다(법 391①). 이에 따라 거래소는 「유가증권시장 공시규정」, 「코스닥시장 공시규정」, 「코넥스시장 공시규정」을 제정하여 시행하고 있다.

유통시장 공시에 관한 상세한 내용은 제3편 제4장에서 상술한다.

2. 장외시장

(1) 서설

(가) 장외시장의 의의

장외시장이란 거래소시장 또는 다자간매매체결회사 이외의 시장을 말한다(금융투자업규정 5-1조(1)). 자본시장법은 장외거래를 거래소시장 및 다자간매매체결회사 외에서 증권이나 장외파생상품을 매매하는 경우(영177)로 규정하고 있는데, 이러한 장외거래가 이루어지는 시장이 장외시장이다. 본래 증권의 거래는 수많은 증권보유자가 다양한 필요에 의해 다양한 방식으로 이루어지므로 정형화된 거래소시장만으로는 그 수요를 만족시키기는 어렵고 이러한 필요에 의해 장외시장의 존재는 불가피하다.

자본시장법은 장외시장에서 금융투자상품을 매매, 그 밖의 거래를 하는 경우 그 매매, 그 밖의 거래방법 및 결제의 방법 등 필요한 사항은 대통령령으로 정한다(법166)고 규정하고 있다. 순수하게 개인 간에 이루어지는 금융투자상품거래에 대하여는 민법 등 사법의 영역으로 자본시장법이 개입할 필요가 없다. 그러나 거래소시장 수준에 이르지는 않지만 계속적으로 금융투자상품거래가 이루어져서 시장에 가까운 기능을 수행하는 경우에는 적어도 금융투자업자(투자매매업자 또는 투자중개업자)로서의 라이선스 문제가 있고, 또한 조직적인 거래가 이루어지는 경우에는 거래질서 및 투자자 보호를 위해 일정한 규제를 하는 것이 필요하다.

장외시장에서 증권이나 장외파생상품을 매매하는 경우에는 단일의 매도자와 매수자간에 매매하는 방법으로 하여야 한다. 즉 상대거래를 원칙으로 한다. 장외시장에서의 거래원칙을 상대거래로 함으로써 매매대상의 규격화, 매매방식의 표준화 등에 의해 경쟁매매를 원칙으로 하

는 거래소시장과 구분하고 있다. 그러나 최근 ATS 등 과거의 장외시장으로 분류되던 시장이 다수의 시장참가자와 경쟁매매적 요소를 통해 거래소시장과 유사한 시장 메커니즘을 가짐에 따라 매매방식에 의한 시장 구별은 그 의미가 적어지고 있다. 이미 자본시장법은 금융투자협회를 통한 매매거래의 경우와 채권중개전문회사를 통한 매매거래에 대하여는 상대거래 원칙의 예외를 인정하고 있다(영177).

(나) 장외거래의 의의와 방법

장외거래란 거래소시장 또는 다자간매매체결회사 외(장외시장)에서 금융(투자)상품을 매매, 그 밖의 거래를 하는 경우를 말한다(법166). 넓은 의미의 장외거래는 금융투자업자를 통하지 않고 거래당사자 간의 합의에 의하여 성립하는 거래(직접거래·대면거래)도 포함하지만, 이러한 의미의 장외거래에 대하여는 불공정거래 외에는 자본시장법이 특별히 문제되지 않는다. 장외시장에서 증권의 매도인은 투자매매업자 임직원의 투자자보호의무와 유사한 매수인보호의무를 부담하지 않는다. 한편 투자중개업자 임직원의 장외거래에 관한 부당권유로 투자자에게 손해가 발생한 경우 투자중개업자는 사용자책임을 부담할 가능성이 있다.[15]

매매수량단위 미만의 거래는 장외거래에 의한다. 즉 투자매매업자는 투자자로부터 증권시장 및 다자간매매체결회사의 매매수량단위 미만의 상장주권에 대하여 증권시장 및 다자간매매체결회사 외에서 매매에 관한 청약을 받은 경우에는 이에 응하여야 한다(영185② 본문). 다만 그 투자매매업자가 소유하지 아니한 상장주권에 대하여 매수에 관한 청약을 받은 경우에는 이에 응하지 아니할 수 있다(영185② 단서).

장외시장에서 증권이나 장외파생상품을 매매하는 경우에는 단일의 매도자와 매수자 간에 매매하는 방법으로 하여야 한다(영177). 다만 협회를 통한 장외거래(영178①) 및 채권중개전문회사를 통한 장외거래(영179)는 제외한다(영177).

(2) 금융투자협회를 통한 장외거래

(가) K-OTC시장

1) 자본시장법 규정

금융투자협회("협회") 또는 종합금융투자사업자는 장외매매거래에 관한 업무를 수행하는 경우 다음의 구분에 따른 기준을 준수해야 한다(영178①). 즉 불특정다수인을 대상으로 협회가 증권시장에 상장되지 않은 주권의 장외매매거래에 관한 업무를 수행하거나 종합금융투자사업자가 증권시장에 상장되지 않은 주권의 장외매매거래에 관한 업무를 수행하는 경우에는 다음의 기준에 따라야 한다(영178①(1)).

---

15) 임재연(2019), 「자본시장법」, 박영사(2019. 3), 1557쪽.

가. 동시에 다수의 자를 각 당사자로 하여 당사자가 매매하기 위해 제시하는 주권의 종목, 매수하기 위해 제시하는 가격("매수호가") 또는 매도하기 위해 제시하는 가격("매도호가")과 그 수량을 공표할 것

나. 주권의 종목별로 금융위원회가 정하여 고시하는 단일의 가격 또는 당사자 간의 매도 호가와 매수호가가 일치하는 경우에는 그 가격으로 매매거래를 체결시킬 것

다. 매매거래대상 주권의 지정·해제 기준, 매매거래방법, 결제방법 등에 관한 업무기준을 정하여 금융위원회에 보고하고, 이를 일반인이 알 수 있도록 공표할 것

라. 금융위원회가 정하여 고시하는 바에 따라 재무상태·영업실적 또는 자본의 변동 등 발행인의 현황을 공시할 것[16)]

2) K-OTC시장 운영

금융투자협회의 「K-OTC시장 운영규정」("운영규정")에 의하면 "K-OTC시장"이란 증권시장에 상장되지 아니한 주권의 장외매매거래를 위하여 협회가 운영하는 금융투자상품시장을 말한다(운영규정2(1)). 등록기업부에 등록된 주권("등록종목")을 발행한 법인을 "등록법인"이라 하고(운영규정2(2)). 지정기업부에 지정된 주권("지정종목")을 발행한 법인을 "지정법인"이라 한다(운영규정2(3)). "신규등록"이란 등록법인 및 지정법인이 아닌 법인이 발행한 주권을 등록기업

---

16) 금융투자업규정 제5-2조(호가중개시스템의 공시사항 및 공시방법 등) ① 호가중개대상주식의 발행회사는 영 제178조 제1항 제1호 라목에 따라 다음의 어느 하나에 해당하는 경우에는 문서 또는 모사전송(FAX)의 방법으로 협회에 지체 없이 신고하여야 한다.
 1. 발행한 어음 또는 수표가 부도로 되거나 은행과의 거래가 정지 또는 금지된 때 및 은행과의 거래가 재개된 때
 2. 주된 영업활동이 정지된 때
 3. 관계 법령에 따른 회사정리절차 개시·종결 또는 폐지 등의 신청을 한 때 및 법원으로부터 회사정리절차의 개시·종결 또는 폐지 등의 결정사실을 통보받은 때
 4. 그 밖에 투자자의 투자판단에 중대한 영향을 미칠 수 있는 사항으로서 협회가 정하는 사실이 발생한 때
 ② 제1항에 따른 호가중개대상주식의 발행회사는 발행인에 관한 사항을 기재한 서류를 협회가 정하는 바에 따라 매 결산기 경과 후 90일 이내 및 매 반기 경과 후 45일 이내에 협회에 제출하여야 하며, 감사보고서 및 반기검토보고서를 각각 첨부하여야 한다.
 ③ 협회는 제1항에서 정하는 사항 또는 이에 준하는 사항에 대하여 호가중개대상주식 발행회사의 공시책임자에게 모사전송(FAX) 등의 방법으로 사실 여부의 확인을 요구할 수 있다. 이 경우 사실 여부의 확인을 요구받은 회사는 협회가 정하는 바에 따라 공시내용을 협회에 제출하여야 한다.
 ④ 협회는 호가중개대상주식의 발행회사가 제1항 및 제2항에 따른 신고 및 제출의무를 성실하게 이행하지 아니하거나 제3항에 따른 확인에 응하지 아니할 때에는 호가중개시스템을 통하여 당해 사실을 공표하고 그 사실을 당해 회사에 통보하여야 한다.
 ⑤ 협회는 호가중개대상주식 지정을 위한 신청서류 및 첨부서류와 제2항에 따른 서류를 일정한 장소에 비치하고 접수일로부터 3년간 일반인이 열람할 수 있도록 하여야 한다.
 ⑥ 협회는 호가중개대상주식의 발행회사가 법 제159조에 따른 사업보고서 제출대상법인인 경우 제1항부터 제5항까지의 규정을 적용하지 아니할 수 있다.
 ⑦ 그 밖에 호가중개대상주식 발행회사의 공시에 관한 절차·방법 등에 관하여는 협회가 세부사항을 정할 수 있다.

부에 등록하는 것을 말한다(운영규정2(4)). "신규지정"이란 등록법인 및 지정법인이 아닌 법인이 발행한 주권을 지정기업부에 지정하는 것을 말한다(운영규정2(5)).

협회는 K-OTC시장을 다음의 소속부로 구분하여 운영한다(운영규정4①).

1. 등록기업부: 신규등록 신청 또는 지정법인의 소속부 변경 신청에 따라 협회가 매매거래대상으로 등록한 주권을 발행한 법인
2. 지정기업부: 협회가 매매거래대상으로 지정한 주권을 발행한 법인

K-OTC시장의 매매거래시간은 오전 9시부터 오후 3시30분까지로 한다(운영규정18①). K-OTC시장에서 금융투자회사 간 매매거래의 중개업무는 협회가 행한다(운영규정20①). 매매거래는 당사자 간 매도호가와 매수호가가 일치하는 경우 그 가격으로 매매거래를 체결시킨다(운영규정35①). 협회는 매매체결이 이루어진 경우 호가중개시스템을 통하여 그 매매체결내용을 예탁결제원에 즉시 통보하여야 한다(운영규정40①). 협회는 K-OTC시장에서 형성된 가격, 호가 등 종목의 매매거래와 관련하여 필요하다고 인정되는 시세 등을 호가중개시스템을 통하여 공표한다(운영규정52①).

(나) K-OTC PRO 운영

1) 자본시장법 규정

금융투자협회는 장외매매거래에 관한 업무를 수행하는 경우 다음의 구분에 따른 기준을 준수해야 한다(영178①). 즉 시행령 제11조 제2항 각 호의 어느 하나에 해당하는 자만을 대상으로 협회가 증권시장에 상장되지 않은 지분증권의 장외매매거래에 관한 업무를 수행하는 경우에는 다음을 기준을 따라야 한다(영178①(2)).

가. 매매거래방법 등에 관한 업무기준을 정하여 비상장법인 및 시행령 제11조 제2항 각 호의 어느 하나에 해당하는 자가 알 수 있도록 공표할 것
나. 그 밖에 금융위원회가 정하여 고시하는 방법17)으로 업무를 수행할 것

2) K-OTC PRO

협회는 전문투자자 등 자본시장법 시행령 제11조 제2항 각 호18)의 어느 하나에 해당하는

---

17) "금융위원회가 정하여 고시하는 방법"이란 다음의 기준을 말한다(금융투자업규정5-2의2①).
  1. 영 제11조 제2항 각 호의 어느 하나에 해당하는 자 간의 장외매매거래에 관한 업무만을 수행할 것
  2. 장외매매거래에 관한 정보를 거래당사자의 동의 또는 정당한 사유 없이 제3자에게 제공하거나 누설하지 아니할 것
18) 1. 전문투자자
  2. 제1항 제1호 다목부터 바목까지의 어느 하나에 해당하는 자
  3. 제1항 제2호 각 목의 어느 하나에 해당하는 자

자 및 협회가 인정하는 자("K-OTC PRO 회원")가 자본시장법 시행령 제178조 제1항 제2호[19] 및 금융투자업규정 제5-2조의2[20])에 따른 방법 등으로 지분증권의 장외거래 등을 하고자 하는 경우에 K-OTC PRO 회원의 신청에 따라 해당 호가 및 매매가격 게시 등을 할 수 있는 전산시스템("K-OTC PRO 시스템")을 별도로 운영할 수 있다(운영규정57의2①).

　"K-OTC PRO"란 증권시장에 상장되지 아니한 지분증권("비상장주권 등")의 장외매매거래와 관련하여 협회가 운영하는 정보통신망(Korea Over-The-Counter Professional, 이하 "K-OTC PRO"라 한다)을 말한다.

　"K-OTC PRO 시스템"이란 비상장주권 등의 장외거래 등을 위하여 호가를 게시하고 거래협상 등을 할 수 있도록 협회가 운영하는 전산시스템을 말하고(K-OTC PRO 운영 시행세칙2(1)), "K-OTC PRO 대상종목"이란 K-OTC PRO 시스템에 호가 등을 게시할 수 있는 지분증권 중 비상장기업이 발행한 것을 말한다(동시행세칙2(2) 및 3).

　3) 회원

　K-OTC PRO를 이용하고자 하는 자는 K-OTC PRO 시스템을 통해 회원가입 신청을 하여야 하며, 중개회원 및 서비스제공회원의 경우에는 별지서식의 K-OTC PRO 업무권한 신청서를 작성하여 협회에 제출하여야 한다(동시행세칙10①).

　"회원"이란 K-OTC PRO 시스템을 이용하기 위하여 협회에 가입신청을 하고, 협회로부터 가입승인을 받은 "투자자회원", "기업회원", "중개회원", "서비스제공회원"을 말한다(동시행세칙2(3)). "투자자회원"이란 K-OTC PRO에 매도 또는 매수하려는 비상장주권 등의 가격, 수량 등에 관한 호가를 게시하고 해당 주문과 관련된 협상 등을 할 수 있는 자를 말한다(동시행세칙2(4)). "기업회원"이란 회원 대상 자금조달 계획 공고, 재무 등의 자문서비스 신청, 임직원 보유

---

4. 제6조 제1항 각 호의 어느 하나에 해당하는 법률에 따라 설립되거나 설정된 집합투자기구
5. 그 밖에 중소기업 또는 벤처기업 등에 대한 투자의 전문성 등을 고려하여 금융위원회가 정하여 고시하는 자
19) 2. 제11조 제2항 각 호의 어느 하나에 해당하는 자만을 대상으로 협회가 법 제286조 제1항 제5호 및 이 영 제307조 제2항 제5호의2에 따라 증권시장에 상장되지 않은 지분증권의 장외매매거래에 관한 업무를 수행하는 경우: 다음 각 목의 기준에 따를 것
　가. 매매거래방법 등에 관한 업무기준을 정하여 비상장법인 및 제11조 제2항 각 호의 어느 하나에 해당하는 자가 알 수 있도록 공표할 것
　나. 그 밖에 금융위원회가 정하여 고시하는 방법으로 업무를 수행할 것
20) 금융투자업규정 제5-2조의2(전문투자자 등 간의 장외거래를 위한 업무방법 등) ① 영 제178조 제1항 제2호 나목에서 "금융위원회가 정하여 고시하는 방법"이란 다음의 기준을 말한다.
　1. 영 제11조 제2항 각 호의 어느 하나에 해당하는 자 간의 장외매매거래에 관한 업무만을 수행할 것
　2. 장외매매거래에 관한 정보를 거래당사자의 동의 또는 정당한 사유 없이 제3자에게 제공하거나 누설하지 아니할 것
　② 그 밖에 영 제178조 제1항 제2호에 따른 장외매매거래에 관한 절차·방법 등에 관하여는 협회가 세부사항을 정할 수 있다.

우리사주의 매매를 위한 호가게시 및 협상 등을 할 수 있는 비상장기업을 말한다(동시행세칙 2(5)). "중개회원"이란 K-OTC PRO에서 투자매매 또는 투자중개 업무 및 기업회원 대상 재무 등에 대한 자문업무를 수행할 수 있는 금융투자회사를 말한다(동시행세칙2(6)). "서비스제공회원"이란 법률 및 회계 자문, 기업정보제공 등의 업무를 수행할 수 있는 자로 법무법인, 법률사무소, 회계법인, 채권평가기관 등을 말한다(동시행세칙2(7)).

Ⅳ. 주요국의 주식시장

1. 미국

미국의 대표적인 주식시장인 뉴욕증권거래소(NYSE)의 매매제도를 살펴보면 경쟁매매원칙에 따라 100주 단위로 거래가 이루어지고 있다. 결제일은 보통거래의 경우 매매계약 체결일 다음 3영업일(T+3일), 정규매매 거래시간은 09:30-16:00이다. 한편 시간외시장은 시간외종가매매가 이루어지는 CS Ⅰ(16:15-17:00)과 시간외 대량매매 및 바스켓매매가 이루어지는 CS Ⅱ(16:00-18:30)로 구분된다. 그 밖에 개별종목에 대한 일중 가격제한제도를 두지 않고 있다. 다만 주가폭락의 예방조치로 S&P500지수가 일정기준 이상 하락하는 경우 시장 전체의 매매거래를 일정시간 동안 중단하는 매매거래중단제도(circuit breakers)를 운영하고 있다.

미국 주식시장의 움직임을 종합적으로 나타내는 주가지수로는 다우존스산업평균지수, S&P500지수 및 나스닥(NASDAQ)지수가 있다. 다우존스산업평균지수는 뉴욕증권거래소와 나스닥시장에 상장된 30개 대형종목을 대상으로 하여 주가평균방식(1896.5.26＝$40.94)으로 산출된다. S&P500지수는 뉴욕증권거래소와 나스닥시장에서 거래되는 500개 대기업을 대상으로 하여 시가총액방식(1941-1943년＝10)으로 작성된다. 나스닥지수는 나스닥시장에 등록된 모든 종목을 대상으로 하며 시가총액방식(1971.2.5.＝100)으로 산출된다.[21]

2. 일본

일본의 대표적인 증권거래소인 동경증권거래소는 주로 대기업이 상장되는 1부, 중견기업 중심의 2부, JASDAQ, Mothers(Market of the High-growing and Emerging Stocks) 등으로 구성되어 있다. 정규매매 거래시간은 오전장(09:00-11:30)과 오후장(12:30-15:00)으로 구분되며, 결제는 일반적으로 매매계약 체결일 다음 3영업일(T+3일)에 이루어진다. 개별종목의 일중 가격변동폭은 주가수준별로 34단계로 구분하여 정액제로 정하고 있으며, 매매거래중지제도는 공시와 관련하여 개별종목에만 적용된다.

---

21) 한국은행(2016a), 280-281쪽.

대표적인 주가지수로는 TOPIX(Tokyo Stock Price Index), NIKKEI225지수, JASDAQ지수가 있다. TOPIX는 제1부에 상장된 자국주식을 대상으로 시가총액방식(1968.1.4=100)으로 작성되고, NIKKEI225지수는 제1부에 상장된 225개 종목을 대상으로 주가평균방식(1949.5.16=¥176.21)으로 산출된다. JASDAQ지수는 JASDAQ시장에 등록된 모든 종목을 대상으로 시가총액방식(1991.10.28=100)으로 산출되는 지수이다.[22]

3. 중국

중국의 주식시장은 1984년 주식발행이 시작된 이후 1990년 상해증권거래소와 1991년 심천증권거래소가 개설되고, 1992년 중국증권감독위원회(CSRC)가 설립되면서 본격적으로 발전하였다. 이후 1998년에는 증권법이 제정되고 2004년 5월에는 심천증권거래소에 중소기업 전용시장(中小板, SME Board)이 설립되었으며 2006년 1월에는 비상장기업의 주식을 거래하는 장외시장이 개설되었다. 2009년 10월에는 미국의 나스닥과 유사한 첨단기술주 중심의 차스닥시장(創業板, ChiNext)도 출범하였다.

중국 주식시장은 투자자 및 거래통화, 기업의 설립·상장지역 등에 따라 A주시장, B주시장, H주시장, Red Chip시장 등으로 구분된다. A주시장은 내국인이 위안화로 거래하는 시장이고, B주시장은 외국인이 외국통화(상해는 미달러화, 심천은 홍콩달러화)로 거래하는 시장이다. 다만 2001년 2월부터는 내국인의 B주시장 투자가 허용되었으며, 2002년 12월에는 QFII제도가 도입되어 다음해 5월부터 외국 기관투자자의 A주시장 진출이 허용되었다. H주시장과 Red Chip시장은 홍콩증권거래소에 개설되어 있다. 상해·심천증권거래소의 정규매매 거래시간은 09:30-11:30 및 13:00-15:00이다.[23]

4. 유로지역

1990년대 이후 유럽통합이 가속화되면서 각 국가별로 산재해있던 지역 거래소 통폐합이 활발해졌다. 2000년에 프랑스, 벨기에, 네덜란드 3개국의 거래소가 통합하여 Euronext가 설립되었고 2003-2007년중에는 스웨덴의 OMX가 북유럽 9개국의 거래소를 통합하였으며, 2007년에는 London Stock Exchange(영국)가 Borsa Italiana(이탈리아)를 인수하였다. 또한 미국의 NYSE가 Euronext를 인수(2007년)하고 NASDAQ이 OMX를 인수(2008년)하는 등 대륙간 M&A도 성사되었다. 최근에는 Intercontinental Exchange가 NYSE를 인수(2013년)하였으며, London Stock Exchange와 Deutsche Börse가 합병에 합의(2016년 3월)하였다.

---

22) 한국은행(2016a), 282쪽.
23) 한국은행(2016a), 282-283쪽.

한편 유럽지역 거래소의 시가총액을 살펴보면 London Stock Exchange가 가장 크며 다음으로 Euronext, Deutsche Börse(독일), SIX Swiss Exchange(스위스), Nasdaq OMX Nordic Exchanges 등의 순이다.[24]

제3절 채권시장

Ⅰ. 서설

1. 의의

자본시장의 근간을 구성하는 기본적인 축은 일반적으로 주식 및 채권시장이라고 할 수 있다. 채권시장은 국가 또는 기업이 자금을 조달하는 시장으로서 매우 중요한 역할을 한다. 연금, 보험, 펀드 등의 금융상품이 발전하면서 다양한 포트폴리오를 갖추려는 투자자들이 늘어나고 있어 채권시장의 중요성은 점점 더 커지고 있다.

채권시장은 주식시장에 비해 다양한 경제주체의 금융행위가 이루어지는 구조를 가지고 있다. 채권시장은 민간부문의 자금융통은 물론 국가, 지방자치단체와 공기업 등 공공부문의 자금조달 창구일 뿐만 아니라, 각종 정책수단의 장으로도 활용된다. 특히 국채시장에서 형성되는 국채수익률은 국가 재정정책 및 금융정책 수행에 수반되는 비용적 측면을 반영할 뿐만 아니라 그 밖의 모든 경제주체들의 금융행위의 준거금리로 사용되고 있다.

채권시장은 발행시장(또는 1차 시장, primary market)과 유통시장(또는 2차 시장, secondary market)으로 나뉜다. 발행시장은 채권이 자금수요자에 의해 최초로 발행되는 시장이며 유통시장은 이미 발행된 채권이 투자자들 사이에서 매매되는 시장이다. 채권 투자자는 채권을 발행시장에서 인수하거나 유통시장에서 매입할 수 있으며 이자소득 외에 가격변동에 따른 자본이득(capital gain)을 기대할 수 있기 때문에 채권은 자산 포트폴리오를 구성하는 중요한 투자수단이 된다.[25]

---

24) 한국은행(2016a), 284쪽.
25) 한국은행(2016a), 154쪽.

2. 특징

채권이란 일반적으로 정부, 금융기관, 민간기업 등이 비교적 장기로 불특정다수인으로부터 거액의 자금을 조달하기 위하여 정해진 이자와 원금의 지급을 약속하면서 발행하는 증권을 말한다. 채권은 매 기간 투자자에게 일정 금액의 이자가 지급된다는 점에서 고정소득증권으로 불린다. 채권은 만기 전에 매각할 경우 가격변동에 따라 자본이득 또는 손실이 발생할 뿐만 아니라 발행인이 부도를 내면 원리금 회수가 곤란해지기 때문에 투자시점에서 수익이 확정되는 것은 아니다.

채권의 발행주체 및 한도는 관련 법률에 의하여 정해진다. 국채의 경우 국회의 동의, 회사채 등은 금융위원회에 증권신고서 제출 등의 절차를 거쳐서 발행된다. 국채, 지방채, 법률에 따라 직접 설립된 법인이 발행한 채권(특수채) 등은 증권신고서 제출의무가 면제된다. 다만 은행과 같이 채권을 수시로 발행해야 할 필요성이 있는 경우에는 발행할 때마다 증권신고서를 제출하는 대신 사전에 일괄신고서를 제출하고 발행시점에 일괄신고추가서류를 제출함으로써 증권신고서 제출을 갈음할 수 있다.

채권은 발행주체에 따라 정부가 발행하는 국고채권("국고채"), 국민주택채권 등 국채, 지방자치단체가 발행하는 지방채, 한국전력공사·예금보험공사 등 법률에 의해 직접 설립된 법인이 발행하는 특수채, 상법상의 주식회사가 발행하는 회사채, 은행·금융투자회사·신용카드회사 등 금융기관이 발행하는 금융채 등으로 구분할 수 있다. 채권(채무증권)에 관하여는 금융법 강의 제2권 금융상품 편에서 상술하였다.

Ⅱ. 발행시장

채권시장에서는 많은 발행인이 채권을 발행한다. 채권을 단순하게 바라보면 자금이 필요한 발행인이 자금을 조달하기 위해 발행하는 증권으로 볼 수 있지만, 그 실상을 들여다보면 단순히 자금조달의 차원을 넘어 다양한 이유와 특징을 가지고 있다.

1. 국채

(1) 의의

국채시장은 한 국가의 지표채권이 거래되는 시장이다. 대부분의 국가에서 신용위험이 없는 국채 중 가장 최근에 발행되어 유동성이 제일 높은 국채가 지표채권으로 통용되고 있다. 국채는 지표채권으로서 국민경제 및 금융시장의 발전에 여러 가지 중요한 역할을 담당한다. 우선

지표채권이 형성하는 수익률 곡선은 회사채 등 다른 금융상품의 가격을 결정하는 기준이 되어 자산의 적정가격형성을 돕는다. 또 이를 통해 새로운 자산운용 기법 등이 발달할 수 있는 기회를 제공한다. 그리고 지표채권의 발달은 통화정책의 효과를 실물경제로 파급시키는 효율적인 경로를 제공하여 통화정책의 실효성을 증대시킨다. 아울러 국채가 지표채권으로서의 기능을 활발히 수행하게 되면 국채발행비용의 절감이라는 파생효과도 유발된다.[26]

(2) 국채의 발행방법

국채는 기획재정부장관이 발행한다. 다만 국고채권의 발행, 상환, 교환, 원리금 지급 및 이와 관련된 공고, 입찰, 등록, 상장신청 등 발행사무는 국채법에 따라 한국은행이 대행한다. 실무적으로는 한은금융결제망(BOK-Wire+)으로 이루어지며, 입찰 참가기관은 BOK-Wire+ 단말기를 이용하여 입찰정보의 조회, 응찰, 낙찰결과 수신 및 확인, 낙찰대금 납부, 등록신청 등을 수행한다.[27]

(3) 국채의 발행절차

국채는 국채법에 따라 기획재정부장관이 중앙정부의 각 부처로부터 발행요청을 받아 국채발행 계획안을 작성한 후 국회의 심의 및 의결을 거쳐 발행된다. 중앙관서의 장은 국채발행이 필요하다고 인정되는 때에는 발행한도액, 발행요청액, 액면금액의 종류, 소화계획, 원리금 상환계획 등을 명시하여 기획재정부장관에게 발행을 요청하여야 하며, 국채의 발행규모는 국회의 동의를 받은 한도 이내에서 정부가 결정한다. 국채의 발행은 법률이 정하는 바에 따라 특정인으로 하여금 국채를 매입하게 하거나 현금지급에 갈음하여 국채를 교부하는 경우를 제외하고는 공개시장에서 발행함을 원칙으로 한다.[28]

현재 국채는 국민주택채권을 제외한 모든 국채의 발행사무를 한국은행이 대행하고 있으며 국고채는 국고채전문딜러를, 재정증권은 통화안정증권 입찰기관을 대상으로 통상 발행예정일 1영업일 전에 경쟁입찰한다. 입찰형태는 1999년 9월에 종전의 서면입찰에서 BOK-Wire+를 통한 전자입찰방식으로 변경되었다.

국고채 입찰은 입찰일 오전 10시 40분부터 11시까지 20분간 진행되며, 비경쟁입찰 인수신청은 입찰일에는 12시부터 15시 30분, 1영업일과 2영업일은 오전 9시부터 15시 30분, 3영업일은 오전 9시부터 12시에 이루어진다.

입찰방식은 낙찰된 최고응찰금리를 기준으로 하여 순차적으로 매 0.03%P 간격(다만 10년 만기, 20년 만기, 30년 만기 국고채는 매 0.04%P)으로 구분한 각 구간 중 최고금리를 낙찰금리로

---

26) 김학겸·안희준·장운욱(2015), "국고채시장의 시장조성활동이 가격발견기능과 유동성에 미치는 영향", 한국증권학회지 제44권 1호(2015. 2), 54쪽.

27) 한국거래소((2019), 「한국의 채권시장」, 지식과 감성(2019. 1), 91쪽.

28) 한국거래소((2019), 93-94쪽.

적용하는 차등가격 낙찰방식을 적용하고 있다.

국고채의 상환은 국고채가 소멸되고, 국고채의 원리금이 보유자에게 지급되는 일련의 과정을 의미하며 한국은행이 원리금 지급일에 한국예탁결제원의 당좌예금계좌로 원리금을 일괄 입금하면 한국예탁결제원이 국고채의 보유기관 또는 해당기관의 거래은행에 한국은행 당좌예금계좌에 원리금을 입금함으로써 마무리된다. 국고채의 상환은 통상 국고채 만기일에 이루어지는 것이 원칙이지만, 정부는 국고채 만기가 일시에 집중되는 것을 방지하고, 채권시장의 유동성을 조절하기 위해 조기상환(Buy-back) 및 교환(Conversion Offer)제도를 활용하기도 한다.

(4) 국고채전문딜러제도

국고채전문딜러(Primary Dealer)는 국고채에 대한 투자매매업 인가를 받은 기관 중 자금력과 시장운영의 전문성을 갖춘 자로서 국고채에 대한 시장조성기능을 담당한다. 국채의 원활한 발행 및 국채유통시장 활성화를 위해 은행, 증권회사 중에서 재무건전성, 국채거래 실적 등이 우수한 기관을 대상으로 기획재정부장관이 지정·운영하고 있다. 전문딜러는 국고채 발행시장에서 국고채 인수 등에 관하여 우선적인 권리를 부여받는 대신 국채전문유통시장에서 시장조성자로서 호가제시, 거래 등의 업무를 수행한다.[29]

전문딜러의 수에는 특별한 제한은 없으나, 우리나라 국고채시장의 규모를 고려하여 통상 20개사 내외에서 지정하고 있다. 2018년 12월말 현재 금융투자업자 10개사, 은행 7개사 총 17개사의 국고채전문딜러가 활동하고 있다.[30]

(5) 국고채 통합발행제도

통합발행이란 일정기간 내에 발행하는 채권의 만기와 표면금리 등 발행조건을 동일하게 하여 이 기간 동안 발행된 채권을 단일 종목으로 취급하는 제도를 말한다. 예를 들어 2018년 6월 10일에 신규로 발행된 3년 만기 국고채는 2018년 4월 2일, 4월 30일, 5월 28일, 7월 2일, 7월 30일, 8월 27일, 10월 1일, 10월 29일에 동일한 조건으로 통합발행되어 발행시기는 다르지만 유통시장에서는 동일 종목으로 거래되는 것이다.[31]

통합발행의 목적은 종목당 발행물량을 증가시켜 유동성을 제고시킴으로써 정부의 이자비용을 절감하고 신뢰성 있는 지표금리를 형성하는 것이다. 채권의 유동성은 일반적으로 종목당 물량에 비례하고, 발행금리는 유동성에 반비례하기 때문이다. 통합발행제도의 도입으로 국고채의 종목당 발행금액이 지속적으로 증가하고 이와 더불어 거래량도 많아져 지표채권으로서의 위치가 확고해졌다. 또한 유동성 확대로 인해 유동성 프리미엄을 낮추어 발행비용을 절감하는

---

29) 한국거래소((2019), 94쪽.
30) 한국거래소((2019), 96쪽.
31) 한국거래소((2019), 105–106쪽.

효과도 거둘 수 있게 되었다.

2. 지방채

(1) 의의

지방채는 공유재산의 조성 등 소관 재정투자사업과 그러한 사업에 직접적으로 수반되는 경비의 충당 등을 위하여 자금을 차입하면서 부담하는 채무이며, 지방채증권 또는 차입금의 형식을 취한다(지방재정법11). 지방채증권은 지방자치단체가 증권을 발행하면서 차입하는 지방채이며, 차입금은 지방자치단체가 증서로 차입하는 지방채이다(지방재정법 시행령7).

지방채는 일정 한도 내에서 행정안전부장관의 승인 없이 지방의회의 의결을 거쳐 발행할 수 있는데, 이를 지방채 발행한도액이라고 하며, 행정안전부장관이 매년 자치단체의 채무규모, 채무상환 일정 등 재정상황을 고려하여 해당 자치단체의 전전년도 예산액의 10% 범위 내에서 정하도록 하고 있다(지방재정법11② 및 지방재정법 시행령10①).

이러한 지방채(채권 또는 차입금)는 채무부담행위, 보증채무부담행위액 중 이행책임액과 함께 지방채무를 구성한다(지방재정법2(5)). 즉 지방채무는 금전의 지급을 목적으로 하는 지방자치단체의 의무를 말한다.

(2) 지방채 발행방법

지방채의 발행방법은 모집발행, 매출발행, 교부발행으로 분류된다.

ⅰ) 모집발행은 불특정 다수를 대상으로 투자자를 모집하여 현금의 납입을 받은 후에 발행하는 경우를 말한다. 모집발행의 방법으로는 공모발행과 사모발행이 있다. 공모발행은 지방자치단체가 증권시장을 통해 투자자를 공개모집하는 방법을 말하고, 사모발행은 지방자치단체가 은행, 보험회사, 투신사 등 금융기관과 계약을 체결하고 발행하는 것을 말한다.[32]

ⅱ) 매출발행은 지방자치단체가 특정 역무를 제공받는 주민 또는 법인을 대상으로 주로 지하철, 상하수도, 도로 등의 사업을 위하여 특정한 인허가, 등기, 등록시에 첨가하여 소화시키는 발행방법으로 준조세적 성격을 갖고 있으며, 매입시기나 지역 간 형평성을 위하여 이자율 등 발행조건을 동일하게 하여 발행하고 있다. 대부분의 지방채가 매출발행으로 발행되고 있으며, 대표적으로 지역개발채권(17개 광역자치단체 발행)과 도시철도채권(서울, 부산, 대구) 등이 있다.

ⅲ) 교부발행은 지방자치단체가 공사대금 또는 보상금을 지급하는 대신 후년도에 지급을 약속하는 채권을 발행하여 채권자에게 교부하는 경우로서 채권발행시 자금의 이동이 발생하지 않는다. 지방채의 교부발행은 매출발행 및 모집발행이 활성화되지 못했던 과거에 주로 이용되었으나, 교부당사자인 시공업체 또는 토지소유자가 지방채 인수를 기피함으로써 현재는 거의

---

32) 한국거래소((2019), 122쪽.

이용되지 않는다.

3, 특수채

(1) 의의

특수채는 법률에 의해 직접 설립된 법인이 발행하는 채권을 말하며, 자본시장법 제4조 제3항에서 규정하고 있다. 특수채는 한국은행이 발행하는 통화안정증권, 특별법에 의해 설립된 특수은행이 발행하는 금융특수채와 특수은행을 제외한 특별법에 의해 설립된 기관이 발행하는 비금융특수채로 구분된다.

(2) 특수채의 종류별 발행방법

(가) 통화안정증권

한국은행이 통화량을 조절하기 위해 금융통화위원회 결정에 따라 한국은행법 제69조 및 한국은행 통화안정증권법에 근거하여 금융기관과 일반인을 대상으로 발행하는 특수채이며 공개시장운영규정 제12조에서 발행한도를 매 3개월마다 금융시장 여건과 시중 유동성 사정을 감안하여 금융통화위원회에서 결정하는 것을 원칙으로 한다. 다만 금융경제 여건상 부득이한 경우에는 3개월이 경과하기 전이라고 발행한도를 변경할 수 있다.[33]

한국은행은 경상수지 흑자(적자) 또는 외국인투자자금 유입(유출) 등으로 시중의 유동성이 증가(감소)하여 이를 구조적으로 환수(공급)할 필요가 있을 경우에 통화안정증권을 순발행(순상환)하여 유동성을 흡수(공급)하게 된다. 통화안정증권은 공모 또는 상대매출방식으로 발행하며, 공모발행은 경쟁입찰, 모집 또는 매출의 방법으로 발행하는 방식이다.

(나) 금융특수채

금융특수채는 특별법에 의해 설립된 특수은행이 발행하는 채권을 말하며, 특수은행에는 한국산업은행, 한국수출입은행, 중소기업은행, 농협은행, 수협은행 등이 있다. 발행방법은 매출발행 형식의 직접발행과 인수발행 방식의 간접발행이 있다. 발행한도는 각각 설립 근거법에 명시되어 있다.

(다) 비금융특수채

비금융특수채란 각 공사·공단의 설립 근거법에 의거하여 발행되는 채권을 말한다. 발행방법은 인수기관을 통한 간접발행과 교부발행 방식의 매출발행이 있다. 대부분의 공사·공단에서 간접발행 방식을 채택하고 있다. 채권의 발행한도는 개별 설립 근거법에 명시되어 있다.

---

33) 한국거래소((2019), 129쪽.

4. 회사채

(1) 의의

회사채는 1년 이상의 장기자금을 직접금융시장에서 조달하는 채무증권이다. 즉 회사채는 신규투자, 기업운영 및 기 발행 회사채의 차환 등에 필요한 자금을 조달하기 위해 민간기업이 발행하는 채권이다. 기업이 자금을 조달하는 방법에는 간접금융 방식과 직접금융 방식으로 나누어지며, 은행 등 금융회사의 대출, 해외차관 등이 전자에 속하고 회사채 또는 주식발행은 후자에 속한다.[34]

(2) 발행 방법 및 조건

회사채는 공모발행과 사모발행으로 구분된다. 공모발행의 경우 인수기관인 증권회사, 한국산업은행 등이 총액을 인수하여 발행하며 사모발행의 경우에는 발행기업이 최종매수자와 발행조건을 직접 협의하여 발행하게 된다. 회사채는 개정 상법의 시행(2012년 4월)으로 정관에서 정하는 바에 따라 이사회 결의가 없이도 발행이 가능해졌으며,[35] 순자산액의 4배까지였던 발행한도도 폐지되었다. 한편 공모발행을 하는 경우 증권신고서를 금융위원회에 제출해야 한다.[36]

만기를 보면 일반적으로 1, 2, 3, 5, 10년 등으로 발행되는데 대체로 3년 이하가 주종을 이루고 있다. 표면금리는 발행기업과 인수기관 간 협의에 의해 자율적으로 결정되는데 2003년 이후 시장금리 수준이 낮아지면서 표면금리와 유통수익률 간의 괴리가 0.5%p 이내로 좁혀졌으며, 표면금리를 유통수익률에 맞추어 발행하는 경우도 많아졌다. 이 경우 발행가격과 액면가격이 거의 동일하게 된다.[37]

(3) 회사채 신용평가제도

신용평가기관이 부여한 회사채 신용등급은 투자자에게 원리금 회수 가능성 정도에 대한 정보를 제공함으로써 회사채 발행금리 결정에 결정적인 영향을 미친다. 회사채 발행기업의 입장에서는 신용평가 수수료의 부담에도 불구하고 객관적인 신용등급을 획득[38]함으로써 잠재 투자자를 확보할 수 있기 때문에 총 자금조달비용이 낮아지는 효과가 있다.

---

34) 한국거래소((2019), 137쪽.
35) 이사회는 대표이사에게 사채의 금액 및 종류를 정하여 1년을 초과하지 아니하는 기간 내에 사채를 발행할 것을 위임할 수 있다(상법469③).
36) 모집가액 또는 매출가액이 10억원 이상인 경우 증권신고서를 금융위원회에 제출해야 한다(자본시장법119 ①).
37) 한국은행(2016a), 176쪽.
38) 신용평가회사들은 회사채 발행시점에서 발행내용이 확정된 경우 신용등급을 공시하고 발행 후 통상 1년마다 새로 발표되는 재무제표를 근거로 신용평가등급을 조정하고 있다.

현재 부보증회사채 발행기업늘은 2개 이상의 신용평가회사로부터 기업의 사업성, 수익성, 현금흐름, 재무안정성 등을 기초로 회사채 상환능력을 평가받고 있다. 회사채 평가등급은 AAA-D까지 10개 등급으로 분류되는데 AAA-BBB는 원리금 지급능력이 양호하다고 인정되는 투자등급, BB 이하는 지급능력이 상대적으로 의문시되는 투기등급을 나타낸다.[39]

(4) 투자자보호제도

1997년 외환위기 이후 회사채 발행은 보증부에서 무보증부로 전환되었는데, 이는 회사채 발행회사의 채무불이행위험이 높아지면서 회사채 보증기관들이 지급보증을 기피한데다 종합금융회사 등 일부 보증기관의 신인도 저하로 투자자도 회사채의 보증 여부보다는 발행기업의 신용도를 더욱 중시하였기 때문이다. 무보증사채의 일반화로 보증사채 발행시 보증기관이 일부 수행하였던 투자자보호 기능이 약화되었다. 이에 따라 무보증사채 투자자에 대한 보호장치를 강화할 필요성이 대두되었으며, 무보증사채 발행시 기존 사채모집 위탁계약서 대신 사채권자 보호를 강화한 표준무보증사채 사채관리계약서[40] 사용이 의무화되었다.[41] 동 계약서는 발행회사의 의무 및 책임, 회사채의 기한이익 상실사유, 수탁회사의 권한 등을 포함하고 있다. 다만 여신전문금융회사, 은행, 증권회사가 발행하는 무보증사채와 자산유동화법에 의해 발행되는 유동화증권 등은 표준무보증사채 사채관리계약서 사용 의무가 면제되어 있다(증권 인수업무 등에 관한 규정11의2②). 또한 2011년 4월 상법 개정시 사채권자의 권리보호 강화를 위해 기존 회사채 발행 주관사 등이 주로 담당하던 사채관리사무를 별도의 독립된 기관이 담당하도록 하는 사채관리회사[42] 제도를 도입하였다.[43]

(5) 발행 및 상환 메커니즘

발행회사는 발행주관회사(주로 증권회사)를 선정하여 발행사무를 위임하며 인수기관은 발행 회사채를 총액인수한 후 당일 매수자(은행, 자산운용회사, 보험회사 등 기관투자자)에게 매출한다. 발행주관회사는 금융투자협회의 프리본드 시스템을 통하여 수요예측을 진행하게 되고 수요예측의 결과에 따라 발행사채의 수량, 가격, 매수자 등을 발행기업과 협의하여 최종결정한다. 매수자는 지정된 청약일시에 발행주관회사에 청약서를 제출하고 수탁은행에 청약내용을 통보하여 발행주관회사에 대금지급을 지시하며, 발행주관회사는 청약당일에 발행자금을 발행기업

39) 한국은행(2016a), 176-177쪽.
40) 2012년 4월 상법 개정에 따라 기존 "표준무보증사채 수탁계약서"를 "표준무보증사채 사채관리계약서"로 명칭을 변경하였다.
41) 2001년 12월 「유가증권인수업무에 관한 규칙」을 개정하여 2002년 2월 유가증권신고서 제출분부터 적용하였다. 「증권 인수업무 등에 관한 규정」이 2009년 2월 4일부터 시행되면서 「유가증권 인수업무에 관한 규칙」은 폐지되었다.
42) 사채권자를 위한 법정대리인으로서 사채관리의 전반을 관장하는 기관이다. 사채관리회사는 은행, 신탁회사, 증권회사, 한국예탁결제원 등이 수행할 수 있다(상법480의3①, 상법 시행령26).
43) 한국은행(2016a), 176-177쪽.

의 주거래은행에 입금한다. 한편 회사채의 인수도는 발행주관회사가 회사채를 매수자 명의로 한국예탁결제원에 개설된 계좌에 등록함으로써 끝난다.[44]

회사채의 원금상환 및 이자지급은 발행기업과 한국예탁결제원, 원리금지급 대행 은행 및 채권교환 대행 은행, 원리금 상환 대행 증권회사(예탁자)를 통해 이루어진다. 한국예탁결제원은 원리금지급 10일 전에 원리금지급 대행 은행에 지급기일 도래를 알리고 지급일 전일에 만기 회사채 또는 이표를 채권교환 대행 은행을 통해 교환 청구한다.[45] 한편 지급일 전일 발행기업이 원리금지급 대행 은행에 입금한 원리금은 채권교환 대행 은행을 통해 원리금 상환 대행 증권회사로 입금되고, 회사채 보유자는 증권회사로부터 원리금을 회수한다.

5. 금융채

(1) 의의

금융채란 은행, 종합금융회사, 여신금융전문회사 등 금융기관 자체의 자금조달을 위하여 발행하는 채권을 말한다. 금융채는 통상 발행하는 주체에 따라, 은행채, 카드채, 리스채, 할부금융채 및 종금채 등으로 구분되며, 또한 채권의 성격에 따라 일반채권, 후순위채권, 하이브리드채권(신종자본증권), 기타 주식관련사채, 옵션부채권 등으로 구분된다.

(2) 특징

여기서는 은행채를 살펴본다. 은행의 가장 기본이 되는 업무는 예금과 대출 업무이다. 시중은행은 유동성, 우리가 흔히 말하는 돈이라는 것을 만들어 낼 수 있는 능력을 가지고 있다. 사람들은 은행에 자신의 돈을 맡기고 은행은 그 돈을 가지고 대출을 실행한다. 대출로 나간 돈은 소비 활동에 여러 번 쓰이면서 돌고 돌지만 최종적으로는 다시 예금의 형태로 은행으로 돌아가게 된다. 그럼 은행은 다시 예금으로 유입된 자금을 대출에 활용할 수 있게 되고 이런 과정이 순환하면서 경제 내에 존재하는 총유동성, 즉 돈의 양은 무한정 증가할 수 있게 된다. 시중은행은 한국은행처럼 화폐에 대한 발행 권한은 가지고 있지 않지만 화폐가 아닌 형태의 유동성을 증가시킬 수 있는 능력을 가지고 있다. 물론 이것을 그대로 방치할 경우 은행이 최소한의 자본금을 가지고 부채인 예금과 자산인 대출을 무한정 확장시킨 뒤 경제위기가 닥쳤을 경우 대출에서의 손실과 뱅크런이라고 불리우는 예금인출사태를 동시에 경험하게 될 경우 그것을 감당하지 못해 파산할 수 있다. 그렇기 때문에 한국은행은 지급준비율이라는 것을 만들어 그 수준을 결정하고 은행이 유입된 예금에 대해 즉시 지급할 수 있는 최소한의 유동성 비율을 설정하게 된다(이 경우

---

44) 한국은행(2016a), 178-179쪽.
45) 금융결제원(어음교환소)이 원리금지급 대행 은행에 교환확인을 하여 결제금액이 확정된 후 원리금지급이 이루어진다.

은행이 창출할 수 있는 총유동성의 규모는 자기자본을 지급준비율로 나눈 금액만큼이 되게 된다).

따라서 예금과 대출의 추이는 결국 같이 움직일 수밖에 없다. 예금이 늘어나야 그 돈을 가지고 대출에 나설 수 있고, 그렇게 늘어난 대출이 다시 예금으로 유입되기 때문에 대출은 줄어드는데 예금만 늘어나거나, 혹은 대출은 늘어나는데 예금은 줄어드는 모습은 나타나기 어렵다. 그러나 일시적으로는 이 두 가지 사이에 일시적인 불균형이 존재할 수는 있다.

만약 경기가 침체국면에 진입하는 경우 대출에 대한 수요는 감소하게 된다. 그리고 안전자산인 예금에 대한 선호도는 높아지게 된다. 그렇게 될 경우 은행은 잉여자금이 생기게 된다. 이미 나간 대출은 점차 상환되는 반면, 예금은 계속 늘어나기 때문에 남는 자금이 생기게 되고, 이 자금은 대부분 채권시장으로 흘러가게 된다. 그래서 채권금리 하락 요인으로 작용하게 된다.

그러나 반대의 경우에는 새로운 자금조달수단이 필요하게 된다. 예금 수요보다 대출 수요가 높아져서 돈이 계속 바깥에서만 돌아다니게 되고 은행으로 재유입되지 않는다면 은행은 일시적으로 대출 재원이 부족한 상황에 직면하게 된다. 이 경우 은행이 채권시장에서 은행채를 발행하게 된다. 물론 은행이 꼭 대출 재원이 부족할 때만 은행채를 발행하는 것은 아니다. 은행의 자금조달원은 크게 보면 예금과 은행채, 그리고 CD(양도성예금증서)가 있고, 조달원을 다변화하는 차원에서 은행채를 항상 일정 금액 수준에서 꾸준히 발행한다. 그리고 자금이 부족해지는 상황에 직면했을 때 은행채의 발행규모는 커지게 된다.

은행채의 발행 수요는 한국의 부동산시장에 달려있다. 한국의 은행대출 중 50% 이상이 가계대출이며 가계대출 중 60% 이상이 주택담보대출이다. 기업의 부동산 대출과 주택담보대출이 아닌 가계대출 중 부동산과 관련 있는 부분까지 더한다면 사실 한국의 은행대출 중 50% 정도는 부동산 관련 대출로 볼 수 있다. 어느 나라든 일반적으로 주택을 구입할 때 대출로 자금을 일정 부분 조달한다. 이로 인해 부동산시장의 열기가 뜨거울수록 대출에 대한 수요도 커지기 마련이다. 특히 집값이 높은 서울 아파트의 경우 대출은 필연적으로 동반하기 마련이고 그래서 은행의 대출 증가율과 서울 아파트 가격의 등락률은 함께 움직이는 모습을 보이게 된다.[46)]

Ⅲ. 유통시장

1. 개요

채권 발행시장을 통해 채권을 취득한 투자자는 만기 이전에 채권 발행인에게 원금상환을 요청할 수 없으므로, 만기 전 채권 현금화를 위해서는 별도의 유통시장이 필요하게 된다. 채권

---

46) 염상훈(2014), "한국 채권 발행시장의 특징과 전망", 주택금융월보 02 월간동향(2014. 2), 16쪽.

유통시장은 이미 발행된 채권이 거래되는 제2차 시장으로 채권의 매매거래를 통한 투자원본의 회수와 투자수익의 실현, 적정 가격발견기능 등을 수행한다. 채권 유통시장은 거래상대방을 찾는 방식에 따라 직접탐색시장, 브로커시장, 딜러시장, 경매시장으로 나뉘고, 시장운영 주체에 따라 장내시장인 거래소시장과 장외시장으로 구분할 수 있다.

2. 장내시장(거래소시장)

여기서는 「유가증권시장 업무규정」("업무규정")상의 채무증권의 매매거래, 「유가증권시장 상장규정」("상장규정")상의 채무증권에 관한 상장, 「유가증권시장 공시규정」("공시규정")상의 채권상장법인의 공시 등의 주요 내용을 살펴본다.

"채무증권"이란 자본시장법 제4조 제3항에 따른 국채증권, 지방채증권, 특수채증권, 사채권 등을 말한다(상장규정85(1)).

(1) 시장의 구분

조직적 시장인 거래소시장은 장내시장으로 불리며, 한국거래소에서는 시장의 개설목적 및 시장참여자에 따라 도매시장인 국채전문유통시장(KTS), 환매조건부채권시장(Repo), 소액채권시장, 일반채권시장을 운영하고 있다.

(가) 국채전문유통시장

전자거래시스템을 이용한 경쟁매매시장은 브로커를 통한 거래상대방 탐색 및 협상을 거치지 않고 익명으로 가격경쟁에 의해 거래가 체결되는 시장이다. 경쟁매매시장에서는 모든 호가가 스크린으로 집중되기 때문에 시장참가자는 브로커의 중개 없이 스크린에 제시된 호가만을 가지고 실시간으로 매매거래를 수행할 수 있다. 전자거래시스템은 거래비용을 절감시키고, 실시간으로 금리를 공표하여 지표금리를 제시할 뿐만 아니라 실제 체결가능한 호가가 공개됨으로써 시장투명성을 증대시키는 장점이 있다. 우리나라에서는 채권 전자거래시스템을 통한 경쟁매매시장을 활성화하기 위해 정부의 정책적인 지원하에 1999년 3월 한국거래소가 전자거래시스템(KTS: KRX Trading System for Government Securities)을 기반으로 한 국채전문유통시장을 개설하였다.[47]

주요 시장참가자는 거래소의 채무증권전문회원 인가를 취득한 은행과 금융투자회사(국채딜러)이다. 딜러회사는 별도의 전산투자 없이 한국거래소가 개발한 매매프로그램을 거래담당자의 PC에 설치하고 인터넷을 통해 한국거래소의 국채매매시스템(KTS)에 직접 접속하여 거래를 수행한다.

국채전문유통시장은 자본시장법에 의해 국채에 대한 투자매매업 인가를 받은 국채딜러가

---

47) 한국거래소(2019), 150-151쪽.

참여하는 딜러간 시장이며, 각각의 딜러가 제출하는 매도·매수 주문의 내역이 시스템에 집중되어 공시된다. 거래대상채권은 국고채, 통화안정증권, 예금보험공사채권이며, 매매수량단위는 10억원의 정수배이다.

(나) 환매조건부채권시장(Repo)

Repo(Repurchase Agreement)란 현재시점(매매일)에 현물로 유가증권을 매도(매수)함과 동시에 사전에 정한 미래의 특정시점(환매일)에 동 증권을 환매수(환매도)하기로 하는 2개의 매매계약이 동시에 이루어지는 유가증권의 매도·매수계약을 말한다. 채권, 주식, CP, CD, MBS 등 다양한 유가증권이 Repo거래의 대상이 될 수 있으나, 통상 채권만이 주류를 이루기 때문에 우리말로는 환매조건부채권매매거래 또는 RP거래로 불린다.[48]

딜러의 자금조달을 효율적으로 지원하고 시장간 차익거래 등 연계거래를 촉진시키기 위하여 국채딜러에게 시장참가를 허용하고 있다. 2018년 12월말 현재 35개 금융투자회사, 22개 은행 및 증권금융 등 총 58개사가 Repo시장에 참여하고 있다. 각 계약에 대한 거래상대방은 매도자 및 매수자가 되지만 거래소는 각 거래당사자의 포지션 위험이 노출되지 않도록 하기 위하여 이를 익명으로 처리한다. 모든 매매 및 미환매약정자료는 거래상대방별로 관리하며 결제와 관련해서는 거래소가 매도자에 대한 결제의 상대방 또는 매수자에 대한 결제의 상대방이 된다. 따라서 어느 일방으로부터 결제불이행이 발생하면 거래소는 결제불이행을 초래한 일방을 대신하여 결제를 이행한다.[49]

매매거래일 현재 미상환액면총액이 2,000억원 이상인 채권 중 국고채권, 외국환평형기금채권, 통화안정증권, 예금보험기금채권 및 발행인(또는 보증기관)의 신용등급이 AA 이상인 회사채 및 기타 특수채를 거래대상증권으로 하고 있다(유가증권시장 업무규정61). 이와 같이 거래대상채권을 한정한 것은 발행채권의 위험이 낮고 종목당 유동성이 풍부하며 보유자별 분산도가 높은 채권(미상환액면잔액 2,000억원 이상)을 거래대상채권으로 함으로써 Repo거래의 안정성을 확보하기 위함이다.

(다) 소액채권시장

소액채권시장은 일반 국민들이 주택구입·부동산등기·자동차등록 등 각종 인·허가시에 의무적으로 매입한 국공채(첨가소화채권)의 환금성을 높이기 위하여 개설된 특수목적의 시장이다. 채권을 의무적으로 매입한 채권매입자는 매출은행 창구나 금융투자회사를 통해 매입채권의 매도주문을 낼 수 있다.

소액채권시장에서는 첨가소화채권인 제1종 국민주택채권, 서울도시철도채권, 지역개발채

48) 한국거래소(2019), 170쪽.
49) 한국거래소(2019), 179-180쪽.

권, 지방도시철도채권이 거래될 수 있지만 모든 첨가소화채권이 거래될 수 있는 것은 아니다. 거래소는 첨가소화채권 중에서도 매매거래일을 기준으로 당월 및 전월 발행분에 한하여 1인당 호가수량이 5,000만원 이하인 채권을 "소액채권"이라 정의하고 있는데, 이 소액채권에 해당하는 첨가소화채권만이 거래될 수 있다. 1인당 호가수량이 액면 5,000만원 이하라 함은 신규 호가수량과 미체결 호가수량을 합한 것을 말하며, 소액채권별로 매도호가와 매수호가에 대하여 각각 적용된다. 또한 소액채권전용 공동계좌를 통한 호가수량을 포함한다(유가증권시장 업무규정 시행세칙61).

(라) 일반채권시장

거래소에 상장된 모든 채권이 거래되는 시장으로서 거래소 내 다른 채권시장(국채전문유통시장, Repo시장, 소액채권시장)과 구별하기 위하여 일반채권시장이라고 부른다.

거래대상채권(유가증권시장 업무규정43)은 국채, 지방채, 특수채, 회사채 등 거래소에 상장된 모든 채권을 거래대상으로 하며, 주로 회사채와 주권관련사채권(전환사채, 신주인수권부사채, 교환사채 등) 및 제1·2종 국민주택채권 등의 거래가 많다. 일반채권시장에서 매매되는 채권 중 전환사채의 매매는 공정한 가격형성 및 유동성 제고를 위해 반드시 거래소시장을 통해야 한다.

일반채권시장의 참여에는 원칙적으로 제한이 없으며 거래소 회원이 아닌 투자자(개인, 법인, 기관투자자, 외국인 등)는 회원인 금융투자회사에 위탁계좌를 개설하여 간접적으로 시장에 참여할 수 있다.

(2) 채권시장관리제도(업무규정)

(가) 상장채무증권의 시장내 매매거래

거래소 회원이 다음의 어느 하나에 해당하는 상장채무증권의 매매거래를 하고자 할 때에는 시장을 통하여야 한다(업무규정43).

1. 전환사채권
2. 법령에 의하여 첨가매출되는 채권으로서 세칙이 정하는 채권("소액채권")

상장규정 제43조 제2호의 규정에 의한 소액채권은 다음의 채권 중 매매거래일을 기준으로 당월 및 전월에 발행된 채권으로서 1인당 호가수량(신규 호가수량과 미체결 호가수량을 합한 것)이 액면 5,000만원 이하인 채권을 말한다. 이 경우 1인당 호가수량은 채권별로 매수호가와 매도호가에 대하여 각각 적용하며, 상장규정 제77조 제1항의 소액채권전용공동계좌를 통한 호가수량을 합하여 산정한다(동규정 시행세칙61).

1. 제1종 국민주택채권

2. 서울도시철도채권 및 서울특별시지역개발채권("서울도시철도채권등")
3. 지방공기업법에 의하여 광역시 및 도가 발행한 지역개발채권
4. 부산도시철도채권, 대구도시철도채권, 인천도시철도채권, 광주도시철도채권 및 대전도시철도채권("지방도시철도채권")

(나) 호가의 관리 및 가격제한

1) 공매도호가의 제한

회원은 자본시장법 제180조 제1항 제1호의 무차입공매도를 하거나 그 위탁을 받아 호가를 하여서는 아니 된다. 다만 다음의 어느 하나에 해당하는 경우에는 이를 공매도로 보지 아니한다(업무규정44의2①).

1. 시장에서 매수계약이 체결된 주권관련사채권(업무규정 제3조 제2항의 수익증권을 포함)을 해당 수량의 범위에서 결제일 전에 매도하는 경우
2. 결제일까지 결제가 가능한 경우로서 다음의 어느 하나에 해당하는 경우
   가. 매도주문을 위탁받는 회원 외의 다른 보관기관에 보관하고 있거나, 그 밖의 방법으로 소유하고 있는 사실이 확인된 주권관련사채권의 매도
   나. 증권예탁증권에 대한 예탁계약의 해지로 취득할 주권관련사채권의 매도
   다. 대여 중인 주권관련사채권 중 반환이 확정된 주권관련사채권의 매도
   라. 시장 외에서의 매매, 그 밖의 계약에 의하여 인도받을 주권관련사채권의 매도
   마. 회원이 호가를 하는 날의 장종료 후에 주권관련사채권을 매수하기로 위탁자와 약정한 경우로서 해당 수량 범위에서의 당해 주권관련사채권의 매도

회원은 차입공매도를 하거나 그 위탁을 받아 호가를 하는 경우에는 업무규정 제17조 제2항을 준용한다(업무규정44의2②). 회원은 제2항에 따라 결제가 가능한지를 확인하는 경우 업무규정 제17조 제3항을 준용한다(업무규정44의2③). 거래소는 제2항에 불구하고 시장의 안정성 및 공정한 가격형성을 저해할 우려가 있는 경우에는 금융위원회의 승인을 받아 주권관련사채권의 전부 또는 일부에 대하여 차입공매도를 제한할 수 있다(업무규정44의2④).

거래소는 시장관리상 필요한 경우에는 회원에게 공매도 및 차입공매도와 관련된 자료의 제출을 요구할 수 있다(업무규정44의2⑤). 회원은 차입공매도를 하거나 그 위탁을 받아 그 매도가 차입공매도임을 거래소에 알리고 호가하는 경우 필요한 사항은 세칙에서 정한다(업무규정44의2⑥).

2) 차입공매도호가의 가격제한

회원이 업무규정 제44조의2 제2항의 규정에 따라 차입공매도를 하거나 그 위탁을 받아 호가를 하는 경우에는 업무규정 제18조 제1항을 준용한다(업무규정44의3①). 제1항에 불구하고 업

무규정 제3조 제2항의 수익증권에 대하여 업무규정 제71조의4에 따라 조성호가를 제출하는 경우에는 직전의 가격 이하의 가격으로 호가할 수 있다(업무규정44의3②). 차입공매도호가의 가격제한에 관하여 필요한 사항은 세칙으로 정한다(업무규정44의3③).

(다) 호가 및 매매수량단위

채무증권의 매매거래시 호가수량단위, 호가가격단위[50] 및 매매수량단위[51]는 세칙으로 정한다(업무규정45).

(라) 매매계약의 체결

1) 채무증권매매의 원칙

채무증권의 매매거래는 개별경쟁매매의 방법에 의하며, 개별경쟁매매는 단일가격에 의한 개별경쟁매매와 복수가격에 의한 개별경쟁매매로 구분한다(업무규정46①). 개별경쟁매매에 있어서의 호가의 우선순위는 다음에 정하는 바에 의한다(업무규정46②).

1. 낮은 가격의 매도호가는 높은 가격의 매도호가에 우선하고, 높은 가격의 매수호가는 낮은 가격의 매수호가에 우선한다.
2. 동일한 가격호가간의 우선순위는 호가가 행하여진 시간의 선후에 따라 먼저 접수된 호가가 뒤에 접수된 호가에 우선한다.
3. 동시호가의 우선순위는 세칙으로 정한다.

---

50) 유가증권시장 업무규정 시행세칙 제65조(호가단위) ① 규정 제45조에 따른 채무증권의 호가수량단위는 다음과 같이 한다.
  1. 외화표시채무증권을 제외한 채무증권: 액면 1만원
  2. 외화표시채무증권: 1만포인트(최소권종금액을 1만포인트로 본다)
  ② 규정 제45조에 따른 채무증권의 호가가격단위는 다음과 같이 한다.
  1. 외화표시채무증권을 제외한 채무증권: 다음 각 목의 구분에 따른 호가가격단위
    가. 잔존만기가 2년 미만인 경우: 0.1원
    나. 잔존만기가 2년 이상 10년 미만인 경우: 0.5원
    다. 잔존만기가 10년 이상인 경우 및 규정 제55조 제3호 가목에 따른 지표종목 중 10년 만기 국고 채권과 물가연동국고채권의 경우: 1원
  2. 외화표시채무증권: 다음 각 목의 구분에 따른 호가가격단위
    가. 잔존만기가 2년 미만인 경우: 0.1포인트
    나. 잔존만기가 2년 이상 10년 미만인 경우: 0.5포인트
    다. 잔존만기가 10년 이상인 경우: 1포인트
51) 유가증권시장 업무규정 시행세칙 제66조(매매수량단위) 규정 제45조에 따른 채무증권의 매매수량단위는 다음과 같이 한다.
  1. 소액채권: 액면 1,000원
  2. 외화표시채무증권: 1만포인트
  3. 삭제<2014. 2. 28>
  4. 전자증권법 제59조에 따른 단기사채등: 액면 1억원
  5. 제1호부터 제4호까지 외의 채무증권: 액면 1,000원

2) 단일가격에 의한 개별경쟁매매

다음의 어느 하나에 해당하는 가격의 결정은 단일가격에 의한 개별경쟁매매에 따른다(업무규정47①).

1. 시가
2. 업무규정 제6조 제2항의 규정에 의하여 시장이 재개된 후 최초의 가격
3. 업무규정 제49조 제2항, 상장규정 제153조 제2항 및 공시규정 제40조 제5항에 따라 매매거래가 재개된 후 최초의 가격. 다만 세칙으로 정하는 채무증권에는 이를 적용하지 아니한다.

제1항의 가격결정을 위한 동시호가의 범위는 세칙으로 정한다(업무규정47②). 제1항의 규정에 의한 가격은 다음의 방법으로 매도호가의 합계수량과 매수호가의 합계수량이 합치하는 합치가격으로 하며, 업무규정 제46조 제2항의 규정에 의한 호가의 우선순위에 따라 합치되는 호가간에 매매거래를 성립시킨다(업무규정47③).

1. 합치가격에 미달하는 매도호가와 합치가격을 초과하는 매수호가의 전수량
2. 합치가격의 호가에 관하여는 다음에 열거하는 수량
    가. 매도호가 또는 매수호가의 어느 일방의 전수량
    나. 타방의 호가수량 중 당해 종목의 매매수량단위 이상의 수량

제3항의 규정에 의한 가격을 결정함에 있어 합치가격이 두 개 이상 있을 경우에는 최고 및 최저합치가격을 단순산술평균한 가격(호가가격단위에 미달하는 경우에는 이를 호가가격단위로 절상한다)으로 한다(업무규정47④). 제3항 제1호 및 제2호 가목의 규정에 의하여 매도호가의 합계수량과 매수호가의 합계수량이 합치하는 가격이 두 개인 경우에는 동항 제2호 나목의 규정에 불구하고 매매거래를 성립시킨다. 이 경우 가격의 결정은 제4항의 규정을 준용한다(업무규정47⑤).

3) 복수가격에 의한 개별경쟁매매

업무규정 제47조 제1항 각호 외의 정규시장의 매매거래시간 중 가격의 결정은 복수가격에 의한 개별경쟁매매에 의한다(업무규정48①). 제1항의 규정에 의한 가격은 매도호가와 매수호가의 경합에 의하여 가장 낮은 매도호가와 가장 높은 매수호가가 합치되는 경우 선행호가의 가격으로 하며, 업무규정 제46조 제2항의 규정에 의한 호가의 우선순위에 따라 합치되는 호가간에 매매거래를 성립시킨다(업무규정48②).

4) 종목별 매매거래정지

거래소는 다음의 어느 하나에 해당하는 종목의 매매거래를 정지할 수 있다(업무규정49①).

1. 매매거래가 폭주하여 신속하게 매매거래를 성립시킬 수 없다고 인정되는 종목

2. 그 밖에 시장관리상 필요하다고 인정되는 종목

제1항의 규정에 의한 매매거래정지 및 재개 등에 관하여 필요한 사항은 세칙으로 정한다(업무규정49②).

(마) 매매계약체결의 특례

1) 소액채권 자기매매의 신고

회원은 업무규정 제43조의 규정에 불구하고 소액채권의 거래에 한하여 매매가격이 시장가격 이상인 경우와 장종료후인 경우에는 세칙이 정하는 바에 따라 시장외에서 자기매매를 할 수 있으며, 이 경우 거래소에 신고하여야 한다(업무규정52).

2) 소액채권의 장종료시 매매거래

소액채권의 장종료시 매매거래는 신고시장가격에 의한 단일가격에 의한다(업무규정53①). 제1항의 규정에 의한 신고시장가격은 전일 장종료후 소액채권전담회원이 신고한 가격 중 가격이 높은 순으로 전체 소액채권전담회원수의 10%(소수점 첫째자리는 반올림한다)와 낮은 순으로 20%를 제외한 가격을 단순산술평균한 가격(호가가격단위 미만의 가격은 절사한다)으로 한다(업무규정53②). 제1항의 규정에 의한 소액채권의 장종료시 매매거래를 위한 호가의 범위 그 밖에 필요한 사항은 세칙으로 정한다(업무규정53③).

3) 협의매매

거래소는 정규시장의 매매거래시간 동안 호가를 요청하는 자와 이 호가에 대응하여 호가하는 자 간 협의에 따라 결정된 가격 또는 환매이자율에 의한 매매거래("협의매매")를 성립시킬 수 있다(업무규정53의2①). 협의매매는 다음의 매매거래에 대해 적용한다(업무규정53의2②).

1. 국채전문유통시장의 매매거래
2. 환매조건부채권매매거래
3. 제1호 및 제2호 외에 세칙으로 정하는 채무증권의 매매거래

협의매매의 호가수량단위, 호가가격단위, 매매수량단위, 협의의 방법 및 절차, 그 밖에 협의매매에 관하여 필요한 사항은 세칙으로 정한다(업무규정53의2③).

4) 채무증권의 신고매매

거래소는 종목, 가격, 수량이 동일한 채무증권의 매도호가와 매수호가에 대하여 회원이 매매거래를 성립시키고자 신청하는 경우 그 가격과 수량으로 매매거래("채무증권의 신고매매")를 성립시킬 수 있다(업무규정54①). 업무규정 제4조 및 제9조의 규정에 불구하고 제1항의 규정에 의한 채무증권의 신고매매의 대상, 매매거래시간 및 매매계약체결방법 등에 관하여 필요한 사항은 세칙으로 정한다(업무규정54②).

(3) 채권상장 및 관리(상장규정)

(가) 신규상장의 신청

채무증권의 신규상장신청인은 동규정 세칙으로 정하는 신규상장신청서와 첨부서류를 거래소에 제출해야 한다. 이 경우 국채증권의 신규상장신청서는 세칙으로 정하는 국채증권 상장의뢰서로 갈음한다(상장규정86①). 신규상장신청서는 증권신고서(커버드본드의 경우 이중상환채권법 제6조에 따른 발행계획등의 등록신청서류 또는 변경등록신청서)가 접수 처리된 때에 제출해야 한다. 다만 자본시장법 제118조에 따라 증권신고서의 제출이 면제된 채무증권의 경우에는 세칙으로 정하는 때에 신규상장신청서를 제출해야 한다(상장규정86②). 채무증권 신규상장신청인은 세칙으로 정하는 바에 따라 대표주관회사가 신규상장 신청을 대행할 수 있다(상장규정86③). 채무증권 신규상장신청인은 거래소가 필요하다고 인정하는 경우에는 발행조건이 다른 여러 종목의 채무증권을 하나의 종목으로 상장할 수 있다(상장규정86④).

(나) 채무증권 일괄상장신청

매월 특정일에 발행되어 한 해 동안 계속 매출되는 국채증권, 지방채증권, 특수채증권의 신규상장신청인은 매년 해당 채무증권의 발행계획을 확정한 후에 그해의 발행예정증권을 한데 묶어 신규상장을 신청할 수 있다. 이 경우 신규상장신청인은 세칙으로 정하는 일괄상장신청서를 세칙으로 정하는 기한까지 거래소에 제출해야 한다(상장규정87①). 일괄상장신청서를 제출한 상장신청인은 매월의 발행 결과를 세칙으로 정하는 기간까지 거래소에 알려야 한다(상장규정87②).

(다) 신규상장 심사요건

채무증권을 신규상장하려면 다음의 심사요건을 모두 충족해야 한다. 다만 국채증권, 지방채증권, 특수채증권, 상장규정 제106조 제2항 각 호 외의 부분 단서의 수익증권(제111조에 따라 채무증권 상장요건이 적용되는 경우에 한정)은 그러지 아니한다(상장규정88).

1. 신규상장신청인의 자본금이 5억원 이상일 것. 다만 보증사채권, 담보부사채권, 커버드본드, 자산유동화채권과 비정형 유동화채권의 경우에는 이 호를 적용하지 않는다.
2. 해당 채무증권이 모집·매출되었을 것
3. 해당 채무증권의 발행총액과 미상환발행총액이 3억원 이상일 것. 다만 보증사채권, 담보 부사채권과 커버드본드는 5천만원 이상으로 한다.
4. 삭제<2019. 8. 28>
5. 삭제<2019. 8. 28>
6. 해당 채무증권이 비정형 유동화채권인 경우에는 다음 각 목의 요건을 모두 충족할 것
   가. 자산보유자가 세칙으로 정하는 자일 것

나. 자본시장법 제335조의3에 따른 신용평가회사 중 둘 이상의 신용평가회사로부터 세칙
에서 정한 등급을 받을 것

다. 자산양도의 방식이 자산유동화법 제13조 각 호에 따를 것

라. 발행총액은 양도받은 유동화자산의 평가가액의 총액을 한도로 할 것

(라) 상장폐지

거래소는 다음의 어느 하나에 해당하는 경우에는 해당 채무증권의 상장을 폐지한다(상장
규정92①).

1. 채무증권 상장법인이 다음 각 목의 어느 하나에 해당하는 경우. 다만 국채증권, 지방채증
권, 특수채증권, 보증사채권, 담보부사채권, 커버드본드, 자산유동화채권과 상장규정 제106
조 제2항 각 호 외의 부분 단서의 수익증권은 마목부터 사목까지만 적용한다.

가. 최근 사업연도 말 현재 자본금이 5억원에 미달한 경우. 다만 비정형 유동화채권은 이
목을 적용하지 않는다.

나. 사업보고서, 반기보고서, 분기보고서를 각각 법정 제출기한부터 10일 이내에 제출하지
않은 경우

다. 감사인의 감사의견이 다음의 어느 하나에 해당하는 경우

(1) 최근 사업연도의 개별재무제표(종속회사가 있는 법인 중 한국채택국제회계기준을
적용한 법인은 연결재무제표를 포함)에 대한 감사의견이 부적정, 의견거절, 감사범
위 제한에 따른 한정인 경우

(2) 최근 반기의 개별재무제표에 대한 검토의견이 부적정 또는 의견거절인 경우

라. 최근 사업연도 말 현재 자본금의 전액이 잠식된 경우. 다만 비정형 유동화채권은 이 목
을 적용하지 않는다.

마. 법률에 따른 해산 사유가 발생한 경우

바. 발행한 어음이나 수표가 최종부도로 처리되거나 은행과의 거래가 정지된 경우. 다만 세
칙으로 정하는 경우에는 이 목을 적용하지 않는다.

사. 영업활동과 관련하여 다음의 어느 하나에 해당하는 경우

(1) 주된 영업활동을 정지한 경우

(2) 조업의 전부를 중단한 경우

(3) 주된 영업활동에 필요한 면허가 취소된 경우

(4) (1)부터 (3)까지에 준하는 상태에 있는 사실이 확인된 경우

아. 회생절차개시신청 이후 법원의 회생절차개시신청 기각, 회생절차개시결정 취소, 회생
계획 불인가, 회생절차폐지의 결정 등이 있는 경우

자. 상장심사 과정에서 제출한 서류에 투자자 보호와 관련하여 중요한 사항이 거짓으로 적
혀 있거나 빠져있는 사실이 발견된 경우

차. 국내회계기준을 중대하게 위반하여 재무제표를 작성한 사실이 확인되는 경우

카. 그 밖에 공익 실현과 투자자 보호를 위하여 상장폐지가 필요하다고 인정되는 경우

2. 해당 채무증권이 다음 각 목의 어느 하나에 해당하는 경우

가. 만기가 도래했거나 사채의 금액이 전부 상환된 경우

나. 전환사채권의 전환청구권 행사, 신주인수권부사채권의 신주인수권 행사, 교환사채권의 교환청구권 행사로 해당 사채가 전부 주식등으로 된 경우

다. 조건부자본증권이 주식전환 사유 발생으로 전부 주식으로 전환되거나 채무재조정 사유 발생으로 원금 상환과 이자지급 의무가 전부 감면되는 경우

3. 보증사채권에 대하여 원리금의 지급을 보증한 보증기관이 다음 각 목의 어느 하나에 해당하고, 해당 사채권의 발행인이 제1호 각 목에 해당하는 경우

가. 법률에 따른 해산 사유가 발생한 경우

나. 발행한 어음이나 수표가 최종부도로 처리되거나 은행과의 거래가 정지된 경우

다. 영업활동과 관련하여 제1호사목의 어느 하나에 해당하는 경우

라. 회생절차개시신청 이후 법원의 회생절차개시신청 기각, 회생절차개시결정 취소, 회생계획 불인가, 회생절차폐지의 결정 등이 있는 경우

(마) 신고의무

채무증권 상장법인은 거래소가 채무증권의 발행과 관리에 필요하다고 인정하여 세칙으로 정하는 사유가 발생한 경우에는 그 내용을 지체 없이 거래소에 신고해야 한다(상장규정93①). 여기서 "세칙으로 정하는 사유"란 다음의 어느 하나를 말한다(동시행세칙79①).

1. 이미 발행된 채무증권의 중도상환의 결정이 있을 때
2. 변동금리부 채무증권의 표면이자율이 변경된 때
3. 신주인수권증권, 신주인수권부사채권, 전환사채권 또는 교환사채권이 다음의 어느 하나에 해당하는 경우

가. 해당 증권의 신주인수권의 행사, 전환청구권의 행사 또는 교환청구권의 행사가 있을 경우

나. 해당 증권의 신주인수권행사가격, 전환가격 또는 교환가격 등의 변경이 있을 경우. 이 경우 그에 관한 이사회 의사록 사본을 제출한다.

4. 조건부자본증권이 다음의 어느 하나에 해당하는 경우

가. 조건부자본증권이 주식전환 사유가 발생하거나 채무재조정 사유가 발생하여 상장금액의 일부 변경이 있을 경우

나. 전환형 조건부자본증권의 전환가격의 변경이 있을 경우. 이 경우 그에 관한 이사회 의사록 사본을 제출한다.

5. 그 밖에 채무증권에 관한 권리, 이익 또는 취급에 관련된 중요한 사실이 발생한 때

(4) 채권상장법인의 공시(공시규정)

(가) 채권상장법인의 정의

"채권상장법인"이란 조건부자본증권 또는 자본시장법 시행령 제167조 제1항 제1호 나목·다목[52]의 증권을 유가증권시장에 상장한 발행인을 말한다. 다만 자산유동화법 제3조에 따른 유동화전문회사등은 제외한다(공시규정53①). 여기서 "상장채권"이란 조건부자본증권 또는 자본시장법 시행령 제167조 제1항 제1호 나목·다목의 증권으로서 유가증권시장에 상장된 채권을 말한다(공시규정53②).

(나) 주요경영사항의 신고

채권상장법인은 다음의 어느 하나에 해당하는 때에는 그 사실 또는 결정내용을 그 사유 발생일 당일에 거래소에 신고하여야 한다. 다만 자본시장법 제4조 제3항에 따른 특수채증권의 발행법인이 조건부자본증권을 상장한 경우에는 제11호에 대해서만 적용한다(공시규정57①).

1. 발행한 어음 또는 수표가 부도가 되거나 은행과의 당좌거래가 정지 또는 금지된 때
2. 영업활동의 전부 또는 중요한 일부가 정지(그 결정을 포함)된 때
3. 채무자회생법에 따라 다음 각 목의 어느 하나에 해당하는 경우
   가. 회생절차 개시·종결·폐지 신청을 한 때 및 법원으로부터 회생절차 개시·종결 또는 폐지, 회생절차 개시신청 기각, 회생절차 개시결정 취소, 회생계획 인가·불인가 등의 결정사실을 통보받은 때
   나. 파산신청을 한 때 및 법원으로부터 파산선고 또는 파산신청에 대한 기각 결정 사실을 통보 받은 때
4. 상법 제517조 및 그 밖의 법률에 따른 해산사유가 발생한 때. 다만 상법 제227조 제4호 및 제517조 제1호의2에 따른 해산사유에 해당하는 경우에는 그러하지 아니하다.
5. 상법 제522조 및 제530조의2에 규정된 사실이 발생한 때
6. 상장채권에 관하여 중대한 영향을 미칠 소송이 제기된 때
7. 외부감사법 제23조 제1항에 따라 회계감사인으로부터 제출받은 감사보고서상 다음 각목의 어느 하나에 해당하는 사실이 확인된 때
   가. 감사의견 부적정, 의견거절 또는 감사범위의 제한으로 인한 한정
   나. 최근 사업연도에 자본금전액이 잠식된 경우. 다만 상장규정 제85조 제5호의2에 따른 비정형 유동화채권을 발행한 법인의 경우에는 이 목을 적용하지 아니한다.
8. 회계감사인의 반기검토보고서상 검토의견이 부적정 또는 의견거절인 때
9. 삭제<2015. 7. 22>

---

52) 나. 무보증사채권(담보부사채권과 제362조 제8항에 따른 보증사채권을 제외한 사채권)
　　다. 전환사채권·신주인수권부사채권·이익참가부사채권 또는 교환사채권

10. 회계처리기준 위반행위와 관련하여 다음 각목의 어느 하나에 해당하는 때
    가. 해당법인이 「외부감사 및 회계 등에 관한 규정」에 따라 증권선물위원회로부터 검찰 고발 또는 검찰통보 조치된 사실과 그 결과가 확인된 때
    나. 해당법인이 회계처리기준 위반행위를 사유로 검찰에 의하여 기소되거나 그 결과가 확인된 때. 다만 가목의 규정에 의하여 신고한 경우에는 그러하지 아니하다.
11. 조건부자본증권이 주식으로 전환되는 사유가 발생하거나 그 조건부자본증권의 상환과 이자지급 의무가 감면되는 사유가 발생한 때

채권상장법인은 다음의 어느 하나에 해당하는 때에는 그 사실 또는 결정내용을 그 사유 발생일 다음날까지 거래소에 신고하여야 한다(공시규정57②).

1. 상장채권의 기한의 이익 상실에 관한 통지가 있을
2. 사채권자집회 소집에 관한 통지가 있을 때
3. 사채권자집회 결의에 관한 통지가 있을 때
4. 상장채권의 원리금 지급을 이행하지 못한 때
5. 그 밖에 상장채권의 권리, 이익 또는 취급에 관련된 중요한 사실이 발생한 때

3. 장외시장

(1) 서설

(가) 의의

채권의 발행·유통은 전자거래시스템을 기반으로 하여 장내거래가 이루어지는 주식시장과 달리 대부분 장외시장을 통해 거래가 이루어진다. 현재 국내 채권거래의 60% 이상이 장외에서 거래되고 있다.

자본시장법상 장외거래란 거래소시장 또는 다자간매매체결회사 외에서 금융투자상품을 매매, 그 밖의 거래를 하는 경우(법166)를 말한다. 장내시장은 일반적으로 전자거래시스템을 통하여 거래 전·후 정보가 실시간으로 보고·공시되는 반면 채권이 주로 거래되는 장외시장은 전자거래시스템 밖에서 거래가 이루어져 거래내역의 실시간 보고·공시가 이루어지기 어려운 구조이다.

세계적으로도 채권을 포함한 장외시장에 대한 규제는 강화되고 있는 추세이다. 장외시장을 중심으로 채권 유통시장이 형성된 우리나라는 1997년 IMF 외환위기 이후 채권시장의 투명성 제고를 위해 지속적으로 관련 규제정책을 수립·시행하였다.

장내시장의 투명성 제고 정책으로는 1999년 3월 거래소시장에 도입된 국채전문유통시장을 들 수 있다. 전자거래시스템을 기반으로 한 국채전문유통시장은 국고채전문딜러의 장내거

래 의무화 정책이 병행되면서 최근에는 국고채 지표물의 대부분이 장내에서 거래되는 등 시장 규모가 증가하였으며, 거래소를 통해 거래보고 및 공시 등이 실시간으로 이루어져 투명성이 크게 향상되었다.[53]

(나) 특징

주식과는 달리 채권은 대부분의 국가에서 주로 장외에서 유통된다. 채권의 유통이 장외시장에서 주로 이루어지는 근본적인 이유는 경쟁매매가 활발히 전개될 수 없도록 작용하는 요인들이 채권시장에 내재되어 있기 때문이다. 채권은 발행주체, 만기, 이자율 등 발행조건에 따라 서로 다른 종목이 되는 특성을 갖기 때문에 종목 수가 지나치게 많다. 개별 채권 종목별로 분할된 채권시장의 유동성은 극히 빈약하여 매수 및 매도 호가의 경쟁이 발생하기 어려운 상태가 된다. 즉 채권시장에서는 불특정 다수의 호가간 경쟁을 바탕으로 하는 거래소의 경쟁매매 시스템이 원활히 작동하기 위한 최소한의 유동성 수준이 형성되지 못하는 경우가 일반적이다. 이러한 유동성 부족 상태에서는 거래상대방을 찾아주는 브로커 또는 유동성을 공급해 줄 수 있는 딜러의 기능이 필수적으로 요구되기 때문에 채권은 거래소를 중심으로 한 장내시장보다는 브로커/딜러를 중심으로 한 장외시장에서 거래되는 것이 일반적이다. 이러한 장외시장 중심의 채권시장은 장내시장 중심의 주식시장에 비해서 시장 분할의 정도가 높아서 주식시장에 비해서 유동성, 투명성 및 효율성 수준이 낮은 것이 일반적이다.

(다) 규제

장외시장의 경우 자본시장법 시행령(307②(3))을 근거로 시장 투명성 규제 및 관리는 금융투자협회("협회")가 담당하고 있다. 금융투자협회는 장외채권시장의 효율적이고 신속한 정보 관리 및 공시를 위하여 채권 장외거래보고·관리시스템 구축, 장외호가집중공시제도, 채권거래전용시스템 도입 및 개선 등 지속적으로 투명성 관련 정책을 펼치고 있다.[54]

거래 전 투명성과 관련하여, 우리나라에서는 호가정보 보고를 위해 「금융투자회사의 영업 및 업무에 관한 규정」("업무규정")에 근거하여 채권거래를 하는 금융투자회사는 금융투자협회의 채권거래전용시스템을 통해 협회에 보고하도록 되어 있다.[55]

금융투자협회에 채권거래와 관련된 호가정보를 보고해야 하는 기관의 범위는 채권 투자매매업을 인가받은 증권회사(투자매매·투자중개업자), 은행 및 종합금융회사 등이다. 보고대상 채

---

53) 권기혁(2018), "한국 장외채권시장의 투명성 규제 제도 및 개선방안에 관한 연구", 연세대학교 경제대학원 석사학위논문(2018. 6), 1-2쪽.

54) 권기혁(2018), 26-27쪽.

55) 금융투자회사의 영업 및 업무에 관한 규정 제7-3조(호가정보의 보고) ① 채권거래 금융투자회사는 채권의 장외거래 또는 장외거래 중개와 관련된 호가정보를 채권거래전용시스템을 통하여 지체없이 협회에 보고하여야 한다.

권의 범위는 모든 채권을 대상으로 한다. 다만 대량매매가 이루어지는 장외시장의 특성을 고려하여, 호가정보 취득 및 공시의 효율성을 목적으로 호가수량 50억원 미만의 호가는 보고대상에서 제외하고 있다(업무규정 시행세칙47②).

거래 후 투명성과 관련하여, 우리나라에서는 2000년 5월 "채권시장구조의 선진화 추진방안"을 입안하여, 채권 장외시장에서 금융투자회사가 고객과 채권을 거래한 경우 채권거래가 체결된 후 15분 이내에 해당 체결거래내역을 전산단말기를 통해 협회에 보고토록 하고 있다.[56]

금융투자협회는 채권 체결내역의 보고 및 공시업무를 지원하기 위해 금융투자회사와 협회 사이에서 실시간 데이터(Data) 처리가 가능한 채권 장외거래 보고·관리시스템을 구축하여 운영하고 있다.

거래 후 투명성 규제제도 역시 보고의무와 정보공개로 구분할 수 있으며, 금융투자협회는 채권 장외거래 보고·관리시스템을 이용하여 금융투자회사의 보고의무 및 체결정보의 공시 등 업무를 일괄적으로 관리하고 있다.

(2) 장외채권시장의 매매거래 구조

채권은 주식과 달리 대규모로 거래되기 때문에 개인투자자보다는 금융기관이나 연기금 등 기관투자자간의 대량매매가 많고, 기관투자자는 거래상대방 탐색비용을 줄이기 위해 브로커(중개증권사)를 통한 상대매매 형태로 거래에 참여하고 있다. 장외채권시장에서는 증권회사 상호간, 증권회사와 고객 간 또는 고객 상호 간에 상장 및 비상장채권 구분 없이 모든 채권이 거래대상이 된다. 매매수량단위는 통상적으로 액면 100억원의 정수배이고, 매매거래시간은 특별한 제한이 없으나 일반적으로 현·선물 차익거래 및 위험회피거래(선물헤지) 등 선물시장과의 거래 연계 등 사유로 한국거래소 국채선물시장의 거래시간(08:00-15:45)을 전후하여 거래가 이루어진다.

대부분의 장외채권거래는 중개업무(brokerage)를 수행하는 증권회사를 통하여 이루어진다. 증권회사의 채권업무는 일반적으로 채권운용과 채권영업으로 구분된다. 채권운용은 증권사 고유 자금과 채권으로 투자자와 직접 거래하여 운용수익을 높이는 업무로서 자본시장법상 투자매매업에 해당하며, 채권영업은 고객의 채권 매도주문이나 매수주문을 접수한 후 이에 부합하는 거래상대방을 탐색하여 매매거래를 성립시켜 주고 중개수수료를 받는 업무로서 자본시장법상 투자중개업에 해당한다.

장외시장에서 증권회사가 연기금·은행·보험사·운용사 등 금융기관과 채권거래를 하는 경우 주로 채권거래전용시스템(K-Bond)[57] 메신저, 전화, 보이스박스(Voice Box)라는 쌍방향 의

---

56) 금융투자회사의 영업 및 업무에 관한 규정 제7-5조(장외거래내역의 보고 등) ① 채권거래 금융투자회사는 장외시장에서 투자자와 채권(해외에서 발행된 외화채권과 전자단기사채는 제외)을 매매거래하거나 중개한 경우 해당 채권거래와 관련된 건별 매매·중개 거래 내역을 매매계약 체결시점부터 15분 이내에 전산매체 등을 통하여 협회에 보고하여야 한다.

사소통수단을 이용한다. 예를 들어 딜러(기관투자자)는 브로커(증권사)와 메신저를 통해 매매거래정보를 실시간으로 주고받으며 거래하고자 하는 채권의 종류·가격 및 수량 등에 대해 메신저에서 1차 합의가 이루어지면 전화 등 유선상으로 채권정보와 결제 내역을 상호 확인한 후 매매를 최종 확정하는 거래구조를 가지고 있다.[58]

(3) 장외채권거래 선호요인

채권을 거래하는 기관투자자들이 장외시장을 선호하는 이유는 거래의 익명성 보장, 거래의 유연함, 가격탐색기능 활성화 등이 있다.[59]

ⅰ) 기관투자자들은 거래의 익명성을 보장받기 위해 장외시장에 참여한다. 장외채권시장에 참여하는 기관투자자들은 자신의 거래포지션이 시장에 노출되어 채권가격에 영향을 미치는 것을 피하고, 거래전략을 보호받기 위해 주로 장외거래를 이용하게 된다. 메신저를 이용한 브로커 위주의 상대거래 방식인 장외거래의 특성이 거래정보의 보안 유지에 적합하다고 판단하기 때문이다.

ⅱ) 상대적으로 거래의 유연성이 있다. 장외채권거래는 거래절차가 비교적 간소하며, 별도의 체결행위 없이 메신저 거래확정 내역을 결제부서(Back Office)에 전달하는 것으로 거래당사자의 매매행위가 종결된다. 체결 이후 정정 및 취소가 불가능한 장내거래에 비해 거래정정의 유연성도 좋다. 장외에서는 주문 실수가 있었을 경우 체결 이후라도 예탁결제원의 결제가 이루어지기 전까지 거래상대방의 동의만 있다면 수량 또는 가격의 정정이 가능하다. 다만 거래시장 안정성 유지 및 거래상대방으로서의 신용도·평판 등을 고려하여 정정 이외의 취소는 거의 없는 상황이다.

ⅲ) 유동성이 부족한 상품에 대한 가격발견기능이 우수하고 탐색비용이 낮다. 브로커를 통한 장외에서의 거래상대방 탐색이 활성화되어 거래소시장에서 확보가 어려운 채권들도 네트워크를 활용한 물량 확보가 가능하다. 유동성이 부족한 시장에서는 거래 부족으로 인해 적정한 가격을 발견하지 못하는 경우가 많은데, 이때 딜러(또는 거래상대방)와의 우호적인 관계를 바탕으로 수량 및 가격 협의를 통해 가격발견을 통한 거래 창출이 가능하다.

---

57) 채권거래전용시스템(K-Bond)은 채권 장외시장에서 가격발견기능과 거래 효율성을 향상시켜 장외채권거래의 규모와 유동성을 높이기 위해 협회가 기존 장외 채권거래전용시스템인 프리본드(2010년 4월 도입)를 재구축하여 2017년 7월 오픈한 장외거래 지원 시스템이다. K-Bond는 호가 클라이언트 및 메신저(대화방 기능 포함)를 구성요소로 하며, 채권의 장외거래 (중개) 업무를 위한 호가정보 등의 탐색 및 거래상대방과의 협상, 채무증권의 모집·매출 시 수요예측 등 가격발견기능 등을 지원한다.

58) 권기혁(2018), 20-22쪽.

59) 권기혁(2018), 22-23쪽.

(4) 채권중개전문회사를 통한 장외거래

(가) 채권중개전문회사의 의의

채권중개전문회사란 자본시장법 시행령 별표 1 인가업무 단위 중 2i-11-2i의 인가를 받은 투자중개업자를 말한다(영179). 즉 채권중개전문회사(IDB: Inter-Dealer Broker)란 개별 채권 딜러(채권의 자기매매가 가능한 금융기관 및 기관투자자)들이 매매하고자 하는 채권 종목과 호가를 수집해 스크린에 제공함으로써 매매현황을 공개하고 채권매매를 중개하는 회사를 말한다. IDB는 금융투자업규정에 따라 채권매매 중개에 필요한 경우 자기계정을 통한 매수·매도로 중개업무를 수행할 수도 있다.[60]

(나) 도입배경

우리나라의 IDB는 2000년 5월 정부가 발표한 "채권시장구조 선진화 추진방안"에 따라 설립되었다. 스크린을 통한 거래정보의 실시간 제공을 통해 채권거래의 투명성을 확보하여 회사채 등 유동성이 낮은 채권에 대한 딜러 간 거래를 활성화하는 것이 그 목적이었다. 또한 궁극적으로는 브로커 중심의 채권시장구조에서 탈피하여 IDB 중심의 시장통합을 통한 채권시장 효율성 향상을 목적으로 하였다.

또한 대부분의 채권이 장외에서 거래됨으로써 발생하는 부당내부거래 및 불공정거래(가격 및 수수료 담합)의 개연성을 경감시키는 것도 IDB 도입의 취지였다. 이를 위해 정부는 2002년 7월 "채권 유통시장구조 개선방안"을 발표하여 채권시장 투명성 제고방안의 일환으로 딜러 간 거래만을 중개하게 되어 있던 IDB의 대상을 일반 기관투자자까지 확대하였다.

현재 우리나라의 IDB는 한국자금중개, KIDB채권중개, 서울외국환중개, 증권금융 등 총 4개사가 인가를 받았으나, 장외채권거래의 대부분은 여전히 증권사를 통해 이루어지면 IDB를 통한 거래는 미미한 실정이다.[61]

(다) 업무기준 준수의무

채권중개전문회사가 증권시장 외에서 채무증권 매매의 중개업무를 하는 경우에는 다음의 기준을 준수하여야 한다(영179).

1. 채무증권 매매의 중개는 매매의 중개대상이 되는 채무증권에 관하여 다음의 어느 하나에 해당하는 자 간의 매매의 중개일 것
   가. 시행령 제10조 제2항 제1호부터 제17호까지의 자 및 같은 조 제3항 제1호부터 제13호까지의 자
   나. 우체국예금보험법에 따른 체신관서

---

60) 한국거래소(2019), 276쪽.
61) 한국거래소(2019), 276-277쪽.

    다. 그 밖에 금융위원회가 정하여 고시하는 자

2. 동시에 다수의 자를 각 당사자로 하여 당사자가 매매하고자 제시하는 채무증권의 종목(시행령 제181조에 따른 환매조건부매매의 중개업무를 하는 경우에는 그 매매의 대상인 여러 종목의 채무증권을 하나의 종목으로 볼 수 있다. 이하 이 조에서 같다), 매수호가 또는 매도호가와 그 수량을 공표할 것

3. 채무증권의 종목별로 당사자 간의 매도호가와 매수호가가 일치하는 가격으로 매매거래를 체결시킬 것

4. 업무방법 등이 금융위원회가 정하여 고시하는 기준[62]을 충족할 것

(5) 채권전문자기매매업자를 통한 장외거래

(가) 채권전문자기매매업자의 의의

    채권전문자기매매업자("채권전문딜러")란 채권을 대상으로 하여 투자매매업을 영위하는 자가 매도수익률호가 및 매수수익률호가를 동시에 제시하는 방법으로 해당 채권의 거래를 원활하게 하는 역할을 수행하는 자로서 금융투자업규정 제5-11조 제2항에 따라 금융감독원장이 지정한 자를 말한다(금융투자업규정5-1(2)). 채권전문딜러는 장외에서 시장조성자 역할을 수행하며 시장조성을 위한 채권(국고채권의 지표종목은 시장조성 채권에서 제외)을 보유하는 자를 말한다.

    채권전문딜러제도는 채권시장구조 선진화 방안의 일환으로 채권수요기반의 확충을 위해 2000년 6월 도입되었다. 채권전문딜러는 최소호가수량 10억원 이상의 양방향 호가를 제출하여 채권 장외시장에 유동성을 공급하고, 그 호가를 금융투자협회를 통해 실시간으로 공시해야 한다. 채권전문딜러의 원활한 시장조성을 위하여 금융감독원장은 증권금융을 통한 자금지원, 채권투자매매업 허가(은행, 종합금융회사), 장외파생상품에 대한 투자매매업 인가심사나 경영실태 평가시 의무이행 평가결과 반영 등에 필요한 조치를 지원할 수 있다.[63]

---

62) "금융위원회가 정하여 고시하는 기준"이란 다음의 기준을 말한다(금융투자업규정5-10).
  1. 채권매매의 중개를 위하여 필요한 경우에는 자기계정을 통한 매수 및 매도의 방법으로 영 제179조 제1호 각 목의 어느 하나에 해당하는 자간의 매매의 중개를 영위할 것
  2. 다음 각 목의 사항을 업무규정에 정하고, 업무규정을 제정·변경 또는 폐지하는 경우 즉시 금융감독원장에게 보고할 것
    가. 중개신청의 방법
    나. 중개신청의 취소 및 정정의 방법
    다. 매매체결의 원칙 및 방법
    라. 착오매매 정정의 방법
    마. 매매체결내용의 통지방법
    바. 매매계약의 이행방법
    사. 기록의 작성·유지 및 공시방법
    아. 그 밖에 채권중개전문회사가 채권매매의 중개를 위하여 필요하다고 인정하는 사항
  3. 채권매매의 중개를 신청하거나 이에 따른 채권매매의 계약을 체결한 투자매매업자에 관한 정보를 당해 투자매매업자의 동의 또는 정당한 사유 없이 제3자에게 제공하거나 누설하지 아니할 것

(나) 채권전문자기매매업자의 지정

채권전문자기매매업자의 지정을 받고자 하는 투자매매업자는 금융감독원장이 정하는 바에 따라 지정신청서를 작성하여 금융감독원장에게 제출하여야 한다(금융투자업규정5-11①).

금융감독원장은 지정신청서를 제출한 투자매매업자가 다음 요건을 모두 충족하는 경우 채권전문자기매매업자로 지정할 수 있다(금융투자업규정5-11②).

1. 재무건전성 기준
   가. 은행 및 종합금융회사: 자기자본비율(BIS)이 8% 이상일 것
   나. 겸영금융투자업자가 아닌 투자매매업자: 별표 10의2 제1호 가목에 해당하지 않을 것
2. 시장조성자금의 규모 및 채권매매거래 실적
   가. 채권전문자기매매업자 담당부서의 직전 6개월간 상품계정 보유채권 평균잔액이 제5-12조 제5항의 총자산에 따른 월평균 보유금액의 3배(재지정시는 4배)
   나. 직전 6개월간 채권거래금액이 채권장외거래금액 총액(조건부매매거래 제외)의 1,000분의 5(재지정시는 1,000분의 10) 이상일 것
3. 금융감독원장이 정하는 채권전문자기매매업자의 업무능력평가기준에 따른 세부평가항목 중 최하위 등급이 3개 이하일 것. 다만 최하위 등급의 해당 항목에 대하여는 개선계획서를 제출하고 6개월 이내에 상위등급으로 개선하는 것을 조건으로 지정할 수 있다.
4. 재지정시는 지정취소사유를 해소하였을 것

금융감독원장은 제2항 제3호에 따른 채권전문자기매매업자로서의 업무능력을 평가하기 위하여 필요한 경우 관계자 면담, 실사 또는 필요한 자료 등을 징구할 수 있다(금융투자업규정5-11③).

(다) 최소호가수량과 호가의 공시

채권전문자기매매업자가 제5-12조 제1항에 따른 호가를 제시함에 있어 최소호가수량은 채권액면 10억원 이상이어야 한다(금융투자업규정5-14). 채권전문자기매매업자가 제5-12조에 따라 제시하는 호가는 협회를 통하여 실시간으로 공시하여야 한다(금융투자업규정5-15①). 공시를 함에 있어 필요한 사항은 협회가 정한다(금융투자업규정5-15②).

(라) 거래내역 등의 보고

채권전문자기매매업자는 매월 5일까지 전월의 일별 시장조성 실적 및 일별 재고보유현황을 협회에 보고하고, 협회는 이를 매월 10일까지 금융감독원장에게 보고하여야 한다(금융투자업규정5-17).

---

63) 한국거래소(2019), 275쪽.

Ⅳ. 주요국의 채권시장

1. 미국

미국 국채는 일반적으로 연방정부채 중 시장성국채인 T-Bills(만기 1년 미만의 단기국채), T-Notes(만기 1년 이상 10년 미만의 중기국채), T-Bonds(만기 10년 이상의 장기국채) 등 재무부채권을 말하며 단일 종목의 발행잔액으로는 세계 최대규모이다. 국채 종류별로는 중기국채 (T-Notes)의 발행규모가 8.6조 달러로 가장 큰 비중(64.1%, 2016년 6월말 기준)을 차지하고 있다. 연방정부채는 크게 시장성국채와 비시장성국채로 분류하는데 시장성국채는 일반적으로 재무부채권을 지칭하고 비시장성국채는 만기 전 매각불능 조건으로 발행되는 채권으로 저축채권 (savings bonds)이 대표적이다.[64]

한편 회사채는 만기 10-30년의 장기채 발행이 대부분을 차지하고 있는데 신용등급이 높은 우량기업 발행채권이 대부분을 차지하며 1970년대 중반 이후 기업의 인수·합병 및 구조조정 과정에서 다수의 기업들이 경영악화와 부채증가 등으로 투자부적격 등급으로 하락하면서 정크본드 시장이 형성되기 시작하였다.

유통시장은 장외시장과 장내시장(거래소시장)으로 구분되는데 대부분의 거래는 장외시장에서 이루어지며 장내거래는 뉴욕증권거래소, 아메리칸증권거래소에서 소규모로 이루어지고 있다.

미국의 경우 재무부채권이 지표채권의 역할을 담당하고 있다. 지표종목은 신규채권 발행에 따라 최근물(on-the-run issue)로 신속하게 교체되며 신규발행 채권과 기존 지표종목과의 수익률 괴리도 1-2bp로 매우 작아 지표종목 변경에 따른 수익률 시계열의 불연속성 문제는 그다지 심각하지 않다. 2001년 10월 이전에는 만기 30년 장기국채(T-Bonds)가 지표채권의 역할을 수행해 왔으나 2001년 10월 만기 10년 초과 장기국채의 발행 중단을 계기로 만기 10년 국채가 지표채권의 역할을 수행해 오고 있다.

2. 일본

국채는 장기국채(만기 10년 이상) 위주로 발행되고 있다. 2016년 6월말 현재 장기국채 발행잔액은 586조 엔에 달하여 전체 국채 발행잔액의 55.2%를 차지한다. 특히 10년 만기 국채는 1966년 1월부터 매월 정기적으로 발행되면서 일본 채권시장에서 지표채권의 역할을 담당하고 있다.[65]

---

64) 한국은행(2016a), 202-204쪽.

유통시장은 장외시장과 장내시장(거래소시장)으로 구분되는데 대부분의 거래가 장외시장에서 이루어지며 장내거래는 매우 미미하다. 한편 장내시장에서는 일부 장기국채(10, 20년 만기 이표채), 전환사채, 정부보증채, 지방채 및 회사채 중 상장된 일부 종목이 거래되고 있다. 일본의 지표채권은 만기 10년의 국채인데 대형 증권회사 등 채권딜러간의 거래가 특정 종목으로 집중되면서 자연스럽게 시장에서 결정되며 지표종목의 결정과정은 미국에서와 같이 최근월물로 결정되기보다는 최근월물 이전의 경과물이 수개월에 걸쳐서 지표종목의 역할을 수행하는 경우도 있다.

3. 유로지역

독일 국채는 장기국채인 Bunds, 중기국채인 Bobles 및 Schatze, 단기국채인 Bubills 및 Schatzwechsel 등이 있다. 독일 국채의 발행잔액은 2016년 6월말 현재 1.2조 유로이다. 독일의 장기국채인 Bunds는 수익률, 스프레드 산정 등에서 유로지역 국채의 기준이 되고 있다. 프랑스 국채는 장기채인 OATs, 중기채인 BTANs, 단기채인 BTFs가 있으며, 이탈리아의 경우에는 중장기채인 BTP, 단기채인 BOT 등이 있다.[66]

한편 유로지역에서 회사채는 국채 및 금융기관 채권에 비해 크게 성장하지 못한 상태이다. 기업들은 자체적으로 회사채를 발행하기보다는 은행을 통해 자금을 조달하거나 소유한 비은행 자회사를 통해 채권을 발행하여 자금을 조달하는 경우가 많다.

---

65) 한국은행(2016a), 204, 206쪽.
66) 한국은행(2016a), 207-208쪽.

제
3
장
/

외환시장

제1절 외환시장과 환율

Ⅰ. 외환시장의 의의

1. 개념

외환시장은 좁은 의미에서 외환의 수요와 공급이 연결되는 장소를 말하나 넓은 의미에서는 장소적 개념뿐만 아니라 외환거래의 형성 및 결제 등 외환거래와 관련된 일련의 메커니즘을 포괄한다. 외환시장은 이종통화간 매매가 수반되고 환율이 매개변수가 된다는 점에서 금리를 매개변수로 하여 외환의 대차거래가 이루어지는 외화자금시장(foreign currency money market)[1]과는 구별되나 넓은 의미로는 외환시장에 외화자금시장이 포함되는 것으로 볼 수 있다.[2]

외환시장과 외화자금시장은 서로 다른 개념이지만 서로 독립적으로 완전하게 별개의 양상을 보일 수는 없다. 외환시장은 "환율"을 매개로 외국환과 원화의 매매(즉 두 통화간 교환)가 이루어지는 시장이며, 외화자금시장은 "금리"를 매개로 외국통화의 대차가 이루어지는 시장이다.

---

1) 외화자금시장에는 외환 및 통화 스왑시장도 포함된다. 외환 및 통화 스왑거래는 법적으로는 외환의 매매 형식을 취하고 있으나 경제적 실질면에서는 금리를 매개로 하여 여유통화를 담보로 필요통화를 차입하는 것이므로 자금대차거래라고 볼 수 있다.

2) 한국은행(2016b), 「한국의 외환제도와 외환시장」, 한국은행(2016. 1), 97쪽.

두 시장 모두 외국통화라는 특수하며 개념적으로 복잡성을 띤 자산이 거래되며, 두 시장이 서로 강한 연계하에 작동하고 있다.[3)]

세계 대부분의 국가는 자신의 통화를 가지고 있다. 국가간의 무역은 서로 다른 통화의 상호 교환을 수반한다. 현금통화와 특정 통화로 표시된 은행예금의 거래는 외환시장에서 이루어진다. 외환시장이란 서로 다른 통화, 즉 이종통화간의 거래가 이루어지는 시장으로서 현재 국제 외환시장은 호주 외환시장에서부터 뉴욕 외환시장에 이르기까지 24시간 체제로 거래되고 있다. 외환시장은 수백 명의 딜러(대부분 은행)가 외국통화로 표시된 예금을 매입하고 매도하는 장외시장의 형태로 조직되어 있다. 딜러들은 항상 전화와 컴퓨터로 접속되어 있기 때문에 외환시장은 매우 경쟁적이다. 우리나라의 경우 달러/원 현물환 거래를 할 수 있는 금융기관은 대부분 시중은행, 지방은행, 외국계은행이고 일부 증권회사가 참여하고 있다. 달러/원 현물환의 거래는 서울외국환중개와 한국자금중개가 당국으로부터 거래허가를 받아 중개를 하고 있으며, 각 딜러들은 양 중개사가 제공하는 단말기를 설치하고 동 단말기를 통해 주문을 내거나 올라와 있는 주문을 보고 거래를 체결시킨다.[4)]

2. 기능

외환시장은 국가경제에서 다음과 같은 기능을 한다.

ⅰ) 외환시장은 한 나라의 통화로부터 다른 나라 통화로의 구매력 이전을 가능하게 한다. 예를 들어 수출업자가 수출대금으로 받은 외화를 외환시장을 통하여 자국통화로 환전하면 외화의 형태로 가지고 있던 구매력이 자국통화로 바뀌게 된다.[5)]

ⅱ) 외환시장은 무역 등 대외거래에서 발생하는 외환의 수요와 공급을 청산하는 역할을 한다. 예를 들면 외환의 수요자인 수입업자나 외환의 공급자인 수출업자는 환율을 매개로 외환시장을 통하여 그들이 필요로 하는 대외거래의 결제를 하게 된다. 이러한 외환시장의 대외결제 기능은 국가간 무역 및 자본거래 등 대외거래를 원활하게 해준다.

ⅲ) 변동환율제도에서는 환율이 외환의 수급 사정에 따라 변동함으로써 국제수지의 조절 기능을 수행하게 된다. 즉 국제수지가 적자를 보이면 외환의 초과수요가 발생하므로 자국통화의 가치가 하락(환율상승)하는데, 이 경우 수출상품의 가격경쟁력이 개선되어 국제수지 불균형이 해소될 수 있다.

---

3) 서영숙(2013), "은행 외화차입과 주식시장 및 외환시장의 변동성에 관한 연구", 숭실대학교 대학원 박사학위논문(2013. 6), 8쪽.
4) 정대인(2017), "한국의 달러/원 외환시장과 원화단기자금시장의 관계 분석: 글로벌 금융위기 전후의 비대칭성을 중심으로", 연세대학교 경제대학원 석사학위논문(2017. 12), 10쪽.
5) 한국은행(2016b), 97-98쪽.

iv) 외환시장은 기업이나 금융기관 등 경제주체들에게 환율변동에 따른 환위험을 회피할 수 있는 수단을 제공한다. 경제주체들은 외환시장에서 거래되는 선물환, 통화선물, 통화옵션 등 다양한 파생상품거래를 통하여 환위험을 헤지할 수 있다. 아울러 외환시장에서는 투기적 거래도 가능하며 이를 통해 환차익을 얻거나 환차손을 볼 수 있다.

3. 특징

외환시장은 다음과 같은 특징을 보인다. ⅰ) 외환규제의 완화 및 정보통신기술의 발달에 힘입어 전 세계를 아우르는 시장이 되고 있으며, 이른바 "해가 지지 않는 시장"으로서 24시간 거래가 이루어지는 특징이 있다. ⅱ) 거래소를 중심으로 한 장내거래보다는 컴퓨터 단말기를 통한 장외거래가 대부분을 차지한다. ⅲ) 소규모의 개인 간 거래보다는 대규모의 은행 간 거래가 전체거래의 90% 이상을 차지하며, 우리 외환시장의 경우 최소 거래단위가 50만 달러(10만 달러 단위로 추가)이지만 뉴욕 등의 외환시장은 최소 거래단위가 100만 달러(표준 거래단위가 약 500만 달러)에 이르는 도매시장의 특징을 갖는다. ⅳ) 전체 외환거래 중 무역이나 직접투자 등 실물경제와 관련된 비중은 5%에도 미치지 못하며, 대부분 금융거래에 속하는 것으로 파악되고 있다. ⅴ) 특히 외환시장은 제로섬(zero sum)의 성격이 강하여 어느 거래참여자가 이익을 얻으면 반드시 거래상대방은 그에 상응하는 손실을 입게 되는 특징이 있으며, 이는 중앙은행이 외환시장에 개입하는 경우6)에도 마찬가지이다.7)

Ⅱ. 외환시장의 구조

1. 외환시장 참가자

외환시장에는 기업이나 개인 등 고객, 외국환은행, 외환중개인 및 중앙은행 등이 다양한 목적을 위하여 참가하고 있다.

(1) 고객

고객이란 수출입거래 또는 금융거래를 하는 기업이나 해외여행을 하는 개인 등 재화 및 서비스 거래를 위하여 외환시장에 참가하는 자를 말한다. 예를 들면 수출기업은 외환의 공급자 역할을 하는 반면 수입업체는 외환의 수요자에 해당된다. 또한 해외 여행객이 자국통화를 여행

---

6) 중앙은행은 주로 외환수급의 불균형이 발생하여 환율의 불안정성이 발생하거나 환율이 적정 수준에서 벗어나 경상수지에 악영향을 미치는 경우 환율의 안정과 적정 수준의 유지라는 정책적 목적을 위해 외환시장에 개입한다. 중앙은행이 외환시장에 개입하는 방식은 환율제도의 형태에 따라 그리고 자본 및 금융시장의 개방 정도에 따라 다르게 나타날 수 있다.
7) 강민우(2020), "외국환거래의 법적 규제에 관한 연구", 고려대학교 대학원 박사학위논문(2020. 2), 15쪽.

국 통화로 환전하게 되면 외환시장에서 외환을 필요로 하는 수요자가 된다. 수출기업이나 해외 여행객 등은 환율변동에 따른 단기적인 환차익을 획득하기 위해 외환거래를 하기보다는 무역 거래나 해외송금, 여행 등 경제활동의 필요에 의해 외환의 공급자와 수요자 역할을 하므로 외환의 실수요자라고 할 수 있다.[8] 정부 또한 외환정책을 담당하는 외환당국을 제외하고는 대외 거래를 위하여 고객으로서 외환시장에 참가한다.[9]

(2) 외국환은행

외국환은행은 외환시장에서 중추적인 역할을 한다. 이들은 고객과의 외환거래에 있어 거래상대방으로서의 역할을 할 뿐만 아니라 대고객거래 결과 발생하는 은행 자신의 외환포지션 (외화자산-외화부채) 변동을 은행간 (장외)시장[10]을 통하여 조정하는 과정에서도 적극적으로 외환거래를 하게 된다. 외국환은행은 환율전망을 바탕으로 환차익을 얻기 위한 외환거래도 활발하게 하고 있다. 특히 대형은행의 경우 외환시장에서 시장조성자(market maker)로서의 역할을 수행하는데, 전 세계 외환시장에서 특정 통화에 대한 매입가격과 매도가격을 동시에 제시(two-way quote)하면서 24시간 외환매매를 하고 있다. 이들이 제시하는 매도가격과 매입가격의 차이인 스프레드는 은행들의 수입원이 되는 동시에 외환시장내 가격결정을 선도해 나가는 역할을 하고 있다.[11]

외국환은행은 외국환거래법에 따라 기획재정부가 고시한 「외국환거래규정」에서 정하는 외국환업무를 취급하는 기관을 말하며 은행, 농협은행, 수협은행, 한국산업은행, 한국수출입은행, 중소기업은행을 말한다(외국환거래규정1-1(6)). 외국환은행은 외국환거래법에 따라 모든 외국환업무를 취급할 수 있다. 외환시장에서 외환의 매도 또는 매입을 필요로 하는 은행 외의 다양한 주체(개인, 기업, 금융투자업자, 보험사, 외국인 투자자 등)들이 있으나 우리나라 외환시장에서는 외국환거래법에 따라 국내 주요 은행 및 외은 지점을 포함한 외국환은행이 외환딜러로서 외환거래의 중추적 역할을 수행하고 있다. 그러므로 외국환은행은 외환과 외화자금을 취급하는 양 시장에서 핵심 주체로 활동하게 된다. 따라서 두 시장의 연계가 매우 강하고 이로 인한 혼돈이 야기되고 있는 것으로 보인다.

(3) 외환중개인

외환중개인(foreign exchange broker)은 중개수수료[12]를 받고 은행간거래를 중개해주는 자

---

8) 한편 환차익 획득을 위한 투기적 거래를 주로 하는 헤지펀드도 외환시장의 고객으로 볼 수 있다.

9) 한국은행(2016b), 98쪽.

10) 국내은행은 고객과의 외환파생거래시 당일 중으로 외은지점과 반대거래를 함으로써 고객과의 거래에서 노출된 위험을 헤지한다.

11) 한국은행(2016b), 98-99쪽.

12) 우리나라 외국환중개회사의 중개수수료 수준에 대한 제한은 없으나 중개회사가 중개수수료를 결정하거나 변경할 경우 한국은행에 통보하도록 되어 있다.

를 말한다. 외환매매 거래를 하는 은행들은 전 세계 외환시장에서 시시각각으로 형성되는 최적
의 매도 및 매입 가격을 파악하는 데에는 시간과 비용이 많이 드는 데다 한 은행이 특정 거래
상대방과 직접거래를 할 경우 자기 은행의 포지션이 거래상대방에게 노출될 수 있다. 따라서
은행들은 중개수수료를 지불하고 중개회사가 제공하는 정보를 바탕으로 외환매매 거래를 하게
된다. 외환중개인은 은행들이 제시하는 매입환율과 매도환율을 다른 은행에 실시간으로 제공
하는 중개업무만을 하고 외환거래를 직접 행하지 않기 때문에 환위험에 노출되지 않으며 중개
에 따른 수수료 수입만을 얻는다는 점에서 은행과 상이하다.13)

(4) 중앙은행

중앙은행은 정부와 함께 외환당국으로서 외환시장의 안정을 위해 노력한다. 경우에 따라
서는 외환시장 참가자의 일원으로 외환시장에서 외환을 매매하기도 한다. 예를 들어 외환시장
에서 환율이 지나치게 빠른 속도로 하락(상승)할 경우에는 외환시장 안정을 위하여 자국통화를
대가로 외환을 매입(매도)한다.

2. 외환시장의 구분

외환시장은 거래당사자에 따라 은행간시장과 대고객시장으로 구분할 수 있다. 은행간시장
은 좁은 의미에서의 외환시장을 의미하는 것으로 도매시장의 성격을 갖는다. 일반적으로 은행
간시장에서의 거래는 외환중개인을 경유하는 경우와 그렇지 않은 경우로 나누어 볼 수 있다.14)

대고객시장은 일종의 소매시장 성격을 가지며 은행, 개인 및 기업 등 고객간의 외환거래
가 이루어지는 시장을 의미한다. 대고객거래의 결과 은행들은 외환포지션에 변동이 발생하며
은행간시장을 통해 이를 조정하는 과정에서 대고객시장과 은행간시장의 연계가 이루어진다.
예를 들어 기업이 수출대금으로 1억 달러를 해외로부터 수취하였다고 가정해 보자. 동 기업은
수출대금을 국내에서 사용하기 위해 대고객시장에서 외화를 은행에 매도하고 원화를 수취하게
된다.15) 이 경우 은행은 외화자산이 1억 달러 늘어나게 되므로 외환포지션이 양(+)의 방향으
로 증가하여 매입초과포지션(over-bought position) 상태가 된다. 만약 원화가치가 상승(환율하
락)하면 환차손을 입게 되므로 은행은 외환포지션이 일정 한도 이상으로 증가하지 않도록 외환
포지션을 조정하는 데 은행간시장에서 보유하고 있는 외화자산을 매도함으로써 외환포지션 변

---

13) 한국은행(2016b), 99쪽.
14) 외환중개인의 경유 여부와 상관없이 외환거래를 거래소에서 이루어지는 경우와 그렇지 않은 장외거래로
    구분할 수 있는데 외환거래는 통화선물거래, 통화옵션거래(거래소 거래분) 등 일부를 제외하고는 장외거
    래 형태를 띠고 있다.
15) 수출기업은 은행에 외화를 매도하지 않고 거주자외화예금의 형태로 금융기관에 예치할 수도 있다. 이 경우
    수출대금으로 벌어들인 외화가 은행간시장에 공급되지 않기 때문에 당장은 환율하락 요인으로 작용하지
    않는다.

동에 따른 환위험을 최소화한다.[16]

3. 외환거래의 종류

외환거래는 상품에 따라 현물환거래, 선물환거래, 외환스왑거래, 통화스왑거래, 통화옵션 거래 등으로 분류할 수 있다.

4. 은행간시장의 거래절차

중개회사를 통한 은행간시장의 거래 방법 및 절차를 살펴보면, 거래시간은 매일 오전 9시 부터 오후 3시까지이다. 거래통화[17]는 미달러화 및 중국 위안화[18]이고, 거래금액은 각각 최소 100만 달러 및 100만 위안이며, 거래단위는 100만 달러 및 100만 위안의 배수이다. 거래주문가 격의 단위금액은 원/달러 거래의 경우 10전 단위, 원/위안 거래의 경우에는 1전 단위이고, 결 제일은 익익일물결제(value spot)로 되어 있다. 한편 외환시장 거래관행은 은행, 중개회사 등 외 환시장 참가기관의 자율운영기구인 서울외환시장운영협의회에서 논의를 거쳐 개선되고 있 다.[19]

외국환중개회사는 2002년 10월부터 기존 방식인 전화주문과 함께 전자중개시스템(EBS: Electronic Brokering System)을 통해서도 거래주문을 접수하고 있다. 전자중개시스템은 외국환 은행의 딜러가 전용단말기를 이용하여 직접 매매주문을 입력하면 중개회사의 전산망을 통해 거 래가 자동적으로 체결되는 외환거래 방식이다. 이 방식은 전화주문 폭주시의 주문지연 현상을 해소하고 딜러가 직접 주문을 입력함으로써 전화통화 과정에서 발생할 수 있는 착오를 방지할 수 있는 장점이 있다. 반면 중개회사를 경유하지 않는 은행간 직거래는 주로 로이터(Reuter) 단 말기의 딜링머신 등을 통해 딜러간 가격 및 거래조건이 결정된다.[20]

---

16) 한국은행(2016b), 100쪽.
17) 우리나라는 1996년 원화와 엔화간의 거래를 위해 원/엔 시장을 개설하였으나 유동성 부족으로 1997년 1월 이후 거래가 자연적으로 소멸되었다
18) 2014년 12월 1일 원/위안 직거래시장이 개설되었다.
19) 서울외환시장운영협의회는 「외환시장 거래관행 개선조치」(2002년 8월)에 따라 원/달러 현물환거래의 최소 거래금액 50만 달러, 거래단위 10만 달러의 배수에서 최소 거래금액 100만 달러, 거래단위 50만 달러의 배 수로 상향조정하였으며, 현물환거래의 결제일도 종전의 당일물(value today), 익일물(value tomorrow) 및 익익일물(value spot) 결제로 세분화되어 있던 것을 국제관행에 따라 익익일물결제로 일원화하였다. 이후 「외환시장 선진화를 위한 제도 및 관행 개선」(2013년 11월)에 따라 거래불편, 국제관행 등을 고려하여 현 물환 거래단위를 50만 달러에서 100만 달러로 상향조정하였다.
20) 한국은행(2016b), 101-102쪽.

Ⅲ. 환율

1. 환율의 의의

환율(exchange rate)이란 한 나라 통화와 다른 나라 통화 간 교환비율로 두 나라 통화의 상대적 가치를 나타낸다. 즉 외국통화 한 단위를 받기 위해 자국통화를 몇 단위 지불해야 하는가를 나타내는 것으로 자국통화로 표시하는 외국통화의 가격을 의미한다.

환율은 고정환율제도하에서는 외환당국의 정책적 의지에 따라 특정 수준에 고정되는 반면 변동환율제도하에서는 외환시장의 수요와 공급에 따라 결정된다. 예를 들어 변동환율제도하에서 국제수지가 흑자인 경우 외환시장에서 외환의 공급이 수요보다 커짐에 따라 외환의 가치가 떨어져 환율이 하락한다. 반대로 외환의 수요가 공급보다 많아지면 환율이 상승한다. 환율은 통화의 상대가치에 영향을 미치는 다양한 요인에 의해서도 변동한다. 장기적으로는 한 나라와 다른 나라의 물가변동에 따른 상대적 구매력 변화나 생산성, 교역조건 변화, 경기변동 등에 영향을 받으며, 단기적으로도 시장참가자들의 환율변동에 대한 기대나 각종 뉴스, 경쟁국의 환율 변동 등에 따라 움직이게 된다.

이러한 환율의 변동은 국민경제에 많은 영향을 미친다. 일반적으로 환율이 상승하면 경상수지가 개선된다.[21] 수출기업이 수출대금으로 이전과 같은 금액의 외환을 받더라도 원화로 환산할 경우 더 많은 금액을 얻을 수 있으며 다른 한편으로 외환으로 표시하는 수출단가를 낮추어 더 많은 물량을 수출할 수 있게 된다. 반대로 수입기업은 환율이 상승하면 원화로 지불해야할 금액이 늘어나 수입을 줄이게 된다. 이렇게 원화환율이 상승할 경우 수출이 증가하고 수입이 감소하는 한편 국내 생산이 늘어나고 고용이 증대됨으로써 경제성장이 촉진된다.

그러나 환율상승이 국민경제에 긍정적 영향만을 미치는 것은 아니다. 원화환율이 상승할 경우 원자재나 부품 등을 수입하는 데 더 많은 원화가 필요하게 된다. 이로 인해 곡물, 원유 등의 국내 가격이 상승하고 제조업 생산비용이 증가함에 따라 국내 물가수준이 높아지게 된다. 또한 환율상승으로 기업이나 금융기관의 외채상환 부담이 가중될 수 있다. 이는 동일한 금액의 외채를 갚기 위해서 더 많은 금액의 원화가 필요하기 때문이다.[22]

---

21) 환율상승 초기에는 수출입 물량에 큰 변동이 없는 반면 수출품 가격은 하락하고 수입품 가격이 상승함에 따라 단기적으로는 무역수지 혹은 경상수지가 악화될 수 있다. 하지만 어느 정도 시간이 경과한 후에는 수출입 가격경쟁력 변화에 따른 물량 조정으로 무역수지 혹은 경상수지가 개선되는 현상(J curve effect)이 나타날 수 있다.
22) 한국은행(2016b), 110-111쪽.

2. 환율의 변동요인

환율은 변동환율제도하에서 외환시장의 수요와 공급에 따라 결정된다. 즉 외환의 공급이 수요를 초과하면 자국통화의 가치가 상승(환율하락)하고 반대로 외환의 수요가 공급을 초과하면 자국통화 가치가 하락(환율상승)한다. 그러나 현실적으로 환율은 다양한 국내외 경제여건, 기대요인 및 기술적 요인 등에 의해 복합적으로 영향을 받기 때문에 외환수급만으로 설명하는 데는 한계가 있다. 우리나라의 경우를 예로 들면 2000년 이후 대부분의 기간 동안 국제수지흑자를 기록하였음에도 불구하고 환율이 지속적으로 하락하기보다는 상승과 하락을 반복하는 모습을 보였다. 만약 환율이 외환의 수급요인에 의해서만 변동한다면 원/달러 환율은 추세적인 하락(원화의 절상)을 보였어야 할 것이다.[23]

여기서는 환율변동에 영향을 미치는 다양한 요인들에 대해 주로 기초경제여건에 관련된 중·장기 요인과 시장기대나 국제금융시장 동향 등과 같은 단기 요인으로 구분하여 살펴본다.

(1) 중·장기 요인

각국의 물가수준, 생산성 등 경제여건 변화는 장기적으로 통화가치에 영향을 미친다. 환율을 결정하는 가장 근본적인 요인으로 해당 국가와 상대국의 물가수준 변동을 들 수 있다. 통화가치는 재화, 서비스, 자본 등에 대한 구매력의 척도이므로 결국 환율은 상대 물가수준을 반영한 상대적 구매력에 의해 결정된다. 예를 들어 한 나라의 물가가 상승할 경우 그 나라 통화의 구매력이 떨어지므로 통화의 상대가격을 나타내는 환율은 상승하게 된다.[24]

장기적으로 환율에 영향을 미치는 또 다른 요소로 생산성의 변화를 들 수 있다. 예를 들어 한 나라의 생산성이 다른 나라보다 더 빠른 속도로 향상(악화)될 경우 자국통화는 절상(절하)된다. 이는 생산성이 개선될 경우 재화생산에 필요한 비용이 절감되어 보다 저렴한 가격으로 재화를 공급할 수 있기 때문이다. 이에 따라 물가가 하락하고 통화가치는 올라가게 된다.[25]

중기적 관점에서 환율에 영향을 미치는 중요한 요인으로 대외거래를 들 수 있다. 상품·서비스 거래, 자본거래 등의 대외거래 결과 국제수지가 흑자를 보이면 외환의 공급이 늘어나므로 환율은 하락하게 된다. 반대로 국제수지가 적자를 보여 외환의 초과수요가 지속되면 환율은 상승하게 된다. 이러한 환율상승(하락)은 국제수지의 개선(악화)요인으로 작용하여 국제수지가 다시 균형을 회복하는 데 도움이 된다. 외환시장에서의 외환수급 상황은 국제수지표(balance of payments)[26]를 이용하여 종합적으로 파악할 수 있다. 즉 경상수지와 금융계정의 합계에서 준비

---

23) 한국은행(2016b), 127쪽.
24) 한국은행(2016b), 128쪽.
25) 한국은행(2016b), 130-131쪽.
26) 국제수지표란 일정기간 중 거주자와 비거주자간에 발생하는 모든 경제적 거래를 기록한 통계이다.

자산 증감을 제외한 값은 대략적으로 그 기간 동안 외환시장의 초과공급 또는 초과수요 규모를 나타낸다고 할 수 있다. 다만 국제수지표는 모든 경제적 거래를 발생주의[27] 원칙에 따라 계상하고 있으므로 실제 외환시장에서 발생한 수요 및 공급과는 다소 차이가 있다.

통화정책 등 거시경제정책 또한 환율에 영향을 미친다. 통화정책을 긴축적으로 운영하면 통화공급이 감소하고 국내금리는 상승하게 된다. 이론적으로 외국의 통화량에 변화가 없을 때 우리나라의 통화량이 감소하게 되면 시중에 원화의 상대적인 공급이 줄어들어 환율이 하락(원화절상)한다. 한편 국내금리 상승은 내외금리차를 확대시켜 주로 채권투자자금을 중심으로 자본유입을 증가시키므로 환율하락을 초래하게 된다. 그러나 국내금리 상승이 반드시 환율하락을 초래한다는 것에 대한 반론도 적지 않다. 왜냐하면 국내금리가 상승하면 경기가 위축되어 외국인 주식투자자금이 유출됨으로써 환율상승 요인으로 작용할 수도 있기 때문이다.[28]

한편 거시경제정책이 환율에 미치는 영향을 분석하기 위한 경제모형으로는 자산시장접근법이 대표적이다. 다만 동 모형은 통화 이외의 다양한 자산의 존재 가능성, 통화정책 변화가 환율에 미치는 파급경로 등에 대한 가정이 단순하여 실제 환율변동을 만족스럽게 설명하는 데에는 한계가 있다.

또한 중앙은행의 외환시장개입이 환율 수준에 직접적인 영향을 미칠 수 있다. 국제단기자본이동 등 대외충격에 의해 환율이 단기간에 큰 폭으로 상승할 경우 중앙은행이 직접 외환시장에 참여하여 외환보유액을 매도하고 자국통화 유동성을 흡수함으로써 환율의 급격한 절하를 방지할 수 있다.[29]

(2) 단기 요인

중·장기 요인으로 매일 혹은 실시간의 환율변동을 설명하는 데에는 한계가 있다. 이는 환율이 단기적으로 외환시장 참가자들의 기대나 주변국의 환율변동, 뉴스, 은행의 포지션 변동 등에 따라서도 많은 영향을 받기 때문이다.[30]

다양한 요인들에 의해 시장참가자들의 환율에 대한 기대가 변하게 되면 자기실현적

---

27) 발생주의는 차기(次期)의 것을 미리 주거나 받았을 때와 전기의 것을 후에 주고받았을 경우 실제로 주고받은 시점에 관계없이 그것이 어느 기간의 손익에 해당하는지를 구분하여 그 기간의 손익으로 처리하는 방법이다. 예를 들면 이자를 선지불하였을 때 지불된 이자 중 당기에 해당하는 금액만을 당기비용으로 처리하고 차기 해당금액은 차기손익으로 처리하는 방법을 말한다.

28) 과거에는 우리나라에 대한 외국인 증권투자자금의 대부분이 주식투자자금이었으므로 국내 금리상승이 환율상승 요인으로 작용할 가능성이 높았다. 그러나 2000년대 중반 이후 외국인 채권투자자금 유입이 증가하여 현재는 채권투자자금 비중이 상당히 높아진 상황이므로 국내금리 변동이 외국인 증권자금 유출입을 통해 환율에 미치는 영향을 명확하게 파악하기 어렵다.

29) 우리나라의 경우 환율이 원칙적으로 외환시장에서 자율적으로 결정되도록 하고 있으나 한국은행법 제82조 및 제83조, 외국환거래규정 제2-27조에 의거 외환시장 안정을 위해 필요하다고 인정될 때에는 중앙은행이 외환시장에 개입할 수 있다.

30) 한국은행(2016b), 134-136쪽.

(self-fulfilling) 거래에 의해 환율의 변동이 초래된다. 예를 들어 대부분의 시장참가자가 환율상 승을 예상할 경우 환율이 오르기 전에 미리 외환을 매입하면 이익을 볼 수 있으므로 외환에 대 한 수요가 증가하게 되어 실제 환율이 상승하게 된다. 이와 같이 시장참가자들의 환율상승(또 는 하락) 기대가 같은 방향으로 형성될 경우 매입 또는 매도주문이 한 방향으로 집중되는 동반 효과(bandwagon effect)가 나타나면서 환율이 급변동하고 외환시장이 불안정하게 된다.

주요국의 환율변동 또한 자국통화의 가치에 많은 영향을 주게 된다. 예를 들어 수출경쟁 국의 통화가 절하될 경우 자국의 수출경쟁력 약화로 인해 외환공급이 감소할 것이라는 시장기 대가 형성되어 자국의 통화도 절하된다.

각종 뉴스도 시장참가자들의 기대변화를 통해 단기 환율변동에 영향을 미치게 된다. 경제 관련 뉴스뿐만 아니라 정치 뉴스도 마찬가지이며 국내 뉴스는 물론 해외 뉴스도 환율의 움직 임에 영향을 줄 수 있다. 일례로 2015년 6월 18일 미국의 FOMC 회의결과 통화정책이 완화적 (dovish)인 것으로 보도됨에 따라 원/달러 환율이 단기적으로 하락하였으며 2015년 8월에는 목 함지뢰 도발과 대북 확성기 포격 사건 등으로 지정학적 리스크가 부각되면서 원/달러 환율이 급등하는 모습을 보였다.

은행의 외환포지션 변동에 의해서도 환율이 영향을 받게 된다. 은행의 외환포지션(외화자 산-외화부채)이 매도초과 혹은 매입초과의 한 방향으로 크게 노출될 경우 포지션조정[31]을 위한 거래가 일어나고 그 결과 환율이 변동하게 된다. 예를 들어 은행의 선물환포지션이 큰 폭의 매 도초과를 보일 경우 환율변동에 따른 위험에 노출되지 않기 위해 현물환 매입수요를 늘림으로 써 환율이 상승하게 된다.

제2절   현물환시장 및 선물환시장

I. 현물환시장

현물환거래란 통상 외환거래 계약일로부터 2영업일 이내에 외환의 인수도와 결제가 이루 어지는 거래를 말한다. 계약일은 거래당사자 간 거래금액, 만기, 계약 통화 등 거래조건이 결정 되는 일자를 말하며, 결제일은 거래계약 후 실제로 외환의 인수도와 결제가 일어나는 일자를 의미한다. 이러한 현물환거래는 외환시장에서 가장 일반적인 거래형태로서 모든 거래의 기본 이 된다. 아울러 현물환율은 외환시장의 기본적인 환율로 여타 환율 산출시 기준이 된다.[32]

---

31) 우리나라는 종합포지션과 외환파생상품포지션을 중심으로 외환포지션을 관리하고 있다.

현물환거래 과정을 예로 들어보면 2020년 9월 7일(월) A은행이 B은행으로부터 1백만 달러를 현물환율 1,200원에 거래발생일로부터 제2영업일 결제기준으로 매입하기로 하였다고 하자. 그러면 2영업일 후인 9월 9일(수)에 B은행은 A은행 계정(해외소재 은행)에 1백만 달러를 이체하고, A은행은 B은행 계정(한국은행 당좌계정)에 원화 12억원(＝1,200원×1,000,000달러)을 이체함으로써 현물환거래가 종결된다.

이러한 현물환의 거래동기는 실수요 매매, 투기적(speculative) 및 환리스크 관리(hedging) 목적 등이다. 먼저 실수요 매매 목적의 현물환거래는 기업, 개인 등 고객들이 수출입, 해외송금 및 해외투자 등에 따라 수취하거나 지급할 외환을 외국환은행에 매도하거나 외국환은행으로부터 매입하는 것을 말한다.

투기적 목적의 거래는 미래의 환율에 대한 기대를 바탕으로 외환매매 차익을 추구하는 거래라고 볼 수 있다. 즉 환율상승이 예상되면 외환을 매입하고 환율하락이 예상되는 경우에는 외환을 매도한 후 반대거래를 통해 차익을 실현하는 것을 말한다. 그러나 외국환은행은 외환포지션 노출로 환리스크에 직면하므로 외환포지션을 대체로 중립(square position)으로 유지하는 것이 일반적이다.

이 밖에 현물환거래는 외국환은행의 환리스크 관리 목적, 즉 외환포지션을 조정하기 위한 목적으로도 이루어진다. 예를 들어 외국환은행은 고객과의 외환매매를 통해 매입초과 또는 매도초과 포지션이 발생하는데 매입초과시 은행간시장에서의 외환매도를 통해, 매도초과시 은행간시장에서의 외환매입을 통해 포지션 과부족을 조정함으로써 환리스크를 회피할 수 있다.

Ⅱ. 선물환시장

1. 일반 선물환시장

선물환거래란 계약일로부터 통상 2영업일 경과 후 특정일에 외환의 인수도와 결제가 이루어지는 거래를 말한다. 선물환거래는 현재시점에서 약정한 가격으로 미래시점에 결제하게 되므로 선물환계약을 체결하면 약정된 결제일까지 매매 쌍방의 결제가 이연된다는 점에서 현물환거래와 구별된다.[33]

선물환거래는 일방적인 선물환 매입 또는 매도 거래만 발생하는 Outright Forward거래와 선물환거래가 스왑거래의 일부분으로써 현물환거래와 함께 일어나는 Swap Forward거래로 구분된다. 그리고 Outright Forward거래는 다시 만기시점에 실물의 인수도가 일어나는 일

---

32) 한국은행(2016b), 137-138쪽.
33) 한국은행(2016b), 146-148쪽.

반 선물환거래와 만기시점에 실물의 인수도 없이 차액만을 정산하는 차액결제선물환(NDF: Non-Deliverable Forward)거래로 나눌 수 있다.

한편 우리나라의 경우 은행간시장에서의 일반 선물환거래 규모는 크지 않으며 대신 외은 지점과 국내은행간 자금조달 등을 위한 외환스왑거래가 활발하게 이루어지고 있다. 반면 대고 객시장에서는 수출입기업과 국내 외국환은행간 일반 선물환거래 및 외환스왑거래, 그리고 비 거주자와 국내 외국환은행간의 NDF거래가 활발하게 일어나고 있다.

일반 선물환의 거래과정을 예를 들어 살펴보면 다음과 같다. 2020년 9월 4일(금) A은 행이 B은행으로부터 1백만 달러를 선물환율 1,202원에 1개월 후 매입하기로 하는 계약을 체결하였다고 하자. 이 경우 결제일인 10월 8일(목)에 A은행은 B은행에 12억2백만원(＝1,202 원×1,000,000달러)을 지급하고 B은행은 A은행에 1백만 달러를 지급함으로써 거래가 종결 된다.

이러한 선물환의 거래동기는 환리스크 관리, 금리차익 획득 또는 투기적 목적 등으로 나 누어진다. 먼저 환리스크 관리를 위한 선물환거래는 주로 수출입업체가 경상거래에 따른 환리 스크를 헤지하기 위하여 이용한다.

다음으로 선물환거래는 금리차익(arbitrage) 획득 목적으로도 이용된다. 선물환율과 현물환 율간의 관계를 살펴보면 자본이동이 자유로운 경제에서는 금리평가이론(covered interest rate parity)에 따라 선물환율이 현물환율을 기준으로 양 통화의 금리차에 의해 결정된다. 따라서 스 왑레이트가 양 통화간 금리차와 괴리될 경우 금리차익거래를 통해 환리스크 없이 이익을 획득 할 수 있다.

또한 선물환거래는 투기적 목적으로 이용되기도 한다. 장래 환율에 대한 예측을 바탕으로 환율이 상승할 것으로 예상될 경우에는 선물환 매입계약을 체결한 후 만기시점에 예상대로 환 율이 상승하면 현물환시장에서 더 높은 가격으로 매도함으로써 거래차익을 획득한다. 반대로 환율이 하락할 것으로 예상될 경우에는 선물환 매도계약을 체결한 후 만기시점에 예상대로 환 율이 하락하면 현물환시장에서 더 낮은 가격으로 매입함으로써 거래차익을 얻을 수 있다.

2. 차액결제선물환시장

차액결제선물환(NDF)거래는 만기에 계약원금의 교환없이 약정환율과 만기시 현물환율인 지정환율(fixing rate)간의 차액만큼만 거래당사자 간에 지정통화로 결제하는 거래를 말한다. NDF거래는 차액만 결제하기 때문에 일반 선물환거래에 비해 결제위험이 작고 적은 금액으로 거래가 가능하므로 레버리지 효과가 크다. 아울러 NDF의 결제통화가 주로 미달러화로 이루어 지고 있어 원화와 같이 국제화되지 않은 통화일지라도 비거주자가 해당 통화를 보유하거나 환

전할 필요 없이 자유롭게 선물환거래를 할 수 있다.[34]

원화와 미달러화간 NDF는 1996년 홍콩, 싱가포르 등 역외시장에서 Prebon Yamane사를 비롯한 일부 중개회사를 중심으로 비거주자간에 거래가 시작되었다. 당시 거래규모는 일평균 2억달러 내외로 추정되며 1999년 4월 외환자유화 조치로 국내 외국환은행과 비거주자간의 NDF 거래가 허용된 이후 역외 NDF 거래량은 크게 늘어나고 있다.

한편 NDF의 거래동기도 일반 선물환거래와 마찬가지로 환리스크 관리,[35] 투기적 또는 차익거래 목적으로 나누어 볼 수 있다. 국내 주식·채권 등 원화자산에 투자하는 외국인투자자들은 환율상승에 대비하여 NDF 매입을 함으로써 환리스크를 헤지할 수 있다,

제3절   외화자금시장

Ⅰ. 의의

은행의 외화자금 조달 및 운용은 장기와 단기로 이루어지나, 일반적으로 장기보다는 단기로 차입하지만 일시적으로 자금이 부족할 경우 초단기로 자금을 차입하는 경우가 빈번하다. 1년 미만으로 은행들 사이에 외화자금을 조달·운용하는 시장이 외화자금시장이다.[36] 외화자금시장은 금리를 매개변수로 하여 외환의 대차거래가 이루어지는 시장이다. 대표적인 외화자금시장으로는 스왑(외환스왑 및 통화스왑)시장이 있다. 스왑거래의 경우 외환의 매매 형식을 취하고 있으나 실질적으로는 금리를 매개로 하여 여유통화를 담보로 필요통화를 차입한다는 점에서 대차거래라고 볼 수 있다.[37] 외환스왑거래는 형식적인 면에서는 외환매매거래로 볼 수 있으나, 실질적인 면에서는 두 개의 통화 사이에 자금의 과부족을 조정하는데 활용되는 자금거래이다. 외환스왑은 일정기간 동안 어느 한 통화에 대한 대가로써 다른 통화를 사용하는 것이므로, 거래상대방이 서로 자금을 공여하는 것으로 볼 수 있는 까닭이다.

이와는 별도로 초단기 외화자금을 차입하기 위한 외화콜시장이 있다. 원화콜시장에서와 마찬가지로 외화콜시장에서도 은행들 사이에서 초단기(90일)로 외화의 차입 및 대여가 이루어

---

34) 한국은행(2016b), 152쪽.
35) 국내 주식·채권 등 원화자산에 투자하는 외국인투자자들은 환율상승에 대비하여 NDF 매입을 함으로써 환리스크를 헤지할 수 있다,
36) 서영숙(2013), 14-15쪽.
37) 한국은행(2016b), 156쪽.

진다. 단기거래는 외화자금이 구조적으로 부족하거나 여유를 가지고 있는 은행 간에 주로 이용
되며 자금의 장기 조달·운용이 어려워지는 시기에 단기 대차거래의 규모가 늘어나게 된다.

이 외에도 1년물 이내의 기간물 대차거래가 이루어지는 단기대차시장 등이 외화자금시장
의 범주에 속한다.

따라서 우리나라의 외화자금시장은 은행 간의 단기 외화 과부족 현상을 조정하기 위한 거
래가 이루어지는 시장으로 볼 수 있을 것이다.

은행간 외화예치거래도 넓은 의미에서 외화자금시장으로 볼 수 있으나 런던이나 싱가포르
와 같은 국제금융 중심지와는 달리 우리나라의 경우 외화예치거래가 활발하지 않은 편이다. 여
기서는 스왑시장, 외화콜시장, 단기대차시장을 중심으로 살펴본다.

Ⅱ. 스왑시장

1. 외환스왑시장

외환스왑거래란 거래당사자가 현재의 계약환율에 따라 서로 다른 통화를 교환하고, 일정
기간 후 최초 계약시점에 미리 정한 환율에 따라 원금을 재교환하기로 하는 거래를 말한다. 즉
외환스왑거래는 동일한 거래상대방과 현물환과 선물환/선도(spot-forward swap)거래 또는 만기
가 상이한 선물환/선도와 선물환/선도(forward-forward swap), 현물환과 현물환(spot-spot swap)
을 서로 반대방향으로 동시에 매매하는 거래를 말한다. 외환스왑거래에 있어서 매입·매도는
원일물(far date) 거래를 기준으로 구분하는데 매입거래는 근일물(near date)을 매도/원일물을 매
입하는 sell&buy swap거래를 말하고, 매도거래는 근일물을 매입하고 원일물을 매도하는
buy&sell swap거래를 말한다. 이처럼 외환스왑거래는 거래의 형태에 있어서는 외환매매의 형
식을 취하게 되나, 실제로는 보유 중인 여유통화를 담보로 필요통화를 차입하는 거래이므로 단
기금융시장의 자금대차거래와 유사한 형식의 거래라 할 수 있다.[38]

외환스왑거래 과정을 살펴보면 다음과 같다. 예를 들어 A은행이 B은행과 현물환율 1,200
원, 1개월 선물환율 1,203원 조건으로 1백만 달러를 현물환매도/선물환매입(sell&buy)의 외환스
왑거래를 체결하였다고 가정하자. 거래시점에 A은행은 B은행에 1백만 달러를 지급하는 대가로
12억원(=1,200원×1,000,000달러)을 수취하게 된다. 이후 만기시점에 A은행은 B은행으로부터 1백
만 달러를 돌려 받고 12억3백만원(=1,203원×1,000,000달러)을 상환함으로써 거래가 종결된다. 이
경우 A은행은 단기적으로 부족한 원화유동성을, B은행은 외화유동성을 각각 확보하게 된다.[39]

---

38) 서영숙(2013), 9-10쪽.

39) 한국은행(2016b), 157-158쪽.

외환스왑의 거래동기를 보면 자금조달, 환리스크 관리, 금리차익 획득 및 금리변동을 이용한 투기적 거래 등의 목적으로 나누어 볼 수 있다.

자금조달 목적의 외환스왑거래는 현재 보유하고 있는 통화를 빌려주는 대가로 필요한 통화를 조달함으로써 통화간 자금과부족을 조절하기 위해 일어나는 거래를 말한다. 예를 들면 외화자금에 여유가 있으나 원화자금이 필요한 외국은행 국내지점과 원화자금은 풍부하나 외화자금이 상대적으로 부족한 국내은행간에 일시적인 자금조달수단으로 외환스왑거래가 이용되고 있다. 또한 NDF거래 등 선물환거래에 따른 외국환은행의 외환포지션 조정을 위한 자금조달을 위해서도 이용된다.

다음으로 외화자금의 현금흐름(cash flow)을 일치시키거나 외환거래 결제일을 연장 또는 단축함으로써 환리스크를 관리하기 위한 목적으로 외환스왑거래가 이용된다. 예를 들면 수출자금 유입과 수입대금 유출이 빈번하게 발생하는 기업의 경우 각 거래에 대해 개별적으로 환리스크를 관리하는 것보다 자금의 공급시점 및 수요시점을 예상하여 결제시점의 차이 동안 외환스왑거래를 하면 보다 용이하게 환리스크를 헤지할 수 있다. 또한 당초 예상 결제일보다 자금이 조기 또는 지연 회수될 경우 외환스왑거래를 통해 결제를 연장 또는 단축함으로써 결제일과 현금흐름(cash flow)의 시차문제를 해소할 수도 있다.

이외에 외환스왑거래는 현재의 스왑레이트와 내외금리차 간의 차이를 이용하여 환리스크 없이 초과수익을 얻기 위한 금리차익 획득 목적과 향후의 내외금리차 및 장단기 금리차의 변동을 이용하여 수익을 얻으려는 투기적 목적으로도 활용된다.

2. 통화스왑시장

통화스왑거래란 외환스왑과 마찬가지로 양 거래당사자 간에 서로 다른 통화를 교환하고 일정한 계약기간이 지난 후 원금을 다시 교환하기로 약정하는 거래를 말한다. 통화스왑과 외환스왑은 환매조건부 성격의 매매거래라는 점에서는 서로 유사한 면이 있으나, 이자의 지급방법과 스왑이 진행되는 기간에서 차이가 있다. 외환스왑은 1년 이하의 단기자금 조달 및 환리스크 헤지 수단으로 이용되는데 반하여 통화스왑은 1년 이상의 기간에 대한 환리스크 및 금리 리스크의 헤지 수단으로 활용된다. 외환스왑은 기간 중 해당 통화에 대해 서로 이자를 교환함이 없이 만기시점에 양 통화 사이의 금리 차이가 반영된 환율로 원금을 다시 교환한다. 통화스왑은 계약기간 동안 분기 또는 반기 단위로 발생하는 이자를 서로 교환한다.[40]

통화스왑의 거래과정을 예를 들어 살펴보면 A은행이 B은행과 현물환율 1,200원에 미달러화 1천만 달러를 지급하고 원화를 수취한 후 만기시점에 원금을 재교환하는 통화스왑계약을

---

40) 서영숙(2013), 10-11쪽.

체결하였다고 하자. 거래시점에 A은행은 B은행에 1천만 달러를 지급하는 대가로 원화 120억원(=1,200원×10,000,000달러)을 수취한다. 이후 계약기간 중 원화금리를 지급하고 미달러화 금리를 수취하게 되며 만기시점에 A은행은 B은행으로부터 1천만 달러를 돌려받고 원화 120억원(=1,200원×10,000,000달러)을 상환함으로써 거래가 종결된다.[41]

통화스왑의 거래동기는 장기 자금조달, 환리스크 관리, 금리차익 및 금리변동을 이용한 투기적 거래 등의 목적으로 나누어 볼 수 있다.

자금조달 목적의 거래는 외화자금이 필요한 국내은행과 원화자금이 필요한 외은지점이 장기자금을 조달하기 위해 통화스왑거래를 이용하는 경우를 말한다. 특히 해외로부터 외화장기차입이 어렵거나 조달금리가 상승할 경우 외화장기차입에 대한 대체수단으로서 통화스왑거래를 이용한다.

환리스크 관리 목적의 통화스왑거래는 특정 통화표시 자산이나 부채를 다른 통화표시 자산이나 부채로 전환함으로써 환리스크를 회피하는 것을 말한다. 예를 들어 해외에서 채권을 발행하여 외화자금을 조달한 국내기업의 경우 달러자금을 통화스왑거래를 통해 원화자금으로 교환하여 사용한 후 외화채권 만기시 통화스왑거래에서 상환받은 외화로 외화채무를 상환함으로써 환위험을 헤지할 수 있다.

금리차익 목적의 거래는 통화스왑금리(Libor와 교환되는 원화고정금리)와 원화채권수익률 또는 외화채권수익률이 차이가 날 때 이루어진다. 즉 특정 통화로 자금을 조달하여 통화스왑거래를 통해 다른 통화로 전환한 후 채권에 투자함으로써 차익을 획득하는 경우를 말한다. 예를 들면 외화자금을 조달한 후 통화스왑거래를 이용하여 원화자금으로 전환하는 데 발생하는 비용(통화스왑금리)보다 원화채권의 투자수익률이 높으면 「외화차입 → 통화스왑거래(외화지급 및 원화수취) → 원화채권투자」를 통해 차익(원화채권금리-통화스왑금리)을 실현하게 된다.

한편 투기적 목적의 통화스왑거래는 향후 금리전망에 따라 고정금리와 변동금리를 상호교환하는 것을 의미하는데, 동 거래시 원화금리 상승이 예상되면 원화 고정금리를 지급(달러 변동금리 수취)하고 원화금리 하락이 예상되면 원화 고정금리를 수취(달러 변동금리 지급)함으로써 이익을 볼 수 있다.

---

41) 한국은행(2016b), 163-165쪽.

Ⅲ. 외화콜시장

1. 의의

외화콜이란 은행 간에 외화를 초단기로 대차하는 거래로써 통상 30일 이내의 외화대차거래를 의미한다.[42] 외화콜을 대여하는 것을 외화콜론이라 하며 차입하는 것은 외화콜머니라 부른다. 은행들은 수출입대금 결제, 외화대출 등의 대고객거래와 외환매매, 외화증권 발행·상환 등의 결과 일시적으로 외화자금이 부족하거나 여유자금이 발생할 때 외화콜시장에 참가한다.[43] 원화콜거래와는 달리 외화콜거래는 지준예치금 부족자금을 조달하는 수단으로 이용되기보다는 주로 개별은행의 외화차입여건 및 일시적인 외화자금 사정에 따라 거래규모가 좌우된다고 볼 수 있다.

외화콜의 경우 기일에 관한 법령상의 기준이 별도로 마련되어 있지 않다. 금융감독원과 은행연합회가 공동으로 만든 「외국환계정 해설」 및 「은행회계해설」에는 30일 이내의 외화대차거래를 외화콜로 분류하도록 하고 있다.

2. 거래구조

외화콜거래는 외국환중개회사의 중개에 의한 장내거래와 외국환은행 당사자 간의 직접거래인 장외거래로 구분된다. 장내거래에 관한 기본적인 사항은 외환시장운영협의회에서 제정한 「서울외환시장 행동규범」에 따른다.[44]

장내거래절차는 은행들이 일반적으로 직통전화를 통해 자금차입 또는 자금대여 주문을 내고 외국환중개회사는 이들 가운데 조건이 맞는 거래를 찾아 중개한다. 외화콜거래는 신용콜로 담보가 없다. 장내시장에 참가하는 은행들은 기관별로 콜머니에 대한 신용한도을 설정하여 신용이 낮은 은행의 과도한 콜자금차입이나 일부 은행의 콜자금차입의 독점을 억제한다. 그러나 장외거래는 정형화된 방식이 없으므로 거래라인이 있는 은행 간에 로이터(Reuter)가 제공하는 딜링머신을 이용해 금융기관 간의 거래가 이루어진다. 또한 외화콜금리는 역외거래가 가능하기 때문에 국제금융시장에서 형성되는 초단기 금리 수준과 관계가 있다.

---

42) 원화의 경우 자금중개회사의 업무를 규정하고 있는 자본시장법 시행령 제346조 제2항에 따라 90일 이내의 자금거래를 콜거래로 정의하고 있으나 외화콜의 경우 기일에 관한 법령상의 기준은 없다. 다만 외국환은행의 외화B/S작성기준을 정한 「외국환계정 해설」 및 「은행회계해설」에서 30일 이내의 외화대차거래를 외화콜로 분류하도록 하고 있다.
43) 한국은행(2016b), 170쪽.
44) 서영숙(2013), 16-17쪽.

외화콜거래 기일물의 종류는 Overnight(O/N), Tomorrow Next(T/N), Spot Next(S/N), Week, Month 등이 있으며 Overnight거래가 가장 활발히 이루어지고 있다. 거래통화는 미달러화, 일본 엔화, 유로화 및 영국 파운드화 등[45]이 있다.[46]

Ⅳ. 단기대차시장

외화 단기대차시장이란 3개월 이상 1년 이내의 특정 기간 동안 은행 간에 외화를 대여·차입하는 거래가 이루어지는 시장을 의미한다. 이 거래는 스왑시장, 외화콜시장과 마찬가지로 은행들의 해외 장기차입 및 운용, 대고객거래 등 각종 거래에 따른 외화자금 과부족을 조정하기 위해 발생한다. 하지만 단기대차거래는 스왑거래가 이종통화 또는 금리 간 교환거래를 수반한다는 점에서, 외화콜거래는 만기 3개월 이내의 초단기로 대차거래가 이루어진다는 점에서 그 성격이 구분된다.[47]

외화 단기대차거래와 관련하여 현행 외국환거래법상의 제한[48]은 없으며 은행의 일반적인 외환업무의 하나로서 주로 거래선이 있는 은행 간 로이터(Reuter) 딜링머신 등을 이용해 거래의 향을 전달하고 금리 등 조건을 협의하여 거래 여부를 결정하는 방식으로 이루어진다. 과거에는 은행간거래에 필요한 신용한도 내에서 담보없이 거래하는 신용거래가 대부분이었으나 최근에는 환매조건부채권매매(RP매매)에 의한 대차거래도 많이 일어나고 있다.

외화의 단기차입은 장기차입에 비해 금리가 낮고 만기도래시 차환(roll-over)을 계속할 경우 장기차입과 같은 효과를 거둘 수 있다는 점에서 차주은행 입장에서 선호할 수도 있으나 만기가 짧기 때문에 자금조달원으로서는 다소 불안한 측면이 있다. 즉 국내외에서 신용경색이 발생하거나 우리나라의 국가부도위험(sovereign risk)이 높아져 외국계 금융기관들이 우리나라에 대한 총신용공여(total credit exposure) 규모를 급격히 축소할 경우 국내은행들의 단기 외화차입금 차환이 어려워지고 차입 가산금리가 일시에 급등하여 차입비용이 크게 늘어날 수 있다. 특히 이 같은 상황이 지속되면 전반적인 외화자금시장의 외화유동성 부족으로 이어질 수도 있다.[49]

---

45) 미달러화 이외 통화의 경우 콜거래 규모가 극히 미미하다.

46) 한국은행(2016b), 171쪽.

47) 한국은행(2016b), 173-174쪽.

48) 다만 외국환은행이 비거주자로부터 건당 5천만 달러를 초과하는 상환만기 1년 초과 장기차입(외화증권발행 포함)시에는 기획재정부장관에게 신고하여야 한다(외국환거래규정2-5).

49) 1997년 외환위기 및 2008년 글로벌 금융위기 당시 외국 금융기관들은 우리나라 은행들에 대한 단기 외화대여금을 경쟁적으로 회수하였다. 그 결과 국내은행의 단기차입금 차환비율이 30%대로 급격히 하락하고 가산금리가 200bp를 상회하는 등 사실상 해외차입이 불가능해짐에 따라 외화유동성이 급속히 고갈된 바 있다.

이에 따라 우리나라는 1997년 외환위기, 2008년 글로벌 금융위기 등을 경험하면서 외화자금의 단기조달 및 장기운용에 따른 만기불일치 문제를 해소하기 위해 은행들의 외화유동성커버리지비율(LCR)을 도입 또는 강화하는 한편 은행 자체적으로도 리스크관리 능력을 확충토록 함으로써 은행의 단기 외화조달 및 운용과 관련한 건전성 제고에 각별한 노력을 기울이고 있다.

제
4
장
/

파생상품시장

제1절 서 설

Ⅰ. 의의

파생상품시장이란 장내파생상품의 매매를 위하여 거래소가 개설하는 시장을 말한다(법8의 2④(2)). "파생상품거래"란 한국거래소가 개설한 파생상품시장에서 이루어지는 자본시장법 제5 조 제2항의 장내파생상품의 거래를 말한다(파생상품시장 업무규정2①(1)). 여기서는 파생상품시 장 업무규정("업무규정")에 따라 대표적인 파생상품거래를 살펴본다.

"선물거래"란 파생상품시장 업무규정에서 정하는 기준과 방법에 따라 시장에서 이루어지 는 다음의 어느 하나에 해당하는 파생상품거래를 말한다(업무규정2①(2)).

가. 당사자가 장래의 특정 시점에 특정한 가격으로 기초자산을 수수할 것을 약정하는 매매거래
나. 당사자가 기초자산에 대하여 사전에 약정한 가격이나 이자율, 지표, 단위 및 지수 등의 수 치("수치")와 장래의 특정 시점의 해당 기초자산의 가격이나 수치("최종결제가격")와의 차 이로부터 산출되는 현금을 수수할 것을 약정하는 거래

"옵션거래"란 파생상품시장 업무규정에서 정하는 기준과 방법에 따라 시장에서 이루어지 는 거래로서 당사자 중 한쪽이 다른 쪽의 의사표시에 의하여 다음의 어느 하나에 해당하는 거 래를 성립시킬 수 있는 권리("옵션")를 다른 쪽에게 부여하고, 그 다른 쪽은 그 한쪽에게 대가

를 지급할 것을 약정하는 파생상품거래를 말한다(업무규정2①(3)).

    가. 기초자산의 매매거래
    나. 행사가격과 권리행사일의 기초자산의 가격이나 수치("권리행사결제기준가격")와의 차이로
        부터 산출되는 현금을 수수하는 거래
    다. 제1항 제2호 가목의 선물거래
    라. 제1항 제2호 나목의 선물거래

Ⅱ. 연혁

우리나라 파생상품시장의 역사는 1968년 제도화된 선물환거래로 시작하였고 해외 파생상품시장을 활용한 거래로 이어졌다. 외국환은행의 수출계약 체결자에 대한 선물환거래가 허용된 1968년 이후가 우리나라 장외파생상품시장의 공식적인 시작으로 볼 수 있다. 이후 1974년 해외 거래소를 이용한 상품선물의 거래가 허용되었으며 1999년 외국환거래법의 실수요원칙이 폐지됨에 따라 선물환에 집중되어 있던 파생상품거래가 외환스왑 및 금리스왑 등 통화 및 채권 관련 파생상품의 거래가 급증하였다. 한편 2003년 주가연계증권(ELS)과 파생결합증권(DLS)이 허용됨에 따라 파생결합증권시장이 태동하게 되었으며, 특히 옵션을 소액증권화하여 2005년말 개설된 주식워런트증권(ELW)은 개인, 단타 위주의 시장과열이 사회문제를 야기할 정도로 투자 과열현상이 일어나기도 하였다.[1]

거래소시장을 통한 장내파생상품거래는 KOSPI200 주가지수를 기초자산으로 하는 KOSPI 200 주가지수선물이 1996년 증권거래소에 상장된 이후 1997년 KOSPI200 주가지수옵션이 상장되었다. 이후 1999년 4월 부산에 선물거래를 전담하는 한국선물거래소(KOFEX)가 설립되었다. 한국선물거래소 설립 이후 주가지수 선물 및 옵션은 증권거래소에서 양도성예금증서, 금리선물, 미국달러선물 및 옵션, 국채선물 및 옵션은 한국선물거래소에서 거래되는 이원화된 체계로 운영되다가 2004년 증권거래소에서 운영되던 주가지수 관련 파생상품들이 한국선물거래소로 이관됨에 따라 일원화된 파생상품관리체계를 구축할 수 있게 되었다.[2]

---

1) 주식워런트증권(ELW)는 투기목적의 개인투자자의 단타거래로 인하여 2010년의 경우 일평균 거래규모가 주식시장의 약 30%에 해당하는 1.6조원으로 급격히 증가하였으며, 특히 2010년 10월의 경우 일중 거래규모가 2.1조원에 이를 정도로 과열양상이 전개되었다. 이에 유동성공급자(LP, 증권사)의 호가제출 제한 등 세 차례의 시장안정조치(2010. 10, 2011. 5, 2011. 12) 이후 거래량이 1/10 수준으로 감소(2013년 일평균 거래대금 1,169억원)하게 되었으나 파생상품시장의 투기적 수요에 대한 우려가 제기되는 계기가 되었다.

2) 2004년 한국선물거래소로 장내파상상품의 관리가 일원화됨에 따라 증권거래소(KSE)는 현물거래, 한국선물거래소(KOFEX)는 선물거래의 체계가 형성되었으며 이후 2005년 증권거래소(KSE), 코스닥(KOSDAQ), 한국선물거래소(KOFEX)가 한국거래소(KRX)로 통합됨에 따라 현물과 파생상품의 일원화된 관리체계가

우리나라 파생상품시장은 금융기관을 중심으로 헤지 및 금융상품의 설계와 운용을 위해 발전해온 미국 및 유럽 시장과 달리 시장 초기부터 개인투자자 중심의 투기적 거래수요를 중심으로 성장해옴에 따라 기초자산의 가격변동이나 신용위험 관리수단 제공 등의 파생상품이 순기능적 역할보다 현물시장의 변동성 확대와 투기적 거래로 인한 개인투자자의 손실확대 등의 부정적 기능에 대한 비판이 제기되어 왔다. 이에 정책당국의 파생상품시장에 대한 관리 방향이 파생상품시장의 활성화보다 투자자보호 목적의 규제강화에 초점이 맞추어졌다. 그럼에도 불구하고 투기적 거래의 양상과 증권사들의 수수료 의존적 영업형태가 지속됨에 따라 파생상품시장의 성장과 발전에 한계가 지적되었다.[3]

Ⅲ. 업무규정

파생상품시장에서의 매매에 관하여 다음의 사항은 거래소의 파생상품시장 업무규정으로 정한다(법393②). 파생상품시장에 관하여는 상장규정·공시규정이 없다.

1. 장내파생상품 매매의 수탁에 관한 사항
2. 취급하는 장내파생상품 매매의 유형 및 품목
3. 장내파생상품 매매의 결제월
4. 파생상품시장의 개폐·정지 또는 휴장에 관한 사항
5. 장내파생상품 매매에 관한 계약의 체결 및 제한에 관한 사항
6. 위탁증거금 및 거래증거금에 관한 사항
7. 결제의 방법
8. 그 밖에 장내파생상품 매매 및 그 수탁에 관하여 필요한 사항

Ⅳ. 시장의 구분

파생상품시장은 주식상품시장, 금리상품시장, 통화상품시장, 일반상품시장, 선물스프레드 시장 및 플렉스시장으로 구분한다(업무규정3①). 각 시장은 다음과 같이 구분한다(업무규정3②).

1. 주식상품시장의 경우: 국내지수선물시장, 섹터지수선물시장, 해외지수선물시장, 국내지수옵션시장, 변동성지수선물시장, 국내주식선물시장, 해외주식선물시장, 국내주식옵션시장,

---

정립되었다.
3) 황성수(2014), "우리나라 파생상품 시장의 발전과정과 활성화 방안에 관한 고찰", 경영사학 제29집 제4호 (2014. 12), 28-29쪽.

ETF선물시장 및 ETF옵션시장

2. 금리상품시장의 경우: 국채선물시장

3. 통화상품시장의 경우: 통화선물시장 및 통화옵션시장

4. 일반상품시장의 경우: 금선물시장 및 돈육선물시장

5. 선물스프레드시장의 경우: 국내지수선물스프레드시장, 섹터지수선물스프레드시장, 해외지수선물스프레드시장, 변동성지수선물스프레드시장, 국내주식선물스프레드시장, 해외주식선물스프레드시장, ETF선물스프레드시장, 국채선물스프레드시장, 통화선물스프레드시장, 금선물스프레드시장, 돈육선물스프레드시장 및 국채선물상품간스프레드시장

6. 플렉스시장의 경우: 플렉스선물시장

V. 거래시간

시장의 정규거래시간은 9시부터 15시 45분까지로 한다. 다만 돈육선물시장(돈육선물스프레드시장을 포함)의 경우에는 10시 15분부터 15시 45분까지로 하고, 해외지수선물시장(해외지수선물스프레드시장을 포함) 및 해외주식선물시장(해외주식선물스프레드시장을 포함)의 경우에는 해외파생상품시장(법 제5조에 따른 해외 파생상품시장)의 거래시간, 거래 수요 및 거래의 편의성 등을 고려하여 세칙으로 정하는 시간4)으로 한다(업무규정4①). 그러나 최종거래일이 도래한 종목의 정규거래시간은 최종결제방법, 최종결제가격의 산출방법 등을 고려하여 세칙으로 정한다(업무규정4②).5)

---

4) "세칙으로 정하는 시간"이란 해외지수선물시장(해외지수선물스프레드시장을 포함)의 경우에는 9시부터 15시 45분까지를 말한다(시행세칙3의3①).

5) 최종거래일이 도래한 종목(플렉스선물거래 및 해외지수선물거래의 종목은 제외하고, 선물스프레드거래의 경우에는 선물스프레드를 구성하는 선물거래의 2개 종목 중 최종거래일이 도래한 종목이 있는 종목)의 정규거래시간은 다음의 구분에 따른 시간으로 한다(시행세칙3의3②).
  1. 주식상품시장 및 일반상품시장 중 금선물시장의 경우: 9시부터 15시 20분까지. 다만 코스피200변동성지수선물시장의 경우에는 9시부터 15시 35분까지로 한다.
  2. 금리상품시장 및 통화상품시장의 경우: 9시부터 11시 30분까지. 다만 통화상품시장 중 미국달러옵션시장의 경우에는 9시부터 15시 30분까지로 한다.
  3. 일반상품시장 중 돈육선물시장의 경우: 10시 15분부터 15시 45분까지
  4. 선물스프레드시장의 경우: 제1호부터 제3호까지의 거래시간 중 선물스프레드를 구성하는 선물거래의 종목에 해당하는 거래시간

제2절 주식상품시장

Ⅰ. 주가지수선물시장

1. 주가지수선물시장의 의의와 특징

(1) 의의

주가지수선물이란 "주가지수"를 기초자산으로 하는 선물을 말한다. 여기서 "주가지수"(Stock Price Index)란 주식시장에서 거래되는 여러 기업의 주식으로 구성된 "주식묶음"을 설정하고 이 "주식묶음"의 가치를 평가한 것이라고 할 수 있다. 즉 주가지수선물은 주가지수라는 "주식묶음"을 하나의 가상 주식처럼 생각하고 거래하는 주식선물과 유사하다고 할 수 있다. 주가지수는 필요에 따라 얼마든지 자유롭게 설정가능하며 다양한 지수가 산출·발표되고 있다. 그중 코스피200지수, 코스피200섹터지수, 코스피배당지수, 그리고 코스닥150지수 및 유로스톡스50지수 등 크게 5종류의 지수선물이 상장되어 있다.[6]

(2) 특징

주가지수선물시장은 주가지수를 대상으로 선물거래가 이루어지는 시장이다. 주가지수선물시장은 기초상품이 실물형태가 아닌 주가지수라는 점에서 결제수단과 결제방식이 일반 선물시장과 다르다. 결제수단은 실물의 양수도가 불가능하므로 거래시 약정한 주가지수와 만기일의 실제 주가지수 간의 차이를 현금으로 결제하게 된다. 그러므로 만기시 실제 주가지수가 거래시 약정한 주가지수를 상회할 경우에는 선물 매수인이 이익을 수취하고 반대의 경우에는 선물 매도인이 이익을 수취한다.[7]

거래에 참가하기 위해서는 약정금액의 일부분을 증거금으로 납부해야 하며, 적은 투자자금으로 큰 규모의 거래가 가능한 선물거래의 특성상 결제불이행 위험을 방지하기 위해 일일정산방식(mark to market)이 적용되고 있다.

한편 주가지수선물시장에서는 가격결정이 합리적으로 이루어질 수 있도록 이론가격이 작성·발표된다. 이론가격은 주가지수선물 대신 현물시장에서 실제로 주식을 매입하는 경우를 가정하여 현물가격에 주가지수선물 결제일까지의 자금조달비용과 배당수익을 가감하여 산정된다. 이와 같은 이론가격에 근거하여 투자자들은 선물가격의 고평가 또는 저평가 여부를 판단한다.

---

6) 한국거래소(2017), 「손에 잡히는 파생상품시장」, 스톤비(2017. 10), 66쪽.
7) 한국은행(2018), 「한국의 금융제도」, 한국은행(2018. 12), 367-368쪽.

2. 기초자산

주가지수선물거래의 기초자산은 다음의 구분에 따른 주가지수로 한다(업무규정10).

1. 국내지수선물거래의 경우: 거래소 또는 지수산출전문기관이 주식시장을 대상으로 산출하는 국내주가지수로서 해당 지수의 대표성 및 상품성, 거래 수요 등을 고려하여 세칙으로 정하는 주가지수[8]

2. 삭제<2017. 2. 8>

3. 섹터지수선물거래의 경우: 다음의 요건을 충족하는 섹터지수(주식시장 상장주권을 대상으로 산업군별 또는 유형별로 구분하여 산출한 지수)로서 구성 종목과의 가격상관성 및 거래 수요 등을 고려하여 세칙으로 정하는 주가지수[9]

   가. 거래소 또는 지수산출전문기관이 산출할 것

   나. 시가총액이 10조원 이상일 것

   다. 구성종목이 10종목 이상일 것. 다만 산업의 특수성 등을 고려하여 세칙으로 정하는 경우에는 구성종목이 5종목 이상일 것

4. 해외지수선물거래의 경우: 다음의 요건을 충족하는 해외주가지수로서 해당 지수의 대표성 및 상품성, 거래 수요 및 거래의 편의성 등을 고려하여 세칙으로 정하는 주가지수[10]

   가. 해외파생상품시장에서 거래되는 파생상품의 기초자산일 것

   나. 해외증권시장(자본시장법 시행령 제2조에 따른 해외 증권시장)을 대상으로 산출할 것

   다. 외국거래소(자본시장법 제406조 제1항 제2호에 따른 외국 거래소) 또는 지수산출전문기관이 산출할 것

   라. 해당 지수 또는 해당 지수를 기초자산으로 하는 파생상품 거래에 관한 권한을 가진 자와 그 지수의 사용 또는 그 파생상품의 거래 등에 관하여 제휴 또는 계약을 체결할 것

---

8) "세칙으로 정하는 주가지수"란 다음의 구분에 따른 주가지수를 말한다(시행세칙4의6①).
   1. 코스피200선물거래 및 미니코스피200선물거래의 경우: 코스피200(유가증권시장에 상장된 주권 중 200종목에 대하여 기준일인 1990년 1월 3일의 지수를 100포인트로 하여 거래소가 산출하는 시가 총액방식의 주가지수)
   2. 코스닥150선물거래의 경우: 코스닥150(코스닥시장에 상장된 주권 중 150종목에 대하여 기준일인 2010년 1월 4일의 지수를 1천 포인트로 하여 거래소가 산출하는 시가총액방식의 주가지수)
   3. KRX300선물거래의 경우: KRX300(유가증권시장 및 코스닥시장에 상장된 주권 중 300종목에 대하여 기준일인 2010년 1월 4일의 지수를 1천 포인트로 하여 거래소가 산출하는 시가총액방식의 주가지수)
9) "세칙으로 정하는 주가지수"란 별표 1의3에서 정하는 주가지수를 말한다(시행세칙4의6②).
10) "세칙으로 정하는 주가지수"란 유로스톡스50[유럽 12개 국가의 증권시장에 상장된 주권 중 50종목에 대하여 기준일인 1991년 12월 31일의 지수를 1천 포인트로 하여 지수산출전문기관인 스톡스(STOXX Limited)가 산출하는 시가총액방식의 주가지수]을 말한다(시행세칙4의6③).

3. 결제월

주가지수선물거래의 결제월은 다음 구분에 따른 월로 한다(업무규정11①, 동시행세칙4의7①, 이하 "시행세칙").

1. 코스피200선물거래, 코스닥150선물거래, KRX300선물거래 및 섹터지수선물거래 및 해외지수선물거래의 경우: 3월, 6월, 9월 및 12월("분기월")
2. 미니코스피200선물거래의 경우: 매월

주가지수선물거래의 결제월의 수는 다음 구분에 따른 개수로 한다(업무규정11①, 시행세칙4의7②).

1. 코스피200선물거래, 코스닥150선물거래 및 섹터지수선물거래의 경우: 7개(3월 1개, 9월 1개, 6월 2개, 12월 3개를 말한다. 이하 제5조의3 제2항 제1호 및 제8조의4 제2항에서 같다)
2. 미니코스피200선물거래의 경우: 연속하는 월 중 6개
3. KRX300선물거래의 경우: 분기월 중 4개
4. 해외지수선물거래의 경우: 분기월 중 3개

주가지수선물거래 각 결제월의 거래기간은 다음 구분에 따른 기간으로 한다(업무규정11①, 시행세칙4의7③).

1. 코스피200선물거래, 코스닥150선물거래 및 섹터지수선물거래의 경우: 다음의 구분에 따른 기간
   가. 3월종목 및 9월종목의 경우: 1년
   나. 6월종목의 경우: 2년
   다. 12월종목의 경우: 3년
2. 미니코스피200선물거래의 경우: 6개월
3. KRX300선물거래의 경우: 1년
4. 해외지수선물거래의 경우: 9개월

4. 거래승수 및 호가가격단위

주가지수선물거래의 거래승수는 다음의 구분에 따른 수치로 한다(시행세칙4의8).

1. 코스피200선물거래의 경우: 25만
2. 미니코스피200선물거래 및 KRX300선물거래의 경우: 5만

3. 코스닥150선물거래의 경우: 1만

4. 섹터지수선물거래의 경우: 별표 1의3에서 정하는 수치

5. 해외지수선물거래의 경우: 1만

주가지수선물거래의 호가가격단위는 다음의 구분에 따른 수치로 한다(시행칙4의9).

1. 코스피200선물거래의 경우: 0.05포인트

2. 미니코스피200선물거래의 경우: 0.02포인트

3. 코스닥150선물거래의 경우: 0.10포인트

4. KRX300선물거래 및 섹터지수선물거래의 경우: 0.20포인트. 다만 코스피고배당50선물거래
   및 코스피배당성장50선물거래의 경우에는 0.50포인트로 한다.

5. 해외지수선물거래의 경우: 1포인트

5. 최종결제방법, 최종거래일 및 최종결제일

주가지수선물거래의 최종결제는 최종거래일까지 소멸되지 아니한 미결제약정수량("최종결제수량")에 대하여 최종결제차금(최종거래일의 정산가격과 최종결제가격과의 차이에 최종결제수량 및 거래승수를 곱하여 산출되는 금액)을 수수하는 방법으로 한다(업무규정14①).

주가지수선물거래의 최종거래일은 다음 구분에 따른 날(휴장일인 경우에는 순차적으로 앞당긴다)로 한다(업무규정14②. 시행세칙5①).

1. 제2호 이외의 거래의 경우: 결제월의 두 번째 목요일

2. 해외지수선물거래의 경우: 유렉스 유로스톡스50선물거래의 최종거래일

주가지수선물거래의 최종결제일은 다음 구분에 따른 날로 한다(업무규정14②. 시행세칙5②).

1. 제2호 이외의 거래의 경우: 최종거래일의 다음 거래일

2. 해외지수선물거래의 경우: 최종거래일부터 계산하여 3일째의 거래일

주가지수선물거래의 최종결제가격은 다음의 구분에 따른 가격으로 한다(시행세칙5③).

1. 제2호 이외의 거래의 경우: 최종거래일의 해당 주가지수의 최종 수치. 다만 최종거래일에
   해당 주가지수가 없거나 해당 주가지수를 산출할 수 없는 경우에는 거래소가 다음 거래일
   에 해당 주가지수 구성종목의 최초약정가격[규정 제4조 제4항 제2호에 따른 주식시장의 기
   세를 포함]을 기초로 하여 해당 주가지수의 산출방법에 따라 산출하는 주가지수의 수치
   ("특별최종결제가격")로 한다.

2. 해외지수선물거래의 경우: 유렉스 유로스톡스50선물의 최종결제가격(유렉스가 정하는 기준

과 방법에 따라 산출하는 해당 결제월종목의 최종결제가격)

6. 상장 주가지수선물

(1) 코스피200지수

코스피200지수는 유가증권시장에 상장된 전체 종목 중에서 시장대표성, 업종대표성 및 유동성을 감안하여 선정된 200종목을 구성종목으로 하여 산출한 지수이다. 코스피200지수는 주가지수 선물 및 옵션 거래를 용이하게 하기 위해 개발되었으며, 1990년 1월 3일을 100P(Point)로 하여 1994년 6월 15일부터 산출·발표하고 있다. 코스피200지수는 유가증권시장에 상장된 주식 중 대표적인 주식 200종목을 골라 설정한 주식묶음의 가격이라고 할 수 있다.[11]

(2) 코스피200섹터지수

코스피200섹터지수란 코스피200지수 구성종목 내에서 각 산업군(섹터)별로 대표적인 종목을 골라 묶어 만든 여러 지수를 통칭하는 말이다. 2017년 6월 기준 총 10개의 코스피200섹터지수가 있으며 모든 지수에 대한 선물상품이 상장되어 있다. 예를 들어 코스피200금융, 코스피200정보기술, 코스피200중공업 등이다. 코스피200섹터지수 역시 코스피200지수와 기본적인 산출방식은 유사하지만 1개 종목이 지수구성 종목 전체 시가총액의 25%를 넘지 않도록 함으로써 상대적으로 소수의 종목으로 구성된 섹터지수가 특정 기업주식의 가치변동에 지나치게 의존하지 않도록 하고 있다.

(3) 코스피배당지수

거래소는 유가증권시장 상장종목 중 배당성이 높은 종목을 대상으로 다양한 종류의 코스피배당지수를 산출하고 있다. 이 중 코스피고배당50지수와 코스피배당성장50지수에 대한 선물이 파생상품시장에 상장되어 있다.

(4) 코스닥150지수

코스닥150선물은 코스닥시장의 기술주 섹터에 중점을 두면서 코스닥 종합지수의 흐름을 잘 따라가도록 시장대표성, 섹터대표성, 유동성 등의 기준으로 선정된 150개 종목으로 구성된 코스닥150지수(산출기준시점 2010. 1. 4., 1,000P)를 기초자산으로 하는 선물이다. 코스닥150지수는 코스피200지수와 같이 코스닥시장의 대표지수로 볼 수 있다.

(5) 유로스톡스50지수

유로스톡스50지수는 유로존 주요 12개국(오스트리아, 벨기에, 핀란드, 프랑스, 독일, 그리스, 아일랜드, 이탈리아, 룩셈부르크, 네덜란드, 포르투갈, 스페인)의 50종목을 대상으로 지수산출전문기관인 STOXX가 산출하는 유럽시장의 대표지수이다. 유로스톡스50지수는 국내에서 ELS 기초자산

---

11) 한국거래소(2017), 67-68쪽.

등으로 활용되고 있으며, 유로스톡스50선물은 국내 투자자가 해외 파생상품을 거래할 때 소요되는 높은 거래비용 및 거래환경 열위 등을 개선하기 위해 2016년 6월 상장되었다.

Ⅱ. 주가지수옵션시장

1. 주가지수옵션시장의 의의와 특징

(1) 의의

주가지수옵션시장은 현물시장의 주가지수를 대상으로 미래의 일정시점에 사전에 약정한 가격으로 매입·매도할 수 있는 권리가 거래되는 시장이다. 주가지수옵션시장은 주가 변동위험에 대한 헤지 등 다양한 투자수요를 충족시키기 위해 1983년 3월 미국의 시카고옵션거래소 (CBOE: Chicago Board Options Exchange)에 S&P100지수를 대상으로 최초로 개설되었다. 우리나라에서는 1997년 7월에 코스피200옵션시장이, 2001년 11월에 코스닥50옵션시장이, 2002년 1월에는 개별주식을 기초자산으로 하는 주식옵션시장이 개설되었다.

주가지수옵션은 주가지수("기초자산")를 만기일에 사전에 약정한 가격("행사가격")으로 매입 또는 매도할 수 있는 권리를 나타내는 증서로서 매입권리인 콜옵션(call option)과 매도권리인 풋옵션(put option)으로 구분된다. 옵션거래시 매도자는 매수자에게 옵션을 제공하고 매수자는 그 대가로 프리미엄(옵션가격)을 지급한다.[12]

콜옵션 매수자는 만기일에 기초자산가격(코스피200 종가 등)이 행사가격을 넘어서면 권리를 행사할 유인이 발생하게 된다. 이 경우 손익분기점은 기초자산가격이 행사가격과 프리미엄의 합에 해당하는 금액과 일치할 때이며 기초자산가격이 행사가격과 프리미엄의 합을 초과하는 금액만큼 콜옵션 매수자의 이익이 된다. 풋옵션 매수자는 만기일에 기초자산가격(코스피200 종가 등)이 행사가격보다 낮아야만 권리를 행사할 유인이 발생하며 기초자산가격이 행사가격과 프리미엄을 차감한 금액을 하회하는 만큼 풋옵션 매수자의 이익이 된다.

(2) 특징

주가지수옵션은 주가지수선물과 마찬가지로 실물이 존재하지 않는 주가지수를 거래대상으로 하고 있으나 거래의 목적물이 권리라는 점에서 주가지수선물과 다르다. 또한 주가지수옵션은 주가지수선물과 달리 기초자산가격 변동에 따른 투자자의 손익구조가 비대칭적이다. 옵션매수자는 손실이 프리미엄으로 한정되는 반면 이익은 기초자산가격에 비례하여 증가하고, 역으로 옵션매도자는 이익이 프리미엄에 국한되는 반면 손실은 제한이 없다.

옵션매수자는 계약시 지급한 프리미엄으로 손실이 제한되므로 일일정산방식이 적용되지

---

12) 한국은행(2018), 370-371쪽.

않는 반면 옵션매도자는 상황변화에 따라 손실규모가 달라질 수 있으므로 증거금을 납입하고 일일정산방식에 따라 증거금이 인상될 경우 추가증거금을 납입해야 한다. 한편 주가지수옵션시장에서도 옵션투자와 주식투자의 기대수익이 같다는 전제하에 이론가격이 작성·발표되고 있다.13)

2. 기초자산

주가지수옵션거래의 기초자산은 코스피200, 코스닥150으로 한다(업무규정15, 시행세칙5의2).

3. 결제월 및 행사가격

주가지수옵션거래의 결제월은 매월로 한다(업무규정16, 시행세칙5의3①). 주가지수옵션거래의 결제월의 수는 다음 구분에 따른 개수로 한다(업무규정16, 시행세칙5의3②).

1. 코스피200옵션거래의 경우: 분기월이 아닌 월("비분기월") 중 4개와 분기월 중 7개의 총 11개
2. 미니코스피200옵션거래의 경우: 연속하는 월 중 6개
3. 코스닥150옵션거래의 경우: 비분기월 중 2개와 분기월 중 4개의 총 6개

주가지수옵션거래 각 결제월의 거래기간은 다음과 같다(업무규정16, 시행세칙5의3③).

1. 코스피200옵션거래의 경우: 다음의 구분에 따른 기간
   가. 비분기월종목의 경우: 6개월
   나. 3월종목 및 9월종목의 경우: 1년
   다. 6월종목의 경우: 2년
   라. 12월종목의 경우: 3년
2. 미니코스피200옵션거래의 경우: 6개월
3. 코스닥150옵션거래의 경우: 다음의 구분에 따른 기간
   가. 비분기월종목의 경우: 3개월
   나. 분기월종목의 경우: 1년

주가지수옵션거래의 행사가격은 각 거래개시일에 설정하고, 거래개시일의 다음 거래일 이후에는 행사가격을 추가로 설정할 수 있다(업무규정16③).

---

13) 한국은행(2018), 371쪽.

4. 거래승수 및 호가가격단위

주가지수옵션거래의 거래승수는 다음 구분에 따른 수치로 한다(업무규정19, 시행세칙6의2 ①).

1. 코스피200옵션거래의 경우: 25만
2. 미니코스피200옵션거래의 경우: 5만
3. 코스닥150옵션거래의 경우: 1만

주가지수옵션거래의 호가가격단위는 다음과 같다(업무규정19, 시행세칙6의2②).

1. 코스피200옵션거래의 경우: 다음의 구분에 따른 수치
   가. 호가의 가격이 10포인트 미만인 경우: 0.01포인트
   나. 호가의 가격이 10포인트 이상인 경우: 0.05포인트
2. 미니코스피200옵션거래의 경우: 다음의 구분에 따른 수치
   가. 호가의 가격이 3포인트 미만인 경우: 0.01포인트
   나. 호가의 가격이 3포인트 이상 10포인트 미만인 경우: 0.02포인트
   다. 호가의 가격이 10포인트 이상인 경우: 0.05포인트
3. 코스닥150옵션거래의 경우: 다음의 구분에 따른 수치
   가. 호가의 가격이 50포인트 미만인 경우: 0.1포인트
   나. 호가의 가격이 50포인트 이상인 경우: 0.5포인트

5. 권리행사 결제방법, 최종거래일 및 최종결제일 등

주가지수옵션거래의 권리행사결제는 권리행사수량 및 배정수량("권리행사결제수량")에 대하여 권리행사차금(행사가격과 권리행사결제기준가격과의 차이에 권리행사결제수량 및 거래승수를 곱하여 산출되는 금액)을 수수하는 방법으로 한다(업무규정21①).

주가지수옵션거래의 최종거래일은 다음의 구분에 따른다(시행세칙7①).

1. 결제월거래의 경우: 결제월의 두 번째 목요일(휴장일인 경우에는 순차적으로 앞당긴다)
2. 결제주거래의 경우: 결제월거래의 최종거래일을 제외한 결제주의 목요일(휴장일인 경우에는 순차적으로 앞당긴다)

주가지수옵션거래 권리행사의 유형은 최종거래일에만 권리행사를 할 수 있는 유형으로 하고(시행세칙7②), 권리행사에 대한 결제일("권리행사결제일")은 권리행사일의 다음 거래일로 하며(시행세칙7③), 권리행사결제기준가격은 권리행사일의 해당 주가지수의 최종 수치로 한다. 다만

권리행사일에 해당 주가지수가 없거나 해당 주가지수를 산출할 수 없는 경우에는 특별최종결제가격으로 한다(시행세칙7④).

6. 상장 주가지수옵션

(1) 코스피200옵션

코스피200옵션은 코스피200주가지수를 기초자산으로 하는 옵션이다. 코스피200지수는 특정 주식바스켓의 가격이라고 볼 수 있고 코스피200옵션은 이 코스피200 주식바스켓을 하나의 주식처럼 생각하고 거래하는 주식옵션과 같다고 할 수 있다. 거래소의 코스피200옵션은 1997년 7월에 상장되었다.[14]

(2) 미니코스피200옵션

미니코스피200옵션은 기존 코스피200옵션과 동일하게 한국의 대표 주가지수인 코스피200지수를 기초자산으로 하는 상품이다. 다만 1계약금액이 5분의 1(거래승수 25만 → 5만)로 작아져 소액투자 및 정밀헤지가 가능하다. 미니코스피200옵션은 2015년 7월에 상장되었다.

Ⅲ. 변동성지수선물시장

1. 의의

변동성지수선물이란 변동성지수를 기초자산으로 하는 선물상품이다. 여기서 변동성은 통계학적으로 "평균에서 멀어지는 정도"의 측정치로 기초자산가격이 얼마나 변할 수 있을지 측정하는 척도이다. 좀 더 정확하게 말하면 기초자산가격의 변화율(수익률) 분포의 표준편차가 변동성이 된다. 투자자 측면에서 변동성은 투자에 따른 위험을 나타내기도 한다. 변동성지수는 옵션가격을 이용, 투자자들이 예상하는 지수의 미래 변동성을 측정한 지수로 거래소는 코스피200옵션에 내재되어 있는 코스피200의 지수변동성에 대한 투자자들의 기대치인 V-KOSPI200지수를 산출하여 발표하고 있다. 이 V-KOSPI200지수를 기초자산으로 하는 선물이 코스피200변동성지수선물(V-KOSPI200선물)이다.[15]

2. 기초자산

변동성지수선물거래의 기초자산은 거래소가 산출하는 미래 일정 기간의 변동성을 나타내는 지수로서 코스피200변동성지수(코스피200옵션시장에 상장된 결제월종목 등의 가격을 이용하여 거

---

14) 한국거래소(2017), 68-69쪽.
15) 한국거래소(2017), 99쪽.

래소가 산출하는 미래 일정 기간 코스피200의 변동성을 나타내는 지수)를 말한다(업무규정21의2, 시행세칙7의2).

3. 결제월

변동성지수선물거래의 결제월은 매월로 하고(시행세칙7의3①), 결제월의 수는 연속하는 월 중 6개로 하며(시행세칙7의3②), 각 결제월의 거래기간은 6개월로 한다(시행세칙7의3③).

4. 거래승수 및 호가가격단위

변동성지수선물거래의 거래승수는 25만으로 하고(시행세칙7의4①), 호가가격단위는 0.05포인트로 한다(시행세칙7의4②).

5. 최종결제방법, 최종거래일 및 최종결제일 등

변동성지수선물거래의 최종결제는 최종결제수량에 대하여 최종결제차금을 수수하는 방법으로 하고(업무규정21의5①), 최종거래일은 결제월의 다음 달 코스피200옵션거래(결제주거래는 제외) 최종거래일의 30일 전의 날(휴장일인 경우에는 순차적으로 앞당긴다)로 하며(시행세칙7의5①), 최종결제일은 최종거래일의 다음 거래일로 하고(시행세칙7의5②), 최종결제가격은 최종거래일의 최종 코스피200변동성지수의 수치로 한다(시행세칙7의5③).

Ⅳ. 주식선물시장

1. 의의

주식시장에 상장되어 있는 주식을 기초자산으로 하는 선물을 주식선물 또는 개별주식선물이라고 한다. 모든 개별주식에 대한 선물이 상장되는 것은 아니며, 기초자산이 되는 주식의 거래유동성, 시가총액, 해당기업의 재무상태 등을 감안하여 거래수요가 있는 주식에 대해서만 선물이 상장된다. 2017년 6월말 기준 거래소에는 유가증권시장 주식 113개, 코스닥시장 주식 19개 등 총 132개 기업의 주식에 대한 주식선물이 상장되어 있다.[16]

2. 기초자산

주식선물거래의 기초자산은 다음 구분에 따른 주권("기초주권")으로 한다(업무규정22①).

---

16) 주식선물시장은 개별주식 위험을 관리하고 ELS, ELW 등 주가연계 파생증권의 발행과 관련된 헤지수단을 제공하기 위해 2008년 5월 개설되었다.

1. 기초자산이 국내 주권인 경우: 주식시장에 상장된 보통주식 중에서 유동성, 안정성, 시가총액, 재무상태 등을 감안하여 세칙으로 정하는 주권[17]

2. 기초자산이 해외 주권인 경우: 다음의 요건을 충족하는 해외 주권 중에서 상품성, 거래 수요 및 거래의 편의성 등을 감안하여 세칙으로 정하는 주권

   가. 해외파생상품시장에서 거래되는 파생상품의 기초자산일 것

   나. 해외증권시장에 상장된 해외 주권일 것

   다. 해당 해외 주권을 기초자산으로 하는 파생상품 거래 등에 관한 권한을 가진 자와 그 파생상품의 거래 등에 관하여 제휴 또는 계약을 체결할 것

3. 결제월

주식선물거래의 결제월은 매월로 하고(업무규정24. 시행세칙8의4①), 결제월의 수는 비분기월 중 2개와 분기월 중 7개의 총 9개로 하며(업무규정24. 시행세칙8의4②), 각 결제월의 거래기간은 다음 구분에 따른 기간으로 한다(업무규정24. 시행세칙8의4③).

1. 비분기월종목의 경우: 3개월
2. 3월종목 및 9월종목의 경우: 1년
3. 6월종목의 경우: 2년
4. 12월종목의 경우: 3년

---

17) "세칙으로 정하는 주권"이란 매년 4월의 마지막 날("기초주권 선정기준일")을 기준으로 다음 기준을 모두 충족하는 주권 중에서 시가총액 등을 감안하여 거래소가 별도로 정하여 공표하는 주권("기초주권")을 말한다(시행세칙8①).
   1. 안정성 기준
      가. 주식시장에 상장되어 있을 것. 다만 유가증권시장 업무규정 또는 코스닥시장 업무규정에 따라 대용증권에서 제외되는 종목은 제외한다.
      나. 기초주권 선정기준일이 속하는 월의 직전월부터 소급한 6개월의 일평균 종가(수정주가를 포함)가 액면가액의 150% 이상일 것
      다. 기초주권 선정기준일이 속하는 사업연도의 직전 3개 사업연도 사업보고서상 50% 이상의 자본잠식이 없는 법인이 발행할 것
      라. 기초주권 선정기준일이 속하는 사업연도의 직전 3개 사업연도 감사보고서상 감사의견이 적정인 법인이 발행할 것
      마. 기초주권 선정기준일이 속하는 사업연도의 직전 3개 사업연도 중에 회생절차가 개시되거나 채권금융기관 또는 채권은행의 공동관리·경영관리가 개시된 법인이 아닌 법인이 발행할 것
      바. 직전월부터 소급한 36개월 이내의 기간에 단기과열종목(주식시장에서 단기과열종목으로 지정된 주권 종목)으로 지정된 횟수가 2회 이내인 법인이 발행할 것
   2. 유동성 기준
      가. 유통주식수가 2백만주 이상일 것
      나. 소액출자자(자본시장법 시행령 제120조 제2항에 따른 소액출자자)수가 2천 명 이상일 것
      다. 1년간 주식시장에서의 거래대금이 5천억원 이상일 것

4. 거래승수 및 호가가격단위

주식선물거래의 거래승수는 10으로 한다(업무규정25①, 시행세칙8의5). 그러나 거래소는 배당락, 권리락, 주식분할 또는 주식병합 등("배당락등")으로 기초주권의 가격이 조정되는 경우에는 세칙으로 정하는 바에 따라 거래승수를 조정한다. 다만 기초주권이 1의 정수배로 분할되어 조정하려는 승수가 거래승수의 정수배가 되는 경우, 미결제약정이 없는 결제월종목의 경우, 그 밖에 시장관리상 필요하다고 인정하는 경우에는 거래승수를 조정하지 아니할 수 있다(업무규정25②). 거래승수를 조정하지 아니하는 경우에는 미결제약정의 계약 금액이 유지될 수 있도록 세칙으로 정하는 바에 따라 미결제약정수량을 조정할 수 있다(업무규정25③).

주식선물거래의 호가가격단위는 다음 구분에 따른 가격으로 한다(업무규정25④, 시행세칙10의2).

> 1. 기초주권이 유가증권시장 상장주권인 경우: 다음의 구분에 따른 가격
>   가. 호가의 가격이 1만원 미만인 경우: 10원
>   나. 호가의 가격이 1만원 이상 5만원 미만인 경우: 50원
>   다. 호가의 가격이 5만원 이상 10만원 미만인 경우: 100원
>   라. 호가의 가격이 10만원 이상 50만원 미만인 경우: 500원
>   마. 호가의 가격이 50만원 이상인 경우: 1천원
> 2. 기초주권이 코스닥시장 상장주권인 경우: 다음의 구분에 따른 가격
>   가. 호가의 가격이 1천원 미만인 경우: 1원
>   나. 호가의 가격이 1천원 이상 5천원 미만인 경우: 5원
>   다. 호가의 가격이 5천원 이상 1만원 미만인 경우: 10원
>   라. 호가의 가격이 1만원 이상 5만원 미만인 경우: 50원
>   마. 호가의 가격이 5만원 이상인 경우: 100원

5. 최종결제방법 · 최종거래일 · 최종결제일

주식선물거래의 최종결제는 최종결제수량에 대하여 최종결제차금을 수수하는 방법으로 하고(업무규정27①), 최종거래일은 결제월의 두 번째 목요일(휴장일인 경우에는 순차적으로 앞당긴다)로 하며(시행세칙11①), 최종결제일은 최종거래일의 다음 거래일로 하고(시행세칙11②), 최종결제가격은 최종거래일 기초주권의 종가로 한다. 다만 최종거래일에 종가가 없는 경우에는 최종거래일 기초주권의 기준가격으로 한다(시행세칙11③).

Ⅴ. 주식옵션시장

1. 의의

주식시장에 상장되어 있는 주식을 기초자산으로 하는 옵션을 주식옵션 또는 개별주식옵션이라고 한다. 우리나라에서는 미국 등 다른 나라와 달리 주식선물(2008년)보다 주식옵션이 먼저 상장되었으며, 2002년 1월 33개 기업이 주식을 기초자산으로 하는 옵션이 상장되었다. 주식옵션의 경우에도 주식선물의 경우와 동일하게 기초자산이 되는 주식의 거래 유동성, 시가총액, 해당 기업의 재무상태 등을 감안하고 거래수요가 있는 주식의 옵션만이 상장되며, 2017년 6월 말 기준 28개 유가증권시장 주식과 2개 코스닥시장 주식을 기초자산으로 하는 주식옵션이 상장되어 있다.[18]

2. 기초자산

주식옵션거래의 기초자산은 주식시장에 상장된 보통주식 중에서 유동성, 안정성, 시가총액, 재무상태 등을 감안하여 세칙으로 정하는 기초주권으로 하는데(업무규정28), 기초주권은 기초주권 선정기준일을 기준으로 유동성 기준 및 안정성 기준을 모두 충족하는 주권 중에서 시가총액 등을 감안하여 거래소가 별도로 정하여 공표하는 주권으로 한다(시행세칙13①).

3. 결제월 및 행사가격

주식옵션거래의 결제월은 매월로 하고(시행세칙13의2①), 결제월의 수는 비분기월 중 2개와 분기월 중 4개의 총 6개로 하며(시행세칙13의2②), 각 결제월의 거래기간은 다음 구분에 따른 기간으로 한다(시행세칙13의2③).

1. 비분기월종목의 경우: 3개월
2. 분기월종목의 경우: 1년

주식옵션거래의 행사가격은 각 결제월의 거래개시일에 설정하고, 거래개시일의 다음 거래일 이후에는 행사가격을 추가로 설정할 수 있으며(업무규정30②), 각 결제월의 거래개시일에 설정하는 행사가격의 수는 9개로 한다(시행세칙14①).

---

18) 한국거래소(2017), 98쪽.

4. 거래승수 및 호가가격단위

주식옵션거래의 거래승수는 10으로 한다(시행세칙15의2). 그러나 거래소는 배당락등으로 기초주권의 가격이 조정되는 경우에는 세칙으로 정하는 바에 따라 거래승수를 조정한다(업무규정35② 본문). 거래승수를 조정하는 경우에는 세칙으로 정하는 바에 따라 조정한 거래승수와 구분하여 조정 전 승수를 1계약으로 하는 행사가격의 설정을 한다(업무규정35④).

다만 기초주권이 1의 정수배로 분할되어 조정하려는 승수가 거래승수의 정수배가 되는 경우, 미결제약정이 없는 종목의 경우, 그 밖에 시장관리상 필요하다고 인정하는 경우에는 거래승수를 조정하지 아니할 수 있다(업무규정35② 단서). 거래승수를 조정하지 아니하는 경우에는 미결제약정의 계약 금액이 유지될 수 있도록 세칙으로 정하는 바에 따라 미결제약정수량을 조정할 수 있다(업무규정35③).

주식옵션거래의 호가가격단위는 다음의 구분에 따른 가격으로 한다(시행세칙18의2).

1. 호가의 가격이 1천원 미만인 경우: 10원
2. 호가의 가격이 1천원 이상 2천원 미만인 경우: 20원
3. 호가의 가격이 2천원 이상 5천원 미만인 경우: 50원
4. 호가의 가격이 5천원 이상 1만원 미만인 경우: 100원
5. 호가의 가격이 1만원 이상인 경우: 200원

5. 권리행사결제 · 최종거래일 · 권리행사결제일

주식옵션거래의 권리행사결제는 권리행사결제수량에 대하여 권리행사차금을 수수하는 방법으로 하며(업무규정37①), 최종거래일은 결제월의 두 번째 목요일(휴장일인 경우에는 순차적으로 앞당긴다)로 한다(시행세칙19①). 주식옵션거래 권리행사의 유형은 최종거래일에만 권리행사를 할 수 있는 유형으로 하고(시행세칙19②), 권리행사결제일은 권리행사일의 다음 거래일로 하며(시행세칙19③), 권리행사결제기준가격은 권리행사일 기초주권의 종가로 한다. 다만 권리행사일에 종가가 없는 경우에는 권리행사일 기초주권의 기준가격으로 한다(시행세칙19④).

Ⅵ. ETF선물시장

1. 의의

ETF선물은 주식시장에 상장되어 있는 ETF를 기초자산으로 하는 선물상품으로 현재 거래소에는 투자자 수요가 높고 ETF현물 거래량이 많은 ETF를 기초자산으로 하는 ETF선물 3종목

이 상장되어 있다. 거래소는 2017년 6월 ETF선물을 최초로 상장하였으며, ETF선물의 상장으로 주가지수·개별주식·ETF로 이어지는 주식 관련 파생상품 라인업이 완비되었다.[19]

2. 기초자산

ETF선물거래의 기초자산은 주식시장에 상장된 ETF(유가증권시장 상장규정 제99조 제3호에 따른 상장지수펀드증권) 중에서 유동성, 안정성, 시가총액, 거래수요 등을 감안하여 세칙으로 정하는 ETF로 한다(업무규정37의2). 여기서 "세칙으로 정하는 ETF"란 기초ETF 선정기준일을 기준으로 다음의 기준을 모두 충족하는 ETF 중에서 시가총액 등을 감안하여 별표 1의4에서 정하는 ETF("기초ETF")를 말한다(시행세칙20의2①).

1. 주식시장에 상장되어 있을 것. 다만 유가증권시장 업무규정에 따라 대용증권에서 제외되는 종목은 제외한다.
2. 기초ETF 선정기준일이 속하는 월의 직전월("직전월")부터 소급한 36개월 이내의 기간에 유가증권시장 상장규정 제115조에 따라 관리종목으로 지정된 횟수가 1회 이내일 것
3. 발행좌수가 1백만좌 이상일 것
4. 1년간 주식시장에서의 거래대금이 500억원 이상일 것

제1항에 따른 시가총액은 직전월부터 소급한 12개월의 월평균 시가총액으로 한다. 이 경우 각 월의 시가총액은 각 월의 마지막 거래일의 ETF 종가에 발행좌수를 곱한 금액으로 한다(시행세칙20의2②).

제1항 제4호에 따른 거래대금은 직전월부터 소급한 12개월의 거래대금으로 한다. 이 경우 그 기간 중에 상장된 ETF의 거래대금은 상장일 이후의 거래대금을 12개월의 거래대금으로 환산하여 계산한다(시행세칙20의2③).

3. 결제월

ETF선물거래의 결제월은 분기월로 하고(시행세칙20의3①), 결제월의 수는 4개로 하며(시행세칙20의3②), 각 결제월의 거래기간은 1년으로 한다(시행세칙20의3③).

4. 거래승수 및 호가가격단위

ETF선물거래의 거래승수는 100으로 한다(시행세칙20의4①). 그러나 거래소는 분배락 등으로 ETF의 가격이 조정되는 경우에는 세칙으로 정하는 바에 따라 거래승수를 조정한다. 다만

---

19) 한국거래소(2017), 69쪽.

분배락 등으로 조정하려는 승수가 제1항에 따른 거래승수(=100)의 정수배가 되는 경우, 미결제약정이 없는 종목의 경우, 그 밖에 시장관리상 필요하다고 인정하는 경우에는 거래승수를 조정하지 아니할 수 있다(업무규정37의4②). 거래승수를 조정하지 아니하는 경우에는 미결제약정의 계약 금액이 유지될 수 있도록 세칙으로 정하는 바에 따라 미결제약정수량을 조정할 수 있다(업무규정37의4③). ETF선물거래의 호가가격단위는 5원으로 한다(시행세칙20의4②).

5. 최종결제방법 · 최종거래일 · 최종결제일

ETF선물거래의 최종결제는 최종결제수량에 대하여 최종결제차금을 수수하는 방법으로 한다(업무규정37의5①). ETF선물거래의 최종거래일은 결제월의 두 번째 목요일(휴장일인 경우에는 순차적으로 앞당긴다)로 하고(시행세칙20의5①), 최종결제일은 최종거래일의 다음 거래일로 하며(시행세칙20의5②), 최종결제가격은 최종거래일 기초ETF의 종가로 한다. 다만 최종거래일에 종가가 없는 경우에는 최종거래일 기초ETF의 기준가격으로 한다(시행세칙20의5③).

거래소는 제1항에도 불구하고 기초ETF가 다음에 해당하는 경우에는 최종거래일을 해당 호에서 정하는 날로 변경한다(시행세칙20의5④).

1. 기초ETF가 상장폐지되는 경우로서 상장폐지일의 직전 2거래일 이후에 그 기초ETF에 관한 ETF선물거래의 최종거래일이 도래하는 경우: 기초ETF 상장폐지일의 직전 2거래일
2. 그 밖에 거래소가 시장관리상 필요하다고 인정하는 경우: 거래소가 그 때마다 정하는 날

제3절　금리상품시장(국채선물시장)

Ⅰ. 채권선물의 의의

채권선물은 국고채, 지방채 등의 채권을 기초자산으로 하는 선물상품으로 현재 거래소에는 만기가 3종류인 국채선물(기초자산이 국고채)이 상장되어 있다. 3년국채선물은 선물의 만기일 기준 3년의 잔존기간을 가진 국고채를 대상으로 거래하는 상품이며 5년국채선물과 10년국채선물은 만기일 기준 각 5년, 10년의 잔존기간을 가진 국고채를 대상[20]으로 거래하는 상품을

---

20) 실제로는 매번 선물의 만기일마다 해당 조건을 충족하는 채권이 존재하는 것은 불가능하기 때문에 시장에 존재하는 여러 채권을 가지고 선물상품에 적합한 채권과 동등하도록 합성한 여러 채권 묶음(이른바 "채권바스켓")을 기초자산으로 거래한다.

말한다.[21)]

Ⅱ. 기초자산 및 거래단위

국채선물거래의 기초자산은 국채법 제4조 제1항 제1호의 국고채권 중 일정한 잔존기간별 금리 대표성, 유동성, 거래 수요 등을 감안하여 세칙으로 정하는 국고채권표준물로 한다(업무규정38①). 여기서 "세칙으로 정하는 국고채권표준물"이란 다음 구분에 따른 국고채권표준물을 말한다(시행세칙20의6①).

1. 3년국채선물거래의 경우: 액면 100원, 만기 3년, 표면금리 연 5%, 6개월 단위 이자지급방식의 국고채권표준물
2. 5년국채선물거래의 경우: 액면 100원, 만기 5년, 표면금리 연 5%, 6개월 단위 이자지급방식의 국고채권표준물
3. 10년국채선물거래의 경우: 액면 100원, 만기 10년, 표면금리 연 5%, 6개월 단위 이자지급방식의 국고채권표준물

국채선물거래의 거래단위는 액면 1억원으로 한다(시행세칙20의6②).

Ⅲ. 결제월

국채선물거래의 결제월은 분기월로 하고(시행세칙20의7①), 결제월의 수는 2개로 하며(시행세칙20의7②), 각 결제월의 거래기간은 6개월로 한다(시행세칙20의7③).

Ⅳ. 거래승수, 호가가격단위 및 가격의 표시

국채선물거래의 거래승수는 100만으로 하고(시행세칙20의8①), 호가가격단위는 0.01로 하며(시행세칙20의8②), 가격은 액면 100원당 원화로 표시한다(시행세칙20의8③).

Ⅴ. 최종결제방법, 최종거래 및 최종결제일

국채선물거래의 최종결제는 최종결제수량에 대하여 최종결제차금을 수수하는 방법으로

---

21) 한국거래소(2017), 69쪽.

하고(업무규정42①), 최종거래일은 결제월의 세 번째 화요일(휴장일인 경우에는 순차적으로 앞당긴다)로 하며(시행세칙20의9①), 최종결제일은 최종거래일의 다음 거래일로 한다(시행세칙20의9②).

제4절 통화상품시장

Ⅰ. 통화선물시장

1. 의의

통화선물이란 미래의 일정시점에 인수도할 외국환을 현재시점에서 미리 매수하거나 매도하는 거래(선물거래)를 말한다. 외국환의 종류에 따라 달러선물, 엔선물 등으로 불리는데 거래소에는 미국달러선물, 엔선물, 유로선물, 위안선물이 상장되어 있다.[22]

통화선물거래는 환리스크 관리 목적, 투기적 목적 및 차익거래 목적 등으로 이용된다. 환리스크 관리 목적 거래는 현재 보유 중이거나 또는 앞으로 발생할 현물환포지션과 반대방향으로 통화선물을 매수 또는 매도함으로써 환율변동에 따른 리스크를 회피하는 것을 말한다. 투기적 목적 거래는 환율상승 예상시 통화선물을 매수하고 환율하락 예상시 통화선물을 매도함으로써 시세차익을 추구한다. 그리고 차익거래 목적 거래는 환율의 변동방향과 상관없이 선물가격과 현물가격의 일시적인 불균형을 이용하여 선물환과 현물환 중 상대적으로 저평가된 것을 매수하고 고평가된 것을 매도한 후 현물환율과 선물환율의 차이가 축소된 시점에서 반대거래를 통하여 위험을 부담하지 않고 이익을 실현한다.[23]

2. 기초자산 및 거래단위

통화선물거래의 기초자산은 "외국환거래법 제3조 제1항 제2호의 외국통화"(내국통화 외의 통화) 중 유동성, 국제금융시장의 대표성, 거래 수요 등을 감안하여 세칙으로 정하는 외국통화로 한다(업무규정44①). 여기서 "세칙으로 정하는 외국통화"란 미국달러, 엔, 유로 및 위안을 말한다(시행세칙25의2①). 통화선물거래의 거래단위는 다음 구분에 따른 금액으로 한다(시행세칙25의2②).

---

22) 한국거래소(2017), 70쪽.
23) 한국은행(2016b), 181-182쪽.

1. 미국달러선물거래의 경우: 1만 달러
2. 엔선물거래의 경우: 100만 엔
3. 유로선물거래의 경우: 1만 유로
4. 위안선물거래의 경우: 10만 위안

3. 결제월

통화선물의 결제월은 매월로 하고(시행세칙25의3①), 결제월의 수는 다음 구분에 따른 개수로 한다(시행세칙25의3②).

1. 미국달러선물거래의 경우: 비분기월 중 8개와 분기월 중 12개의 총 20개
2. 엔선물거래, 유로선물거래, 위안선물거래의 경우: 비분기월 중 4개와 분기월 중 4개의 총 8개

통화선물거래 각 결제월의 거래기간은 다음의 구분에 따른 기간으로 한다(시행세칙25의3③).

1. 미국달러선물거래의 경우: 다음의 구분에 따른 기간
   가. 비분기월종목의 경우: 1년
   나. 분기월종목의 경우: 3년
2. 엔선물거래, 유로선물거래, 위안선물거래의 경우: 다음의 구분에 따른 기간
   가. 비분기월종목의 경우: 6개월
   나. 분기월종목의 경우: 1년

4. 거래승수, 호가가격단위 및 가격의 표시

통화선물거래의 거래승수는 다음 구분에 따른 수치로 한다(시행세칙25의4①).

1. 미국달러선물거래, 엔선물거래 및 유로선물거래의 경우: 1만
2. 위안선물거래의 경우: 10만

통화선물거래의 호가가격단위는 0.10으로 한다. 다만 위안선물거래의 경우에는 0.01로 한다(시행세칙25의4②). 통화선물거래의 가격은 다음 구분에 따른 방법으로 표시한다(시행세칙25의4③).

1. 미국달러선물거래의 경우: 1달러당 원화
2. 엔선물거래의 경우: 100엔당 원화
3. 유로선물거래의 경우: 1유로당 원화

4. 위안선물거래의 경우: 1위안당 원화

5. 최종결제방법, 최종거래일 및 최종결제일 등

통화선물거래의 최종결제는 최종결제수량에 대하여 통화와 최종결제대금을 수수하는 방법으로 하고(업무규정48①), 최종거래일은 결제월의 세 번째 월요일(휴장일인 경우에는 순차적으로 앞당긴다)로 하며(시행세칙25의5①), 최종결제일은 최종거래일부터 계산하여 3일째의 거래일로 한다(시행세칙25의5②).

통화선물거래의 최종결제대금은 다음 계산식에 따라 산출한다(시행세칙25의5③).

최종결제가격 × 최종결제수량 × 거래승수

통화선물거래의 최종결제가격은 최종거래일의 정산가격으로 한다(시행세칙25의5④).

6. 인수도내역의 통지

거래소는 최종거래일의 장종료 후 통화선물거래의 최종결제수량 및 통화의 수수액과 최종결제대금등 인수도내역을 결제회원에게 통지한다(시행세칙27①). 결제회원이 거래소로부터 통화선물거래의 인수도내역을 통지받은 경우에는 지체 없이 매매전문회원에게 해당 매매전문회원의 인수도내역을 통지하여야 한다(시행세칙27②).

7. 통화와 결제대금의 수수

통화선물거래의 최종결제에 따른 통화와 최종결제대금의 수수는 다음 구분에 따른 방법으로 한다(시행세칙28①). 통화의 수수는 결제은행에 거래의 결제를 위하여 개설한 계좌를 통하여 통화를 지급 또는 수령하는 방법으로 수행한다(시행세칙28②).

1. 납부할 결제회원은 제109조에 따른 인수도결제시한까지 통화 또는 최종결제대금을 거래소에 납부하고, 거래소는 규정 제105조의2에 따라 수령할 결제회원(자신이 납부할 최종결제 대금 또는 통화의 납부를 완료한 결제회원)에게 통화를 인도하거나 최종결제대금을 지급한다.
2. 지정결제회원과 매매전문회원은 규정 제104조 제3항에 따라 통화와 최종결제대금을 수수하여야 한다.

Ⅱ. 통화옵션시장

1. 의의

미리 정한 환율로 최종거래일에 외국환을 매수 또는 매도할 수 있는 권리를 거래하는 것을 통화옵션이라고 한다. 이때 미리 정한 환율이 옵션의 행사가격이 된다. 미국달러옵션은 1999년 4월 3일 상장되었으며, 우리가 흔히 쓰는 환율표기 방식인 원/$를 가격표시방식으로 사용하고 있다.[24]

2. 기초자산 및 거래단위

통화옵션거래의 기초자산은 "외국환거래법 제3조 제1항 제2호의 외국통화(내국통화 외의 통화) 중 유동성, 국제금융시장의 대표성, 거래 수요 등을 감안하여 세칙으로 정하는 외국통화로 한다(업무규정49①). 여기서 "세칙으로 정하는 외국통화"란 미국달러를 말한다(시행규칙28의2 ①). 통화옵션거래의 거래단위는 1만 미국달러로 한다(시행세칙28의2②).

3. 결제월 및 행사가격

통화옵션거래의 결제월은 매월로 하고(시행세칙28의3①), 결제월의 수는 비분기월 중 2개와 분기월 중 2개의 총 4개로 하며(시행세칙28의3②), 각 결제월의 거래기간은 다음 구분에 따른 기간으로 한다(시행세칙28의3③).

1. 비분기월종목의 경우: 3개월
2. 분기월종목의 경우: 6개월

통화옵션거래의 행사가격은 각 결제월의 거래개시일에 설정하고, 거래개시일의 다음 거래일 이후에는 행사가격을 추가로 설정할 수 있다(업무규정50②). 통화옵션거래 각 결제월의 거래개시일에 설정하는 행사가격의 수는 7개로 한다(시행세칙29①). 통화옵션거래 각 결제월의 거래개시일에는 10원을 행사가격단위로 하여 등가격 및 등가격에 연속하는 상하 각 3개의 행사가격을 설정한다(시행세칙29②). 통화옵션거래 각 결제월의 거래개시일의 다음 거래일 이후에 등가격이 변경되고 등가격보다 높은 행사가격의 수 또는 낮은 행사가격의 수가 3개보다 작은 거래일에는 등가격보다 높은 행사가격의 수 또는 낮은 행사가격의 수가 각각 3개가 되는 때까지 가장 높거나 가장 낮은 행사가격으로부터 10원을 행사가격단위로 하여 행사가격을 추가로 설

---

24) 한국거래소(2017), 99쪽.

정한다(시행세칙29③).

4. 거래승수, 호가가격단위 및 가격의 표시

통화옵션거래의 거래승수는 1만으로 하고(시행세칙29의4①), 호가가격단위는 0.10으로 하며 (시행세칙29의4②), 가격은 원화로 표시한다(시행세칙29의4③).

5. 권리행사 결제방법, 최종거래일 및 최종결제일

통화옵션거래의 권리행사결제는 권리행사결제수량에 대하여 권리행사차금을 수수하는 방법으로 한다(업무규정55①). 통화옵션거래의 최종거래일은 결제월의 세 번째 월요일(휴장일인 경우에는 순차적으로 앞당긴다)로 한다. 다만 결제월의 세 번째 월요일이 서울외국환중개주식회사의 비영업일인 경우에는 최종거래일을 다음 구분에 따른 날로 변경한다(시행세칙29의5①).

1. 해당 종목의 거래개시일 이전부터 비영업일인 경우: 결제월 세 번째 월요일의 전일
2. 해당 종목의 거래개시일 이후에 비영업일로 되는 경우: 결제월 세 번째 월요일의 다음 거래일

통화옵션거래 권리행사의 유형은 최종거래일에만 권리행사를 할 수 있는 유형으로 하며 (시행세칙29의5②), 권리행사결제일은 권리행사일의 다음 거래일로 한다(시행세칙29의5③).

통화옵션거래의 권리행사결제기준가격은 외국환거래규정 제1-2조 제7호 및 「외국환거래업무 취급세칙」 제4-3조에 따라 외국환중개회사의 장이 권리행사일의 다음 날 영업개시 30분 전까지 기획재정부장관 등에게 통보하는 매매기준율로 한다. 다만 다음에 해당하는 경우에는 해당 호에서 정하는 가격을 권리행사결제기준가격으로 한다(시행세칙29의5④).

1. 최종거래일에 본문에 따른 매매기준율이 없는 경우: 권리행사일의 다음 영업일(서울외국환중개주식회사의 영업일)에 서울외국환중개주식회사에서 최초로 공표하는 매매기준율
2. 그 밖에 시장관리상 필요한 경우: 거래소가 그때마다 정하는 가격

제5절 일반상품시장(금선물시장 및 돈육선물시장)

Ⅰ. 의의

미래 일정시점에 거래할 일반상품(원자재, 귀금속, 에너지 상품 등)을 현재 미리 거래하는 계

약으로 거래소에는 축산물품질평가원에서 산출하는 돈육대표가격을 기초자산으로 하는 돈육선물, 순도 99.99%의 금지금을 기초자산으로 하는 금선물이 일반상품선물로 상장되어 있다.[25]

Ⅱ. 기초자산 및 거래단위

일반상품선물거래의 기초자산은 다음 구분에 따른 기초자산으로 한다(업무규정56①).

1. 금선물거래의 경우: 금지금(「KRX금시장 운영규정」에 따른 금지금)
2. 돈육선물거래의 경우: 돈육대표가격(품질평가원이 「돈육 대표가격 관리기준」에 따라 공표하는 일별 대표가격으로서 공표일 직전 2일간 축산물도매시장에서 형성된 돈육도체별 경락가격의 합계액을 도체중량 합계액으로 나누어 산출하는 돈육의 1킬로그램당 평균가격)

일반상품선물거래의 거래단위는 다음 구분에 따른 단위로 한다(시행세칙29의6①).

1. 금선물거래의 경우: 중량 100그램
2. 돈육선물거래의 경우: 중량 1천킬로그램

Ⅲ. 결제월

일반상품선물거래의 결제월은 매월로 하며(시행세칙29의6②), 결제월의 수는 다음 구분에 따른 개수로 한다(시행세칙29의6③).

1. 금선물거래의 경우: 2월·4월·6월·8월·10월·12월("짝수월") 중 6개와 짝수월이 아닌 월("홀수월") 중 1개의 총 7개
2. 돈육선물거래의 경우: 연속하는 월 중 6개

일반상품선물거래 각 결제월의 거래기간은 다음 구분에 따른 기간으로 한다(시행세칙29의6④).

1. 금선물거래의 경우: 다음에서 정하는 기간
   가. 짝수월종목의 경우: 1년
   나. 홀수월종목의 경우: 2개월
2. 돈육선물거래의 경우: 6개월

---

25) 한국거래소(2017), 70쪽.

Ⅳ. 거래승수, 호가가격단위 및 가격의 표시

일반상품선물거래의 거래승수는 다음 구분에 따른 수치로 한다(시행세칙29의7①).

1. 금선물거래의 경우: 100
2. 돈육선물거래의 경우: 1천

일반상품선물거래의 호가가격단위는 다음 구분에 따른 가격으로 한다(시행세칙29의7②).

1. 금선물거래의 경우: 10원
2. 돈육선물거래의 경우: 5원

일반상품선물거래의 가격은 다음 구분에 따른 방법으로 표시한다(시행세칙29의7③).

1. 금선물거래의 경우: 1그램당 원화
2. 돈육선물거래의 경우: 1킬로그램당 원화

Ⅴ. 최종결제방법, 최종거래일 및 최종결제일

일반상품선물거래의 최종결제는 최종결제수량에 대하여 최종결제차금을 수수하는 방법으로 하고(업무규정60①), 최종거래일은 결제월의 세 번째 수요일(휴장일인 경우에는 순차적으로 앞당긴다)로 한다(시행세칙30①). 그러나 돈육선물거래에서 결제월의 세 번째 수요일이 규정 제5조 제1항 제6호에 따른 휴장일인 경우에는 그 휴장일의 다음 거래일을 최종거래일로 변경한다. 다만 규정 제5조 제1항 제6호에 따른 휴장일이 결제월의 세 번째 수요일부터 6일 이상 연속되는 경우에는 6일째의 휴장일로 한다(시행세칙30②). 다만 거래소는 시장관리상 필요하다고 인정하는 경우에는 최종거래일을 변경하지 아니하거나 제2항에서 정하는 날 이외의 날로 최종거래일을 변경할 수 있다(시행세칙30③). 최종거래일을 변경하는 경우에 새로운 결제월의 거래개시일은 변경되는 최종거래일의 다음 거래일로 한다(시행세칙30④).

일반상품선물거래의 최종결제일은 다음 구분에 따른 거래일로 한다(시행세칙32의2①).

1. 금선물거래의 경우: 최종거래일의 다음 거래일
2. 돈육선물거래의 경우: 최종거래일부터 계산하여 3일째의 거래일

제6절 선물스프레드시장

Ⅰ. 의의

"선물스프레드거래"란 다음 구분에 따른 거래를 말한다(업무규정2①(14)).

가. 종목간스프레드거래의 경우: 기초자산 및 거래승수가 같은 선물거래의 2개 종목 중 동일
   한 수량으로 한쪽 종목의 매도와 다른 쪽 종목의 매수를 동시에 성립시키기 위하여 해당
   2개 종목의 가격 차이("선물스프레드")를 기초자산으로 하는 거래

나. 상품간스프레드거래의 경우: 기초자산이 다른 선물거래의 2개 종목 중 한쪽 종목의 매도
   와 다른 쪽 종목의 매수를 동시에 성립시키기 위하여 해당 2개 종목의 선물스프레드를 기
   초자산으로 하는 거래

Ⅱ. 종목간스프레드거래

1. 종목간스프레드거래의 종목

종목간스프레드거래의 종목은 기초자산 및 거래승수가 동일한 선물거래에서 세칙으로 정
하는 2개의 종목 간 선물스프레드별로 구분한다(업무규정62①). 이에 따라 종목간스프레드거래
의 종목은 다음 구분에 따른 종목으로 한다(시행세칙46①).

1. 3년국채선물스프레드거래, 5년국채선물스프레드거래 및 10년국채선물스프레드거래의 경
   우: 최근월종목과 원월종목(규정 제62조 제2항에 따른 원월종목) 간 1개의 종목
2. 해외지수선물스프레드거래의 경우: 최근월종목과 각 원월종목 간 2개의 종목
3. KRX300선물스프레드거래 및 ETF선물스프레드거래의 경우: 최근월종목과 각 원월종목 간 3
   개의 종목
4. 미니코스피200선물스프레드거래, 코스피200변동성지수선물스프레드거래 및 돈육선물스프
   레드거래의 경우: 최근월종목과 각 원월종목 간 5개의 종목
5. 코스피200선물스프레드거래, 코스닥150선물스프레드거래, 섹터지수선물스프레드거래 및 금
   선물스프레드거래의 경우: 최근월종목과 각 원월종목 간 6개의 종목
6. 엔선물스프레드거래, 유로선물스프레드거래 및 위안선물스프레드거래의 경우: 최근월종목
   과 각 원월종목 간 7개의 종목
7. 주식선물스프레드거래의 경우: 최근월종목과 각 원월종목 간 8개의 종목
8. 미국달러선물스프레드거래의 경우: 최근월종목과 각 원월종목 간 19개의 종목

그러나 거래가 개시되지 않은 종목이 있는 종목간스프레드거래의 종목과 주식선물스프레드거래의 종목 중에서 최근월종목과 원월종목 간 거래승수가 다른 종목간스프레드거래의 종목을 제외한다(시행세칙46②).

2. 종목간스프레드거래의 가격

종목간스프레드거래에서 가격은 원월종목(최종거래일이 나중에 도래하는 종목)의 가격에서 근월종목(최종거래일이 먼저 도래하는 종목) 가격을 뺀 가격으로 한다. 다만 금리상품의 경우에는 근월종목의 가격에서 원월종목의 가격을 뺀 가격으로 한다(업무규정62②). 종목간스프레드거래에서 매도는 근월종목의 매수 및 원월종목의 매도를 하는 거래로 한다. 다만 금리상품의 경우에는 근월종목의 매도 및 원월종목의 매수를 하는 거래로 한다(업무규정62③). 종목간스프레드거래에서 매수는 근월종목의 매도 및 원월종목의 매수를 하는 거래로 한다. 다만 금리상품의 경우에는 근월종목의 매수 및 원월종목의 매도를 하는 거래로 한다(업무규정62④).

3. 호가가격단위 및 가격의 표시방법

종목간스프레드거래의 호가가격단위는 선물스프레드를 구성하는 선물거래의 호가가격단위로 한다. 이 경우 주식선물스프레드거래의 호가가격단위는 선물스프레드를 구성하는 선물거래 종목의 기준가격에 해당하는 호가가격단위 중 낮은 가격으로 한다(시행세칙46의2①). 종목간스프레드거래의 가격은 0, 양수 또는 음수로 표시한다(시행세칙46의2②).

4. 종목간스프레드거래의 성립에 따른 의제약정가격

종목간스프레드거래가 성립된 경우에는 해당 체결된 수량과 동일한 수량으로 기초자산 및 거래승수가 동일한 선물거래의 근월종목과 원월종목의 결제월거래가 동시에 세칙으로 정하는 가격을 약정가격으로 하여 체결된 것으로 본다(업무규정63).

종목간스프레드거래의 의제약정가격은 다음 어느 하나에 해당하는 가격으로 한다(시행세칙47①).

1. 최근월종목의 경우: 해당 종목간스프레드거래가 성립되기 이전에 체결된 최근월종목의 직전약정가격
2. 원월종목의 경우: 제1호에 따른 최근월종목의 의제약정가격에 해당 종목간스프레드거래의 약정가격을 더한 가격. 다만 금리상품의 경우에는 최근월종목의 의제약정가격에서 해당 종목간스프레드거래의 약정가격을 뺀 가격으로 한다.

그러나 제1항 제2호의 원월종목의 의제약정가격이 제56조 제1항의 상한가보다 높은 경우에는 상한가를, 제56조 제2항의 하한가보다 낮은 경우에는 하한가를 해당 원월종목의 의제약정가격으로 한다. 이 경우 최근월종목의 의제약정가격은 원월종목의 의제약정가격에서 해당 종목간스프레드거래의 약정가격을 뺀 가격(금리상품의 경우에는 원월종목의 의제약정가격에 해당 종목간스프레드거래의 약정가격을 더한 가격)으로 한다(시행세칙47②).

제1항 제1호를 적용하는 경우 제64조 제1항 제1호부터 제3호까지의 단일가호가에 따라 가장 먼저 성립되는 최근월종목의 약정가격(제64조 제1항 각 호 외의 부분 단서에 따라 성립되는 약정가격은 제외)이 종목간스프레드거래의 약정가격보다 나중에 체결되는 경우에도 해당 최근월종목의 약정가격이 종목간스프레드거래의 약정가격보다 먼저 성립된 것으로 본다(시행세칙47③).

Ⅲ. 상품간스프레드거래

1. 상품간스프레드거래의 종목

상품간스프레드거래의 종목은 기초자산이 다른 선물거래에서 세칙으로 정하는 2개의 종목 간 선물스프레드별로 구분한다(업무규정63의2①). 이에 따라 상품간스프레드거래의 종목은 국채선물상품간스프레드거래로서 3년국채선물과 10년국채선물의 최종거래일이 같은 종목 간 2개의 종목으로 한다(시행세칙47의2①). 그러나 거래가 개시되지 않은 종목이 있는 상품간스프레드거래의 종목은 제외한다(시행세칙47의2②).

2. 상품간스프레드거래의 매수·매도의 구분방법 등

국채선물상품간스프레드거래에서 매수는 3년국채선물 종목 3계약의 매수 및 10년국채선물 종목 1계약의 매도를 하는 거래로 하고, 매도는 3년국채선물 종목 3계약의 매도 및 10년국채선물 종목 1계약의 매수를 하는 거래로 한다(시행세칙47의3①).

국채선물상품간스프레드거래의 가격은 다음의 계산식에 따라 산출되는 가격으로 한다(시행세칙47의3②).

(3년국채선물의 가격 – 3년국채선물의 기준가격) × 3년국채선물 종목 계약수 ÷ 10년국채선물 종목 계약수 – (10년국채선물의 가격 – 10년국채선물의 기준가격)

3. 상품간스프레드거래의 호가가격단위 등

국채선물상품간스프레드거래의 호가가격단위는 0.01로 한다(시행세칙47의4①). 국채선물상품간스프레드거래의 가격은 0, 양수 또는 음수로 표시한다(시행세칙47의4②).

4. 상품간스프레드거래의 성립에 따른 의제약정가격 등

상품간스프레드거래가 성립된 경우에는 제63조의2 제1항에 따른 선물거래가 세칙으로 정하는 약정가격 및 수량으로 동시에 체결된 것으로 본다(업무규정63의3). 이에 따라 국채선물상품간스프레드거래의 의제약정가격은 다음에서 정하는 바에 따른다(시행세칙47의5①).

1. 3년국채선물 종목의 경우: 해당 종목의 기준가격
2. 10년국채선물 종목의 경우: 해당 종목의 기준가격에서 해당 상품간스프레드거래의 약정가격을 뺀 가격

국채선물상품간스프레드거래의 1계약당 의제약정수량은 3년국채선물 종목 3계약 및 10년국채선물 종목 1계약으로 한다(시행세칙47의5②).

제7절 플렉스시장

Ⅰ. 비결제월거래

파생상품시장 업무규정 제9조[26] 제1항에도 불구하고 플렉스선물거래는 매 거래일별로 거래를 구분한다(업무규정64의2①). 파생상품시장 업무규정 제9조 제2항에도 불구하고 플렉스선물거래는 제75조의4(플렉스협의거래)에 따라 특정한 최종거래일 및 최종결제방법으로 하는 플렉스협의거래가 최초로 신청되는 날을 새로운 종목의 거래개시일로 한다(업무규정64의2②). 거래소는 천재·지변, 전시·사변, 시장에서의 화재, 경제사정의 급변 또는 급변이 예상되는 경우, 그 밖에 시장관리상 필요하다고 인정하는 경우에는 플렉스선물거래의 최종거래일을 변경할 수 있다(업무규정64의2③).

---

[26] 파생상품시장 업무규정 제9조(결제월거래) ① 파생상품거래는 결제월의 특정한 거래일을 최종거래일로 하는 거래(이하 "결제월거래"라 한다)로 구분한다.
② 파생상품거래는 최초로 최종거래일이 도래하는 결제월거래의 최종거래일의 다음 거래일을 새로운 결제월거래의 거래개시일로 한다.

Ⅱ. 기초자산, 거래단위 및 거래승수

플렉스선물거래의 기초자산은 미국달러로 한다(시행세칙47의6①). 미국달러플렉스선물거래의 거래단위, 거래승수, 호가가격단위 및 가격의 표시에 관하여는 제25조의2 및 제25조의4의 미국달러선물거래를 준용한다(시행세칙47의6②).

Ⅲ. 최종결제방법·최종거래일·최종결제일

플렉스선물거래의 최종결제는 각 종목별로 다음 방법 중에서 제75조의4에 따라 플렉스협의거래의 당사자 간에 협의된 방법으로 한다(업무규정64의5①).

1. 기초자산을 수수하는 종목의 경우: 최종결제수량에 대하여 기초자산과 최종결제대금을 수수하는 방법
2. 현금을 수수하는 종목의 경우: 최종결제수량에 대하여 최종결제차금을 수수하는 방법

미국달러플렉스선물거래의 최종거래일은 각 종목별로 플렉스협의거래의 신청일부터 미국달러선물거래 제6근월종목의 최종거래일 직전 2거래일까지의 기간 중에서 다음의 날을 제외한 거래일로 한다(시행세칙47의7①).

1. 해당 미국달러플렉스선물거래 종목의 거래가 개시되지 않은 경우에는 플렉스협의거래의 신청일
2. 미국달러선물거래 각 결제월종목의 최종거래일 및 최종거래일 전후 1거래일
3. 그 밖에 시장관리상 필요하다고 거래소가 인정하는 날

미국달러플렉스선물거래의 최종결제일은 다음 구분에 따른 거래일로 한다(시행세칙47의7②).

1. 기초자산을 수수하는 종목의 경우: 최종거래일부터 계산하여 3일째의 거래일
2. 현금을 수수하는 종목의 경우: 최종거래일의 다음 거래일

미국달러플렉스선물거래의 최종결제대금은 다음 계산식에 따라 산출한다(시행세칙47의7③).

최종결제가격 × 최종결제수량 × 거래승수

미국달러플렉스선물거래의 최종결제가격은 최종거래일에 제72조의5에 따른 플렉스협의거래의 신청시간 종료 전 30분간 서울외국환중개주식회사에서 형성된 미국달러 현물환거래의 환

율("현물환율")을 거래량으로 가중평균하여 산출되는 가격(소수점 다섯째자리에서 반올림한다)으로 한다. 다만 다음에 해당하는 경우에는 해당 호에서 정하는 가격으로 한다(시행세칙47의7④).

1. 플렉스협의거래의 신청시간 종료 전 30분간 형성된 현물환율이 5건 미만인 경우: 당일 플렉스협의거래 신청시간 종료 직전에 형성된 현물환율 5건을 거래량으로 가중평균하여 산출되는 가격(소수점 다섯째자리에서 반올림한다)
2. 당일 플렉스협의거래 신청시간 종료 이전에 체결된 현물환율이 5건 미만인 경우: 외국환 거래규정에 따라 다음 날에 지정·고시되는 매매기준율(해당 매매기준율이 없는 경우에는 그 직전일의 매매기준율)

제4항 단서에도 불구하고 플렉스협의거래의 신청시간이 변경되거나 그 밖에 시장관리상 필요한 경우에는 거래소가 그때마다 정하는 가격을 미국달러플렉스선물거래의 최종결제가격으로 할 수 있다(시행세칙47의7⑤).

제 3 편 /

금융시장규제

제
1
장
/

서 설

제1절 의 의

　　금융시장규제는 금융기관 이외에 일반인이 함께 참여하는 증권시장과 장내파생상품시장
과 같은 자본시장의 규제를 중심으로 한다. 자본시장은 다수의 일반투자자가 참여하는 시장이
고 시장의 신뢰가 시장의 존속을 위한 필수적인 요소이다. 이런 관점에서 자본시장법은 시장의
효율성뿐 아니라 공정성을 유지할 수 있도록 하는 법적인 장치로서 정보의 공시(발행시장공시와
유통시장공시)와 불공정거래규제(미공개정보이용행위 금지, 시세조종행위 금지, 부정거래행위 금지, 시
장질서교란행위 규제 등)의 두 축을 중심으로 규율하고 있다. 또한 외국환거래에 대해서는 외국
환거래법이 다양한 규제를 하고 있다.[1] 외국환거래법상의 규제에 관하여는 금융법 강의 제1권
금융행정 편에서 살펴보았다.

　　자본시장 참여자에는 증권을 발행하는 기업, 증권이나 파생상품에 투자하는 투자자, 그리
고 증권의 중개 등을 통하여 시장에 유통시키는 금융투자회사 등이 있으며, 자본시장의 인프라
라고 할 수 있는 회계감사업무를 하는 회계감사인과 신용평가회사 등도 자본시장 참여자로 볼
수 있다. 하지만 여기서는 자본시장을 발행시장과 유통시장으로 구분하여 투자자보호를 위해
자본시장법이 각각의 시장에서 요구하는 공시규제와 불공정거래규제에 한정하여 살펴보기로
한다.

---

1) 박준·한민(2019), 13-14쪽.

제2절 정보공시규제

자본시장법상 발행시장은 기업이 자금조달을 위해 증권을 신규발행하고 투자자들은 투자이익, 경영참여 등 각기 다른 목적 달성을 위해 신규로 발행된 증권에 투자하는 시장을 의미한다. 자금을 조달하는 기업 입장에서는 투자유치를 위해 투자자들에게 기업 및 증권에 대해 긍정적이고 희망적인 정보를 제시할 유인이 있고, 투자자의 입장에서는 투자 결정을 위해 객관적이고 정확한 정보가 제공되기를 바란다. 이러한 양 당사자의 입장 차이에서 비롯되는 정보비대칭을 해소하기 위해 자본시장법은 증권을 신규로 발행하여 자금을 조달하고자 하는 기업으로 하여금 투자자에게 투자판단에 필요한 정보를 신속하고 정확하게 시장에 제공하도록 강제하는 공시규제를 마련하여 운용하고 있다. 공시규제는 발행시장 공시규제, 유통시장 공시규제로 구분할 수 있다.

제3절 불공정거래규제

기업이 자금조달을 하는 방법은 은행 등 여신기관으로부터 대출을 받는 간접금융과 회사채나 주식을 발행하여 투자자로부터 직접 자금을 조달하는 직접금융이 있다. 직접금융은 기업이 자금조달을 하는 수단이기도 하지만 투자자 입장에서는 투자의 기회이기도 하기 때문에 이들을 연결해 주는 자본시장은 투명하게 운영되어야 한다. 자본시장법은 자본시장의 투명성을 위해 발행시장 공시규제와 유통시장 공시규제를 두고 있는데 이것만으로는 부족하다. 즉 시장참여자들이 증권가격을 조작하거나 기업의 중요한 미공개정보를 이용하고 부정한 방법으로 증권사기가 발생하는 경우에는 투자자들이 자본시장을 믿지 못하고 떠나게 될 것이다. 이처럼 기업자금조달의 장인 자본시장이 신뢰를 받지 못하게 하는 불공정거래는 증권범죄로서 반드시 척결되어져야 한다. 자본시장법은 불공정거래를 유형화하여 미공개 중요정보 이용행위 금지, 시세조종행위 금지, 부정거래행위 금지, 시장질서 교란행위 금지로 구별하여 규제하고 있다.

발행시장 공시규제(발행공시)

제1절   기업공시제도 개관

Ⅰ. 서설

1. 기업공시제도의 의의

기업공시제도(Corporate Disclosure)란 기업으로 하여금 투자판단에 필요한 기업내용인 경영실적, 재무상태, 신제품의 개발, 증자 등 주가에 상당한 영향을 줄 수 있는 기업의 중요한 정보를 주주, 종업원, 채권자, 소비자, 거래처, 일반투자자 등 기업의 이해관계자에게 완전히 공시하도록 함으로써 이들이 기업의 실체를 정확히 파악하여 이들 스스로의 자유로운 판단과 책임하에서 투자 내지 행동결정을 하도록 하는 제도를 말한다. 기업공시는 자본시장의 이상이라고 할 수 있는 완전경쟁 상태인 효율적 시장(efficient market)을 위한 핵심요건이며 투자자에 대한 상장법인의 기본적 의무라고 할 수 있다.[1]

2. 기업공시제도의 필요성

자본시장에서 투자자가 투자판단을 함에 있어 가장 중요한 것은 당연히 기업의 경영전략, 재무상태 등을 포함한 기업의 중요정보가 될 것이다. 종래 자본시장의 최대 문제점으로 지적되

---

[1] 성희활(2008), "자본시장과 금융투자업에 관한 법률의 수시공시 규제체계에 관한 고찰", 법과 정책연구 제 8집 제1호(2008. 6), 61쪽.

어왔던 정보의 불균형으로 인해, 개인투자자들은 기관투자자, 특정 애널리스트, 우리나라의 경우는 특히 외국인 투자자들에게 상대적으로 정보면에서 소외되어 왔다. 그리고 기업내용을 공시함에 있어 기업측에서는 소극적이며 기피하는 현상을 보이는 반면에 투자자 입장에서는 적극적으로 정확하고 정직한 기업의 정보공개를 희망함으로 인해, 자본시장을 구성하는 기본적 구성요소인 양자간의 갈등이 발생하여 왔다. 이러한 정보제공의 불균형을 가장 효과적으로 해소할 수 있는 방법이 바로 기업공시제도이다. 또한 기업공시제도는 기업내용공시를 법적으로 규제함으로써 공시로 소요되는 기업측의 정보제공비용과 투자자측의 정보탐색비용을 적절한 선에서 균형점을 찾아주는 기능도 수행하고 있다.[2]

II. 기업공시의 분류

1. 의의

기업공시에 관해서는 주로 자본시장법과 이에 의거한 관련 규정이 구체적으로 규정하고 있으며, 상법에서도 기업내용공시에 관한 기본적인 사항을 규정하고 있다. 따라서 기업공시는 이를 규제하는 근거법에 의해 구분할 때 크게 자본시장법상의 기업내용공시와 상법상의 기업내용공시로 구분할 수 있다. 또한 자본시장법상의 기업내용공시는 증권의 수요공급 과정을 기준으로 하여 발행시장에서의 공시와 유통시장에서의 공시로 나눌 수 있다.

상법상 공시목적은 주로 기존의 주주나 채권자를 보호하기 위한 것임에 반하여, 자본시장법상의 공시목적은 잠재적인 투자자를 포함한 광의의 일반투자자를 보호하는 데 있다.

2. 자본시장법상 기업공시

(1) 발행시장과 기업공시

발행시장에서의 공시는 기본적으로 증권의 모집 또는 매출과 상장법인의 신주발행시 제출하는 증권신고서의 공시와 모집·매출시 투자자들에게 교부하는 투자설명서 및 증권발행실적보고서의 공시가 주된 내용을 이루고 있다. 증권의 발행은 정기적으로 이루어지는 것이 아니기 때문에 발행시마다 기업 전반에 관한 일회성 공시의 형태를 띠게 된다.

특정증권에 대한 정보의 백지상태에서, 당해 증권에 대한 부적절한 선입견을 배제하고 정확한 정보를 제시하기 위해 오직 증권신고서와 투자설명서 등 극히 제한된 매체만 이용하여 공시할 것이 요구된다. 책임에 있어서도 발행인에게 사실상 무과실책임을 부과하는 등 상대적으로 무거운 책임을 부과하는 발행시장공시는 신규로 시장에 집입하는 IPO에 적합한 공시형태

---

2) 이상복(2012), 37쪽.

이다.3)

(2) 유통시장과 기업공시

유통시장에서의 공시는 발행시장에서의 공시와는 달리 증권의 취득 또는 매수를 하고자
한 자뿐만 아니라 매도를 하고자 하는 자도 보호하기 위한 것으로서 회사의 영업실적, 재무내용
및 회사의 주요변동사항 등에 관한 자료가 정기적으로 또는 수시로 제출·공시되어야 한다. 따
라서 유통시장공시는 제출되는 자료·정보의 형태와 공시시기 등에 따라 정기공시, 수시공시로
구분할 수 있다. 정기공시는 사업보고서와 반기·분기보고서에 의해 이루어지고, 수시공시는 상
장법인 내에 수시로 발생하는 중요한 기업내용, 즉 기업의 현재와 미래의 중요정보를 발생 즉시
공시하는 것을 말한다. 또한 상장법인에 관한 풍문이나 신문보도에 대하여 그 사실 여부를 밝히
는 조회공시는 수시공시의 범주에 속한다. 유통시장공시에 대하여는 후술하기로 한다.

제2절 증권발행의 구조와 방법

Ⅰ. 발행시장의 구성요소

1. 발행인

발행인이란 증권을 발행하였거나 발행하고자 하는 자를 말한다(법9⑩ 본문). 즉 발행시장
에서 증권을 발행하여 자금을 조달하는 자로서 주식이나 회사채를 발행하는 주식회사, 국공채
를 발행하는 국가 및 지방자치단체, 특별법에 의하여 설립된 법인(특수법인, 특수은행 등), 국내
에서 증권을 발행하는 외국법인 등이 있다. 다만 증권예탁증권을 발행함에 있어서는 그 기초가
되는 증권을 발행하였거나 발행하고자 하는 자를 말한다(법9⑩ 단서).

2. 인수인

증권의 발행인과 투자자 사이에서 발행주체를 대신하여 증권발행에 따른 사무를 처리하고
증권발행이 원활하게 이루어질 수 있도록 해당 증권의 인수, 매출 등 여러 가지 위험을 부담하
는 기관으로 이러한 책임과 위험을 분산하기 위하여 여러 인수기관이 공동으로 하나의 증권발
행에 참여하는 경우도 있다.

자본시장법상 "인수인"이란 증권을 모집·사모·매출하는 경우 인수를 하는 자를 말한다
(법9⑫). 여기서 "인수"란 제3자에게 증권을 취득시킬 목적으로 다음의 어느 하나에 해당하는

---

3) 성희활(2008), 62쪽.

행위를 하거나 그 행위를 전제로 발행인 또는 매출인을 위하여 증권의 모집·사모·매출을 하는 것을 말한다(법9⑪).

1. 그 증권의 전부 또는 일부를 취득하거나 취득하는 것을 내용으로 하는 계약을 체결하는 것
2. 그 증권의 전부 또는 일부에 대하여 이를 취득하는 자가 없는 때에 그 나머지를 취득하는 것을 내용으로 하는 계약을 체결하는 것

3. 주선인

"주선인"이란 인수(법9⑪) 외에 발행인 또는 매출인을 위하여 해당 증권의 모집·사모·매출을 하거나 그 밖에 직접 또는 간접으로 증권의 모집·사모·매출을 분담하는 자를 말한다(법9⑬).

4. 매출인

"매출인"이란 증권의 소유자로서 스스로 또는 인수인이나 주선인을 통하여 그 증권을 매출하였거나 매출하려는 자를 말한다(법9⑭).

5. 투자자

모집·매출에 응하여 최종적으로 증권을 취득하는 자로서 발행주체 입장에서 보면 자금의 공급자가 되며, 전문투자자와 일반투자자로 구분할 수 있다. "전문투자자"란 금융투자상품에 관한 전문성 구비 여부, 소유자산규모 등에 비추어 투자에 따른 위험감수능력이 있는 투자자로서 국가, 한국은행, 대통령령으로 정하는 금융기관, 주권상장법인 등을 말한다(법9⑤ 본문). "일반투자자"란 전문투자자가 아닌 투자자를 말한다(법9⑥). 전문투자자 중 대통령령으로 정하는 자(영10③)가 일반투자자와 같은 대우를 받겠다는 의사를 금융투자업자에게 서면으로 통지하는 경우 금융투자업자는 정당한 사유가 있는 경우를 제외하고는 이에 동의하여야 하며, 금융투자업자가 동의한 경우에는 해당 투자자는 일반투자자로 본다(법9⑤ 단서).

Ⅱ. 증권발행방법의 구분

1. 증권의 수요자를 구하는 방법에 의한 구분

(1) 공모발행

공모주체가 널리 일반인을 상대(과거 6월간 통산하여 50인 이상을 대상)로 하여 증권을 발행하는 형태로서 자본시장법상 모집·매출이 이에 해당한다. "모집"이란 대통령령으로 정하는 방

법에 따라 산출한 50인 이상의 투자자에게 새로 발행되는 증권의 취득의 청약을 권유하는 것을 말하고(법9⑦), "매출"이란 대통령령으로 정하는 방법에 따라 산출한 50인 이상의 투자자에게 이미 발행된 증권의 매도의 청약을 하거나 매수의 청약을 권유하는 것을 말한다(법9⑨).

(2) 사모발행

일반인을 대상으로 하지 않고 특정한 개인이나 금융기관 등에 증권을 취득하도록 하는 발행방법으로 그 대상이 일반 다수가 아니라는 점에서 비공모발행이라고도 한다. 즉 "사모"란 새로 발행되는 증권의 취득의 청약을 권유하는 것으로서 모집에 해당하지 아니하는 것을 말한다(법9⑧).

2. 위험부담과 사무절차를 담당하는 방법에 의한 구분

(1) 직접공모

직접공모는 증권의 발행인이 자신의 명의로 발행과 관련한 위험 등을 부담하고 제반 발행사무를 직접 담당하면서 증권을 공모하는 방법으로 일반적으로 주주 또는 특정인을 대상으로 하는 증권의 공모방식에 이용된다.

직접공모란 "주권비상장법인(설립 중인 법인을 포함)이 인수인의 인수 없이 지분증권(지분증권과 관련된 증권예탁증권을 포함)의 모집 또는 매출"을 하는 것이다(영125①(2)(바)). 발행인의 신용도가 높은 경우에는 인수인을 통하지 않고 발행인이 모든 위험을 부담하면서 직접공모에 의하여 증권을 발행할 수 있다. 그러나 대부분의 경우 인수인의 공신력에 의하여 공모가 성공할 가능성이 크고, 인수인이 공모차질로 인한 위험을 부담하는 역할로 인하여 간접공모에 따른 비용에도 불구하고 인수인을 통한 간접공모가 주로 이용된다.

직접공모에 관한 신고서를 제출하는 경우에는 금융위원회가 정하여 고시하는 요건을 갖춘 분석기관("증권분석기관")의 평가의견을 기재하여야 한다. 다만 금융위원회가 정하여 고시하는 경우에는 이를 생략할 수 있다(영125①(2)(바)).

(2) 간접공모

발행주체가 인수기관 또는 발행사무 대행기관 등 중개인을 통하여 증권을 발행하는 방법으로 전문적인 지식과 조직을 가진 증권회사 등에 발행사무를 위탁하여 발행하게 된다. 자본시장법 제9조 제11항은 인수의 개념에 관한 규정을 두고 있다. 간접공모시 인수형태는 위험부담 정도에 따라 다음과 같이 구분된다.

(가) 총액인수

총액인수란 인수기관이 공모증권의 전액을 취득하여 이를 매출할 목적으로 자기명의로 인수(매입)함으로써 이에 따른 발행위험을 부담하고 발행사무도 담당하는 방식이다. 이 방식은 미청약 증권이 있는 경우 인수기관이 이를 자기계산으로 취득하여야 하므로 발행위험이 크다. 실무상 인수인이 인수한 증권을 매출하지 못하게 되는 부담과 매출시까지의 가격변동에 따른 위험에도 불구하고 총액인수를 선호하는 것은 증권의 발행과 관련된 위험을 부담하는 대신 수수료가 높기 때문이다.

자본시장법은 "증권을 모집·사모·매출하는 경우 제3자에게 그 증권을 취득시킬 목적으로 그 증권의 전부 또는 일부를 취득하는 것을 내용으로 하는 계약을 체결하는 것"(법9⑪(1))을 총액인수로 정의하고 있다.

(나) 잔액인수

잔액인수는 공모증권의 미청약분을 인수기관이 인수하는 방식이다. 이 방식의 경우 인수기관의 입장에서 어느 정도의 발행위험이 존재하게 된다. 그러나 인수기관은 주선분에 대한 수수료 수입뿐만 아니라 잔액인수분에 대한 매매차익을 얻을 수 있는 장점도 있다.

자본시장법은 "증권을 모집·사모·매출하는 경우 그 증권의 전부 또는 일부에 대하여 이를 취득하는 자가 없는 때에 그 나머지를 취득하는 것을 내용으로 하는 계약을 체결하는 것"(법9⑪(2))을 잔액인수로 정의하고 있다.

(다) 모집·매출의 주선

인수기관이 수수료를 받고 모집·매출을 주선하거나 직접 또는 간접으로 모집·매출을 분담(법9⑬)하는 방식이다. 이 경우 인수기관은 증권의 모집·매출 결과 발생하는 미청약분에 대하여 인수책임을 부담하지 않는다. 주선이란 자기명의로서 타인의 계산으로 법률행위를 하는 것을 말한다. 따라서 명의와 계산이 분리되므로 법적 효과와 경제적 효과가 분리된다.

상법 제46조 제12호는 "영업으로 하는 위탁매매 기타의 주선에 관한 행위"를 기본적 상행위로 규정하는데, 이는 자기의 명의로 타인의 계산으로 거래하는 것을 인수하는 행위로서 간접대리의 인수이다. 상법상 위탁매매인(101조), 운송주선인(114조) 등의 위탁계약이 이에 속한다. 이에 반해 상법 제46조 제10호는 "영업으로 하는 상행위의 대리의 인수"를 기본적 상행위로 규정하는데, 이는 독립된 상인이 다른 일정한 상인을 위하여 계속적으로 상행위를 대리할 것을 인수하는 행위이다.

제3절 증권의 모집 및 매출의 규제

I. 모집 및 매출(공모)의 의의

1. 모집과 매출(공모) 개념의 필요성

증권을 공급하고 자금을 조달하는 방법으로는 소수의 특정인을 대상으로 하는 방법인 사모와 다수의 투자자를 대상으로 하는 방법인 공모로 구분된다. 특정 연고자 등을 대상으로 하는 사모발행의 경우에는 일반적으로 해당 회사의 내용을 개별 청약자 등에게 설명하는 기회를 갖거나, 그 청약자가 회사의 내용을 잘 알고 있기 때문에 별도의 공시절차가 필요하지 않다. 그러나 불특정 다수인을 대상으로 하는 공모발행의 경우에는 증권의 공급자와 취득자 간에 정보의 불균형이 존재하기 때문에 증권을 취득하는 경우에 회사에 대한 합리적인 판단을 하는 것이 어렵다. 따라서 당해 증권의 공모내용과 발행인에 대한 정보를 증권시장의 참여자에게 정확하게 알릴 수 있는 공시절차가 필요하다.

모집과 매출의 개념을 정의하는 이유는 모집·매출행위 중 어느 범위까지를 자본시장법 소정의 모집 및 매출행위로 보아 동법상의 규제대상으로 삼아야 할 것인가를 확정하기 위한 것이다. 만약 어떤 행위가 동법 소정의 모집·매출행위에 해당하지 않는다고 할 경우에는 이러한 행위는 단순한 사모에 불과하여 모집·매출과 관련된 동법상의 각종 규제를 받지 않기 때문이다.

자본시장법은 증권신고서제도를 마련하여 투자자가 신규로 발행되거나 매도될 수 있는 증권의 내용에 대하여 사전에 충분한 정보를 갖고 투자에 대한 판단을 할 수 있도록 하고 있다. 이 경우 증권의 내용에 대해 정보를 갖고 있는 전문가와 연고자는 보호대상이 아니지만, 정보가 부족한 불특정 다수의 일반투자자는 보호대상이 되고 있다.

따라서 자본시장법상 보호대상인 불특정 다수의 일반투자자에 대한 증권의 신규발행 또는 매도행위의 개념과 범위를 정할 필요가 있다. 이를 위하여 마련된 개념이 모집과 매출의 개념이다. 모집 또는 매출에의 해당 여부에 따라 공모와 사모를 구별하는데, 모집 또는 매출에 해당되면 공모이고, 이에 해당하지 않으면 사모이다.

2. 모집과 매출(공모)의 의의

모집은 "대통령령으로 정하는 방법에 따라 산출한 50인 이상의 투자자에게 새로 발행되는 증권의 취득의 청약을 권유하는 것"을 말한다(법9⑦). 모집은 불특정 다수인을 상대로 증권을 발행하여 기업이 자금을 조달하는 행위이다. 그리고 매출은 "대통령령으로 정하는 방법에 따라 산출한 50인 이상의 투자자에게 이미 발행된 증권의 매도의 청약을 하거나 매수의 청약을 권유하는 것"을 말한다(법9⑨). 매출은 이미 발행된 증권의 보유자가 불특정 다수인에게 증권을 매도하여 그 대금을 취득하는 행위이다.

따라서 모집과 매출은 그 대상인 증권이 새로 발행되는 것인가 아니면 기(旣) 발행되어 있는 것인가에 따라 구별된다. 예를 들면 신주를 발행하여 50인 이상의 일반투자자들로 하여금 매수하도록 하는 행위는 증권의 모집이고, 비상장법인의 대주주가 이미 보유하고 있는 주식을 50인 이상의 일반투자자들로 하여금 매수하도록 하는 행위는 증권의 매출에 해당된다.

자본시장법은 모집과 매출에의 해당 여부를 50인 이상인지의 여부로 정하고 있으며, 50인은 청약을 권유받는 자를 기준으로 산정하고 있다. 따라서 실제로 청약을 하는 자가 50인 미만이더라도 권유받는 자가 50인 이상이면 모집 또는 매출에 해당하게 된다.

Ⅱ. 청약의 권유

1. 개념

(1) 의의

모집 또는 매출이 되기 위해서는 해당 증권에 대한 청약의 권유가 있어야 한다. 청약의 권유는 특정인을 위하여 제3자가 계약의 상대방으로 하여금 계약하도록 유인하는 행위이다. 따라서 이는 특정인과 그 상대방간의 계약을 매개하는 청약의 유인행위와 사실상 유사하다.

다만 청약의 권유에 의한 계약의 일반적 성립과정을 보면 먼저 청약의 권유가 있은 뒤 상대방의 청약행위가 있게 되고 청약의 권유자가 이를 승낙함으로써 계약이 성립되는 것임에 비하여 자본시장법상의 모집·매출은 이와는 달리 일방적으로 채무를 부담하겠다는 승낙의 의사표시가 내포된 청약의 권유가 있은 뒤 이 승낙에 대하여 상대방인 투자자가 일방적으로 판단하여 청약함으로써 계약이 성립되는 것이라는 점에 특색이 있다.

그러나 자본시장법 제121조 제1항에서 보는 바와 같이 자본시장법은 상대방의 매수청약 이후 그 매수청약에 대한 발행인측의 승낙이 있는 것을 예정하고 있기 때문에 청약권유의 특색에 대한 위의 견해를 그대로 수용하기에는 다소 문제가 있다.

자본시장법상 "청약의 권유"는 신규로 발행되는 증권의 취득청약의 권유(모집) 또는 이미 발행된 증권의 매도청약이나 매수청약의 권유(매출)를 합한 것을 말한다(영2(2)).

(2) 청약의 권유방법

"청약의 권유"란 권유받는 자에게 증권을 취득하도록 하기 위하여 신문·방송·잡지 등을 통한 광고, 안내문·홍보전단 등 인쇄물의 배포, 투자설명회의 개최, 전자통신 등의 방법(투자광고의 방법 포함)으로 증권 취득청약의 권유 또는 증권 매도청약이나 매수청약의 권유 등 증권을 발행 또는 매도한다는 사실을 알리거나 취득의 절차를 안내하는 활동을 말한다(영2(1) 본문).

따라서 증권을 발행 또는 매도한다는 사실을 알리거나 취득의 절차를 안내하는 모든 활동이 청약의 권유에 해당하므로, 서면·사진·프리젠테이션 등 시각적인 방법, 구두로 설명·대화·전화 등 청각적인 방법 등의 모든 의사전달 수단이 청약의 권유에 해당한다.

(3) 청약의 권유에서 제외되는 경우

자본시장법은 "단순광고"를 청약의 권유 개념에서 제외하고 있다. 왜냐하면 단순광고를 청약의 권유 개념에 포함하는 경우, 자본시장법 제119조 제1항에 따라 단순광고도 증권신고서가 수리된 후에만 가능하다고 보게 되어 발행행위가 위축될 수 있기 때문이다. 따라서 인수인의 명칭과 증권의 발행금액을 포함하지 아니하는 등 금융위원회가 정하여 고시하는 기준[4]에 따라 다음의 사항 중 전부나 일부에 대하여 광고 등의 방법으로 단순히 그 사실을 알리거나 안내하는 경우는 제외한다(영2(2) 단서).

가. 발행인의 명칭
나. 발행 또는 매도하려는 증권의 종류와 발행 또는 매도 예정금액
다. 증권의 발행이나 매도의 일반적인 조건
라. 증권의 발행이나 매출의 예상 일정
마. 그 밖에 투자자 보호를 해칠 염려가 없는 사항으로서 금융위원회가 정하여 고시하는 사항

2. 모집과 매출(공모)의 상대방: 50인의 수 산정기준

(1) 합산대상

모집 또는 매출(공모)의 해당 여부를 판단하는 경우 청약의 권유를 받는 자가 50인 이상인지를 기준으로 판단한다. 이와 관련하여 50인을 산출하는 경우에는 청약의 권유를 하는 날 이전 6개월 이내에 해당 증권과 같은 종류의 증권에 대하여 모집이나 매출에 의하지 아니하고 청약의 권유를 받은 자를 합산한다(영11① 본문).

여기서 50인 이상이라 함은 현실적으로 취득하거나 매수한 자가 50인 이상이어야 한다는

---

4) "금융위원회가 정하여 고시하는 기준"이란 청약의 권유에서 제외되는 단순 사실의 광고 또는 안내 방법으로서 다음에 따라야 한다[증권의 발행 및 공시 등에 관한 규정("증권발행공시규정")1-3].
  1. 인수인의 명칭을 표시하지 않을 것
  2. 증권의 발행금액 및 발행가액을 확정하여 표시하지 않을 것
  3. 증권신고의 대상이 되는 증권의 거래를 위한 청약의 권유는 투자설명서, 예비투자설명서 또는 간이투자설명서에 따른다는 뜻을 명시할 것

의미는 아니므로 50인 이상에 대하여 권유가 행해지기만 하면 현실적으로 취득하거나 매수한 자가 50인 미만이라 하더라도 자본시장법 적용대상으로서의 증권 모집·매출요건을 구비한 것이다. 따라서 청약의 권유를 받은 투자자의 수가 50인 미만에 해당하는 경우에는 공모가 아닌 사모로서 공시규제의 대상이 아니다.

자본시장법이 50인 이상을 대상으로 한 경우를 증권의 모집 및 매출로 정의하고 이에 대한 각종 규제제도를 둔 이유는 50인 미만의 경우에는 실무상 일반적으로 사람들이 당해 증권의 발행회사나 증권의 내용 자체에 대하여 잘 알고 있거나 상호간 정보교류를 통하여 그 내용을 알고 있는 경우가 대부분인 반면, 50인 이상의 경우에는 이러한 발행회사나 증권에 대하여 제대로 알고 있지 못하는 경우가 많기 때문에 이처럼 당해 증권의 투자가치의 판단에 필요한 정보를 입수할 수 없는 자에게 널리 신고제도를 통하여 공시하도록 함으로써 투자자들을 보호하기 위한 것이다.

"청약의 권유를 하는 날"에 관하여는 명문규정이 없으므로, 실제로 청약을 한 날로 보아야 하고, "청약의 권유를 하는 날 이전 6개월 이내"의 의미는 청약의 권유를 하는 날로부터 과거 6개월로 잡고 그 기간 중 같은 종류의 증권에 대하여 공모에 의하지 아니하고 청약의 권유를 받은 투자자의 수를 합산한다.

"모집이나 매출에 의하지 아니하고"의 의미는 증권신고서를 제출하지 아니하고 청약의 권유를 한 경우를 말한다. "청약의 권유를 받은 자"를 합산하는 것이고 실제로 증권을 취득하거나 매수한 투자자를 의미하는 것이 아니다. 따라서 최종적으로 주금을 납입하고 주권을 교부받은 자가 50인 이상이라 하더라도 최초의 청약권유 대상자가 50인 미만이면 "모집"에 해당되지 않는다.

(2) 같은 종류의 증권

"해당 증권과 같은 종류의 증권"의 개념에 관하여는 자본시장법 제4조 제2항이 규정하는 증권의 종류에 따라 판단한다. 자본시장법 제4조 제2항은 채무증권, 지분증권, 수익증권, 투자계약증권, 파생결합증권, 증권예탁증권의 6가지로 규정하면서, 각 증권별 개념에서 다시 개별 증권을 열거하고 있으므로, 열거된 개별 증권의 구분에 따라 "같은 종류의 증권" 여부를 판단하면 된다. 예컨대 채무증권의 경우 국채증권, 지방채증권, 특수채증권, 사채권, 기업어음증권 등으로 열거되어 있으므로 열거된 개별 증권별로 "같은 종류의 증권"으로 보면 된다.[5]

---

5) 그러나 금융감독원의 실무는 ⅰ) 주식과 관련하여 상법상 수종의 주식에 해당하는 경우인 보통주, 우선주, 혼합주를 같은 종류의 증권으로 보지 않고 있다. 이것은 투자자보호 목적상 입법으로 해결할 필요가 있을 것이다. ⅱ) 사채의 경우 자본시장법상 보증유무를 기준으로 종류를 구분하지 않으므로 보증사채와 무보증사채는 같은 종류의 증권으로 판단한다. ⅲ) 파생결합증권의 경우 "주식워런트증권(ELW)", "주가연계증권(ELS)" 및 "기타파생결합증권"은 각각 그 구조·기초자산·특성 등이 다르므로 다른 종류의 증권으로 취

(3) 합산제외대상

자본시장법 시행령은 발행인의 재무상황이나 사업내용 등을 잘 알 수 있는 다음의 전문가와 연고자를 모집 또는 매출과 관련된 50인 산정에서 제외하고 있다(영11① 단서). 전문가와 연고자는 증권시장의 정보에 대한 접근이 가능하고 정보수집능력을 구비한 투자자이므로 공시규제를 통해 보호할 필요가 없기 때문이다. 그러나 증권 발행회사 최대주주의 특수관계인, 발행회사의 직원, 계열회사의 직원은 50인을 산정하는 경우 제외되지 않는다.

1. 전문가
   가. 전문투자자
   나. 삭제 [2016. 6. 28]
   다. 공인회계사법에 따른 회계법인
   라. 신용평가회사(법 제335조의3에 따라 신용평가업인가를 받은 자)
   마. 발행인에게 회계, 자문 등의 용역을 제공하고 있는 공인회계사·감정인·변호사·변리사·세무사 등 공인된 자격증을 가지고 있는 자
   바. 그 밖에 발행인의 재무상황이나 사업내용 등을 잘 알 수 있는 전문가로서 금융위원회가 정하여 고시하는 자[6]

2. 연고자
   가. 발행인의 최대주주와 발행주식 총수의 5% 이상을 소유한 주주
   나. 발행인의 임원(상법 제401조의2 제1항 각 호의 자를 포함) 및 근로복지기본법에 따른 우리사주조합원
   다. 발행인의 계열회사와 그 임원
   라. 발행인이 주권비상장법인(주권을 모집하거나 매출한 실적이 있는 법인은 제외)인 경우에는 그 주주
   마. 외국 법령에 따라 설립된 외국 기업인 발행인이 종업원의 복지증진을 위한 주식매수제도 등에 따라 국내 계열회사의 임직원에게 해당 외국 기업의 주식을 매각하는 경우에는 그 국내 계열회사의 임직원
   바. 발행인이 설립 중인 회사인 경우에는 그 발기인
   사. 그 밖에 발행인의 재무상황이나 사업내용 등을 잘 알 수 있는 연고자로서 금융위원회

급한다. 다만 "기타파생결합증권(DLS)"의 경우에는 기초자산(예를 들면 환율과 이자율)을 달리하더라도 같은 종류의 증권에 해당한다(금융감독원(2010), 「기업공시 실무안내」, 금융감독원(2010. 7), 72쪽).
[6] "금융위원회가 정하여 고시하는 자"란 다음의 어느 하나에 해당하는 자를 말한다(증권발행공시규정2-1②).
 1. 중소기업창업지원법에 따른 중소기업창업투자회사
 2. 그 밖에 제1호 및 영 제11조 제1항 제1호 각 목의 전문가와 유사한 자로서 발행인의 재무내용이나 사업성을 잘 알 수 있는 특별한 전문가라고 금융감독원장이 정하는 자

가 정하여 고시하는 자7)

(4) 코넥스시장 주권상장법인 등의 특례

한국거래소가 중소기업기본법 제2조에 따른 중소기업이 발행한 주권 등을 매매하기 위하여 개설한 증권시장으로서 금융위원회가 정하여 고시하는 증권시장("코넥스시장")에 주권을 상장한 법인(해당 시장에 주권을 상장하려는 법인을 포함)이 발행한 주권 등 또는 장외매매거래(영178①(2))가 이루어지는 지분증권의 경우에는 다음의 어느 하나에 해당하는 자를 합산 대상자에서 제외한다(영11②).

1. 전문투자자
2. 제1항 제1호 다목부터 바목까지의 어느 하나에 해당하는 자
3. 제1항 제2호 각 목의 어느 하나에 해당하는 자
4. 집합투자의 적용이 배제되는 법률(영6①)에 따라 설립되거나 설정된 집합투자기구
5. 그 밖에 중소기업 또는 벤처기업 등에 대한 투자의 전문성 등을 고려하여 금융위원회가 정하여 고시하는 자8)

---

7) "금융위원회가 정하여 고시하는 자"란 다음의 어느 하나에 해당하는 자를 말한다(증권발행공시규정2-1③).
   1. 발행인(설립중인 회사 제외)의 제품을 원재료로 직접 사용하거나 발행인(설립중인 회사 제외)에게 자사 제품을 원재료로 직접 공급하는 회사 및 그 임원
   2. 발행인(설립중인 회사 제외)과 대리점계약 등에 의하여 발행인의 제품 판매를 전업으로 하는 자 및 그 임원
   3. 발행인이 협회 등 단체의 구성원이 언론, 학술 및 연구 등 공공성 또는 공익성이 있는 사업을 영위하기 위하여 공동으로 출자한 회사(설립중인 회사 포함)인 경우 해당 단체의 구성원
   4. 발행인이 지역상공회의소, 지역상인단체, 지역농어민단체 등 특정지역 단체의 구성원이 그 지역의 산업폐기물 처리, 금융·보험서비스 제공, 농수축산물의 생산·가공·판매 등의 공동사업을 영위하기 위하여 공동으로 출자한 회사(설립중인 회사 포함)인 경우 해당 단체의 구성원
   5. 발행인이 동창회, 종친회 등의 단체 구성원이 총의에 의하여 공동의 사업을 영위하기 위하여 공동으로 출자한 회사(설립중인 회사 포함)인 경우 해당 단체의 구성원
   6. 사업보고서 제출대상법인이 아닌 법인("사업보고서 미제출법인")의 주주가 그 사업보고서 미제출법인의 합병, 주식의 포괄적 교환·이전, 분할 및 분할합병의 대가로 다른 사업보고서 미제출법인이 발행한 증권을 받는 경우 그 주주
   7. 기타 제1호부터 제6호까지 및 영 제11조 제1항 제2호 각 목의 연고자와 유사한 자로서 발행인의 재무내용이나 사업성을 잘 알 수 있는 특별한 연고자라고 감독원장이 정하는 자
8) "금융위원회가 정하여 고시하는 자"란 다음의 어느 하나에 해당하는 자를 말한다. 다만 제2호의2 및 제3호에 해당하는 자는 영 제178조 제1항 제2호에 따른 증권시장에 상장되지 아니한 지분증권의 장외매매거래 대상에서 제외한다(증권발행공시규정2-2의3②).
   1. 벤처기업육성에 관한 특별조치법 제13조에 따른 개인투자조합
   2. 벤처기업육성에 관한 특별조치법 제2조의2 제1항 제2호 가목(8)에 해당하는 자
   2의2. 조세특례제한법 제91조의15 제1항에 따른 고위험고수익투자신탁에 해당하는 투자일임재산의 명의자
   2의3. 자본시장법 제249조의15에 따라 금융위원회에 등록한 업무집행사원
   2의4. 벤처기업육성에 관한 특별조치법 제4조의3 제1항 제3호에 따른 상법상 유한회사 또는 유한책임회사

(5) 매출시 합산대상

증권시장에서의 거래에도 매출에 관한 50인의 산정기준을 적용하면 증권시장의 기능을 상실하게 될 것이다. 따라서 매출에 대하여는 증권시장 및 다자간매매체결회사 밖에서 청약의 권유를 받는 자를 기준으로 그 수를 산출한다(영11④).

Ⅲ. 증권의 모집으로 보는 전매가능성 기준

1. 도입취지

증권의 발행 당시에는 청약의 권유를 받는 자의 수가 50인 미만으로서 증권의 모집에 해당되지 않지만 발행일로부터 1년 이내에 50인 이상의 자에게 양도될 수 있는 경우로서 금융위원회가 정하는 전매기준에 해당하는 경우에는 사실상 모집과 동일한 효과를 발생시키므로 이를 전매가능성이 있는 것으로 인정(영11③)하여, 청약권유 대상자의 수가 50인 미만인 경우에도 모집으로 간주하여 동일한 공시의무를 부과함으로써 공시의무를 회피하려는 의도를 차단하고 동 증권의 유통과정에서 합리적인 투자판단의 근거자료를 제공하려는 것이다. 모집에 관하여만 전매가능성을 고려하는 것은 매출에 대해 전매가능성 기준을 적용할 경우 장외에서 이루어지는 대부분의 증권매매가 이에 해당하게 되어 장외시장 자체가 제 기능을 수행할 수 없기 때문이다.

전매제한규정을 두고 있는 것은 소수인을 대상으로 증권을 1차로 발행하고 이를 다시 50인 미만의 다수인에게 전매되게 하는 경우, 또는 50인 미만의 자를 대상으로 수회에 걸쳐 모집하는 경우 등도 모집으로 간주하고자 하는 것이다. 시행령 제11조 제1항이 규정하는 "50인의 수 합산에서 제외되는 대상"만을 대상으로 증권을 발행하는 경우에도 전매가능성 기준에 해당하는 경우에는 모집으로 간주된다.

다만 해당 증권이 법 제165조의10 제2항에 따라 사모의 방법으로 발행할 수 없는 사채(분리형 신주인수권부사채)인 경우에는 그러하지 아니하다(영11③ 단서).

2. 전매가능성의 판단기준

(1) 간주모집의 개념

모집·매출에 관하여 청약의 권유를 받는 자의 수가 50인 미만으로서 증권의 모집에 해당

2의5. 벤처기업육성에 관한 특별조치법 제4조의3 제1항 제4호에 따른 외국투자회사
3. 한국거래소의 코넥스시장 업무규정 제62조에 따른 기본예탁금을 납부한 자
4. 중소기업창업 지원법 제2조 제4호의2에 따른 창업기획자

되지 아니할 경우에도 해당 증권이 발행일부터 1년 이내에 50인 이상의 자에게 양도될 수 있는 경우로서 증권의 종류 및 취득자의 성격 등을 고려하여 금융위원회가 정하여 고시하는 전매기준에 해당하는 경우에는 모집으로 본다(영11③ 본문).

이는 증권의 발행 당시에는 청약의 권유 대상자가 50인 미만으로 사모에 해당하지만, 증권발행 후 1년 이내에 50인 이상의 자에게 양도될 가능성이 있는 경우로서 금융위원회가 정하여 고시하는 전매기준에 해당하는 경우에는 모집으로 간주하는 것이다. 즉 사모발행이라고 하더라도 전매기준에 해당하는 경우에는 사실상 모집과 동일한 효과를 발생하므로 모집으로 간주(간주모집)하여 증권신고서 제출의무를 부과하는 것이다. 간주모집에 대한 증권신고서 제출의무는 공시의무를 피하기 위한 모집행위를 방지하기 위한 것으로서 신규로 증권을 발행하는 경우에만 적용된다.

(2) 전매기준과 전매제한조치

사모로 증권을 신규 발행하는 경우 전매기준에 해당하지 않도록 하기 위해서는 전매제한조치를 취하여야 한다. 증권발행공시규정 제2-2조 제1항과 제2항, 제2-2조의2, 제2-2조의3은 전매기준과 전매제한조치를 규정하고 있다.

[증권의 발행 및 공시 등에 관한 규정]
제2-2조(증권의 모집으로 보는 전매기준) ① 영 제11조 제3항에서 "금융위원회가 정하여 고시하는 전매기준에 해당하는 경우"란 다음의 어느 하나에 해당하는 경우를 말한다.
1. 지분증권(지분증권과 관련된 증권예탁증권을 포함)의 경우에는 같은 종류의 증권이 모집 또는 매출된 실적이 있거나 증권시장(코넥스시장 제외)에 상장된 경우. 이 경우 분할 또는 분할합병(상법 제530조의12에 따른 물적분할의 경우를 제외한다)으로 인하여 설립된 회사가 발행하는 증권은 분할되는 회사가 발행한 증권과 같은 종류의 증권으로 본다.
2. 지분증권이 아닌 경우(기업어음증권 제외)에는 50매 이상으로 발행되거나 발행 후 50매 이상으로 권면분할되어 거래될 수 있는 경우. 다만 전자등록(전자증권법에 따른 전자등록) 또는 등록(은행법에 따른 등록)발행의 경우에는 매수가 아닌 거래단위를 기준으로 적용한다.
3. 전환권, 신주인수권 등 증권에 부여된 권리의 목적이 되는 증권이 제1호 또는 제2호에 해당되는 경우
4. 삭제 <2009. 7. 6>
5. 자본시장법 제4조 제3항에 따른 기업어음증권의 경우에는 다음 각목의 어느 하나에 해당하는 경우
  가. 50매 이상으로 발행되는 경우
  나. 기업어음의 만기가 365일 이상인 경우

　다. 기업어음이 영 제103조에 따른 특정금전신탁에 편입되는 경우

6. 자본시장법 제4조 제7항에 따른 파생결합증권이 영 제103조 제1호에 따른 특정금전신탁에 편입되는 경우

② 제1항에도 불구하고 증권을 발행함에 있어 다음의 어느 하나에 해당하는 경우에는 제1항에 따른 전매기준에 해당되지 않는 것으로 본다.

1. 증권을 발행한 후 지체없이 한국예탁결제원에 전자등록하거나 예탁하고 그 전자등록일 또는 예탁일부터 1년간 해당 증권(증권에 부여된 권리의 행사로 취득하는 증권을 포함)을 인출하거나 매각(매매의 예약 등을 통해 사실상 매각이 이루어지는 경우를 포함)하지 않기로 하는 내용의 계약을 예탁결제원과 체결한 후 그 계약을 이행하는 경우 또는 금융산업구조개선법 제12조 제1항에 따라 정부 또는 예금보험공사가 부실금융기관에 출자하여 취득하는 지분증권에 대하여 취득일부터 1년 이내에 50인 이상의 자에게 전매되지 않도록 필요한 조치를 취하는 경우

2. 제1항 제2호 중 50매 미만으로 발행되는 경우에는 증권의 권면에 발행 후 1년 이내 분할금지특약을 기재하는 경우. 다만 전자등록 또는 등록발행의 경우에는 거래단위를 50단위 미만으로 발행하되 발행 후 1년 이내에는 최초 증권 발행시의 거래단위 이상으로 분할되지 않도록 조치를 취하는 경우를 말한다.

3. 제1항 제3호에 해당되는 경우에는 권리행사금지기간을 발행 후 1년 이상으로 정하는 경우

4. 채무증권(기업어음은 제외)으로서 다음 각 목의 요건을 모두 충족하는 경우

　가. 다음 (1)부터 (5)까지에 해당하는 자("적격기관투자자")가 발행인 또는 인수인으로부터 직접 취득하고, 감독원장이 정하는 바에 따라 적격기관투자자 사이에서만 양도·양수될 것. 단, 제5호의 유동화증권(자산유동화법에서 정하는 방법으로 발행된 채무증권)을 발행하기 위하여 자산유동화전문회사에 양도하는 경우에는 그러하지 아니하다.

　　(1) 영 제10조 제1항 제1호부터 제4호까지의 자(영 제10조 제2항 제11호, 같은 조 제3항 제5호부터 제8호까지에 해당하는 자는 제외)

　　(2) 주권상장법인, 영 제10조 제3항 제12호·제13호 및 같은 항 제16호에 해당하는 자

　　(3) 중소기업진흥에 관한 법률에 따른 중소기업진흥공단

　　(4) 삭제 <2016. 6. 28>

　　(5) (1)부터 (4)까지의 적격기관투자자에 준하는 외국인

　나. 직전 사업연도말 총자산이 2조원 이상인 기업이 발행한 증권이 아닐 것. 다만 제 1-2조 제6항에 따른 원화표시채권 또는 외화표시채권을 발행하는 경우에는 그러하지 아니하다.

5. 유동화증권으로서 다음 각 목의 요건을 모두 충족하는 경우

　가. 제4호 각 목의 요건을 충족하는 채무증권이 유동화자산의 80% 이상일 것

　나. 적격기관투자자가 발행인 또는 인수인으로부터 직접 취득하고, 감독원장이 정하는 바에

따라 적격기관투자자 사이에서만 양도·양수될 것

6. 제1항 제5호 다목 및 제6호의 경우에는 발행인이 특정금전신탁의 위탁자를 합산하여 50인 이상(영 제11조 제1항 제1호 및 제2호에 해당하는 자는 제외)이 될 수 없다는 뜻을 인수계약서와 취득계약서에 기재하고, 발행인 또는 기업어음, 파생결합증권을 인수한 금융투자업자가 그러한 발행조건의 이행을 담보할 수 있는 장치를 마련한 경우

7. 단기사채(전자증권법 제2조 제1호 나목에 따른 권리로서 같은 법 제59조 각 호의 요건을 모두 갖추고 전자등록된 것)로서 만기가 3개월 이내인 경우

8. 근로복지기본법에 따라 우리사주조합원이 우리사주조합을 통해 취득한 주식을 같은 법 제43조에 따른 수탁기관에 전자등록 또는 예탁하고 그 전자등록일 또는 예탁일로부터 1년간 해당 주식(주식에 부여된 권리의 행사로 취득하는 주식을 포함)을 인출하거나 매각하지 않기로 하는 내용의 계약을 수탁기관과 체결한 후 그 계약을 이행하는 경우

9. 온라인소액투자중개를 통해 지분증권을 모집한 발행인이 다음 각목의 요건을 모두 충족하는 경우

　　가. 영 제118조의17 제2항 각 호에 해당하는 자에게 온라인소액투자중개를 통해 모집한 지분증권과 같은 종류의 증권을 발행할 것

　　나. 온라인소액투자중개 이외의 방법으로 같은 종류의 증권을 모집 또는 매출한 실적이 없을 것

　　다. 같은 종류의 증권이 증권시장(코넥스시장 제외)에 상장되어 있지 않을 것

　　라. 온라인소액투자중개를 통해 모집의 방법으로 최근 발행된 지분증권에 대하여 법 제117조의10 제7항에 따른 매도 또는 양도가 제한되는 기간("제한기간")이 경과하지 않은 때에는, 해당 증권을 지체 없이 예탁결제원에 전자등록하거나 예탁하고 제한기간의 종료일까지 인출하거나 매각하지 않기로 하는 내용의 계약을 예탁결제원과 체결한 후 그 계약을 이행할 것

제2-2조의2(해외증권 발행시 증권의 모집으로 보는 전매기준) ① 제2-2조에도 불구하고 해외에서 증권을 발행하는 경우(청약의 권유, 청약 등 발행과 관련한 주요 행위가 해외에서 이루어지는 경우를 말한다) 해당 증권, 해당 증권에 부여된 권리 또는 그 권리의 행사에 따라 발행되는 증권 등(이하 이 조에서 "해당 증권 등"이라 한다)을 외국환거래법에 따른 거주자(증권의 발행과 관련한 인수계약에 따라 해당 증권을 취득하는 금융투자업자를 제외한다. 이하 이 조에서 같다)가 해당 증권의 발행 당시 취득 가능하거나 또는 발행일부터 1년 이내에 취득 가능한 조건으로 발행하는 경우(외국법인등에 관하여는 다음의 어느 하나에 해당하는 외국법인등이 해외에서 증권을 발행하는 경우에 한한다)에는 영 제11조 제3항에서 "금융위원회가 정하여 고시하는 전매기준에 해당하는 경우"로 본다.

1. 외국법인등이 국내에 증권을 상장한 경우

2. 최근 사업연도 말을 기준으로 외국법인등이 발행한 지분증권 발행주식총수의 20% 이상을

거주자가 보유하고 있는 경우

② 제1항에도 불구하고 다음의 어느 하나에 해당하는 경우에는 제1항에 따른 전매기준에 해당되지 않는 것으로 본다.

1. 발행당시 또는 발행일부터 1년 이내에 해당 증권등을 거주자에게 양도할 수 없다는 뜻을 해당 증권의 권면(실물발행의 경우에 한한다), 인수계약서, 취득계약서 및 청약권유문서에 기재하고, 발행인 또는 인수한 금융투자업자가 취득자로부터 그러한 발행조건을 확인·서명한 동의서를 징구하고, 해당 동의서의 이행을 담보할 수 있는 장치를 강구한 후 발행하는 경우

2. 발행 후 지체없이 발행지의 공인 예탁결제기관에 예탁하고 그 예탁일부터 1년 이내에는 이를 인출하지 못하며 거주자에게 해당 증권등을 양도하지 않는다는 내용의 예탁계약을 체결한 후 그 예탁계약을 이행하는 경우

3. 전환사채권·신주인수권부사채권·교환사채권이 아닌 사채권으로서 제2-2조 제2항 제4호(나목은 제외)에 따라 적격기관투자자가 취득(발행시점에서 발행인 또는 인수인으로부터 취득하는 것을 포함)하고 적격기관투자자 사이에서만 양도·양수되는 경우로서 다음 각목의 요건을 모두 충족하는 경우

   가. 외국통화로 표시하여 발행하고 외국통화로 원리금을 지급할 것

   나. 발행금액의 80% 이상을 거주자 외의 자에게 배정할 것(발행시점에서 발행인 또는 인수인으로부터 취득하는 것에 한한다)

   다. 사채권이 감독원장이 정하는 해외주요시장에 상장되거나 해외주요시장 소재지국의 외국금융투자감독기관에 등록 또는 신고, 그 밖에 모집으로 볼 수 있는 절차를 거친 것

   라. 발행당시 또는 발행일부터 1년 이내에 적격기관투자자가 아닌 거주자에게 해당 사채권을 양도할 수 없다는 뜻을 해당 사채권의 권면(실물발행의 경우에 한한다), 인수계약서, 취득계약서 및 청약권유문서에 기재하는 조치를 취할 것

   마. 발행인과 주관회사(주관회사가 있는 경우에 한한다. 이하 이 목에서 같다)가 가목부터 라목까지의 조치를 취하고 관련 증빙서류를 발행인 및 주관회사가 각각 또는 공동으로 보관할 것

4. 외국법인등이 외국통화로 표시된 증권을 해외에서 발행하는 경우로서 발행당시 또는 발행일로부터 1년 이내에 해당 증권 등을 거주자에게 양도할 수 없다는 뜻을 해당 증권의 권면(실물발행의 경우에 한한다), 인수계약서, 취득계약서 및 청약권유문서에 기재하고 국내 금융투자업자가 해당 증권 등을 중개 또는 주선하지 않는 경우

5. 그 밖에 발행당시 또는 발행일부터 1년 이내에 거주자가 해당 증권등을 취득할 수 없는 구조로 발행되는 경우

제2-2조의3(코넥스시장에 관한 특례 등) ① 영 제11조 제2항 각 호 외의 부분에서 "금융위원회가 정하여 고시하는 증권시장"이란 한국거래소[법 부칙(법률 제11845호) 제15조 제1항에 따라

거래소허가를 받은 것으로 보는 한국거래소]의 코넥스시장 업무규정에 따른 코넥스시장을 말한다.

② 영 제11조 제2항 제5호에서 "금융위원회가 정하여 고시하는 자"란 다음의 어느 하나에 해당하는 자를 말한다. 다만 제2호의2 및 제3호에 해당하는 자는 영 제178조 제1항 제2호에 따른 증권시장에 상장되지 아니한 지분증권의 장외매매거래 대상에서 제외한다.

1. 벤처기업육성에 관한 특별조치법 제13조에 따른 개인투자조합

2. 벤처기업육성에 관한 특별조치법 제2조의2 제1항 제2호 가목(8)에 해당하는 자

2의2. 조세특례제한법 제91조의15 제1항에 따른 고위험고수익투자신탁에 해당하는 투자일임재산의 명의자

2의3. 자본시장법 제249조의15에 따라 금융위원회에 등록한 업무집행사원

2의4. 벤처기업육성에 관한 특별조치법 제4조의3 제1항 제3호에 따른 상법상 유한회사 또는 유한책임회사

2의5. 벤처기업육성에 관한 특별조치법 제4조의3 제1항 제4호에 따른 외국투자회사

3. 한국거래소의 코넥스시장 업무규정 제62조에 따른 기본예탁금을 납부한 자

4. 중소기업창업 지원법 제2조 제4호의2에 따른 창업기획자

(3) 전매제한조치의 예외적 인출사유

증권을 사모로 발행하는 발행인은 발행이 모집으로 간주되지 않기 위하여 해당 증권에 대하여 앞에서 살펴본 "증권발행공시규정" 제2-2조 제2항에 따라 전매제한조치를 취하여야 한다. 전매제한조치의 방법으로 한국예탁결제원에 보호예수(의무보유)[9]를 할 수 있다.

이 경우 발행인은 다음 중 어느 하나에 해당하는 사유가 발생하는 경우 해당 증권의 일시 인출을 신청할 수 있다(증권발행공시규정2-2③). 이와 같은 인출사유는 증권신고서 제출의무 면제를 위하여 전매제한조치가 취해진 경우에 한하며, 다른 법률이나 사인간의 계약에 의하여 전매제한조치가 있었던 경우에는 해당 법률이나 계약에 따라야 한다. 또한 전매제한조치로서의 보호예수는 전매를 금지, 즉 소유권의 이전을 금지하기 위한 것이므로 이를 예외적으로 인출하는 경우에도 소유권을 이전하여서는 안 된다. 공개매수에 응모하면 결과적으로 보호예수된 증권의 소유권에 변동이 생길 수 있으므로 공개매수에 응모하기 위하여 전매제한조치로서 보호예수된 증권을 예외적으로 인출하는 것은 허용되지 않는다.[10]

제2-2조(증권의 모집으로 보는 전매기준) ③ 예탁결제원 및 수탁기관은 제2항 제1호 전단 또는

---

9) 증권발행공시규정 제2-2조 제2항 제1호 본문의 규정에 따라 증권을 발행한 후 지체없이 한국예탁결제원에 예탁하고 그 예탁일로부터 1년간 해당 증권을 인출하거나 매각하지 않기로 하는 내용의 예탁계약을 예탁결제원과 체결한 후 그 예탁계약을 이행하는 경우를 보호예수라 한다.

10) 금융감독원(2010), 83쪽.

같은 항 제8호에 따라 예탁된 증권에 대하여 다음의 어느 하나에 해당하는 사유가 발생하는 경우 발행인의 신청에 의하여 해당 증권의 인출을 허용할 수 있다. 이 경우 예탁결제원 또는 수탁기관은 사유가 종료되는 대로 해당 증권이나 전환권 등 권리의 행사에 따라 취득한 증권을 지체없이 재예탁하도록 하여야 한다.

1. 통일규격증권으로 교환하기 위한 경우
2. 전환권, 신주인수권 등 증권에 부여된 권리행사를 위한 경우
3. 회사의 합병, 분할, 분할합병, 또는 주식의 포괄적 교환·이전에 따라 다른 증권으로 교환하기 위한 경우
4. 액면 또는 권면의 분할 또는 병합에 따라 새로운 증권으로 교환하기 위한 경우
5. 전환형 조건부자본증권을 주식으로 전환하기 위한 경우
6. 기타 상기 사유와 유사한 것으로서 감독원장이 인정하는 경우

제4절 발행시장과 공시규제

Ⅰ. 증권신고서

1. 의의와 취지

(1) 의의

증권의 모집 또는 매출(대통령령으로 정하는 방법에 따라 산정한 모집가액 또는 매출가액 각각의 총액이 대통령령으로 정하는 금액 이상인 경우에 한한다)은 발행인이 그 모집 또는 매출에 관한 신고서를 금융위원회에 제출하여 수리되지 아니하면 이를 할 수 없다(법119①).

자금조달 계획의 동일성 등 대통령령으로 정하는 사항을 종합적으로 고려하여 둘 이상의 증권의 발행 또는 매도가 사실상 동일한 증권의 발행 또는 매도로 인정되는 경우에는 하나의 증권의 발행 또는 매도로 보아 제119조 제1항을 적용한다(법119⑧). 여기서 "대통령령으로 정하는 사항"이란 다음의 사항을 말한다(영129의2).

1. 증권의 발행 또는 매도가 동일한 자금조달 계획에 따른 것인지 여부
2. 증권의 발행 또는 매도의 시기가 6개월 이내로 서로 근접한지 여부
3. 발행 또는 매도하는 증권이 같은 종류인지 여부
4. 증권의 발행 또는 매도로 인하여 발행인 또는 매도인이 수취하는 대가가 같은 종류인지 여부

(2) 취지

기업이 증권을 발행하는 경우 상법의 관련 규정에 따라 증권의 청약과 관련된 내용을 신문공고 또는 주식청약서나 사채청약서에 기재하도록 하여 투자자가 이를 근거로 투자판단에 필요한 정보를 얻도록 하고 있다. 그러나 주식청약서나 사채청약서의 내용만으로는 투자자가 투자판단을 위한 정보를 얻기에 부족하다. 따라서 증권의 내용뿐만 아니라 발행회사의 사업내용 및 재무내용 등을 투자자에게 상세하게 제공하는 것이 필요하다. 이를 고려하여 자본시장법은 증권을 공모하는 경우에는 발행회사 및 증권에 관한 상세한 정보를 증권신고서에 기재하여 일반투자자에게 공시하도록 하여 투자자들이 이를 투자판단의 자료로 이용할 수 있도록 하고 있다. 이것은 증권을 발행하는 회사와 투자자 사이의 정보비대칭을 해소하여 투자자를 보호하기 위한 것이다.[11]

2. 증권신고서 제출면제

(1) 증권신고서 제출기준금액

소액을 공모하는 경우에도 증권신고서를 제출해야 한다면 발행회사로서는 조달금액에 비하여 많은 시간과 비용을 들이게 되는 부담이 있고, 조달하려는 금액이 소액이므로 그만큼 투자자를 보호할 필요성도 적은 편이다. 따라서 자본시장법은 소액의 금액을 공모하는 경우 발행회사의 비용부담을 고려하고, 투자자 보호의 효과가 미미함을 감안하여 증권신고서 제출의무를 면제하고 있다.

자본시장법은 증권의 모집 또는 매출은 대통령령으로 정하는 방법에 따라 산정한 모집가액 또는 매출가액 각각의 총액이 대통령령으로 정하는 금액 이상인 경우에 한한다(법119①)고 규정하고 있다. 이에 따라 증권의 모집 또는 매출을 하기 위하여 신고서를 제출하여야 하는 경우를 다음과 같이 10억원을 기준으로 정하고 있다(영120①). 따라서 이 기준금액에 미달하는 경우의 공모는 소액공모로서 증권신고서 제출이 면제된다.

1. 모집 또는 매출하려는 증권의 모집가액 또는 매출가액과 해당 모집일 또는 매출일부터 과거 1년 동안 이루어진 증권의 모집 또는 매출로서 그 신고서를 제출하지 아니한 모집가액 또는 매출가액[소액출자자(그 증권의 발행인과 인수인은 제외)가 시행령 제178조 제1항 제1호에 따른 장외거래 방법에 따라 증권을 매출하는 경우에는 해당 매출가액은 제외한다] 각각의 합계액이 10억원 이상인 경우
2. 시행령 제11조 제1항에 따라 합산을 하는 경우(청약의 권유를 하는 날 이전 6개월 이내에 해당 증권과 같은 종류의 증권에 대하여 모집이나 매출에 의하지 아니하고 청약의 권유를

---

11) 이상복(2012), 54쪽.

받은 자를 합산하면 50인 이상이 되어 공모에 해당하는 경우)에는 그 합산의 대상이 되는 모든 청약의 권유 각각의 합계액이 10억원 이상인 경우

제1호에서 "소액출자자"란 해당 법인이 발행한 지분증권총수의 1%에 해당하는 금액과 3억원 중 적은 금액 미만의 지분증권을 소유하는 자(법 제159조 제1항 본문에 따른 사업보고서 제출대상 법인의 경우에는 지분증권총수의 10% 미만의 지분증권을 소유하는 자)를 말한다(영120② 본문). 다만 그 법인의 최대주주 및 그 특수관계인은 소액출자자로 보지 아니한다(영120② 단서).

제1호는 공모 또는 간주모집에 의한 합산에 해당하는 경우를 규정하고, 제2호는 사모에 의한 합산에 해당하는 경우를 규정하고 있다. 따라서 증권신고서는 모집 또는 매출(공모)에 해당하면서, 즉 50인 이상에 대한 청약의 권유를 하면서 동시에 각각의 총액이 10억원 이상인 경우에 제출되어야 한다.

(2) 증권신고서 제출면제증권(적용면제증권)

증권의 발행인은 증권신고서 제출을 준비하기 위해서 변호사, 회계사 등의 자문을 받는 경우에는 시간과 비용이 많이 들게 된다. 따라서 일정한 경우 발행인의 부담을 경감해 줄 필요가 있어 발행인의 신용도가 높은 증권 등의 경우와 같이 투자자 보호의 필요성이 크지 않은 경우에는 증권신고서 제출을 면제하고 있다.

(가) 국채증권 · 지방채증권

국채증권과 지방채증권은 발행인의 신용도가 높기 때문에 투자자를 보호할 필요성이 낮아 증권신고서 제출이 면제된다(법118).

(나) 특수채

대통령령으로 정하는 법률[12]에 따라 직접 설립된 법인이 발행한 채권(법118)을 특수채라고 한다. 특수채는 국책은행과 공기업이 발행하는 채권으로서 공익을 위하여 발행하고, 특별법에 의해 관계 감독기관의 감독을 받기 때문에 증권신고서의 제출을 면제하고 있다. 국책은행인

---

12) "대통령령으로 정하는 법률"이란 다음의 법률을 말한다(영119①).
    1. 한국은행법, 2. 한국산업은행법, 3. 중소기업은행법, 4. 한국수출입은행법, 5. 농업협동조합법(농업협동조합중앙회 및 농협은행만 해당), 6. 수산업협동조합법(수산업협동조합중앙회 및 수협은행만 해당), 7. 예금자보호법, 8. 한국자산관리공사법, 9. 한국토지주택공사법, 10. 한국도로공사법, 11. 한국주택금융공사법, 12. 삭제 [2009. 9. 21], 13. 한국전력공사법, 14. 한국석유공사법, 15. 한국가스공사법, 16. 대한석탄공사법, 17. 한국수자원공사법, 18. 한국농어촌공사 및 농지관리기금법, 19. 한국농수산식품유통공사법, 20. 한국공항공사법, 21. 인천국제공항공사법, 22. 항만공사법, 23. 삭제[2011. 8. 11 제23073호(한국컨테이너부두공단법 시행령)], 24. 한국관광공사법, 25. 한국철도공사법, 26. 한국철도시설공단법, 27. 한국환경공단법」, 28. 삭제 [2009. 12. 24 제21904호(한국환경공단법 시행령)], 29. 수도권매립지관리공사의 설립 및 운영 등에 관한 법률, 30. 중소기업진흥에 관한 법률, 31. 제주특별자치도 설치 및 국제자유도시 조성을 위한 특별법, 32. 삭제 [2014. 12. 30 제25945호(한국산업은행법 시행령)], 33. 산업집적활성화 및 공장설립에 관한 법률, 34. 한국장학재단 설립 등에 관한 법률, 35. 한국광물자원공사법, 36. 무역보험법, 37. 한국해양진흥공사법, 38. 새만금사업 추진 및 지원에 관한 특별법

한국은행, 한국산업은행, 중소기업은행, 한국수출입은행 등은 증권신고서의 제출이 면제되지만, 일반 시중은행이 발행하는 은행채는 면제증권에 포함되지 않는다. 이것은 시중은행은 도산위험이 있음을 고려한 것이고, 영국이나 독일 등의 경우 시중은행은 증권신고서를 제출하고 있음을 고려한 것이다.

(다) 기타 면제증권

그 밖에 다른 법률에 따라 충분한 공시가 행하여지는 등 투자자 보호가 이루어지고 있다고 인정되는 증권으로서 대통령령으로 정하는 증권에 관하여는 적용하지 아니한다(법118).

여기서 "대통령령으로 정하는 증권"이란 다음의 증권을 말한다(영119②).

1. 국가 또는 지방자치단체가 원리금의 지급을 보증한 채무증권
2. 국가 또는 지방자치단체가 소유하는 증권을 미리 금융위원회와 협의하여 매출의 방법으로 매각하는 경우의 그 증권
3. 지방공기업법 제68조 제1항부터 제6항[13]까지의 규정에 따라 발행되는 채권 중 도시철도의 건설 및 운영과 주택건설사업을 목적으로 설립된 지방공사가 발행하는 채권
4. 「국제금융기구에의 가입조치에 관한 법률」 제2조 제1항에 따른 국제금융기구가 금융위원회와의 협의를 거쳐 기획재정부장관의 동의를 받아 발행하는 증권
5. 한국주택금융공사법에 따라 설립된 한국주택금융공사가 채권유동화계획에 의하여 발행하고 원리금 지급을 보증하는 주택저당증권 및 학자금대출증권
6. 전자증권법 제59조에 따른 단기사채등으로서 만기가 3개월 이내인 증권

(라) 투자성 있는 예금·보험

은행이 투자성 있는 외화예금계약을 체결하는 경우와 보험회사가 투자성 있는 보험계약을 체결하거나 그 중개 또는 대리를 하는 경우에는 제3편 1장(증권신고서)을 적용하지 아니한다(법77①②).

---

13) 지방공기업법 제68조(사채 발행 및 차관) ① 공사는 지방자치단체의 장의 승인을 받아 사채를 발행하거나 외국차관을 할 수 있다. 이 경우 사채 발행의 한도는 대통령령으로 정한다.
② 삭제 [2002. 3. 25]
③ 지방자치단체의 장은 제1항에 따라 발행되는 사채가 대통령령으로 정하는 기준을 초과하는 경우에는 제1항에 따른 승인을 하기 전에 미리 행정안전부장관의 승인을 받아야 한다. 이 경우 대통령령으로 정하는 기준은 공사의 부채비율, 경영성과 등을 고려하여야 한다.
④ 지방자치단체는 사채의 상환을 보증할 수 있다.
⑤ 삭제 [2002. 3. 25]
⑥ 사채의 발행, 매각 및 상환에 필요한 사항은 조례로 정한다.
⑦ 도시철도의 건설 및 운영 또는 주택건설사업 등을 목적으로 설립된 공사가 제1항부터 제6항까지의 규정에 따라 발행하는 채권에 대하여 자본시장법을 적용할 때에는 같은 법 제4조 제3항에 따른 특수채증권으로 본다.

(마) 매출에 관한 증권신고서 제출의무 면제

증권신고서 제출의무에 관한 제119조 제1항부터 제5항까지의 규정에도 불구하고 발행인 및 같은 종류의 증권에 대하여 충분한 공시가 이루어지고 있는 등 대통령령으로 정한 사유에 해당하는 때에는 매출에 관한 증권신고서를 제출하지 아니할 수 있다(법119⑥).

여기서 "발행인 및 같은 종류의 증권에 대하여 충분한 공시가 이루어지고 있는 등 대통령령으로 정한 사유에 해당하는 때"란 다음의 요건을 모두 충족하였을 때를 말한다(영124의2①).

1. 발행인이 사업보고서 제출대상법인으로서 최근 1년간 사업보고서·반기보고서 및 분기보고서를 기한 내에 제출하였을 것
2. 발행인이 최근 1년간 공시위반으로 법 제429조에 따른 과징금을 부과받거나 이 영 제138조·제175조에 따른 조치를 받은 사실이 없을 것
3. 최근 2년 이내에 매출하려는 증권과 같은 종류의 증권에 대한 증권신고서가 제출되어 효력이 발생한 사실이 있을 것
4. 증권시장에 상장하기 위한 목적의 매출이 아닐 것
5. 투자매매업자 또는 투자중개업자를 통하여 매출이 이루어질 것
6. 그 밖에 금융위원회가 정하여 고시하는 요건[14]을 충족할 것

또한 시행령 제1항에도 불구하고 외국정부가 발행한 국채증권 또는 대통령령으로 정하는 국제기구(법9⑯(5))가 발행한 채무증권으로서 다음의 요건을 모두 충족한 경우에도 매출에 관한 증권신고서를 제출하지 아니할 수 있다(영124의2②).

1. 해당 외국정부 또는 대통령령으로 정하는 국제기구(법9⑯(5))의 신용등급 등이 금융위원회가 정하여 고시하는 기준[15]을 충족할 것
2. 투자매매업자 또는 투자중개업자를 통하여 매출이 이루어질 것
3. 제2호에 따른 투자매매업자 또는 투자중개업자가 해당 증권 및 증권의 발행인에 관한 정

---

14) "금융위원회가 정하여 고시하는 요건"이란 다음의 사항을 말한다(증권발행공시규정2-4의2①).
  1. 발행인과 매출인이 법 제9조 제1항 및 제2항에서 정하는 대주주, 주요주주 또는 임원의 관계가 아닐 것
  2. 발행인이 최근 1년간 공시위반으로 한국거래소의 유가증권시장 상장규정 제47조 제1항 제12호 또는 코스닥시장 상장규정 제28조 제1항 제8호에 따른 관리종목 지정을 받은 사실이 없을 것
  3. 매출인이 최근 1년간 공시위반으로 법 제429조에 따른 과징금 부과, 영 제138조 또는 제175조에 따른 조치, 한국거래소의 유가증권시장 상장규정 제47조 제1항 제12호 또는 코스닥시장 상장규정 제28조 제1항 제8호에 따른 관리종목 지정을 받은 사실이 없을 것
  4. 주권으로서 과거 6개월간 매출인이 매출신고서를 제출하지 아니하고 매출한 수량과 이번에 매출하고자 하는 수량의 합계가 다음 각 목의 어느 하나에 해당하는 수량보다 적을 것
    가. 발행주식 총수의 1%에 해당하는 수량
    나. 매매 체결일 전일을 기산일로 하여 소급한 1개월간 일평균거래량의 25%에 해당하는 수량
15) "금융위원회가 정하여 고시하는 기준"이란 2개 이상의 국제신용평가기관(감독원장이 정하는 국제신용평가기관)에서 A 이상의 신용등급을 받는 경우를 말한다(증권발행공시규정2-4의2②).

보를 금융위원회가 정하여 고시하는 방법16)에 따라 인터넷 홈페이지 등에 게재할 것

4. 그 밖에 금융위원회가 정하여 고시하는 요건17)을 충족할 것

(3) 적용면제거래

증권신고서 제출의무는 공모에만 적용되므로 사모의 경우에는 증권신고서 제출의무가 면제된다. 이 경우는 투자자를 보호할 필요성이 없는 경우이다. 또한 소액공모의 경우는 발행인의 비용부담을 경감시켜 줄 목적으로 증권신고서 제출의무를 면제하고 있다. 무상증자, 주식배당, 전환사채권자의 전환권의 행사, 신주인수권부사채권자의 신주인수권의 행사 등의 경우와 같이 청약의 권유가 없는 경우에도 증권신고서 제출의무가 없다.

(4) 자료제출요구

종속회사가 있는 법인("연결재무제표 작성대상법인") 중 증권신고서를 제출하여야 하는 법인은 증권신고서의 작성을 위하여 필요한 범위에서 종속회사에게 관련 자료의 제출을 요구할 수 있다(법119의2①). 종속회사란 발행인이 지배회사로서 그 회사와 외부감사법 제2조 제3호에 따른 대통령령으로 정하는 지배·종속의 관계에 있는 경우 그에 종속되는 회사를 말하며, 국제회계기준 등 발행인이 적용한 회계기준에 따라 연결재무제표 작성대상 종속회사를 보유한 외국법인등의 경우에는 해당 회계기준에 따른 종속회사를 말한다(법119의2①). 연결재무제표 작성대상법인 중 증권신고서를 제출하여야 하는 법인은 증권신고서의 작성을 위하여 필요한 자료를 입수할 수 없거나 종속회사가 제출한 자료의 내용을 확인할 필요가 있는 때에는 종속회사의 업무와 재산상태를 조사할 수 있다(법119의2②).

3. 증권신고서 제출절차

(1) 증권신고서 제출의무자

증권의 모집 또는 매출은 발행인이 그 모집 또는 매출에 관한 증권신고서를 금융위원회에 제출하여야 한다(법119①). 발행인이란 증권을 발행하였거나 발행하고자 하는 자를 말한다. 다만 증권예탁증권을 발행함에 있어서는 그 기초가 되는 증권을 발행하였거나 발행하고자 하는

---

16) "금융위원회가 정하여 고시하는 방법"이란 투자자가 외국정부가 발행한 국채증권의 시세, 발행인에 관한 정보 등을 확인할 수 있도록 투자매매업자 또는 투자중개업자가 인터넷 홈페이지 등에 관련 정보를 게재하는 것을 말한다. 이 경우 인터넷 홈페이지 등에 게재하는 사항은 한국금융투자협회가 정한다(증권발행공시규정2-4의2③).

17) "금융위원회가 정하여 고시하는 요건"이란 투자매매업자 또는 투자중개업자가 투자자에게 외국정부가 발행한 국채증권에 대한 기본정보, 투자위험, 그 밖에 투자판단에 중요한 영향을 미칠 수 있는 사항 등을 감독원장이 정하는 바에 따라 사전에 제공설명하고, 투자자의 확인을 받는 것을 말한다. 다만 금융투자업규정 제5-1조 제8호에 따른 대고객조건부매매의 대상증권으로서 외국정부가 발행한 국채증권을 투자자에게 매도하고자 하는 경우에는 해당 증권에 대한 사전 설명 및 투자자 확인을 하지 아니할 수 있다(증권발행공시규정2-4의2④).

자를 말한다(법9⑩). 발행인에는 "증권을 발행하고자 하는 자"도 포함되므로 설립중의 회사의 발기인이 증권을 모집하는 경우에도 증권신고서를 제출하여야 한다.

매출의 경우 발행인 이외의 제3자가 매출의 주체가 되는 경우가 대부분이지만, 모집뿐 아니라 매출의 경우에도 발행인이 증권신고서를 제출하여야 한다. 증권신고서제도의 의한 공시가 요구되는 기업에 관한 정보에 대하여는 발행인이 준비하는 것이 가장 정확하기 때문이다.

(2) 증권신고서 기재사항 및 첨부서류

(가) 의의

증권신고서에는 "모집 또는 매출에 관한 사항"과 "발행인에 관한 사항"으로 나누어 기재하여야 하는데, 투자자의 투자판단에 필요한 사항을 기재하여야 한다. 증권신고서의 기재사항 및 그 첨부서류에 관하여 필요한 사항은 대통령령으로 정한다(법119⑦). 이에 근거하여 자본시장법 시행령은 증권신고서에 관하여 일반적인 규정과 집합투자증권 및 자산유동화증권에 대한 특칙을 규정하고 있다(영125, 127, 128). 일반적인 증권이 발행인의 건전성에 따라 발행되는 증권의 가치가 달라지는 특성을 가짐에 반하여, 집합투자증권 및 자산유동화증권의 경우 발행인이 누구인지와 건전한지 여부 등이 큰 영향을 미치지 않는다. 그 대신 해당 집합투자기구의 설계방식이나 유동화자산의 구성방식 등이 해당 집합투자증권이나 자산유동화증권의 가치를 결정하는데 중요하다. 이에 따라 자본시장법은 집합투자증권 및 자산유동화증권에 대하여 특칙을 두고 있다. 또한 증권신고서의 기재사항을 증명하기 위하여 첨부서류를 제출하도록 하고 있다.

(나) 집합투자증권 및 유동화증권 이외의 증권

1) 기재사항

집합투자증권 및 유동화증권은 이외의 증권에 대한 증권신고서에는 다음의 사항을 기재하여야 한다(영125①).

1. 대표이사 및 신고업무를 담당하는 이사의 제124조 각 호의 사항에 대한 서명
2. 모집 또는 매출에 관한 다음 각 목의 사항
   가. 모집 또는 매출에 관한 일반사항
   나. 모집 또는 매출되는 증권의 권리내용
   다. 모집 또는 매출되는 증권의 취득에 따른 투자위험요소
   라. 모집 또는 매출되는 증권의 기초자산에 관한 사항(파생결합증권 및 금융위원회가 정하여 고시하는 채무증권의 경우만 해당)
   마. 모집 또는 매출되는 증권에 대한 인수인의 의견(인수인이 있는 경우만 해당)
   바. 주권비상장법인(설립 중인 법인을 포함)이 인수인의 인수 없이 지분증권(지분증권과 관련된 증권예탁증권을 포함)의 모집 또는 매출("직접공모")에 관한 신고서를 제출하는

경우에는 금융위원회가 정하여 고시하는 요건을 갖춘 분석기관("증권분석기관")[18]의 평가의견. 다만 금융위원회가 정하여 고시하는 경우[19]에는 이를 생략할 수 있다.

    사. 자금의 사용목적

    아. 그 밖에 투자자를 보호하기 위하여 필요한 사항으로서 금융위원회가 정하여 고시하는 사항[20]

---

18) 증권발행공시규정 제2-5조(증권분석기관 등) ① 영 제125조 제1항 제2호 바목에서 "금융위원회가 정하여 고시하는 요건을 갖춘 분석기관"이란 모집가액 또는 매출가액의 적정성 등 증권의 가치를 평가하는 기관으로서 다음의 어느 하나에 해당하는 자를 말한다.
1. 영 제68조 제2항 제1호 및 제2호의 업무를 인가받은 자
2. 신용평가회사
3. 공인회계사법에 따른 회계법인
4. 법 제263조에 따른 채권평가회사
② 제1항에 따른 분석기관("증권분석기관")이 다음의 어느 하나에 해당하는 경우에는 그 기간 중에 증권분석업무를 할 수 없다. 다만 제4호의 경우에는 해당 특정회사에 대한 증권분석업무만 할 수 없다.
1. 제1항 제1호에 해당하는 증권분석기관이 금융위원회로부터 증권 인수업무의 정지조치를 받은 경우 그 정지기간
2. 제1항 제2호에 해당하는 증권분석기관이 금융위원회로부터 신용평가업무의 정지조치를 받은 경우 그 정지기간
3. 제1항 제3호에 해당하는 증권분석기관이 금융위원회로부터 업무의 정지조치를 받은 경우 그 정지 기간
4. 제1항 제3호에 해당하는 증권분석기관이 외감법에 따라 특정회사에 대한 감사업무의 제한조치를 받은 경우에는 그 제한기간
5. 제1항 제4호에 해당하는 증권분석기관이 금융위원회로부터 업무의 정지조치를 받은 경우 그 정지 기간
③ 증권분석기관이 영 제125조 제1항 제2호 바목에 따른 공모를 하려는 법인과 다음의 어느 하나의 관계가 있는 경우에는 제1항에 따른 평가를 할 수 없다.
1. 증권분석기관이 해당 법인에 그 자본금의 3% 이상을 출자하고 있는 경우 및 그 반대의 경우
2. 증권분석기관에 그 자본금의 5% 이상을 출자하고 있는 주주와 해당 법인에 5% 이상을 출자하고 있는 주주가 동일인이거나 영 제2조 제4항에 따른 특수관계인인 경우. 다만 그 동일인이 영 제11조 제1항 제1호 가목 및 나목에 따른 전문투자자로서 증권분석기관 및 해당 법인과 제5호의 관계에 있지 아니한 경우에는 그러하지 아니하다.
3. 증권분석기관의 임원이 해당 법인에 그 자본금의 1% 이상을 출자하고 있거나 해당 법인의 임원이 증권분석기관에 100분의 1 이상을 출자하고 있는 경우
4. 증권분석기관 또는 해당 법인의 임원이 해당 법인 또는 증권분석기관의 주요주주의 특수관계인인 경우
5. 동일인이 증권분석기관 및 해당 법인에 대하여 임원의 임면 등 법인의 주요경영사항에 대하여 사실상 영향력을 행사하는 관계가 있는 경우
⑥ 영 제178조 제1항 제1호에서 정하는 방법으로 지분증권의 매매를 중개하는 방법("호가중개시스템")을 통하여 지분증권을 매출하는 경우 증권분석기관은 해당 증권의 가치에 대한 평가로 제1항에 따른 매출가액의 적정성에 대한 평가를 갈음할 수 있다.
19) "금융위원회가 정하여 고시하는 경우"란 소액공모(제2-17조에 따른 소액공모)를 하는 경우 또는 모집설립의 경우로서 다음의 어느 하나에 해당하는 경우를 말한다(증권발행공시규정2-5⑤).
1. 은행법에 따라 금융위의 금융기관 신설을 위한 예비인가를 받은 경우
2. 금융지주회사법에 따라 금융위의 금융지주회사 신설을 위한 예비인가를 받은 경우
3. 회사설립시에 발행하는 지분증권 중 상당부분(최대주주로서 설립시 총지분의 25% 이상을 취득하는 경우)을 정부 또는 지방자치단체가 취득할 예정인 경우
4. 특별법에 따라 정부로부터 영업인가 또는 허가를 받은 경우
5. 그 밖에 사업의 내용 등에 비추어 국민경제 발전을 위하여 필요하다고 감독원장이 인정하는 경우

3. 발행인에 관한 다음 각 목의 사항(설립 중인 법인의 경우에는 금융위원회가 정하여 고시하는 사항[21]))

　가. 회사의 개요

　나. 사업의 내용

　다. 재무에 관한 사항

　라. 회계감사인의 감사의견

　마. 이사회 등 회사의 기관 및 계열회사에 관한 사항

　바. 주주에 관한 사항

　사. 임원 및 직원에 관한 사항

　아. 이해관계자와의 거래내용

　자. 그 밖에 투자자를 보호하기 위하여 필요한 사항으로서 금융위원회가 정하여 고시하는 사항[22])

　　증권신고서를 제출하여야 하는 법인 중 외부감사법 시행령 제3조 제1항에 따른 종속회사가 있는 법인("연결재무제표 작성대상법인")의 경우에는 제1항 제3호 다목에 따른 재무에 관한 사

---

20) "금융위원회가 정하여 고시하는 사항"이란 다음의 사항을 말한다(증권발행공시규정2-6①).
　1. 시장조성 또는 안정조작에 관한 사항
　2. 영 제6조 제4항 제14호 가목 및 금융투자업규정 제1-4조의2 제2항에 따라 증권금융회사 또는 신탁업자에 예치 또는 신탁한 금전("예치자금등")의 주주에 대한 지급에 관한 사항(영 제6조 제4항 제14호 각목 외의 부분에 따른 기업인수목적회사에 한한다)
　3. 그 밖에 투자자 보호를 위하여 필요한 사항
21) "금융위원회가 정하여 고시하는 사항"이란 다음의 사항을 말한다(증권발행공시규정2-6②).
　1. 회사의 개요
　2. 사업의 내용
　3. 설립 후 예상되는 이사회 등 회사의 기관 및 계열회사에 관한 사항
　4. 설립 후 예상되는 주주에 관한 사항
　5. 발기인에 관한 사항
　6. 임원선임 및 직원 등의 채용계획
　7. 그 밖에 투자자 보호를 위하여 필요한 사항
22) "금융위원회가 정하여 고시하는 사항"이란 다음의 사항을 말한다(증권발행공시규정2-6③).
　1. 부속명세서
　2. 주요사항보고서 및 거래소 공시사항 등의 진행·변경상황
　3. 우발채무 등
　4. 자금의 사용내역에 관한 사항
　5. 발기인 및 주주인 지분증권 투자매매업자에 관한 사항(기업인수목적회사에 한한다. 이하 제6호에서 같다)
　6. 영 제6조 제4항 제14호에서 정하는 요건의 충족 여부에 관한 사항
　7. 그 밖에 투자자 보호를 위하여 필요한 사항
　　가. 주주총회 의사록 요약
　　나. 제재현황
　　다. 결산기 이후 발생한 주요사항
　　라. 중소기업기준검토표 등
　　마. 장래계획에 관한 사항의 추진실적

항, 그 밖에 금융위원회가 정하여 고시하는 사항은 외부감사법 제2조 제3호에 따른 연결재무제 표("연결재무제표")를 기준으로 기재하되 그 법인의 재무제표를 포함하여야 하며, 제1항 제3호 라목에 따른 회계감사인의 감사의견은 연결재무제표와 그 법인의 재무제표에 대한 감사의견을 기재하여야 한다(영125③).

2) 첨부서류

집합투자증권 및 유동화증권 이외의 증권에 대한 증권신고서에는 다음의 서류를 첨부하여 야 한다. 이 경우 금융위원회는 전자정부법에 따른 행정정보의 공동이용을 통하여 법인 등기사 항증명서를 확인하여야 한다(영125②).

1. 정관 또는 이에 준하는 것으로서 조직운영 및 투자자의 권리의무를 정한 것
2. 증권의 발행을 결의한 주주총회(설립 중인 법인인 경우에는 발기인 총회) 또는 이사회의사 록(그 증권의 발행이 제3자배정(상법418②)에 따른 발행인 경우에는 그 증권의 발행의 구 체적인 경영상 목적, 그 주주 외의 자와 발행인과의 관계 및 그 주주 외의 자의 선정경위를 포함)의 사본, 그 밖에 증권의 발행결의를 증명할 수 있는 서류
3. 법인 등기사항증명서에 준하는 것으로서 법인 설립을 증명할 수 있는 서류(법인 등기사항 증명서로 확인할 수 없는 경우로 한정)
4. 증권의 발행에 관하여 행정관청의 허가·인가 또는 승인 등을 필요로 하는 경우에는 그 허 가·인가 또는 승인 등이 있었음을 증명하는 서류
5. 증권의 인수계약을 체결한 경우에는 그 계약서의 사본
6. 다음 각 목의 증권을 증권시장에 상장하려는 경우에는 거래소로부터 그 증권이 상장기준 에 적합하다는 확인을 받은 상장예비심사결과서류(코넥스시장에 상장하려는 경우에는 상 장심사결과서류)
   가. 지분증권(집합투자증권 제외)
   나. 증권예탁증권(지분증권과 관련된 것만 해당)
   다. 파생결합증권(증권시장이나 해외 증권시장에서 매매거래되는 가목 또는 나목의 증권 의 가격이나 이를 기초로 하는 지수의 변동과 연계하여 미리 정하여진 방법에 따라 가 목 또는 나목의 증권의 매매나 금전을 수수하는 거래를 성립시킬 수 있는 권리가 표시 된 것만 해당)
7. 예비투자설명서를 사용하려는 경우에는 예비투자설명서
8. 간이투자설명서를 사용하려는 경우에는 간이투자설명서
9. 직접공모의 경우에는 다음 각 목의 서류
   가. 증권분석기관의 평가의견서
   나. 가목의 평가와 관련하여 기밀이 새지 아니하도록 하겠다는 증권분석기관 대표자의 각서
   다. 시행령 제137조 제1항 제3호의2에 따른 청약증거금관리계약에 관한 계약서 사본 및 같

은 계약에 따라 청약증거금을 예치하기 위하여 개설한 계좌의 통장 사본

10. 그 밖에 투자자를 보호하기 위하여 필요한 서류로서 금융위원회가 정하여 고시하는 서류[23)]

---

23) "금융위원회가 정하여 고시하는 서류"란 다음에 따른 서류를 말한다(증권발행공시규정2-6⑧).
  1. 기존 법인이 지분증권을 모집 또는 매출하는 경우
    가. 회계감사인의 감사보고서(기업인수목적회사가 설립된 후 최초사업연도가 경과하지 아니한 경우에는 회사 설립 시점의 회계감사인의 감사보고서)
    나. 회계감사인의 연결감사보고서
    다. 회계감사인의 반기감사보고서 또는 반기검토보고서(증권시장에 주권을 상장하기 위한 모집 또는 매출의 경우 제2-4조 제5항 제3호 다목에도 불구하고 반기재무제표가 확정된 이후에는 반기감사보고서 또는 반기검토보고서를 첨부하여야 한다)
    라. 회계감사인의 분기감사보고서 또는 분기검토보고서
    마. 주권비상장법인의 경우에는 주주명부
    바. 부동산투자회사법에 따른 부동산투자회사(기업구조조정부동산투자회사를 포함하며 이하 "부동산투자회사"라 한다)가 같은 법에 따라 그 자산의 투자·운용에 관한 업무를 위탁하는 계약("업무위탁계약서")을 체결한 경우에는 업무위탁계약서 사본
    사. 증권의 모집·매출의 주선계약을 체결한 경우에는 그 계약서의 사본
    아. 기업인수목적회사 설립 후 주권의 최초 모집 전에 영 제139조 제1호 각 목의 증권 및 의결권 없는 주식에 관계된 증권(이하 이 호에서 "주식등"이라 한다)을 취득한 자(이하 이 호에서 "주주등"이라 한다)의 주식등에 대한 계속보유확약서 및 보호예수증명서의 사본(기업인수목적 회사에 한한다. 이하 이 호에서 같다)
    자. 주주등의 의결권 및 주식매수청구권 행사 제한에 관한 약정서의 사본
    차. 주주등이 금융투자업규정 제1-4조의2 제5항 제2호 각 목의 어느 하나에 해당되어 해산되는 경우 증권금융회사 또는 신탁업자의 예치자금등의 반환과 관련하여 정관에서 정하는 방법 및 절차를 준수하겠다는 내용의 약정서의 사본
    카. 기업인수목적회사 또는 당해 주주 등의 손해배상책임 부담에 관한 약정서의 사본
    타. 증권금융회사 또는 신탁업자와 체결한 주권발행대금의 예치·신탁계약서의 사본
    파. 영 제68조 제5항 제4호 가목에 따른 주관회사의 적절한 주의의무 이행 서류
    하. 증권시장에 주권 상장시 증권신고서에 기재된 재무관련사항이 기업의 재무상황을 적정하게 반영하였다는 것을 증명하는 회계감사인의 확인서 등 서류
  2. 설립중인 법인이 지분증권을 모집하는 경우
    가. 제1호 사목의 서류
    나. 사업계획서
    다. 발기인 전원의 이력서
    라. 발기인이 법인인 경우에는 그 개요, 연혁 등을 기재한 서류 및 최근 사업연도의 재무제표
    마. 증권분석기관의 평가의견서(제2-5조 제5항에 따라 평가를 받지 아니한 경우는 제외)
  3. 보증사채권을 모집 또는 매출하는 경우
    가. 제1호 사목의 서류
    나. 원리금지급 대행계약을 체결한 경우에는 그 계약서 사본
    다. 증권 신탁계약을 체결한 경우에는 그 계약서 사본
    라. 원리금지급보증계약서 사본
  4. 담보부사채권을 모집 또는 매출하는 경우
    가. 제1호 가목 및 사목의 서류
    나. 제3호 가목 및 나목의 서류
    다. 신탁증서 사본
  5. 무보증사채권을 모집 또는 매출하는 경우
    가. 제1호 가목부터 라목까지, 사목 및 파목의 서류

(다) 집합투자증권

1) 기재사항

집합투자증권의 증권신고서에는 다음의 사항을 기재하여야 한다(영127①).

1. 대표이사 및 신고업무를 담당하는 이사의 제124조 각 호의 사항에 대한 서명
2. 모집 또는 매출에 관한 다음 각 목의 사항
   가. 모집 또는 매출에 관한 일반사항
   나. 모집 또는 매출되는 집합투자증권의 권리내용
   다. 모집 또는 매출되는 집합투자증권의 취득에 따른 투자위험요소
   라. 모집 또는 매출되는 집합투자증권에 대한 인수인의 의견(인수인이 있는 경우만 해당)
   마. 그 밖에 투자자를 보호하기 위하여 필요한 사항으로서 금융위원회가 정하여 고시하는
      사항
3. 집합투자기구에 관한 다음 각 목의 사항
   가. 집합투자기구의 명칭
   나. 투자목적·투자방침과 투자전략에 관한 사항
   다. 운용보수, 판매수수료·판매보수, 그 밖의 비용에 관한 사항
   라. 출자금에 관한 사항(투자신탁인 경우는 제외)
   마. 재무에 관한 사항. 다만 최초로 증권신고서를 제출하는 경우는 제외한다.
   바. 집합투자업자(투자회사인 경우 발기인과 감독이사를 포함)에 관한 사항
   사. 투자운용인력에 관한 사항
   아. 집합투자재산의 운용에 관한 사항
   자. 집합투자증권의 판매와 환매에 관한 사항
   차. 집합투자재산의 평가와 공시에 관한 사항
   카. 손익분배와 과세에 관한 사항
   타. 신탁업자와 일반사무관리회사(일반사무관리회사가 있는 경우만 해당)에 관한 사항
   파. 자본시장법 제42조에 따른 업무위탁에 관한 사항(그 업무위탁이 있는 경우만 해당)
   하. 그 밖에 투자자를 보호하기 위하여 필요한 사항으로서 금융위원회가 정하여 고시하는

나. 제3호 가목 및 나목의 서류
다. 모집위탁계약을 체결한 경우에는 그 계약서 사본
라. 해당 사채권에 대하여 신용평가회사의 평가등급을 받은 경우에는 그 신용평가서 사본
6. 파생결합증권을 모집 또는 매출하는 경우 제1호 가목부터 라목까지의 서류 및 사목의 서류
7. 투자계약증권을 모집 또는 매출하는 경우
   가. 제1호 사목의 서류
   나. 자금모집자와 투자자간에 체결된 투자계약관계서류
   다. 외부에의 업무위탁 등이 있는 경우 업무위탁계약서 사본
   라. 변호사의 법률검토의견

사항24)

2) 첨부서류

집합투자증권의 증권신고서에는 다음의 서류를 첨부하여야 한다. 이 경우 금융위원회는 전자정부법에 따른 행정정보의 공동이용을 통하여 법인 등기사항증명서를 확인하여야 한다(영 127②).

1. 집합투자규약25)(부속서류를 포함)
2. 법인 등기사항증명서에 준하는 것으로서 법인 설립을 증명할 수 있는 서류(법인 등기사항 증명서로 확인할 수 없는 경우로 한정하며, 투자신탁, 투자합자조합 및 투자익명조합인 경우는 제외)
3. 출자금의 납부를 증명할 수 있는 서류(투자신탁인 경우는 제외)
4. 다음 각 목의 자와 체결한 업무위탁계약서(그 부속서류를 포함)의 사본. 다만 나목 또는 다 목의 자와 체결한 업무위탁계약서 사본의 경우에는 해당 사업연도에 같은 내용의 업무 위 탁계약서 사본을 이미 첨부하여 제출하였으면 그 업무위탁계약서 사본으로 갈음할 수 있다.
   가. 집합투자업자(투자신탁 및 투자익명조합인 경우는 제외)
   나. 신탁업자
   다. 일반사무관리회사(그 일반사무관리회사와 업무위탁계약을 체결한 경우만 해당)
   라. 자본시장법 제42조에 따른 업무수탁자(그 업무수탁자와 업무위탁계약을 체결한 경우 만 해당)
5. 삭제 [2009. 7. 1]
6. 집합투자증권의 인수계약을 체결한 경우에는 그 계약서의 사본
7. 그 밖에 투자자를 보호하기 위하여 필요한 서류로서 금융위원회가 정하여 고시하는 서류26)

---

24) "금융위원회가 정하여 고시하는 사항"이란 다음의 사항을 말한다(증권발행공시규정2-7①).
   1. 집합투자기구의 조직에 관한 사항
   2. 집합투자기구의 연혁
   3. 운용실적에 관한 사항
   4. 운용성과 산출을 위한 비교지수에 관한 사항
   5. 그 밖에 투자자 보호를 위하여 필요한 사항
25) "집합투자규약"이란 집합투자기구의 조직, 운영 및 투자자의 권리·의무를 정한 것으로서 투자신탁의 신탁 계약, 투자회사·투자유한회사·투자합자회사·투자유한책임회사의 정관 및 투자합자조합·투자익명조합의 조합계약을 말한다(자본시장법9㉒).
26) "금융위원회가 정하여 고시하는 서류"란 다음의 서류를 말한다(증권발행공시규정2-7②).
   1. 예비투자설명서를 사용하려는 경우에는 예비투자설명서
   2. 간이투자설명서를 사용하려는 경우에는 간이투자설명서

(라) 유동화증권

1) 기재사항

유동화증권의 증권신고서에는 다음의 사항을 기재하여야 한다(영128①).

1. 대표이사 및 신고업무를 담당하는 이사의 제124조 각 호의 사항에 대한 서명
2. 모집 또는 매출에 관한 다음 각 목의 사항
   가. 모집 또는 매출에 관한 일반사항
   나. 모집 또는 매출되는 유동화증권의 권리내용
   다. 모집 또는 매출되는 유동화증권의 취득에 따른 투자위험요소
   라. 모집 또는 매출되는 유동화증권에 대한 인수인의 의견(인수인이 있는 경우만 해당)
   마. 자금의 사용목적
3. 발행인에 관한 다음 각 목의 사항
   가. 회사의 개요
   나. 임원에 관한 사항
   다. 업무의 위탁에 관한 사항
4. 자산유동화법 제2조 제2호에 따른 자산보유자에 관한 다음 각 목의 사항
   가. 자산보유자의 개요
   나. 사업의 내용
   다. 재무에 관한 사항
   라. 임원에 관한 사항
5. 유동화자산에 관한 다음 각 목의 사항
   가. 유동화자산의 종류별 세부명세
   나. 유동화자산의 평가내용
   다. 유동화자산의 양도 등의 방식 및 세부계획
6. 자산유동화법 제3조에 따른 자산유동화계획 등에 관한 다음 각 목의 사항
   가. 자산유동화계획의 세부구조
   나. 유동화증권의 발행과 상환계획 등
   다. 자산유동화법 제10조에 따른 자산관리자와 자산의 관리방법 등
   라. 자금의 차입과 운용계획
7. 그 밖에 투자자를 보호하기 위하여 필요한 사항으로서 금융위원회가 정하여 고시하는 사항[27]

---

27) "금융위원회가 정하여 고시하는 사항"이란 다음의 사항을 말한다(증권발행공시규정2-8①).
   1. 신용보강에 관한 사항
   2. 자산실사에 관한 사항
   3. 자산유동화계획 참여하는 기관에 관한 사항

2) 첨부서류

유동화증권의 증권신고서에는 다음의 서류를 첨부하여야 한다. 이 경우 금융위원회는 전자정부법에 따른 행정정보의 공동이용을 통하여 법인 등기사항증명서를 확인하여야 한다(영128②).

1. 시행령 제125조 제2항 제1호부터 제5호까지의 서류
2. 자산관리위탁계약서 사본
3. 업무위탁계약서 사본
4. 그 밖에 투자자를 보호하기 위하여 필요한 서류로서 금융위원회가 정하여 고시하는 서류[28]

(마) 외국기업 등에 대한 특칙

금융위원회는 투자자 보호 등을 위하여 필요하다고 인정되는 경우에는 제125조부터 제128조까지의 규정에도 불구하고 외국 기업 등 발행인의 성격, 자본시장법 제4조 제2항 각 호에 따른 증권의 구분 및 종류 등을 고려하여 증권신고서의 기재사항 및 첨부서류를 달리 정하여 고시할 수 있다(영129). 이에 따라 증권의 발행 및 공시 등에 관한 규정은 제2-11조(외국법인등의 증권신고서의 기재사항 및 첨부서류)와 제2-12조(신고서 기재사항의 특례) 등을 두고 있다.

증권의 발행인으로서 "외국법인등"이란 다음의 어느 하나에 해당하는 자를 말한다(법9⑯).

1. 외국 정부
2. 외국 지방자치단체
3. 외국 공공단체
4. 외국 법령에 따라 설립된 외국 기업
5. 대통령령으로 정하는 국제기구(영13①: 조약에 따라 설립된 국제기구)
6. 그 밖에 외국에 있는 법인 등으로서 대통령령으로 정하는 자[29]

---

4. 전문가의 검토의견
5. 그 밖에 투자자 보호를 위하여 필요한 사항
28) "금융위원회가 정하여 고시하는 서류"란 다음의 서류를 말한다(증권발행공시규정2-8②).
   1. 자본시장법 제165조의4 제2항에 따른 외부평가기관의 평가의견서
   2. 자산실사보고서
   3. 예비투자설명서를 사용하려는 경우에는 예비투자설명서
   4. 간이투자설명서를 사용하려는 경우에는 간이투자설명서
29) "대통령령으로 정하는 자"란 다음의 어느 하나에 해당하는 자를 말한다(영13②).
   1. 외국 법령에 따라 설정·감독하거나 관리되고 있는 기금이나 조합
   2. 외국 정부, 외국 지방자치단체 또는 외국 공공단체에 의하여 설정·감독하거나 관리되고 있는 기금이나 조합
   3. 조약에 따라 설립된 국제기구에 의하여 설정·감독하거나 관리되고 있는 기금이나 조합

외국기업은 준거법 등이 우리나라와 달라 위에서 살펴본 증권신고서의 기재사항 및 첨부서류를 국내 발행인과 동일하게 제출하는 것이 곤란한 경우가 있으므로 금융위원회가 이를 달리 정할 수 있도록 하였다.

(바) 참조방식에 의한 증권신고서

증권신고서를 제출하는 경우 증권신고서에 기재하여야 할 사항이나 그 첨부서류에 이미 제출된 것과 같은 부분이 있는 때에는 그 부분을 적시하여 이를 참조하라는 뜻을 기재한 서면으로 갈음할 수 있다(법119④). 이것은 발행인이 증권신고서를 작성하는 부담을 덜어 주기 위한 것이다.

(3) 예측정보

(가) 의의

자본시장법은 "발행인은 증권신고서에 발행인의 미래의 재무상태나 영업실적 등에 대한 예측 또는 전망에 관한 사항으로서 다음의 사항("예측정보")을 기재 또는 표시할 수 있다(법119③ 전단). 이 경우 예측정보의 기재 또는 표시는 제125조 제2항 제1호·제2호 및 제4호의 방법에 따라야 한다"고 규정하고 있다(법119③ 후단). 예측정보라 함은 일반적으로 장래 사실의 예측, 계획, 주관적인 판단 등과 같이 표시의 시점에서는 정보의 진위 여부를 판정할 수 없지만, 장래의 결과에 의하여 적부의 평가가 다를 가능성이 있는 정보를 말한다.

이러한 규정은 발행시장에서의 증권신고서에 적용되는데 그치지 아니하고, 유통시장에서의 공시규제에도 적용되고 있다. 유통시장에서의 정기공시제도로서 사업보고서(법159⑥)는 과거의 확정된 실적의 공시를 목적으로 하는 것이지만, 예측정보를 자발적으로 공시할 수 있다. 또한 유통시장에서의 거래상황공시제도로 분류할 수 있는 공개매수신고서(법134④)에서도 동일하다.

자본시장법이 예측정보의 공시제도를 규정하고 있는 것은 예측정보가 투자판단의 기초자료로서는 불확실하고 또 검증도 되지 않아서 투자자에게 오해를 유발할 소지가 있다는 문제가 있음에도 불구하고, 증권의 시세는 발행인의 미래의 영업전망, 성장가능성 요소에 의하여 크게 영향을 받는다는 점에서 이를 공시할 수 있게 하는 것은 투자판단에 유용한 자료로서 작용할 수 있다는 점이 고려된 것이다.[30]

(나) 적용범위

자본시장법은 포괄적으로 "발행인의 미래의 재무상태나 영업실적 등에 대한 예측 또는 전망에 관한 사항"을 예측정보라 정의하고, 이에 속하는 구체적인 사항으로서 다음의 사항을 열거하고 있다(법119③).

---

30) 이상복(2012), 76쪽.

1. 매출규모·이익규모 등 발행인의 영업실적, 그 밖의 경영성과에 대한 예측 또는 전망에 관한 사항
2. 자본금규모·자금흐름 등 발행인의 재무상태에 대한 예측 또는 전망에 관한 사항
3. 특정한 사실의 발생 또는 특정한 계획의 수립으로 인한 발행인의 경영성과 또는 재무상태의 변동 및 일정시점에서의 목표수준에 관한 사항
4. 그 밖에 발행인의 미래에 대한 예측 또는 전망에 관한 사항으로서 대통령령으로 정하는 사항31)

이와 같이 자본시장법상 명시된 예측정보는 일정한 요건을 구비하여 증권신고서 등에 기재되어 공시될 경우에는 그에 대한 부실공시로 인한 손해배상책임이 면제될 수 있다는 것에 특별한 의미를 갖는다. 부실공시로 인한 면책특례(법125③)에 대하여는 후술하는 "예측정보와 손해배상책임" 부분에서 설명하기로 한다.

자본시장법상 명시된 예측정보의 범위는 미국 1933년 증권법상 범위와 대체로 유사하지만, 미국의 경우에는 장래의 재무상황이나 영업실적 등의 표시의 근거가 되거나 이와 관련된 가정의 표시도 예측정보의 하나로서 명시되어 있는데 반하여,32) 우리나라의 경우에는 이것이 예측정보공시의 방법 및 면책기준의 하나로서 명시되고 있는 점이 다르다.

중요한 것은 외견상으로는 법상 명시된 예측정보인 것으로 보이더라도 사용된 용어의 의미, 용어의 뉘앙스, 문맥상의 실질적 의미에 따라 문제의 표시사항이 법상 예측정보인지 또는 아예 예측정보에도 해당하지 않는지의 여부를 둘러싸고 해석상의 문제가 야기될 수도 있다는 점일 것이다.33) 전자의 경우에는 면책특례가 허용될 수 있지만, 후자의 경우에는 허용되지 않는 결과로 되기 때문이다.

---

31) "대통령령으로 정하는 사항"이란 법 제119조 제3항 제1호부터 제3호까지의 규정에 따른 예측정보에 관하여 평가요청을 받은 경우에 그 요청을 받은 자가 그 예측정보의 적정성에 관하여 평가한 사항을 말한다(영123).

32) 1933년 증권법 §27A(i)(1); 1934년 증권거래법 §21E(i)(1). 예측정보라 함은 다음 각호의 사항을 말한다. (A) 수익, 손익, 주당손익, 자본지출, 배당, 자본구성의 예측에 관한 사항(기타 재무사항에 관한 계획 또는 목표 포함), (B) 장래의 사업을 위한 경영계획 및 목표에 관한 사항(발행인의 제품 또는 서비스에 관련된 계획이나 목표 포함), (C) 장래의 영업실적에 관한 사항(경영진에 의한 재무상태의 검토와 분석에 관련된 계획이나 목표 포함), (D) (A),(B),(C)의 근거가 되거나 관련되는 가정에 관한 사항, (E) 발행인으로부터 검토를 의뢰받은 외부의 자가 발행인에 의하여 작성된 예측정보를 평가한 보고서, (F) 기타 증권거래위원회의 규칙 등에 의하여 명시된 항목의 예측 또는 추정을 포함하는 사항, 이것은 1979년의 SEC규칙(1933년 증권법 SEC Rule 175, 1934년 증권거래법 SEC Rule 3b-6)보다 예측정보의 범위를 다소 확장하고 있다.

33) 예컨대 "우리 회사는 … 문제를 해결 중에 있습니다"라고 표시한 경우에 이 문언은 형식상으로 현재시제로 표시되어 있고, 실질적으로도 최소한 하나의 문제를 다룸에 있어 과거의 성공에 대한 하나의 의견을 표시하는 의미를 지닌다고 볼 수 있으므로 이것은 면책이 허용되는 장래사실에 대한 예측정보에는 해당되지 않을 것이다. 그러나 다른 한편으로 그 문언을 장래사업을 위한 계획과 경영목표를 표시한 것이라고 본다면 이는 면책이 허용되는 예측정보가 될 것이다.

(다) 예측정보 공시제도의 특성

자본시장법은 공시규제에 대하여 원칙적으로 강제공시주의(mandatory disclosure)를 취하고 있으므로 법정의 공시사항에 대하여는 이를 의무적으로 공시하여야 한다. 그러나 예측정보의 공시에 있어서는 예측정보에 해당하는 정보의 범위만을 법률이 규정하고 그에 속하는 구체적인 정보의 공시에 대하여는 발행인의 자율적 의사에 따르게 하는 임의공시 또는 자발적 공시주의(voluntary disclosure)를 취하고 있다.

이와 같이 예측정보에 대하여 자발적 공시방식을 택한 것은 예측정보는 본질적으로 주관적이며 불확실하기 때문에 투자자에게는 확정되지 않은 정보를 신뢰하게 할 수 있어 투자판단의 착오를 초래할 가능성이 높고, 발행인에게는 예측치와 실제치 간의 불일치로 인한 손해배상책임의 위험부담이 크기 때문이다. 그리하여 예측정보가 투자판단에 중요성을 가지더라도 이의 공시는 강제되지 아니한다.

다만 자발적 공시주의를 취하면서도 예측정보가 투자자를 위하여 투자판단상 유익할 수 있기 때문에 일정한 요건을 정하여 이를 충족하는 경우에는 예측정보의 부실공시에 대하여 면책을 허용함으로써 발행인에 대하여 예측정보의 적극적 공시를 유도하고자 한 것이다. 이러한 입법태도는 미국의 1933년 증권법을 따른 것이다.

(라) 연혁

1) 미국

미국의 경우 1970년대 초까지 예측정보는 본질적으로 신뢰할 수 없는 정보이고, 또 일반투자자는 투자판단에 있어서 예측정보에 과도한 비중을 둔다는 점을 인식하여 증권거래위원회(SEC)에 의하여 예측정보의 공시가 금지되었다. 그런데 많은 증권분석가들의 권고에 따라 증권거래위원회가 구성한 휘트 위원회(Wheat Commission)의 보고(1969년)를 계기로 예측정보의 허용 또는 강제공시문제를 검토하기 시작함으로써 예측정보의 공시문제가 본격적으로 논의되었다. 그 후 많은 논의를 거쳐 1979년에 증권거래위원회는 1933년 증권법 SEC Rule 175와 1934년 증권거래법 SEC Rule 3b-6조에 이를 명문화함으로써 자발적인 예측정보공시제도를 도입하게 되었다.

그러나 증권거래위원회의 Rule에 의하여 도입된 예측정보공시제도는 법률적으로 예측정보의 부실공시에 대한 책임을 면제하는 것은 아니어서 투자자로부터 부실공시에 기한 손해배상책임의 소송이 증가하고, 또 발행인도 이러한 소송의 위험으로부터 벗어나기 위하여 예측정보의 적극적 공시를 회피하는 현상이 늘게 되어 당초에 예정했던 예측정보공시제도의 도입취지가 무색하게 되었다. 그리하여 1995년에는 증권민사소송개혁법(Private Securities Litigation Reform Act of 1995: PSLRA)의 일환으로서 1933년 증권법(제27A조)과 1934년 증권거래법(제21E

조)을 개정하여 예측정보를 기초로 한 민사책임으로부터 일정한 발행인과 기타의 자들을 보호할 수 있도록 하였다. 여기에서는 민사소송상 증거개시절차의 남용(abuse of the discovery process)을 포함하여 소송의 남용가능성으로부터 발행인 등을 보호하여야 한다는 점, 예측정보의 공시는 투자자에게 바람직하다는 점, 그리고 기업경영에 장애가 되어왔던 소송의 남발을 억제함으로써 예측정보의 공시를 장려하여야 할 필요가 있다는 점 등이 주요한 입법배경으로 작용하였다.34)

2) 한국

1999년 개정 증권거래법은 발행시장에서 유가증권을 모집 또는 매출하는 발행인은 금융감독위원회에 제출하여야 할 유가증권신고서에 법령상의 의무적 기재사항 이외에도 장래의 예측정보(forward-looking information)를 자율적으로 기재할 수 있도록 하였다(증권거래법8②).

원래 증권거래법상 발행인 등이 공시하여야 할 정보는 경성정보(hard information)로서 과거의 확정된 정보를 뜻하는 것이 원칙이었지만, 증권거래법 개정으로 발행인은 발행시장에서든 유통시장에서든 연성정보(soft information)로서 장래의 불확실한 예측정보도 공시할 수 있게 되었다.

자본시장법의 예측정보에 관한 규정은 증권거래법 제8조 제2항과 제14조 제2항의 규정을 거의 그대로 계수한 것이다.

(마) 기재방법(예측정보공시의 형식규제)

이 경우 예측정보의 기재 또는 표시는 ⅰ) 그 기재 또는 표시가 예측정보라는 사실이 밝혀져 있을 것, ⅱ) 예측 또는 전망과 관련된 가정이나 판단의 근거가 밝혀져 있을 것, ⅲ) 그 기재 또는 표시에 대하여 예측치와 실제 결과치가 다를 수 있다는 주의문구가 밝혀져 있어야 한다(법119③ 후단, 법125②(1)(2)(4)).

이와 같이 자본시장법은 예측정보의 공시에 있어서는 일정한 방법에 의할 것을 강제하고 있다. 이와 같은 예측정보의 공시방법을 따르는 경우에는 예측정보에 중요사항의 부실표시가 있어도 소위 안전항 면책규정(safe harbor provision)의 특례가 인정된다. 따라서 이러한 방법에 따르지 아니한 예측정보의 공시에 대하여는 그러한 면책특례의 적용이 배제된다.

(4) 대표이사와 신고업무를 담당하는 이사의 확인·서명

(가) 의의

증권신고서를 제출하는 경우 신고 당시 해당 발행인의 대표이사(집행임원 설치회사의 경우 대표집행임원) 및 신고업무를 담당하는 이사(대표이사 및 신고업무를 담당하는 이사가 없는 경우 이에 준하는 자)는 그 증권신고서의 기재사항 중 중요사항에 관하여 거짓의 기재 또는 표시가 있

---

34) 송종준(2000), "예측정보의 부실공시와 민사책임구조", 증권법연구 제1권 제1호(2000. 12), 10쪽.

거나 중요사항의 기재 또는 표시가 누락되어 있지 아니하다는 사실 등 대통령령으로 정하는 사항을 확인·검토하고 이에 각각 서명하여야 한다(법119⑤).

증권신고서의 부실표시에 대하여 손해배상책임을 부담하는 발행인의 대표이사와 신고업무를 담당한 이사의 책임을 명확히 하기 위하여 이들에게 기재사항에 대한 확인·검토 후 서명을 하도록 한 것이다.

이 제도는 미국에서 엔론 등 기업의 분식회계로 증권시장에 충격을 주고 투자자에게 엄청난 손실을 발생시키자 이에 대한 대응방법으로 공시서류의 진실성을 강력하게 담보하기 위하여 2002년 7월에 제정된 사베인스-옥슬리법(Sarbanes-Oxley Act)의 내용을 계수한 것이다.

따라서 이 제도는 기업회계 및 경영의 투명성 제고를 위하여 증권신고서 등의 공시서류의 부실표시를 방지하기 위하여 2003년 12월 31일 증권거래법에 신설되었다가 자본시장법에 그대로 계수되었다. 이것은 공시를 위한 회사의 내부결제절차가 요식행위로 이루어지고 있는 점을 고려하여 사후제재의 실효성 확보와 내부통제시스템 구축절차의 일환으로 사전예방적인 차원에서 도입된 것이다

(나) 확인·서명 의무자

증권신고서의 기재사항 중 중요사항에 관하여 거짓의 기재 또는 표시가 있거나 중요사항의 기재 또는 표시가 누락되어 있지 아니하다는 사실 등 대통령령으로 정하는 사항을 확인·검토하고 이에 각각 서명하여야 하는 자는 "신고 당시 해당 발행인의 대표이사 및 신고업무를 담당하는 이사"(대표이사 및 신고업무를 담당하는 이사가 없는 경우 이에 준하는 자)이다(법119⑤).

대표이사가 수인이 있는 경우 각자 대표가 원칙이므로 1인의 대표이사가 확인·검토하고 서명하여야 한다. 그리고 공동대표이사 등 대표이사가 단독으로 업무를 수행함에 제한이 있는 경우에는 공동대표이사가 공동으로 확인·검토하고 서명하여야 한다.

신고업무를 담당하는 이사는, 회사의 이사들 중에서 당해 신고업무를 수행하도록 회사의 정관이나 내규에 신고 등의 공시업무를 담당할 이사가 정해져 있는 경우에는 그 이사가 의무자가 되지만, 그 외에는 실제로 업무를 직접 수행한 이사가 의무자이다.

대표이사 및 신고업무를 담당하는 이사가 없는 경우 이에 준하는 자란 대표이사 및 신고업무를 담당하는 이사가 결원이 된 경우로 그 직무를 대행하는 자를 말한다.

(다) 확인·검토의 내용

대표이사 및 신고업무를 담당하는 이사(대표이사 및 신고업무를 담당하는 이사가 없는 경우 이에 준하는 자)가 확인·검토할 사항은 "증권신고서의 기재사항 중 중요사항에 관하여 거짓의 기재 또는 표시가 있거나 중요사항의 기재 또는 표시가 누락되어 있지 아니하다는 사실 등 대통령령으로 정하는 사항"이다(법119⑤).

여기서 "중요사항"은 "투자자의 합리적인 투자판단 또는 해당 금융투자상품의 가치에 중대한 영향을 미칠 수 있는 사항"(법47③)을 말한다. "대통령령으로 정하는 사항"이란 다음에 해당하는 사항을 말한다(영124).

1. 증권신고서의 기재사항 중 중요사항에 관하여 거짓의 기재 또는 표시가 없고, 중요사항의 기재 또는 표시가 빠져 있지 아니하다는 사실
2. 증권신고서의 기재 또는 표시 사항을 이용하는 자로 하여금 중대한 오해를 일으키는 내용이 기재 또는 표시되어 있지 아니하다는 사실
3. 증권신고서의 기재사항에 대하여 상당한 주의를 다하여 직접 확인·검토하였다는 사실
4. 외부감사법 제4조에 따른 외부감사대상 법인인 경우에는 같은 법 제8조에 따라 내부회계 관리제도가 운영되고 있다는 사실

(라) 서명

대표이사와 신고업무를 담당하는 이사는 자신들이 확인·검토한 사항에 대하여 각각 서명하여야 한다. 서명하여야 한다고 명시하고 있으므로 기명날인은 허용되지 않는다.

4. 증권신고서의 심사와 수리거부

(1) 증권신고서의 심사

(가) 심사의 의의와 범위

자본시장법은 증권신고서의 심사에 대하여 명시적으로 규정하고 있지는 않다. 그러나 수리 여부를 결정하기 위하여 그 전제로서 심사를 인정하여야 한다.

금융위원회는 증권신고서의 형식을 제대로 갖추지 아니한 경우 또는 그 증권신고서 중 중요사항에 관하여 거짓의 기재 또는 표시가 있거나 중요사항이 기재 또는 표시되지 아니한 경우를 제외하고는 그 수리를 거부하여서는 아니 된다(법120②).

이에 따라 금융위원회는 "증권신고서의 형식을 제대로 갖추지 아니한 경우"와 "증권신고서 중 중요사항에 관하여 거짓의 기재 또는 표시가 있거나 중요사항이 기재 또는 표시되지 아니한 경우"만을 심사할 수 있고, 이에 해당하면 수리를 거부하여야 한다. 증권신고서의 기재사항은 진실하고 정확하여야 하며, 첨부서류와 그 내용이 일치하여야 한다. 금융위원회는 발행인이 제출한 증권신고서의 형식상 불비가 없고, 증권의 모집·매출이 법령에 위반하지 않으면 증권신고서를 수리하고 있다.

(나) 심사결과의 통지

효력발생기간을 계산함에 있어 금융위원회가 신고서를 수리하면 접수된 날에 수리된 것으

로 본다. 이 경우 금융위원회가 신고서를 수리 또는 수리거부를 한 때에는 신고서를 제출한 발행인에게 이를 서면, 정보통신망법에 따른 정보통신망을 이용한 전자문서 또는 모사전송(FAX)의 방법으로 통지한다. 다만 정정신고서를 수리한 때에는 그 통지를 생략할 수 있다(증권발행공시규정2-3⑤).

(2) 증권신고서의 수리거부와 정정신고서의 제출 요구

(가) 수리거부

금융위원회는 증권신고서에 대한 심사결과 "증권신고서의 형식을 제대로 갖추지 아니한 경우 또는 그 증권신고서 중 중요사항에 관하여 거짓의 기재 또는 표시가 있거나 중요사항이 기재 또는 표시되지 아니한 경우"에는 증권신고서의 수리를 거부할 수 있다(법120② 반대해석).

(나) 정정신고서의 제출 요구

금융위원회는 증권신고서의 형식을 제대로 갖추지 아니한 경우 또는 그 증권신고서 중 중요사항에 관하여 거짓의 기재 또는 표시가 있거나 중요사항이 기재 또는 표시되지 아니한 경우와 중요사항의 기재나 표시내용이 불분명하여 투자자의 합리적인 투자판단을 저해하거나 투자자에게 중대한 오해를 일으킬 수 있는 경우에는 그 증권신고서에 기재된 증권의 취득 또는 매수의 청약일 전일까지 그 이유를 제시하고 그 증권신고서의 기재내용을 정정한 신고서("정정신고서")의 제출을 요구할 수 있다(법122①).

5. 증권신고서의 효력발생시기

(1) 효력발생의 의의

증권신고서가 금융위원회에 제출되어 수리된 날부터 증권의 종류 또는 거래의 특성 등을 고려하여 총리령으로 정하는 기간이 경과한 날에 그 효력이 발생한다(법120①). 여기서 수리된 날로부터 효력발생일까지의 기간을 대기기간(waiting period)이라고 하며, 대기기간은 금융위원회에게는 증권신고서 심사기간이고, 투자자에게는 증권신고서 기재내용을 이해하고 투자 여부를 판단할 수 있는 숙고기간이며, 발행인에게는 모집·매출을 위한 준비기간이다.

따라서 증권신고서의 효력이 발생하여야 모집·매출을 할 수 있다. 즉 신고의 효력이 발생하지 아니한 증권의 취득 또는 매수의 청약이 있는 경우에 그 증권의 발행인·매출인과 그 대리인은 그 청약의 승낙을 하여서는 아니 된다(법121①). 증권신고서의 효력의 발생은 그 증권신고서의 기재사항이 진실 또는 정확하다는 것을 인정하거나 정부에서 그 증권의 가치를 보증 또는 승인하는 효력을 가지지 아니한다(법120③).

(2) 효력발생기간

증권신고의 효력발생시기는 그 증권신고서가 수리된 날부터 다음의 기간이 경과한 날로 한다(시행규칙12①).

1. 채무증권의 모집 또는 매출인 경우에는 7일. 다만 다음의 어느 하나에 해당하는 채무증권인 경우에는 5일
   가. 담보부사채신탁법에 따라 발행되는 담보부사채
   나. 보증사채권[35]
   다. 자산유동화법 제3조에 따른 자산유동화계획에 따라 발행되는 사채권
   라. 일괄신고서에 의하여 모집 또는 매출되는 채무증권
2. [일반공모] 지분증권의 모집 또는 매출인 경우에는 15일. 다만 주권상장법인(투자회사 제외)의 주식의 모집 또는 매출인 경우에는 10일, [주주 또는 제3자 배정] 주식(투자회사의 주식은 제외)의 모집 또는 매출인 경우에는 7일
3. 증권시장에 상장된 환매금지형집합투자기구의 집합투자증권의 모집 또는 매출인 경우에는 10일, 주주 등 출자자 또는 수익자에게 배정하는 방식의 환매금지형집합투자기구의 집합투자증권의 모집 또는 매출인 경우에는 7일
4. 제1호부터 제3호까지에 해당하는 증권의 모집 또는 매출 외의 경우에는 15일

효력발생기간은 증권신고서의 기재내용에 대한 심사기간일 뿐만 아니라 투자자에게는 해당 증권에 대하여 투자판단을 할 수 있는 숙고기간이기 때문에 증권의 성격 및 발행인의 유형에 따라 그 기간에 차등을 두어 적용하고 있는 것이다.

(3) 정정신고서의 효력발생시기

증권신고서에 대한 정정신고서가 제출된 경우에는 그 정정신고서가 수리된 날에 그 증권신고서가 수리된 것으로 본다(법122⑤). 따라서 효력발생기간은 원칙적으로 수리일로부터 기산하여야 한다. 그러나 다음과 같은 경우에는 예외이다.

(가) 일반 정정신고서

모집가액, 매출가액, 발행이자율 및 이와 관련된 사항의 변경으로 인하여 정정신고서를 제출하는 경우에는 그 정정신고서가 수리된 날부터 3일이 지난 날에 해당 증권신고의 효력이 발생한다(시행규칙12②(1)). 이 경우는 증권신고서의 내용이 이미 일반인에게 널리 알려져 있거나 쉽게 이해할 수 있는 경우이기 때문이다.

(나) 집합투자기구의 등록사항 변경을 위한 정정신고서

집합투자기구의 등록된 사항을 변경하기 위하여 정정신고서를 제출하는 경우에는 그 정정

---

35) "보증사채권"이란 다음의 어느 하나에 해당하는 금융기관 등이 원리금의 지급을 보증한 사채권을 말한다(영362⑧). 1. 은행, 2. 한국산업은행, 3. 중소기업은행, 4. 보험회사, 5. 투자매매업자, 6. 증권금융회사, 7. 종합금융회사, 8. 신용보증기금(신용보증기금이 지급을 보증한 보증사채권에는 민간투자법에 따라 산업기반신용보증기금의 부담으로 보증한 것을 포함), 9. 기술보증기금

신고서가 수리된 날에 해당 증권신고의 효력이 발생한다(시행규칙12②(2)). 이 경우도 증권신고서의 내용이 이미 일반인에게 널리 알려져 있거나 쉽게 이해할 수 있는 경우이기 때문이다.

(다) 정정신고서가 먼저 수리된 경우

다만 위의 "일반 정정신고서"와 "집합투자기구의 등록사항 변경을 위한 정정신고서"에서 정하는 날이 시행규칙 제1항 각 호에서 정하는 날 이전인 경우에는 제1항 각 호에 따른다(시행규칙12② 단서).

(4) 효력발생시기의 특례

(가) 단축요건

금융위원회는 다음의 어느 하나에 해당하여 증권신고의 효력발생시기를 앞당길 필요가 있는 경우에는 제1항 각 호 및 제2항 각 호에 따른 기간을 단축하여 효력발생시기를 따로 정하여 고시할 수 있다(시행규칙12③).

1. 해당 증권신고서의 내용이 이미 일반인에게 널리 알려져 있거나 쉽게 이해될 수 있을 것
2. 해당 증권의 발행인이 영 제119조 제1항 각 호의 어느 하나에 해당하는 법률에 따라 직접 설립되었거나 국가·지방자치단체로부터 업무감독을 받는 자 또는 금융위원회가 정하여 고시하는 국제기구 또는 단체로서 이미 일반인에게 그 공공성을 널리 인정받고 있을 것

(나) 특례 내용

1) 효력발생기간이 단축되는 경우

가) 증권신고서의 내용이 이미 일반인에게 널리 알려져 있거나 쉽게 이해될 수 있는 경우(시행규칙12③(1))

[증권의 발행 및 공시 등에 관한 규정]

제2-3조(효력발생시기의 특례 등) ① 규칙 제12조에 따라 금융위가 따로 정하는 효력발생시기는 다음과 같다.

1. 일괄신고서의 정정신고서는 수리된 날부터 3일이 경과한 날에 그 효력이 발생한다. 다만 일괄신고서의 정정신고서가 수리된 날부터 3일이 경과한 날이 당초의 일괄신고서의 효력 이 발생하는 날보다 먼저 도래하는 경우에는 당초의 일괄신고서의 효력이 발생하는 날에 그 효력이 발생한다.
2. 사업보고서, 반기보고서, 분기보고서 또는 신고서를 제출한 사실이 있는 법인이 신고서의 기재사항 중 발행인에 관한 사항이 이미 제출한 사업보고서·반기보고서 및 분기보고서 또는 신고서와 동일한 내용의 신고서를 제출하는 경우 무보증사채권(보증사채권 또는 담보부사채권을 제외한 사채권)의 발행을 위한 신고서는 수리된 날부터 5일, 보증사채권, 담보부사채권의 발행을 위한 신고서는 수리된 날부터 3일이 경과한 날에 각각 그 효력이 발생

한다. 다만 「관공서의 공휴일에 관한 규정」 제2조에 따른 휴일은 그 기간에 산입하지 아니한다.

3. 사채권의 발행을 위하여 신고서를 제출한 자가 사채거래수익률 등의 변동으로 인한 발행가액의 변경 또는 발행이자율의 변경을 위하여 정정신고서를 제출하는 경우에는 정정신고서가 수리된 다음날에 그 효력이 발생한다. 다만 제2호 또는 시행규칙 제12조 제1항 제1호의 기간이 경과하기 전에 정정신고서가 수리되어 그 효력이 발생하게 되는 경우에는 당초의 신고서의 효력이 발생하는 날에 그 효력이 발생한다.

4. 삭제 <2013. 9. 17>

5. 법 제4조 제7항 제1호에 해당하는 증권의 모집 또는 매출을 위하여 신고서를 제출한 자가 시장상황의 변동 등으로 동 증권의 지급금액 결정방식을 변경하기 위하여 정정신고서를 제출하는 경우에는 정정신고서를 수리한 날부터 3일이 경과한 날에 그 효력이 발생한다. 다만 제2호 단서의 공휴일은 효력발생기간에 산입하지 아니하며 시행규칙 제12조 제1항에서 정한 기간이 경과하기 전에 정정신고서가 수리되어 그 효력이 발생하게 되는 경우에는 당초의 신고서의 효력이 발생하는 날에 그 효력이 발생한다.

6. 집합투자기구간 합병을 위해 신고서를 제출하는 경우로서 수익자총회일의 2주전부터 합병계획서 등을 공시하는 경우에는 그 신고서가 수리된 날부터 3일이 경과한 날에 그 효력이 발생한다.

7. 제1호에도 불구하고 영 제7조 제2항에 따른 금적립계좌등의 발행을 위하여 제출한 일괄 신고서가 효력이 발생한 후에 제출하는 정정신고서는 수리된 날에 그 효력이 발생한다.

나) 일반인에게 공공성이 인정받고 있는 경우(시행규칙12③(2))

[증권의 발행 및 공시 등에 관한 규정]
제2-3조(효력발생시기의 특례 등) ④ 규칙 제12조 제3항 제2호에 따라「국제금융기구에의 가입조치에 관한 법률」 제2조 제1항 각 호의 어느 하나에 해당하는 국제금융기구가 원화표시채권을 발행하기 위하여 증권신고서를 제출하는 경우에는 증권신고서가 수리된 날부터 5일이 경과한 날에 효력이 발생한다.

2) 정정신고서를 제출하는 경우에도 당초의 효력발생일에 영향을 미치지 않는 경우

[증권의 발행 및 공시 등에 관한 규정]
제2-3조(효력발생시기의 특례 등) ② 신고서를 제출한 자가 다음의 어느 하나의 사유로 정정신고서를 제출하는 경우에는 당초의 신고서 효력 발생일에 영향을 미치지 아니한다.

1. 증권시장에 상장하기 위하여 지분증권(지분증권과 관련된 증권예탁증권을 포함)을 모집 또는 매출하는 경우로서 모집 또는 매출할 증권수를 당초에 제출한 신고서의 모집 또는 매출

할 증권수의 80% 이상과 120% 이하에 해당하는 증권수로 변경하는 경우

2. 초과배정옵션계약을 추가로 체결하거나 초과배정 수량을 변경하는 경우

3. 공개매수의 대가로 교부하기 위하여 신주를 발행함에 있어서 발행예정주식수가 변경되는 경우

4. 채무증권(주권 관련 사채권은 제외)을 모집 또는 매출하는 경우로서 모집가액 또는 매출가액의 총액을 당초에 제출한 신고서의 모집가액 또는 매출가액의 총액의 80% 이상과 120% 이하에 해당하는 금액으로 변경하는 경우

③ 사소한 문구수정 등 투자자의 투자판단에 크게 영향을 미치지 아니하는 경미한 사항을 정정하기 위하여 정정신고서를 제출하는 경우에도 당초의 효력발생일에 영향을 미치지 아니한다.

(다) 효력발생기간 계산방법

효력발생기간을 계산함에 있어 금융위가 신고서를 수리하면 접수된 날에 수리된 것으로 본다. 이 경우 금융위가 신고서를 수리 또는 수리거부를 한 때에는 신고서를 제출한 발행인에게 이를 서면, 정보통신망법에 따른 정보통신망을 이용한 전자문서 또는 모사전송(FAX)의 방법으로 통지한다. 다만 제2-12조 제4항의 규정에 의한 정정신고서를 수리한 때에는 그 통지를 생략할 수 있다(증권발행공시규정2-3⑤).

(5) 신고서 기재사항의 특례

증권발행공시규정은 증권신고서 기재사항의 특례를 다음과 같이 규정하고 있다.

지분증권을 모집 또는 매출하는 경우 모집 또는 매출가액을 결정하기 전에 신고서를 제출하는 때에는 다음의 사항에 대한 기재를 하지 않을 수 있다. 이 경우 그 산정방법 또는 인수인이 확정된 후 추후 기재한다는 사실을 기재하여 신고서를 제출하여야 한다(증권발행공시규정 2-12①).

1. 모집 또는 매출가액
2. 청약증거금
3. 인수증권수
4. 인수조건
5. 인수인(모집 또는 매출하는 증권의 발행인 또는 매출인으로부터 해당 증권의 인수를 의뢰받아 인수조건 등을 결정하고 해당 모집 또는 매출과 관련된 업무를 통할하는 자("주관회사")를 제외)

전환사채권, 신주인수권부사채권 또는 교환사채권을 발행함에 있어서 필요한 경우 전환가액, 신주인수권행사가액 또는 교환가액 등에 대하여는 그 산정 또는 결정방법만을 기재한 신고서를 제출할 수 있다(증권발행공시규정2-12②). 채무증권을 발행함에 있어서 필요한 경우 발행가

액과 발행이자율에 대하여는 그 산정 또는 결정방법만을 기재한 신고서를 제출할 수 있다(증권발행공시규정2-12③). 위 제1항부터 제3항까지의 경우 발행가액 또는 인수인 등이 확정된 때에는 법 제122조에 따른 정정신고서를 제출하여야 한다. 이 경우 당초의 신고서 효력발생일에 영향을 미치지 아니한다(증권발행공시규정2-12④).

Ⅱ. 일괄신고서

1. 의의

일괄신고서는 증권의 종류, 발행예정기간, 발행횟수, 발행인의 요건 등을 고려하여 대통령령으로 정하는 기준과 방법에 따라 일정기간 동안 모집하거나 매출할 증권의 총액을 일괄하여 기재한 신고서를 말한다. 일괄신고서를 금융위원회에 제출하여 수리된 경우에는 그 기간 중에 그 증권을 모집하거나 매출할 때마다 제출하여야 하는 신고서를 따로 제출하지 아니하고 그 증권을 모집하거나 매출할 수 있다(법119② 전단).

일괄신고서를 제출하면 일괄신고서에 기재된 그 증권(집합투자증권 및 파생결합증권 중 대통령령으로 정하는 것을 제외)을 모집하거나 매출할 때마다 대통령령으로 정하는 일괄신고추가서류를 제출하여야 하는데(법119② 후단), 이에 대하여는 별도의 수리 및 효력발생의 절차를 거칠 필요없이 증권을 모집하거나 매출할 수 있게 되는 것이다.

증권신고서는 모집·매출하는 경우마다 제출하는데 반하여, 일괄신고서는 같은 종류의 증권을 계속 발행하는 발행인에게 발행인에 관한 사항과 일정기간 동안의 모집·매출 예정물량을 금융위원회에 사전에 일괄하여 신고하고, 실제 발행하는 경우 일괄신고추가서류만을 제출하면 증권신고서를 제출한 것과 동일한 효과를 갖도록 하여 증권의 모집·매출을 원활하게 하는 제도이다.

2. 대상증권

일괄신고서를 제출할 수 있는 증권은 다음의 증권으로 한다. 다만 조건부자본증권은 제외한다(영121①).

1. 주권
2. 주권 관련 사채권 및 이익참가부사채권
3. 제2호의 사채권을 제외한 사채권(＝일반사채권)
4. 파생결합증권
5. 다음의 어느 하나에 해당하는 집합투자증권("개방형 집합투자증권")

가. 환매금지형집합투자기구가 아닌 집합투자기구의 집합투자증권

나. 가목에 준하는 것으로서 외국 집합투자증권

3. 발행예정기간 및 발행횟수

(1) 발행예정기간

(가) 일반원칙

발행예정기간은 일괄신고서에 의하여 모집하거나 매출할 수 있는 기간을 말한다. 일괄신고서의 발행예정기간은 일괄신고서의 효력발생일부터 2개월 이상 1년 이내의 기간으로 한다(영121② 본문).

(나) 개방형 집합투자증권 또는 금적립계좌등

개방형 집합투자증권 또는 금적립계좌등인 경우에는 해당 집합투자규약 또는 발행계약에서 정한 존속기간 또는 계약기간을 발행예정기간으로 하고, 집합투자규약 또는 발행계약에서 존속기간 또는 계약기간을 정하지 아니한 경우에는 무기한으로 한다(영121② 단서).

(다) 잘 알려진 기업의 주권 및 사채권

시행령 제126조 제6항 각 호의 요건을 갖춘 잘 알려진 기업은 제1항 제1호부터 제3호까지의 증권에 대한 일괄신고서를 제출할 수 있다. 이 경우 제2항에도 불구하고 발행예정기간은 2년 이내로 한다(영121⑥).

(2) 발행횟수

일괄신고서를 제출한 자는 발행예정기간 중 3회 이상 그 증권을 발행하여야 한다(영121③). 다만 잘 알려진 기업이 주권 및 사채권을 발행하는 경우에는 그러하지 아니하다(영121⑥).

4. 제출가능법인

(1) 일반법인

시행령 제121조 제1항 제3호 및 제4호(금적립계좌등은 제외)의 증권에 대한 일괄신고서를 제출할 수 있는 자는 다음의 요건을 모두 갖춘 자로 한다(영121④).

1. 다음의 어느 하나에 해당하는 자로서 제1항 제3호 또는 제4호에 따른 증권 중 같은 종류에 속하는 증권을 최근 1년간 모집 또는 매출한 실적이 있을 것
   가. 최근 1년간 사업보고서와 반기보고서를 제출한 자
   나. 최근 1년간 분기별 업무보고서 및 월별 업무보고서를 제출한 금융투자업자
2. 최근 사업연도의 재무제표에 대한 회계감사인의 감사의견이 적정일 것
3. 최근 1년 이내에 금융위원회로부터 증권의 발행을 제한하는 조치를 받은 사실이 없을 것

(2) 분할 또는 분할합병으로 인하여 설립 또는 존속하는 법인

분할 또는 분할합병으로 인하여 설립 또는 존속하는 법인은 다음의 요건을 모두 충족하는 경우에는 위 제4항에도 불구하고 일괄신고서를 제출할 수 있다(영121⑤).

1. 분할 전 또는 분할합병 전의 법인이 제4항에 따른 요건을 충족할 것
2. 분할 또는 분할합병으로 인하여 설립된 법인의 최근 사업연도 재무제표에 대한 회계감사인의 감사의견이 적정일 것

(3) 잘 알려진 기업(WKSI)

자본시장법은 잘 알려진 기업에 대하여 공시부담을 경감시켜 주기 위하여 일괄신고서의 사용제한을 완화하여 규정하고 있다.

잘 알려진 기업이 되기 위해서는 다음의 요건을 갖추어야 한다(영121⑥).

1. 주권상장법인으로서 주권이 상장된 지 5년이 경과하였을 것
2. 최근 사업연도의 최종 매매거래일 현재 시가총액이 5천억원 이상일 것. 이 경우 시가총액은 해당 주권상장법인의 주권의 가격(증권시장에서 성립된 최종가격)에 발행주식총수를 곱하여 산출한 금액을 말한다.
3. 최근 3년간 사업보고서·반기보고서 및 분기보고서를 기한 내에 제출하였을 것
4. 최근 3년간 공시위반으로 금융위원회 또는 거래소로부터 금융위원회가 정하여 고시하는 제재[36]를 받은 사실이 없을 것
5. 최근 사업연도의 재무제표에 대한 회계감사인의 감사의견이 적정일 것
6. 최근 3년간 법에 따라 벌금형 이상의 형을 선고받거나 외부감사법 제5조에 따른 회계처리기준의 위반과 관련하여 같은 법에 따라 벌금형 이상의 형을 선고받은 사실이 없을 것

일괄신고서를 제출한 법인이 일괄신고서에 기재된 발행예정기간 중 합병 등에 따라 새로운 법인으로 설립되는 경우로서 합병 등의 당사자가 되는 모든 법인이 위 제6항에 따른 모든 요건을 충족하는 경우에는 이미 제출한 일괄신고서를 이용할 수 있다(영121⑦ 본문). 다만 합병 등의 당사자가 되는 법인이 제6항 각 호의 요건 중 일부를 갖추지 못하는 경우에도 금융위원회가 정하여 고시하는 조건에 해당하는 경우[37]에는 이미 제출한 일괄신고서를 이용할 수 있다(영

---

36) "금융위원회가 정하여 고시하는 제재"란 법 제429조에 따른 과징금 부과, 법 제449조 제1항 제36호부터 제38호까지 및 같은 조 제2항 제7호부터 제8의2호까지(제8호의 경우는 법 제131조 제1항, 제146조 제1항, 제151조 제1항, 제158조 제1항, 제164조 제1항이 관련된 경우에 한한다.)에 따른 과태료 부과, 영 제138조 제1호·제2호의 조치, 한국거래소의 유가증권시장 상장규정 제47조 제1항 제12호 및 코스닥시장 상장규정 제28조 제1항 제8호에 따른 관리종목 지정을 말한다(증권발행공시규정2-4①).

37) "금융위원회가 정하여 고시하는 조건에 해당하는 경우"란 다음에 해당하는 경우를 말한다(증권발행공시규정2-4②).

121⑦ 단서).

제6항 및 제7항의 일괄신고서에 따라 증권을 모집하거나 매출하려면 일괄신고서에 기재된 발행예정기간 동안 같은 항 각 호의 요건을 모두 충족하여야 한다(영121⑧).

5. 기재사항과 첨부서류

(1) 기재사항

일괄신고서(집합투자증권은 제외)에는 다음의 사항을 기재하여야 한다(영126①).

1. 대표이사 및 신고업무를 담당하는 이사의 제124조 각 호의 사항에 대한 서명
2. 발행예정기간
3. 발행예정금액
4. 시행령 제125조 제1항 제3호에 따른 발행인에 관한 사항
5. 그 밖에 투자자를 보호하기 위하여 필요한 사항으로서 금융위원회가 정하여 고시하는 사항

(2) 첨부서류

집합투자증권을 제외한 일괄신고서에는 다음의 서류를 첨부하여야 한다. 이 경우 금융위원회는 전자정부법에 따른 행정정보의 공동이용을 통하여 법인 등기사항증명서를 확인하여야 한다(영126②).

1. 정관 또는 이에 준하는 것으로서 조직운영과 투자자의 권리의무를 정한 것
2. 일괄하여 신고할 것을 결의한 이사회의사록이나 그 결의를 증명할 수 있는 서류의 사본
3. 법인 등기사항증명서에 준하는 것으로서 법인 설립을 증명할 수 있는 서류(법인 등기사항증명서로 확인할 수 없는 경우로 한정)
4. 회계감사인의 감사보고서
5. 연결재무제표의 작성의무가 있는 경우에는 회계감사인이 작성한 연결재무제표에 대한 감사보고서
6. 그 밖에 투자자를 보호하기 위하여 필요한 서류로서 금융위원회가 정하여 고시하는 서류[38]

---

1. 영 제121조 제6항에 따라 일괄신고서를 제출한 법인의 분할로 인하여 설립 또는 존속하는 법인(주권상장법인에 한한다)이 영 제121조 제6항 제2호를 충족하는 경우
2. 영 제121조 제6항에 따라 일괄신고서를 제출한 법인이 상법 제527조의3에 따라 다른 법인과 합병하는 경우

[38] "금융위원회가 정하여 고시하는 서류"란 제4항 제3호 다목 및 라목을 말한다(증권발행공시규정2-4⑦).
　다. 회계감사인의 반기감사보고서 또는 반기검토보고서(법 제160조에 따라 반기보고서를 제출하는 법인이 반기재무제표가 확정된 이후에 신고서를 제출하는 경우에 첨부해야 할 반기감사보고서 또는 반기검토보고서)

6. 일괄신고추가서류

(1) 의의

일괄신고서를 제출한 발행인은 이미 일정기간 동안 모집하거나 매출할 증권의 총액을 일괄하여 신고하였기 때문에, 같은 종류의 증권을 계속하여 개별적으로 모집하거나 매출하는 경우에는 일괄신고추가서류를 제출하여야 한다. 다만 개방형 집합투자증권 및 금적립계좌등은 제외한다(법119② 후단, 영122①). 일괄신고추가서류를 제출하여야 하는 경우 그 일괄신고추가서류가 제출되지 아니하면 그 증권의 발행인·매출인과 그 대리인은 그 증권에 관한 취득 또는 매수의 청약에 대한 승낙을 하여서는 아니 된다(법121②).

개방형 집합투자증권 및 금적립계좌등의 경우 일괄신고추가서류 제출의무를 면제한 이유는 투자자가 언제든지 판매와 환매를 원하기 때문에 일괄신고추가서류의 제출이 사실상 어렵기 때문이다.

(2) 기재사항

일괄신고추가서류에는 다음의 사항을 기재하여야 한다(영122②). 일괄신고추가서류의 기재내용은 일괄신고서(정정신고서를 포함)의 기재내용을 변경하는 내용이어서는 아니 된다(영122③).

1. 대표이사 및 신고업무를 담당하는 이사의 제124조 각 호의 사항에 대한 서명. 다만 투자자 보호를 해칠 염려가 없는 경우로서 금융위원회가 정하여 고시하는 경우[39]에는 생략할 수 있다.
2. 모집 또는 매출의 개요
3. 일괄신고서상의 발행예정기간 및 발행예정금액
4. 발행예정기간 중에 이미 모집 또는 매출한 실적
5. 모집 또는 매출되는 증권에 대한 인수인의 의견(인수인이 있는 경우만 해당)
6. 그 밖에 투자자를 보호하기 위하여 필요한 사항으로서 금융위원회가 정하여 고시하는 사항[40]

　　라. 회계감사인의 분기감사보고서 또는 분기검토보고서(영 제170조 제1항 제2호 단서에 따른 금융기관·주권상장법인이 분기재무제표가 확정된 이후에 신고서를 제출하는 경우에 첨부해야 할 분기 감사보고서 또는 분기검토보고서)

[39] "금융위원회가 정하여 고시하는 경우"란 금융위원회법 제38조에 따른 검사대상기관이 일괄신고추가서류를 제출하거나 영 제121조 제6항의 요건을 갖춘 자가 영 같은 조 제1항 제3호의 사채권을 발행하기 위해 일괄신고추가서류를 제출하는 경우를 말한다(증권발행공시규정2-4③).

[40] "금융위원회가 정하여 고시하는 사항"이란 다음의 사항을 말한다(증권발행공시규정2-4④).
　　1. 모집 또는 매출되는 증권의 권리내용
　　2. 모집 또는 매출되는 증권의 취득에 따른 투자위험요소

(3) 첨부서류

일괄신고추가서류의 서식과 작성방법, 첨부서류 등에 관하여 필요한 사항은 금융위원회가 정하여 고시한다(영122④). 이 규정에 따라 금융위원회가 정하여 고시한 첨부서류는 다음과 같다.

[증권의 발행 및 공시 등에 관한 규정]
제2-4조(일괄신고서 및 추가서류 관련사항) ⑤ 영 제122조 제4항에서 "금융위원회가 정하여 고시하는 첨부서류"는 다음에 따른 서류를 말한다.
1. 보증사채권을 모집 또는 매출하는 경우
   가. 영 제125조 제2항 제1호부터 제5호까지의 서류(다만 이사회의사록의 경우 영 제121조 제1항 제3호의 사채권 및 같은 조 같은 항 제4호의 파생결합증권에 한하여 발행인의 이사회가 일괄신고서 제출 당시에 이에 관한 구체적인 범위를 정하여 대표이사에게 위임하고 대표이사가 위임범위 내에서 발행하는 경우에는 일괄신고서 제출당시에 첨부한 이사회의사록을 재첨부할 수 있다)
   나. 예비투자설명서를 사용하려는 경우에는 예비투자설명서
   다. 간이투자설명서를 사용하려는 경우에는 간이투자설명서
   라. 회계감사인의 감사보고서
   마. 원리금지급 대행계약을 체결한 경우에는 그 계약서 사본
   바. 증권 신탁계약을 체결한 경우에는 그 계약서 사본
   사. 원리금지급보증계약서 사본
   아. 증권의 모집·매출의 주선계약을 체결한 경우에는 그 계약서의 사본
2. 담보부사채권을 모집 또는 매출하는 경우
   가. 제1호 가목부터 바목까지의 서류 및 아목의 서류
   나. 신탁증서 사본
3. 무보증사채권을 모집 또는 매출하는 경우
   가. 제1호 가목부터 바목까지의 서류 및 아목의 서류
   나. 회계감사인의 연결감사보고서(연결재무제표의 작성의무가 없는 경우에는 이를 제외)
   다. 회계감사인의 반기감사보고서 또는 반기검토보고서(법 제160조에 따라 반기보고서를 제출하는 법인이 반기재무제표가 확정된 이후에 신고서를 제출하는 경우에 첨부해야 할 반기감사보고서 또는 반기검토보고서)
   라. 회계감사인의 분기감사보고서 또는 분기검토보고서(영 제170조 제1항 제2호 단서에 따른 금융기관·주권상장법인이 분기재무제표가 확정된 이후에 신고서를 제출하는 경우에 첨부해야 할 분기감사보고서 또는 분기검토보고서)

---

3. 모집 또는 매출되는 증권의 기초자산에 관한 사항(파생결합증권의 경우만 해당)
4. 자금의 사용목적
5. 그 밖에 투자자 보호를 위하여 필요한 사항

　　마. 모집위탁계약을 체결한 경우에는 그 계약서 사본

　　바. 해당 사채권에 대하여 법 제335조의3에 따라 인가를 받은 신용평가회사의 평가등급을
　　　　받은 경우에는 그 신용평가서 사본

　4. 파생결합증권을 모집 또는 매출하는 경우

　　가. 제1호 가목부터 라목까지의 서류 및 아목의 서류

　　나. 제3호 나목부터 라목까지의 서류

　　다. 해당 증권을 증권시장에 상장하고자 하는 경우 상장예비심사결과서류

　5. 주권을 모집 또는 매출하는 경우

　　가. 제1호 가목부터 라목까지의 서류 및 아목의 서류

　　나. 제3호 나목부터 라목까지의 서류

7. 일괄신고서의 효력발생기간

　　일괄신고서에 의하여 모집 또는 매출되는 채무증권의 경우 증권신고의 효력발생시기는 일괄신고서가 수리된 날로부터 5일이 경과한 날로 한다(시행규칙12①(1) 라목). 따라서 일괄신고서 제출로 모집 및 매출을 하고자 할 경우에는 일괄신고서 자체의 효력발생기간인 5일이 경과하여야 하고, 실제 발행할 경우 사전에 일괄신고추가서류를 제출하여야 한다.

　　일괄신고추가서류는 일괄신고서상 신고된 발행예정기간 동안 제출하여야 하기 때문에 일괄신고서의 효력발생 이후에만 제출할 수 있다. 또한 일괄신고추가서류 자체에는 별도의 효력발생기간이 없으므로 일괄신고추가서류 제출일 당일부터 증권을 모집하거나 매출할 수 있다. 따라서 일괄신고추가서류를 제출하여야 하는 경우에는 발행인은 투자설명서를 그 일괄신고추가서류를 제출하는 날 금융위원회에 제출하여야 한다(법123①).

Ⅲ. 철회신고서

1. 의의

　　증권의 발행인은 증권신고를 철회하고자 하는 경우에는 그 증권신고서에 기재된 증권의 취득 또는 매수의 청약일 전일까지 철회신고서를 금융위원회에 제출하여야 한다(법120④).

2. 철회가능기간

　　증권신고를 철회하고자 하는 경우에는 그 증권신고서에 기재된 증권의 취득 또는 매수의 청약일 전일까지 철회신고서를 금융위원회에 제출하여야 한다. 철회신고서를 제출하는 것으로 족하며 별도의 수리행위가 불필요하다. 다만 철회신고서에는 철회사유를 명시하고 그 사유를

소명하는 자료를 첨부하는 것이 필요할 것이다.

3. 철회의 공시

증권신고서가 제출되어 수리되면 일반인이 열람할 수 있게 되므로 증권신고의 철회도 투자자보호를 위하여 공시하는 것이 필요하다.

Ⅳ. 정정신고서

1. 의의

정정신고서란 증권신고서의 형식을 제대로 갖추지 아니한 경우 또는 중요사항이 부실표시된 경우, 기재내용의 변경이 있는 경우, 또는 투자자보호를 위하여 필요한 경우 등 그 기재사항이 적당하지 아니한 경우에는 이를 수정하여야 하므로 증권의 청약일 개시 전까지 증권신고서를 제출한 발행인이 기제출한 신고서를 수정하여 제출하는 신고서를 말한다.

2. 정정신고서 제출사유

(1) 금융위원회의 요구에 의한 정정
(가) 의의

금융위원회는 증권신고서의 형식을 제대로 갖추지 아니한 경우 또는 그 증권신고서 중 중요사항에 관하여 거짓의 기재 또는 표시가 있거나 중요사항이 기재 또는 표시되지 아니한 경우와 중요사항의 기재나 표시내용이 불분명하여 투자자의 합리적인 투자판단을 저해하거나 투자자에게 중대한 오해를 일으킬 수 있는 경우에는 그 증권신고서에 기재된 증권의 취득 또는 매수의 청약일 전일까지 그 이유를 제시하고 그 증권신고서의 기재내용을 정정한 신고서("정정신고서")의 제출을 요구할 수 있다(법122①).

(나) 사유

금융위원회가 정정신고서의 제출을 요구할 수 있는 사유로는, ⅰ) 증권신고서의 형식을 제대로 갖추지 아니한 경우, 또는 ⅱ) 그 증권신고서 중 중요사항에 관하여 거짓의 기재 또는 표시가 있거나 중요사항이 기재 또는 표시되지 아니한 경우와 중요사항의 기재나 표시내용이 불분명하여 투자자의 합리적인 투자판단을 저해하거나 투자자에게 중대한 오해를 일으킬 수 있는 경우이다(법122①).

금융위원회의 정정요구사유는 증권신고서의 수리거부사유와 동일하고, 증권신고서의 기재내용과 관련된 금융위원회의 조사결과 처분사유와 큰 차이가 없다. 이것은 증권신고서의 제출의 경우 증권의 발행 및 그 이후까지의 단계에서 증권신고서의 진실성에 대한 심사 또는 조사를 하겠다는 것을 의미한다. 다만 증권발행의 적시성과 증권신고서 기재내용의 진실성 확보라는 두 가지 이해를 조정하기 위하여 수리거부, 정정요구, 발행중지 등의 조치를 차별적으로 적용하는 것이다.

(다) 기간

금융위원회는 증권신고서에 기재된 증권의 취득 또는 매수의 청약일 전일까지 정정신고서의 제출을 요구할 수 있다. 여기서 청약일 전일까지라 함은 투자자가 청약을 개시하기 전에 투자판단에 중대한 영향을 미칠 수 있는 정보를 제공하도록 해야 한다는 점에서 청약일 또는 청약기간의 개시일 전일까지로 해석하여야 한다.

(라) 방법

정정요구의 방법에는 제한이 없으나, 반드시 "그 이유를 제시하고" 정정신고서의 제출을 요구하여야 한다.

(마) 효과

금융위원회의 정정요구가 있는 경우 그 증권신고서는 그 요구를 한 날부터 수리되지 아니한 것으로 본다(법122②). 따라서 이전에 제출한 증권신고서의 효력발생기간의 진행이 중지되므로, 증권의 모집·매출을 할 수 없다.

발행인이 정정신고서의 제출을 요구 받은 후 3개월 이내에 발행인이 정정신고서를 제출하지 아니하는 경우에는 해당 증권신고서를 철회한 것으로 본다(법122⑥, 영130⑤).

(2) 자발적인 정정
(가) 의의

증권신고서를 제출한 자는 그 증권신고서의 기재사항을 정정하고자 하는 경우에는 그 증권신고서에 기재된 증권의 취득 또는 매수의 청약일 전일까지 정정신고서를 제출할 수 있다(법122③). 발행인의 자발적인 정정은 그 정정사유에 제한이 없다.

(나) 제출기간

증권신고서에 기재된 증권의 취득 또는 매수의 청약일 전일까지 정정신고서를 제출할 수 있다.

(3) 의무정정
(가) 의의

증권신고서(일괄신고추가서류 포함)를 제출한 자는 그 증권신고서에 기재된 증권의 취득 또는 매수의 청약일 전일까지 ⅰ) 대통령령으로 정하는 중요한 사항을 정정하고자 하는 경우, 또는 ⅱ) 투자자 보호를 위하여 그 증권신고서에 기재된 내용을 정정할 필요가 있는 경우로서 대통령령으로 정하는 경우에는 반드시 정정신고서를 제출하여야 한다(법122③).

(나) 사유

1) 대통령령으로 정하는 중요한 사항을 정정하고자 하는 경우

"대통령령으로 정하는 중요한 사항"이란 다음의 어느 하나에 해당하는 사항을 말한다(영 130①).

1. 집합투자증권을 제외한 증권인 경우에는 다음 각 목의 어느 하나에 해당하는 사항
   가. 모집가액 또는 매출가액·발행이율 등 발행조건
   나. 배정기준일·청약기간 또는 납입기일
   다. 자금의 사용목적
   라. 인수인·보증기관 또는 수탁회사
   마. 그 밖에 투자자의 합리적인 투자판단이나 해당 증권의 가치에 중대한 영향을 미칠 수 있는 사항으로서 금융위원회가 정하여 고시하는 사항[41]

2. 집합투자증권인 경우에는 다음 각 목의 어느 하나에 해당하는 사항
   가. 모집가액 또는 매출가액, 발행예정기간, 발행예정금액 등 발행조건
   나. 인수인(인수인이 있는 경우만 해당)
   다. 자본시장법 제182조 제1항에 따라 등록한 사항을 변경하는 경우
   라. 그 밖에 투자자의 합리적인 투자판단이나 해당 집합투자증권의 가치에 중대한 영향을 미칠 수 있는 사항으로서 금융위원회가 정하여 고시하는 사항[42]

2) 투자자 보호를 위하여 증권신고서의 기재내용을 정정할 필요가 있는 경우

투자자 보호를 위하여 그 증권신고서에 기재된 내용을 정정할 필요가 있는 경우로서 "대통령령으로 정하는 경우"란 다음의 어느 하나에 해당하는 경우를 말한다(영130②).

1. 증권신고서의 기재나 표시내용이 불분명하여 그 증권신고서를 이용하는 자로 하여금 중대한 오해를 일으킬 수 있는 내용이 있는 경우
2. 발행인(투자신탁의 수익증권이나 투자익명조합의 지분증권인 경우에는 그 투자신탁이나 투자익명조합)에게 불리한 정보를 생략하거나 유리한 정보만을 강조하는 등 과장되게 표현된 경우
3. 집합투자증권을 제외한 증권인 경우에는 다음 각 목의 어느 하나에 해당하는 사실이 발생

---

41) "금융위원회가 정하여 고시하는 사항"이란 다음의 사항을 말한다(증권발행공시규정2-13①).
   1. 증권 발행과 관련된 담보·보증 또는 기초자산
   2. 발행증권의 수
   3. 모집 또는 매출되는 증권의 취득에 따른 투자위험요소
42) "금융위원회가 정하여 고시하는 사항"이란 모집 또는 매출되는 증권의 취득에 따른 투자위험요소를 말한다(증권발행공시규정2-13②).

한 때

　　가. 최근 사업연도의 재무제표 또는 반기보고서, 분기보고서가 확정된 때

　　나. 발행인의 사업목적이 변경된 때

　　다. 영업의 양도·양수 또는 합병계약이 체결된 때

　　라. 발행인의 경영이나 재산 등에 중대한 영향을 미치는 소송의 당사자가 된 때

　　마. 발행한 어음이나 수표가 부도로 되거나 은행과의 당좌거래가 정지되거나 금지된 때

　　바. 영업활동의 전부나 중요한 일부가 정지된 때

　　사. 채무자회생법에 따른 회생절차개시의 신청이 있은 때

　　아. 자본시장법, 상법, 그 밖의 법률에 따른 해산사유가 발생한 때

　4. 집합투자증권인 경우에는 다음 각 목의 어느 하나에 해당하는 사실이 발생한 때

　　가. 최근 결산기의 재무제표가 확정된 때

　　나. 집합투자기구 간의 합병계약이 체결된 때

　　다. 집합투자재산 등에 중대한 영향을 미치는 소송이 제기된 때

(다) 제출기간

정정신고서 제출기간은 증권신고서에 기재된 증권의 취득 또는 매수의 청약일 전일까지이다(법122③).

(4) 일괄신고서의 정정신고서

(가) 의의

일괄신고서를 제출한 자는 정정신고서를 제출할 수 있다(법122④). 일괄신고서를 제출한 발행인은 일괄신고추가서류를 제출하고 별도의 효력발생기간 없이 증권을 발행할 수 있으므로 일괄신고추가서류의 정정절차는 없다. 따라서 일괄신고서의 정정의 대상은 일괄신고서 자체의 정정을 말한다.

(나) 제출기간

일괄신고서를 제출한 자는 그 발행예정기간 종료 전까지 정정신고서를 제출할 수 있다(법122④).

(다) 정정사항

일괄신고서의 경우 개방형 집합투자증권을 제외하고는 발행예정금액 및 발행예정기간은 이를 정정하여서는 아니 된다(법122④ 본문). 다만 발행예정금액의 20%의 범위에서 대통령령으로 정하는 한도 이하로 감액되는 발행예정금액은 정정할 수 있다(법122④ 단서).

여기서 "대통령령으로 정하는 한도"란 발행예정금액의 20%을 말한다(영130④ 본문). 다만 투자자 보호 등을 위하여 필요하다고 인정되는 경우에는 금융위원회가 그 한도를 발행예정금액의 20% 이하로 정하여 고시할 수 있다(영130④ 단서).

(라) 효력발생시기

일괄신고서의 정정신고서는 수리된 날부터 3일이 경과한 날에 그 효력이 발생한다. 다만 일괄신고서의 정정신고서가 수리된 날부터 3일이 경과한 날이 당초의 일괄신고서의 효력이 발생하는 날보다 먼저 도래하는 경우에는 당초의 일괄신고서의 효력이 발생하는 날에 그 효력이 발생한다(증권발행공시규정2-3조①(1)).

3. 정정신고서 제출의 효력

정정신고서가 제출된 경우에는 그 정정신고서가 수리된 날에 그 증권신고서가 수리된 것으로 본다(법122⑤). 따라서 원칙적으로 효력발생기간은 정정신고서가 수리된 날부터 다시 기산하여야 한다.

4. 정정신고서의 효력발생기간

위에서 설명한 증권신고서의 효력발생시기에 관한 부분에서 상세히 설명하였다.

Ⅴ. 소액공모

1. 의의

증권신고서를 제출하지 아니하고 증권을 모집 또는 매출하는 발행인은 투자자를 보호하기 위하여 재무상태에 관한 사항의 공시, 그 밖에 "대통령령으로 정하는 조치"를 하여야 한다(법130① 본문). 이는 증권의 모집 또는 매출가액(공모금액)이 10억원 미만인 소액공모의 경우 증권신고서를 제출하지 아니하므로 투자자를 보호하기 위하여 발행인에 관한 기본적인 정보를 공시하도록 한 것이다.

다만 법 제119조 제6항에서 정한 사유[43](= 매출에 관한 증권신고서 제출의무가 면제되는 경우)

---

43) "발행인 및 같은 종류의 증권에 대하여 충분한 공시가 이루어지고 있는 등 대통령령으로 정한 사유에 해당하는 때"란 다음의 요건을 모두 충족하였을 때를 말한다(법119⑥, 영124의2①).
  1. 발행인이 사업보고서 제출대상법인으로서 최근 1년간 사업보고서·반기보고서 및 분기보고서를 기한 내에 제출하였을 것
  2. 발행인이 최근 1년간 공시위반으로 법 제429조에 따른 과징금을 부과받거나 이 영 제138조·제175조에 따른 조치를 받은 사실이 없을 것
  3. 최근 2년 이내에 매출하려는 증권과 같은 종류의 증권에 대한 증권신고서가 제출되어 효력이 발생한 사실이 있을 것
  4. 증권시장에 상장하기 위한 목적의 매출이 아닐 것
  5. 투자매매업자 또는 투자중개업자를 통하여 매출이 이루어질 것
  6. 그 밖에 금융위원회가 정하여 고시하는 요건을 충족할 것

에 해당하는 때에는 그러하지 아니하다(법130① 단서).

2. 소액공모 공시절차

소액공모의 경우 발행인이 취해야 하는 "대통령령이 정하는 조치"는 다음과 같다(영137 ①).

(1) 증권의 모집 또는 매출 전

증권의 모집 또는 매출 전에 발행인(투자신탁의 수익증권이나 투자익명조합의 지분증권인 경우에는 그 투자신탁이나 투자익명조합을 말하며, 사업보고서 제출대상법인 및 시행령 제176조 제1항 각 호에 따른 외국법인등은 제외)의 재무상태와 영업실적을 기재한 서류를 금융위원회에 제출하여야 한다. 이 경우 해당 서류(집합투자증권인 경우는 제외)는 금융위원회가 정하여 고시[44]하는 바에 따라 회계감사인의 회계감사를 받거나 공인회계사의 확인과 의견표시를 받은 것이어야 한다 (제1호).

증권신고서에 첨부되는 감사보고서와는 다음과 같은 차이가 있다. 소액공모의 경우에는 재무제표·반기재무제표의 결산일·반기결산일이 경과한 경우에는 감사보고서(반기검토보고서 포함)를 제출해야 한다. 그러나 증권신고서 제출의 경우에는 재무제표·반기재무제표 확정 이후 해당 감사보고서(반기감사보고서 또는 반기검토보고서 포함)를 제출할 수 있다. 다만 기업공개시 결산일부터 6월이 경과한 경우에는 반기보고서 또는 반기검토보고서를 첨부해야 한다.

(2) 청약의 권유를 하는 경우

청약의 권유를 하는 경우에는 다음의 사항을 인쇄물 등에 기재하거나 표시하여야 한다. 이 경우 재무상태와 영업실적에 관하여 제1호에 따라 제출된 서류의 내용과 다른 내용이나 거짓의 사실을 기재하거나 표시하여서는 아니 된다(제2호).

　가. 제125조 제1항 제2호 및 제3호의 사항(집합투자증권인 경우에는 제127조 제1항 제2호 및 　　제3호의 사항을, 유동화증권인 경우에는 제128조 제1항 제2호부터 제7호까지의 사항)

　나. 제131조 제2항 제2호부터 제4호까지의 사항

---

44) 증권발행공시규정 제2-17조(신고서를 제출하지 아니하는 모집·매출) ① 법 제130조에 따라 신고서를 제출하지 아니하고 모집 또는 매출("소액공모")을 하는 자가 영 제137조 제1항 제1호의 "금융위원회가 정하여 고시"하는 바에 따라 금융위에 미리 제출하는 서류는 다음과 같다.
　1. 설립 후 1사업연도가 경과한 법인의 경우에는 최근 사업연도의 회계감사인의 감사보고서(최근 사업연도 경과 후 반기결산일이 지난 경우에는 반기 검토보고서 포함) 또는 최근월 말일을 기준으로 한 회계감사인의 감사보고서
　2. 설립 후 1사업연도가 경과하지 아니한 법인의 경우에는 최근월 말일을 기준으로 한 회계감사인의 감사보고서
　② 제1항의 서류는 소액공모를 개시하는 날의 3일전까지 제출하여야 한다.

(3) 증권의 모집 또는 매출을 시작한 경우

증권의 모집 또는 매출의 개시일 3일 전까지 청약의 권유방법과 위 제2호에 따라 인쇄물 등에 기재하거나 표시한 내용을 금융위원회에 제출하여야 한다. 증권의 모집 또는 매출을 시작한 후 청약의 권유방법이나 인쇄물 등에 기재하거나 표시한 내용을 변경한 경우에도 또한 같다(제3호).

(4) 청약증거금관리계약

ⅰ) 증권에 관한 투자매매업자 또는 투자중개업자, ⅱ) 시행령 제4조 각 호의 자(은행, 수협은행, 농협은행, 한국산업은행, 중소기업은행), ⅲ) 증권금융회사에 해당하는 자 중 어느 하나와 청약증거금의 예치, 보관 및 투자자에 대한 반환 등에 관한 사항을 포함하는 청약증거금관리계약을 체결하고 계좌를 개설하여야 한다(제3호의2).

(5) 결과보고

증권의 모집 또는 매출이 끝난 경우에는 지체 없이 그 모집 또는 매출 실적에 관한 결과(소액공모실적보고서)를 금융위원회에 보고하여야 한다(제4호).[45]

(6) 결산서류의 제출

다음의 결산에 관한 서류를 매 사업연도 경과 후 90일 이내에 금융위원회에 제출하여야 한다. 다만 사업보고서 제출대상법인, 외국법인등(영176①), 모집 또는 매출한 증권의 상환 또는 소각을 완료한 법인 및 보증사채권(영362⑧)만을 발행한 법인의 경우에는 그러하지 아니하다(제5호).

　가. 대차대조표와 그 부속 명세서
　나. 손익계산서와 그 부속 명세서
　다. 이익잉여금처분계산서 또는 결손금처리계산서
　라. 회계감사인의 감사보고서(회계감사인의 회계감사를 받은 법인만 해당)

이는 비상장 소액공모 법인의 경우 투자자들이 해당 회사의 경영상태를 파악할 수 있도록 하기 위하여 결산서류 제출을 의무화한 것이다. 다만 사업보고서 제출대상법인은 사업보고서

---

45) 발행인이 영 제137조 제1항 제4호에 따라 모집 또는 매출이 종료된 때 금융위에 제출하는 서류에는 다음의 사항을 기재하여야 한다(증권발행공시규정2-17③).
　1. 발행인의 명칭 및 주소
　2. 주관회사의 명칭(주관회사가 있는 경우)
　3. 청약 및 배정에 관한 사항
　4. 증권의 교부일, 상장일 및 증자등기일
　5. 유상증자 전후의 주요주주의 지분변동 상황
　6. 조달된 자금의 사용내역

로 갈음할 수 있고, 외국법인등은 사업보고서 제출이 면제(법165, 영176① 참조)됨을 고려한 것이다. 또한 소액공모 증권의 상환 또는 소각을 완료한 경우 및 거래소의 손해배상공동기금과 관련(법394, 영362)하여 보증채권만을 발행하는 경우에는 투자자들에게 피해를 입힐 염려가 없음을 고려한 것이다.

(7) 외국기업 등에 대한 특칙

금융위원회는 투자자 보호 등을 위하여 필요하다고 인정되는 경우에는 외국기업 등 발행인의 성격, 증권의 구분 및 종류 등을 고려하여 제1항 제1호의 서류와 같은 항 제2호에 따른 인쇄물 등의 기재사항을 다르게 정하여 고시할 수 있다(영137④).

3. 참조기재방법

발행인이 금융위원회에 발행인(투자신탁의 수익증권이나 투자익명조합의 지분증권인 경우에는 그 투자신탁이나 투자익명조합)의 재무상태와 영업실적에 관한 서류를 제출하여야 하는 경우로서 해당 증권의 모집 또는 매출 전에 행하여진 모집 또는 매출시에 제출한 서류가 있고 그 제출한 서류의 내용이 변경되지 아니한 경우에는 그 서류를 참조하라는 뜻을 기재한 서면으로 그 발행인의 재무상태와 영업실적에 관한 서류의 제출을 갈음할 수 있다(영137②).

4. 호가중개시스템을 통한 소액매출에 대한 특례

(1) 의의

금융투자업자 등 회원 상호 간의 업무질서 유지 및 공정한 거래를 확립하고 투자자를 보호하며 금융투자업의 건전한 발전을 위하여 설립된 금융투자협회(법283)는 업무 중 하나로 "증권시장에 상장되지 아니한 주권의 장외매매거래에 관한 업무"를 수행하고 있다(법286①(5)). 이에 따라 금융투자협회는 주권장외거래시스템("호가중개시스템")을 통하여 증권시장에 상장되지 아니한 주권의 장외매매거래를 하고 있다.

그런데 호가중개시스템은 증권시장에 포함되지 않으므로 주권을 매도하기 위한 매도호가의 제시는 자본시장법상 매출에 해당(소액공모에 해당)하므로 원칙적으로 정해진 공시서류를 제출하여야 한다.[46] 그러나 거래금액이 경미한 소액공모의 경우에 매출시마다 공시하도록 하면 발행인에게 지나친 부담이 되고, 투자자 보호의 실익도 크지 않으므로 절차상의 번잡을 피하기 위하여 소액공모 공시서류를 제출을 요구하지 않고, 일정한 요건을 충족하는 경우에 소액공모를 위한 조치를 다한 것으로 보고 있다.

---

46) 자본시장법 제130조에 따른 소액공모공시서류를 제출하여야 한다.

(2) 적용대상
(가) 요건

증권의 매출이 다음의 요건을 모두 충족하는 경우에는 해당 증권의 발행인은 소액공모를 위한 조치를 이행한 것으로 본다(영137③).

1. 해당 증권의 매출이 시행령 제178조 제1항 제1호에 따른 장외거래 방법에 의할 것
2. 소액출자자(해당 증권의 발행인과 인수인은 제외)가 매출하는 것일 것
3. 해당 증권의 발행인이 다음 내용을 금융위원회가 정하여 고시하는 방법에 따라 공시할 것
   가. 발행인에 관한 사항
   나. 발행인의 재무상태와 영업실적에 관한 사항을 기재한 서류

이 요건을 분설하면 아래와 같다.

(나) 10억원 미만의 매출

호가중개시스템을 이용한 매매라고 하더라도 그 금액이 10억원 이상인 경우에는 증권신고서를 제출하여야 한다. 이것은 자본시장법 제130조가 "제119조 제1항에 따른 신고서를 제출하지 아니하고 증권을 모집 또는 매출하는 경우"에 대한 특례규정이므로 해당 매출이 위와 같은 금액에 해당하는 경우에는 증권신고서 제출대상이 된다.

(다) 장외거래

해당 증권의 매출이 시행령 제178조 제1항 제1호에 따른 장외거래 방법에 의하여야 한다(영137③(1)).

시행령 제178조 제1항 제1호는 다음과 같다. 불특정 다수인을 대상으로 협회가 법 제286조 제1항 제5호에 따라 증권시장에 상장되지 않은 주권의 장외매매거래에 관한 업무를 수행하거나 종합금융투자사업자가 제77조의6 제1항 제1호에 따라 증권시장에 상장되지 않은 주권의 장외매매거래에 관한 업무를 수행하는 경우에는 다음의 기준에 따라야 한다(제1호).

가. 동시에 다수의 자를 각 당사자로 하여 당사자가 매매하기 위해 제시하는 주권의 종목, 매수하기 위해 제시하는 가격("매수호가") 또는 매도하기 위해 제시하는 가격("매도호가")과 그 수량을 공표할 것
나. 주권의 종목별로 금융위원회가 정하여 고시하는 단일의 가격 또는 당사자 간의 매도호가와 매수호가가 일치하는 경우에는 그 가격으로 매매거래를 체결시킬 것
다. 매매거래대상 주권의 지정·해제 기준, 매매거래방법, 결제방법 등에 관한 업무기준을 정하여 금융위원회에 보고하고, 이를 일반인이 알 수 있도록 공표할 것
라. 금융위원회가 정하여 고시하는 바에 따라 재무상태·영업실적 또는 자본의 변동 등 발행인

의 현황을 공시할 것

(라) 소액출자자의 매출

소액출자자(해당 증권의 발행인과 인수인은 제외)가 매출하는 경우에만 적용된다(영137③(2)). "소액출자자"란 해당 법인이 발행한 지분증권총수의 1%에 해당하는 금액과 3억원 중 적은 금액 미만의 지분증권을 소유하는 자(사업보고서 제출대상법인의 경우에는 지분증권총수 10% 미만의 지분증권을 소유하는 자)를 말한다(영120② 본문).

(마) 공시의무

해당 증권의 발행인이 발행인에 관한 사항과 발행인의 재무상태와 영업실적에 관한 사항을 기재한 서류를 금융위원회가 정하여 고시하는 방법[47]에 따라 공시하여야 한다(영137③(3)).

Ⅵ. 투자설명서

1. 의의

(1) 자본시장법 규정

증권을 모집하거나 매출하는 경우 그 발행인은 대통령령으로 정하는 방법에 따라 작성한 투자설명서[48] 및 간이투자설명서(모집 또는 매출하는 증권이 집합투자증권인 경우로 한정)를 그 증권신고의 효력이 발생하는 날(일괄신고추가서류를 제출하여야 하는 경우에는 그 일괄신고추가서류를 제출하는 날)에 금융위원회에 제출하여야 하며, 이를 총리령으로 정하는 장소에 비치하고 일반인이 열람할 수 있도록 하여야 한다(법123①). 자본시장법은 투자설명서 제출에 대한 명문규정

---

47) 증권발행공시규정 제2-18조(호가중개시스템을 통한 소액매출시의 특례) ① 영 제137조 제3항 제3호의 규정에서 "금융위원회가 정하여 고시하는 방법"이란 발행인이 매출을 하는 날의 3일전까지 다음의 서류를 금융위 및 협회에 제출하여 공시하는 것을 말한다.
　1. 영 제137조 제1항 제3호에 따라 금융위에 제출하는 기재 또는 표시내용 중 발행인에 관한 사항만을 기재한 서류
　2. 제2-17조 제1항의 서류
② 사업보고서 제출대상법인이 사업보고서를 매출을 하는 날의 3일 전일 현재 이미 금융위에 제출하여 공시하고 있는 경우에는 제1항에 따른 공시의무를 면제한다.
③ 발행인은 제1항 제1호의 서류를 매결산기별 및 매반기별로 그 변동사항을 정정하여 제출하여야 한다. 이 경우 제출시기는 각각 결산기 경과 후 90일 이내 또는 반기 경과 후 45일 이내로 하며, 감사보고서 또는 반기검토보고서를 각각 첨부하여야 한다.
④ 제1항 제1호의 서류에 대한 세부적인 기재내용 및 방법 등은 감독원장이 정한다.
48) 증권거래법은 "사업설명서"라는 용어를 사용하고 있었다. 사업설명서는 발행인의 사업실적에 따라 손익이 발생하는 전통적인 증권에 적합한 용어였다. 그러나 최근 금융공학의 발달로 인하여 발행인의 사업실적보다는 외생적 지표에 의해 손익이 결정되는 신종 파생상품 등이 증가하였다. 따라서 사업설명서라는 용어는 이와 같은 신종 파생상품과 자본시장법에서 새로이 증권신고서를 제출하게 된 집합투자증권 등에 사용하기에 부적합하였기에 "투자설명서"로 변경하였다.

을 두고 있으나, 그 개념에 대한 정의규정을 두고 있지 않다.

(2) 투자설명서의 개념
(가) 실질설

투자설명서라는 명칭을 사용하지 않더라도 실질적으로 발행인의 정보를 투자자에게 제공하기 위하여 작성된 문서는 모두 투자설명서로 간주하여 자본시장법으로 규제하여야 한다는 견해이다. 이 견해에 의하면 금융위원회가 정하는 바를 따르지 않는 투자설명서를 사용한 자에게 벌칙을 부과하고, 투자정보공시를 위하여 투자설명서의 작성을 의무화한 입법취지를 고려할 때, 명칭 및 형식에 관계없이 실질적으로 투자권유의 목적으로 발행인의 실체에 관한 정보를 투자자에게 제공하기 위하여 작성된 문서나 자료는 모두 투자설명서로 보아야 한다.

(나) 형식설

반드시 투자설명서라는 명칭을 사용하여야 하는 것은 아니지만, 모집 또는 매출에 기하여 법률상 의무로 작성된 것이어야 하고, 그 기재내용은 법과 시행령에서 정한 사항 이상을 기재한 것이어야 하며, 작성된 투자설명서는 일반인에게 열람에 제공되고 청약자에게 교부된 것이어야 한다는 요건을 구비한 청약권유문서만이 투자설명서가 될 수 있다는 견해이다.

(다) 결어

투자설명서는 증권의 매수청약을 권유하는 경우 일반투자자에게 제공하는 "투자권유문서"로서 증권신고서의 내용을 보다 알기 쉽고, 객관적이며, 간단명료하게 작성하여 일반투자자에게 제공함으로써 합리적인 투자판단을 할 수 있게 해주는 문서이다. 투자설명서는 그 성질상 투자권유문서이므로 증권의 매수권유를 위하여 작성 및 교부하는 문서로서 모집안내서, 매출안내서, 신주청약안내서, 증자설명서 등 그 명칭이나 형식을 불문하고 투자설명서로 보는 것이 타당하다.

그러나 투자설명서를 제출하지 아니한 경우에는 형사제재를 받게 되고(법446(22)), 투자설명서 중 중요사항에 관하여 거짓의 기재 또는 표시가 있거나 중요사항이 기재 또는 표시되지 아니함으로써 증권의 취득자가 손해를 입은 경우에는 손해배상책임(법125)과 형사제재(법444(13))를 받게 되므로, 법령에 그 개념을 명확히 할 필요가 있다.

(3) 증권신고서와의 차이

증권신고서와 투자설명서는 그 기재내용에 따라 구별되는 것이 아니라 그 목적에 따라 구별된다. 즉 증권신고서는 발행시장규제를 위하여 금융위원회에 제출하는 것인데 반하여, 투자설명서는 투자자에게 청약의 권유를 하는 경우 그 내용을 알리기 위한 것이다. 증권신고서와 투자설명서가 많은 부분이 겹치는데, 이는 투자설명서의 증권신고서의 내용을 투자자에게 제공하는 서류이기 때문이다.

그러나 증권신고서는 증권의 모집이나 매출에 앞서 제출하는 서류로서 모든 청약의 권유문서의 기초가 되는 서류인데 반하여, 투자설명서는 증권신고서의 수리 이후 청약권유를 위하여 투자자에게 교부하기 위하여 만들어진 서류이다. 따라서 증권신고서에는 증권의 모집이나 매출과 관련된 모든 사항을 기재하여야 하지만, 투자설명서에는 증권신고에 기재된 내용과 다른 내용을 표시하거나 그 기재사항을 누락하여서는 아니 된다. 다만 기업경영 등 비밀유지와 투자자 보호와의 형평 등을 고려하여 기재를 생략할 필요가 있는 일정한 사항의 기재를 생략할 수 있다.

2. 투자설명서의 종류

누구든지 증권신고의 대상이 되는 증권의 모집 또는 매출, 그 밖의 거래를 위하여 청약의 권유 등을 하고자 하는 경우에는 다음의 어느 하나에 해당하는 방법에 따라야 한다(법124②). 따라서 투자설명서는 이용시점, 형식, 기재내용 등에 따라 아래의 세 가지 투명설명서로 구분된다. 이용시점의 단계별로 살펴보면 예비투자설명서는 증권신고서가 수리된 후 효력이 발행하기 이전에 사용되고, 투자설명서는 신고서의 효력이 발생한 후 청약종료 시점까지 사용되며, 간이투자설명서는 신고서가 수리된 후 청약종료 시점까지 사용된다.

(1) 투자설명서(제1호)

증권신고의 효력이 발생한 후 모집 또는 매출의 조건이 확정된 경우 청약의 권유 및 승낙을 위하여 사용하는 청약권유문서이다. 자본시장법상 통상의 투자설명서이다.

(2) 예비투자설명서(제2호)

증권신고서가 수리된 후 신고의 효력이 발생하기 전에 발행인이 증권의 청약을 권유하기 위하여 신고의 효력이 발생되지 아니한 사실을 덧붙여 적은 투자설명서를 말한다. 아직 증권신고의 효력이 발생하지 않은 시점이므로 예비투자설명서에 따라 청약의 권유는 할 수 있지만 승낙을 할 수는 없다.

(3) 간이투자설명서(제3호)

증권신고서가 수리된 후 신문·방송·잡지 등을 이용한 광고, 안내문·홍보전단 또는 전자전달매체를 통하여 발행인이 청약을 권유하는 경우 투자설명서에 기재하여야 할 사항 중 그 일부를 생략하거나 중요한 사항만을 발췌하여 기재 또는 표시한 문서, 전자문서, 그 밖에 이에 준하는 기재 또는 표시를 말한다. 간이투자설명서에 의해서도 청약의 권유는 할 수 있지만 승낙을 할 수는 없다.

(4) 집합투자증권의 경우

집합투자증권의 경우 간이투자설명서를 사용할 수 있다(법124③ 본문). 다만 투자자가 투자설명서의 사용을 별도로 요청하는 경우에는 그러하지 아니하다(법124③ 단서). 집합투자증권의 간이투자설명서를 교부하거나 사용하는 경우에는 투자자에게 투자설명서를 별도로 요청할 수 있음을 알려야 한다(법124④).

3. 작성방법 및 기재사항

(1) 투자설명서

(가) 기재내용

1) 원칙

투자설명서에는 증권신고서(일괄신고추가서류를 포함)에 기재된 내용과 다른 내용을 표시하거나 그 기재사항을 누락하여서는 아니 된다(법123② 본문). 증권신고서는 "증권신고의 효력이 발생한 후 투자설명서에 기재하여 투자자에게 제공할 내용에 대한 심사를 청구하는 서류"의 성격도 갖는다. 따라서 증권신고서의 기재내용과 투자설명서의 기재내용이 달라서는 청약권유의 진정성을 확보할 수 없고 투자자보호 차원에서도 바람직하지 않다. 따라서 원칙적으로 그 기재내용을 동일하게 하고 있는 것이다.

2) 예외

다만 기업경영 등 비밀유지와 투자자 보호와의 형평 등을 고려하여 기재를 생략할 필요가 있는 사항으로서 ⅰ) 군사기밀보호법 제2조에 따른 군사기밀에 해당하는 사항(제1호), ⅱ) 발행인의 업무나 영업에 관한 것으로서 금융위원회의 확인을 받은 사항(제2호)에 대하여는 그 기재를 생략할 수 있다(법123② 단서, 영131⑤).

(나) 기재사항

1) 작성방법

투자설명서는 표제부와 본문으로 구분하여 작성한다(영131①). 예비투자설명서를 제출한 경우로서 증권신고의 효력이 발생할 때까지 증권신고서의 기재사항에 변경이 없는 경우에는 그 증권신고의 효력이 발생한 후에 예비투자설명서를 투자설명서로 사용할 수 있다(영131④ 전단). 이 경우 예비투자설명서의 표제부는 제2항 각 호의 사항이 기재된 투자설명서의 표제부로 바꿔야 한다(영131④ 후단).

2) 기재사항

가) 표제부 기재사항

투자설명서의 표제부에는 다음의 사항을 기재하여야 한다(영131②).

1. 증권신고의 효력발생일

2. 해당 증권의 모집가액 또는 매출가액

3. 청약기간

4. 납부기간

5. 해당 증권신고서의 사본과 투자설명서의 열람 장소

6. 증권시장에서 안정조작이나 시장조성을 하려는 경우에는 증권시장에서 안정조작이나 시장조성이 행하여질 수 있다는 뜻

7. 청약일 전날(개방형 집합투자증권 및 금적립계좌등인 경우에는 청약일 이후에도 해당)까지는 해당 증권신고서의 기재사항 중 일부가 변경될 수 있다는 뜻

8. 정부가 증권신고서의 기재사항이 진실 또는 정확하다는 것을 인정하거나 해당 증권의 가치를 보증 또는 승인하는 것이 아니라는 뜻

9. 그 밖에 투자자를 보호하기 위하여 필요한 사항으로서 금융위원회가 정하여 고시하는 사항49)

나) 본문 기재사항

투자설명서의 본문에는 다음의 사항을 기재하여야 한다(영131③).

1. 제125조 제1항에 따라 신고서를 제출하는 경우: 제125조 제1항 각 호의 사항

2. 법 제119조 제2항 후단에 따라 일괄신고추가서류를 제출하는 경우: 제122조 제2항 각 호 및 제126조 제1항 제4호의 사항

3. 제127조 제1항에 따라 신고서를 제출하는 경우: 제127조 제1항 각 호의 사항

4. 제128조 제1항에 따라 신고서를 제출하는 경우: 제128조 제1항 각 호의 사항

5. 제129조에 따라 신고서를 제출하는 경우: 금융위원회가 정하여 고시하는 사항50)

---

49) "금융위원회가 정하여 고시하는 사항"이란 다음의 사항을 말한다(증권발행공시규정2-14①).
　1. 발행회사의 명칭, 2. 증권의 종목, 3. 대표주관회사의 명칭
50) "금융위원회가 정하여 고시하는 사항"이란 다음의 사항을 말한다(증권발행공시규정2-14②).
　1. 사채권 및 파생결합증권의 투자설명서의 기재사항
　　가. 보증사채권의 신고서를 제출하는 경우: 영 제125조 제1항 제1호 및 제2호, 증권발행공시규정 제2-6조 제4항 제1호의 사항
　　나. 담보부사채권의 신고서를 제출하는 경우: 영 제125조 제1항 제1호 및 제2호, 제2-6조 제4항 제2호의 사항
　　다. 무보증사채권의 신고서를 제출하는 경우: 영 제125조 제1항 제1호 및 제2호, 제2-6조 제4항 제3호의 사항
　　라. 파생결합증권의 신고서를 제출하는 경우: 영 제125조 제1항 제1호 및 제2호, 제2-6조 제4항 제4호의 사항
　2. 합병, 영업양수·도, 자산양수·도, 주식의 포괄적 교환·이전, 분할, 분할합병("합병등")의 투자설명서의 기재사항
　　가. 합병에 따라 신고서를 제출하는 경우: 제2-9조 제1항 각 호의 사항. 다만 집합투자기구간 합병에 관한 투자설명서는 기재사항 등의 일부를 생략할 수 있다.
　　나. 영업양수·도에 따라 신고서를 제출하는 경우: 제2-10조 제1항 각 호의 사항

따라서 증권신고서를 제출하는 경우 그 종류에 따른 신고서의 기재사항을, 일괄추가신고서를 제출하는 경우에는 그 서류의 기재사항을 기재하여야 한다.

(2) 예비투자설명서

예비투자설명서의 작성에 관하여는 법 제123조 제2항 및 이 영 제131조 제1항·제3항을 준용한다. 이 경우 "투자설명서"는 "예비투자설명서"로 본다(영133②).

(가) 기재내용

1) 원칙

예비투자설명서에는 증권신고서(일괄신고추가서류를 포함)에 기재된 내용과 다른 내용을 표시하거나 그 기재사항을 누락하여서는 아니 된다(영133②, 법123② 본문).

2) 예외

다만 기업경영 등 비밀유지와 투자자 보호와의 형평 등을 고려하여 기재를 생략할 필요가 있는 사항으로서 "대통령령으로 정하는 사항"에 대하여는 그 기재를 생략할 수 있다(영133②, 법123② 단서). 여기서 "대통령령으로 정하는 사항"이란 다음의 어느 하나에 해당하는 사항을 말한다(영131⑤).

1. 군사기밀보호법 제2조에 따른 군사기밀에 해당하는 사항
2. 발행인의 업무나 영업에 관한 것으로서 금융위원회의 확인을 받은 사항

(나) 기재사항

1) 작성방법

예비투자설명서는 표제부와 본문으로 구분하여 작성한다(영133②, 영131①).

2) 기재사항

가) 표제부 기재사항

예비투자설명서의 표제부에는 다음의 사항을 기재하여야 한다(영133①).

　　다. 자산양수·도에 따라 신고서를 제출하는 경우: 제2-10조 제3항 각 호의 사항
　　라. 주식의 포괄적 교환·이전에 따라 신고서를 제출하는 경우: 제2-10조 제5항 각 호의 사항
　　마. 분할에 따라 신고서를 제출하는 경우: 제2-10조 제7항 각 호의 사항
　　바. 분할합병에 따라 발행되는 증권의 신고서를 제출하는 경우: 제2-10조 제9항 각 호의 사항
　3. 외국법인등의 투자설명서의 기재사항
　　가. 외국 기업(집합투자증권의 발행인인 경우를 제외)이 신고서를 제출하는 경우: 제2-11조 제1항 제1호 각 목의 사항
　　나. 외국 기업 외의 외국법인등(집합투자증권인 경우를 제외)이 신고서를 제출하는 경우: 제2-11조 제1항 제2호 각 목의 사항
　　다. 외국법인등이 집합투자증권의 신고서를 제출하는 경우: 제2-11조 제1항 제3호 각 목의 사항

1. 제131조 제2항 제2호부터 제6호까지의 사항
2. 해당 증권신고서가 금융위원회에 제출되었으나 아직 증권신고의 효력이 발생하지 아니하고 있다는 뜻과 효력발생일까지는 그 기재사항 중 일부가 변경될 수 있다는 뜻
3. 그 밖에 투자자를 보호하기 위하여 필요한 사항으로서 금융위원회가 정하여 고시하는 사항[51]

나) 본문 기재사항

예비투자설명서의 본문 기재사항은 위에서 살펴본 투자설명서의 본문 기재사항과 동일하다(영133②, 영131③).

(3) 간이투자설명서의 작성방법

간이투자설명서에는 다음의 구분에 따른 사항을 기재하거나 표시하여야 한다(영134①). 간이투자설명서는 표제부와 본문의 구별이 없고 일정한 가항을 기재하거나 표시하여야 한다. 다만 증권신고서의 효력이 발생하기 전인 경우와 효력이 발생한 후인 경우로 구분된다.

1. 해당 증권신고의 효력이 발생하기 전인 경우에는 다음의 사항
   가. 시행령 제131조 제2항 제2호부터 제6호까지의 사항
   나. 해당 증권신고서가 금융위원회에 제출되었으나 아직 증권신고의 효력이 발생하지 아니하고 있다는 뜻과 효력발생일까지는 그 기재사항 중 일부가 변경될 수 있다는 뜻
   다. 시행령 제125조 제2항 제6호 각 목의 증권을 증권시장에 상장하려는 경우에는 거래소로부터 그 증권이 상장기준에 적합하다는 확인을 받은 상장예비심사결과(코넥스시장에 상장하려는 경우에는 상장심사결과)
   라. 시행령 제131조 제3항에 따라, 투자설명서의 본문에 기재하여야 할 사항으로서 투자자를 보호하기 위하여 기재하거나 표시하는 것이 필요하다고 금융위원회가 정하여 고시하는 사항[52]
   마. 그 증권의 모집 또는 매출과 발행인(투자신탁의 수익증권이나 투자익명조합의 지분증권인 경우에는 그 투자신탁이나 투자익명조합)에 관한 구체적인 내용은 예비투자설명서 또는 투자설명서를 참조하라는 뜻
2. 해당 증권신고의 효력이 발생한 후인 경우에는 다음의 사항
   가. 시행령 제131조 제2항 제1호부터 제8호까지의 사항
   나. 시행령 제131조 제2항 제1호 다목부터 마목까지의 사항

---

51) "금융위원회가 정하여 고시하는 사항"이란 제2-14조 제1항 각 호의 사항을 말한다(증권발행공시규정2-15①).
52) "금융위원회가 정하여 고시하는 사항"이란 다음의 사항을 말한다(증권발행공시규정2-16①).
   1. 자금의 사용목적, 2. 모집가액 또는 매출가액의 총액, 3. 인수에 관한 사항, 4. 발행인이 영위하는 사업목적, 5. 요약 재무정보, 6. 투자자 유의사항

간이투자설명서에 위의 사항을 기재 또는 표시하는 경우에는 발행인(투자신탁의 수익증권과 투자익명조합의 지분증권인 경우에는 그 투자신탁과 투자익명조합)에게 불리한 정보를 생략하거나 유리한 정보만을 가려뽑아 기재 또는 표시하여서는 아니 된다(영134②).

4. 투자설명서의 제출 및 공시

(1) 제출시기

발행인은 투자설명서를 그 증권신고의 효력이 발생하는 날(일괄신고추가서류를 제출하여야 하는 경우에는 그 일괄신고추가서류를 제출하는 날)에 금융위원회에 제출하여야 한다(법123①).

(2) 공시

발행인은 투자설명서를 해당 증권의 발행인의 본점, 금융위원회, 한국거래소, 청약사무를 취급하는 장소에 비치하고 일반인이 열람할 수 있도록 하여야 한다(법123①, 시행규칙13①).

5. 집합투자증권과 투자설명서

(1) 제출과 공시

집합투자증권을 모집하거나 매출하는 경우 그 발행인은 대통령령으로 정하는 방법에 따라 작성한 투자설명서 및 간이투자설명서(모집 또는 매출하는 증권이 집합투자증권인 경우로 한정)를 그 증권신고의 효력이 발생하는 날(일괄신고추가서류를 제출하여야 하는 경우에는 그 일괄신고추가서류를 제출하는 날)에 금융위원회에 제출하여야 하며, 이를 총리령으로 정하는 장소(시행규칙13①)에 비치하고 일반인이 열람할 수 있도록 하여야 한다(법123①).

(2) 신탁업자의 확인의무

집합투자재산을 보관·관리하는 신탁업자는 집합투자재산과 관련하여 투자설명서가 법령 및 집합투자규약에 부합하는지 여부를 확인하여야 한다(법247⑤(1)).

(3) 개방형 집합투자증권 및 금적립계좌등의 특례

개방형 집합투자증권 및 금적립계좌등은 일괄신고서를 이용할 수 있지만 일괄신고추가서류를 제출할 필요는 없다(법119② 후단, 영122①). 그러나 이 경우에도 자본시장법 제123조 제1항에 의한 통상의 투자설명서를 제출하는 외에 일정한 요건을 갖춘 투자설명서를 금융위원회에 추가로 제출하여야 한다(법123③).

개방형 집합투자증권 및 금적립계좌등의 발행인은 통상의 투자설명서 외에 다음의 구분에 따라 투자설명서 및 간이투자설명서를 금융위원회에 추가로 제출하여야 하며, 이를 해당 증권의 발행인의 본점, 금융위원회, 한국거래소, 청약사무를 취급하는 장소(시행규칙13①)에 비치하고 일반인이 열람할 수 있도록 하여야 한다. 다만 그 집합투자증권 및 파생결합증권의 모집 또는 매출을 중지한 경우에는 제출·비치 및 공시를 하지 아니할 수 있다(법123③, 영131⑥).

1. 투자설명서 및 간이투자설명서를 제출한 후 1년(시행규칙13②)마다 1회 이상 다시 고친 투자설명서 및 간이투자설명서를 제출할 것
2. 자본시장법 제182조 제8항에 따라 변경등록을 한 경우 변경등록의 통지를 받은 날부터 5일 이내에 그 내용을 반영한 투자설명서 및 간이투자설명서를 제출할 것

6. 투자설명서의 교부의무

(1) 의의

누구든지 증권신고의 효력이 발생한 증권을 취득하고자 하는 자(전문투자자, 그 밖에 대통령령으로 정하는 자를 제외)에게 투자설명서를 미리 교부하지 아니하면 그 증권을 취득하게 하거나 매도하여서는 아니 된다(법124①). 교부는 반드시 투자설명서로 하여야 하고, 예비투자설명서나 간이설명서를 사용할 수는 없다.

(2) 교부대상 투자설명서

투자자에게 교부가 강제되는 투자설명서는 증권신고의 효력이 발생한 증권에 대한 투자설명서이고, 증권신고의 효력이 발생하기 전에 사용된 예비투자설명서와 간이투자설명서는 교부대상이 아니다.

(3) 교부의무의 면제대상

(가) 자본시장법 규정

전문투자자, 그 밖에 "대통령령으로 정하는 자"에게는 투자설명서 교부의무가 면제된다(법124①). 여기서 "대통령령으로 정하는 자"란 다음의 어느 하나에 해당하는 자를 말한다(영제132조).

1. 시행령 제11조 제1항 제1호 다목부터 바목까지 및 같은 항 제2호 각 목의 어느 하나에 해당하는 자
1의2. 시행령 제11조 제2항 제2호 및 제3호에 해당하는 자
2. 투자설명서를 받기를 거부한다는 의사를 서면, 전화·전신·모사전송, 전자우편 및 이와 비슷한 전자통신, 그 밖에 금융위원회가 정하여 고시하는 방법으로 표시한 자
3. 이미 취득한 것과 같은 집합투자증권을 계속하여 추가로 취득하려는 자. 다만 해당 집합투자증권의 투자설명서의 내용이 직전에 교부한 투자설명서의 내용과 같은 경우만 해당한다.

위의 내용 중 전문투자자와 시행령 제132조 제1호에 해당하는 자를 구체적으로 살펴보면

다음과 같다.

(나) 전문투자자(법 제124조 제1항)

전문투자자란 금융투자상품에 관한 전문성 구비 여부, 소유자산규모 등에 비추어 투자에 따른 위험감수능력이 있는 투자자로서 다음의 어느 하나에 해당하는 자를 말한다(법9⑤ 본문).

1. 국가
2. 한국은행
3. 대통령령으로 정하는 금융기관[53]
4. 주권상장법인. 다만 금융투자업자와 장외파생상품 거래를 하는 경우에는 전문투자자와 같은 대우를 받겠다는 의사를 금융투자업자에게 서면으로 통지하는 경우에 한한다.
5. 그 밖에 대통령령으로 정하는 자[54]

---

[53] "대통령령으로 정하는 금융기관"이란 다음의 금융기관을 말한다(영10②).
1. 은행, 2. 한국산업은행, 3. 중소기업은행, 4. 한국수출입은행, 5. 농업협동조합중앙회, 6. 수산업협동조합중앙회, 7. 보험회사, 8. 금융투자업자(겸영금융투자업자 제외), 9. 증권금융회사, 10. 종합금융회사, 11. 자금중개회사, 12. 금융지주회사, 13. 여신전문금융회사, 14. 상호저축은행 및 그 중앙회, 15. 산림조합중앙회, 16. 새마을금고연합회, 17. 신용협동조합중앙회, 18. 제1호부터 제17호까지의 기관에 준하는 외국 금융기관

[54] "대통령령으로 정하는 자"란 다음의 자를 말한다. 다만 제12호부터 제17호까지의 어느 하나에 해당하는 자가 금융투자업자와 장외파생상품 거래를 하는 경우에는 전문투자자와 같은 대우를 받겠다는 의사를 금융투자업자에게 서면으로 통지하는 경우만 해당한다(영10③).
1. 예금보험공사 및 정리금융회사, 2. 한국자산관리공사, 3. 한국주택금융공사, 4. 한국투자공사, 4의2. 삭제 [2014. 12. 30 제25945호(한국산업은행법 시행령)], 5. 금융투자협회, 6. 한국예탁결제원, 6의2. 전자등록기관, 7. 한국거래소, 8. 금융감독원, 9. 집합투자기구, 10. 신용보증기금, 11. 기술보증기금, 12. 법률에 따라 설립된 기금(제10호 및 제11호는 제외) 및 그 기금을 관리·운용하는 법인, 13. 법률에 따라 공제사업을 경영하는 법인, 14. 지방자치단체, 15. 해외 증권시장에 상장된 주권을 발행한 국내법인
16. 다음의 요건을 모두 충족하는 법인 또는 단체(외국 법인 또는 외국 단체는 제외)
　가. 금융위원회에 나목의 요건을 충족하고 있음을 증명할 수 있는 관련 자료를 제출할 것
　나. 관련 자료를 제출한 날 전날의 금융투자상품 잔고가 100억원(외부감사를 받는 주식회사는 50억원) 이상일 것
　다. 관련 자료를 제출한 날부터 2년이 지나지 아니할 것
17. 다음의 요건을 모두 충족하는 개인. 다만 외국인인 개인, 조세특례제한법 제91조의18 제1항에 따른 개인종합자산관리계좌에 가입한 거주자인 개인(같은 조 제3항 제2호에 따라 신탁업자와 특정금전신탁계약을 체결하는 경우 및 이 영 제98조 제1항 제4호의2 및 같은 조 제2항에 따라 투자일임업자와 투자일임계약을 체결하는 경우로 한정) 및 전문투자자와 같은 대우를 받지 않겠다는 의사를 금융투자업자에게 표시한 개인은 제외한다.
　가. 금융위원회가 정하여 고시하는 금융투자업자에게 나목부터 라목까지의 요건을 모두 충족하고 있음을 증명할 수 있는 관련 자료를 제출할 것
　나. 관련 자료를 제출한 날의 전날을 기준으로 최근 5년 중 1년 이상의 기간 동안 금융위원회가 정하여 고시하는 금융투자상품을 월말 평균잔고 기준으로 5천만원 이상 보유한 경험이 있을 것
　다. 금융위원회가 정하여 고시하는 소득액·자산 기준이나 금융 관련 전문성 요건을 충족할 것
　라. 삭제 [2019. 8. 20]
　마. 삭제 [2019. 8. 20]
18. 다음의 어느 하나에 해당하는 외국인

다만 전문투자자 중 대통령령으로 정하는 자[55]가 일반투자자와 같은 대우를 받겠다는 의사를 금융투자업자에게 서면으로 통지하는 경우 금융투자업자는 정당한 사유가 있는 경우를 제외하고는 이에 동의하여야 하며, 금융투자업자가 동의한 경우에는 해당 투자자는 일반투자자로 본다(법9⑤ 단서).

(다) 전문가와 연고자(영 제132조 제1호)

1) 전문가

1. 다음의 어느 하나에 해당하는 전문가
   다. 공인회계사법에 따른 회계법인
   라. 신용평가회사
   마. 발행인에게 회계, 자문 등의 용역을 제공하고 있는 공인회계사·감정인·변호사·변리사·세무사 등 공인된 자격증을 가지고 있는 자
   바. 그 밖에 발행인의 재무상황이나 사업내용 등을 잘 알 수 있는 전문가로서 금융위원회가 정하여 고시하는 자

2) 연고자

2. 다음의 어느 하나에 해당하는 연고자
   가. 발행인의 최대주주[금융회사지배구조법 제2조 제6호 가목에 따른 최대주주를 말한다. 이 경우 "금융회사"는 "법인"으로 보고, "발행주식(출자지분을 포함한다. 이하 같다)"은 "발행주식"으로 본다. 이하 같다]와 발행주식 총수의 5% 이상을 소유한 주주
   나. 발행인의 임원(상법 제401조의2 제1항 각 호의 자를 포함) 및 근로복지기본법에 따른 우리사주조합원
   다. 발행인의 계열회사와 그 임원
   라. 발행인이 주권비상장법인(주권을 모집하거나 매출한 실적이 있는 법인은 제외)인 경우에는 그 주주

가. 외국 정부
나. 조약에 따라 설립된 국제기구
다. 외국 중앙은행
라. 제1호부터 제17호까지의 자에 준하는 외국인. 다만 조세특례제한법 제91조의18 제1항에 따른 개인종합자산관리계좌에 가입한 거주자인 외국인(같은 조 제3항 제2호에 따라 신탁업자 와 특정금전신탁계약을 체결하는 경우 및 이 영 제98조 제1항 제4호의2 및 같은 조 제2항에 따라 투자일임업자와 투자일임계약을 체결하는 경우로 한정)은 제외한다.

55) "대통령령으로 정하는 자"란 다음의 어느 하나에 해당하지 아니하는 전문투자자를 말한다(영10①).
   1. 국가, 2. 한국은행, 3. 제2항 제1호부터 제17호까지의 어느 하나에 해당하는 자, 4. 제3항 제1호부터 제11호까지의 어느 하나에 해당하는 자, 5. 제3항 제18호 가목부터 다목까지의 어느 하나에 해당하는 자, 6. 제3호 및 제4호에 준하는 외국인

마. 외국 법령에 따라 설립된 외국 기업인 발행인이 종업원의 복지증진을 위한 주식매수제
　도 등에 따라 국내 계열회사의 임직원에게 해당 외국 기업의 주식을 매각하는 경우에
　는 그 국내 계열회사의 임직원
바. 발행인이 설립 중인 회사인 경우에는 그 발기인
사. 그 밖에 발행인의 재무상황이나 사업내용 등을 잘 알 수 있는 연고자로서 금융위원회가
　정하여 고시하는 자

(4) 전자문서에 의한 투자설명서

투자설명서를 서면으로 교부하는 것이 원칙이지만, 발행인의 비용절감을 위하여 투자설명
서가 전자문서(법436)의 방법에 따르는 때에는 다음의 요건을 모두 충족하는 때에 이를 교부한
것으로 본다(법124①).

1. 전자문서에 의하여 투자설명서를 받는 것을 전자문서를 받을 자("전자문서수신자")가 동의
　할 것
2. 전자문서수신자가 전자문서를 받을 전자전달매체의 종류와 장소를 지정할 것
3. 전자문서수신자가 그 전자문서를 받은 사실이 확인될 것
4. 전자문서의 내용이 서면에 의한 투자설명서의 내용과 동일할 것

Ⅶ. 증권신고서 등의 제출 및 공시

1. 제출 및 공시

발행인은 신고서, 일괄신고서·추가서류, 정정신고서, 철회신고서, 증권발행실적보고서, 소
액공모에 따른 신고서류는 각각 2부씩, 투자설명서, 예비투자설명서 및 간이투자설명서는 각각
1부씩 금융위에 제출하여야 한다. 각 서류의 첨부서류도 또한 같다(증권발행공시규정2-20①).

금융위원회는 제출된 서류를 접수한 날부터 3년간 공시한다. 다만 신고서(정정신고서, 일괄
신고서·추가서류 및 철회신고서를 포함)는 이를 수리한 날부터 증권발행실적보고서 접수 후 3년
이 되는 날까지 공시한다(증권발행공시규정2-20②).

2. 전자문서에 의한 제출

자본시장법에 따라 금융위원회, 증권선물위원회, 금융감독원장, 거래소, 협회 또는 예탁결
제원에 신고서·보고서, 그 밖의 서류 또는 자료 등을 제출하는 경우에는 전자문서의 방법으로
할 수 있다(법436①). 이에 따른 전자문서에 의한 신고 등의 방법 및 절차, 그 밖에 필요한 사항
은 대통령령으로 정한다(법436②).

자본시장법, 자본시장법 시행령, 그 밖의 다른 법령에 따라 금융위원회, 증권선물위원회, 금융감독원장, 거래소, 협회 또는 예탁결제원에 신고서·보고서, 그 밖의 서류 또는 자료 등("신고서등")을 제출하는 자는 정보통신망법에 따른 정보통신망을 이용한 전자문서(컴퓨터 등 정보처리능력을 가진 장치에 의하여 전자적인 형태로 작성되어 송·수신 또는 저장된 문서형식의 자료로서 표준화된 것)의 방법에 의할 수 있다(영385①).

전자문서의 방법에 의하여 신고서등을 제출할 때 필요한 표준서식·방법·절차 등은 금융위원회가 정하여 고시한다. 이 경우 금융위원회는 해당 신고서등이 거래소, 협회 또는 예탁결제원에 함께 제출되는 것일 때에는 그 표준서식·방법·절차 등을 정하거나 변경함에 있어서 미리 해당 기관의 의견을 들을 수 있다(영385②). 이 규정에 따라 증권발행공시규정 제6장은 전자문서에 의한 신고 등에 관하여 정하고 있으며, 증권발행공시규정 시행세칙 제3장도 전자문서에 의한 신고 등에 관한 상세한 사항을 정하고 있다.

이에 따라 금융감독원은 전자공시시스템인 DART(Data Analysis Retrieval and Transfer System), 거래소는 전자공시시스템인 KIND(Korea Investor's Network for Disclosure System)를 운영하고 있으며, 누구든지 언제든지 이용할 수 있도록 하고 있다.

거래소, 협회 또는 예탁결제원의 업무 관련 규정에 따라 제출하는 신고서등의 경우에는 제2항 전단에도 불구하고 해당 기관이 이를 정할 수 있다(영385③). 신고서등을 제출하는 자가 전자문서의 방법에 의하는 경우에 그 전자문서의 효력과 도달시기 등 전자문서에 관한 사항은 정보통신망 이용촉진 및 정보보호 등에 관한 법률에서 정하는 바에 따른다(영385④).

Ⅷ. 증권발행실적결과보고서

증권신고의 효력이 발생한 증권의 발행인은 금융위원회가 정하여 고시하는 방법[56]에 따

---

56) 증권발행공시규정 제2-19조(증권발행실적보고서) ① 법 제128조에 따라 발행인은 모집 또는 매출을 완료한 때[초과배정옵션(주식공모시 인수회사가 당초 공모하기로 한 주식의 수량을 초과하는 주식을 청약자에게 배정하는 것을 조건으로 하여 그 초과배정 수량에 해당하는 신주를 발행회사로부터 미리 정한 가격으로 취득할 수 있는 권리) 계약을 인수회사와 체결한 경우에는 동 옵션의 권리행사로 인한 주식발행이 완료되었거나 동 옵션의 권리행사기한 도래로 주식이 새로이 발행되지 아니하는 것이 확정된 때] 지체 없이 발행실적보고서를 금융위에 제출하여야 한다. 다만 일괄신고서의 효력이 발생한 발행인은 추가서류를 제출하여 모집 또는 매출을 완료한 때 지체 없이 발행실적보고서를 금융위에 제출하여야 한다.
② 발행실적보고서에는 다음의 사항을 기재하여야 한다.
1. 발행인의 명칭 및 주소
2. 주관회사의 명칭
3. 청약 및 배정에 관한 사항
4. 공시의 이행에 관한 사항
5. 증권의 교부일, 상장일 및 증자등기일

라 그 발행실적에 관한 증권발행실적보고서를 금융위원회에 제출하여야 한다(법128).

Ⅸ. 신고서와 보고서의 공시

금융위원회는 ⅰ) 증권신고서 및 정정신고서(제1호), ⅱ) 투자설명서(집합투자증권의 경우 간이투자설명서 포함)(제2호), ⅲ) 증권발행실적보고서(제3호)를 서류를 3년간 일정한 장소에 비치하고, 인터넷 홈페이지 등을 이용하여 공시하여야 한다(법129). 이 경우 기업경영 등 비밀유지와 투자자 보호와의 형평 등을 고려하여 ⅰ) 군사기밀보호법 제2조에 따른 군사기밀에 해당하는 사항(제1호), ⅱ) 발행인 또는 그 종속회사(외부감사법 시행령」 제3조 제1항에 따른 종속회사)의 업무나 영업에 관한 것으로서 금융위원회의 확인을 받은 사항(제2호)을 제외하고 비치 및 공시할 수 있다(영136).

---

6. 유상증자 전후의 주요주주의 지분변동상황
7. 신주인수권증서의 발행내역
8. 주주가 주식인수의 청약을 하지 아니한 주식의 처리내역
9. 조달된 자금의 사용내역
③ 합병등의 증권신고서에 대한 발행실적보고서에는 다음의 사항을 기재하여야 한다.
1. 합병등의 일정
2. 최대주주 및 주요주주 지분변동 상황
3. 주식매수청구권 행사
4. 채권자보호에 관한 사항
5. 합병등 관련 소송의 현황
6. 신주배정등에 관한 사항
7. 합병등 전후의 요약재무정보
④ 영 제121조 제1항에 따른 개방형 집합투자증권의 발행인이 집합투자기구별로 각 회계기간의 순발행실적(총판매금액에서 총환매금액을 차감한 금액) 등을 기재한 발행실적보고서를 회계기간말부터 1개월 이내에 금융위에 제출하는 경우 제1항에 따른 발행실적보고서를 제출한 것으로 본다.
⑤ 금적립계좌등의 발행인이 매 사업연도의 순발행실적(제4항에 따른 순발행실적) 등을 기재한 발행실적보고서를 사업연도말부터 1개월 내에 금융위에 제출한 경우 제1항에 따른 발행실적보고서를 제출한 것으로 본다.
⑥ 그 밖에 발행실적보고서의 서식 및 작성방법 등에 관하여 필요한 사항은 감독원장이 정한다.

제5절 증권발행과 민사책임

Ⅰ. 서설

1. 의의

자본시장에서 공시규제의 실효성을 확보하기 위해서는 공시의무 위반에 대한 유효한 제재수단이 전제되어야 한다. 공시의무 위반에 대한 제재로서 행정제재 및 형사제재는 별론으로 하고, 민사책임을 묻는 민사제재야말로 그 경제적인 위력으로 인하여 가장 확실한 제재수단이 될수 있다.

자본시장법상의 공시의무 위반을 이유로 하는 손해배상청구소송은 증권신고서와 투자설명서 등의 발행공시책임을 묻는 것으로부터 사업보고서 등의 정기공시의무 위반에 대한 책임을 묻는 것은 물론이고, 수시공시의무 위반에 대한 책임을 묻는 것에 이르기까지 다양하다. 또한 배상책임자의 경우를 보면, 해당 발행인은 물론이고 인수인으로서의 증권회사, 그리고 감사의견을 제출하는 회계법인에 이르기까지 확대되는 등 공시책임소송의 영역에서 양적·질적 확장을 가져오고 있다.

자본시장법은 증권신고서(정정신고서 및 첨부서류를 포함)와 투자설명서(예비투자설명서 및 간이투자설명서를 포함) 중 중요사항에 관하여 부실표시를 함으로써 증권의 취득자가 손해를 입은 경우에는 그 손해에 관하여 배상의 책임을 지도록 특칙을 두고 있다(법125①·126·127)). 이러한 손해배상책임의 특례는 민법상 일반불법행위책임의 성립요건 중 가해자의 고의·과실, 가해자의 위법행위와 피해자의 손해 사이의 인과관계, 손해배상액에 대한 증명책임을 가해자에게 전환하는 것이다. 이는 증권거래의 특수성을 고려하여 피해자인 투자자를 두텁게 보호하고자 함에 그 목적이 있다.

2. 민법상 불법행위책임과의 관계

자본시장법 제125조의 증권신고서와 투자설명서 부실표시책임은 각국의 입법례와 마찬가지로 기본적으로 불법행위책임이다. 민법상 일반불법행위책임(민법750)에 대한 특별불법행위책임이다. 따라서 불법행위책임의 구성을 위한 고의·과실 요건, 인과관계, 손해배상의 범위 획정에 이르기까지 법률요건들이 그대로 타당하다. 다만 특별법상의 특별불법행위책임의 법률요건들이 일반불법행위책임에 비하여 완화 내지 경감될 수 있을 뿐이다.

따라서 자본시장법의 공시책임은 민법상 일반불법행위책임에 대하여 적용범위, 대상의 명확한 한정, 증명책임의 전환 등을 통해 피해자의 민사구제를 용이하게 하는 목적을 갖는다. 또한 민법상 일반불법행위책임과 비교하여 손해배상의 범위를 법정하고, 단기의 제척기간을 규정함으로써 책임의 무제한적인 확장 및 법적 불안정을 방지함으로써 자본시장의 안정을 도모하여 상호 충돌가능성이 있는 법익을 조화시키고자 하는 특별불법행위책임일 뿐이다.

자본시장법상 손해배상책임을 발생시키는 행위는 민법상 일반불법행위책임의 요건에 해당하는 경우가 일반적이기 때문에, 양 책임의 요건을 동시에 충족하는 경우 두 가지 청구권을 모두 행사할 수 있다. 그러나 자본시장법상 책임규정이 투자자에게 유리하기 때문에 민법상 손해배상책임을 묻는 경우는 예외적인 경우일 것이다. 민법상 손해배상책임을 묻는 경우는 자본시장법상 손해배상책임은 단기의 제척기간이 적용되므로 이 기간을 도과한 경우일 것이다. 민법상 손해배상책임의 경우는 소멸시효의 규정(민법 제766조에 의하면 손해 및 가해자를 안 날로부터 3년, 불법행위를 한 날로부터 10년)이 적용되기 때문이다.

Ⅱ. 책임당사자

1. 배상책임자

증권신고서(정정신고서 및 첨부서류를 포함)와 투자설명서(예비투자설명서 및 간이투자설명서를 포함) 중 중요사항에 관하여 거짓의 기재 또는 표시가 있거나 중요사항이 기재 또는 표시되지 아니함으로써 증권의 취득자가 손해를 입은 경우에는 다음의 자는 그 손해에 관하여 배상의 책임을 진다(법125①).

1. 그 증권신고서의 신고인과 신고 당시의 발행인의 이사(이사가 없는 경우 이에 준하는 자를 말하며, 법인의 설립 전에 신고된 경우에는 그 발기인)
2. 상법 제401조의2 제1항 각 호의 어느 하나에 해당하는 자로서 그 증권신고서의 작성을 지시하거나 집행한 자
3. 그 증권신고서의 기재사항 또는 그 첨부서류가 진실 또는 정확하다고 증명하여 서명한 공인회계사·감정인 또는 신용평가를 전문으로 하는 자 등(그 소속단체를 포함) 대통령령으로 정하는 자
4. 그 증권신고서의 기재사항 또는 그 첨부서류에 자기의 평가·분석·확인 의견이 기재되는 것에 대하여 동의하고 그 기재내용을 확인한 자
5. 그 증권의 인수인 또는 주선인(인수인 또는 주선인이 2인 이상인 경우에는 대통령령으로 정하는 자)
6. 그 투자설명서를 작성하거나 교부한 자
7. 매출의 방법에 의한 경우 매출신고 당시의 매출인

증권신고서 제출의무는 발행인에게 있지만 배상책임의 주체는 증권발행절차에 관여한 자에게 미친다. 이는 공시의 진실성을 확실하게 담보하여 투자자를 강력하게 보호하려는 취지이고, 배상책임의 주체에게 증권신고서 작성에 관여하는 경우 책임을 부담할 수 있음을 알려 상당한 주의를 다하게 하려는 것이다.

(1) 증권신고서의 신고인과 신고 당시의 발행인의 이사(제1호)

(가) 신고인

신고인은 증권의 모집·매출시에 증권신고서를 제출하는 증권의 발행인을 말한다. 여기서 발행인은 증권을 발행하였거나 발행하고자 하는 자를 말하는데(법9⑩), 일반적으로 당해 증권을 발행하는 법인이 이에 해당한다.

주주가 이미 발행된 증권의 매도의 청약을 하거나 매수의 청약을 권유하는 매출의 경우 매출의 주체는 주주이지만 공시의 주체는 발행인이다. 이는 투자가치의 실체로서 기업실체에 대한 공시는 기업주체인 발행인이 하여야만 제 기능을 발휘할 수 있기 때문이다. 그러나 이러한 공시(증권신고서)는 기업에게 부담을 주기 때문에 발행인에게 이 신고의무가 부과되지는 않는다. 즉 주주가 증권을 매출하려고 하는 경우에 발행인이 증권신고를 할 의무는 없다. 그러나 발행인이 임의로 증권신고를 한 경우는 그 부실표시에 대하여 책임을 부담한다.

(나) 신고 당시의 발행인 이사 등

신고인과 함께 책임을 부담하는 이사는 신고 당시의 이사에 한정된다. 여기서 "신고 당시"의 이사란 신고서 제출시·수리시·효력발생시 중 어느 단계에서 관여한 이사인지에 관한 규정이 없다. 따라서 이에 관하여는 정정신고서를 통해 부실표시가 정정되지 않는 한 신고서 제출시의 이사로 보아야 하고, 신고 이후 또는 효력발생이 된 이후에 선임된 이사에게 책임을 묻는 것은 불합리하다는 견해와 청약일 전일까지는 정정신고서를 제출할 수 있으므로 신고서 제출시의 이사와 신고서의 효력발생시의 이사는 모두 배상책임의 주체가 된다는 견해가 있다.

또한 "신고 당시"라고 규정하고 있으므로 신고 후에 선임된 이사 또는 신고 전에 사임하거나 해임된 이사는 책임이 없다. 이사에게 책임을 지우는 것은 이사는 증권신고서의 진실성을 보장하고 부실표시를 방지하기 위한 예방조치를 취해야 할 지위에 있기 때문이다.

나아가 "이사가 없는 경우 이에 준하는 자"를 책임주체로 규정하고 있으나, 그 의미에 관하여는 불분명하다. 이를 명확히 할 필요가 있다. 그리고 법인의 설립 전에 신고된 경우에는 법인의 발기인이 책임주체가 된다.

(2) 증권신고서의 작성을 지시하거나 집행한 자(제2호)

상법 제401조의2 제1항 각 호57)의 어느 하나에 해당하는 자로서 그 증권신고서의 작성을

---

57) 상법 제401조의 2(업무집행지시자 등의 책임) ① 다음에 해당하는 자는 그 지시하거나 집행한 업무에 관

지시하거나 집행한 자도 배상책임의 주체이다(제2호). 제2호가 규정하는 자는 증권신고서를 작성하는 실무자에게 지시하거나 집행할 수 있는 지위에 있기 때문에 배상책임의 주체로 한 것이다.

업무집행관여자의 "지시"라 함은 교사행위의 한 유형으로서 주식의 보유관계, 직위, 또는 전문성 등에 의하여 지시를 받은 자가 이를 받아들이지 않으면 안 될 정도로 강력한 힘이 작용하는 것을 의미하므로, 단순하면서도 일반적인 지시는 이에 해당하지 않는다. 또한 "집행"이라 함은 업무집행관여자가 증권신고서를 직접 작성하거나 적어도 이사를 거치지 않고 증권신고서의 작성실무를 수행하는 것을 의미한다. 여기서 업무집행관여자는 부실표시를 알았거나 알 수 있어야만 책임주체가 된다.

(3) 공인회계사·감정인 또는 신용평가를 전문으로 하는 자 등(제3호)

증권신고서의 기재사항 또는 그 첨부서류가 진실 또는 정확하다고 증명하여 서명한 공인회계사·감정인 또는 신용평가를 전문으로 하는 자 등(그 소속단체를 포함) 대통령령으로 정하는 자도 배상책임자이다(제3호). 여기서 "대통령령으로 정하는 자"란 공인회계사, 감정인, 신용평가를 전문으로 하는 자, 변호사, 변리사, 또는 세무사 등 공인된 자격을 가진 자(소속단체를 포함)를 말한다(영135①). 증권신고서에 첨부된 감사인 작성의 감사보고서나 신용평가 설명서는 전문적인 서류에 해당하므로, 전문가는 합리적인 조사를 수행한 후 기업정보를 성실하게 평가하고 보고서나 설명서를 작성하여야 하고, 만일 전문가가 합리적인 조사를 하지 않았거나 불성실한 설명으로 투자자에게 오해를 불러일으켰다면 그로 인한 손해배상책임이 있다는 취지이다.

공인회계사 등이 소속한 단체는 회계법인, 감정평가법인, 신용평가회사, 법무법인, 특허법인, 세무법인 등을 말한다. 실제로는 공인회계사 등의 개인이 아니라 공인회계사 등이 소속된 회계법인 등이 회사와 계약을 체결하기 때문이다.

공인회계사 등은 증권신고서의 기재사항 또는 그 첨부서류가 진실 또는 정확하다고 증명하여 서명한 경우에만 책임을 부담하기 때문에 다른 배상책임자보다 책임범위가 좁은 편이다. 따라서 분식결산에 의하여 회사가 재무제표에 허위기재를 한 경우에도 감사증명이 정확한 경우 또는 재무제표 이외의 부분에 거짓의 기재가 있는 경우 등에는 공인회계사는 책임이 없다. 회계감사인에 대해서는 동시에 자본시장법 제170조의 적용이 있다.

공인회계사는 외부감사법 제31조에 의하여도 손해배상책임을 부담하는데, 자본시장법 제

하여 제399조·제401조 및 제403조의 적용에 있어서 이를 이사로 본다.
1. 회사에 대한 자신의 영향력을 이용하여 이사에게 업무집행을 지시한 자
2. 이사의 이름으로 직접 업무를 집행한 자
3. 이사가 아니면서 명예회장·회장·사장·부사장·전무·상무·이사 기타 업무를 집행할 권한이 있는 것으로 인정될 만한 명칭을 사용하여 회사의 업무를 집행한 자

125조는 이들 규정에 대한 특별규정이다.

(4) 기재내용을 확인한 자(제4호)

증권신고서의 기재사항 또는 그 첨부서류에 자기의 평가·분석·확인 의견이 기재되는 것에 대하여 동의하고 그 기재내용을 확인한 자도 배상책임자이다(제4호). 이는 전문가의 의견이나 연구성과를 회사가 유용하는 것을 방지하고, 동시에 자기 의견이나 연구성과를 회사가 이용하는 것에 동의하고 그 기재내용을 확인한 전문가에게 책임을 부과함으로써 기재내용의 진실성을 담보하여 투자자를 보호하기 위한 것이다. 여기에는 증권신고서의 의무적인 기재사항은 물론 감사보고서, 평가보고서, 분석보고서와 같이 증권신고서에 내용을 이해하는 것을 돕는 제반서류, 참조방식에 의한 기재사항 등도 포함된다. 기재되는 것에 동의하고 그 기재내용까지 확인할 것이 필요하므로, 자기 의견이 기재되는 것에 동의를 하였더라도 실제로 기재된 내용을 확인하였다는 표시가 없으면 배상책임자가 되지 않는다.

(5) 인수인·주선인(제5호)

(가) 자본시장법 규정

증권의 인수인 또는 주선인도 배상책임자이다(제5호). 인수인 또는 주선인이 2인 이상인 경우에는 다음의 어느 하나에 해당하는 자가 배상책임자이다(영135②).

1. 발행인 또는 매출인으로부터 인수를 의뢰받아 인수조건 등을 정하는 인수인
2. 발행인 또는 매출인으로부터 인수 외의 방법으로 그 발행인 또는 매출인을 위하여 해당 증권의 모집·사모·매출을 할 것을 의뢰받거나 그 밖에 직접 또는 간접으로 증권의 모집·사모·매출을 분담할 것을 의뢰받아 그 조건 등을 정하는 주선인

자본시장법은 인수인·주선인을 손해배상책임의 주체로 함으로써 대상기업이 제시하는 정보가 허황된 것인지 여부를 정확히 판단하도록 인수인·주선인에게 상당한 주의의무를 부과하고 있다.

(나) 책임의 기본구조

인수란 증권의 발행과정의 측면에서 살펴보면 "발행인으로부터 최종 취득자에 이르기까지 당해 증권이 도달하는 과정"에서 이를 촉진하는 행위라고 할 수 있다. 이에 의하면 인수는 3단계로 나누어 볼 수 있다. ⅰ) 당해 발행인과 인수계약을 체결하는 단계, ⅱ) 판매를 위하여 당해 증권의 일부를 분담하는 단계, ⅲ) 취득자와 최종적인 매매관계가 성립하는 단계이다. ⅰ) 단계의 인수인을 "주관사 인수인"이라 하고, ⅱ)단계의 인수인을 인수단의 구성원이라 하며, ⅲ)단계의 인수인을 청약사무취급기관(판매단)이라 한다. 이러한 과정에서 볼 경우 2013년 개정 전 자본시장법상 "그 증권의 인수계약을 체결한 자"(제5호)에는 주관사 인수인이 해당된다.

이 점에서 2013년 개정 전 자본시장법 규정은 부실공시 책임의 주체로서의 인수인의 범위를 너무 좁게 인정하고 있었다. 이와 같이 인수인의 범위를 너무 좁게 한정하면 부실공시로 인한 투자자의 손해배상 가능성을 제한하는 결과가 된다. 이에 2013년 자본시장법을 개정하여 ⅰ) 단계의 인수인인 주관사 인수인을 "인수인"으로 규정하고, ⅱ)단계의 인수인인 인수단의 구성원 및 ⅲ)단계의 인수인인 청약사무취급기관(판매단)을 "주선인"에 포함시킬 수 있게 되었다.

(다) 인수인·주선인을 배상책임자로 규정한 취지

증권의 발행은 직접발행과 간접발행으로 나눌 수 있다. 발행인이 특별히 신용이 두터워 투자자를 확보할 수 있다면 인수인의 도움을 받지 않고 직접 투자자를 상대로 증권을 발행하는 직접발행의 방법을 택할 수 있다. 그러나 통상 발행인은 증권발행의 전문가가 아니어서 증권시장의 동향에 어둡고, 증권을 투자자에게 판매할 능력도 갖추지 못한 경우가 대부분이다. 발행인이 직접발행에 나섰으나 증권이 시장에서 소화되지 못하였다면 발행인의 자금조달은 차질을 빚게 된다. 따라서 발행인은 인수인이라는 전문중개인의 도움을 받아 공모하는 간접발행의 형태를 취하는 것이 일반적이다.[58]

인수인[59]은 증권의 인수업무를 행하는 자를 말한다. 여기서 증권의 인수란 제3자에게 증권을 취득시킬 목적으로 다음의 어느 하나에 해당하는 행위를 하거나 그 행위를 전제로 발행인 또는 매출인을 위하여 증권의 모집·사모·매출을 하는 것을 말한다(법9⑪). 인수업무를 행한 자가 인수인이다(법9⑫).

1. 그 증권의 전부 또는 일부를 취득하거나 취득하는 것을 내용으로 하는 계약을 체결하는 것
2. 그 증권의 전부 또는 일부에 대하여 이를 취득하는 자가 없는 때에 그 나머지를 취득하는 것을 내용으로 하는 계약을 체결하는 것

주선인이란 위 제11항에 따른 행위 외에 발행인 또는 매출인을 위하여 해당 증권의 모집·사모·매출을 하거나 그 밖에 직접 또는 간접으로 증권의 모집·사모·매출을 분담하는 자를 말한다(법9⑬).

결국 인수인·주선인은 발행된 증권이 소화되지 않는 경우에 발행인이 부담하는 위험을

---

58) 박휴상(2007), "증권인수인의 책임에 관한 고찰", 기업법연구 제21권 제3호(2007. 9), 421-422쪽.
59) 인수인은 증권의 발행과정에서 일반적으로 증권 발행회사에 대하여 조사하고, 증권신고서류의 준비과정에 실질적으로 참여할 뿐만 아니라 증권의 공모가를 결정하는데 있어서도 매우 중요한 역할을 수행한다. 실질적으로 주관사회사(대표주관회사)는 증권신고서의 거의 대부분을 초안하며, 증권의 모집 또는 매출에 있어서 모집 또는 매출되는 증권에 대하여 인수인의 의견을 제시하여야 한다(증권발행공시규정2-1①(1) 나목). 증권신고서의 "인수인의 의견" 항목에서는 대표주관회사의 실사의 내용 및 결과와 그에 대한 평가의견, 공모대상 증권의 투자가치에 영향을 미치는 제반 중요요소에 대한 평가결과, 공모가격 또는 희망공모가격의 적정성에 대한 의견을 기재한다.

떠맡는 행위를 하는 자라고 말할 수 있다. 인수인·주선인은 발행인인 기업과 공모대상인 증권에 대한 정보를 수집하여 투자자에게 제공하는 기능을 수행한다. 그러나 나중에 그러한 정보가 부정확한 것으로 밝혀져 투자자가 손실을 입은 경우에도 인수인·주선인이 명성에 흠이 가는 것을 제외하고는 직접적인 손실을 부담하지 않는다면 이들에 의한 "자의적이고 부당한 매수권유행위"가 자행될 우려가 있으며, 이로 인한 투자자의 손해를 구제할 방법이 없게 된다. 따라서 자본시장법은 인수인·주선인에게도 손해배상책임을 부과함으로써 인수대상기업이 제시하는 정보가 허황된 것인지 여부를 꼼꼼히 따지도록 인수인·주선인에게 상당한 주의의무를 부과하고 있다. 이러한 의미에서 인수인은 투자자에 대한 관계에서는 그 이익을 보호하는 문지기(gatekeeper)역할을 수행한다고 할 수 있다.

인수인·주선인은 기업공개절차에 있어서 매우 중요한 역할을 담당하지만, 공시서류의 작성에 직접적으로 관여할 법적인 의무를 부담하지 않는다. 그럼에도 불구하고 인수인·주선인에게 공시서류의 부실표시에 따른 손해배상책임을 부과하고 있는 것은 법리적인 이유보다는 정책적 이유에서 그 근거를 찾을 수 있다. 이는 기업공개를 하는 과정 중 인수인·주선인이 차지하는 비중이 큰 데서 비롯된 것이다. 투자자들이 모집 또는 매출을 행하는 증권을 매수하려고 하는 경우 누가 인수·주선업무를 담당하고 있느냐 하는 것이 당해 증권의 가치평가에서 매우 중요한 역할을 한다. 특히 최초의 공모(IPO)의 경우에는 인수인·주선인이 누구인가 하는 것은 투자자의 매우 중요한 관심사항이 되며, 투자자들이 증권의 매수 여부를 결정하는 데에는 인수인·주선인의 평판과 명성에 크게 의존하게 된다.

이처럼 인수인·주선인은 자기의 평판과 명성을 배경으로 모집 또는 매출을 행하는 증권의 분매를 담당하는 자이고, 증권발행회사와 발행증권에 대한 정보를 정확히 조사하여 당해 공시서류의 정확성 여부를 담보해야 할 지위에 있다. 만일 공시서류의 정확성에 의문을 가졌다면 증권의 인수나 주선을 거절하여야 하며, 그러한 의문에도 불구하고 굳이 인수·주선하였다면 그에 상응한 책임을 부담하여야 한다.

(6) 투자설명서를 작성하거나 교부한 자(제6호)

투자설명서를 작성하거나 교부한 자도 배상책임자이다(제6호). 자본시장법상 투자설명서의 "작성자"는 당해 증권의 발행인이다(법123①). 그런데 누구든지 증권신고의 효력이 발생한 증권을 취득하고자 하는 자에게 투자설명서를 미리 교부하지 아니하면 그 증권을 취득하게 하거나 매도할 수 없다(법124①). 따라서 발행인을 제외한 자가 증권을 취득하게 하거나 매도하는 경우에는 투자설명서의 작성자와 교부자는 일치하지 않는다. 이 경우에는 작성자와 교부자가 연대책임을 부담한다. 투자설명서의 "교부자"는 증권의 모집·매출을 위하여 이를 사용하는 자이다. 교부자는 투자설명서를 교부한 자로서 제125조 제1항 제5호와 관련하여 설명한 "둘째 단계의 인수단 구성원 및 셋째 단계의 청약사무취급기관으로서의 증권회사"가 해당된다.

그리고 투자설명서의 교부자가 법인인 경우에 당해 법인의 이사도 책임을 부담하는가에 관하여 자본시장법은 규정을 두고 있지 않다. 투자설명서는 증권신고서의 내용과 동일하여야 하므로(법123②), 후자의 부실표시는 곧 전자의 부실표시가 되어 증권신고서의 신고인과 그 이사의 책임이 이 한도 내에서 추급될 수 있고, 투자설명서를 교부하는 경우에는 이사가 그 내용에 관하여 정확성 여부를 확인할 의무가 있다고 볼 수 없기 때문에 이를 부정하는 것이 타당할 것이다.

(7) 매출인(제7호)

매출의 방법에 의한 경우 매출신고 당시의 매출인도 배상책임자이다(제7호). 매출인이란 증권의 소유자로서 스스로 또는 인수인이나 주선인을 통하여 그 증권을 매출하였거나 매출하려는 자를 말한다(법9⑭). 매출의 주체는 주주이지만 신고서의 공시주체는 발행인이므로 다량의 증권을 소유하여 회사에 영향을 행사하는 주주가 매출을 목적으로 신고서에 부실표시를 할 가능성이 있으므로 이를 방지하려는 규정이다.

2. 배상청구권자

(1) 발행시장에서 증권의 취득자

증권신고서(정정신고서 및 첨부서류를 포함)와 투자설명서(예비투자설명서 및 간이투자설명서를 포함) 중 중요사항에 관하여 거짓의 기재 또는 표시가 있거나 중요사항이 기재 또는 표시되지 아니함으로써 증권의 취득자가 손해를 입은 경우 배상책임자는 그 손해에 관하여 배상의 책임을 진다. 다만 배상의 책임을 질 자가 상당한 주의를 하였음에도 불구하고 이를 알 수 없었음을 증명하거나 그 증권의 취득자가 취득의 청약을 할 때에 그 사실을 안 경우에는 배상의 책임을 지지 아니한다(법125①).

자본시장법 제125조 제1항의 명문규정상 발행시장에서의 증권의 취득자는 당연히 손해배상청구권자이다. 즉 증권신고서 등의 부실표시에 대하여 배상청구를 할 수 있는 자는 모집·매출된 증권의 취득자이다.

(2) 유통시장에서 증권의 취득자 – 전득자 –
(가) 개요

자본시장법은 손해배상청구권자를 "증권의 취득자"로 규정하고 있으므로 배상청구권자의 범위와 관련하여 증권의 취득자가 모집·매출에 응하여 증권을 취득한 자에 한정되는가 아니면 증권의 모집·매출에 응하여 증권을 취득하지 않고 유통시장에서 당해 증권을 취득한 자도 포함하는지가 문제된다.

발행공시책임규정인 자본시장법 제125조는 해당 공모시에 작성되어 공시되는 증권신고서와 투자설명서의 부실표시로 인한 손해배상책임규정이므로, 해당 공모시에 증권을 취득한 취득자에게만 책임규정이 적용되는 것으로 생각하는 것이 일반적인데, 이 규정이 그 후의 취득자들에게까지 적용되는 규정인가의 여부이다.

(나) 학설

1) 불포함설

유통시장에서서의 취득자는 배상청구권자에 포함되지 않는다는 견해의 논거는 다음과 같다. ⅰ) 공모시의 투자권유를 위해 작성된 증권신고서나 투자설명서는 바로 그 공모의 대상인 증권을 지향한 것으로 보아야 할 것이지 다른 증권을 지향한 것이 아니며, 공모 당시 응모한 취득자가 아닌 유통시장에서 취득한 제2차 취득자에게는 그 공모 당시 투자권유를 위해 작성된 공시서류의 부실표시에 대한 손해배상청구권을 인정할 수 없다고 한다.[60] ⅱ) 유통시장에서의 취득자를 제125조에 의한 배상청구권자로서 증권의 취득자에 포함시킨다면 이는 발행시장에서의 공시책임과 유통시장에서의 공시책임을 엄격하게 구분하고 그 책임요건을 별도로 정하고 있는 취지에 비추어 책임의 성격을 오인하는 것이 된다고 한다.[61]

2) 포함설

유통시장에서서의 취득자도 배상청구권자에 포함된다는 견해의 논거는 다음과 같다. ⅰ) 증권신고서는 공모가 완료된 후에도 일정기간 비치되어 일반인에게 열람됨으로써 유통시장에서의 거래에도 영향을 주므로 배상청구권자를 최초의 취득자에 제한하지 않고 그 이후에 취득한 전득자도 포함시켜야 한다.[62] ⅱ) 미국법의 해석을 참조하여 추적요건을 충족하는 한 공모를 통해 발행된 증권을 유통시장에서 취득한 자도 배상청구권자가 된다는 견해이다.[63] 이 견해는 발행시장의 공시서류는 모집의 완료 후에도 일정기간 비치공시되어 공시서류로서의 기능을 수행하므로 효율적인 정보시장의 확보라는 점에서 배상청구권자를 최초의 취득자에 제한할 이유는 없다고 한다.

3) 검토

자본시장법은 과거의 증권거래법과 달리 유통시장에서의 허위공시에 대한 손해배상책임의 근거규정인 제165조는 발행시장에서의 손해배상책임의 근거규정인 제125조를 준용하지 않

---

60) 이준섭(2000), "공시책임에 관한 최근 판례의 분석과 비판", 상장협연구 제42호(2000), 23쪽.

61) 채동헌(2002), "증권거래법 제14조 소정의 손해배상청구권자인 '유가증권의 취득자'와 시장조성 포기로 인한 손해배상청구권자의 범위", 대법원판례해설 40호(법원도서관, 2002), 585쪽.

62) 김건식·정순섭(2009), 「자본시장법」, 두성사(2009. 3), 152쪽.

63) 이동신(2001), "유가증권 공시서류의 부실기재에 관한 책임", 증권거래법에 관한 제 문제(상), 재판자료 90집(법원도서관, 2001), 365쪽.

고 독자적으로 손해배상책임에 관하여 규정하고 있다. 따라서 포함설 논거는 더 이상 유지되기 어렵게 되었다. 또한 자본시장법 제125조는 현재 부실표시된 증권신고서와 투자설명서를 통하여 권유되는 공모에 응하여 취득한 투자자를 대상으로 한다고 보아야 한다. 따라서 불포함설을 따라야 할 것이다.

Ⅲ. 객관적 요건(위법행위)

1. 위법성

자본시장법 제125조는 증권신고서 등에 부실표시가 있는 경우 손해배상책임이 발생하는 것으로 규정하고 있다. 정보공시가 일정한 객관적 형태를 띠고 있는 경우에는 공시된 정보가 사실에 반한다는 것 자체의 위법성이 문제된다. 즉 자본시장법 제125조는 증권신고서 등에 부실표시가 곧바로 손해배상책임을 발생시킬 수 있는 위법한 행위임을 규정하고 있다. 왜냐하면 일정한 공시서류를 작성하고 필요한 중요정보를 투자자에게 제공하여야 할 법적 의무를 위반하여 부실정보를 제공하는 것 자체가 위법성의 징표가 되는 것이다.

2. 공시서류의 한정

(1) 의의

증권신고서(정정신고서 및 첨부서류를 포함)와 투자설명서(예비투자설명서 및 간이투자설명서를 포함) 중 중요사항에 관하여 거짓의 기재 또는 표시가 있거나 중요사항이 기재 또는 표시되지 아니함으로써 증권의 취득자가 손해를 입은 경우에는 일정한 범위에 있는 자는 그 손해에 관하여 배상의 책임을 진다(법125①).

손해배상책임이 발생하게 되는 공시서류는 증권신고서와 투자설명서이다. 자본시장법 제125조는 손해배상책임을 발생시킬 수 있는 공시서류를 증권신고서와 투자설명서로 한정하고 있다. 따라서 이에 해당하지 않는 문서의 부실표시나 구두에 의한 표시는 민법과 상법의 일반규정에 의해 처리된다. 따라서 증권의 발행·모집을 위한 과대광고 등은 제125조의 위반행위에 해당하지 않는다.

(2) 증권신고서

증권신고서는 발행인이 증권을 모집·매출하는 경우 제출하여야 하는 증권에 관한 서류이다. 증권신고서에는 정정신고서(법125①)와 일괄신고서(법119③), 일괄신고추가서류(법119② 후단)도 포함된다.

정정신고서는 증권신고서의 형식상의 불비 또는 중요한 기재사항의 불충분성을 보완하기 위한 경우 또는 신고에 의한 청약일 개시 전에 그 기재사항의 변경이 있는 경우에 제출하는 것으로, 증권신고서와 일체를 이루기 때문에 증권신고서와 동일한 취급을 하고 있는 것이다.

첨부서류는 증권신고서의 기재내용을 증명하고 해당 공모의 적정성을 증명하기 위하여 금융위원회가 증권신고서를 실질적으로 심사할 수 있는 서류로서의 기능을 하고 있다. 그러나 동시에 공시됨으로써 투자자의 합리적인 투자판단을 담보하는 기능도 하고 있다. 따라서 첨부서류상의 중요한 부실표시도 책임의 대상으로 하고 있는 것이다.

(3) 투자설명서

투자설명서에는 예비투자설명서, 간이투자설명서도 포함된다(법125①). 투자설명서의 개념에 관하여 자본시장법은 명문규정을 두고 있지 않지만, 투자설명서란 증권의 모집·매출을 위하여 공중에 제공되는 당해 증권 발행인의 사업에 관한 설명을 기재한 문서를 말한다.

자본시장법이 투자설명서의 개념에 관한 규정을 두고 있지 않은 것은 투자설명서를 명칭과 형식에 관계없이 실질적 내용에 따라 판단하라는 취지로 볼 수 있다. 따라서 증권의 투자권유를 목적으로 발행인의 기업실체에 관한 정보를 공중에 제공하기 위해 작성된 문서 또는 자료는 일반적으로 투자설명서로 보아 책임발생의 대상으로 하여야 할 것이다. 즉 설립취지서, 증권안내서, 모집·매출 안내서 기타 신문잡지의 광고 등 증권의 모집·매출을 위하여 공중에 제공되는 발행인의 사업에 관한 설명을 기재한 문서는 투자설명서라 할 수 있을 것이다.

따라서 증권의 발행·모집을 위한 표시이지만 발행인의 사업에 관한 설명이 포함되어 있지 아니한 서면은 투자설명서가 아니라고 할 것이다. 즉 발행회사명, 증권의 종목, 발행 또는 매출의 가액, 청약기간, 발행공시서류의 비치·열람 장소 등만을 기재한 서명이 이에 해당한다고 할 수 있다.

3. 중요사항의 부실표시

(1) 중요성

(가) 중요성 요건

손해배상책임이 발생하기 위해서는 증권신고서와 투자설명서 중 중요사항에 관하여 거짓의 기재 또는 표시가 있거나 중요사항이 기재 또는 표시되지 아니함으로써 증권의 취득자가 손해를 입은 경우이어야 한다(법125①).

여기서 중요사항이란 "투자자의 합리적인 투자판단 또는 해당 금융투자상품의 가치에 중대한 영향을 미칠 수 있는 사항"을 말한다(법47③). 자본시장법은 중요하지 아니한 사항의 부실표시를 이유로 하여 제기되는 남소를 방지할 필요성에서 중요성을 요건으로 하고 있다. 따라서 법의 취지는 중요사항의 부실표시의 경우에 손해배상책임이 발생하는 것으로 하고 있다.

중요성은 발행공시책임에 한정되는 것이 아니며 모든 정보공시에 공통된다. 또한 자본시장법은 내부자거래와 관련하여 중요성을 정의하고 있다. 여기서는 미국의 경우를 중심으로 중요성의 일반화를 살펴보기로 한다.

(나) 판단기준

중요사항에 관한 부실표시가 있다는 사실은 청구권자가 증명하여야 한다. 그러나 무엇이 중요사항인지에 관한 판단기준은 제시되어 있지 않다. 자본시장법의 목적이 개별적인 피해자 구제뿐만 아니라 오히려 이를 통하여 증권에 관한 효과적인 정보공시를 수행함으로써 법의 목적을 달성함에 있다는 입장에서 손해배상청구소송에서는 중요성의 개념이 민·형법의 사기개념보다 확장되어야 할 것이다. 그러나 공개시장 거래에 있어서는 사실상 다양한 자료, 평가 및 직관에 따라 거래하는 수많은 투자자에게 발생할 수 있는 잠재적인 거액의 책임가능성이 존재하기 때문에 중요성은 현저한 경우에 한하여 주의깊게 판단하여야 할 것이다.

미국의 판례는 중요성을 판단하기 위한 통일적인 기준을 확립하고 있지는 않다. 그 대신 투자판단, 증권의 본질적 가치 또는 증권시장에 미치는 효과에 의하여 판단하는 객관적 기준과 투자자의 행위에 의하여 판단하는 주관적 기준을 채용하고 있다.

자본시장법은 증권신고서 등 발행공시책임과 관련하여 중요성을 크게 논의하고 있지 않다. 이것은 아마 그 기재사항과 관련이 있다고 본다. 자본시장법은 내부자거래의 금지와 관련하여 "중요정보란 투자자의 투자판단에 중대한 영향을 미칠 수 있는 정보"로 정의하고 있을 뿐이다(법174①).

아래서는 미국 판례를 중심으로 중요성 기준을 살펴보기로 한다.

1) 주관적 기준

주관적 기준은 주로 직접적인 인적 거래에 사용되고 있는 기준이다. 미국 판례는 일정한 사실의 중요성을 그 사실을 알고 있는 자의 행위에 의하여 판단하는 주관적 기준을 채택한 경우가 있다. "광상발견에 관한 사실이 중요한 사실인가의 여부를 결정하기 위한 주요한 요소는 그것을 알고 있었던 자에 의하여 인정된 중요성이다. 이 발견을 알고 있는 자가 주식을 매수한 시기는 실제 회사내부자가 광상의 채굴결과에 의하여 영향을 받았다는 사실을 추측하게 한다. 이 내부자거래는 광상발견의 사실이 중요하다는 것을 나타내는 증거이다."[64]

이 주관적 기준은 내부자거래에 관하여 채택된 것이지만 다른 경우에도 응용되고 있다.

2) 객관적 기준

객관적 기준은 다음의 두 가지로 대별된다. 첫째, 합리적인 투자자기준으로 어느 사실이 합리적인 투자자가 투자판단을 함에 있어서 중요한가를 고려하는 기준이다. 둘째, 시장가격기

---

64) SEC v. Texas Gulf Sulphur Co., 401 F.2d 833, 851 (2d Cir. 1968).

준으로 완전·정확한 공시가 시장가격에 미치는 영향을 고려하는 기준이다.

가) 합리적인 투자자기준

합리적인 투자자기준은 "합리적인 투자자의 투자판단에 영향을 미칠 것"이라는 성향을 중요성 결정의 표지로 한다.

나) 시장가격기준

시장가격기준은 특정한 사실이 시장가격에 미치는 영향도에 의하여 중요성을 결정한다. 미국 판례는 "회사의 주식 또는 증권의 가치에 영향을 미칠지도 모른다고 하는 것이 합리적·객관적으로 예기되는 사실"을 중요한 것으로 본다. 그리고 주식 또는 증권의 가치란 시장이 존재하는 때에는 시장가격을 의미한다.

다) 양기준의 관계

합리적인 투자자기준은 개인에게 중점을 두어 중요성을 판단한다. 이는 시장에서 정보의 불평등을 제거하고 투자이익을 동등하게 향유할 수 있게 하는 정책과 밀접한 관련이 있다. 개별적인 투자자가 총체적으로 시장을 형성하며 시장의 동향은 투자자 전체의 움직임을 반영한다는 점에서 보면, 합리적인 투자자기준은 시장가격기준에 연결된다. 왜냐하면 합리적인 투자자에게 영향을 미칠 정보는 다수의 투자자로 하여금 증권의 시장가격에 영향을 미치기에 충분한 매수·매도를 하게 할 것이기 때문이다.

자본시장법이 지향하는 완전공시의 정책을 구현하고 투자자를 두텁게 보호하기 위해서는 합리적인 투자자기준이 타당하다. 이러한 이유에서 미국의 대법원은 시장가격기준을 일반적으로 채택하고 있지 않다. 시장에 영향을 미치는 많은 요소 중에서 특정한 요인에 의한 반응만을 분리시키는 것은 사실상 불가능하며, 완전·정확한 공시 이전에 이미 거래가 행해지기 때문에 정보의 공시를 전제한 가격변동을 측정하는 것도 어렵다. 따라서 합리적인 투자자기준이 중요성의 판단기준이 되어야 할 것이다.

라) 중요성의 증명

증권신고서와 투자설명서상의 부실표시로 인한 책임을 묻기 위해서는 원고인 투자자는 증권신고서 등의 제출시에 증권신고서 등에 중요사항의 부실표시가 있음을 증명하여야 한다. 또한 정정신고서 제출기한이 청약일 전일이므로 최종 판단시점은 청약일 전일로 보아야 한다. 즉 중요사항에 대한 부실표시의 판단시점은 그 부실표시가 행하여진 시기를 기준으로 판단하여야 한다.

어떠한 사항이 중요한 사실이냐 아니냐는 구체적으로 결정할 사실문제에 속한다. 그러나 공시의무자인 피고가 투자자를 보호하기 위하여 공시하여야 할 것으로 정해진 정형화된 증권신고서 등의 최소한의 기재사항은 특별한 사정이 없는 한 중요사항으로 추정하여야 할 것이다.

따라서 원고인 투자자는 증권신고서, 투자설명서의 중요사항에 관한 부실표시를 주장·증명하여야 한다. 이에 반하여 피고는 그 기재사항이 중요사항이 아님을 반증한 때에는 책임을 부담하지 않을 것이다.

3) 자본시장법의 입장

자본시장법에서 사용하는 중요성의 기준은 합리적인 투자자기준이다. 내부자거래의 경우 "중요정보란 투자자의 투자판단에 중대한 영향을 미칠 수 있는 정보"라고 하여 다소 제한적인 기준을 규정하고 있다(법174①). 이 기준은 내부자거래의 금지에서 미공개정보의 중요성을 판단하는 기준이지만 발행공시의 경우에도 적용할 수 있을 것이다. 그러나 발행공시에서는 이 기준을 완화해도 배상청구권자의 범위가 제한되어 있으므로 발행인 등에게 가혹하지는 않다고 볼 수 있다. 따라서 이 기준이 적용되는 한 법정기재사항이든 발행인이 임의로 공시한 사항이든 이 기준으로 판단하여야 할 것이다

(2) 사실의 부실표시

(가) 표시의 대상

부실표시에 대한 책임을 발생시키는 표시는 원칙적으로 "사실"(fact)에 관한 표시이지만 합리적인 근거가 없는 의견이나 신념의 표시 또는 장래 사건의 표시도 예외적으로 책임을 발생시킨다.

자본시장법의 일반적인 정책목적과 현실에 비추어 볼 때 표시의 대상을 사실에 제한하는 것은 적절하지 않다. 현재의 투자자들은 과거에 거의 관심을 보이지 않는 대신 장래에 모든 관심을 두고 있고, 회사의 재무자료조차 장래의 경제적 가치를 예측하는 근거로 사용될 수 있는 한도 내에서만 투자분석가의 관심을 끌기 때문에 이러한 예측정보(soft information)의 부실을 그대로 방치할 수는 없다. 투자자가 이러한 경향을 보일 때에는 장래에 관한 표시 또는 예측은 투자자에게 미치는 영향을 고려하여 신의성실과 합리적인 근거에 입각하여 이루어져야 할 것이다. 따라서 회사의 장래 수익력, 사업진출계획 등 장래에 관한 표시 또는 획기적인 신제품개발의 낙관적인 전망 등 예측의 형식을 취하는 표시도 표시 당시에 합리적인 근거가 없는 때에는 허위표시로서 발행공시책임을 발생시킨다고 할 것이다.

(나) 부실표시의 유형

부실표시는 표시의 형태에 따라 적극적인 표시로서의 허위표시와 소극적인 표시로서의 불표시로 구분할 수 있다. 그리고 자본시장법은 발행공시책임에서는 허위표시(거짓의 기재 또는 표시)와 불표시(중요사항이 기재 또는 표시되지 아니함)를 책임발생의 요건으로 하고 있고(법125①), 표시에 의한 시세조종 등 불공정거래금지에서는 허위표시(거짓의 표시)와 오해를 유발시키는 표시(오인표시)를 금지하고 있다(법176②(3)). 이에 의하면 그 형태와 내용에 따라 부실표시는 허위

표시, 오인표시, 그리고 불표시로 구분된다.

1) 허위표시

허위표시란 증권신고서와 투자설명서 중 중요사항에 관하여 기재되거나 표시된 사항이 명백하게 진실에 반하는 경우를 말한다. 이 경우에 표시의 허위 여부를 결정하는 것은 간단하다. 증권신고서와 투자설명서 중 중요사항에 관한 허위표시는 위법한 것으로 된다. 허위표시는 당연히 투자자의 오해를 유발한다.

2) 오인표시

오인표시란 표시의 상대방 또는 제3자로 하여금 표시에 관하여 오해를 유발시키는 표시를 말한다. 오인표시도 발행공시책임을 발생시키는 것으로 한다면 투자설명서가 오해를 유발하게 하는 때에는 허위표시가 포함되어 있음을 인정할 필요가 없다.

3) 불표시(기재누락)

일반원칙에 의하면, 공시의무가 전제되지 않는 한 표시자가 중요사항을 표시하지 않았다고 하여 법적 구제가 허용되지는 않는다. 따라서 일부만을 표시하는 오인표시와는 달리 완전한 불표시는 표시내용 전체를 허위로 만들어 적극적으로 허위표시를 하는 것과 동일한 정도에 이르지 않는 한 손해배상책임을 발생시키지 않는다.

그런데 자본시장법은 공시의무를 인정하고 있으며 배상책임의 객관적 요건으로서 불표시를 명시하고 있는 점을 고려하면 적극적인 허위표시와 불표시를 구별할 필요는 없다. 어느 쪽이나 투자자의 오해를 유발할 것이고, 중요한 사실을 기재하지 않는 것도 전체로서의 기재를 부실하게 만들기 때문에 적극적으로 허위의 기재를 하는 것과 동일하게 위법성을 갖는다.

Ⅳ. 주관적 요건

1. 과실책임의 원칙

자본시장법은 "배상의 책임을 질 자가 상당한 주의를 하였음에도 불구하고 이를(부실표시를) 알 수 없었음을 증명하거나 그 증권의 취득자가 취득의 청약을 할 때에 그 사실(부실표시)을 안 경우에는 배상의 책임을 지지 아니한다"고 규정하고 있다(법125① 단서).

자본시장법은 발행인과 기타의 자를 구별하지 않고 동일하게 귀책사유를 발행공시책임의 성립요건으로 하고 있다. 즉 증권신고서와 투자설명서상의 부실표시에 대한 책임은 발행인의 증명책임이 전환된 과실책임이다. 자본시장법상으로 어느 정도 유책성이 있을 때 책임의 주관적 요건이 충족되었다고 할 수 있으며, 누가 취득자의 악의를 증명하여야 하는가 하는 점이 분명하지 않다.

자본시장법이 발행공시책임에 관하여 증명책임이 전환된 과실책임의 원칙을 취하고 있으므로 배상책임자는 무과실책임을 부담하지 않는다. 그러나 배상책임자는 매우 제한된 항변의 이익만을 누릴 수 있기 때문에 자신에게 귀책사유가 없는 때에도 책임을 부담할 가능성이 있다. 왜냐하면 상당한 주의를 다하였음에도 알 수 없었음을 증명하지 못하는 한 증권신고서와 투자설명서상의 부실표시에 대한 책임을 부담하여야 하기 때문이다.

2. 유책성의 정도(과실기준)

자본시장법은 증권신고서와 투자설명서상의 부실표시책임에 대하여 과실책임을 전제로 하고 있다. 그러나 증명책임을 전환하고 있으므로 증권의 취득자는 적극적으로 배상책임을 질 자의 귀책사유를 증명할 필요는 없다. 또한 상법상의 이사 및 감사의 제3자에 대한 책임(상법 제401조, 제415조)과는 달리 배상책임자는 경과실에 대해서도 책임을 부담한다. 경과실에 대하여도 책임을 인정한 것은 증권신고서와 투자설명서는 제3자인 투자자를 위한 대외적인 공시수단이며 중요사항에 관한 부실표시는 당연히 제3자에게 손해를 미치게 될 것이므로 발행인 등은 이를 충분히 인식하여야 한다는 이유에 기인한다.

또한 자본시장법 제125조는 허위표시와 불표시를 구별하지 않고 동일한 유책성 요건을 부과하고 있다.

3. 증명책임(상당한 주의의 항변)

(1) 증명책임의 전환

배상의 책임을 질 자가 상당한 주의를 하였음에도 불구하고 이를 알 수 없었음을 증명한 경우에는 배상의 책임을 지지 아니한다(법125① 단서).

자본시장법 제125조 제1항 단서는 배상책임자에게 무과실의 증명책임을 부담시키고 있다. 이 증명책임의 전환은 자본시장법이 그 목적달성을 위하여 증명책임분배의 원칙을 수정한 것이다. 이와 같이 발행인 등의 과실이 법률상 추정되고 있으므로 발행인 등이 상당한 주의를 다하였음에도 불구하고 부실표시를 알 수 없었음을 증명하면 면책될 수 있다.

민법 제750조의 일반불법행위로 인한 손해배상책임은 과실책임으로서 원고가 피고의 고의·과실을 증명하여야 하나, 자본시장법 제125조의 책임은 피고의 무과실을 면책요건으로 규정하므로 과실에 대한 증명책임이 전환되어, 피고가 상당한 주의를 다하였음에도 불구하고 이를 알 수 없었음을 증명하면 면책된다.

(2) 증명책임의 내용과 범위

(가) 항변의 내용

발행인 등이 책임을 면하기 위해서는 상당한 주의를 다하였음에도 불구하고 부실표시를 알 수 없었음을 증명하여야 하기 때문에 단순히 그 부실표시를 알지 못하였다든지 또는 상당한 주의를 다하였다고 해도 알 수 없었을 것이라든지 하는 사실만을 주장·증명함으로써 책임을 면할 수는 없다. 즉 적극적으로 상당한 조사를 다하였음에도 불구하고 부실표시를 알 수 없었음을 증명하여야 책임을 면한다.

(나) 상당한 주의의 정도

발행인 등은 상당한 주의를 다하였음에도 불구하고 부실표시를 알 수 없었음을 증명하는 경우에는 면책되지만, 어느 정도의 주의가 상당한 주의에 해당하는지에 대해서는 기준이 없다.

미국의 1933년 증권법은 면책의 항변으로서 증권신고서에 대해서는 합리적인 조사 후 표시의 진실성을 믿을 만한 합리적인 근거를, 투자설명서 기타 표시에 대해서는 합리적인 주의를 요구하고 있다(SA 제11조(a)(3), 제12조(2)). 전자의 항변을 "due diligence 항변", 후자의 항변을 "reasonable care 항변"이라고 한다. 일반적으로 양 기준은 미묘한 차이가 있고 reasonable care는 due diligence보다 그 주의의무의 정도가 낮다고 한다. 왜냐하면 전자가 적용되는 증권의 매도인은 증권의 모집·매출과 밀접한 관련을 맺을 수 있으며, 증권신고서의 배상책임자와 동일한 정도로 정보에 접근할 수도 없기 때문이라고 한다.

발행공시책임은 당사자 사이의 인적 신뢰관계를 전제하는 것은 아니기 때문에 발행인 등이 증권신고서와 투자설명서의 작성·제출·교부에 있어서 특별히 신중하게 처리할 것을 요구할 필요는 없다. 배상책임자는 자신의 지위와 특성에 따라 합리적으로 기대되는 조사를 하였으며, 문제된 사항이 진실하다고 믿을 만한 합리적인 근거가 있음을 증명한 때에 한하여 면책될 수 있다.[65]

따라서 상당한 주의의무는 획일적으로 동일한 것이 아니라 배상책임자의 직무내용, 지위, 전문성, 관계자료의 입수가능성의 정도에 따라 구체적인 내용이 달라진다.

그리고 피고의 면책항변은 상당한 주의를 다하였다는 사실의 증명에 그치지 않고 더 나아가 그 부실표시를 알 수 없었다는 사실을 증명하여야 한다. 정보공시에 있어서 부실표시를 회피하거나 이를 정정하기 위하여 필요한 조치를 취하였다는 증거는 경우에 따라 부실표시의 존재를 알았다는 것을 부정하게 될 것이지만, 알기 위하여 상당한 노력을 하였다는 사실이 반드시 부실표시를 알지 못한 것이 합리적이라는 사실을 증명하지는 않는다.[66]

---

65) 신영무(1987), 「증권거래법」, 서울대학교출판부(1987), 236-237.
66) 강대섭(1992), "증권시장에서의 부실표시로 인한 손해배상책임에 관한 연구", 고려대학교 대학원 박사학위

(다) 상당한 주의의 구체적인 내용

1) 논의의 전제

가) 서설

발행인 등이 어느 정도의 주의로써 어떠한 행동을 하고 있어야 분식결산 등 부실표시가 발견된 경우에도 면책항변으로서의 상당한 주의를 다한 것으로 되어 책임을 면할 수 있는가? 이에 관해서는 미국의 실무에 영향을 미친 대표적인 판례 Escott v. BarChris Construction Corp. 사건에서 상세히 다루어졌다.

여기서는 이 판결을 중심으로 하여 자본시장법이 배상책임자로 예정하고 있는 발행인, 이사, 공인회계사, 인수인에 한정하여 상당한 주의의무의 구체적인 내용을 살펴보기로 한다.[67]

나) 전문가사항과 항변

먼저 살펴볼 것은 미국 1933년 증권법상으로는 신고서의 내용을 전문가사항과 비전문가사항으로 구분하여, "비전문가와 전문가사항에 대하여 제소된 전문가"는 합리적인 조사를 한 후 당해 부분의 효력발생시에 그 부분이 진실·정확하다고 믿을 만한 합리적인 근거가 있고, 이를 믿었다는 사실을 증명함으로써 면책되고, "전문가사항에 대하여 제소된 비전문가"는 해당 부분의 효력발생시에 부실표시가 있다고 믿을 만한 합리적인 근거가 없고 이를 믿지도 않았다는 사실을 증명한 때에는 면책된다(SA 제11조(b)(3)). 후자의 항변은 이중부정의 항변으로서 비전문가는 이를 용이하게 주장할 수 있다.

여기서 전문가사항이란 전문가로서의 권위에 기하여 작성된 부분 또는 전문가의 보고서, 평가서를 복사·발췌한 부분을 말하나, 신고서의 모든 부분이 전문가사항이 될 수는 없다. 일반적으로 회계사가 감사한 재무제표, 감정인의 감정서, 변호사의 적법성 의견서, 기사의 보고서는 전문가사항이나, 업무에 관한 사항, 인수계약 등은 전문가사항이 될 수 없다. 이러한 항변의 차이는 일반적으로 적극적인 조사의무가 있으나 전문가사항에 대하여는 비전문가인 이사, 임원, 기타의 자는 전문가사항을 신뢰할 수 있기 때문에 소극적인 선의로 충분하다.

자본시장법은 이러한 규정을 두고 있지 않으나, 이와 유사한 결론에 도달할 수 있다는 전제에서 검토하기로 한다.

다) BarChris 사건의 개요

이 사건은 BarChris사가 발행한 후순위전환사채(convertible surbordinated debentures) 5.5%를 취득한 자들이 1933년 증권법 제11조에 근거하여 제기한 집단소송이다. BarChris사는 볼링레인 설립회사였는데, 사업에 필요한 자금은 고객으로부터 대금의 일부를 선수금으로 수령하

논문(1992). 80쪽.
67) 강대섭(1992), 81쪽 이하.

여 충당하고 나머지는 공사완료시에 어음으로 지급받았다. 이 회사는 1961년 초에 사업자금조달이 곤란하여 추가적인 운영자금을 조달하기 위해 이 소송에서 문제가 된 사채를 발행한 것이다.

사채발행을 위한 증권신고서는 예비형태로 1961년 3월 30일에 SEC에 제출되었고, 같은 해 5월 11일과 5월 16일에 그 정정신고서를 제출하였다. 이 시기 볼링산업의 침체로 대금으로 받은 어음의 추심에 상당한 곤란을 겪고 있었다. 결국 이 회사는 자금조달을 위한 주식발행이 불가능하게 되자, 1962년 10월에 파산신청을 하였고, 이 사건 사채에 대한 1962년 11월 1일자 이자지급을 지체하였다. 원고들은 SEC에 제출된 해당 사채에 관한 증권신고서(1961년 5월 16일 효력발생)에 중요한 허위표시와 불표시가 있다고 주장하였다.

피고는 ① 증권신고서의 서명자, ② Drexel & Co.가 간사인수인인 8개 투자금융회사로 구성된 인수인, 그리고 ③ BarChris사의 회계감사인의 세 유형으로 구분되었다. 피고들은 원고의 주장을 부인하면서 주로 1933년 증권법 제11조에 의하여 이용할 수 있는 항변을 주장하였다. 또한 피고들은 공동소송인 사이의 청구(Cross-Claims)를 주장하여 각자의 부담부분에 대한 책임을 청구하였다. 이에 대하여 법원은 피고의 적극적인 항변의 주장·증명 여부를 주로 심리하였다.

라) 판결요지

이 사건에서 법원은 사외이사는 전국회계사무소를 신뢰할 수 있으며, 특히 이를 의심해야 할 상당한 이유가 없기 때문에 동(同)사무소가 감사한 수치의 정확성을 믿은 것은 정당하고, 총무겸무이사(secretary)인 젊은(따라서 전문적인 기술과 능력이 부족함) 변호사가 이를 신뢰한 것은 정당하지만, 회사의 회계담당임원은 그 수치가 부정확하다고 믿을 이유가 있으므로 이를 무시할 수 없고, 따라서 이 부분을 신뢰한 것은 정당하지 못하며, 회사감사인은 회사에서는 중요한 직무를 갖지 아니하는 자이지만 재무담당임원으로서 회사의 회계장부에 정통하기 때문에 상당한 주의의 항변을 증명하지 못하였다고 판시하였다.

이 판례는 책임의 정도와 필요한 조사의 범위는 배상책임자의 유형, 발행인에 대한 관계의 성질에 달려 있음을 분명히 밝히고 있다.

2) 구체적 내용의 검토

가) 발행인

자본시장법 제125조 제1항 단서는 발행인도 주의의무의 항변을 할 수 있다고 규정하고 있다. 따라서 증권신고서와 투자설명서의 작성·제출의무를 지는 발행인도 상당한 주의의 면책항변에 의하여 책임을 면할 수 있는 여지는 있다. 그러나 투자자를 보호하기 위하여 발행인에게 무과실책임을 묻는 것이 타당하다. 발행인에게 절대적인 무과실책임을 지우는 미국과 일본의 경우에는 이 점은 문제되지 않는다.

발행인이 주식회사인 경우 증권신고서와 투자설명서의 작성·제출은 회사의 업무집행권을 갖는 대표이사를 통하여 이루어진다. 따라서 현행 자본시장법에 따르면 대표이사가 대표이사로서 거래통념상 요구되는 주의능력을 갖추고 그러한 주의로써 증권신고서와 투자설명서의 작성·제출의무를 집행한 때에는 발행인도 상당한 주의를 다하였다고 볼 수 있을 것이다.

나) 이사

(ㄱ) 의의

BarChris 판결은 피고인 이사가 원용한 상당한 주의의 면책항변을 분석함에 있어 내부이사(상근이사)와 외부이사(비상근이사)로 구별하고, 해당 사실에 대한 지식의 정도 또는 그 접근가능성에 따라 책임의 척도를 달리하고 있다.

(ㄴ) 내부이사

a) 업무담당이사

업무담당이사인 사장, 부사장, 업무집행임원(CEO) 및 회계담당임원에 대해서는 면책항변이 인정될 여지는 거의 없다.

사장이 아니면서 단순히 회사의 경영위원회의 일원인 업무집행임원은 발행인과 거의 관계를 갖지 않는 사외이사보다 더 고도의 주의로써 업무를 수행하여야 한다. 법원은 발행인의 업무 전반에 정통한 최고경영자는 "모든 관련사실을 알고 있었으므로 투자설명서에 허위의 표시 또는 중대한 불표시가 없다고 믿을 수는 없었다"고 하여 면책항변을 배척하였다.

명목상의 사장, 부사장은 업무집행임원만큼 회사업무에 정통하지 못하고(사업설명서를 열람하더라도 이를 이해하기에 어려울 정도로) 지적 수준도 낮은 사람이었다. 그러나 이들도 회사의 업무가 장기간 토의된 경영위원회의 일원인 점에서 업무집행임원과 동일하게 취급되었다. 임원의 책임은 증권신고서의 열람 또는 그 이해 여부에 좌우되는 것은 아니므로 전문능력이 부족하다는 사실은 항변이 될 수 없고, 오로지 구체적인 사정하에서 상당한 주의로 행동하였는가의 여부가 그 기준이 된다. 법원은 "이들이 알고 있지 못하거나 이해하지 못한 것을 조사한 근거가 없다"고 하여 면책항변을 배척하였다. 즉 법원은 이들이 신고서를 열람하거나 이를 이해하지도 못한 채 신고서에 서명한 것에 바로 상당한 주의의무의 해태가 있다고 보았다. 필요한 최소한의 지식을 갖추지 못한 자는 임원 또는 이사의 직무를 맡아서는 아니 된다는 것이다.

회계담당임원은 공인회계사로서 그 직무가 요구하는 대로 회사의 재무에 정통하고 있었을 뿐만 아니라 경영위원회의 일원으로서 회사의 재무에 관한 정보에 접근할 수 있었다. 또한 그는 회사의 고문변호사와 협의하면서 직접 신고서를 준비하였다. 회계담당임원은 이전에 신고서를 취급해 본 경험이 없어 그 기재사항을 알지 못하였으며 전적으로 전문가를 신뢰하였다고 주장하였다. 법원은 "그가 고문변호사에게 정보를 알리지 않았으며, 모든 사실을 알렸다고 해도 이것이 상당한 주의를 다한 것으로 되지 않으며, 그는 사실을 알고 있었기 때문에 투자설명서의 전문가사항이 부분적으로 부정확하다고 믿을 이유가 있었고, 비전문가사항에 관해서는 그것이 정확하다고 믿을 합리적인 근거가 없었다"고 하여 항변을 배척하였다.

b) 총무겸무이사(사용인겸무이사)

위 업무담당이사를 제외한 사내이사는 단지 총무로서 회사의 업무집행에는 참가하지 않았다. 그는 업무집행자가 아니므로 회계장부 또는 재무거래에 관해서는 개인적으로 전혀 아는 바가 없었기 때문에 감사증명이 있는 재무제표의 허위기재에 대해서는 면책되었다. 그러나 그가 총무의 지위에서 회사 의사록의 작성자가 됨으로써 내부정보에 접근한 것은 확실하며, 특정한 계약은 법적 이행을 강제할 수 없다는 검토의견(이 사실은 신고서에 기재하지 않았다)을 발행인에게 제시하였다는 점을 인정하고 적시한 후, 이를 근거로 하여 법원은 "그는 투자설명서상의 다수의 부정확한 점을 알지 못하였지만, 그가 서명한 서류상의 비전문가사항의 진실성을 합리적으로 조사할 의무가 있으며, 이 의무는 변호사인 그가 알고 있어야 했다"고 판시하였다. 따라서 이를 독립적으로 조사하지 아니하였고, 또한 특정한 사항에 관해서는 이를 부분적으로 알고 있었기 때문에 감사증명이 있는 재무제표 외의 부분에 관하여는 면책항변이 배척되었다.

법원은 사용인겸무이사의 책임은 이사로서의 지위에 근거한다고 하면서도 합리적인 조사를 하였는가의 여부를 결정함에 있어서는 그가 변호사인 점을 고려하였다.

(ㄷ) 외부이사(사외이사)

외부이사는 신고서임을 인식하지 못한 채 단지 SEC에 제출하는 서류 정도로 짐작하고 서명하였다. 그는 사채발행 직전에 이사에 취임함으로써 회사의 업무에 정통할 수 있는 기회가 거의 없었다고 주장하였다. 법원은 신용조사의 성질을 갖는 일반적인 질문을 하고 그 답변을 들은 후 주요임원의 표시를 전적으로 신뢰하는 정도로써는 상당한 주의를 다하였다고 할 수는 없다고 하면서 투자설명서의 비전문가사항의 부실표시에 관하여 외부이사의 책임을 인정하였다. 그 근거로서 법원은 "이사는 신임 여부를 불문하고 1933년 증권법 제11조의 책임을 부담하며, 그는 이사로 선임되는 때에 그의 책임을 알고 있는 것으로 간주된다. 신중한 사람은 중요한 문제에 직면하여 관련사항을 파악하지 아니한 채 오로지 그 사실을 알지 못하는 사람의 표시와 일반적인 정보만을 믿고서 행동하지는 않을 것이다. 그러한 최소한의 행위가 법정기준에 이른다고 한다면 신임이사는 단지 신임이라는 이유만으로 책임을 면하게 될 것인데, 이것은 투자자의 보호를 위하여 완전하고 성실한 공시를 요구하는 1933년 증권법 제11조의 목적에 비추어 볼 때 타당한 해석이 아니다"고 판시하였다.

사외이사이면서 신임이사인 자에게는 위와 같은 정도의 주의의무는 과중한 부담이 될 것임이 명백하다. 그러나 이 사건에서 사외이사는 신고서에 서명하고 있었다. 신고서에 서명하지 아니한 사외이사에게 책임을 부담시키는 것은 어려울 것이다. 이 판결은 신고서에 서명하도록 요구받은 사외이사에게는 좋은 교훈이 될 수 있다.

또한 BarChris 사건에서 법원은 업무담당이사 또는 사용인겸무이사와 같은 사내이사와 사외변호사인 이사의 차이를 인정하였다. 사외변호사인 이사는 이사로서, 그리고 신고서의 서명한 자로서 제소되었다. 그는 신고서의 초안작성을 주로 책임지고 있었다. 법원은 발행인이 제공한 서류를 신뢰하는 것은 정당하다는 피고의 주장을 배척하고, 그의 독립적인 조사의무를 인정하였다. 법원은 이 사건이 변호사의 과실소송은 아니지만 상당한 주의의 항변을 고려하는 경우에는 그가 갖는 특별한 지위를 무시할 수 없다고 지적하면서, "그는 신고서의 작성과 그 정확성으로 보장에 직접 관여하고 있는 이사이므로, 이 업무에 전혀 관여하지 아니한 이사에게 충분히 기대가능한 수준보다 더 높은 합리적인 조사를 그에게 요구할 수 있다"고 판시하였다.

그러나 법원은 피고에 대한 회사 임원의 기만행위를 감안하더라도, 사실을 확인시켜 주었을 용이한 조사를 피고가 무수히 해태하였다고 하면서, "이 사건에서 증거에 입각하여 인정하는 이 결론은 이사인 사외변호사에 대하여 부당한 고도의 기준을 일반적으로 정립하는 것은 아니다"고 부언하여, 이러한 문제는 구체적인 사정에 따라 개별적으로 판단해야 할 것을 밝히고 있다.

(ㄹ) 자본시장법과 이사의 면책사유

신고 당시의 발행인의 이사는 중요사항에 대한 부실표시를 알지 못하였고, 상당한 주의를 하였더라도 알 수 없었음을 증명하면 면책된다. 여기서 "상당한 주의를 하였음에도 불구하고 이를 알 수 없었음을 증명"한다는 것은 "자신의 지위에 따라 합리적으로 기대되는 조사를 한 후 그에 의하여 부실표시 등이 없다고 믿을 만한 합리적인 근거가 있었고 또한 실제로 그렇게 믿었음"을 증명하는 것을 의미한다.

이사에게 요구되는 주의의무의 정도는 이사의 회사에서의 지위 등에 따라 다르다. 사내이사는 사외이사보다 엄격한 주의의무를 지며, 업무담당이사는 사용인겸무이사보다, 재무담당이사는 다른 사내이사보다 고도의 주의의무가 요구된다.

다) 공인회계사 등 외부전문가

(ㄱ) 미국 판례의 입장

증권신고서의 일부인 재무제표를 감사한 회계사의 책임과 관련하여 법원은 회계사의 면책항변은 그 재무제표가 포함된 신고서의 발효일에 평가되어야 한다고 하였다. 따라서 감사과정뿐만 아니라 신고서에 포함된 감사증명대차대조표의 작성일 후 신고서 발효일 전에 발생한 사건에 대해 회계사가 행한 조치를 검토하였다. 법원은 조사된 서류만으로도 부정확을 알 수 있없음에도 불구하고 더 이상 조사를 실시하지 아니하였다는 사실을 인정한 후 "이미 실시한 자료조사상으로도 더 이상의 조사가 필요하다고 볼 수 있는 충분한 위험징후가 있었다. 그러나 일반적으로 인정된 감사기준에 의한다면 이러한 사정에서는 더 이상의 조사가 불필요하다"고 판시하였다.[68] 이에 따르면 회계사가 그 직업상 인정되고 있는 기준보다 더 높은 기준을 요구받아서는 안된다는 전제에서, 회계사가 일반적으로 인정된 감사기준을 준수하였다면 면책항변을 원용할 수 있다.

　　이와 유사한 취지는 Hochfelder v. Ernst & Ernst 사건[69]에서 표명되었으나, 이 사건에서는 일반적으로 인정된 감사기준의 준수가 자동적으로 책임으로부터 보호막을 제공하지는 않는다고 하였다. 법원의 지적대로 보편적인 직업적 관행이 합리적인 신중성을 구성하는가 하는 판단이 선행되어야 한다. 따라서 일반적으로 인정된 감사기준의 준수는 필요한 주의기준이 충족되었다는 유력한 증거일 수는 있지만, "위험징후가 명확하여 이를 의심할 수 있는 경우에는 일반적인 무시조차 그 불표시에 대한 면책사유가 될 수는 없다"고 할 것이다. 물론 조사된 정보에 근거한 판단이 불합리하거나 정보를 오인제공한 데 대해서는 일반적으로 인정된 감사기준의 준수도 책임에 대한 보호막이 될 수 없다.

　　후자의 논리가 타당하다고 한다면, 공인회계사가 단순히 회계감사기준을 준수하였다는 사실만으로 상당한 주의를 다하였다는 주장·증명이 있다고 보기는 어려울 것이다. 이것은 감정인 등의 전문가에 대해서도 준용할 수 있을 것이다.

(ㄴ) 자본시장법과 공인회계사 등의 면책사유

　　자본시장법 제125조 제1항 단서는 공인회계사 등 외부전문가는 주의의무의 항변을 할 수 있다고 규정하고 있다. 따라서 공인회계사, 감정인, 신용평가를 전문으로 하는 자, 변호사, 변리사, 또는 세무사 등 공인된 자격을 가진 자(그 소속단체를 포함)는 상당한 주의를 하였음에도 불구하고 이를 알 수 없었음을 증명한 경우에는 배상책임을 지지 아니한다.

　　공인회계사 등 외부전문가는 자신이 전문가로서 자신의 권한으로 작성한 것이 명시적으로 표시되어 있는 증권신고서 등 부분에 대해서만 책임이 있다. 외부전문가의 책임이 있는 부분에 관하여 전문가로서 요구되는 심사는 자신의 전문성에서 일반적으로 적절하다고 고려되는 기준에 따라야 할 것이다.[70]

---

68) Escott v. BarChris Construction Corp. 283 F. Supp. 643(S.D.N.Y. 1968).
69) 503 F. 2d 1100, 1108(7th Cir, 1974).
70) 이상복(2004), 「증권집단소송론」, 삼우사(2004. 7), 383쪽.

라) 인수인

(ㄱ) 미국 판례의 입장

인수인은 공모시 신고서 내용의 정확성을 검증하여야 하고 또한 그 정확성을 검증할 수 있는 지위에 있다. 그 이유로서는 첫째, 인수인은 필요한 정보에 접근할 수 있고, 둘째, 전통적인 신고와 관련하여 발행인에 대하여 공시의무의 이행을 강제할 수 있는 영향력을 가지며, 셋째, 일반투자자는 인수인의 명성을 신뢰할 뿐만 아니라 인수인의 공모과정 참가를 신고서의 정확성을 보증하는 것으로 신뢰하기 때문이다. 그러나 인수인은 발행인의 내부이사만큼 회사의 업무에 정통하고 있을 것으로 기대되지는 않는다. 인수인의 조사의무는 인수인의 정보접근가능성을 고려하여 결정되어야 한다.

그러나 BarChris 사건에서 법원은 감사증명된 재무제표를 제외한 부분에 관하여 그 조사과정에서 고도의 주의를 다하여야 하는 엄격한 조사의무를 인수인에게 부과하였다. 엄격한 조사의무라 함은 회사 임원의 진술만을 듣는 것으로 충분하지 않고 수주계약서, 회계장부 등의 자료에 의하여 임원이 제출한 자료의 진실성을 확인하는 것이다. 인수인은 회사의 임원 또는 고문변호사를 신뢰해서는 아니 된다. 왜냐하면 자신의 재산을 관리하는 신중한 사람은 지나치게 열광적이고 간혹 사술까지 쓰는 회사의 임원을 신뢰하지는 않을 것이기 때문이다. 나아가 법원은 "만일 인수인이 회사의 경영진이 행한 표시를 액면 그대로 받아들임으로써 책임을 면할 수 있다고 한다면 인수인을 배상책임자에 포함시킨 것이 투자자에게는 어떠한 추가적인 보호도 제공하지 못한다"고 하면서, "법문상의 합리적인 조사라 함은 회사가 제공한 자료가 단순히 투자설명서에 정확하게 보고되고 있다는 확인 이상의 노력을 인수인에게 요구하는 것으로 해석되어야 한다"고 판시하였다. 법원은 인수인이 오로지 이사와 변호사만을 신뢰하였을 뿐 재산목록상에 나타난 계약 등을 더 이상 조사하지 아니하였다고 하여 인수인의 면책항변을 배척하였다.

(ㄴ) 자본시장법과 인수인의 면책사유

자본시장법 제125조 제1항 단서는 인수인은 주의의무의 항변을 할 수 있다고 규정하고 있다. 따라서 인수인은 증권신고서 등의 중요사항에 대한 부실표시를 알지 못하였고, 상당한 주의를 하였더라도 알 수 없었음을 증명하면 면책된다.

4. 취득자의 선의(악의의 항변)

(1) 면책요건으로서의 악의

배상책임을 질 자는 전술한 바와 같이 상당한 주의를 다하였음에도 불구하고 부실표시를 알 수 없었음을 증명한 때에는 책임을 면할 뿐만 아니라, "해당 증권의 취득자가 취득의 청약을 할 때에 그 사실을 안 경우에"도 배상의 책임을 지지 아니한다(법125① 단서). 즉 증권의 취득자가 증권신고서와 투자설명서 중 중요사항의 부실표시를 알고 있는(악의) 때에는 배상을 청구할 수 없다.

이와 같이 증권의 취득자가 악의인 경우에 배상책임을 면책시키는 것은 취득자가 부실표시 사실을 알면서 증권을 취득하는 경우 취득자는 부실표시로 인한 손해를 스스로 감수하겠다는 의사가 있는 것으로 추정할 수 있기 때문이다. 자본시장법은 취득자가 악의인 때에만 상대방의 면책을 허용하고 있을 뿐이고, 상대방이 투자자의 과실을 문제 삼아 전면적으로 책임을 면할 수 없게 한 점은 투자자의 보호를 강화하는 기능을 한다.

(2) 증명책임

법문상으로는 누가 증명책임을 지는가 하는 점이 분명하지 않다. 피해자의 구제와 정보공시의 목적달성을 위하여 피고가 원고인 취득자의 악의를 증명하여야 한다고 해석함이 타당하다.[71] 투자자의 권리행사를 용이하게 하기 위한 정책적 고려에서 부실표시만을 원고가 증명하면 원고의 선의는 추정된다고 할 것이고, 권리장애규정인 단서규정은 이를 주장하는 자가 증명하여야 한다고 본다.

이와 같은 증명책임의 문제는 부실표시에 대한 투자자의 신뢰문제와 관련되어 있으므로 후술하는 인과관계 부분에서 다시 살펴보기로 한다.

(3) 증명의 범위

증권취득자의 악의는 부실표시의 사실을 취득시에 현실적으로 아는 것을 의미한다. 취득시에 선의인 이상 그 후 이를 알게 되더라도 손해배상청구에는 영향을 받지 아니하며, 과실로 인하여 취득시에 이를 알지 못한 경우에도 동일하다. 발행공시책임을 투자자 보호를 위한 법정책임으로 보는 이상 법문상 언급되어 있지 아니한 투자자의 과실을 고려할 이유는 없다. 일반적으로 증권의 취득자는 표시의 정확성 및 완전 여부를 조사할 의무는 없을 뿐만 아니라 표시 사실을 조사하도록 요구받은 경우에도 마찬가지이다. 그러나 투자자의 과실에 의하여 손해가 확대된 경우 그 과실이 손해배상액의 산정에서 고려될 수 있는가 하는 문제는 별개이다.

Ⅴ. 인과관계

1. 서설

(1) 자본시장법 관련 규정

증권신고서와 투자설명서 중 중요사항이 부실표시됨으로써 증권의 취득자가 손해를 입은

---

71) 신영무(1987), 236쪽.

경우에는 배상책임자는 그 손해에 관하여 배상의 책임을 진다(법125① 본문). 배상책임을 질 자는 청구권자가 입은 손해액의 전부 또는 일부가 중요사항에 관하여 부실표시됨으로써 발생한 것이 아님을 증명한 경우에는 그 부분에 대하여 배상책임을 지지 아니한다(법126②).

(2) 논의의 실익

공시책임에 관한 논의에서 인과관계 요건은 여러 책임요소 중 가장 핵심적인 요건이다. 왜냐하면 일반적으로 당사자 사이에 계약관계도 존재하지 않고, 또한 가해행위가 분명하게 외부에 표출되는 것도 아니므로 배상청구권자가 어떤 이유로 배상책임자에게 책임을 묻는가를 알려주는 열쇠이기 때문이다.

발행시장이든 유통시장이든 불문하고 증권을 취득하는 투자자는 자신이 취득한 증권의 시세하락으로 인한 손해를 입을 가능성이 항상 존재함을 잘 알고 있다. 이들 중에서 자신의 손해가 어떤 가해자의 가해행위(허위공시 또는 부실공시)로 인하여 발생된 것이 증명되는 경우에 비로소 불법행위책임을 물을 수 있다. 증권시장의 특성상 수많은 증권의 소유자들은 자연스러운 시세하락으로 입은 손해를 엉뚱하게도 부실공시의 탓으로 돌리고 손해배상을 구할 가능성이 있다. 즉 자신의 증권취득 이전에 부실공시가 있었다면 그 이후의 취득자들은 모두 잠재적인 배상청구권자가 될 수도 있다. 그러나 인과관계의 요건은 공시사실을 읽고 그것이 정당하게 작성되고 공시되었을 것이라고 믿고 투자한 투자자에 대하여만 책임을 지우게 하는 열쇠라는 점에서 "거짓의 배상청구권자"를 걸러내는 역할을 하기도 한다. 따라서 인과관계의 요청이야말로 가해자의 불법행위로 피해를 입은 피해자와 그런 원인없이 손해를 입은 투자자를 구별해 주는 잣대가 된다.[72]

(3) 거래인과관계와 손해인과관계

의무위반행위와 손해 사이에서 원인과 결과의 관계를 의미하는 인과관계를 어떻게 이해할 것인가에 관해서는 우리나라의 통설은 상당인과관계설을 취하고 있다. 그런데 최근 인과관계를 책임성립의 인과관계와 배상범위의 인과관계로 구분하여 고찰하는 견해가 등장하였다. 이 견해에 따르면 책임성립의 인과관계는 손해발생 단계에서 심사되고, 배상범위의 인과관계는 배상범위 결정의 단계에서 심사된다.

이를 발행공시책임과 관련하여 보면, 전자는 부실 또는 허위로 작성·공시된 서류를 읽고 이를 믿고 증권의 취득하게 되었다는 신뢰의 인과관계를 의미하고, 후자는 그 부실공시로 발생한 손해가 어느 범위까지 미쳤는가를 나타내는 인과관계로서 이는 후에 손해배상액을 산정하는 책임의 영역에서 논의된다.

인과관계는 손해가 전보되어야 하는가, 누구의 손해가 어느 정도까지 전보되어야 하는가

---

72) 이준섭(2000), 26-27쪽.

를 결정함에 있어서 고려되는 요소가 분명한 이상 인과의 사슬은 위와 같은 두 단계로 구분할 수 있다. 미국 1934년 증권거래법 제10조 (a)항에 관한 미국의 판례는 의무위반행위(부실표시)로 인하여 원고가 거래를 하게 되었다는 거래인과관계(transaction causation)와 의무위반행위가 손해를 발생시켰다는 손해인과관계(loss causation)로 구분하여 인과관계는 양자의 증명을 요한다고 한다. 그런데 인과관계의 개념이 양 개념을 명확히 구별하는 단계에 이르지 못하고 있을 뿐만 아니라, 양 개념이 불법행위가 아니면 어떠한 차이가 있는가에 대해서는 분명하지 않다. 그러나 양 개념은 증권거래 관련소송에서 광범위하게 사용되고 있으며, 특히 불공정거래로 인한 손해배상에서는 전자와 관련하여 신뢰의 추정이 인정되고 있다.[73]

2. 거래인과관계와 신뢰

(1) 인과관계의 전제

증권의 취득자가 증권거래에서 입은 손해의 전보를 구하는 손해배상에서는 부실표시와 손해 사이에 인과관계가 있어야 한다. 의무위반행위인 부실표시와 손해 사이에 인과관계를 요하지 않는 것으로 한다면 발행공시에 의하여 투자정보를 얻고자 하는 투자자의 욕구를 감퇴시켜 공시제도의 무기능화를 초래할 것이기 때문이다. 반면에 위반행위의 억지를 직접적 목적으로 하는 행정제재에서는 위반행위에 관계된 상대방이 특수한 사정으로 인하여 현실적으로 어떠한 손해도 입지 아니하였다는 사실은 통상 예방적 목적과는 관계가 없으므로 인과관계를 요하지 않는다.

자본시장법은 제125조 제1항은 "부실표시로써 증권의 취득자가 손해를 입은 경우에"라고 규정하고 손해배상책임의 요건으로 인과관계를 요구하고 있다.

손해배상의 요건으로서 필요한 인과관계를 어떻게 이해할 것인가의 문제는 그리 간단하지가 않다. 인과관계에 관해서는 많은 학설이 있고 현재까지의 통설인 상당인과관계설은 많은 비판에 직면하여 인과관계의 새로운 개념정립이 필요한 단계에 이르렀다.

(2) 신뢰의 문제

인과관계를 거래인과관계와 손해인과관계로 나누어 고찰하는 방법론에서 전자를 증명하기 위하여 사용되는 개념이 신뢰이다. 신뢰의 개념은 다음의 두 가지 문제를 포함하고 있다. 투자자는 표시자가 행한 표시를 믿었는가, 그리고 이 믿음이 투자자가 거래를 체결하게 이른 행위(거래체결행위)의 원인이었는가? 이러한 문제는 피고의 부실표시가 원고로 하여금 거래를 체결하도록 하였고, 따라서 그 거래로부터 발생하였다고 주장하는 손해를 초래하였는가의 여부를 결정하기 위하여 고안된 것이다.

---

73) 강대섭(1992), 98-99쪽.

영미법에서 사기적 부실표시의 한 요건이기도 한 신뢰는 책임성립을 인정하기 위한 전제인 사실상의 인과관계의 문제로서, 그 기준은 "부실표시가 표시 상대방의 손해를 야기한 행동방향을 결정함에 있어서 중요한 요소인가"의 여부이다. 미국의 판례는 불표시가 문제된 List v. Fashion Park, Inc. 사건에서 중요성과 신뢰를 구별하여, 중요성은 합리적인 사람이라면 불표시된 사실에 의하여 다르게 행동하도록 영향을 받았을 것인가 하는 문제에 관한 것이고, 신뢰는 "구체적인 원고가 불표시된 사실에 의하여 다르게 행동하였을 정도로 영향을 받았을 것인가" 하는 문제에 관한 것이라고 하였다.[74] 중요성이 투자판단에 있어서 부실표시의 객관적인 중요성을 문제로 함에 대하여 신뢰는 주관적인 판단을 문제로 한다. 그러나 구체적인 원고가 불합리한 사람이라고 추정되지는 않을 것이고, 또한 원고가 이를 증명하려고 하지도 않을 것이므로 대부분의 경우 이 구별은 특별히 유용하지는 않을 것이다. 이러한 입장에서 본다면 신뢰의 주관적 요소는 중요성의 개념에 내재하고 있거나 중요성과 관련을 맺게 된다.

자본시장법상 발행공시책임도 표시에 대한 투자자의 신뢰로부터 발생하는 손해를 배상하는 책임이므로, 원고의 신뢰는 인과관계의 한 요소로서 전제되어 있다고 할 것이다. 이는 외관신뢰보호에서의 신뢰와 같은 기능을 갖는다고 할 것이다.

그렇다면 발행공시책임을 인정함에 있어서도 증권의 취득자는 부실표시를 믿었어야 하는가, 믿었어야 한다면 그 증명책임은 누구에게 있으며 그 관련성은 어느 정도까지 증명하여야 하는가 하는 문제점이 제기된다.

(3) 신뢰의 추정

(가) 추정가능성

자본시장법상 어디에도 신뢰라는 문언이 직접 언급되어 있지는 않다. 그러나 증권의 취득자가 부실표시를 직접 받거나 공개시장에 대하여 행해진 부실표시를 단순히 객관적으로 믿었다는 의미에서의 신뢰는 인과관계에 포섭되어 취득자의 신뢰가 불법행위로 인한 손해배상의 필수적인 요건으로 인정되고 있다고 한다면, 신뢰의 증명책임은 일반원칙에 따라 원고인 취득자에게 있다고 해야 할 것이다.

그런데 증권시장에서 정형화된 특정한 매체(일반적으로 서면)에 의하여 행해진 부실표시는 증권의 시장가격에 영향을 미칠 뿐만 아니라 증권신고서 또는 투자설명서의 내용은 취득자의 직접 열람 여부, 구체적인 이해 여부를 불문하고 그 내용에 상응하는 투자환경을 만들어낸다. 또한 투자자가 부실표시를 현실적으로 믿었음을 증명하는 것은 쉽지 않고, 나아가 투자자로 하여금 이를 증명하게 하는 것은 일반불법행위책임에 의하는 것과 다를 바가 없기 때문에 민사책임을 특별히 법정하고 있는 입법취지를 살리지 못하게 된다. 여기서 개연성을 근거로 하는

---

74) 340 F.2d 457, 463(2d Cir, 1965).

인과관계의 사실상 추정이 인정될 여지는 충분히 있다.

(나) 신뢰의 추정을 인정할 필요성

발행시장공시는 유통시장공시와는 다른 특성을 갖고 있다. 유통시장공시의 경우에는 투자자들이 증권을 취득함에 있어서 문제되는 공시가 유일한 투자판단자료가 아니고, 투자판단을 함에 있어서 매우 다양한 변수의 영향을 받는다. 그러나 증권이 공모발행의 형태로 최초의 투자자에게 취득되는 과정, 즉 발행시장에서는 투자자가 해당 증권에 대한 청약 여부를 결정하는 경우에 유일하게 의존할 수 있는 공식적인 투자판단자료는 발행인이 작성하여 공시하는 증권신고서 또는 투자설명서일 수밖에 없다. 한편 최초의 취득자인 투자자들은 증권신고서 및 투자설명서가 장래 있을지도 모르는 손해배상청구를 위한 거의 유일한 단서가 될 수 있다.

발행시장공시가 시간적으로 투자자의 청약이 있기 이전에 이루어진 것이라면 투자자가 이를 읽고 신뢰하였기 때문에 취득하였을 것이라는 점을 추정한다고 하여도 하등 이상할 것이 없다. 왜냐하면 청약자가 투자판단을 하는 경우에 의존할 수 있는 유일한 자료가 증권신고서 또는 투자설명서이고, 이미 증권신고서 또는 투자설명서가 공시된 경우라면 투자자들에게는 다른 선택의 여지가 없이 그 공시내용의 진실성을 신뢰하였기 때문에 취득하였다고 추정하여도 무리는 없기 때문이다.[75]

이러한 신뢰(거래인과관계)의 추정은 원래 발행공시의 특수한 성질로부터 인정되기도 하지만, 특히 투자자에게 자신이 공시서류의 진실성을 신뢰하고 증권을 취득한 사실을 증명하는 것이 현실적으로 어렵기 때문이기도 하다.

따라서 해당 증권신고서 또는 투자설명서가 공시된 후에 투자자는 자신이 그 진실성을 믿고 투자행위를 하였다는 것을 증명할 필요없이 그 신뢰가 존재하였다는 점이 추정되고, 그 반대의 증명을 피고가 부담하게 하여 증명책임을 전환시키는 것이 정당화된다.

(다) 증명책임의 전환

1) 전환의 근거

객관적 기준을 사용하여 중요성을 정의하는 경우, 중요한 부실표시는 표시 상대방의 신뢰를 야기할 것이다. 그런데 증권의 취득자가 부실표시의 진실을 알고 있었다면 그는 부실표시를 믿지 않았을 것이며 그 믿음에 따라 행동하지도 않았을 것이다. 따라서 취득자가 선의인 한 중요성으로부터 신뢰는 추정할 수 있다.

신뢰의 증명책임이 전환되는 이유에 대하여, ⅰ) 관련성에 관한 증명은 매우 어렵기 때문

---

75) 이러한 추정은 외국의 입법례에도 나타난다. 즉 발행시장공시가 직접 투자권유를 위하여 단 한 차례 그 투자판단을 돕기 위해 공시된다는 성질이 고려되어 미국증권법(1933년 증권법) 제11조(a)는 증권신고서의 효력이 발생된 때로부터 1년 이내에 취득한 투자자는 동 신고서를 보고 신뢰한 채 투자하였다는 점을 증명할 필요없이 그 인과관계가 추정된다는 점을 명확히 하고 있다.

에 이 책임을 원고에게 부담시킬 경우 법조문의 취지를 달성하기 어렵고, ii) (부실표시에 대한 악의의 증명책임을 원고에게 부담시키는 것을 전제하여) 증권의 취득시에 원고가 부실표시의 사실을 알았다는 것과 이를 믿지 않았다는 것은 같은 성질을 가지는 것이므로 결국 피고가 그 증명책임을 진다고 한다.[76] 즉 취득자의 신뢰는 추정되므로 발행인 등이 부실표시에 대한 취득자의 불신뢰를 증명하여야 한다는 것이다. 따라서 당사자관계를 요하지 않는 이 손해배상에서 취득자가 직면하는 증명의 곤란은 취득자의 손해배상청구권의 행사를 가급적 쉽게 하려고 하는 자본시장법의 정책목적 또는 증명책임의 이념에 비추어 그 전환을 긍정하는 이유가 될 수 있다.

그러나 취득자가 선의라는 사실로부터 언제나 취득자의 신뢰가 있다고 추단할 수는 없다. 증권 취득자가 부실표시임을 안 때에는 이를 믿고 증권을 취득하였다고는 볼 수 없지만, 취득자가 부실표시임을 알지 못하더라도 이를 믿지 않고 다른 자료 또는 정보에 의하여 증권의 취득을 결정할 수 있기 때문이다.

따라서 증명책임의 전환은 증명의 곤란을 제거함으로써 피해자인 투자자를 보호하고자 하는 자본시장법의 목적에서 그 근거를 찾아야 한다. 그러므로 증권시장에서 투자자가 증권을 취득하는 경우에는 취득자가 공시서류를 직접 열람하지 않더라도 하자 있는 공시서류가 공람된 경우에는 그 증권의 취득결정시에 간접적으로 영향을 받을 뿐만 아니라, 취득자로 하여금 직접 열람 또는 그 신뢰를 증명하게 하는 것은 손해배상청구를 사실상 곤란하게 한다는 점에서 증명책임의 전환이 인정된다고 본다. 그리고 발행공시책임에 관해서는 배상액이 법정되어 있기 때문에 취득자가 특별히 신뢰를 포함한 인과관계를 증명할 필요는 없을 것이다.

2) 전환의 효과

신뢰의 증명책임이 전환되는 결과 증권의 취득자는 증권을 취득하기 위하여 증권신고서와 투자설명서를 열람하였는가, 그리고 이를 신뢰하여 증권을 취득하였는가를 증명할 필요없이 발행인 등에 대하여 그 손해의 배상을 청구할 수 있다.

(라) 결어

증권이 최초로 공모되는 경우에 증권신고서나 투자설명서는 투자자가 해당 증권에 대한 청약 여부를 결정하기 위한 거의 유일한 판단자료이고, 해당 투자판단을 함에 있어 오직 1회만 제공된다. 따라서 통상적인 보통의 투자자라면 증권에 대한 청약을 함에 있어 해당 공시서류를 읽고 이를 믿고 투자한다고 보는 것이 일반적이다. 이를 반영하듯 각국의 입법례와 판례는 만일 투자자의 취득시점이 투자설명서의 공시 이후인 경우에는 투자자들이 그 공시서류를 읽고 신뢰하여 투자한 것이라는 거래인과관계를 추정하고 있다.

증권시장에서 발생하는 부실공시에 기한 투자자의 손해배상청구는 그 책임의 이론적 근거

---

76) 신영무(1987), 235-236쪽.

를 불법행위법(민법750)에 그 바탕을 두고 있는데, 그 책임인정의 가장 큰 난점은 인과관계의 증명이 어렵다는 점에 있다. 특히 민법상 불법행위법의 일반원칙에 의하면 인과관계의 증명은 피해자인 배상청구권자에게 있으므로 현실적으로 책임귀속이 어렵다.

그러나 다른 법제에서와 같이 자본시장법이 투자설명서를 교부할 의무를 인정하고 있기 때문에 위의 난점이 상당히 해소되었다. 그 이유는 일단 투자설명서의 강제교부의무가 부과된 이후의 시점이거나 일간지에 공시된 후에는 그 서류의 진실성을 믿고 투자를 하였다는 책임근거적 인과관계는 존재하는 것으로 추정되기 때문이다.[77]

또한 손해배상액의 산정과 관련된 손해인과관계도 그 증명책임을 전환하여 가해자측에 지우게 함으로써 투자자보호를 강화하고 있다.

3. 손해인과관계

(1) 의의

증권신고서와 투자설명서 중 중요사항에 관하여 거짓의 기재 또는 표시가 있거나 중요사항이 기재 또는 표시되지 아니함으로써 증권의 취득자가 손해를 입은 경우에 배상책임자는 그 손해에 관하여 배상의 책임을 진다(법125① 본문). 따라서 자본시장법은 피고의 부실표시와 원고의 손해 사이에 인과관계가 존재할 것을 요구하고 있다. 증권취득자인 원고의 "손해"는 피고의 "부실표시"로 발생한 것이어야 한다.

(2) 증명책임의 전환

배상책임을 질 자는 청구권자가 입은 손해액의 전부 또는 일부가 중요사항에 관하여 거짓의 기재 또는 표시가 있거나 중요사항이 기재 또는 표시되지 아니함으로써 발생한 것이 아님을 증명한 경우에는 그 부분에 대하여 배상책임을 지지 아니한다(법126②).

발행공시의무의 주요 관심사는 증권의 공모발행과 관련하여 최초의 투자자가 투자판단을 함에 있어 발행인의 재무 및 경영사항에 대한 정확하고 완전한 정보를 제공하는 것이다. 따라서 부실표시 및 공시책임은 그 당시 유일한 정보제공물인 그 투자권유문서를 읽고 믿었기 때문에 증권을 취득한 최초의 취득자를 대상으로 하는 것이 원칙이다. 이 같은 이유로 각국의 법률은 특히 발행공시를 강력한 법적 의무로 규정하고 있다. 또한 각국의 입법과 판례는 투자설명서 등이 공시된 이후이거나 교부된 이후인 경우에 최초의 취득자가 투자판단을 함에 있어 다른 선택의 여지 없이 의존해야 했을 유일한 공시자료였을 것이라는 점을 인정하여, 이 경우에는 신뢰의 인과관계를 추정하도록 하고 있다.[78]

---

77) 이준섭(2000), 31쪽.
78) 이준섭(2000), 37쪽.

따라서 자본시장법 제126조 제2항 손해의 범위에 대한 인과관계의 증명을 배상책임자인 피고에게 부과함으로써 증명책임을 전환시키고 있는 것은 신뢰의 인과관계가 추정된다는 것을 전제로 하고 있는 것이다. 따라서 피고는 부실표시와 원고의 손해 사이에 인과관계가 없음을 증명할 책임을 부담한다.

(3) 책임의 제한

증명책임의 전환에 관한 자본시장법 제126조 제2항의 규정은 동시에 책임제한의 근거규정으로서 기능을 수행한다. 이에 대한 상세한 것은 손해배상액의 산정 부분에서 논의하기로 한다.

Ⅵ. 예측정보와 손해배상책임

1. 서설

(1) 의의

자본시장법은 발행시장에서의 증권신고서(법119③)뿐만 아니라 유통시장에서의 정기공시제도로서 사업보고서(법159⑥)와 거래상황공시제도로서 공개매수신고서(법134④)에도 예측정보를 자발적으로 기재 또는 표시하여 공시할 수 있도록 하였다.

또한 예측정보는 법정의 주의문구를 표시하도록 공시형식을 명시하였다. 특히 예측정보의 자발적 공시를 유도하기 위하여 법정의 공시서류와 공시형식을 취하는 경우에는 그 부실공시에 경과실이 있더라도 그로 인한 투자자의 손해에 대하여 면책을 인정하는 규정을 두었다.

(2) 자본시장법 규정

예측정보가 다음에 따라 기재 또는 표시된 경우에는 제1항에 불구하고 제1항 각 호의 자는 그 손해에 관하여 배상의 책임을 지지 아니한다(법125② 본문). 다만 그 증권의 취득자가 취득의 청약 시에 예측정보 중 중요사항에 관하여 거짓의 기재 또는 표시가 있거나 중요사항이 기재 또는 표시되지 아니한 사실을 알지 못한 경우로서 제1항 각 호의 자에게 그 기재 또는 표시와 관련하여 고의 또는 중대한 과실이 있었음을 증명한 경우에는 배상의 책임을 진다(법125② 단서).

1. 그 기재 또는 표시가 예측정보라는 사실이 밝혀져 있을 것
2. 예측 또는 전망과 관련된 가정이나 판단의 근거가 밝혀져 있을 것
3. 그 기재 또는 표시가 합리적 근거나 가정에 기초하여 성실하게 행하여졌을 것
4. 그 기재 또는 표시에 대하여 예측치와 실제 결과치가 다를 수 있다는 주의문구가 밝혀져 있을 것

(3) 면책특례의 필요성

자본시장법이 각종의 공시서류에 예측정보를 표시할 수 있도록 한 것은 예측정보가 자본시장에서 차지하는 결정적인 역할 때문이다. 투자자는 회사의 경제적 전망을 평가하고 투자판단을 결정함에 있어서 경영진의 예측정보를 중요하고 유용한 것으로 인식하는 경향이 있다는 것이다. 실무상으로도 예측정보는 금융투자업자가 행하는 투자권유에 있어서 결정적인 요소로 고려되는 경우가 많다.[79]

그러나 예측정보가 투자자에게는 유용하지만, 그 정보를 제공하는 발행인에게는 비용을 부담시키는 문제가 있으므로, 자본시장법은 이를 강제하지 아니하고 자율적인 공시의 대상으로 한 것이다. 그러나 투자판단을 함에 있어 예측정보가 갖는 유용성 때문에 발행인으로 하여금 적극적인 예측정보의 공시를 권장하기 위한 특별한 원칙이 필요하였다. 따라서 예측정보가 부실공시되더라도 일정한 요건을 구비하는 경우에는 자본시장법 제125조 제1항에 의한 손해배상책임을 면제하는 특례규정을 두게 된 것이다. 이러한 규정을 안전항 면책규정(safe harbor provision)이라고 한다.

(4) 예측정보의 부실공시와 책임구조

자본시장법상의 법정공시서류와 공시형식을 따르지 아니하고 부실예측정보를 공시하는 경우에 대한 손해배상책임에 대하여는 자본시장법 제125조 제1항과 민법 제750조의 손해배상책임 규정이 적용될 수 있다. 우선 책임체계상으로는 법정공시서류에 부실표시하였으나 공시형식을 준수하지 않은 경우에는 자본시장법 제125조 제1항에 의한 손해배상책임이 성립한다. 그러나 법정공시서류 이외의 방법에 의하여 임의로 부실공시한 경우에는 민법 제750조에 의한 일반불법행위책임이 성립할 것이다. 따라서 손해배상책임의 면책, 배상책임자의 범위, 손해배상액, 손해배상청구권의 소멸 등에서도 책임구조가 다르게 된다.

그러나 법정공시서류와 공시형식에 따라 예측정보를 부실공시한 경우에는 자본시장법 제125조 제2항에 따라 경과실에 기한 증권취득자의 손해에 대하여 발행인은 손해배상책임이 면제된다. 그러나 예측정보의 부실표시자에게 고의나 중과실이 있는 경우, 증권취득자에게 악의가 있는 경우, 주권비상장법인의 최초공모의 경우, 대량주식취득보고서상의 부실예측정보에 대하여는 이러한 면책특례가 적용되지 아니한다.

2. 면책대상 공시서류

자본시장법상 면책특례의 적용대상이 되는 공시서류는 증권신고서(법119③), 투자설명서(법123②), 공개매수신고서(법134④), 사업보고서(법159⑥)이다. 이러한 공시서류에 기재 또는 표

---

79) 송종준(2000), 20쪽.

시된 예측정보만이 그 면책대상이 된다.

자본시장법은 예측정보를 법정의 공시서류에 기재하는 것만을 예정하여 그 공시제도를 도입한 것이므로, 자본시장법상 허용된 서면에 예측정보의 부실공시가 있는 경우에 한하여 자본시장법 제125조 제2항의 손해배상책임의 면책특례가 적용된다. 따라서 법정의 공시서류에 의하지 아니한 정보의 공개 또는 구두에 의한 예측정보의 표시에 대하여는 면책특례가 인정되지 아니한다.80) 자본시장법이 이와 같이 서면에만 한정한 것은 투자자에게는 정보접근의 용이성을 확보하여 주고 예측정보를 평가할 수 있는 신뢰체제를 제공하며, 감독기관에게는 공시정보의 정확성 및 완전성을 유지관리할 수 있도록 하기 위한 것이다.

그리고 자본시장법상 증권신고서 등 각종의 공시서류는 서면일 것을 원칙으로 하지만, 금융위원회 등에 제출할 각종의 신고서 또는 보고서는 전자문서에 의한 방법도 허용되므로 전자문서도 여기의 문서에 포함된다. 예측정보의 공시도 그 예외는 아니다.

그러나 예측정보를 자본시장법상의 신고서 또는 보고서에 의하지 아니하거나, 간이투자설명서를 사용하지 아니하고 임의로 구두, 신문광고, 방송, 인터넷, 기타 홍보전단 등에 의하여 공시하는 경우도 있다. 자본시장법의 규정에 따르면 이러한 매체를 이용한 예측정보의 공시는 자본시장법이 신고서 또는 보고서에 예측정보를 기재할 것을 명시하고 있으므로 이러한 매체에 의한 예측정보의 공시는 위법하여 허용되지 아니한다.81) 여기서 그 매체에 주의문구 등 일정한 방법을 표시했는지 여부와는 관계가 없다. 그러나 위와 같은 위법한 예측정보의 부실공시는 불법행위에 해당하므로 이에 따른 민사책임을 인정할 수는 있을 것이다.82)

3. 면책특례의 적용요건

자본시장법 제125조 제2항은 면책특례를 인정하기 위하여 기본적으로 해당 예측정보가 법률상 중요한 정보83)로서 일정한 요건을 구비할 것이 요구된다고 규정하고 있다.

---

80) 미국의 1995년 개정 증권법에서는 ① 구두표시에 특정내용이 예측정보이고, 또한 예측치와 실제의 결과치는 다를 수 있다는 주의문구가 수반되고, ② 실제치와 예측치간의 차이를 발생시키는 원인이 될 수 있는 부가적인 정보가 구독이 용이한 서면에 포함되어 있다는 구두표시가 수반되고, ③ 그 구두표시가 그 부가정보를 담고 있는 서면 또는 그 일부임을 확인하고 있으며, ④ 그 확인된 서면 자체에도 적정한 주의문구를 담고 있는 경우에 한하여 예측정보의 구두표시에 안전항 면책특례가 적용될 수 있도록 규정하고 있다 (1933년 증권법 제27A(c)(2), 1934년 증권거래법 제21E(c)(2)).

81) 미국의 경우에는 1995년 개정 증권법에 의하여 일정한 조건을 전제로 구두표시(oral statement)에 의한 예측정보의 공시를 허용하고, 안전항 면책규정의 혜택을 받을 수 있게 하고 있다.

82) 송종준(2000), 14쪽.

83) 자본시장법상의 공시규제에 있어서는 모든 공시정보는 중요한 정보이어야 한다는 이른바 중요성의 원칙이 지배하고 있다. 따라서 부실공시된 예측정보가 법률상 중요하지 않은 정보인 경우에는 다른 요건의 구비 여부와 관계없이 민사책임을 구성하는 문제는 없을 것이다. 미국의 1995년 개정 증권법은 예측정보가 중요한 정보가 아닐 경우에는 면책됨을 명확히 규정하고 있다(1933년 증권법 제27A(c)(1)(A)(ⅱ), 1934년 증

(1) 당해 예측정보의 기재 또는 표시가 예측정보라는 사실이 밝혀져 있을 것(제1호)

이것은 예측정보와 확정된 과거정보를 구별하여 투자자의 투자판단상 오해를 방지하기 위한 것이다. 이 요건은 예측정보의 부실공시에 따른 손해배상책임을 면하기 위하여 필요한 형식요건이다.

(2) 예측 또는 전망과 관련된 가정이나 판단의 근거가 밝혀져 있을 것(제2호)

이것은 예측정보는 미래의 불확정한 사실을 전망하는 정보이므로 여기에는 투자자에게 미래에 대한 과도한 기대와 신뢰를 초래할 수 있는 허황된 사실이 포함될 여지가 많은 점을 우려하여, 미래의 예측치를 산출하는데 기초가 된 가정이나 근거를 제시하게 하기 위한 것이다. 이 요건은 예측정보의 부실공시에 따른 손해배상책임을 면하기 위하여 필요한 형식요건이다.

(3) 그 기재 또는 표시가 합리적 근거나 가정에 기초하여 성실하게 행하여졌을 것(제3호)

예측정보의 공시에는 전술한 바와 같이 당해 예측 또는 전망과 관련된 가정이나 판단의 근거를 명시하여야 한다. 그런데 예측정보의 기초가 된 가정이나 근거가 허위이거나 오해를 유발할 사실이 게재된 경우에는 표시된 예측정보의 진실성을 확보할 수 없을 것이다. 따라서 예측정보의 진실성을 담보할 수 있도록 하기 위한 실질요건으로서 예측정보의 기초에는 합리적인 근거가 있어야 하며, 또한 그것은 성실하게 표시되어야 함을 선언한 것이다. 따라서 표시되는 예측정보에 합리적인 기초가 결여되면 그 예측정보는 부실표시로 취급되어야 한다.

(4) 예측정보의 기재 또는 표시에 대하여 예측치와 실제 결과치가 다를 수 있다는 주의문구가 밝혀져 있을 것(제4호)

이것은 표시된 예측치에 대한 투자자의 과도한 신뢰가능성 때문에 예측치가 실제의 결과치와 다를 수 있음을 명시함으로써 투자자에게 투자판단에 있어서 미리 주의를 환기시키기 위한 것이다.[84] 이러한 주의문구 등의 명시가 있으면 문제의 부실표시된 예측정보의 중요성이 부정되어 예측정보의 부실공시로 인한 책임이 면제된다.

4. 면책특례의 적용배제

(1) 부실표시자 등에게 고의 또는 중과실이 있는 경우

(가) 자본시장법 규정

자본시장법은 "증권의 취득자가 취득의 청약 시에 예측정보 중 중요사항에 관하여 거짓의 기재 또는 표시가 있거나 중요사항이 기재 또는 표시되지 아니한 사실을 알지 못한 경우로서

권거래법 제21E(c)(1)A)(ⅱ)).

[84] 미국 증권법상 이러한 주의문구(cautionary statement)의 명시에 의한 면책원칙을 "주의표시의 원칙"(bespeaks caution doctrine)이라고 하며, 이 이론은 많은 판례에서 적용되었다.

제1항 각 호의 배상책임자에게 그 기재 또는 표시와 관련하여 고의 또는 중대한 과실이 있었음을 증명한 경우에는 배상의 책임을 진다"고 규정하고 있다(법125② 단서). 이 규정에 의하면 증권의 취득자는 선의이어야 하고, 동시에 배상책임자의 고의 또는 중과실을 증명하여야 배상책임자의 책임이 발생한다.

그러나 자본시장법상으로 어느 정도 유책성이 있을 때 책임의 주관적 요건이 충족되었다고 할 수 있으며, 누가 취득자의 악의를 증명하여야 하는가 하는 점이 분명하지 않다. 아래서는 자본시장법 제125조 제1항 단서의 악의의 항변(취득자의 선의) 및 상당한 주의의 항변과 비교하면서 설명하기로 한다.

(나) 취득자의 선의

1) 면책 전제요건로서의 선의

예측정보의 부실표시를 한 배상책임자에게 고의 또는 중과실에 의한 면책배제가 인정되기 위하여는 "다만 그 증권의 취득자가 취득의 청약 시에 예측정보 중 중요사항에 관하여 부실표시된 사실을 알지 못한 경우"이어야 한다(법125② 단서). 이것은 자본시장법상 정보의 부실표시에 대한 모든 민사책임의 특칙규정은 증권의 취득자가 당해 공시된 정보가 진실한 정보라고 신뢰한 경우에만 적용된다는 점에서 당연한 것이다. 예측정보의 부실공시에 있어서도 증권취득자의 청약시에 증권취득자가 "부실표시의 사실을 이미 알고 있는 경우"(악의)에는 법률상의 보호대상에서 배제되는 것이다.

2) 증명책임

자본시장법 제125조 제2항 단서 법문상으로는 누가 증명책임을 지는가 하는 점이 분명하지 않다. 그러므로 피해자의 구제와 정보공시의 목적달성을 위해 피고인 배상책임자가 취득자의 악의를 증명하여야 한다고 해석하여야 한다. 투자자의 권리행사를 용이하게 하기 위한 정책적 고려에서 부실표시만을 증권의 취득자가 증명하면 취득자의 선의는 추정되고, 권리장애규정인 단서규정은 이를 주장하는 배상책임자가 증명하여야 한다고 본다.

또한 이와 같은 해석은 앞에서 살펴본 자본시장법 제125조 제1항 단서의 경우와 동일한 것이다. 자본시장법 제125조 제1항 단서가 "다만 그 증권의 취득자가 취득의 청약을 할 때에 그 사실을 안 경우에는 배상의 책임을 지지 아니한다"고 규정하고 있기 때문이다.

다만 문제는 배상책임자에게 부실표시에 대한 고의 또는 중과실이 있고, 동시에 증권의 취득자에게도 부실표시 사실에 대한 악의가 있는 경우의 법적 처리의 문제이다. 이 경우 증권의 취득자가 악의임이 증명되면 배상책임자 등의 고의 또는 중과실이 증명되었는지 여부를 물을 필요도 없이 전술한 면책요건만을 구비하면 부실공시자 등의 배상책임자는 여전히 면책특례의 적용을 받게 된다고 보아야 할 것이다. 이것은 자본시장법 제125조 제2항 단서가 부실공시자 등의 배상책임자에게 면책특례의 적용을 배제하기 위한 전제조건으로서 부실표시 사실에 대한 증권의 취득자가 선의일 것을 명시하고 있기 때문이다.[85]

3) 증명의 범위

증권취득자의 악의는 부실표시의 사실을 취득시에 현실적으로 아는 것을 의미한다. 취득시에 선의인 이상 그 후 이를 알게 되더라도 손해배상청구에는 영향을 받지 아니하며, 과실로 인하여 취득시에 이를 알지 못한 경우에도 동일하다. 발행공시책임을 투자자 보호를 위한 법정책임으로 보는 이상 법문상 언급되어 있지 아니한 투자자의 과실을 고려할 이유는 없다. 일반적으로 증권의 취득자는 표시의 정확성 및 완전 여부를 조사할 의무는 없을 뿐만 아니라 표시 사실을 조사하도록 요구받은 경우에도 마찬가지이다. 그러나 투자자의 과실에 의하여 손해가 확대된 경우 그 과실이 손해배상액의 산정에서 고려될 수 있는가 하는 문제는 별개이다.

(다) 배상책임자의 고의 또는 중과실

1) 의의

자본시장법 제125조 제2항 단서는 "다만 그 증권의 취득자가 … 선의인 경우로서 제1항 각 호의 자에게 그 기재 또는 표시와 관련하여 고의 또는 중대한 과실이 있었음을 증명한 경우에는 배상의 책임을 진다"고 규정하고 있다. 따라서 법문상으로 증권의 취득자가 배상책임자의 고의 또는 중과실을 증명하여야 배상책임자의 책임이 인정된다.

그러나 자본시장법 제125조 제1항 단서는 "다만 배상의 책임을 질 자가 상당한 주의를 하였음에도 불구하고 이를 알 수 없었음을 증명하여야 배상의 책임을 지지 아니한다"고 규정하고 있다. 따라서 배상책임자는 자신의 무과실을 증명하여야 책임을 면한다.

2) 증명책임

예측정보의 부실표시에 관한 제125조 제2항 단서에 의한 손해배상책임의 면책에 있어서는 자본시장법 제125조 제1항 단서의 경우와는 달리, 예측정보의 부실표시자인 배상책임자가 주의문구 등 일정한 법정형식을 구비한 경우에는 고의 또는 중과실이 없음을 증명할 필요없이 그 손해배상책임이 면제된다. 오히려 이 경우에는 증권의 취득자가 예측정보의 부실표시자인 배상책임자에게 고의 또는 중과실이 있음을 증명하여야 그 부실표시자의 책임을 물을 수 있다.

그런데 자본시장법 제125조 제2항 단서의 과실에는 제125조 제1항 단서의 경우와는 달리 경과실은 배제되어 있다. 따라서 증권의 취득자가 부실표시자(배상책임자)에게 경과실이 있음을 증명하더라도 부실표시자(배상책임자)는 손해배상책임을 면한다는 것이 가장 중요한 특징이다. 이것이 예측정보의 부실공시에 있어서 면책특례의 최대 장점이다.

자본시장법 제125조 제2항 단서가 부실표시자(배상책임자) 등에게 부실표시에 대한 고의

---

85) 송종준(2000), 25쪽.

또는 중과실이 있음을 증권의 취득자가 증명하도록 한 것은 자본시장법 제125조 제1항 단서에
서의 증명책임의 전환을 배척함으로써, 투자자로 하여금 예측정보의 부실공시에 있어서의 책
임추궁을 어렵게 하여 예측정보의 자발적 공시를 적극적으로 장려하기 위한 입법자의 의도가
깔려 있는 것이다.[86]

(2) 주권비상장법인이 최초로 주권을 공모하는 경우

예측정보의 부실공시에 대한 면책특례규정은 주권상장법인의 증권 모집 또는 매출의 경우
에 적용되는 것이 원칙이다. 이것은 자본시장법의 적용대상은 원칙적으로 상장법인이기 때문
이다. 그러나 자본시장법은 발행시장에서의 투자자 보호의 요청상 비상장법인이라도 증권의
모집 또는 매출의 경우에는 자본시장법 제125조를 적용하고 있다.

그런데 예측정보의 부실공시에 대한 면책특례와 관련하여 자본시장법은 "제2항은 주권비
상장법인이 최초로 주권을 모집 또는 매출하기 위하여 증권신고서를 제출하는 경우에는 적용
하지 아니한다"고 규정하고 있다(법125③). 즉 최초의 공모(IPO)에는 면책특례의 적용을 명문으
로 배제하고 있다. 따라서 이 경우에는 자본시장법 제125조 제1항의 규정에 의하여 증명책임
의 전환에 의한 책임추궁이 가능하며, 예측정보의 부실공시에 대한 면책특례규정인 자본시장
법 제125조 제2항의 적용은 배제된다. 자본시장법의 이러한 취지는 증권시장에 정보의 공시가
이루어지지 않아 시장에서 투자자의 인식이 없는 비상장법인이 최초로 증권을 공모하는 경우
에는 예측정보공시의 남용으로 투자판단상의 혼란을 야기할 수 있으므로 이러한 위험으로부터
투자자를 보호하기 위한 것이다.

(3) 공개매수와 관련하여 예측정보가 부실표시된 경우

증권거래법은 예측정보를 공개매수신고서에도 기재 또는 표시할 수 있도록 허용하고 있었
다(증권거래법21③). 그러나 손해배상책임에 관한 제14조 제1항은 준용하면서도(증권거래법25의3
①), 공개매수신고서에 예측정보가 부실표시된 경우에 이에 대한 면책특례규정인 제14조 제2항
을 준용하는 것을 명시하고 있지 않으므로 공개매수의 경우에는 면책특례이 적용이 배제된다
고 해석하였다.

이러한 규정의 취지는 공개매수신고서에 대상회사에 대한 예측정보의 공시남용을 대상회
사의 주주의 주식매도를 위한 투자판단상 혼란을 초래할 염려가 있고, 그 결과 대상회사의 경
영권 이전에 따른 투자위험이 있는 점을 우려한 때문이라는 것이었다.[87] 그러나 자본시장법은
공개매수자 등의 배상책임에 관한 제142조 제2항에서 제125조 제2항과 동일한 내용의 규정을
둠으로써 입법적으로 논란을 해결하였다.

86) 송종준(2000), 24쪽.
87) 송종준(2000), 26쪽.

(4) 대량주식보유상황보고와 관련하여 예측정보가 부실표시된 경우

자본시장법은 공개매수의 경우와 달리 주권상장법인의 발행주식총수의 5% 이상의 취득 또는 1% 이상의 변동이 있을 경우에 금융위원회에 보고하여야 할 대량주식보유상황보고서(법 147)에는 예측정보를 기재 또는 표시할 수 있다는 근거규정을 두고 있지 않다. 이러한 규정의 태도가 예측정보의 기재 또는 표시를 금지한다는 취지인지는 분명하지 않다. 그러나 동 보고서에는 보유주식등의 발행인에 관한 사항을 기재하도록 하고 있기 때문에(영153②(2)), 발행인에 관한 예측정보를 기재할 수 있는 여지는 있다. 그러나 그 기재가 가능하다고 하더라도 예측정보의 부실표시에 대한 면책특례를 인정하는 법령상의 명시적인 근거가 없으므로 대량주식보유보고서의 경우에는 예측정보의 부실표시에 대한 면책특례의 적용은 배제된다고 보아야 한다.

Ⅶ. 손해배상의 범위

1. 서설

증권의 모집·매출시에 그 가격이 부실표시에 의하여 분식된 경우에 증권의 취득자가 발행인 등에 대하여 청구할 수 있는 배상액은 손해배상의 일반원칙에 의하면 통상손해와 알았거나 알 수 있었을 특별한 사정으로 인한 손해인 특별손해이다(민법 제393조, 제763조). 이론적으로는 부실표시가 없었다면 취득시 당해 증권이 가졌을 공정한 가격과 취득가액과의 차이이다.

그런데 증권의 공정한 가격은 그 산정이 용이하지 않다. 거래소에서 대량적·집중적으로 이루어지는 매매에 따라 형성되는 주식가격은 주식시장 내부에서의 주식물량의 수요·공급과 주식시장 외부에서의 각종 여건에 의하여 결정되는 지극히 가변적인 것이므로, 문제가 되고 있는 부실표시에 의하여 영향을 받았을 시가를 기준으로 하는 것도 문제이려니와 그 시기도 문제이다. 이와 같이 어려운 손해액의 산정책임을 증권의 취득자에게 부담시키는 것은 사실상 손해배상의 청구를 곤란하게 만든다.

따라서 자본시장법은 투자자 보호의 측면에서 투자자가 손해배상청구를 가능한 한 쉽게할 수 있도록 발행인 등에게 무과실의 증명책임을 전환하고 있으며, 손해배상액을 법정하여 발행인 등이 인과관계의 부존재를 증명하지 못하는 한 투자자는 법정액의 손해배상을 받을 수 있게 하였다. 즉 발행인 등에 대해 손해배상을 청구하는 증권의 취득자는 증권의 취득 후의 시장가격의 하락이 신고서 또는 설명서의 부실표시에 의한 것임을 적극적으로 증명할 필요가 없다.

자본시장법은 증권의 취득가액과 경우에 따라 변론종결시의 시장가격(시장가격이 없는 경우에는 추정처분가격) 또는 변론종결 전에 증권을 처분한 경우에는 그 처분가격의 차액을 배상할 금액으로 정하고 있다(법126①). 즉 자본시장법은 차액설에 따른 손해배상으로서 배상액의 산정기준을 정하고 있다. 이와 같은 배상액법정은 손해배상의 기본원칙이 금전으로 대신할 수 있는 한 계약이 완전히 이행되었다면 또는 당해 불법행위가 없었다면 원고가 있었을 지위·상태로 원상회복하는 것이듯이 부실표시가 있는 증권신고서 또는 투자설명서의 사용이라는 사기적이고 부정한 수단에 의하여 투자자로부터 조달한 자금을 반환시키고자 하는 원상회복의 법리에 입각하고 있다.

2. 배상액의 산정

(1) 배상액의 추정

배상할 금액은 청구권자가 해당 증권을 취득함에 있어서 실제로 지급한 금액에서 다음의 어느 하나에 해당하는 금액을 뺀 금액으로 추정한다(법126①).

1. 제125조에 따라 손해배상을 청구하는 소송의 변론이 종결될 때의 그 증권의 시장가격(시장 가격이 없는 경우에는 추정처분가격)
2. 제1호의 변론종결 전에 그 증권을 처분한 경우에는 그 처분가격

이와 같은 추정규정은 증권거래법에서는 존재하지 않았다. 이에 대하여 헌법재판소가 과거 증권거래법 제15조를 추정규정으로 해석하여야 한다고 결정하였다.[88] 그러나 자본시장법은 명시적으로 추정이라고 규정하고 있다.

(2) 배상액의 법정

(가) 산정기준의 문제

증권의 취득자가 부실표시를 이유로 손해배상을 청구하는 경우에 발행인 등의 부실표시와 인과관계 있는 손해는 무엇이며, 그 손해는 어떠한 방법에 의하여 금전적으로 평가할 것인가? 여기서 등장하게 되는 문제가 바로 증권의 가격은 어느 시점을 기준으로 하여 어떻게 정하는가 하는 손해액 산정시기의 문제이다. 이에 관해서는 학설·판례는 판결시, 즉 사실심구두변론 종결시의 시가에 따라 산정하여야 한다는 사실심변론종결시설과 손해배상채권이 발생한 때를 기준으로 하여 그 손해액을 산정하고 그 후의 손해는 상당인과관계의 범위 내의 손해를 기산한다는 책임원인발생시설로 구분된다. 양자의 실질적인 차이는 배상청구권의 발생 후부터 변론종결시까지 생긴 가격변동을 통상손해로 하느냐 또는 특별손해로 하느냐에 있고, 전자는 그러한 가격변동을 통상손해로 함으로써 배상청구권자를 두텁게 보호하는 견해이다.

그런데 자본시장법이 정한 배상액의 산정은 원상회복에 입각하여 취득가액과 일정한 시점의 가액을 그 기준으로 삼고 있다. 이와 같은 손해액의 산정방식을 미국에서는 수정된 불법행

---

88) 헌법재판소 1996. 10. 4. 선고 94헌가8 결정.

위배상방식이라고 한다. 이것은 전통적으로 계약원칙에 기한 손해배상방식과 불법행위원칙에 기한 손해배상방식을 구별하는 것으로부터 연유한다. 미국 1933년 증권법과 1934년 증권거래 법의 제정시에 의회는 명시적인 손해배상을 정함에 있어서 계약법과 불법행위법의 원칙을 혼합하였고, 법원은 동일한 방법을 사용함으로써 의회가 명시적인 구제를 규정하지 아니한 증권 규제법의 위반에 대하여 적용할 수 있는 손해배상원칙을 형성하여 이를 적용해 오고 있다.

미국에서도 판례를 통해 전개된 다양한 손해액산정방식의 실질적인 차이는 거래 후에 발생한 당해 증권의 가치변동을 당사자 사이에 어떻게 분배할 것인가로 모아진다.

(나) 배상액법정의 성질

배상액의 산정기준을 정한 자본시장법의 규정은 증권의 취득자의 손해배상청구를 양적으로 제한한 것인가? 즉 증권의 취득자가 법정액을 넘는 손해가 있음을 증명하더라도 발행인 등은 그 이상으로 책임을 지지 않는가? 자본시장법은 통상손해와 특별손해를 구별하지 않고 획일적인 산정기준을 정하고 있다. 현실적인 출연과 현재의 전매가능가격의 차액을 획일적으로 산정·전보시키고자 하는 점에서 본다면 이것은 통상손해만을 염두에 두고 있다고 볼 수 있다.

자본시장법이 정한 손해배상책임을 불법행위의 성질을 갖는 특별한 법정책임으로 보는 한 일반법에 의한, 그 요건에 따른 손해배상청구를 방해하지는 않는다. 그러나 자본시장법에 의한 손해배상액은 그 한도를 넘을 수 없고 법정액에 제한된다고 본다. 따라서 사기에 의한 의사표시를 이유로 증권의 인수·취득가액을 취소하는 경우에는 원상회복과 신뢰이익의 배상을 청구할 수 있다. 이와는 반대로 사회적 이익관계를 안정시키기 위하여 자본시장법상의 손해배상책임규정과 관련하여 계약의 취소는 허용되지 않는다고 본다.[89)]

(3) 배상액산정기준

(가) 변론종결 당시 증권을 소유한 경우

당해 증권에 관하여 소송이 제기되어 있는 경우에 배상할 금액은 청구권자가 해당 증권을 취득함에 있어서 실제로 지급한 금액(취득가액)에서 변론종결시에 있어서의 시장가격(시장가격이 없는 경우에는 추정처분가격)을 뺀 금액이다(법126①(1)). 즉 취득가액과 시장가격의 차액이다. 이 규정은 미국 1933년 증권법 제1조 제e항 (1)에 해당하는 것으로 공제하여야 할 증권가격의 산정시기가 제소시임에 비하여 자본시장법상으로는 변론종결시인 점이 다르다. 이 조항의 책임이 원상회복에 입각하고 있다는 점에서 취득가액은 모집·매출시의 취득가액에 제한된다고 본다.

자본시장법은 변론종결시의 시장가격을 배상액산정의 기초로 하고 있으므로, 비록 부실표시가 있고 증권의 취득자가 이를 발견하고 있더라도 시장가격이 유지되고 있는 한 (시장가격이 왜곡되어 있을지라도) 손해배상은 허용되지 않는다. 따라서 발행인 등이 부실표시에 의하여 분식

---

89) 신영무(1987), 240쪽.

결산을 함으로써 증권의 교환가격(예컨대 주가)을 실제가치 이상으로 부풀려 놓았으나 이 사실이 아직 일반투자자에게 알려지지 않거나 기타 사정에 의하여 그 가격이 일정 수준을 유지하는 한, 이 사실을 알고 있는 증권의 취득자는 증권을 처분함으로써 가격하락의 위험으로부터 벗어날 수밖에 없다. 이 점은 부당하다고 생각한다. 왜냐하면 증권시장의 우연한 사정이 피고의 위법행위에 대한 면죄부가 되어서는 아니 되기 때문이다. 따라서 입법론상으로 진정한 증권가치를 기초로 하는 배상액산정이 요구된다. 또한 재판 외의 배상청구에도 기준을 제시할 필요가 있으므로 손해배상청구시를 기준으로 할 필요성도 있다.

그리고 자본시장법의 위반행위로 인하여 매매거래가 정지됨으로써 시장가격이 형성되지 아니하거나 증권이 최초로 발행됨으로써 시장가격이 존재하지 않는 경우에는 증권의 취득가액과 변론종결시의 추정처분가격의 차액을 손해배상액으로 한다. 그런데 증권가격은 증권시장 내·외부의 각종 여건에 따라 결정되므로 추정처분가격의 산정은 곤란한 문제를 야기할 것이다.

(나) 변론종결 전에 증권을 처분한 경우

청구권자가 변론종결 전에 해당 증권을 처분한 경우에 배상할 금액은 청구권자가 그 증권을 취득함에 있어서 실제로 지급한 금액에서 그 처분가격을 뺀 금액이다(법126①(2)). 제소 전후를 불문하고 처분가격이 기준이 되기 때문에 처분 후의 시장가격의 변동은 배상액산정에 영향을 미치지 않는다. 이 규정은 미국 1933년 증권법 제11조 제e항 (2)와 (3)에 해당하는 규정인데, 후자에 의하면 제소 후 판결 전에 제소시의 증권가치보다 고가로 처분한 때에 한하여 배상액이 감액되는 점에서 다르다.

여기서 처분가격이란 일반적으로 공개시장에서의 시장가격일 것이지만, 반드시 이에 한정되는 것은 아니고 장외시장이나 개별적인 대면거래에서의 처분가격도 이에 해당한다. 그 처분가격이 시장가격보다 저가일지라도 취득자가 신의칙에 따라 선의로 처분하였다면 그 처분방법을 불문하고 그 처분가격이 기준으로 된다. 증권시장에서의 매매거래가 정지된 경우에는 시장가격이 형성될 수 없고, 증권의 취득자가 해당 증권을 반드시 증권시장에서 처분할 의무는 없기 때문이다.

(4) 배상액의 경감 및 면책가능성

청구권자는 증권가격의 하락과 부실표시 사이에 인과관계가 있음을 증명할 필요는 없다. 만약 발행인 등의 배상책임자가 증권가격의 하락이 부실표시에 의하지 아니하였음(인과관계의 절단)을 증명하는 경우에는 그 책임을 면제·감경받을 수 있는가?

자본시장법 제126조 제2항은 "배상책임을 질 자는 청구권자가 입은 손해액의 전부 또는 일부가 중요사항에 관하여 거짓의 기재 또는 표시가 있거나 중요사항이 기재 또는 표시되지

아니함으로써 발생한 것이 아님을 증명한 경우에는 그 부분에 대하여 배상책임을 지지 아니한
다"고 규정함으로써 손해인과관계의 증명책임을 전환하는 규정을 두고 있는데, 이 규정은 피고
의 배상액에 대한 책임을 제한하는 규정으로서의 기능도 수행한다.

시장가격의 이상폭락, 기업재무구조의 악화 등의 경우에도 그 위험을 발행인 등의 배상책
임자에게 부담시키는 것은 부당하다. 배상액을 법정한 취지는 인과관계의 증명을 불요하게 함
으로써 투자자의 배상청구를 용이하게 하려는데 있는 것이지, 무관한 사유에 의한 가격하락을
전보해 주는데 있는 것은 아니다. 따라서 배상책임자가 해당 증권의 시장가격이 부실표시 이외
의 사유로 인하여 하락하였음을 증명한 때에는 그 한도에서 배상책임을 면할 수 있다고 보는
것이 타당하다.[90] 예를 들면 부실표시가 밝혀지기 전의 증권가격의 하락 또는 부실표시와는
무관하게 모집·매출 후에 발생한 일반적인 경제상황, 수급관계의 변동에 의한 전반적인 시세
하락이 이에 해당할 것이다. 그러나 부실표시가 밝혀지기 전에 원고가 실제가치 이상의 가격으
로 주식을 매도할 가능성이 있었다고 하여 배상액을 감액해서는 안 될 것이다.

배상액의 경감을 인정하더라도 그 증명은 증권가격의 전반적인 급락을 초래한 경제 내·외
부의 요인을 고려하고, 이에 관한 전문가의 조언 등에 의하여 이를 엄격히 제한하여 허용해야
할 것이다. 특히 발행인에 대해서는 상당한 주의의 증명뿐만 아니라 인과관계의 부존재의 증명
을 제한함으로써 발행공시책임이 발행인에게는 무과실책임의 기능을 수행할 수 있을 것이다.

그리고 손해발생과 관련하여 배상청구권자에게 과실이 있는 경우에는 과실의 정도에 따른
과실상계도 허용된다.

(5) 책임의 분배

(가) 부진정연대책임

미국의 1933년 증권법 제11조 제f항은 배상책임자 사이의 관계는 연대책임을 지고 계약이
있는 경우에 준하여 구상권을 갖는다고 규정하고 있다.

자본시장법은 발행인 등이 부실표시에 대하여 연대책임을 지는가에 관하여 명문의 규정을
두고 있지 않다. 일반적으로 법률이 다수인에게 객관적으로 동일한 배상책임을 인정하는 경우
에, 특히 연대책임으로 한다는 규정이 없는 경우에는 일반적으로 부진정연대채무가 있는 것으
로 해석한다. 따라서 발행공시책임은 부진정연대책임으로 본다.

(나) 구상권과 부담부분

명문규정이 없더라도 자본시장법의 배상책임을 부진정연대책임으로 보는 한 배상책임자
의 한 사람이 그 손해의 전액을 배상한 경우에는 다른 공동책임자에게 그 부담할 책임에 따라
구상권을 행사할 수 있다. 구상권을 인정하는 것이 공평할 뿐만 아니라 다른 배상책임자의 완

---

90) 신영무(1987), 240쪽.

전한 면책가능성을 줄임으로써 장래의 법규위반행위를 방지하는 것이 사회질서에 합치하기 때문이다.

부담부분은 형평을 기하고 부실표시의 발생을 방지하기 위해서 각 사안에 따라 책임자의 유책성, 공시의무에 관한 관여도의 정도를 고려한 규범적 판단에 의하여 결정되어야 할 것이다. 인수인 사이에 인수부분이 정해져 있는 경우에는 이에 따라야 할 것이다. 이것이 불가능한 경우에 부담부분은 균등한 것으로 추정한다(민법424).

(6) 배상청구권의 소멸

(가) 제척기간

자본시장법 제125조에 따른 배상의 책임은 그 청구권자가 해당 사실을 안 날부터 1년 이내 또는 해당 증권에 관하여 증권신고서의 효력이 발생한 날부터 3년 이내에 청구권을 행사하지 아니한 경우에는 소멸한다(법127).

이와 같이 단기의 청구권소멸규정을 둔 취지는 발행공시책임은 법이 특히 인정하는 책임이므로 법률관계를 장기간 불확정한 상태로 방치하는 것이 부적당하고, 불특정한 다수인과의 분쟁을 조기에 해결하며, 증권의 유통을 조기에 안정시킬 필요가 있기 때문이다. 따라서 위 기간은 소멸시효규정이 아니라 제척기간규정이다. 법문상으로도 "시효로 인하여 소멸한다"고 규정되어 있지 아니한 점도 제척기간을 정한 규정으로 보아야 한다. 이 기간은 권리를 재판상 행사하여야 하는 제척기간이며, 시효의 중단·정지의 문제는 발생하지 않는다.

청구권자가 해당 사실을 안 날은 청구권자가 증권신고서 등의 중요사항에 관한 부실표시의 사실을 현실적으로 인식한 때이고, 일반인이 부실표시 사실을 인식할 수 있는 정도라면 특별한 사정이 없는 한 청구권자도 그러한 사실을 현실적으로 인식하였다고 보아야 한다. 또한 단순히 손해발생 사실을 안 것으로는 부족하고 부실표시가 불법행위이고 이를 이유로 손해배상청구를 할 수 있다는 사실까지를 안 것을 의미한다.

(나) 기산일

제척기간이 단기이며 증권의 취득자는 부실표시를 알기 위하여 상당한 주의를 다하여야 할 의무는 없으므로 1년의 기간은 청구권자가 그 사실을 현실적으로 안 날로부터 기산한다. 3년의 기간은 증권신고서의 효력이 발생한 날로부터 기산하지만, 증권신고서의 효력이 이미 발생하고 있더라도 정정신고서가 제출된 때에는 그 정정신고서가 수리된 날에 증권신고서가 수리된 것으로 보기 때문에(법122⑤) 3년의 기간은 이 수리일로부터 일정한 기간이 경과한 날로부터 기산한다(법120①).

Ⅷ. 증권관련 집단소송

1. 증권관련 집단소송의 의의 및 입법취지

"증권관련 집단소송"이란 증권의 매매 또는 그 밖의 거래과정에서 다수인에게 피해가 발생한 경우 그중의 1인 또는 수인(數人)이 대표당사자가 되어 수행하는 손해배상청구소송을 말한다(증권관련 집단소송법2(1)). 증권관련 집단소송법("법")상의 증권관련 집단소송은 제외신고를 하지 아니한 구성원 전체에 기판력이 미치고 소송이익이 피해자 구성원 전체에 귀속된다는 점에서 선정당사자제도와 같으나 대표당사자는 미국의 Class Action과 같이 피해자 구성원의 선정행위 없이 소송을 수행한다는 점에서 선정당사자와 다르다. 1997년 외환위기가 발생하자 그 원인 중 하나가 기업지배구조의 불투명성이라는 진단이 있었고, 당시 외환위기를 극복하기 위하여 진행되었던 IMF 등과의 차관협상에서 차관제공의 조건으로 증권 분야에 집단소송을 도입할 것을 강력히 권유받자 각계에서 기업의 경영투명성 확대를 위한 주요 정책으로 증권관련 집단소송의 도입을 주장하여 증권관련 집단소송법이라는 이름으로 입법하게 되었는데 증권시장에서 발생하는 기업의 분식회계·부실감사·허위공시·주가조작·내부자거래와 같은 각종 불법행위로 인하여 다수의 소액투자자들이 재산적 피해를 입은 경우, 민사소송법상의 선정당사자제도나 상법상의 주주대표소송(상법403)으로는 소액투자자들이 손해배상청구의 소를 제기하기 어려울 뿐만 아니라 다수의 중복소송으로 인하여 기판력이 서로 저촉될 우려가 있으므로 소액투자자들의 집단적 피해를 보다 효율적으로 구제할 수 있도록 함과 동시에 기업경영의 투명성을 높이려는데 입법취지가 있다.[91]

2. 증권관련 집단소송제도 개관

(1) 개념의 정의

(가) 총원

"총원"이란 증권의 매매 또는 그 밖의 거래과정에서 다수인에게 피해가 발생한 경우 그 손해의 보전에 관하여 공통의 이해관계를 가지는 피해자 전원을 말한다(법2(2)). 총원의 범위는 피해기간(불법행위일부터 그 불법행위가 공표되기 전까지의 기간: class period), 증권 발행법인, 증권의 종류, 거래행위 유형 등의 요소를 고려하여, 법원에 의하여 최종 확정된다(법15②(4) 및 법27).

총원의 범위와 관련하여 피해기간 내에 증권을 취득하였다가 그 기간 내에 다시 처분한

---

91) 강현중(2005), "증권관련집단소송법에 관한 연구", 법학논총 제17집(2005. 2), 40-41쪽.

사람도 총원에 포함되는지가 문제된다. 예컨대 시세조종으로 인한 피해기간 중 주식을 취득한 사람이 시세조종 사실이 밝혀지기 전에 그 주식을 처분한 경우 그 사람은 시세조종으로 인하여 형성된 가격에 기초하여 주식을 취득하였지만 여전히 시세조종으로 인하여 형성된 가격에 주식을 처분한 것이므로 시세조종으로 인한 실질적인 피해는 없었던 것으로 볼 수도 있기 때문이다. 그러나 불법행위 일반론에 의하면 불법행위로 인한 손해는 불법행위가 있었던 시점에 발생하는 것이므로 시세조종으로 인한 피해기간 중에 주식을 취득한 사람에게는 주식 취득시점에 손해가 발생하는 것이고, 그 후 그 주식을 처분한 시점이 시세조종이 밝혀지기 전인지 및 처분가격이 얼마인가는 손해액의 산정에서 고려되어야 할 문제이므로, 위와 같은 경우는 총원에는 포함된다고 보아야 할 것이다.[92]

(나) 구성원

"구성원"이란 총원을 구성하는 각각의 피해자를 말한다(법2(3)). 총원이 구성원들의 집합체로서 피해기간, 청구의 원인이 되는 불법행위, 증권의 종류, 거래행위 유형 등에 의하여 그 범위를 정하는 추상적인 개념임에 반하여, 구성원은 총원을 구성하는 각각의 피해자로서 개별적인 특정이 가능한 구체화된 총원 개개인이라고 할 것이다. 증권관련 집단소송법은 총원에 대하여는 그 범위만 정하도록 하고 있을 뿐이고, 나머지 모든 절차는 특정된 구성원을 전제로 규율하고 있다. 즉 구성원의 대표당사자 선임신청(법10③), 소송허가요건으로 구성원이 50인 이상이고 구성원의 보유 유가증권의 합계가 발행증권총수의 1만분의 1 이상일 것(법12①), 구성원에 대한 고지(법18②), 구성원의 제외신고(법28), 구성원의 권리신고(법49) 등이 그것이다.

(다) 대표당사자

"대표당사자"란 법원의 허가를 받아 총원을 위하여 증권관련 집단소송 절차를 수행하는 1인 또는 수인의 구성원을 말한다(법2(4)). 대표당사자는 제외신고를 하지 아니한 구성원들의 명시적인 위임 없이도 권리의무에 관한 소송수행권을 가진다는 점에서 특수한 유형의 제3자의 소송담당의 지위에 있다.

(2) 적용대상

증권관련 집단소송의 소는 ⅰ) 자본시장법 제125조(거짓의 기재 등으로 인한 배상책임)에 따른 손해배상청구, ⅱ) 자본시장법 제162조(거짓의 기재 등에 의한 배상책임, 다만 제161조에 따른 주요사항보고서의 경우는 제외)에 따른 손해배상청구, ⅲ) 자본시장법 제175조(미공개중요정보 이용행위의 배상책임), 제177조(시세조종의 배상책임) 또는 제179조(부정거래행위 등의 배상책임)에 따른 손해배상청구, ⅳ) 자본시장법 제170조(회계감사인의 손해배상책임)에 따른 손해배상청구에 한정하여 제기할 수 있다(법3①). 다만 이러한 손해배상청구는 자본시장법상 주권상장법인이 발행

---

92) 전원열(2005), "증권관련집단소송법 해설", 인권과정의 제345호(2005. 5), 70쪽.

한 증권의 매매 또는 그 밖의 거래로 인한 것이어야 한다(법3②).

(3) 증권관련 집단소송절차

(가) 소의 제기 및 대표당사자의 결정

대표당사자가 되기 위하여 증권관련 집단소송의 소를 제기하는 자는 소장과 소송허가신청서를 법원에 제출하여야 한다(법7①). 법원은 소장과 소송허가신청서가 제출된 사실을 한국거래소에 즉시 통보하여야 하며, 한국거래소는 그 사실을 일반인이 알 수 있도록 공시하여야 한다(법7④). 법원은 소장 및 소송허가신청서를 접수한 날부터 10일 이내에 ⅰ) 증권관련 집단소송의 소가 제기되었다는 사실, ⅱ) 총원의 범위, ⅲ) 청구의 취지 및 원인의 요지, ⅳ) 대표당사자가 되기를 원하는 구성원은 공고가 있는 날부터 30일 이내에 법원에 신청서를 제출하여야 한다는 사실을 공고하여야 한다(법10①). 법원은 증권관련 집단소송의 소가 제기되었다는 사실을 공고한 날로부터 50일 이내에 제7조 제1항에 따라 소를 제기하는 자와 제1항 제4호에 따라 신청서를 제출한 구성원 중 법 제11조(대표당사자 및 소송대리인의 요건)에 따른 요건을 갖춘 자로서 총원의 이익을 대표하기에 가장 적합한 자를 대표당사자로 선임하는 결정을 하여야 한다(법10④).

(나) 소송허가절차

증권관련 집단소송 사건은 ⅰ) 구성원이 50인 이상이고, 청구의 원인이 된 행위 당시를 기준으로 그 구성원이 보유하고 있는 증권의 합계가 피고회사의 발행증권총수의 1만분의 1 이상일 것, ⅱ) 제3조(적용범위) 제1항 각 호의 손해배상청구로서 법률상 또는 사실상의 중요한 쟁점이 모든 구성원에게 공통될 것, ⅲ) 증권관련 집단소송이 총원의 권리 실현이나 이익 보호에 적합하고 효율적인 수단일 것, ⅳ) 제9조(소송허가신청서의 기재사항 및 첨부서류)에 따른 소송허가신청서의 기재사항 및 첨부서류에 흠이 없을 것의 요건을 갖추어야 한다(법12①). 대표당사자는 소송허가 신청의 이유를 소명하여야 한다(법13①). 그런데 법원은 단순히 제기된 사실의 소명에 그치지 않고 본안에 준해서 실질적으로 심사하려는 경향이 있는 것으로 보인다. 그러나 집단소송에 참여하지 않는 투자자들에게 미치는 기판력의 효과를 고려하더라도 집단소송의 허가절차를 사실상 본안에 준해서 지나치게 엄격하게 운용하는 것은 바람직하지 않다. 남소를 우려하는 입장이 있지만 증권관련 집단소송법이 시행된 이후 10년 지난 지금까지 제기된 증권관련 집단소송이 몇 건에 불과한 것에 비추어 보면, 우리나라의 경우에는 남소를 우려할 상태가 아니고 집단소송제도의 도입 취지를 살려 집단소송 등 민사적 구제수단의 강화를 추진해야 할 상황이 아닌가 생각한다.[93] 법원은 소를 제기하는 자와 피고를 심문하여 증권관련 집단소송의 허가 여부에 관하여 재판을 하며(법13②), 필요한 경우에는 감독기관으로부터 손해배상청구 원

---

93) 김홍기(2012), "우리나라 증권관련집단소송의 현황과 개선과제", 경제법연구 제11권 제2호(2012. 12), 80쪽.

인행위에 대한 기초조사 자료를 제출받는 등 직권으로 필요한 조사를 할 수 있다(법13③).

　　미국의 경우 일단 허가가 이루어지면 막대한 손해배상과 주가하락 및 소송비용부담을 우려한 피고 회사에 의하여 화해안이 제시되어 화해가 이루어지는 것이 대부분인데, 우리나라의 경우에도 그렇게 될 가능성이 어느 정도는 있다. 그러므로 이 허가신청절차는 어떤 의미에서는 본안절차보다 더 중요하다고 할 수 있다. 따라서 법원으로서는 허가신청에 대하여 신속하고도 정확한 판단을 내릴 필요가 있다.[94]

(다) 소송절차

　　법원은 필요하다고 인정할 때에는 직권으로 증거조사를 할 수 있고(법30), 구성원과 대표당사자를 신문할 수 있다(법31). 손해배상액의 산정에 관하여 자본시장법이나 그 밖의 다른 법률에 규정이 있는 경우에는 그에 따른다(법34①). 그러나 법률의 규정이나 증거조사를 통하여도 정확한 손해액을 산정하기 곤란한 경우에는 여러 사정을 고려하여 표본적·평균적·통계적 방법 또는 그 밖의 합리적인 방법으로 손해액을 정할 수 있다(법34②). 증권관련 집단소송의 경우 소의 취하, 소송상의 화해 또는 청구의 포기는 법원의 허가를 받지 아니하면 효력이 없다(법35①). 상소의 취하 또는 상소권의 포기에 관해서도 법원의 허가를 받아야 한다(법38). 확정판결은 제외신고를 하지 아니한 구성원에 대하여도 그 효력이 미친다(법37).

(라) 분배절차

　　분배에 관한 법원의 처분·감독 및 협력 등은 제1심 수소법원의 전속관할이다(법39). 법원은 직권으로 또는 대표당사자의 신청에 의하여 분배관리인을 선임하여야 한다(법41①). 분배관리인은 분배계획안을 작성하여 법원에 제출하여야 하며(법42①), 법원은 분배계획안이 공정하고 형평에 맞는다고 인정하면 결정으로 이를 인가하여야 한다(법46①). 증권관련 집단소송법이 정하는 분배절차를 요약하면, 판결절차에서의 손해산정은 집단을 전제로 총액 개념으로 산정하고(개별적인 구성원 및 권리내역은 검토하지 않는다), 구성원의 개별적인 몫은 구성원의 권리신고를 받아 결정한 후 별도의 분배절차에 의하여 결정한다는 것이다. 즉 증권관련 집단소송법은 기본적으로 개별 집행을 금지하고 대표당사자만을 집행권원의 주체로 하고 있다. 또한 이 법은 법원에 의하여 선임되는 분배관리인이라는 제도를 두고 있어, 이 분배관리인이 분배계획안을 작성하여 법원으로부터 인가를 받도록 하고 있다. 구성원은 분배계획안이 정하는 바에 따른 권리신고를 하고, 관리인은 이를 확인하여야 하며, 관리인은 분배기간 경과 후 분배보고서를 법원에 제출하고, 종료 후에는 분배종료보고서를 제출하여야 한다. 이러한 분배절차는 파산절차나 회사 회생절차와 유사하다고 할 수 있다.[95]

---

94) 전원열(2005), 77쪽.
95) 전원열(2005), 80쪽.

3. 증권관련 집단소송에서의 소송허가

(1) 서설

증권관련 집단소송은 민사소송과 달리 소송허가를 받아야 소송이 유지될 수 있다. 따라서 소송이 불허가되면 소제기가 없는 것으로 보아서 소송대리인의 선임, 소장의 제출, 인지액의 납입등 일련의 소송행위는 그 효력을 상실한다. 그러므로 소를 제기하는 자나 그 소송대리인은 소송불허가 결정이 나면 경제적, 시간적 손해를 입게 되므로 소송허가를 받기 위하여 노력할 것이고, 한편 소송허가결정이 확정되면 피고도 상당한 배상금을 지급할 가능성이 있기 때문에 소송불허가 결정을 이끌어 내기 위하여 노력한다. 소송허가신청의 개략적인 절차는 다음과 같다. 먼저 대표당사자가 되기 위하여 소를 제기하는 자는 소장과 소송허가신청서를 동시에 법원에 제출하여야 하고, 소장 및 소송허가신청서가 제출된 사실을 법원이 한국거래소 등에 즉시 통보하여 일반인이 알 수 있도록 하였다. 그리고 법원은 소송허가신청의 이유를 대표당사자로 하여금 소명하도록 함으로써 허가신청사유의 타당성을 판단하여 소송허가 여부를 결정한다. 그리고 법원은 대표당사자가 되기 위하여 신청한 자 중에서 총원의 이익을 가장 적절히 대표하는 자를 대표당사자로 선임한다. 소송허가신청이 경합된 경우에는 병합처리하고, 소송허가결정을 할 때에는 소송비용의 예납을 명하며, 허가결정이 확정된 때에는 구성원에게 그 사실을 지체 없이 고지하여야 한다. 허가결정에 불복하는 피고와 불허가결정에 불복하는 대표당사자는 모두 즉시항고를 할 수 있다.[96)]

(2) 소송허가의 기본구조

(가) 허가의 구조

증권관련 집단소송은 먼저 법원이 허가 여부를 심리하여 허가결정을 한 후 비로소 본안심리를 하게 된다. 즉 대표당사자가 되기 위하여 증권관련 집단소송을 제기하는 자는 소장과 소송허가신청서를 함께 법원에 제출하여야 하고(법7①), 법원은 이를 공고하여 일정한 절차에 따라 대표당사자를 선정한 다음(법10), 대표당사자와 소송대리인 요건(법11) 및 소송허가 요건(법12)을 충족하는 경우에 소송허가 결정을 하며(법15), 법원의 허가결정이 있은 후에 본안심리에 착수한다. 따라서 법원의 심리대상은 허가 전에는 집단소송의 허가 여부이고, 허가 이후에는 본안의 당부이다.

소송허가절차와 본안소송절차의 두 기능과 관련하여 이를 별개의 법원에 담당시킬 것인가, 아니면 동일한 법원에 담당시킬 것인가 하는 것이 문제된다. 이원주의적 구조를 취하는 경

---

96) 최정식(2008), "증권관련집단소송법의 개선방안에 관한 고찰", 저스티스 통권 제102호 한국법학원(2008. 2), 158-159쪽.

우 심리의 중복을 야기하는 등 소송경제상 비효율적이므로, 증권관련 집단소송법은 일원적 허
가신청절차를 채택하고 있다. 따라서 허가법원과 수소법원을 동일한 법원이 담당하게 되므로
집단소송을 제기하는 자는 제소와 함께 같은 법원에 소송허가신청서도 제출하게 되고 법원은
허가 여부를 먼저 심리하여 허가결정을 한 후 비로소 본안심리에 착수한다.[97]

(나) 허가의 목적

법원의 허가를 먼저 받도록 한 것은 집단소송의 특성상 법원에 적절한 판단재량을 부여하
여 남소를 방지하기 위한 것이다. 이 목적을 살리기 위하여 증권관련 집단소송법은 대표당사
자, 소송대리인 및 소송사건에 관한 허가요건(법11 및 법12)을 규정하고, 이를 법원으로 하여금
판단하도록 하고 있다. 소송허가제도는 원고측은 물론 피고의 이해에도 영향을 미치는 절차이
다. 따라서 대표당사자에게 반드시 소송허가신청의 이유를 소명하도록 하고(법13①), 대표당사
자뿐만 아니라 피고도 심문함으로써(법13②), 피고로 하여금 스스로 제소에 따른 불이익을 방어
할 수 있도록 하고 있다. 왜냐하면 피고는 집단소송의 제기만으로도 사회적·경제적 신뢰에 막
대한 타격을 입을 우려가 있기 때문이다. 이러한 의미에서 소송허가절차는 원래 집단소송의 남
용을 막는데 그 목적이 있지만, 이와 더불어 피고의 이익을 보호하는 데도 그 취지가 있다고
본다.[98]

(3) 소송허가요건
(가) 의의

증권관련 집단소송법은 허가요건으로 대표당사자, 소송대리인, 소송사건에 관한 각 요건
을 규정하고 이를 갖출 것을 요구하고 있다(법11 및 법12). 즉 소송허가를 받으려면 대표당사자
에게는 총원의 이익을 위한 공정하고 적절한 대표성(법11①)을, 소송대리인에게도 총원의 이익
을 위한 공정하고 적절한 대리(법11②)를, 소송사건에 관하여는 다수성·공통성·적합성 등의 요
건(법12)이 충족되어야 한다. 소송허가는 원고와 피고 쌍방의 이해관계에 직접적으로 영향을
미치는 중요한 절차이므로 증권관련 집단소송법은 소송허가요건의 충족 여부를 신중히 판단할
수 있도록 직권주의를 강화하고 있다. 대표당사자에게 반드시 소송허가신청의 이유를 소명하
도록 하고 있으며(법13①), 법원으로 하여금 소를 제기한 자뿐만 아니라 피고에 대하여도 반드
시 심문하도록 하고(법13②), 직권으로 필요한 조사를 할 수 있도록 함으로써(법13③) 소송허가
요건의 충족 여부를 신중히 결정하도록 하고 있다.

(나) 대표당사자의 요건

대표당사자가 되고자 하는 자는 소장과 소송허가신청서를 법원에 제출하게 되는데(법7①),

97) 박휴상(2005), "증권관련 집답소송상 소송허가제도에 관한 고찰", 법학논총 제25집(2005. 12), 225-226쪽.
98) 박휴상(2005), 226쪽.

대표당사자는 소송허가신청서에 일정한 사항을 진술한 문서를 첨부하여야 한다(법9②). 대표당사자는 구성원 중 그 집단소송으로 인하여 얻을 수 있는 경제적 이익이 가장 큰 자 등 총원의 이익을 공정하고 적절히 대표할 수 있는 구성원이어야 하며(법11①), 최근 3년간 3건 이상의 증권관련 집단소송에 대표당사자로 관여하였던 자는 증권관련 집단소송의 대표당사자가 될 수 없다(법11③).

대표당사자는 직접 집단소송에 참여하지 않는 구성원의 소송 담당자로서 그들의 이익을 대변하는 기능을 수행하여야 하므로 총원의 이익을 공정하고 적절히 대표할 수 있는 구성원이어야 함은 당연하다. 다만 어떠한 구성원이 총원의 이익을 공정하고 적절히 대표할 수 있는 자인지는 구체적인 사정을 종합하여야 판단할 수 있을 것인바, 증권관련 집단소송법은 그 일응의 기준으로 "경제적 이익이 가장 큰 자"를 제시하고 있다. 최근 3년간 3건 이상의 증권관련 집단소송에 대표당사자로 관여한 자를 대표당사자에서 배제하는 이유는 증권관련 집단소송을 전문적으로 수행하는 직업적 원고(professional plaintiff)의 출현을 방지하기 위한 것이다. 그러나 3년간 3건의 제한은 소송대리인의 범위 제한으로 작용될 수 있으며, 강력한 제소억제장치로 작용할 염려가 있다. 이는 증권관련 집단소송의 남용방지가 아니라 지나친 제한이라는 비판을 받을 수 있다. 따라서 그 제한을 완화하는 것이 필요하다는 견해가 있다.[99][100]

구성원의 이익을 공정하고 적절하게 보호하려는 대표당사자의 능력과 의지에 따라 대표당사자의 적절성 여부가 가려질 것이다. 따라서 대표당사자는 성실하게 소송을 수행하여야 함은 물론 효율적으로 변호사를 감독하여야 한다. 그러므로 대표당사자는 최소한 당해 사건의 사실 및 법률적인 기본 쟁점은 파악해야 하고 변호사와 잦은 접촉을 통하여 소송의 흐름을 파악하여야 한다. 그렇다고 하더라도 대표당사자가 사건의 사실적, 법률적인 쟁점을 세세하고 정확하게 알고 있어야 할 필요까지는 없다. 이처럼 대표당사자는 사건에 대한 기본적인 지식과 최소한의 감시능력을 가져야 하므로, 당해 소송의 청구취지와 원인을 전혀 알지 못하거나, 대표당사자의 의무를 소홀히 하면 그는 대표당사자로서 부적절하다. 이와 같은 대표당사자의 적절성은 대표당사자를 선임할 때에 한정되지 않고, 소송을 수행하는 과정에서도 필요하다.[101]

증권관련 집단소송은 대표당사자가 다수의 피해자를 대표하여 소송을 제기하는 것이고,

99) 신종석(2009), "증권관련집단소송에 관한 연구", 법학연구 제34집(2009. 5), 212쪽.
100) 이와 같은 규정은 우리나라의 현실에 부합하지 못하고 증권관련 집단소송의 제기를 억제하고 있다. 우리나라에서는 증권시장 등 전문적인 영역에서 소액투자자들을 대리할 수 있는 전문성을 갖춘 변호사들은 많지가 않다. 전문성이 있는 대부분의 변호사들은 금융회사나 대규모 투자자들을 위해서 일하고 있으며, 장기간의 소송기간을 감내하고 스스로 소송비용을 부담하면서까지 소액투자자들을 대리할 수 있는 소송대리인은 극히 한정적이다. 또한 증권관련분야에 대한 전문성을 함양할 기회가 위 규정으로 인하여 제한되는 부작용이 있다.
101) 김성태(2010), "증권관련 집단소송에 있어서 대표당사자에 대한 연구", 숭실대학교 법학논총 제24집(2010. 7), 205쪽.

남소를 방지하기 위해서 소송허가절차가 있음을 감안하여 대표당사자의 제소에 따른 위험을 줄여주기 위한 특칙이 필요하다. 현행과 같이 5,000만원까지 부담하도록 하고 있는 인지대의 상한을 낮추고, 고지비용과 공고비용을 줄이기 위해서 현행과 같이 고지와 공고를 병행하도록 하고 있는 것을 선택적으로 행할 수 있도록 하는 등 소송비용을 줄이기 위한 제도개선과 더불어 대표당사자가 패소하는 경우에도 선의로 소송을 제기한 경우에는 소송비용의 부담을 하지 않도록 하는 특칙 마련이 필요하다는 견해가 있다.102)

(다) 소송대리인의 요건

증권관련 집단소송의 원고와 피고는 변호사를 소송대리인으로 선임하여야 한다(법5①). 변호사강제주의를 채택한 것은 증권관련 집단소송의 공익적·전문적 성격을 감안한 것으로, 집단소송의 대표당사자는 비록 자신이 변호사로서의 자격이 있다 하더라도 스스로 집단의 소송대리인이 될 수는 없으며, 반드시 타인을 변호사로 선임하여야 한다. 또한 원고가 소송대리인을 선임하지 않는다면 법원은 소송불허가 결정을 하면 되겠지만, 피고가 소송대리인을 선임하지 않는 경우에는 문제이다. 피고가 소송대리인을 선임하지 않는다는 이유로 절차를 진행하지 않는다면 이는 원고측에게 부당한 불이익을 부과하는 것이므로, 법원으로서는 소송대리인의 선임을 촉구하는 등의 조치를 취하여도 피고가 계속 소송대리인을 선임하지 않는다면 피고의 소송대리인이 없는 상태로 절차를 진행할 수밖에 없을 것이다.

증권관련 집단소송의 대상이 된 증권을 소유하거나, 그 증권과 관련된 직접적인 금전적 이해관계가 있는 등의 사유로 이 법에 따른 소송절차에서 소송대리인의 업무를 수행하기에 부적절하다고 판단될 정도로 총원과 이해관계가 충돌되는 자는 증권관련 집단소송의 원고측 소송대리인이 될 수 없다(법5②).

한편 소송의 특성을 감안하여 원고측 소송대리인에게 다음과 같은 일정한 자격을 요구한다. 원고측 소송대리인은 총원의 이익을 공정하고 적절하게 대표할 수 있어야 한다(법11②). 소송대리인에게 이 요건을 요구한 것은 소송대리인이 실제로 소송을 주도하게 될 것임을 고려한 것이며, 소송허가신청서에 소송대리인의 경력을 기재하도록 규정(법9①(5))한 것도 이 요건을 판단함에 있어 참작하기 위한 것이다.103) 또한 과거 대부분의 미국 법원들은 가장 먼저 소장을 제출하는 변호사를 집단의 대표변호사로 선정한 바 있는데, 이러한 관례에 대하여 불충분한 조사에도 불구하고 소를 제기하도록 하는 것으로 소장을 먼저 제출하는 것이 변호사의 대표성을 나타내는 충분한 장치가 될 수 없다는 강력한 비판이 제기되어 결국 대표당사자로 하여금 법

102) 김주영(2007), "증권관련집단소송제의 미활성화, 그 원인, 문제점 및 개선방안", 기업지배구조연구 winter(2007), 63쪽.
103) 법무부(2001), 『증권관련집단소송법 시안 해설』(2011. 11).

원의 승인하에 집단을 대표할 변호사를 선정할 수 있도록 함으로써 최초로 소장을 제출한 변호사가 궁극적으로 집단의 변호사가 될 것이라는 점을 부정하고, 법원의 심사를 통하여 공정하고 적절하게 집단을 대표할 수 있는 변호사를 선정하도록 한 것이다.[104]

(라) 소송사건의 요건

증권관련 집단소송 사건은 다음과 같은 소송허가요건을 구비하여야 한다(법12①). 첫째, 구성원이 50인 이상이고(다수성), 둘째, 제3조 제1항 각호의 손해배상청구로서 법률상 또는 사실상의 중요한 쟁점이 모든 구성원에게 공통되어야 하며(공통성), 셋째, 증권관련 집단소송이 총원의 권리실현이나 이익보호에 적합하고 효율적인 수단이어야 하고(적합성), 넷째, 제9조 규정에 의한 소송허가신청서의 기재사항 및 첨부서류에 흠결이 없을 것을 요구하고 있다.

다수성 요건과 관련, 구성원이 50인 이상이고, 청구의 원인이 된 행위 당시를 기준으로 그 구성원이 보유하고 있는 증권의 합계가 피고 회사의 발행 증권 총수의 1만분의 1 이상이어야 한다(법12①(1)). 다만 증권관련 집단소송의 소가 제기된 후 구성원이 50인 미만으로 감소하거나 구성원의 보유 유가증권의 합계가 1만분의 1 미만으로 감소하는 경우에도 제소의 효력에는 영향이 없다(법12②). 공통성 요건 관련, 증권관련 집단소송 사건은 제3조 제1항 각호의 손해배상청구로서 법률상 또는 사실상의 중요한 쟁점이 모든 구성원에게 공통되어야 한다(법12①(2)). 공통성을 판단함에 있어서는 한 가지의 중요한 공통문제만 있으면 충분하지만, 이러한 공통된 쟁점은 공통되지 아니한 문제들보다는 비중이 훨씬 커야 할 것이다. 그리고 법문상 "제3조 제1항의 손해배상청구"라고 명시하고 있으므로 집단소송의 대상이 되는 각각의 손해배상청구별로 공통성이 요구된다고 할 것이다. 적합성 요건 관련, 증권관련 집단소송은 총원의 권리실현이나 이익보호에 적합하고 효율적인 수단이어야 한다(법12①(3)). 이 적합성은 증권관련 집단소송에 의하는 것이 각 피해자의 개별소송, 공동소송이나 선정당사자제도에 의한 소송보다 총원의 피해구제에 적합하고 효율적인 수단이어야 한다는 것을 의미한다. 집단 구성원의 수가 50인 이상이어서 다수성의 요건을 충족한다고 하더라도 증권관련 집단소송에 의하는 것보다 피해자 각자가 개별소송이나 공동소송에 의하는 것이 오히려 피해구제에 적합할 때에는 이 요건을 충족하지 못하게 된다. 그러므로 이 요건은 위 다수성·공통성의 요건을 포괄하여 집단소송의 본질적·실질적 요건을 제시한 것으로서, 이를 판단함에 있어서는 집단 구성원수에 관계없이 공동소송으로 소송진행을 하는 것이 적합하지 못할 정도로 상당한 다수인지, 대표당사자의 청구가 집단 구성원들의 청구와 비교하여 전형적인 것인지 등을 고려해야 할 것이다. 위 다수성·공통성·적합성의 요건 외에 소송허가신청서의 기재사항 및 첨부서류에 흠결이 없을 경우 증권관련 집단소송의 소송허가요건을 모두 갖추게 된다(법12①(4)).

---

104) 강현중(2005), 59쪽.

(4) 소송허가절차

(가) 허가절차

증권관련 집단소송에 대한 법원의 허가절차는 결정으로 신속히 처리되는 재판이므로 반드시 구두변론을 필요로 하는 것은 아니다(민사소송법134). 그러나 이 재판은 본안소송을 심리하기 위한 요건으로서, 원고를 비롯한 집단 구성원이나 피고 쌍방의 이해와 직접적으로 관계되는 중요한 절차이므로 증권관련 집단소송법은 이에 관하여 직권주의를 강화하고 있다. 대표당사자는 반드시 소송허가신청의 이유를 소명하여야 한다(법13①). 집단 구성원들 대부분이 허가절차에 관여하지 않기 때문에 대표당사자로 하여금 신청이유를 소명하도록 한 것이다. 이는 증명이 아니라, 소명이므로 소명방법으로 제출한 서증은 원본이 아닌 사본이라도 그 증거능력을 부인할 수 없다. 또한 증권관련 집단소송을 허가할 것인지 여부에 관한 재판을 함에 있어서 법원은 소를 제기한 자뿐만 아니라 반드시 피고에 대하여도 심문하지 않으면 안 된다(법13②). 이때 소를 제기한 자와 대표당사자로 선임된 자가 다를 수 있으므로, 소를 제기한 자 이외의 자가 대표당사자로 선임된 경우에는 그 대표당사자를 심문할 수 있도록 하였다(증권관련 집단소송규칙 제8조, 이하 "규칙"이라 한다). 이와 같이 피고를 반드시 심문하도록 한 것은 일단 집단소송이 제기되면 피고의 사회적, 경제적 신뢰 등에 큰 타격을 가할 염려가 있기 때문에 피고를 심문하여 불이익을 방어할 수 있는 기회를 주기 위한 것이다. 법원은 집단소송의 허가 여부의 재판을 함에 있어서 손해배상청구의 원인이 되는 행위를 감독·검사하는 기관으로부터 손해배상청구 원인행위에 대한 기초조사 자료를 제출받는 등 직권으로 필요한 조사를 할 수 있다(법13③). 이와 같은 원고의 소명자료, 당사자심문 및 직권조사 등을 통하여 중요한 쟁점, 대표당사자나 소송대리인의 적격요건, 허가요건, 총원의 범위 등에 관한 판단자료가 집적되면 법원은 집단소송의 허가 여부를 결정으로 재판하게 된다.

(나) 경합허가신청의 처리

동일한 분쟁에 관하여 수개의 증권관련 집단소송의 허가신청서가 동일한 법원 또는 각각 다른 법원에 제출된 경우 법원은 이를 병합심리하여야 한다(법14). 소송허가신청이 병합심리되면 본안소송절차도 병합심리됨은 물론이다. 이와 같이 동일분쟁에 관한 수개의 소송허가신청 사건을 필요적으로 병합하도록 규정한 것은 분쟁의 일회적 해결을 통하여 소송경제 및 재판결과의 통일을 꾀하기 위한 것이다. 병합심리의 대상은 동일한 분쟁이어야 하므로 소송허가요건 중 일부만을 공통으로 하고 나머지 요건을 구비하지 못한 경우는 집단소송 자체가 허가되지 아니하므로 병합심리나 관할법원의 지정문제가 발생하지 아니한다.

병합심리를 하는 경우 법원은 소를 제기한 자(법7①), 대표당사자 선임신청서를 제출한 구성원(법10①(4)) 또는 대표당사자들의 의견을 들어 소송을 수행할 대표당사자 및 소송대리인을 정할 수 있다(법14④). 병합심리의 경우 다수의 대표당사자 및 소송대리인이 필수적이어서 법원의 심리가 복잡해지고 소송이 비효율적으로 진행될 수밖에 없다. 따라서 효율적인 소송진행을 위해서 법원이 임의적으로 소송을 수행할 대표당사자 및 소송대리인을 정할 수 있도록 한 것이다. 이와 같이 소송을 수행할 대표당사자 및 소송대리인으로 지정된 자는 병합된 사건 전체의 대표당사자 및 소송대리인이 된다(규칙12①). 위 직근상급법원의 심리법원 지정결정(법14②)과 소송을 수행할 대표당사자나 소송대리인 지정결정(법14④)에 대하여는 절차의 지연을 방지하기 위하여 불복을 할 수 없도록 하고 있다(법14⑤).

(다) 소송허가 및 불허가의 결정

1) 소송허부결정과 불복절차

법원은 적용범위(법3), 대표당사자 및 소송대리인의 요건, 소송허가요건에 적합한지 여부를 판단하여 결정으로 소송을 허가하거나 불허가한다(법15①). 증권관련 집단소송의 허가결정서에는 대표당사자와 그 법정대리인, 원고측 소송대리인, 피고, 총원의 범위, 주문, 이유, 청구의 취지 및 원인의 요지, 제외신고서의 기간과 방법, 고지·공고·감정 등에 필요한 비용의 예납에 관한 사항, 그 밖의 필요한 사항을 기재하여야 한다(법15②). 소송허가결정이나 소송불허가 결정을 하면 대표당사자 및 피고에게 그 결정등본을 송달하여야 한다(규칙14). 이는 즉시항고기간을 명백히 하기 위한 것이다. 법원은 집단소송의 허가 여부를 결정함에 있어서 당사자가 신청한 대로만 허가결정을 할 수 있는 것이 아니라 청구내용을 수정하여 허가할 수 있다. 그리하여 법원이 상당하다고 인정하는 때에는 직권으로 총원의 범위를 조정하여 허가할 수 있는 것으로 하였다(법15③). 집단소송 허가 및 불허가 결정과 총원의 범위 조정결정에 대하여는 즉시항고를 할 수 있다(법15④, 법17①). 증권관련 집단소송이 불허가 결정되면 허가신청과 함께 제기한 본안소송은 어떻게 될 것인지 문제된다. 이에 관하여 증권관련 집단소송법은 불허가결정이 확정된 때에는 증권관련 집단소송의 소가 제기되지 아니한 것으로 보고 있다(법17②). 소송불허가 결정이 확정되면 시효중단의 효력이 문제되는데, 이에 관하여는 별도의 규정을 두고 있다. 즉 불허가결정이 확정된 때로부터 6월 이내에 그 청구에 관하여 소가 제기되지 아니한 경우에는 시효중단의 효력은 소멸한다(법29(1)).

2) 소송허가결정의 고지

소송허가결정이 확정되면 법원은 구성원 모두에게 개별 고지함과 아울러 전국을 보급지역으로 하는 일간신문에 이를 게재하여야 한다. 즉 소송허가결정이 확정된 때에는 지체 없이 대표당사자와 그 법정대리인의 성명·명칭 또는 상호 및 주소, 원고측 소송대리인의 성명·명칭 또는 상호 및 주소, 피고의 성명·명칭 또는 상호 및 주소, 총원의 범위, 청구의 취지 및 원인의 요지, 제외신고의 기간과 방법, 제외 신고를 한 자는 개별적으로 소를 제기할 수 있다는 사실,

제외신고를 하지 아니한 구성원에 대하여는 증권관련 집단소송에 관한 판결 등의 효력이 미친다는 사실, 제외신고를 하지 아니한 구성원은 증권관련 집단소송의 계속 중에 법원의 허가를 받아 대표당사자가 될 수 있다는 사실, 변호사 보수에 관한 약정, 그 밖에 법원에 필요하다고 인정하는 사항을 구성원 모두에게 주지시킬 수 있는 적당한 방법으로 대법원규칙이 정하는 방법에 따라 고지하고, 그 고지내용은 전국을 보급지역으로 하는 일간신문에 게재하여야 한다(법18).

고지에 의하여 구성원들은 제소된 집단소송을 이용하여 자신의 피해를 충분히 구제받을 수 있도록 노력하거나, 아니면 집단소송이 자신의 피해구제에 부적합한 때에는 그 판결 등의 기판력을 배제하기 위하여 제외신고를 하게 된다. 따라서 소송허가결정의 고지는 구성원들에게 자신의 권리를 적절히 보호할 수 있는 기회를 주는 제도라는 점에서 집단소송에 있어서 중요한 요소라고 할 것이다.[105]

3) 소송허가결정의 통보

법원은 증권관련 집단소송을 허가하는 경우 위 소송허가결정의 고지사항(법18①)을 지정거래소에 즉시 통보하여야 하며(법19①), 이 통보를 받은 지정거래소는 그 내용을 일반인이 알 수 있도록 공시하여야 한다(법19②). 이와 같이 지정거래소에 즉시 통보하도록 한 것은 지정거래소가 자체 통신망을 활용하여 각 증권회사나 증권투자자들에게 이를 전파하여 피해자들에게 권리보호의 기회를 주고 그 밖의 이해관계 있는 일반인들에게도 증권관련 집단소송의 제기로 인한 간접적 피해를 입지 않도록 배려한 것이다.

제6절 행정제재와 형사제재

I. 행정제재

1. 수리권

증권의 모집가액 또는 매출가액 각각의 총액이 대통령령으로 정하는 금액 이상인 경우에는 그 모집 또는 매출에 관한 신고서를 금융위원회에 제출하여 수리되지 아니하면 이를 할 수 없다(법119①). 금융위원회는 다음의 어느 하나에 해당하여 증권신고의 효력발생시기를 앞당길 필요가 있는 경우에는 제1항 각 호 및 제2항 각 호에 따른 기간을 단축하여 효력발생시기를 따로 정하여 고시할 수 있다(시행규칙12③).

---

105) 박휴상(2005), 243쪽.

1. 해당 증권신고서의 내용이 이미 일반인에게 널리 알려져 있거나 쉽게 이해될 수 있을 것
2. 해당 증권의 발행인이 영 제119조 제1항 각 호의 어느 하나에 해당하는 법률에 따라 직접 설립되었거나 국가·지방자치단체로부터 업무감독을 받는 자 또는 금융위원회가 정하여 고시하는 국제기구 또는 단체로서 이미 일반인에게 그 공공성을 널리 인정받고 있을 것

2. 정정요구권

금융위원회는 증권신고서의 형식을 제대로 갖추지 아니한 경우 또는 그 증권신고서 중 중요사항에 관하여 거짓의 기재 또는 표시가 있거나 중요사항이 기재 또는 표시되지 아니한 경우와 중요사항의 기재나 표시내용이 불분명하여 투자자의 합리적인 투자판단을 저해하거나 투자자에게 중대한 오해를 일으킬 수 있는 경우에는 그 증권신고서에 기재된 증권의 취득 또는 매수의 청약일 전일까지 그 이유를 제시하고 그 증권신고서의 기재내용을 정정한 신고서(정정신고서)의 제출을 요구할 수 있다(법122①).

3. 보고·자료제출명령과 조사

금융위원회는 투자자 보호를 위하여 필요한 경우에는 증권신고의 신고인, 증권의 발행인·매출인·인수인, 그 밖의 관계인에 대하여 참고가 될 보고 또는 자료의 제출을 명하거나, 금융감독원장에게 그 장부·서류, 그 밖의 물건을 조사하게 할 수 있다. 이 경우 조사를 하는 자는 그 권한을 표시하는 증표를 지니고 이를 관계인에게 내보여야 한다(법131).

4. 조치권

(1) 조치대상자

금융위원회는 증권신고의 신고인, 증권의 발행인·매출인·인수인 또는 주선인에 대하여 일정한 조치를 취할 수 있다(법132).

(2) 조치사유

금융위원회의 조치사유는 다음과 같다(법132).

1. 증권신고서·정정신고서 또는 증권발행실적보고서를 제출하지 아니한 경우
2. 증권신고서·정정신고서 또는 증권발행실적보고서 중 중요사항에 관하여 거짓의 기재 또는 표시가 있거나 중요사항이 기재 또는 표시되지 아니한 경우
3. 제121조를 위반하여 증권의 취득 또는 매수의 청약에 대한 승낙을 한 경우
4. 투자설명서에 관하여 제123조 또는 제124조를 위반한 경우
5. 예비투자설명서 또는 간이투자설명서에 의한 증권의 모집·매출, 그 밖의 거래에 관하여 제

124조 제2항을 위반한 경우

6. 제130조에 따른 조치를 하지 아니한 경우

(3) 조치내용

금융위원회는 이유를 제시한 후 그 사실을 공고하고 증권신고서 등에 대한 정정을 명할 수 있으며, 필요한 때에는 그 증권의 발행·모집·매출, 그 밖의 거래를 정지 또는 금지하거나 대통령령으로 정하는 조치를 할 수 있다(법132). 여기서 "대통령령으로 정하는 조치"란 다음의 어느 하나에 해당하는 조치를 말한다(영138).

1. 1년의 범위에서 증권의 발행 제한
2. 임원에 대한 해임권고
3. 법을 위반한 경우에는 고발 또는 수사기관에의 통보
4. 다른 법률을 위반한 경우에는 관련 기관이나 수사기관에의 통보
5. 경고 또는 주의

5. 과징금

금융위원회는 증권신고서 등의 부실표시로 인한 손해배상책임을 질 자가 다음의 어느 하나에 해당하는 경우에는 증권신고서상의 모집가액 또는 매출가액의 3%(20억원을 초과하는 경우에는 20억원)을 초과하지 아니하는 범위에서 과징금을 부과할 수 있다(법429①). 과징금은 각 해당 규정의 위반행위가 있었던 때부터 5년이 경과하면 이를 부과하여서는 아니 된다(법429⑤).

1. 제119조, 제122조 또는 제123조에 따른 신고서·설명서, 그 밖의 제출서류 중 중요사항에 관하여 거짓의 기재 또는 표시를 하거나 중요사항을 기재 또는 표시하지 아니한 때
2. 제119조, 제122조 또는 제123조에 따른 신고서·설명서, 그 밖의 제출서류를 제출하지 아니한 때

6. 과태료

신고서를 제출하지 아니하고 증권을 모집 또는 매출하는 발행인으로서 투자자를 보호하기 위하여 재무상태에 관한 사항의 공시, 그 밖에 대통령령으로 정하는 조치를 하지 아니한 자에 대하여는 1억원 이하의 과태료를 부과한다(법449①(36)).

증권발행실적보고서를 제출하지 아니하거나 거짓으로 작성하여 제출한 자, 또는 금융위원회의 보고 또는 자료의 제출명령이나 증인의 출석, 증언 및 의견의 진술 요구에 불응한 자에 대하여는 5천만원 이하의 과태료를 부과한다(법449③(7)(8)).

Ⅱ. 형사제재

1. 형사제재규정

(1) 5년 이하의 징역 또는 2억원 이하의 벌금

다음의 어느 하나에 해당하는 자는 5년 이하의 징역 또는 2억원 이하의 벌금에 처한다(법 444).

1. 제119조(제5항 제외)를 위반하여 증권을 모집 또는 매출한 자(제12호)
2. 다음 각 목의 어느 하나에 해당하는 서류 중 중요사항에 관하여 거짓의 기재 또는 표시를 하거나 중요사항을 기재 또는 표시하지 아니한 자 및 그 중요사항에 관하여 거짓의 기재 또는 표시가 있거나 중요사항의 기재 또는 표시가 누락되어 있는 사실을 알고도 제119조 제5항에 따른 서명을 한 자와 그 사실을 알고도 이를 진실 또는 정확하다고 증명하여 그 뜻을 기재한 공인회계사·감정인 또는 신용평가를 전문으로 하는 자(제13호)
   가. 제119조에 따른 증권신고서 또는 일괄신고추가서류
   나. 제122조에 따른 정정신고서
   다. 제123조에 따른 투자설명서(집합투자증권의 경우 제124조 제2항 제3호에 따른 간이 투자설명서를 포함)
3. 제122조 제3항을 위반하여 정정신고서를 제출하지 아니한 자(제14호)

(2) 1년 이하의 징역 또는 3천만원 이하의 벌금

다음의 어느 하나에 해당하는 자는 1년 이하의 징역 또는 3천만원 이하의 벌금에 처한다(법445).

1. 제121조를 위반하여 증권에 관한 취득 또는 매수의 청약에 대한 승낙을 한 자(제20호)
2. 제123조 제1항을 위반하여 투자설명서를 제출하지 아니한 자(제21호)
3. 제124조 제1항을 위반하여 투자설명서를 미리 교부하지 아니하고 증권을 취득하게 하거나 매도한 자(제22호)
4. 제124조 제2항을 위반하여 같은 항 각 호의 어느 하나에 해당하는 방법에 따르지 아니하고 청약의 권유 등을 한 자(제23호)
5. 제132조에 따른 금융위원회의 처분을 위반한 자(제24호)

2. 양벌규정

(1) 의의

법인(단체를 포함)의 대표자나 법인 또는 개인의 대리인, 사용인, 그 밖의 종업원이 그 법인 또는 개인의 업무에 관하여 위의 형사처벌규정 중 어느 하나에 해당하는 위반행위를 하면 그 행위자를 벌하는 외에 그 법인 또는 개인에게도 해당 조문의 벌금형을 과한다(법448 본문). 다만 법인 또는 개인이 그 위반행위를 방지하기 위하여 해당 업무에 관하여 상당한 주의와 감독을 게을리하지 아니한 경우에는 그러하지 아니하다(법448 단서).

여기서 법인이란 대표자, 대리인, 사용인, 그 밖의 종업원의 사업주인 법인이고, 대표자란 당해 법인의 대표권한을 가지는 자를 말하며, 개인이란 대리인, 사용인, 그 밖의 종업원의 사업주인 개인을 말하며, 대리인, 사용인, 그 밖의 종업원은 법 제174조 제1항 제5호의 해석으로 충분하지만, 법 제448조에는 임원이 그 행위자로서 명기되어 있지 않은 관계상 사용인 그 밖의 종업원에 법인의 임원이 포함된다고 해석하여야 한다. 왜냐하면 법인의 임원이 내부자거래를 한 경우 본조 소정의 내부자거래에서 제외할 이유가 없고, 제외한다면 사용인 그 밖의 종업원과 균형이 맞지 않기 때문이다.

(2) 업무관련성

양벌규정에서 "그 법인 또는 개인의 업무에 관하여"라는 의미는 법인의 대표자, 법인 또는 개인의 대리인, 사용인, 그 밖의 종업원이 개인적으로 한 위반행위를 제외하는 취지이다. 즉 자본시장법 제444조 또는 제446조의 위반행위가 그 법인 또는 개인의 업무에 관하여 이루어진 경우이다.

(3) 이익의 판단기준

법인에게 부과되는 벌금형은 법인이 대표자의 위반행위로 인하여 얻은 이익 또는 회피한 손실액을 기준으로 그 상한을 정하여야 한다.

(4) 면책

다만 법인 또는 개인이 그 위반행위를 방지하기 위하여 해당 업무에 관하여 상당한 주의와 감독을 게을리하지 아니한 경우에는 양벌규정이 적용되지 않는다(법448 단서).

기업지배권 변동과 공시규제(지분공시)

제1절 서 론

Ⅰ. 서설

1. 기업매수의 의의

　　기업매수(M&A)[1]는 기업매수자와 대상회사의 이사 등 경영진 사이에 합의를 통하여 이루어지는 우호적 기업매수와 대상회사의 이사회 등 경영진이나 지배주주의 동의를 받지 않거나 그 의사에 반하여 강제적으로 이루어지는 적대적 기업매수가 있다. 여기서는 적대적 기업매수를 중심으로 살펴보기로 한다.

　　적대적 기업매수는 매우 극적으로 이루어지기 때문에 준비와 진행과정에서 많은 사람들의 관심을 불러일으키며, 단기간 내에 주가를 상승시킴으로써 투자효과를 극대화하는 효과를 갖

---

　　1) 여기서는 M&A를 "기업매수"라고 하기로 한다. 원래 M&A는 merger and acquisition의 약자로 통상 기업합병(merger)과 매수(acquisition)로 번역된다. M&A는 대상회사의 대응방법에 따라 다시 우호적 M&A와 적대적 M&A로 구분되는데, 우호적 M&A란 대상회사 경영진의 동의하에 행하는 기업매수로서 M&A의 당사자 사이에 분쟁이 발생할 개연성이 비교적 적다. 다만 우호적 M&A의 경우에도 계약내용의 불이행(예컨대 영업양도에 있어서 해당 자산의 양도에 따른 권리이전절차의 불이행 등), 대상기업의 재산 실사 과정상 오류 내지 거래대가 산정의 부당성 등을 이유로 계약이 해제 또는 취소됨으로써 분쟁이 발생할 수 있으나, 이는 M&A가 예정대로 이루어지지 못하여 초래되는 결과로서 본질적으로 계약법의 문제로 귀착된다(정충명(1999), "적대적 기업매수의 방어행위에 대한 법적 고찰: 제3자에 대한 신주발행의 적법성을 중심으로", 사법연구자료 25집(1999), 407쪽).

는다. 적대적 기업매수는 단기간에 규모의 경제를 달성하여 기업의 가치증대를 가져올 수 있다. 따라서 기업의 이익과 주주의 이익을 크게 확대할 수 있다. 또한 무능한 경영진을 교체시켜 기업의 경영합리화와 효율성을 높인다는 장점도 있다. 그러나 무리하고 과도한 적대적 기업매수는 역기능에 따른 폐해를 발생시킨다. 투하된 자본과 시간 및 노력에 비하여 낮은 수익률이 나타날 수 있으며, 복잡한 기업매수절차로 인하여 매수 자체가 실패할 가능성도 크다. 또한 공격자와 방어자가 대상회사에 대한 지배권을 놓고 벌이게 되는 공격과 방어 과정에서 막대한 자금과 노력이 소모된다. 따라서 기업의 재무구조가 악화되고 기업경영이 소홀히 됨으로써 기업매수자와 대상회사 모두를 부도와 파산으로 몰아넣기도 한다.[2]

2. 기업지배권의 쟁탈

기업지배란 사람과 물건을 포함하는 조직체로서의 기업을 자기의사의 지배하에 두는 것을 말한다. 여기서 "자기의사의 지배하에 두는 것"이라는 의미는 구체적으로 기업의 임원이나 이사를 선임 및 해임할 수 있는 경영자에 대한 지배와 기업의 기본사항에 변경을 가할 수 있는 힘인, 중요사항에 대한 최종적인 결정을 할 수 있는 경영에 대한 지배를 의미한다.[3]

기업지배권이란 의결권 있는 주식의 소유를 바탕으로 이사의 선임 등을 통하여 현재의 경영진에게 영향력을 행사함으로써 기업의 기본사항을 결정할 수 있는 힘으로 정의할 수 있다. 따라서 적대적 기업매수를 기업지배권의 쟁탈이라고 할 경우 의결권 있는 주식의 소유를 바탕으로 이와 같은 힘을 쟁취할 수 있는 거래라고 정의할 수 있다.

3. 적대적 기업매수의 당사자

(1) 기업매수자

기업매수자는 대상회사를 매수함으로써 그 회사를 소유 또는 지배하고자 하는 개인이나 법인투자자 또는 투자집단 등이다. 이 경우 투자자 또는 투자집단은 일반적으로 대상회사와 합의하여 우호적으로 합병이나 지배주식의 양도 등으로 기업매수를 행하기도 하지만, 기업매수의 주체가 공격적일 때에는 적대적 기업매수가 이루어진다.[4]

특히 대상회사의 이사회 등 경영진이나 지배주주 등의 동의 없이 매수하고자 하는 경우, 대상회사를 지배하거나 단기간 내에 막대한 매도차익을 노리는 투기자들을 기업탈취자(corporate raider, 기업사냥꾼)라고 부른다.

---

2) 송호신(2006), "적대적 기업매수에 관한 법리", 한양법학 제19집(2006. 8), 214쪽.
3) 송호신(2006), 218쪽.
4) 송호신(2006), 219-220쪽.

(2) 주주와 대상회사

적대적 기업매수에서 거래의 상대방은 대상회사 또는 이사가 아니라 주식을 보유하고 있는 주주이다. 특히 현재의 경영진에게 불만이 있거나 높은 가격으로 주식을 매도하기 원하는 주주들이 그 대상이다. 다만 주주들이 기업매수에 응하는 이유는 기업지배권을 양도하고자 하는 것이 아니라 자신들이 보유하고 있는 주식의 가격상승에 따른 개인의 이익에 기초한다.

대상회사는 기업매수자가 매수의 목표로 삼는 기업이다. 일반적으로 경영효율성이 낮은 기업은 자산을 유용하게 활용하지 못하므로 기업자산에 비하여 주가는 비교적 저평가되어 기업매수의 표적이 되기 쉽다. 이 경우 대상회사의 당사자는 기업의 임원이나 이사 등 경영자이지만, 일반적으로 지배주주가 경영자를 임명하기 때문에 실질적으로 당사자는 대상회사의 지배주주라고 할 수 있다.

Ⅱ. 기업매수의 방법

1. 개요

기업매수의 방법으로는 공개매수, 합병, 영업양도, 주식취득(주식매집), 그리고 위임장권유의 방식 등이 이용되고 있다. 그런데 합병과 영업양도는 일반적으로 우호적인 합병과 영업양도를 의미하며 적대적인 합병과 영업양도는 있을 수 없다. 또한 대상회사의 경영진이나 노조의 협조가 없으면 성공하기가 어렵다. 주식취득을 통한 기업매수는 주식의 대량보유보고제도(소위 5% Rule)로 인하여 대상회사에 쉽게 노출되기 때문에 실패할 가능성이 높으며, 주가상승으로 매수비용의 부담이 크다는 문제가 있다. 또한 위임장권유 방식은 공시제도절차의 번거로움과 시간과 비용이 많이 드는 문제, 그리고 그것이 가진 유한성으로 인하여 안정적인 경영권을 확보하기에 어려운 점이 있다. 그러나 공개매수는 위임장권유 방식보다 필요한 비용이 적게 들고, 증권시장을 통하지 않고 주주로부터 직접 주식을 취득할 수 있으며, 단기간 내에 신속한 거래를 통하여 기업지배권을 취득할 수 있고, 공개매수에 실패하더라도 큰 손해를 보지 않고 대량의 주식처분이 용이하다는 장점이 있다. 또한 증권시장을 통하지 않고 주주로부터 직접 주식을 취득할 수 있다는 점 때문에 기업지배권 이전의 가장 대표적인 수단으로 인식되고 있고, 실제로 미국에서 이루어지는 M&A 방법 중 대부분이 공개매수의 방식으로 이루어지고 있다.[5]

2. 적대적 기업매수의 공격방법

적대적 기업매수의 방법으로 증권시장에서의 주식매집(market sweep), 공개매수(take-over

---

5) 서완석(2005), "공개매수의 정의와 범위에 관한 고찰", 성균관법학 제17권 제3호(2005. 12), 387쪽.

bid: TOB), 위임장권유를 통한 위임장 대결(proxy fights)을 들 수 있다. 그 외에 잠재적인 주식 취득이지만 전환사채나 신주인수권부사채 등에 의해 사채권을 취득하는 방법도 가능하다.[6]

(1) 주식매집

기업매수자는 대상회사의 지배주주나 경영진의 반대에 직면할 수 있는 적대적 기업매수를 하려고 하는 경우 증권시장을 이용할 수 있다. 특히 대상회사의 이사 등 경영진이 기업매수에 대하여 강하게 저항할 경우 기업매수자는 증권시장에 분산되어 있는 소액주식들을 그 회사를 소유·지배하여 경영권을 장악할 수 있는 분량까지 은밀히 매집하는 것이 가능하다.

(2) 공개매수

적대적 공개매수는 대상회사의 경영자의 의사에 반하여 기업지배권을 획득함으로써 경영 권을 장악하기 위하여 일정한 기간 내에 일정수량 이상의 주식을 장외시장에서 일정가격으로 대상회사의 주주로부터 직접 매수할 것을 공표하거나 대상회사의 주식과 교환할 것을 일간신 문 등에 공고함으로써 매수청약이나 매도청약을 권유하는 것을 말한다.

일반적으로 공개매수는 주식분산요건을 충족시키고 있는 상장법인의 주식을 현재의 시가 를 상회하는 가격으로 매수하기 위하여 개인이나 법인 등이 일반주주들을 상대로 매수주문하 는 방식으로 이루어진다. 즉 공개매수는 대상회사의 주주들에게 주식의 시장가격에 일정한 프 리미엄을 붙여 보유주식을 매도할 수 있는 기회를 제공하므로, 공개매수가 성공하면 매수인은 물론 주주에게 경제적 이익이 된다.

(3) 위임장대결

위임장대결에 의한 적대적 기업매수는 매수기업이 자신이 제시한 제안을 거부하는 대상회 사의 임원이나 이사 등 현재의 경영진을 퇴임시키고, 적대적 기업매수 제안을 찬성하는 자들로 임원이나 이사들을 교체시키기 위해, 대상회사의 주주들을 설득하여 의결권대리행사의 위임장 을 받아 주주총회에서 의결권에 따른 투표권 대결을 행하는 것을 말한다. 기업매수의 공격자의 입장에서 대상회사의 지배권을 획득할 만큼의 자산이나 주식을 획득하는 일은 용이하지 않다. 따라서 일부의 주식만을 확보한 후에 다른 주주들로부터 의결권을 위임받아 주주총회에서 의 결권의 행사를 통해 기업지배권을 확보하는 것이다.

주주의 수가 많고 지분의 분산 정도가 큰 기업에서는 주주들의 주주총회 참석률이 낮으며 의결권을 다른 주주나 제3자에게 위임하여 의사표시를 하는 경우가 많다. 이를 이용하여 현재 경영진의 경영방침에 불만을 품은 주주들에게 이유를 설명하고 위임장(proxy)을 받아내는데, 이것이 위임장권유(proxy solicitation)이다. 회사에 불만을 품은 주주들을 규합하여 이들의 의견 을 무시할 수 없는 다수의 의견으로 만들어 적대적 기업매수를 위한 특정 안건을 표결에 붙여

---

6) 송호신(2006), 222-224쪽.

줄 것을 현 경영진에게 요구하는 것이다.

위임장대결은 미국에서 오래전부터 주주총회에서 이사 임명권을 확보하는 수단으로 자주 이용되고 있는데, 1980년대 들어 기업매수가 증가함에 따라 경영권의 장악을 위한 수단으로 활용되었다.

(4) 전환사채 또는 신주인수권부사채의 취득

전환사채와 신주인수권부사채는 회사가 자본을 조달하는 방법으로 발행한다. 그러나 일정 기간 후에 주식으로 전환되거나 신주를 인수할 수 있는 권리가 있는 특수한 사채이다. 따라서 적대적 기업매수를 행하고자 하는 기업매수자는 이들 사채를 소유자로부터 양수하거나 공개매수의 방법 등을 통하여 취득하여 기업지배권을 확보하는 방법으로 이용할 수 있다.

(5) 결어

적대적 기업매수의 대표적인 방법으로는 공개매수, 위임장대결, 주식매집의 세 가지 방식이 있다. 그러나 실제로 적대적 기업매수는 최소한 상기 세 가지 방법의 복합구조를 띠거나 다른 특별한 방법이 가미되어 순발력 있게 검토하고 적시에 실효성이 있는 행동지침을 만들어 적용하는 매우 복잡한 수순을 밟게 된다. 결국 실제로는 적대적으로 시작되다가도 우호적인 형태로 전환되는 것이 일반적이다. 또한 실패하든 성공하든 일방 또는 양 당사자가 막대한 인수비용과 경영차질로 인해 엄청난 피해를 입고 마는 경우도 빈발하여 적대적 기업매수는 완벽하고도 확실한 인수의지와 준비(인수자금 등) 및 정통성을 인정받지 않는 한 쉽게 실행에 옮겨서는 안 된다. 즉 어떤 면에서는 공개매수 내지 위임장권유 등을 법률적으로 보완해 준다 하더라도 복잡한 기업매수 추진구도하에서는 다른 요소들로 인해 저해되는 경우가 더 많다. 이들 저해요소로는 주로 주가상승으로 인한 공개매수의 실패, 인수비용의 증가, 대상기업의 강력한 우호주주 등장, 역공개매수, 인수자측의 법률적 하자의 공개 등을 들 수 있다.[7]

Ⅲ. 적대적 기업매수의 방어수단

1. 방어적 정관변경

방어적 정관변경(shark repellent amendment)이란 기업매수자로부터 회사를 방어하기 위하여 회사의 정관에 방어를 가능하게 하는 조항을 규정하거나 기존의 조항을 변경하는 것을 말한다. 방어적 정관변경의 특징은 잠재적으로 기업매수의 위협을 받고 있는 대상회사가 취할 수 있는 사전적인 예방수단이라는 점이다. 이는 가장 오래전에 개발된 방어수단으로서 초기에는

---

7) 이상복(2006), "적대적 M&A 공격방법의 개선과제: 공개매수와 위임장권유를 중심으로", 기업법연구 제20권 제3호(2006. 9), 96쪽.

공개매수자의 이사회 지배를 지연시킬 목적으로 개발된 것이다. 방어적 정관변경은 이사회가 보다 시간적 여유를 갖고 적대적 기업매수자와 협상을 벌일 수 있게 해주며, 적대적 기업매수자가 이사회를 지배할 시간을 가능한 한 지연시킴으로써 대상회사의 매력을 줄이는 것이다.[8]

2. 자기주식 취득과 그린메일

자기주식 취득은 기업매수를 방어하기 위하여 대상회사가 자신이 발행한 주식을 취득하는 것을 말한다. 이렇게 함으로써 기업매수자가 취득할 수 있는 주식수를 감소시키고 대상회사는 그 보유비율을 증가시킴으로써 기업매수를 방어할 수 있다. 이 방법은 매수공격에 대한 유력한 방어수단이 될 수 있으나 대상회사의 자금부담을 증가시키는 단점이 있다. 대상회사가 주주로부터 주식을 취득하기 위해서는 기업매수자보다 높은 가격을 제시하여야 하고, 그린메일(green mail)을 지급하는 경우에는 더 큰 문제가 된다.

적대적 기업매수자로부터 자기주식을 취득하는 방법에는 그린메일의 문제가 있다. 그린메일이란 적대적 기업매수를 포기시키기 위하여 기업매수에 착수한 자가 가지고 있는 주식을 대상회사가 프리미엄을 지급하고 매수하는 것이다. 그린메일은 매수하는 행위 또는 그러한 거래 자체를 의미하기도 하고, 적대적 기업매수자가 받는 대가를 의미하기도 한다. 그린메일은 잔여주주들의 희생하에 대상회사의 경영진들의 지위를 유지할 목적으로 사용된다는 점에서 또 기업의 미공개 중요정보를 이용하여 내부자거래가 발생할 가능성이 있으므로 그 적법성의 문제가 있다.

3. 포이즌 필

포이즌 필(poison pill)이란 적대적 기업매수자가 대상회사 주식의 일정한 비율을 취득한 경우에 대상회사의 주주가 낮은 가격으로 대상회사의 주식을 매수 또는 인수(신주발행의 경우)할 수 있는 권리를 주는 것을 말한다. 즉 주주에게 주식매수권 내지 주식매도청구권 등을 부여하는 것이다.

4. 임원퇴직금계약

임원퇴직금계약(golden parachutes)이란 적대적 기업매수 등에 의하여 대상회사의 경영진이 해임되는 경우에 고액의 퇴직금을 지급받기로 하는 계약을 대상회사와 임원 사이에 체결해 두는 것을 말한다. 이러한 계약은 일반적으로 지배권변동조항, 계약종료조항, 그리고 보수조항으로 이루어져 있다.

---

8) 박재홍(2005), "의무공개매수제도의 도입에 관한 검토", 경성법학 제14집 제2호(2005. 12), 191쪽 이하.

임원퇴직금계약은 다음의 효과가 있다. 첫째, 퇴직금계약이 존재함으로 인해 대상회사의 경영진은 기업매수의 위협에도 불구하고 자신의 임무를 계속하여 수행할 수 있다. 기업매수로 인하여 경영권을 상실하더라도 이러한 상실을 만회하기에 충분한 고액의 퇴직금을 받기 때문이다. 둘째, 적대적 기업매수자의 입장에서는 대상회사가 매력이 없게 된다. 즉 대상회사를 매수하더라도 대상회사의 기존 경영진을 해임하기 위해서는 고액의 퇴직금을 지급하여야 하기 때문이다.

적대적 기업매수가 있으면 대상회사의 경영진만 해임되는 것은 아니다. 종업원도 해고의 위험에 직면할 수 있다. 여기서 종업원에 대하여도 그러한 비정상적인 퇴직시에 일정한 금액의 퇴직금을 지급하기로 하는 계약을 회사와 종업원 사이에 체결하는 것을 종업원퇴직금계약(tin parachutes)이라 한다.

5. 제3자 배정증자

제3자 배정증자(lock-up agreement)라 함은 대상회사에 우호적인 자(white knight)에게 대상회사의 중요한 자산이나 신주를 매수할 권리를 부여하는 협정을 말한다. 이것은 대상회사에 우호적인 자에게 이러한 권리를 부여함으로써 적대적 기업매수자의 매수시도를 방지하는 효과를 갖는다.

6. 기타 방어수단

(1) 차등의결권주식의 발행

대상회사가 의결권수에 다른 주식과 차등을 가지는 주식을 발행하여 이를 특정인에게 집중시킴으로써 회사를 방어하려는 수단이다. 차등의결권의 유형으로는 복수종류의 주식간에 의결권의 차등을 두는 방법과 동일종류 주식 간에 의결권의 차등을 두는 방법이 있다.

(2) 방어적 합병

방어적 합병이란 적대적 기업매수에 대한 방어책의 하나로서 대상회사가 다른 회사와 합병하는 것을 말한다. 이는 대상회사가 인수회사와 실질적으로 경쟁관계에 있는 기업과 합병함으로써 인수회사가 대상회사를 인수하면 공정거래법상의 문제가 발생하는 점을 이용하여 기업매수를 단념시키는 전략이다.

(3) 자산이나 부채와 자본구성의 변화

대상회사가 부채와 자본구성을 변화시킴으로써 기업매수를 단념시킬 수 있다. 예컨대 갑자기 부채를 증가시켜 재무구조를 악화시키거나 대규모의 자금투자가 필수적인 사업에 착수함으로써 매수회사가 도저히 그러한 자금을 부담할 수 없게 함으로써 기업매수를 포기시키는 것이다. 또한 매수회사가 가장 중요하게 여기는 자산을 매각하거나, 그 부분만을 독립된 사업체로 분리하여 기업매수를 포기하게 만들 수도 있다.

(4) 역공개매수(대항공개매수)

역공개매수란 매수회사가 대상회사에 대하여 공개매수에 착수하면 대상회사도 매수회사에 대하여 역으로 공개매수에 착수하는 것을 말한다. 이것을 실행하기 위하여는 대상회사가 상당한 자금을 보유하고 있어야 한다.

(5) 종업원지주제도

종업원지주제도는 특별한 방어수단으로 만들어지는 것은 아니지만 이러한 종업원지주제도가 회사의 방어수단으로 이용될 수 있다. 즉 종업원이 소유한 주식을 경영진이 방어수단으로 이용할 수 있을 것이다.

제2절 공개매수규제

Ⅰ. 서설

1. 공개매수의 의의

일반적으로 공개매수란 특정기업의 주식을 경영권지배를 목적으로 증권시장 외에서 공개적으로 매수하는 적대적 M&A 방식을 말한다. 자본시장법은 공개매수를 "불특정 다수인에 대하여 의결권 있는 주식, 그 밖에 대통령령으로 정하는 증권("주식등")의 매수(다른 증권과의 교환 포함)의 청약을 하거나 매도(다른 증권과의 교환 포함)의 청약을 권유하고 증권시장 및 다자간매매체결회사(이와 유사한 시장으로서 해외에 있는 시장을 포함) 밖에서 그 주식등을 매수하는 것"으로 정의하고 있다(법133①).

공개매수의 개념을 법으로 정해 두고 있는 것은 공개매수의 범위를 명확히 하여 공개매수를 통한 증권거래의 법적 안정성을 도모하고자 함이다. 공개매수의 개념 정의는 자본시장법이 요구하는 공시의무의 면제 여부와 공개매수에의 해당 여부를 결정하는 근거가 된다는 점에서 매우 중요하다.

공개매수는 기업지배권을 획득하는 경우 사용되는 대표적인 방법으로 제3자가 공개적으로 거래되고 있는 대량의 주식을 매수하는 것을 인정하는 제도이다. 필요한 공시와 그 이후의 일정한 절차를 거친 후, 매수자는 대상회사의 주주들이 보유한 주식을 매수할 수 있다. 만약 매수자가 공개시장에서 주식을 충분히 매수한다면, 매수자는 자신의 최초 제안에 반대하는 이사회를 투표로 축출할 수 있으며, 그 제안을 수행할 이사를 신규선임할 수 있다. 그러나 장외에서 이루어지기 때문에 장내거래보다 투명성이 보장되지 않는다. 공개매수를 하기 위해서는 우선 대상회사를 골라야 한다. 이를 위해 대상회사에 대한 정보를 수집하고 분석하게 된다. 그 후 즉시 공개매수에 들어가지 않고 증권시장에서 대상회사의 주식을 매수하여 일정한 지분을 취득한다. 왜냐하면 공개시장에서의 주가는 공개매수가격보다 낮고, 회사가 공개매수에 대항하는 경우에 대비하여 공개매수가 성공하지 못하더라도 회사의 주식을 높은 가격에 처분하여 공개매수비용을 줄이고 차익을 실현하기 위함이다.[9]

2. 공개매수(제도)의 연혁

1960년대 미국에서는 공격적인 기업들이 현금 또는 교환으로 자신의 주식을 발행하거나 양자를 혼합하는 방식으로 다른 공개회사들의 지배적인 주식을 취득하는 일이 빈번하였다. 공격적인 기업들은 사적인 교섭이나 공개시장에서 브로커를 통해, 또는 대상회사의 주주들에게 자신의 주식을 정해진 현금이나 공개매수를 청약한 회사의 증권의 일괄거래로 매도할 것을 공개적으로 청약함으로써 주식을 취득할 수 있었다. 이러한 공개매수는 종종 대상회사 경영진들의 격렬한 저항에 직면하였고, 그러한 경쟁은 화려한 공개적 광고문구를 통한 상대방 비난, 시장교란의 시도, 또는 대상회사 주주들을 혼동시키거나 강하게 압박하는 형태로 전개되었다.[10]

연방 차원에서 현금공개매수를 규제하려는 움직임은 1965년 8월에 뉴저지 출신의 상원의원인 윌리엄스(Harrison Williams)가 기업방해 행위로부터 현 경영진을 보호해야 한다는 이유로 입법안을 제출하면서 시작되었다. 이 입법안에 대한 찬성론자와 반대론자의 주장이 대립한 결과 1968년 7월 29일에 이르러 입법되었다. 따라서 제정된 Williams Act[11]는 지배권획득을 위한 증권매수과정에서 투자자 보호를 위하여 투자결정에 필요한 충분하고 공정한 정보의 공시와 함께 지배권을 획득하려는 자에 대한 과도한 요구나 대상회사 경영진의 방어행위의 부당한 제한을 지양함으로써 공개매수자를 포함한 지배권을 획득하려는 자와 대상회사 경영진 사이의 중립성을 확보하려고 하였다.

미국에서는 1968년 Williams Act의 채택 이전까지 누구든지 자신의 정보나 대상회사를 위한 계획을 공시함이 없이 현금으로 주식을 공개매수하여 기업의 지배권을 확보할 수 있었다. 그러나 Williams Act의 제정으로 모든 공개매수자들은 일정한 사항에 대한 공시의무를 부담하

---

9) 이상복(2006), 96-97쪽.
10) 서완석(2005), 390쪽.
11) 제안자인 상원의원 Harrison Williams의 이름을 따 Williams Act로 잘 알려진 이 법률은 1934년 증권거래법 제13조에 (d)항과 (e)항의 추가를 가져왔고, 제14조에 (d)항, (e)항 및 (f)항의 추가를 가져왔다.

334 제 3 편 금융시장규제

고, 공개매수와 관련된 사기적인 관행을 할 수 없게 되었다.

우리나라의 경우 증권거래법은 제7차 개정시 유가증권의 공개매수라는 장을 두고 공개매수제도에 대하여 규제를 하였다. 그러나 이미 외국에서는 다국적기업들이 국경 없는 시대에 살아남기 위한 생존전략 차원에서 경쟁과 협력의 기치 아래 공개매수를 포함한 기업의 인수·합병을 활발히 진행하여 오고 있었음에도 불구하고, 그동안 우리나라에서는 폐쇄적인 주식소유구조로 인하여 공개매수에 의한 경영권장악이 원초적으로 어려웠던 데다가 기업윤리적인 차원에서 이를 타회사의 지배권탈취라는 부도덕한 행위로 인식하여 온 탓에 사실상 공개매수는 이루어지지 아니하였다. 그러나 1994년 10월 26일 한솔제지 주식회사[12]가 동해투자금융주식회사의 주식에 대한 공개매수를 신청한 이래 공개매수에 대한 업계의 관심이 증가하면서 새로 기업을 창업하기보다는 기존의 업체를 인수·합병해 운영하는 것이 시간과 노력 및 비용 절감에 유리하다는 인식이 확산되기 시작하였으며 자본시장의 국제화 추세에 따라 외국기업과 국내기업간의 기업인수·합병이 활발해지고 있다. 주목할 만한 사건으로는 소버린의 SK 그룹에 대한 공개매수 시도, 칼 아이칸의 KT&G에 대한 공개매수 시도 등이 있다.[13]

3. 공개매수의 유형

(1) 대상회사 경영진의 대응태도에 따른 분류

대상회사 경영진의 공개매수에 대한 대응태도에 따라 적대적·우호적·중립적 공개매수로 분류할 수 있다. 적대적 공개매수는 대상회사의 경영진이 공개매수에 반대하여 다른 주주에게 공개매수에 응하지 말 것을 권유하는 경우이다. 우호적 공개매수는 대상회사의 경영진이 공개매수에 동의하여 다른 주주에게도 공개매수에 응할 것을 권유하는 경우이다. 중립적 공개매수는 대상회사의 경영진이 공개매수에 관하여 찬성 또는 반대의 권유를 밝히지 않는 경우이다. 우호적·중립적 공개매수는 잘 일어나지 않으며, 대부분의 공개매수는 적대적 공개매수에 해당한다.

(2) 주주에게 지급되는 대가에 따른 분류

대상회사의 주주에게 지급되는 대가의 형태에 따라 현금공개매수, 교환공개매수, 혼합공개매수로 분류된다. 현금공개매수는 공개매수의 대가로 주주에게 현금을 지급하는 경우이고,

---

12) 한솔제지는 업종다양화를 내세워 동해투자금융주식 45만주(지분율 15%)를 공개매수신청 당일의 주가 34,000원보다 비싼 38,000원에 공개매수하겠다고 신청하였다. 국내에서 그 이전인 1994년 5월 미국 나이키사가 삼나스포츠사 주식 19만 5,000주(지분율 39.7%)를 공개매수한 바 있으나 이는 합작사인 삼나스포츠사가 경영권을 포기하면서 나이키사가 삼나스포츠를 나이키의 100% 출자법인으로 바꾸기 위한 것인 반면, 한솔제지의 공개매수신청은 소위 적대적 기업인수를 볼 수 있는 경영권 취득을 위한 본격적인 공개매수라는 점에서 국내 공개매수의 최초 사례로 일컬어지고 있다.

13) 이상복(2006), 97-98쪽.

교환공개매수는 다른 증권을 제공하는 것이며, 혼합공개매수는 현금지급과 증권교환이 함께 이루어지는 경우로서 일부는 현금으로 나머지는 증권을 지급할 수 있다. 또한 주주에게 현금 또는 증권 중에서 선택하게 할 수도 있다.

4. 공개매수 규제의 목적

공개매수를 구성하는 행위 자체만을 보면 통상적인 주식거래와 동일하다. 그러나 공개매수에 있어서는 공개매수자가 회사의 지배권의 획득 또는 강화를 목적으로 대상회사의 주식을 전격적으로 단기간 내에 대량적으로 취득하게 되므로, 이를 대상회사의 경영진과 시장에 공시하여 투자자인 주주들의 이익을 보호할 필요성이 있다. 특히 공개매수의 가격, 공개매수의 목적과 기간, 공개매수자금의 출처, 경영권 획득 이후에 매수자의 대상회사에 대한 계획 등은 주식을 매도할 것인가의 여부를 결정하여야 할 기존 주주의 입장에서는 중대한 관심사이다. 이러한 이유로 공개매수를 규제하는 각국의 법령은 대상회사의 주주들의 이익을 보호하는데 그 중점을 두고 있다. 이를 위하여 주주평등취급의 원칙, 강제공개매수의무, 공시제도를 통한 공개매수의 공개성과 투명성의 확보, 공개매수의 방법과 절차, 공개매수가 공표된 경우에 발생할 수 있는 대상회사 이사회의 방어수단의 제한, 감독기관의 권한 등을 규율하고 있다.

따라서 공개매수를 법적으로 규제하는 목적은 공개매수자의 매수신고에 응하는 대상회사의 주주가 현명하게 투자판단을 할 수 있도록 함과 동시에 주주의 이익보호 차원에서 그들의 투자결정기회를 충분히 부여하는 것을 제도적으로 보장하고자 함에 있다.

Ⅱ. 공개매수의 요건(강제공개매수)

1. 적용대상

상장법인의 의결권 있는 주식등을 증권시장 밖에서 6개월간 10인 이상의 자로부터 매수등을 하고자 하는 자는 그 매수등을 한 후에 본인과 특별관계자(특수관계인과 공동보유자를 포함)가 보유(소유, 그 밖에 이에 준하는 경우)하게 되는 주식등의 수의 합계가 해당 주식등의 총수의 5% 이상이 되는 경우에는 공개매수를 하여야 한다(법133③, 영140).

따라서 상장법인 이외의 주식등을 매수하는 경우, 상장법인의 주식등을 거래소시장 내에서 매수하는 경우, 상장법인의 의결권 없는 주식등을 매수하는 경우는 자본시장법에서 규정하고 있는 공개매수가 아니므로 자본시장법상의 공개매수절차를 따를 필요가 없다.

(1) 공개매수 대상회사와 대상증권

(가) 대상회사

자본시장법이 공개매수의 대상회사를 상장법인에 한정하고 있는 것은 비공개회사와 폐쇄회사의 경우 주식이 일반공중에 분산되어 있지 않고, 대주주 등 특정인이 절대적인 지분을 보유하고 있기 때문에 실제로 공개매수의 대상이 될 수 없기 때문이라고 생각된다. 그러나 법이론적으로 볼 때 이러한 접근은 문제점을 안고 있다. 공개매수규제의 목적이 지배권의 변동에 따른 사실을 일반주주에게 공시하여 주주의 이익을 보호하고자 하는데 있기 때문에 이러한 요청은 공개시장에서 주식이 거래되는 주주에 한정되는 것은 아니기 때문이다. 주주가 많은 비상장법인의 경우도 지배권 변동에 따른 주주의 이익보호를 고려하면 거래소시장 이외의 비상장법인에게도 확대할 필요가 있다.

(나) 대상증권

공개매수의 적용대상인 증권은 상장법인이 발행한 증권으로서 의결권 있는 주식에 관계되는 다음의 어느 하나에 해당하는 증권을 말한다(영139).

1. 주권상장법인이 발행한 증권으로서 다음의 어느 하나에 해당하는 증권
   가. 주권[14]
   나. 신주인수권이 표시된 것[15]
   다. 전환사채권[16]
   라. 신주인수권부사채권[17]
   마. 교환사채권(주권, 신주인수권이 표시된 것, 전환사채권, 신주인수권부사채권과 교환을 청구할 수 있는 것에 한함)
   바. 파생결합증권(권리의 행사로 그 기초자산을 취득할 수 있는 것만 해당)
2. 주권상장법인 외의 자가 발행한 증권으로서 다음의 어느 하나에 해당하는 증권
   가. 제1호에 따른 증권과 관련된 증권예탁증권
   나. 교환사채권
   다. 파생결합증권(권리의 행사로 그 기초자산을 취득할 수 있는 것만 해당)[18]

---

14) 주권은 의결권 있는 주식이어야 한다. 따라서 보통주, 의결권 있는 우선주, 의결권이 부활된 무의결권우선주, 보통주로 전환이 가능한 전환우선주가 이에 해당한다.
15) 신주인수권증서와 분리형 신주인수권부사채에서 분리된 신주인수권증권이 이에 해당한다.
16) 전환대상이 제1호의 주권인 전환사채를 말한다.
17) 인수대상이 제1호의 주권인 신주인수권부사채를 말한다. 다만 신주인수권이 분리된 후의 신주인수권부사채는 제외한다.
18) 권리행사에 따라 기초자산을 취득하는 것이 아니라 그 차액을 현금결제하는 주식연계증권(ELS), 주식워런트증권(ELW)은 이에 해당하지 않는다.

자본시장법이 의결권이 있는 주식등에 한정한 것은 공개매수가 주로 회사의 지배권획득이나 그 지위의 강화에 있으므로 의결권이 없는 주식등은 이와 관련이 없기 때문에 제외한 것으로 보인다.

무의결권주는 원칙적으로는 공개매수규제의 대상에서 제외되지만, 정관에 정한 우선적 배당을 하지 않는다는 결의가 있으면 그 총회의 다음 총회부터 그 우선적 배당을 받는다는 결의가 있는 총회의 종료시까지는 의결권이 부활되므로(상법370① 단서), 이때에는 공개매수의 규제대상이 된다.

(2) 매수상대방의 수와 주주평등의 원칙

자본시장법은 공개매수를 "불특정 다수인에 대하여 의결권 있는 주식등의 매수(다른 증권과의 교환 포함)의 청약을 하거나 매도(다른 증권과의 교환 포함)의 청약을 권유하고 증권시장 및 다자간매매체결회사(이와 유사한 시장으로서 해외에 있는 시장을 포함) 밖에서 그 주식등을 매수하는 것을 말한다"고 규정하고 있다(법133①). 따라서 신문 등의 공고에 의해 불특정 다수인에 대하여 주식매수의 청약을 하거나 매도의 청약을 권유하고 주식을 매수하면 매수주식의 수량과 관계없이 공개매수규정의 적용을 받는다.

그런데 법 제133조 제3항은 공개매수를 강제하고 있다. 이는 불특정 다수인 등 공개매수의 개념요소가 불확실하고, 일정수량 이상의 개별접촉에 의한 주식취득을 규제하지 않는다면 공개매수를 규제하는 자본시장법의 입법취지를 달성할 수 없기 때문이다. 이에 따라 자본시장법은 매수 등을 하는 날로부터 6개월 동안 10인 이상의 주주로부터 증권시장 및 다자간매매체결회사(이와 유사한 시장으로서 해외에 있는 시장을 포함) 밖에서 주식등을 매수·교환·입찰 기타 유상취득으로서 취득함으로써 보유주식이 5% 이상인 경우에는 공개매수를 강제하고 있다(법133③, 영140).

따라서 현행 공개매수제도는 10인 이상의 다수인을 대상으로 5% 이상의 주식등을 매수할 경우에 대하여만 강제되고 있으므로 10인 미만의 특정인을 대상으로 일정한 시차를 두고 매수에 들어갈 경우에는 적용되지 않는다. 예컨대 9인으로부터 매수하는 경우에는 9인이 갖고 있는 총주식수와 관계없이 얼마든지 주식취득이 가능하여 동규정을 회피할 수 있다. 따라서 위와 같은 경우에는 공개매수에 의하지 않고도 지배권획득에 필요한 주식취득이 가능하기 때문에 소수주주의 매도기회의 상실 등 주주평등의 원칙을 해하는 문제가 발생한다.

또한 주식을 대량보유하고 있는 자가 기업지배권을 획득할 목적으로 대상회사의 주주들이나 경영진에게는 어떠한 사전 정보도 없이 증권시장 및 다자간매매체결회사(이와 유사한 시장으로서 해외에 있는 시장을 포함) 밖에서 10인 이하의 특정인으로부터 주식을 매수하거나 10인 이상이더라도 5% 미만으로 주식을 매수하여 지배권의 변동을 노리는 경우도 있을 수 있다. 그러나 이 경우에는 현행법상 공개매수규제의 대상이 되지 않는다.

강제공개매수의무는 지배주식의 양도에 있어서는 모든 주주가 평등하게 지배주식취득에 있어서 프리미엄에 참가하게 되고, 투기적인 부분적 공개매수를 배제하기 위한 것이다.

(3) 특별관계자의 범위

자본시장법에서 규정하는 특별관계자는 다음의 특수관계인과 공동보유자를 말한다(영 141). 특별관계자의 주식을 포함한 것은 기업지배권 탈취를 위하여 공개매수가 이루어지는 경우, 기존 경영진의 효과적인 대응이나 투자자의 합리적 판단이 가능하도록 하기 위하여 공개매수를 하는 자의 실체를 정확히 파악하고자 하는 것이다.

(가) 보유주체

5%의 공개매수의 요건은 대상회사 주식의 매수결과 본인과 특별관계자가 보유하게 된 지분비율을 기준으로 한다(법133③). 여기서 특별관계자는 특수관계인과 공동보유자를 말한다(영141①).

예를 들어 본인과 특별관계자가 보유하는 주식의 합산한 비율이 3%인 자가 10일간 15인으로부터 3%를 추가로 장외에서 취득하는 경우, 6월간 10인 이상의 자로부터 취득하여 본인 및 특별관계자가 보유하는 주식등의 비율이 5% 이상이 되므로 공개매수의 적용대상이 된다.

그리고 본인과 그 특별관계자가 보유하는 주식등의 수의 합계가 그 주식등의 총수의 5% 이상인 자가 그 주식등의 매수등을 하는 경우를 포함한다(법133③). 따라서 이미 5% 이상의 주식을 보유하는 자가 추가로 장외에서 주식등의 매수등을 하는 경우에도 공개매수의 적용대상이다. 예컨대 주식등을 이미 5% 이상을 보유하고 있는 자가 12명으로부터 20%의 주식을 추가로 장외에서 취득하고자 하는 경우, 5% 이상 보유자가 장외에서 10인 이상으로부터 추가로 주식을 취득하는 경우이므로 공개매수규제의 대상이 된다.

(나) 특수관계인

특수관계인이란 다음의 금융회사지배구조법 시행령 제3조 제1항 각 호의 어느 하나에 해당하는 자를 말한다(영2(4)). 그러나 특수관계인이라고 하더라도 소유하는 주식등의 수가 1,000주 미만이거나 공동목적 보유자가 아님을 증명하는 경우에는 특수관계인으로 보지 않는다(영141③). 따라서 특수관계인에 해당한다고 하여 그 특수관계인의 의사 여부와 관계없이 무조건 합산하는 것이 아니고 본인과 특수관계인 사이의 공동보유관계 해당 여부를 확인하여 공동보유자가 아닌 경우에는 합산대상에서 제외될 수 있다.

1. 본인이 개인인 경우: 다음의 어느 하나에 해당하는 자. 다만 공정거래법 시행령 제3조의2 제1항 제2호 가목에 따른 독립경영자 및 같은 목에 따라 공정거래위원회가 동일인관련자의 범위로부터 분리를 인정하는 자는 제외한다.

가. 배우자(사실상의 혼인관계에 있는 사람을 포함)

나. 6촌 이내의 혈족

다. 4촌 이내의 인척

라. 양자의 생가(生家)의 직계존속

마. 양자 및 그 배우자와 양가(養家)의 직계비속

바. 혼인 외의 출생자의 생모

사. 본인의 금전이나 그 밖의 재산으로 생계를 유지하는 사람 및 생계를 함께 하는 사람

아. 본인이 혼자서 또는 그와 가목부터 사목까지의 관계에 있는 자와 합하여 법인이나 단
체에 30% 이상을 출자하거나, 그 밖에 임원(업무집행책임자는 제외)의 임면 등 법인이
나 단체의 중요한 경영사항에 대하여 사실상의 영향력을 행사하고 있는 경우에는 해당
법인 또는 단체와 그 임원(본인이 혼자서 또는 그와 가목부터 사목까지의 관계에 있는
자와 합하여 임원의 임면 등의 방법으로 그 법인 또는 단체의 중요한 경영사항에 대하
여 사실상의 영향력을 행사하고 있지 아니함이 본인의 확인서 등을 통하여 확인되는
경우에 그 임원은 제외)

자. 본인이 혼자서 또는 그와 가목부터 아목까지의 관계에 있는 자와 합하여 법인이나 단
체에 30% 이상을 출자하거나, 그 밖에 임원의 임면 등 법인이나 단체의 중요한 경영사
항에 대하여 사실상의 영향력을 행사하고 있는 경우에는 해당 법인 또는 단체와 그 임
원(본인이 혼자서 또는 그와 가목부터 아목까지의 관계에 있는 자와 합하여 임원의 임
면 등의 방법으로 그 법인 또는 단체의 중요한 경영사항에 대하여 사실상의 영향력을
행사하고 있지 아니함이 본인의 확인서 등을 통하여 확인되는 경우에 그 임원은 제외)

2. 본인이 법인이나 단체인 경우: 다음의 어느 하나에 해당하는 자

가. 임원

나. 공정거래법에 따른 계열회사 및 그 임원

다. 혼자서 또는 제1호 각 목의 관계에 있는 자와 합하여 본인에게 30% 이상을 출자하거
나, 그 밖에 임원의 임면 등 본인의 중요한 경영사항에 대하여 사실상의 영향력을 행사
하고 있는 개인(그와 제1호 각 목의 관계에 있는 자를 포함) 또는 법인(계열회사는 제
외), 단체와 그 임원

라. 본인이 혼자서 또는 본인과 가목부터 다목까지의 관계에 있는 자와 합하여 다른 법인이
나 단체에 30% 이상을 출자하거나, 그 밖에 임원의 임면 등 다른 법인이나 단체의 중
요한 경영사항에 대하여 사실상의 영향력을 행사하고 있는 경우에는 해당 법인, 단 체
와 그 임원(본인이 임원의 임면 등의 방법으로 그 법인 또는 단체의 중요한 경영사 항
에 대하여 사실상의 영향력을 행사하고 있지 아니함이 본인의 확인서 등을 통하여 확
인되는 경우에 그 임원은 제외)

(다) 공동보유자

공동보유자란 본인과 합의나 계약 등에 따라 다음의 어느 하나에 해당하는 행위를 할 것을 합의한 자를 말한다(영141②).

1. 주식등을 공동으로 취득하거나 처분하는 행위
2. 주식등을 공동 또는 단독으로 취득한 후 그 취득한 주식을 상호양도하거나 양수하는 행위
3. 의결권(의결권의 행사를 지시할 수 있는 권한을 포함)을 공동으로 행사하는 행위

합의나 계약은 반드시 계약서 등 서면에 의하여야 하는 것은 아니며 의사의 합치가 있으면 된다. 따라서 구두에 의한 합의, 묵시적인 승인도 포함되므로 이를 입증하는 것은 쉽지 않을 것이다.

(4) 보유의 범위

자본시장법 제133조 제3항에서 규정하는 보유는 특별관계자가 주식등을 소유하는 경우뿐만 아니라 소유에 준하는 다음의 경우를 포함한다(영142).

1. 누구의 명의로든지 자기의 계산으로 주식등을 소유하는 경우
2. 법률의 규정이나 매매, 그 밖의 계약에 따라 주식등의 인도청구권을 가지는 경우
3. 법률의 규정이나 금전의 신탁계약·담보계약, 그 밖의 계약에 따라 해당 주식등의 의결권(의결권의 행사를 지시할 수 있는 권한을 포함)을 가지는 경우
4. 법률의 규정이나 금전의 신탁계약·담보계약·투자일임계약, 그 밖의 계약에 따라 해당 주식등의 취득이나 처분의 권한을 가지는 경우
5. 주식등의 매매의 일방예약을 하고 해당 매매를 완결할 권리를 취득하는 경우로서 그 권리행사에 의하여 매수인으로서의 지위를 가지는 경우
6. 주식등을 기초자산으로 하는 자본시장법 제5조 제1항 제2호(옵션)에 따른 계약상의 권리를 가지는 경우로서 그 권리의 행사에 의하여 매수인으로서의 지위를 가지는 경우
7. 주식매수선택권을 부여받은 경우로서 그 권리의 행사에 의하여 매수인으로서의 지위를 가지는 경우

(5) 지분율 산정방법

자본시장법상 공개매수 판단기준이 되는 지분율은 주식뿐 아니라 주식연계증권을 포함하여 산정해야 하므로 계산방법에 혼란을 야기할 가능성이 있다. 이와 같은 혼란가능성을 방지하기 위하여 자본시장법에서 5%의 지분율은 "주식등의 수를 주식등의 총수로 나누어서 산정"하도록 규정하고 있으며 "주식등의 수"와 "주식등의 총수"를 산정하는 기준에 대하여 다음과 같이 규정하고 있다(법133⑤, 시행규칙14).

(가) 주식등의 수 산정기준(의결권 있는 주식등만을 대상으로 함)

주식등의 공개매수 여부를 판단할 때 주식등의 수는 다음과 같이 계산한 수로 한다(시행규칙14①).

1. 주권인 경우: 그 주식의 수
2. 신주인수권이 표시된 것인 경우: 신주인수권의 목적인 주식의 수(신주인수권의 목적인 주식의 발행가액총액 및 발행가격이 표시되어 있는 경우에는 해당 발행가액총액을 해당 발행가격으로 나누어 얻은 수)
3. 전환사채권인 경우: 권면액을 전환에 의하여 발행할 주식의 발행가격으로 나누어 얻은 수. 이 경우 1 미만의 단수는 계산하지 아니한다.
4. 신주인수권부사채권인 경우: 신주인수권의 목적인 주식의 수
5. 교환사채권인 경우: 다음 중 어느 하나에 해당하는 수
   가. 교환대상 증권이 제1호부터 제4호까지, 제6호 및 제7호에 따른 증권인 경우에는 교환대상 증권별로 제1호부터 제4호까지, 제6호 및 제7호에서 정하는 수
   나. 교환대상 증권이 교환사채권인 경우에는 교환대상이 되는 교환사채권을 기준으로 하여 교환대상 증권별로 제1호부터 제4호까지, 제6호 및 제7호에서 정하는 수
6. 파생결합증권인 경우: 다음 중 어느 하나에 해당하는 수
   가. 기초자산이 되는 증권이 제1호부터 제5호까지 및 제7호에 따른 증권인 경우에는 기초자산이 되는 증권별로 제1호부터 제5호까지 및 제7호에서 정하는 수
   나. 기초자산이 되는 증권이 파생결합증권인 경우에는 기초자산이 되는 파생결합증권을 기준으로 하여 기초자산이 되는 증권별로 제1호부터 제5호까지 및 제7호에서 정하는 수
7. 증권예탁증권인 경우: 그 기초가 되는 증권별로 제1호부터 제6호까지에서 정하는 수

(나) 주식등의 총수 산정기준(의결권 있는 주식등만을 대상으로 함)

주식등의 공개매수 여부를 판단할 때 주식등의 총수는 의결권 있는 발행주식 총수(자기주식을 포함)와 해당 매수등을 한 후에 본인과 그 특별관계자가 보유하는 주식등의 수를 합하여 계산한 수로 하되, 주권, 교환사채권의 교환대상이 되는 주권, 파생결합증권의 기초자산이 되는 주권 및 증권예탁증권의 기초가 되는 주권은 제외한다(시행규칙14②).

여기서 주권과 교환사채 등을 제외하는 이유는 그 대상이 신주가 아니라 구주로서 이미 발행되어 발행주식총수에 포함되어 주권과 교환사채를 행사하더라도 발행주식총수가 증가하지 않기 때문이다. 그러나 자기주식은 현재는 의결권 있는 발행주식총수에 포함되지 않지만 장래 일정 시점에 매도되어 의결권이 부활될 수 있기 때문에 주식등의 총수에 합산하는 것이다.

(다) 기타

주식매수선택권을 부여받은 경우에는 주식등의 수와 주식등의 총수에 해당 주식매수선택

권의 행사에 따라 매수할 의결권 있는 주식을 각각 더한다. 다만 자기주식을 대상으로 하는 주식매수선택권의 경우에는 제2항에 따른 주식등의 총수에 더하지 아니한다(시행규칙14③).

(6) 공개매수 예외대상

매수등의 목적, 유형, 그 밖에 다른 주주의 권익침해 가능성 등을 고려하여 대통령령으로 정하는 매수등의 경우에는 공개매수 외의 방법으로 매수등을 할 수 있다(법133③ 단서). 여기서 "대통령령으로 정하는 매수등"이란 다음의 어느 하나에 해당하는 것을 말한다(영143).

1. 소각을 목적으로 하는 주식등의 매수등
2. 주식매수청구에 응한 주식의 매수
3. 신주인수권이 표시된 것, 전환사채권, 신주인수권부사채권 또는 교환사채권의 권리행사에 따른 주식등의 매수등
4. 파생결합증권의 권리행사에 따른 주식등의 매수등
5. 특수관계인으로부터의 주식등의 매수등
6. 삭제 [2013. 8. 27]
7. 그 밖에 다른 투자자의 이익을 해칠 염려가 없는 경우로서 금융위원회가 정하여 고시하는 주식등의 매수등[19]

---

19) "금융위원회가 정하여 고시하는 주식등의 매수등"이란 다음의 경우를 말한다(증권발행공시규정3-1).
  1. 기업의 경영합리화를 위하여 법률의 규정 또는 정부의 허가·인가·승인 또는 문서에 의한 지도·권고 등에 따른 주식등의 매수등
  2. 정부의 공기업민영화계획 등에 의하여 정부(한국은행, 한국산업은행 및 정부투자기관 포함)가 처분하는 주식등의 매수등
  3. 회생절차개시 또는 파산을 법원에 신청한 회사의 주식등 또는 해당 회사 보유주식등을 법원의 허가·인가·결정·명령 또는 문서에 의한 권고 등에 따라 처분하는 경우 동 주식등의 매수등
  4. 채권금융기관(기업구조조정촉진법 제2조 제1호에 따른 채권금융기관) 또는 채권은행(기업구조조정촉진법 제2조 제2호에 따른 채권은행)이 기업구조조정촉진법 제5조 또는 제13조에 따라 채권금융기관 또는 채권은행의 공동관리절차가 개시된 부실징후기업의 주식등을 제3자에게 매각하는 경우 그 주식등의 매수등
  4의2. 채권금융기관이 자율적인 협약에 따라 구조조정이 필요한 기업의 주식등을 제3자에게 처분하는 경우로서 다음 각 목의 요건을 충족하는 경우 그 주식등의 매수등
    가. 복수의 채권금융기관이 협약에 참여하여 공동으로 의사결정을 할 것
    나. 협약에 참여한 채권금융기관이 대출금의 출자전환 외에 채권재조정 등 기업의 경영정상화를 위한 조치를 취하였을 것
    다. 주식등의 매수자가 협약에 참여한 모든 채권금융기관으로부터 주식등을 매수할 것. 다만 협약에 참여한 채권금융기관간 합의가 있는 경우 그러하지 아니하다.
  5. 금융산업구조개선법 제10조에 따른 적기시정조치에 따라 해당 금융기관이 이행하는 사항과 관련되는 다음 각 목의 어느 하나에 해당하는 주식등의 매수등
    가. 해당 금융기관이 발행하는 주식등의 취득
    나. 해당 금융기관이 보유한 주식등의 매수등
    다. 제3자의 해당 금융기관 주식등의 매수등
  6. 예금보험공사가 부실금융기관의 경영합리화를 위하여 관련법규 등에서 정하는 바에 따라 행하는 부실

2. 불특정다수인

청약의 상대방은 불특정일 뿐만 아니라 다수인일 것이 필요하다. 또한 불특정 다수인은 매수의 상대방이 아닌 매수청약(또는 매수청약의 권유)의 상대방이다. 여기서 불특정 다수인이 특정되지 아니한 다수인임이 명백하지만, 다수인이 수적으로 어느 정도이어야 하는지는 분명하지 않다. 공개매수는 일반공중으로부터 주식을 매수하기 위하여 매수의 청약 또는 매도의 청약을 권유하는 것이므로 매수청약 또는 매도청약의 방법이 신문 등에 공고의 방법으로 이루어졌다면 실제의 청약자의 수와 관계없이 공개매수로 보아야 할 것이다.

3. 증권시장 밖에서의 매수

증권시장 내에서의 매수는 공개매수에 해당하지 않는다. 증권시장 내에서의 매수는 누구나 거래에 참가할 수 있으므로 주주평등의 원칙이 보장되고, 거래수량과 거래가격이 공개되어 경쟁매매의 방식으로 공정하게 거래가 체결되기 때문이다. 증권시장이란 증권의 매매를 위하여 거래소가 개설하는 시장으로 유가증권시장, 코스닥시장, 그리고 코넥스시장을 말하며(법8의2④), 이와 유사한 시장으로서 해외에 있는 시장을 포함한다(법133①).

그러나 증권시장에서의 경쟁매매 외의 방법에 의한 주식등의 매수로서 대통령령으로 정하는 매수의 경우에는 증권시장 밖에서 행하여진 것으로 본다(법133④). 여기서 "대통령령으로 정

  금융기관 주식등의 매수등 및 예금보험공사가 동 주식등을 처분하는 경우의 해당 주식등의 매수등
7. 「국유재산의 현물출자에 관한 법률」에 따라 정부가 국유재산을 정부출자기업체에 현물출자하고 그 대가로 해당 회사가 발행하는 주식등의 취득
8. 외국인투자촉진법 제5조부터 제7조까지의 규정에 따라 외국투자가가 취득한 주식등을 처분하는 경우의 해당 주식등의 매수등 또는 외국인투자기업의 합작당사자가 주식등을 처분하는 경우 합작 계약에 따라 우선매입권을 가진 다른 합작당사자의 해당 주식등의 매수등
9. 금융기관이 관련법규에 따른 자본금요건을 충족하기 위하여 발행하는 주식의 취득 또는 자기자본 비율 등 재무요건을 충족하기 위하여 감독원장 등에게 경영개선계획서 등을 제출하고 발행하는 주식의 취득
10. 제5호에 따른 자본금 증액시 일반주주의 대량실권 발생이 예상되어 해당 금융기관의 최대주주 및 그 특수관계인이 증자를 원활하게 하기 위하여 불가피하게 행하는 해당 금융기관 주식등의 매수등
11. 금융투자업규정 제6-7조에 따른 주식의 종목별 외국인 전체취득한도에 달하거나(한도에서 단주가 부족한 경우를 포함) 초과한 종목을 증권회사의 중개에 의하여 외국인간에 매매거래를 하는 경우 해당 주식의 매수
12. 증권시장에 상장하기 위하여 모집 또는 매출하는 주식을 인수한 투자매매업자가 증권신고서에 기재한 바에 따라 모집 또는 매출한 주식을 매수하는 경우 해당 주식의 매수
13. 공개매수사무취급자가 공개매수개시이전 해당 주식을 차입하여 매도한 경우 이의 상환을 위한 장내매수
14. 주채무계열(은행업감독규정 제79조 제1항에 따른 주채무계열)이 주채권은행(은행업감독규정 제80조 제1항에 따른 주채권은행)과 은행법 제34조, 은행업감독규정 제82조 제3항 및 은행업감독업무시행세칙 제52조 제4항에 근거하여 체결한 재무구조개선약정에 따라 재무구조 개선을 위하여 주채무계열 및 그 공동보유자가 보유한 주식등을 처분하는 경우의 해당 주식등의 매수등

하는 매수"란 매도와 매수 쌍방당사자 간의 계약, 그 밖의 합의에 따라 종목, 가격과 수량 등을 결정하고, 그 매매의 체결과 결제를 증권시장을 통하는 방법으로 하는 주식등의 매수를 말한다 (영144). 따라서 시간외 대량매매방식에 의한 주식취득은 공개매수규제의 적용대상이 된다.

4. 매수·교환의 청약, 매도·교환의 청약의 권유

공개매수자가 불특정다수인을 상대로 매수청약 또는 매도청약의 권유를 하여야 한다. 매수 또는 매도에는 다른 증권과의 교환을 포함한다(법133①).

5. 주식등의 수량

자본시장법 제133조 제1항의 공개매수 정의규정은 일정한 비율의 주식등의 수량기준을 정하고 있지 않다. 따라서 5% 미만의 주식을 불특정 다수인에게 매도청약을 권유하여 매수하는 경우라면 공개매수규제의 적용대상이 된다.

Ⅲ. 공개매수의 절차

1. 공개매수사무취급자 선정

공개매수를 하고자 하는 자(공개매수자)는 일반적으로 공개매수사무취급자를 선정하여 공개매수절차를 진행한다. 공개매수자는 공개매수사무취급자와 공개매수대리인계약서를 작성하고 계약을 체결하게 된다. 또한 공개매수공고를 하거나 공개매수신고서를 제출하는 경우에도 미리 공개매수사무취급자를 대리인으로 선정하여 그 대리인으로 하여금 공고를 하게 하거나 신고서를 제출하게 하고 있다.

공개매수사무취급자란 공개매수를 하고자 하는 자를 대리하여 매수·교환·입찰, 그 밖의 유상취득("매수등")을 할 주식등의 보관, 공개매수에 필요한 자금 또는 교환대상 증권의 지급, 그 밖의 공개매수 관련 사무를 취급하는 자를 말한다(법133②). 구 증권거래법은 대리인으로 될 수 있는 자를 증권회사에 한정하고(증권거래법21⑤) 있었으나, 자본시장법은 대리인 강제주의를 폐지하였다.

2. 공개매수공고

공개매수를 하고자 하는 자(공개매수자)는 일반일간신문 또는 경제분야의 특수일간신문 중 전국을 보급지역으로 하는 둘 이상의 신문에 다음의 사항을 공고하여야 한다(법134①, 영145①). 공개매수자는 일반적으로 공개매수사무취급자를 통하여 공개매수에 관한 다음의 내용을 공고하게 될 것이다.

1. 공개매수를 하고자 하는 자
2. 공개매수할 주식등의 발행인(그 주식등과 관련된 증권예탁증권, 그 밖에 대통령령으로 정하는 주식등20)의 경우에는 대통령령으로 정하는 자21))
3. 공개매수의 목적
4. 공개매수할 주식등의 종류 및 수
5. 공개매수기간·가격·결제일 등 공개매수조건
6. 매수자금의 명세, 그 밖에 투자자 보호를 위하여 필요한 사항으로서 대통령령으로 정하는 사항22)

3. 공개매수신고서 제출

(1) 의의

공개매수공고를 한 자(공개매수자)는 공개매수신고서를 그 공개매수공고를 한 날(공개매수공고일)에 금융위원회와 거래소에 제출하여야 한다(법134② 본문). 다만 공개매수공고일이 공휴일(근로자의 날 제정에 관한 법률에 따른 근로자의 날 및 토요일을 포함), 그 밖에 금융위원회가 정하여 고시하는 날에 해당되는 경우에는 그 다음 날에 제출할 수 있다(법134② 단서). 공개매수자는 공개매수사무취급자를 통하여 공개매수신고서를 공개매수공고일에 금융위원회와 거래소에 제출하게 될 것이다.

(2) 기재사항

공개매수신고서에는 공개매수공고에 기재된 내용과 다른 내용을 표시하거나 그 기재사항을 빠뜨려서는 아니 된다(영146①). 공개매수신고서에는 필수적 기재사항(법134②, 영146②)과 임의적 기재사항이 있다(법134④). 또한 공개매수신고서 필수적 기재사항 외에 공개매수신고서

---

20) "대통령령으로 정하는 주식등"이란 교환사채권과 파생결합증권을 말한다(영145②).
21) "대통령령으로 정하는 자"란 다음의 자를 말한다(영145③).
  1. 증권예탁증권의 경우에는 그 기초가 되는 주식등의 발행인
  2. 교환사채권의 경우에는 교환의 대상이 되는 주식등의 발행인
  3. 파생결합증권의 경우에는 그 기초자산이 되는 주식등의 발행인
22) "대통령령으로 정하는 사항"이란 다음의 사항을 말한다(영145④).
  1. 공개매수자와 그 특별관계자의 현황
  2. 공개매수사무취급자에 관한 사항
  3. 공개매수의 방법
  4. 공개매수할 주식등의 발행인("공개매수대상회사")의 임원이나 최대주주와 사전협의가 있었는지와 사전협의가 있는 경우에는 그 협의내용
  5. 공개매수가 끝난 후 공개매수대상회사에 관한 장래 계획
  6. 공개매수공고 전에 해당 주식등의 매수등의 계약을 체결하고 있는 경우에는 그 계약사실 및 내용
  7. 공개매수신고서와 공개매수설명서의 열람장소

의 서식과 작성방법 등에 관하여 필요한 사항은 금융위원회가 정하여 고시한다(영146⑤).

(가) 필수적 기재사항

1. 공개매수자 및 그 특별관계자에 관한 사항
2. 공개매수할 주식등의 발행인
3. 공개매수의 목적
4. 공개매수할 주식등의 종류 및 수
5. 공개매수기간·가격·결제일 등 공개매수조건
6. 공개매수공고일 이후에 공개매수에 의하지 아니하고 주식등의 매수등을 하는 계약이 있는 경우에는 그 계약의 내용
7. 매수자금의 명세, 그 밖에 투자자 보호를 위하여 필요한 사항으로서 대통령령으로 정하는 사항23)24)

---

23) "대통령령으로 정하는 사항"이란 다음의 사항을 말한다(영146②).
   1. 공개매수사무취급자에 관한 사항
   2. 공개매수대상회사의 현황
   3. 공개매수의 방법
   4. 공개매수에 필요한 자금이나 교환대상 증권의 조성내역(차입인 경우에는 차입처 포함)
   5. 공개매수자와 그 특별관계자의 최근 1년간 공개매수대상회사의 주식등의 보유상황과 거래상황
   6. 공개매수대상회사의 임원이나 최대주주와 사전협의가 있었는지와 사전협의가 있는 경우에는 그 협의 내용
   7. 공개매수가 끝난 후 공개매수대상회사에 관한 장래계획
   8. 공개매수의 중개인이나 주선인이 있는 경우에는 그에 관한 사항
   9. 공개매수신고서와 공개매수설명서의 열람장소
24) 증권발행공시규정 제3-2조(공개매수신고서의 기재사항 등) ① 영 제146조 제5항에 따라 공개매수신고서에 기재하여야 할 사항은 다음과 같다.
   1. 공개매수자 및 그 특별관계자에 관한 사항
      가. 공개매수자 및 그 특별관계자의 현황
      나. 공개매수자가 법인인 경우 해당 법인이 속해 있는 기업집단
      다. 공개매수자가 법인인 경우 해당 법인의 재무에 관한 사항
   2. 공개매수할 주식등의 발행인
      가. 공개매수대상회사 및 그 특별관계자의 현황
      나. 공개매수대상회사가 속해 있는 기업집단
   3. 공개매수의 목적
   4. 공개매수할 주식등의 종류 및 수
      가. 공개매수예정 주식등의 종류 및 수
      나. 공개매수후 소유하게 되는 주식등의 수
      다. 공개매수대상회사의 발행 주식등의 총수
   5. 공개매수 기간·가격·결제일 등 공개매수조건
      가. 공개매수 기간·가격·결제일 등 일반적 조건
      나. 결제의 방법
   6. 공개매수공고일 이후에 공개매수에 의하지 아니하고 주식등의 매수등을 하는 계약이 있는 경우에는 해당 계약의 내용
   7. 매수자금의 내역

(나) 임의적 기재사항

공개매수자는 공개매수신고서에 그 주식등의 발행인의 예측정보를 기재 또는 표시할 수 있다(법134④ 전단). 이 경우 예측정보의 기재 또는 표시는 제125조 제2항 제1호·제2호 및 제4호의 방법에 따라야 한다(법134④ 후단).

(3) 첨부서류

공개매수신고서에는 다음의 서류를 첨부하여야 한다(영146④ 전단). 이 경우 금융위원회는 전자정부법에 따른 행정정보의 공동이용을 통하여 공개매수자의 주민등록번호를 포함한 주민등록표 초본(개인인 경우로 한정) 또는 법인 등기사항증명서(법인인 경우로 한정)를 확인하여야 하며, 공개매수자가 주민등록번호를 포함한 주민등록표 초본의 확인에 동의하지 아니하는 경우에는 주민등록번호를 포함한 주민등록표 초본을 첨부하도록 하여야 한다(영146④ 후단).

　　가. 공개매수에 필요한 금액 이상의 금융기관 예금잔고 기타 자금보유 내역
　　나. 다른 증권과의 교환에 의한 공개매수의 경우에는 교환의 대가로 인도할 증권의 보유 내역
　　다. 독점규제 및 공정거래에 관한 법률 제8조의2 제2항 제2호의 기준에 해당하지 아니할 목적으로 현물출자를 받기 위하여 공개매수를 하고자 하는 경우에는 신주의 발행 내용
　8. 공개매수사무취급자("사무취급회사")에 관한 사항
　　가. 사무취급회사명
　　나. 사무취급회사의 공개매수 관련업무 수행범위
　　다. 사무취급회사의 본·지점 소재지 및 전화번호
　9. 공개매수대상회사의 현황
　　가. 최근 분기 및 최근 3사업연도 재무 및 손익 상황
　　나. 공개매수공고일 이전 6월간의 공개매수대상회사 주식등의 거래상황
　10. 공개매수의 방법
　　가. 청약의 방법
　　나. 철회의 방법
　　다. 청약주식등의 매입방법
　　라. 공개매수신고의 정정 및 철회의 방법 등
　11. 공개매수에 필요한 자금 또는 교환대상 증권의 조성내역(차입의 경우 차입처 포함)
　　가. 공개매수에 필요한 자금 조성내역
　　나. 교환대상 증권의 조성내역
　　다. 교환의 대가로 인도할 증권 발행회사의 현황
　12. 공개매수자 및 그 특별관계자의 최근 1년간 공개매수대상회사의 주식등의 보유상황 및 거래상황
　13. 공개매수대상회사의 임원 또는 최대주주와의 사전협의가 있는지 여부와 사전협의가 있는 경우 그 협의내용
　14. 공개매수 종료후 공개매수대상회사에 관한 장래계획
　15. 공개매수의 중개인 또는 주선인이 있는 경우 그에 관한 사항
　　가. 법인명 또는 성명
　　나. 법인의 설립목적 및 사업내용
　16. 공개매수신고서 및 공개매수설명서의 열람장소
　② 영 제146조 제4항 제4호 및 제5호의 서류(본문에 따른 서류)는 공개매수신고서 제출일 전 3일 이내에서 동일한 날짜를 기준으로 하여 작성하여야 한다.

1. 공개매수자가 외국인인 경우에는 주민등록번호를 포함한 주민등록표 초본에 준하는 서류
2. 공개매수자가 법인, 그 밖의 단체인 경우에는 정관과 법인 등기사항증명서에 준하는 서류 (법인 등기사항증명서로 확인할 수 없는 경우로 한정)
3. 공개매수 관련 사무에 관한 계약서 사본
4. 공개매수에 필요한 금액 이상의 금융기관 예금잔액, 그 밖에 자금의 확보를 증명하는 서류
5. 다른 증권과의 교환에 의한 공개매수인 경우에는 공개매수자가 교환의 대가로 인도할 증권의 확보를 증명하는 서류. 다만 공정거래법 제8조의2 제2항 제2호에 따른 기준에 해당하지 아니할 목적으로 현물출자를 받기 위하여 공개매수를 하려는 경우에는 신주의 발행을 증명하는 서류
6. 다른 증권과의 교환에 의한 공개매수에 관하여 법 제119조 제1항 또는 제2항에 따른 신고를 하여야 하는 경우에는 그 신고서에 기재할 사항의 내용과 같은 내용을 기재한 서류
7. 주식등의 매수등에 행정관청의 허가·인가 또는 승인이 필요한 경우에는 그 허가·인가 또는 승인이 있었음을 증명하는 서류
8. 공개매수공고 내용
9. 공개매수공고 전에 해당 주식등의 매수등의 계약을 체결하고 있는 경우에는 그 계약서의 사본
10. 그 밖에 공개매수신고서의 기재사항을 확인하는 데에 필요한 서류로서 금융위원회가 정하여 고시하는 서류25)

(4) 공개매수신고서 사본의 송부

공개매수자는 공개매수신고서를 제출한 경우에는 지체 없이 그 사본을 공개매수할 주식등의 발행인에게 송부하여야 한다(법135). 이는 공개매수의 대상회사인 발행인에게 방어대책을 준비하는 기회를 주기 위한 것이다.

공개매수할 주식등의 발행인에는 공개매수할 주식등과 관련된 증권예탁증권, 교환사채권과 파생결합증권의 경우에 대통령령으로 정하는 자를 말하므로(법134①(2)), 증권예탁증권의 경우에는 그 기초가 되는 주식등의 발행인, 교환사채권의 경우에는 교환의 대상이 되는 주식등의

---

25) "공개매수신고서의 기재사항을 확인하는 데에 필요한 서류로서 금융위원회가 정하는 서류"는 다음의 서류를 말한다(증권발행공시규정3-3).
　1. 영 제146조 제4항 제4호 또는 제5호의 서류에 기재된 공개매수대금 또는 교환대상 증권을 결제일까지 인출 또는 처분하지 아니하는 경우에는 그 내용을 기재한 서류
　2. 공개매수신고서를 제출한 후 영 제146조 제4항 제4호 또는 제5호의 서류에 기재된 공개매수대금 또는 교환대상 증권을 인출 또는 처분하여 결제일까지 운용하고자 하는 경우에는 인출일 또는 처분일부터 결제일까지의 자금 또는 증권의 운용계획서와 그 내용을 확인할 수 있는 서류
　3. 공개매수자가 외국인 또는 외국법인등인 경우에는 국내에 주소 또는 사무소를 가진 자에게 해당 공개매수에 관한 권한을 부여한 것을 증명하는 서면
　4. 공개매수신고서에 첨부하는 서류가 한글로 기재된 것이 아닌 경우에는 그 한글번역문

발행인, 파생결합증권의 경우에는 그 기초자산이 되는 주식등의 발행인에게 신고서의 사본을 송부하여야 한다(영145②③).

(5) 공개매수기간

공개매수기간은 공개매수신고서 제출일(공고일, 공고일이 공휴일에 해당되는 경우에는 그 다음 날)로부터 최소 20일 이상 최대 60일 이내의 범위 내에서 정할 수 있다(법134③, 영146③). 또한 당해 공개매수기간 중 대항하는 대항공개매수가 있는 경우 그 대항공개매수기간의 종료일까지 그 기간을 연장할 수 있다(영147(3)(다)).

현행법상 공개매수기간과 관련하여 볼 때 매수기간이 단기일수록 매도압력이 커지는 문제가 있고, 공개매수신고서의 효력발생을 위한 대기기간이 폐지된 후로는 폐지된 기간만큼 투자자의 의사결정에 필요한 숙려기간이 축소되어 투자자 보호에 미흡한 문제가 있다. 실제로 발생한 대부분의 공개매수사례에서는 공개매수기간을 20일로 정하여 단기에 대상회사의 지배권을 취득하고자 하였다. 이것은 공개매수의 본질에 부합하는 것이다. 그러나 현행법상 공개매수기간은 실제 영업일만을 고려한 것이 아니고 기간의 통산개념으로 정해진 이상, 최단기간을 20일로 정하는 것은 너무 단기이고, 최장기간을 60일로 정하는 것은 공개매수의 본질에 비추어 장기이고, 실제의 사례도 잘 보이지 않아서 제도운영상 불합리한 점이 있다.[26]

4. 공개매수대상회사의 의견표명

(1) 의견표명의 방법

공개매수신고서가 제출된 주식등의 발행인, 즉 대상회사는 공개매수에 관하여 광고·서신(전자우편을 포함), 그 밖의 문서에 의하여야 그 공개매수에 관한 의견을 표명할 수 있다(법138①, 영149①). 이 경우에는 발행인은 그 내용을 기재한 문서를 지체 없이 금융위원회와 거래소에 제출하여야 한다(법138②). 의견표명에는 공개매수에 대한 발행인의 찬성·반대 또는 중립의 의견에 관한 입장과 그 이유가 포함되어야 하며, 의견표명 이후에 그 의견에 중대한 변경이 있는 경우에는 지체 없이 제1항에서 정한 방법에 따라 그 사실을 알려야 한다(영149②).

이와 같이 대상회사에게 공개매수에 대한 의견을 표명할 수 있도록 한 것은 공개매수에 직면하여 보유주식의 매도 여부를 결정해야 하는 대상회사의 주주에게 투자판단의 정확성과 공정성을 확보하기 위한 것이다.

(2) 의견표명의 의무 여부

자본시장법은 대상회사의 의견표명을 재량적으로 인정하고 있을 뿐 강제적으로 의무화하

---

26) 송종준(2005), "M&A법제의 현황과 보완과제", 상장협연구보고서(2005. 11), 58쪽.

고 있지 않다. 그런데 의견표명이 재량이냐 의무이냐의 차이는 실제로 중요하다. 대상회사의
이사들은 주주들에게 공개매수에 관한 의견을 표명하고 자신들의 입장을 밝혀 주주들에게 정
보를 제공할 필요가 있다. 그런데 대상회사에 공시할 의무를 부과하지 않은 것은 입법상 균형
을 잃은 것이다. 공개매수자에게는 정보를 공시하도록 하고 있으면서도 대상회사에게는 공시
의무를 부과하고 있지 않기 때문이다. 따라서 대상회사의 주주에게 투자판단의 정확성과 공정
성을 확보시키기 위해 의견표명을 의무화할 필요가 있다.[27]

대상회사의 의견표명의 의무는 첫째, 대상회사에 의견표명의 방법과 시점 등을 규정하고,
둘째, 대상회사의 의견표명보고서에는 의견표명의 근거로서 외부전문가로부터의 자문 또는 조
언을 받은 사실, 이사회결의내용, 대상회사와 공개매수자간의 이해충돌관계에 있는 사실(예컨대
이사겸임, 주식상호보유 등), 대상회사의 이사와 공개매수자 사이에 개인적 이해관계가 있는 사실
(예컨대 특별이익을 공여하기로 하는 약정, 금전적 이해관계, 경영자지위의 유지약정관계 등) 등을 기재
하도록 하여야 할 것이다.[28]

(3) 부실의견표명과 제재 여부

증권거래법 시행령 제13조는 대상회사의 "의견표명 내용에 있어서 중요한 사항을 누락하
거나 오해를 일으킬 수 있는 것이어서는 아니된다"고 규정하고 있었으나, 자본시장법은 이 규
정을 두지 않았다. 입법적 불비이다. 대상회사의 의견표명에 있어서는 의견표명문서상의 부실
기재의 금지에 관하여 중요한 사항의 누락과 오해를 일으킬 수 있는 것 이외에도 허위사실을
기재한 경우를 포함시켜야 할 것이다.

이와 같은 대상회사의 의견표명 의무화는 현행법에 규정은 없지만 이사의 충실의무(상법
382의3)에 따라 대상회사의 이사회는 의견표명을 하여야 할 것이다. 현행 상법상 이사의 충실
의무는 이른바 영미의 보통법에서 인정되는 이사의 신인의무(fiduciary duty)의 개념을 도입한
것이다. 이 규정의 성격을 놓고 견해의 대립이 있으나, 영미법상의 해석원리를 도입한 것이라
면 주주들의 이익과 직결된 공개매수 상황에서 주주들에게 의견표명을 하는 것이 바람직할 것
이기 때문이다. 따라서 대상회사의 이사들이 부실의견을 표명한 경우에는 상법상 이사의 의무
위반으로 상법상 이사의 책임을 물을 수 있을 것이다.

5. 공개매수설명서의 작성과 공시

(1) 공개매수설명서의 의의

공개매수설명서는 형식과 명칭에 관계없이 공개매수 대상회사의 주주들에게 매도청약을

---

27) 이상복(2006), 108쪽.
28) 송종준(2005), 71쪽.

권유하는 문서라고 할 수 있다. 공개매수자는 공개매수설명서를 작성, 공시, 교부하지 아니하면 공개매수를 실시할 수 없다.

공개매수자는 공개매수를 하고자 하는 경우에는 공개매수설명서에 법 제134조 제2항이 규정한 공개매수신고서의 필수적 기재사항을 동일하게 기재하여야 한다. 다만 공개매수자가 주권상장법인인 경우에는 금융위원회가 정하여 고시하는 사항의 기재를 생략[29]할 수 있다(법 137①, 영148).

(2) 공개매수설명서의 작성과 공시

공개매수자는 공개매수설명서를 작성하여 공개매수공고일에 금융위원회와 거래소에 제출하여야 하며, 다만 공개매수공고일이 공휴일(근로자의 날 제정에 관한 법률에 따른 근로자의 날 및 토요일을 포함), 그 밖에 금융위원회가 정하여 고시하는 날[30]에 해당되는 경우에는 그 다음 날에 제출할 수 있다(법137①, 법134② 단서). 또한 공개매수설명서는 공개매수사무취급자의 본점과 지점, 그 밖의 영업소, 금융위원회, 거래소에 비치하고 일반인이 열람할 수 있도록 하여야 한다(법137①, 시행규칙16).

(3) 공개매수설명서의 부실기재 금지

공개매수설명서에는 공개매수신고서에 기재된 내용과 다른 내용을 표시하거나 그 기재사항을 누락하여서는 아니 된다(법137②).

(4) 공개매수설명서의 교부의무

공개매수자는 공개매수할 주식등을 매도하고자 하는 자에게 공개매수설명서를 미리 교부하지 아니하면 그 주식등을 매수하여서는 아니 된다(법137③ 전단). 이 경우 공개매수설명서가에 따른 전자문서의 방법에 따르는 때에는 다음의 요건을 모두 충족하는 때에 이를 교부한 것으로 본다(법137③ 후단).

1. 전자문서에 의하여 공개매수설명서를 받는 것을 전자문서수신자가 동의할 것
2. 전자문서수신자가 전자문서를 받을 전자전달매체의 종류와 장소를 지정할 것
3. 전자문서수신자가 그 전자문서를 받은 사실이 확인될 것
4. 전자문서의 내용이 서면에 의한 공개매수설명서의 내용과 동일할 것

---

29) "공개매수자가 주권상장법인인 경우 공개매수설명서에 기재를 생략할 수 있는 사항"이란 해당 법인의 재무에 관한 사항을 말한다(증권발행공시규정3-9).
30) "금융위원회가 정하여 고시하는 날"이란 자본시장법 제413조(긴급사태시의 처분)에 따라 금융위원회가 휴장명령을 한 날을 말한다(증권발행공시규정3-5).

6. 공개매수 실시

공개매수신고서 제출일 이후 공개매수기간인 20일 이상 60일 이내에 공개매수를 실시한다. 대항공개매수가 있는 경우에는 대항공개매수기간의 종료일까지 그 기간을 연장할 수 있다.

7. 공개매수의 조건과 방법

(1) 전부매수 및 즉시매수의 원칙

(가) 원칙

공개매수자는 공개매수신고서에 기재한 매수조건과 방법에 따라 응모한 주식등의 전부를 공개매수기간이 종료하는 날의 다음 날 이후 지체 없이 매수하여야 한다(법141① 본문).

(나) 예외

다만 다음의 어느 하나에 해당하는 조건을 공개매수공고에 게재하고 공개매수신고서에 기재한 경우에는 그 조건에 따라 응모한 주식등의 전부 또는 일부를 매수하지 아니할 수 있다(법 141① 단서).

1. 응모한 주식등의 총수가 공개매수 예정주식등의 수에 미달할 경우 응모 주식등의 전부를 매수하지 아니한다는 조건
2. 응모한 주식등의 총수가 공개매수 예정주식등의 수를 초과할 경우에는 공개매수 예정주식등의 수의 범위에서 비례배분[31]하여 매수하고 그 초과 부분의 전부 또는 일부를 매수하지 아니한다는 조건

(2) 매수가격 균일의 원칙

공개매수자가 공개매수를 하는 경우 그 매수가격은 균일하여야 한다(법141②). 따라서 매수가격 균일이 아니면 공개매수에서 주주를 차별하는 것이 가능하다. 공개매수가 입찰식으로 되면 주주는 가격인하 압력을 받게 될 것이고, 만일 응모시기가 앞설수록 가격을 유리하게 차이를 둔다면 주주가 조급하게 응모하게 된다는 문제가 있기 때문에 매수가격의 균일성을 요구하고 있다.

---

31) 증권발행공시규정 제3-6조(비례부분) ① 법 제141조 제1항 제2호의 비례배분은 응모한 주식등의 총수가 매수예정주식등의 수를 초과할 경우 청약주식등의 수에 비례하여 배정하는 것을 말한다.
② 제1항에 따라 계산한 수의 합계와 매수예정 주식등의 총수가 다른 경우에 그 다른 수의 처리는 공개매수신고서에 기재한 방법에 따른다.

8. 공개매수통지서 송부

공개매수자는 공개매수기간이 종료한 때에는 매수의 상황, 매수예정 주식등 또는 반환주식등 및 기타 결제 등에 필요한 사항을 기재한 공개매수통지서를 응모자에게 지체없이 송부하여야 한다(증권발행공시규정3-7). 공개매수기간 종료 후 지체 없이 청약주주가 공개매수청약서에 기재한 주소로 공개매수통지서를 송부하여야 한다. 공개매수통지서에는 개별 응모자에게 매수예정주식과 반환주식의 수량, 매수대금 및 이에 관한 결제방법 등을 기재하여야 한다.

9. 주권반환 및 매수대금지급

법령에 규정은 없으나 공개매수자는 공개매수기간 종료일의 다음 날 이후 지체 없이 공개매수통지서에 기재된 내용대로 개별 응모주주에게 매수한 주식에 대한 대가인 매수대금을 지급하고, 매수하지 못한 주식에 대해서는 주권을 반환하는 절차를 밟아야 한다. 따라서 공개매수 청약 당시 응모주주는 공개매수사무취급자에게 본인 명의의 계좌를 개설하는 것이 필요할 것이다.

10. 공개매수결과보고서 제출

공개매수자는 금융위원회가 정하여 고시하는 방법[32])에 따라 공개매수의 결과를 기재한 보고서(공개매수결과보고서)를 금융위원회와 거래소에 제출하여야 한다(법143).

공개매수결과보고서에는 공개매수내용(대상회사명, 매수를 행한 주식등의 종류, 매수 수량 및 가격, 공개매수기간), 공개매수결과(주식등의 종류, 청약주식수, 매수주식수), 공개매수자의 공개매수 후 주식등의 소유현황, 응모주식등의 총수가 공개매수예정수를 초과할 경우 매수방법, 그리고 청약 및 매수현황을 기재하여야 할 것이다.

11. 신고서 등의 공시

금융위원회와 거래소는 ⅰ) 공개매수신고서 및 정정신고서(제1호), ⅱ) 공개매수설명서(제2호), ⅲ) 공개매수에 대한 의견표명내용을 기재한 문서(제3호), ⅳ) 공개매수 철회신고서(제4호), ⅴ) 공개매수결과보고서(제5호)를 그 접수일부터 3년간 비치하고, 인터넷 홈페이지 등을 이용하여 공시하여야 한다(법144).

---

32) "금융위원회가 정하여 고시하는 방법"이란 공개매수자는 공개매수가 종료한 때에 지체 없이 공개매수로 취득한 공개매수자의 보유주식등의 수, 지분율 등을 기재한 공개매수결과보고서를 금융위원회와 거래소에 제출하는 것을 말한다(증권발행공시규정3-8).

12. 교환공개매수의 절차

(1) 교환공개매수의 의의

교환공개매수(exchange tender offer)라 함은 현금지급이 아닌 증권과의 교환에 의해 이루어지는 공개매수를 말한다. 자본시장법 제133조 제1항은 매수와 매도의 개념에 "다른 증권과의 교환을 포함한다"고 하여 교환공개매수의 근거규정을 두고 있다.

자본시장법은 교환공개매수의 근거규정을 두고 있을 뿐 교환공개매수에 관한 세부규정을 두고 있지 않다. 다만 자본시장법 시행령에서 교환공개매수를 하고자 하는 경우에 공개매수자는 공개매수신고서에 교환의 대가로 인도할 증권의 확보를 증명하는 서류를 첨부하도록 하고 있을 뿐이다(영146④(5)). 여기서 교환할 수 있는 증권은 주식, 채권, 기타의 증권이 해당하고, 이미 발행된 증권이나 신규로 발행하는 증권도 모두 해당한다. 따라서 교환공개매수를 하기 위해서는 자본시장법상 현금공개매수에 관한 규정에 따라야 한다.

그리고 공개매수자가 교환공개매수에 의하여 대상회사를 인수함으로써 지주회사로 전환하고자 하는 경우에는 공정거래법 제8조의2 제2항 제2호의 기준(지주회사의 주식취득제한)의 적용을 받는다. 이 경우에 자본시장법 시행령은 공정거래법상 지주회사의 주식취득제한에 해당하지 아니할 목적으로 현물출자를 받기 위하여 공개매수를 하려는 경우에는 신주의 발행을 증명하는 서류를 첨부하도록 규정하고 있다(영146④(5)).

우리나라에서는 기업집단 내 계열사간에 교환공개매수가 발생하였다. 2001년 11월 LGCI의 LG화학, LG생활건강, LG홈쇼핑에 대한 교환공개매수를 시작으로 2002년 8월 LGCI의 LG전자, 2003년 10월 농심홀딩스의 농심에 대한 교환공개매수가 있었다.

(2) 교환공개매수의 절차

(가) 의의

공개매수자가 신주를 발행하여 교환할 경우에는 자본시장법상 공개매수규정과 공모규정, 상법상의 현물출자 규정을 모두 충족하여야 한다. 그리고 공개매수자가 보유한 구주(舊株)매출에 의하여 교환할 경우에는 자본시장법상 공개매수규정과 공모규정을 충족하여야 한다.

(나) 현물출자

공개매수자가 교환해야 할 증권이 공개매수자가 신규로 발행하는 주식일 경우에는 대상회사의 응모주주가 공개매수자에게 현물출자를 하는 것이므로 이에 대해서는 상법(제416조, 제422조)이 적용된다.

따라서 출자물에 대한 과대평가를 방지하기 위하여 상법 제416조 제4호에 의하여 정관에 출자목적물의 종류, 수량, 가액 등을 특정하여야 하고, 상법 제422조에 의하여 법원이 선임한 검사인에 의하여 현물출자의 검사가 이루어져야 한다. 그러한 교환공개매수를 청약하는 등 자본시장법상의 공개매수절차를 진행하는 시점에 있어서는 현물출자자, 교환할 주식등 현물의 종류, 가액, 수량 등을 특정할 수 없으므로 현실적으로 이러한 요건을 충족시켜 신속하게 교환공개매수를 실효성 있게 진행하는데 실무상 어려움이 있다.[33]

　　이러한 문제로 인하여 법원은 교환공개매수에 있어서 상법상의 현물출자에 관한 규정을 유연하게 해석하여 신주발행에 의한 교환공개매수를 인정한 바 있다.[34] 즉 법원은 상법상 현물출자와 출자목적물의 수량은 확정적인 것이 아니더라도 이사회의 결의가 있으면 특정된 것으로 보고, 현물출자자에게 부여할 주식수의 특정은 구체적이지 않더라도 주식수를 계산할 수 있는 산식의 결의만으로도 특정된 것으로 인정하며, 현물출자의 가액산정에서 매수가격의 프리미엄지급은 과대평가라고 볼 수 없다고 해석한 바 있다. 그러나 이러한 법원의 결정은 독점규제법상 지주회사의 주식취득제한에 해당하지 아니할 목적으로 현물출자를 받기 위하여 교환공개매수를 하는 경우에만 관련된 것이라고 할 수 있다.

(다) 증권신고서

　　교환할 증권이 대상회사의 불특정 다수의 주주에게 교환되는 경우에는 공개매수자는 자본시장법상으로는 증권의 모집·매출의 규정에 따라 증권신고서를 금융위원회에 제출하여야 하고, 나아가 투자설명서도 함께 교부하여야 한다(법119). 자본시장법상으로는 공개매수자가 신주를 발행하거나 기발행주권의 매출에 의하여 교환공개매수를 추진하는 경우에 공개매수자는 공모규정에 따라 증권신고서를 금융위원회에 제출하여야 하고 투자설명서도 교부하여야 한다. 따라서 공개매수자가 신주를 발행하여 교환할 경우에는 자본시장법상 공개매수규정과 공모규정, 상법상의 현물출자 규정을 모두 충족하여야 한다. 그리고 공개매수자가 보유한 구주매출에 의하여 교환할 경우에는 자본시장법상 공개매수규정과 공모규정을 충족하여야 한다.

　　그런데 이 경우에 증권신고서의 제출과 그에 따른 대기기간의 적용으로 인하여 자본시장법상 허용된 공개매수기간 중에 교환공개매수를 실행하는 것이 현실적으로 어렵다. 자본시장법상 발행가액의 기준일은 청약일 전 5거래일이고, 증권신고서의 효력은 수리일로부터 10일이 경과하여야 발생한다. 따라서 증권신고서를 제출하는 시점에서는 신주의 발행가액과 발행예정 주식수를 확정할 수 없어서 현행의 공개매수에 관한 일반규정이 적용되는 한 교환공개매수를 수행하기에 실무상 어려움이 있다.

(라) 공개매수신고서

　　증권신고서가 수리된 후에 자본시장법 규정에 따라 공개매수공고와 공개매수신고서 제출

---

33) 노혁준(2004), "교환공개매수에 관한 연구", 상사법연구 제23권 제2호(2004), 28쪽 이하.
34) 서울남부지방법원 2001. 11. 12. 선고 2001파40 결정.

등의 절차를 밟아야 한다.

13. 주식의 대량보유 상황·변동 보고

공개매수의 결과 상장법인의 의결권 있는 주식등을 5% 이상 보유하게 되는 경우와 그 5% 이상 보유한 주주의 보유주식비율이 1% 이상 변동하게 되는 경우에는 그 날부터 5일 이내에 주식소유상황 및 변동내용을 금융위원회와 거래소에 보고하여야 한다(법147①).

Ⅳ. 공개매수의 정정 및 철회

1. 공개매수의 정정

(1) 정정신고서 제출

(가) 금융위원회의 정정요구

금융위원회는 공개매수신고서의 형식을 제대로 갖추지 아니한 경우 또는 그 공개매수신고서 중 중요사항에 관하여 거짓의 기재 또는 표시가 있거나 중요사항이 기재 또는 표시되지 아니한 경우에는 공개매수기간이 종료하는 날까지 그 이유를 제시하고 그 공개매수신고서의 기재내용을 정정한 신고서("정정신고서")의 제출을 요구할 수 있다(법136①). 금융위원회의 요구가 있는 경우 그 공개매수신고서는 그 요구를 한 날부터 제출되지 아니한 것으로 본다(법136②).

(나) 공개매수자의 정정

공개매수자는 공개매수조건, 그 밖에 공개매수신고서의 기재사항을 정정하고자 하는 경우 또는 투자자 보호를 위하여 그 공개매수신고서에 기재된 내용을 정정할 필요가 있는 경우로서 총리령으로 정하는 경우에는 공개매수기간이 종료하는 날까지 금융위원회와 거래소에 정정신고서를 제출하여야 한다(법136③ 본문). 여기서 "총리령으로 정하는 경우"란 ⅰ) 공개매수신고서의 기재나 표시내용이 불분명하여 그 공개매수신고서를 이용하는 자로 하여금 중대한 오해를 일으킬 수 있는 내용이 있는 경우(제1호), ⅱ) 공개매수자에게 불리한 정보를 생략하거나 유리한 정보만을 강조하는 등 과장되게 표현된 경우(제2호)를 말한다(시행규칙15).

다만 매수가격의 인하, 매수예정 주식등의 수의 감소, 매수대금 지급기간의 연장(법 제136조 제4항 제1호의 경우를 제외), 그 밖에 대통령령으로 정하는 공개매수조건 등은 변경할 수 없다(법136③ 단서). 여기서 "대통령령으로 정하는 공개매수조건"은 다음과 같다(영147).

1. 공개매수기간의 단축
2. 응모주주에게 줄 대가의 종류의 변경. 다만 응모주주가 선택할 수 있는 대가의 종류를 추가

하는 경우는 제외한다.

3. 공개매수 대금지급기간의 연장을 초래하는 공개매수조건의 변경. 다만 다음의 어느 하나에 해당하는 경우는 제외한다.

　　가. 정정신고서 제출일 전 3일의 기간 중 해당 주식등의 증권시장에서 성립한 가격(최종가격 기준)의 산술평균가격이 공개매수가격의 90% 이상인 경우 또는 대항공개매수(법 139①)가 있는 경우의 매수가격 인상

　　나. 공개매수공고 후 해당 주식등의 총수에 변경이 있는 경우 또는 대항공개매수가 있는 경우의 매수예정 주식등의 수의 증가

　　다. 대항공개매수가 있는 경우의 공개매수기간의 연장(그 대항공개매수기간의 종료일까지로 한정)

자본시장법에 따라 공개매수자는 매수조건을 변경하고자 하는 경우 공개매수기간 종료일까지 정정신고서를 제출하여야 한다. 그러나 공개매수기간의 단축 등에 대해서는 조건을 변경할 수 없다.

(다) 정정신고서와 공개매수종료일

공개매수자가 제1항 또는 제3항에 따라 공개매수신고서의 정정신고서를 제출하는 경우 공개매수기간의 종료일은 다음과 같다(법136④).

1. 그 정정신고서를 제출한 날이 공고한 공개매수기간 종료일 전 10일 이내에 해당하는 경우에는 그 정정신고서를 제출한 날부터 10일이 경과한 날

2. 그 정정신고서를 제출한 날이 공고한 공개매수기간 종료일 전 10일 이내에 해당하지 아니하는 경우에는 그 공개매수기간이 종료하는 날

(2) 정정공고

공개매수자는 정정신고서를 제출한 경우에는 지체 없이 그 사실과 정정한 내용(공개매수공고에 포함된 사항에 한한다)을 공고하여야 한다. 이 경우 공고의 방법은 공개매수공고의 방법에 따른다(법136⑤).

(3) 정정신고서 사본송부

공개매수자는 공개매수신고서의 정정신고서를 제출한 경우에는 지체 없이 그 사본을 공개매수할 주식등의 발행인에게 송부하여야 한다(법136⑥).

2. 공개매수의 철회

(1) 원칙적 금지

공개매수자는 공개매수공고일 이후에는 공개매수를 철회할 수 없다(법139① 본문). 공개매수의 철회는 대상회사의 증권의 가격에 큰 영향을 미치고 증권시장에 충격을 주는 행위로서 이를 자유롭게 허용하면 공개매수제도를 악용하여 미공개정보를 이용한 내부자거래나 시세조종행위 등의 불공정거래가 발생할 염려가 있으므로 원칙적으로 금지하고 있으며 제한적으로만 예외를 인정하고 있다.

(2) 예외적 허용

대항공개매수(공개매수기간 중 그 공개매수에 대항하는 공개매수)가 있는 경우, 공개매수자가 사망·해산·파산한 경우, 그 밖에 투자자 보호를 해할 우려가 없는 경우로서 대통령령으로 정하는 경우에는 공개매수기간의 말일까지 철회할 수 있다(법139① 단서). 이것은 공개매수자 또는 공개매수대상회사에게 공개매수를 계속 진행하기 어려운 사유가 발생한 경우를 고려한 것이다.

위에서 "대통령으로 정하는 경우"란 다음의 어느 하나에 해당하는 경우를 말하는데, 공개매수자에게 발생한 사유(제1호)와 공개매수대상회사에 발생한 사유(제2호)로 구분하고 있다(영150).

1. 공개매수자가 발행한 어음 또는 수표가 부도로 되거나 은행과의 당좌거래가 정지 또는 금지된 경우
2. 공개매수대상회사에 다음의 어느 하나의 사유가 발생한 경우에 공개매수를 철회할 수 있다는 조건을 공개매수공고시 게재하고 이를 공개매수신고서에 기재한 경우로서 그 기재한 사유가 발생한 경우
   가. 합병, 분할, 분할합병, 주식의 포괄적 이전 또는 포괄적 교환
   나. 주요사항보고서의 제출사유(영171② 각 호)의 어느 하나에 해당하는 중요한 영업이나 자산의 양도·양수
   다. 해산
   라. 파산
   마. 발행한 어음이나 수표의 부도
   바. 은행과의 당좌거래의 정지 또는 금지
   사. 주식등의 상장폐지
   아. 천재지변·전시·사변·화재, 그 밖의 재해 등으로 인하여 최근 사업연도 자산총액의

10% 이상의 손해가 발생한 경우

(3) 철회절차

공개매수자는 공개매수를 철회하고자 하는 경우에는 철회신고서를 금융위원회와 거래소에 제출하고, 그 내용을 공고하여야 한다(법139② 전단). 이 경우 공고의 방법은 공개매수공고의 방법에 따른다(법139② 후단). 공개매수자는 공개매수의 철회신고서를 제출한 경우에는 지체 없이 그 사본을 공개매수를 철회할 주식등의 발행인에게 송부하여야 한다(법139③).

(4) 응모주주의 응모취소권

공개매수대상 주식등의 매수의 청약에 대한 승낙 또는 매도의 청약("응모")을 한 자("응모주주")는 공개매수기간 중에는 언제든지 응모를 취소할 수 있다(법139④ 전단). 이 경우 공개매수자는 응모주주에 대하여 그 응모의 취소에 따른 손해배상 또는 위약금의 지급을 청구할 수 없다(법139④ 후단). 이와 같이 주주의 취소권을 인정한 것은 응모판단의 수정이나 다른 유리한 공개매수에 응모할 기회를 부여하기 위한 것이다.

Ⅴ. 공개매수 관련 제한(금지행위)

1. 별도매수의 금지

(1) 원칙적 금지

공개매수자(그 특별관계자 및 공개매수사무취급자를 포함)는 공개매수공고일부터 그 매수기간이 종료하는 날까지 그 주식등을 공개매수에 의하지 아니하고는 매수등을 하지 못한다(법140 본문). 이것은 공개매수가격이 일반적으로 시장가격에 비하여 높기 때문에, 증권시장에서 공개매수가격보다 낮은 가격에 주식을 매수할 수 있다고 하면 주주평등의 원칙에 반하고, 모든 주주에게 최고가를 보장해야 한다는 원칙(최고가 원칙)에 반하기 때문이다.

(2) 예외적 허용

공개매수에 의하지 아니하고 그 주식등의 매수등을 하더라도 다른 주주의 권익침해가 없는 경우로서 대통령령으로 정하는 경우에는 공개매수에 의하지 아니하고 매수 등을 할 수 있다(법140 단서). "대통령령으로 정하는 경우"란 다음의 어느 하나에 해당하는 경우를 말한다(영151).

1. 해당 주식등의 매수등의 계약을 공개매수공고 전에 체결하고 있는 경우로서 그 계약 체결 당시 공개매수의 적용대상에 해당하지 아니하고 공개매수공고와 공개매수신고서에 그 계약 사실과 내용이 기재되어 있는 경우

2. 공개매수사무취급자가 공개매수자와 그 특별관계자 외의 자로부터 해당 주식등의 매수 등의 위탁을 받는 경우

2. 반복매수의 금지

공개매수공고일로부터 과거 6월간 공개매수를 통하여 당해 주식등을 매수한 사실이 있는 자(그 특별관계자 포함)는 대통령령이 정하는 경우를 제외하고는 공개매수를 하지 못한다(증권거래법23③). 다만 예외적으로 대항공개매수의 경우에 한하여 이를 허용하고 있다(증권거래법 시행령12의4). 이는 동일한 대상회사에 공개매수가 여러 차례 반복하게 되면 지배권획득을 위한 불필요한 다툼이 계속되는 것을 방지하고자 하는 것이다. 그러나 공개매수가 잘 일어나지 않는 현실과 공개매수에 관한 과도한 규제라는 점이 지적되어 폐지되었다.

Ⅵ. 공개매수규제 위반에 대한 제재

1. 민사제재

(1) 서설
(가) 의의

자본시장법은 공개매수신고서(그 첨부서류를 포함) 및 그 공고, 정정신고서(그 첨부서류를 포함) 및 그 공고 또는 공개매수설명서 중 중요사항에 관하여 거짓의 기재 또는 표시가 있거나 중요사항이 기재 또는 표시되지 아니함으로써 응모주주가 손해를 입은 경우에는 그 손해에 관하여 배상의 책임을 지도록 특칙을 두고 있다(법142). 이러한 손해배상책임의 특례는 민법상 일반불법행위책임의 성립요건 중 가해자의 고의·과실, 가해자의 위법행위와 피해자의 손해 사이의 인과관계, 손해배상액에 대한 증명책임을 가해자에게 전환하는 것이다. 이는 증권거래의 특수성을 고려하여 피해자인 투자자를 두텁게 보호하고자 함에 그 목적이 있다

(나) 입법취지

증권의 모집·매출에 관한 규정(법125 및 126)은 증권의 발행회사로부터 신규로 발행되는 주식의 매수청약에 대하여 승낙하거나 또는 이미 발행된 주식의 매도청약에 대하여 승낙하는 경우에 그 발행인의 부실공시를 신뢰하여 승낙한 불특정한 투자자의 손해를 배상하기 위한 것이다. 반면에 공개매수에 있어서 부실정보공시에 관한 규정(법142)은 특정 회사의 주주가 보유하는 주식을 취득하고자 하는 공개매수자의 매수청약(또는 매도청약의 권유)에 대하여 그 주주가 매도의 승낙(또는 매도의 청약)을 하거나, 공개매수자가 매수의 승낙을 함으로써 주식의 매매가 성립하는 경우에, 공개매수자의 부실공시를 신뢰하여 보유주식을 응모하는 주주의 손해를 배

상하기 위한 것이다. 전자의 경우는 발행회사의 부실공시가 주가에 영향을 미쳐 투자자의 손실을 직접 초래할 수 있지만, 후자의 경우는 공개매수가격이 이미 확정되어 있고 응모주주는 그 가격으로 주식을 매도하는 것이므로 공개매수자의 부실공시가 그 매수가격에 아무런 영향도 미치지 않아 응모주주의 손해를 예상하기 어렵다. 따라서 증권의 발행과 공개매수는 전혀 성질이 다르다. 자본시장법이 부실정보공시에 기하여 응모주주가 입은 손해배상액의 산정기준에 관하여 증권의 발행에 관한 법 제126조를 준용하지 않고 새로운 규정을 신설한 것은 타당한 입법이다.35)

(2) 책임당사자
(가) 배상책임자

공개매수신고서(그 첨부서류를 포함) 및 그 공고, 정정신고서(그 첨부서류를 포함) 및 그 공고 또는 공개매수설명서 중 중요사항에 관하여 거짓의 기재 또는 표시가 있거나 중요사항이 기재 또는 표시되지 아니함으로써 응모주주가 손해를 입은 경우에는 다음의 자는 그 손해에 관하여 배상의 책임을 진다(법142①).

1. 공개매수신고서 및 그 정정신고서의 신고인(신고인의 특별관계자를 포함하며, 신고인이 법인인 경우 그 이사를 포함)과 그 대리인
2. 공개매수설명서의 작성자와 그 대리인

이들의 책임은 그 성질이 불법행위책임이므로 이들은 원칙적으로 공동불법행위의 관계에 있다. 따라서 이들은 부진정연대책임을 진다.

(나) 배상청구권자

자본시장법은 공개매수자의 부실공시로 인하여 대상회사의 응모주주가 받은 손해를 배상하도록 규정하고 있다(법142①). 따라서 응모주주만이 손해배상청구권자이다. 그러나 공개매수자의 부실공시로 손해를 입을 수 있는 자는 반드시 대상회사의 응모주주에 한정되는 것은 아니다. 따라서 비응모주주, 대상회사, 기타 증권시장의 일반투자자 등 응모주주 이외의 다른 피해자는 민법 제750조의 일반불법행위에 기한 손해배상청구권을 행사할 수 있을 것이다.

(3) 객관적 요건(위법행위)

공개매수신고서(그 첨부서류를 포함) 및 그 공고, 정정신고서(그 첨부서류를 포함) 및 그 공고

---

35) 증권거래법은 제25조의3에서 공개매수신고서 및 그 공고, 정정신고서 및 그 공고와 공개매수설명서와 관련하여 응모주주에게 끼친 손해에 관하여 제14조 제1항을 준용하는 형식을 취하고 있었다. 증권거래법은 공개매수와 관련된 부실표시의 경우, 손해배상책임에 관하여 전반적으로 발행시장규정인 제14조 제1항을 준용하도록 하면서, 손해배상액 산정기준을 정하고 있는 제15조에 대해서는 언급이 없었다. 이러한 입법형식은 많은 비판을 받아왔고, 자본시장법은 별도의 규정을 두어 문제점을 해결하였다.

또는 공개매수설명서 중 중요사항에 관하여 거짓의 기재 또는 표시가 있거나 중요사항이 기재
또는 표시되지 아니함으로써 응모주주가 손해를 입은 경우에 손해배상책임이 발생한다(법142
①). 자본시장법 제142조는 공개매수신고서 등에 대한 부실표시가 곧바로 손해배상책임을 발생
시킬 수 있는 위법한 행위임을 규정하고 있다. 왜냐하면 일정한 공시서류를 작성하고 필요한
중요정보를 투자자에게 제공하여야 할 법적 의무를 위반하여 부실정보를 제공하는 것 자체가
위법성의 징표가 되는 것이다.

(4) 주관적 요건

(가) 과실책임의 원칙

자본시장법은 공개매수자가 공개매수신고서 등의 부실공시로 인하여 응모주주에게 손해
를 입힌 경우에는 손해배상책임을 지도록 하고 있다(법142① 본문). 따라서 부실공시를 행한 공
개매수자가 손해배상책임을 지기 위해서는 공개매수신고서 등에 중요사항에 관하여 거짓의 기
재 또는 표시가 있거나 중요사항이 기재 또는 표시되지 아니함으로써 주식을 응모한 주주에게
손해를 입혀야 한다.

그런데 공개매수자의 부실공시책임은 불법행위책임으로서 과실책임이므로 부실공시라는
위법행위를 행함에 주관적 요건으로서 고의 또는 과실이 필요하다. 자본시장법은 주관적 요건
에 관하여 규정하고 있지 않지만, 부실공시는 중요정보공시의무를 정한 자본시장법 규정을 위
반한 것으로서 그 위반에는 과실이 추정된다. 따라서 부실공시에 대한 과실의 부존재에 대한
증명책임은 공개매수자에게 전환되어 있다. 과실에는 중대한 과실 이외의 경과실도 포함된다.

(나) 증명책임의 전환

배상의 책임을 질 자가 상당한 주의를 하였음에도 불구하고 이를 알 수 없었음을 증명하
거나 응모주주가 응모를 할 때에 그 사실을 안 경우에는 배상의 책임을 지지 아니한다(법142①
단서).

여기서 "상당한 주의를 하였음에도 불구하고 이를 알 수 없었음을 증명하거나"와 관련하
여 부실공시책임의 성질을 과실책임으로 보는 경우에는 과실의 부존재에 대한 입증책임은 공
개매수자에게 전환된다. 따라서 이것은 당연한 것을 규정한 것이다. 반면에 "응모주주가 응모
를 할 때에 그 사실을 안 경우"와 관련하여는 응모주주가 부실공시의 사실을 알고도 응모한 경
우를 예정한 것인데, 공개매수자가 책임을 면하기 위하여는 응모주주의 악의를 입증하여야 할
것이다. 자본시장법이 부실공시된 정보가 진실한 것이라고 신뢰하여 공개매수에 응모한 것을
전제로 신뢰의 인과관계를 추정하고 있는 점에서 응모주주가 정보의 부실성을 인식하고 응모
한 경우에 책임을 면하는 것은 당연한 것이다. 따라서 응모주주는 공개매수자의 부실공시에 대
하여 악의 없음이 추정된다.

(5) 인과관계

공개매수자가 부실공시에 기한 손해배상책임을 지기 위하여는 부실공시를 응모주주가 신뢰하여야 하고, 또한 그 신뢰에 기초하여 공개매수에 응모함으로써 손해를 입어야 한다. 부실공시의 책임의 성질이 불법행위책임이므로 부실공시에 대한 신뢰의 인과관계와 부실공시와 손해의 발생 사이에 인과관계가 존재하여야 한다. 인과관계의 증명책임은 피해자에게 있는 것이 일반불법행위책임의 원칙이다. 그러나 자본시장법은 신뢰의 인과관계에 대한 증명책임을 투자자보호를 위하여 공개매수자에게 전환하고 있다고 보아야 한다. 이것은 법정의무로서 중요정보가 공시된 이후에는 응모주주가 공시된 정보가 진실한 것이라고 신뢰하고 주식의 응모를 결정한 것이라고 봄이 상당하고, 또한 증권거래에 있어서는 응모주주가 스스로 신뢰의 인과관계를 입증하는 것은 사실상 불가능하기 때문이다. 또한 자본시장법은 부실공시에 따른 배상책임을 질 자가 상당한 주의를 하였음에도 불구하고 이를 알 수 없었음을 증명하거나 응모주주가 응모를 할 때에 그 사실을 안 경우에는 배상의 책임을 지지 아니한다고 명시하고 있는데(법142① 단서), 이 규정은 부실공시와 손해발생 사이의 인과관계에 대한 증명책임을 공개매수자에게 전환하고 있는 것이다.

(6) 예측정보

예측정보가 다음의 어느 하나의 방법으로 기재 또는 표시된 경우에는 법 제142조 제1항에 불구하고 제1항 각 호의 자는 그 손해에 관하여 배상의 책임을 지지 아니한다(법142② 본문). 다만 응모주주가 주식등의 응모를 할 때에 예측정보 중 중요사항에 관하여 거짓의 기재 또는 표시가 있거나 중요사항이 기재 또는 표시되지 아니한 사실을 알지 못한 경우로서 제1항 각 호의 자에게 그 기재 또는 표시와 관련하여 고의 또는 중대한 과실이 있었음을 증명한 경우에는 배상의 책임을 진다(법142② 단서).

1. 그 기재 또는 표시가 예측정보라는 사실이 밝혀져 있을 것
2. 예측 또는 전망과 관련된 가정 또는 판단의 근거가 밝혀져 있을 것
3. 그 기재 또는 표시가 합리적 근거 또는 가정에 기초하여 성실하게 행하여졌을 것
4. 그 기재 또는 표시에 대하여 예측치와 실제 결과치가 다를 수 있다는 주의문구가 밝혀져 있을 것

(7) 손해배상의 범위

(가) 배상액의 추정

손해배상액은 손해배상을 청구하는 소송의 변론이 종결될 때의 그 주식등의 시장가격(시장가격이 없는 경우에는 추정처분가격)에서 응모의 대가로 실제로 받은 금액을 뺀 금액으로 추정

한다(법142③).

(나) 배상액의 경감 및 면책가능성

손해배상책임을 질 자는 응모주주가 입은 손해액의 전부 또는 일부가 중요사항에 관하여 거짓의 기재 또는 표시가 있거나 중요사항을 기재 또는 표시하지 아니함으로써 발생한 것이 아님을 증명한 경우에는 그 부분에 대하여 배상의 책임을 지지 아니한다(법142④).

(다) 배상청구권의 소멸

공개매수자의 손해배상책임은 응모주주가 해당 사실을 안 날부터 1년 이내 또는 해당 공개매수공고일부터 3년 이내에 청구권을 행사하지 아니한 경우에는 소멸한다(법142⑤). 이 기간은 제척기간이다.

2. 행정제재

(1) 의결권행사의 제한

(가) 의의

강제공개매수(법133③) 또는 공개매수공고(법134①) 및 공개매수신고서의 제출의무(법134②)에 위반하여 주식등의 매수등을 한 경우에는 그날부터 그 주식(그 주식등과 관련한 권리 행사 등으로 취득한 주식을 포함)에 대한 의결권을 행사할 수 없다(법145). 의결권행사는 금융위원회의 행정처분이 없어도 의무공개매수 등의 규정을 위반하여 주식등을 매수한 날로부터 자동적으로 금지된다.

(나) 의결권행사 금지기간

의결권행사의 금지기간은 위 규정에 위반하여 주식등을 매수한 그 날부터 기산한다. 다만 언제까지 금지되는지의 종료시점에 대하여는 규정이 없다. 명문규정은 없지만 주식등의 처분시까지 금지되는 것으로 보아야 할 것이다. 증권거래법은 "주식등을 매수한 날부터 당해 주식등을 처분하여 의결권을 행사할 수 없게 되는 날의 전날까지"라고 규정하고 있었다(증권거래법 시행령12).

(다) 의결권행사금지 가처분

1) 개요

적대적 M&A에 있어 당사자 일방이 대상회사의 주식을 취득하는 과정에서 법률상 하자가 있거나 관련법규에 의해 그 보유주식의 의결권행사가 제한되는 경우, 의결권행사금지 가처분은 경영진의 교체를 위한 주주총회에서의 의결권 확보가 문제되는 상황에서 효과적인 쟁송수단이 된다. 이러한 가처분은 대상회사의 입장에서 적대적 M&A 시도자가 취득한 주식의 의결권행사를 저지하기 위하여 사용될 수 있고, M&A를 시도하는 측에서 대상회사가 방어목적으로 취득하거나 발행한 주식의 의결권의 효력을 다투기 위하여도 사용될 수 있다.

의결권행사금지 가처분은 의결권을 행사할 주주와 회사를 함께 채무자로 하여 신청한다. 법령에 의하여 의결권이 제한되는 주식에 대한 의결권행사금지 가처분신청은 주주총회결의 취소의 소의 원고적격이 있는 주주 등이 신청인이 될 것이다. 이 가처분은 주주총회에 임박하여 신청되고 일단 허용되면 신청인에게 만족을 주는 것이고, 피신청인은 이를 다투어 취소시킬 수 있는 시간적인 여유가 없기 때문에 엄격한 소명에 의하여 신중하게 심사하게 된다. 이 가처분은 주주총회에서의 의결권행사금지를 그 내용으로 하므로 적어도 이사회에서 주주총회 소집을 결의하거나 소집통지가 이루어지는 등으로 주주총회가 임박하였음이 소명된 경우에 한하여 보전의 필요성이 인정된다.

2) 공개매수와 의결권행사금지 가처분

증권거래법상 공개매수규정 위반으로 의결권행사금지 가처분이 신청된 사건을 보면 다음과 같다. 서울중앙지방법원은 샘표식품의 주주들로부터 시간외 대량매매방식에 의해 주식을 양수하기로 합의한 뒤 그에 따라 당해 주식을 양수한 피신청인의 행위가 실질적으로 장외거래에 해당하며, 따라서 증권거래법 소정의 의무공개매수 규정에 위반하였음을 이유로 당해 주식에 대한 의결권행사금지를 구한 사안인데, 법원은 시간외 대량매매를 유가증권시장 내에서의 매매계약체결의 특례로 규정하고 있는 유가증권시장 업무규정 제35조, 시간외 대량매매를 위한 매도인·매수인 간에 종목·수량·가격 등을 협의하여 결정할 수 있음을 예정하고 있는 유가증권시장 업무규정 시행세칙 제52조 등을 근거로 양측의 합의에 의한 시간외대량매매가 장내거래에 해당한다고 보아 위 가처분신청을 기각하였다.[36]

(2) 처분명령

의무공개매수(법133③) 또는 공개매수공고(법134①) 및 공개매수신고서의 제출의무(법134②)에 위반하여 주식등의 매수 등을 한 경우에는 그 날부터 금융위원회는 6개월 이내의 기간을 정하여 그 주식등(그 주식등과 관련한 권리 행사 등으로 취득한 주식을 포함)의 처분을 명할 수 있다(법145). 이러한 처분명령을 규정한 취지는 형사제재만으로는 공개매수자가 이를 감수할 경우에 제도의 실효성을 달성할 수 없음을 고려한 것이다. 여기서 처분대상은 의결권행사가 금지되

---

36) 서울중앙지방법원 2007. 3. 20. 선고 2007카합868 결정. 적대적 M&A가 시도되는 상황에서 공격자가 적법한 방법으로 대상회사의 주식을 매집하였으나, 대상회사측에서는 공격자의 주식매수가 증권거래법(현 자본시장법)상의 공개매수규정 또는 5%룰에 위반하였다고 주장하여 주주총회가 개최되기 이전에 미리 공격자의 의결권행사를 허용하지 않겠다는 의사를 명시적 혹은 묵시적으로 표시하는 경우가 있다. 이러한 경우 공격자로서는 주주총회에서의 의결권행사를 거절당한 후 사후적으로 주주총회결의취소 및 효력정지 가처분 등을 신청할 수도 있으나 공격자 주식에 대한 의결권행사허용 가처분이 인정되고 있으므로 주주총회 전에 의결권행사허용 가처분을 신청하여 그 결정을 받은 다음 주주총회에서 의결권을 행사하는 것이 더 간명한 해결방법이 된다(김용호(2007), "적대적 M&A에서 가처분이 활용되는 사례", BFL총서 3권: 적대적 기업인수와 경영권 방어(2007. 5), 295-296쪽).

는 주식등의 경우와 같이 위법하게 매수한 주식등의 전부라고 보아야 한다.

(3) 자료제출명령 및 조사

금융위원회는 투자자 보호를 위하여 필요한 경우에는 공개매수자, 공개매수자의 특별관계자, 공개매수사무취급자, 그 밖의 관계인에 대하여 참고가 될 보고 또는 자료의 제출을 명하거나, 금융감독원장에게 그 장부·서류, 그 밖의 물건을 조사하게 할 수 있다. 이 경우 조사를 하는 자는 그 권한을 표시하는 증표를 지니고 이를 관계인에게 내보여야 한다(법146①, 법131②).

(4) 행정처분(정정명령 등)

금융위원회는 다음의 어느 하나에 해당하는 경우에는 공개매수자, 공개매수자의 특별관계자 또는 공개매수사무취급자에 대하여 이유를 제시한 후 그 사실을 공고하고 정정을 명할 수 있으며, 필요한 때에는 그 공개매수를 정지 또는 금지하거나 대통령령으로 정하는 조치[37]를 할 수 있다. 이 경우 그 조치에 필요한 절차 및 조치기준은 총리령으로 정한다(법146②).

1. 공개매수공고 또는 정정공고를 하지 아니한 경우
2. 공개매수신고서, 정정신고서 또는 공개매수결과보고서를 제출하지 아니한 경우
3. 공개매수공고, 공개매수신고서, 정정신고서, 정정공고 또는 공개매수결과보고서 중 중요사항에 관하여 거짓의 기재 또는 표시가 있거나 중요사항이 기재 또는 표시되지 아니한 경우
4. 공개매수신고서, 정정신고서 또는 철회신고서의 사본을 발행인에게 송부하지 아니한 경우
5. 공개매수신고서, 정정신고서 또는 공개매수철회신고서의 신고서 사본에 신고서에 기재된 내용과 다른 내용을 표시하거나 그 내용을 누락하여 송부한 경우
6. 공개매수설명서에 관하여 작성·공시(법137)를 위반한 경우
7. 공개매수철회 관련규정(법139①②)을 위반하여 공개매수를 철회한 경우
8. 공개매수공고일부터 그 매수기간이 종료하는 날까지 그 주식등을 공개매수에 의하지 아니하고 매수 등을 한 경우
9. 전부매수원칙과 즉시매수원칙, 매수가격균일의 원칙(법141)을 위반하여 공개매수를 한 경우
10. 의결권제한 규정(법145)을 위반하여 의결권을 행사하거나, 처분명령 규정(법145)을 위반하여 처분명령을 한 경우

---

37) "대통령령으로 정하는 조치"는 다음의 어느 하나에 해당하는 조치를 말한다(영152).
  1. 1년의 범위에서 공개매수의 제한(공개매수자와 공개매수자의 특별관계자만 해당)
  2. 1년의 범위에서 공개매수사무 취급업무의 제한(공개매수사무취급자만 해당)
  3. 임원에 대한 해임권고
  4. 법을 위반한 경우에는 고발 또는 수사기관에의 통보
  5. 다른 법률을 위반한 경우에는 관련기관이나 수사기관에의 통보
  6. 경고 또는 주의

(5) 과징금

금융위원회는 ⅰ) 공개매수신고서 및 그 정정신고서의 신고인(신고인의 특별관계자를 포함하며, 신고인이 법인인 경우 그 이사를 포함)과 그 대리인, ⅱ) 공개매수설명서의 작성자와 그 대리인(법142①) 중 어느 하나에 해당하는 자가 다음의 어느 하나에 해당하는 경우에는 공개매수신고서에 기재된 공개매수예정총액의 3%(20억원을 초과하는 경우에는 20억원)를 초과하지 아니하는 범위에서 과징금을 부과할 수 있다. 이 경우 공개매수예정총액은 공개매수할 주식등의 수량을 공개매수가격으로 곱하여 산정한 금액으로 한다(법429②).

1. 공개매수신고서, 정정신고서, 또는 공개매수설설명서, 그 밖의 제출서류 또는 공고 중 중요사항에 관하여 거짓의 기재 또는 표시를 하거나 중요사항을 기재 또는 표시하지 아니한 때
2. 공개매수신고서, 정정신고서 또는 공개매수설명서, 그 밖의 제출서류를 제출하지 아니하거나 공고하여야 할 사항을 공고하지 아니한 때

(6) 과태료

다음의 어느 하나에 해당하는 자에 대하여는 1억원 이하의 과태료를 부과한다(법449①).

1. 공개매수신고서, 정정신고서 또는 철회신고서 사본을 발행인에게 송부하지 아니한 자(37호)
2. 공개매수신고서, 정정신고서 또는 철회신고서의 사본에 신고서 또는 보고서에 기재된 내용과 다른 내용을 표시하거나 그 내용을 누락하여 송부한 자(38호)

다음의 어느 하나에 해당하는 자 대하여는 3천만원 이하의 과태료를 부과한다(법449③).

1. 공개매수결과보고서(법143)를 제출하지 아니하거나 거짓으로 작성하여 제출한 자(7호)
2. 금융위원회의 공개매수자 등 관계인에 대한 보고 또는 자료제출명령 등(법146①)에 불응한 자(8호)

3. 형사제재

다음의 어느 하나에 해당하는 자는 5년 이하의 징역 또는 2억원 이하의 벌금에 처한다(법444).

1. 공개매수공고 또는 공개매수신고서, 정정신고서 또는 정정공고, 공개매수설명서 중 중요사항에 관하여 거짓의 기재 또는 표시를 하거나 중요사항을 기재 또는 표시하지 아니한 자
2. 공개매수공고 또는 정정공고를 하지 아니한 자
3. 공개매수신고서 제출의무를 위반한 자

의무공개매수(법133③항) 또는 공개매수기간 중 별도매수금지(법140)를 위반하여 공개매수에 의하지 아니하고 주식등의 매수 등을 한 자는 3년 이하의 징역 또는 1억원 이하의 벌금에 처한다(법445(19).

공개매수설명서를 미리 교부하지 아니하고 주식등을 매수한 자, 법 제145조에 따른 처분명령을 위반한 자는 1년 이하의 징역 또는 3천만원 이하의 벌금에 처한다(법 제446조).

제3절 대량보유상황보고

I. 서설

1. 의의

주권상장법인의 주식등(상장지수집합투자기구인 투자회사의 주식은 제외)을 5% 이상 보유하게 되거나 그 후 보유비율이 1% 이상 변동된 경우 또는 보유목적이나 보유주식등에 관한 주요계약내용이 변경된 경우에는 5일 이내에 그 보유상황 및 변동내용, 변경내용을 금융위원회와 거래소에 보고하여야 한다(법147①). 이를 대량보유보고제도 또는 5%룰(Rule)이라고 한다. 이 제도는 기업지배권시장의 공정한 경쟁 및 증권시장의 투명성을 제고하기 위하여 주권상장법인이 발행한 주식등을 대량보유한 자에게 그 보유상황을 공시하도록 하는 제도이다.

대량보유보고제도는 공개회사의 일정비율 이상 지분의 대량보유상황 또는 변동상황을 공시하도록 함으로써 기업지배권시장에서 지배권경쟁에 상황정보를 알려주는 것을 주된 목적으로 하며, 투자자를 보호하는 기능을 수행하고, 그 외에도 유통시장의 투명성과 공정성을 높여 불공정거래를 방지하는 기능을 수행한다.[38]

2. 연혁

대량보유보고제도는 1968년 미국에서 Williams Act에 의하여 기업지배권시장의 공정성 및 투명성을 회복하기 위하여 공개매수제도와 함께 도입되었다. 이 시기는 미국의 제3차 M&A 붐이 쓸고 간 시기로서 이른바 "Saturday Night Special"[39]에 대한 대책으로 5% Rule이 제시되었

---

[38] 유석호(2005), "주식등의 대량보유상황보고 관련 법적 쟁점과 과제", 증권법연구 제6권 제2호(2005. 12), 79쪽.

[39] 1960년대 M&A 붐이 일어났을 당시 토요일 오후 공개매수를 발표하고 월요일에 공개매수를 실시하여 기존 경영진의 방어기회를 박탈하는 사례가 빈발하자 그 당시 유행하던 Saturday Night Special이라는 TV프

다. 미국에서 대량보유보고제도가 도입된 중요한 이유는 공개매수가 활발해진 것에서 기인한
다. 기업지배권의 변동에 관계된 투자자의 보호라는 점에서 공개매수규제와 대량보유보고제도
는 표리의 관계에 있다고 할 수 있다.[40]

우리나라에서 대량보유보고제도는 1991년 12월 31일 증권거래법 개정시 처음으로 도입되
었다. 이 시기는 자본시장 개방에 대한 논의가 활발하게 이루어지던 시기였고, 주주의 지분변
동상황을 공시하는 제도로 신설된 제도이다. 1994년 1월 5일 주식소유제한제도를 규정한 증권
거래법 제200조가 폐지(실제로는 3년간 유예)하기로 하면서 5% 보고의무자를 본인 이외에 특수
관계인까지 확대하면서 소유개념을 보유개념으로 변경하였다. 1997년 4월 1일 주식소유제한제
도가 폐지되면서 특수관계인의 범위가 확대되었고, 단순한 친인척관계 또는 지분출자관계 중
심의 특수관계 이외에 당사자 간의 의사의 합치를 통한 공동보유자 개념이 도입되었다.

그리고 1998년 개정시 보고대상 주식등을 상장법인이 발행한 것에서 협회등록법인(현재의
코스닥상장법인)으로 확대하였다. 2005년 1월 17일 개정시 보유목적을 변경하는 경우에도 보고
의무를 부과하였고, 경영참가목적으로 주식을 신규취득하거나 보유목적을 변경한 경우 보고일
로부터 5일 동안 추가취득 및 의결권행사를 금지하는 냉각기간제도가 도입되었다.[41] 자본시장
법은 증권거래법의 규정을 그대로 계수하여 규정하고 있다.

3. 대상증권

대량보유보고제도에서의 "주식등"은 공개매수규제의 대상증권(영139)과 같다.

Ⅱ. 보고의무자

1. 소유에 준하는 보유

(1) 의의

증권거래법상 대량보유보고제도가 처음으로 도입되었던 시점에서는 주식등에 대한 소유
상황만을 보고하도록 규정하고 있었다. 당시는 소유 이외의 형태로 주식등에 대한 지배권을 행
사하는 경우를 상정하지 못하고 있었다. 그러나 증권시장의 거래환경이 변화하면서 단순히 법
적인 소유의 개념만으로는 제도의 실효성을 기할 수 없었다. 따라서 제도의 취지를 살리기 위

로의 제목을 따서 부르던 것에서 유래한다.
40) 유석호(2005), 80쪽.
41) 2004년 증권시장에서는 이른바 "슈퍼개미"로 불리는 불공정거래자들이 기존의 5%보고제도를 악용하여 경
   영참가목적으로 보고를 한 후 시세조종행위를 하거나, 또는 단순투자목적으로 보유목적을 공시한 후 경영
   참가를 함으로써 5% 보고제도의 취지를 해하는 사례가 빈번하였다.

하여 소유 이외의 취득·처분권한 또는 의결권행사권한 중심의 실질적인 지배가능성을 포괄하는 보유의 개념이 도입되었다.[42]

여기서 "보유"의 개념은 당해 주식등을 법적으로 소유하는 경우를 포함하여 소유에 이르지 않더라도 의결권행사와 관련하여 소유에 준하는 형태로 주식등에 대한 지배권한을 갖는 경우를 포함하는 개념으로 보아야 할 것이다.[43]

보고의무자는 주권상장법인의 의결권 있는 주식으로 본인의 보유지분과 대통령령이 정하는 특별관계자의 보유지분을 합산하여 의결권 있는 발행주식총수의 5% 이상 보유하거나 5% 이상 보유자가 1% 이상의 지분변동이 있을 경우로 정해져 있다(법147①).

(2) 보유의 의미

(가) 소유개념의 확장

보유는 "소유, 그 밖에 이에 준하는 경우로서 대통령령으로 정하는 경우"를 포함한다(법 133③). 여기서 "소유, 그 밖에 이에 준하는 경우로서 대통령령으로 정하는 경우"는 다음의 어느 하나에 해당하는 경우를 말한다(영142). 당해 주식등을 직접 소유하고 있지는 않지만, 다음에 해당하는 경우에는 "소유에 준하는 보유"로서 소유와 동일하게 보고의무를 지는 것이다.

ⅰ) 누구의 명의로든지 자기의 계산으로 주식등을 소유하는 경우(제1호)

명의는 권리의무의 귀속주체를 의미하고, 계산은 경제적 실질의 귀속주체를 의미한다. 따라서 명의불문하고 자기의 경제적 이익을 위하여 주식등을 소유하면 보고의무를 진다. 예를 들면 차명으로 주식등을 소유하는 경우를 들 수 있다.

ⅱ) 법률의 규정이나 매매, 그 밖의 계약에 따라 주식등의 인도청구권을 가지는 경우(제2호)

현재 주식등을 소유하고 있지는 않지만 법률의 규정이나 매매, 기타 계약 등을 원인으로 당해 주식등에 대한 인도청구권을 갖는 경우이다. 이에 대해서는 단순히 인도청구권을 가지는 경우라고만 규정하여 인도청구권을 가지게 되는 시점, 즉 보고의무의 발생시점인 보유시점이 명확하지 않다. 일반적인 매매계약에서는 이행기가 도래하여야 당해 물건에 대한 인도청구권을 갖게 된다. 그러나 일반적으로 주식등의 매매거래에 있어서는 계약체결과 동시에 또는 일정한 기일의 경과 후에 결제가 이루어지므로 인도청구권을 가지는 시점과 소유시점을 분리하여 이해할 실익이 적다. 따라서 이 규정은 주식등을 인도하지 않은 채 매매계약만으로 주식등을 지배하는 행위를 보유의 한 형태로 규정하기 위한 것으로 보아야 한다. 그러므로 당해 주식등

---

42) 1994년 1월 5일 증권거래법 개정시 신설된 "보유"의 개념은 단순히 보유비율 산정시 본인의 소유분 이외에 특수관계인의 소유분을 합산한다는 의미로 보유라는 용어를 사용하고 있었을 뿐이다. 소유 기타 이에 준하는 경우라고 하여 실질적 지배를 의미하는 "보유"의 개념은 1997년 1월 13일 증권거래법 개정시부터 사용되고 있다.

43) 유석호(2005), 84쪽.

에 대한 매매계약이 체결되어 매수인의 지위를 가지는 시점부터 보고의무를 부여하기 위한 것으로 보아야 할 것이다. 예를 들면 매매계약을 체결하였으나 아직 이행기가 도래하지 않은 경우를 예로 들 수 있을 것이다.[44)]

　ⅲ) 법률의 규정이나 금전의 신탁계약·담보계약, 그 밖의 계약에 따라 해당 주식등의 의결권(의
　　　결권의 행사를 지시할 수 있는 권한을 포함)을 가지는 경우(제3호)

주식등에 대한 소유권을 취득한 것은 아니지만 제3호에서 나열한 계약 등을 근거로 당해 주식등에 대한 의결권을 갖거나 의결권의 행사를 지시할 수 있는 권한을 갖는 것을 말한다. 금전의 신탁계약으로서 특정금전신탁의 경우 위탁자가 의결권을 행사한다는 내용이 약관에 규정되어 있으므로 그 위탁자가 주식등을 보유한다.

또한 주식등의 담보계약의 경우 담보권자는 주식등에 대한 의결권을 갖지 않는 것이 일반적이지만, 특약으로 담보기간 동안 담보권자가 의결권을 행사한다는 내용이 포함되어 있거나, 피담보채무의 변제기가 도래하면 담보권자가 주식을 처분할 수 있다는 내용이 들어 있는 경우에는 담보권자에게 처분권한이 있으므로 담보권자가 당해 주식등을 보유하는 것으로 보아야 한다. 예를 들면 뮤추얼펀드 등의 자산운용회사로서 자산운용권한을 갖는 경우를 들 수 있을 것이다.

　ⅳ) 법률의 규정이나 금전의 신탁계약·담보계약·투자일임계약, 그 밖의 계약에 따라 해당 주식
　　　등의 취득이나 처분의 권한을 가지는 경우(제4호)

주식등에 대한 소유권을 취득한 것은 아니지만 제4호의 계약을 근거로 당해 주식등의 취득이나 처분권한을 가지는 경우를 말한다.

　ⅴ) 주식등의 매매의 일방예약을 하고 해당 매매를 완결할 권리를 취득하는 경우로서 그 권리행
　　　사에 의하여 매수인으로서의 지위를 가지는 경우(제5호)

주식등의 매매거래에서 일반적인 것은 아니지만 주식등을 장외거래하는 경우 종종 이러한 형식을 취하는 경우가 있다. 매매에 관한 예약의 형태는 일방예약과 쌍방예약이 있으나, 자본시장법은 일방 당사자만이 예약권을 가지는 일방예약만을 보유로 규정하고 있다. 예컨대 매수에 관한 예약완결권을 가지는 경우이다. 따라서 증권거래 당사자의 일방이 콜옵션을 갖는 경우가 이에 해당된다. 예약권의 행사로 취득시점을 결정할 수 있는 지위를 보유의 한 형태로 규정한 것이다. 보유시점은 일방예약을 체결하는 시점이다.

시행령 제5호는 종국적인 권리를 행사하여야만 "보유"로 본다는 것이 아니고, 권리의 종국적 행사 이전에 그와 같은 권리의 취득 자체를 "보유"로 규정한 것으로 해석하는 것이 타당하다.

---

44) 유석호(2005), 84-85쪽.

vi) 주식등을 기초자산으로 하는 자본시장법 제5조 제1항 제2호(옵션)에 따른 계약상의 권리를 가지는 경우로서 그 권리의 행사에 의하여 매수인으로서의 지위를 가지는 경우(제6호)

이는 제5호의 주식등의 매매의 일방예약을 하고 해당 매매를 완결할 권리를 취득하는 경우와 크게 다르지 않다. 이것은 옵션거래를 하는 경우에 한하여 적용된다. 일반적으로 대상증권을 취득할 의사없이 차액결제를 목적으로 하는 옵션거래에 의해 콜옵션을 취득하는 경우를 보유의 한 형태로 규정한 것이다.

vii) 주식매수선택권을 부여받은 경우로서 그 권리의 행사에 의하여 매수인으로서의 지위를 가지는 경우(제7호)

주식매수선택권(스톡옵션)을 부여받는 경우도 당해 주식을 보유하는 것이 된다. 주식매수선택권의 행사로 회사는 행사가격으로 신주 또는 자기주식을 교부하거나, 시가와 행사가격과의 차액을 현금 또는 자기주식으로 교부할 수 있다. 다만 주식매수선택권의 부여방식 중 시가와 행사가격과의 차액을 현금으로 교부하는 방식의 경우, 의결권 있는 주식과 관련된 증권을 보유하는 것이 아니므로 보유비율 산정에서 제외된다.

(나) 소유와 보유의 중복 문제

자본시장법상 공개매수와 대량보유보고제도에서는 기업지배권 경쟁과 관련하여 다양한 형태로 주식등에 관하여 의결권 등을 행사하는 것을 반영하기 위하여 보유개념을 도입하고 있다. 이는 명의상 소유에 한정하지 않고 실질적으로 당해 주식등을 소유하는 것을 포섭하기 위함이다. 배타적 권리로서의 "소유" 개념에서는 또 다른 소유자를 상정할 수 없으나, 소유의 일부 또는 전부를 상정하고 있는 "보유" 개념에서는 소유자로서 보유자 이외에 또 다른 보유자가 등장할 수밖에 없다. 따라서 동일한 주식등을 법적 또는 형식적으로 소유하는 자와 보유하는 자가 중복적으로 나타나게 된다. 즉 "보유" 개념은 소유를 포함하는 개념이므로 법적 또는 형식적으로 소유하는 자도 보유자이고, 법적 또는 형식적으로 소유하고 있지 않으나 확장된 "소유" 개념인 "보유" 개념에 의하여 보유하고 있는 자도 보유자이다. 따라서 자본시장법상 "보유" 개념 전부에서 법적 또는 형식적인 소유자와 보유자가 분리될 수 있다.[45]

여기서 누구를 보고의무자로 볼 것인가의 문제가 발생한다. 자본시장법상으로는 보유자를 보고의무자로 규정하고 있다. 따라서 자본시장법이 보유자를 보고의무자로 하고 있는 이상 모든 보유자가 보고의무자가 된다.

이 문제는 실무적으로 투자회사(뮤추얼펀드), 사모투자전문회사(PEF) 등 집합투자기구의 5%보고와 관련하여 자주 논란이 되어 왔다. 이는 특별관계자의 보유주식등에 대한 보유비율 합산문제와 함께 보고의무 여부 판단을 복잡하게 만들고, 보고대상 주식등의 보유비율까지 왜

---

45) 유석호(2005), 88-89쪽.

곡시키고 있다. 실제로 집합투자기구가 소유한 주식등에 대한 보고의무를 자산운용회사가 행하면 족한 것으로 보거나, 당해 자산을 운용하는 자산운용회사가 있음에도 불구하고 간접투자기구만 보고를 하는 경우도 있었다.

그러나 이러한 실무상의 혼란은 구체적인 보고방법에 집착하여 집합투자기구 본인의 입장에서 보고의무를 판단하지 않고, 자산운용회사 등 집합투자기구의 자산을 운용하는 주체의 입장에서 보고의무를 판단하기 때문에 나타나는 문제로 보인다. 5% 보고에 있어서 보고의무자는 언제나 본인이다. 따라서 집합투자기구이든, 자산운용회사이든 자신의 입장에서 보고의무 여부를 우선 판단하고, 대표자연명보고가 가능한 경우 구체적인 보고자를 결정하면 된다.

2. 본인과 특별관계자

"주권상장법인의 주식등을 대량보유하게 된 자"가 금융위원회와 거래소에 보고하여야 한다(법147①). 대량보유는 "본인과 그 특별관계자가 보유하게 되는 주식등의 수의 합계가 그 주식등의 총수의 5% 이상인 경우를 말한다"고 규정하고 있다(법147①). 특별관계자는 특수관계인과 공동보유자를 말한다(영141①). 여기서 자본시장법상 특별관계자라 함은 공개매수와 대량보유보고제도(5% 보고제도)에 동일하게 적용되는 개념으로 친인척관계 또는 계열관계를 전제로 하는 특수관계인과 M&A와 관련된 의사의 합치를 전제로 하는 공동보유자를 말한다.[46]

이에 따라 보고대상 주식등은 누구든지 본인의 입장에서 그와 특수관계 및 공동보유관계가 있는 자가 각각 보유하고 있는 주식등이며, 보고대상 보유비율도 본인, 특수관계인 및 공동보유자의 보유비율을 합산한 비율이 된다. 본인이 직접 보유하는 지분 이외에도 특수관계인과 공동보유자 등 특별관계자의 보유지분을 합산하여 보고하여야 한다.

본인과 일정한 관계에 있는 자를 특별관계자로 하여 그 보유지분도 합산하여 보고하도록 한 것은 외관상 특별관계자의 보유로 되어 있는 경우에도 그 실질은 본인의 계산에 의한 것일 수 있으며, 본인의 계산에 의한 것이 아니라 할지라도 혈연관계 또는 출자관계를 고려할 때 주식의 취득·양도·의결권행사 등에 있어서 본인과 상의하거나 공동보조를 취할 가능성이 많기 때문이다.[47]

3. 특수관계인

공개매수에서 살펴본 금융회사지배구조법 시행령 제3조 제1항의 특수관계인 규정은 대량

---

46) 1991년 12월 5% 보고제도가 증권거래법에 신설되는 시점에서는 본인의 소유현황만을 보고하도록 함으로써 본인의 계산으로 소유하는 주식등에 대해서만 보고하면 충분하였으나, 수차례의 개정과정을 거치면서 특별관계자가 보유하는 주식등까지 보고범위가 확대되었다(1994년 1월 개정에는 특수관계인, 1997년 4월 개정에는 공동보유자가 포함되었다).

47) 김태주·김효신(1994), "주식대량보유의 보고의무", 법학논고 제10집(1994. 12), 126쪽.

보유보고제도 동일하게 적용된다.

본인이 특수관계인의 보유주식등을 합산하여 보고한다고 해서 특수관계인이 갖고 있는 주식등을 본인이 보유하는 것으로 추정하는 것은 아니다. 단지 본인과 친인척관계 또는 계열관계에 있는 자의 경우, 본인과 공동목적의 개연성이 크므로 본인의 보유지분과 특수관계인의 보유지분을 합산하여 보고하도록 하되, 공동목적이 없다는 것을 소명하는 경우는 합산하지 않을 수 있도록 한 것이다. 자본시장법은 특수관계인이 소유하는 주식등의 수가 공동목적이 없는 경우임을 증명하는 경우에는 특수관계인으로 보지 않는다(영141③).

또한 실제로 부모형제 사이에 지분경쟁이 발생하는 경우도 있으므로 특수관계인의 지위에 있다고 해서 무조건 보유지분 합산대상이 될 수는 없다. 따라서 자신의 보유지분과 합산하여 보고해야 할 필요가 있는 자는 기본적으로는 공동목적을 가진 자들이다. 그러므로 공동목적을 가지고 있다면 그자들과 본인과 특수관계 여부를 따질 필요가 없게 된다.

따라서 특수관계인도 공동목적이 없는 경우 보고대상에서 제외될 수 있으므로 특수관계인과 공동보유자의 차이는 5% 보고의무 위반에 대한 분쟁에 있어서 누가 본인과의 공동목적 여부를 증명해야 하는가의 문제가 된다. 그러므로 특수관계인은 본인과 공동목적을 가지는 것으로 추정되는 자이므로 본인이 공동목적이 없다는 것을 증명해야 한다. 특수관계가 없는 공동보유자는 공동목적이 있음을 주장하는 자가 그것을 증명해야 할 것이다.[48]

4. 공동보유자

공동보유자란 본인과 합의나 계약 등에 따라 다음의 어느 하나에 해당하는 행위를 할 것을 합의한 자를 말한다(영141②).

1. 주식등을 공동으로 취득하거나 처분하는 행위
2. 주식등을 공동 또는 단독으로 취득한 후 그 취득한 주식을 상호양도하거나 양수하는 행위
3. 의결권(의결권의 행사를 지시할 수 있는 권한을 포함)을 공동으로 행사하는 행위

자본시장법은 주식등의 취득 또는 처분, 상호양수도 및 의결권행사에 대하여 합의한 자라고 규정하고 있어 기업지배권 경쟁과 관계없이 이러한 합의가 이루어진 경우가 포함되는지 여부가 분명하지 않다. 대량보유보고제도가 M&A 관련제도라는 점만을 생각하면 기업지배권 경쟁과 관련이 없는 합의는 대상이 아니라고 할 수도 있다. 그러나 대량보유보고제도는 M&A 과정의 공정성만을 확보하기 위한 제도가 아니라는 점, 단순투자목적으로 5% 이상을 보유하는 경우에도 보고의무가 발생한다는 점 등을 고려하면 반드시 기업지배권 경쟁과 관련된 합의에

---

48) 유석호(2005), 92쪽.

한정할 수는 없을 것이다.

여기서 합의는 의사의 합치만 있으면 족하고 반드시 합의서 또는 계약서 등 특별한 형식을 요구하지 않는다. 의결권 공동행사의 합의 또는 계약의 의미는 의사의 연락 이외에 이에 기한 행위의 공동성을 요하기는 하나 반드시 명시적일 것을 요구하는 것은 아니고 묵시적인 경우라도 이에 해당하고, 이러한 사정은 직접증거가 아닌 정황증거에 의해서도 증명될 수 있다.

5. 보유비율의 산정

보유목적이 변경된 경우 이외에 본인과 특별관계자가 보유하게 되는 주식등의 수가 당해 주식등의 총수의 5% 이상이 되거나 그 보유비율이 1% 이상 변동된 경우 보고의무가 발생한다. 이와 관련하여 보유비율의 계산이 문제된다. 보율비율의 산정시 분자가 되는 주식등의 수 및 분모가 되는 주식등의 총수는 총리령으로 정하는 방법에 따라 산정한 수로 한다(법147②).

본인보유 주식등의 수 ＝ 본인보유 주식 ＋ 본인보유 주식관련사채 등
발행주식등 총수 ＝ 발행주식총수 ＋ 본인보유 주식관계사채등(교환사채등 제외)

* 여기서 "본인"은 보고자 본인 및 특별관계자를 포함하는 의미이다.

총리령이 정하는 주식등의 수와 주식등의 총수는 다음과 같다.

(1) 분자가 되는 주식등의 수

주식등의 대량보유 여부를 판단할 때 분자가 되는 주식등의 수는 다음의 구분에 따라 계산한 수로 한다(시행규칙17①).

산정방법에 있어서 분자에 해당하는 주식등의 수를 계산함에 있어서는 본인과 특별관계자가 각각 보유하는 주식과 주식관련사채 등을 합산하면 된다. 그리고 주식매수선택권의 행사에 따라 매수할 의결권 있는 주식(자기주식을 포함)도 합산한다(시행규칙17③ 본문). 따라서 주권의 경우 그 주식의 수가 되고, 기타 주식관련사채 등의 경우는 당해 주식등의 권리내용에 따른 주식의 수가 되며, 주식매수선택권의 경우 주식매수선택권의 행사로 교부받게 될 주식의 총수를 계산하면 된다.

1. 주권인 경우: 그 주식의 수
2. 신주인수권이 표시된 것인 경우: 신주인수권의 목적인 주식의 수(신주인수권의 목적인 주식의 발행가액총액 및 발행가격이 표시되어 있는 경우에는 해당 발행가액총액을 해당 발행가격으로 나누어 얻은 수)
3. 전환사채권인 경우: 권면액을 전환에 의하여 발행할 주식의 발행가격으로 나누어 얻은 수. 이 경우 1 미만의 단수는 계산하지 아니한다.

4. 신주인수권부사채권인 경우: 신주인수권의 목적인 주식의 수

5. 교환사채권인 경우: 다음의 어느 하나에 해당하는 수

　　가. 교환대상 증권이 제1호부터 제4호까지, 제6호 및 제7호에 따른 증권인 경우에는 교환대상 증권별로 제1호부터 제4호까지, 제6호 및 제7호에서 정하는 수

　　나. 교환대상 증권이 교환사채권인 경우에는 교환대상이 되는 교환사채권을 기준으로 하여 교환대상 증권별로 제1호부터 제4호까지, 제6호 및 제7호에서 정하는 수

6. 파생결합증권인 경우: 다음의 어느 하나에 해당하는 수

　　가. 기초자산이 되는 증권이 제1호부터 제5호까지 및 제7호에 따른 증권인 경우에는 기초자산이 되는 증권별로 제1호부터 제5호까지 및 제7호에서 정하는 수

　　나. 기초자산이 되는 증권이 파생결합증권인 경우에는 기초자산이 되는 파생결합증권을 기준으로 하여 기초자산이 되는 증권별로 제1호부터 제5호까지 및 제7호에서 정하는 수

7. 증권예탁증권인 경우: 그 기초가 되는 증권별로 제1호부터 제6호까지에서 정하는 수

(2) 분모가 되는 주식등의 총수

주식등의 대량보유 여부를 판단할 때 분모가 되는 주식등의 총수는 의결권 있는 발행주식총수(자기주식을 포함)와 대량보유를 하게 된 날에 본인과 그 특별관계자가 보유하는 주식등의 수를 합하여 계산한 수로 한다. 다만 주권, 교환사채권의 교환대상이 되는 주권, 파생결합증권의 기초자산이 되는 주권 및 증권예탁증권의 기초가 되는 주권은 제외한다(시행규칙17②).

산정방법에 있어서 분모가 되는 주식등의 총수를 계산함에 있어서는 의결권 있는 발행주식총수, 본인과 특별관계자가 각각 보유하는 주식관련사채 등을 합산하면 된다. 그리고 주식매수선택권의 행사에 따라 매수할 의결권 있는 주식도 합산한다(시행규칙17③ 본문). 다만 자기주식을 대상으로 하는 주식매수선택권의 경우에는 주식등의 총수에 합산하지 아니한다(시행규칙17③ 단서).

합산의 대상이 되는 주식등의 총수는 이미 발행된 주식을 대상으로 하기 때문에 교환사채, 파생결합증권, 그리고 증권예탁증권 등은 이미 발행주식등의 총수에 포함되어 있으므로 계산에서 제외한 것이다.

주식등의 총수를 계산함에 있어서 주의할 것은 주권을 제외한 주식등의 수를 계산할 경우에 당해 주식등의 총수가 아니라 보고의무자가 매수하는 주식등의 수만 산입된다는 점이다. 이는 전환사채, 신주인수권부사채 등 주식관련사채의 경우 다른 사람들이 가지고 있는 당해 사채의 권리행사 여부를 파악하기가 어렵다는 점을 반영한 것이다. 그 결과 보고의무자의 보유비율이 실제보다 높게 산정되는 문제가 있으나 공시의무자가 회사인 다른 공시제도와는 달리 5% 보고에 있어서 보고의무자는 주주라는 점을 감안하면 불가피한 것으로 보인다.[49]

Ⅲ. 보고내용과 보고시기

1. 보고주체와 보고방법

(1) 의의

본인과 그 특별관계자가 합산한 보유비율이 발행주식등의 총수의 5% 이상인 경우에 그 본인 및 특별관계자가 보고의무자이다(법147①). 따라서 본인이 자신의 보유상황과 합산대상인 특수관계인 및 공동보유자의 보유상황을 보고하면 된다. 합산대상인 특수관계인 및 공동보유자도 각각 본인의 입장에서 보유상황을 보고하면 된다.

주식등의 대량보유(변동)보고 의무자는 본인 또는 그 특별관계자가 임원 등의 특정증권등 소유상황의 보고대상이 되는지를 확인하고 보고대상인 경우 별도로 임원 등의 특정증권등의 소유상황을 보고하여야 한다.

(2) 대표자연명보고

본인과 그 특별관계자가 함께 보고하는 경우에는 보유주식등의 수가 가장 많은 자를 대표자로 선정하여 연명으로 보고할 수 있다(영153④). 연명보고의 방법에 대하여는 증권발행공시규정[50]에서 정하고 있다.

연명보고는 각자의 보고의무를 대표보고자가 보고의 편리성을 위하여 대행할 수 있다는 의미이다. 다만 연명된 자는 보고의무를 부담하지만 대표보고자가 보고하였기 때문에 보고할 필요가 없을 뿐이다. 따라서 연명보고된 내용이 허위의 내용인 경우에 연명된 자 모두가 보고의무를 위반하여 책임을 지게 된다.

대표보고자가 연명보고를 하는 경우 특별관계자도 보고의무를 이행한 것이므로 특별관계자는 별도로 보고를 할 필요가 없다. 예컨대 A, B, C가 상호 특별관계자에 해당하는 경우에 A, B, C 모두가 본인의 입장에서 보고의무자이다. 그중 지분을 가장 많이 보유한 자가 나머지 보고의무자의 위임장을 받아 연명하여 대표로 보고할 수 있고, 연명보고를 하는 경우 다른 보고의무자는 따로 보고할 필요는 없다.

---

49) 유석호(2005), 97쪽.
50) 증권의 발행 및 공시 등에 관한 규정 제3-11조(연명보고의 방법) ① 영 제153조 제4항에 따라 보유주식등의 수가 가장 많은 자를 대표자로 선정하여 본인과 그 특별관계자가 함께 보고("연명보고")하는 경우에는 특별관계자는 그 대표자에게 보고를 위임한다는 뜻을 기재한 위임장을 제출하고, 대표자는 제출받은 위임장사본을 최초연명보고시 주식등의 대량보유 및 변동보고서에 첨부하여 금융위에 제출하여야 한다.
　② 제1항에 따른 보고를 한 이후 대량변동이 있는 때에는 연명보고를 한 대표자가 대량변동보고를 하여야 한다. 다만 대표자가 변경되는 경우에는 변경된 대표자가 보고를 하여야 하며 이 경우에도 제1항의 규정을 준용한다.

2. 보고내용

(1) 개요

보고의무자는 그 보유상황, 보유목적(발행인의 경영권에 영향을 주기 위한 목적 여부를 말함), 그 보유주식등에 관한 주요계약내용, 그 밖에 대통령령으로 정하는 사항을 금융위원회와 거래소에 보고하여야 하며, 그 보유주식등의 수의 합계가 그 주식등의 총수의 1% 이상 변동된 경우(그 보유주식등의 수가 변동되지 아니한 경우, 그 밖에 대통령령으로 정하는 경우 제외)에는 그 변동된 날부터 5일 이내에 그 변동내용을 금융위원회와 거래소에 보고하여야 한다(법147①). 그리고 그 보유목적이나 그 보유주식등에 관한 주요계약내용 등 대통령령이 정하는 중요한 사항의 변경이 있는 경우에는 5일 이내에 금융위원회와 거래소에 보고하여야 한다(법147④). 즉 보고의무자는 주권상장법인의 주식등을 5% 이상 보유하게 되거나 또는 그 후 보유비율이 1% 이상 변동된 경우, 그리고 보유목적이나 중요사항이 변경된 경우에는 5일 이내에 그 보유상황, 변동내용 및 변경내용을 금융위원회와 거래소에 보고하여야 한다.

(2) 보고의 종류

(가) 신규보고

본인과 그 특별관계자가 보유하는 주권상장법인의 주식등의 합계가 발행주식등의 총수의 5% 이상이 되는 경우의 보고를 말한다(법147①). 예를 들어 Y회사의 주식등을 4.99% 보유하고 있는 주주가 추가취득으로 보유비율을 5% 이상 보유하게 된 경우를 말한다. 이 경우 보유상황(보유형태를 포함), 보유목적, 보유주식등에 대한 주요계약내용(신탁, 담보, 대차계약) 등을 보고하게 된다.

여기서 주식등의 취득은 공개매수의 경우와는 달리 장내취득이든 장외취득이든 모두 신규취득에 해당한다. 신규로 5% 이상이 되는 경우이므로 5% 미만의 보유자가 하루 동안의 거래로 5%를 초과하는 지분을 취득하면 신규보고를 하여야 한다.

(나) 변동보고

기존의 보고의무를 이행한 보고자의 보유주식등의 보유비율이 발행주식등의 총수의 1% 이상 변동한 경우를 말한다(법147①). 예를 들어 Y회사의 주식등을 5.5% 보유하고 있는 자가 추가취득으로 보유비율을 6.5% 이상 보유하게 된 경우를 말한다. 한편 5.5%를 보유하고 있는 자가 특정회사의 지분의 일부를 처분하여 그 보유비율이 4.5% 이하가 되는 경우에도 보고의무가 발생한다. 다만 1% 미만의 변동을 보고한 경우, 예컨대 0.6%를 처분하여 4.9%가 되는 시점에 보고한 경우에는 추가로 보고할 필요가 없다.

특정일을 기준으로 하여 누적보유비율이 1% 이상 변동하면 다음 날 거래로 누적 변동비율이 1% 미만이 되는 경우에도 보고의무가 발생한다. 다만 하루 동안의 거래에서 일시적으로 1% 이상이 변동되었으나 1일 전체의 비율이 1% 미만인 경우에는 해당하지 않는다. 한편 5% 보고자가 보유주식등을 처분하여 5% 미만이 되는 경우에도 그 보유비율이 1% 이상 하락한 경우에는 보고의무가 있으나 1% 미만인 경우에는 보고의무가 없다. 예컨대 5.5%를 보유한 자가 1%를 매도하여 4.5%가 된 경우에는 보고의무가 있으나, 0.9%를 매도하여 4.6%가 된 경우에는 보고의무가 없다. 후자의 경우 실무상으로는 1% 이상의 변동은 아니지만 보고자가 임의로 보고하는 경우에는 이후에는 보고의무가 없는 것으로 처리된다.[51]

주식등의 대량보유상황·보유목적 또는 그 변동내용을 보고하는 날 전일까지 새로 변동내용을 보고하여야 할 사유가 발생한 경우 새로 보고하여야 하는 변동내용은 당초의 대량보유상황, 보유목적 또는 그 변동내용을 보고할 때 이를 함께 보고하여야 한다(법147③). 예를 들어 2020년 3월 3일(화요일) 보고의무가 발생하여 보고기한이 2020년 3월 10일(화요일)인 경우, 3월 4일에 1% 이상 추가취득 등으로 변동보고사유가 발생하면 당초의 보고기한(3월 10일)에 3월 4일의 추가취득분까지 함께 보고하여야 한다는 의미이다.

(다) 변경보고

1) 의의

보유목적이나 그 보유주식등에 관한 주요계약내용 등 대통령령이 정하는 중요한 사항의 변경이 있는 경우에는 5일 이내에 금융위원회와 거래소에 보고하여야 한다(법147④). 여기서 "대통령령이 정하는 중요한 사항"이란 다음의 어느 하나에 해당하는 사항을 말한다(영155). 따라서 발행주식등 총수의 1% 이상에 해당하는 보유주식등에 대한 변경사항이 있는 경우에 한한다.

1. 보유목적(발행인의 경영권에 영향을 주기 위한 보유목적인지 여부)
1의2. 단순투자 목적 여부(발행인의 경영권에 영향을 주기 위한 것이 아닌 경우에 한정)
2. 보유주식등에 대한 신탁·담보계약, 그 밖의 주요계약 내용(해당 계약의 대상인 주식등의 수가 그 주식등의 총수의 1% 이상인 경우만 해당)
3. 보유형태(소유와 소유 외의 보유 간에 변경이 있는 경우로서 그 보유형태가 변경되는 주식등의 수가 그 주식등의 총수의 1% 이상인 경우만 해당)

2) 보고사유

보유목적을 변경한 경우에는 보유목적이 단순투자목적에서 경영권에 영향을 주기 위한 목적(경영참가목적)으로 변경된 경우뿐만 아니라 경영참가목적에서 단순투자목적으로 변경된 경

---

51) 유석호(2005), 93쪽.

우에도 보고의무가 발생한다.

또한 보유주식등에 관한 주요계약내용의 변경이 있는 경우에는 보유주식등에 대한 신탁계약, 담보계약, 매도계약, 대차계약, 장외매매계약, 환매조건부계약 등 주요계약을 체결한 경우에 대하여 그 내용을 보고하여야 한다. 장외매도계약의 경우 계약체결시의 주요계약내용 보고와는 별개로 실제로 지분을 처분할 시점에 비율변동을 보고하여야 한다. 이 경우는 경영참가목적인 경우에 한한다. 예컨대 주식에 대한 장외매도계약을 체결한 경우 매도계약은 주식등에 대한 주요계약이므로 계약체결일로부터 5일 이내에 보고하여야 한다. 다만 지분처분에 대한 변동보고는 의무발생일(대금수령일과 주식인도일 중 먼저 도래하는 날)부터 5일 이내에 별도로 보고하여야 한다. 여기서 주요계약의 판단은 보유주식등의 변동을 초래할 수 있는지 여부를 기준으로 판단하여야 한다. 예컨대 장외매매계약이나 대차계약이 이에 해당하지만, 보호예수계약은 주요계약에 해당하지 않는다.

그리고 주식등의 보유형태의 변경이 있는 경우로 소유에서 보유로 변경되거나 보유에서 소유로 변경된 경우 보고의무가 발생한다. 이 경우는 경영참가목적인 경우에 한한다. 예컨대 주식을 대여하여 보유형태가 소유에서 보유(인도청구권)로 변경되거나 주식매수선택권(스톡옵션)을 행사하여 보유형태가 보유에서 소유로 변경된 경우이다.

(3) 보고내용
(가) 개요

보고의무자는 그 보유상황, 보유목적, 그 보유주식등에 관한 주요계약내용, 그 밖에 대통령령으로 정하는 사항을 보고하여야 한다(법147①). 여기서 "대통령령으로 정하는 사항"이란 다음의 사항을 말한다(영153②).

1. 주식등을 대량보유("대량보유자")와 그 특별관계자에 관한 사항
2. 보유주식등의 발행인에 관한 사항
3. 변동사유
4. 취득 또는 처분 일자·가격 및 방법
5. 보유형태
6. 취득에 필요한 자금이나 교환대상물건의 조성내역(차입인 경우에는 차입처 포함)
7. 제1호부터 제6호까지의 사항과 관련된 세부사항으로서 금융위원회가 정하여 고시하는 사항[52]

---

[52] "금융위원회가 정하는 사항"이란 다음의 사항을 말한다(증권발행공시규정3-10①).
   1. 보유주식등의 발행인에 관한 사항
   2. 대량보유자 및 그 특별관계자에 관한 사항
      가. 성명, 주소, 국적, 직업 등 인적사항

이는 경영참가목적이 있는 경우에 제출하는 보고서(일반서식)에 기재할 사항이다. 그러나 보유목적이 아래서 살펴보게 될 단순투자목적인 경우에 제출하는 보고서(약식서식)에는 보유상황, 주식등의 대량보유자와 그 특별관계자에 관한 사항, 보유주식등의 발행회사에 관한 사항, 취득 또는 처분일자·가격 및 방법을 기재하는 것으로 족하다.[53] 보유목적이 경영참가목적인지 또는 단순투자목적인지 여부는 아래서 살펴보기로 한다.

(나) 보유목적의 개념

여기서 보유목적이란 발행인의 경영권에 영향을 주기 위한 목적 여부를 말한다(법147①). 따라서 자본시장법상 5% 보고의무자의 보유목적은 경영권에 영향을 주기 위한 목적을 위한 경우(경영참가목적)와 그렇지 않은 경우(단순투자목적)로 구분된다. 또한 앞에서 본바와 같이 5% 보고의무자가 이러한 보유목적을 변경한 경우를 말한다.

1) 경영참가목적

자본시장법은 경영참가목적을 발행인의 경영권에 영향을 주기 위한 것(임원의 선임·해임 또는 직무의 정지, 이사회 등 회사의 기관과 관련된 정관의 변경 등 대통령령으로 정하는 것)으로 정의하고 있다(법147① 후단).

나. 대량보유자 및 그 특별관계자가 자연인이 아닌 법인 또는 단체인 경우에는 해당 법인 또는 단체의 법적 성격, 임원(회사가 아닌 경우 구성원), 의사결정기구 및 최대주주(회사가 아닌 경우 출자자)에 관한 사항
3. 보유목적(영 제154조 각 호의 행위에 대한 구체적인 계획 또는 방침 등을 포함)
4. 변동사유
5. 보고자 및 특별관계자별 보유 또는 변동 주식등의 종류 및 수
6. 보고자 및 특별관계자별 취득 또는 처분 일자·가격 및 방법
7. 보고자 및 특별관계자별 보유형태
8. 취득에 필요한 자금 또는 교환대상물건의 조성내역(보고대상 주식등의 취득과 직접 또는 간접적으로 관련된 자금등의 조성경위 및 원천을 말하며, 차입의 경우에는 차입처, 차입기간 그 밖의 계약상의 주요내용을 포함)
9. 보유주식등에 관한 신탁계약·담보계약 그 밖의 주요계약의 내용
53) 증권발행공시규정 제3-12조(보고서의 첨부서류 등) ① 법 제147조에 따라 주식등의 대량보유상황을 보고하는 경우 매매보고서 그 밖에 취득 또는 처분을 증빙할 수 있는 자료와 보유주식등에 관한 주요 계약서 사본(영 제153조 제2항에 따라 보고서를 기재한 경우로서 계약서를 작성한 경우에 한한다)을 첨부하여야 한다. 다만 다음에 해당하는 법인이 증권시장 또는 다자간매매체결회사를 통하여 주식등을 취득 또는 처분한 경우에는 그 취득 또는 처분에 관한 증빙자료의 제출을 생략할 수 있다. 이 경우 외국법인인 경우에는 대량보유보고서를 신규로 제출하는 때에 해당 외국금융투자감독기관의 인가, 허가 또는 등록확인서 등 해당 업무를 영위하는 법인임을 확인할 수 있는 서류를 제출하여야 한다.
1. 다음 각 목의 어느 하나에 해당하는 법인
  가. 영 제10조 제1항 제1호 및 제2호
  나. 영 제10조 제2항
  다. 영 제10조 제3항 제1호부터 제14호
2. 그 밖에 제1호에 준하는 법인으로 감독원장이 정하는 법인
② 제1항의 첨부서류가 사본인 때에는 원본과 상위없음을 표시하고 보고자가 날인하여야 한다.

여기서 "대통령령으로 정하는 것"이란 다음의 어느 하나에 해당하는 것을 위하여 회사나 그 임원에 대하여 사실상 영향력을 행사하는 것을 말한다. 사실상 영향력을 행사하는 것에는 상법, 그 밖의 다른 법률에 따라 상법 제363조의2(주주제안권)·제366조(소수주주에 의한 소집청구)에 따른 권리를 행사하거나 이를 제3자가 행사하도록 하는 것과 자본시장법 제152조(의결권 대리행사의 권유)에 따라 의결권 대리행사를 권유하는 것을 포함하며, 단순히 의견을 전달하거나 대외적으로 의사를 표시하는 것은 제외한다(영154①).

1. 임원의 선임·해임 또는 직무의 정지. 다만 상법 제385조 제2항[54](제415조에서 준용하는 경우를 포함) 또는 상법 제402조[55]에 따른 권리를 행사하는 경우에는 적용하지 않는다.
2. 이사회 등 상법에 따른 회사의 기관과 관련된 정관의 변경. 다만 제2항 각 호의 어느 하나에 해당하는 자 또는 그 밖에 금융위원회가 정하여 고시하는 자가 투자대상기업 전체의 지배구조 개선을 위해 사전에 공개한 원칙에 따르는 경우에는 적용하지 않는다.
3. 회사의 자본금의 변경. 다만 상법 제424조[56]에 따른 권리를 행사하는 경우에는 적용하지 않는다.
4. 삭제 [2020. 1. 29]
5. 회사의 합병, 분할과 분할합병
6. 주식의 포괄적 교환과 이전
7. 영업전부의 양수·양도 또는 금융위원회가 정하여 고시하는 중요한 일부의 양수·양도[57]
8. 자산 전부의 처분 또는 금융위원회가 정하여 고시하는 중요한 일부의 처분[58]
9. 영업전부의 임대 또는 경영위임, 타인과 영업의 손익 전부를 같이하는 계약, 그 밖에 이에 준하는 계약의 체결, 변경 또는 해약

---

54) 상법 제385조(해임) ② 이사가 그 직무에 관하여 부정행위 또는 법령이나 정관에 위반한 중대한 사실이 있음에도 불구하고 주주총회에서 그 해임을 부결한 때에는 발행주식의 총수의 3% 이상에 해당하는 주식을 가진 주주는 총회의 결의가 있은 날부터 1월내에 그 이사의 해임을 법원에 청구할 수 있다.
55) 상법 제402조(유지청구권) 이사가 법령 또는 정관에 위반한 행위를 하여 이로 인하여 회사에 회복할 수 없는 손해가 생길 염려가 있는 경우에는 감사 또는 발행주식의 총수의 1% 이상에 해당하는 주식을 가진 주주는 회사를 위하여 이사에 대하여 그 행위를 유지할 것을 청구할 수 있다.
56) 상법 제424조(유지청구권) 회사가 법령 또는 정관에 위반하거나 현저하게 불공정한 방법에 의하여 주식을 발행함으로써 주주가 불이익을 받을 염려가 있는 경우에는 그 주주는 회사에 대하여 그 발행을 유지할 것을 청구할 수 있다.
57) "금융위원회가 정하여 고시하는 중요한 일부의 양수·양도"란 다음의 어느 하나에 해당하는 양수·양도를 말한다(증권발행공시규정3-13①).
   1. 양수·양도하고자 하는 영업부문의 자산액이 최근 사업연도말 현재 자산총액의 10% 이상인 양수·양도
   2. 양수·양도하고자 하는 영업부문의 매출액이 최근 사업연도말 현재 자산총액의 10% 이상인 양수·양도
   3. 영업의 양수로 인하여 인수할 부채액이 최근 사업연도말 현재 자산총액의 10% 이상인 양수·양도
58) "금융위원회가 정하여 고시하는 중요한 일부의 처분"이란 처분하고자 하는 자산액이 최근 사업연도말 현재 자산총액의 10% 이상인 처분을 말한다. 다만 제4-4조(중요한 자산양수·도의 예외 등) 각 호의 어느 하나에 해당하는 자산의 처분은 제외한다(증권발행공시규정3-13②).

10. 회사의 해산

"사실상의 영향력을 행사하는 것"에는 상법 또는 자본시장법의 규정에 의하여 소수주주가 주주총회의 소집을 청구하거나 주주제안권을 행사하는 것, 그리고 이를 제3자가 행사하도록 하는 것을 포함하고 있다. 이 시행령의 규정에 의하면 주주총회 소집청구, 주주제안을 포함한 어떤 형태로든지 사실상의 영향력을 행사하게 하는 경우는 경영참가목적을 가지는 것이 된다. 그러나 경영권에 대하여 적극적으로 사실상의 영향력을 행사하는 경우만을 경영참가목적으로 보아야 할 것이고, 주주총회에 참석하여 단순히 의결권만을 행사하는 것을 경영참가목적으로 는 볼 수 없다.

2) 단순투자목적

자본시장법은 경영권에 영향을 주기 위한 목적에 해당되지 않는 경우를 단순투자목적으로 보고 있다. 단순투자목적으로 5% 보고를 한 자는 그 보유목적을 경영참가목적으로 변경한 후에야 주주제안권 행사, 주주총회 소집요구 등 경영참가행위를 할 수 있다.

3. 보고시기

(1) 보고기한(5일)

대량보유보고(신규보고), 변동보고 및 변경보고는 보고의무 발생일(보고기준일)로부터 5일 이내에 하여야 한다(법147①④). 보고기한의 기산일은 민법의 일반원칙에 의한다(초일 불산입의 원칙). 따라서 보고의무 발생일을 제외하고 그 다음날부터 5일의 기간을 계산한다. 보고기한 5일을 산정하는 경우 대통령령으로 정하는 날은 산입하지 아니한다(법147①).

여기서 "대통령령으로 정하는 날"은 공휴일, 근로자의 날 제정에 관한 법률에 따른 근로자의 날, 토요일을 말한다(영153①). 예를 들어 2020년 5월 4일 증권시장에서 주식매수주문이 체결되어 보고의무가 발생한 경우 보고의무 발생일(5월 4일)과 공휴일(5월 5일과 10일)과 토요일(5월 9일)을 제외하고 5일째가 되는 날(5월 12일)이 보고기한이 된다.

(2) 합산보고

주식등의 대량보유상황·보유목적 또는 그 변동내용을 보고하는 날 전일까지 새로 변동내용을 보고하여야 할 사유가 발생한 경우 새로 보고하여야 하는 변동내용은 당초의 대량보유상황, 보유목적 또는 그 변동내용을 보고할 때 이를 함께 보고하여야 한다(법147③). 즉 5% 보고의무가 발생한 자가 그 보고기한인 5일 이내에 주식등을 추가로 취득함으로써 추가로 보고의무가 발생하는 경우에는 처음의 보고사유 발생에 따른 5일 이내에 보고시 추가된 변동상황도 함께 보고하도록 한 것이다. 이것은 주식등의 계속 매수에 의한 매매상황이 보다 신속히 증권시장에 공시되도록 하려는 취지이다.

(3) 보고기준일(보고의무 발생일)

주식등의 대량보유자가 주식등의 보유상황이나 변동내용을 보고하여야 하는 경우에 그 보고기준일은 다음의 어느 하나에 해당하는 날로 한다(영153③).

1. 주권비상장법인이 발행한 주권이 증권시장에 상장된 경우에는 그 상장일
2. 흡수합병인 경우에는 합병을 한 날,[59] 신설합병인 경우에는 그 상장일
3. 증권시장(다자간매매체결회사에서의 거래를 포함)에서 주식등을 매매한 경우에는 그 계약체결일[60]
4. 증권시장 외에서 주식등을 취득하는 경우에는 그 계약체결일
5. 증권시장 외에서 주식등을 처분하는 경우에는 대금을 받는 날과 주식등을 인도하는 날 중 먼저 도래하는 날
6. 유상증자로 배정되는 신주를 취득하는 경우에는 주금납입일의 다음날
7. 주식등을 차입하는 경우에는 그 차입계약을 체결하는 날, 상환하는 경우에는 해당 주식등을 인도하는 날
8. 주식등을 증여받는 경우에는 민법에 따른 효력발생일, 증여하는 경우에는 해당 주식등을 인도하는 날
9. 상속으로 주식등을 취득하는 경우로서 상속인이 1인인 경우에는 단순승인이나 한정승인에 따라 상속이 확정되는 날, 상속인이 2인 이상인 경우에는 그 주식등과 관계되는 재산분할이 종료되는 날
10. 제1호부터 제9호까지 외의 사유로 인하여 보고하여야 하는 경우에는 민법·상법[61] 등 관련 법률에 따라 해당 법률행위 등의 효력이 발생하는 날

위 제4호와 제5호는 증권시장 외에서 이루어지는 장외매매를 규정하고 있다. 장외매매를 하는 경우의 보고기준을 구체적으로 살펴보면 다음과 같다. 장외매수는 계약체결일, 장외매도는 원칙적으로 대금수령일과 주식등의 인도일 중 먼저 도래하는 날을 기준으로 보고의무가 발생한다(제4호, 제5호). 그러나 장외매수의 경우는 계약체결일을 보고의무 발생일로 하여 보고하면 되지만 장외매도의 경우는 계약내용에 따라 보고의무 발생일이 달라질 수 있다. 즉 장외매

---

59) 합병등기를 해야 합병의 효력이 발생하므로 "합병을 한 날"은 합병등기일을 말한다.
60) 증권거래법은 "결제일"을 기준으로 하고 있었으나 자본시장법은 "계약체결일"로 변경하였다. 그러나 임원 등의 특정증권 등 소유상황 보고의무(법173)는 "결제일"이다(영200④(1)).
61) 상법에서 규정하고 있는 포괄적 주식교환의 경우(상법 제360조의2) 상법에 의하여 효력이 발생하는 날인 "교환을 한 날"이 보고기준일이 된다. 그러나 상법상 포괄적 주식교환이 아닌 사적인 주식교환의 경우는 결제수단을 현금이 아닌 주식으로 대체한 장외계약의 한 형태이므로 시행령 제153조 제3항 제4호와 제5호에 의한 장외매매거래의 보고방법에 따라 보고하면 된다.

도의 경우 계약금, 중도금, 잔금으로 대금의 수령일이 구분되어 있고, 주식등의 인도가 잔금지급일에 이루어진다면, 매도인에게는 잔금수령일과 주식등의 인도일 중 빠른 날 보고의무 발생일이 된다. 이 경우 매수인에게도 주식의 인수시점에 변경보고(보유형태 변경: 보유 → 소유)의무가 추가로 발생한다. 또한 매도인이 매매대금을 분할하여 수령하고 대금을 수령하는 경우마다 동일한 가치의 주식등을 인도하는 경우에는 각각의 대금 수령시점이 보고의무 발생일에 해당한다.

또한 장외매수계약을 체결하여 계약체결일을 기준으로 5% 보고를 하였으나 계약내용이 변경되어 매수수량 등이 달라지는 경우에는 계약내용의 변경일을 기준으로 변동보고를 하여야 한다. 그리고 장외매도계약은 보유주식등에 대한 주요계약내용에 해당하므로(영155(2)) 변동보고와는 별도로 계약체결일로부터 5일 이내에 변경보고를 하여야 한다. 따라서 일반적으로 장외매도의 경우 계약체결일(매도자: 주요계약내용의 변경, 매수자: 보유성립) 및 이행일(매도자: 변동보고, 매수자: 보유형태 변경)에 각각 보고의무가 발생하게 된다.

Ⅳ. 보고내용과 보고시기의 특례

1. 특례적용대상

보유목적이 발행인의 경영권에 영향을 주기 위한 것(임원의 선임·해임 또는 직무의 정지, 이사회 등 회사의 기관과 관련된 정관의 변경 등 대통령령으로 정하는 것)이 아닌 경우와 전문투자자 중 "대통령령으로 정하는 자"의 경우에는 그 보고내용 및 보고시기 등을 대통령령으로 달리 정할 수 있다(법147① 후단).

여기서 "대통령령으로 정하는 자"란 다음의 어느 하나에 해당하는 자를 말한다(영154②).

1. 국가
2. 지방자치단체
3. 한국은행
4. 그 밖에 그 보고내용과 보고시기 등을 달리 정할 필요가 있는 자로서 금융위원회가 정하여 고시하는 자

위 제4호에서 "보고내용과 보고시기 등을 달리 정할 필요가 있는 자"란 시행령 제10조 제2항 제9호, 제3항 제1호부터 제8호까지, 제10호부터 제13호까지 중 어느 하나에 해당하는 자[62]

---

62) 시행령 제10조(전문투자자의 범위 등) ② "대통령령으로 정하는 금융기관"이란 다음의 금융기관을 말한다.
   9. 증권금융회사
   ③ "대통령령으로 정하는 자"란 다음의 자를 말한다.

를 말한다(증권발행공시규정3-14).

자본시장법은 보유목적에 대한 특례와 보고의무자에 대한 특례규정을 두고 있다. 즉 보유목적이 경영참가목적이 아닌 경우와 전문투자자 중 일정한 자에 대하여 보고내용과 보고시기의 예외를 인정한 것이다. 대통령으로 달리 정한 특례의 내용을 아래서 보기로 한다.

2. 특례의 내용

(1) 보유목적의 특례

전문투자자가 아닌 자의 보유목적이 발행인의 경영권에 영향을 주기 위한 것이 아닌 경우에는 다음의 구분에 따라 보고할 수 있다(영154③).[63]

1. 단순투자 목적인 경우(상법 제369조,[64] 제418조 제1항[65] 또는 제462조[66]에 따른 권리 등 보유하는 주식등의 수와 관계없이 법률에 따라 보장되는 권리만을 행사하기 위한 것)인 경우: 다음 각 목의 사항을 모두 기재한 보고서로 보고하되, 그 보유상황에 변동이 있는 경우에는 그 변동이 있었던 달의 다음 달 10일까지 보고할 것

---

1. 예금보험공사 및 정리금융회사, 2. 한국자산관리공사, 3. 한국주택금융공사, 4. 한국투자공사, 5 금융투자협회, 6. 한국예탁결제원, 6의2. 전자증권법 제2조 제6호에 따른 전자등록기관, 7. 한국거래소, 8. 금융감독원, 10. 신용보증기금, 11. 기술보증기금, 12. 법률에 따라 설립된 기금(제10호 및 제11호는 제외) 및 그 기금을 관리·운용하는 법인, 13. 법률에 따라 공제사업을 경영하는 법인

63) 증권발행공시규정 제3-10조(보고서의 기재사항) ③ 영 제154조 제3항에 따른 보고서에는 다음의 구분에 따른 사항을 기재한다.
　　1. 영 제154조 제3항 제1호의 경우: 제1항 제1호부터 제3호까지 및 제5호·제6호의 기재사항 및 주식등의 보유기간 동안 주식등의 수와 관계없이 보장되는 권리의 행사 외의 행위를 하지 아니하겠다는 확인
　　2. 영 제154조 제3항 제2호의 경우: 제1항 제1호부터 제3호, 제5호·제6호 및 제8호·제9호의 기재사항

64) 상법 제369조(의결권) ① 의결권은 1주마다 1개로 한다.
② 회사가 가진 자기주식은 의결권이 없다.
③ 회사, 모회사 및 자회사 또는 자회사가 다른 회사의 발행주식의 총수의 10%를 초과하는 주식을 가지고 있는 경우 그 다른 회사가 가지고 있는 회사 또는 모회사의 주식은 의결권이 없다.

65) 상법 제418조(신주인수권의 내용 및 배정일의 지정·공고) ① 주주는 그가 가진 주식 수에 따라서 신주의 배정을 받을 권리가 있다.

66) 상법 제462조(이익의 배당) ① 회사는 대차대조표의 순자산액으로부터 다음의 금액을 공제한 액을 한도로 하여 이익배당을 할 수 있다.
　　1. 자본금의 액
　　2. 그 결산기까지 적립된 자본준비금과 이익준비금의 합계액
　　3. 그 결산기에 적립하여야 할 이익준비금의 액
　　4. 대통령령으로 정하는 미실현이익
② 이익배당은 주주총회의 결의로 정한다. 다만 제449조의2 제1항에 따라 재무제표를 이사회가 승인하는 경우에는 이사회의 결의로 정한다.
③ 제1항을 위반하여 이익을 배당한 경우에 회사채권자는 배당한 이익을 회사에 반환할 것을 청구할 수 있다.
④ 제3항의 청구에 관한 소에 대하여는 제186조를 준용한다.

가. 보유상황

나. 보유목적

다. 제153조 제2항 제1호·제2호와 제4호의 사항(=대량보유자와 그 특별관계자에 관한 사항, 보유주식등의 발행인에 관한 사항, 취득 또는 처분 일자·가격 및 방법)

라. 주식등의 보유기간 동안 주식등의 수와 관계없이 보장되는 권리의 행사 외의 행위를 하지 않겠다는 확인

2. 단순투자 목적이 아닌 경우: 다음 각 목의 사항을 모두 기재한 보고서로 보고하되, 그 보유상황에 변동이 있는 경우에는 그 변동이 있었던 날부터 10일 이내에 보고할 것

가. 제1호 가목부터 다목까지의 사항

나. 제153조 제2항 제6호의 사항[=취득에 필요한 자금이나 교환대상물건의 조성내역(차입인 경우에는 차입처를 포함)]

다. 보유주식등에 관한 주요계약내용

(2) 보고의무자의 특례

(가) 전문투자자 중 국가·지방자치단체·한국은행

전문투자자 중 국가, 지방자치단체, 한국은행은 다음의 사항을 모두 기재한 보고서로 주식등의 보유 또는 변동이 있었던 분기의 다음 달 10일까지 보고할 수 있다(영154④).[67]

1. 보고하여야 할 사유가 발생한 날의 보유 상황 및 변동 내용
2. 제153조 제2항 제1호 및 제2호의 사항(=대량보유자와 그 특별관계자에 관한 사항, 보유주식등의 발행인에 관한 사항)

(나) 그 밖에 그 보고내용과 보고시기 등을 달리 정할 필요가 있는 자로서 금융위원회가 정하여 고시하는 자

전문투자자 중 제2항 제4호에 해당하는 자는 다음의 구분에 따라 보고할 수 있다(영154⑤).[68]

1. 보유목적이 발행인의 경영권에 영향을 주기 위한 것인 경우: 제3항 제1호 가목부터 다목까지의 사항을 모두 기재한 보고서로 보고하되, 주식등의 보유 또는 변동이 있었던 날부터 5

---

67) 영 제154조 제4항에 따른 보고서에는 다음의 사항을 기재한다(증권발행공시규정3-10④).
   1. 제1항 제1호·제2호의 기재사항
   2. 보고하여야 할 사유가 발생한 날의 보고자 및 특별관계자별 보유 또는 변동 주식등의 종류 및 수
68) 영 제154조 제5항에 따른 보고서에는 다음의 구분에 따른 사항을 기재한다(증권발행공시규정3-10⑤).
   1. 영 제154조 제5항 제1호의 경우: 제1항 제1호부터 제3호까지 및 제5호·제6호의 기재사항
   2. 영 제154조 제5항 제2호의 경우: 제1항 제1호부터 제3호, 제5호의 기재사항 및 주식등의 보유기간 동안 주식등의 수와 관계없이 보장되는 권리의 행사 외의 행위를 하지 아니하겠다는 확인
   3. 영 제154조 제5항 제3호의 경우: 제1항 제1호부터 제3호 및 제5호의 기재사항

일 이내에 보고할 것

2. 보유목적이 발행인의 경영권에 영향을 주기 위한 것이 아닌 경우로서 단순투자목적인 경우: 다음 각 목의 사항을 모두 기재한 보고서로 보고하되, 주식등의 보유 또는 변동이 있었던 분기의 마지막 달의 다음 달 10일까지 보고할 것

가. 제4항 각 호의 사항

나. 보유목적

다. 주식등의 보유기간 동안 주식등의 수와 관계없이 보장되는 권리의 행사 외의 행위를 하지 않겠다는 확인

3. 보유목적이 발행인의 경영권에 영향을 주기 위한 것이 아닌 경우로서 단순투자목적이 아닌 경우: 다음 각 목의 사항을 모두 기재한 보고서로 보고하되, 주식등의 보유 또는 변동이 있었던 달의 다음 달 10일까지 보고할 것

가. 제4항 각 호의 사항

나. 보유목적

V. 보고의무의 면제

1. 대량보유보고의무의 면제

증권거래법은 대량보유보고의무의 필요성이 없다고 인정되는 자에 대하여 보고의무를 면제하고 있었다. 즉 국가, 지방자치단체, 정부의 기금, 증권금융회사 등에 대해서는 보고의무를 면제하였다(증권거래법 시행령86의3①). 그러나 자본시장법은 종전의 보고의무가 면제되던 국가, 지방자치단체, 정부의 기금 등도 보고의무자로 편입하였다(영154②). 그 이유는 국가, 지방자치단체 등의 주식 대량보유정보는 경영권분쟁 관련당사자와 주식등의 시장가격에 영향을 주므로 일반투자자에게도 중요한 정보이기 때문이다. 다만 앞에서 본 바와 같이 국가, 지방자치단체 등의 대량보유보고의무는 그 보고내용과 보고시기를 달리 정하고 있다.

2. 변동보고의무의 면제

주식등을 5% 이상 보유한 자의 보유비율이 1% 이상 변동하였으나 그 보유주식수가 변동되지 아니한 경우와 보고의무자의 의사와 무관하게 보유비율이 변동되거나 다른 주주와 동등하게 부여된 일정한 경우에는 보고의무가 면제된다(법147① 전단, 영153⑤). 이 경우에는 보유비율이 변동되어도 변동보고의무가 면제된다. 그러나 변동보고의무가 면제되더라도 신규보고의무까지 면제되는 것은 아니다.

다음의 어느 하나에 해당하는 경우에는 1% 이상의 보유비율이 변동하더라도 변동보고의

무가 없다(영153⑤).

1. 주주가 가진 주식수에 따라 배정하는 방법으로 신주를 발행하는 경우로서 그 배정된 주식만을 취득하는 경우
2. 주주가 가진 주식수에 따라 배정받는 신주인수권에 의하여 발행된 신주인수권증서를 취득하는 것만으로 보유주식등의 수가 증가하는 경우
3. 삭제 [2016. 12. 30.]
4. 자본감소로 보유주식등의 비율이 변동된 경우
5. 신주인수권이 표시된 것(신주인수권증서는 제외), 신주인수권부사채권·전환사채권 또는 교환사채권에 주어진 권리행사로 발행 또는 교환되는 주식등의 발행가격 또는 교환가격 조정만으로 보유주식등의 수가 증가하는 경우[69]

변동보고의 면제사유에 의하여 보유비율이 변동된 경우, 면제사유 발생시점의 주식등의 보유비율을 기준으로 추후 1% 이상 변동시에 변동보고의무가 발생한다. 예를 들어 5.1%를 보유하고 있는 자가 변동보고 면제사유로 인하여 보유비율이 6.2%가 된 경우 그 당시에는 보고의무가 면제되어 6.2%를 기준으로 1% 이상 변동되는 시점에 변동보고의무가 발생한다. 이 경우 변동보고서 세부내역을 기재할 경우 면제사유로 인한 주식등의 수의 변동내용을 포함하여야 한다.

Ⅵ. 보고서의 송부 및 공시

1. 보고서 등의 발행인 송부

주식등의 대량보유상황에 대한 신규보고, 변동보고, 변경 등을 보고한 자는 지체 없이 그 사본을 해당 주식등의 발행인(대통령령으로 정하는 주식등의 경우에는 대통령령으로 정하는 자)에게 송부하여야 한다(법148).

여기서 "대통령령으로 정하는 주식등의 경우에는 대통령령으로 정하는 자"란 다음의 자를 말한다(영 제156조).

1. 교환사채권의 경우에는 교환의 대상이 되는 주식등의 발행인
2. 파생결합증권의 경우에는 그 기초자산이 되는 주식등의 발행인
3. 증권예탁증권의 경우에는 그 기초가 되는 주식등의 발행인

---

69) 본인 및 특별관계자가 전환사채 등 주식관련사채를 5% 이상 보유하였으나 행사가(전환가) 등의 조정으로 보유주식등의 수가 증가하여 보유비율이 1% 이상 변동된 경우를 들 수 있다.

2. 보고서의 비치 및 공시

금융위원회 및 거래소는 주식 대량보유상황의 신규보고, 변동보고 및 변경보고에 관하여 제출받은 보고서를 3년간 비치하고, 인터넷 홈페이지 등을 이용하여 공시하여야 한다(법149).

Ⅶ. 냉각기간

1. 의의

주식등의 대량보유상황에 대한 신규보고, 변동보고 및 변경보고에 따라 주식등의 보유목적을 발행인의 경영권에 영향을 주기 위한 것으로 보고하는 자는 그 보고하여야 할 사유가 발생한 날부터 보고한 날 이후 5일까지 그 발행인의 주식등을 추가로 취득하거나 보유주식등에 대하여 그 의결권을 행사할 수 없다(법150②).

냉각기간(cooling period)은 M&A 목적으로 주식등을 취득하거나 이미 보유하고 있던 주식등의 보유목적을 경영참가목적으로 변경한 후 즉시 의결권행사를 함으로써 기존 경영진의 방어기회를 박탈하는 것을 방지하기 위한 것이다.

2. 냉각기간

냉각기간은 보고사유가 발생한 날부터 보고한 날 이후 5일까지 적용된다(법150②). 냉각기간 기산일은 보고사유 발생일[70]이며 종료일은 보고일을 제외하고 계산하여 5일째 되는 날이다. 그리고 냉각기간 5일을 산정하는 경우에는 공휴일과 토요일 및 근로자의 날은 산입하지 아니한다. 예를 들면 2020년 4월 29일 경영참가목적으로 5% 이상의 지분을 취득하고 동년 5월 7일 신규취득 보고서를 제출한 경우, 냉각기간은 보고의무 발생일(보고사유 발생일)일 4월 29일부터 보고일인 5월 7일 이후 5일째 되는 날인 5월 14일까지이다. 보고기한은 5월 11일까지이나 임의로 5월 7일에 보고서를 제출한 것으로 가정하였다. 그리고 공휴일인 4월 30일(석가탄신일), 5월 3일(일요일), 5월 5일(어린이 날), 5월 1일(근로자의 날)은 제외된다. 나아가 단순투자목적으로 주식을 취득한 자가 추후 경영참가목적으로 보유목적을 변경한 경우에도 위 사례와 같은 방식으로 냉각기간을 계산한다.

---

70) 증권거래법은 기산일을 보고일로 하고 있었다(법200의3②). 그러나 자본시장법은 보고사유 발생일로 변경하였다.

3. 냉각기간 위반의 효과

냉각기간을 위반하여 주식등을 추가로 취득한 자는 그 추가 취득분에 대하여 그 의결권을 행사할 수 없으며, 금융위원회는 6개월 이내의 기간을 정하여 그 추가 취득분의 처분을 명할 수 있다(법150③).

Ⅷ. 보고의무위반에 대한 제재

1. 행정제재

(1) 의결권행사의 제한

(가) 의의

자본시장법 제147조 제1항·제3항 및 제4항에 따라 보고(그 정정보고를 포함)하지 아니한 자 또는 대통령령으로 정하는 중요한 사항을 거짓으로 보고하거나 대통령령으로 정하는 중요한 사항의 기재를 누락한 자는 대통령령으로 정하는 기간 동안 의결권 있는 발행주식총수의 5%를 초과하는 부분 중 위반분에 대하여 그 의결권을 행사하여서는 아니 된다(법150① 전단).

여기서 "대통령령이 정하는 중요한 사항"이란 다음의 어느 하나에 해당하는 것을 말한다(영157).

1. 대량보유자와 그 특별관계자에 관한 사항
2. 보유목적
3. 보유 또는 변동 주식등의 종류와 수
4. 취득 또는 처분 일자
5. 보유주식등에 관한 신탁·담보계약, 그 밖의 주요계약 내용

(나) 제한기간

의결권행사의 제한기간은 다음의 어느 하나에 해당하는 기간을 말한다(영158).

1. 고의나 중과실로 법 제147조 제1항·제3항 또는 제4항에 따른 보고를 하지 아니한 경우 또는 제157조 각 호의 사항을 거짓으로 보고하거나 그 기재를 빠뜨린 경우에는 해당 주식등의 매수등을 한 날부터 그 보고(그 정정보고를 포함)를 한 후 6개월이 되는 날까지의 기간
2. 자본시장법 및 동법 시행령, 그 밖의 다른 법령에 따라 주식등의 대량보유상황이나 그 변동·변경내용이 금융위원회와 거래소에 이미 신고되었거나, 정부의 승인·지도·권고 등에 따라 주식등을 취득하거나 처분하였다는 사실로 인한 착오가 발생하여 법 제147조 제1항·

제3항 또는 제4항에 따른 보고가 늦어진 경우에는 해당 주식등의 매수등을 한 날부터 그 보고를 한 날까지의 기간

(다) 의결권행사 제한방법(의결권행사금지 가처분)

의결권제한에 대하여 금융위원회의 조치는 필요하지 않다. 보고의무 위반을 주장하는 당사자는 의결권제한을 원인으로 하는 주주총회결의의 효력을 다투는 본안소송을 제기할 수 있고, 이를 본안으로 하여 의결권행사금지 가처분을 신청할 수 있다.

서울중앙지방법원은 KCC가 현대엘리베이터 주식을 매집하여 대량보유상황보고를 하는 과정에서 고의로 특별관계자가 보유하고 있던 지분에 관해 보고하지 아니함으로써 중요한 사항에 관한 기재 누락이 있었다는 이유로, KCC가 보유한 현대엘리베이터의 지분 7.5%에 대한 의결권행사금지 가처분신청을 인용하였다.[71]

(라) 의결권제한을 원인으로 하는 주주총회결의의 효력을 다투는 본안소송

대량보유상황보고 의무위반을 주장하는 당사자는 의결권제한을 원인으로 하는 주주총회결의의 효력을 다투는 본안소송을 제기할 수 있다.

(2) 처분명령

금융위원회는 보고의무자에 대하여 6개월 이내의 기간을 정하여 의결권 있는 발행주식총수의 5%를 초과하는 부분 중 위반분에 대하여 처분을 명할 수 있다(법150① 후단). 처분은 장내처분과 장외처분을 모두를 포함한다.

처분명령에 따라 위반분을 처분하고 다시 취득하면 의결권행사에는 아무런 제한이 없다. 이에 대하여 의결권이 제한되는 기간까지 재취득을 금지하거나 새로이 취득한 주식에 대하여도 그 기간 동안 의결권을 제한하는 것이 바람직하다. 이와 관련하여 KCC의 5% 보고의무 위반에 대한 처분명령에서 금융감독위원회(현 금융위원회)는 재취득금지에 대하여 언급을 하지 않았다. 이에 따라 KCC는 처분명령이 있은 다음 날 현대엘리베이터 주식을 공개매수하겠다는 발표를 하였다.

2004년 2월 11일 현대엘리베이터의 경영권분쟁에서 적대적 M&A를 시도하던 KCC는 단독 사모펀드를 이용하여 5% 대량변동보고를 하지 않고 현대엘리베이터 주식을 매집하였다. 이에 대하여 증권선물위원회는 검찰고발과 함께 위반 주식에 대하여 처분명령을 내렸다. 한국거래소시장을 통한 2004년 5월 20일까지 기간을 정하여 장내매도를 할 것을 포함하고 있었지만, 신고대량매매·시간외매매·통정매매 등 특정인과 약속에 의한 매매방법은 제외하고 있었다.[72]

---

71) 서울중앙지방법원 2004. 3. 26. 선고 2004카합809 결정.
72) 금융감독원 2004. 2. 11.자 보도자료.

(3) 조사 및 정정명령

(가) 자료제출명령과 조사권

금융위원회는 투자자 보호를 위하여 필요한 경우에는 주식등의 대량보유상황의 신규보고, 변동보고 또는 변경보고 등의 보고서를 제출한 자, 그 밖의 관계인에 대하여 참고가 될 보고 또는 자료의 제출을 명하거나, 금융감독원장에게 그 장부·서류, 그 밖의 물건을 조사하게 할 수 있다. 이 경우 조사를 하는 자는 그 권한을 표시하는 증표를 지니고 이를 관계인에게 내보여야 한다(법151①, 법131②).

(나) 정정명령 및 조치권

금융위원회는 주식등의 대량보유상황의 신규보고, 변동보고 또는 변경보고에 따라 제출된 보고서의 형식을 제대로 갖추지 아니한 경우 또는 그 보고서 중 중요사항에 관하여 거짓의 기재 또는 표시가 있거나 중요사항의 기재 또는 표시가 누락된 경우에는 그 이유를 제시하고 그 보고서의 정정을 명할 수 있으며, 필요한 때에는 거래를 정지 또는 금지하거나 대통령령이 정하는 조치를 할 수 있다(법151②).

여기서 "대통령령이 정하는 조치"란 다음의 어느 하나에 해당하는 조치를 말한다(영159).

1. 임원에 대한 해임권고
2. 법을 위반한 경우에는 고발 또는 수사기관에의 통보
3. 다른 법률을 위반한 경우에는 관련기관이나 수사기관에의 통보
4. 경고 또는 주의

(4) 과징금

금융위원회는 제147조 제1항에 따라 보고를 하여야 할 자가 다음의 어느 하나에 해당하는 경우에는 같은 항에 따른 주권상장법인이 발행한 주식의 시가총액(대통령령으로 정하는 방법에 따라 산정된 금액73))의 10만분의 1(5억원을 초과하는 경우에는 5억원)을 초과하지 아니하는 범위에서 과징금을 부과할 수 있다(법429④).

1. 제147조 제1항·제3항 또는 제4항을 위반하여 보고를 하지 아니한 경우
2. 제147조에 따른 보고서류 또는 제151조 제2항에 따른 정정보고서 중 대통령령으로 정하는

---

73) "대통령령으로 정하는 방법에 따라 산정된 금액"이란 다음에 따라 산정된 금액을 말한다(영379④).
   1. 법 제429조 제4항 제1호의 경우: 보고기한의 다음 영업일에 증권시장에서 형성된 해당 법인 주식의 최종가격(그 최종가격이 없을 때에는 그 날 이후 증권시장에서 최초로 형성된 해당 법인 주식의 최종가격을 말한다. 이하 이 항에서 같다)에 발행주식총수를 곱하여 산출한 금액
   2. 법 제429조 제4항 제2호의 경우: 보고일의 다음 영업일에 증권시장에서 형성된 해당 법인 주식의 최종가격에 발행주식총수를 곱하여 산출한 금액

중요한 사항74)에 관하여 거짓의 기재 또는 표시를 하거나 중요한 사항을 기재 또는 표시하지 아니한 경우

(5) 과태료

다음의 어느 하나에 해당하는 자에 대하여는 1억원 이하의 과태료를 부과한다(법449①(37)(38)).

1. 제148조(대량보유보고서 등의 발행인에 대한 송부)를 위반하여 신고서 또는 보고서의 사본을 송부하지 아니한 자(제37호)
2. 제148조에 따른 보고서 사본에 신고서 또는 보고서에 기재된 내용과 다른 내용을 표시하거나 그 내용을 누락하여 송부한 자(제38호)

2. 형사제재

주식등의 대량보유상황의 보고서류 또는 금융위원회의 정정명령에 따른 정정보고서 중 대통령령으로 정하는 중요한 사항에 관하여 거짓의 기재 또는 표시를 하거나 중요한 사항을 기재 또는 표시하지 아니한 자(중요사항을 부실표시한 자)는 5년 이하의 징역 또는 2억원 이하의 벌금에 처한다(법444(18)).

주식등의 대량보유상황의 신규보고, 변동보고 또는 변경보고의무를 위반하여 보고를 하지 아니한 자는 3년 이하의 징역 또는 1억원 이하의 벌금에 처한다(법445(20)).

금융위원회의 정정명령과 조치를 위반한 자와 처분명령을 위반한 자는 1년 이하의 징역 또는 3천만원 이하의 벌금에 처한다(법446(24)(26)).

실무상 개인투자자들이 법규에 대한 무지로 인하여 보고의무를 위반하는 경우가 많다. 실무상으로는 고의성이 없는 경우에는 주의나 경고만 받고 형사제재를 받는 경우는 많지 않다. 보고의무 위반으로 형사제재를 받는 경우는 대개 다른 규정(불공정거래에 관한 규정 등) 위반도 동시에 있는 경우이다.

---

74) "대통령령으로 정하는 중요한 사항"이란 제157조 각 호의 어느 하나에 해당하는 사항을 말한다(영379②).

제4절 의결권 대리행사 권유의 규제(위임장권유규제)

Ⅰ. 서설

1. 위임장권유의 의의의 기능

주주는 대리인으로 하여금 그 의결권을 행사하게 할 수 있다. 이 경우 그 대리인은 대리권을 증명하는 서면을 주주총회에 제출하여야 한다(상법368②). 이를 "의결권 대리행사"라고 한다. 즉 제3자가 특정 주주를 위하여 주주총회에서 의결권을 행사하고, 그것을 주주 본인의 의결권행사로 보는 제도이다. 주주권은 비개성적 성질을 가지며, 이사의 의결권행사와는 달리 업무집행행위가 아니므로 반드시 주주가 일식전속적으로 행사하여야 할 이유가 없다. 따라서 상법은 의결권의 대리행사를 허용한다. 이는 주주권행사의 편의를 보장해 주는 동시에 주식이 널리 분산된 회사에서 결의정족수의 확보를 용이하게 해주는 의미도 있다. 정관으로도 의결권의 대리행사를 금지할 수 없다.

의결권의 대리행사에 관한 회사법적 문제는 기명주식에서만 나타난다. 무기명주식의 주주도 타인으로 하여금 대리하게 할 수 있다. 그러나 무기명주식은 그 점유자가 주주로 추정되므로 대리인이 본인의 주권을 인도받아 자신의 의결권으로 행사하면 되고 회사에 대해 대리권을 증명(상법368②)할 필요가 없기 때문이다.

의결권 대리행사제도는 주주 개인의 능력의 보충이나 사적자치의 확장을 위하여 인정된 것이다. 그러나 현대 대규모의 공개회사에서는 본래의 취지와는 달리 "대리인의 목적달성"을 위해 운영되고 있다. 이사, 대주주 또는 새로이 경영권을 탈취하고자 하는 자 등이 대리인이 되고자 주주들에게 집단적으로 의결권의 위임을 권유하는 것이다. 이를 "의결권 대리행사의 권유"("위임장권유")라고 한다.

위임장권유는 오늘날 상장회사의 주주총회 운영과 회사지배에 있어 매우 중요한 기능을 한다. 현재의 경영자는 자신의 지위를 이용하여 보다 쉽게 위임장을 획득할 수 있기 때문에 미국에서는 소유 없이 회사를 지배하는 경영자지배(management control)의 유용한 수단이 되고 있다. 또한 경영권 다툼의 경쟁자들간에 위임장경쟁(proxy contest or fight)이 심각하게 벌어지기도 한다. 우리나라에서도 근래 기업매수가 활성화되면서 지배권의 확보를 목적으로 한 위임장경쟁이 늘어나고 있다.[75][76)]

---

75) 이철송(2009), 「회사법강의」, 박영사(2009. 2), 434쪽.

2. 연혁

위임장권유에 대하여 상법상 주주는 의결권을 제3자에게 대리행사하게 할 수 있다는 상법상 규정(상법368② 전단) 이외에는 이를 규제하는 제도가 없었다. 따라서 위임장권유의 과도한 행사는 소수주주의 권리를 침해할 가능성이 있었다. 이에 1976년 증권거래법을 개정하면서 상장법인의 위임장권유에 대한 제한제도로서 공시제도를 마련하였다.

3. 법적 성질

권유자가 주주에게 위임장을 보내 위임을 권유하고 주주가 대리권을 수여하는 뜻으로 위임장을 반송함으로써 의결권의 대리행사를 목적으로 하는 위임계약이 성립한다(민법680). 그러면 위임장 송부에 의한 대리행사권유를 동 계약의 청약으로 보고 주주의 반송을 승낙으로 보느냐, 아니면 대리행사권유를 단순한 청약의 유인으로 보고 주주의 반송을 청약으로 보느냐는 문제가 있다. 후자로 본다면 주주가 위임장을 보내더라도 새로이 권유자가 승낙을 하여야 계약이 성립되므로 권유자가 승낙을 하지 않고 의결권을 행사하지 않을 수도 있게 되어 부당하다(예컨대 권유자가 찬성을 기대하였는데 주주가 반대의 의사를 명시하여 수권한다면 권유자는 의결권을 행사하고 싶지 않을 것이다). 따라서 주주의 의결권을 보호하기 위해서는 위임장권유를 청약으로 보고, 주주의 위임장반송으로 위임계약이 성립하며, 이때부터 권유자에게 수임인으로서의 의무가 발생한다고 보아야 한다.[77]

4. 적대적 M&A와 위임장경쟁

실무상 위임장경쟁은 적대적 M&A 개시 후 주주총회에서 주로 이사의 선임 또는 해임을 추진하여 이사회 장악을 시도하는 중요한 방법이다. 자본시장법에서 정한 위임장권유의 신고를 거쳐 주주들에게 주주총회에서의 의결권행사를 위임할 것을 호소할 수 있다. 그런데 공격자측의 경우 주주명보 확보가 늦어(실무상 주주총회소집통보 약 3일 전에 주주명부를 작성하여 통지문을 우편으로 발송하게 된다) 통상의 경우 한국예탁결제원 등 명의개서대행회사로부터 주주명부를 확보할 수 없는바, 대상회사로부터 주주명부를 취득하는 방법 이외의 방법은 없다. 이러한 경우 공격자측은 위임장권유를 위한 자본시장법상 신고절차를 진행하여 소정의 확인서 및 요청

---

76) 보유지분율이 아니라 다수의 주주로부터 주주총회에서의 의결권행사 위임장을 확보하여 M&A를 추진하는 전략을 "위임장경쟁"이라고 한다. 위임장권유제도의 원래 취지는 주주총회의 원활한 성립을 목적으로 하는 것이지만, 기업지배권 획득수단으로 활용되기도 하는 것이다. 특히 미국의 경우 위임장권유제도가 기업지배권 획득을 위한 주요한 수단으로 이용되고 있다.

77) 이철송(2009), 435쪽.

서를 제출함으로써 주주명부를 확보하여 작업을 진행할 수 있다. 그런데 이는 시간적으로 회사보다 매우 불리할 수밖에 없다.

위임장권유 등으로 확보한 의결권을 갖고 수적 우세를 점치고 대리인을 포함하여 공격자측이 막상 주주총회에 출석하면 주주총회에서 의장인 대상회사의 대표이사가 의결권 무효를 주장하여 일사천리로 주주총회를 종료시키는 경우가 많다. 일반적으로 적대적 M&A의 시도는 공개매수 등 주식매집 후 위임장경쟁이 이루어질 것이다. 이를 성공적으로 수행하기 위해서는 주주총회를 원활하게 진행시킬 수 있는 완벽한 법률적인 준비 이외에도 실질적으로 대상회사의 내부자(노조, 우리사주조합, 임원 등) 또는 주요주주의 포섭이 필요한 것이 우리나라 M&A 시장의 현실이다.

우리나라에서는 2003년 하나로통신 경영권을 둘러싸고 벌어진 LG그룹과 New Bridge Capital 간에 있었던 위임장경쟁, 2004년 현대엘리베이터의 경영권을 두고 벌어진 KCC그룹과 현대상선 현정은 회장 사이의 위임장경쟁, 2005년 SK 주주총회에서 있었던 최태원 회장과 소버린과의 위임장경쟁 등이 있다.

Ⅱ. 위임장권유제도

1. 위임장권유에 대한 법적 규제

위임장권유에 대해서는 법령상 다음과 같은 규제가 행해지고 있다. 상장주권(그 상장주권과 관련된 증권예탁증권을 포함)의 의결권 대리행사의 권유를 하고자 하는 자("의결권권유자")는 그 권유에 있어서 그 상대방("의결권피권유자")에게 대통령령으로 정하는 방법에 따라 위임장 용지 및 참고서류를 교부하여야 한다(법152①).

위임장권유에 대해 법적 규제를 하고 있는 것은 위임장권유가 적절하게 운용되지 않으면 이사의 이익을 위해 악용되거나 주주에게 손해를 끼칠 위험이 있으며, 또한 주주로부터 다수의 의결권의 대리행사를 위임받은 자가 주주총회에서 자기 임의대로 의결권을 행사하여 주가에 영향을 미치게 될 가능성도 있다는 점에서 합리적인 의결권행사를 하도록 할 필요가 있기 때문이다. 그리고 주가에 대한 부당한 영향 등으로부터 투자자를 보호하려는 취지도 있다.[78]

2. 권유자

상장주권(그 상장주권과 관련된 증권예탁증권을 포함)의 의결권 대리행사의 권유를 하고자 하는 자("의결권권유자")는 그 권유에 있어서 그 상대방("의결권피권유자")에게 대통령령으로 정하

---

78) 양만식(2009), "위임장권유와 주주총회결의의 취소", 기업법연구 제23권 제3호(2009. 9), 163쪽.

는 방법에 따라 위임장 용지 및 참고서류를 교부하여야 한다(법152①).

법문상 권유자의 자격에 특별한 제한이 없으므로 주주나 임원, 해당 회사는 물론 해당 회사 주주총회의 목적사항과 특별한 이해관계를 가지는 자는 누구든지 권유자가 될 수 있다고 본다.79) 해당 회사 명의의 위임장권유는 경영진에 의한 위임장권유로 보아야 할 것이다.

그러나 국가기간산업 등 국민경제상 중요한 산업을 영위하는 법인으로서 대통령령으로 정하는 상장법인("공공적 법인")의 경우에는 그 공공적 법인만이 그 주식의 의결권 대리행사의 권유를 할 수 있다. 이는 공공적 법인의 특수성을 감안하여 경영권분쟁을 미연에 방지하고자 하는 것이다. 여기서 회사 자체가 권유자가 될 수 있는 것처럼 규정하고 있으나, 회사 자체가 아닌 회사의 경영진이 직접 또는 자연인을 대리인으로 내세워 권유자가 될 수 있는 것으로 해석하여야 할 것이다.

여기서 공공적 법인("공공적 법인")은 다음의 요건을 모두 충족하는 법인 중에서 금융위원회가 관계 부처장관과의 협의와 국무회의에의 보고를 거쳐 지정하는 법인으로 한다(영162).

1. 경영기반이 정착되고 계속적인 발전가능성이 있는 법인일 것
2. 재무구조가 건실하고 높은 수익이 예상되는 법인일 것
3. 해당 법인의 주식을 국민이 광범위하게 분산 보유할 수 있을 정도로 자본금 규모가 큰 법인일 것

3. 발행인과 의결권권유자와의 관계

발행인이 아닌 의결권권유자는 발행인이 의결권 대리행사의 권유를 하는 경우에는 그 발행인에 대하여 다음의 어느 하나에 해당하는 행위를 할 것을 요구할 수 있다(법152의2①). 발행인은 이러한 요구가 있는 경우에는 요구받은 날부터 2일 이내에 이에 응하여야 한다. 공휴일, 근로자의 날, 토요일은 제외한다(법152의2②, 영163의2).

1. 발행인이 아닌 의결권권유자에 대하여 주주명부의 열람·등사를 허용하는 행위
2. 발행인이 아닌 의결권권유자를 위하여 그 의결권권유자의 비용으로 위임장 용지 및 참고서류를 주주에게 송부하는 행위

4. 피권유자

자본시장법은 피권유자의 수에 대한 제한규정을 두고 있지 않다. 다만 시행령은 "해당 상

---

79) 증권거래법 제199조 제1항은 "누구든지"라는 용어를 명문으로 인정하고 있었다. 증권거래법 규정이 합리적이라고 생각된다.

장주권의 발행인(그 특별관계자를 포함)과 그 임원(그 특별관계자를 포함) 외의 자가 10인 미만의
의결권피권유자에게 그 주식의 의결권 대리행사의 권유를 하는 경우"를 법 제152조의 적용대
상에서 제외하고 있다(영161(1)). 따라서 해당 회사의 주주총회에서 의결권을 가지는 주주이면
누구든지 피권유자가 될 수 있다. 회사가 소유하는 자기주식의 경우의 회사, 의결권 없는 우
선주를 소유한 주주, 특별이해관계인의 주식의 경우 그 특별이해관계인은 피권유자가 될 수
없다.

일부 주주만을 상대로 하는 위임장권유를 회사가 자체 비용으로 권유하는 것은 주주평등
의 원칙상 인정되지 않으나, 제3자가 자신의 비용으로 일부 주주만을 상대로 권유하는 것은 주
주평등원칙의 제한을 받지 않으므로 인정된다.

5. 권유대상주권

자본시장법상 위임장권유의 규제는 "상장주권(그 상장주권과 관련된 증권예탁증권을 포함)"
(법152①)을 권유의 대상으로 한다. 따라서 상장법인의 의결권 있는 주식만이 그 대상이 되고,
비상장법인의 주주총회에서 위임장권유를 하는 경우에는 자본시장법의 적용대상이 아니다. 그
런데 폐쇄회사로서 주식공모가 행하여진 비상장법인의 경우에도 주식의 분산이 이루어진 경우
에 적용되지 않는 문제가 있다.

미국의 경우는 등록된 모든 증권이 위임장권유의 적용대상이 된다.[80] 전국의 증권거래소
에서 거래되는 증권의 발행회사는 모든 증권을 등록하게 되는데, 위임장규칙(proxy rule)은 이
러한 회사의 채무증권(debt securities)을 포함한 모든 상장증권에 적용되고,[81] 증권이 등록된 장
외등록회사의 모든 등록된 지분증권(equity securities)에도 적용된다.

자본시장법의 권유대상증권이나 권유대상법인의 범위는 너무 좁다. 권유대상증권의 범위
를 확대할 필요가 있다. 이는 자본시장법이 증권의 개념을 포괄주의로 전환한 것과 맥을 같이
한다. 또한 권유대상법인의 범위를 상장회사에 한정할 이유는 없다. 주식의 분산 여부가 반드
시 주식의 상장 여부와 일치하지는 않는다. 예컨대 현재 금융투자협회가 운영하는 K-OTC시장
에서 거래되는 주식의 경우는 상장법인은 아니지만 주식이 상당히 분산되어 있는 경우도 있다.
따라서 이와 같은 회사의 경우에도 위임장권유가 허용되도록 하는 것이 바람직하다.[82]

---

80) 1934년 증권거래법 제12조.
81) 1934년 증권거래법 제12(b).
82) 이상복(2006), 111쪽.

6. 권유행위의 의미

(1) 권유의 개념

자본시장법은 증권거래법과는 달리 "의결권 대리행사의 권유"의 개념정의를 하고 있다. "의결권 대리행사의 권유"란 다음의 어느 하나에 해당하는 행위를 말한다(법152② 본문).

1. 자기 또는 제3자에게 의결권의 행사를 대리시키도록 권유하는 행위
2. 의결권의 행사 또는 불행사를 요구하거나 의결권 위임의 철회를 요구하는 행위
3. 의결권의 확보 또는 그 취소 등을 목적으로 주주에게 위임장 용지를 송부하거나, 그 밖의 방법으로 의견을 제시하는 행위

위임장의 "권유"에 해당하는지의 여부는 그 행위의 목적, 내용 및 그것이 행하여진 시기와 상황 등을 종합적으로 고려하여 결정하여야 할 것이다.[83]

(2) 권유의 방식

(가) 권유방식과 개시의무

권유자는 피권유자에게 주주총회의 목적사항과 각 항목에 대하여 피권유자가 찬반을 명기할 수 있도록 마련된 위임장 용지의 송부에 의하여 권유하여야 한다(법152①④). 이는 주주의 명시된 의사를 반영함으로써 위임장권유제도가 경영자지배의 수단이 되는 것을 방지하기 위한 것이다. 주주가 찬반의 판단을 위한 정확한 정보를 이용할 수 있어야 주주의 합리적인 판단에 의한 실질적인 의결권행사가 가능하며 주주총회의 형해화를 방지할 수 있다. 따라서 권유자는 권유에 앞서 피권유자에게 금융위원회가 정하는 참고서류를 송부하여 필요한 사항을 공시하여야 한다(법152, 증권발행공시규정3-15).

(나) 권유 및 대리인의 하자

권유자가 위의 권유방식과 개시의무를 위반하여 권유한 경우, 즉 찬반을 명기할 수 있게 하지 못했거나 부실의 기재를 한 경우에는 형사제재를 받는다(법445(21)). 그러나 자본시장법 및 동규정의 성격상 이에 위반하더라도 주주총회의 결의에는 영향이 없다.

또한 대리인이 주주의 명시한 의사에 반하여 의결권을 행사한 경우 대리인의 손해배상책임만 발생하고 결의에는 영향이 없다. 그러나 회사가 권유자인 경우에만은 무권대리이론을 적용하여 무효이고(민법130), 나아가 결의의 취소사유가 된다. 의결권행사에 있어서는 회사를 의사표시의 상대방에 준하는 자로 보아야 할 것이고, 회사가 권유자인 경우에는 회사가 주주의

---

83) 양만식(2009), 164쪽.

의사를 알 수 있기 때문이다.[84]

(다) 위임장권유로 보지 아니하는 행위

다만 의결권피권유자의 수 등을 고려하여 다음의 어느 하나에 해당하는 경우에는 의결권 대리행사의 권유로 보지 아니한다(법152② 단서, 영161).

1. 해당 상장주권의 발행인(그 특별관계자를 포함)과 그 임원(그 특별관계자를 포함) 외의 자가 10인 미만의 의결권피권유자에게 그 주식의 의결권 대리행사의 권유를 하는 경우(제1호)

   발행인과 그 임원이 10명 미만에게 권유하는 경우와 달리 위 경우를 적용대상에서 제외한 것은 권유자가 회사의 내부관계자가 아니고, 피권유자가 10인 미만의 매우 소규모인 점에서 위임장권유제도의 남용이 문제될 염려가 없기 때문이다. 자본시장법상 임원의 범위는 이사와 감사를 말하지만(법9②), 여기서의 임원에 관해서는 자본시장법상 이사 및 감사 이외에 회사에서 실질적으로 이사와 유사한 사실상의 영향력이 있는 자(상법 제401조의2 제1항 각호)를 포함하는 것으로 해석해야 할 것이다. 그리고 이사가 회사를 대표하여 권유하는 경우에는 발행인에 의한 권유에 해당하므로, 여기에서의 임원의 권유는 임원의 지위와 관계없이 개인의 지위에서 권유하는 경우를 의미하는 것으로 보아야 한다.

2. 신탁, 그 밖의 법률관계에 의하여 타인의 명의로 주식을 소유하는 자가 그 타인에게 해당 주식의 의결권 대리행사의 권유를 하는 경우(제2호)

   이는 형식상은 위임장의 권유이지만 실질주주가 의결권을 행사하기 위한 방법이므로 규제 대상에서 제외한 것이다. 또한 명의개서를 하지 않은 주식양수인이 주주명부상의 주주인 양도인에게 위임장의 교부를 요구하는 경우가 이해 해당한다. 형식상으로는 권유라는 형식을 취하고 있지만 실질상의 주주가 의결권을 행사하기 위한 방법으로서 대리형식을 요구하는 것에 불과하여 위임장권유규제를 적용할 필요가 없기 때문이다.

3. 신문·방송·잡지 등 불특정 다수인에 대한 광고를 통하여 법 제152조 제2항 각 호의 어느 하나에 해당하는 행위를 하는 경우로서 그 광고내용에 해당 상장주권의 발행인의 명칭, 광고의 이유, 주주총회의 목적사항과 위임장 용지, 참고서류를 제공하는 장소만을 표시하는 경우(제3호)

   이 경우를 적용대상에서 제외한 이유는 그 실질이 권유가 아니라 광고에 불과하기 때문이다. 그러나 해당 신문광고를 보고 신문광고에 지정된 장소에 간 주주에 대하여 위임장 용지 등을 건네주는 것은 "권유"에 해당한다.

---

84) 이철송(2009), 436쪽.

Ⅲ. 의결권 대리행사의 방식과 위임의 철회

1. 대리행사의 방식

상법상 주주의 대리인으로서 의결권을 행사하려는 자는 대리권을 증명하는 서면을 제출하여야 하므로 주주는 대리인을 지정하여 위임장에 서명하여야 한다(상법368②). 실무상 주주총회의 소집통지서에 위임장이라는 표제로 회사가 이 용지를 만들어 주주에게 보내주고 있다. 대리인에 의한 의결권의 대리행사는 법률상 보장된다.

상법 제368조 제2항은 대리권의 존부에 관한 법률관계를 명확히 하여 주주총회결의의 성립을 원활하게 하기 위한 데 그 목적이 있다고 할 것이므로, 대리권을 증명하는 서면은 위조나 변조 여부를 쉽게 식별할 수 있는 원본이어야 하고 특별한 사정이 없는 한 사본은 그 서면에 해당하지 않는다 할 것이고, 팩스를 통하여 출력된 팩스본 위임장 역시 성질상 원본으로는 볼 수 없다.[85] 이는 추후 대리권의 존부에 관한 분쟁이 발생할 경우 회사가 위험을 부담해서는 안되기 때문이다.

또한 대리인은 주주로부터 수권받은 대로 의결권을 행사하여야 한다. 의결권권유자는 위임장 용지에 나타난 의결권피권유자의 의사에 반하여 의결권을 행사할 수 없다(법152⑤). 이에 위반하여 기권하거나 피권유자의 명시된 의사와 달리 의결권을 행사한다면 주주인 피권유자에 대하여 손해배상책임을 부담하게 된다. 또한 자본시장법에 위반한 위임장권유절차의 하자로 주주총회가 결의되었다면 주주총회의 결의에 하자가 있다고 보아야 할 것이다.

자본시장법이 위임장권유에 제한을 가하고 있는 것은 주주총회의 결의가 공정하게 이루어지도록 하려는 것이다. 만일 위임장권유의 제한에 관한 규정을 심하게 어긴 경우에는 그 주주총회의 결의는 취소의 대상이 된다.[86] 아래 민사제재편에서 상세히 논하기로 한다.

2. 위임의 철회

위임계약의 법적 성질은 위임계약이므로 각 당사자는 언제든지 해지할 수 있다(민법689①). 따라서 주주는 대리인이 의결권을 행사하기 전에는 언제든지 의결권 대리행사의 위임을 철회할 수 있다.

---

85) 대법원 2004. 4. 27. 선고 2003다29616 판결.
86) 김교창(2010), 「주주총회의 운영」, 한국상장회사협의회(2010. 1), 130쪽.

Ⅳ. 위임장 용지와 참고서류의 공시

1. 의의

경영진이 위임장권유를 하는 경우는 주주총회의 의결정족수를 충족하기 위한 경우가 많을 것이다. 그러나 기존 대주주 및 현 경영진과 대립하는 자가 위임장권유를 하는 경우는 위임장 경쟁이 발생하게 된다. 현재 실무상 이용되고 있는 위임장권유는 위임장에 여러 가지 첨부서류를 요구하고 있다. 즉 주주의 인감증명서와 주주총회 참석장,[87] 신분증 사본 등이 그것이다.

그런데 회사가 주주총회를 공고하는 경우 주주총회의 14일 전에 하게 된다. 따라서 위임 장을 권유하는 자는 14일 이내에 분산되어 있는 주주들에게 금융위원회에 신고된 위임장을 송부하고 다시 주주로부터 위임장 등을 회수하여야 한다. 그러나 이는 시간상으로 매우 어렵다. 또한 주주들이 인감증명서를 쉽게 떼어주지 않기 때문에 위임장 권유자가 설득에 들이는 시간 도 많이 걸려 위임을 받는 것이 용이하지 않다. 소수주주들은 주주총회에서 반대파 주주들의 투표결과가 주주총회에 큰 영향을 미치지 않을 것이라고 보고 비협조적인 자세로 나오기도 한 다. 따라서 위임장에 첨부서류를 요구하는 것은 회사가 위임장권유절차를 곤란하게 함으로써 경영진과 대립하는 위임장 권유자의 권유행위를 어렵게 하기 때문에 이에 대한 법적 기준의 정립이 요청된다.

2. 위임장 용지 및 참고서류

(1) 의의

상장주권(그 상장주권과 관련된 증권예탁증권을 포함)의 의결권 대리행사의 권유를 하고자 하 는 자(의결권권유자)는 그 권유에 있어서 그 상대방(의결권피권유자)에게 대통령령으로 정하는 방 법에 따라 위임장 용지 및 참고서류를 교부하여야 한다(법152①). 교부의 시점은 위임장권유의 이전이나 그 권유와 동시에 직접권유 등의 방법으로 위임장 용지 및 참고서류를 내주어야 한 다(영160).

(2) 위임장 용지

(가) 의의

위임장권유는 일반적으로 "회사 또는 회사의 경영진, 그리고 지배주주"(권유자)가 주주총 회의 성립에 필요한 정족수를 확보할 목적으로 행한다. 또한 회사의 경영권을 둘러싸고 주주들

---

87) 주주총회 참석장은 주주 자신이 주주총회에 참석할 경우에 총회장의 접수처에 제출하라고 보내는 것이다. 회사가 주주의 출석 여부를 점검하기 위한 자료라고 할 수 있다.

사이에 대립이 있을 때 서로 위임장을 받아내고자 할 때 위임장경쟁[88]이 벌어진다. 이 경우 주주의 위임을 받아내기 위한 방법으로 위임장 용지를 주주들에게 보낸다. 주주들은 위임장 용지에 기명날인하여 반송한다. 여기서 권유자가 주주의 위임을 받기 위해 보내는 것이 위임장 용지이고, 주주들이 반송하는 것이 위임장이다.

(나) 위임장 용지의 양식

위임장 용지는 주주총회의 목적사항 각 항목에 대하여 의결권피권유자가 찬반을 명기할수 있도록 하여야 한다(법152④). 여기서 "주주총회의 목적사항"이란 보고사항과 결의사항으로 구분된다. 주주총회 소집통지서에는 이들을 구분하여 각각 그 표제를 기재한다. 위임장 용지의 양식에 피권유자가 찬반을 명기할 수 있도록 기재할 난을 준비해야 하는 것은 결의사항이다. 결의사항은 일반적으로 "의안"이라고 한다. "목적사항의 각 항목"에 대하여 찬반을 명기할 수 있도록 한 것은 주주의 명시적인 의사를 반영하기 위한 것이다.

"주주총회의 목적사항 각 항목"에서의 결의사항인 의안과 관련하여 기권을 표시하는 난을 두는 것을 가능할 것이다. 여기서 말하는 "결의사항의 각 항목"은 복수의 결의사항(의안)에 일괄적으로 찬반을 기재하는 난을 두는 것은 허용될 수 없다는 것을 의미한다.

위임장권유에 따라 주주들이 위임장을 반송하는 경우에는 대리인을 지정하여 보내는 경우는 거의 없고, 대체로 대리인란을 백지로 둔 백지위임장에 기명날인하여 보낸다. 이는 대리인의 선정을 권유자에게 맡긴다는 의미이다. 회사가 이를 권유한 경우에는 회사가 바로 대리인이 될 수는 없다. 또한 주주들의 뜻도 회사에 대리권을 수여한다는 것이 아니고, 회사의 경영진에게 대리인을 선정할 권한을 준다는 의미이다. 따라서 회사가 대리인을 선정할 시점에 주주와 대리인 사이에 의결권의 대리행사에 관한 위임계약이 성립하게 된다.[89]

(다) 기재사항

위임장 용지는 의결권피권유자가 다음의 사항에 대하여 명확히 기재할 수 있도록 작성되어야 한다(영163①).

---

88) 위임장권유를 하는 경우 주주를 일일이 직접 접촉해야 하는 경우도 있기 때문에 시간과 노력, 비용이 많이 들어간다. 위임장권유를 통한 주주총회에서의 위임장경쟁은 주주간의 대결이다. 이와 관련하여 기존 대주주 및 경영진의 편을 들어 위임장 권유자로 나선다면, 이는 주주간의 대결에서 중립을 지켜야 할 회사가 기존 대주주를 옹호하고 반대파 주주를 배척하는 행위가 되어 주주평등의 원칙에 위배된다. 그런데 대리권을 증명하는 서면인 위임장의 유효성에 대한 심사를 회사만이 할 수 있어 공정성의 문제가 생길 수 있다. 따라서 반대파 주주의 비용을 절감하면서 전문적인 위임장 권유자를 활용할 수 있도록 위임장 권유자 제도를 도입할 필요성이 있다. 또한 대상회사와 상대방이 권유한 위임장 심사는 회사가 아닌 제3의 공정한 기구를 설치하여 이 기구가 합리적인 기준에 따라 심사하는 것이 바람직하다(김상곤(2005), "적대적 기업인수를 위한 위임장대결이 있는 상장법인 주주총회 운영과 문제점", 한국상장회사협의회 계간상장협 2005년 추계호(2005. 9), 96쪽).

89) 김교창(2010), 129쪽.

1. 의결권을 대리행사하도록 위임한다는 내용
2. 의결권권유자 등 의결권을 위임받는 자
3. 의결권피권유자가 소유하고 있는 의결권 있는 주식 수
4. 위임할 주식 수
5. 주주총회의 각 목적사항과 목적사항별 찬반(贊反) 여부
6. 주주총회 회의시 새로 상정된 안건이나 변경 또는 수정 안건에 대한 의결권 행사 위임 여부와 위임 내용
7. 위임일자와 위임시간(주주총회의 목적사항 중 일부에 대하여 우선 의결권을 대리행사하도록 위임하는 경우에는 그 위임일자와 위임시간)
8. 위임인의 성명과 주민등록번호(법인인 경우에는 명칭과 사업자등록번호)

(라) 위임장 첨부서류의 명확화

실무상 회사는 위임장 이외에 주주총회 참석장이나 인감증명서, 신분증 사본 등을 첨부하게 하고 있다. 그러나 위임장 이외의 서류를 첨부하는 것은 법적 근거가 없다. 상법 제368조 제2항은 "주주는 대리인으로 하여금 그 의결권을 행사하게 할 수 있다. 이 경우 그 대리인은 대리권을 증명하는 서면을 제출하여야 한다"고 규정하고 있다. 이 규정은 강행규정이므로 이를 가중하는 것과 감경하는 것 모두 허용되지 않는다고 보아야 한다. 따라서 위임장 이외의 다른 서류의 제출을 요구하는 것은 허용되지 않는다. 위임장 이외의 첨부서류를 요구하는 것은 사실상 위임장권유를 곤란하게 하기 때문이다.

(3) 위임장 참고서류

(가) 의의

참고서류란 위임장 용지와 함께 피권유자에게 송부하는 서류로 의결권 대리행사의 권유의 개요, 주주총회의 각 목적사항 및 의결권대리행사를 권유하는 취지를 기재한 서류이다. 이는 항목별로 적절한 표제를 붙여야 한다(증권발행공시규정3-15①). 즉 피권유자인 주주가 의결권 대리행사의 권유를 받고 의결권의 위임 여부를 판단하는데 참고하기 위한 자료라고 할 수 있다.

(나) 기재사항

참고서류에는 다음의 사항이 기재되어야 한다(영163②). 참고서류의 기재사항에 관해서는 회사와 일반주주 사이에 주주총회의 목적사항(특히 의안)에 관하여 정보의 비대칭이 존재하기 때문에 기재사항의 기재에 대한 합리성이 구비되어야 할 필요가 있다. 특히 의결권 대리행사의 권유를 하는 취지는 권유자의 주관적 사정을 배제하고 객관적 사실을 기초로 작성하여야 할 것이다.

1. 의결권 대리행사의 권유에 관한 다음의 사항

　　가. 의결권권유자의 성명이나 명칭, 의결권권유자가 소유하고 있는 주식의 종류 및 수와 그 특별관계자가 소유하고 있는 주식의 종류 및 수

　　나. 의결권권유자의 대리인의 성명, 그 대리인이 소유하고 있는 주식의 종류 및 수(대리인 이 있는 경우만 해당)

　　다. 의결권권유자 및 그 대리인과 해당 주권상장법인과의 관계

2. 주주총회의 목적사항

3. 의결권 대리행사의 권유를 하는 취지

　　참고서류의 구체적인 기재내용, 서식과 작성방법 등에 관하여 필요한 사항은 금융위원회 가 정하여 고시한다(영163③).[90] 참고서류에 기재하여야 할 사항으로서 이미 관보·신문 등에

---

90) 증권발행공시규정 제3-15조(참고서류) ① 영 제163조에 따른 참고서류에는 의결권대리행사의 권유의 개 요, 주주총회의 각 목적사항 및 의결권대리행사를 권유하는 취지를 기재하되 항목별로는 적절한 표제를 붙여야 한다.

② 제1항에 따른 권유자 및 그 대리인 등에 관한 사항은 다음에 해당하는 사항을 기재하여야 한다.

1. 권유자 및 그 특별관계자의 성명, 권유자와 특별관계자가 소유하고 있는 주식의 종류 및 수

2. 권유자의 대리인 성명, 그 대리인이 소유하고 있는 주식의 종류 및 수

3. 피권유자의 범위

4. 권유자 및 그 대리인과 회사와의 관계

③ 제1항에 따른 주주총회의 목적이 다음에 해당하는 사항인 경우에는 그 내용을 기재하여야 한다. 다만 권유자가 해당 상장주권의 발행회사, 그 임원 또는 대주주가 아닌 경우 또는 주주총회 목적사항에 반대하 고자 하는 자인 경우에는 주주총회의 목적사항의 제목만 기재할 수 있다.

1. 재무제표의 승인에 관한 것인 경우

　　가. 해당 사업연도의 영업상황의 개요

　　나. 해당 사업연도의 대차대조표 및 손익계산서

　　다. 이익잉여금처분계산서(안) 또는 결손금처리계산서(안). 다만 권유시에 배당에 관한 처리안이 확정 되어 있지 아니한 경우에는 최근 2사업연도의 배당에 관한 사항

2. 정관의 변경에 관한 것인 경우

　　가. 집중투표 배제를 위한 정관 변경 또는 그 배제된 정관의 변경에 관한 것인 경우에는 그 변경의 목 적 및 내용

　　나. 가목외의 정관 변경에 관한 것인 경우에는 그 변경의 목적 및 내용

3. 이사의 선임에 관한 것인 경우

　　가. 후보자의 성명·생년월일·주된 직업 및 세부 경력사항

　　나. 후보자가 사외이사 또는 사외이사가 아닌 이사 후보인지 여부

　　다. 후보자의 추천인 및 후보자와 최대주주와의 관계

　　라. 후보자와 해당 법인과의 최근 3년간의 거래내역. 이 경우의 거래내역은 금전, 증권 등 경제적 가치 가 있는 재산의 대여, 담보제공, 채무보증 및 법률고문계약, 회계감사계약, 경영자문계약 또는 이와 유사한 계약등(후보자가 동 계약등을 체결한 경우 또는 동 계약등을 체결한 법인·사무소 등에 동 계약등의 계약기간 중 근무한 경우의 계약등을 말한다)으로 하되 약관 등에 따라 불특정다수인에게 동일한 조건으로 행하는 정형화된 거래는 제외한다.

　　마. 후보자(사외이사 선임의 경우에 한한다)의 직무수행계획

　　바. 가목부터 마목까지의 사항이 사실과 일치한다는 후보자의 확인·서명

　　사. 후보자에 대한 이사회의 추천 사유

4. 감사위원회 위원의 선임에 관한 것인 경우
   가. 사외이사인 감사위원회의 위원의 선임에 관한 것인 경우에는 제3호 가목, 다목 및 라목, 바목 및 사목의 내용
   나. 사외이사가 아닌 감사위원회의 위원의 선임에 관한 것인 경우에는 제3호 가목, 다목 및 라목, 바목 및 사목의 내용

5. 감사의 선임에 관한 것인 경우
   가. 권유시에 감사후보자가 예정되어 있을 경우에는 제3호 가목, 다목 및 라목, 바목 및 사목의 내용
   나. 권유시에 감사후보자가 예정되어 있지 아니한 경우에는 선임예정 감사의 수

6. 이사의 해임에 관한 것인 경우
   가. 해임 대상자의 성명, 생년월일 및 최근 주요약력
   나. 해임하여야 할 사유

7. 감사위원회의 위원의 해임에 관한 것인 경우
   가. 사외이사인 감사위원회의 위원의 해임에 관한 것인 경우에는 제6호 가목 및 나목의 내용
   나. 사외이사가 아닌 감사위원회의 위원의 해임에 관한 것인 경우에는 제6호 가목 및 나목의 내용

8. 감사의 해임에 관한 것인 경우에는 제6호 가목 및 나목의 내용

9. 이사의 보수 한도 승인에 관한 것인 경우
   가. 당기 및 전기의 이사의 수
   나. 당기의 이사 전원에 대한 보수총액 또는 최고 한도액
   다. 전기의 이사 전원에 대하여 실제 지급된 보수총액 및 최고 한도액

10. 감사의 보수 한도 승인에 관한 것인 경우
    가. 당기 및 전기의 감사의 수
    나. 당기의 감사 전원에 대한 보수총액 또는 최고 한도액
    다. 전기의 감사 전원에 대하여 실제 지급된 보수총액 및 최고 한도액

11. 주식매수선택권의 부여에 관한 것인 경우
    가. 주식매수선택권을 부여하여야 할 필요성의 요지
    나. 주식매수선택권을 부여받을 자의 성명
    다. 주식매수선택권의 부여방법, 그 행사에 따라 교부할 주식의 종류 및 수, 그 행사가격, 기간 기타 조건의 개요
    라. 최근일 현재 잔여 주식매수선택권의 내역 및 최근 2사업연도와 해당 사업연도 중의 주식매수선택권의 부여, 행사 및 실효내역의 요약

12. 회사의 합병에 관한 것인 경우
    가. 합병의 목적 및 경위
    나. 합병계약서의 주요내용의 요지
    다. 합병당사회사(합병회사 및 피합병회사)의 최근 사업연도의 대차대조표 및 손익계산서

13. 회사의 분할 또는 분할합병에 관한 것인 경우
    가. 분할 또는 분할합병의 목적 및 경위
    나. 분할 또는 분할합병 계획서 또는 계약서의 주요내용의 요지
    다. 분할의 경우 분할되는 회사 및 분할되는 부분의 최근 사업연도의 대차대조표 및 손익계산서. 분할합병의 경우 합병당사회사(합병회사 및 분할합병 부분) 및 분할되는 회사의 최근 사업연도의 대차대조표 및 손익계산서

14. 영업의 전부 또는 중요한 일부의 양도이거나 다른 회사의 영업전부 또는 중요한 일부의 양수("영업양수도")에 관한 것인 경우
    가. 영업양수도 상대방의 주소, 성명(상호) 및 대표자
    나. 영업양수도의 경위 및 그 계약의 주요내용
    다. 영업양수도 상대방과의 사이에 가지고 있거나 있었던 이해관계의 요지

15. 금융지주회사법 제5장에 따른 주식교환 또는 주식이전에 관한 것이거나 상법 제3편 제4장 제2절에 따른 주식교환 또는 주식이전에 관한 것인 경우

공고된 내용은 이를 기재하지 아니할 수 있다. 이 경우에는 참고서류에 기재하여야 할 사항이 공고된 관보 또는 신문명과 그 일자를 참고서류에 명확하게 기재하여야 한다(증권발행공시규정 3-15④).[91]

(4) 허위기재의 금지

의결권권유자는 위임장 용지 및 참고서류 중 의결권피권유자의 의결권 위임 여부 판단에 중대한 영향을 미칠 수 있는 사항("의결권 위임 관련 중요사항")에 관하여 거짓의 기재 또는 표시를 하거나 의결권 위임 관련 중요사항의 기재 또는 표시를 누락하여서는 아니 된다(법154).

3. 위임장 용지 및 참고서류의 정정

(1) 금융위원회의 정정요구

금융위원회는 위임장 용지 및 참고서류의 형식을 제대로 갖추지 아니한 경우 또는 위임장 용지 및 참고서류 중 의결권 위임 관련 중요사항에 관하여 거짓의 기재 또는 표시가 있거나 의결권 위임 관련 중요사항이 기재 또는 표시되지 아니한 경우에는 그 이유를 제시하고 위임장

    가. 주식교환 또는 주식이전의 목적 및 경위
    나. 주식교환 또는 주식이전 계약서의 주요내용
    다. 주식매수청구권의 내용 및 행사방법
    라. 일방회사의 정관에 주식의 양도에 관하여 이사회의 승인을 요한다는 뜻의 규정이 있고 다른 회사의 정관에 그 규정이 없는 경우 그 뜻
16. 준비금의 자본전입 또는 이에 따른 신주 발행에 관한 것인 경우
    가. 자본에 전입하게 되는 금액
    나. 발행하는 신주의 종류 및 수
    다. 신주의 배정비율, 배정기준일 및 배당기산일
17. 주주외의 자에게 신주의 인수권을 부여하는 것에 관한 것인 경우
    가. 주주외의 자에게 신주인수권을 부여하여야 할 필요성의 요지
    나. 신주인수권의 목적인 주식의 종류, 수, 발행가액 및 납입기일
18. 법 제165조의8에 따른 액면미달의 가액으로 주식을 발행하는 것에 관한 것인 경우
    가. 주식을 액면미달가액으로 발행하여야 할 필요성의 요지 및 경위
    나. 액면미달가액발행의 목적인 주식의 종류와 수, 발행가액 및 납입기일
    다. 상각이 완료된 액면미달금액이 있는 경우 가장 최근의 액면미달가액 발행내역
19. 자본 감소에 관한 것인 경우
    가. 자본의 감소를 하는 사유
    나. 자본 감소의 방법
    다. 자본 감소의 목적인 주식의 종류와 수, 감소비율 및 기준일
20. 주주총회의 목적인 사항이 제1호부터 제19호까지에 기재한 사항 외의 사항에 관한 것인 경우에는 그 사항의 요지
91) 위임장 참고서류에 포함될 내용을 증권발행공시규정 제3-15조(참고서류)에서 규정하고 있으나 자본시장법으로 이관하는 것이 타당할 것이다. 또한 주주들에게 회사의 정보를 완전히 공시할 필요성이 있기 때문에 현 경영진측과 반대편에 서 있는 주주의 요구가 있는 경우 위임장 참고서류를 송부해 주도록 하는 규정을 마련할 필요가 있다. 또한 위임장 참고서류에 관한 금융위원회의 사전심사를 법으로 인정하고 미비사항이 있는 경우 보완하도록 하는 규정이 필요하다.

용지 및 참고서류를 정정하여 제출할 것을 요구할 수 있다(법156①). 정정요구가 있는 경우에는 당초 제출한 위임장 용지 및 참고서류는 제출하지 아니한 것으로 본다(법156②).

(2) 권유자의 정정

(가) 임의정정

의결권권유자는 위임장 용지 및 참고서류의 기재사항을 정정하고자 하는 경우에는 그 권유와 관련된 주주총회일 7일(공휴일, 근로자의 날, 토요일은 제외) 전까지 이를 정정하여 제출할 수 있다(법156③ 전단, 영165①).

(나) 의무정정

이 경우 대통령령으로 정하는 중요한 사항[92]을 정정하고자 하는 경우 또는 투자자 보호를 위하여 그 위임장 용지 및 참고서류에 기재된 내용을 정정할 필요가 있는 경우로서 대통령령으로 정하는 경우[93]에는 반드시 이를 정정하여 제출하여야 한다(법156③ 후단).

(다) 정정기간

권유자가 위임장 용지 및 참고서류 기재사항을 정정하는 경우에는 그 권유와 관련된 주주총회일 7일 전(공휴일, 토요일, 근로자의 날 제외)까지 정정할 수 있다(법156③ 전단, 영165① 및 영153①).

4. 위임장 용지 및 참고서류의 교부 및 비치

(1) 위임장 용지 등의 교부

의결권권유자는 그 권유에 있어서 다음과 같은 방법으로 위임장 용지 및 참고서류를 의결권 대리행사의 권유 이전이나 그 권유와 동시에 의결권피권유자에게 내주어야 한다(법152①, 영160).

---

92) "대통령령으로 정하는 중요한 사항"이란 다음의 어느 하나에 해당하는 사항을 말한다(영165②).
   1. 의결권권유자 등 의결권을 위임받는 자
   2. 의결권 대리행사의 권유에 관한 다음의 사항
      가. 의결권권유자가 소유하고 있는 주식의 종류 및 수와 그 특별관계자가 소유하고 있는 주식의 종류 및 수
      나. 의결권권유자의 대리인의 성명, 그 대리인이 소유하고 있는 주식의 종류 및 수(대리인이 있는 경우만 해당)
      다. 의결권권유자 및 그 대리인과 해당 주권상장법인과의 관계
   3. 주주총회의 목적사항
93) "대통령령으로 정하는 경우"란 영 제163조 제2항 제3호에 따른 기재사항(=의결권 대리행사 권유를 하는 취지)이 다음의 어느 하나에 해당하는 경우를 말한다(영165③).
   1. 기재나 표시사항이 불분명하여 의결권피권유자로 하여금 중대한 오해를 일으킬 수 있는 경우
   2. 의결권권유자에게 불리한 정보를 생략하거나 유리한 정보만을 강조하는 등 과장되게 표현된 경우

1. 의결권권유자가 의결권피권유자에게 직접 내어주는 방법
2. 우편 또는 모사전송에 의한 방법
3. 전자우편을 통한 방법(의결권피권유자가 전자우편을 통하여 위임장 용지 및 참고서류를 받는다는 의사표시를 한 경우만 해당)
4. 주주총회 소집 통지와 함께 보내는 방법[의결권권유자가 해당 상장주권(그 상장주권과 관련된 증권예탁증권을 포함)의 발행인인 경우만 해당]
5. 인터넷 홈페이지를 이용하는 방법

(2) 위임장 용지 등의 제출, 비치 및 열람

의결권권유자는 위임장 용지 및 참고서류를 의결권피권유자에게 제공하는 날 2일 전까지 이를 금융위원회와 거래소에 제출하여야 하며, 다음과 같은 장소에 이를 비치하고 일반인이 열람할 수 있도록 하여야 한다(법153, 시행규칙18).

1. 주권상장법인의 본점과 지점, 그 밖의 영업소
2. 명의개서대행회사
3. 금융위원회
4. 거래소

위의 2일에는 공휴일, 근로자의 날, 토요일은 제외된다(영164, 153①). 금융위원회와 거래소는 제출된 위임장 용지 및 참고서류, 그 정정내용을 접수일부터 3년간 비치하고, 인터넷 홈페이지 등을 이용하여 공시하여야 한다(법157).

Ⅴ. 상장법인의 의견표명

의결권 대리행사의 권유대상이 되는 상장주권의 발행인은 의결권 대리행사의 권유에 대하여 의견을 표명한 경우에는 그 내용을 기재한 서면을 지체 없이 금융위원회와 거래소에 제출하여야 한다(법155). 금융위원회와 거래소는 발행인의 의견표명을 기재한 서면을 그 접수일부터 3년간 비치하고, 인터넷 홈페이지 등을 이용하여 공시하여야 한다(법157).

VI. 위임장권유규제 위반에 대한 제재

1. 민사제재

(1) 개요

자본시장법은 위임장권유에 관한 손해배상책임규정을 두고 있지 않다. 따라서 위임장 권유제한에 관한 규정을 위반한 경우 민법상의 일반불법행위에 기한 손해배상책임을 물어야 할 것이다.

나아가 자본시장법에 의하면 위임장 용지 및 참고서류 또는 제156조에 따른 정정서류 중 의결권피권유자의 의결권 위임 여부 판단에 중대한 영향을 미칠 수 있는 사항("의결권 위임 관련 중요사항")에 관하여 거짓의 기재 또는 표시를 하거나 의결권 위임 관련 중요사항을 기재 또는 표시하지 아니한 자는 5년 이하의 징역 또는 2억원 이하의 벌금에 처하고 있다(법444(19)). 그렇다면 위임장권유를 위하여 사용된 문서에 의결권 위임 관련 중요사항에 관하여 거짓의 기재 또는 표시를 하거나 의결권 위임 관련 중요사항을 기재 또는 표시하지 아니한 경우에 주주총회결의의 효력에 영향을 미치는가가 문제이다. 즉 위임장권유절차에 하자가 있는 경우 주주총회결의에 영향을 미치는가 하는 것이다.

(2) 견해의 대립

위임장권유절차의 하자는 자본시장법 소정의 벌칙이 적용되는 것은 별론으로 하고 주주총회의 결의에 영향이 없다는 견해가 있다.[94] 이 견해는 위임장권유절차의 하자가 주주총회의 소집절차 또는 결의방법과는 관계가 없다는 점을 근거로 들고 있는 것으로 보인다. 그러나 이 견해에 반대하여 위임장권유행위를 함에 있어 참고서류의 하자가 중대한 경우라면 이는 주주총회결의의 하자가 있는 것으로 보아야 한다는 견해도 있다.[95] 이 견해에 의하면 위임장권유가 주주총회 소집 전에 법적으로 요구되는 절차가 아니고 상법상 주주총회의 소집에 있어서 선결조건인 소집의 통지나 공고와 다르기 때문에 이 문제를 해결하는데 있어 결정적인 규정은 없으나, 하자 있는 소집의 통지나 공고보다 하자 있는 참고서류가 더 심각한 문제를 발생시키기 때문에 취소사유가 되어야 한다고 한다.

(3) 결어

주주총회 소집절차 또는 결의방법을 너무 협의로 새길 필요는 없다. 위임장권유제도는 기본적으로 주주가 주주총회에서 의결권을 행사하는 것과 밀접하게 관련된다. 특히 자본시장법

---

94) 정동윤(2005), 「회사법」, 법문사(2005. 3), 337쪽.
95) 김교창(2010), 130쪽.

은 위임장권유의 경우 주주총회 각 목적사항에 대하여 찬반을 명기할 수 있는 위임장으로 권유행위를 하도록 하고 있다. 이러한 찬반의 의사표시가 왜곡될 수 있는 허위의 사실이 참고서류에 기재되어 있다면, 이는 주주들의 결의를 왜곡시킨 것으로서 결의방법에 하자가 있다고 보아도 될 것이다. 따라서 위임장권유절차에서 주주들의 주주총회 목적사항에 대한 찬반의 의사표시 형성과정에 영향을 미칠 수 있는 하자는 주주총회결의의 하자가 있는 것으로 판단하는 것이 타당하다.[96]

2. 행정제재

(1) 자료제출명령 및 조사권

금융위원회는 투자자 보호를 위하여 필요한 경우에는 의결권권유자, 그 밖의 관계인에 대하여 참고가 될 보고 또는 자료의 제출을 명하거나, 금융감독원장에게 그 장부·서류, 그 밖의 물건을 조사하게 할 수 있다. 이 경우 조사를 하는 자는 그 권한을 표시하는 증표를 지니고 이를 관계인에게 내보여야 한다(법158①, 131①).

(2) 정정명령 및 조치권

금융위원회는 다음의 어느 하나에 해당하는 경우에는 의결권권유자에 대하여 이유를 제시한 후 그 사실을 공고하고 정정을 명할 수 있으며, 필요한 때에는 의결권 대리행사의 권유를 정지 또는 금지하거나 "대통령령으로 정하는 조치"를 할 수 있다(법158② 전단). 이 경우 그 조치에 필요한 절차 및 조치기준은 총리령으로 정한다(법158② 후단).

1. 위임장 용지 및 참고서류를 의결권피권유자에게 교부하지 아니한 경우
2. 공공적 법인이 아닌 자가 의결권 대리행사의 권유를 한 경우
3. 위임장 용지 및 참고서류에 관하여 제153조(비치 및 열람) 또는 제154조(정당한 위임장 용지 등의 사용)를 위반한 경우
4. 위임장 용지 및 참고서류 중 의결권 위임 관련 중요사항에 관하여 거짓의 기재 또는 표시가 있거나 의결권 위임 관련 중요사항이 기재 또는 표시되지 아니한 경우
5. 의무정정사유가 있음에도 이에 위반하여 정정서류를 제출하지 아니한 경우

여기서 "대통령령으로 정하는 조치"란 다음의 어느 하나에 해당하는 조치를 말한다(영166).

1. 1년의 범위에서 의결권 대리행사의 권유의 제한
2. 임원에 대한 해임권고

---

96) 김상곤(2005), 97-98쪽.

3. 법을 위반한 경우에는 고발 또는 수사기관에의 통보

4. 다른 법률을 위반한 경우에는 관련 기관이나 수사기관에의 통보

5. 경고 또는 주의

(3) 과태료

금융위원회의 조사권에 따른 검사·조사 또는 확인을 거부·방해 또는 기피한 자에 대하여는 1억원 이하의 과태료를 부과한다(법449①(20)). 금융위원회의 자료제출명령에 따른 보고 또는 자료의 제출명령이나 증인의 출석, 증언 및 의견의 진술 요구에 불응한 자에 대하여는 3천만원 이하의 과태료를 부과한다(법449③(8)).

3. 형사제재

법 제154조에 따른 위임장 용지 및 참고서류 또는 제156조에 따른 정정서류 중 의결권피권유자의 의결권 위임 여부 판단에 중대한 영향을 미칠 수 있는 사항("의결권 위임 관련 중요사항")에 관하여 거짓의 기재 또는 표시를 하거나 의결권 위임 관련 중요사항을 기재 또는 표시하지 아니한 자(제19호)는 5년 이하의 징역 또는 2억원 이하의 벌금에 처한다(법444(19)).

법 제152조 제1항 또는 제3항을 위반하여 의결권 대리행사의 권유를 한 자(제21호)는 3년 이하의 징역 또는 1억원 이하의 벌금에 처한다(법445(21)).

법 제153조를 위반하여 위임장 용지 및 참고서류를 제출하지 아니한 자(제21호) 또는 제156조 제3항 후단을 위반하여 정정서류를 제출하지 아니한 자(제27호)는 1년 이하의 징역 또는 3천만원 이하의 벌금에 처한다(법446(21)(27)).

Ⅶ. 공공적 법인이 발행한 주식의 소유제한

1. 소유한도

누구든지 공공적 법인이 발행한 주식을 누구의 명의로 하든지 자기의 계산으로 다음의 기준을 초과하여 소유할 수 없다(법167① 전단). 이 경우 의결권 없는 주식은 발행주식총수에 포함되지 아니하며, 그 특수관계인의 명의로 소유하는 때에는 자기의 계산으로 취득한 것으로 본다(법167① 후단).[97]

---

97) 증권발행공시규정 제3-16조(주식의 대량취득 승인절차) 법 제167조 제1항의 기준을 초과하여 공공적법인 발행주식을 취득하고자 하는 자는 대량주식취득승인신청서에 다음의 서류를 첨부하여 금융위에 그 승인을 신청하여야 한다.
1. 가족관계등록부 기본증명서 또는 법인등기부등본
2. 주식취득의 사유설명서

1. 그 주식이 상장된 당시에 발행주식총수의 10% 이상을 소유한 주주는 그 소유비율
2. 그 외의 자는 발행주식총수의 3% 이내에서 정관이 정하는 비율

국민경제상 중요한 기간산업의 경영권 보호를 강화하기 위해 자본시장법상 공공적 법인을 정하고 동 법인의 주식취득에 제한을 두고 있는 것이다. 공공적 법인은 ⅰ) 경영기반이 정착되고 계속적인 발전가능성이 있는 법인, ⅱ) 재무구조가 건실하고 높은 수익이 예상되는 법인, ⅲ) 국민이 광범위하게 분산 소유할 수 있도록 자본금이 큰 법인으로서 금융위원회가 관계부처 협의를 거쳐 국무회의 보고를 거쳐 결정한다(영162). 현재 자본시장법상 공공적 법인에 해당하는 법인은 한국전력 하나뿐이다.

2. 승인에 의한 초과소유 허용

소유비율 한도에 관하여 금융위원회의 승인을 받은 경우에는 그 소유비율 한도까지 공공적 법인이 발행한 주식을 소유할 수 있다(법167②).[98] 공공적 법인에 대해 상장 당시 10% 이상 소유한 주주는 그 소유비율, 기타 주주 등은 3%를 초과하여 소유할 수 없다. 그러나 내국인에 한하여 금융위원회 승인이 있는 경우 초과 보유할 수 있다.

---

3. 해당 주식 발행인의 최대주주의 소유비율을 초과하여 주식을 취득하고자 하는 경우에는 최대주주의 의견서
증권발행공시규정 제3-17조(주식의 대량취득의 승인간주) ① 다음의 사유로 법 제167조 제1항의 기준을 초과하여 취득한 주식은 금융위의 승인을 얻어 이를 취득한 것으로 본다.
1. 합병·상속 또는 유증
2. 준비금의 자본전입 또는 주식배당
3. 유상증자(주주권의 행사로 취득한 경우에 한한다)
4. 대주주(주주 1인과 특수관계인의 소유주식수가 10% 이상인 주주. 이에 해당하는 자가 없는 경우에는 최대주주) 외의 주주가 실권한 주식의 인수
5. 정부 소유주식에 대한 정부로부터의 직접 취득
6. 정부의 취득
② 공공적 법인이 상장된 당시에 총발행주식의 10% 이상을 소유한 주주 외의 주주가 법 제167조 제1항 제2호에서 정한 비율을 초과하여 소유하는 주식은 금융위의 승인을 얻어 이를 취득한 것으로 본다.
증권발행공시규정 제3-18조(주식의 대량취득 보고) ① 금융위의 승인을 얻어 주식을 취득한 자(제3-17조 제1항 제1호부터 제5호까지의 규정에 따라 취득한 자를 포함)는 취득기간의 종료일부터 10일 이내에 금융위에 대량주식취득보고서를 제출하여야 한다.
② 제1항에 따라 주식취득의 보고를 하는 때에는 주식취득의 사실을 확인할 수 있는 서류를 첨부하여야 한다. 이 경우 금융위의 승인의 내용대로 주식을 취득하지 아니한 때에는 그 사유서를 첨부하여야 한다.
98) A연금이 법 제167조의 규정에 의하여 한국전력 발행주식총수의 3% 초과 소유에 대한 승인을 신청해 왔는데, A연금이 한국전력 발행주식총수의 10%까지 소유하는 것의 적정성을 심사한 결과, 소유비율 한도 재승인의 타당성이 인정되어 신청한대로 승인하였고, A연금은 승인기한을 연장하고자 하는 경우 종료일 이전에 재승인 받아야 한다.

3. 초과소유분에 대한 제재

제1항 및 제2항에서 규정하는 기준을 초과하여 사실상 주식을 소유하는 자는 그 초과분에 대하여는 의결권을 행사할 수 없으며, 금융위원회는 그 기준을 초과하여 사실상 주식을 소유하고 있는 자에 대하여 6개월 이내의 기간을 정하여 그 기준을 충족하도록 시정할 것을 명할 수 있다(법167③).

제5절   단기매매차익 반환의무

I. 서설

1. 의의 및 제도적 취지

단기매매차익(short-swing profits) 반환제도란 회사의 내부자가 자신의 지위로 인하여 취득한 내부정보를 이용하는 것을 방지하기 위하여 당해 회사의 주권등에 대하여 단기간에 행한 매매와 그 후의 반대매매에서 얻은 차익을 당해 회사에 반환할 것을 회사가 청구하는 것을 말한다.

단기매매차익 반환책임은 특수한 법정책임이고 일반불법행위책임과는 다르다. 따라서 미공개중요정보의 이용 여부를 불문하고 그 요건에 해당하는 경우에는 자동적으로 책임이 인정되는 엄격책임에 해당한다

단기매매 차익반환제도의 취지는 주가에 영향을 미치는 회사의 내부정보에 용이하게 접근할 수 있는 내부자들이 정보가 공개되기 전에 이를 이용하여 당해 주권등을 매수 또는 매도한 후 정보가 공개되어 주가가 상승 또는 하락함에 따라 이익을 취득하거나 손실을 회피하는 행위를 방지함으로써 증권시장의 건전성을 수호하고 내부자거래로 인한 일반투자자들의 피해를 방지하며 주권발행회사를 보호하고 중요정보의 조기공시 촉진을 통한 증권시장의 효율성을 제고하는 것이다.

2. 연혁

미국은 내부자거래규제에 관한 한 가장 오랜 역사와 전통을 가지고 있다. 1929년 대공황 이후 증권시장을 규제하기 위하여 1933년 증권법과 1934년 증권거래법이 제정되었다. 1934년

증권거래법 제정 당시 제16조에서 주요주주 및 임원에 대한 소유주식보고의무(a항), 단기차익 반환의무(b항), 공매도금지(c항) 등의 규정을 통해 내부자거래를 규제하였다. 이 시기에 도입된 것이 단기매매차익 반환제도이다.

우리나라에서 내부자거래를 규제하기 위한 제도는 1962년 증권거래법 제정 당시에는 없었고, 1976년 개정에 의해 도입되었다. 이 제도는 미국의 1934년 증권거래법 제16조를 계수한 것으로, 내부자거래의 개연성이 큰 주요주주 및 임직원에 대한 공매도를 금지하고(1976년 개정 증권거래법188①) 단기매매차익 반환의무를 부과한 것이다(같은 법188②). 그러나 단기매매차익 반환제도는 내부자의 미공개정보 이용사실이 입증된 경우에 한하여 단기매매차익을 회사에 반환하도록 하는 것이었기 때문에 내부자거래규제의 실효성은 거의 없었고, 그 입증책임을 내부자에게 전환하는 형태여서 1987년 개정될 때까지는 동 조항은 거의 사문화되어 있었다. 그 후 1987년 개정에서 미공개정보를 이용한 내부자거래를 직접금지하는 제도를 처음으로 신설하면서 내부자의 단기매매차익 반환시 내부정보의 이용에 대한 입증책임을 당해 회사 또는 주주가 아닌 내부자가 부담하는 내용의 개정이 있었다.

1990년대 들어 내부자거래에 대한 본격적인 단속의 필요성과 규제를 강화하는 세계적인 추세에 맞추어, 1991년 내부자거래규제법제를 전면적으로 개편하였다. 이에 따라 단기매매차익의 반환시 미공개정보 이용 여부에 대한 입증책임 요건을 폐지하였다. 그 후 1997년 개정 증권거래법에서는 단기매매차익의 반환을 위한 제1차 청구권자를 당해 회사로 하고, 제2차 청구권자를 당해 회사의 주주와 증권선물위원회로 분리하였다. 자본시장법은 증권거래법의 규정을 계수하여 규정하고 있다.

3. 제도의 위헌 여부

단기매매차익 반환제도가 헌법 제23조 제1항 본문이 보장하는 재산권을 제한하고, 회사 내부자를 그 사회적 신분에 의하여 경제적 생활영역에서 차별함으로써 헌법 제11조 제1항이 보장하는 평등권을 침해하고 있으며, 간접적으로는 헌법 제10조의 행복추구권에서 파생되는 일반적 행동자유권의 한 내용인 계약의 자유 등을 침해하고 있다는 이유로 헌법소원심판이 청구되었다. 그러나 헌법재판소는 단기매매차익 반환제도에 대하여 헌법재판관 전원의 일치된 의견으로 합헌결정을 내렸다.[99)]

---

99) 헌법재판소 2002. 12. 18. 선고 99헌바105, 2001헌바48(병합) 결정

Ⅱ. 규제대상자: 내부자

1. 의의

단기매매차익 반환의무자는 "주권상장법인의 임원(상법 제401조의2 제1항의 각 호의 자 포함), 직원(직무상 제174조 제1항의 미공개중요정보를 알 수 있는 자로서 대통령령이 정하는 자) 또는 주요주주"이다(법172①).

여기의 주권상장법인에는 내부자거래와 달리 6개월 이내에 상장하는 법인을 포함하지 않는다. 또한 후술하는 내부자거래의 행위주체인 준내부자[100]나 정보수령자는 차익반환의무자가 아니다. 그러나 반환의무자의 계산으로 거래한 경우는 타인명의로 거래하더라도 반환의무자에 해당한다.

임원, 직원 또는 주요주주의 범위는 내부자거래의 행위주체로서의 내부자와 그 범위가 대체로 동일하다. 증권거래법은 주권상장법인의 임원, 직원 또는 주요주주를 반환의무자로 하고 있었으나, 자본시장법은 임원의 경우 "집행임원"을 포함하고 직원은 직무상 미공개중요정보를 알 수 있는 자로 제한하였다.

2. 임직원의 의의와 자격의 존재시점

(1) 임직원
(가) 임원의 의의

임원은 이사 및 감사를 말한다(법9②). 이사는 사내이사와 사외이사가 모두 해당하며 등기 여부를 불문한다. 사외이사란 상시적인 업무에 종사하지 아니하는 사람으로서 금융회사지배구조법 제17조(임원후보추천위원회)에 따라 선임되는 이사를 말한다(법9③). 임원에는 상법 제401조의2 제1항 업무집행관여자도 포함된다. 즉 회사에 대한 자신의 영향력을 이용하여 이사에게 업무집행을 지시한 자(업무지시자: 제1호), 이사의 이름으로 직접 업무를 집행한 자(무권대행자: 제2호), 이사가 아니면서 명예회장·회장·사장·부사장·전무·상무·이사·기타 회사의 업무를 집행할 권한이 있는 것으로 인정될 만한 명칭을 사용하여 회사의 업무를 집행한 자(표현이사: 제3호)도 단기매매차익 반환의무자이다. 그런데 제1호의 업무집행지시자에는 자연인뿐만 아니라 법인인 지배이사도 포함된다.

---

100) 다만 단기매매차익 반환의무규정은 주권상장법인이 모집·사모·매출하는 특정증권등을 인수한 투자매매업자에게 인수계약을 체결한 날부터 3개월 이내에 매수 또는 매도하여 그 날부터 6개월 이내에 매도 또는 매수하는 경우(단, 모집·사모·매출하는 특정증권등의 인수에 따라 취득하거나 인수한 특정증권등을 처분하는 경우는 제외)에 준용한다(법172⑦, 영199).

임원들은 회사의 업무를 집행하거나 회사 재산 또는 회계에 접하는 자들이므로 내부자 중에서 가장 기업정보에 밝은 자들이다. 여기서 임원의 범위는 내부자거래규제대상인 임원의 범위와 같다.

(나) 직원의 의의

직원은 직무상 제174조 제1항의 미공개중요정보를 알 수 있는 자로서 "대통령령이 정하는 자"에 한한다(법172①).[101] 여기서 "대통령령으로 정하는 자"란 다음의 어느 하나에 해당하는 자로서 증권선물위원회가 미공개중요정보를 알 수 있는 자로 인정하는 자[102]를 말한다(영194).

1. 그 법인에서 주요사항보고서의 제출사유(법161①) 중 어느 하나에 해당하는 사항의 수립·변경·추진·공시, 그 밖에 이에 관련된 업무에 종사하고 있는 직원
2. 그 법인의 재무·회계·기획·연구개발에 관련된 업무에 종사하고 있는 직원

앞에서 설명한 단기매매차익 반환제도의 취지상 단기매매차익 반환의무자에 직원을 포함시킨 것이 타당한지는 의문이다. 왜냐하면 미공개중요정보를 이용한 내부자거래를 금지하는 자본시장법 제174조의 규정과는 달리 미공개중요정보를 이용하였는지 여부를 불문하고 6월 이내의 단기매매로 얻은 차익을 무조건 회사에 반환하도록 한 제도임을 감안할 때, 그 적용대상은 미공개중요정보의 취득 및 그 정보의 부당이용의 위험성이 상당히 높은 임원으로 한정하는 것이 타당하기 때문이다.[103] 또한 단기매매차익 반환제도가 소유주식보고제도의 실효성을 확보하기 위한 제도라는 점에서 자본시장법 제173조 제1항의 규정에 의한 소유주식보고의무가 없는 직원에 대하여 단기매매차익 반환의무를 부과하는 것을 불합리하다. 그 밖에 비교법적인 관점에서 살펴보아도 일본의 경우[104] 직원은 반환의무자가 아니며, 미국의 경우 반환의무자인 "officer"는 우리의 직원보다 좁은 개념으로 집행임원이라고 볼 수 있다. 따라서 직원은 반환의무자의 적용대상에서 제외하는 것이 타당하다.[105]

(2) 임직원 자격의 존재시기

자본시장법 제176조 제6항은 주요주주의 경우만 매도 또는 매수한 시기 중 어느 한 시기에 주요주주가 아닌 경우에는 단기매매차익 반환규정을 적용하지 아니한다고 규정하고 있다.

---

101) 현실에서는 상장법인의 직원들이 단기매매차익 반환제도를 이해하지 못한 이유로 규정을 위반하는 경우가 많이 발생한다.
102) "증권선물위원회가 미공개중요정보를 알 수 있는 자로 인정하는 자"란 다음에 해당하는 자를 말한다(단기매매차익 반환 및 불공정거래 조사·신고 등에 관한 규정5).
　　1. 그 법인의 재무·회계·기획·연구개발·공시 담당부서에 근무하는 직원
103) 노태악(2001a), "내부자거래 등 관련행위의 규제", 증권거래에 관한 제문제(상), 법원도서관(2001), 465쪽.
104) 금융상품거래법 제6조 제1항 "임원 또는 주요주주"에 한정하고 있다.
105) 박임출(2003), "내부자거래 규제에 관한 비교법적 고찰", 성균관대학교 대학원 박사학위논문(2003), 226쪽.

따라서 임직원은 매도 또는 매수 시점에 모든 지위를 가질 필요는 없고, 매도 또는 매수의 한 시점에만 임직원의 지위를 보유하면 적용대상이 된다.[106]

　　따라서 주권상장법인 임원인 A가 임원재직 당시인 2020년 6월 1일 10,000주를 1억원에 매수하고, 2020년 7월 31일 퇴직한 후 6개월 이내인 2020년 9월 15일 10,000만주를 2억원에 매도하였다면 1억원의 단기매매차익을 반환해야 한다.

3. 주요주주

(1) 의의

　　자본시장법상 주요주주란 금융회사지배구조법 제2조 제6호에 따른 주주를 말한다(법9①). 즉 주요주주는 ⅰ) 누구의 명의로 하든지 자기의 계산으로 법인의 의결권 있는 발행주식 총수의 10% 이상의 주식(그 주식과 관련된 증권예탁증권을 포함)을 소유하거나, ⅱ) 임원(업무집행책임자는 제외)의 임면 등의 방법으로 법인의 중요한 경영사항에 대하여 사실상의 영향력을 행사하는 주주로서 "대통령령으로 정하는 자"를 말한다(금융회사지배구조법2(6) 나목, 금융회사지배구조법 시행령4).

　　여기서 사실상 영향력을 행사하는 주주로서 "대통령령으로 정하는 자"란 다음의 어느 하나에 해당하는 자를 말한다(금융회사지배구조법 시행령4).

1. 혼자서 또는 다른 주주와의 합의·계약 등에 따라 대표이사 또는 이사의 과반수를 선임한 주주
2. 다음의 구분에 따른 주주
   가. 금융회사가 자본시장법상 금융투자업자(겸영금융투자업자는 제외)인 경우: 다음의 구분에 따른 주주
   1) 금융투자업자가 자본시장법에 따른 투자자문업, 투자일임업, 집합투자업, 집합투자증권에 한정된 투자매매업·투자중개업 또는 온라인소액투자중개업 외의 다른 금융투자업을 겸영하지 아니하는 경우: 임원(상법 제401조의2 제1항 각 호의 자를 포함)인 주주로서 의결권 있는 발행주식 총수의 5% 이상을 소유하는 사람
   2) 금융투자업자가 자본시장법에 따른 투자자문업, 투자일임업, 집합투자업, 집합투자증권에 한정된 투자매매업·투자중개업 또는 온라인소액투자중개업 외의 다른 금융투자업을 영위하는 경우: 임원인 주주로서 의결권 있는 발행주식 총수의 1% 이상을 소유하는 사람
   나. 금융회사가 금융투자업자가 아닌 경우: 금융회사(금융지주회사인 경우 그 금융지주회사의 금융지주회사법 제2조 제1항 제2호 및 제3호에 따른 자회사 및 손자회사를 포함)의

---

106) 대법원 2008. 3. 13. 선고 2006다73218 판결.

경영전략·조직변경 등 주요 의사결정이나 업무집행에 지배적인 영향력을 행사한다고 인정되는 자로서 금융위원회가 정하여 고시하는 주주

주주는 자연인이든 법인이든 불문하고, 차명계좌를 이용한 매매도 본인이 매도한 것으로 보며, "자기의 계산"이란 주식의 매매로 인한 경제적인 이익의 귀속주체를 의미한다. 또한 주주명부상의 명의개서 여부도 불문한다.

(2) 10% 이상 지분의 의미

금융회사지배구조법이 주요주주를 정의하는데 10% 이상의 수치를 사용하는 것은 미국과 일본의 입법례를 계수한 것으로 주식이 널리 분산된 상장법인에서 10% 정도의 주식소유는 회사에 대한 영향력을 행사하여 기업정보를 용이하게 취득할 수 있으리라는 데에 그 타당성을 찾을 수 있다.[107]

10%를 계산함에 있어 전환사채의 장래 전환권의 행사, 신주인수권부사채의 장래 신주인수권의 행사로 인한 권리를 합산해야 한다는 견해도 있으나,[108] 금융회사지배구조법이 명문규정으로 10% 이상의 주식(그 주식과 관련된 증권예탁증권을 포함)을 소유한 자로 정의하고 있으므로 합산할 수 없다고 보아야 한다.

(3) 주요주주 자격의 존재시기

주요주주는 매도·매수한 시기 중 어느 한 시기에 있어서 주요주주가 아닌 경우에는 단기매매차익 반환의무를 부담하지 않는다(법172⑥). 즉 주요주주는 임직원과 달리 매도와 매수의 양 시점에 모두 주요주주로서의 지위를 유지하고 있어야 한다.

그런데 매수와 매도 또는 매도와 매수가 모두 사전에 이미 주요주주로서의 지위를 구비해야 하느냐가 문제이다. 단기매매차익 반환제도의 취지가 내부자에 의한 정보이용과 그로 인한 단기매매차익의 실현을 저지하려는데 있으므로 10% 이상의 주주가 되는 순간부터 정보이용의 기회가 주어지며, 이것이 그 후의 매도에 반영된다고 보아야 하므로 매수와 동시에 주요주주가 되는 경우의 매수도 단기매매차익 반환의무의 대상에 포함된다. 또한 매도의 경우도 6월 내에 행해지는 한, 하나의 처분계획에 의한 단일의 매도행위로 볼 수 있으므로, 처분과정에 있어서의 지위상실은 고려할 필요가 없다. 따라서 먼저 매도하고 나중에 매수하는 경우에, 그 주요주주가 수회에 걸쳐 매도하여 그 중간에 주요주주가 지위를 상실하고 수회에 걸쳐 매수함으로써 그 중간에 주요주주의 지위를 회복하였을 때에는 그 매도·매수가 6월 내에 행해지는 한 모두 단기매매차익 반환의무의 대상이 된다.[109]

---

107) 이철송(2009), 366쪽.
108) 김정수(2002), 「현대증권법원론」, 박영사(2002. 12), 645쪽.
109) 이철송(2009), 368쪽.

4. 투자매매업자

단기매매차익 반환의무규정은 주권상장법인이 모집·사모·매출하는 특정증권등을 인수한 투자매매업자에게 인수계약을 체결한 날부터 3개월 이내에 매수 또는 매도하여 그 날부터 6개월 이내에 매도 또는 매수하는 경우(단, 모집·사모·매출하는 특정증권등의 인수에 따라 취득하거나 인수한 특정증권등을 처분하는 경우는 제외)에 준용한다(법172⑦, 영199 본문).

다만 투자매매업자가 안정조작이나 시장조성을 위하여 매매하는 경우에는 해당 안정조작이나 시장조성기간 내에 매수 또는 매도하여 그 날부터 6개월 이내에 매도 또는 매수하는 경우(단, 안정조작이나 시장조성을 위하여 매수·매도 또는 매도·매수하는 경우는 제외)에 준용한다(영199 단서).

이는 투자매매업자가 인수과정에서 기업의 내부정보에 접할 기회가 많기 때문에 그러한 정보의 남용을 방지하기 위한 것이다.

Ⅲ. 규제대상증권

단기매매차익 반환의무의 대상은 다음의 어느 하나에 해당하는 금융투자상품("특정증권등")을 말한다(법172①). 증권거래법은 단기매매차익 반환대상증권을 "주식관련 증권"에 한정하여, 주권, 전환사채, 신주인수권부사채, 신주인수권증서, 이익참가부사채, 주식과 관련된 교환사채, 주권을 기초로 한 옵션거래로 규정하고 있었다(증권거래법188①, 동법 시행규칙35). 그러나 자본시장법은 단기매매차익 반환대상증권을 기존의 증권거래법상 상장법인이 발행한 유가증권 이외에 다른 상장법인이 발행한 금융투자상품까지 확대하였다. 이는 내부자거래금지 규제대상증권과 동일하다.

1. 주권상장법인이 발행한 증권(제1호)

주권상장법인이 발행한 증권인 이상 반드시 거래소에 상장될 필요는 없다. 다만 채무증권, 수익증권, 파생결합증권(다만 법 제172조 제1항 제4호에 해당하는 파생결합증권은 제외)은 제외된다(영196(1)-(3)). 다만 채무증권 중 전환사채권, 신주인수권부사채권, 이익참가부사채권, 그 법인이 발행한 지분증권(이와 관련된 증권예탁증권을 포함) 또는 전환사채권·신주인수권부사채권·이익참가부사채권(이와 관련된 증권예탁증권을 포함)과 교환을 청구할 수 있는 교환사채권은 포함된다(영196).

당해 법인이 발행한 주권이면 종류가 달라도 관계없다. 예컨대 보통주를 매도하였다가 우선주를 매수한 경우에도 반환책임을 부담한다.

2. 증권예탁증권(제2호)

자본시장법은 증권거래법상 포함되어 있지 않았던 증권예탁증권(DR)을 대상증권에 포함시켰다.

3. 교환사채권(제3호)

그 법인 외의 자가 발행한 것으로서 제1호 또는 제2호의 증권과 교환을 청구할 수 있는 교환사채권을 말한다. 예컨대 타법인 A가 당해법인 B의 주식을 대상으로 발행하는 경우이다.

4. 제1호부터 제3호까지의 증권만을 기초자산으로 하는 금융투자상품(제4호)

자본시장법은 거래소시장에서 거래되는 주식옵션이나 주식선물의 경우도 주권상장법인의 증권을 기초자산으로 하는 파생상품이므로 포함시켰다.

Ⅳ. 단기매매행위

1. 매매

(1) 해석상 매매에 포함되는 거래

단기매매차익 반환의무의 대상이 되는 매매는 "특정증권등을 매수한 후 6개월 이내에 매도하거나 특정증권등을 매도한 후 6개월 이내에 매수하여 이익을 얻은 경우"의 거래이다(법172①). 즉 6개월 이내에 "매도와 매수", 또는 "매수와 매도"가 일어나야 한다.

자본시장법은 매도와 매수의 개념을 정의하고 있지 아니하지만[110] 일정한 대가를 지급하고 주권등의 소유권이 이전되는 유상거래로 보아야 할 것이다. 따라서 상속, 증여 등에 의한 무상취득, 주식배당에 의한 취득, 전환사채의 전환권행사에 의한 취득, 주식분할이나 주식병합에 의한 취득은 매매에 포함되지 않는다. 그러나 일정한 대가가 지급되고 소유권이 이전되며, 정보이용의 남용가능성이 있는 신주의 인수, 교환이나 처분은 포함된다고 보아야 한다. 왜냐하면 단기매매차익 반환제도의 취지상 매매라는 형식적 요건에서 자유로울 필요가 있기 때문이다. 그러나 미국과 같이 명확한 개념규정이 없는 이상 매매의 개념을 확대해석하기는 곤란하며, 현재로서는 법해석의 일반적 방식에 따라 민법의 개념에 의하되 법이 달리 규정하는 특별한 내용에 따라 필요한 범위 내에서 이를 수정하는 것이 제도의 취지를 살리는 해석이 될 것이

---

110) 미국의 증권거래법 제3(a)(13) 및 (14)는 매도와 매수의 정의규정을 두고 있다.

다.111)

(2) 판례상 매매에 포함되는 거래

(가) 제3자의 신주인수

자본시장법은 매도와 매수의 개념을 정의하고 있지 않지만 일정한 대가가 지급되고 소유권이 이전되며, 정보이용의 남용가능성이 있는 신주인수 등은 매매에 포함된다고 보아야 한다. 제3자 신주인수는 유상계약에 의한 주식취득 행위로서 금전을 대가로 한 계약이라는 점에서 그 실질이 매매계약에 가깝다.112)

(나) 경영권 프리미엄

지배주식의 매도시 그 가격 결정에 반영된 소위 경영권 프리미엄은 단기매매 차익으로서 반환할 이익에 포함된다.113)

(다) 담보제공

매수한 주식의 상당부분을 담보로 제공하고 채권자로부터 대출을 받았는데, 채권자가 담보권을 실행하여 주식을 처분한 경우는 채무를 면하는 이익을 얻었기 때문에 담보제공의 형태로 매매차익을 실현한 것이므로 반환할 이익에 포함된다.114)

(3) 판례상 매매에 해당되지 않는 거래

동일인이 차명계좌를 통하여 보유하고 있던 주식을 공개시장에서 실명계좌로 매도한 경우 동일한 시점에 차명계좌로부터 매도주문과 실명계좌로부터 매수주문이 있었다면, 차명계좌에서의 매도가격과 실명계좌에서의 매수가격이 일치하는 수량 부분은 매매에 해당하지 않는다.115)

2. 거래명의

매매는 거래소 이외에 장외에서 행해지더라도 상관없다. 법원도 "증권거래법 제188조 제2항(자본시장법 제172조 제1항)에서의 "매도" 또는 "매수"는 반드시 거래소나 협회중개시장에서 일어날 것을 요하지 않고, 장외에서 행해진 매매도 그 적용대상이 된다는 점에 대하여는 이론이 없다"라고 판시하였고,116) "내부자가 6개월 이내의 단기매매를 하여 차익을 얻은 경우에는 그것이 장내거래인가 장외거래인가에 상관없이 이를 반환할 의무가 있다"고 판시하였다.117)

---

111) 최민용(2006), "단기매매차익의 반환", 상사판례연구 제19집 제4권(2006. 12), 170쪽.
112) 서울고등법원 2001. 5. 18. 선고 2000나22272 판결.
113) 대법원 2004. 2. 13. 선고 2001다36580 판결.
114) 서울중앙지방법원 2009. 12. 17. 선고 2008가합28705 판결.
115) 대법원 2005. 3. 25. 선고 2004다30040 판결.
116) 서울고등법원 2001. 5. 18. 선고 2000나22272 판결.
117) 서울고등법원 2001. 5. 9. 선고 2000나21378 판결.

또한 매매행위는 임원·직원 또는 주요주주의 계산으로 이루어지는 한 누구의 명의로 하는지는 문제되지 않는다.[118] 법원은 "법이 단기매매차익을 반환하도록 한 것은 상장법인 등의 임원 등이 그 직무 또는 직위에 의하여 취득한 비밀을 부당하게 이용하는 것을 방지하고자 하는 데 그 목적이 있는 것이고, 그러한 취지에서 반환의무자로서의 주요주주를 정의함에 있어서 증권거래법 제188조 제1항(자본시장법9①, 금융회사지배구조법2(6) 나목)은 "누구의 명의로 하든지 자기의 계산으로 의결권 있는 발행주식총수 또는 출자총액의 10% 이상의 주식 또는 출자증권을 소유한 자"를 주요주주에 포함시킴으로써 단기매매차익의 반환에 관한 한 차명계좌를 이용한 매매라 하더라도 이를 모두 본인이 매매한 것으로 본다는 취지로 규정하고 있다"고 판시하였다.[119]

3. 내부정보의 이용 여부

단기매매차익 반환제도는 제도적 취지상 회사 내부자의 미공개중요정보의 이용 여부와 관계없이 그 요건에 해당하는 경우 자동적으로 그 반환책임이 인정된다. 따라서 내부자에 의한 6개월 이내의 매도와 매수가 있는 것으로 충분하다. 이는 법 제174조의 미공개정보 이용행위 금지와 구별되는 점이다.

그런데 어떠한 행위가 자본시장법 제172조의 단기매매차익 반환규정을 위반하고 제174의 미공개중요정보 이용행위 금지에도 위반한 내부자거래에 해당되어 법 제175조의 손해배상책임을 지게 되는 경우에 양 책임을 모두 부담하는가가 문제된다. 이 경우 후자의 책임이 우선한다고 보아 내부자거래로 인한 손해배상책임액을 공제하고 남은 이익을 해당 법인에게 반환해야 된다고 보는 견해도 있으나, 양 제도는 별개의 제도이므로 후자의 책임이 우선한다고 볼 근거는 없고 양 책임을 모두 부담한다고 보아야 한다.

단기매매차익 반환제도는 미공개정보를 이용한 내부자거래에 대한 제재조항이 있음에도 불구하고 신분과 내부자의 정보이용의 추상적 위험만으로 주식거래에 대한 이익을 부당이득으로 규정하고, 이에 대한 반환을 명하는 제도로서 위헌이라는 헌법소원제기가 있었다.

이에 대하여 헌법재판소는 단기매매차익 반환제도는 문언상 내부자가 실제로 미공개 내부정보를 이용하였는지 여부에 관계없이 형식적인 요건에만 해당하면 반환책임이 성립하고, 내

---

118) 현실에서는 단기매매차익 반환제도에 대하여 알고는 있지만 차명으로 거래할 경우에는 반환의무가 없는 경우로 오해하여 단기매매하는 경우가 많이 발생하고 있으며, 또한 불공정거래과정에서 차명계좌를 통해 주식을 매수하여 주요주주가 된 이후 차익을 실현하면서 단기매매차익이 발생하는 경우가 많다.

119) 대법원 2005. 3. 25. 선고 200430040 판결. 이 판결은 동일인이 본인명의의 계좌와 타인명의의 계좌로 주식을 보유하고 있다가 타인명의로부터 본인명의로 주식을 취득한 행위가 단기매매차익에서의 매매에 해당하는지 여부에 대한 판결이다.

부정보를 이용하지 않고 주식거래를 하였다는 등 일체의 반증을 허용하지 않는 내부자에 대한 엄격책임을 부과하고 있더라도 단기매매차익 반환청구권의 신속하고 확실한 행사를 방해하여 입법목적을 잃게 되는 점 및 일반투자자들의 증권시장에 대한 신뢰의 제고라는 입법목적을 고려한 불가피한 입법적 선택이라고 하여 단기매매차익 반환제도는 합헌이라고 결정하였다.[120]

그 후 대법원도 단기매매차익 반환의 예외와 관련하여 구체적인 예외인정 여부를 판단하면서 단기매매는 내부정보의 내용이나 이용 여부를 불문하고, 내부자에게 정보를 이용하여 이득을 취하려는 의사가 있었는지 여부와 관계없다는 취지의 판시를 한 바 있다.[121]

4. 매도와 매수 대상증권의 동일성 여부

단기매매의 성립을 위해 매도와 매수의 대상증권이 동일물일 필요는 없다. 따라서 주식을 매도하고 전환사채를 매수하는 경우에도 단기매매차익 반환대상이 되는 단기매매로 보아야 할 것이다.

증권거래법에서는 "같은 종목의 유가증권의 매매"(증권거래법 시행령83의5②)와 "종류는 같으나 종목이 다른 유가증권의 매매"(동조③)만을 규정하고 있었기 때문에, "종류가 다른 유가증권의 매매"에 대해서는 단기매매차익 반환규정이 적용되는가에 의문이 있었다.

그러나 자본시장법은 "종류가 다른 증권"의 이익을 계산하는 경우 지분증권 외의 특정증권등의 가격은 증권선물위원회가 정하여 고시하는 방법에 따라 지분증권으로 환산하여 계산한 가격으로 하고(영195②(2)), "종류가 다른 증권"의 수량의 계산은 증권선물위원회가 정하여 고시하는 방법에 따라 계산된 수량으로 한다(영193③)고 규정하고 있다. 따라서 매도와 매수의 대상증권이 동일한 증권일 필요는 없다.

법원은 매도와 매수의 대상증권의 동일성 여부와 관련하여 동일물일 필요는 없다고 판시한 바 있다.[122]

5. 6개월 이내의 매매

단기매매차익 반환의무는 매도와 매수가 6개월 이내에 이루어져야 발생한다. 즉 특정증권등을 매수한 후 6개월 이내에 매도하거나 특정증권등을 매도한 후 6개월 이내에 매수[123]하여

---

120) 헌법재판소 2002. 12. 18. 선고 99헌바105, 2001헌바48(병합) 결정.
121) 대법원 2004. 2. 13. 선고 2001다36580 판결; 대법원 2004. 5. 28. 선고 2003다60396 판결.
122) 광주고등법원 2001. 8. 22. 선고 2001나286 판결.
123) 예를 들면 상장법인의 임원 A가 2020년 3월 5일 보유주식 1,000주를 500만원에 매도한 후 2020년 3월 25일 1,000주를 300만원에 매수하였다면 200만원의 단기매매차익이 발생한다. 주식을 매수한 후 6개월 이내에 매도한 경우만을 해당된다고 생각하기 쉬우나, 법은 매도 후 6개월 이내의 매수를 규정하고 있으므로 주의하여야 한다.

야 한다(법172①). 그런데 자본시장법 시행령은 6개월을 기산하는 경우 초일을 산입한다고 규정하고 있다(영195①(1)). 따라서 6개월 이내라 함은 매도 또는 매수가 이루어진 날을 포함하여 6개월이 되는 날까지를 의미한다.

매도와 매수는 채권계약이므로 약정을 기준으로 기간계산을 하여야 한다. 따라서 6개월 이내의 기간의 기산점은 계약체결일을 기준일로 하여야 한다. 즉 6개월의 기간은 매도 또는 매수의 기준일인 계약체결일부터 기산하여 6월이 되는 날의 24시까지로 보아야 한다. 예컨대 5월 10일 매매를 하였으면 11월 9일 24시까지 사이에 반대매매하여야 반환책임을 부담하게 된다.[124)]

법원도 6개월의 기산점은 매매계약 체결일이고 대금수수일이 아니라고 판시하였다.[125)] 이와 같이 단기매매는 최초의 매도(또는 매수) 후 6개월 이내에 다시 매수(또는 매도)하는 경우에만 성립하므로 6개월을 단 1일이라도 넘겨 반대매매를 하면 단기매매차익 반환의무를 부담하지 않는다.

6. 매매차익의 발생

자본시장법이 "매수한 후 6개월 이내에 매도하거나 매도한 후 6개월 이내에 매수하여 이익을 얻은 경우"(법172①)라고 규정하고 있으므로, 단기매매차익 반환의무가 발생하기 위해서는 6개월 이내의 매매로 차익이 발생하여야 한다. 여기서의 차익은 매매의 결과로 발생한 차익을 의미하며, 처분을 전제로 한 개념이다. 따라서 6개월이라는 일정한 기간 내에 최초에 매수한 주식의 가격보다 높은 가격에 주식을 매도하여 이익을 얻는 경우 또는 최초에 매도한 가격보다 낮은 가격으로 주식을 다시 매수함으로써 얻게 되는 이익을 말한다.

헌법재판소[126)]도 "단기매매차익 반환제도는 ⅰ) 내부자가 ⅱ) 6개월 이내의 기간에 ⅲ) 자기회사의 주식등을 거래하여 ⅳ) 차익이 발생한 경우라는 형식적 요건이 성립하면 반환책임이 성립한다"고 결정하여 매매차익의 발생을 단기매매차익 반환의무의 성립요건으로 하고 있다.

그런데 여기서 유념할 것은 매매의 개념과 달리 이익을 얻었는지 여부에 대한 판단은 경제적 개념에 따를 수밖에 없다는 점이다. 따라서 경제적 이익의 취득은 매수 당시 또는 매도 당시의 각 자산의 취득과 처분에 따른 이익과 손실의 비교를 전제로 한다.[127)]

---

124) 노태악(2001a), 474쪽.
125) 서울고등법원 2001. 5. 9. 선고 2000나21378 판결.
126) 헌법재판소 2002. 12. 18. 선고 99헌바105, 2001헌바48(병합) 결정.
127) 최민용(2006), 176쪽.

V. 단기매매차익 반환의 예외

1. 의의

단기매매차익 반환제도는 내부자거래를 효율적으로 규제하기 위하여 내부자가 실제로 내부정보를 이용하였는지 여부에 관계없이 형식적 요건만 충족하면 거래의 동기를 불문하고 반환책임이 성립하는 것으로 하고 있다. 이는 내부자가 내부정보를 현실적으로 이용하였는지를 입증하는 것이 쉽지 않고, 차익반환이라는 집행의 편의를 고려한 것이다. 그러나 내부정보의 이용가능성이 객관적으로 없는 경우까지 차익반환을 강제하는 것은 내부자에게 지나친 불이익을 발생시키고 헌법상의 재산권침해의 소지가 있다. 따라서 자본시장법은 매도 또는 매수의 성격, 그 밖의 사정 등을 고려하여 미공개중요정보를 이용할 염려가 없다고 판단되는 경우에 한하여 단기매매차익 반환의 예외를 인정하고 있다(법172⑥).

또한 헌법재판소와 대법원은 법령상의 예외사유를 예시적인 것이 아니라 한정적 열거로 보아 이를 제한적으로 해석하면서 일정한 경우에 단기매매차익 반환규정의 적용 예외를 해석상 인정하고 있다. 이에 관하여는 후술한다.

2. 법령상 예외 사유

임직원 또는 주요주주로서 행한 매도 또는 매수의 성격, 그 밖의 사정 등을 고려하여 대통령령이 정하는 경우에는 단기매매차익을 반환하지 않는다(법172⑥). 여기서 "대통령령으로 정하는 경우"란 다음의 어느 하나에 해당하는 경우를 말한다(영198).

1. 법령에 따라 불가피하게 매수하거나 매도하는 경우
2. 정부의 허가·인가·승인 등이나 문서에 의한 지도·권고에 따라 매수하거나 매도하는 경우
3. 안정조작이나 시장조성을 위하여 매수·매도 또는 매도·매수하는 경우
4. 모집·사모·매출하는 특정증권등의 인수에 따라 취득하거나 인수한 특정증권등을 처분하는 경우
5. 주식매수선택권의 행사에 따라 주식을 취득하는 경우
6. 이미 소유하고 있는 지분증권, 신주인수권이 표시된 것, 전환사채권 또는 신주인수권부사채권의 권리행사에 따라 주식을 취득하는 경우
7. 증권예탁증권의 예탁계약 해지에 따라 법 제172조 제1항 제1호에 따른 증권을 취득하는 경우
8. 자본시장법 제172조 제1항 제1호에 따른 증권 중 제196조 제1호 라목에 따른 교환사채권 또

는 법 제172조 제1항 제3호에 따른 교환사채권의 권리행사에 따라 증권을 취득하는 경우

9. 모집·매출하는 특정증권등의 청약에 따라 취득하는 경우

10. 근로복지기본법 제36조부터 제39조까지 또는 제44조에 따라 우리사주조합원이 우리사주 조합을 통하여 회사의 주식을 취득하는 경우(그 취득한 주식을 같은 법 제43조에 따라 수 탁기관을 통해서 보유하는 경우만 해당)

11. 주식매수청구권의 행사에 따라 주식을 처분하는 경우

12. 공개매수에 응모함에 따라 주식등을 처분하는 경우

13. 그 밖에 미공개중요정보를 이용할 염려가 없는 경우로서 증권선물위원회가 인정하는 경 우128)

3. 해석상 예외 사유

(1) 헌법재판소와 대법원의 입장

단기매매차익 반환의 예외가 법령상 한정되어 있으나 법률의 해석을 통해 인정되고 있다. 헌법재판소는 단기매매차익 반환제도의 위헌법률 헌법소원 사건에서 "증권거래법 제188조 제1 항이 반환책임의 요건을 객관화하여 엄격한 반환책임을 내부자에게 부과하고, 같은 조 제8항 및 이에 근거한 시행령 제86조의6 등에서 반환책임의 예외를 한정적으로 열거하여, 이에 해당 하지 않는 한 반환책임의 예외를 인정하지 않고 있다고 하더라도, 위 법률조항의 입법목적과

---

128) "그 밖에 미공개중요정보를 이용할 염려가 없는 경우로서 증권선물위원회가 인정하는 경우"란 다음의 어 느 하나에 해당하는 경우를 말한다(단기매매차익 반환 및 불공정거래 조사·신고 등에 관한 규정8).
　1. 유상신주발행시 발생한 실권주 또는 단수주의 취득
　2. 집합투자규약에 따라 집합투자업자가 행하는 매매
　3. 공로금·장려금·퇴직금 등으로 지급받는 주식의 취득
　4. 이미 소유하고 있는 특정증권등의 권리행사로 인한 주식의 취득
　5. 증권시장에서 허용되는 최소단위 미만의 매매
　6. 국민연금기금, 공무원연금기금, 사립학교교직원연금기금의 관리나 운용을 위한 매매로서 다음 각 목의 요건을 모두 갖춘 경우
　　가. 발행인의 경영권에 영향을 주기 위한 것(영 제154조 제1항이 정하는 것)이 아닐 것
　　나. 미공개중요정보의 이용을 방지하기 위하여 다음의 요건을 모두 갖춘 것으로 증권선물위원회가 의 결로써 인정하는 경우. 이 경우 증권선물위원회는 내부통제기준의 적정성, 내부통제기준에 대한 준 수 내용 등을 종합적으로 고려하여야 한다.
　　　1) 의결권 행사 및 이와 관련된 업무를 전담하는 부서(이하 수탁자책임 부서라 한다)와 특정증권등 의 운용 관련 업무를 수행하는 부서(이하 운용부서라 한다) 간 독립적 구분
　　　2) 수탁자책임 부서와 운용 부서 간 사무공간 및 전산설비 분리
　　　3) 수탁자책임 부서가 업무 과정에서 알게 된 정보를 운용부서 또는 외부 기관에 부당하게 제공하 는 행위의 금지 및 이를 위반한 임직원에 대한 처리 근거 마련
　　　4) 수탁자책임 부서가 운용부서 또는 외부 기관과 의결권 행사 또는 이와 관련된 업무에 관한 회의 를 하거나 통신을 한 경우 그 회의 또는 통신에 관한 기록의 작성 및 유지
　　　5) 1)부터 4)까지의 사항을 포함하는 내부통제기준의 마련
　7. 그 밖에 증권선물위원회가 의결로써 미공개중요정보를 이용할 염려가 없는 경우로 인정하는 경우

단기매매차익 반환의 예외를 정한 시행령 제86조의6의 성격 및 헌법 제23조가 정하는 재산권 보장의 취지를 고려하면 내부정보를 이용할 가능성조차 없는 유형의 주식거래에 대하여는 이 사건 법률조항이 애당초 적용되지 않는다고 해석하여야 할 것이다"라고 판시하여 단기매매차익 반환의 법령상 예외사유 이외에 내부정보 이용가능성이 없는 유형의 주식거래에 대하여 법해석으로 예외를 인정하는 근거를 마련하였다.[129]

그 후 대법원도 원칙적으로 헌법재판소의 결정을 인용하여 증권거래법 제188조 제2항 소정의 단기매매차익 반환제도규정의 취지 및 증권거래법 시행령 제83조의6에서 규정한 예외사유에 해당하지 않더라도 내부정보의 이용가능성이 없는 유형의 거래에 대하여 법원이 해석상 예외사유로 보아 그 적용을 배제할 수 있다고 판결하고 있다.[130]

(2) 구체적인 판단 사례

(가) 임원의 적대적 M&A 방어수단으로 주식매수 후 경영권양도 위한 주식매도

해석상의 예외사유를 처음으로 인정한 이 사건은 피고가 회사의 이사로서 주식을 매수한 이후 6개월 이전에 계열회사에게 경영권을 양도할 목적으로 주식을 매도하여 매도차익을 얻었으며, 이에 대해 증권선물위원회가 단기매매차익 반환명령을 내리자 피고는 회사의 주가하락 및 적대적 인수합병에 대한 방어책으로서 주식을 매수하였지만 경제위기 이후 백화점의 경영 약화로 인하여 부득이 금강개발에게 원고 회사의 경영권을 양도하기 위한 수단으로 주식을 매도하였다고 항변하였으나 대법원은 단기매매차익 반환을 인정하였다.[131] 대법원은 이와 같은 주식매수와 매도 이유만으로는 객관적으로 내부정보의 이용가능성이 전혀 없는 유형의 거래에는 해당하지 않는다고 보았다.

(나) 주요주주의 적대적 인수 시도 좌절 후 주식매도

이 사건[132]에서 피고는 기존 대주주인 경영진의 지분이 낮아 경영권 인수를 목적으로 지분을 10% 이상 인수한 후 기존 대주주와 경영권양도에 관한 협상을 벌였지만 실패하고, 또한 적대적 경영권인수를 위해 이사선임 시도를 하였지만 실패하자 주식매수 후 6개월 이전에 주식을 모두 매도하였다. 이 사건에서 대법원은 적대적 기업인수를 시도하던 자가 주요주주가 된 후에 대상회사 경영진의 저항에 부딪혀 인수를 단념하고 대량으로 취득한 주식을 공개시장에서 처분한 경우에는 단기매매차익의 반환책임이 있다고 하였다.

대법원은 "피고가 대량 취득하였던 주식을 매도한 것은 비록 계속 보유할 경우의 경제적 손실을 회피하기 위한 동기에서 비롯된 것이었다 할지라도 스스로 경제적 이해득실을 따져본

---

129) 헌법재판소 2002. 12. 18. 선고 99헌바105, 2001헌바48 결정.
130) 대법원 2004. 2. 13. 선고 2001다36580 판결.
131) 대법원 2004. 2. 13. 선고 2001다36580 판결.
132) 대법원 2004. 5. 28. 선고 2003다60396 판결.

후 임의로 결정한 다음 공개시장을 통하여 매도한 것으로 보여질 뿐 비자발적인 유형의 거래로 볼 수 없을 뿐만 아니라, 적대적 주식대량매수자와 회사 경영자가 서로 어느 정도 적대적인지는 개별 사안에 따라 다를 수 있고, 또한 같은 사안에서도 시기별로 차이가 있을 수 있으므로 그 적대적 관계성은 결국 개별 사안에서 각 시기별로 구체적 사정을 살펴본 이후에야 판단할 수 있는 사항이어서 피고가 적대적 주식대량매수자의 지위에서 주식을 거래하였다는 그 외형 자체만으로 내부정보에의 접근가능성이 완전히 배제된다고 볼 수 없는 점을 고려하면 결국 내부정보에 대한 부당한 이용의 가능성이 전혀 없는 유형의 거래에는 해당하지 않는다"고 판시하였다.

(다) 정직처분 상태 직원의 주식매수

이 사건[133]에 대하여 제1심과 제2심 재판부는 모두 피고 직원이 정직처분을 받은 기간 동안의 경우에는 직원으로서의 지위를 그대로 가지고 있다고 할지라도 출근이 금지되었을 뿐만 아니라 원고의 내부 전자메일을 전송받지 못하고 원고가 피고에게 지급한 일체의 업무용 도구 등도 사용하지 못하였으므로 객관적으로 내부정보의 이용가능성이 전혀 없는 경우에 해당한다고 판단하여 정직기간 동안 매매차익에 대하여는 회사의 단기매매차익 반환청구를 인정하지 않았다.

그러나 대법원은 피고인 직원에게 단기매매차익 반환책임을 인정하였다. 이 사건에서 피고는 회사로부터 인사상 불이익을 받았다는 이유로 회사와 대립하였으며, 요양신청과 휴직을 이유로 결근이 이어졌으며, 회사는 피고에게 무단결근을 이유로 무기정직의 징계처분을 내렸으며, 피고는 내부 전자메일도 전송받지 못하고 일체의 업무용 도구를 사용하지 못하였기 때문에 내부정보 이용가능성이 없다고 항변하였다.

그러나 대법원은 직원이 회사와 불화를 겪고 적대적이 되었으며, 실제로 내부정보에 대한 접근가능성도 인정하기 어려운 사실관계를 인정하면서도 "피고 스스로 경제적 이해득실을 따져본 후 임의로 결정한 다음 공개시장을 통하여 매수한 것으로 보여질 뿐 비자발적인 유형의 거래로 볼 수 없을 뿐만 아니라, 정직처분을 받은 자와 회사 경영자 등과의 관계가 우호적인지 적대적인지는 개별 사안에 따라 다를 수 있고 또한 같은 사안에 있어서도 시기별로 차이가 있을 수 있으므로 그 적대적 관계성은 결국 개별 사안에서 각 시기별로 구체적 사정을 살펴본 이후에야 판단할 수 있는 사항이어서, 피고가 정직처분을 받은 자의 지위에서 주식을 거래하였다는 그 외형 자체만으로부터 내부정보에의 접근 가능성이 완전히 배제된다고 볼 수는 없다고 판단하고, 정직처분 중의 거래도 내부정보에 대한 부당한 이용의 가능성이 전혀 없는 유형의 거래에는 해당하지 않는다"고 보아 단기매매차익의 반환책임을 인정하였다.

---

133) 대법원 2008. 3. 13. 선고 2006다73218 판결.

(라) 대법원의 입장

위의 세 판례에서 본 바와 같이 대법원은 내부정보의 이용가능성 기준을 정보의 실질적인 이용가능성이나 접근가능성이 아닌 자발적 거래 여부로 판단하고 있으며, 반환의무자가 주식거래를 함에 있어서 이익 여부에 대한 판단이 불가능한 경우에는 내부정보 이용가능성이 없는 비자발적 거래유형으로 단기매매차익 반환책임을 인정하지 않고 있다. 이와 같은 대법원의 입장은 단기매매차익 반환의 예외를 해석으로 인정하는 데 있어 매우 엄격하고 좁게 해석하는 태도이다.

Ⅵ. 단기매매차익의 반환절차

1. 반환청구권자

해당 법인은 임직원 또는 주요주주에게 단기매매차익을 법인에게 반환할 것을 청구할 수 있다(법172①). 청구권의 행사로 반환의무가 발생하므로 이 권리의 법적성질은 형성권이다. 그러나 해당 법인의 주주(주권 외의 지분증권 또는 증권예탁증권을 소유한 자를 포함)는 그 법인으로 하여금 단기매매차익을 얻은 자에게 단기매매차익의 반환청구를 하도록 요구할 수 있으며, 그 법인이 그 요구를 받은 날부터 2개월 이내에 그 청구를 하지 아니하는 경우에는 그 주주는 그 법인을 대위하여 그 청구를 할 수 있다(법172②). 이 경우 주주의 자격에는 제한이 없으므로 상법상 주주대표소송과는 달리 1주를 보유하였더라도 청구할 수 있으며, 보유기간의 제한도 없기 때문에 거래 당시에 주주임을 요하지 않으며, 회사가 반환청구를 할 수 있을 시점에 주주이면 충분하고, 단기매매차익이 발생한 기간에 주주였을 것을 요구하지 않는다. 또한 이 반환청구권은 의결권과도 관계가 없으므로 무의결권주식을 소유하고 있는 주주도 대위청구를 할 수 있다.[134]

해당 법인의 반환청구권의 행사는 반드시 소송에 의할 필요는 없으며, 주주의 대위청구도 마찬가지이다. 임직원 또는 주요주주에게 소송 외에서 반환청구를 하고, 임직원 또는 주요주주가 이에 응하지 않으면 소송을 제기할 필요가 있을 것이다.

2. 증권선물위원회의 통보와 공시

증권선물위원회는 단기매매차익의 발생사실을 알게 된 경우에는 해당 법인에 이를 통보하여야 한다(법172③ 전단). 이 경우 그 법인은 통보받은 내용을 "대통령령으로 정하는 방법"에 따라 인터넷 홈페이지 등을 이용하여 공시하여야 한다(법172③ 후단).

---

134) 고창현(1999), "증권거래법상 단기차익반환의무", 인권과 정의(1999. 9), 75쪽.

여기서 "대통령령으로 정하는 방법"이란 다음의 사항이 지체 없이 공시되도록 하는 것을
말한다(영197).

1. 단기매매차익을 반환해야 할 자의 지위[임원(상법 제401조의1 제1항 각호의 업무집행관여
   자를 포함), 직원 또는 주요주주]
2. 단기매매차익 금액(임원별·직원별 또는 주요주주별로 합산한 금액)
3. 증권선물위원회로부터 단기매매차익 발생사실을 통보받은 날
4. 해당 법인의 단기매매차익 반환 청구 계획
5. 해당 법인의 주주(주권 외의 지분증권이나 증권예탁증권을 소유한 자를 포함)는 그 법인으
   로 하여금 단기매매차익을 얻은 자에게 단기매매차익의 반환청구를 하도록 요구할 수 있으
   며, 그 법인이 요구를 받은 날부터 2개월 이내에 그 청구를 하지 아니하는 경우에는 그 주
   주는 그 법인을 대위(代位)하여 청구를 할 수 있다는 뜻

3. 주주의 승소와 소송비용청구

법인을 대위하여 소송을 제기한 주주가 승소한 경우에는 그 주주는 회사에 대하여 소송비
용, 그 밖에 소송으로 인한 모든 비용의 지급을 청구할 수 있다(법172④).

4. 청구권 행사기간

해당 법인 또는 주주의 반환청구권은 이익을 취득한 날부터 2년 이내에 행사하지 아니한
경우에는 소멸한다(법172⑤). 이 기간은 제척기간이다. 이익을 취득한 날이란 매도 또는 매수의
후행행위가 있은 날을 뜻한다.

5. 반환이익의 귀속

해당 법인의 반환청구 또는 주주의 대위청구로 반환된 이익은 회사에 귀속된다. 회사는
내부자거래로 인한 직접적인 피해자가 아님에도 불구하고 그 이익을 회사에 귀속시키는 것은
내부자가 그 이익을 향유하도록 해서는 안 되고 내부자의 정보취득은 회사의 비용부담하에 이
루어진다고 할 수 있으며, 내부자거래로 인한 회사의 대외적 신용의 손상에 대한 보상의 의미
도 가질 수 있기 때문이다.[135]

---

135) 이철송(2009), 371쪽.

Ⅶ. 단기매매차익의 산정방법

1. 개요

단기매매차익의 산정방법은 가중평균법, 선입선출법, 최저가·최고가대비법 등이 있다. 우리나라의 경우 1997년 4월 증권거래법 개정 이전에는 법령의 규정이 아닌 증권관리위원회(현 증권선물위원회)가 규정을 두어 매매차익 산정방법을 적용하고 있었다. 당시 증권관리위원회(현 증권선물위원회)는 처음에는 선입선출법을 사용하다가 후에 최저가·최고가 대비법[136]을 적용하고 있었다. 그 후 단기차익 산정기준을 법령에서 명확히 해야 한다는 지적에 따라 1997년 4월 개정 증권거래법에서 적용이 용이한 가중평균법을 채택하였다. 그러나 2000년 9월 8일 증권거래법 개정으로 종래의 가중평균법 대신 선입선출법을 채택하였다. 자본시장법은 선입선출법의 그대로 수용하고 있다.

가중평균법에서는 거래량으로 가중평균한 매수단가와 매도단가의 차액에 매매일치수량(매수수량과 매도수량 중 적은 수량)을 곱한 금액을 매매차익으로 산정한다. 이 방식은 평균매매단가를 산정하는 경우 차손부분이 단가에 반영된다(차익＋차손). 따라서 전체적으로 차익발생시에만 반환한다. 그러나 선입선출법에서는 가장 시기가 이른 매수와 매도를 순차적으로 대비하여 그 차액에 매매일치수량을 곱한 금액을 매매차익으로 산정한다. 이 방식은 차손이 발생한 부분을 포함시키지 않고 차익부분만을 포함시킨다. 따라서 매매차익이 가중평균법보다 크게 나올 가능성이 많다. 선입선출법에서는 전체적으로 차손이 발생한 경우에도 반환하게 된다.

자본시장법은 이익의 산정기준·반환절차 등에 관하여 필요한 사항은 대통령령으로 정한다(법172①)고 규정하고 있고, 이에 따라 시행령 제195조는 단기매매차익의 산정방법을 규정하고 있으며, 특히 단기매매차익 계산의 구체적인 기준과 방법 등 필요한 세부사항은 증권선물위원회가 정하여 고시한다고 규정하고 있다.

2. 이익의 계산방법

(1) 1회의 매매

해당 매수(권리 행사의 상대방이 되는 경우로서 매수자의 지위를 가지게 되는 특정증권등의 매도를 포함) 또는 매도(권리를 행사할 수 있는 경우로서 매도자의 지위를 가지게 되는 특정증권등의 매수를 포함) 후 6개월(초일 산입) 이내에 매도 또는 매수한 경우에는 매도단가에서 매수단가를 뺀 금액에

---

136) 매수분은 최저가부터 매도분은 최고가부터 순차적으로 대비시켜 차액을 합산하는 방식이다. 이 방식은 미국이 채택하고 있는 방식이다. 일본은 선입선출법을 채택하고 있다.

매수수량과 매도수량 중 적은 수량("매매일치수량")을 곱하여 계산한 금액에서 해당 매매일치수량분에 관한 매매거래수수료와 증권거래세액 및 농어촌특별세액을 공제한 금액을 이익으로 계산하는 방법. 이 경우 그 금액이 0원 이하인 경우에는 이익이 없는 것으로 본다(영195①(1)).

즉 단기매매차익 = (매도단가-매수단가) × 매매일치수량 - (매매거래수수료 + 증권거래 세액 등)

이익을 산정하기 위해서는 매수와 매도(매도와 매수)의 수량이 일치하는 범위에서 차익을 계산하여야 하기 때문에 매수와 매도 중 적은 수량을 기준으로 차액을 계산하게 된다. 매매차익의 경우 매수 후 6개월 이내에 매도에 의한 이익만을 생각하기 쉬우나 매도 후 6개월 이내에 매수에 의한 이익도 해당함을 유의할 필요가 있다.

(2) 2회 이상의 매매: 선입선출법

해당 매수 또는 매도 후 6개월 이내에 2회 이상 매도 또는 매수한 경우에는 가장 시기가 빠른 매수분과 가장 시기가 빠른 매도분을 대응하여 제1호에 따른 방법으로 계산한 금액을 이익으로 산정하고, 그 다음의 매수분과 매도분에 대하여는 대응할 매도분이나 매수분이 없어질 때까지 같은 방법으로 대응하여 제1호에 따른 방법으로 계산한 금액을 이익으로 산정하는 방법이다. 이 경우 대응된 매수분이나 매도분 중 매매일치수량을 초과하는 수량은 해당 매수 또는 매도와 별개의 매수 또는 매도로 보아 대응의 대상으로 한다(영195①(2)).

3. 종류나 종목이 다른 경우의 계산방법

위에서 살펴본 법 제1항 제1호 및 제2호에 따라 이익을 계산하는 경우 매수가격·매도가격은 특정증권등의 종류 및 종목에 따라 다음에서 정하는 가격으로 한다(영195②).

(1) 매수 특정증권등과 매도 특정증권등이 종류는 같으나 종목이 다른 경우(제1호)

매수 후 매도하여 이익을 얻은 경우에는 매도한 날의 매수 특정증권등의 최종가격을 매도 특정증권등의 매도가격으로 하고, 매도 후 매수하여 이익을 얻은 경우에는 매수한 날의 매도 특정증권등의 최종가격을 매수 특정증권등의 매수가격으로 한다.

이는 보통주와 우선주, 일반사채와 전환사채·신주인수권부사채·이익참가부사채 등 주식관련사채는 같은 주식 또는 같은 사채로서 그 종류는 같으나 종목이 다른 경우로 보아 단기매매차익을 계산하는 규정이다. 따라서 여기서 종류는 같으나 종목이 다른 경우라 함은 보통주 매수 후 우선주 매도(또는 보통주 매도 후 우선주 매수) 또는 일반사채 매수 후 전환사채 매도(또는 일반사채 매도 후 전환사채 매수) 등을 말한다.

예를 들면 3월 3일 보통주를 10,000주 매수(이 시점에 보통주의 주가는 1,000원, 우선주의 주가는 700원)한 후 3월 10일 우선주 5,000주를 매도(이 시점에 보통주의 최종가격은 1,100원, 우선주의 주가는 800원)하였다. 이 경우 단기매매차익 = (1,100원 - 1,000원) × 5,000주 = 50,000원이다. 즉 단기매매차익은 매수한 보통주의 환산 매도가격인 1,100원에서 매수한 보통주의 매수가격인 1,000원을 뺀 금액에 매매일치수량인 5,000주를 곱하여 계산하게 된다.

(2) 매수 특정증권등과 매도 특정증권등이 종류가 다른 경우(제2호)

지분증권 외의 특정증권등의 가격은 당해 특정증권등의 매매일의 당해 특정증권등의 권리행사의 대상이 되는 지분증권의 종가로 한다(영195②(2), 단기매매차익 반환 및 불공정거래 조사·신고 등에 관한 규정6①). 즉 환산가격은 당해 특정증권등의 매매일에 특정증권등의 권리행사의 대상이 되는 기초증권의 종가로 하는 것이다.

이 경우 그 수량의 계산은 당해 특정증권등의 매매일에 당해 특정증권등의 권리행사가 이루어진다면 취득할 수 있는 것으로 환산되는 지분증권의 수량으로 한다. 이 경우 환산되는 지분증권의 수량 중 1주 미만의 수량은 절사한다(영195③항, 단기매매차익 반환 및 불공정거래 조사·신고 등에 관한 규정6②). 즉 환산수량은 당해 특정증권등의 매매일에 당해 특정증권등의 권리행사가 이루어진다면 취득할 수 있는 것으로 환산되는 기초증권의 수량으로 하는 것이다. 다시 말하면 종류가 다른 증권간의 매매거래가 있는 경우에는 가격과 수량을 기초증권으로 환산하도록 하고 있다.

4. 권리락·배당락 또는 이자락 등이 있는 경우

시행령 제195조 제1항부터 제3항까지의 규정에 따라 이익을 계산하는 경우에 매수 또는 매도 후 특정증권등의 권리락·배당락 또는 이자락, 그 밖에 이에 준하는 경우로서 자본의 증감, 합병, 배당, 주식분할, 주식병합의 사유가 있는 경우에는 이를 고려하여 환산한 가격 및 수량을 기준으로 이익을 계산한다(영195④, 단기매매차익 반환 및 불공정거래 조사·신고 등에 관한 규정7①). 주식의 매수 또는 매도 후 주식의 권리락 또는 배당락이 있은 때에는 별지산식에 따라 환산한 매매단가 및 수량을 기준으로 하여 단기매매차익을 계산한다(단기매매차익 반환 및 불공정거래 조사·신고 등에 관한 규정7②).[137]

---

137) 단기매매차익 반환 및 불공정거래 조사·신고 등에 관한 (별지산식) "매매단가 및 수량의 환산기준"
   1. 자본의 증가
      가. 주식을 매수한 후 자본의 증가에 따라 배정된 신주를 취득한 경우
         • 매수단가 = 주식의 매수가격 + (1주당 납입액 × 1주당 배정비율) / 1 + 1주당 배정비율
         • 매수수량 = 매수주식의 수량 + 배정신주의 수량
      나. 주식을 매도한 후 자본의 증가에 따라 배정된 신주발행이 이루어진 경우
         • 매도단가 = 주식의 매도가격 + (1주당 납입액 × 1주당 배정비율) / 1 + 1주당 배정비율
         • 매도수량 = 매도주식의 수량 + 배정신주의 수량
   2. 합 병

그리고 단기매매차익을 산정하는 경우에는 무상증자 또는 배당에 대한 세금과 기타 매매와 관련한 미수연체이자, 신용이자 등은 고려하지 아니한다(단기매매차익 반환 및 불공정거래 조사·신고 등에 관한 규정7④).

5. 다수계좌에 의한 매매거래

동일인이 자기의 계산으로 다수의 계좌를 이용하여 매매한 경우에는 전체를 1개의 계좌로 본다(단기매매차익 반환 및 불공정거래 조사·신고 등에 관한 규정7③)

VIII. 위반시 제재

1. 행정제재

증권선물위원회는 자본시장법 또는 자본시장법에 따른 명령이나 처분을 위반한 사항이 있

가. 매수한 주식을 발행한 회사의 합병에 따라 합병회사(존속 또는 신설회사)로부터 신주를 취득한 경우
  - 매수단가 = 합병전 주식의 매수가격 × 합병비율
  - 매수수량 = 합병에 의하여 취득한 신주의 수량
나. 매수후 매도한 주식을 발행한 회사의 합병이 이루어진 경우
  - 매도단가 = 합병전 주식의 매도가격 × 합병비율
  - 매도수량 = 매도주식에 대하여 배정된 신주의 수량
3. 배 당
가. 주식을 매수하여 배당받을 권리를 취득한 경우
  - 매수단가 = (주식의 매수가격 − 1주당 현금배당액) / 1 + 주식배당률
  - 매수수량 = 매수주식의 수량 + 배당신주의 수량
나. 주식을 매도한 후 배당이 이루어진 경우
  - 매도단가 = (주식의 매도가격 − 1주당 현금배당액) / 1 + 주식배당률
  - 매도수량 = 매도주식의 수량 + 배당신주의 수량
다. 당해주식이 배당락된 후 배당이 확정되기 전에는 직전사업연도의 배당률을 적용
4. 주식분할
가. 매수한 주식의 액면분할에 따라 신주를 취득한 경우
  - 매수단가 = 분할전 주식의 매수가격 × 분할후 액면가액 / 분할전 액면가액
  - 매수수량 = 분할에 의하여 취득한 신주의 수량
나. 매도한 후 주식의 액면분할이 이루어진 경우
  - 매도단가 = 분할전 주식의 매도가격 × 분할후 액면가액 / 분할전 액면가액
  - 매도수량 = 매도주식에 대하여 배정된 신주의 수량
5. 주식병합
가. 매수한 주식의 액면병합에 따라 신주를 취득한 경우
  - 매수단가 = 병합전 주식의 매수가격 × 병합후 액면가액 / 병합전 액면가액
  - 매수수량 = 병합에 의하여 취득한 신주의 수량
나. 매도한 후 주식의 액면병합이 이루어진 경우
  - 매도단가 = 병합전 주식의 매도가격 × 병합후 액면가액 / 병합전 액면가액
  - 매도수량 = 매도주식에 대하여 배정된 신주의 수량

거나 투자자 보호 또는 건전한 거래질서를 위하여 필요하다고 인정되는 경우에는 관계자에게
참고가 될 보고 또는 자료의 제출을 명하거나 금융감독원장에게 장부·서류, 그 밖의 물건을
조사하게 할 수 있다(법426①).

증권선물위원회는 위의 조사 결과 보고의무 위반자에게 시정명령, 경고, 주의, 법을 위반
한 경우에는 고발 또는 수사기관에의 통보, 다른 법률을 위반한 경우에는 관련 기관이나 수사
기관에의 통보, 그 밖에 금융위원회가 자본시장법 및 동법 시행령, 그 밖의 관련 법령에 따라
취할 수 있는 조치를 할 수 있다(법426⑤, 영376①(11)).

2. 형사제재

증권선물위원회는 자본시장법 또는 자본시장법에 따른 명령이나 처분을 위반한 사항이 있
거나 투자자 보호 또는 건전한 거래질서를 위하여 필요하다고 인정되는 경우에는 관계자에게
참고가 될 보고 또는 자료의 제출을 명하거나 금융감독원장에게 장부·서류, 그 밖의 물건을
조사하게 할 수 있다(법426①). 그런데 증권선물위원회는 위의 조사를 위하여 관계자에게 ⅰ)
조사사항에 관한 사실과 상황에 대한 진술서의 제출(제1호), ⅱ) 조사사항에 관한 진술을 위한
출석(제2호), ⅲ) 조사에 필요한 장부·서류, 그 밖의 물건의 제출(제3호)을 요구할 수 있는데(법
426②), 증권선물위원회의 위 조사요구에 불응한 자는 3년 이하의 징역 또는 1억원 이하의 벌
금에 처한다(법445(48)).

제6절   임원 등의 특정증권등 소유상황 보고의무

Ⅰ. 서설

1. 의의

주권상장법인의 임원 또는 주요주주는 임원 또는 주요주주가 된 날부터 5일(대통령령으로
정하는 날은 산입하지 아니한다) 이내에 누구의 명의로 하든지 자기의 계산으로 소유하고 있는 특
정증권등의 소유상황을, 그 특정증권등의 소유상황에 변동이 있는 경우(대통령령으로 정하는 경
미한 소유상황의 변동138)은 제외)에는 그 변동이 있는 날부터 5일까지 그 내용을 대통령령으로 정

---

138) "대통령령으로 정하는 경미한 소유상황의 변동"이란 증권선물위원회가 정하여 고시하는 바에 따라 산정된
　　특정증권등의 변동 수량이 1천주 미만이고, 그 취득 또는 처분금액이 1천만원 미만인 경우를 말한다. 다

하는 방법에 따라 각각 증권선물위원회와 거래소에 보고하여야 한다(법173① 전단). 이 경우 대통령령으로 정하는 부득이한 사유139)에 따라 특정증권등의 소유상황에 변동이 있는 경우와 전문투자자 중 대통령령으로 정하는 자140)에 대하여는 그 보고 내용 및 시기를 대통령령으로 달리 정할 수 있다(법173① 후단).

2. 제도적 취지

자본시장법은 상장법인의 임원 또는 주요주주로 하여금 발행회사 주식의 소유상황 및 변동상황을 공시하게 함으로써 내부자거래규제의 실효성을 담보하고 있다. 임원 또는 주요주주는 일반인에게 공개되지 아니한 미공개정보를 이용하여 발행회사의 특정증권등을 거래함으로써 부당이득을 취할 가능성이 크므로 해당 법인의 특정증권등의 소유상황 및 변동내용을 공시하도록 하고 있다. 이 제도는 단기매매차익 반환제도가 임원 또는 주요주주에 의해 이루어지는 해당 법인의 주식등의 매매상황이 명백히 알려지지 않으면 제 기능을 발휘할 수 없기 때문에 단기매매차익 반환제도의 실효성을 확보하는 기능도 수행한다. 또한 간접적으로는 공정한 M&A 장치로서의 기능도 수행하고 있다.

만 직전 보고일 이후 증권선물위원회가 정하여 고시하는 바에 따라 산정된 특정증권등의 변동 수량의 합계가 1천주 이상이거나 그 취득 또는 처분금액의 합계액이 1천만원 이상인 경우는 제외한다(영200⑤). [단기매매차익 반환 및 불공정거래 조사·신고 등에 관한 규정] 제9조의2(경미한 소유상황 변동의 수량 및 금액 산정방법) ① 영 제200조 제5항에서 "증권선물위원회가 정하여 고시하는 바에 따라 산정된 특정증권등의 변동 수량"은 다음의 구분에 따라 계산한 수로 한다.
  1. 주권인 경우: 그 주식의 수
  2. 주권이 아닌 특정증권등인 경우: 당해 특정증권등의 취득 또는 처분일에 당해 특정증권등의 권리 행사가 이루어진다면 취득 또는 처분할 수 있는 것으로 환산되는 주권의 수량
② 영 제200조 제5항에서 "증권선물위원회가 정하여 고시하는 바에 따라 산정된 특정증권등의 취득 또는 처분금액"은 다음의 구분에 따라 계산한 수로 한다.
  1. 주권인 경우: 그 주식의 취득 또는 처분 금액
  2. 주권이 아닌 특정증권등인 경우: 당해 특정증권등의 취득 또는 처분일의 당해 특정증권등의 권리 행사의 대상이 되는 주권의 종가에 당해 특정증권등의 권리행사가 이루어진다면 취득 또는 처분할 수 있는 것으로 환산되는 주권의 수량을 곱한 금액
139) "대통령령으로 정하는 부득이한 사유"란 다음의 어느 하나에 해당하는 사유를 말한다(영200⑥).
  1. 주식배당, 2. 준비금의 자본전입, 3. 주식의 분할 또는 병합, 4. 자본의 감소
140) "대통령령으로 정하는 자"란 다음의 어느 하나에 해당하는 자로서 특정증권등의 보유 목적이 해당 법인의 경영권에 영향을 주기 위한 것(제154조 제1항에 따른 것)이 아닌 자를 말한다(영200⑦).
  1. 제10조 제1항 제1호·제2호의 어느 하나에 해당하는 자
  2. 제10조 제3항 제1호부터 제14호까지(제5호 및 제13호는 제외)의 어느 하나에 해당하는 자

Ⅱ. 내용

1. 보고대상증권

임원 또는 주요주의 보고대상증권인 특정증권등은 내부자거래의 규제대상인 특정증권등과 동일하다.

2. 보고의무자

보고의무자는 당해 법인과의 관계에서 내부정보를 이용할 수 있는 지위에 있는 자인 임원 또는 주요주주에 한정된다. 내부자거래규제는 직원에게 적용되나, 특정증권등의 소유상황보고에서 직원은 제외된다.

임원은 이사 및 감사, 상법 제401조의2 제1항의 업무집행관여자를 말한다. 계열회사의 임원은 등기 여부를 불문하고 보고의무자가 아니다. 대량보유보고(5%룰)의 경우 보고의무자가 법인 기타 단체인 경우 특수관계인의 범위에 "당해 법인의 계열회사 및 그 임원"이 포함되기 때문에 특정증권등 소유상황 보고의무자에도 계열회사의 임원이 해당된다고 생각하기 쉬우나 보고의무자가 아니다.

자본시장법은 누구의 명의로 하든지 자기의 계산으로 소유하고 있는 경우에 보고의무를 부과하고 있다. 이것은 현실적으로 주식의 보유 또는 거래가 타인 명의(차명계좌)로 이루어지는 경우가 많은 점을 고려한 것이다. 따라서 주식의 명의자에 상관없이 실명계좌와 차명계좌가 있을 경우에는 이를 합산하여 주요주주 여부를 판단한다.

3. 보고내용

임원 또는 주요주주의 보고내용은 누구의 명의로 하든지 자기의 계산으로 소유하고 있는 해당 법인의 특정증권등의 소유상황을, 그 특정증권등의 소유상황에 변동이 있는 경우에는 그 내용을 보고하여야 한다(법173①). 주권상장법인의 임원 또는 주요주주는 특정증권등의 소유상황과 그 변동의 보고를 하는 경우에는 보고서에 ⅰ) 보고자, ⅱ) 해당 주권상장법인, ⅲ) 특정증권등의 종류별 소유현황 및 그 변동에 관한 사항을 기재하여야 한다(영200②).

대량보유상황보고(5%룰)의 경우와 달리 의결권 유무를 불문하고, 이미 발행한 특정증권등만이 보고의 대상이 된다.

4. 보고시기

(1) 보고기한

(가) 신규보고

임원 또는 주요주주는 최초로 임원 또는 주요주주가 되었을 때 특정증권등의 소유상황을 임원 또는 주요주주가 된 날부터 5일 이내에 보고하여야 하는데, 5일에는 공휴일, 근로자의 날, 토요일은 산입되지 않는다(법173①, 영200①).

예를 들면 2020년 5월 4일에 임원이 된 경우나 증권시장에서 주식을 취득하여 주요주주가 된 경우에는 보고의무 발생일인 5월 4일, 공휴일인 5월 5일 및 5월 10일, 토요일인 5월 9일을 제외하고 5일째가 되는 날인 5월 12일까지 보고하여야 한다.

(나) 변동보고

특정증권등의 소유상황에 변동이 있는 경우에는 그 변동이 있는 날부터 5일까지 그 내용을 보고하여야 한다. 이 경우에도 5일에는 공휴일, 근로자의 날, 토요일은 산입되지 않는다(법173①).

임원으로 선임될 시점에 주식을 소유하지 않은 경우 신규보고의무가 없으며, 향후 주식을 취득하게 되는 경우에는 취득한 날로부터 5일 이내에 변동보고서를 제출하여야 한다. 또한 임원의 지위에서 퇴임할 시점에 주식수의 변동이 없더라도 보고서상의 세부변동내역에 임원퇴임을 표기하여 별도로 보고하여야 한다. 이 경우 1주라도 변동이 있는 경우에는 변동내용을 변동일로부터 5일 이내에 보고하여야 한다.

(2) 보고기준일(보고의무 발생일)

(가) 신규보고

주권상장법인의 임원 또는 주요주주가 특정증권등의 소유상황을 보고하여야 하는 경우에 그 보고기간의 기준일은 다음과 같다(영200③).

1. 주권상장법인의 임원이 아니었던 자가 해당 주주총회에서 임원으로 선임된 경우: 그 선임일
2. 상법 제401조의2 제1항 각 호의 자인 경우: 해당 지위를 갖게 된 날
3. 주권상장법인이 발행한 주식의 취득 등으로 해당 법인의 주요주주가 된 경우: 그 취득 등을 한 날
4. 주권비상장법인이 발행한 주권이 증권시장에 상장된 경우: 그 상장일
5. 주권비상장법인의 임원 또는 주요주주가 합병, 분할합병 또는 주식의 포괄적 교환·이전으로 주권상장법인의 임원이나 주요주주가 된 경우: 그 합병, 분할합병 또는 주식의 포괄적 교환·이전으로 인하여 발행된 주식의 상장일

(나) 변동보고

주권상장법인의 임원이나 주요주주가 그 특정증권등의 소유상황의 변동을 보고하여야 하는 경우의 그 변동일은 다음과 같다(영200④).

1. 증권시장(다자간매매체결회사에서의 거래를 포함)이나 파생상품시장에서 특정증권등을 매매한 경우에는 그 결제일
2. 증권시장이나 파생상품시장 외에서 특정증권등을 매수한 경우에는 대금을 지급하는 날과 특정증권등을 인도받는 날 중 먼저 도래하는 날
3. 증권시장이나 파생상품시장 외에서 특정증권등을 매도한 경우에는 대금을 수령하는 날과 특정증권등을 인도하는 날 중 먼저 도래하는 날
4. 유상증자로 배정되는 신주를 취득하는 경우에는 주금납입일의 다음날
5. 특정증권등을 차입하는 경우에는 그 특정증권등을 인도받는 날, 상환하는 경우에는 그 특정증권등을 인도하는 날
6. 특정증권등을 증여받는 경우에는 그 특정증권등을 인도받는 날, 증여하는 경우에는 그 특정증권등을 인도하는 날
7. 상속으로 특정증권등을 취득하는 경우로서 상속인이 1인인 경우에는 단순승인이나 한정승인에 따라 상속이 확정되는 날, 상속인이 2인 이상인 경우에는 그 특정증권등과 관계되는 재산분할이 종료되는 날
8. 제1호부터 제7호까지 외의 경우에는 민법·상법 등 관련 법률에 따라 해당 법률행위 등의 효력이 발생하는 날

위 제1호의 장내매매거래의 경우에는 결제일이 보고의무 발생일인데, 대량보유상황보고(5%룰)의 경우는 계약체결일이 기준임을 유의하여야 한다.

(다) 변동보고기간의 예외

주권상장법인의 임원 또는 주요주주는 대통령령으로 정하는 부득이한 사유로 특정증권등의 소유상황에 변동이 있는 경우 그 변동이 있었던 달의 다음 달 10일까지 그 변동내용을 보고할 수 있다(영200⑧). 전문투자자 중 대통령령으로 정하는 자는 특정증권등의 소유상황에 변동이 있는 경우 다음의 구분에 따른 날까지 그 변동내용을 보고할 수 있다(영200⑨).

1. 단순투자 목적인 경우: 그 변동이 있었던 분기의 마지막 달의 다음 달 10일
2. 단순투자 목적이 아닌 경우: 그 변동이 있었던 달의 다음 달 10일

5. 보고절차와 첨부서류

시행령 제200조 제2항부터 제9항까지에서 규정한 사항 외에 제2항에 따른 보고서의 서식과 작성방법 등에 관하여 필요한 사항은 증권선물위원회가 정하여 고시한다(영200⑩).

특정증권등의 소유상황을 보고하는 경우 매매보고서 그 밖에 취득 또는 처분을 증명할 수 있는 자료를 첨부하여야 한다(단기매매차익 반환 및 불공정거래 조사·신고 등에 관한 규정9).

6. 보고서의 비치 및 공시

증권선물위원회와 거래소는 특정증권등 소유상황 및 변동에 관한 보고서를 3년간 갖추어 두고, 인터넷 홈페이지 등을 이용하여 공시하여야 한다(법173②).

Ⅲ. 위반시 제재

1. 행정제재

증권선물위원회는 법 제426조 제1항의 조사 결과 보고의무 위반자에게 시정명령, 경고, 주의, 법을 위반한 경우에는 고발 또는 수사기관에의 통보, 다른 법률을 위반한 경우에는 관련 기관이나 수사기관에의 통보, 그 밖에 금융위원회가 자본시장법 및 동법 시행령, 그 밖의 관련 법령에 따라 취할 수 있는 조치를 할 수 있다(법426⑤, 영376①(11)).

2. 형사제재

증권선물위원회는 자본시장법 또는 자본시장법에 따른 명령이나 처분을 위반한 사항이 있거나 투자자 보호 또는 건전한 거래질서를 위하여 필요하다고 인정되는 경우에는 관계자에게 참고가 될 보고 또는 자료의 제출을 명하거나 금융감독원장에게 장부·서류, 그 밖의 물건을 조사하게 할 수 있다(법426①). 그런데 증권선물위원회는 위의 조사를 위하여 관계자에게 조사 사항에 관한 사실과 상황에 대한 진술서의 제출 등을 요구할 수 있는데(법426②), 증권선물위원회의 위 조사요구에 불응한 자는 3년 이하의 징역 또는 1억원 이하의 벌금에 처한다(법 제445(48)).

그리고 특정증권등 소유상황이나 변동내용에 관한 보고를 하지 아니하거나 거짓으로 보고한 자는 1년 이하의 징역 또는 3천만원 이하의 벌금에 처한다(법446(31)).

Ⅳ. 대량보유보고의무와의 관계

자본시장법 제147조의 주식등의 대량보유상황보고의무제도(5%룰)와 제173조의 임원 등의 특정증권등 소유상황보고의무제도는 다음과 같은 차이가 있다. 실무상 착오가 일어나는 경우가 가끔 있으므로 주의를 요한다.

ⅰ) 전자는 기업지배권시장에서 지배권경쟁에 상황정보를 알려주는 것을 주된 목적으로 하며, 투자자를 보호하는 기능을 수행하고, 그 외에도 유통시장의 투명성을 높여 불공정거래를 방지하는 기능을 수행하지만, 후자는 내부자거래규제의 실효성을 확보하기 위한 간접적인 제도로서 기능을 한다(기능 및 목적의 차이). ⅱ) 보고의무 주체의 경우 전자는 주식등을 5% 이상 보유하게 된 자이고, 후자는 임원 또는 주요주주이다(보고의무자의 차이). ⅲ) 보고대상은 전자의 경우는 본인, 특별관계자, 공동보유자가 보유하는 주식등이고, 후자의 경우는 누구의 명의로 하든지 자기의 계산으로 소유하고 있는 특정증권등이다(보고대상증권의 차이). ⅳ) 보고사유는 전자의 경우 주식등을 5% 이상 보유하게 된 경우(신규보고), 보유주식등이 1% 이상 변동한 경우(변동보고), 보유목적등이 변경된 경우(변경보고)이고, 후자는 임원 또는 주요주주가 된 경우(신규보고), 소유 특정증권등이 1주라도 변동된 경우(변동보고)이다(보고사유의 차이). ⅴ) 보고기한으로 전자는 신규보고, 변동보고 및 변경보고 모두 보고의무 발생일(보고기준일)로부터 5일 이내에 하여야 하고, 후자는 신규보고와 변동보고 모두 5일 이내이다(보고기한의 차이). ⅵ) 보고할 기관으로 전자는 금융위원회이고, 후자는 증권선물위원회이다.

제
4
장
/

유통시장과 공시규제(유통공시)

제1절 서 론

Ⅰ. 유통시장공시

1. 의의

유통시장은 이미 발행된 증권이 투자자와 투자자 사이에서 거래되는 시장을 말한다. 따라서 유통시장은 회사가 새로운 자금을 조달할 수 있는 시장은 아니지만, 투자의 유동성을 제공함으로써 회사의 자금조달에 간접적으로 이바지한다.

발행시장에서 증권의 발행이 완료되면 발행된 증권은 유통시장에서 다수의 투자자들 사이에 매매가 이루어지게 된다. 이 경우 매매되는 증권에 대한 정보는 1차적으로 발행시 제출된 증권신고서 등이 될 것이다. 그러나 시간이 흐르면 이러한 증권신고서 등은 정보의 가치가 점점 떨어지게 된다. 따라서 자본시장법은 공모가 종료된 이후에도 유통시장에서 거래되는 증권에 대하여 정보가 지속적으로 보충될 수 있도록 일정한 정보의 공시를 강제하고 있는데 이를 유통시장공시라고 한다.

유통시장공시의 주된 목적은 증권의 현재 또는 미래의 투자자에게 기업의 경영활동과 관련된 정보를 충분히 공시하도록 함으로써 모든 투자자가 정보불균형이 없이 매매거래를 할 수 있도록 해 주는 것이며, 내부자 등이 미공개중요정보를 이용하여 불공정거래를 하는 것을 차단

하기 위함이다

2. 유통시장공시 분류

유통시장공시는 크게 정기적으로 이루어지는 정기공시와 회사에 특별한 사항이 발생할 때마다 이루어지는 주요사항보고서와 수시공시, 그리고 투자자들 사이에 불공정한 정보비대칭이 발생하는 것을 방지하기 위해 도입된 공정공시가 있다.

유통시장공시는 자본시장법, 금융위원회의 규정인 증권발행공시규정과 한국거래소의 규정인 유가증권시장 공시규정, 코스닥시장 공시규정, 그리고 코넥스시장 공시규정에 의해 규제받고 있다.

Ⅱ. 유통시장의 구조

1. 거래소시장과 다자간매매체결회사

(1) 거래소시장

(가) 시장의 개설

1) 한국거래소

거래소시장은 증권의 거래가 이루어지는 구체적인 장소가 존재하는 시장이다. 우리나라에서는 한국거래소가 유일한 거래소시장이다. "거래소시장"이란 거래소가 개설하는 금융투자상품시장을 말하고(법8의2③), "거래소"란 증권 및 장내파생상품의 공정한 가격형성과 그 매매, 그 밖의 거래의 안정성 및 효율성을 도모하기 위하여 금융위원회의 허가를 받아 금융투자상품시장을 개설하는 자를 말한다(법8의2②). "금융투자상품시장"이란 증권 또는 장내파생상품의 매매를 하는 시장을 말한다(법8의2①). 거래소시장은 ⅰ) 증권시장: 증권의 매매를 위하여 거래소가 개설하는 시장(제1호), ⅱ) 파생상품시장: 장내파생상품의 매매를 위하여 거래소가 개설하는 시장(제2호)으로 구분한다(법8의2④).

2) 거래소의 업무

거래소는 정관으로 정하는 바에 따라 다음의 업무를 행한다(법377① 본문). 다만 제3호 및 제4호의 업무는 제378조에 따라 금융위원회로부터 청산기관 또는 결제기관으로 지정된 거래소로 한정한다(법377① 단서).

  1. 거래소시장의 개설·운영에 관한 업무[1]

---

[1] 거래소가 증권시장 또는 파생상품시장을 개설·운영하는 경우는 금융투자업으로 보지 아니한다(법7⑥(1)).

2. 증권 및 장내파생상품의 매매에 관한 업무

3. 증권 및 장내파생상품의 거래(다자간매매체결회사에서의 거래를 포함)에 따른 매매확인, 채무인수, 차감, 결제증권·결제품목·결제금액의 확정, 결제이행보증, 결제불이행에 따른 처리 및 결제지시에 관한 업무

4. 장내파생상품의 매매거래에 따른 품목인도 및 대금지급에 관한 업무

5. 증권의 상장에 관한 업무

6. 장내파생상품 매매의 유형 및 품목의 결정에 관한 업무

7. 상장법인의 신고·공시에 관한 업무

8. 증권 또는 장내파생상품 매매 품목의 가격이나 거래량이 비정상적으로 변동하는 거래 등 대통령령으로 정하는 이상거래2)의 심리 및 회원의 감리에 관한 업무

9. 증권의 경매업무

10. 거래소시장 등에서의 매매와 관련된 분쟁의 자율조정(당사자의 신청이 있는 경우에 한한다)에 관한 업무

11. 거래소시장의 개설에 수반되는 부대업무

12. 금융위원회의 승인을 받은 업무

13. 그 밖에 정관에서 정하는 업무

거래소는 제1항 각 호의 업무 외에 다른 업무를 할 수 없다(법377② 본문). 다만 다음의 어느 하나에 해당하는 경우에는 그러하지 아니하다(법377② 단서).

1. 자본시장법 또는 다른 법령에서 거래소가 운영할 수 있도록 한 업무를 행하는 경우

2. 금융투자상품거래청산업인가를 받아 금융투자상품거래청산업을 영위하는 경우

(나) 상장제도(상장규정)

상장이란 발행인의 신청에 의해 당해 증권에 대하여 거래소시장에서 거래될 수 있는 자격을 부여하는 것을 말하며, 거래소에서 거래될 수 있는 자격을 얻은 증권을 상장증권이라고 한다.

거래소는 증권시장에 상장할 증권의 심사 및 상장증권의 관리를 위하여 증권상장규정("상

---

2) "대통령령으로 정하는 이상거래"란 증권시장(다자간매매체결회사에서의 증권의 매매거래를 포함)이나 파생상품시장에서 법 제174조·제176조·제178조·제178조의2 또는 제180조를 위반할 염려가 있는 거래 또는 행위로서 다음의 어느 하나에 해당하는 경우를 말한다. 이 경우 법 제404조에 따른 이상거래의 심리 또는 감리 중 발견된 법 제147조·제172조·제173조 또는 제173조의2 제2항을 위반할 염려가 있는 거래 또는 행위는 이상거래로 본다(영355).
 1. 증권 또는 장내파생상품 매매품목의 가격이나 거래량에 뚜렷한 변동이 있는 경우
 2. 증권 또는 장내파생상품 매매품목의 가격 등에 영향을 미칠 수 있는 공시·풍문 또는 보도 등이 있는 경우
 3. 그 밖에 증권시장 또는 파생상품시장에서의 공정한 거래질서를 해칠 염려가 있는 경우

장규정")을 정하여야 한다(법390① 전단). 이 경우 거래소가 개설·운영하는 둘 이상의 증권시장에 대하여 별도의 상장규정으로 정할 수 있다(법390①). 이에 따라 유가증권시장 상장규정, 코스닥시장 상장규정, 코넥스시장 상장규정이 제정·시행되고 있다.

상장규정에는 ⅰ) 증권의 상장기준 및 상장심사에 관한 사항(제1호), ⅱ) 증권의 상장폐지기준 및 상장폐지에 관한 사항(제2호), ⅲ) 증권의 매매거래정지와 그 해제에 관한 사항(제3호), ⅳ) 그 밖에 상장법인 및 상장증권의 관리에 관하여 필요한 사항(제4호)이 포함되어야 한다(법390②).

(다) 매매거래제도(업무규정)

증권시장에서의 매매거래에 관하여 ⅰ) 매매거래의 종류 및 수탁에 관한 사항(제1호), ⅱ) 증권시장의 개폐·정지 또는 휴장에 관한 사항(제2호), ⅲ) 매매거래계약의 체결 및 결제의 방법(다만 증권인도와 대금지급에 관한 것을 제외)(제3호), ⅳ) 증거금(證據金)의 납부 등 매매거래의 규제에 관한 사항(제4호), ⅴ) 그 밖에 매매거래에 관하여 필요한 사항(제5호)은 거래소의 증권시장업무규정으로 정한다(법393① 전단). 이 경우 거래소가 개설·운영하는 둘 이상의 증권시장에 대하여 별도의 증권시장업무규정으로 정할 수 있다(법393① 후단). 이에 따라 유가증권시장 업무규정, 코스닥시장 업무규정, 코넥스시장 업무규정이 제정·시행되고 있다.

(라) 공시제도(공시규정)

거래소는 주권, 그 밖에 대통령령으로 정하는 증권을 상장한 법인("주권등상장법인")의 기업내용 등의 신고·공시 및 관리를 위하여 주권등상장법인 공시규정("공시규정")을 정하여야 한다(법391① 전단). 이 경우 거래소가 개설·운영하는 둘 이상의 증권시장에 대하여 별도의 공시규정으로 정할 수 있다(법391① 후단). 이에 따라 유가증권시장 공시규정, 코스닥시장 공시규정, 코넥스시장 공시규정이 제정·시행되고 있다.

공시규정에는 다음의 사항이 포함되어야 한다(법391②).

1. 주권등상장법인이 신고하여야 하는 내용에 관한 사항
2. 주권등상장법인이 신고함에 있어서 준수하여야 할 방법 및 절차에 관한 사항
3. 주권등상장법인에 관한 풍문이나 보도 등의 사실 여부 및 그 법인이 발행한 증권의 가격이나 거래량의 현저한 변동의 원인 등에 대한 거래소의 신고 또는 확인 요구에 관한 사항
4. 주권등상장법인의 경영상 비밀유지와 투자자 보호와의 형평 등을 고려하여 신고·공시하지 아니할 사항
5. 주권등상장법인이 신고한 내용의 공시에 관한 사항
6. 주권등상장법인의 제1호부터 제4호까지의 위반유형, 위반 여부 결정기준 및 조치 등에 관한 사항

7. 매매거래의 정지 등 주권등상장법인의 관리에 관한 사항

8. 주권등상장법인의 신고의무 이행실태의 점검에 관한 사항

9. 그 밖에 주권등상장법인의 신고 또는 공시와 관련하여 필요한 사항

(2) 다자간매매체결회사

(가) 의의

"다자간매매체결회사(ATS)"란 정보통신망이나 전자정보처리장치를 이용하여 동시에 다수의 자를 거래상대방 또는 각 당사자로 하여 일정한 매매가격의 결정방법으로 증권시장에 상장된 주권, 그 밖에 대통령령으로 정하는 증권("매매체결대상상품")의 매매 또는 그 중개·주선이나 대리 업무("다자간매매체결업무")를 하는 투자매매업자 또는 투자중개업자를 말한다(법8의2⑤).

(나) 업무

1) 매매체결대상상품

가) 포함대상

다자간매매체결회사에서 매매체결이 가능한 상품은 증권시장에 상장된 주권, 그 밖에 대통령령으로 정하는 증권이다(법8의2⑤). 증권만 대상이 되고 장내파생상품은 명문규정상 포함되지 않는다. 여기서 "대통령령으로 정하는 증권"이란 다음의 어느 하나에 해당하는 것을 말한다(영7의3①).

1. 주권과 관련된 증권예탁증권으로서 증권시장에 상장된 것
2. 그 밖에 공정한 가격형성 및 거래의 효율성 등을 고려하여 총리령으로 정하는 증권

나) 제외대상

다자간매매체결회사에 대한 자본시장법상 업무기준(법78①, 영78①(1))에 따르면 다음의 증권은 매매체결대상상품에서 제외된다. 즉 다자간매매체결회사는 다음의 어느 하나에 해당하는 매매체결대상상품에 대해서는 다자간매매체결업무를 영위하지 아니하여야 한다(영78①(1)).

가. 거래소가 증권상장규정에 따라 관리종목 또는 이에 준하는 종목으로 지정한 매매체결대상상품

나. 의결권이 없는 상장주권

다. 그 밖에 매매거래계약의 체결실적이 낮은 매매체결대상상품 등 투자자 보호와 거래의 특성 등을 고려하여 금융위원회가 정하여 고시하는 매매체결대상상품[3]

---

[3] "금융위원회가 정하여 고시하는 매매체결대상상품"이란 다음의 어느 하나에 해당하는 매매체결대상상품을 말한다(금융투자업규정4-48의2①).

2) 매매가격결정방법

다자간매매체결회사의 매매체결대상상품에 대한 매매가격은 다음의 방법으로 정한다(법8의2⑤).

1. 경쟁매매의 방법(매매체결대상상품의 거래량이 대통령령으로 정하는 기준을 넘지 아니하는 경우4)로 한정)
2. 매매체결대상상품이 상장증권인 경우 해당 거래소가 개설하는 증권시장에서 형성된 매매가격을 이용하는 방법
3. 그 밖에 공정한 매매가격형성과 매매체결의 안정성 및 효율성 등을 확보할 수 있는 방법으로서 대통령령으로 정하는 방법5)

3) 업무기준과 업무규정

가) 업무기준

다자간매매체결회사는 다자간매매체결업무를 함에 있어서 다음의 사항에 대하여 대통령령으로 정하는 업무기준6)을 준수하여야 한다(법78①).

---

1. 해당 매매체결대상상품을 상장한 거래소가 증권상장규정에 따라 상장을 폐지하기로 결정한 증권
2. 코넥스시장에 상장된 증권
3. 상장 또는 자본감소 등에 따라 해당 매매체결대상상품을 상장한 거래소가 증권시장업무규정에 따라 단일가격에 의한 개별경쟁매매의 방법으로 그 매매체결대상상품의 최초 가격을 결정하는 경우로서 그 날을 포함하여 1일이 경과하지 않은 증권
4. 상장주식수가 5만주 미만인 주식 또는 발행인과 금융투자업자 간의 계약에 따라 특정 증권을 상장한 거래소시장에서 그 증권에 대한 유동성공급 및 시장조성을 하기로 한 경우 해당 증권
5. 해당 매매체결대상상품을 상장한 거래소가 거래소 규정에 따라 단기과열종목, 투자경고종목, 투자위험종목 또는 투자주의 환기종목 등 투자자 보호와 거래의 안정성 등을 감안하여 별도의 관리대상으로 지정한 증권
4) "대통령령으로 정하는 기준을 넘지 아니하는 경우"란 다음의 요건을 모두 충족하는 경우를 말한다(영7의3②).
   1. 매월의 말일을 기준으로 법 제4조 제2항에 따른 증권의 구분별로 과거 6개월간 해당 다자간매매 체결회사의 경쟁매매의 방법을 통한 매매체결대상상품(법 제8조의2 제5항 각 호 외의 부분에 따른 매매체결대상상품)의 평균거래량(매매가 체결된 매매체결대상상품의 총수량을 매매가 이루어진 일수로 나눈 것)이 같은 기간 중 증권시장에서의 매매체결대상상품의 평균거래량의 15% 이하일 것
   2. 매월의 말일을 기준으로 과거 6개월간 해당 다자간매매체결회사의 경쟁매매의 방법을 통한 종목별 매매체결대상상품의 평균거래량이 같은 기간 중 증권시장에서의 그 종목별 매매체결대상상품의 평균거래량의 30% 이하일 것
5) "대통령령으로 정하는 방법"이란 매매체결대상상품의 종목별로 매도자와 매수자 간의 호가가 일치하는 경우 그 가격으로 매매거래를 체결하는 방법을 말한다(영7의3③).
6) "대통령령으로 정하는 업무기준"이란 다음의 기준을 말한다(영78①).
   1. 다음 각 목의 어느 하나에 해당하는 매매체결대상상품에 대해서는 다자간매매체결업무를 영위하지 아니할 것
     가. 거래소가 증권상장규정에 따라 관리종목 또는 이에 준하는 종목으로 지정한 매매체결대상상품
     나. 의결권이 없는 상장주권

1. 매매체결대상상품 및 다자간매매체결회사에서의 거래참가자에 관한 사항
2. 매매체결대상상품의 매매정지 및 그 해제에 관한 사항
3. 매매확인 등 매매계약의 체결에 관한 사항과 채무인수·차감 및 결제방법·결제책임 등 청산·결제에 관한 사항
4. 증거금 등 거래참가자의 매매수탁에 관한 사항
5. 매매체결대상상품의 발행인 등의 신고·공시에 관한 사항
6. 매매결과의 공표 및 보고에 관한 사항
7. 다자간매매체결업무의 개폐·정지 및 중단에 관한 사항
8. 그 밖에 다자간매매체결업무의 수행과 관련하여 필요한 사항

나) 업무규정

다자간매매체결회사는 시행령 제78조 제1항 각 호의 사항이 포함된 업무규정을 정하여야 한다(영78②). 다자간매매체결회사는 업무규정을 정하거나 이를 변경하였을 때에는 금융위원회에 지체 없이 보고하고, 인터넷 홈페이지 등을 이용하여 공시하여야 한다(영78③). 금융위원회는 시장의 공정한 가격형성 및 투자자 보호 등을 위하여 필요한 경우 해당 다자간매매체결회사에 대하여 업무규정의 변경을 요구할 수 있다(영78④).

　　다. 그 밖에 매매거래계약의 체결실적이 낮은 매매체결대상상품 등 투자자 보호와 거래의 특성 등을 고려하여 금융위원회가 정하여 고시하는 매매체결대상상품
2. 거래참가자는 매매체결대상상품에 관한 투자매매업자 또는 투자중개업자로 할 것
3. 거래소가 매매체결대상상품의 거래를 정지하거나 그 정지를 해제하였을 때에는 해당 매매체결대상 상품의 거래를 정지하거나 그 정지를 해제할 것
4. 매수하거나 매도하려는 호가·수량의 공개기준 및 매매체결의 원칙과 방법 등을 정할 것. 이 경우 매매체결대상상품의 가격의 변동에 관한 제한의 범위는 그 매매체결대상상품을 상장한 거래소의 기준에 따라야 한다.
5. 법 제378조 제1항에 따라 청산기관으로 지정된 거래소의 증권시장업무규정에서 정하는 바에 따라 매매확인, 채무인수, 차감 및 결제불이행에 따른 처리 등 청산에 관한 사항을 정할 것. 이 경우 매매거래에 따른 청산업무를 위하여 관련 내역을 거래소에 제공하는 절차 및 방법을 포함하여야 한다.
6. 전자등록기관의 결제업무규정(법 제303조 제1항에 따른 결제업무규정)에서 정하는 바에 따라 증권의 인도와 대금의 지급 등 결제에 관한 사항을 정할 것
7. 법 제78조 제3항에 따른 지정거래소의 증권시장업무규정에 따라 수탁을 거부하여야 하는 사항 등 수탁에 관한 사항을 정할 것
8. 종목별 매일의 가격과 거래량을 공표할 것
9. 다자간매매체결업무를 정지하는 기간과 그 사유 및 중단하는 날을 정할 것
10. 지정거래소의 시장감시규정(법 제403조에 따른 시장감시규정)에서 정하는 바에 따라 법 제78조 제3항 각 호의 사항을 지정거래소에 제공하는 절차 및 방법 등을 정할 것
11. 법 제8조의2 제5항 제1호에 따른 경쟁매매의 방법을 사용할 경우 매매체결대상상품의 평균거래량이 제7조의3 제2항 각 호의 요건에 적합하도록 다자간매매체결업무를 영위하는 기준과 방법을 정할 것
12. 그 밖에 투자자 보호 및 다자간매매체결업무의 공정성 확보 등을 위하여 금융위원회가 정하여 고시하는 사항을 준수할 것

4) 거래규모와 규제차별

다자간매매체결회사(제8조의2 제5항 제1호의 방법에 따라 매매가격을 결정하는 다자간매매체결회사는 제외)는 매매체결대상상품의 거래량이 "대통령령으로 정하는 기준을 넘는 경우"에는 투자자 보호 및 매매체결의 안정성 확보 등을 위하여 "대통령령으로 정하는 조치"를 하여야 한다(법78⑦).

"대통령령으로 정하는 기준을 넘는 경우"란 매매체결대상상품의 거래량이 다음의 어느 하나에 해당하는 경우를 말한다(영78⑦).

1. 매월의 말일을 기준으로 법 제4조 제2항에 따른 증권의 구분별로 과거 6개월간 해당 다자간매매체결회사의 매매체결대상상품의 평균거래량이 같은 기간 중 증권시장에서의 매매체결대상상품의 평균거래량의 5%를 초과하는 경우
2. 매월의 말일을 기준으로 과거 6개월간 해당 다자간매매체결회사의 종목별 매매체결대상상품의 평균거래량이 같은 기간 중 증권시장에서의 그 종목별 매매체결대상상품의 평균거래량의 10%를 초과하는 경우

"대통령령으로 정하는 조치"란 다음의 조치를 말한다(영78⑧).

1. 다자간매매체결회사의 사업계획 및 이해상충방지체계 등이 투자자 보호와 거래의 공정성 확보에 적합하도록 하는 조치
2. 다자간매매체결업무를 안정적으로 영위하기 위하여 필요한 인력과 전산설비 등 물적 설비를 갖추도록 하는 조치

(다) 지정거래소의 감시·감리

1) 지정거래소의 감시

지정거래소(금융위원회가 지정하는 거래소)는 다자간매매체결회사에서의 투자자 보호 및 건전한 거래질서를 위하여 다음 사항을 감시할 수 있다(법78③).

1. 매매체결대상상품의 매매에 관한 청약 또는 주문이나 거래참가자가 다자간매매체결회사에 제출하는 호가의 상황
2. 매매체결대상상품에 관련된 풍문·제보나 보도
3. 매매체결대상상품의 발행인 등에 관한 신고 또는 공시
4. 그 밖에 매매체결대상상품의 가격형성이나 거래량에 영향을 미치는 상황 또는 요인으로서 대통령령으로 정하는 것(＝영78⑤: 매매가격·거래량 및 매매체결의 시간 등 매매체결대상상품의 매매체결에 관한 정보)

2) 지정거래소의 자료제출요청 및 감리

지정거래소는 다음의 어느 하나에 해당하는 경우에는 거래참가자에게 그 사유를 밝힌 서면으로 관련 자료의 제출을 요청하거나, 거래참가자에 대하여 그와 관련된 업무·재산상황·장부·서류, 그 밖의 물건을 감리할 수 있다. 이 경우 제404조 제2항 및 제3항을 준용한다(법78④).

1. 제377조 제1항 제8호에서 정하는 이상거래의 혐의가 있다고 인정되는 매매체결대상상품의 종목 또는 매매 품목의 거래상황을 파악하기 위한 경우
2. 거래참가자가 제1항에 따른 업무기준을 준수하는지를 확인하기 위한 경우

(라) 소유규제

누구든지 다음의 어느 하나에 해당하는 경우를 제외하고는 다자간매매체결회사의 의결권 있는 발행주식총수의 15%를 초과하여 다자간매매체결회사가 발행한 주식을 소유할 수 없다. 이 경우 제406조 제2항부터 제4항까지 및 제407조를 준용한다(법78⑤).

1. 집합투자기구가 소유하는 경우(사모집합투자기구가 소유하는 경우는 제외한다)
2. 정부가 소유하는 경우
3. 그 밖에 대통령령으로 정하는 바에 따라 금융위원회의 승인을 받아 소유하는 경우[7]

(마) 적용배제규정과 준용규정

자본시장법 제40조, 제72조, 제73조 및 제419조 제2항부터 제4항까지의 규정은 다자간매매체결회사에는 적용하지 아니한다(법78②). 자본시장법 제383조 제1항·제2항, 제408조 및 제413조는 다자간매매체결회사에 준용한다(법78⑥).

2. 장외시장

장외시장이란 거래소시장 또는 다자간매매체결회사 이외의 시장을 말한다(금융투자업규정

---

7) 다음의 어느 하나에 해당하는 경우에는 금융위원회의 승인을 받아 다자간매매체결회사의 의결권 있는 발행주식총수의 15%를 초과하여 다자간매매체결회사가 발행한 주식을 소유할 수 있다(영78⑥).
  1. 외국 다자간매매체결회사(외국 법령에 따라 외국에서 다자간매매체결회사에 상당하는 업무를 하는 자)가 다자간매매체결회사와의 제휴를 위하여 소유하는 경우
  2. 다자간매매체결회사의 공정한 운영을 해칠 우려가 없는 경우로서 총리령으로 정하는 금융기관, 금융투자업관계기관 또는 외국 다자간매매체결회사가 다자간매매체결회사의 의결권 있는 발행주식총수의 30%까지 주식을 소유하는 경우
  3. 제2호에 따른 금융기관이 공동으로 주식을 소유하는 경우로서 다음 각 목의 어느 하나에 해당하는 자의 다자간매매체결회사에 대한 주식보유비율을 초과하여 주식을 소유하는 경우
    가. 외국인투자 촉진법 제2조 제1항 제1호에 따른 외국인
    나. 비금융회사(금융위원회가 정하여 고시하는 금융업이 아닌 업종을 영위하는 회사)

5-1조(1)). 자본시장법은 장외거래를 거래소시장 및 다자간매매체결회사 외에서 증권이나 장외파생상품을 매매하는 경우(영177)로 규정하고 있는데 이러한 장외거래가 이루어지는 시장이 장외시장이다. 장외거래란 거래소시장 또는 다자간매매체결회사 외(장외시장)에서 금융(투자)상품을 매매, 그 밖의 거래를 하는 경우를 말한다(법166). 장외시장에 관하여는 앞에서 살펴보았다.

거래소시장에서는 회원들이 모여 거래하는 구체적인 장소가 존재하는 데 반하여, 장외시장에서는 그러한 장소적인 개념이 존재하지 않는다. 따라서 장외시장에서는 거래당사자들 사이에 개별적인 접촉을 통해서 거래가 이루어진다. 흔히 장외시장을 딜러시장이라고 하여 경매시장(auction market)인 거래소시장과 구별하는 것도 이 때문이다.[8] 그러나 거래소시장과 장외시장을 구분하는 이러한 전통적인 방법은 최근의 기술혁명의 발전으로 인해 장외시장이 거래소시장 수준으로 조직화되고, 상장주식이 거래소 밖에서 거래되는 대체거래시스템(ATS)과 같은 새로운 시장이 등장하면서 그 구분과 개념이 모호해지게 되었다.[9]

장외시장에서 거래되는 증권의 종류는 다양하다. 상장주식이 거래될 수 있을 뿐만 아니라 거래소의 상장규정상 상장요건을 갖추지 못한 비상장주식이 거래될 수 있다. 그러나 장외시장에서 거래되는 주식의 대부분은 비상장주식이다.

제2절   정기공시

Ⅰ. 정기공시제도의 의의

정기공시제도란 증권을 발행하거나 상장한 법인 등의 사업상황, 재무상황 및 경영실적 등 기업내용을 일반투자자에게 정기적으로 공개함으로써 합리적인 투자판단이 가능하도록 자료를 제공하고 시장에서 공정한 가격형성이 이루어지도록 함으로써 공정한 거래질서를 확립하고 투자를 보호하기 위한 제도를 말한다. 정기공시서류로는 사업보고서, 반기보고서와 분기보고서, 연결재무제표 등이 있다.

---

8) 김건식·송옥렬(2001), 39쪽.
9) 김정수(2002), 180쪽.

Ⅱ. 사업보고서

1. 의의와 제출대상법인

(1) 의의

사업보고서는 제출대상법인이 매 사업연도 경과 후 당해 사업연도의 경영성과, 재무상태, 그리고 증권의 변동에 관한 사항 등 기업내용에 관한 사항을 기록하여 금융위원회와 거래소에 제출하는 연차보고서이다.

(2) 제출대상법인

사업보고서 제출대상법인인 주권상장법인, 그 밖에 대통령령으로 정하는 법인은 그 사업 보고서를 각 사업연도 경과 후 90일 이내에 금융위원회와 거래소에 제출하여야 한다(법159①).

여기서 "대통령령으로 정하는 법인"이란 다음의 어느 하나에 해당하는 법인을 말한다(영 167①).

1. 다음의 어느 하나에 해당하는 증권을 증권시장에 상장한 발행인(상장법인)
   가. 주권 외의 지분증권[집합투자증권과 자산유동화계획에 따른 유동화전문회사등(자산유 동화법에 따른 유동화전문회사등)이 발행하는 출자지분은 제외]
   나. 무보증사채권(담보부사채권과 보증사채권을 제외한 사채권)
   다. 전환사채권·신주인수권부사채권·이익참가부사채권 또는 교환사채권
   라. 신주인수권이 표시된 것
   마. 증권예탁증권(주권 또는 가목부터 라목까지의 증권과 관련된 증권예탁증권만 해당)
   바. 파생결합증권
2. 제1호 외에 다음의 어느 하나에 해당하는 증권을 모집 또는 매출(법 제117조의10 제1항에 따른 모집과 법 제130조 제1항 본문에 따른 모집 또는 매출은 제외)한 발행인(주권상장법 인 또는 제1호에 따른 발행인으로서 해당 증권의 상장이 폐지된 발행인을 포함)
   가. 주권
   나. 제1호 각 목의 어느 하나에 해당하는 증권
3. 외부감사법에 따른 외부감사대상 법인으로서 제2호 각 목의 어느 하나에 해당하는 증권별 로 그 증권의 소유자 수(금융위원회가 정하여 고시하는 방법에 따라 계산한 수[10])가 500

---

10) 증권발행공시규정 제4-2조(사업보고서 제출대상법인 등) 영 제167조 제1항 제3호에 따른 증권의 소유자 수는 해당 증권별로 최근 사업연도말을 기준으로 하여 다음에서 정하는 방법에 따라 산정한다.
   1. 주권의 경우에는 주주명부 및 실질주주명부상의 주주수로 한다.
   2. 주권 외의 증권의 경우에는 모집 또는 매출에 의하여 증권을 취득한 자의 수로 하되, 2회 이상 모집 또 는 매출을 한 경우에는 그 각각의 수를 모두 더하고 중복되는 자를 빼 준다. 다만 해당 법인이 그 증권

인 이상인 발행인(증권의 소유자 수가 500인 이상이었다가 500인 미만으로 된 경우로서 각각의 증권마다 소유자의 수가 모두 300인 이상인 발행인을 포함)

주권상장법인이 주권상장 이후 거래소의 시장조치에 의하여 상장폐지되거나 기업 스스로 상장폐지를 한 경우에는 상장폐지 이전에 주권을 모집·매출한 경우 등 다른 사유에 의해 사업보고서 제출의무가 있는 경우에는 제출의무가 계속 발생한다.

2. 제출면제법인

(1) 제출가능성·실효성이 없는 경우

파산, 그 밖의 사유로 인하여 사업보고서의 제출이 사실상 불가능하거나 실효성이 없는 경우로서 대통령령으로 정하는 경우에는 사업보고서를 제출하지 아니할 수 있다(법159① 단서).

여기서 "대통령령으로 정하는 경우"란 다음의 어느 하나에 해당하는 경우를 말한다(영167②).

1. 파산한 경우
2. 상법 제517조, 그 밖의 법률에 따라 해산사유가 발생한 경우
3. 주권상장법인 또는 시행령 제167조 제1항 제1호에 따른 발행인의 경우에는 상장의 폐지 요건에 해당하는 발행인으로서 해당 법인에게 책임이 없는 사유로 사업보고서의 제출이 불가능하다고 금융위원회의 확인을 받은 경우
4. 자본시장법 시행령 제167조 제1항 제2호에 따른 발행인의 경우에는 같은 호 각 목의 어느 하나에 해당하는 증권으로서 각각의 증권마다 소유자 수가 모두 25인 미만인 경우로서 금융위원회가 인정한 경우. 다만 그 소유자의 수가 25인 미만으로 감소된 날이 속하는 사업연도의 사업보고서는 제출하여야 한다.
5. 자본시장법 시행령 제167조 제1항 제3호에 따른 발행인의 경우에는 같은 항 제2호 각 목의 어느 하나에 해당하는 증권으로서 각각의 증권마다 소유자의 수가 모두 300인 미만인 경우. 다만 그 소유자의 수가 300인 미만으로 감소된 날이 속하는 사업연도의 사업보고서는 제출하여야 한다.

채권을 상장·공모한 법인이 이를 만기 또는 중도에 상환한 경우에는 사업보고서(분기보고서와 반기보고서 포함) 제출의무가 면제된다. 채권상환을 완료한 시점 이후에는 사업보고서 및 분기·반기보고서의 제출의무가 없다. 결산일에서 사업보고서 제출일까지 채권상환을 완료하였다면 직전 사업연도의 사업보고서 제출의무는 없다.[11]

의 실질 소유자의 수를 증명하는 경우에는 그 수로 한다.
11) 금융감독원(2019), 「기업공시 실무안내」, 금융감독원(2019. 12), 104쪽.

사업보고서 제출의무를 면제하는 취지는 회사가 파산 등으로 계속기업으로서의 한계에 직면하고 있거나 증권 소유자의 수가 현저하게 감소하여 공개기업으로서의 특성이 없어진 경우에는 정보공시의 필요성이 크지 않기 때문이다.

(2) 이미 공시한 경우

그 법인이 증권신고서 등을 통하여 이미 직전 사업연도의 사업보고서에 준하는 사항을 공시한 경우에는 직전 사업연도의 사업보고서를 제출하지 아니할 수 있다(법159③).

3. 기재사항과 첨부서류

(1) 기재사항

사업보고서 제출대상법인은 사업보고서에 다음 사항을 기재하여야 한다(법159②).

1. 회사의 목적, 상호, 사업내용
2. 임원보수(상법, 그 밖의 법률에 따른 주식매수선택권을 포함하되, 대통령령으로 정하는 것12)에 한한다)
3. 임원 개인별 보수와 그 구체적인 산정기준 및 방법[임원 개인에게 지급된 보수가 5억원(영168②) 이상인 경우에 한한다)]
3의2. 보수총액 기준 상위 5명의 개인별 보수와 그 구체적인 산정기준 및 방법[개인에게 지급된 보수가 5억원(영168②) 이상인 경우에 한정]
4. 재무에 관한 사항
5. 그 밖에 대통령령으로 정하는 사항

제5호에서 "대통령령으로 정하는 사항"이란 다음 사항을 말한다(영168③).

1. 대표이사와 제출업무를 담당하는 이사의 시행령 제169조 각 호의 사항에 대한 서명
2. 회사의 개요
3. 이사회 등 회사의 기관 및 계열회사에 관한 사항
4. 주주에 관한 사항
5. 임원 및 직원에 관한 사항
6. 회사의 대주주(그 특수관계인을 포함) 또는 임직원과의 거래내용
7. 재무에 관한 사항과 그 부속명세
8. 회계감사인의 감사의견
9. 그 밖에 투자자에게 알릴 필요가 있는 사항으로서 금융위원회가 정하여 고시하는 사항13)

---

12) "대통령령으로 정하는 것"이란 임원 모두에게 지급된 그 사업연도의 보수 총액을 말한다(영168①).
13) 증권발행공시규정 제4-3조(사업보고서등의 기재사항) ① 법 제159조 제4항 및 영 제168조 제3항 제9호에

(2) 첨부서류

사업보고서에는 다음의 서류를 첨부하여야 한다(영168⑥ 본문). 다만 제1호의 연결재무제표에 대한 감사보고서는 제5항에서 정한 기한 내에(제5항에 따라 사업보고서를 제출하는 법인만 해당) 제출할 수 있다(영168⑥ 단서).

1. 회계감사인의 감사보고서(그 법인의 재무제표에 대한 감사보고서와 연결재무제표에 대한 감사보고서)
2. 상법 제447조의4에 따른 감사의 감사보고서
3. 법인의 내부감시장치[이사회의 이사직무집행의 감독권과 감사(감사위원회가 설치된 경우에는 감사위원회)의 권한, 그 밖에 법인의 내부감시장치]의 가동현황에 대한 감사의 평가의견서
4. 삭제 [2013. 8. 27] (삭제 전: 기업집단결합재무제표)
5. 그 밖에 금융위원회가 정하여 고시하는 서류[14]

따라 사업보고서에는 다음의 사항을 기재하여야 한다.
1. 사업의 내용(제조·서비스업 및 금융업으로 구분)
2. 이사의 경영진단 및 분석의견
3. 그 밖에 투자자 보호를 위하여 필요한 사항
   가. 주요사항보고서 및 거래소 공시사항 등의 진행·변경상황
   나. 주주총회 의사록 요약
   다. 우발채무 등
   라. 제재현황
   마. 결산기이후 발생한 주요사항
   바. 중소기업기준검토표 등
   사. 장래계획에 관한 사항의 추진실적
   아. 자금의 사용내역
   자. 영 제6조 제4항 제14호에서 정하는 요건의 충족 여부에 관한 사항(기업인수목적회사에 한한다)
   차. 「저탄소 녹색성장 기본법」 제42조 제6항에 따른 관리업체 지정 및 취소에 관한 사항, 온실가스 배출량 및 에너지 사용량에 관한 사항(「저탄소 녹색성장 기본법」 제42조 제6항에 따른 관리업체에 한한다)
   카. 녹색기술·녹색산업 등에 대한 인증에 관한 사항(「저탄소 녹색성장 기본법」 제32조 제2항에 따라 정부로부터 인증을 받은 법인에 한한다) 및 녹색기업 지정에 관한 사항(「환경기술 및 환경산업지원법」 제16조의2에 따라 환경부장관으로부터 지정을 받은 자에 한한다)
   타. 영 제176조의12 및 제176조의13에 따라 조건부자본증권을 발행한 경우 전환 또는 상각의 사유가 되는 가격·지표·단위·지수의 현황에 관한 사항
   파. 「고용정책 기본법 시행규칙」 제4조 제1항 제4호에 따른 근로자의 현황(「고용정책 기본법」 제15조의6 제1항에 따라 근로자의 고용형태 현황을 공시하는 자에 한한다)
   하. 재무제표 중 이해관계자의 판단에 상당한 영향을 미칠 수 있는 사항에 대해 감사위원회(감사위원회가 설치되지 않은 경우에는 감사)와 회계감사인이 논의한 결과
14) "금융위원회가 정하여 고시하는 서류"란 다음에서 정하는 것을 말한다(증권발행공시규정4-3③).
   1. 법 제162조 제1항 제4호에서 정한 자의 동의서
   2. 상법 제447조의2에 따른 영업보고서
   3. 정관 등 영 제125조 제2항 제1호의 서류

4. 작성 및 제출

(1) 작성

사업보고서 제출대상법인은 사업보고서를 작성함에 있어서 금융위원회가 정하여 고시하는 기재방법 및 서식에 따라야 한다(법159④).[15]

(2) 제출기간

사업보고서 제출대상법인은 그 사업보고서를 각 사업연도 경과 후 90일 이내에 금융위원회와 거래소에 제출하여야 한다(법159①).

(3) 최초제출

최초로 사업보고서를 제출하여야 하는 법인은 사업보고서 제출대상법인에 해당하게 된 날부터 5일(사업보고서의 제출기간 중에 사업보고서 제출대상법인에 해당하게 된 경우에는 그 제출기한으로 한다) 이내에 그 직전 사업연도의 사업보고서를 금융위원회와 거래소에 제출하여야 한다(법159③ 본문).

(4) 제출기한의 연장

사업보고서 제출대상법인은 그 회계감사인과 감사보고서 작성을 위하여 부득이 사업보고서등의 제출기한 연장이 필요하다고 미리 합의하고 사업보고서등의 제출기한 만료 7일 전까지 금융위원회와 거래소에 기한 연장 사유를 기재하여 신고한 경우에는 연 1회에 한정하여 사업보고서등 제출기한을 5영업일 이내에서 연장하여 제출할 수 있다(법165③).

5. 연결재무제표

(1) 연결재무제표의 의의

연결재무제표란 회사와 다른 회사(조합 등 법인격이 없는 기업을 포함)가 대통령령으로 정하

---

15) 증권발행공시규정 제4-3조(사업보고서등의 기재사항) ④ 자산유동화에 관한 법률 제3조에 따른 유동화전문회사등이 제출하는 사업보고서등에는 다음의 사항을 기재하여야 한다.
  1. 유동화전문회사등에 관한 사항
  2. 자산관리자 및 자산의 관리방법 등
  3. 자산유동화계획의 추진실적
  4. 그 밖에 투자자 보호를 위하여 필요한 사항
  ⑤ 제4항의 사업보고서등에는 다음의 서류를 첨부하여야 한다.
  1. 사업보고서의 첨부서류
    가. 회계감사인의 감사보고서
    나. 정관
  2. 반기보고서의 첨부서류
    회계감사인의 반기감사보고서 또는 반기검토보고서

는 지배·종속의 관계16)에 있는 경우 지배하는 회사("지배회사")가 작성하는 ⅰ) 연결재무상태표, ⅱ) 연결손익계산서 또는 연결포괄손익계산서, ⅲ) 연결자본변동표, ⅳ) 연결현금흐름표, ⅴ) 주석을 말한다(외부감사법2(3), 외부감사법 시행령3②). 종속회사가 있는 법인을 "연결재무제표 작성대상법인"이라 한다(법119의2①).

(2) 사업보고서의 기재사항과 제출기한

사업보고서를 제출하여야 하는 법인 중 연결재무제표 작성대상법인의 경우에는 사업보고서 기재사항 중 재무에 관한 사항과 그 부속명세, 그 밖에 금융위원회가 정하여 고시하는 사항은 연결재무제표를 기준으로 기재하되 그 법인의 재무제표를 포함하여야 하며, 회계감사인의 감사의견은 연결재무제표와 그 법인의 재무제표에 대한 감사의견을 기재하여야 한다(영168④).17)

최근 사업연도말 현재의 자산총액이 2조원 미만인 법인 중 한국채택국제회계기준(K-IFRS)을 적용하지 아니하는 법인은 그 법인의 재무제표를 기준으로 재무에 관한 사항과 그 부속명세, 그 밖에 금융위원회가 정하여 고시하는 사항을 기재하고, 그 법인의 재무제표에 대한 회계감사인의 감사의견을 기재한 사업보고서를 제출기한까지 제출할 수 있다(영168⑤ 전단). 이 경우 그 사업연도의 종료 후 90일이 지난 날부터 30일 이내에 연결재무제표를 기준으로 한 재무에 관한 사항과 그 부속명세, 그 밖에 금융위원회가 정하여 고시하는 사항과 연결재무제표에 대한 회계감사인의 감사의견을 보완하여 제출하여야 한다(영168⑤ 후단).

(3) 자료요구권 등

연결재무제표 작성대상법인 중 사업보고서 제출대상법인은 사업보고서등의 작성을 위하여 필요한 범위에서 종속회사에게 관련 자료의 제출을 요구할 수 있다(법161의2①). 연결재무제표 작성대상법인 중 사업보고서 제출대상법인은 사업보고서등의 작성을 위하여 필요한 자료를 입수할 수 없거나 종속회사가 제출한 자료의 내용을 확인할 필요가 있는 때에는 종속회사의 업무와 재산상태를 조사할 수 있다(법161의2②).

---

16) "대통령령으로 정하는 지배·종속의 관계"란 회사가 경제 활동에서 효용과 이익을 얻기 위하여 다른 회사(조합 등 법인격이 없는 기업을 포함)의 재무정책과 영업정책을 결정할 수 있는 능력을 가지는 경우로서 법 제5조(회계처리기준) 제1항 각 호의 어느 하나에 해당하는 회계처리기준에서 정하는 그 회사("지배회사")와 그 다른 회사("종속회사")의 관계를 말한다(외부감사법 시행령3①).

17) 영 제168조 제4항에서 그 밖에 금융위원회가 정하여 고시하는 사항이란 한국채택국제회계기준을 적용하는 법인에 대하여 다음에서 정하는 사항으로 한다. 다만 감독원장은 제8항에 따라 기재사항의 특성을 감안하여 필요한 범위 내에서 조정할 수 있다(증권발행공시규정4-2⑥).
   1. 영 제168조 제3항 제2호의 사항(＝회사의 개요)
   2. 제1항 제1호의 사항[(＝사업의 내용(제조·서비스업 및 금융업으로 구분)]
   3. 제1항 제2호의 사항(＝이사의 경영진단 및 분석의견)
   4. 제1항 제3호 다목부터 마목까지의 사항(＝우발채무 등, 제재현황, 결산기이후 발생한 주요사항)

6. 예측정보

사업보고서 제출대상법인은 사업보고서에 그 법인의 예측정보를 기재 또는 표시할 수 있다(법159⑥ 전단). 이 경우 예측정보의 기재 또는 표시는 ⅰ) 그 기재 또는 표시가 예측정보라는 사실이 밝혀져 있을 것, ⅱ) 예측 또는 전망과 관련된 가정이나 판단의 근거가 밝혀져 있을 것, ⅲ) 그 기재 또는 표시에 대하여 예측치와 실제 결과치가 다를 수 있다는 주의문구가 밝혀져 있을 것의 방법에 따라야 한다(법159⑥ 후단).

7. 대표이사 등의 확인 및 검토 후 서명

사업보고서를 제출하는 경우 제출 당시 그 법인의 대표이사(집행임원 설치회사의 경우 대표집행임원) 및 제출업무를 담당하는 이사는 그 사업보고서의 기재사항 중 중요사항에 관하여 거짓의 기재 또는 표시가 있거나 중요사항의 기재 또는 표시가 누락되어 있지 아니하다는 사실 등 "대통령령으로 정하는 사항"을 확인·검토하고 이에 각각 서명하여야 한다(법159⑦).

여기서 "대통령령으로 정하는 사항"이란 다음 사항을 말한다(영169).

1. 사업보고서의 기재사항 중 중요사항에 관하여 거짓의 기재 또는 표시가 없고, 중요사항의 기재 또는 표시를 빠뜨리고 있지 아니하다는 사실
2. 사업보고서의 기재 또는 표시 사항을 이용하는 자로 하여금 중대한 오해를 일으키는 내용이 기재 또는 표시되어 있지 아니하다는 사실
3. 사업보고서의 기재사항에 대하여 상당한 주의를 다하여 직접 확인·검토하였다는 사실
4. 외부감사법 제4조에 따른 외부감사대상 법인인 경우에는 같은 법 제8조에 따라 내부회계관리제도가 운영되고 있다는 사실

8. 외국법인에 대한 공시특례

(1) 의의

외국법인등의 경우에는 대통령령으로 정하는 기준 및 방법에 따라 제출의무를 면제하거나 제출기한을 달리하는 등 그 적용을 달리할 수 있다(법165①). 자본시장법상 "외국법인등"이란 ⅰ) 외국 정부, ⅱ) 외국 지방자치단체, ⅲ) 외국 공공단체, ⅳ) 외국 법령에 따라 설립된 외국기업, ⅴ) 조약에 따라 설립된 국제기구, ⅵ) 그 밖에 외국에 있는 법인 등으로서 대통령령으로 정하는 자[18]를 말한다(법9⑯). 금융위원회는 외국법인등의 종류·성격, 외국 법령 등을 고려하

---

18) "대통령령으로 정하는 자"란 다음의 어느 하나에 해당하는 자를 말한다(영13②).
  1. 외국 법령에 따라 설정·감독하거나 관리되고 있는 기금이나 조합
  2. 외국 정부, 외국 지방자치단체 또는 외국 공공단체에 의하여 설정·감독하거나 관리되고 있는 기금이나

여 외국법인등의 사업보고서등의 구체적인 기재내용, 첨부서류 및 서식 등을 달리 정하여 고시한다(영176⑦).

(2) 제출의무 면제

다음의 어느 하나에 해당하는 외국법인등에 대하여는 사업보고서의 제출을 면제한다(영176①).

1. 외국 정부
2. 외국 지방자치단체
3. 외국의 법령에 따라 설립되어 공익사업을 영위하는 외국 공공단체로서 외국 정부 또는 외국 지방자치단체가 지분을 보유하고 있는 외국 공공단체
4. 국제금융기구의 가입조치에 관한 법률 제2조 제1항 각 호의 어느 하나에 해당하는 국제금융기구

(3) 제출기한 연장

사업보고서 제출의무가 면제되지 않는 외국법인등은 사업보고서를 사업연도가 지난 후 30일 이내에 제출할 수 있고, 반기보고서 및 분기보고서를 각각의 제출기간인 45일이 지난 후 15일 이내에 제출할 수 있다(영176②).

(4) 약식제출

외국법인등이 사업보고서 등에 상당하는 서류를 해당 국가에 제출한 경우에는 그 날부터 10일(주요사항보고서의 경우에는 5일) 이내에 사업보고서등을 제출하거나 해당 국가에서 제출한 사업보고서등에 상당하는 서류에 금융위원회가 정하여 고시하는 요약된 한글번역문[19]을 첨부하여 제출할 수 있다(영176③).

(5) 개별재무제표 제출면제

사업보고서·반기보고서·분기보고서를 제출하는 외국법인등은 금융위원회가 정하여 고시하는 사유[20]에 해당하는 때에는 연결재무제표에 상당하는 서류를 제출한 경우 그 외국법인등의 재무제표를 제출하지 아니할 수 있다(영176④ 전단). 이 경우 그 외국법인등은 사업보고서·반기보고서·분기보고서에 다음의 사항을 기재하지 아니할 수 있다(영176④ 후단).

조합
3. 조약에 따라 설립된 국제기구에 의하여 설정·감독하거나 관리되고 있는 기금이나 조합

19) 증권발행공시규정 제4-8조(한글번역본의 기재내용 등) 외국법인 등이 영 제176조 제3항에 따라 사업보고서등을 한글번역본과 함께 제출하는 경우 그 한글번역본에 기재하는 내용은 법 제159조 제2항·제161조 제1항, 영 제168조·제170조·제171조·제176조 제5항, 제4-3조 제1항 및 제2항에 규정된 사항으로 한다.

20) "금융위원회가 정하여 고시하는 사유"라 함은 설립근거가 되는 국가 또는 증권이 상장된 국가의 법률에 따라 해당 외국법인등의 재무제표 및 그 재무제표에 대한 외국 회계감사인의 감사보고서의 제출이 의무화되어 있지 아니하는 경우를 말한다(증권발행공시규정4-9).

1. 사업보고서의 경우

　가. 그 외국법인등의 재무제표를 기준으로 한 재무에 관한 사항과 그 부속명세

　나. 그 외국법인등의 재무제표에 대한 회계감사인의 감사의견

2. 반기보고서·분기보고서의 경우

　가. 그 외국법인등의 재무제표를 기준으로 한 재무에 관한 사항과 그 부속명세

　나. 그 외국법인등의 재무제표에 대한 회계감사인의 감사의견 또는 확인과 의견표시

9. 사업보고서 등의 공시

금융위원회와 거래소는 사업보고서등을 3년간 일정한 장소에 비치하고, 인터넷 홈페이지 등을 이용하여 공시하여야 한다(법163 전단). 이 경우 기업경영 등 비밀유지와 투자자 보호와의 형평 등을 고려하여 "대통령령으로 정하는 사항"을 제외하고 비치 및 공시할 수 있다(법163 후단).

여기서 "대통령령으로 정하는 사항"이란 다음의 어느 하나에 해당하는 사항을 말한다(영174).

1. 군사기밀보호법 제2조에 따른 군사기밀에 해당하는 사항

2. 사업보고서 제출대상법인 또는 그 종속회사의 업무나 영업에 관한 것으로서 금융위원회의 확인을 받은 사항

Ⅲ. 반기보고서·분기보고서

1. 의의

사업보고서 제출대상법인은 그 사업연도 개시일부터 6개월간의 사업보고서("반기보고서")와 사업연도 개시일부터 3개월간 및 9개월간의[21] 사업보고서("분기보고서")를 각각 그 기간 경과 후 45일 이내에 금융위원회와 거래소에 제출하여야 하되, 사업보고서 제출대상법인이 재무에 관한 사항과 그 부속명세, 그 밖에 금융위원회가 정하여 고시하는 사항을 연결재무제표를 기준으로 기재하여 작성한 반기보고서와 분기보고서를 금융위원회와 거래소에 제출하는 경우에는 그 최초의 사업연도와 그 다음 사업연도에 한하여 그 기간 경과 후 60일 이내에 제출할 수 있다(법160).

사업보고서는 1사업연도의 실적을 반영하여 작성되기 때문에 기업의 최근 실적이 반영되지 못하는 단점이 있다. 따라서 투자판단에 활용되는 정보의 적시성을 제고하기 위하여 최신의

---

21) 4분기보고서는 사업보고서와 중복되므로 제외된다.

자료가 반영된 반기보고서와 분기보고서를 작성하여 공시하도록 한 것이다.

2. 기재사항과 첨부서류

(1) 사업보고서 규정의 준용

반기보고서와 분기보고서의 기재사항과 첨부서류(단 분기보고서의 경우 개인별 보수에 관한 제3호 및 제3호의2는 제외), 기재방법 및 서식, 예측정보의 기재 또는 표시, 그리고 대표이사 등의 인증은 사업보고서의 기재사항, 업종별 구분작성 등이 그대로 적용되나(법160), 일부 항목의 기재내용이 다르며 첨부서류도 차이가 있다.

(2) 기재사항

반기보고서와 분기보고서에 기재하여야 할 사항에 관하여는 사업보고서의 기재사항 및 첨부서료와 동일하다. 다만 한국채택국제회계기준을 적용하는 연결재무제표 작성대상법인은 연결재무제표기준의 반기보고서와 분기보고서를 제출하여야 한다. 그리고 사업보고서의 기재사항인 "재무에 관한 사항과 그 부속명세"(영168③(7)) 중 부속명세는 기재하지 아니할 수 있으며, "회계감사인의 감사의견"(영168③(8))은 다음의 기준에 따른다(영170①).

1. 반기보고서인 경우에는 다음의 회계감사인의 확인 및 의견표시로 갈음할 수 있다.
    가. 한국채택국제회계기준을 적용하는 연결재무제표 작성대상법인인 경우: 그 법인의 재무제표에 대한 회계감사인의 확인 및 의견표시와 연결재무제표에 대한 회계감사인의 확인 및 의견표시
    나. 가목 외의 법인: 그 법인의 재무제표에 대한 회계감사인의 확인 및 의견표시
2. 분기보고서인 경우에는 회계감사인의 감사의견을 생략할 수 있다. 다만 금융기관(금융위원회법 제38조에 따른 검사대상기관) 또는 최근 사업연도말 현재의 자산총액이 5천억원 이상인 주권상장법인의 분기보고서는 제1호에 따른다.

(3) 첨부서류

반기보고서와 분기보고서에는 다음의 서류를 첨부하여야 한다(영170②).

1. 반기보고서인 경우에는 회계감사인의 반기감사보고서나 반기검토보고서. 다만 한국채택국제회계기준을 적용하는 연결재무제표 작성대상법인인 경우에는 회계감사인의 연결재무제표에 대한 반기감사보고서나 반기검토보고서를 함께 제출하여야 한다.
2. 분기보고서인 경우에는 회계감사인의 분기감사보고서나 분기검토보고서(영 제170조 제1항 제2호 단서에 따른 법인만 해당). 다만 한국채택국제회계기준을 적용하는 연결재무제표 작성대상법인인 경우에는 회계감사인의 연결재무제표에 대한 분기감사보고서나 분기검토 보고서를 함께 제출하여야 한다.

3. 중소기업특례

중소기업이 발행한 주권을 매매하는 코넥스시장에 상장된 주권을 발행한 법인의 경우에는 대통령령으로 정하는 기준 및 방법에 따라 반기·분기보고서의 제출의무를 면제하거나 제출기한을 달리하는 등 그 적용을 달리할 수 있다(법165②). 이에 따라 코넥스시장에 상장된 주권을 발행한 법인에 대해서는 자본시장법 제160조(반기·분기보고서의 제출)를 적용하지 아니한다(영 176⑨).

제3절 주요사항보고서

Ⅰ. 서설

주요사항보고서라 함은 사업보고서 제출대상법인이 영업활동 등에 관하여 주요사실이 발생한 경우 그 사실이 발생한 날의 다음 날까지(제6호의 경우에는 그 사실이 발생한 날부터 3일 이내에) 금융위원회에 제출해야 하는 보고서를 말한다(법161①). 투자자의 투자판단에 영향을 미칠 중요한 사실이 발생한 경우 이를 즉시 투자자에게 공시하도록 하는 것을 수시공시 또는 적시공시라고 하는데, 주요사항보고서는 수시공시의 하나이다.[22]

수시공시제도란 주권상장법인의 경영활동과 관계된 사항으로서 투자자의 투자의사결정에 영향을 미치는 사실 또는 결정내용을 즉시 신고 또는 공시하도록 함으로써 투자자에게 합리적인 투자판단자료를 제공하고, 미공개정보를 이용한 증권거래를 예방하여 증권시장의 공정한 거래질서를 확립하기 위한 제도이다. 즉 사업보고서 등의 정기공시제도가 과거 일정기간의 경영성과만을 나타내므로 현재 또는 장래의 경영이나 증권의 권리내용이나 가치변동에 관한 적절한 판단자료를 제공하는데는 한계가 있으므로 주요한 경영관련 사항이 발생할 때마다 신속하게 유통시장에 공시하도록 하는 적시공시라고 할 수 있다.

일반투자자의 입장에서는 과거의 경영실적도 중요하지만 투자판단에 있어 가장 결정적인 정보는 기업의 현재와 미래의 중요정보이다. 따라서 기업의 경영상황 및 장래계획에 대한 주요정보를 스스로 공시하도록 하여 정보의 최신성과 신속성을 확보하여 궁극적으로 투자자를 보호하려는 제도이다.

그러나 수시공시는 투자자들에게 기업의 정보를 취득하는 주요 수단이 되지만, 공시를 이

---

22) 김건식·정순섭(2009), 190쪽.

행해야 하는 기업에게는 비용의 지출원인이 된다. 따라서 공시범위를 적절하게 규정하고 해석하는 것이 중요하다. 이는 기업에게는 감내할 수 있을 정도의 비용지출을 요구하면서 투자자들에게 충분하고도 적절한 정보를 제공해야 하기 때문이다.

II. 수시공시 규제체계

1. 입법례

(1) 미국

미국의 수시공시 규제체계는 증권거래위원회(SEC)의 임시보고서(Form 8-K)에 의한 공적규제와 거래소의 적시공시에 의한 자율규제로 이원화되어 있다. 우리나라의 현행법과 일본의 모델이다.

SEC의 임시보고서는 열거주의 입장에서 신고사항을 열거하고 있다. 임시보고서 신고의무 위반에 대하여는 연간 사업보고서 및 분기보고서와 동일하게 부실표시에 대한 1934년 증권거래법의 반사기조항[23] 및 같은 법 제18조가 적용되기 때문에 각종의 형사제재와 민사제재가 부과된다. 거래소의 적시공시는 법령상 근거없이 거래소와 상장법인 사이의 상장계약 및 거래소의 상장규정에 따라 수행된다. 공시의무사항은 포괄주의를 선택하여 중요하다고 판단되는 범주를 제시하고 즉시 공시할 것을 원칙으로만 제시하고 있다. 미국의 경우는 우리나라처럼 구체적 수량기준이나 공시시점은 명시하지 않고 상장법인이 자율적으로 판단하도록 하고 있다. 공시의무를 위반한 상장법인에 대해서 거래소의 제재조치는 상장폐지가 유일한 조치이지만, 이것도 거의 발동되지 않고 있다. 따라서 부실표시에 대해서 투자자들은 상장법인을 상대로 1934년 증권거래법상의 반사기조항을 근거로 하여 소송을 제기하여 민사책임을 묻는 것이 일반적이다.[24]

(2) 일본

일본은 미국과 유사하게 공적규제인 임시보고서와 자율규제인 거래소의 적시공시로 이원화되어 있다. 공적규제는 금융상품거래법, 기업내용 등의 공시에 관한 내각부령 등에 근거하고, 자율규제는 관계법령에 구체적인 근거규정이 없이 거래소의 규정에 따라 이루어지고 있다.

(3) 영국

영국의 수시공시규제는 사실상의 공적규제로 수행된다. 정부기구인 금융감독기관은 기업의 상장 및 상장법인의 수시공시의무를 실질적으로 결정하고 집행하며, 런던거래소의 상장 및

---

23) 1934년 증권거래법 제10b, SEC Rule 제10b-5.
24) 성희활(2008), 65쪽 이하.

공시규정은 극히 제한된 역할만을 수행하고 있다.

(4) 호주

호주의 수시공시규제는 공적규제와 자율규제의 유기적 협조체계로서, 완전한 수시공시 일원화의 모델이라 할 수 있다. 회사법의 위임에 따라 거래소는 상장규정에서 수시공시에 대하여 구체적으로 정하고 있다.

2. 자본시장법의 체계

수시공시 규제체계는 금융위원회의 주요사항보고서를 중심으로 하는 정부규제와 거래소의 수시공시에 의한 자율규제로 이원화되어 있다. 정부규제인 주요사항보고서는 미국과 일본의 임시보고서를 모델로 한 것이다. 기존의 수시공시 항목 중 특별히 중요한 사항을 분리하여 보고서를 금융위원회로 단일화하고 보고시점은 익일까지 하는 것을 원칙으로 하였다. 자율규제인 거래소의 수시공시제도에 대해서는 자본시장법에서 기존의 증권거래법에서와 같은 별도의 근거규정을 두지 않고 거래소의 공시규정으로 신고대상을 정하도록 하였다.

수시공시가 정부규제와 자율규제로 분리되어 법령에 의한 제재인 형사제재, 행정제재인 과징금의 부과는 정부규제인 주요사항보고서 위반의 경우에만 가능하다. 반면 거래소의 수시공시의무 위반의 경우에는 거래소의 자율적인 조치인 매매거래정지, 불성실공시 사실의 공표, 개선계획서 제출요구, 관리종목지정, 그리고 상장폐지 등을 할 수 있도록 규정하였다.

Ⅲ. 주요사항보고서

1. 의의

공시사항 중 특히 중요하다고 인정되는 사항에 대하여 법적 규제로 공시의무 이행을 담보하는 제도가 주요사항보고서제도이다.

종전의 주요경영사항 신고사항 중 회사존립, 조직재편성, 자본증감 등의 사항과 특수공시사항을 주요사항보고 항목으로 지정하여 그 사유 발생 익일까지 금융위원회에 제출하도록 하였다. 자본시장법은 종래 금융위원회 보고와 거래소 보고가 혼재되어 있던 수시공시사항 중 공적규제의 필요성이 있는 사항 중심으로 하는 주요사항보고서제도를 신설하고 수시공시의 제출대상기관을 거래소로 일원화하였다.

2. 제출대상법인

사업보고서 제출대상법인은 주요사항보고서를 금융위원회에 제출하여야 한다(법161①). 즉 주요사항보고서의 제출대상법인은 사업보고서의 제출대상법인과 동일하다. 그리고 증권시장에 지분증권을 상장한 외국법인등은 법 제161조 제1항 각 호의 어느 하나에 해당하는 경우 (제출 사유) 외에 다음의 어느 하나에 해당하는 경우[외국 지주회사(외국 법령에 따라 설립된 회사로서 지 분증권의 소유를 통하여 다른 회사의 사업내용을 지배하는 것을 주된 사업으로 하는 회사)의 경우에는 그 외국 지주회사의 자회사(외국 지주회사가 채택하고 있는 회계처리기준에 따라 연결대상이 되는 회사) 가 다음의 어느 하나에 해당하는 경우를 포함]에도 금융위원회가 정하여 고시하는 날25)까지 주요 사항보고서를 금융위원회에 제출하여야 한다(영176⑤).

1. 지분증권의 양도제한, 외국법인등의 국유화 등 외국법인등이나 그 출자자에게 중대한 영향 을 미치는 외국 법령 등이 변경된 때
2. 외국법인등의 주식등에 대하여 외국에서 공개매수 또는 안정조작·시장조성이 행하여지는 때
3. 외국금융투자감독기관 또는 외국 거래소로부터 관계법규 위반으로 조치를 받은 때
4. 외국 거래소로부터 매매거래 정지·해제, 상장폐지 조치를 받은 때

3. 제출사유(주요사항)

사업보고서 제출대상법인은 다음의 어느 하나에 해당하는 사실이 발생한 경우에는 그 사 실이 발생한 날의 다음 날까지(제6호의 경우에는 그 사실이 발생한 날부터 3일 이내에) 그 내용을 기재한 보고서("주요사항보고서")를 금융위원회에 제출하여야 한다(법161① 전단). 이 경우 제159 조 제6항(예측정보) 및 제7항(대표이사 등의 확인·서명)을 준용한다(법161① 후단).

1. 발행한 어음 또는 수표가 부도로 되거나 은행과의 당좌거래가 정지 또는 금지된 때
2. 영업활동의 전부 또는 중요한 일부가 정지되거나 그 정지에 관한 이사회 등의 결정이 있 은 때
3. 채무자회생법에 따른 회생절차개시 또는 간이회생절차개시의 신청이 있은 때
4. 자본시장법, 상법, 그 밖의 법률에 따른 해산사유가 발생한 때
5. 대통령령으로 정하는 경우에 해당하는 자본 또는 부채의 변동에 관한 이사회 등의 결정이 있은 때26)

---

25) "금융위원회가 정하여 고시하는 날"이란 그 사실 발생일 이후 2영업일을 말한다(증권발행공시규정4-12).
26) "대통령령으로 정하는 경우에 해당하는 자본 또는 부채의 변동"이란 다음의 어느 하나를 말한다. 다만 해 당 자본 또는 부채의 변동이 증권의 모집 또는 매출에 따른 것으로서 법 제119조 제1항에 따라 증권신고 서를 제출하는 경우와 주식매수선택권(상법 제340조의2 또는 제542조의3에 따른 주식매수선택권) 행사에 따른 자본의 변동 등 투자자 보호 및 건전한 거래질서를 해칠 염려가 없는 경우로서 금융위원회가 정하여 고시하는 경우는 제외한다(영171①).
    1. 자본의 증가 또는 감소
    2. 조건부자본증권의 발행에 따른 부채의 증가

6. 주식의 포괄적 교환·이전, 합병, 회사의 분할 및 분할합병 등의 사실이 발생한 때

7. 대통령령으로 정하는 중요한 영업 또는 자산을 양수하거나 양도할 것을 결의한 때[27]

8. 자기주식을 취득(자기주식의 취득을 목적으로 하는 신탁계약의 체결을 포함) 또는 처분(자기주식의 취득을 목적으로 하는 신탁계약의 해지를 포함)할 것을 결의한 때

9. 그 밖에 그 법인의 경영·재산 등에 관하여 중대한 영향을 미치는 사항으로서 대통령령으로 정하는 사실이 발생한 때[28]

---

27) "대통령령으로 정하는 중요한 영업 또는 자산을 양수하거나 양도할 것을 결의한 때"란 다음의 어느 하나에 해당하는 것을 결의한 때를 말한다(영171②).
  1. 양수·양도하려는 영업부문의 자산액(장부가액과 거래금액 중 큰 금액)이 최근 사업연도말 현재 자산총액(한국채택국제회계기준을 적용하는 연결재무제표 작성대상법인인 경우에는 연결재무제표의 자산총액)의 10% 이상인 양수·양도
  2. 양수·양도하려는 영업부문의 매출액이 최근 사업연도말 현재 매출액(한국채택국제회계기준을 적용하는 연결재무제표 작성대상법인인 경우에는 연결재무제표의 매출액)의 10% 이상인 양수·양도
  3. 영업의 양수로 인하여 인수할 부채액이 최근 사업연도말 현재 부채총액(한국채택국제회계기준을 적용하는 연결재무제표 작성대상법인인 경우에는 연결재무제표의 부채총액)의 10% 이상인 양수
  4. 삭제 [2016. 6. 28.]
  5. 양수·양도하려는 자산액(장부가액과 거래금액 중 큰 금액)이 최근 사업연도말 현재 자산총액(한국채택국제회계기준을 적용하는 연결재무제표 작성대상법인인 경우에는 연결재무제표의 자산총액)의 10% 이상인 양수·양도. 다만 일상적인 영업활동으로서 상품·제품·원재료를 매매하는 행위 등 금융위원회가 정하여 고시하는 자산의 양수·양도는 제외한다.
  [증권발행공시규정] 제4-4조(중요한 자산양수·도의 예외 등) 영 제171조 제2항 제5호에서 "금융위원회가 정하여 고시하는 자산의 양수·양도"란 해당 법인의 사업목적을 수행하기 위하여 행하는 영업행위로서 다음의 어느 하나에 해당하는 것을 말한다.
  1. 상품·원재료·저장품 또는 그 밖에 재고자산의 매입·매출 등 일상적인 영업활동으로 인한 자산의 양수·양도
  2. 영업활동에 사용되는 기계, 설비, 장치 등의 주기적 교체를 위한 자산의 취득 또는 처분. 다만 그 교체주기가 1년 미만인 경우에 한한다.
  3. 자본시장법 및 상법에 따른 자기주식의 취득 또는 처분
  4. 금융위원회법 제38조에 따른 검사대상기관과의 거래로서 약관에 따른 정형화된 거래
  5. 자산유동화법에 따른 자산유동화
  6. 공개매수에 의한 주식등의 취득, 공개매수청약에 의한 주식등의 처분
  7. 자본시장법 제4조 제3항에서 정한 국채증권·지방채증권·특수채증권 또는 법률에 의하여 직접 설립된 법인이 발행한 출자증권의 양수·양도
  8. 제1호부터 제7호까지에 준하는 자산의 양수·양도로서 투자자 보호의 필요성이 낮은 자산의 양수 또는 양도
28) "대통령령으로 정하는 사실이 발생한 때"란 다음의 어느 하나에 해당하는 것을 말한다(영171③).
  1. 기업구조조정 촉진법 제5조 제2항 각 호의 어느 하나에 해당하는 관리절차가 개시되거나 같은 법 제19조에 따라 공동관리절차가 중단된 때
  2. 시행령 제167조 제1항 제2호 각 목의 어느 하나에 해당하는 증권에 관하여 중대한 영향을 미칠 소송이 제기된 때
  3. 해외 증권시장에 주권의 상장 또는 상장폐지가 결정되거나, 상장 또는 상장폐지된 때 및 외국금융투자감독기관 또는 외국 거래소 등으로부터 주권의 상장폐지, 매매거래정지, 그 밖의 조치를 받은 때
  4. 전환사채권, 신주인수권부사채권 또는 교환사채권의 발행에 관한 결정이 있은 때. 다만 해당 주권 관련 사채권의 발행이 증권의 모집 또는 매출에 따른 것으로서 증권신고서를 제출하는 경우는 제외한다.
  5. 다른 법인의 지분증권이나 그 밖의 자산("지분증권등")을 양수하는 자에 대하여 미리 정한 가액으로 그

4. 첨부서류

사업보고서 제출대상법인은 주요사항보고서를 제출하는 경우에는 법 제161조 제1항 각 호의 항목별로 다음과 같은 서류나 그 사본을 첨부하여야 한다(법161②, 영171④).

1. 법 제161조 제1항 제1호 중 어음이나 수표가 부도로 된 경우에는 은행의 부도 확인서 등 해당 사실을 증명할 수 있는 서류
2. 법 제161조 제1항 제1호 중 은행과의 당좌거래가 정지되거나 금지된 경우에는 은행의 당좌 거래정지 확인서 등 해당 사실을 증명할 수 있는 서류
3. 법 제161조 제1항 제2호의 경우에는 이사회의사록, 행정기관의 영업정지 처분 명령서 등 영업정지 사실을 증명할 수 있는 서류
4. 법 제161조 제1항 제3호의 경우에는 법원에 제출한 회생절차개시신청서 등 해당 사실을 증명할 수 있는 서류
5. 법 제161조 제1항 제4호의 경우에는 이사회의사록, 파산결정문 등 해당 사유 발생 사실을 증명할 수 있는 서류
6. 법 제161조 제1항 제5호부터 제8호까지의 경우에는 이사회의사록 등 해당 사실을 증명할 수 있는 서류
7. 법 제161조 제1항 제9호의 경우에는 통지서·소장 등 해당 사실을 증명할 수 있는 서류
8. 그 밖에 투자자 보호를 위하여 필요하다고 금융위원회가 정하여 고시하는 서류[29]

5. 정보의 교환과 거래소 송부

금융위원회는 제출된 주요사항보고서가 투자자의 투자판단에 중대한 영향을 미칠 우려가 있어 그 내용을 신속하게 알릴 필요가 있는 경우에는 대통령령으로 정하는 방법[30]에 따라 행

지분증권등을 양도(제2항 제1호·제5호에 해당하는 양수·양도로 한정)할 수 있는 권리를 부여하는 계약 또는 이에 상당하는 계약 체결에 관한 결정이 있은 때
6. 조건부자본증권이 주식으로 전환되는 사유가 발생하거나 그 조건부자본증권의 상환과 이자지급 의무가 감면되는 사유가 발생하였을 때
7. 그 밖에 그 법인의 경영·재산 등에 관하여 중대한 영향을 미치는 사항으로서 금융위원회가 정하여 고시하는 사실이 발생한 때
29) "금융위원회가 정하는 서류"란 다음과 같다(증권발행공시규정4-5①).
　1. 법 제161조 제1항 제6호 및 제7호의 경우 계약서(계획서) 및 외부평가기관의 평가의견서(외부평가가 의무화된 경우에 한한다)
　2. 영 제171조 제3항 제1호의 경우 주채권은행의 결정서·계약서·합의서 등 관련 증빙서류 등
　3. 영 제171조 제3항 제2호의 경우 소장부본 등 법원송달서류 등
　4. 영 제171조 제3항 제3호의 경우 해당 외국 정부, 외국금융투자감독기관 또는 외국 거래소에 제출하였거나 통지받은 서류와 한글요약본
　5. 영 제171조 제3항 제4호 및 제5호의 경우 이사회 의사록 등 해당사실 증빙서류
30) 금융위원회는 다음의 기관에 정보의 제공을 요청하는 사유를 기재한 문서(전자문서 포함) 또는 모사전송

정기관, 그 밖의 관계기관에 대하여 필요한 정보의 제공 또는 교환을 요청할 수 있다(법161④ 전단). 이 경우 요청을 받은 기관은 특별한 사유가 없는 한 이에 협조하여야 한다(법161④ 후단). 금융위원회는 주요사항보고서가 제출된 경우 이를 거래소에 지체 없이 송부하여야 한다(법161 ⑤).

제4절 공시의무위반에 대한 제재

Ⅰ. 민사제재

1. 의의

유통시장공시는 증권이 시장에 상장되어 거래되고 있는 경우, 그 발행회사가 해당 증권 및 회사의 기업내용에 관하여 정기적으로 투자자에게 제공하거나(정기공시), 투자자의 투자판단에 중요한 사실이 발생할 경우 신속하게 공시(수시공시)하여야 하는 적극적인 법적 의무를 말한다. 그러나 유통시장공시제도의 경우는 1996년 증권거래법이 개정되기 전까지는 사업보고서 제출의무를 제외하고는 법적 의무로서의 실효성이 없다는 비판을 받아 왔다. 왜냐하면 공시의무 위반에 대한 다른 제재수단도 미비하였지만, 무엇보다 손해배상책임규정을 흠결하고 있었기 때문이었다. 1996년 개정시 유통시장공시에 발행공시에 관한 책임규정인 증권거래법 제14조를 준용함으로써 입법적으로 해결하였다. 그러나 유통시장공시에 관한 법적 책임 문제를 해결하기에는 부족한 점이 많았다. 유통시장공시는 그 성격상 발행시장공시와는 다르며, 인과관계 추정의 인정 여부 등이 문제되기 때문이었다.[31] 그러나 자본시장법이 제정되면서 비판을 받아 온 문제점을 일부 해결하였지만 아직도 미비한 점이 존재한다는 지적을 받고 있다. 자본시장법의 손해배상책임규정은 증권신고서에 관한 규정과 거의 동일하지만 독립된 규정을 두고 있다.

의 방법으로 필요한 정보의 제공을 요청할 수 있다(영172).
1. 법 제161조 제1항 제1호의 사항에 관하여는 어음법 제38조 및 수표법 제31조에 따른 어음교환소로 지정된 기관
2. 법 제161조 제1항 제3호·제4호 및 제171조 제3항 제2호의 사항에 관하여는 관할 법원
3. 제171조 제3항 제1호의 사항에 관하여는 기업구조조정 촉진법 제2조 제5호에 따른 주채권은행 또는 같은 법 제22조에 따른 금융채권자협의회
4. 그 밖의 사항에 관하여는 해당 정보를 소유하고 있는 행정기관, 그 밖의 관계기관
31) 이준섭(2000), 154쪽.

2. 손해배상책임의 발생

사업보고서·반기보고서·분기보고서·주요사항보고서("사업보고서등") 및 그 첨부서류(회계감사인의 감사보고서는 제외) 중 중요사항에 관하여 거짓의 기재 또는 표시가 있거나 중요사항이 기재 또는 표시되지 아니함으로써 사업보고서 제출대상법인이 발행한 증권(그 증권과 관련된 증권예탁증권, 그 밖에 대통령령으로 정하는 증권[32]을 포함)의 취득자 또는 처분자가 손해를 입은 경우에는 손해배상책임이 발생한다(법162①). 이 규정은 회계감사인의 감사보고서를 회계감사인의 책임대상에서 명시적으로 제외하고, 제170조에서 회계감사인의 감사보고서로 인한 책임을 규정하고 있다. 다만 제170조는 모든 감사보고서가 아닌 사업보고서 등에 첨부된 감사보고서만 책임대상으로 한다.

3. 책임당사자

(1) 배상책임자

손해배상책임자는 다음과 같다(법162①).

1. 그 사업보고서등의 제출인과 제출당시의 그 사업보고서 제출대상법인의 이사
2. 상법 제401조의2 제1항 각 호의 어느 하나에 해당하는 자로서 그 사업보고서등의 작성을 지시하거나 집행한 자
3. 그 사업보고서등의 기재사항 및 그 첨부서류가 진실 또는 정확하다고 증명하여 서명한 공인회계사·감정인 또는 신용평가를 전문으로 하는 자 등(그 소속단체를 포함) 대통령령으로 정하는 자[33]
4. 그 사업보고서등의 기재사항 및 그 첨부서류에 자기의 평가·분석·확인 의견이 기재되는 것에 대하여 동의하고 그 기재내용을 확인한 자

(2) 배상청구권자

자본시장법 제162조 제1항의 명문규정상 발행시장에서의 증권의 취득자와 처분자는 당연히 손해배상청구권자이다. 즉 사업보고서 등의 부실표시에 대하여 배상청구를 할 수 있는 자는 유통되고 있는 증권의 취득자 또는 처분자이다.

---

32) "대통령령으로 정하는 증권"이란 다음의 증권을 말한다(영173①).
  1. 해당 증권(그 증권과 관련된 증권예탁증권을 포함)과 교환을 청구할 수 있는 교환사채권
  2. 해당 증권 및 제1호에 따른 교환사채권만을 기초자산으로 하는 파생결합증권
33) "대통령령으로 정하는 자"란 공인회계사, 감정인, 신용평가를 전문으로 하는 자, 변호사, 변리사 또는 세무사 등 공인된 자격을 가진 자(그 소속 단체를 포함)를 말한다(영173②).

4. 객관적 요건(위법행위)

(1) 위법성

자본시장법 제162조는 사업보고서 등의 부실표시가 곧바로 손해배상책임을 발생시킬 수 있는 위법한 행위임을 규정하고 있다. 왜냐하면 일정한 공시서류를 작성하고 필요한 중요정보를 투자자에게 제공하여야 할 법적 의무를 위반하여 부실정보를 제공하는 것 자체가 위법성의 징표가 되기 때문이다.

(2) 공시서류의 한정

자본시장법 제162조는 손해배상책임을 발생시킬 수 있는 공시서류를 사업보고서·반기보고서·분기보고서·주요사항보고서 및 그 첨부서류로 한정하고 있다. 첨부서류 중 회계감사인의 감사보고서는 제외한다. 따라서 이에 해당하지 않는 부실표시는 민법과 상법의 일반규정에 의해 처리된다.

(3) 중요사항의 부실표시

손해배상책임이 발생하기 위해서는 사업보고서 등과 그 첨부서류 중 중요사항에 관하여 거짓의 기재 또는 표시가 있거나 중요사항이 기재 또는 표시되지 아니함으로써 증권의 취득자 또는 처분자가 손해를 입은 경우이어야 한다(법162①).

여기서 중요사항이란 "투자자의 합리적인 투자판단 또는 해당 금융투자상품의 가치에 중대한 영향을 미칠 수 있는 사항"을 말한다(법47③). 자본시장법은 중요하지 아니한 사항의 부실표시를 이유로 하여 제기되는 남소를 방지할 필요성에서 중요성을 요건으로 하고 있다. 따라서 중요사항의 부실표시의 경우에 손해배상책임이 발생한다.

5. 주관적 요건

(1) 과실책임의 원칙

자본시장법은 "배상의 책임을 질 자가 상당한 주의를 하였음에도 불구하고 이(부실표시)를 알 수 없었음을 증명하거나 그 증권의 취득자 또는 처분자가 그 취득 또는 처분을 할 때에 그 사실(부실표시)을 안 경우에는 배상의 책임을 지지 아니한다"고 규정하고 있다(법162① 단서).

자본시장법은 사업보고서 등의 제출인과 기타의 자를 구별하지 않고 동일하게 귀책사유를 유통공시책임의 성립요건으로 하고 있다. 즉 사업보고서 등과 그 첨부서류상의 부실표시에 대한 책임은 증명책임이 전환된 과실책임이다.

자본시장법이 유통공시책임에 관하여 증명책임이 전환된 과실책임의 원칙을 취하고 있으므로 배상책임자는 무과실책임을 부담하지 않는다. 그러나 배상책임자는 매우 제한된 항변의 이익만을 누릴 수 있기 때문에 자신에게 귀책사유가 없는 때에도 책임을 부담할 가능성이 있다. 왜냐하면 배상책임자는 상당한 주의를 다하였음에도 알 수 없었음을 증명하지 못하는 한 사업보고서 등의 부실표시에 대한 책임을 부담하여야 하기 때문이다.

(2) 증명책임(상당한 주의의 항변)

(가) 증명책임의 전환

배상의 책임을 질 자가 상당한 주의를 하였음에도 불구하고 이를 알 수 없었음을 증명한 경우에는 배상의 책임을 지지 아니한다(법162① 단서).

자본시장법 제162조 제1항 단서는 배상책임자에게 무과실의 증명책임을 부담시키고 있다. 이 증명책임의 전환은 자본시장법이 그 목적달성을 위하여 증명책임분배의 원칙을 수정한 것이다. 이와 같이 사업보고서 등의 제출인 등의 과실이 법률상 추정되고 있으므로 제출인 등이 상당한 주의를 다하였음에도 불구하고 부실표시를 알 수 없었음을 증명하면 면책될 수 있다.

(나) 증명책임의 내용

1) 항변의 내용

사업보고서 등의 제출인 등이 책임을 면하기 위해서는 상당한 주의를 다하였음에도 불구하고 부실표시를 알 수 없었음을 증명하여야 하기 때문에 단순히 그 부실표시를 알지 못하였다든지 또는 상당한 주의를 다하였다고 해도 알 수 없었을 것이라든지 하는 사실만을 주장·증명함으로써 책임을 면할 수는 없다. 즉 적극적으로 상당한 조사를 다하였음에도 불구하고 부실표시를 알 수 없었음을 증명하여야 책임을 면한다.

2) 상당한 주의의 정도

사업보고서 등의 제출인 등은 상당한 주의를 다하였음에도 불구하고 부실표시를 알 수 없었음을 증명하는 경우에는 면책되지만, 어느 정도의 주의가 상당한 주의에 해당하는지에 대해서는 기준이 없다. 따라서 상당한 주의의무는 획일적으로 동일한 것이 아니라 배상책임자의 직무내용, 지위, 전문성, 관계자료의 입수가능성의 정도에 따라 구체적인 내용이 달라진다.

그리고 피고의 면책항변은 상당한 주의를 다하였다는 사실의 증명에 그치지 않고 더 나아가 그 부실표시를 알 수 없었다는 사실을 증명하여야 한다. 정보공시에 있어서 부실표시를 회피하거나 이를 정정하기 위하여 필요한 조치를 취하였다는 증거는 경우에 따라 부실표시의 존재를 알았다는 것을 부정하게 될 것이지만, 알기 위하여 상당한 노력을 하였다는 사실이 반드시 부실표시를 알지 못한 것이 합리적이라는 사실을 증명하는 것은 아니다.

(3) 취득자 또는 처분자의 선의(악의의 항변)

(가) 면책요건으로서의 악의

배상책임을 질 자는 전술한 바와 같이 상당한 주의를 다하였음에도 불구하고 부실표시를 알 수 없었음을 증명한 때에는 책임을 면할 뿐만 아니라, "그 증권의 취득자 또는 처분자가 그 취득 또는 처분을 할 때에 그 사실을 안 경우에"도 배상의 책임을 지지 아니한다(법162① 단서). 즉 증권의 취득자 또는 처분자가 사업보고서·반기보고서·분기보고서·주요사항보고서("사업보고서등") 및 그 첨부서류(회계감사인의 감사보고서는 제외) 중 중요사항의 부실표시를 알고 있는 (악의) 때에는 배상을 청구할 수 없다.

이와 같이 증권의 취득자 또는 처분자가 악의인 경우에 배상책임을 면책시키는 것은 취득자 또는 처분자가 부실표시의 사실을 알면서 증권을 취득 또는 처분하는 경우 취득자 또는 처분자는 부실표시로 인한 손해를 스스로 감수하겠다는 의사가 있는 것으로 추정할 수 있기 때문이다. 자본시장법은 취득자 또는 처분자가 악의인 때에만 상대방의 면책을 허용하고 있을 뿐이고, 상대방이 투자자의 과실을 문제삼아 전면적으로 책임을 면할 수 없게 한 점은 투자자의 보호를 강화하는 기능을 한다.

(나) 증명책임

법문상으로는 누가 증명책임을 지는가 하는 점이 분명하지 않다. 피해자의 구제와 정보공시의 목적달성을 위하여 피고가 원고인 취득자 또는 처분자의 악의를 증명하여야 한다고 해석함이 타당하다. 투자자의 권리행사를 용이하게 하기 위한 정책적 고려에서 부실표시만을 원고가 증명하면 원고의 선의는 추정된다고 할 것이고, 권리장애규정인 단서규정은 이를 주장하는 자가 증명하여야 한다고 본다.

(다) 증명의 범위

증권의 취득자 또는 처분자의 악의는 부실표시의 사실을 취득시 또는 처분시에 현실적으로 아는 것을 의미한다. 취득시 또는 처분시에 선의인 이상 그 후 이를 알게 되더라도 손해배상청구에는 영향을 받지 아니하며, 과실로 인하여 취득시 또는 처분시에 이를 알지 못한 경우에도 동일하다. 유통공시책임을 투자자보호를 위한 법정책임으로 보는 이상 법문상 언급되어 있지 아니한 투자자의 과실을 고려할 이유는 없다. 일반적으로 증권의 취득자 또는 처분자는 표시의 정확성 및 완전 여부를 조사할 의무는 없을 뿐만 아니라 표시사실을 조사하도록 요구받은 경우에도 마찬가지이다. 그러나 투자자의 과실에 의하여 손해가 확대된 경우 그 과실이 손해배상액의 산정에서 고려될 수 있는가 하는 문제는 별개이다.

6. 인과관계

(1) 자본시장법 관련 규정

사업보고서·반기보고서·분기보고서·주요사항보고서("사업보고서등") 및 그 첨부서류(회계감사인의 감사보고서는 제외) 중 중요사항이 부실표시됨으로써 사업보고서 제출대상법인이 발행한 증권(그 증권과 관련된 증권예탁증권, 그 밖에 대통령령으로 정하는 증권을 포함)의 취득자 또는 처분자가 손해를 입은 경우에는 배상책임자는 그 손해에 관하여 배상의 책임을 진다(법162①). 배상책임을 질 자는 청구권자가 입은 손해액의 전부 또는 일부가 중요사항에 관하여 부실표시 됨으로써 발생한 것이 아님을 증명한 경우에는 그 부분에 대하여 배상책임을 지지 아니한다(법 162④).

(2) 거래인과관계

증권의 취득자 또는 처분자가 증권거래에서 입은 손해의 전보를 구하는 손해배상에서는 부실표시와 손해 사이에 인과관계가 있어야 한다. 의무위반행위인 부실표시와 손해 사이에 인과관계를 요하지 않는 것으로 한다면 유통공시에 의하여 투자정보를 얻고자 하는 투자자의 욕구를 감퇴시켜 공시제도의 무기능화를 초래할 것이기 때문이다.

자본시장법 제162조 제1항은 "부실표시로서 증권의 취득자 또는 처분자가 손해를 입은 경우에"라고 규정하고 손해배상책임의 요건으로 인과관계를 요구하고 있다. 앞서본 바와 같이 발행시장에서의 취득자가 자본시장법 제125조의 규정에 의하여 손해배상청구권을 행사하는 경우에는 거래인과관계를 증명할 필요가 없다. 그러나 유통시장의 경우는 성격이 다르다고 할 수 있다. 즉 투자자를 투자판단에 이르게 한 해당 발행회사 및 증권에 관한 정보는 각각의 사업보고서나 반기보고서 또는 수시공시에 의한 것이 유일한 것이 아니고, 이들 공시정보가 직접적으로 투자를 권유하기 위한 것도 아니기 때문에 책임을 인정하기 위하여는 실제로 이들 공시를 믿고 투자를 했는지 여부가 반드시 밝혀질 필요가 있다. 다시 말하면 이들 공시가 행하여진 후 일정시점에 증권을 취득한 경우라도 신뢰의 인과관계는 추정될 여지는 없다. 따라서 반드시 인과관계의 증명이 필요하다. 그렇지 않으면 일정시점에 해당 증권을 거래한 수많은 취득자들에 대하여는 정보공시를 신뢰했는지 여부에 관계없이 우선 손해배상책임을 부담해야 하는 불합리한 결과를 낳게 된다. 이러한 결과는 책임법체계를 혼란스럽게 하고 사회경제적으로도 정의롭지 않다. 이러한 해석은 우리 법의 모법인 미국의 1933년 증권법과 1934년 증권거래법에 대한 비교법적 검토에서도 증명된다. 즉 발행공시책임을 규제하는 1933년 증권법의 제11조, 제12(1)조, 제12(2)조 등에서는 거래인과관계의 증명을 요하지 않는 반면, 유통공시책임을 규제하는 1934년 증권거래법 제18(a)조에서는 명문으로 책임인정의 전제조건으로서 신뢰의 인과관계, 즉 거래인과관계를 요구하고 있다.[34]

따라서 발행공시책임에서와 달리 유통공시책임에서는 유통시장에서의 증권의 취득자 또는 처분자가 자본시장법 제162조 규정에 의하여 손해배상청구권을 행사하는 경우에는 거래인과관계(부실표시된 내용을 신뢰하고 증권을 취득한 사실)를 증명하여야 한다.

---

34) 이준섭(2000), 38쪽.

(3) 손해인과관계

(가) 의의

사업보고서·반기보고서·분기보고서·주요사항보고서("사업보고서등") 및 그 첨부서류(회계 감사인의 감사보고서는 제외) 중 중요사항에 관하여 거짓의 기재 또는 표시가 있거나 중요사항이 기재 또는 표시되지 아니함으로써 사업보고서 제출대상법인이 발행한 증권(그 증권과 관련된 증권예탁증권, 그 밖에 대통령령으로 정하는 증권을 포함)의 취득자 또는 처분자가 손해를 입은 경우에는 배상책임자는 그 손해에 관하여 배상의 책임을 진다(법162① 본문). 따라서 자본시장법은 피고의 부실표시와 원고의 손해 사이에 인과관계가 존재할 것을 요구하고 있다. 증권취득자인 원고의 "손해"는 피고의 "부실표시"로 발생한 것이어야 한다.

(나) 증명책임의 전환

배상책임을 질 자는 청구권자가 입은 손해액의 전부 또는 일부가 중요사항에 관하여 거짓의 기재 또는 표시가 있거나 중요사항이 기재 또는 표시되지 아니함으로써 발생한 것이 아님을 증명한 경우에는 그 부분에 대하여 배상책임을 지지 아니한다(법162④).

따라서 자본시장법 제162조 제4항 손해의 범위에 대한 인과관계의 증명을 배상책임자인 피고에게 부과함으로써 증명책임을 전환시키고 있는 것은 거래인과관계의 증명을 전제로 하고 있는 것이다. 따라서 피고는 부실표시와 원고의 손해 사이에 인과관계가 없음을 증명할 책임을 부담한다. 즉 피고(배상책임자)가 손해인과관계의 부존재를 증명할 책임을 부담한다. 따라서 원고는 그 존재를 증명할 필요가 없다.

또한 허위공시 등의 위법행위가 있었던 사실이 정식으로 공표되기 이전에 투자자가 매수한 주식을 그 허위공시 등의 위법행위로 말미암아 부양된 상태의 주가에 모두 처분하였다고 하더라도 공표 전 매각분이라는 사실의 증명만으로 손해인과관계 부존재의 증명이 되었다고 할 수는 없다.

(다) 책임의 제한

증명책임의 전환에 관한 자본시장법 제162조 제4항의 규정은 동시에 책임제한의 근거규정으로서 기능을 수행한다. 이에 대한 것은 손해배상액의 산정 부분에서 논의하기로 한다.

7. 예측정보의 특례

예측정보가 다음에 따라 기재 또는 표시된 경우에는 법 제162조 제1항에 불구하고 제1항 각 호의 자는 그 손해에 관하여 배상의 책임을 지지 아니한다(법162② 본문). 다만 해당 증권의 취득자 또는 처분자가 그 취득 또는 처분을 할 때에 예측정보 중 중요사항에 관하여 거짓의 기재 또는 표시가 있거나 중요사항이 기재 또는 표시되지 아니한 사실을 알지 못한 경우로서 제1

항 각 호의 자에게 그 기재 또는 표시와 관련하여 고의 또는 중대한 과실이 있었음을 증명한 경우에는 배상의 책임을 진다(법162② 단서).

1. 그 기재 또는 표시가 예측정보라는 사실이 밝혀져 있을 것
2. 예측 또는 전망과 관련된 가정 또는 판단의 근거가 밝혀져 있을 것
3. 그 기재 또는 표시가 합리적 근거 또는 가정에 기초하여 성실하게 행하여졌을 것
4. 그 기재 또는 표시에 대하여 예측치와 실제 결과치가 다를 수 있다는 주의문구가 밝혀져 있을 것

8. 손해배상의 범위

(1) 배상액의 추정

배상할 금액은 청구권자가 그 증권을 취득 또는 처분함에 있어서 실제로 지급한 금액 또는 받은 금액과 다음의 어느 하나에 해당하는 금액(처분의 경우에는 제1호에 한한다)과의 차액으로 추정한다(법162③).

1. 손해배상을 청구하는 소송의 변론이 종결될 때의 그 증권의 시장가격(시장가격이 없는 경우에는 추정처분가격)
2. 변론종결 전에 그 증권을 처분한 경우에는 그 처분가격

증권의 취득자가 부실공시가 있기 전부터 당해 증권을 보유하고 있다가 부실공시가 있은 후 추가로 동일한 증권을 취득하고 그중 일부만을 변론종결 전에 처분한 경우에는 그 처분된 일부의 증권이 부실공시 이전부터 보유하고 있던 증권의 일부인지, 부실공시 이후에 취득한 증권의 일부인지를 특정할 수 없으므로 손해배상액 산정이 어렵게 된다. 이러한 상황에서는 변론종결 전에 처분한 처분가격과 변론종결시점의 가격의 차이가 발생하는데, 이 경우 일부 증권을 공시 전에 매수한 증권으로 의제하는 경우와 공시 후에 매수한 증권으로 의제하는 경우에 따라 손해배상액의 규모에 있어 차이가 발생한다. 따라서 어느 방법을 선택하느냐에 따라 손해배상액의 규모에 차이가 발생하므로 원고 또는 피고에게 불이익이 발생할 수 있다.[35]

실제로 위와 같은 사례가 있었다. 대우중공업의 분식회계와 관련하여 사업보고서 및 감사보고서의 부실기재를 이유로 대우중공업의 임직원과 회계감사를 수행한 회계법인에 대해 손해배상청구소송이 제기되었다. 이에 대하여 서울지방법원은 증권거래법 제186조의5에 의해 준용되는 법 제15조에 해석만으로 손해배상액 산정시 어느 방법을 선택하느냐에 따라 손해배상액의 규모에 차이가 발생하여 원고 또는 피고에게 불이익 생기므로, 동규정은 헌법이 보장한 재

---

35) 권종호 외(2003), "증권손해배상책임의 실체법적 정비", 한국증권법학회 연구보고서(2003. 11), 83쪽.

산권을 침해할 우려가 있다는 이유로 헌법재판소에 위헌법률심판을 제청하였다.

이에 대하여 헌법재판소는 "손해배상을 구하는 증권이 언제 취득한 증권인지를 입증하는 문제는 손해배상액 산정규정인 위 규정이 적용되기 이전 단계의 문제로서 위 규정과는 직접적인 관련이 없으므로, 그와 같은 입증이 불가능하다는 문제 역시 위 규정이 규율하는 범위 밖이다. 그렇다면 이 규정은 손해배상청구권자나 손해배상의무자의 재산권을 침해하는 것이 아니다"고 합헌결정을 내렸다.[36]

대우중공업의 사안처럼 일부 매도한 증권이 언제 매수한 증권인지를 판단하는 것은 불가능하므로 원고 및 피고 모두에게 합리적인 것은 안분비례의 방법일 것이다.[37]

(2) 배상액의 경감 및 면책가능성

배상청구권자는 증권가격의 하락과 부실표시 사이에 인과관계가 있음을 증명할 필요는 없다. 만약 사업보고서등의 제출인 등이 증권가격의 하락이 부실표시에 의하지 아니하였음(인과관계의 절단)을 증명하는 경우에는 그 책임을 면제·감경받을 수 있는가?

자본시장법은 제162조 제4항은 "배상책임을 질 자는 청구권자가 입은 손해액의 전부 또는 일부가 중요사항에 관하여 거짓의 기재 또는 표시가 있거나 중요사항이 기재 또는 표시되지 아니함으로써 발생한 것이 아님을 증명한 경우에는 그 부분에 대하여 배상책임을 지지 아니한다"고 규정함으로써 손해인과관계의 증명책임을 전환하는 규정을 두고 있는데, 이 규정은 피고의 배상액에 대한 책임을 제한하는 규정으로서의 기능도 수행한다.

시장가격의 이상폭락, 기업재무구조의 악화 등의 경우에도 그 위험을 배상책임자에게 부담시키는 것은 부당하다. 배상액을 법정한 취지는 인과관계의 증명을 불요하게 함으로써 투자자의 배상청구를 용이하게 하려는데 있는 것이지, 무관한 사유에 의한 가격하락을 전보해 주는데 있는 것은 아니다. 따라서 배상책임자가 해당 증권의 시장가격이 부실표시 이외의 사유로 인하여 하락하였음을 증명한 때에는 그 한도에서 배상책임을 면할 수 있다고 보는 것이 타당하다. 그리고 손해발생과 관련하여 배상청구권자에게 과실이 있는 경우에는 과실의 정도에 따른 과실상계도 허용된다.

(3) 배상청구권의 소멸

사업보고서 등의 제출인등의 손해배상책임은 그 청구권자가 해당 사실을 안 날부터 1년 이내 또는 해당 제출일부터 3년 이내에 청구권을 행사하지 아니한 경우에는 소멸한다(법162⑤). 이 기간은 제척기간이다.

제척기간이 단기이며 증권의 취득자 또는 처분자는 부실표시를 알기 위하여 상당한 주의

---

36) 헌법재판소 2003. 12. 18. 선고 2002헌가23 결정.
37) 권종호 외(2003), 83쪽.

를 다하여야 할 의무는 없으므로 1년의 기간은 청구권자가 그 사실을 현실적으로 안 날로부터 기산한다. 3년의 기간은 사업보고서 등의 효력이 발생한 날로부터 기산하지만, 사업보고서 등의 효력이 이미 발생하고 있더라도 정정보고서(관련 법령에 의해 종속회사의 결산지연 등의 사유로 연결재무제표 및 감사의견을 추가로 제출하는 경우 포함)가 제출된 때에는 그 정정보고서가 수리된 날을 사업보고서 등의 제출일로 보아야 할 것이다.

Ⅱ. 행정제재

1. 자료제출명령과 조사

금융위원회는 투자자 보호를 위하여 필요한 경우에는 사업보고서 제출대상법인, 그 밖의 관계인에 대하여 참고가 될 보고 또는 자료의 제출을 명하거나, 금융감독원장에게 그 장부·서류, 그 밖의 물건을 조사하게 할 수 있다(법164① 전단). 이 경우 조사를 하는 자는 그 권한을 표시하는 증표를 지니고 이를 관계인에게 내보여야 한다(법164① 후단, 법131②).

2. 정정명령 등

금융위원회는 다음의 어느 하나에 해당하는 경우에는 사업보고서 제출대상법인에 대하여 이유를 제시한 후 그 사실을 공고하고 정정을 명할 수 있으며, 필요한 때에는 증권의 발행, 그 밖의 거래를 정지 또는 금지하거나 대통령령으로 정하는 조치[38]를 할 수 있다(법164② 전단). 이 경우 그 조치에 필요한 절차 및 조치기준은 총리령으로 정한다(법164② 후단).

1. 사업보고서등을 제출하지 아니한 경우
2. 사업보고서등 중 중요사항에 관하여 거짓의 기재 또는 표시가 있거나 중요사항이 기재 또는 는 표시되지 아니한 경우

3. 과징금

금융위원회는 사업보고서 제출대상법인이 다음의 어느 하나에 해당하는 경우에는 직전 사업연도 중에 증권시장에서 형성된 그 법인이 발행한 주식(그 주식과 관련된 증권예탁증권을 포함)

---

38) "대통령령으로 정하는 조치"란 다음의 어느 하나에 해당하는 조치를 말한다(영175).
    1. 1년의 범위에서 증권의 발행 제한
    2. 임원에 대한 해임권고
    3. 법을 위반한 경우에는 고발 또는 수사기관에의 통보
    4. 다른 법률을 위반한 경우에는 관련기관이나 수사기관에의 통보
    5. 경고 또는 주의

의 일일평균거래금액의 10%(20억원을 초과하거나 그 법인이 발행한 주식이 증권시장에서 거래되지 아니한 경우에는 20억원)를 초과하지 아니하는 범위에서 과징금을 부과할 수 있다(법429③).

1. 사업보고서등 중 중요사항에 관하여 거짓의 기재 또는 표시를 하거나 중요사항을 기재 또는 표시하지 아니한 때
2. 사업보고서등을 제출하지 아니한 때

과징금은 각 해당 규정의 위반행위가 있었던 때부터 5년이 경과하면 이를 부과하여서는 아니 된다(법429⑤).

Ⅲ. 형사제재

1. 5년 이하의 징역 또는 2억원 이하의 벌금

사업보고서·반기보고서·분기보고서·주요사항보고서·정정명령에 따라 제출하는 사업보고서등 중 중요사항에 관하여 거짓의 기재 또는 표시를 하거나 중요사항을 기재 또는 표시하지 아니한 자 및 그 중요사항에 관하여 거짓의 기재 또는 표시가 있거나 중요사항의 기재 또는 표시가 누락되어 있는 사실을 알고도 제119조 제5항 또는 제159조 제7항(제160조 후단 또는 제161조 제1항 각 호 외의 부분 후단에서 준용하는 경우를 포함)에 따른 서명을 한 자와 그 사실을 알고도 이를 진실 또는 정확하다고 증명하여 그 뜻을 기재한 공인회계사·감정인 또는 신용평가를 전문으로 하는 자(13호)는 5년 이하의 징역 또는 2억원 이하의 벌금에 처한다(법444(13)).

2. 1년 이하의 징역 또는 3천만원 이하의 벌금

자본시장법 제159조, 제160조 또는 제161조 제1항을 위반하여 사업보고서·반기보고서·분기보고서나 주요사항보고서를 제출하지 아니한 자는 1년 이하의 징역 또는 3천만원 이하의 벌금에 처한다(법446(28)).

제5절 수시공시제도

Ⅰ. 서설

1. 의의

자본시장법은 거래소의 업무 중 하나로 "상장법인의 신고·공시에 관한 업무"(법377①(7))를 규정하고 있다. 이에 따라 거래소는 주권, 그 밖에 대통령령으로 정하는 증권을 상장한 법인("주권등상장법인")의 기업내용 등의 신고·공시 및 관리를 위하여 주권등상장법인 공시규정을 정하여야 한다. 이 경우 거래소가 개설·운영하는 둘 이상의 증권시장에 대하여 별도의 공시규정으로 정할 수 있다(법391①).[39]

여기서 "그 밖에 대통령령으로 정하는 증권"이란 사채권, 파생결합증권, 증권예탁증권, 그 밖에 공시규정으로 정하는 증권을 말한다(영360).

2. 공시사항

공시규정에는 다음 사항이 포함되어야 한다(법391②).

1. 주권등상장법인이 신고하여야 하는 내용에 관한 사항
2. 주권등상장법인이 신고함에 있어서 준수하여야 할 방법 및 절차에 관한 사항
3. 주권등상장법인에 관한 풍문이나 보도 등의 사실 여부 및 그 법인이 발행한 증권의 가격이나 거래량의 현저한 변동의 원인 등에 대한 거래소의 신고 또는 확인 요구에 관한 사항
4. 주권등상장법인의 경영상 비밀유지와 투자자 보호와의 형평 등을 고려하여 신고·공시하지 아니할 사항
5. 주권등상장법인이 신고한 내용의 공시에 관한 사항
6. 주권등상장법인의 제1호부터 제4호까지의 위반유형, 위반 여부 결정기준 및 조치 등에 관한 사항
7. 매매거래의 정지 등 주권등상장법인의 관리에 관한 사항
8. 주권등상장법인의 신고의무 이행실태의 점검에 관한 사항
9. 그 밖에 주권등상장법인의 신고 또는 공시와 관련하여 필요한 사항

---

39) 거래소의 공시규정에는 유가증권시장 공시규정과 코스닥시장 공시규정, 코넥스시장 공시규정이 있다. 여기서는 거래소의 유가증권시장 공시규정을 중심으로 설명한다.

자본시장법은 자율규제인 거래소의 수시공시제도에 관하여는 기존의 증권거래법에서와 같은 별도의 근거규정을 두지 않고 거래소의 공시규정으로 신고대상 항목을 정하도로 하고 있다. 즉 자본시장법은 주권등상장법인의 공시의무사항 및 관리에 관한 거래소의 공시규정에 대한 법적 근거가 된다.

II. 의무공시

1. 신고의무자(공시주체)

자본시장법상 수시공시의무의 주체는 "주권등상장법인"이다(법391①). 공시규정은 주권상장법인을 신고의무자로 하고 있다(공시규정7).

공시방법에는 상장법인이 직접 시장에 알리는 직접공시주의와 상장법인이 규제기관에 신고를 하면 일정한 절차에 따라 시장에 알리는 간접공시주의가 있다. 미국, 영국, 호주 등은 직접공시주의를 채택하고 있다. 우리나라와 일본 등은 간접공시주의를 채택하고 있다. 직접공시주의 국가들은 공시사항을 기업의 자율적 판단에 맡기는 경우가 많고, 간접공시주의 국가들은 대부분 법령이나 거래소 공시규정에서 구체적으로 공시사항을 열거하는 경우가 많다.[40]

2. 공시의무사항(신고의무사항)

(1) 주요경영사항 공시의 의의

주권상장법인은 주요경영사항에 해당하는 때에는 그 사실 또는 결정(이사회의 결의 또는 대표이사 그 밖에 사실상의 권한이 있는 임원·주요주주 등의 결정을 말하며, 이 경우 이사회의 결의는 상법 제393조의2에 따른 이사회내 위원회의 결의를 포함) 내용을 그 사유 발생일 당일에 거래소에 신고하여야 한다. 다만 제1호 다목, 제2호 중 가목(7)·나목(4)·다목(4)·라목(4), 제3호 중 가목(1)과 나목(5)에 해당하는 경우에는 사유 발생일 다음 날까지 거래소에 신고하여야 한다(공시규정7①). 이사회결의를 통하여 결정된 사항을 공시하는 경우에는 사외이사의 이사회 참석 여부를 부기하여야 한다(공시규정46).

자본시장법에서는 유통시장에서 수시로 발생하는 투자자의 투자판단에 중요한 영향을 미치는 기업의 현재와 미래에 대한 주요경영정보에 대하여 발생시마다 즉시 공시하도록 규정하고 있으며, 구체적인 공시대상은 거래소의 공시규정에서 명시하고 있다. 따라서 주권상장법인은 이와 같은 주요경영사항에 해당하는 사실 또는 결정이 있는 경우에는 그 사실 또는 결정내

---

40) 성희활(2008), 64쪽.

용을 공시시한인 당일 또는 익일 이내에 거래소에 신고하여야 한다.

당일·익일공시시한 및 당해 시한종료일이 오후인 조회공시시한은 당해 시한종료일의 18 시까지로 한다. 다만 당일·익일공시시한의 경우 당해 신고사항이 시한종료일 18시 이후에 발 생하는 등 당해법인의 불가피한 사유가 있는 경우에는 그 익일 시간외시장 개시 10분전(장개시 전 시간외시장이 열리지 않을 경우 정규시장 매매거래 개시 30분전)까지 신고할 수 있다(공시규정 시 행시칙25(5)). 따라서 당일공시사항의 경우 그 시간은 당일 18:00 또는 익일 07:20까지를 의미하 고, 익일공시사항의 경우 그 시간은 익일 18:00 또는 익익일 07:20까지 신고하여야 한다.

(2) 주요경영사항의 신고 및 공시

(가) 의의

공시의무사항은 공시내용에 따라 ⅰ) 영업 및 생산활동 관련사항(제1호), ⅱ) 재무구조 관련사항(제2호), 기업경영활동 관련사항(제3호)으로 구성된다. 구체적으로 살펴보면 아래와 같다.

(나) 주요경영사항

1) 영업 및 생산활동 관련사항(제1호)

주권상장법인의 영업 및 생산활동에 관한 다음의 어느 하나에 해당하는 사실 또는 결정이 있은 때(제1호)이다.

가. 최근 사업연도 매출액의 100분의 5(대규모법인의 경우 1,000분의 25) 이상에 해당하는 영 업 또는 주된 영업의 일부 또는 전부가 정지(그 결정을 포함)되거나 그 정지에 관한 행정 처분이 있은 때(그 영업의 인가·허가 또는 면허의 취소·반납과 그에 상당하는 생산품에 대한 판매활동의 정지를 포함)

나. 최근 사업연도 매출액의 100분의 5(대규모법인의 경우 1,000분의 25) 이상을 차지하는 거 래처와의 거래가 중단된 때

다. 최근 사업연도 매출액의 100분의 5(대규모법인의 경우 1,000분의 25) 이상의 단일판매계 약 또는 공급계약을 체결한 때 및 해당 계약을 해지한 때

라. 최근 사업연도 매출액의 100분의 5(대규모법인의 경우 1,000분의 25) 이상의 제품에 대 한 수거·파기 등을 결정한 때

마. 최근 사업연도 매출액의 100분의 5(대규모법인의 경우 1,000분의 25) 이상을 생산하는 공 장에서 생산활동이 중단되거나 폐업된 때

2) 재무구조 관련사항(제2호)

주권상장법인의 재무구조에 변경을 초래하는 다음의 어느 하나에 해당하는 사실 또는 결 정이 있은 때(제2호)이다.

가. 해당 주권상장법인이 발행하는 증권에 관한 다음의 어느 하나에 해당하는 사실 또는 결정이 있은 때

   (1) 증자 또는 감자에 관한 결정이 있은 때

   (2) 주식의 소각에 관한 결정이 있은 때. 이 경우 (1)에 따른 자본금 감소의 방법으로 하는 사항은 (1)에 의하여 신고하여야 한다.

   (3) 자기주식의 취득 또는 처분(신탁계약 등의 체결, 해지 또는 연장을 포함), 신탁계약 등의 체결을 통해 취득한 자기주식의 유가증권시장 외에서의 처분에 관한 결정이 있은 때

   (4) 상법 제329조의2 및 제440조에 따른 주식분할 또는 병합(자본감소를 위한 주식병합은 제외)에 관한 결정이 있은 때

   (5) 상법 제329조에 따라 액면주식을 무액면주식으로 전환하거나 무액면주식을 액면주식으로 전환하기로 하는 결정이 있은 때

   (6) 주권 관련 사채권(자본시장법 제165조의10 제1항에 따른 사채와 은행법 제33조 제1항 제3호에 따른 은행주식 전환형 조건부자본증권) 등과 관련하여 다음의 어느 하나에 해당하는 때

      (가) 전환사채, 신주인수권부사채, 교환사채 또는 증권예탁증권(외국에서 이와 유사한 증권 또는 증서가 발행되는 경우를 포함)의 발행에 관한 결정이 있은 때

      (나) 조건부자본증권(자본시장법 제165조의11 제1항에 따른 조건부자본증권과 은행법 제33조 제1항 제2호부터 제4호까지의 규정에 따른 조건부자본증권)의 발행에 관한 결정이 있은 때

      (다) 조건부자본증권이 주식으로 전환되는 사유가 발생하거나 그 조건부자본증권의 상환과 이자지급 의무가 감면되는 사유가 발생한 때

   (7) 해외증권시장에 주권등의 상장을 추진하거나 이미 상장한 주권상장법인이 다음의 어느 하나에 해당되는 때

      (가) 해외증권시장에 주권등을 상장하기 위한 결정이 있은 때 및 해당 주권등을 상장한 때

      (나) 해외증권시장에 상장 후 해당국 증권감독기관 또는 증권거래소 등에 기업내용을 정기 또는 수시로 신고·공시하거나 보고서 그 밖의 관련서류를 제출한 때. 다만 국내 증권관계법령 및 이 편에 따라 신고 또는 공시하거나 제출하는 사항과 중복되는 경우는 제외한다.

      (다) 해외증권시장에서의 상장폐지를 결정하거나 해당국 증권감독기관 또는 증권거래소로부터 매매거래정지, 상장폐지, 그 밖의 조치(해당법인이 이를 요청한 때를 포함)를 받은 때 및 상장폐지된 때

      (라) 해당국 증권거래소로부터 조회공시를 요구받은 때

   (8) 해당법인이 발행한 주권을 상장폐지하기로 결정한 때

(9) 발행한 어음이 위·변조된 사실을 확인한 때

나. 해당 주권상장법인의 투자활동에 관한 다음의 어느 하나에 해당하는 사실 또는 결정이 있은 때

(1) 자기자본의 100분의 10(대규모법인의 경우 100분의 5) 이상에 상당하는 신규시설투자, 세칙에서 정하는 시설외투자, 시설증설 또는 별도공장의 신설에 관한 결정이 있은 때

(2) 최근 사업연도말 자산총액의 100분의 5(대규모법인의 경우 1,000분의 25) 이상의 유형자산(임대를 목적으로 하는 부동산을 포함)의 취득 또는 처분에 관한 결정[특정 금전신탁 또는 사모집합투자기구(해당 법인이 자산운용에 사실상의 영향력을 행사하는 경우에 한한다)에 의한 취득 및 처분을 포함한다. 이하 이 목 (3)에서의 취득 또는 처분에서 같다]이 있은 때

(3) 자기자본의 100분의 5(대규모법인의 경우 1,000분의 25) 이상의 출자(타법인이 발행한 주식 또는 출자증권의 취득) 또는 출자지분 처분에 관한 결정이 있거나, 주권 관련 사채권의 취득 또는 처분에 관한 결정이 있은 때. 다만 다음의 어느 하나에 해당하는 경우에는 그러하지 아니하다.

(가) 공개매수에 의한 출자. 다만 외국기업이 발행한 주권을 대상으로 하는 외국법률에 의한 공개매수의 경우에는 해당 국가에서 공개매수신고서 또는 이에 준하는 서류를 제출하는 때에 이를 신고하여야 한다.

(나) 금융기관(금융위원회법 제38조 각 호의 어느 하나에 해당하는 기관)의 단기매매증권의 취득·처분(담보권 등 권리실행에 의한 출자·출자지분 처분을 포함)

(4) 자기자본의 100분의 5(대규모법인의 경우 1,000분의 25) 이상을 출자(최근 사업연도말 재무상태표상의 가액을 기준으로 한다)하고 있는 주권비상장법인(코스닥시장상장법인을 포함)이 제3호 나목 (1)부터 (3)까지의 어느 하나에 해당된 사실이 확인된 때

다. 해당 주권상장법인의 채권·채무에 관한 다음의 어느 하나에 해당하는 사실 또는 결정이 있은 때

(1) 자기자본의 100분의 10(대규모법인의 경우 100분의 5) 이상에 해당하는 단기차입금의 증가에 관한 결정이 있은 때. 이 경우 단기차입금에는 모집 외의 방법으로 발행되는 만기 1년 이내의 사채금액을 포함하며, 기존의 단기차입금 상환을 위한 차입금은 제외한다.

(2) 자기자본의 100분의 5(대규모법인의 경우 1,000분의 25) 이상의 채무를 인수하거나 면제하여 주기로 결정한 때

(3) 자기자본의 100분의 5(대규모법인의 경우 1,000분의 25) 이상의 담보제공(타인을 위하여 담보를 제공하는 경우에 한한다. 이하 같다) 또는 채무보증(입찰·계약·하자·차액보증 등의 이행보증과 납세보증은 제외한다. 이하 같다)에 관한 결정이 있은 때. 이 경우 그 결정일 또는 사유발생일 현재의 채무자별 담보제공 또는 채무보증 잔액을 함께

신고하여야 한다.

(4) 제2호 다목 (3)에 해당하는 채무자가 제3호나목(1)부터 (3)까지의 어느 하나에 해당된 사실이 확인된 때

(5) 발행한 사채와 관련하여 자기자본의 100분의 5(대규모법인의 경우 1,000분의 25) 이상의 금액에 상당하는 원리금의 지급을 이행하지 못한 때. 이 경우 신고금액의 산정은 해당 사업연도에 발생한 미지급금 중 기 신고분을 제외한 누계금액을 기준으로 한다.

(6) 신용정보법 시행령 제21조 제2항의 금융기관으로부터 받은 대출금과 관련하여 자기 자본의 100분의 5(대규모법인의 경우 1,000분의 25) 이상의 금액에 상당하는 원리금의 지급을 이행하지 못한 때. 이 경우 신고금액의 산정은 해당 사업연도에 발생한 미지급 금액 중 기 신고분을 제외한 누계금액을 기준으로 한다.

(7) 자기자본의 100분의 5(대규모법인의 경우 1,000분의 25) 이상의 타인에 대한 선급금 지급, 금전의 가지급, 금전대여 또는 증권의 대여에 관한 결정이 있은 때. 이 경우 종업원(최대주주등 이외의 자인 경우에 한한다)·우리사주조합에 대한 대여의 경우에는 제외한다.

라. 해당 주권상장법인의 손익에 관한 다음의 어느 하나에 해당하는 사실 또는 결정이 있은 때

(1) 천재·지변·전시·사변·화재 등으로 인하여 최근 사업연도말 자산총액의 100분의 5(대규모법인의 경우 1,000분의 25) 이상의 재해(최근사업연도말 재무제표상의 가액을 기준으로 한다)가 발생한 때

(2) 자기자본의 100분의 5(대규모법인의 경우 1,000분의 25) 이상의 벌금·과태료·추징금 또는 과징금 등이 부과된 사실이 확인된 때

(3) 임·직원 등(퇴직한 자를 포함)의 횡령·배임혐의가 확인된 때 및 그 혐의가 사실로 확인된 때. 단, 임원이 아닌 직원 등의 경우에는 횡령·배임금액이 자기자본의 100분의 5(대규모법인의 경우 1,000분의 25) 이상인 경우로 한한다.

(4) 파생상품의 거래(위험회피 목적의 거래로서 회계처리기준에 따른 높은 위험 회피효과를 기대할 수 있는 경우를 제외)로 인하여 자기자본의 100분의 5(대규모법인의 경우 1,000분의 25) 이상의 손실(미실현분을 포함)이 발생한 때. 이 경우 신고금액의 산정은 해당 사업연도에 발생한 손실 중 기 신고분을 제외한 누계손실을 기준으로 하며, 다수의 파생상품 거래가 있는 경우에는 손실과 이익을 상계한다.

(5) 자기자본의 100분의 5(대규모법인의 경우 1,000분의 25) 이상의 금액에 상당하는 임원 등(퇴직한 자 포함)의 가장납입 혐의가 확인된 때 및 그 혐의가 사실로 확인된 때

(6) 매출채권 이외의 채권에서 발생한 손상차손(채권별 손상차손 금액을 합산하여 산정하며 해당 사업연도에 발생한 누계금액을 기준으로 한다)이 자기자본의 100분의 50(대규모법인의 경우 100분의 25) 이상인 사실을 확인한 때. 이 경우 그 사유발생일 현재의 손상차손 대상 채권별 잔액을 함께 신고하여야 한다.

마. 해당 주권상장법인의 결산에 관한 다음의 어느 하나에 해당하는 사실 또는 결정이 있은 때

    (1) 외부감사법 제23조 제1항에 따라 회계감사인으로부터 감사보고서를 제출받은 때. 이 경우 해당 감사보고서상 다음의 어느 하나에 해당하는 사실이 확인된 때에는 이를 함께 신고하여야 한다.

        (가) 감사의견 부적정, 의견거절 또는 감사범위의 제한으로 인한 한정

        (나) 최근 사업연도의 자기자본이 자본금의 100분의 50 이상 잠식(지배회사 또는 지주회사인 주권상장법인의 경우에는 비지배지분을 제외한 자본총계를 기준으로 한다. 이하 같다). 이 경우 자본금 전액이 잠식된 경우에는 별도로 표시하여야 한다.

        (다) 최근 사업연도의 매출액(재화의 판매 및 용역의 제공에 한한다. 이하 같은 목 (3) 및 제40조 제2항 제4호 가목 (3)에서 같다)이 50억원 미만

    (2) 회계감사인의 반기검토보고서상 검토의견이 부적정 또는 의견거절인 때

    (3) 최근사업연도의 결산결과 다음의 어느 하나에 해당하는 사실이나 결정이 있은 때. 이 경우 결산주주총회의 소집을 통지·공고하기 이전까지 이를 신고하여야 하며, 매출액·영업손익·당기순손익 항목 및 자산·부채·자본총계 현황을 함께 신고하여야 한다.

        (가) 최근사업연도 매출액, 영업손익 또는 당기순손익이 직전사업연도 대비 100분의 30(대규모법인의 경우 100분의 15) 이상 증가 또는 감소

        (나) (1)의 (나) 및 (다)에 해당하는 경우

    (4) 주식배당에 관한 결정이 있은 때. 이 경우 사업연도말 10일전까지 그 예정내용을 신고하여야 한다.

    (5) 현금·현물배당(법 제165조의12에 따른 분기배당 및 상법 제462조의3에 따른 중간배당을 포함)에 관한 결정이 있은 때 및 중간배당(분기배당을 포함)을 위한 주주명부폐쇄기간(기준일을 포함)을 결정한 때. 이 경우 해당 배당신고는 세칙이 정하는 시가배당률에 의하여야 하며 액면배당률은 이를 표시하지 아니한다.

    (6) 회계처리기준 위반행위와 관련하여 다음의 어느 하나에 해당하는 때

        (가) 해당법인 또는 그 임·직원(퇴직한 자를 포함)이 「외부감사 및 회계 등에 관한 규정」에 따라 증권선물위원회로부터 검찰고발 또는 검찰통보 조치된 사실과 그 결과가 확인된 때

        (나) 해당법인 또는 그 임·직원(퇴직한 자를 포함)이 회계처리기준 위반행위를 사유로 검찰에 의하여 기소되거나 그 결과가 확인된 때. 다만 (가)에 따라 신고한 경우에는 그러하지 아니하다.

        (다) 임원이 「외부감사 및 회계 등에 관한 규정」에 따라 증권선물위원회로부터 해임권고 의결된 사실이 확인된 때

3) 경영활동 관련사항(제3호)

해당 주권상장법인의 기업경영활동에 관한 다음의 어느 하나에 해당하는 사실 또는 결정이 있은 때(제3호)이다.

가. 해당 주권상장법인의 지배구조 또는 구조개편에 관한 다음의 어느 하나에 해당하는 사실 또는 결정이 있은 때

(1) 최대주주가 변경된 사실이 확인된 때

(2) 삭제 <2015. 7. 22>

(3) 지주회사인 주권상장법인의 자회사가 새로이 편입 또는 탈퇴된 때

(4) 상법 제3편 제4장 제2절 제2관 또는 제3관에 따른 주식교환 또는 주식이전의 결정이 있은 때

(5) 상법 제374조·제522조·제530조의2, 제530조의12 및 법 시행령 제171조 제2항 제1호부터 제4호까지에서 규정한 사실에 관한 결정이 있은 때

(6) 상법 제527조의2에 따른 간이합병 또는 제527조의3에 따른 소규모합병에 관한 결정이 있은 때

나. 해당 주권상장법인의 존립에 관한 다음의 어느 하나에 해당하는 사실 또는 결정이 있은 때

(1) 발행한 어음 또는 수표가 부도로 되거나 은행과의 당좌거래가 정지 또는 금지된 때

(2) 채무자회생법에 따른 다음의 어느 하나에 해당하는 경우

(가) 회생절차 개시·종결·폐지 신청을 한 때 및 법원으로부터 회생절차 개시·종결 또는 폐지, 회생절차 개시신청 기각, 회생절차 개시결정 취소, 회생계획 인가·불인가 등의 결정사실을 통보받은 때

(나) 파산신청을 한 때 및 법원으로부터 파산선고 또는 파산신청에 대한 기각 결정사실을 통보 받은 때

(3) 상법 제517조 및 그 밖의 법률에 따른 해산사유가 발생한 때. 다만 상법 제227조 제4호 및 제517조 제1호의2에 따른 해산사유에 해당하는 경우에는 그러하지 아니하다.

(4) 거래은행 또는 금융채권자가 법인의 경영관리 또는 공동관리를 개시·중단 또는 해제하기로 결정한 사실이 확인되거나 법인이 동 관리의 신청·신청취하를 한 때

(5) 주채권은행 또는 금융채권자협의회와 경영정상화 계획의 이행을 위한 약정을 체결한 때

(6) 삭제 <2015. 7. 22>

다. 해당 주권상장법인에 대하여 다음의 소송 등의 절차가 제기·신청되거나 그 소송 등이 판결·결정된 사실을 확인한 때. 다만 (4)의 경우에는 소송의 제기(상소를 포함)·허가신청, 소송허가 결정, 소송불허가 결정, 소취하(상소취하를 포함)·화해·청구포기(상소권포기를 포함)의 허가신청·결정 및 판결의 사실 등을 확인한 때

(1) 주권상장법인이 발행한 상장 또는 상장대상 증권의 발행에 대한 효력, 그 권리의 변경

및 그 증권의 위조 또는 변조에 관한 소송

(2) 청구금액이 자기자본의 100분의 5(대규모법인의 경우 1,000분의 25) 이상인 소송 등

(3) 임원의 선임·해임을 위한 소수주주의 법원에 대한 주주총회 소집허가 신청, 임원의 선임·해임 관련 주주총회결의의 무효·취소의 소, 임원의 직무집행정지가처분 신청 등 임원의 선임·해임 또는 직무집행과 관련한 경영권분쟁 소송

(4) 증권관련 집단소송법에 따른 소송

라. 주주총회소집을 위한 이사회결의 또는 주주총회결의가 있은 때. 이 경우 사업목적 변경, 사외이사의 선임·해임, 감사(감사위원회 위원을 포함)의 선임·해임, 집중투표제의 도입· 폐지 등 투자판단에 중대한 영향을 미칠 수 있는 사항에 대하여는 이를 구분하여 명기하여야 한다.

Ⅲ. 자율공시

주권상장법인은 주요경영사항 외에 투자자에게 알릴 필요가 있다고 판단되는 사항으로서 세칙에서 정하는 사항의 발생 또는 결정이 있는 때에는 그 내용을 거래소에 신고할 수 있다. 이 경우 그 신고는 사유발생일 다음 날까지 하여야 한다(공시규정28).

자율공시는 의무공시와는 달리 해당 법인의 자율적인 판단에 따라 가치 있는 정보를 공시하도록 함으로써 투자자에게 풍부한 정보를 제공하고 해당 법인의 경영투명성을 높여 사회적 책임을 다할 수 있도록 하기 위함이다. 의무공시사항의 축소와 자율공시사항의 확대는 기업의 자율적인 판단에 근거하여 공시 여부를 결정할 수 있는 재량을 강화한 것으로 볼 수 있다.

Ⅳ. 조회공시

1. 의의

자본시장법은 공시규정에 "주권등상장법인에 관한 풍문이나 보도 등의 사실 여부 및 그 법인이 발행한 증권의 가격이나 거래량의 현저한 변동의 원인 등에 대한 거래소의 신고 또는 확인 요구에 관한 사항"을 포함하도록 하여 조회공시의 근거규정을 두고 있다(법391②(3)).

"조회공시"라 함은 거래소가 주권상장법인에 대하여 기업내용에 관한 공시를 요구하여 해당 주권상장법인이 이에 대하여 거래소에 신고하는 것을 말한다(공시규정2③). 조회공시는 주요경영사항 또는 그에 준하는 사항에 관한 풍문 또는 보도의 사실 여부나 당해 기업이 발행한 주권등의 가격이나 거래량이 급변하는 경우 거래소가 주권상장법인에게 중요한 미공개 정보가 있는지 여부에 대한 답변을 요구하고 당해 주권상장법인은 이에 응하여 공시하도록 하는 제도

이다(공시규정12①).

전술한 의무공시와 자율공시는 공시의무자의 의도로 행하여지는데 반하여, 조회공시는 거래소의 적극적인 요구에 따른 공시이다.

2. 조회공시대상

(1) 상장법인의 공시의무사항에 관한 풍문 및 보도

거래소는 풍문 및 보도("풍문등")의 사실 여부의 확인을 위하여 조회공시를 요구할 수 있으며, 조회공시를 요구받은 주권상장법인은 공시요구시점[41]이 오전인 경우에는 당일 오후까지, 오후인 경우에는 다음날 오전까지 이에 응하여야 한다. 다만 제40조 제2항 각 호[42]의 어느 하나에 해당하는 사유로 조회공시를 요구받은 경우에는 그 다음날까지로 한다(공시규정12① 본문).

여기서 "풍문 및 보도"는 주권상장법인의 기업내용에 관하여 거래소가 수집한 내용 및 전국을 보급지역으로 하는 국내일간지에 게재된 기사로 한다(공시규정 시행세칙5, 이하 "시행세칙").

다만 풍문등의 내용이 1월 또는 3월(제7조 제1항 제3호 가목(1)·(5)·(6) 그 밖에 이에 준하는 사항의 경우) 이내에 이미 공시한 사항인 경우에는 조회공시를 요구하지 아니할 수 있다(공시규정12① 단서). 즉 풍문 및 보도의 내용이 1월 또는 3월(지배구조 또는 구조개편에 관한 사실 또는 결정이 있는 경우로서 최대주주의 변경사실이 확인된 때, 상법상 영업양수도·경영위임·합병·분할·분할합병·물적분할, 상법상 간이합병 또는 소규모합병의 경우)이내에 이미 공시한 사항은 예외이다.

(2) 주가 또는 거래량 급변의 경우

거래소는 풍문등이 없더라도 주권상장법인이 발행한 주권 등의 가격 또는 거래량이 거래소가 따로 정하는 기준에 해당하는 경우에는 해당 주권상장법인에 대하여 중요한 정보(제7조부터 제11조까지, 제15조, 제16조 및 제28조에서 정하는 사항에 관한 정보)의 유무에 대한 조회공시를

---

41) 규정 제12조 제1항에 따른 조회공시의 요구시점은 제7조(조회공시 요구방법)에 따라 통보한 시점을 말한다(공시규정 시행세칙6).

42) 1. 발행한 어음 또는 수표의 부도발생이나 은행과의 당좌거래정지 또는 금지
   2. 영업활동의 전부 또는 일부의 정지
   3. 법률의 규정에 의한 파산, 해산 또는 회생절차 개시신청이나 사실상의 회생절차 개시
   4. 최근 사업연도 외부감사법의 규정에 의한 회계감사인의 감사보고서 또는 반기검토보고서상 다음 각 목 중 어느 하나에 해당하는 사항
      가. 감사보고서의 경우 다음의 어느 하나에 해당하는 사항
         (1) 감사의견 부적정, 의견거절 또는 감사범위 제한으로 인한 한정
         (2) 최근 사업연도의 자기자본이 자본금의 100분의 50 이상 잠식
         (3) 최근 사업연도의 매출액이 50억원 미만. 다만 제2조 제20항에 따른 기업인수목적회사의 경우는 제외한다.
      나. 반기검토보고서의 경우 검토의견 부적정 또는 의견거절
   5. 그 밖에 가격 또는 거래량의 급변이 예상되는 중요한 사항으로 조회가 가능한 사항

요구할 수 있으며, 조회공시를 요구받은 주권상장법인은 요구받은 다음날까지 이에 응하여야한다. 다만 주권상장법인의 주권 등의 가격 또는 거래량이 본문의 규정에 의한 최근 조회공시요구일부터 15일 이내에 다시 본문의 규정에 의한 기준에 해당되는 경우에는 조회공시를 요구하지 아니할 수 있다(공시규정12②).

3. 조회공시의 제외대상

주권상장법인이 다음의 어느 하나에 대항하는 경우에는 조회공시를 요구하지 아니할 수 있다(공시규정12③).

1. 다른 법령, 규정 등에 의하여 불가피한 경우
2. 천재·지변·전시·사변·경제사정의 급변 그 밖에 이에 준하는 사태가 발생한 경우

4. 조회공시 요구방법

거래소는 주권상장법인의 대표이사, 공시책임자 또는 공시담당자에게 세칙으로 정하는 방법[43]으로 조회공시를 요구하고, 공시매체[44]를 통하여 당해 조회공시 요구사실 및 그 내용을 공표한다(공시규정13①).

주권상장법인은 조회공시 요구사항이 제7조 제1항 제3호 가목(1) 또는 같은 목 (5) 등에 관련되는 사항으로서 필요한 경우에는 최대주주 등의 확인을 거쳐 조회공시를 하여야 한다(공시규정13②).

5. 조회에 대한 답변공시시한

(1) 풍문 및 보도

조회공시의 요구를 받은 주권상장법인은 공시요구시점이 오전인 경우에는 당일 오후까지, 오후인 경우에는 다음날(익일) 오전까지 이에 응하여야 하고, 조회공시 요구시 매매거래정지 조치가 취해지는 사항은 그 다음날(1일 이내)까지 이에 응하여야 한다(공시규정12①).

(2) 시황급변(주가 또는 거래량 급변)

조회공시를 요구받은 주권상장법인은 요구받은 다음날(1일 이내)까지 이에 응하여야 한다 (공시규정12②).

---

43) 조회공시요구는 전화 또는 모사전송에 의한 방법으로 하며, 전화로 조회공시요구를 하는 경우에는 당해 요구사항을 문서로 작성하여 지체없이 모사전송의 방법으로 통보하여야 한다(시행세칙7).
44) 공시매체는 전자공시시스템, 증권정보단말기 또는 증권시장지 중의 어느 하나로 한다(시행세칙4).

6. 미확정공시에 대한 재공시

주권상장법인이 조회공시를 해당 상장법인의 의사결정 과정중에 있다는 내용으로 공시("미확정공시")한 경우에는 그 공시일로부터 1월 이내에 해당 공시사항에 대한 확정내용 또는 진척상황을 재공시하여야 한다. 다만 미확정공시일부터 1월 이내에 확정내용 또는 진척상황의 재공시가 사실상 곤란하다고 인정되는 경우에는 해당 상장법인이 미확정공시시에 명시한 기한 내에 재공시하게 할 수 있다(공시규정14①). 미확정공시를 재공시하는 경우에는 당해 의사결정 과정에 대한 구체적인 상황이 포함되어야 한다(공시규정14②).

조회공시대상이 확정내용공시인 경우 그 내용이 사실일 때에는 그 내용을 확정사항으로 공시하고, 사실이 아닐 때에는 "사실무근" 또는 "중요한 정보 없음"으로 공시하는 것이 거래소 실무이다. 또한 조회공시대상이 미확정내용공시인 경우에는 "검토 중" 공시를 하는 것이 거래소 실무이고, 공시내용은 검토배경, 이유, 목적, 내용, 추진상황 등 구체적인 상황을 포함하여야 한다는 것이 거래소의 실무이다.

7. 조회공시에 대한 제재

종래에는 조회공시위반에 대한 행정제재가 가능하였고, 형사제재의 가능성도 있었다.[45] 그러나 증권거래법의 조회공시에 관한 규정을 거래소의 공시규정으로 이관하면서 법적 제재는 불가능하게 되었다. 이는 미공개정보를 이용한 내부자거래의 예방수단으로서 기능하던 조회공시의 역할을 축소시켰다.

다만 거래소의 유가증권시장 공시규정에 따라 조회공시 요구에 대하여 그 신고시한까지 이에 응하지 아니한 때에는 매매거래를 정지할 수 있다(공시규정40①(1)).

<hr>

[45] 증권거래법은 "증권선물거래소는 주권상장법인이 제2항의 규정에 의한 확인 또는 공시요구에 응하지 아니한 때에는 이를 금융감독위원회에 통보하여 제193조에 규정하는 조치를 취할 수 있도록 하여야 한다"고 규정하고 있었다(법186③). 또한 "금융감독위원회는 주권상장법인이 이 법과 이 법에 의한 명령이나 규정 또는 금융감독위원회의 명령에 위반한 때에는 그 법인의 주주총회에 대하여 임원의 해임을 권고하거나 일정기간 유가증권의 발행제한 기타 대통령령이 정하는 조치를 할 수 있다"고 규정하고 있었다(법193). 여기서 "기타 대통령령이 취하는 조치"라 함은 다음과 같다(영84의26). 즉 1. 위법내용의 공표요구, 2. 각서징구, 3 법위반의 경우 고발 또는 수사기관에의 통보, 4. 다른 법률을 위반한 경우 관련기관 또는 수시가관에의 통보이다.

V. 공시유보

1. 의의

자본시장법은 "주권등상장법인의 경영상 비밀유지와 투자자 보호와의 형평 등을 고려하여 신고·공시하지 아니할 사항을 공시규정에 포함되어야 한다"고 규정하고 있다(법391②(4)). 이는 공시를 유보할 수 있는 사항을 공시규정으로 정하도록 한 것이다.

그런데 거래소의 공시규정은 공시사항을 구체적으로 열거하고 있고, 공시시점도 상황이 충분히 진행되고 어느 정도 종결되었다고 볼 수 있는 사실의 발생 또는 결정이 이루어진 시점으로 하고 있다. 이러한 상황에서 공시유보를 추가적으로 인정하면 이미 상황이 어느 정도 종결된 사안에 대하여도 공시가 지연되고, 이에 따라 일반투자자들에게 정보가 너무 늦게 전달되어 상장법인의 내부자나 관계자, 기타 기관투자자에 비해 정보의 열위상태에 놓이는 결과를 초래할 수 있다.[46]

2. 거래소에 의한 공시유보

거래소는 주권상장법인의 신고내용이 다음의 어느 하나에 해당하는 경우에는 해당 사유가 해소될 때까지 이의 공시를 일정기간 유보할 수 있다(공시규정43).

1. 공시내용이 군사기밀보호법 등 법률에 의한 기밀에 해당하는 때
2. 공시내용이 관계법규를 위반하고 있음이 확인되는 때
3. 공시내용의 근거사실이 확인되지 않거나 그 내용이 투자자의 투자판단에 혼란을 야기시킬 수 있다고 판단되는 때
4. 제14조 제1항(미확정공시)에 따른 재공시의 내용이 이미 공시한 내용과 유사하다고 인정되는 때
5. 제14조 제2항에 위반된다고 인정되는 때(미확정 공시의 재공시 내용의 구체성 결여)
6. 제7조부터 제11조(주요경영사항의 신고 및 공시)까지 및 제28조(자율공시)의 규정에서 정하는 사항 또는 이에 준하는 사항이 아닌 것으로서 건전한 거래질서를 해칠 우려가 있다고 판단되는 때

---

46) 성희활(2008), 17쪽.

3. 신청에 의한 공시유보

(1) 사유

주권상장법인은 경영상 비밀유지를 위하여 필요한 경우 다음의 신고사항 중 세칙에서 정하는 사항[47]에 대하여 공시유보를 거래소에 신청할 수 있다(공시규정43의2①).

1. 최근 사업연도 매출액의 100분의 5(대규모법인의 경우 1,000분의 25) 이상의 단일판매계약 또는 공급계약을 체결한 때 및 해당 계약을 해지한 때
2. 자기자본의 100분의 10(대규모법인의 경우 100분의 5) 이상에 상당하는 신규시설투자, 세칙에서 정하는 시설외투자, 시설증설 또는 별도공장의 신설에 관한 결정이 있은 때
3. 해당 주권상장법인의 영업·생산활동, 재무구조 또는 기업경영활동 등에 관한 사항으로서 주가 또는 투자자의 투자판단에 중대한 영향을 미치거나 미칠 수 있는 사실 또는 결정이 있은 때

(2) 절차

공시유보를 신청하는 경우 사전에 거래소와 협의하여야 한다(공시규정43의2①). 거래소는 주권상장법인의 공시유보 신청에 대하여 기업경영 등 비밀유지와 투자자 보호와의 형평을 고려하여 공시유보가 필요하다고 인정되는 경우 이를 승인할 수 있다(공시규정43의2②).

(3) 효과

주권상장법인은 공시가 유보된 사항에 대하여 비밀을 준수하여야 하며, 해당 유보기간이 경과하거나 유보조건이 해제되는 경우에는 그 다음날까지 이를 신고하여야 한다(공시규정43의2③). 유보기간이 경과하거나 유보조건이 해제된 다음 날까지 이를 공시하지 아니한 경우에는 공시불이행으로 본다(공시규정29(3)).

---

47) "세칙에서 정하는 사항"이란 다음에 해당하는 사항을 말한다(시행세칙18①).
   1. 규정 제7조 제1항 제1호 다목을 공시하는 경우: 계약금액, 계약상대, 주요 계약조건, 해지금액, 해지 주요사유 등
   2. 규정 제7조 제1항 제2호 나목(1)을 공시하는 경우: 투자금액, 투자목적 등
   3. 규정 제7조 제1항 제4호를 공시하는 경우: 해당 주권상장법인이 경영상 비밀유지가 필요한 구체적인 이유와 유보범위를 밝혀 신청한 사항

Ⅵ. 공시의 실효성 확보

1. 은행의 거래소 통보

은행은 주권등상장법인에 대하여 다음에 해당하는 사실이 발생한 경우에는 이를 지체 없이 거래소에 통보하여야 한다(법392①).

1. 발행한 어음이나 수표가 부도로 된 경우
2. 은행과의 당좌거래가 정지 또는 금지된 경우

2. 정보의 교환

거래소는 신고사항과 신고 또는 확인 요구사항에 대하여 투자자의 투자판단에 중대한 영향을 미칠 우려가 있어 그 내용을 신속하게 알릴 필요가 있는 경우에는 대통령령으로 정하는 방법[48]에 따라 행정기관, 그 밖의 관계기관에 대하여 필요한 정보의 제공 또는 교환을 요청할 수 있다(법392② 전단). 이 경우 요청을 받은 기관은 특별한 사유가 없는 한 이에 협조하여야 한다(법392② 후단).

3. 금융위원회 송부

거래소는 주권등상장법인이 공시규정에 따라 수시공시사항의 신고를 한 경우에는 이를 지체 없이 금융위원회에 송부하여야 한다(법392③). 금융위원회는 송부를 받은 경우에는 이를 인터넷 홈페이지 등을 이용하여 공시하여야 한다(법392④).

---

48) 거래소는 법 제392조 제2항에 따라 행정기관, 그 밖의 관계기관에 대하여 다음의 기준에 따라 문서(전자문서를 포함) 또는 모사전송의 방법으로 필요한 정보의 제공을 요청할 수 있다. 이 경우 그 요청서에는 정보의 제공을 요청하는 사유를 기재하여야 한다(영361).
   1. 어음·수표의 부도나 당좌거래의 정지·금지에 관하여는 어음법 제38조 및 수표법 제31조에 따른 어음교환소로 지정된 기관
   2. 채무자회생법에 따른 회생절차의 신청·결정, 상장증권에 중대한 영향을 미칠 수 있는 소송의 제기나 해산사유의 발생에 관하여는 관할법원
   3. 거래은행에 의한 해당 법인의 관리 개시에 관하여는 거래은행
   4. 그 밖에 법 제391조 제2항 제1호 또는 제3호에 따른 신고 또는 확인 요구사항에 관하여는 해당 정보를 소유하고 있는 행정기관, 그 밖의 관계 기관

Ⅶ. 불성실공시

1. 의의

"불성실공시"라 함은 주권상장법인이 공시규정에 따른 신고의무를 성실히 이행하지 아니하거나 이미 신고한 내용을 번복 또는 변경하여 공시불이행, 공시번복 또는 공시변경의 유형에 해당하는 경우를 말한다(공시규정2⑤). 이 경우 주권상장법인이 불성실공시법인에 해당된다고 결정한 경우에는 해당 주권상장법인을 불성실공시법인으로 지정한다. "불성실공시법인"이라 함은 불성실공시에 해당된 주권상장법인을 말한다(공시규정2⑥).

거래소는 해당 주권상장법인이 불성실공시법인으로 지정되는 경우, 공시위반 내용의 중요도와 공시지연의 정도 등에 따라 차등화된 제재를 가하고 있다.

2. 불성실공시의 유형

(1) 공시불이행

거래소는 주권상장법인이 다음의 어느 하나에 해당된 때에는 공시불이행으로 본다(공시규정29).

1. 공시사항의 신고기한까지 이를 신고하지 아니하거나, 공시내용의 근거사실이 확인되지 않거나 그 내용이 투자자의 투자판단에 혼란을 야기시킬 수 있다고 판단되는 때
2. 공시사항을 거짓으로 또는 잘못 공시하거나 중요사항을 기재하지 아니하고 공시한 경우
2의2. 공시사항을 거짓으로 공시한 경우
3. 유보기간이 경과하거나 유보조건이 해제된 다음 날까지 이를 공시하지 아니한 경우
4. 거래소의 정정 요구에도 불구하고 해당 정정 시한까지 공시내용을 정정하여 공시하지 아니한 경우

여기서 이미 공시한 내용의 변경사항을 기한 내에 신고하지 아니하여 공시불이행에 해당하는 경우는 공시번복 또는 공시변경에 해당하지 않는 경우에 한한다.

(2) 공시번복

거래소는 주권상장법인이 다음의 어느 하나에 해당된 때에는 공시번복으로 본다(공시규정30①).

1. 이미 공시한 내용의 전면취소, 부인 또는 이에 준하는 내용을 공시한 때
2. 조회공시 요구 또는 풍문 등의 내용을 부인공시하거나 공시한 후 1월[제7조 제1항 제3호

가목(1)·(5)·(6) 그 밖에 이에 준하는 사항의 경우에는 3월(기업인수목적회사인 주권상장법
인은 제외)] 이내에 이를 전면취소, 부인 또는 이에 준하는 내용을 공시한 때

3. 조회공시 요구에 응하여 답변공시한 후 그 날로부터 15일 이내에 답변공시한 사항 외의 세
칙에서 정하는 사항을 공시한 때.

거래소는 제1항 제2호 및 제3호에도 불구하고 다음의 어느 하나에 해당하는 때에는 공시
내용 등에 대한 심사를 거쳐 이를 공시번복으로 제재할 수 있다(공시규정30②).

1. 제1항 제2호의 기간이 경과한 후 기공시내용의 전부 또는 중요한 일부를 중단·취소 또는
부인하거나 이에 준하는 내용을 공시한 경우로서 다음 각 목의 어느 하나에 해당하는 경우
  가. 제1항 제2호의 기간이 경과한 날부터 15일 이내에 공시한 경우
  나. 가목의 기간이 경과한 후 공시내용의 중요성, 투자자에 미치는 영향 등을 고려하여 공
  시번복 여부를 심사할 필요가 있다고 거래소가 인정하는 경우
2. 조회공시 요구에 응하여 답변공시를 한 경우로서 다음의 어느 하나에 해당하는 경우
  가. 조회공시 요구에 응하여 답변공시한 후 그 날로부터 15일 이내에 세칙에서 정하는 사
  항 이외에 제7조부터 제11조까지에서 정하는 사항을 공시한 경우
  나. 가목에서 정한 기간이 경과한 시점부터 7일 이내에 제7조부터 제11조까지에서 정하는
  사항을 공시한 경우
3. 제14조 제1항(제27조 제2항에 따라 제14조가 준용되는 경우를 포함)에 따른 재공시기한까
지 확정내용을 공시하지 아니한 경우

공시번복으로 인한 불성실공시법인 지정 여부를 결정하기 위한 심사기준 및 절차 등에 관
하여 필요한 사항은 세칙[49]으로 정한다(공시규정30③).

(3) 공시변경

거래소는 주권상장법인이 다음의 어느 하나에 해당된 때에는 공시변경으로 본다(공시규정
31).

---

[49] 공시규정 시행세칙 제10조(공시번복 심사기준 및 절차 등) ① 규정 제30조 제3항의 공시번복으로 인한 불
성실공시법인 지정 여부를 결정하기 위한 심사기준 및 절차 등은 다음과 같다.
  1. 심사기준
    가. 내부 의사결정 과정상 사전에 예측 및 조정이 가능하다고 인정되는 경우
    나. 공시번복을 의도적으로 회피한 것으로 인정되는 경우
    다. 그 밖에 거래소가 사후적으로 공시번복으로 인한 불성실공시법인 지정이 필요하다고 인정하는 경우
  2. 심사절차 등
    가. 심사시기: 심사사유 발생일부터 10일 이내
    나. 심사절차 등: 심사절차 개시의 경우 지체없이 심사일정 등을 당해 법인에게 통보
② 거래소는 제1항의 공시번복으로 인한 불성실공시법인 지정 여부를 결정하기 위한 심사와 관련하여 필
요하다고 인정하는 경우에는 당해 법인에게 관련 자료의 제출 또는 의견진술 등을 요구할 수 있다.

1. 제7조 제1항 제1호 다목에 따른 공시내용 중 단일판매계약 또는 공급계약금액의 100분의 50 이상을 변경하여 공시한 때

2. 제7조 제1항 제2호 가목(1) 또는 제8조의2 제1항 제3호에 따른 증자에 관한 공시내용 중 주주배정비율, 발행주식수 또는 발행금액의 100분의 20 이상을 변경하여 공시한 때

3. 제7조 제1항 제2호 가목(1) 또는 제8조의2 제1항 제3호에 따른 감자에 관한 공시내용 중 감자비율 또는 감자주식수의 100분의 20 이상을 변경하여 공시한 때

4. 제7조 제1항 제2호 가목(2)에 따른 주식의 소각에 관한 공시내용 중 소각주식수의 100분의 20 이상을 변경하여 공시한 때

5. 제7조 제1항 제2호 가목(3)에 따른 공시내용 중 자기주식취득 또는 처분예정기간내에 취득 또는 처분하고자 신고한 주식수 미만의 매매거래주문을 한 때. 다만 취득예정금액을 초과하여 자기주식을 취득한 경우에는 그러하지 아니하다.

6. 제7조 제1항 제2호 가목(4)에 따른 공시내용 중 분할 또는 병합비율의 100분의 20 이상을 변경하여 공시한 때

7. 제7조 제1항 제2호 가목(6) 또는 제8조의2 제1항 제6호에 따른 공시내용 중 발행금액, 전환가격, 신주인수권행사가격 또는 교환가격의 100분의 50 이상을 변경하여 공시한 때

8. 제7조 제1항 제2호 나목(1)에 따른 공시내용 중 투자금액의 100분의 50 이상을 변경하여 공시한 때

9. 제7조 제1항 제2호 나목(2) 또는 제8조의2 제1항 제4호에 따른 공시내용 중 유형자산 취득 또는 처분금액의 100분의 50 이상을 변경하여 공시한 때

10. 제7조 제1항 제2호 나목(3) 또는 제8조의2 제1항 제4호에 따른 공시내용 중 출자 또는 출자지분 처분금액의 100분의 50 이상을 변경하여 공시한 때

10의2. 제7조 제1항 제2호 나목(3) 또는 제8조의2 제1항 제4호에 따른 공시내용 중 주권 관련 사채권의 취득 또는 처분금액의 100분의 50 이상을 변경하여 공시한 때

11. 제7조 제1항 제2호 다목(1)에 따른 공시내용 중 차입금액의 100분의 50 이상을 변경하여 공시한 때

12. 제7조 제1항 제2호 다목(2)·(3)에 따른 공시내용 중 채무인수, 채무면제, 담보제공, 채무보증 금액의 100분의 50 이상을 변경하여 공시한 때

12의2. 제7조 제1항 제2호 다목(7)에 따른 공시내용 중 선급금, 가지급금 또는 대여금액의 100분의 50 이상을 변경하여 공시한 때

13. 제7조 제1항 제2호 마목(4)에 따른 공시내용 중 주식배당비율의 100분의 20 이상을 변경하여 공시한 때

14. 제7조 제1항 제2호 마목(5)에 따른 공시내용 중 주당 배당금(차등배당의 경우 소액주주에 대한 배당금을 기준으로 하며, 현물배당의 경우에는 금전으로 환산한 금액으로 한다)의 100분의 20 이상을 변경하여 공시한 때

15. 제7조 제1항 제3호 가목(5) 또는 제8조의2 제1항 제4호에 따른 영업의 양수 또는 양도에 관한 공시내용 중 양수 또는 양도금액의 100분의 50 이상을 변경하여 공시한 때

16. 제7조 제1항 제3호 가목(5) 또는 제8조의2 제1항 제1호에 따른 합병, 분할 또는 분할합병에 관한 공시내용 중 합병비율, 분할비율 또는 분할합병비율의 100분의 20 이상을 변경하여 공시한 때

17. 제27조 및 제28조에 따라 기공시한 내용 중 비율, 금액, 수량 등의 100분의 50 이상을 변경하여 공시한 때

18. 제8조 제1항에 따라 공시한 사항이 제1호부터 제16호까지에 해당한 때 및 지주회사가 공시한 자회사 사항으로서 제17호에 해당한 때

19. 제15조 및 제16조에 따라 공시한 사항이 제1호부터 제18호까지에 해당한 때

20. 그 밖에 거래소가 중요하다고 인정하여 세칙으로 정하는 내용을 변경하여 공시한 때

3. 불성실공시의 적용예외

거래소는 불성실공시의 사실이 발생하였음에도 불구하고 다음의 어느 하나에 해당하는 경우에는 이를 적용하지 아니할 수 있다(공시규정32①).

1. 다른 법령, 규정 등에 의해 불가피한 경우
2. 천재·지변·전시·사변·경제사정의 급격한 변동 그 밖에 이에 준하는 사태가 발생하는 경우
3. 공익 또는 투자자보호를 위하여 필요하다고 인정하는 경우
4. 제15조 및 제16조에서 정하는 사항을 제47조에 따라 공시한 경우. 이 경우 제30조 및 제31조의 규정에 한한다.
5. 해당 주권상장법인이 귀책사유가 없음을 입증하는 경우
6. 그 밖에 경미한 사항으로서 주가에 미치는 영향이 크지 않다고 거래소가 인정하는 경우.[50) 다만 최근 1년 이내에 제3항에 따른 주의조치를 받은 경우에는 그러하지 아니하다.

거래소는 제1항 제6호에 따른 불성실공시의 적용예외를 인정하는 경우에는 해당 주권상장법인에게 해당 사실에 대한 경위서 징구, 주의 등의 조치를 할 수 있다(공시규정32③).

---

50) "경미한 사항으로서 주가에 미치는 영향이 크지 않다고 거래소가 인정하는 경우"는 다음의 어느 하나에 해당하는 경우를 말한다(시행세칙11①).
    1. 규정 제7조부터 제12조까지, 제15조부터 제17조까지 또는 제28조에 따라 확정공시한 후 당해법인 이 규정 제7조 제1항 제3호 나목 (1)부터 (4)까지의 어느 하나에 해당되어 확정공시한 내용을 취소 또는 변경하는 경우
    2. 공시불이행, 공시번복 또는 공시변경의 내용이 경미하거나 그 불이행 등이 불가피하다고 인정되는 경우

4. 불성실공시법인 지정절차

(1) 불성실공시법인 지정예고

거래소는 주권상장법인이 불성실공시법인에 해당된 경우에는 해당 법인에 대하여 불성실공시법인으로 지정예고한다(공시규정33①). 거래소가 불성실공시법인으로 지정예고한 경우에는 공시매체 등에 그 사실을 게재하고, 당해 법인에게 통보한다(공시규정33②).

(2) 예고에 대한 이의신청

불성실공시법인 지정예고를 통보받은 당해 법인이 그 지정예고 내용에 대하여 이의가 있는 때에는 그 통보받은 날부터 7일 이내에 거래소에 이의를 신청할 수 있다(공시규정34①). 이의신청과 관련하여 필요한 사항은 세칙51)으로 정한다(공시규정34⑥).

(3) 상장·공시위원회 심의

거래소는 특별한 사유가 없는 한 이의신청 기간 종료일부터 10일 이내에 상장·공시위원회("위원회")52)의 심의를 거쳐 심의일부터 3일 이내에 해당 주권상장법인에 대한 불성실공시법인지정 여부, 부과벌점, 공시위반제재금의 부과 여부 및 공시책임자·공시담당자의 교체요구 여부 등을 결정하여야 한다. 다만 위반의 내용 등을 감안하여 위원회의 심의가 필요하지 않다고 인정하는 경우에는 위원회의 심의를 거치지 아니할 수 있다(공시규정34②). 불성실공시법인 지정예고를 통보받은 주권상장법인은 위원회에 출석하여 해당 사안의 경위 등에 대하여 진술할 수 있다(공시규정34④). 주권상장법인은 위원회의 결정에 대하여는 다시 이의를 신청할 수

---

51) 공시규정 시행세칙 제12조(이의신청 및 처리 등) ① 주권상장법인이 규정 제34조에 따라 이의신청을 하는 경우에는 다음의 사항을 기재한 신청서와 증빙서류 등을 첨부하여 제출하여야 한다.
　1. 신청법인명 및 신청일자
　2. 삭제<2005. 12. 27>
　3. 신청의 취지 및 이유
　4. 공시의무사항의 이행 경과내용(이의신청사유가 규정 제39조 제2항 또는 제88조 제5항과 관련된 경우에는 당해 경과내용)
　5. 증빙자료가 있는 경우에는 그 표시
　6. 그 밖에 필요한 사항
　② 거래소는 신청서가 필요한 요건을 갖추지 못하였을 때에는 이의 정정을 요구할 수 있다.
　③ 규정 제34조 제2항 단서에 따라 거래소는 규정 제34조 제1항에 따른 이의신청을 하지 아니한 주권상장법인이 다음의 요건을 모두 충족하는 경우에는 위원회의 심의를 거치지 아니할 수 있다.
　1. 위반의 동기가 고의 또는 중대한 과실이 아닐 것
　2. 위반의 중요성이 중대한 위반이 아닐 것
　3. 최근 1년간 공시의무 위반사실이 없을 것
52) 공시규정 제89조(유가증권시장상장·공시위원회) ① 거래소는 공익과 투자자보호 및 유가증권시장의 공정한 운영을 위하여 공시제도와 그 운영의 개선, 불성실공시법인 지정과 벌점부과 및 공시위반제재금의 부과 등에 관한 심의를 위하여 위원회를 설치할 수 있다.
　② 제1항의 규정에 의한 위원회의 구성과 운영에 관하여 필요한 사항은 거래소가 따로 정한다.

없다(공시규정34⑤).

(4) 불성실공시법인 지정

거래소는 주권상장법인이 불성실공시법인에 해당된다고 결정한 경우에는 해당 주권상장법인을 불성실공시법인으로 지정한다. 다만 해당 주권상장법인의 성실공시 이행 정도 등을 고려하여 세칙으로 정하는 바에 따라 불성실공시법인 지정을 6개월간 유예할 수 있다(공시규정35①). 거래소는 주권상장법인을 불성실공시법인으로 지정하는 경우 해당 법인에 대하여 공시위반내용의 경중 및 공시지연기간 등을 감안하여 세칙이 정하는 바에 따라 벌점을 부과한다(공시규정35②).[53]

거래소는 벌점을 부과하는 경우 공시위반의 경위 및 과실의 정도, 평소 공시업무의 성실한 수행 정도 등 벌점 가감의 사유가 있다고 인정하는 경우에는 세칙에서 정하는 바에 따라 가중 또는 감경하여 부과할 수 있다(공시규정35③). 거래소는 해당 법인이 불성실공시법인에 해당되지 않는다고 결정하거나 부과벌점을 결정한 날로부터 1년 이내에 해당 증빙자료 등의 오류 또는 누락 등으로 그 결정의 부당함이 발견되는 경우에는 해당 사안에 대하여 위원회의 심의를 거쳐 불성실공시법인 지정 또는 제3항에 따른 부과벌점의 추가 등 필요한 조치를 취할 수 있다(공시규정35⑤).

5. 불성실공시에 대한 제재

(1) 공시위반제재금

거래소는 주권상장법인을 불성실공시법인으로 지정하는 경우 벌점부과 이외에 10억원 이

---

53) 공시규정 시행세칙 제13조(불성실공시법인 지정유예 및 벌점기준 등) ① 규정 제35조 제1항 단서에 따라 거래소는 최근 3년 이내 공시우수법인[규정 제90조 및 거래소가 별도로 정한 기준에 따라 표창 및 포상을 받은 주권상장법인(임·직원이 표창 및 포상을 받은 경우에는 해당 임·직원이 속한 주권상장법인)을 말한다. 이하 같다]으로서 공시 위반사항이 고의 또는 중대한 과실에 해당되지 않는 주권상장법인에 대하여 6개월간 불성실공시법인으로 지정예고되지 않을 것을 조건으로 불성실공시법인 지정을 유예할 수 있다. 이 경우 불성실공시법인 지정유예는 1회 1건에 한한다.
② 규정 제35조 제2항에 따라 불성실공시법인에 대하여 부과하는 벌점은 별표 2에서 정하는 "불성실공시 제재 심의기준"에 따른다.
③ 삭제<2005. 12. 27>
④ 동일사안이 2 이상의 공시의무위반사유에 해당하는 경우에는 벌점이 큰 위반사유를 기준으로 벌점을 부과한다.
⑤ 규정 제35조 제3항에 따라 벌점을 가중 또는 감경하는 경우에는 다음의 기준에 따라 위원회의 심의를 거쳐 적용할 수 있다.
  1. 공시위반의 동기, 경위 등 사안의 경중: 별표 2에서 정하는 "불성실공시 제재 심의기준"에 따라 가중 또는 감경
  2. 제1항에 따라 불성실공시법인 지정을 유예한 법인: 벌점부과를 6개월 이후로 유예하되, 해당 기간 동안에 불성실공시법인으로 지정예고되는 경우에는 벌점부과시에 유예받은 벌점을 합산하여 부과할 수 있다.

내에서 공시위반제재금("제재금")을 부과할 수 있다(공시규정35의2①). 제재금 부과와 관련하여 부과기준, 부과금액, 벌점과 제재금의 병과 또는 선택 부과 등 필요한 사항은 거래소가 따로 정한다(공시규정35의2②). 거래소는 주권상장법인이 납부기한 내에 제재금을 납부하지 아니한 경우 벌점의 가중 또는 지급명령의 신청 등 필요한 절차를 취할 수 있다(공시규정35의2③).

(2) 불성실공시법인 지정등의 사실 공표

거래소는 주권상장법인을 불성실공시법인 지정 및 벌점을 부고한 경우에는 세칙[54]이 정하는 바에 따라 공시매체 등에 그 사실을 게재한다(공시규정36).

(3) 공시책임자 등에 대한 교육

(가) 공시책임자와 공시담당자의 의의

"공시책임자"란 주권상장법인[제14항에 따른 위탁관리부동산투자회사 및 기업구조조정부동산투자회사의 경우(자기관리부동산투자회사가 일반적인 사무를 일반사무등위탁기관에 위탁한 경우를 포함)에는 사무수탁회사, 선박투자회사의 경우에는 선박운용회사]의 다음의 어느 하나에 해당하는 자로서 해당 주권상장법인을 대표하여 신고업무를 수행할 수 있는 자를 말한다. 다만 채무자회생법에 따른 회생절차(간이회생절차 포함)개시신청을 하였거나 회생절차개시가 결정된 법인의 경우에는 같은 법 제74조에 따른 관리인 또는 같은 법 제85조에 따른 보전관리인을 공시책임자로 본다(공시규정2④).

1. 대표이사 또는 상근이사(집행임원 설치회사의 경우 대표집행임원 또는 집행임원)
2. 상법 제401조의2 제1항 제3호의 규정에 해당하는 상근자로서 이사회 등 주요 의사결정 회의에 참석하는 자

---

54) 공시규정 시행세칙 제14조(불성실공시법인 지정 등 사실 및 벌점의 공표) ① 규정 제36조에 따라 거래소가 주권상장법인을 불성실공시법인으로 지정한 사실을 공표하는 경우에는 규정 제35조에 따른 불성실공시법인지정일부터 5회 연속하여 증권시장지에 당해 사실과 경위 등을 게재한다.
② 제1항에 따라 거래소가 주권상장법인을 불성실공시법인으로 지정한 사실을 공표하는 경우에는 동 사실을 최초로 공표하는 날을 포함하여 다음의 기간별로 증권시장지 또는 증권정보단말기 등의 시세표상에 "不" 또는 "불성실공시법인" 표시를 한다. 다만 부과벌점의 전부가 제재금으로 대체부과된 경우에는 증권시장지 또는 증권정보단말기 등의 시세표상에 표시하지 아니할 수 있다.
1. 부과벌점이 5점 미만인 경우: 1주일간
2. 부과벌점이 5점 이상 10점 미만인 경우: 2주일간
3. 부과벌점이 10점 이상인 경우: 1월간
③ 주권상장법인이 규정 제35조, 제38조의2, 제39조 또는 제88조에 따라 벌점을 부과받은 경우 거래소는 제4조 제1호에 따른 전자공시시스템에 그 명단, 지정사유 및 해당 벌점 등을 1년간 게재한다.
④ 거래소가 규정 제35조 제1항 단서에 따라 불성실공시법인 지정을 유예하는 경우에는 제1항부터 제3항까지를 적용하지 아니하며, 제13조 제5항 제2호에 따른 유예기간 동안에 불성실공시법인으로 지정예고되는 경우에는 지정예고된 사실이 규정 제35조에 따라 불성실공시법인으로 지정되는 날을 기준으로 하여 제1항부터 제3항까지를 적용한다.

"공시담당자"라 함은 해당 법인의 신고 또는 공시업무를 담당하는 자를 말한다(공시규정88②).

(나) 공시책임자와 공시담당자의 등록

주권상장법인은 공시책임자 1인을 지정하여 거래소에 등록하여야 하며, 이 경우 해당 공시책임자가 상법 제401조의2 제1항 제3호에 해당하는 자인 경우에는 해당 회사의 위임장을 포함하여 이를 지체없이 거래소에 문서로 통보하여야 한다. 공시책임자를 변경하는 경우에도 같다(공시규정88①). 주권상장법인은 해당 법인의 신고 또는 공시업무를 담당하는 자("공시담당자") 2인[채권상장법인, 기업인수목적회사 및 최근 사업연도말 직원수가 300인 미만인 주권상장법인(지주회사 제외)의 경우에는 1인] 이상을 지정하여 거래소에 등록하여야 한다. 공시담당자를 변경하는 경우에도 또한 같다(공시규정88②).

(다) 공시책임자와 공시담당자 교육

거래소는 주권상장법인이 불성실공시법인으로 지정된 경우에는 해당 법인의 공시책임자 및 공시담당자[55]에 대하여 불성실공시 예방을 위한 교육을 실시하여야 하며 해당 법인의 공시책임자 및 공시담당자는 이에 응하여야 한다(공시규정38).

주권상장법인의 공시책임자 및 공시담당자는 세칙이 정하는 바에 따라 공시업무에 관한 교육을 이수하여야 한다(공시규정88④).[56] 거래소는 주권상장법인의 공시책임자 및 공시담당자

---

55) 소수의 대기업을 제외하면 공시업무를 담당하는 직원의 능력과 수가 방대한 공시업무를 제대로 수행하기에는 부족한 것이 현실이다. 이러한 상황에서 부실한 정보가 그대로 시장에 전달된다면 큰 혼란을 초래할 가능성이 있으므로 시장의 건전성과 투자자 보호를 위하여 최소한의 안전장치로 기능하는 것이 거래소의 공시문안 검토절차라고 할 수 있다(성희활(2008), 65쪽).

56) 공시규정 시행세칙 제24조(공시책임자 및 공시담당자의 교육 등) ① 규정 제88조 제4항에 따라 공시책임자 및 공시담당자가 이수하여야 할 교육은 다음과 같다. 다만 규정 제2조 제4항 단서에 해당하여 채무자회생법에 따른 관리인 또는 보전 관리인을 공시책임자로 보는 경우에는 공시책임자가 이수하여야 할 교육과 관련하여 제1호부터 제4호까지를 적용하지 아니할 수 있다.
  1. 거래소 또는 한국상장회사협의회("협의회")가 개설하는 공시책임자 전문과정 또는 주식전문연수과정
  2. 거래소 또는 협의회가 개최하는 공시관련 법규설명회등
  3. 규정 제38조에 따른 불성실공시법인에 대한 교육
  4. 제1호 및 제3호 외의 사항으로서 거래소가 필요하다고 인정하는 교육
  ② 제1항의 각 호에 따른 교육에 대한 교육대상자 및 교육이수기한은 다음과 같다.
  1. 신규로 등록되는 공시책임자 또는 공시담당자는 제1항 제1호에 따른 교육을 신규등록일(신규상장법인의 경우에는 신규상장일. 이하 같다)부터 6개월이 되는 월말까지 이수하여야 한다. 다만 거래소가 다음 각 목의 어느 하나에 해당하여 해당 교육의 이수가 필요하지 않다고 인정하는 경우에는 그러하지 아니하다.
    가. 신규등록일부터 최근 1년 이내에 제1항 제1호(공시책임자의 경우 제2호를 포함)의 교육을 이수한 경우
    나. 신규등록일 이전에 제1항 제1호(공시책임자의 경우 제2호를 포함)의 교육을 이수하고 제2호의 교육을 신규등록일부터 6개월이 되는 월말까지 이수한 경우
    다. 그 밖에 거래소가 교육의무 이수가 필요하지 않다고 인정하는 경우
  2. 제1호 이외의 공시책임자 또는 공시담당자는 제1항(제3호를 제외)에 따른 교육을 공시책임자의 경우

가 교육을 이수하지 않은 경우 해당 법인에 대하여 세칙이 정하는 기한 내에 그 공시책임자 또는 공시담당자의 교체를 요구할 수 있으며, 이에 응하지 아니한 경우 3점 이내에서 세칙이 정하는 바에 따라 벌점을 부과할 수 있다(공시규정88⑤).

(4) 개선계획서 및 이행보고서 제출요구

거래소는 주권상장법인이 불성실공시법인으로 지정되는 경우로서 다음의 어느 하나에 해당되는 경우에는 불성실공시의 사전예방 및 재발방지를 위한 개선계획서의 제출을 요구할 수 있으며, 그에 대한 이행보고서를 개선계획서 제출일부터 6개월이 경과한 후 10일 이내에 제출하도록 요구할 수 있다. 다만 기 제출된 개선계획서가 제3항에 따라 공표되고 있는 경우에는 개선계획서의 제출을 요구하지 아니할 수 있다(공시규정39②).

1. 공시의무 위반사유로 상장규정에 따라 관리종목으로 지정된 때
2. 제1호에 따른 관리종목 지정기간 중에 추가적으로 부과받은 누계벌점이 15점 이상인 때

개선계획서 및 이행보고서의 제출을 요구받은 주권상장법인은 세칙[57])에서 정하는 바에

매 2년마다 4시간 이상, 공시담당자의 경우 매년 8시간 이상(공시담당자로 5년 이상 등록된 경우 매년 4시간 이상)을 각각 이수하여야 한다. 다만 제1호의 교육이수 기간 이내에 해당하는 연도에는 이를 적용하지 아니하며, 공시우수법인으로 선정된 주권상장법인의 공시담당자의 경우 선정월이 속하는 연도에는 이를 적용하지 아니한다.
3. 제1호 및 제2호에도 불구하고 규정 제38조에 따라 불성실공시법인에 대한 교육을 이수하여야 하는 해당 법인의 공시책임자 및 공시담당자 1인 이상은 거래소가 정하는 바에 따라 제1항 제3호의 교육을 이수하여야 한다.
③ 공시책임자 및 공시담당자는 제1항에 따른 교육을 이수한 경우에는 이를 증명할 수 있는 서류를 거래소에 지체없이 제출하여야 한다. 다만 교육을 거래소에서 직접 담당하거나 교육담당기관이 거래소에 교육이수내용을 통보하는 경우에는 그러하지 아니하다.
④ 공시책임자 및 공시담당자가 제2항 제1호부터 제3호까지의 규정에 따른 교육을 이수하지 아니한 경우 거래소는 해당 주권상장법인에게 주의·경고 조치를 하거나 공시책임자 또는 공시담당자의 교체를 요구할 수 있다 다만 당해 법인이 해당교육기간 중 회사의 사정 등으로 교육 미이수가 불가피하였다고 입증하는 경우로서 거래소가 정하는 교육을 이수하는 경우에는 그러하지 아니하다.
⑤ 거래소는 주권상장법인이 제4항에 따른 거래소의 교체요구일로부터 1월 이내에 해당 공시책임자 또는 공시담당자를 교체하여 거래소에 변경·등록하지 아니한 경우에는 해당 주권상장법인에 대하여 2점의 벌점을 부과할 수 있다. 다만 해당 벌점부과로 인하여 해당 주권상장법인이 발행한 상장주권이 공시의무 위반사유로 상장규정에 따라 관리종목으로 지정될 수 있는 경우에는 위원회의 심의를 거쳐 해당 벌점을 경감 또는 면제할 수 있다.
⑥ 제1항 및 제2항에도 불구하고, 규정 제26조의 공시책임자 및 공시담당자는 거래소가 별도로 실시하는 소정의 교육을 이수할 경우 규정 제38조 및 제88조 제4항의 교육을 이수한 것으로 본다.
57) 공시규정 시행세칙 15조(개선계획서 및 이행보고서 제출 등) ① 규정 제39조 제2항에 따른 개선계획서는 별지 제1호 서식에 따라 다음의 사항을 기재하여 거래소의 제출요구일로부터 10일 이내에 이를 제출하여야 한다.
1. 제출법인명 및 제출일자
2. 삭제<2005. 12. 27>
3. 공시의무위반의 원인 및 경위

따라 개선계획서 및 이행보고서를 거래소에 제출해야 하며, 이를 이행하지 않을 경우(개선계획서의 내용을 이행하지 아니한 경우를 포함) 거래소는 해당 주권상장법인에 대하여 3점 이내에서 세칙이 정하는 바에 따라 벌점을 부과할 수 있다. 이 경우 거래소가 필요하다고 인정하는 경우에는 개선계획서 및 이행보고서의 내용을 정정 또는 보완하여 제출할 것을 요구할 수 있다(공시규정39②). 거래소는 주권상장법인이 제출한 개선계획서 및 이행보고서를 공시매체에 6개월간 공표할 수 있다(공시규정39③).

(5) 매매거래정지

(가) 의의

상장주권에 중대한 영향을 미칠 수 있는 사유가 발생한 경우 당해 법인이 발행한 주권의 매매거래를 정지시키고 투자자에게 해당 사실을 공표한 후 매매거래를 재개하여 공익과 투자자를 보호하기 위한 제도이다.

(나) 매매거래정지사유

거래소는 다음의 어느 하나에 해당하는 경우에는 해당 주권상장법인이 발행한 주권 등에 대하여 매매거래를 정지할 수 있다. 다만 제4호의 경우에는 주식워런트증권 상장법인이 발행한 주식워런트증권 및 상장지수증권 상장법인이 발행한 상장지수증권을 포함한다(공시규정40①).

1. 제12조에 따른 조회공시 요구에 대하여 그 신고시한까지 이에 응하지 아니한 때
2. 제7조부터 제11조까지, 제25조 제1항 및 제51조에 따른 공시사항 중 주가 또는 거래량에 중대한 영향을 미칠 수 있는 사항으로서 세칙으로 정하는 사항을 공시하는 때[58]

---

4. 공시의무위반의 재발방지를 위한 조직의 재정비 등 구체적인 개선계획의 내용 및 일정
5. 그 밖에 필요한 사항
② 규정 제39조 제2항에 따른 이행보고서는 별지 제2호 서식에 따라 다음의 사항을 기재하여 거래소에 제출하여야 한다.
1. 제출법인명 및 제출일자
2. 공시의무위반의 원인 및 경위
3. 개선계획서에서 해당 법인이 기재한 구체적인 개선계획에 대한 이행내용
4. 그 밖에 필요한 사항
③ 거래소는 주권상장법인이 개선계획서 또는 이행보고서를 제출하지 아니한 경우에는 2점의 벌점을 부과할 수 있다.
58) 제40조 제1항 제2호에 따라 매매거래정지의 대상이 되는 공시사항은 다음의 어느 하나와 같다(시행세칙16①).
1. 규정 제7조 제1항 중 제1호 가목, 제2호 가목(8), 제2호 라목(5)·(6), 제2호 마목(2)·(6)(가)·(6)(나), 제3호 가목(5)에 해당하는 사항. 다만 규정 제7조 제1항 제3호 가목(5)에 따른 공시사항 중 상법 제530조의12에 따른 물적 분할의 사항 및 규정 제7조 제1항 제2호 마목(6)(가)·(6)(나)에 따른 공시사항 중 그 결과에 대한 공시사항은 그러하지 아니하다.
2. 규정 제7조 제1항 제2호 마목(1) 후단·(3)(나)에서 정하는 사항. 다만 그 내용(이 규정의 다른 신고 등

3. 제35조의 규정에 의하여 불성실공시법인으로 지정된 경우

4. 풍문 또는 보도 등과 관련하여 가격 또는 거래량이 급변하거나 급변이 예상되는 경우

위 제1항 제4호에서 "풍문 또는 보도 등"이란 다음의 어느 하나에 해당하는 상장법인에 관 한 풍문 또는 보도 등을 말한다. 다만 주식워런트증권의 경우 주식워런트증권 상장법인에 관한 상장규정 제143조 제1항 제1호에 해당하는 풍문 또는 보도 등을 말하고, 상장지수증권의 경우 상장지수증권 상장법인에 관한 상장규정 제149조의7 제1호에 해당하는 풍문 또는 보도 등을 말한다(공시규정40②).

1. 발행한 어음 또는 수표의 부도발생이나 은행과의 당좌거래정지 또는 금지

2. 영업활동의 전부 또는 일부의 정지

3. 법률의 규정에 의한 파산, 해산 또는 회생절차 개시신청이나 사실상의 회생절차 개시

4. 최근 사업연도 외부감사법의 규정에 의한 회계감사인의 감사보고서 또는 반기검토보고서 상 다음 각 목 중 어느 하나에 해당하는 사항

　가. 감사보고서의 경우 다음의 어느 하나에 해당하는 사항

　　(1) 감사의견 부적정, 의견거절 또는 감사범위 제한으로 인한 한정

　　(2) 최근 사업연도의 자기자본이 자본금의 100분의 50 이상 잠식

　　(3) 최근 사업연도의 매출액이 50억원 미만. 다만 제2조 제20항에 따른 기업인수목적회 사의 경우는 제외한다.

　나. 반기검토보고서의 경우 검토의견 부적정 또는 의견거절

을 통하여 확인된 경우를 포함)이 최초로 확인된 경우에 한한다.

3. 다음 각 목의 어느 하나에 해당하는 사항. 다만 그 내용이 최초로 확인된 경우에 한하며, 그 이후의 동 일 공시사항 또는 진행절차에 따라 발생하는 공시사항은 그러하지 아니하다.

　가. 규정 제7조 제1항 제3호 나목(1)부터 (4)까지의 사항(그와 관련한 제51조 제1호의 사항을 포함) 및 제51조 제3호의 어느 하나에 해당하는 사항

　나. 주권상장법인에 대하여 소송이 제기되는 경우로서 규정 제7조 제1항 제3호 다목(4) 및 제51조 제2 호에 따른 공시사항 중 소송의 제기·허가신청사항, 소송허가결정사항 그 밖에 법원의 판결·결정의 사항

4. 규정 제7조 제1항 제2호 가목(1)·(2) 중 배정비율이 10% 이상인 무상증자, 발행주식총수의 10% 이상 인 감자 또는 주식소각

5. 규정 제7조 제1항 제2호 마목(4) 중 배당비율이 10% 이상인 주식배당

6. 규정 제7조 제1항 제3호 가목(4)에 해당하는 사항. 다만 상법 제360조의9에 따른 간이주식교환 및 제 360조의10에 따른 소규모 주식교환의 사항은 그러하지 아니하다.

7. 삭제<2009. 2. 3>

8. 규정 제8조 제2항에 따른 당일 신고사항. 이 경우 제3호 각 목 외의 부분 단서를 준용한다.

8의2. 규정 제11조 제1항 제4호에 해당하는 사항 또는 규정 제11조 제2항 제2호 나목부터 라목까지의 어 느 하나에 해당하는 사항

9. 제1호부터 제8호의2까지에 준하는 사항 그 밖에 공익과 투자자보호 및 시장관리를 위하여 매매거래정 지가 필요하다고 인정되는 사항

5. 그 밖에 가격 또는 거래량의 급변이 예상되는 중요한 사항으로 조회가 가능한 사항

(다) 매매거래정지기간

매매거래정지기간은 다음과 같다(시행세칙16⑤).

1. 규정 제40조 제1항 제1호의 경우에는 당해 조회공시 요구에 응하여 답변공시하는 때 매매거래를 재개한다. 다만 당해 공시사항이 규정 제40조 제2항 각 호의 어느 하나에 해당하는 경우에는 제4호에 따른다.
2. 규정 제40조 제1항 제2호의 경우에는 당해 공시시점부터 30분이 경과한 때에 매매거래를 재개한다. 다만 공시시점이 당일 정규시장 매매거래개시시간 이전인 경우에는 정규시장 매매거래개시시점부터 30분이 경과한 때에 매매거래를 재개하며, 유가증권시장 업무규정 제4조 제3항 제1호 본문에 따른 정규시장 매매거래시간 종료 60분전 이후인 경우에는 그 다음 매매거래일부터 매매거래를 재개한다.
3. 규정 제40조 제1항 제3호의 경우에는 지정일 당일 1일간(지정일이 매매거래일이 아닌 경우에는 이후 최초로 도래하는 매매거래일 1일간)
4. 규정 제40조 제1항 제4호의 경우에는 정지사유에 대한 조회결과를 공시(주식워런트증권 상장법인과 관련된 경우에는 상장규정 제145조에 따른 신고를 포함하고, 상장지수증권 상장법인과 관련된 경우에는 상장규정 제149조의9에 따른 신고를 포함)한 경우에는 공시시점부터 30분이 경과한 때에 매매거래를 재개한다. 다만 공시 시점이 제2호 단서의 시간에 해당하는 경우에는 제2호 단서를 준용하여 매매거래를 재개한다.

그러나 거래소는 다음의 어느 하나에 해당하는 경우에는 매매거래정지기간을 연장할 수 있다. 이 경우 규정 제40조 제1항 제4호에 해당하는 주식워런트증권 상장법인이 발행한 주식워런트증권 및 상장지수증권 상장법인이 발행한 상장지수증권을 포함한다(시행세칙16④).

1. 주권상장법인 또는 상장외국법인의 공시내용이 상장규정에 따른 관리종목 지정기준에 해당되는 때
2. 조회결과를 공시한 후에도 해당 풍문 및 보도가 해소되지 아니하는 경우
3. 그 밖에 주권상장법인이 발행한 주권 등의 가격 및 거래량에 중대한 영향을 미칠 수 있는 사항으로서 거래소가 필요하다고 인정하는 때

(라) 매매거래정지의 예외

거래소는 다음의 어느 하나에 해당하는 경우에는 매매거래를 정지하지 아니할 수 있다(공시규정40③).

1. 제1항 제4호의 규정에 의하여 매매거래를 정지한 경우

2. 상장규정 제153조에 따라 매매거래를 정지하거나 한 경우

3. 그 밖에 시장관리상 매매거래정지가 필요하지 않다고 인정되는 경우로서 세칙에서 정하는 사항[59]

제6절 공정공시

I. 서설

1. 의의와 기능

공정공시(Fair Disclosure)란 주권상장법인이 공시되지 않은 중요정보 또는 법령상 공시의무의 대상이 되지 않는 중요정보 등을 애널리스트 등 특정인에게 선별적으로 제공하고자 하는 경우, 사전에 동일한 정보를 모든 시장참가자들이 알 수 있도록 시장을 통해 공시하도록 하는 제도이다.

금융감독원은 공정공시제도의 도입과 관련하여 그 기능을 다음과 같이 설명하고 있다. ⅰ) 공정공시는 정보제공을 통해 시장참여자간의 정보의 평등성을 확보해주는 점에서 내부자거래를 사전에 예방하는 기능을 한다. 그 이유는 공정공시제도가 증권의 거래유무와 관계없이 선택적인 공시 자체를 금지함으로써 제3자가 회사의 내부자자로부터 중요한 미공개정보를 제공받아 거래하는 것이 원칙적으로 봉쇄되기 때문이다. ⅱ) 수시공시제도는 정형화되어 있는 공시사항에 관하여 공시시한을 일률적으로 정하고 있음에 반하여 공정공시제도는 수시공시의무가 발생하기 전에도 구체적인 정보의 공시시기를 정함으로써 수시공시제도를 보완한다. ⅲ) 애널리스트 등이 공평하게 제공되는 기업관련 정보와 사실에 근거하여 투자분석을 실시하게 되어 투자자들에게 객관적인 분석자료를 제공할 수 있다.[60]

2. 도입배경과 규제체계

미국에서는 일찍부터 선택적 공시의 문제를 인식하고 이를 규제하려고 하였으나 전통적인 내부자거래의 규제법리로서는 적절히 규제할 수 없었다. 따라서 미국의 SEC는 증권의 발행인이 애널리스트 또는 기관투자자 등 특정 집단에게만 회사의 중요한 정보를 제공하는 경우 그

---

59) 제3호에 따른 매매거래정지가 필요하지 않은 경우는 부과벌점이 10점 미만인 경우를 말한다(시행세칙16 ②).

60) 금융감독원(2002), "공정공시제도 도입방안"(2002. 9. 9) 보도자료.

내용을 일반투자자에게도 즉시 공시하도록 하는 공정공시제도를 채택하여 2000년 10월 23일부터 시행하였다.[61]

우리나라의 공정공시제도는 미국에서 2000년 10월 도입한 Regulation FD(Reg FD)[62]를 모델로 하여 2002년 11월 1일부터 Reg FD의 기본골격을 거의 그대로 수용하여 시행하였다. 다만 우리나라의 현실을 고려하여 몇 가지 점에서 차이가 있는데, 기본적으로 미국의 Reg FD가 내부자거래규제의 사각지대인 애널리스트에 대한 선별적 공시를 규제하고자 정부규제기관인 SEC가 법규로 규제하는데 반하여, 우리나라의 공정공시제도는 수시공시를 보완하기 위하여 자율규제기관인 거래소가 공시규정으로 규제하고 있다. 그런데 양국의 제도의 도입배경, 공시제도와 내부자거래규제체계상의 차이를 고려하지 않고 미국의 제도를 그대로 수용함으로써 우리나라의 공정공시제도는 집행과정에서 내부자거래규제와의 중복 및 충돌 등 상당한 문제점을 내포하고 있다.[63][64]

공정공시는 거래소의 유가증권시장 공시규정과 코스닥시장 공시규정에서 정하고 있으며, 구체적인 사항은 유가증권시장 공정공시 운영기준과 코스닥시장 공정공시 운영기준을 두어 운영하고 있다. 여기서는 유가증권시장 공시규정과 유가증권시장 공정공시 운영기준("운영기준")을 중심으로 살펴보기로 한다.

61) 강대섭(2005), "공정공시에 관한 연구", 상사판례연구 제18집 제1권(2005. 3), 70쪽.
62) 미국 SEC는 2000년 8월 새로운 공시규제인 Regulation FD(Regulation Fair Disclosure)를 SEC 규칙으로 발표하였다. 이는 미국에서 1983년의 발행시장공시와 유통시장공시를 통합한 "통합공시제도(Integrated Disclosure System)의 채택 이후 가장 중요한 공시규제로 알려져 있다.
63) 성희활(2004), "공정공시제의 발전적 개편방안에 관한 연구", 증권법연구 제5권 제2호(2004. 12), 82~83쪽.
64) 우리나라와 미국의 공정공시제도의 차이점으로는 ⅰ) 규제기관: 자율규제기관인 거래소(한국), 정부기관인 SEC(미국), ⅱ) 규제근거: 계약적 성격을 갖는 거래소 공시규정(한국), 법적 성격을 갖는 SEC 규칙(미국), ⅲ) 근본취지: 내부자거래 예방기능을 담보하는 공시규제의 일부로서 수시공시제도 보완(한국), 내부자거래규제로서 선별적 공시에 대한 사각지대 해소(미국), ⅳ) 공시대상정보: 비중요정보도 포함하는 열거주의(한국), 판례법상 중요성 기준에 해당하는 일체의 정보(미국), ⅴ) 공시매체: 거래소의 전자공시시스템만 인정(한국), 직접공시주의에 따라 신문·방송·뉴스와이어 등 기존의 공시매체 및 컨퍼런스콜 등 다양한 새로운 매체 허용(미국), ⅵ) 정보제공대상자: 증권사·투신사 등 기관투자자 이외에 언론사 및 증권정보사이트 포함(한국), 증권사·투신사 등 기관투자자만 대상(미국), ⅶ) 언론기관에 대한 적용 예외: 보도목적이 기자에 의한 취재, 단 보도자료, 기자회견, 기자간담회 등을 통한 정보제공의 경우에는 공정공시제도 적용(한국), SEC 해석에 의해 보도자료 제공 등 언론기관에 제공하는 경우에는 제외(미국), ⅷ) 위반시 제재조치: 거래소의 불성실공시법인 지정 등으로 인한 제재수단(한국), SEC의 행정·민사 소송제기, 즉 금지명령 또는 민사제재금 청구가능(미국)(성희활(2004), 83쪽).

Ⅱ. 공정공시제도의 내용

1. 공정공시 대상정보

주권상장법인은 공정공시정보 제공자가 다음의 어느 하나에 해당하는 사항("공정공시 대상정보")을 공정공시정보 제공대상자에게 선별적으로 제공하는 경우에는 그 사실 및 내용을 거래소에 신고하여야 한다(공시규정15①). 공시규정은 기업의 장래계획, 실적치 및 잠정치, 수시공시의무 관련사항 등 네 가지 범주로 구분하고 있다.[65]

1. 장래 사업계획 또는 경영계획[66]
2. 매출액, 영업손익, 법인세비용차감전계속사업손익 또는 당기순손익 등에 대한 전망 또는 예측[67][68]
3. 제21조의 규정에 의하여 사업보고서, 반기보고서 및 분기보고서("사업보고서 등")를 제출하기 이전의 당해 사업보고서 등과 관련된 매출액, 영업손익, 법인세비용차감전계속사업손익 또는 당기순손익 등 영업실적[69]

---

[65] 공정공시정보 제공자는 공정공시 대상정보를 각종 비율 및 증감 규모 등을 통하여 우회적으로 제공하여서는 아니 된다(운영기준4).

[66] "장래 사업계획 또는 경영계획"이라 함은 회사 전체의 영업활동 및 기업실적에 중대한 영향을 미치는 다음의 사항으로서 향후 3년 이내의 계획을 말한다. 이 경우 당해 계획의 목적, 추진일정, 예상투자금액 및 예상효과를 구체적으로 표시하여 신고하여야 한다(운영기준3①).
  1. 신규사업의 추진
  2. 신시장의 개척
  3. 주력업종의 변경
  4. 회사조직의 변경
  5. 신제품의 생산
  6. 국내외법인과의 전략적 제휴
  7. 신기술의 개발
  8. 기존사업의 변경(중단·폐업·매각 등)

[67] "매출액, 영업손익, 법인세비용차감전계속사업손익 또는 당기순손익 등에 대한 전망 또는 예측"이라 함은 향후 3년 이내의 기간에 대한 매출액, 영업손익, 법인세비용차감전계속사업손익 또는 당기순손익 등에 대한 전망 또는 예측을 말한다. 이 경우 당해 전망 또는 예측과 관련된 가정 또는 판단의 근거를 구체적으로 명시하여 신고하여야 한다(운영기준3②).

[68] 실적치의 경우는 전년 동기 및 전기 실적 등 비교수치를 기재하여야 하며, 대상기간이 분기 이상인 경우에는 당해 기간의 매출액, 영업손익, 경상손익 및 당기손손익을 함께 신고하여야 한다.

[69] "사업보고서, 반기보고서 및 분기보고서("사업보고서 등")를 제출하기 이전의 당해 사업보고서 등과 관련된 매출액, 영업손익, 법인세비용차감전계속사업손익 또는 당기순손익 등 영업실적"이라 함은 공정공시 대상정보를 제공하는 시점에서 제출이 이루어지지 아니한 사업보고서 등의 당해 사업연도, 반기 및 분기의 매출액, 영업손익, 법인세비용차감전계속사업손익 또는 당기순손익 등 영업실적을 말하며 실적을 발표하는 경우에는 당해 월별실적 중 해당정보를 포함한다. 이 경우 전년 동기 및 전기 실적 등 비교수치를 기재하여야 하며, 대상 기간이 분기 이상인 경우에는 당해 기간의 매출액, 영업손익, 법인세비용차감전계속사업손익 또는 당기순손익을 함께 신고하여야 한다. 다만 종속회사의 결산지연 또는 당해 업종의 회계처리

4. 제7조부터 제11조까지의 규정에서 정하는 사항과 관련된 것으로서 그 신고시한이 경과되지 아니한 사항[70]

2. 공정공시정보 제공자

"공정공시정보 제공자"라 함은 다음의 어느 하나에 해당하는 자를 말한다(공시규정15②). 공시규정은 당해 법인, 공정공시 대상정보에 접근가능한 포괄적인 지위를 가진 자 및 업무상 동 정보에 대한 접근이 가능한 직원 등 3가지 범주로 구분하고 있다.

1. 해당 주권상장법인 및 그 대리인
2. 해당 주권상장법인의 임원[71](이사·감사 또는 사실상 이와 동등한 지위에 있는 자[72]를 포함)
3. 공정공시 대상정보에 대한 접근이 가능한 해당 주권상장법인의 직원[73](공정공시 대상정보와 관련이 있는 업무수행부서 및 공시업무 관련부서의 직원[74])

3. 공정공시정보 제공대상자

"공정공시정보 제공대상자"라 함은 다음의 어느 하나에 해당하는 자를 말한다(공시규정15③).

1. 자본시장법에 의한 투자매매업자·투자중개업자·투자회사·집합투자업자·투자자문업자·투자일 임업자와 그 임원[75]·직원[76] 및 이들과 위임[77] 또는 제휴관계[78]가 있는 자

기준의 특성 등으로 인하여 불가피한 경우에는 그러하지 아니하다(운영기준3③).
70) "제7조부터 제11조까지의 규정에서 정하는 사항과 관련된 것으로서 그 신고시한이 경과되지 아니한 사항"이라 함은 규정 제7조 내지 제10조에서 정하는 기준에 해당되는 사항으로서 이사회 결의 등이 이루어지지 않아 신고의무가 확정적으로 발생하지 아니한 사항 또는 신고의무가 확정적으로 발생하였으나 규정 제7조 내지 제10조의 규정에 따라 신고하지 아니한 사항을 말한다(운영기준3④).
71) 임원의 경우에는 등기 또는 상근 여부를 불문하며, 이사의 경우에는 사외이사를 포함하고, 감사의 경우에는 감사위원회 위원을 포함한다(운영기준5①).
72) "사실상 이와 동등한 지위에 있는 자"라 함은 상법 제401조의2 제1항에 따른 업무집행지시자등을 말한다(운영기준5②).
73) "직원"이라 함은 명칭여하를 불문하고 근로기준법의 적용대상이 되는 근로계약을 체결한 자를 말한다(운영기준5③).
74) "공정공시 대상정보와 관련이 있는 업무수행부서의 직원"이라 함은 공정공시 대상정보와 관련이 있는 업무에 관하여 실질적인 의사결정 및 집행을 하는 부서의 직원으로서 당해 업무에 직·간접적으로 관여하는 자를 말하며, "공시업무 관련부서의 직원"이라 함은 공시내용·시기 등을 실질적으로 결정하는 부서의 직원 및 직·간접적으로 공시업무에 관여하는 직원을 말한다(운영기준5④).
75) "임원"이라 함은 운영기준 제5조 제1항 및 제2항에 해당하는 자를 말한다(운영기준6①).
76) "직원"이라 함은 운영기준 제5조 제3항에 해당하는 자를 말한다(운영기준6②).
77) "위임관계"라 함은 명칭여하를 불문하고 위임인의 위임에 의해 수임인이 수임사무를 처리해 주는 것을 내용으로 하는 계약으로서 다음 각호의 1에 해당하는 것을 포함한다(운영기준6③).

2. 전문투자자(제1호에서 정하는 자 제외) 및 그 임·직원

3. 제1호 및 제2호의 규정에 따른 자의 업무와 동일하거나 유사한 업무를 수행하는 외국의 전
   문투자자[79] 및 그 임·직원

4. 방송법에 의한 방송사업자 및 신문법에 의한 신문·통신 등 언론사(이와 동일하거나 유사
   한 업무를 수행하는 국내외 법인[80]을 포함) 및 그 임·직원

5. 정보통신망법에 의한 정보통신망을 이용하는 증권정보사이트 등[81]의 운영자 및 그 임·직원

6. 공정공시 대상정보를 이용하여 주권상장법인의 증권을 매수하거나 매도할 것으로 예상되는
   해당 증권의 소유자[82]

7. 제1호부터 제6호까지에 준하는 자로서 거래소가 정하는 자[83]

4. 공정공시 신고시한

공정공시 대상정보의 신고는 당해 정보가 공정공시정보 제공대상자에게 제공되기 이전까
지 하여야 한다. 다만 공정공시정보 제공자 경미한 과실 또는 착오로 제공한 경우에는 제공
한 당일에 이를 신고하여야 하며, 해당 주권상장법인의 임원이 그 제공사실을 알 수 없었음을
소명하는 경우에는 이를 알게 된 날에 신고할 수 있다[84](공시규정15④).

---

1. 변호사에게 소송대리인으로서 소송수행을 의뢰하는 것
2. 증권신고서 등 신고서류의 작성·제출 등의 업무처리를 법에 의한 투자매매업자 또는 투자중개업자에게
   의뢰하는 것
3. 인수회사 또는 회계법인 등에게 증권의 가치분석 등의 업무를 의뢰하는 것

78) "제휴관계"라 함은 명칭여하를 불문하고 판매·제품개발·투자등 기업활동을 수행하는 데 있어서 기술·생
   산·자본 등을 2 이상의 기업 등이 공동으로 영위하거나 협력하는 것을 말한다(운영기준6④).
79) "외국의 전문투자자"라 함은 명칭여하를 불문하고 외국의 금융관련법령에 의하여 영업의 허가·인가 등을
   받아 금융업 등을 영위하는 각종 금융회사, 투자회사, 헤지펀드 및 이와 유사한 기능을 수행하는 회사를
   말한다(운영기준6⑤).
80) "이와 동일하거나 유사한 업무를 수행하는 국내외 법인"이라 함은 법률에 의한 언론사에 해당되지는 않으
   나 인터넷 등을 통하여 실질적으로 언론사와 동일하거나 유사한 업무를 수행하는 국내외 법인을 말한다
   (운영기준6⑥).
81) "증권정보사이트 등"이라 함은 증권의 매매거래와 관련된 정보 또는 주권상장법인 등에 대한 정보의 제공
   을 주요 내용으로 하는 인터넷 사이트 등을 말한다(운영기준6⑦).
82) "공정공시 대상정보를 이용하여 주권상장법인의 증권을 매수하거나 매도할 것으로 예상되는 당해 증권의
   소유자"라 함은 제공받은 정보를 이용하여 당해 주권상장법인이 발행한 증권을 매수 또는 매도하지 않을
   것이라는 의사표시를 서면으로 하지 않은 자로서 당해 증권을 소유하고 있는 자를 말한다(운영기준6⑧).
83) "거래소가 정하는 자"라 함은 주권상장법인이 거래소에 신고되지 아니한 공정공시 대상정보를 규정 제15
   조 제3항 제1호부터 제6호까지에서 규정하는 자가 용이하게 접근할 수 있는 당해 주권상장법인의 홈페이
   지 등의 수단을 이용하여 제공하는 경우 당해 정보에 접근할 수 있는 자를 말한다(운영기준6⑨).
84) 공정공시 운영기준 제7조(신고시한등) ① 기업설명회 등을 통하여 공정공시 대상정보를 제공하고자 하는
   경우에는 기업설명회 등의 개시시점 이전에 이를 신고하여야 한다.
   ② 주권상장법인은 규정 제15조 제4항 본문에서 정하는 신고시한에 불구하고 공정공시 대상정보를 제공하
   는 시점의 최소 10분전까지 당해 정보를 거래소에 신고하도록 노력하여야 한다.
   ③ 규정 제15조 제4항 단서에서 "경미한 과실 또는 착오로 제공한 경우"라 함은 공정공시정보 제공자가

5. 자회사의 공정공시 대상정보

주회사인 주권상장법인은 해당 주권상장법인의 공정공시정보 제공자가 자회사의 공정공시 대상정보를 공정공시정보 제공대상자에게 제공하는 경우 제15조 및 제17조에 따라 거래소에 신고하여야 한다. 이 경우 자회사의 범위는 지주회사가 소유하고 있는 자회사 주식의 최근 사업연도말 재무상태표상 가액(사업연도 중 편입하는 경우에는 그 취득가액)이 지주회사의 최근 사업연도말 자산총액의 10% 이상인 자회사로 한다(공시규정16).

6. 공정공시 신고방법

주권상장법인은 제15조 제1항 제4호에 따른 신고사항이 제7조부터 제11조까지의 규정에 따른 공시의무사항과 중복되는 경우에는 제7조부터 제11조까지의 해당 규정에 따라 신고하여야 한다. 다만 이 경우 그 신고시한에 관하여는 제15조 제4항을 적용한다(공시규정17①).

거래소는 제6조의 규정에 불구하고 제15조 또는 제16조에 따른 신고내용이 방대한 경우에는 주권상장법인이 이를 요약하여 신고하도록 하고, 그 신고서류와 원문을 해당 주권상장법인의 홈페이지 등에 게재할 수 있다[85](공시규정17②).

제공하고자 하는 정보가 이미 신고된 것으로 오인하거나 공정공시 대상정보가 아닌 것으로 오인하여 제공한 경우를 말한다.

④ 규정 제15조 제4항 단서의 규정에 의하여 신고하는 경우에는 당해 주권상장법인의 대표이사 명의의 문서로써 이를 하여야 한다.

⑤ 공정공시 정보제공자가 기업설명회, 기자회견, 기자간담회, 컨퍼런스콜 등의 진행 중에 신고하지 아니한 공정공시 대상정보를 제공한 경우에는 당해 주권상장법인은 당해 정보가 제공된 이후 지체 없이 이를 신고하여야 한다.

⑥ 매매거래일의 매매거래개시시간 이전에 개최되는 간담회 등에서 공정공시정보 제공자가 공정공시 대상정보를 공정공시정보 제공대상자에게 제공하는 경우에는 당해 주권상장법인은 이를 당일 시간외시장 개시 10분전(장개시전 시간외시장이 열리지 않을 경우에는 정규시장 매매거래 개시 30분전)까지 신고하여야 한다.

⑦ 주권상장법인은 규정 제15조부터 제17조까지에 따른 공정공시 의무가 발생하였으나 거래소의 전자공시시스템의 접수마감 등으로 인하여 이를 이용할 수 없는 경우에는 그 다음 개장초일 시간외시장 개시 10분전(장개시전 시간외시장이 열리지 않을 경우에는 정규시장 매매거래 개시 30분전)까지 이를 신고하여야 한다.

85) 공정공시 운영기준 제8조(신고방법) ① 주권상장법인이 규정 제17조 제1항에 따라 신고하는 경우에는 규정 제7조부터 제10조까지의 해당 규정에 따른 신고서식에 의하여 신고하여야 한다.

② 주권상장법인은 공정공시의 내용과 관련하여 상세한 정보를 알고자 하는 투자자의 문의가 용이하게 이루어질 수 있도록 공시책임자, 공시담당자, 당해 공정공시 대상정보와 관련이 있는 부서 및 연락처 등을 신고내용에 포함하여야 한다.

③ 규정 제17조 제2항에서 "신고내용이 방대한 경우"라 함은 기업설명회에서 제공되는 정보 등 공정공시 대상정보의 신고와 관련하여 신고서류의 파일분량이 3메가바이트 이상인 경우 또는 거래소가 인정하는 경우를 말한다.

④ 주권상장법인이 규정 제17조 제2항에 따라 정보를 요약하여 신고하는 경우에는 당해 주권상장법인은

즉 거래소의 상장공시시스템(KIND)을 통하여 전자문서를 제출하여야 하고, 공정공시로 신고할 사항이 수시공시의무사항에 해당되는 경우에는 수시공시의무에 따라 신고하면 된다. 다만 이 경우 신고시한은 공정공시 신고시한이 된다.

Ⅲ. 공정공시의무의 적용예외

다음의 어느 하나에 해당하는 경우에는 공정공시규제가 적용되지 아니한다(공시규정18). 국민의 알권리의 충족을 위한 보도목적의 취재와 공정공시 대상정보를 유포시키지 않을 법적인 의무를 지고 있는 자에게는 기업의 원활한 업무처리를 위하여 정보의 선별제공을 허용하고 있다.

1. 공정공시정보 제공자가 보도목적의 취재[86]에 응하여 제15조 제3항 제4호에서 규정하는 자에게 공정공시 대상정보를 제공하는 경우
2. 공정공시정보 제공자가 다음 각 목의 어느 하나에 해당하는 자에게 공정공시 대상정보를 제공하는 경우[87]
   가. 변호사·공인회계사 등 해당 주권상장법인과의 위임계약에 따른 수임 업무의 이행과 관련하여 비밀유지의무가 있는 자
   나. 합법적이고 일상적인 업무의 일환으로 제공된 정보에 대하여 비밀을 유지하기로 명시

신고내용에 홈페이지 주소를 게재하는 등 원본에 접근할 수 있는 방법을 명시하여야 한다.
[86] "보도목적의 취재"라 함은 신문·방송 등 언론사의 종사자가 일반 대중의 알권리 충족을 위하여 주권상장법인을 직접 방문하거나 당해 주권상장법인의 임·직원과의 접촉을 통하여 정보를 수집·종합하여 보도가치가 있는 정보를 생산해 내는 일련의 행위를 말한다. 이 경우 주권상장법인이 보도자료, 기자회견, 기자간담회, 컨퍼런스콜 등을 통하여 정보를 제공하는 경우에는 공정공시의무의 적용예외를 적용하지 아니한다(운영기준9①).
[87] 제2호 가목 및 나목에서 "비밀유지의무가 있는 자" 및 "비밀을 유지하기로 명시적으로 동의한 자"라 함은 다음 각호의 1에 해당하는 계약 등의 적용을 받는 자를 말한다(운영기준9②).
   1. 변호사법의 적용을 받는 법무법인 또는 변호사와의 법률자문, 위임사무 대행, 소송업무 수행 등을 위한 위임계약
   2. 공인회계사법의 적용을 받는 공인회계사와의 외부감사, 경영 또는 증권업무 관련 컨설팅, 세무조정대행, 외자유치를 위한 업무처리대행, 회생절차 등을 위한 자산·부채실사, 합병 등을 위한 기업가치분석, 해외법인관리업무 등을 위한 위임계약
   3. 세무사법의 적용을 받는 세무사와의 조세에 관한 신고·신청·청구의 대리, 세무조정계산서등 세무관련 서류의 작성, 조세관련 상담 또는 자문 등 세무대리업무 수행 등을 위한 위임계약
   4. 인수업무를 수행하는 주간사회사 등 인수단과의 인수계약(인수계약서상 비밀유지의무가 명시된 경우)
   5. 금융기관과의 대출계약(당해 금융기관의 임·직원이 서면에 의하여 비밀을 유지하기로 명시적으로 동의한 경우). 다만 은행법에 의한 금융기관과의 대출 등 일상적인 업무와 관련된 계약의 경우에는 서면에 의한 비밀유지 동의를 요하지 아니한다.
   6. 기업구조조정 촉진법에 의하여 기업과 채권금융기관과의 경영정상화계획의 이행을 위한 약정(채권금융기관협의회 또는 주채권은행이 비밀을 유지하기로 명시적으로 동의한 경우)
   7. 그밖에 전문지식을 요하는 위임업무의 수행을 위해 요구되는 일정한 자격증소지자(직무수행과 관련하여 관계법률상 비밀유지의무가 있는 자)와의 위임계약

적으로 동의한 자

　다. 자본시장법 제335조의3에 따라 금융위원회로부터 신용평가업 인가를 받은 자

　라. 가목부터 다목까지에 준하는 자로서 거래소가 정하는 자

Ⅳ. 공정공시의무위반에 대한 제재

공정공시의무를 위반한 경우에는 불성실공시의 한 유형인 공시불이행으로 본다(공시규정 29(1)(2)). 위에서 설명한 불성실공시에 대한 조치가 그대로 적용된다. 따라서 불성실공시법인 지정, 공시위반제재금, 개선계획서·이행보고서 제출요구, 매매거래정지 등의 제재를 받게 된다 (공시규정35, 35조의2 이하).

제7절   전자공시제도

Ⅰ. 의의

자본시장법에 따라 금융위원회, 증권선물위원회, 금융감독원장, 거래소, 협회 또는 예탁결제원에 신고서·보고서, 그 밖의 서류 또는 자료 등을 제출하는 경우에는 전자문서의 방법으로 할 수 있다(법436①). 전자문서에 의한 신고 등의 방법 및 절차, 그 밖에 필요한 사항은 대통령령으로 정한다(법436②).

자본시장법 및 동법 시행령, 그 밖의 다른 법령에 따라 금융위원회, 증권선물위원회, 금융감독원장, 거래소, 협회 또는 예탁결제원에 신고서·보고서, 그 밖의 서류 또는 자료 등("신고서등")을 제출하는 자는 정보통신망법에 따른 정보통신망을 이용한 전자문서(컴퓨터 등 정보처리능력을 가진 장치에 의하여 전자적인 형태로 작성되어 송·수신 또는 저장된 문서형식의 자료로서 표준화된 것)의 방법에 의할 수 있다(영385①). 신고서등을 제출하는 자가 전자문서의 방법에 의하는 경우에 그 전자문서의 효력과 도달시기 등 전자문서에 관한 사항은 정보통신망 이용촉진 및 정보보호 등에 관한 법률에서 정하는 바에 따른다(영385④).

전자공시제도는 상장법인 등 공시의무자가 공시서류를 전자문서의 방법으로 인터넷을 통하여 직접 전송하여 관계기관에 제출하고 관계기관은 공시자료를 전산매체를 통하여 다른 관계기관과 일반투자자에게 전송함으로써 공시의 신뢰성과 기업경영의 투명성을 제고하기 위한 종합적인 기업공시시스템이라고 할 수 있다.

Ⅱ. 도입배경 및 효과

전자공시제도는 종래의 서면공시방식의 문서의 중복제출로 인한 시간적·물적 부담의 가중과 자본시장 규모 확대에 따른 공시물량의 증가로 수작업에 의한 공시가 한계에 도달하여 채택하게 되었다. 1999년 1월 증권거래법 제194조의 2(전자문서에 의한 신고등)의 규정의 신설로 법적 근거를 마련하였다. 자본시장법은 이 규정을 그대로 수용하고 있다.

전자공시의 도입효과로는 ⅰ) 공시의 신속성 및 접근성의 제고이다. 세계 어디서나 24시간 인터넷을 통해 신속하고 용이하게 공시자료를 열람할 수 있게 되었다. ⅱ) 제출인의 부담을 경감하였다. 원스톱 제출체제를 구축하여 제출인의 공시자료를 1회 제출하면 관계기관에 대한 공시의무를 완료하게 되었다. ⅲ) 관계기관의 협력을 통한 사회적 비용의 절감이다. 원스톱 제출체제의 구축을 통한 관계기관 등의 시스템구축비용을 절감하였다. ⅳ) 기업재무자료의 연계성 강화를 통한 기업경영의 투명성의 제고이다. 제출과 동시에 인터넷을 통하여 공시되므로 투자자의 신속한 공시요구에 부응하고, 기업정책에 필요한 관련 통계자료 및 재무자료의 생산 및 분석체제를 구축함으로써 기업경영의 투명성을 유도하게 되었다.[88]

Ⅲ. 금융감독원의 전자공시

전자문서의 방법에 의하여 신고서등을 제출할 때 필요한 표준서식·방법·절차 등은 금융위원회가 정하여 고시한다. 이 경우 금융위원회는 해당 신고서등이 거래소, 협회 또는 예탁결제원에 함께 제출되는 것일 때에는 그 표준서식·방법·절차 등을 정하거나 변경함에 있어서 미리 해당 기관의 의견을 들을 수 있다(영385②). 금융위원회의 증권발행공시규정 제6장은 전자문서에 의한 신고 등에 관한 상세한 규정을 두고 있다.

금융감독원의 전자공시제도는 금융감독원이 개발하여 운영하는 전자공시시스템(DART 시스템: Data Analysis Retrieval and Transfer System)을 통하여 기업 등 공시의무자가 공시서류를 전자문서의 방법으로 제출하고, 일반이용자는 인터넷을 통해 즉시 열람할 수 있는 공시제도이다. 즉 공시의무자는 공시서류를 금융감독원에 전자문서로 1회만 제출하면 되고 일반이용자는 DART에 시간과 공간의 제약없이 공시정보를 용이하게 검색 및 조회할 수 있다.

---

88) 금융감독원·코스닥등록법인협회의(2000), 「기업공시제도 해설」(2000. 12), 326-327쪽.

Ⅳ. 거래소의 전자공시

거래소, 협회 또는 예탁결제원의 업무 관련 규정에 따라 제출하는 신고서등의 경우에는 자본시장법 시행령 제385조 제2항 전단에도 불구하고 해당 기관이 이를 정할 수 있다(영385③). 이에 따라 거래소의 유가증권시장 공시규정 제3편과 코스닥시장 공시규정 제2편은 전자문서에 의한 신고 등에 관하여 자세한 규정을 두고 있다. 이 규정들은 자본시장법 제436조에 의하여 주권상장법인등이 전자문서의 방법에 의하여 거래소에 제출하는 신고서·보고서 그 밖의 서류 또는 자료 등의 제출과 금융위원회의 증권발행공시규정에 의하여 주권상장법인으로부터 전자문서의 방법으로 금융감독원에 제출된 신고서 등을 금융감독원으로부터 전송받아 공시하는 것 등과 관련하여 필요한 사항을 규정하고 있다.

거래소의 전자공시제도는 거래소에서 개발하여 운영하는 상장공시시스템(KIND 시스템: Korea Investor's Network for Disclosure System)을 통하여 상장법인 등의 공시의무자가 공시서류를 인터넷을 통하여 직접 작성 및 제출하고, 일반이용자는 인터넷 등 공시매체를 통하여 즉시 열람할 수 있는 공시제도이다.

제 5 장

주권상장법인에 대한 특례

제1절 서설

Ⅰ. 증권거래법상 특례규정

　　증권거래법은 제9장 제3절 "상장법인 등에 대한 특례 등"에서 주권상장법인 등에 대한 특례를 규정하고 있었다. 특례규정은 재무구조에 대한 부분과 기업지배구조에 대한 부분으로 나누어져 있었는데, 재무구조에 대한 부분은 「자본시장육성에 관한 법률」이 폐지되면서 증권거래법으로 흡수된 것이고, 지배구조에 대한 부분은 1997년 IMF 외환위기 후에 재벌중심의 지배구조를 개선하기 위하여 도입된 것이다.

Ⅱ. 자본시장법상 특례규정

　　이러한 특례규정으로 인하여 증권거래법은 상법의 특별법 중 가장 중요한 법이 되었다. 증권거래법의 고유영역에 속하지 않는 특례규정을 이와 같이 계속해서 증권거래법에 두는 것이 바람직한지에 관하여 논란이 있어 오던 차에, 증권거래법 등 자본시장 관련 6개 법률을 통합하는 자본시장법이 제정됨에 따라 상장법인의 재무구조에 관한 특례규정은 자본시장법에서 규정하고, 상장법인의 지배구조에 관한 특례규정은 상법에서 규정하게 되었다. 이와 같이 지배구조 부분과 재무구조 부분을 분리한 이유는 일반 주식회사의 지배구조와 관련한 사항은 상법에 명시되어 있으므로 상장법인의 지배구조도 상법에서 규정하는 것이 법체계에 맞고, 재무구조에 관한 특례부분은 증권시장에 미치는 영향이 커서 정부의 시의적절한 조치가 필요한 경우가 많고, 투자자보호 및 불공정거래와 관련될 수 있는 사항들로서 감독당국의 계속적인 지도·감시가 필요했기 때문이라고 한다.[1]

Ⅲ. 재무구조 특례규정의 의의

주권상장법인에 대한 재무구조 특례규정은 기본적으로 상장법인의 재산 및 수지관리와 관련된 규정이다. 이는 상장법인의 회사재무구조와 관련되는 규정 및 회사의 재산상태에 영향을 미칠 수 있는 각종의 규정(예를 들면 주식발행, 사채발행, 이익배당 등)을 말한다. 이와 같은 특례규정은 주권상장법인의 자금조달을 지원하고 재무구조의 개선을 촉진하기 위하여 둔 것이다.

Ⅳ. 적용범위

주권상장법인에 대한 특례에 관한 제3편 제3장의2는 외국법인등과 투자회사에는 적용되지 않는다(법165의2①). 다만 주권상장법인 재무관리기준에 관한 제165조의16 및 주권상장법인에 대한 조치에 관한 제165조의18은 외국법인등에도 적용된다(법165의2①). 자본시장법의 주권상장법인에 대한 특례에 관한 제3편 제3장의2는 주권상장법인에 관하여 상법 제3편에 우선하여 적용한다(법165의2②).

제2절 주식관련 특례규정(주식관리 등과 관련된 특례규정)

Ⅰ. 자기주식의 취득

1. 서설

(1) 자기주식 취득의 의의

자기주식이란 회사가 자신이 발행한 주식을 자기의 계산으로 취득하여 보유하고 있는 주식을 말하며, 자사주라고도 한다. 따라서 자기주식의 취득이란 회사가 주주로부터 주식을 취득

---

1) 변제호 외 4인(2009),「자본시장법」, 지원출판사(2009. 11), 454쪽.

하는 것이다.

자기주식의 취득·처분은 상법에 의한 경우와 자본시장법에 의한 경우로 구분할 수 있다. 상장법인은 상법에서 정한 목적에 따라 자기주식을 취득할 수 있고, 상법에서 정한 목적 이외에 자본시장법에 따라 목적에 관계없이 배당가능이익의 범위 내에서 자기주식을 취득할 수 있다.

(2) 자기주식 취득·처분의 목적

증권거래법이 1994년 자기주식의 취득 및 보유를 허용한 이후 많은 상장법인이 주가관리, 경영권안정 등의 목적으로 자기주식을 취득해 오고 있다. 자기주식의 취득목적은 주가안정, 주주가치의 제고, 이익소각, 주식매수선택권의 교부, 경영권방어 등으로 공시되었는데, 특히 주가안정을 목적으로 하는 경우가 압도적으로 많았다.[2]

특히 자기주식의 취득은 적대적 기업매수에 대한 방어수단으로 그동안 많이 이용되어 왔다. 자기주식을 취득함으로써 유통주식의 물량을 줄이고 적대적 기업매수의 대상이 되는 회사가 보유하고 있는 지분율을 높임으로써 적대적 기업매수를 어렵게 하는 것이다. 또한 자기주식의 취득으로 인하여 주가가 상승하여 매수시도자의 자금소요를 증대시키게 하는 부가적인 효과도 있다. 자기주식의 취득은 그 성격상 미리 회사가 향후 있을지 모르는 적대적 기업매수 시도를 사전에 차단하기 위해 주로 사용된다.[3]

반면 자기주식의 처분목적은 재무구조 개선, 주식매수선택권의 행사, 자기자본 확충, 주식인수대금 지급, 임직원 성과급, 주식가격안정달성, 우리사주조합 출연, 출자재원 확보, 이익배당한도 감소, 신탁계약기간 만료, 운영자금 조달, 유동성 확보 등 매우 다양한 것으로 나타났다.[4]

나아가 자기주식의 처분이 적대적 기업매수에 대한 방어수단으로 사용되는 데 대하여는 그다지 많은 논의가 있지는 않았다. 그런데 자기주식을 처분할 경우 그 처분 대상자를 우호적인 제3자로 정하면 사실상 신주를 제3자에게 발행하는 경우와 동일한 효과를 달성할 수 있으므로 적대적 기업매수가 진행되고 있는 동안에 이를 저지하기 위한 수단으로 사용될 수 있다.[5]

(3) 자기주식 취득규제의 논거

자기주식에 관련된 법률문제는 현재까지 주로 취득규제에 관한 것이었다. 자기주식의 취득을 널리 허용하는 미국의 회사법제와 달리 유럽의 국가들은 자본충실 등의 이유를 들어 이를 엄격히 규제하였는데, 우리나라도 전통적으로 이러한 입장을 취하고 있었다. 그러나 최근

---

2) 정윤모·박기령(2005), "자기주식 소각규제의 완화방안", 자본시장포럼 제2권 제3호(증권연구원, 2005), 11쪽.
3) 신우진(2007), "경영권 방어를 위한 자기주식의 제3자에 대한 처분의 법적 문제점", 기업법연구 제21권 제1호(2007. 3), 139쪽.
4) 정윤모·박기령(2005), 11쪽.
5) 신우진(2007), 140쪽.

들어 취득규제에 관한 논쟁은 어느 정도 정리가 되는 듯한 모습을 보이고 있다. 원래 자기주식 취득규제의 논거는 ⅰ) 회사채권자의 보호(자본이나 법정준비금을 이용하여 유상으로 자기주식을 취득하면 자본충실을 해하고 회사채권자를 해할 수 있는 점), ⅱ) 주주 불평등에 대한 우려(자기주식의 취득과정에서 그 방법이나 취득가액상 주주간 불평등이 초래될 수 있는 점), ⅲ) 회사지배의 공정성 문제(기존 이사들이 자기주식을 활용하여 경영권을 용이하게 방어하는 수단으로 악용할 수 있다는 점), ⅳ) 주식거래의 공정성 문제(자기주식의 거래는 시세조종 및 내부자거래에 남용될 위험이 있는 점)의 네 가지이다.

그러나 ⅰ)의 경우에는 자기주식의 취득재원을 배당가능이익으로 제한한다면 특별한 걸림돌이 되지 못한다. 즉 자기주식의 취득은 자산의 사외유출이라는 측면에서 이익배당과 유사한 성격을 가지므로, 그 취득을 배당에 준하여 규제하면 되는 것이다. 또한 ⅱ) 내지 ⅳ)의 문제점은 이사의 행위를 통제하고 자기주식 취득절차를 엄격히 함으로써 어느 정도 해소될 수 있으므로, 자기주식의 취득을 원천적으로 금지할 이유는 되지 못한다.[6]

2. 자본시장법상 자기주식의 취득·처분

(1) 자기주식 취득의 허용

주권상장법인(외국법인등은 제외)은 취득 목적에 관계없이 배당가능이익 한도 이내에서 "거래소에서 시세(時勢)가 있는 주식의 경우에는 거래소에서 취득하는 방법" 등으로 해당 법인의 명의와 계산으로 자기주식을 취득할 수 있다(법165의3①②). 다만 은행법 등 다른 법률에서 별도로 규제하고 있는 경우에는 그 다른 법률에 따라 자기주식의 취득이 제한될 수 있다.

자기주식의 취득에 대하여 자본시장법은 목적에 제한을 두지 않고 있어 주권상장법인은 오로지 주가관리나 적대적 기업매수에 대한 방어수단으로 자기주식을 취득하는 것도 가능하다. 자기주식 취득을 방어수단으로 이용하는 것에 대하여는 경영진이 회사의 자금으로 경영권을 안정시킨다는 것은 불공정하다는 비판이 있지만, 적대적 기업매수가 기업가치를 훼손하고 주주의 공동이익을 침해하는 경우라면 이 경우에는 자기주식을 통해 경영권을 방어하는 것은 정당화된다고 본다.

(2) 자기주식 취득방법과 취득금액

(가) 의의

주권상장법인은 다음의 방법으로 자기주식을 취득할 수 있다(법165의3①).

1. 상법 제341조 제1항에 따른 방법

---

6) 노혁준(2008), "자기주식과 기업의 합병, 분할", 증권법연구 제9권 제2호(2008. 12), 119-120쪽.

2. 신탁계약에 따라 자기주식을 취득한 신탁업자로부터 신탁계약이 해지되거나 종료된 때 반환받는 방법(신탁업자가 해당 주권상장법인의 자기주식을 상법 제341조 제1항의 방법으로 취득한 경우로 한정)

위 제1호 "상법 제341조 제1항에 따른 방법"이란 i) 거래소에서 시세(時勢)가 있는 주식의 경우에는 거래소에서 취득하는 방법(제1호), ii) 상환주식의 경우 외에 각 주주가 가진 주식 수에 따라 균등한 조건으로 취득하는 것으로서 "대통령령으로 정하는 방법"(제2호)을 말한다. 여기서 "대통령령으로 정하는 방법"이란 다음의 어느 하나에 해당하는 방법을 말한다(상법 시행령9①).

1. 회사가 모든 주주에게 자기주식 취득의 통지 또는 공고를 하여 주식을 취득하는 방법
2. 자본시장법에 따른 공개매수의 방법

(나) 취득방법의 제한
1) 자기주식의 직접취득
주권상장법인은 i) 거래소에서 시세(時勢)가 있는 주식의 경우에는 거래소에서 취득하는 방법, ii) 회사가 모든 주주에게 자기주식 취득의 통지 또는 공고를 하여 주식을 취득하는 방법, iii) 공개매수의 방법으로만 해당 법인의 명의와 계산으로 자기주식을 취득할 수 있다(법165의3①(1)).

즉 주권상장법인에 의한 직접취득의 경우에는 모든 주주에게 동등한 매도기회를 보장한다는 측면에서 취득방법을 제한하고 있다. 따라서 회사와 주주 사이에 대면거래에 의한 취득은 허용되지 않는다. 특정인과의 거래에 의한 직접취득을 허용하면 상장법인이 자기주식의 취득 상대방 및 취득금액을 임의로 선택 또는 결정할 수 있기 때문에 이는 주주평등의 원칙에 반하는 결과를 가져오게 되고, 또한 적대적 기업매수자의 기업매수 의도를 포기시키면서 그 대신 그가 이미 취득한 주식을 시장가격보다 높은 가격에 매수하게 되는 그린메일(greenmail)이 횡행할 우려가 있기 때문이다.[7]

그리고 주권상장법인이 자기주식을 공개매수의 방법으로 취득하게 되는 경우에는 자본시장법에서 규정하는 공개매수절차에 따라야 한다(법 제134조 내지 제146조 참조). 이 경우 주권상장법인은 공개매수신고서(법134②)와 주요사항보고서(법161①(8)) 양자를 모두 제출하여야 한다. 양자의 공시목적이 다르기 때문이다.

2) 신탁업자 명의에 의한 간접취득
주권상장법인은 금전의 신탁계약에 따라 신탁업자에게 자기주식을 취득하게 할 수 있는

---

7) 임재연(2019), 710쪽.

데, 이 경우에는 신탁업자의 명의로 취득할 수 있다(법165의3①(2)). 신탁업자의 명의로 자기주식을 취득하게 되면 거래의 상대방은 그것이 자기주식의 취득인지 여부를 알 수 없을 것이다. 따라서 회사가 자신을 숨기면서 자기주식을 취득하고자 하는 경우에 유용하게 활용될 수 있을 것이다. 금전의 신탁계약에 의하는 신탁업자의 명의에 의한 자기주식의 취득의 경우에도 신탁업자는 자기주식을 ⅰ) 거래소에서 시세(時勢)가 있는 주식의 경우에는 거래소에서 취득하는 방법, ⅱ) 공개매수의 방법으로만 신탁업자의 법인의 명의와 계산으로 자기주식을 취득할 수 있다(법165의3①(2)).

(다) 취득금액한도의 제한

주권상장법인이 자기주식을 취득하는 경우 취득가액의 총액은 상법 제462조 제1항[8])에 따른 이익배당을 할 수 있는 한도 이내이어야 한다(법165의3②). 취득금액의 한도를 제한하는 것은 회사채권자를 보호하기 위함이다.

증권발행공시규정은 자기주식 취득금액한도의 산정기준을 다음과 같이 규정한다. 주권상장법인이 자기주식을 취득할 수 있는 금액의 한도는 직전 사업연도말 재무제표를 기준으로 이익배당을 할 수 있는 한도의 금액에서 제1호부터 제3호까지의 금액을 공제하고 제4호의 금액을 가산한 금액으로 한다(증권발행공시규정5-11①).

1. 직전 사업연도말 이후 상법 제341조의2, 제343조 제1항 후단, 자본시장법 제165조의3에 따라 자기주식을 취득한 경우 그 취득금액(자기주식의 취득이 진행 중인 경우에는 해당 최초 취득일부터 취득금액한도 산정시점까지 발생한 자기주식의 취득금액을 포함)
2. 신탁계약이 있는 경우 그 계약금액(일부해지가 있는 경우에는 해당 신탁계약의 원금 중에서 해지비율만큼의 금액을, 직전 사업연도말 현재 해당 신탁계약을 통하여 취득한 자기주식이 있는 경우에는 해당 신탁계약의 원금 중에서 취득한 자기주식에 해당하는 금액을 각각 차감한 금액)
3. 직전 사업연도말 이후의 정기주주총회에서 결의된 이익배당금액 및 상법 제458조 본문의 규정에 따라 해당 이익배당에 대하여 적립하여야 할 이익준비금(자본시장법 제165조의12에 따라 이사회에서 결의된 분기 또는 중간배당금액 및 해당 분기 또는 중간배당에 대하여 적립하여야 할 이익준비금을 포함)
4. 직전 사업연도말 이후 상법 제342조 및 자본시장법 제165조의3 제4항·제165조의5 제4항에 따라 처분한 자기주식(상법 제343조 제1항 후단에 따라 소각한 주식은 제외)이 있는 경

---

8) ① 회사는 대차대조표의 순자산액으로부터 다음의 금액을 공제한 액을 한도로 하여 이익배당을 할 수 있다.
   1. 자본금의 액
   2. 그 결산기까지 적립된 자본준비금과 이익준비금의 합계액
   3. 그 결산기에 적립하여야 할 이익준비금의 액
   4. 대통령령으로 정하는 미실현이익

우 그 처분주식의 취득원가(이동평균법을 적용하여 산정한 금액)

신탁계약을 체결하고 있는 주권상장법인으로서 자기주식 취득금액한도를 초과하게 된 경우에는 해당 주권상장법인은 신탁계약을 체결하고 있는 신탁업자에 해당 사실을 지체없이 통보하여야 한다(증권발행공시규정5-11③).

(라) 위반의 효과

자본시장법에 규정된 자기주식 취득방법을 위반한 경우에는 원칙적으로 무효로 보고 상대방이 선의인 경우에 한하여 유효로 보아야 한다. 그리고 취득금액한도를 위반한 경우에는 그 위반분(배당가능이익한도를 초과한 부분)만 무효로 보아야 할 것이다.

(3) 자기주식 취득절차와 방법

(가) 취득절차

1) 개요

주권상장법인은 자기주식을 취득(자기주식을 취득하기로 하는 신탁업자와의 신탁계약의 체결을 포함)하는 경우에는 대통령령으로 정하는 요건·방법 등의 기준에 따라야 한다(법165의3④). 이는 자기주식의 취득이 시세조종 등으로 악용되는 것을 방지하기 위한 측면도 있지만 자기주식 취득은 주주의 이익과도 밀접한 관계가 있기 때문이다.

주권상장법인이 자기주식을 직접취득하는 경우에는 ⅰ) 이사회의 취득결정, ⅱ) 자기주식 취득결정 공시의 거래소 제출 및 주요사항보고서의 금융위원회 제출, ⅲ) 자기주식의 취득, ⅳ) 자기주식취득결과보고서의 금융위원회 제출의 절차를 거쳐야 한다.

신탁업자를 통한 간접취득의 경우에는 ⅰ) 이사회의 신탁계약 체결(연장) 결정, ⅱ) 자기주식취득신탁계약체결결정 공시의 거래소 제출 및 주요사항보고서의 금융위원회 제출, ⅲ) 자기주식의 취득, ⅳ) 신탁계약에 의한 취득상황보고서의 금융위원회 제출의 절차를 거쳐야 한다. 취득절차를 구체적으로 살펴보면 아래와 같다.

2) 이사회 결의

주권상장법인이 자기주식을 자기명의로 직접취득하는 경우나 신탁계약을 체결하려는 경우 이사회는 다음의 사항을 결의하여야 한다(영176의2① 본문). 다만 주식매수선택권의 행사에 따라 자기주식을 교부하는 경우와 신탁계약의 계약기간이 종료한 경우에는 이사회의 결의는 필요하지 않다(영176의2① 단서).

가) 자기주식의 직접취득

자기주식의 취득은 반드시 이사회 결의를 통하여 결정하도록 하고 있다. 이는 이사회 결의를 통하여 신중한 의사결정을 도모하고 의사결정에 대한 책임소재를 분명하게 하기 위함이다.

이사회 결의를 거쳐야 할 사항은 다음과 같다(영176의2①(1)).

1. 자본시장법 제165조의3 제1항 제1호에 따라 자기주식을 취득하려는 경우에는 취득의 목적·금액 및 방법, 주식의 종류 및 수, 그 밖에 금융위원회가 정하여 고시하는 사항[9]

나) 신탁업자 명의에 의한 간접취득

이사회 결의를 거쳐야 할 사항은 다음과 같다(영176의2①(2)).

2. 자본시장법 제165조의3 제1항 제2호에 따른 신탁계약을 체결하려는 경우에는 체결의 목적·금액, 계약기간, 그 밖에 금융위원회가 정하여 고시하는 사항[10]

3) 공시(거래소 신고 및 주요사항보고서의 제출)

주권상장법인은 자기주식을 직접취득하거나 신탁계약의 체결에 관한 이사회의 결정이 있은 때에는 그 결정내용을 그 사유발생 당일에 거래소에 신고하여야 한다(유가증권 공시규정7① 제2호 가목(3)).[11]

주권상장법인은 이사회에서 "자기주식을 취득 또는 자기주식의 취득을 목적으로 하는 신탁계약의 체결할 것을 결의한 때" 그 사실이 발생한 날의 다음 날까지 그 내용을 기재한 주요사항보고서를 금융위원회에 제출하여야 한다(법161①(8)). 금융위원회는 주요사항보고서가 제출된 경우 이를 거래소에 지체 없이 송부하여야 한다(법161⑤).

따라서 주권상장법인 자기주식의 직접취득을 결정한 경우 이사회 결의일에 "자기주식 취득결정" 공시를, 신탁업자를 통한 간접취득을 결정한 경우 이사회 결의일에 "자기주식취득신탁계약체결결정" 공시를 각각 거래소 전자공시시스템(KIND)에 제출하고, 그 다음 날까지 주요사항보고서를 금융위원회(금융감독원의 전자공시시스템인 DART)에 제출하여야 한다.

---

9) 주권상장법인이 영 제176조의2 제1항 제1호에 따라 이사회결의를 거쳐야 할 사항은 다음과 같다(증권발행공시규정5-1). 1. 취득의 경우, 가. 취득의 목적, 나. 취득예정금액, 다. 주식의 종류 및 수, 라. 취득하고자 하는 주식의 가격, 마. 취득방법, 바. 취득하고자 하는 기간, 사. 취득 후 보유하고자 하는 예상기간, 아. 취득을 위탁할 투자중개업자의 명칭, 자. 그 밖에 투자자 보호를 위하여 필요한 사항

10) 주권상장법인이 영 제176조의2 제1항 제2호에 따라 이사회결의를 거쳐야 할 사항은 다음과 같다(증권발행공시규정5-2). 1. 신탁계약의 체결의 경우, 가. 체결목적, 나. 체결금액, 다. 계약일자 및 계약기간, 라. 계약을 체결하고자 하는 신탁업자의 명칭, 마. 그 밖에 투자자 보호를 위하여 필요한 사항

11) 유가증권시장 공시규정 제7조(주요경영사항) ① 주권상장법인은 주요경영사항에 해당하는 경우에는 그 사실 또는 결정내용을 그 사유발생 당일에 거래소에 신고하여야 한다.
2. 해당 주권상장법인의 재무구조에 변경을 초래하는 다음의 어느 하나에 해당하는 사실 또는 결정이 있은 때
가. 해당 주권상장법인이 발행하는 증권에 관한 다음의 어느 하나에 해당하는 사실 또는 결정이 있은 때
(3) 자기주식의 취득 또는 처분(신탁계약 등의 체결, 해지 또는 연장을 포함한다), 신탁계약 등의 체결을 통해 취득한 자기주식의 유가증권시장 외에서의 처분에 관한 결정이 있은 때

자기주식의 취득에 대하여 사전공시를 요구하는 것은 미공개중요정보의 이용으로 인한 내부자거래를 방지하고 감독당국이 그 취득의 적법성 여부를 사전에 객관적으로 검토하기 위한 것이다.12)

4) 취득결과보고서 또는 신탁계약에 의한 취득상황보고서의 제출

가) 자기주식의 직접취득(취득결과보고서)

주권상장법인이 자기주식의 취득을 완료하거나 이를 취득하고자 하는 기간이 만료된 때에는 그 날부터 5일 이내에 자기주식의 취득에 관한 결과보고서("취득결과보고서")를 금융위에 제출하여야 한다(증권발행공시규정5-8①).13)

주권상장법인은 취득결과보고서를 제출한 경우에 한하여 자기주식 취득에 관하여 새로운 이사회 결의를 할 수 있다(증권발행공시규정5-4① 전단). 그러나 주권상장법인이 주식매수선택권 행사에 따라 자기주식을 교부하기 위하여 자기주식을 취득하고자 하는 경우로서 다음의 요건을 충족하는 경우에는 제1항 전단의 규정에 불구하고 자기주식 취득에 관하여 새로운 이사회 결의를 할 수 있다(증권발행공시규정5-4②).

1. 종전의 이사회결의에 따른 자기주식 취득이 주식매수선택권의 행사에 따라 자기주식을 교부하는 것을 목적으로 하지 않을 것
2. 새로운 이사회 결의일 현재 주식매수선택권의 행사가능일이 이미 도래하였거나 행사가능일이 3월 이내에 도래하는 경우로서 주식매수선택권 행사에 따라 자기주식을 교부하기로 한 수량 이내에서 취득할 것. 이 경우 해당 주권상장법인은 그 사실을 입증할 수 있는 서류를 법 제161조에 따른 주요사항보고서에 첨부하여야 한다.

주권상장법인이 주식매수선택권의 행사에 따라 교부할 목적으로 취득하고 있는 자기주식은 해당 취득에 대한 취득결과보고서 제출전이라도 이를 취득목적에 따라 교부할 수 있다. 이 경우 교부된 자기주식은 증권발행공시규정 제5-9조 제3항 및 제5-11조 제1항의 규정을 적용함에 있어 취득결과보고서 제출시점까지는 처분되지 않은 것으로 본다(증권발행공시규정5-4③).

나) 신탁업자 명의의 간접취득(신탁계약에 의한 취득상황보고서)

자기주식 취득에 관하여 신탁계약을 체결한 주권상장법인은 해당 계약을 체결한 후 3월이

---

12) 임재연(2019), 714쪽.
13) 증권발행공시규정 제5-8조(자기주식 취득결과의 보고) ① 법 제165조의3에 따라 주권상장법인이 자기주식의 취득을 완료하거나 이를 취득하고자 하는 기간 이 만료된 때에는 그 날부터 5일 이내에 자기주식의 취득에 관한 결과보고서("취득결과보고서")를 금융위에 제출하여야 한다.
② 취득결과보고서에는 다음의 서류를 첨부하여야 한다.
1. 매매거래의 내역을 증명할 수 있는 서류
2. 취득에 관한 이사회 결의 내용대로 취득하지 않았을 경우에는 그 사유서 및 소명자료

경과한 때에는 그날부터 5일 이내에 신탁계약에 따라 신탁업자가 취득하여 보유하고 있는 자기주식 상황보고서("신탁계약에 의한 취득상황보고서")를 금융위에 제출하여야 한다(증권발행공시규정5-10①). 신탁계약에 의한 취득상황보고서에는 보고대상 기간 중 해당 신탁계약을 통하여 취득한 자기주식의 취득결과를 확인할 수 있는 서류를 첨부하여야 한다(증권발행공시규정5-10②). 신탁계약에 따라 자기주식을 취득하여 보유하고 있는 주권상장법인은 자기주식 보유상황을 해당연도 각 분기말을 기준으로 사업보고서 및 분·반기보고서에 기재하여야 한다(증권발행공시규정5-10③).

5) 취득기간

주권상장법인이 법 제165조의3 제1항(취득방법) 및 제2항(취득가액의 한도)에 따라 자기주식을 취득하려는 경우에는 자본시장법 제391조(거래소 공시규정)에 따라 이사회 결의 사실이 공시된 날의 다음 날부터 3개월 이내에 금융위원회가 정하여 고시하는 방법에 따라 증권시장에서 자기주식을 취득하여야 한다(영176의2③).

여기서 "법 제391조에 따라 이사회 결의 사실이 공시된 날"이란 거래소의 공시규정(유가증권공시규정, 코스닥공시규정, 코넥스공시규정)에 따라 자기주식을 자기명의로 직접취득하려는 경우에는 이사회 결의일에 "자기주식취득결정"공시를 거래소(KIND)에 제출한 날을 의미하고, 신탁업자 명의로 간접취득하려는 경우에는 이사회 결의일에 "자기주식취득신탁계약등체결결정"공시를 거래소(KIND)에 제출한 날을 의미한다.

취득기간 이내에 결의한 취득신고주식수량을 모두 취득하지 못한 경우에는 해당 취득기간 만료 후 1월이 경과하여야 새로운 이사회 결의를 할 수 있다(증권발행공시규정5-4① 후단). 다만 보통주를 취득하기 위하여 취득에 관한 이사회 결의를 하였으나 다시 상법 제344조의3 제1항에 따른 의결권 없거나 제한되는 주식을 취득하고자 하는 경우에는 후단의 규정을 적용하지 아니한다(증권발행공시규정5-4① 단서).

(나) 매수주문의 방법
1) 증권시장을 통한 자기주식의 취득

주권상장법인이 증권시장을 통하여 자기주식을 취득하기 위하여 매수주문을 하고자 할 때에는 다음의 방법에 따라야 한다(증권발행공시규정5-5①).

가) 주문시간 및 주문가격

거래소가 정하는 바에 따라 장개시 전에 매수주문을 하는 경우 그 가격은 전일의 종가와 전일의 종가를 기준으로 100분의 5 높은 가격의 범위 이내로 하며, 거래소가 정하는 정규시장의 매매거래시간 중에 매수주문(정정매수주문 포함)을 하는 경우 그 가격은 거래소의 증권시장 업무규정에서 정하는 가격의 범위 이내로 하여야 한다. 이 경우 매매거래시간 중 매수주문은 거래소가 정하는 정규시장이 종료하기 30분전까지 제출하여야 한다(증권발행공시규정5-5①(1)).

나) 일일 매수주문수량

1일 매수주문수량은 취득신고 주식수 또는 이익소각신고 주식수의 100분의 10에 해당하는 수량과 이사회 결의일 전일을 기산일로 하여 소급한 1개월간의 일평균거래량의 100분의 25에 해당하는 수량 중 많은 수량 이내로 하여여 한다. 다만 그 많은 수량이 발행주식총수의 100분의 1에 해당하는 수량을 초과하는 경우에는 발행주식총수의 100분의 1에 해당하는 수량 이내로 하여야 한다(증권발행공시규정5-5①(2)).

다) 매수주문공시

매수주문일 전일의 장 종료 후 즉시 제4호의 규정에 의한 위탁 투자중개업자로 하여금 1일 매수주문수량등을 거래소에 신고하도록 하여야 한다(증권발행공시규정5-5①(3)). 이에 따라 권상장법인은 주문일 전일의 장 종료 후 즉시 주문위탁 증권회사를 통하여 주문수량을 거래소에 신고하여야 한다.

라) 주문위탁

매수주문 위탁 투자중개업자를 1일 1사로 하여야 하고, 자기주식 취득에 관한 이사회결의상의 취득기간 중에 매수주문을 위탁하는 투자중개업자는 5사를 초과할 수 없다(증권발행공시규정5-5①(4)). 주권상장법인은 주문을 위탁할 증권회사를 총 5개 이내로 하여야 하고, 1일 주문위탁은 1증권사로 제한된다.

2) 시간외대량매매의 방법에 의한 취득

주권상장법인은 시간외대량매매에 의한 방법으로 자기주식을 처분할 수는 있으나, 취득하는 것은 원칙적으로 허용되지 않는다. 그러나 일정한 경우에는 예외적으로 허용되는 경우가 있다. 즉 주권상장법인이 다음의 어느 하나에 해당하는 경우에 거래소가 정하는 시간외대량매매의 방법에 따라 자기주식을 취득할 수 있다(증권발행공시규정5-5②)

1. 정부, 한국은행, 예금보험공사, 한국산업은행, 중소기업은행, 한국수출입은행 및 정부가 납입자본금의 100분의 50 이상을 출자한 법인으로부터 자기주식을 취득하는 경우
2. 정부가 주권상장법인의 자기주식 취득과 관련하여 공정경쟁 촉진, 공기업 민영화등 정책목적 달성을 위하여 허가·승인·인가 또는 문서에 의한 지도·권고를 하고 금융위에 요청한 경우로서 금융위가 투자자보호에 문제가 없다고 인정하여 승인하는 경우

3) 주식매수선택권 행사의 따른 취득

주권상장법인이 주식매수선택권의 행사에 따라 자기주식을 교부하기 위하여 자기주식을 취득하고자 하는 경우로서 새로이 자기주식 취득에 관한 이사회 결의를 한 때에는 매수주문시

간과 주문가격, 일일매수주문수량 및 매수주문의 특례 규정은 각각의 이사회 결의를 기준으로 적용한다(증권발행공시규정5-5③).

(다) 매수주문의 특례

자본시장법은 주권상장법인의 자기주식 취득에 대하여 일일 매수주문수량 등에 대하여 일정한 제한을 가하고 있다. 그러나 시장상황 급변 등으로 투자자 보호와 시장안정을 유지하기 위하여 특례조항을 두고 있다. 즉 거래소는 시장상황 급변 등으로 투자자 보호와 시장안정을 유지하기 위하여 즉각적인 조치가 필요한 경우 1일 매수주문수량을 이사회 결의 주식수 이내로 하여 주권상장법인이 자기주식을 취득(이익소각을 위하여 자기주식을 취득하는 경우를 포함)하도록 할 수 있다(증권발행공시규정5-6①). 거래소는 제1항의 조치를 취하거나 이를 변경할 경우에는 금융위의 승인을 받아야 한다(증권발행공시규정5-6②).

(라) 투자중개업자의 위탁거부

자기주식의 취득을 위탁받은 투자중개업자는 해당 주권상장법인이 시행령 제176조의2 제2항에 위반하여 자기주식의 매수를 위탁하는 것임을 안 경우에는 그 위탁을 거부하여야 한다(증권발행공시규정5-7).

(4) 자기주식 처분절차와 방법

(가) 처분절차

1) 개요

주권상장법인은 취득한 자기주식을 처분(신탁계약의 해지를 포함)하는 경우에는 대통령령으로 정하는 요건·방법 등의 기준에 따라야 한다(법165의2④).

주권상장법인이 직접취득한 자기주식을 처분하는 경우에는 ⅰ) 이사회의 처분결정, ⅱ) 자기주식 처분결정 공시의 거래소 제출 및 주요사항보고서의 금융위원회 제출, ⅲ) 자기주식의 처분, ⅳ) 자기주식처분결과보고서의 금융위원회 제출의 절차를 거쳐야 한다.

신탁업자를 통한 간접취득한 자기주식을 처분하는 경우에는 ⅰ) 이사회의 신탁계약 해지결정, ⅱ) 자기주식취득신탁계약 해지결정 공시의 거래소 제출 및 주요사항보고서의 금융위원회 제출, ⅲ) 자기주식의 처분, ⅳ) 신탁계약해지결과보고의 금융위원회 제출의 절차를 거쳐야 한다. 처분절차를 구체적으로 살펴보면 아래와 같다.

2) 이사회 결의

주권상장법인이 자기주식을 처분하거나 신탁계약을 해지하려는 경우 이사회는 다음의 사항을 결의하여야 한다(영176의2① 본문).

가) 자기주식의 처분

자기주식의 처분은 반드시 이사회 결의를 통하여 결정하도록 하고 있다. 이는 이사회 결의를 통하여 신중한 의사결정을 도모하고 의사결정에 대한 책임소재를 분명하게 하기 위함이다.

자본시장법 제165조의3 제1항 제1호에 따라 자기주식을 처분하려는 경우에는 처분의 목적·금액 및 방법, 주식의 종류 및 수, 그 밖에 금융위원회가 정하여 고시하는 사항[14]은 이사회 결의를 거쳐야 한다(영176의2①(1)).

나) 신탁계약의 해지

자본시장법 제165조의3 제1항 제2호에 따른 신탁계약을 해지하려는 경우에는 해지의 목적·금액, 계약기간, 그 밖에 금융위원회가 정하여 고시하는 사항[15]은 이사회 결의를 거쳐야 한다(영176의2①(2)).

3) 공시(거래소 신고 및 주요사항보고서의 제출)

주권상장법인은 자기주식을 처분하거나 신탁계약의 해지에 관한 이사회의 결정이 있은 때에는 그 결정내용을 그 사유발생 당일에 거래소에 신고하여야 한다(유가증권 공시규정7①(2) 가목(3)).

주권상장법인은 이사회에서 "자기주식을 처분 또는 자기주식의 취득을 목적으로 하는 신탁계약을 해지 할 것을 결의한 때" 그 사실이 발생한 날의 다음 날까지 그 내용을 기재한 주요사항보고서를 금융위원회에 제출하여야 한다(법161①(8)). 금융위원회는 주요사항보고서가 제출된 경우 이를 거래소에 지체 없이 송부하여야 한다(법161⑤).

따라서 주권상장법인이 자기주식의 처분을 결정한 경우 이사회 결의일에 "자기주식 처분 결정" 공시를, 신탁계약을 해지할 것을 결정한 경우 이사회 결의일에 "자기주식취득신탁계약해지결정" 공시를 각각 거래소 전자공시시스템(KIND)에 제출하고, 그 다음 날까지 주요사항보고서를 금융위원회(금융감독원의 전자공시시스템인 DART)에 제출하여야 한다.

자기주식의 처분에 대하여 사전공시를 요구하는 것은 미공개중요정보의 이용으로 인한 내부자거래를 방지하고 감독당국이 그 취득의 적법성 여부를 사전에 객관적으로 검토하기 위한 것이다.

4) 처분결과보고서 및 신탁계약해지결과보고서의 제출

가) 자기주식의 처분(처분결과보고서)

주권상장법인은 자기주식의 처분을 완료하거나 처분기간이 만료된 때에는 그 날부터 5일

---

14) 주권상장법인이 영 제176조의2 제1항 제1호에 따라 이사회결의를 거쳐야 할 사항은 다음과 같다(증권발행 공시규정5-1). 2. 처분의 경우, 가. 처분목적, 나. 처분예정금액, 다. 주식의 종류 및 수, 라. 처분하고자 하는 주식의 가격, 마. 처분방법, 바. 처분하고자 하는 기간, 사. 처분을 위탁할 투자중개업자의 명칭, 아. 그 밖에 투자자 보호를 위하여 필요한 사항.

15) 주권상장법인이 영 제176조의2 제1항 제2호에 따라 이사회결의를 거쳐야 할 사항은 다음과 같다(증권발행 공시규정5-2). 2. 신탁계약의 해지(일부해지 포함), 가. 해지목적, 나. 해지금액, 다. 해지일자, 라. 해지할 신탁업자의 명칭, 마. 그 밖에 투자자 보호를 위하여 필요한 사항.

이내에 "처분결과보고서"를 금융위원회(DART)에 제출하여야 한다. 따라서 제5-4조 제1항 및 제5-8조의 규정은 자기주식의 처분에 관하여 이를 준용한다. 이 경우 "취득"은 "처분"으로 보며 처분기간은 자본시장법 제391조에 따라 이사회 결의 사실이 공시된 날의 다음날부터 3월 이내로 한다(증권발행공시규정5-9① 및 동규정5-8).

따라서 주권상장법인이 자기주식의 처분을 완료하거나 이를 처분하고자 하는 기간이 만료된 때에는 그 날부터 5일 이내에 자기주식의 취득에 관한 결과보고서("처분결과보고서")를 금융위에 제출하여야 하고, 취득결과보고서에는 ⅰ) 매매거래의 내역을 증명할 수 있는 서류, ⅱ) 처분에 관한 이사회 결의 내용대로 취득하지 않았을 경우에는 그 사유서 및 소명자료를 첨부하여야 한다(증권발행공시규정5-9① 및 동규정5-8②).

다만 주식매수선택권의 행사에 따라 자기주식을 교부하는 경우에는 이를 준용하지 아니하며, 자기주식을 교환대상으로 하는 교환사채 발행을 통하여 처분하는 경우에는 제5-8조를 준용하지 아니한다(증권발행공시규정5-9① 단서).

또한 주권상장법인은 처분결과보고서를 제출한 경우에 한하여 자기주식 처분에 관하여 새로운 이사회 결의를 할 수 있으며, 처분기간인 이사회 결의 사실이 공시된 날 다음 날부터 3개월 이내의 기간 동안 결의한 처분신고주식수량을 모두 취득하지 못한 경우에는 해당 처분기간 만료 후 1월이 경과하여야 새로운 이사회 결의를 할 수 있다(증권발행공시규정5-9① 및 동규정5-4①). 다만 주식매수선택권의 행사에 따라 자기주식을 교부하는 경우와 신탁계약의 계약기간이 종료된 경우에는 그 처분결과보고서의 제출을 생략할 수 있다(증권발행공시규정5-9③). 주식매수선택권의 행사에 따라 자기주식을 교부하는 경우와 신탁계약의 계약기간이 종료된 경우에는 그 처분결과보고서의 제출을 생략할 수 있다(증권발행공시규정5-9④).

나) 신탁계약의 해지(신탁계약해지결과보고서)

주권상장법인이 자기주식 취득에 관한 신탁계약을 해지하거나 신탁계약이 기간만료로 종료된 때에는 신탁계약이 해지 또는 종료된 날부터 5일 이내에 신탁계약의 해지결과보고서("신탁계약해지결과보고서")를 금융위에 제출하여야 한다(증권발행공시규정5-10②). 신탁계약해지결과보고서에는 신탁계약 해지사실을 확인할 수 있는 서류를 첨부하여야 한다(증권발행공시5-10③).

5) 처분기간

주권상장법인의 자기주식 처분기간은 이사회 결의 사실이 공시된 날의 다음 날부터 3월 이내로 한다(증권발행공시규정5-9①).

(나) 매도주문의 방법

1) 증권시장을 통한 처분

주권상장법인이 자기주식을 처분하는 경우에도 취득의 경우와 마찬가지로 그 취득방법이나 취득시기 등에 대하여 규제하고 있다. 따라서 자기주식을 처분하고자 하는 주권상장법인이 증권시장을 통하여 자기주식을 처분하기 위하여 매도주문을 할 때에는 다음의 방법에 따라야 한다(증권발행공시규정5-9⑤).

가) 주문시간 및 주문가격

거래소가 정하는 바에 따라 장개시전에 매도주문을 하는 경우 그 가격은 전일의 종가와 전일종가를 기준으로 2호가가격단위 낮은 가격의 범위 이내로 하며, 거래소가 정하는 정규시장의 매매거래시간 중에 매도주문(정정매도주문 포함)을 하는 경우 그 가격은 거래소의 증권시장업무규정에서 정하는 가격의 범위 이내로 하여야 한다. 이 경우 매매거래시간 중 매도주문은 거래소가 정하는 정규시장이 종료하기 30분전까지 제출하여야 한다(증권발행공시규정5-9⑤(1)).

나) 일일 매도주문수량

1일 매도주문수량은 처분신고주식수의 100분의 10에 해당하는 수량과 처분신고서 제출일 전일을 기산일로 하여 소급한 1개월간의 일평균거래량의 100분의 25에 해당하는 수량 중 많은 수량 이내로 하여야 한다. 다만 그 많은 수량이 발행주식총수의 100분의 1에 해당하는 수량을 초과하는 경우에는 발행주식총수의 100분의 1에 해당하는 수량 이내로 하여야 한다(증권발행공시규정5-9⑤(2)).

다) 매도주문공시

매도주문일 전일의 장 종료 후 즉시 제4호의 규정에 의한 위탁 투자중개업자로 하여금 1일 매도주문수량등을 거래소에 신고하도록 하여야 한다(증권발행공시규정5-9⑤(3)). 따라서 주권상장법인은 주문일 전일의 장 종료 후 즉시 주문위탁 증권회사를 통하여 주문수량을 거래소에 신고하여야 한다.

라) 주문위탁

매도주문 위탁 투자중개업자를 1일 1사로 하여야 하고, 자기주식 처분에 관한 이사회결의상의 처분기간 중에 매도주문을 위탁하는 투자중개업자는 5사를 초과할 수 없다(증권발행공시규정5-9⑤(4)). 따라서 주권상장법인은 주문을 위탁할 증권회사를 총 5개 이내로 하여야 하고, 1일 주문위탁은 1증권사로 제한된다.

2) 시간외대량매매의 방법에 의한 처분

자기주식을 거래소가 정하는 시간외대량매매의 방법으로 처분하고자 하는 경우에는 제5항 제1호(주문시간 및 주문가격) 및 제2호(일일 매도주문수량)의 규정은 적용하지 아니한다. 이 경우 매도주문의 호가는 당일(장 개시 전 시간외대량매매의 경우에는 전일) 종가를 기준으로 100분의 5 낮은 가격과 100분의 5 높은 가격의 범위 이내로 하여야 한다(증권발행공시규정5-9⑥).

3) 다자간매매체결회사를 통한 처분

자기주식을 취득한 주권상장법인이 다자간매매체결회사를 통하여 자기주식을 처분하기 위하여 매도주문을 할 때에는 증권시장을 통한 처분 방법을 준용한다(증권발행공시규정5-9⑦).

4) 투자중개업자의 위탁거부

자기주식의 처분을 위탁받은 투자중개업자는 해당 주권상장법인이 시행령 제176조의2의 규정에 위반하여 자기주식의 매도를 위탁하는 것임을 안 경우에는 그 위탁을 거부하여야 한다(증권발행공시규정5-9⑧).

(다) 자기주식을 교환대상으로 하는 전환사채의 발행

주권상장법인이 자기주식을 교환대상으로 하거나 자기주식으로 상환하는 사채권을 발행한 경우에는 그 사채권을 발행하는 때에 자기주식을 처분한 것으로 본다(영176의2④).

(5) 자기주식 취득·처분 금지기간

(가) 자기주식 취득·처분의 제한

주권상장법인은 다음의 어느 하나에 해당하는 기간 동안에는 자기주식의 취득 또는 처분 및 신탁계약의 체결 또는 해지를 할 수 없다(영176의2②).

1. 다른 법인과의 합병에 관한 이사회 결의일부터 과거 1개월간
2. 유상증자의 신주배정에 관한 기준일(일반공모증자의 경우에는 청약일) 1개월 전부터 청약일까지의 기간
3. 준비금의 자본전입에 관한 이사회 결의일부터 신주배정기준일까지의 기간
4. 시행령 제205조 제1항 제5호에 따른 시장조성을 할 기간
5. 법 제174조 제1항에 따른 미공개중요정보가 있는 경우 그 정보가 공개되기 전까지의 기간
6. 처분(신탁계약의 해지를 포함) 후 3개월간 또는 취득(신탁계약의 체결 포함) 후 6개월간. 다만 다음의 어느 하나에 해당하는 경우에는 그러하지 아니하다.
   가. 임직원에 대한 상여금으로 자기주식을 교부하는 경우
   나. 주식매수선택권의 행사에 따라 자기주식을 교부하는 경우
   다. 법 제165조의3 제2항에 따른 한도를 초과하는 자기주식을 처분하는 경우
   라. 임직원에 대한 퇴직금·공로금 또는 장려금 등으로 자기주식을 지급(근로복지기본법에 따른 사내근로복지기금에 출연하는 경우를 포함)하는 경우
   마. 근로복지기본법 제2조 제4호에 따른 우리사주조합에 처분하는 경우
   바. 법령 또는 채무이행 등에 따라 불가피하게 자기주식을 처분하는 경우
   사. 「공기업의 경영구조개선 및 민영화에 관한 법률」의 적용을 받는 기업이 민영화를 위하여 그 기업의 주식과의 교환을 청구할 수 있는 교환사채권을 발행하는 경우
   아. 국가 또는 예금보험공사로부터 자기주식을 취득한 기업이 그 주식과 교환을 청구할 수

있는 교환사채권을 발행하는 경우(자목의 경우는 제외). 이 경우 교환의 대상이 되는 자기주식의 취득일부터 6개월이 지난 후에 교환을 청구할 수 있는 교환사채권만 해당한다.

　　자. 아목에 따른 기업이 교환사채권을 해외에서 발행하는 경우로서 자기주식을 갈음하여 발행하는 증권예탁증권과 교환을 청구할 수 있는 교환사채권을 발행하는 경우

　　차. 자기주식의 취득일부터 금융위원회가 정하여 고시하는 기간[16]이 경과한 후 자기주식을 기초로 하는 증권예탁증권을 해외에서 발행하기 위하여 자기주식을 처분하는 경우

　　카. 법 제165조의3 제1항 제2호에 따라 자기주식을 취득하는 경우

(나) 신탁업자의 신탁재산 운용방법의 제한

신탁업자는 자기주식의 간접취득의 방법으로 취득한 경우에 그 운용방법의 제한을 받는다. 빈번한 자기주식의 취득·처분으로 인한 시장가격의 왜곡 현상을 방지하기 위하여 자기주식의 취득 후 1개월 동안 처분이 제한되고, 자기주식의 처분 후 1개월 동안 취득이 제한된다. 또한 자기주식 신탁계약 운용대상은 자기주식 취득, 당해 신탁업자 고유계정에 대한 일시자금의 대여, 자금중개회사의 중개를 거친 단기대금의 대여, 예금으로 제한된다. 즉 신탁업자가 신탁재산에 속하는 금전을 운용하는 경우에는 다음의 기준을 지켜야 한다(영106⑤).

1. 특정금전신탁인 경우(그 신탁재산으로 법 제165조의3 제3항에 따라 주권상장법인이 발행하는 자기주식을 취득·처분하는 경우만 해당)

　　가. 법 제165조의3 제1항 제1호의 방법으로 취득할 것

　　나. 자기주식을 취득한 후 1개월 이내에 처분하거나 처분한 후 1개월 이내에 취득하지 아니할 것

　　다. 자기주식을 취득하고 남은 여유자금을 금융위원회가 정하여 고시하는 방법[17] 외의 방법으로 운용하지 아니할 것

　　라. 제176조의2 제2항 제1호부터 제5호까지의 어느 하나에 해당하는 기간 동안에 자기 주식을 취득하거나 처분하지 아니할 것

---

16) "금융위원회가 정하여 고시하는 기간"이라 함은 자기주식취득일로부터 제5-8조에 따른 자기주식의 취득에 관한 결과보고서("취득결과보고서")를 제출한 날까지의 기간을 말한다(증권발행공시규정5-3).

17) 금융투자업규정 제4-83조(자사주신탁의 여유자금 운용) 영 제106조 제5항 제1호 다목에서 "금융위원회가 정하여 고시하는 방법"이란 다음의 어느 하나에 해당하는 방법을 말한다.
　1. 제4-87조 제1항 제1호 또는 제2호에 따른 운용[1. 당해 신탁업자의 고유계정에 대한 일시적인 자금의 대여. 다만 금액의 규모 또는 시간의 제약으로 인하여 다른 방법으로 운용할 수 없는 경우에 한한다. 2. 법 제355조의 자금중개회사의 중개를 거쳐 행하는 단기자금의 대여. 이 경우 한도는 전 회계연도말 신탁 수탁고 잔액의 "100분의 10" 이내로 한다(금융투자업규정①(1)(2)]
　2. 영 제106조 제2항 각 호의 금융기관에 대한 예치[1. 은행, 2. 한국산업은행, 3. 중소기업은행, 4. 증권금융회사, 5. 종합금융회사, 6. 상호저축은행, 7. 농업협동조합, 8. 수산업협동조합, 9. 신용협동조합, 10. 체신관서, 11. 제1호부터 제10호까지의 기관에 준하는 외국 금융기관(영106②)].

(6) 신탁업자에 대한 통보

주권상장법인이 금전의 신탁계약에 따라 신탁업자에게 자기주식을 취득하게 한 경우 자기주식의 취득·처분 금지기간이 개시되는 때에는 지체 없이 그 신탁업자에게 그 기간이 개시된다는 사실을 통보하여야 한다(영176의2⑤).

(7) 자기주식의 법적 지위

자본시장법은 자기주식의 법적 지위에 관한 규정을 두고 있지 않다. 그러나 상법은 자기주식에 대하여 의결권을 명시적으로 인정하지 않고(상법369②), 자기주식은 주주총회 정족수 계산시 발행주식총수에서 제외한다(상법371①). 자본시장법상 명문의 규정은 없지만 소수주주권 등의 공익권은 인정될 수 없다는데 이설이 없다. 또한 주주총회결의 취소청구권, 회계장부열람권, 이익배당청구권, 잔여재산분배청구권 등의 자익권도 인정되지 않는다고 보아야 한다.

Ⅱ. 합병 등

1. 서설

(1) 합병 등 신고제도의 목적

합병·중요한 영업 또는 자산의 양수 또는 양도·주식의 포괄적 교환 또는 포괄적 이전·분할 또는 분할합병은 기업실체의 변동을 초래하는 행위로서 주주권의 변동에 중대한 영향을 미치는 원인이 된다. 따라서 상법의 규정에 따라 주주총회결의 등 일정한 절차를 거치도록 하고, 회사의 결의에 반대하는 주주에게는 주식매수청구권을 부여하여 주주를 보호하고 있다.

소액주주가 많은 주권상장법인의 합병 등은 그 기업의 재무구조, 수익성, 성장성뿐만 아니라 주주의 지분구조 등이 변동될 수 있으므로 주요경영사항으로 합병 등의 결의사항을 공시하는 것 이외에 당해 법인으로 하여금 합병 등의 절차와 내용, 반대주주의 권리행사 방법, 합병 등의 당사회사에 관한 사항을 현재 및 장래의 주주에게 일정한 기준에 따라 충분히 공시하도록 하여 적정한 주주권 행사가 가능하도록 하고 있다.

또한 합병 등은 대부분 회사의 경영진 또는 최대주주의 의사에 따라 결정되는 것이 일반적이기 때문에 공정성이 확보되지 않을 경우에는 소액주주가 피해를 입을 가능성이 크다. 따라서 합병 등의 방법 및 절차에 대하여 일정한 제한을 두고 있다.

(2) 자본시장법상 합병 등의 특례

주권상장법인은 다음의 어느 하나에 해당하는 행위("합병 등")를 하려면 대통령령으로 정하는 요건·방법 등의 기준에 따라야 한다(법165의4①).

1. 다른 법인과의 합병
2. 대통령령으로 정하는 중요한 영업 또는 자산의 양수 또는 양도
3. 주식의 포괄적 교환 또는 포괄적 이전
4. 분할 또는 분할합병

회사의 합병 등 회사조직의 근본적인 변경이 있는 경우 과거의 증권거래법은 특수공시로서 신고서제도를 두었다. 그러나 자본시장법은 신고서제도를 법 제161조의 주요사항보고서로 통일하고 주권상장법인의 특례로서 공정가액 산정을 중심으로 규정하고 있다. 다만 투자자보호 차원에서 합병 등으로 증권이 신규로 발행되는 경우에는 증권의 모집·매출로 보아 증권신고서를 제출하도록 하고 있다. 그러나 신규로 증권이 발행되지 않는 경우에는 주요사항보고서만을 제출하도록 하고 있다.

2. 합병

(1) 서설

(가) 합병의 의의

합병이란 상법의 절차에 따라 2개 이상의 회사가 그중 1개의 회사를 제외하고 소멸하거나 전부 소멸하되 청산절차를 거치지 아니하고, 소멸하는 회사의 모든 권리와 의무를 존속회사 또는 신설회사가 포괄적으로 승계하고 주주를 수용하는 회사법상의 법률사실이다.[18] 합병은 기업매수(M&A)의 가장 중요한 전략의 하나이다.

(나) 합병의 종류

1) 흡수합병과 신설합병

당사회사의 소멸 여부에 따라 흡수합병과 신설합병으로 구별된다. 흡수합병이란 수개의 합병당사회사 중 하나의 회사만이 존속하고 나머지 회사는 모든 소멸하며, 존속회사가 소멸회사의 권리와 의무를 포괄적으로 승계하는 방법이다. 존속회사를 합병회사라 하고 소멸회사를 피합병회사라 하며, 피합병회사의 주주는 합병회사의 주식과 합병교부금을 교부받는다. 신설합병이란 당사회사 전부가 소멸하고, 이들에 의해 신설된 회사가 소멸회사의 권리와 의무를 포괄적으로 승계하는 방법이다. 신설회사를 합병회사라 하고 소멸되는 회사를 피합병회사라 하며, 소멸되는 합병당사회사의 주주는 신설회사의 주식과 합병교부금을 교부받는다. 실무상으로는 흡수합병이 압도적으로 많이 이용되고 있다.

2) 간이합병(약식합병)과 소규모합병

합병은 상법상 합병절차의 엄격성에 따라 보통의 합병과 약식합병 내지 간이합병과 소규

---

18) 이철송(2009), 95쪽.

모합병으로 나누어진다. 보통의 합병은 합병계약서에 대한 승인은 반드시 합병당사회사의 전부가 주주총회의 특별결의를 거쳐야 하며, 합병반대주주의 주식매수청구권을 인정하는 방법이다.

이에 반하여 간이합병과 소규모합병은 합병당사회사의 어느 일방에서는 주주총회의 승인결의를 요하지 않고 이사회의 결의만으로 하는 합병을 말한다. 약식합병은 소멸하는 회사의 주주총회의 승인결의를 요하지 않는 경우이고, 소규모합병은 존속하는 회사의 주주총회의 승인결의를 요하지 않는 경우를 말한다. 약식합병과 소규모합병은 주식회사에 한하여 인정되고, 유한회사에 대하여는 허용되지 않는다(상법603, 상법526①②, 상법527①②③).

(2) 합병의 제한

(가) 상법상 제한

종류가 다른 회사끼리도 합병할 수 있다. 그러나 합병당사회사 중 일방 또는 쌍방이 주식회사나 유한회사인 경우에는 합병 후 존속하는 회사 또는 신설되는 회사는 주식회사 또는 유한회사이어야 한다(상법174②). 유한회사와 주식회사가 합병하여 주식회사가 존속 또는 신설회사로 될 경우에는 인가를 얻지 아니하면 합병의 효력이 없다(상법600①). 유한회사와 주식회사가 합병할 경우 주식회사가 사채의 상환을 완료하지 않으면 유한회사를 존속회사나 신설회사로 하지 못한다(상법600②). 해산 후 청산 중에 있는 회사는 존립 중의 회사를 존속회사로 하는 경우에 한하여 합병할 수 있다(상법174③).

(나) 공정거래법상 제한

공정거래법은 기업독점을 억제하고 자유로운 경쟁을 촉진하기 위하여 일정한 거래분야에 있는 기업 간의 결합은 경쟁제한의 우려가 있으므로 이를 제한한다. 일정한 거래분야에서 경쟁을 실질적으로 제한하는 효과를 가져오는 기업 간의 합병은 금지된다(법7①(3)).

그리고 회사의 합병을 신고하여야 한다(기업결합의 신고요령 Ⅲ-4). 즉 회사가 공정거래법 제7조(기업결합의 제한) 제1항 제3호의 "다른 회사와의 합병"을 하는 경우에는 「별표3」의 신고서에 관련서류를 첨부하여 신고하여야 하며, 법 제12조 제6항 본문에 의한 신고의 경우에는 존속회사(흡수합병의 경우) 또는 신설회사(신설합병의 경우)가 단독으로 신고한다. 다만 법 제12조 제6항 단서에 의할 경우에는 존속 예정인 회사(흡수합병의 경우)가 단독으로 신고하거나 결합당사회사(신설합병의 경우)가 연명으로 신고하여야 한다. 이는 상법 제530조의2(회사의 분할·분할합병)의 규정에 의한 분할합병의 경우에도 동일한 신고를 하여야 한다.

(다) 기타 특별법상 제한

금융기관의 합병은 금융위원회의 인가가 필요하며(금융산업구조개선법4)), 은행법 등 특별법 적용대상 법인간의 합병은 주무관청의 인가가 필요하다(은행법55①, 보험업법139). 그 외에 채무자회생법상 회생계획에 의한 합병은 동법이 정하는 바에 따라 합병해야 한다(동법210 및

211).

(3) 합병의 절차

(가) 이사회 결의와 자본시장법상의 공시

1) 이사회 결의

합병을 하기 위해서는 합병당사회사의 대표기관은 합병조건·합병방식 등 합병에 필요한 사항을 합의하게 되는데, 주식회사의 경우 각 당사회사의 대표이사의 합의 이전에 합병당사회사의 이사회의 사전 결의가 있어야 한다.

2) 공시(거래소 신고 및 주요사항보고서의 제출)

주권상장법인은 합병(간이합병 및 소규모합병 포함)에 관한 이사회의 결정이 있은 때에는 그 결정내용을 그 사유발생 당일에 거래소에 신고하여야 한다(유가증권 공시규정 제7조 제1항 제3호 가목 (5) 및 (6)).[19] 주권상장법인은 이사회에서 "합병의 사실이 발생한 때" 그 사실이 발생한 날의 다음 날까지 그 내용을 기재한 주요사항보고서를 금융위원회에 제출하여야 한다(법161①(6)).

합병에 대하여 사전공시를 요구하는 것은 미공개중요정보의 이용으로 인한 내부자거래를 방지하고 감독당국이 합병의 적법성 여부 등을 사전에 객관적으로 검토하기 위한 것이다.

3) 주권의 일시적인 매매거래정지

거래소는 주가 또는 거래량에 중대한 영향을 미칠 수 있는 사항이 결의된 경우 주가에 대한 충격을 완화하기 위하여 당해 이사회 결의에 대한 공시가 있을 경우 일시적으로 매매거래를 정지하고 있다(유가증권시장 공시규정40①(2), 동시행세칙16①③). 이에 따라 합병의 경우는 해당 회사 주권의 일시적인 매매거래가 정지된다.

(나) 합병계약서의 작성

합병당사회사의 대표기관에 의해 합병조건·합병방식 등 합병에 관한 필요한 사항이 합의되어야 한다. 합병계약은 특별한 방식을 요하지 않는다. 그러나 주식회사의 합병에는 법정사항을 기재한 합병계약서를 작성하여야 한다(상법522①). 그 내용은 일반적으로 합병조건, 합병절차, 합병실시를 위한 필요한 조치 등의 합병의 진행에 관한 것이다.

(다) 합병계약서 등의 공시

상법은 주주 또는 채권자가 합병승인결의 또는 이의 여부에 관해 의사결정을 하기 위해서는 사전에 합병의 구체적인 사항을 파악할 필요가 있음을 고려하여 사전에 공시하게 하고 있다. 따라서 이사는 합병승인결의를 위한 주주총회 회일의 2주전부터 합병을 한 날 이후 6월이 경과하는 날까지 다음의 서류를 본점에 비치하여야 한다(상법522의2①).

1. 합병계약서
2. 합병으로 인하여 소멸하는 회사의 주주에게 발행하는 주식의 배정에 관하여 그 이유를 기재한 서면
3. 각 회사의 최종의 대차대조표와 손익계산서

주주 및 회사채권자는 영업시간 내에는 언제든지 위 서류의 열람을 청구하거나, 회사가 정한 비용을 지급하고 그 등본 또는 초본의 교부를 청구할 수 있다(상법522의2②).

(라) 반대주주의 주식매수청구권

합병 이사회 결의에 반대하는 주주는 서면으로 반대의사를 통지하여야 한다. 즉 합병승인의 주주총회 결의사항에 관하여 이사회의 결의가 있는 때에 그 결의에 반대하는 주주는 주주총회 전에 회사에 대하여 서면으로 그 결의에 반대하는 의사를 통지한 경우에는 그 총회의 결의일부터 20일 이내에 주식의 종류와 수를 기재한 서면으로 회사에 대하여 자기가 소유하고 있는 주식의 매수를 청구할 수 있다(상법522의3①).

주식매수청구권은 피합병회사의 주주에게만 인정되는 것이 아니라 존속법인의 주주에게도 인정된다. 의결권 없는 주식을 가진 주주에게도 주식매청구권이 인정되는가? 자본시장법은 의결권 없는 주주에게도 주식매수청구권을 인정하고 있다(법165의5①). 상법상 분할합병의 경우 의결권 없는 주주에게도 의결권을 부여함으로써 결과적으로 주식매수청구권도 부여하고 있다. 합병의 경우에 명문규정은 없지만 상법이 주식매수청구권의 행사요건으로 사전반대의 통지만을 요구하고 주주총회에 출석하여 반대할 것을 요건으로 하지 않은 것은 의결권 없는 주식의 주주도 주식매수청구권을 인정하기 위한 것으로 이해해야 할 것이다.

또한 실질주주는 예탁하고 있는 증권회사를 통하여 반대의사를 표시할 수 있고, 한국예탁결제원은 주주총회일 전에 실질주주를 대신하여 당해 회사에 대하여 반대의사를 통지해야 한다(증권등예탁업무규정55).[20]

---

20) 증권등예탁업무규정 제55조(주식매수청구권의 행사) ① 예탁주식에 대하여 주식매수청구권을 행사하고자 하는 예탁자는 관련 법령에서 정한 반대의사통지 종료일의 2영업일전까지 세칙으로 정하는 방법에 따라 신청하여야 한다.
② 예탁결제원은 제1항에 따른 신청이 있는 경우 그 반대의사통지 종료일까지 해당 발행인에게 서면으로

(마) 주주총회의 합병승인결의

각 회사의 합병승인결의는 특별결의의 방법에 의하여 합병계약서를 승인하는 형식을 취한다(상법522의2①③). 합병당사회사의 주주총회의 합병승인결의를 요건으로 하고 있는 것은 합병절차에 있어서 합병비율의 공정성을 확보하여 주주의 이익을 보호하기 위한 것이다. 소멸회사만이 아니라 존속회사의 주주총회의 승인결의도 요구하는 것은 합병에 의하여 소멸회사의 주주들에게 존속회사의 신주가 발행·교부되므로 존속회사의 주주들도 존속회사에 대한 종전의 지분비율 중 일부를 상실하게 되는 이해관계가 있기 때문이다.

(바) 채권자보호절차(이의제출의 공고 및 최고)

합병에 관하여 회사채권자도 주주와 같은 이해관계를 갖는다. 합병으로 인하여 당사회사들의 재산은 전부 합일귀속되어 당사회사들의 총채권자에 대한 책임재산이 되므로 합병 전의 신용이 그대로 유지된다고 볼 수 없기 때문이다. 따라서 소멸회사와 존속회사 모두 채권자보호절차를 밟아야 한다.

회사는 주주총회의 승인결의가 있은 날부터 2주 내에 채권자에 대하여 합병에 이의가 있으면 1월 이상의 기간 내에 이를 제출할 것을 공고하고, 알고 있는 채권자에 대하여는 따로따로 이를 최고하여야 한다(상법527의5①). 채권자가 위 기간 내에 이의를 제출하지 아니한 때에는 합병을 승인한 것으로 본다(상법527의5③). 이의를 제출한 채권자가 있는 때에는 회사는 그 채권자에 대하여 변제 또는 상당한 담보를 제공하거나 이를 목적으로 하여 상당한 재산을 신탁회사에 신탁하여야 한다(상법제527의5③). 사채권자가 이의를 제기하려면 사채권자집회의 결의가 있어야 하며, 이 경우에는 법원은 이해관계인의 청구에 의하여 사채권자를 위하여 이의제기 기간을 연장할 수 있다(상법530②).

(사) 주식의 병합 및 주권의 제출

흡수합병의 경우에는 소멸회사의 주주에게 존속회사의 주식이 배정되나 반드시 구주 1주에 대하여 신주 1주가 배정되는 것은 아니고 합병비율에 따라 배정되므로, 경우에 따라 주식수

그 결의에 반대하는 의사를 통지하여야 한다.

③ 실질주주가 발행인에게 직접 반대의사를 통지한 경우 발행인은 그 내역을 예탁결제원에 통지하여야 하며, 예탁결제원은 이를 지체없이 예탁자에게 통지하여야 한다.

④ 제1항의 신청을 한 예탁자는 세칙으로 정하는 주식수 내에서 해당 주식의 매수청구권행사 종료일의 전 영업일까지 예탁결제원에 해당 주식매수청구를 신청하여야 한다. 이 경우 예탁자는 해당 발행인에게 직접 반대의사를 통지한 실질주주가 있는 경우 이를 포함하여 신청할 수 있다.

⑤ 제4항의 신청이 있는 경우 예탁결제원은 예탁자의 신청분을 취합하여 발행인에 대하여 주식매수청구권 행사 종료일에 서면으로 주식매수청구를 하여야 한다. 이 경우 발행인이 정한 바에 따라 해당 주권의 제출 등 필요한 조치를 하여야 한다.

⑥ 예탁결제원은 제5항의 청구에 따라 주식매수청구대금을 수령한 때에는 해당 예탁자에게 신청한 지분별로 이를 배분하여야 한다.

가 감소할 수도 있다. 이 경우에 주식의 배정을 위한 준비로서 주식을 병합할 수 있다. 이 경우 자본감소시의 주식병합의 절차를 준용한다(상법530③ 및 440-444).

소멸회사가 주식병합을 위하여 주권 등의 제출을 요구받은 경우 거래소는 주권 등의 매매 거래를 정지할 수 있다(유가증권시장 상장규정95①(3)).[21]

(아) 총회의 개최

1) 보고총회

흡수합병의 경우 존속회사의 이사는 채권자보호절차의 종료 후, 합병으로 인한 주식의 병 합이 있을 때에는 그 효력이 생긴 후, 병합에 적당하지 아니한 주식이 있을 때에는 합병 후, 존 속하는 회사에 있어서는 단주의 처분을 한 후 지체없이 주주총회를 소집하고 합병에 관한 사 항을 보고하여야 한다(상법526①). 신주인수인이 된 소멸회사의 주주는 아직 존속회사의 주주는 아니지만 주주총회에서 주주와 동일한 권리가 있다(상법526②). 이사회는 공고로써 주주총회에 대한 보고에 갈음할 수 있다(상법526③).

2) 창립총회

신설합병의 경우에는 설립위원은 채권자보호절차의 종료후, 합병으로 인한 주식의 병합이 있을 때에는 그 효력이 생긴 후, 병합에 적당하지 아니한 주식이 있을 때에는 단주의 처분을 한 후 지체없이 창립총회를 소집하여야 한다(상법527①). 창립총회에서는 정관변경의 결의를 할 수 있다. 그러나 합병계약의 취지에 위반하는 결의는 하지 못한다(상법527②). 창립총회에서는 설립위원의 보고를 들으며, 임원을 선임해야 한다(상법527③). 창립총회에 관하여는 주식회사 설립시의 창립총회에 관한 규정이 준용된다(상법527③).

이사회는 공고로써 주주총회에 대한 보고에 갈음할 수 있다(상법527④). 신설회사의 이사 및 감사를 선임해야 하므로 창립총회를 생략하고자 하는 경우에는 합병계약에서 신설회사의 이사 및 감사를 정하여야 한다(상법524(6)). 합병계약에서 이사 및 감사를 정하면 합병계약을 승인하는 주주총회결의에서 이사 및 감사를 선임하는 결의를 포함하므로 이사 및 감사를 선임 하기 위한 창립총회는 개최할 필요가 없다.

(자) 합병의 효력발생기기

회사가 합병을 한 때에는 흡수합병의 경우에는 주주총회가 종결한 날 또는 보고에 갈음하 는 공고일, 신설합병의 경우에는 창립총회가 종결한 날 또는 보고에 갈음하는 공고일부터 본점 소재지에서는 2주내, 지점소재지에서는 3주내에 합병 후 존속회사에 있어서는 변경등기, 소멸

---

21) 유가증권시장 상장규정 제95조(매매거래정지 및 정지해제) ① 거래소는 다음의 어느 하나의 경우에는 증 권의 매매거래를 정지할 수 있다.
   3. 주식(외국주식을 포함)의 병합, 분할, 주식교환 또는 주식이전 등을 위하여 주권 등의 제출을 요구한 경우

회사에 있어서는 해산등기, 신설회사에 있어서는 설립등기를 하여야 한다(상법528①). 존속회사 또는 신설회사가 합병으로 인하여 전환사채 또는 신주인수권부사채를 승계한 때에는 합병등기와 동시에 사채의 등기를 하여야 한다(상법528②).

합병은 존속회사의 본점소재지에서 변경등기를 한 때 또는 신설회사의 본점소재지에서 설립등기를 한 때 그 효력이 생긴다(상법530② 및 상법234).

(차) 합병에 관한 서류의 사후공시

이사는 채권자보호절차의 경과, 합병을 한 날, 합병으로 인하여 소멸하는 회사로부터 승계한 재산의 가액과 채무액 기타 합병에 관한 사항을 기재한 서면을 합병을 한 날부터 6월간 본점에 비치하여야 한다(상법527의6①). 주주 및 회사채권자는 영업시간 내에는 언제든지 위 서류의 열람을 청구하거나, 회사가 정한 비용을 지급하고 그 등본 또는 초본의 교부를 청구할 수 있다(상법527의6②).

(카) 특수절차(간이합병과 소규모합병)

1) 간이합병

흡수합병을 하는 경우에 소멸회사의 합병승인결의를 생략할 수 있는 경우이다. 합병할 회사의 일방이 합병 후 존속하는 경우에 합병으로 인하여 소멸하는 회사의 총주주의 동의가 있거나 그 회사의 발행주식총수의 90% 이상을 합병 후 존속하는 회사가 소유하고 있는 때에는 합병으로 인하여 소멸하는 회사의 주주총회의 승인은 이를 이사회의 승인으로 갈음할 수 있다(상법527의2①).

간이합병은 비상장법인의 폐쇄회사를 흡수합병할 경우에 합병절차를 간소화하는 방법이 될 수 있고, 합병을 예정하고 존속회사가 사전에 소멸회사의 주식을 취득함으로써 유용하게 활용될 수 있다. 간이합병은 흡수합병을 할 경우 소멸회사에만 적용된다. 따라서 신설합병을 할 경우에는 간이합병을 할 수 없으며, 흡수합병을 하더라도 존속회사에는 적용되지 않는다.

2) 소규모합병

합병 후 존속회사가 합병으로 인하여 발행하는 신주의 총수가 그 회사의 발행주식총수의 10%를 초과하지 아니하는 때에는 그 존속하는 회사의 주주총회의 승인은 이를 이사회의 승인으로 갈음할 수 있다(상법527의3①).

합병을 하는 경우 당사회사의 주주총회의 결의를 요함은 합병이 주주들에게 있어 출자 당시 예상하지 못했던 구조적인 변동이므로 그로 인한 위험을 부담하는 출자자들로 하여금 직접 의사결정을 할 기회를 주기 위한 것이다. 그런데 대규모회사가 극히 소규모의 회사를 흡수합병하는 경우에는 대규모회사의 입장에서는 일상적인 영업활동의 규모에 지나지 않는 자산취득임에도 불구하고 주주총회의 결의와 주식매수청구절차를 거치는 것은 비경제적이라고 생각할 수 있다. 따라서 상법은 이와 같은 효율성에 기초하여 일정한 소규모의 회사를 흡수합병하는 경우 주주총회의 승인결의를 생략하고 이사회의 결의로 대신할 수 있는 소규모합병제도를 인정하고 있다.

(4) 자본시장법상 합병의 특례

(가) 합병에 관한 정보공시

1) 증권신고서 제출

가) 의의

증권거래법에서는 주권상장법인이 다른 법인과 합병하는 경우에는 금융위원회와 거래소에 신고할 의무를 지우고 있었다. 그러나 자본시장법에서는 이러한 신고의무를 폐지하고 그 대신 합병으로 인하여 증권을 모집 또는 매출하는 경우(이른바 신주발행에 의한 합병의 경우)에는 증권신고서에 합병에 관한 주요사항을 기재하도록 하였다. 합병에 따른 신주발행 및 주권의 교부가 공모(모집·매출)에 해당하는 경우에는 별도로 증권신고서 및 증권발행실적보고서를 제출하여야 한다. 그러나 이 경우 합병의 종료보고서를 제출할 필요는 없다.

나) 기재사항

합병으로 인하여 증권을 모집 또는 매출하는 경우에는 증권신고서에 다음의 사항을 기재하여야 한다(증권발행공시규정2-9①).

1. 대표이사 및 이사의 시행령 제124조 각 호의 사항에 대한 서명
2. 합병의 개요
   가. 합병에 관한 일반사항
   나. 합병가액과 상대가치(영 제176조의5 제2항에 따라 상대가치를 공시해야 하는 경우에 한한다) 및 각각에 대한 산출근거(외부평가가 의무화된 경우 외부평가기관의 합병비율의 적정성에 대한 평가의견을 포함)
   다. 합병의 요령
   라. 모집 또는 매출되는 증권의 주요 권리내용
   마. 모집 또는 매출되는 증권의 취득에 따른 투자위험요소
   바. 출자·채무보증 등 당사회사간의 이해관계에 관한 사항
   사. 주식매수청구권에 관한 사항
   아. 그 밖에 투자자 보호를 위하여 필요한 사항
3. 당사회사에 관한 사항(신설합병의 경우에는 소멸회사)
   가. 회사의 개요
   나. 사업의 내용
   다. 재무에 관한 사항

　　라. 회계감사인의 감사의견

　　마. 이사회 등 회사의 기관 및 계열회사에 관한 사항

　　바. 주주에 관한 사항

　　사. 임원 및 직원 등에 관한 사항

　　아. 그 밖에 투자자 보호를 위하여 필요한 사항

다) 첨부서류

합병에 관한 증권신고서에는 다음의 서류를 첨부하여야 한다(증권발행공시규정2-9②).

1. 합병당사회사 및 신설합병회사의 정관 또는 이에 준하는 것으로서 조직운영 및 투자자의 권리의무를 정한 것

2. 합병당사회사의 합병 주주총회 소집을 위한 이사회의 의사록 사본 또는 그 밖에 이에 준하는 서류

3. 합병당사회사의 법인등기부등본

4. 합병에 관하여 행정관청의 허가·인가 또는 승인 등을 필요로 하는 경우에는 그 허가·인가 또는 승인 등이 있었음을 증명하는 서류

5. 합병계약서 및 계획서 사본

6. 합병당사회사의 최근 3사업연도 재무제표에 대한 회계감사인의 감사보고서(합병당사회사가 주권상장법인인 경우로서 최근 사업연도에 대한 회계감사인의 감사가 종료되지 않은 경우에는 그 직전 2사업연도에 대한 회계감사인의 감사보고서). 다만 다음 각 목의 어느 하나에서 정하는 요건에 해당하는 경우에는 같은 목에서 정하는 서류로 제출할 수 있다.

　　가. 외부감사 대상법인 또는 사업보고서 제출대상법인("외부감사의무법인")으로서 설립 후 3사업연도가 경과하지 아니한 경우에는 경과한 사업연도에 대한 감사보고서(기업인수목적회사가 설립된 후 최초 사업연도가 경과하지 아니한 경우에는 회사 설립시점의 감사보고서)

　　나. 외부감사의무법인이 아닌 법인으로서 영 제176조의5 제3항 제2호의 규정을 적용받는 경우에는 동규정에 따른 감사의견을 입증할 수 있는 감사보고서 등의 서류

　　다. 외부감사의무법인이 아닌 법인으로서 영 제176조의5 제3항 제2호의 규정을 적용받지 아니하는 경우에는 회사 제시 최근 3사업연도 재무제표

7. 합병당사회사의 최근 3사업연도 회계감사인의 연결감사보고서(최근 사업연도에 대한 회계감사인의 감사가 종료되지 않은 경우에는 그 직전 2사업연도, 설립 후 3사업연도가 경과하지 아니한 경우에는 경과한 사업연도에 대한 감사보고서)

8. 합병당사회사의 반기재무제표에 대한 회계감사인의 반기감사보고서 또는 반기검토보고서(반기보고서 제출대상법인에 해당하지 않는 경우에는 회사 제시 반기재무제표)

9. 합병당사회사의 분기재무제표에 대한 회계감사인의 분기감사보고서 또는 분기검토보고서

(분기보고서 제출대상법인으로서 영 제170조 제1항 제2호 단서의 규정을 적용받지 않는 경우에는 회사 제시 분기재무제표)

10. 합병당사회사 중 주권비상장법인의 경우에는 주주명부

11. 제1항 제2호 나목에 따른 외부평가기관의 평가의견서

12. 예비투자설명서를 사용하려는 경우에는 예비투자설명서

13. 간이투자설명서를 사용하려는 경우에는 간이투자설명서

라) 소규모합병의 증권신고서 작성 및 제출

소규모합병으로서 피합병회사가 주권상장법인이 아닌 경우에는 증권신고서의 기재사항 및 첨부서류의 일부를 생략할 수 있다(증권발행공시규정2-9③).

마) 간이합병

간이합병의 경우에도 증권신고서 등의 제출절차는 일반적인 합병과 동일하다.

2) 거래소 신고 및 주요사항보고서 제출

주권상장법인은 합병(간이합병 및 소규모합병 포함)에 관한 이사회의 결정이 있은 때에는 그 결정내용을 그 사유발생 당일에 거래소에 신고하여야 한다(유가증권 공시규정7①(3) 가목 (5) 및 (6)).[22] 주권상장법인은 이사회에서 "합병의 사실이 발생한 때" 그 사실이 발생한 날의 다음 날까지 그 내용을 기재한 주요사항보고서를 금융위원회에 제출하여야 한다(법161①(6)). 합병은 당사회사의 주가에 큰 영향을 미치는 중요한 거래이므로 투자자에게 가급적 조기에 공시할 필요가 있기 때문에 합병사실을 주요사항보고서의 보고사항으로 한 것이다.

(나) 합병가액의 산정방법

1) 합병가액 산정기준의 법정화

주권상장법인이 다른 법인과 합병하려는 경우에는 합병가액을 산정하여야 한다. 자본시장법은 이에 관하여 i) 주권상장법인 간의 합병, ii) 주권상장법인과 주권비상장법인 간의 합병으로 구별하여 그 기준을 정하고 있다. 주권상장법인 간의 합병의 경우에는 한국거래소시장에서의 거래가격을 기준으로 산정하되, 기준주가에 의하여 가격을 산정할 수 없는 경우에는 본질가치법으로 산정하고 있다. 주권상장법인과 주권비상장법인 간의 합병의 경우에는 상장법인은 위의 방법과 동일하게 산정하고, 비상장법인은 본질가치법에 따라 합병가액을 산정하되, 상대

---

22) 유가증권시장 공시규정 제7조(주요경영사항) ① 주권상장법인은 주요경영사항에 해당하는 경우에는 그 사실 또는 결정내용을 그 사유발생 당일에 거래소에 신고하여야 한다.
　3. 해당 주권상장법인의 기업경영활동에 관한 다음 각 목의 어느 하나에 해당하는 사실 또는 결정이 있은 때
　　가. 해당 주권상장법인의 지배구조 또는 구조개편에 관한 다음의 어느 하나에 해당하는 사실 또는 결정이 있은 때
　　　(5) 상법 제374조·제522조·530조의2 및 제530조의12에서 규정한 사실에 관한 결정이 있은 때
　　　(6) 상법 제527조의2에 따른 간이합병 또는 제527조의3에 따른 소규모합병에 관한 결정이 있은 때

가치를 산정할 수 없을 경우에는 자산가치와 수익가치를 가중산술평균한 가액에 의한다.

합병, 분할합병, 주식의 포괄적 교환·이전에 대하여만 법정산정방법을 이용하고, 영업·자산양수도에 대하여는 자율적으로 합병가액을 산정할 수 있다.

주권상장법인이 다른 법인과 합병하려는 경우에는 다음의 제1호 또는 제2호의 방법에 따라 산정한 합병가액에 따라야 한다. 이 경우 주권상장법인이 제1호 또는 제2호 가목 본문에 따른 가격을 산정할 수 없는 경우에는 제2호 나목에 따른 가격으로 한다(영176의5①).

2) 주권상장법인 간 합병(제1호)

주권상장법인 간 합병의 경우에는 합병을 위한 이사회 결의일과 합병계약을 체결한 날 중 앞서는 날의 전일을 기산일로 한 다음 각 목의 종가(증권시장에서 성립된 최종가격)를 산술평균한 가액("기준시가")을 기준으로 30%(계열회사 간 합병의 경우에는 10%)의 범위에서 할인 또는 할증한 가액. 이 경우 가목 및 나목의 평균종가는 종가를 거래량으로 가중산술평균하여 산정한다(영176의5①(1)).

　가. 최근 1개월간 평균종가. 다만 산정대상기간 중에 배당락 또는 권리락이 있는 경우로서 배당락 또는 권리락이 있은 날부터 기산일까지의 기간이 7일 이상인 경우에는 그 기간의 평균종가로 한다.

　나. 최근 1주일간 평균종가

　다. 최근일의 종가

3) 주권상장법인과 주권비상장법인 간 합병(제2호)

주권상장법인(코넥스시장에 주권이 상장된 법인은 제외)과 주권비상장법인 간 합병의 경우에는 다음의 기준에 따른 가격(영176의5①(2)).

　가. 주권상장법인의 경우에는 제1호의 가격. 다만 제1호의 가격이 자산가치에 미달하는 경우에는 자산가치로 할 수 있다.

　나. 주권비상장법인의 경우에는 자산가치와 수익가치를 가중산술평균한 가액

나목에 따른 가격으로 산정하는 경우에는 금융위원회가 정하여 고시하는 방법에 따라 산정한 유사한 업종을 영위하는 법인의 가치("상대가치")를 비교하여 공시하여야 하며, 가목과 나목에 따른 자산가치·수익가치 및 그 가중산술평균방법과 상대가치의 공시방법은 금융위원회가 정하여 고시한다(영176의5②).[23]

자산가치[24]·수익가치[25] 및 그 가중산술평균방법[26]과 상대가치[27]의 산출방법·공시방법

---

23) 영 제176조의5 제2항에 따른 상대가치의 공시방법은 제2-9조에 따른 합병의 증권신고서에 기재하는 것을 말한다(증권발행공시규정5-13⑤).

24) 증권발행공시규정 시행세칙 제5조(자산가치) ① 규정 제5-13조에 따른 자산가치는 분석기준일 현재의 평가대상회사의 주당 순자산가액으로서 다음 산식에 의하여 산정한다. 이 경우에 발행주식의 총수는 분석기준일 현재의 총발행주식수로 한다.
자산가치 = 순자산 / 발행주식의 총수
② 제1항의 순자산은 주요사항보고서를 제출하는 날이 속하는 사업연도의 직전사업연도(직전사업연도가 없는 경우에는 최근 감사보고서 작성대상시점으로 한다. 이하 "최근사업연도"라 한다)말의 재무상태표상의 자본총계에서 다음의 방법에 따라 산정한다.
1. 분석기준일 현재 실질가치가 없는 무형자산 및 회수가능성이 없는 채권을 차감한다.
2. 분석기준일 현재 투자주식중 취득원가로 평가하는 시장성 없는 주식의 순자산가액이 취득원가보다 낮은 경우에는 순자산가액과 취득원가와의 차이를 차감한다.
3. 분석기준일 현재 퇴직급여채무 또는 퇴직급여충당부채의 잔액이 회계처리기준에 따라 계상하여야 할 금액보다 적을 때에는 그 차감액을 차감한다.
4. 최근사업연도말 이후부터 분석기준일 현재까지 손상차손이 발생한 자산의 경우 동 손상차손을 차감한다.
5. 분석기준일 현재 자기주식은 가산한다.
6. 최근사업연도말 이후부터 분석기준일 현재까지 유상증자, 전환사채의 전환권 행사 및 신주인수권부사채의 신주인수권 행사에 의하여 증가한 자본금을 가산하고, 유상감자에 의하여 감소한 자본금 등을 차감한다.
7. 최근사업연도말 이후부터 분석기준일 현재까지 발생한 주식발행초과금등 자본잉여금 및 재평가잉여금을 가산한다.
8. 최근 사업연도말 이후부터 분석기준일 현재까지 발생한 배당금지급, 전기오류수정손실 등을 차감한다.
9. 기타 최근사업연도말 이후부터 분석기준일 현재까지 발생한 거래 중 이익잉여금의 증감을 수반하지 않고 자본총계를 변동시킨 거래로 인한 중요한 순자산 증감액을 가감한다.
25) 증권발행공시규정 시행세칙 제6조(수익가치) 규정 제5-13조에 따른 수익가치는 현금흐름할인모형, 배당할인모형 등 미래의 수익가치 산정에 관하여 일반적으로 공정하고 타당한 것으로 인정되는 모형을 적용하여 합리적으로 산정한다.
26) 증권발행공시규정 시행세칙 제4조(합병가액의 산정방법) 규정 제5-13조에 따른 자산가치·수익가치의 가중산술평균방법은 자산가치와 수익가치를 각각 1과 1.5로 하여 가중산술평균하는 것을 말한다.
27) 증권발행공시규정 시행세칙 제7조(상대가치) ① 규정 제5-13조에 따른 상대가치는 다음의 금액을 산술평균한 가액으로 한다. 다만 제2호에 따라 금액을 산출할 수 없는 경우 또는 제2호에 따라 산출한 금액이 제1호에 따라 산출한 금액보다 큰 경우에는 제1호에 따라 산출한 금액을 상대가치로 하며, 제1호에 따라 금액을 산출할 수 없는 경우에는 이 항을 적용하지 아니한다.
1. 평가대상회사와 한국거래소 업종분류에 따른 소분류 업종이 동일한 주권상장법인 중 매출액에서 차지하는 비중이 가장 큰 제품 또는 용역의 종류가 유사한 법인으로서 최근 사업연도말 주당법인세비용차감전계속사업이익과 주당순자산을 비교하여 각각 100분의 30 이내의 범위에 있는 3사 이상의 법인(이하 이 조에서 "유사회사"라 한다)의 주가를 기준으로 다음 산식에 의하여 산출한 유사회사별 비교가치를 평균한 가액의 30% 이상을 할인한 가액.
유사회사별 비교가치 = 유사회사의 주가 × {(평가대상회사의 주당법인세비용차감전계속사업이익 / 유사회사의 주당법인세비용차감전계속사업이익) + (평가대상회사의 주당순자산 / 유사회사의 주당순자산)} / 2
2. 분석기준일 이전 1년 이내에 다음 각 목의 어느 하나에 해당하는 거래가 있는 경우 그 거래가액을 가중산술평균한 가액을 100분의 10 이내로 할인 또는 할증한 가액
가. 유상증자의 경우 주당 발행가액
나. 전환사채 또는 신주인수권부사채의 발행사실이 있는 경우 주당 행사가액
② 제1항의 유사회사의 주가는 당해 기업의 보통주를 기준으로 분석기준일의 전일부터 소급하여 1월 간의 종가를 산술평균하여 산정하되 그 산정가액이 분석기준일의 전일종가를 상회하는 경우에는 분석기준일의 전일종가로 한다. 이 경우 계산기간내에 배당락 또는 권리락이 있을 때에는 그후의 가액으로 산정한다.
③ 제1항의 평가대상회사와 유사회사의 주당법인세비용차감전계속사업이익 및 제6항 제1호의 주당법인세

에 대하여 이 조에서 달리 정하지 않는 사항은 감독원장이 정한다(증권발행공시규정5-13①). 합병가액은 주권상장법인이 가장 최근 제출한 사업보고서에서 채택하고 있는 회계기준을 기준으로 산정한다(증권발행공시규정5-13②).

(다) 추가·별도 요건

1) 주권상장법인인 기업인수목적회사가 다른 법인과 합병하여 그 합병법인이 주권상장법인이 되려는 경우

주권상장법인인 기업인수목적회사(SPAC)가 투자자 보호와 건전한 거래질서를 위하여 금융위원회가 정하여 고시하는 요건[28]을 갖추어 그 사업목적에 따라 다른 법인과 합병하여 그 합병법인이 주권상장법인이 되려는 경우에는 다음의 기준에 따른 가액으로 합병가액을 산정할 수 있다(영176의5③).

1. 주권상장법인인 기업인수목적회사의 경우: 제1항 제1호에 따른 가액
2. 기업인수목적회사와 합병하는 다른 법인의 경우: 다음 각 목의 구분에 따른 가액
   가. 다른 법인이 주권상장법인인 경우: 제1항 제1호에 따른 가격. 다만 이를 산정할 수 없는 경우에는 제1항 각 호 외의 부분 후단을 준용한다.
   나. 다른 법인이 주권비상장법인인 경우: 기업인수목적회사와 협의하여 정하는 가액

2) 주권상장법인이 주권비상장법인과 합병하여 주권비상장법인이 되는 경우

주권상장법인이 주권비상장법인과 합병하여 주권상장법인이 되는 경우에는 다음의 요건

비용차감전계속사업이익은 다음 산식에 의하여 산정한다. 이 경우에 발행주식의 총수는 분석 기준일 현재 당해회사의 총발행주식수로 한다.
주당법인세비용차감전계속사업이익 = {(최근사업연도의 법인세비용차감전계속사업이익 / 발행주식의 총수) + (최근사업연도의 직전사업연도의 법인세비용차감전계속사업이익 / 발행주식의 총수)} / 2
④ 제1항의 평가대상회사의 주당순자산은 제5조 제1항에 따른 자산가치로 하며, 제1항의 유사회사의 주당순자산 및 제6항 제2호의 주당순자산은 분석기준일 또는 최근 분기말을 기준으로 제5조 제1항에 따라 산출하되, 제5조 제2항 제8호 및 같은 항 제9호의 규정은 이를 적용하지 아니한다.
⑤ 유사회사는 다음의 요건을 구비하는 법인으로 한다.
1. 주당법인세비용차감전계속사업이익이 액면가액의 10% 이상일 것
2. 주당순자산이 액면가액 이상일 것
3. 상장일이 속하는 사업연도의 결산을 종료하였을 것
4. 최근 사업연도의 재무제표에 대한 감사인의 감사의견이 "적정" 또는 "한정"일 것
28) "금융위원회가 정하여 고시하는 요건"이란 다음의 요건을 말한다(증권발행공시규정5-13④).
1. 기업인수목적회사가 법 제165조의5 제2항에 따라 매수하는 주식을 공모가격 이상으로 매수할 것
2. 영 제6조 제4항 제14호 다목에 따른 투자매매업자가 소유하는 증권(기업인수목적회사가 발행한 영 제139조 제1호 각 목의 증권으로 의결권 없는 주식에 관계된 증권을 포함)을 합병기일 이후 1년간 계속 소유할 것
3. 주권비상장법인과 합병하는 경우 영 제176조의5 제3항 제2호 나목에 따라 협의하여 정한 가격을 영 제176조의5 제2항에 따라 산출한 합병가액 및 상대가치와 비교하여 공시할 것

을 충족하여야 한다(영176의5④).

1. 삭제 [2013. 8. 27]
2. 합병의 당사자가 되는 주권상장법인이 주요사항보고서를 제출하는 날이 속하는 사업연도의 직전사업연도의 재무제표를 기준으로 자산총액·자본금 및 매출액 중 두 가지 이상이 그 주권상장법인보다 더 큰 주권비상장법인이 다음 각 목의 요건을 충족할 것
    가. 거래소의 증권상장규정("상장규정")에서 정하는 재무 등의 요건
    나. 감사의견, 소송계류, 그 밖에 공정한 합병을 위하여 필요한 사항에 관하여 상장규정에서 정하는 요건

3) 다른 증권시장에 주권이 상장된 법인과의 합병

특정 증권시장에 주권이 상장된 법인이 다른 증권시장에 주권이 상장된 법인과 합병하여 특정 증권시장에 상장된 법인 또는 다른 증권시장에 상장된 법인이 되는 경우에는 제4항을 준용한다. 이 경우 "주권상장법인"은 "합병에도 불구하고 같은 증권시장에 상장되는 법인"으로, "주권비상장법인"은 "합병에 따라 다른 증권시장에 상장되는 법인"으로 본다(영176의5⑤).

(라) 합병의 추가요건(외부평가기관의 평가의무)

주권상장법인은 합병 등을 하는 경우 투자자 보호 및 건전한 거래질서를 위하여 대통령령으로 정하는 바에 따라 외부의 전문평가기관("외부평가기관")으로부터 합병 등의 가액, 그 밖에 대통령령으로 정하는 사항에 관한 평가를 받아야 한다(법165의4②). 주권상장법인이 다른 법인과 합병하는 경우 다음의 구분에 따라 합병가액의 적정성에 대하여 외부평가기관의 평가를 받아야 한다(영176의5⑦). 외부평가기관의 평가를 받을 의무를 부과하는 것은 합병조건, 특히 합병비율의 불공정성을 방지하기 위한 것이다.

1) 주권상장법인이 주권비상장법인과 합병하는 경우(제1호)

주권상장법인(기업인수목적회사는 제외)이 주권상장법인과 합병하는 경우로서 다음의 어느 하나에 해당하는 경우에는 합병가액의 적정성에 대하여 외부평가기관의 평가를 받아야 한다(영176의5⑦(1)).

가. 주권상장법인이 제1항 제1호에 따라 합병가액을 산정하면서 기준시가의 10%를 초과하여 할인 또는 할증된 가액으로 산정하는 경우
나. 주권상장법인이 제1항 제2호 나목에 따라 산정된 합병가액에 따르는 경우
다. 주권상장법인이 주권상장법인과 합병하여 주권비상장법인이 되는 경우. 다만 제1항 제1호에 따라 산정된 합병가액에 따르는 경우 또는 다른 회사의 발행주식 총수를 소유하고 있는 회사가 그 다른 회사를 합병하면서 신주를 발행하지 아니하는 경우는 제외한다.

2) 주권상장법인이 주권비상장법인과 합병하는 경우(제2호)

주권상장법인(기업인수목적회사는 제외)이 주권비상장법인과 합병하는 경우로서 다음의 어느 하나에 해당하는 경우에는 합병가액의 적정성에 대하여 외부평가기관의 평가를 받아야 한다(영176의5⑦(2)).

가. 주권상장법인이 제1항 제2호 나목에 따라 산정된 합병가액에 따르는 경우
나. 제4항에 따른 합병의 경우. 다만 다른 회사의 발행주식 총수를 소유하고 있는 회사가 그 다른 회사를 합병하면서 신주를 발행하지 아니하는 경우는 제외한다.
다. 주권상장법인(코넥스시장에 주권이 상장된 법인은 제외)이 주권비상장법인과 합병하여 주권비상장법인이 되는 경우. 다만 합병의 당사자가 모두 제1항 제1호에 따라 산정된 합병가액에 따르는 경우 또는 다른 회사의 발행주식 총수를 소유하고 있는 회사가 그 다른 회사를 합병하면서 신주를 발행하지 아니하는 경우는 제외한다.

3) 기업인수목적회사가 주권상장법인과 합병하는 경우(제3호)

기업인수목적회사가 다른 주권상장법인과 합병하는 경우로서 그 주권상장법인이 제1항 제2호 나목에 따라 산정된 합병가액에 따르는 경우에는 합병가액의 적정성에 대하여 외부평가기관의 평가를 받아야 한다(영176의5⑦(3)).

(마) 외부평가기관

자본시장법은 합병가액의 적정성 등을 평가함에 있어 공정성과 객관성을 담보하기 위하여 외부평가기관제도를 두고 있으며, 외부평가기관의 자격과 평가업무를 영위할 수 없는 기간 등에 관하여 규정하고 있다.

1) 자격

외부평가기관은 다음의 어느 하나에 해당하는 자로 한다(영176의5⑧).

1. 인수업무, 모집·사모·매출의 주선업무를 인가받은 자
2. 신용평가회사
3. 공인회계사법에 따른 회계법인

2) 평가업무금지기간

외부평가기관이 다음의 어느 하나에 해당하는 경우에는 그 기간 동안 평가업무를 할 수 없다(영176의5⑨ 본문). 다만 제4호의 경우에는 해당 특정회사에 대한 평가업무만 할 수 없다(영176의5⑨ 단서).

1. 인수업무, 모집·사모·매출의 주선업무를 인가받은 자가 금융위원회로부터 주식의 인수업

무 참여제한의 조치를 받은 경우에는 그 제한기간

2. 신용평가회사가 신용평가업무와 관련하여 금융위원회로부터 신용평가업무의 정지처분을 받은 경우에는 그 업무정지기간

3. 회계법인이 외부감사법에 따라 업무정지조치를 받은 경우에는 그 업무정지기간

4. 회계법인이 외부감사법에 따라 특정회사에 대한 감사업무의 제한조치를 받은 경우에는 그 제한기간

3) 평가업무금지대상

외부평가기관이 평가의 대상이 되는 회사와 금융위원회가 정하여 고시하는 특수관계에 있는 경우[29]에는 합병에 대한 평가를 할 수 없다(영176의5⑩).

4) 평가업무제한

금융위원회는 외부평가기관의 합병 등에 관한 평가가 현저히 부실한 경우, 그 밖에 투자자 보호 또는 건전한 거래질서를 해할 우려가 있는 경우로서 대통령령으로 정하는 경우에는 평가업무를 제한할 수 있다(법165의4③).

"대통령령으로 정하는 경우"란 다음의 어느 하나에 해당하는 경우를 말한다(영176의5⑪).[30]

---

29) "금융위원회가 정하여 고시하는 특수한 관계에 있는 경우"라 함은 다음의 어느 하나에 해당하는 경우를 말한다(증권발행공시규정5-14).
   1. 외부평가기관이 합병당사회사에 그 자본금의 3% 이상을 출자하고 있거나 합병당사회사가 외부평가기관에 3% 이상을 출자하고 있는 경우
   2. 외부평가기관에 그 자본금의 5% 이상을 출자하고 있는 주주와 합병당사회사에 그 자본금의 5% 이상을 출자하고 있는 주주가 동일인이거나 특수관계인인 경우. 다만 그 동일인이 기관투자자로서 외부평가기관 및 합병당사회사와 제5호의 관계에 있지 아니한 경우에는 그러하지 아니하다.
   3. 외부평가기관의 임원이 합병당사회사에 1% 이상을 출자하고 있거나 합병당사회사의 임원이 외부평가기관에 1% 이상을 출자하고 있는 경우
   4. 외부평가기관 또는 합병당사회사의 임원이 합병당사회사 또는 외부평가기관의 주요주주의 특수관계인인 경우
   5. 동일인이 외부평가기관 및 합병당사회사에 대하여 임원의 임면 등 법인의 주요경영사항에 대하여 사실상 영향력을 행사하는 관계가 있는 경우
   6. 외부평가기관이 합병당사회사의 회계감사인(평가대상 재무제표에 대한 회계감사인 포함)인 경우
30) 증권발행공시규정 제5-14조의3(외부평가기관에 대한 조치) ① 영 제176조의5 제11항(영 제176조의6 제4항에서 준용하는 경우를 포함)에 따른 외부평가기관에 대한 평가 업무의 제한조치는 별표에서 정하는 기준에 따른다. 다만 다음의 사항을 종합적으로 고려하여 정상을 참작할 사유가 있는 경우에는 그 이유를 제시하고 기준과 달리 조치할 수 있다.
   1. 당해 위법행위의 시정 또는 원상회복 여부
   2. 유사사건에 대한 조치와의 형평성
   3. 당해 조치가 향후 특정 증권시장 참여자에게 미칠 영향
   ② 제1항의 규정에 따라 조치를 하는 경우에는 자본시장조사업무규정 제35조부터 제40조까지의 규정 및 같은 규정 시행세칙을 준용한다.

1. 외부평가기관이 제9항(평가업무금지기간 위반) 또는 제10항(평가업무금지대상 위반)을 위반한 경우
2. 외부평가기관의 임직원이 평가와 관련하여 알게 된 비밀을 누설하거나 업무 외의 목적으로 사용한 경우
3. 외부평가기관의 임직원이 합병 등에 관한 평가와 관련하여 금융위원회가 정하여 고시하는 기준을 위반하여 직접 또는 간접으로 재산상의 이익을 제공받은 경우
4. 그 밖에 투자자 보호와 외부평가기관의 평가의 공정성·독립성을 해칠 우려가 있는 경우로서 금융위원회가 정하여 고시하는 경우

금융위원회는 외부평가기관에 대하여 3년의 범위에서 일정한 기간을 정하여 평가업무의 전부 또는 일부를 제한할 수 있다(영176의5⑫).

(바) 적용제외

법률의 규정에 따른 합병에 관하여는 제1항부터 제5항까지 및 제7항부터 제12항까지를 적용하지 아니한다. 다만 합병의 당사자가 되는 법인이 계열회사의 관계에 있고 합병가액을 제1항 제1호에 따라 산정하지 아니한 경우에는 합병가액의 적정성에 대하여 외부평가기관에 의한 평가를 받아야 한다(영176의5⑬).

(사) 합병의 종료보고

주권상장법인이 합병등의 사유로 주요사항보고서를 제출한 이후 합병등기를 한 때 지체없이 이와 관련한 사항을 기재한 서면을 금융위에 제출하여야 한다. 다만 제2-19조 제3항에 따라 증권발행실적보고서를 제출하는 경우에는 그러하지 아니하다(증권발행공시규정5-15(1)).

3. 영업·자산 양수도

(1) 서설

(가) 영업양수도의 의의

"영업"이라 함은 주관적으로는 영업주체인 상인이 수행하는 영리활동을 의미하고, 객관적으로는 상인이 추구하는 영리적 목적을 위해 결합시킨 조직적 재산의 총체를 말한다. 영업양도의 대상이 되는 영업은 영업주체와 제3자간에 객관적 평가가 가능한 가치를 지녀야 하므로 객관적 의의의 영업을 뜻한다. 영업양도란 "일정한 영업목적에 의하여 조직화된 유기적 일체로서의 기능적 재산의 영업재산을 그 동일성을 유지시키면서 일체로서 이전하는 채권계약[31]"이다.

영업양수도는 다양한 유형으로 이루어지므로 정의하기 어렵지만, 일반적으로 "독립된 사업부문의 자산, 부채, 조직, 권리와 의무 등 영업에 필요한 유무형의 자산 일체가 포괄적으로

---

31) 대법원 2005. 7. 22. 선고 2005다602 판결.

이전되는 것으로 독립된 영업부문이 동일성을 유지하면서 경영주체인 상인만을 교체시키는 제도"라 할 수 있다. 이 경우 독립된 사업부문의 자산과 부채 등을 이전하는 것이 영업양도이고, 포괄적으로 이전받는 것이 영업양수이다.

(나) 자산양수도의 의의

자산양수도는 영업양수도와 유사한 방식이지만, 영업양수도는 주주총회의 특별결의를 거쳐야 하고 반대주주에게 주식매수청구권이 인정되는 반면에, 자산양수도는 이와 달리 주주총회 특별결의를 거치지 않아도 되고 반대주주의 주식매수청구권이 인정되지 않는다. 또한 영업양수도의 경우 양수인은 고용승계의무를 부담하지만, 자산양수도의 경우는 이러한 문제가 발생하지 않는 점에서 차이가 있다.

(다) 합병과 영업양도의 구별

기업결합은 유기적 일체로서 기능하는 조직적 재산의 양도인 영업양도에 의해 이루어질 수 있다. 이 경우에는 양도회사와 양수회사 사이에 기업결합이 이루어진다. 영업의 전부양도는 실질적으로 합병과 동일한 작용을 한다. 즉 회사가 영업의 전부를 양도한 후에 해산하고, 그 주주에게 잔여재산을 분배하고, 양수회사가 양도회사의 구주주에게 신주를 발행하여 주면, 결과적으로 합병과 차이가 없게 된다.

(2) 영업영수도의 제한
(가) 상법상 제한
1) 영업양도인의 경업금지

영업을 양도한 경우에 다른 약정이 없으면 양도인은 10년간 동일한 특별시·광역시·시·군과 인접 특별시·광역시·시·군에서 동종영업을 하지 못하고, 양도인이 동종영업을 하지 아니할 것을 약정한 때에는 동일한 특별시·광역시·시·군과 인접 특별시·광역시·시·군에 한하여 20년을 초과하지 아니한 범위내에서 그 효력이 있다(상법41).

2) 상호를 속용하는 양수인의 책임

영업양수인이 양도인의 상호를 계속 사용하는 경우에는 양도인의 영업으로 인한 제3자의 채권에 대하여 양수인도 변제할 책임이 있다. 그러나 양수인이 영업양도를 받은 후 지체없이 양도인의 채무에 대한 책임이 없음을 등기하거나 양도인과 양수인이 지체없이 제3자에 대하여 그 뜻을 통지한 경우에는 영업양수인은 영업양도인의 채무에 대한 책임을 지지 않는다(상법42).

(나) 공정거래법상 제한

공정거래법은 기업독점을 억제하고 자유로운 경쟁을 촉진하기 위하여 일정한 거래분야에 있는 기업간의 결합은 경쟁제한의 우려가 있으므로 이를 제한한다. 경쟁제한을 목적으로 하는 다른 회사의 영업을 양수하는 경우에는 공정거래법상의 규제를 받는다(공정거래법7①(4)). 그리고 회사가 법 제7조(기업결합의 제한) 제1항 제4호의 "다른 회사의 영업의 전부 또는 주요부분의 양수·임차 또는 경영의 수임이나 영업용고정자산의 전부 또는 주요부분의 양수"를 하는 경우에는「별표4」의 신고서에 관련서류를 첨부하여 공정거래위원회에 신고하여야 한다(기업결합의 신고요령 Ⅲ-Ⅳ).

(다) 벤처기업육성에 관한 특별조치법상의 제한

합병을 위해서는 주주총회의 특별결의가 있어야 하지만, 간이합병과 소규모합병의 경우에는 이를 생략할 수 있는 특례가 마련되어 있다(상법527의2 및 527의3). 분할과 주식의 교환에도 유사한 제도가 있다. 그러나 영업양도에도 간이양도와 소규모양도와 같은 상황이 있을 수 있으나, 상법은 이에 관한 특례를 두고 있지 않다.

그러나 벤처기업육성에 관한 특별조치법은 이에 관한 특례를 규정하고 있다. 주식회사인 벤처기업이 영업의 전부 또는 일부를 다른 주식회사(주권상장법인 제외)에 양도하는 경우 그 양도가액이 다른 주식회사의 최종 대차대조표상으로 현존하는 순자산액의 10%를 초과하지 아니하면 다른 주식회사의 주주총회의 승인은 정관에서 정하는 바에 따라 이사회의 승인으로 갈음할 수 있다(소규모양도, 동법15의8①).

주식회사인 벤처기업이 영업의 전부 또는 일부를 다른 주식회사에 양도하는 경우 상법 제374조에도 불구하고 영업을 양도하는 회사의 총주주의 동의가 있거나 영업을 양도하는 회사의 발행주식총수 중 의결권 있는 주식의 90% 이상을 다른 주식회사가 보유하는 경우에는 영업을 양도하는 회사의 주주총회의 승인은 이사회의 승인으로 갈음할 수 있다(간이양도, 동법15의11①).

(3) 영업양수도의 절차
(가) 이사회 결의와 자본시장법상 공시
1) 이사회 결의와 영업양수도계약의 체결

명문의 규정은 없으나 계약체결 이전에 이사회의 결의가 있어야 한다. 이사회의 결의가 없이 영업양수도를 비롯한 대외적 거래행위가 대표이사에 의하여 이루어진 경우 원칙적으로 유효하지만, 상대방이 필요한 이사회 결의가 없음을 알았거나 알 수 있었던 경우에는 무효를 주장할 수 있다. 이 경우 상대방의 악의·유과실은 무효를 주장하는 회사가 증명하여야 한다.[32]

2) 공시(거래소 신고 및 주요사항보고서의 제출)

주권상장법인은 영업양수도에 관한 이사회의 결정이 있은 때에는 그 결정내용을 그 사유 발생 당일에 거래소에 신고하여야 한다(유가증권 공시규정7①(3) 가목 (5) 및 (6)).[33] 주권상장법

---

32) 대법원 2004. 3. 26. 선고 2003다34045 판결.
33) 유가증권시장 공시규정 제7조(주요경영사항) ① 주권상장법인은 주요경영사항에 해당하는 경우에는 그 사

인은 이사회에서 "대통령령으로 정하는 중요한 영업 또는 자산을 양수하거나 양도할 것을 결의한 때" 그 사실이 발생한 날의 다음 날까지 그 내용을 기재한 주요사항보고서를 금융위원회에 제출하여야 한다(법161①(7)).

(나) 영업양수도 계약서의 주요내용

실무상 영업양수도계약이라는 용어 이외에도 영업인수계약, 재산인수약정, 경영권양도계약 등 다양한 명칭을 사용하고 있다. 영업양수도 여부는 그 실질에 의하여 판단할 문제로서 영업양수도가 되기 위해서는 영업조직과 영업재산을 일체로서 인정한다는 합의가 존재하여야 한다. 영업양도는 채권계약으로 그 대가로 금전이 주어지는 경우에는 매매와 유사하고 다른 자산이 제공되는 경우에는 교환과 유사하지만, 개별 자산의 이전을 목적으로 하는 것이 아니므로 매매나 교환과는 다르다. 영업양수도 자체로서 영업재산의 포괄적인 이전이라는 고유한 내용을 가진 회사법상의 계약으로 이해해야 할 것이다. 일반적으로 영업양수도에서는 자산·부채에 관한 사항, 영업소 및 상호의 양도에 관한 사항, 양도 후의 양도인의 폐업 내지 해산에 관한 사항, 고용승계에 관한 사항 등에 관하여 합의가 이루어지는 것이 보통이다.

(다) 반대주주의 주식매수청구권

영업양수도 이사회 결의에 반대하는 주주는 서면으로 반대의사를 통지하여야 한다. 위의 합병에서 전술한 바와 같이 주식매수청구권이 인정된다.

(라) 주주총회의 특별결의

회사의 영업의 전부 또는 중요한 일부를 양도하거나 회사의 영업에 중대한 영향을 미치는 다른 회사의 영업 전부 또는 일부를 양수하는 경우에는 주주총회의 특별결의를 거쳐야 한다(상법374①(1)(3)).

1) 영업전부의 양도

상법 제374조 제1항에서 규정하고 있는 주주총회 특별결의의 대표적인 경우이다. 영업양도에 주주총회의 결의를 요하는 이유는 영업을 양도하면 주주들의 출자의 동기가 되었던 사업목적의 수행이 어려워지고 회사의 수익의 원천이 변동함으로 인해 주주들이 새로운 위험을 부담해야 하므로 출자자들의 경영정책적 판단을 요하는 사안이기 때문이다. 그리고 출자 당시 예상하지 못했던 상황변동이라는 점에서 정관변경과 같은 정도의 중대성이 있기 때문이다.[34]

실 또는 결정내용을 그 사유발생 당일에 거래소에 신고하여야 한다.
3. 해당 주권상장법인의 기업경영활동에 관한 다음 각 목의 어느 하나에 해당하는 사실 또는 결정이 있은 때
　가. 해당 주권상장법인의 지배구조 또는 구조개편에 관한 다음의 어느 하나에 해당하는 사실 또는 결정이 있은 때
　　(5) 상법 제374조·제522조·제530조의2 및 제530조의12에서 규정한 사실에 관한 결정이 있은 때
34) 이철송(2009), 470-471쪽.

2) 영업의 중요한 일부의 양도

영업의 일부를 양도하더라도 그것이 중요한 부분이면 주주총회의 특별결의를 거쳐야 한다. 영업의 중요한 부분을 양도한다면 영업전부의 양도와 마찬가지로 주주의 보호가 필요하고, 또 이사회가 영업의 전부양도에 가해지는 제약, 즉 주주총회의 특별결의, 주식매수의 부담을 회피하기 위해 탈법적으로 일부양도의 형식을 빌리는 것을 차단하기 위해 중요한 일부의 양도도 주주총회의 특별결의를 요하게 한 것이다.

이 규정의 적용에는 영업의 "중요한 일부"가 무엇을 의미하는가라는 해석이 문제된다. 양도대상재산이 회사의 전재산에서 차지하는 비중에 시각을 두는 양적 판단의 방법과 회사 전체의 기본적인 사업수행에 미치는 영향의 크기에 중점을 두는 질적 판단을 생각해 볼 수 있다. 위에서 설명한 제도의 취지를 고려한다면 주주들의 출자동기에 영향을 미치는 정도를 고려해야 할 것이고, 그렇다면 양도로 인하여 회사의 기본적인 사업목적을 변경시킬 정도에 이를 경우에는 "중요한 일부"로 보아야 할 것이다.

3) 영업의 양수

회사의 영업에 중대한 영향을 미치는 다른 회사의 영업 전부 또는 일부를 양수하는 경우에도 주주총회의 특별결의를 요한다. 다른 "회사"의 영업을 양수하는 경우에만 주주총회의 특별결의를 요하고 개인영업을 양수하는 경우에는 주주총회의 특별결의를 요하지 않는다는 점을 주의해야 한다. 회사의 영업에 중대한 영향을 미치는 다른 회사의 영업전부의 양수는 실질적으로 회사합병과 동일한 효과를 가져오므로 합병과 같은 요건으로서 주주총회의 특별결의를 요구하는 것이다. 영업의 일부양수에는 이와 같은 의미는 없지만 영업의 양수에는 일반적으로 채무인수가 따르고, 양수하는 회사의 재무상황이나 사업목적에 따라서는 영업의 일부 양수도 구조적인 변화를 초래할 수 있으므로 상법은 회사의 영업에 중대한 영향을 미치는 다른 회사의 영업일부의 양수도 주주총회의 특별결의사항으로 하고 있는 것이다.

(4) 자본시장법상 영업·자산양수도의 특례

(가) 영업·자산양수도에 관한 정보공시

1) 증권신고서의 제출

가) 의의

증권거래법에서는 전술한 합병의 경우와 마찬가지로 중요한 영업 또는 자산의 양수도의 경우에도 금융위원회와 거래소에 신고할 의무를 부과하고 있었다. 그러나 자본시장법에서는 이러한 신고의무를 폐지하는 대신에 영업 또는 자산의 양수도로 인하여 증권을 모집 또는 매출하는 경우에는 합병에 준하여 증권신고서에 이러한 조직개편행위에 관한 주요사항을 기재하도록 하고 있다(증권발행공시규정2-10).

나) 제출대상

주권상장법인의 "대통령령으로 정하는 중요한 영업 또는 자산의 양수도 행위"이다. 여기서 "대통령령으로 정하는 중요한 영업 또는 자산의 양수 또는 양도"란 다음의 어느 하나에 해당하는 것을 말한다(영176의6①, 영172②).

1. 양수·양도하려는 영업부문의 자산액(장부가액과 거래금액 중 큰 금액)이 최근 사업연도말 현재 자산총액(한국채택국제회계기준을 적용하는 연결재무제표 작성대상법인인 경우에는 연결재무제표의 자산총액)의 10% 이상인 양수·양도
2. 양수·양도하려는 영업부문의 매출액이 최근 사업연도말 현재 매출액(한국채택국제회계기준을 적용하는 연결재무제표 작성대상법인인 경우에는 연결재무제표의 매출액)의 10% 이상인 양수·양도
3. 영업의 양수로 인하여 인수할 부채액이 최근 사업연도말 현재 부채총액(한국채택국제회계기준을 적용하는 연결재무제표 작성대상법인인 경우에는 연결재무제표의 부채총액)의 10% 이상인 양수
4. 삭제 [2016. 6. 28]
5. 양수·양도하려는 자산액(장부가액과 거래금액 중 큰 금액)이 최근 사업연도말 현재 자산총액(한국채택국제회계기준을 적용하는 연결재무제표 작성대상법인인 경우에는 연결재무제표의 자산총액)의 10% 이상인 양수·양도. 다만 일상적인 영업활동으로서 상품·제품·원재료를 매매하는 행위 등 금융위원회가 정하여 고시하는 자산의 양수·양도[35]는 제외한다.

다) 기재사항 및 첨부서류

① 영업양수도의 기재사항 및 첨부서류

영업양수도에 관한 증권신고서에는 영업양수도의 개요와 당사회사에 관한 사항을 기재하여야 한다. 당사회사에 관한 사항은 합병에 관한 증권신고서와 같다. 첨부서류는 합병에 관한

---

35) "금융위원회가 정하여 고시하는 자산의 양수·양도"란 해당 법인의 사업목적을 수행하기 위하여 행하는 영업행위로서 다음의 어느 하나에 해당하는 것을 말한다(증권발행공시규정4-4).
  1. 상품·원재료·저장품 또는 그 밖에 재고자산의 매입·매출 등 일상적인 영업활동으로 인한 자산의 양수·양도
  2. 영업활동에 사용되는 기계, 설비, 장치 등의 주기적 교체를 위한 자산의 취득 또는 처분. 다만 그 교체주기가 1년 미만인 경우에 한한다.
  3. 자본시장법 및 상법에 따른 자기주식의 취득 또는 처분
  4. 금융위원회법 제38조에 따른 검사대상기관과의 거래로서 약관에 따른 정형화된 거래
  5. 자산유동화법에 따른 자산유동화
  6. 공개매수에 의한 주식등의 취득, 공개매수청약에 의한 주식등의 처분
  7. 자본시장법 제4조 제3항에서 정한 국채증권·지방채증권·특수채증권 또는 법률에 의하여 직접 설립된 법인이 발행한 출자증권의 양수·양도
  8. 제1호부터 제7호까지에 준하는 자산의 양수·양도로서 투자자 보호의 필요성이 낮은 자산의 양수 또는 양도

증권신고서의 첨부서류와 같다(증권발행공시규정2-10①②).36)

② 자산양수도의 기재사항 및 첨부서류

자산양수도에 관한 증권신고서에는 자산양수도의 개요와 당사회사에 관한 사항을 기재하여야 한다. 당사회사에 관한 사항은 합병에 관한 증권신고서와 같다. 첨부서류는 합병에 관한 증권신고서의 첨부서류와 같다(증권발행공시규정2-10③④).37)

2) 공시(거래소 신고 및 주요사항보고서의 제출)

주권상장법인은 영업양수도에 관한 이사회의 결정이 있은 때에는 그 결정내용을 그 사유

---

36) 증권발행공시규정 제2-10조(영업 및 자산양수·도, 주식의 포괄적 교환·이전, 분할 및 분할합병의 증권신고서의 기재사항 및 첨부서류) ① 제2-6조에도 불구하고 영업양수·도로 인하여 증권을 모집 또는 매출하는 경우에는 영 제129조에 따라 증권신고서에 다음의 사항을 기재하여야 한다.
1. 제2-9조 제1항 제1호
2. 영업양·수도의 개요
    가. 영업양수·도의 일반사항
    나. 영업양수·도가액 및 산출근거(외부평가가 의무화된 경우 외부평가기관의 양수·도가액의 적정성에 대한 평가의견을 포함)
    다. 영업양수·도의 요령
    라. 양수 또는 양도하고자 하는 영업의 내용
    마. 모집 또는 매출되는 증권의 주요 권리내용
    바. 모집 또는 매출되는 증권의 취득에 따른 투자위험요소
    사. 출자·채무보증 등 당사회사간의 이해관계에 관한 사항
    아. 주식매수청구권에 관한 사항
    자. 그 밖에 투자자 보호를 위하여 필요한 사항
3. 제2-9조 제1항 제3호(이 경우 당사회사는 증권신고서를 제출하는 회사를 말한다)
② 제1항의 증권신고서의 첨부서류는 제2-9조 제2항을 준용한다. 이 경우 당사회사는 증권신고서를 제출하는 회사를 말한다.
37) 증권발행공시규정 제2-10조(영업 및 자산양수·도, 주식의 포괄적 교환·이전, 분할 및 분할합병의 증권신고서의 기재사항 및 첨부서류) ③ 제2-6조에도 불구하고 자산양수·도로 인하여 증권을 모집 또는 매출하는 경우에는 영 제129조에 따라 증권신고서에 다음의 사항을 기재하여야 한다.
1. 제2-9조 제1항 제1호
2. 자산양·수도의 개요
    가. 자산양수·도의 일반사항
    나. 자산양수·도 가액 및 산출근거(외부평가가 의무화된 경우 외부평가기관의 양수·도 가액 적정성에 대한 평가의견을 포함)
    다. 자산양수·도의 요령
    라. 양수 또는 양도하고자 하는 자산의 내용
    마. 모집 또는 매출되는 증권의 주요 권리내용
    바. 모집 또는 매출되는 증권의 취득에 따른 투자위험요소
    사. 출자·채무보증 등 당사회사간의 이해관계에 관한 사항
    아. 주식매수청구권에 관한 사항
    자. 그 밖에 투자자 보호를 위하여 필요한 사항
3. 제2-9조 제1항 제3호(이 경우 당사회사는 증권신고서를 제출하는 회사를 말한다)
④ 제3항의 증권신고서의 첨부서류는 제2-9조 제2항을 준용한다. 이 경우 당사회사는 증권신고서를 제출하는 회사를 말한다.

발생 당일에 거래소에 신고하여야 한다(유가증권 공시규정7①(3) 가목 (5) 및 (6)). 주권상장법인은 이사회에서 "대통령령으로 정하는 중요한 영업 또는 자산을 양수하거나 양도할 것을 결의한 때" 그 사실이 발생한 날의 다음 날까지 그 내용을 기재한 주요사항보고서를 금융위원회에 제출하여야 한다(법161①(7)).

(나) 영업·자산양수도 가액의 결정

주권상장법인의 영업·자산양수도에 대해서는 합병과 달리 양수도가액의 산정방법이 법정화되어 있지 않고 당사자 사이의 합의에 따라 자율적으로 결정하도록 하고 있다.

(다) 외부평가기관의 평가

중요한 영업 또는 자산의 양수·양도를 하려는 경우에는 영업 또는 자산의 양수·양도 가액의 적정성에 대하여 외부평가기관(시행령 제176조의5 제9항·제10항에 따라 합병에 대한 평가를 할 수 없는 외부평가기관은 제외)의 평가를 받아야 한다. 다만 다음의 어느 하나에 해당하는 경우에는 외부평가기관의 평가를 받지 아니할 수 있다(영176의6③).

1. 중요한 자산의 양수·양도 중 증권시장을 통한 증권의 매매, 자산의 경매 등 외부평가기관의 평가 필요성이 적은 자산의 양수·양도로서 금융위원회가 정하여 고시하는 경우[38]
2. 코넥스시장에 상장된 법인과 주권비상장법인 간의 중요한 영업 또는 자산의 양수·양도의 경우

(라) 준용규정

중요한 영업 또는 자산의 양수·양도에 관하여는 제176조의5 제11항부터 제13항까지를 준용한다(영176의6④).

(마) 영업양수도의 종료보고

주권상장법인이 합병등의 사유로 주요사항보고서를 제출한 이후 "등기 등 사실상 영업양수·양도를 종료한 때" 및 "관련 자산의 등기 등 사실상 자산양수·양도를 종료한 때"에는 지체 없이 이와 관련한 사항을 기재한 서면을 금융위에 제출하여야 한다. 다만 제2-19조 제3항에 따라 증권발행실적보고서를 제출하는 경우에는 그러하지 아니하다(증권발행공시규정5-15(2)(3)).

---

38) "금융위원회가 정하여 고시하는 경우"란 다음의 어느 하나에 해당하는 경우를 말한다(증권발행공시규정 5-14의2).
   1. 증권시장 또는 다자간매매체결회사를 통해 증권을 양수·양도한 경우
   2. 민사집행법에 따른 경매를 통해 자산을 양수·양도한 경우
   3. 제1호 및 제2호에 준하는 것으로서 외부평가기관의 평가필요성이 적은 자산의 양수·양도의 경우

(5) 영업양수도 계약의 이행

(가) 영업재산의 이전

영업양수도는 채권계약이므로 그 이행으로써 양도인이 양수인에게 영업을 이전하여야 한다. 영업재산은 양도를 전후하여 동일성이 유지되도록 포괄적으로 이전하여야 한다. 영업의 동일성을 해하지 않는 범위에서 당사자의 합의에 의해 일부 자산을 제외시킬 수 있다.

영업재산을 이전하기 위해서는 이행행위가 있어야 한다. 포괄적인 이전이라고는 하지만 영업재산의 전부를 포괄적으로 이전하는 물권행위란 존재하지 않으므로 영업재산을 구성하는 개개의 구성부분을 이전하는 물권행위가 행해져야 한다. 즉 부동산은 등기, 동산은 인도하고, 채권은 대항요건을 구비하여 이전하는 등 재산의 종류별로 필요한 이전행위를 하여야 한다.[39]

(나) 영업조직과 사실관계

영업양수도의 이행에서 특히 중요한 것은 영업조직과 재산적 가치가 있는 사실관계를 이전하는 것이다. 영업이란 개개의 재산이 영업조직과 영업에 관한 사실관계에 의해 유기적으로 결합되었을 때에 영리수단으로서의 가치를 발휘할 수 있는 것이므로 영업조직과 사실관계를 이전하는 것이 영업양도에서 요체를 이루는 부분이라 할 수 있다. 이를 인수함으로써 양수인은 종전과 같이 동일성을 유지하며 영업을 계속할 수 있는 것이다. 영업조직이나 사실관계는 유형의 자산이 아니므로 이전방법이 따로 있을 수 없고, 영업의 관리체계·영업상의 비밀·거래처 관계 등을 구두 또는 문서 기타 거래통념에 부합하는 방법으로 전달하여야 한다.

(다) 채무이전

영업상의 채무는 양수인에게 있어 영업의 동일성과 무관하기도 하려니와 제3자(채권자)의 권리가 관련된 것이므로 영업양도의 요소가 아니다. 따라서 양수도 당사자 간의 합의가 없는 한 채무는 이전되지 아니하며, 양수인이 승계하기로 합의하더라도 채권자와의 관계에서 효력을 갖기 위해서는 채무인수절차(민법453 및 454)를 밟아야 한다.

영업에는 다양한 거래관계가 얽혀 있어 양수도 당시에는 알 수 없었던 영업상의 채무가 양도 후에야 밝혀지는 경우가 많다. 양수인이 영업상의 채무를 포괄적으로 이전하기로 합의하는 경우에 이러한 돌출적인 채무로 인한 위험부담을 피하기 위하여 "양도시 확인된 채무에 한하여 양수한다"는 식의 제한된 채무인수의 합의를 하는 수가 있다. 이러한 합의는 유효하다. 예컨대 임금채무가 소송 중이었으나 양도 당시에는 당사자가 채무의 존재를 확인하지 않았다가 양도 후 채권자가 승소한 경우에 이를 양도 당시에 확인되지 않았던 채무에 해당한다고 보아 양수인의 책임을 부정한 경우가 있다.[40] 채무가 당연히 승계되는 것은 아니므로 영업양도

---

39) 이철송(2007), 「상법총칙·상행위」, 박영사(2007. 9), 236−237쪽.
40) 대법원 1996. 5. 31. 선고 91다15225 판결.

인이 양도 전에 갖고 있던 영업상의 채무에 관해 제3자가 보증을 한 경우, 양도인의 피보증인으로서의 지위는 양수인에게 이전되지 않는다. 따라서 보증인이 양도인의 채무를 대신 변제하더라도 양수인에게 구상권을 행사할 수 없다.[41]

영업상의 채권도 당사자 간의 합의가 없는 한 당연히 이전하는 것은 아니며, 합의가 있더라도 채무자에 대한 통지 또는 승낙이라는 대항요건을 구비하여야 한다(민법450).

(라) 공법상의 권리관계

영업에 관한 공법상 권리관계가 따르는 경우가 있다. 예컨대 주무관청의 영업허가와 같은 것이다. 이러한 공법적인 지위가 관련 법률에 의해 양도가능한 경우에는 당사자 간 그 이전에 협력할 것을 합의할 수 있다. 그렇지 않은 경우 공법상의 지위이전은 양도인의 의무가 아니라고 보아야 한다.

(6) 영업양수도와 관련된 주주 등의 지위

(가) 주주

영업양수도로 인해 가장 불이익을 받을 여지가 있는 이해관계자는 저가로 영업을 양도하거나 고가로 영업을 양수하는 일방당사회사의 소수주주들이다. 이들 역시 합병의 경우와 마찬가지로 주식매수청구권을 행사할 수는 있다. 그러나 합병의 경우에 주주에게 합병무효의 소를 제기할 수 있는 권리가 부여되는 것과는 달리 영업양수대금이 부당하게 과소하여 회사에 손해가 발생하고, 이로 말미암아 주주에게도 간접적인 손해가 발생하는 경우 주주로서는 이를 무효화시킴으로써 직접적으로 구제받을 방법은 없고, 대표소송제기의 요건이 갖추어지면 대표소송을 제기할 수 있을 것이다.

(나) 채권자

채권자는 부당한 영업양수도로 인하여 책임재산의 감소를 통해 채무자가 무자력상태에 빠지는 경우에 한하여 민법상의 채권자취소권을 행사할 수 있고, 한편 영업양수의 대상에 포함된 경우 그 채무에 대한 채권자는 채무인수를 승낙하지 않는 방법으로 자신의 이익을 보호할 수 있다.

4. 주식의 포괄적 교환 · 이전

(1) 서설

(가) 주식의 포괄적 교환 · 이전의 의의

상법상 주식의 포괄적 교환[42]("주식교환")은 기존 주식회사(A)가 기존의 다른 주식회사(B)

---

41) 대법원 1989. 12. 22. 선고 89다카11005 판결.
42) 주식교환은 기존회사의 신주가 다른 회사의 구주 전부와 교환되는지 또는 다른 회사의 구주 일부와 교환

의 완전모회사(지주회사)가 되기 위한 제도로써, 회사는 주식교환에 의해 다른 회사의 발행주식
의 총수를 소유하는 회사(완전모회사)가 될 수 있으며, 그 대가로서 자기회사[A의 주식을 교부하
는 것을 말한다(상법360의2①)] 주식교환에 의하여 완전자회사가 되는 회사의 주주가 가지는 그
회사(완전자회사)의 주식은 주식을 교환하는 날에 주식교환에 의하여 완전모회사가 되는 회사
에 이전하고, 완전자회사가 되는 회사의 주주는 완전모회사가 발행하는 신주의 배정을 받음으
로써 완전모회사의 주주가 된다(상법360의2②). 여기서 신주발행은 통상의 유상증자를 위한 신
주발행(상법416)이 아니고, 완전자회사의 주주들로부터 이전된 완전자회사의 주식을 재원으로
하여 주식을 교환하는 날에 자동적으로 발행되는 것이다. 따라서 B회사의 주주의 입장에서 보
면 B회사의 주식을 A회사에 이전하고 그 대신 A회사의 주식을 받게 되므로 양 회사주식을 교
환하는 것이 된다.

주식의 포괄적 이전("주식이전")은 기존 주식회사가 그 자체는 자회사가 되고 완전모회사
를 설립하는 제도이다. 즉 기존의 주식회사(B)의 주식의 전부를 신설하는 회사(A)에 포괄적으
로 이전하고 신설회사(A)의 설립시에 발행하는 주식을 기존회사(B)의 주주에게 교부함으로써
성립하는 완전모회사의 창설행위를 말한다(상법360의15). 이 경우 B회사는 A회사의 완전자회사
가 되고, B회사의 주주는 A회사(완전모회사)의 주주가 되는 것이다. 주식이전은 기존회사의 주
주총회의 특별결의 기타 일정한 요건과 절차에 따라 진행되고, 반대주주의 주식도 일괄하여 신
설되는 완전모회사에 강제적으로 이전되는 효과를 가지는 것이므로 기존회사의 주주가 회사와
관계없이 그 소유주식을 현물출자하여 신회사를 설립하는 경우에는 상법상의 주식이전이 되지
는 않는다.

(나) 입법배경

주식의 포괄적 교환 및 이전[43]은 회사간에 주식 전부를 받거나 주는 방식으로 완전한 모
회사 또는 자회사가 될 수 있는 제도로서 모두 완전모회사의 설립을 전제로 한 것이다. 다만
포괄적 주식교환 방식은 회사가 신주를 발행하여 다른 회사의 주주가 가진 주식 전부와 교환

되는지 여부에 따라 주식의 포괄적 교환 또는 주식의 부분적 교환으로 구분할 수 있다. 상법에 도입된 주
식의 포괄적 교환은 기존회사의 신주가 다른 회사 구주 100%와 교환되는 형태로서 기존회사는 완전모회
사가 되고 다른 회사는 완전자회사가 되는 형태이다. 그리고 주식의 부분적 교환은 기존회사 신주가 다른
회사 구주 일부와 교환이 이루어지는 형태로서 기존회사와 다른 회사는 완전모회사 및 완전자회사의 관계
를 형성하지는 않는다.

43) 공정거래법에서는 지주회사의 설립 또는 전환을 허용함에 따라 2001년 개정상법에서는 지주회사의 설립에
관한 제도적 보완을 통하여 지주회사의 설립 등을 용이하게 하기 위하여, 회사가 주식의 포괄적 교환 또는
이전에 의하여 다른 회사의 발행주식의 전부를 소유할 수 있도록 하는 제도를 도입함으로써 기업의 구조
조정을 지원할 수 있도록 하였다. 상법상의 주식의 포괄적 교환·이전은 2001년도에 도입되었지만, 2000.
10. 23.에 제정된 금융지주회사법에서 이미 주식교환·이전제도를 도입하였고, 이에 근거하여 우리금융지
주회사와 신한금융지주회사가 설립되었다. 그러나 주식교환·이전은 상법상의 제도로 수용함으로 인해 업
종에 불구하고 모든 회사가 이 제도를 이용할 수 있게 되었다.

하도록 함으로써 그 다른 회사의 모회사가 되는 방식이고, 포괄적 주식이전 방식은 회사가 별도의 완전모회사를 설립하여 주주가 가진 그 회사의 주식 전부를 새로 설립하는 완전모회사에 이전함으로써 기존 기업의 매수에 의하지 아니하고 완전모회사의 설립을 가능하게 하는 방식이다.

주식교환제도의 도입 이전에도 물적분할, 합병 또는 영업양도의 방법을 이용하거나 기존회사의 주식을 매수하거나 기존회사의 주주에게 제3자 배정을 하는 등의 방식으로 완전모회사의 설립이 가능했으나, 절차가 복잡하고 주식의 매수방식을 선택할 경우에는 거액의 자금이 소요되는 등의 단점이 있어 거의 이용되지 않고 있었다.

따라서 주식의 포괄적 교환·이전제도는 기존제도들의 절차상·비용상의 한계를 극복하면서 기본적으로 기업의 물적조직은 그대로 둔 채 인적조직만 이전시키기 위한 것으로서 완전모자회사 관계인 순수지주회사의 설립에 대하여 상법상 제도적인 지원책을 마련하는데 그 목적이 있다고 할 수 있다. 특히 주식교환이나 이전은 주주총회의 특별결의 등 소정의 절차를 거치는 한 반대주주에게도 주식양도를 강제하는 효과가 있기 때문에, 기존의 당사자 간의 민법상의 교환계약에 의하여 임의로 이루어지는 주식맞교환(stock swap)이 사법상의 계약에 불과한 반면 주식의 교환·이전제도는 단체법상의 제도로서 그 본질을 달리한다는 점에서 큰 차이가 있다고 할 수 있다.[44]

(2) 주식의 포괄적 교환·이전의 제한
(가) 상법상 제한
1) 당사자 제한

상법상 분할제도가 주식회사에 한하여 인정되는 것과 마찬가지로 주식교환·이전은 용어 그대로 주식회사에 대해서만 인정된다. 다만 상장법인·비상장법인에 관계없이 모든 주식회사에 대하여 인정되며, 1인 회사라도 무방하다. 2001년 개정 상법에서 1인 주식회사의 설립을 인정한 것은(상법288) 주식회사의 설립요건을 완화하기 위한 목적도 있지만, 주식의 포괄적 교환 및 이전에 의한 완전모회사의 설립을 인정함에 따라 1인회사 설립을 허용하지 않을 수 없게 되었기 때문이다

2) 완전모회사의 자본금 증가의 한도 제한

주식의 포괄적 교환·이전시 부실한 완전자회사를 인수함으로써 완전모회사가 자산의 질이 악화되는 것을 막기 위하여 상법은 다음과 같은 제한을 두고 있다.

가) 주식의 포괄적 교환

완전모회사가 되는 회사의 자본금은 주식교환의 날에 완전자회사가 되는 회사에 현존하는

---

44) 이광중(2003), 「회사분할」, 삼일인포마인(2003. 7), 1044-1045쪽.

순자산액에서 다음의 금액을 뺀 금액을 초과하여 증가시킬 수 없다(상법360의7①).

1. 완전자회사가 되는 회사의 주주에게 제공할 금전이나 그 밖의 재산의 가액
2. 제360조의3 제3항 제2호에 따라 완전자회사가 되는 회사의 주주에게 이전하는 자기주식의 장부가액의 합계액

완전모회사가 되는 회사가 주식교환 이전에 완전자회사가 되는 회사의 주식을 이미 소유하고 있는 경우에는 완전모회사가 되는 회사의 자본금은 주식교환의 날에 완전자회사가 되는 회사에 현존하는 순자산액에 그 회사의 발행주식총수에 대한 주식교환으로 인하여 완전모회사가 되는 회사에 이전하는 주식의 수의 비율을 곱한 금액에서 제1항 각호의 금액을 뺀 금액의 한도를 초과하여 이를 증가시킬 수 없다(상법360의7②).

나) 주식의 포괄적 이전

설립하는 완전모회사의 자본금은 주식이전의 날에 완전자회사가 되는 회사에 현존하는 순자산액에서 그 회사의 주주에게 제공할 금전 및 그 밖의 재산의 가액을 뺀 액을 초과하지 못한다(법360의18).

(나) 공정거래법상 제한

공정거래법에 의하면 주식의 포괄적 교환·이전으로 일정한 요건을 충족하는 경우에는 지주회사의 설립·전환의 신고를 하여야 하며, 일정한 경우에는 기업결합신고를 하여야 한다(동법12).

(다) 금융지주회사법에 의한 주식교환(이전) 비율 평가

주식의 포괄적 교환("주식교환") 또는 주식의 포괄적 이전("주식이전")에 의하여 완전지주회사가 되는 경우에는 주식의 교환비율이 적정하여야 하며(금융지주회사법4①(5)), 주식교환 또는 주식이전을 하는 경우의 주식교환비율(완전모회사가 되는 회사의 교환가격과 완전자회사가 되는 회사의 교환가격중 높은 가격을 낮은 가격으로 나눈 비율)에 대하여 비금융회사는 비율평가에 대한 특별한 제한규정이 없으나 금융지주회사의 경우 주식교환(이전)가격 평가방법을 법정화하고 있고, 객관성을 기하기 위하여 외부평가기관의 평가를 받도록 하고 있다(동법 시행령5⑤⑥).

(3) 주식의 포괄적 교환·이전의 절차
(가) 이사회 결의와 자본시장법상 공시
1) 이사회 결의와 주식교환·이전계약의 체결

명문의 규정은 없으나 계약체결 이전에 이사회의 결의가 있어야 한다. 이사회 결의 후 당사회사의 대표이사가 주식교환·이전계약을 체결하게 된다.

2) 공시(거래소 신고 및 주요사항보고서의 제출)

주권상장법인은 주식교환 또는 주식이전에 관한 이사회의 결정이 있은 때에는 그 결정내용을 그 사유발생 당일에 거래소에 신고하여야 한다(유가증권 공시규정7①(3) 가목 (4)). 주권상장법인은 이사회에서 "주식의 포괄적 교환·이전의 사실이 발생한 때" 그 사실이 발생한 날의 다음 날까지 그 내용을 기재한 주요사항보고서를 금융위원회에 제출하여야 한다(법161①(6)).

3) 주권의 일시적인 매매거래정지

거래소는 주가 또는 거래량에 중대한 영향을 미칠 수 있는 사항이 결의된 경우 주가에 대한 충격을 완화하기 위하여 당해 이사회 결의에 대한 공시가 있을 경우 일시적으로 매매거래를 정지하고 있다(유가증권시장 공시규정40①(2), 동 시행세칙16①③).

(나) 주식교환계약서 또는 주식이전계획서의 작성

1) 주식교환계약서의 작성

모회사로 예정된 회사와 자회사로 예정된 회사의 대표이사에 의해 주식교환의 조건 등 주식교환에 필요한 사항이 합의되어야 한다. 주식교환계약은 특별한 방식을 요하지 않는다. 그러나 주식교환계약서에는 다음의 사항을 적어야 한다(상법360의3③). 대체로 흡수합병의 계약서와 같다.

1. 완전모회사가 되는 회사가 주식교환으로 인하여 정관을 변경하는 경우에는 그 규정
2. 완전모회사가 되는 회사가 주식교환을 위하여 신주를 발행하거나 자기주식을 이전하는 경우에는 발행하는 신주 또는 이전하는 자기주식의 총수·종류, 종류별 주식의 수 및 완전자회사가 되는 회사의 주주에 대한 신주의 배정 또는 자기주식의 이전에 관한 사항
3. 완전모회사가 되는 회사의 자본금 또는 준비금이 증가하는 경우에는 증가할 자본금 또는 준비금에 관한 사항
4. 완전자회사가 되는 회사의 주주에게 제2호에도 불구하고 그 대가의 전부 또는 일부로서 금전이나 그 밖의 재산을 제공하는 경우에는 그 내용 및 배정에 관한 사항
5. 각 회사가 제1항의 결의를 할 주주총회의 기일
6. 주식교환을 할 날
7. 각 회사가 주식교환을 할 날까지 이익배당을 할 때에는 그 한도액
8. 삭제 [2015. 12. 1]
9. 완전모회사가 되는 회사에 취임할 이사와 감사 또는 감사위원회의 위원을 정한 때에는 그 성명 및 주민등록번호

2) 주식이전계획서의 작성

주식교환에서는 모회사와 자회사가 될 회사간의 계약을 체결하여야 하나, 주식이전은 어

느 회사가 자신의 의지에 의해 자신의 모회사를 신설하는 제도이므로 주식교환계약에서와 같은 계약은 존재하지 않는다. 다만 모회사를 신설하고자 하는 회사의 일방적인 계획으로 실행된다. 따라서 주식이전을 하고자 하는 회사는 다음 사항을 적은 주식이전계획서를 작성하여 주주총회의 특별결의를 받아야 한다(상법360의16①).

1. 설립하는 완전모회사의 정관의 규정
2. 설립하는 완전모회사가 주식이전에 있어서 발행하는 주식의 종류와 수 및 완전자회사가 되는 회사의 주주에 대한 주식의 배정에 관한 사항
3. 설립하는 완전모회사의 자본금 및 자본준비금에 관한 사항
4. 완전자회사가 되는 회사의 주주에게 제2호에도 불구하고 금전이나 그 밖의 재산을 제공하는 경우에는 그 내용 및 배정에 관한 사항
5. 주식이전을 할 시기
6. 완전자회사가 되는 회사가 주식이전의 날까지 이익배당을 할 때에는 그 한도액
7. 설립하는 완전모회사의 이사와 감사 또는 감사위원회의 위원의 성명 및 주민등록번호
8. 회사가 공동으로 주식이전에 의하여 완전모회사를 설립하는 때에는 그 뜻

(다) 주식교환계약서 또는 주식이전계획서 등의 공시

상법은 주주가 주식교환 승인결의 또는 주식이전 승인결의에 관하여 의사결정을 하기 위해서는 사전에 주식교환 또는 주식이전의 구체적인 사항을 파악할 필요가 있음을 고려하여 사전에 공시하게 하고 있다.

1) 주식교환계획서 등 관련서류의 공시

이사는 주주총회의 회일의 2주전부터 주식교환의 날 이후 6월이 경과하는 날까지 다음의 서류를 본점에 비치하여야 한다(상법360의4①).

1. 주식교환계약서
2. 완전모회사가 되는 회사가 주식교환을 위하여 신주를 발행하거나 자기주식을 이전하는 경우에는 완전자회사가 되는 회사의 주주에 대한 신주의 배정 또는 자기주식의 이전에 관하여 그 이유를 기재한 서면
3. 주주총회의 회일(제360조의9의 규정에 의한 간이주식교환의 경우에는 동조 제2항의 규정에 의하여 공고 또는 통지를 한 날)전 6월 이내의 날에 작성한 주식교환을 하는 각 회사의 최종 대차대조표 및 손익계산서

주주는 영업시간 내에 언제든지 위 서류의 열람 또는 등본을 청구할 수 있다(상법360의4②, 상법391의3③). 그러나 채권자의 열람은 허용되지 않는다(동조항의 반대해석). 주식교환은 회사의

재산에 변동을 가져오는 것이 아니므로 채권자의 이해는 없기 때문이다.

2) 주식이전계획서 등 관련서류의 공시

이사는 주식이전 승인을 위한 주주총회의 회일의 2주전부터 주식이전의 날 이후 6월을 경과하는 날까지 다음의 서류를 본점에 비치하여야 한다(상법360의17①).

1. 주식이전계획서
2. 완전자회사가 되는 회사의 주주에 대한 주식의 배정에 관하여 그 이유를 기재한 서면
3. 주식이전 승인을 위한 주주총회의 회일전 6월 이내의 날에 작성한 완전자회사가 되는 회사의 최종 대차대조표 및 손익계산서

주주는 영업시간 내에 언제든지 위 서류의 열람 또는 등본을 청구할 수 있다(상법360의17②).

(라) 주주총회의 승인결의

1) 주식교환

주식교환계약서는 완전모회사가 될 회사와 완전자회사가 될 회사에서 각각 주주총회의 특별결의에 의한 승인을 얻어야 한다(상법360의3①②). 주식교환을 현물출자적인 사고로 이해한다면 자회사의 주주총회의 결의만 있으면 족하고, 모회사에서까지 주주총회의 결의를 요한다고 볼 것은 아니다. 그러나 전술한 바와 같이 상법은 주식교환을 단체법적 행위로 파악하므로 모회사의 승인결의를 요구하고 있다.

회사는 주주총회를 소집하는 통지에 다음의 사항을 기재하여야 한다(상법363의3④).

1. 주식교환계약서의 주요내용
2. 반대주주의 주식매수청구권의 내용 및 행사방법
3. 일방회사의 정관에 주식의 양도에 관하여 이사회의 승인을 요한다는 뜻의 규정이 있고 다른 회사의 정관에 그 규정이 없는 경우 그 뜻

주식교환으로 인하여 주식교환에 관련되는 각 회사의 주주의 부담이 가중되는 경우에는 제1항의 주주총회의 승인결의 및 주식교환으로 인하여 어느 종류의 주주에게 손해를 미치게 될 경우(상법436)에는 해당 종류주주총회의 특별결의 외에 그 주주 전원의 동의가 있어야 한다(상법360의3⑤).

2) 주식이전

주식이전계획서는 주주총회의 특별결의에 의하여 승인을 받아야 한다(상법360의16①②). 주주총회 소집을 위한 통지 및 공고에 기재할 사항은 주식교환의 경우와 동일하다(상법360의16③). 주식이전으로 인하여 주식이전에 관련되는 각 회사의 주주의 부담이 가중되는 경우에는

제1항의 주주총회 승인결의 및 주식이전으로 인하여 어느 종류의 주주에게 손해를 미치게 될 경우(상법436)에는 해당 종류주주총회의 특별결의 외에 그 주주 전원의 동의가 있어야 한다(상법360의16④).

(4) 자본시장법상 주식의 포괄적 교환·이전의 특례

(가) 주식의 포괄적 교환·이전에 관한 정보공시

1) 증권신고서의 제출

가) 의의

증권거래법에서는 전술한 합병, 중요한 영업 또는 자산의 양수도의 경우와 마찬가지로 주식의 포괄적 교환·이전의 경우에도 금융위원회와 거래소에 신고할 의무를 부과하고 있었다. 그러나 자본시장법에서는 이러한 신고의무를 폐지하는 대신에 주식의 포괄적 교환·이전으로 인하여 증권을 모집 또는 매출하는 경우에는 합병에 준하여 증권신고서에 이러한 조직개편행위에 관한 주요사항을 기재하도록 하고 있다(증권발행공시규정2-10).

나) 기재사항 및 첨부서류

주식의 포괄적 교환·이전에 관한 증권신고서에는 주식의 포괄적 교환·이전의 개요와 당사회사에 관한 사항을 기재하여야 한다. 당사회사에 관한 사항은 합병에 관한 증권신고서의 경우와 같다. 첨부서류는 합병에 관한 증권신고서의 첨부서류와 같다(증권발행공시규정2-10 ⑤⑥).[45]

---

45) 증권발행공시규정 제2-10조(영업 및 자산양수·도, 주식의 포괄적 교환·이전, 분할 및 분할합병의 증권신고서의 기재사항 및 첨부서류) ⑤ 제2-6조에도 불구하고 주식의 포괄적 교환·이전으로 인하여 증권을 모집 또는 매출하는 경우에는 영 제129조에 따라 증권신고서에 다음의 사항을 기재하여야 한다.
 1. 제2-9조 제1항 제1호
 2. 주식의 포괄적 교환·이전의 개요
  가. 주식의 포괄적 교환이전의 일반사항
  나. 주식의 포괄적 교환이전 비율 및 산출근거(외부평가가 의무화된 경우 외부평가기관의 교환·이전 비율 적정성에 대한 평가의견을 포함한다)
  다. 주식의 포괄적 교환이전의 요령
  라. 모집 또는 매출되는 증권의 주요 권리내용
  마. 모집 또는 매출되는 증권의 취득에 따른 투자위험요소
  바. 출자·채무보증 등 당사회사간의 이해관계에 관한 사항
  사. 주식매수청구권에 관한 사항
  아. 그 밖에 투자자 보호를 위하여 필요한 사항
 3. 제2-9조 제1항 제3호(이 경우 당사회사는 주식의 포괄적 교환의 경우에는 완전모회사 및 완전자회사가 되는 회사, 주식의 포괄적 이전의 경우에는 완전자회사가 되는 회사를 말한다)
 ⑥ 제5항의 증권신고서의 첨부서류는 제2-9조 제2항을 준용한다. 이 경우 같은 항 제5호는 주식교환계약서 또는 주식이전계획서를 말하며, 당사회사는 주식의 포괄적 교환의 경우에는 완전모회사 및 완전자회사가 되는 회사, 주식의 포괄적 이전의 경우에는 완전자회사가 되는 회사를 말한다.

2) 공시(거래소 신고 및 주요사항보고서의 제출)

주권상장법인은 주식교환 또는 주식이전에 관한 이사회의 결정이 있은 때에는 그 결정내용을 그 사유발생 당일에 거래소에 신고하여야 한다(유가증권 공시규정7①(3) 가목 (4)). 주권상장법인은 이사회에서 "주식의 포괄적 교환 · 이전의 사실이 발생한 때" 그 사실이 발생한 날의 다음 날까지 그 내용을 기재한 주요사항보고서를 금융위원회에 제출하여야 한다(법161①(6)).

(나) 주식의 포괄적 교환 · 이전 가액의 결정

주식의 포괄적 교환 또는 포괄적 이전에 관하여는 전술한 합병가액 산정방식에 관한 제176조의5 제1항을 준용한다. 다만 주식의 포괄적 이전으로서 그 주권상장법인이 단독으로 완전자회사가 되는 경우에는 그러하지 아니하다(영176의6②). 이 경우에는 주권상장법인의 주주가 완전모회사의 주주로 지위만 변경될 뿐 당해 주권상장법인의 자산에는 변화가 없기 때문이다.

(다) 외부평가기관의 평가의무

주식의 포괄적 교환 또는 포괄적 이전(상법 제360조의2 및 제360조의15에 따른 완전자회사가 되는 법인 중 주권비상장법인이 포함되는 경우와 완전모회사가 주권비상장법인으로 되는 경우만 해당)을 하려는 경우에는 주식의 포괄적 교환 비율 또는 포괄적 이전 비율의 적정성에 대하여 외부평가기관(제176조의5 제9항 · 제10항에 따라 합병에 대한 평가를 할 수 없는 외부평가기관은 제외)의 평가를 받아야 한다. 다만 코넥스시장에 상장된 법인과 주권비상장법인 간의 주식의 포괄적 교환 및 포괄적 이전의 경우에는 외부평가기관의 평가를 받지 아니할 수 있다(영176의6③).

(라) 준용규정

주식의 포괄적 교환 및 포괄적 이전에 관하여는 제176조의5 제11항부터 제13항까지를 준용한다(영176의6④).

(마) 주식의 포괄적 교환 · 이전의 종료보고

주권상장법인이 합병 등의 사유로 주요사항보고서를 제출한 이후 주식교환을 한 날 또는 주식이전에 따른 등기를 한 때에는 지체없이 이와 관련한 사항을 기재한 서면을 금융위에 제출하여야 한다. 다만 제2-19조 제3항에 따라 증권발행실적보고서를 제출하는 경우에는 그러하지 아니하다(증권발행공시규정5-15).

5. 분할 또는 분할합병

(1) 서설

(가) 의의

상법상 회사분할이라 함은 "1개의 회사가 2개 이상의 회사로 나누어져, 분할 전 회사(피분할회사)의 권리의무가 분할 후의 회사에 포괄승계되고 분할 전 회사가 소멸하는 경우에 청산절차 없이 소멸되며, 원칙적으로 분할 전 회사의 주주가 분할 후의 회사의 주주가 되는 회사법상의 법률요건"을 말한다. 이는 2개 이상의 회사가 합쳐서 하나의 회사로 되는 합병과는 반대개념이지만 기업재편의 방법이라는 점에서 공통된다.[46)

(나) 경제적 기능

회사분할의 유용성은 분할회사와 분할신설회사 또는 기업경영진 등 분할 관련 이해당사자들의 입장에서 여러 가지로 설명할 수 있지만, 가장 중요한 것은 변화하는 기업환경에 적응하기 위하여 회사의 구조를 근본적으로 개혁하려는 이른바 기업구조조정의 동기라고 할 수 있으며, 이는 회사분할에 대한 세제상의 우대조치에 의하여 뒷받침되고 있다. 회사분할은 특정사업부문의 전문화를 도모하고, 한계사업부문의 정리, 불량자산의 분리 수단으로 이용된다. 또한 기업의 회생수단으로서의 기능, 위험부담의 분산 및 신규사업 진출, 외자유치 및 사업부문 매각의 추진, 독립채산제의 실행, 지주회사의 설립 및 전환 수단으로서의 기능을 수행할 수 있으며, 이해관계의 조정 및 재산의 분배, 고용조정의 수단, 노무관리의 차별화, 주가관리의 수단 등으로 기능을 수행할 수 있다.[47)

(2) 자본시장법상 회사의 분할·분할합병의 특례

(가) 회사의 분할·분할합병에 관한 정보공시

1) 증권신고서의 제출

가) 의의

증권거래법에서는 전술한 합병 등의 경우와 마찬가지로 회사의 분할·분할합병의 경우에도 금융위원회와 거래소에 신고할 의무를 부과하고 있었다. 그러나 자본시장법에서는 이러한 신고의무를 폐지하는 대신에 회사의 분할·분할합병으로 인하여 증권을 모집 또는 매출하는 경우에는 합병에 준하여 증권신고서에 이러한 조직개편행위에 관한 주요사항을 기재하도록 하고 있다(증권발행공시규정2-10).

나) 기재사항 및 첨부서류

회사의 분할·분할합병에 관한 증권신고서에는 분할·분할합병의 개요와 당사회사에 관한 사항을 기재하여야 한다. 당사회사에 관한 사항은 합병에 관한 증권신고서의 경우와 같다. 첨부서류는 합병에 관한 증권신고서의 첨부서류와 같다(증권발행공시규정2-10⑦-⑩).[48)

---

46) 정찬형(2008), 「상법강의(상)」, 박영사(2008. 2), 471쪽.
47) 이광중(2003), 76쪽.
48) 증권발행공시규정 제2-10조(영업 및 자산양수·도, 주식의 포괄적 교환·이전, 분할 및 분할합병의 증권신고서의 기재사항 및 첨부서류) ⑦ 제2-6조에도 불구하고 분할로 인하여 증권을 모집 또는 매출하는 경우에는 영 제129조에 따라 증권신고서에 다음의 사항을 기재하여야 한다.
　　1. 제2-9조 제1항 제1호
　　2. 분할의 개요

2) 공시(거래소 신고 및 주요사항보고서의 제출)

주권상장법인은 주식교환 또는 주식이전에 관한 이사회의 결정이 있은 때에는 그 결정내용을 그 사유발생 당일에 거래소에 신고하여야 한다(유가증권 공시규정7①(3) 가목 (5)). 주권상장법인은 이사회에서 "회사의 분할 및 분할합병 등의 사실이 발생한 때"에는 그 사실이 발생한 날의 다음 날까지 그 내용을 기재한 주요사항보고서를 금융위원회에 제출하여야 한다(법161①(6)).

(나) 분할합병 가액의 결정

분할합병에 관하여는 제176조의5 제1항을 준용한다. 다만 분할되는 법인의 합병대상이 되는 부분의 합병가액 산정에 관하여는 제1항 제2호 나목을 준용한다(영176의6②).

(다) 외부평가기관의 평가의무

분할합병을 하려는 경우에는 분할합병 비율의 적정성에 대하여 외부평가기관(제176조의5 제9항·제10항에 따라 합병에 대한 평가를 할 수 없는 외부평가기관은 제외)의 평가를 받아야 한다. 다만 코넥스시장에 상장된 법인과 주권비상장법인 간의 분할합병의 경우에는 외부평가기관의 평가를 받지 아니할 수 있다(영176의6③).

(라) 준용규정

분할·분할합병에 관하여는 제176조의5 제11항부터 제13항까지를 준용한다(영176의6④).

(마) 분할·분합합병의 종료보고

주권상장법인이 합병등의 사유로 주요사항보고서를 제출한 이후 분할 또는 분할합병 등기를 한 때에는 지체없이 이와 관련한 사항을 기재한 서면을 금융위에 제출하여야 한다. 다만 제

가. 분할에 관한 일반사항
나. 분할의 요령
다. 분할되는 영업 및 자산의 내용
라. 모집 또는 매출되는 증권의 주요 권리내용
마. 모집 또는 매출되는 증권의 취득에 따른 투자위험요소
바. 그 밖에 투자자 보호를 위하여 필요한 사항
3. 제2-9조 제1항 제3호(이 경우 당사회사는 분할되는 회사를 말한다)
⑧ 제7항의 증권신고서의 첨부서류는 제2-9조 제2항(제11호는 제외한다)을 준용한다. 이 경우 같은 항 제5호는 분할계획서를 말하며, 당사회사는 분할되는 회사를 말한다.
⑨ 제2-6조에도 불구하고 분할합병으로 인하여 증권을 모집 또는 매출하는 경우에는 영 제129조에 따라 증권신고서에 다음의 사항을 기재하여야 한다.
1. 제2-9조 제1항 제1호
2. 분할합병의 개요
  가. 제2-9조 제1항 제2호 각 목의 사항
  나. 분할되는 영업 및 자산의 내용
3. 제2-9조 제1항 제3호(이 경우 당사회사는 분할되는 회사 및 분할합병의 상대방회사를 말한다)
⑩ 제9항의 증권신고서의 첨부서류는 제2-9조 제2항을 준용한다. 이 경우 당사회사는 분할되는 회사 및 분할합병의 상대방회사를 말한다.

2-19조 제3항에 따라 증권발행실적보고서를 제출하는 경우에는 그러하지 아니하다(증권발행공시규정5-15(4)).

Ⅲ. 주식매수청구권

1. 서설

(1) 의의

자본시장법은 "주권상장법인이 상법 제360조의3(주식교환)·제360조의9(간이주식교환)·제360조의16(주식이전)·제374조(영업양도 등)·제522조(합병)·제527조의2(간이합병) 및 제530조의3(상법 제530조의2에 따른 분할합병 및 같은 조에 따른 분할로서 대통령령으로 정하는 경우만 해당)에서 규정하는 의결사항에 관한 이사회 결의에 반대하는 주주(상법 제344조의3 제1항에 따른 의결권이 없거나 제한되는 종류주식의 주주를 포함)는 주주총회 전(상법 제360조의9에 따른 완전자회사가 되는 회사의 주주와 같은 법 제527조의2에 따른 소멸하는 회사의 주주의 경우에는 같은 법 제360조의9 제2항 및 제527조의2 제2항에 따른 공고 또는 통지를 한 날부터 2주 이내)에 해당 법인에 대하여 서면으로 그 결의에 반대하는 의사를 통지한 경우에만 자기가 소유하고 있는 주식(반대의사를 통지한 주주가 제391조에 따라 이사회 결의 사실이 공시되기 이전에 취득하였음을 증명한 주식과 이사회 결의 사실이 공시된 이후에 취득하였지만 대통령령으로 정하는 경우에 해당함을 증명한 주식만 해당)을 매수하여 줄 것을 해당 법인에 대하여 주주총회의 결의일(상법 제360조의9에 따른 완전자회사가 되는 회사의 주주와 같은 법 제527조의2에 따른 소멸하는 회사의 주주의 경우에는 같은 법 제360조의9 제2항 및 제527조의2 제2항에 따른 공고 또는 통지를 한 날부터 2주가 경과한 날)부터 20일 이내에 주식의 종류와 수를 기재한 서면으로 청구할 수 있다(법165의5①)"고 규정하고 있는데, 이를 주식매수청구권이라고 한다.

(2) 기능

주식매수청구권은 다수파주주와 아울러 소수파주주 쌍방의 이익을 조화하기 위한 제도이다. 이 제도에 의하여 다수파주주는 그들의 계획을 원만히 실현할 수 있는 반면, 소수파주주는 투하자본을 공정한 가격으로 회수하고서 회사로부터 떠날 수 있게 된다. 다수파주주에게는 회사의 중요한 개혁(영업양도, 합병 등)을 소수파주주의 반대를 무릅쓰고 실현할 수 있게 하여 주는 반면, 소수파주주에게는 다수결의 남용이나 당해 행위로부터 초래될 위험으로부터 벗어날 수 있는 길을 열어 주는 것이다. 이 제도의 필요성은 상장법인에 비하여 비상장법인에게 더 크다. 상장법인의 경우에는 증권시장을 통하여 주식의 처분이 용이함에 비하여 비상장법인의 경우에는 그 처분이 용이하지 않기 때문이다.[49]

(3) 법적 성질

주식매수청구를 받으면 해당 법인은 매수청구기간이 종료하는 날부터 1개월 이내에 해당 주식을 매수하여야 한다(법165의5②). 따라서 주식매수청구권은 일정한 경우 주주가 그 권리를 일방적으로 행사하면 회사는 그 주식을 매수할 의무가 생기는 것이므로 형성권에 해당한다.

2. 요건

(1) 대상 의결사항

자본시장법은 법 제360조의3(주식교환)·제360조의9(간이주식교환)·제360조의16(주식이전)· 제374조(영업양도 등)·제522조(합병)·제527조의2(간이합병) 및 제530조의3(상법 제530조의2에 따른 분할합병 및 같은 조에 따른 분할로서 대통령령으로 정하는 경우50)만 해당)에서 규정하는 의결사항을 주식매수청구권 대상 의결사항으로 규정한다(법165의5①).

(2) 자기가 소유하고 있는 주식

주식매수청구권을 행사할 수 있는 주식은 자기가 소유하고 있는 주식이어야 하는데, ⅰ) 반대의사를 통지한 주주가 이사회 결의 사실이 공시되기 이전에 취득하였음을 증명한 주식과, ⅱ) 이사회 결의 사실이 공시된 이후에 취득하였지만 대통령령으로 정하는 경우51)에 해당함을 증명한 주식만 이에 해당한다(법165의5①).

(3) 의결권 없는 주식

상법 제344조의3 제1항에 따른 의결권이 없거나 제한되는 종류주식의 주주도 주식매수청구권을 행사할 수 있다(법165의5①).

3. 주식매수청구권의 행사절차

(1) 반대의사의 통지

(가) 총회소집의 통지 및 공고

주권상장법인은 주식교환, 간이주식교환, 주식이전, 영업영도 등, 합병, 간이합병, 분할합병에 관한 주주총회 소집의 통지 또는 공고를 하거나, 간이주식교환 및 간이합병에 관한 통지

---

49) 김교창(2010), 139쪽.
50) "분할로서 대통령령으로 정하는 경우"란 상법 제530조의12에 따른 물적분할이 아닌 분할로서 분할에 의하여 설립되는 법인이 발행하는 주권이 증권시장에 상장되지 아니하는 경우(거래소의 상장예비심사결과 그 법인이 발행할 주권이 상장기준에 부적합하다는 확인을 받은 경우를 포함)를 말한다(영176의7①).
51) "대통령령으로 정하는 경우"란 이사회 결의 사실이 공시된 날의 다음 영업일까지 다음의 어느 하나에 해당하는 행위가 있는 경우를 말한다(영176의7②).
   1. 해당 주식에 관한 매매계약의 체결
   2. 해당 주식의 소비대차계약의 해지
   3. 그 밖에 해당 주식의 취득에 관한 법률행위

또는 공고를 하는 경우에는 주식매수청구권의 내용 및 행사방법을 명시하여야 한다. 이 경우 의결권이 없거나 제한되는 종류주식의 주주에게도 그 사항을 통지하거나 공고하여야 한다(법 165의5⑤).

이는 회사가 주주들로 하여금 주식매수청구권을 행사할 기회를 확실히 부여하기 위한 것이다. 만일 회사가 주주총회의 소집통지를 게을리하거나 위 의안의 요령 또는 이 청구권의 행사에 관한 것을 그 통지에 누락한 경우에는 총회 이후에도 주주가 반대의 통지를 하고 이 청구권을 행사할 수 있다고 본다.

(나) 사전반대의 통지

이사회 결의에 반대하는 주주는 주주총회 전에 해당 법인에 대하여 서면으로 이사회 결의에 반대하는 의사를 통지한 경우에만 주식매수청구권을 행사할 수 있으며, 간이주식교환(상법 360의9)에 따른 완전자회사가 되는 회사의 주주와 간이합병(상법527의2)에 따른 소멸하는 회사의 주주의 경우에는 간이주식교환 및 간이합병에 따른 공고 또는 통지를 받은 날로부터 2주 이내에 반대의사를 통지하여야 한다(법165의5①).

주식매수청구권 행사의 대상인 결의를 위한 총회가 소집되었으면, 주주는 바로 그 때부터 그 총회의 개회선언시까지 이 서면을 제출하여야 한다. 이와 같은 통지를 하도록 한 이유는 매수청구를 예고함으로써 회사에 대하여 의안의 제출 여부를 재고할 기회를 부여함과 아울러 결의의 성립을 위한 대책을 강구하도록 한 것이다.[52]

사전반대는 주주권의 행사이므로 통지 당시에 주주권을 행사할 수 있는 자만이 할 수 있다. 따라서 기명주주이면 주주명부 또는 실질주주명부에 등재된 자이이어야 하고, 무기명주주이면 통지와 동시에 주권을 공탁해야 한다. 통지는 주주총회일 이전에 회사에 도달해야 하며, 통지사실은 주주가 증명해야 한다.[53]

(2) 서면에 의한 주식매수청구

반대주주는 주주총회 전(간이주식교환에 따른 완전자회사가 되는 회사의 주주와 간이합병에 따른 소멸하는 회사의 주주의 경우에는 공고 또는 통지를 한 날부터 2주 이내)에 서면으로 반대의사를 통지하면 주식매수청구권이 인정(법165의5①)되므로 다시 총회에 출석하여 반대할 필요는 없다. 주주는 주주총회의 결의일(간이주식교환에 따른 완전자회사가 되는 회사의 주주와 간이합병에 따른 소멸하는 회사의 주주의 경우에는 공고 또는 통지를 한 날부터 2주가 경과한 날)부터 20일 이내에 주식의 종류와 수를 기재한 서면으로 청구할 수 있다(법165의5①).

주주가 위 기간 내에 매수청구를 하지 아니하면 매수청구권은 소멸한다. 반대의 통지를

---

52) 김교창(2010), 141쪽.
53) 이철송(2009), 483쪽.

한 주주가 총회에 출석하여 찬성의 결의를 한 경우에는 반대의 통지를 철회한 것으로 보아 주식매수청구권을 행사할 수 없다. 주주가 반대의사를 통지하는 서면에는 주주가 반대하는 주식의 종류와 그 수를 기재하고 그 의안에 반대한다는 뜻을 기재하여야 한다. 그리고 이때에 주주는 자신이 소유하고 있는 주식 중 일부에 한하여만 반대의 뜻을 통지할 수도 있다. 만일 주식의 종류와 수를 기재하지 아니하였으면 주주가 가지고 있는 주식 전부를 가지고 반대의 의사를 통지한 것으로 보아야 한다.

4. 주식매수가격의 결정

(1) 당사자의 협의

주식의 매수가격은 주주와 해당 법인 간의 협의로 결정한다(법165의5③ 본문). 협의란 그 자체가 쌍방의 의사합치가 있을 경우에 가능한 것이므로 어느 일방에 협의의 의사가 없으면 거칠 수 없는 절차이다. 즉 협의는 구속력이 있는 절차가 아니므로 이를 생략하고 다음 단계의 결정절차를 거칠 수 있다. 협의는 반대주주가 집단을 이루어야 함을 의미하는 것은 아니고 회사가 개개인의 주주와 개별적인 약정에 의해 정하는 것이다. 그러나 실제로는 회사가 가격을 제시하고 주주들이 개별적으로 수락 여부를 결정하게 될 것이다.[54]

(2) 법정매수가격

주주와 해당 법인간의 협의가 이루어지지 아니하는 경우의 매수가격은 이사회 결의일 이전에 증권시장에서 거래된 해당 주식의 거래가격을 기준으로 하여 대통령령으로 정하는 방법에 따라 산정된 금액으로 한다(법165의5③ 단서).

여기서 "대통령령으로 정하는 방법에 따라 산정된 금액"이란 다음 금액을 말한다(영176의7③).

1. 증권시장에서 거래가 형성된 주식은 다음의 방법에 따라 산정된 가격의 산술평균가격
   가. 이사회 결의일 전일부터 과거 2개월(같은 기간 중 배당락 또는 권리락으로 인하여 매매기준가격의 조정이 있는 경우로서 배당락 또는 권리락이 있은 날부터 이사회 결의일 전일까지의 기간이 7일 이상인 경우에는 그 기간)간 공표된 매일의 증권시장에서 거래된 최종시세가격을 실물거래에 의한 거래량을 가중치로 하여 가중산술평균한 가격
   나. 이사회 결의일 전일부터 과거 1개월(같은 기간 중 배당락 또는 권리락으로 인하여 매매기준가격의 조정이 있는 경우로서 배당락 또는 권리락이 있은 날부터 이사회 결의일 전일까지의 기간이 7일 이상인 경우에는 그 기간)간 공표된 매일의 증권시장에서 거래된 최종시세가격을 실물거래에 의한 거래량을 가중치로 하여 가중산술평균한 가격

---

54) 이철송(2009), 485쪽.

다. 이사회 결의일 전일부터 과거 1주일간 공표된 매일의 증권시장에서 거래된 최종시세
　　가격을 실물거래에 의한 거래량을 가중치로 하여 가중산술평균한 가격
2. 증권시장에서 거래가 형성되지 아니한 주식은 자산가치와 수익가치를 가중산술평균한 가
　액(영176의5①(2) 나목)

(3) 법원의 결정

해당 법인이나 매수를 청구한 주주가 법정매수가격에 대하여도 반대하면 법원에 매수가격
의 결정을 청구할 수 있다(법165의5③).

5. 주식매수청구권행사의 효과

(1) 회사의 주식매수의무

주주의 주식매수청구를 받으면 해당 법인은 매수청구기간이 종료하는 날부터 1개월 이내
에 해당 주식을 매수하여야 한다(법165의5②). 주주가 주식매수청구권을 행사하면 즉시 주주와
회사 사이에 매매계약이 성립한다. 그러나 이 매매계약의 성립에 회사의 승낙을 필요로 하지
않는다. 회사는 1개월 이내에 매수한 주식의 대금을 지급하여야 하고, 이 기간은 이행기간으로
해석하여야 할 것이다. 이 경우 주식대금의 지급과 주권의 교부는 동시이행의 관계에 있으며,
대금지급시에 회사로의 주식양도의 효력이 발생한다.[55]

(2) 매수주식의 처리

주권상장법인이 주주의 주식매수청구권 행사에 의해 매수한 주식은 해당 주식을 매수한
날부터 5년 이내에 처분하여야 한다(법165의5④, 영176의7④).

제3절　주식관련 특례규정(주식발행과 관련된 특례규정)

Ⅰ. 주식의 발행 및 배정

1. 서설

(1) 신주발행의 의의

광의의 신주발행은 회사의 성립 후에 정관에 정한 회사가 발행할 주식의 총수의 범위 내
에서 새로이 주식을 발행하는 모든 경우를 말한다. 신주발행이 있으면 새로이 발행된 주식의

---

55) 김교창(2010), 142쪽.

액면가액의 총액만큼 자본이 증가하는 것이 원칙이다. 그런데 상법상 자본의 증가, 즉 증자는 신주발행에 의한 증자를 말하고, 증자는 신주발행과 같은 의미로 사용된다. 상법은 수권자본제도를 채택하여 증자는 이사회의 결의만으로 간편하고 신속하게 회사의 자금수요에 대처할 수 있도록 규정하고 있다.

신주발행은 보통의 신주발행과 특수한 신주발행으로 나눌 수 있다. 보통의 신주발행은 회사의 자금조달을 목적으로 하는 신주발행을 말하는데, 회사는 신주의 인수인을 구하여, 그로부터 신주의 대가를 제공받으므로 회사의 재산이 신주의 인수가액의 총액만큼 증가한다. 특수한 신주발행은 자금조달을 직접적인 목적으로 하지 않고 그 이외의 사유로 인하여 신주가 발행되는 경우를 말한다.

(2) 신주발행사항의 결정

(가) 의의

회사성립 후에 자금조달을 직접적인 목적으로 하여 발행예정주식총수의 범위 내에서 미발행주식을 발행하는 것이다. 이 경우에는 주식의 인수인을 구하여 그로부터 신주의 대가를 납입받으므로 회사의 재산이 증가한다. 그리고 주주 이외의 제3자에게 신주를 인수시키는 경우에는 회사의 구성원도 새로 생겨나게 된다.

(나) 신주발행의 결정

회사가 그 성립 후에 주식을 발행하는 경우에는 신주발행 여부 및 그 내용에 관하여 원칙적으로 이사회가 결정한다. 다만 상법에 다른 규정이 있거나 정관으로 주주총회에서 결정하기로 정한 경우에는 그러하지 아니하다(상법416).

신주발행의 경우에는 신주의 종류와 수 등 여러 사항을 이사회(정관에 정함이 있는 경우에는 주주총회)에서 결정하여야 하는데, 결정사항 중 신주의 인수방법도 결정하여야 한다(상법 416(3)). 이 경우 신주의 인수방법을 결정한다고 함은 주주배정·제3자배정 또는 모집(일반공모) 중 어느 방법에 의할 것인가의 여부 등을 결정하는 것을 말한다. 따라서 보통의 신주발행은 이사회가 결정한 주식의 인수방법에 따라 주주배정·제3자배정 및 모집(일반공모)의 세 가지 방법 중 하나로 행하여진다. 그런데 주주배정 및 제3자배정의 방법은 주주와 제3자에게 신주인수권을 부여하고 이에 따라 신주를 발행한다.

(다) 신주의 발행가액

신주의 발행가액은 액면가인 것이 원칙이지만(액면발행), 이를 초과하는 금액일 수도 있으며(액면초과발행) 또는 이에 미달되는 금액일 수도 있다(할인발행). 그런데 액면초과발행은 시가발행의 모습을 띠게 된다. 상법은 액면발행과 액면미달발행에 대하여 규정하고 있으며, 시가발행에 대하여는 자본시장법이 규제하고 있다.

2. 상법상 신주배정

(1) 신주인수권의 의의와 기능

신주인수권이라 함은 회사가 신주를 발행하는 경우 그 전부 또는 일부를 타인에 우선하여 인수할 수 있는 권리를 말한다. 인수에 우선하는 권리일 뿐 발행가액이나 기타 인수조건에서 우대를 받을 수 있는 권리는 아니다. 보통의 신주발행에 있어 신주인수권은 주주가 가지는 경우와 제3자가 가지는 경우가 있다.

회사가 신주를 발행함에 있어서 그 신주를 주주 이외의 제3자에게 배정할 때에는 주주의 지주비율이 낮아지므로 의결권을 통한 회사의 지배력의 저하를 가져오고, 또 신주가 시가 이하로 발행되면 주가의 하락에 의하여 주주에게 경제적 손실을 주게 되므로, 종래의 주주에게 그 지주수에 비례하여 신주인수권을 부여할 필요가 있다. 그러나 다른 한편 주주가 당연히 신주인수권을 가지는 것으로 하면, 회사가 유리한 자본조달방법을 선택하는데 제약을 받고 자본조달의 기동성을 기할 수 없게 된다.[56]

이와 같이 신주발행에 있어서는 한편으로는 주주의 이익보호, 다른 한편으로는 회사에 유리한 자본조달 및 기동성의 확보라는 두 개의 상반되는 요청을 어떻게 조화시키느냐 하는 것이 각국의 상법상 큰 과제로 되어 있다. 따라서 우리 상법은 주주는 원칙적으로 신주인수권을 가지지만, 정관에 의하여 이를 제한하거나 특정한 제3자에게 이를 부여할 수 있도록 하였다(상법418 및 420(5)).

(2) 주주의 신주인수권(주주우선배정)

(가) 의의

주주가 종래 가지고 있던 주식의 수에 비례하여 우선적으로 신주를 배정받는 권리이다(상법418). 우리 상법상 주주의 신주인수권은 주주의 자격에 기하여 법률상 당연히 주주에게 인정되는 것이며, 정관이나 이사회의 결정에 의하여 비로소 발생하는 것은 아니다. 주주의 신주인수권을 바탕으로 하여 주주에게 신주를 발행하는 것을 주주배정에 의한 신주발행이라고 한다.

(나) 제한

주주의 신주인수권은 이를 제한하거나 배제할 수 있다. 제3자의 신주인수권은 주주의 신주인수권을 제한하는 대표적인 예이다. 주주의 신주인수권의 제한은 법령에 의한 제한과 정관에 의한 제한 등이 있다. 법령에 의한 제한으로는 자본시장법 제165조의6에 의하여 상장법인이 정하는 정관에 따라 이사회의 결의로 일반공모증자 방식으로 신주를 발행하는 경우에는 주주의 신주인수권이 배제되는 경우를 들 수 있다.

---

56) 정동윤(2000), 501쪽.

또한 주주의 신주인수권은 신기술의 도입, 재무구조의 개선 등 회사의 경영상 목적을 달성하기 위하여 필요한 경우 정관에 정하는 바에 따라 이를 제한할 수 있다(상법418①). 이것은 회사로 하여금 자금조달의 기동성을 꾀할 수 있게 하기 위한 조치이다.

다만 자본시장법은 상장법인에 한하여 자금조달의 편의를 위하여 주주의 신주인수권을 완전히 배제하는 것을 인정하고 있다. 따라서 상장법인은 정관이 정하는 바에 따라 이사회의 결의로써 대통령령이 정하는 일반공모증자방식에 의하여 신주를 발행할 수 있다(법165의6①).

(3) 제3자의 신주인수권(제3자배정)

(가) 의의

신주인수권은 주주가 갖는 것이 원칙이지만, 예외적으로 주주 아닌 제3자에게 신주인수권을 부여하고 신주를 발행하는 경우도 있다. 이를 제3자배정이라고 한다. 주주가 신주를 인수하더라도 소유주식주에 비례한 자기 몫을 초과하여 신주를 인수한다면 이 역시 제3자배정이다.

(나) 근거

1) 법률

법률에 의하여 제3자에게 신주인수권이 부여되는 경우가 있다. 전환사채 또는 신주인수권부사채를 발행하는 경우에는 제3자가 신주인수권을 갖는다. 또한 자본시장법에 의해 상장법인이 주식을 유상으로 발행하는 경우 당해 법인의 우리사주조합에 가입한 종업원(우리사주조합원)은 신주의 20%를 초과하지 아니하는 범위에서 신주를 배정받을 권리가 있으며(자본시장법165의7, 근로복지기본법32), 이에 따라 종업원의 청약이 있는 때에는 이 비율에 달할 때까지 종업원에게 우선배정하여야 한다.

2) 정관

제3자에 대한 신주인수권의 부여는 주주의 신주인수권에 대한 제한을 의미하므로, 법률에 규정이 있는 경우 이외에는 정관에 의한 제한이 가능하다. 정관에 규정이 없더라도 정관변경과 동일한 요건인 주주총회의 특별결의에 의해 부여할 수 있을 것이다.

(다) 요건

제3자에게 신주인수권을 부여하는 것은 주주의 신주인수권을 제한 내지 박탈하는 것이므로, 주주의 신주인수권을 제한하는데 필요한 요건(부여의 필요성)이 요구되는 외에 그 밖의 요건이 추가된다.

1) 부여의 필요성

주주 이외의 자에게 신주인수권을 부여하는 경우에는 회사의 지배관계에 변동을 가져오고 또 시가보다 저렴한 가격으로 발행하는 때에는 주주의 재산적 이익을 침해한다. 따라서 제3자의 신주인수권은 자금조달의 기동성, 제3자와의 관계강화, 외국자본·기술의 도입, 재무구조의 개선 등 회사의 목적 달성에 필요하고(필요성), 적합하며(적합성), 또 최소한의 범위에 그쳐야 한다(목적과 수단의 비례성). 따라서 예컨대 주주의 지배권변동을 목적으로 하여 제3자에 신주를 발행하는 것을 허용되지 않는다.[57]

2) 제3자의 특정

신주인수권을 부여할 수 있는 제3자는 종업원·구종업원·임원·구임원·거래처·합작회사· 기술제휴회사 등과 같이 특정되어야 한다(상법420(5) 참조). 자본시장법(165의7)은 우리사주조합원에게 신주인수권을 부여하고 있고, 상법(상법516의2②(8))은 제3자에 대한 신주인수권부사채의 발행을 허용하고 있다.

3) 발행가의 공정성

제3자에게 발행하는 신주의 가액은 주주의 경제적 이익을 침해하지 않도록 공정하게 결정하여야 한다.

3. 자본시장법상 신주배정

(1) 의의

주권상장법인이 신주(제3호의 경우에는 이미 발행한 주식을 포함)를 배정하는 경우 다음의 방식에 따른다(법165의6①).

1. 주주에게 그가 가진 주식 수에 따라서 신주를 배정하기 위하여 신주인수의 청약을 할 기회를 부여하는 방식(주주배정)
2. 신기술의 도입, 재무구조의 개선 등 회사의 경영상 목적을 달성하기 위하여 필요한 경우 제1호 외의 방법으로 특정한 자(해당 주권상장법인의 주식을 소유한 자를 포함)에게 신주를 배정하기 위하여 신주인수의 청약을 할 기회를 부여하는 방식(제3자배정)
3. 제1호 외의 방법으로 불특정 다수인(해당 주권상장법인의 주식을 소유한 자를 포함)에게 신주인수의 청약을 할 기회를 부여하고 이에 따라 청약을 한 자에 대하여 신주를 배정하는 방식(일반공모증자)

따라서 주권상장법인은 상법상 주주배정·제3자배정 외의 일반공모방식으로 신주를 발행할수 있다.

(2) 실권주 처리

(가) 발행철회원칙

주권상장법인은 신주를 배정하는 경우 그 기일까지 신주인수의 청약을 하지 아니하거나

---

57) 정동윤(2000), 514쪽.

그 가액을 납입하지 아니한 주식["실권주"(失權株)]에 대하여 발행을 철회하여야 한다(법165의6② 본문).

(나) 발행철회원칙의 예외

금융위원회가 정하여 고시하는 방법[58]에 따라 산정한 가격 이상으로 신주를 발행하는 경우로서 다음의 어느 하나에 해당하는 경우에는 그러하지 아니하다(법165의6② 단서).

1. 실권주가 발생하는 경우 대통령령으로 정하는 특수한 관계(영176의8①: 계열회사의 관계)에 있지 아니한 투자매매업자가 인수인으로서 그 실권주 전부를 취득하는 것을 내용으로 하는 계약을 해당 주권상장법인과 체결하는 경우
2. 주주배정의 경우 신주인수의 청약 당시에 해당 주권상장법인과 주주 간의 별도의 합의에 따라 실권주가 발생하는 때에는 신주인수의 청약에 따라 배정받을 주식수를 초과하는 내용의 청약("초과청약")을 하여 그 초과청약을 한 주주에게 우선적으로 그 실권주를 배정하기로 하는 경우. 이 경우 신주인수의 청약에 따라 배정받을 주식수에 대통령령으로 정하는 비율(영176의8②: 20%)을 곱한 주식수를 초과할 수 없다.
3. 그 밖에 주권상장법인의 자금조달의 효율성, 주주 등의 이익 보호, 공정한 시장질서 유지의 필요성을 종합적으로 고려하여 대통령령으로 정하는 경우

제3호에서 "대통령령으로 정하는 경우"란 다음의 어느 하나에 해당하는 경우를 말한다(영176의8③).

1. 자본시장법 제130조 제1항에 따라 신고서를 제출하지 아니하는 모집·매출의 경우
2. 주권상장법인이 우리사주조합원(제176조의9 제3항 제1호에 따른 우리사주조합원)에 대하여 자본시장법 제165조의7 또는 근로복지기본법 제38조 제2항에 따라 발행되는 신주를 배정하지 아니하는 경우로서 실권주를 우리사주조합원에게 배정하는 경우

(3) 신주인수권증서 발행의무

주권상장법인은 주주배정방식으로 신주를 배정하는 경우 상법 제416조 제5호(주주가 가지는 신주인수권을 양도할 수 있는 것에 관한 사항) 및 제6호(주주의 청구가 있는 때에만 신주인수권증서

---

58) "금융위원회가 정하여 고시하는 방법에 따라 산정한 가격"이란 청약일전 과거 제3거래일부터 제5거래일까지의 가중산술평균주가(그 기간 동안 증권시장에서 거래된 해당 종목의 총 거래금액을 총 거래량으로 나눈 가격)에서 다음의 어느 하나의 할인율을 적용하여 산정한 가격을 말한다. 다만 주권상장법인이 증권시장에서 시가가 형성되어 있지 않은 종목의 주식을 발행하고자 하는 경우에는 제5-18조 제3항을 준용한다(증권발행공시규정5-15의2①).
   1. 법 제165조의6 제1항 제1호의 방식으로 신주를 배정하는 방식: 40%
   2. 법 제165조의6 제1항 제2호의 방식으로 신주를 배정하는 방식: 10%
   3. 법 제165조의6 제1항 제3호의 방식으로 신주를 배정하는 방식: 30%

를 발행한다는 것과 그 청구기간)에도 불구하고 주주에게 신주인수권증서를 발행하여야 한다(법 165의6③ 본문). 이 경우 주주 등의 이익 보호, 공정한 시장질서 유지의 필요성 등을 고려하여 대통령령으로 정하는 방법에 따라 신주인수권증서가 유통될 수 있도록 하여야 한다(법165의6③ 단서).[59]

여기서 "대통령령으로 정하는 방법"이란 다음의 어느 하나에 해당하는 방법을 말한다(영 176의8④).

1. 증권시장에 상장하는 방법
2. 둘 이상의 금융투자업자(주권상장법인과 계열회사의 관계에 있지 아니한 투자매매업자 또는 투자중개업자)를 통하여 신주인수권증서의 매매 또는 그 중개·주선이나 대리 업무가 이루어지도록 하는 방법. 이 경우 매매 또는 그 중개·주선이나 대리업무에 관하여 필요한 세부사항은 금융위원회가 정하여 고시한다.

(4) 일반공모증자
(가) 의의

자본시장법은 상장법인이 정관에 규정을 둔 경우 이사회 결의로써 불특정다수인을 상대로 신주를 모집하는 일반공모증자 방식에 의한 신주발행을 인정하고 있다. 즉 주권상장법인은 정관으로 정하는 바에 따라 이사회 결의로써 일반공모증자 방식으로 신주를 발행할 수 있다(법 165의6①(3) 및 165의6④).

이와 같은 신주발행은 주주의 신주인수권을 배제하는 것이지만, 상장법인이 신주발행을 통한 자금조달의 원활화를 도모하기 위하여 인정되고 있는 특칙으로서 회사의 경영상 목적을 달성하기 위하여 필요한 경우의 한 예이다(상법418② 단서 참조). 다만 신주발행으로 인하여 주주의 주식가치를 희석화시킬 위험을 방지하기 위하여 일반공모증자에 의하여 발행하는 신주의 발행가격을 후술하는 바와 같이 제한하고 있다.

---

59) 증권발행공시규정 제5-19조(신주인수권증서의 발행·상장 등) ① 주권상장법인이 주주배정증자방식의 유상증자를 결의하는 때에는 법 제165조의6 제3항에 따른 신주인수권증서의 발행에 관한 사항을 정하여야 한다.
② 제1항의 주권상장법인은 해당 신주인수권증서를 증권시장에 상장하거나 자기 또는 타인의 계산으로 매매할 금융투자업자(주권상장법인과 계열회사의 관계에 있지 아니한 금융투자업자)를 정하여야 한다.
③ 영 제176조의8 제4항 각 호 외의 부분 후단 중 "신주인수권증서의 상장 및 유통의 방법 등에 관하여 필요한 세부사항"이란 금융투자업자가 회사 내부의 주문·체결 시스템을 통하여 신주인수권증서를 투자자 또는 다른 금융투자업자에게 매매하거나 중개·주선 또는 대리하는 것을 말한다. 이 경우 인터넷 홈페이지·유선·전자우편 등을 통하여 신주인수권증서를 매수할 투자자 또는 다른 금융투자업자를 탐색하는 것을 포함한다.

(나) 배정방식

일반공모증자 방식으로 신주를 배정하는 경우에는 정관으로 정하는 바에 따라 이사회의 결의로 다음의 어느 하나에 해당하는 방식으로 신주를 배정하여야 한다(법165의6④ 본문). 이 경우 상법 제418조 제1항 및 같은 조 제2항 단서[60])를 적용하지 아니한다(법165의6④ 단서).

1. 신주인수의 청약을 할 기회를 부여하는 자의 유형을 분류하지 아니하고 불특정 다수의 청약자에게 신주를 배정하는 방식
2. 우리사주조합원에 대하여 신주를 배정하고 청약되지 아니한 주식까지 포함하여 불특정다수인에게 신주인수의 청약을 할 기회를 부여하는 방식
3. 주주에 대하여 우선적으로 신주인수의 청약을 할 수 있는 기회를 부여하고 청약되지 아니한 주식이 있는 경우 이를 불특정 다수인에게 신주를 배정받을 기회를 부여하는 방식(주주우선공모증자방식: 증권발행공시규정5-16③)
4. 투자매매업자 또는 투자중개업자가 인수인 또는 주선인으로서 마련한 수요예측 등 대통령령으로 정하는 합리적인 기준[61)]에 따라 특정한 유형의 자에게 신주인수의 청약을 할 수 있는 기회를 부여하는 경우로서 금융위원회가 인정하는 방식

(5) 발행가액

증권발행공시규정은 주권상장법인의 일반공모증자 방식 및 제3자배정증자 방식으로 유상증자를 하는 경우의 발행가액결정에 관하여 규정한다. 이에 관하여는 주권상장법인의 재무관리기준에서 후술한다.

Ⅱ. 우리사주조합원에 대한 주식의 우선배정

1. 서설

(1) 우리사주조합의 의의

"우리사주조합"이란 주식회사의 소속 근로자가 그 주식회사의 주식을 취득·관리하기 위하여 근로복지기본법에서 정하는 요건을 갖추어 설립한 단체를 말한다(근로복지기본법2(4)). 그

---

60) 상법 제418조(신주인수권의 내용 및 배정일의 지정·공고) ① 주주는 그가 가진 주식 수에 따라서 신주의 배정을 받을 권리가 있다.
② 회사는 제1항의 규정에 불구하고 정관에 정하는 바에 따라 주주 외의 자에게 신주를 배정할 수 있다. 다만 이 경우에는 신기술의 도입, 재무구조의 개선 등 회사의 경영상 목적을 달성하기 위하여 필요한 경우에 한한다.
61) "수요예측 등 대통령령으로 정하는 합리적인 기준"이란 수요예측(발행되는 주식의 가격 및 수량 등에 대한 투자자의 수요와 주식의 보유기간 등 투자자의 투자성향을 금융위원회가 정하여 고시하는 방법에 따라 파악하는 것을 말한다)을 말한다(영176의8⑤).

리고 "우리사주"란 주식회사의 소속 근로자 등이 그 주식회사에 설립된 우리사주조합을 통하여 취득하는 그 주식회사의 주식을 말한다(근로복지기본법2(5)).

(2) 연혁

우리사주제도는 1968년 「자본시장육성에 관한 법률」에서 상장법인이 유상증자를 실시하는 경우에 근로자에 대하여 신규발행 주식의 10%를 우선적으로 배정하는 특례조항을 마련하면서 시작되었다. 1997년에는 자본시장육성에 관한 법률이 폐지된 후 우리사주조합제도 관련 규정은 증권거래법에 수용되었다. 증권거래법을 중심으로 운용되어 오던 우리사주조합제도를 제도적으로 정비하여 근로복지기본법에 수용하여 근로복지기본법이 우리사주조합제도의 준거법으로 되고, 우리사주조합에 관하여는 증권거래법에 특례규정만 남게 되었다. 그 후 자본시장법은 증권거래법의 특례규정을 계수하고 있다.

2. 자본시장법상 특례

(1) 의의

주권상장법인 또는 주권을 유가증권시장에 상장하려는 법인이 주식을 모집하거나 매출하는 경우 해당 법인의 우리사주조합원은 모집하거나 매출하는 주식총수의 20%의 범위에서 우선적으로 주식을 배정받을 받을 권리가 있는데(법165조의7① 본문), 이를 우리사주조합원에 대한 우선배정제도라 한다.

(2) 취지

이 제도는 종업원의 복지증진과 경제적인 지위향상을 도모하기 위하여 도입된 것이다. 그러나 일반공모증자제도와 결합하여 적대적 M&A에 대한 방어수단의 일환으로서 이용되기도 한다. 일반공모증자의 경우에도 발행주식의 20%가 우리사주조합원에 우선배정되므로 증자비율을 크게 정하면 적대적 기업매수자의 종전 지분비율이 높았더라도 유상증자 후 그 지분비율을 현저하게 낮출 수 있기 때문이다.

(3) 우선배정권

(가) 원칙

우리사주조합원에 대하여 "대통령령으로 정하는 주권상장법인" 또는 주권을 "대통령령으로 정하는 증권시장"(유가증권시장)에 상장하려는 법인("해당 법인")이 주식을 모집하거나 매출하는 경우 상법 제418조에도 불구하고 해당 법인의 우리사주조합원에 대하여 모집하거나 매출하는 주식총수의 20%를 배정하여야 한다(법165의7① 본문).

여기서 "대통령령으로 정하는 주권상장법인"이란 한국거래소가 자본시장법 제4조 제2항의 증권의 매매를 위하여 개설한 증권시장으로서 금융위원회가 정하여 고시하는 증권시장("유가증권시장")에 주권이 상장된 법인을 말한다(영176의9①).

(나) 예외

다음의 어느 하나에 해당하는 경우에는 우선배정권이 인정되지 않는다(법165의7① 단서).

1) 외국인투자기업(제1호)

외국인투자 촉진법에 따른 외국인투자기업 중 대통령령으로 정하는 법인이 주식을 발행하는 경우에는 우리사주조합원의 우선배정권이 인정되지 않는다(법165의7①(1)).

2) 대통령령으로 정하는 경우(제2호)

그 밖에 해당 법인이 우리사주조합원에 대하여 우선배정을 하기 어려운 경우로서 대통령령으로 정하는 경우[62]에는 우리사주조합원의 우선배정권이 인정되지 않는다(법165의7①(2)).

3) 소유주식수 초과하는 경우

우리사주조합원이 소유하는 주식수가 신규로 발행되는 주식과 이미 발행된 주식의 총수의 20%를 초과하는 경우에는 우선배정권이 없다(법165의7②). 우리사주조합원의 소유주식수는 법 제119조 제1항에 따라 증권의 모집 또는 매출에 관한 신고서를 금융위원회에 제출한 날(일괄신고서를 제출하여 증권의 모집 또는 매출에 관한 신고서를 제출하지 아니하는 경우에는 주주총회 또는 이사회의 결의가 있는 날)의 직전일의 주주명부상 우리사주조합의 대표자 명의로 명의개서된 주식에 따라 산정한다(영176의9④ 본문). 다만 근로복지기본법 제43조 제1항에 따른 수탁기관을 통해서 전자등록된 주식의 경우에는 고객계좌부에 따라 산정하고, 수탁기관이 예탁결제원에 예탁한 주식의 경우에는 자본시장법 제310조 제1항에 따른 투자자계좌부에 따라 산정한다(영176의9④ 단서).

(다) 절차상 특례

주주배정증자방식으로 신주를 발행하는 경우 우리사주조합원에 대한 배정분에 대하여는 상법 제419조 제1항부터 제3항까지의 규정[63]을 적용하지 아니한다(법165의7③).

---

[62] "대통령령으로 정하는 경우"란 다음의 어느 하나에 해당하는 경우를 말한다(영176의9③).
  1. 주권상장법인(유가증권시장에 주권이 상장된 법인)이 주식을 모집 또는 매출하는 경우 우리사주조합원의 청약액과 법 제165조의7 제1항 각 호 외의 부분 본문에 따라 청약 직전 12개월간 취득한 해당 법인 주식의 취득가액(취득가액이 액면액에 미달하는 경우에는 액면액)을 합산한 금액이 그 법인으로부터 청약 직전 12개월간 지급받은 급여총액(소득세과세대상이 되는 급여액)을 초과하는 경우

[63] 상법 제419조(신주인수권자에 대한 최고) ① 회사는 신주의 인수권을 가진 자에 대하여 그 인수권을 가지는 주식의 종류 및 수와 일정한 기일까지 주식인수의 청약을 하지 아니하면 그 권리를 잃는다는 뜻을 통지하여야 한다. 이 경우 제416조 제5호 및 제6호에 규정한 사항의 정함이 있는 때에는 그 내용도 통지하여야 한다.
② 제1항의 통지는 제1항의 기일의 2주간전에 이를 하여야 한다.
③ 제1항의 통지에도 불구하고 그 기일까지 주식인수의 청약을 하지 아니한 때에는 신주의 인수권을 가진 자는 그 권리를 잃는다.

Ⅲ. 액면미달발행

1. 의의

액면미달발행이라 함은 주식을 액면미달의 금액으로 발행하는 것을 말한다. 회사를 설립하는 경우에는 자본충실의 원칙에 의하여 액면미달발행이 금지되어 있다(상법330). 그러나 회사의 성립 후에도 이 원칙을 고수하면 회사의 자금조달이 곤란한 경우가 생길 수 있으므로, 신주발행의 경우에는 엄격한 요건하에 이를 인정하고 있다.

2. 상법

(1) 요건

신주의 발행시에 액면미달발행을 하려면 다음의 요건을 갖추어야 한다(상법417). ⅰ) 회사가 성립한 날로부터 2년을 경과한 후에 주식을 발행하는 경우에는 회사는 주주총회의 특별결의와 법원의 인가를 얻어서 주식을 액면미달의 가액으로 발행할 수 있으며(상법417①), ⅱ) 주주총회의 특별결의에서는 주식의 최저발행가액을 정하여야 하며(상법417②), ⅲ) 법원은 회사의 현황과 제반사정을 참작하여 최저발행가액을 변경하여 인가할 수 있는데, 이 경우에 법원은 회사의 재산상태 기타 필요한 사항을 조사하게 하기 위하여 검사인을 선임할 수 있으며(상법417③), ⅳ) 신주는 법원의 인가를 얻은 날로부터 1월 내에 발행하여야 하는데, 이 경우 법원은 이 기간을 연장하여 인가할 수 있다(상법417④).

(2) 회사채권자의 보호

신주의 액면미달발행의 경우에는 회사채권자를 보호하기 위하여, 첫째로 액면미달금액은 3년 내의 매결산기에 균등액 이상을 상각하여야 하고(미달액의 상각), 둘째로 미상각액은 신주발행으로 인한 변경등기에 등기하여야 하며(상법426), 또 신주발행의 경우의 주식청약서와 신주인수권증서에도 할인발행의 조건과 미상각액을 기재하여야 한다(공시)(상법420④ 및 420의2).

3. 자본시장법

(1) 의의

상장법인의 경우 주식의 주가는 매일 매일 거래소시장에서 형성되는 가격에 의하여 수시로 변한다. 따라서 회사의 경영상태가 좋지 않거나 거래소의 시황이 좋지 않은 경우에는 주식의 액면가를 하회하는 주가가 형성된다. 그런데 자본시장법의 특례규정에 의하여 상장법인은 주가가 액면가를 하회하는 경우에 신속하게 신주발행을 할 수 있다.

(2) 자본시장법상 특례

주권상장법인은 법원의 인가 없이 주주총회의 특별결의만으로 주식을 액면미달의 가액으로 발행할 수 있다(법165의8① 본문). 다만 그 액면미달금액의 총액에 대하여 상각(償却)을 완료하지 아니한 경우에는 그러하지 아니하다(법165의8① 단서). 주주총회의 결의에서는 주식의 최저발행가액을 정하여야 한다(법165의8② 전단). 이 경우 최저발행가액은 대통령령으로 정하는 방법에 따라 산정한 가격 이상이어야 한다(법165의8② 후단).

여기서 "대통령령으로 정하는 방법에 따라 산정한 가격"이란 다음의 방법에 따라 산정된 가격 중 높은 가격의 70%를 말한다(영176의10).

1. 주식의 액면미달가액 발행을 위한 주주총회의 소집을 결정하는 이사회("주주총회소집을 위한 이사회")의 결의일 전일부터 과거 1개월간 공표된 매일의 증권시장에서 거래된 최종 시세가격의 평균액
2. 주주총회소집을 위한 이사회의 결의일 전일부터 과거 1주일간 공표된 매일의 증권시장에서 거래된 최종시세가격의 평균액
3. 주주총회소집을 위한 이사회의 결의일 전일의 증권시장에서 거래된 최종시세가격

주권상장법인은 주주총회에서 다르게 정하는 경우를 제외하고는 액면미달 주식을 주주총회의 결의일부터 1개월 이내에 발행하여야 한다(법165의8③).

Ⅳ. 주주에 대한 통지 또는 공고

1. 상법

주주 외의 자에게 신주를 배정하는 경우 회사는 제416조 제1호(신주의 종류와 수), 제2호(신주의 발행가액과 납입기일), 제2호의2(무액면주식의 경우에는 신주의 발행가액 중 자본금으로 계상하는 금액), 제3호(신주의 인수방법) 및 제4호(현물출자를 하는 자의 성명과 그 목적인 재산의 종류, 수량, 가액과 이에 대하여 부여할 주식의 종류와 수)에서 정하는 사항을 그 납입기일의 2주 전까지 주주에게 통지하거나 공고하여야 한다(상법418④). 이는 신주발행 및 제3자배정에 대해 주주가 중대한 이해관계를 가지므로 신주의 발행사항을 주주들에게도 알려주어야 한다. 그 이유는 제3자배정이 불공정한 경우 다른 주주들이 신주발행유지를 청구를 할 수 있는 기회를 주기 위함이고, 이 통지와 공고를 게을리 한 경우에는 주주의 신주발행유지청구권의 행사기회를 박탈한 것이므로 신주발행은 무효라고 보아야 한다.

2. 자본시장법

주권상장법인이 제165조의6 또는 상법 제418조 제2항의 방식으로 신주를 배정할 때 제 161조 제1항 제5호(대통령령으로 정하는 경우에 해당하는 자본 또는 부채의 변동에 관한 이사회 등의 결정이 있은 때)에 따라 금융위원회에 제출한 주요사항보고서가 금융위원회와 거래소에 그 납입 기일의 1주 전까지 공시된 경우에는 상법 제418조 제4항(제3자배정 신주발행시 주주에 대한 통고 및 공고에 관한 규정)을 적용하지 아니한다(법165의9).

Ⅴ. 의결권의 배제·제한 주식

1. 상법

의결권의 배제·제한에 관한 종류주식의 총수는 발행주식총수의 4분의 1을 초과하지 못한 다. 이 경우 의결권이 없거나 제한되는 종류주식이 발행주식총수의 4분의 1을 초과하여 발행된 경우에는 회사는 지체 없이 그 제한을 초과하지 아니하도록 하기 위하여 필요한 조치를 하여 야 한다(상법344의3②).

2. 자본시장법

(1) 한도 적용시 불산입 항목

상법 제344조의3 제1항에 따른 의결권이 없거나 제한되는 주식의 총수에 관한 한도를 적 용할 때 주권상장법인(주권을 신규로 상장하기 위하여 주권을 모집하거나 매출하는 법인을 포함)이 다음의 어느 하나에 해당하는 경우에 발행하는 의결권 없는 주식은 그 한도를 계산할 때 산입 하지 아니한다(법165의15①).

1. 대통령령으로 정하는 방법[64]에 따라 외국에서 주식을 발행하거나, 외국에서 발행한 주권 관련 사채권, 그 밖에 주식과 관련된 증권의 권리행사로 주식을 발행하는 경우
2. 국가기간산업 등 국민경제상 중요한 산업을 경영하는 법인 중 대통령령으로 정하는 기준 에 해당하는 법인[65]으로서 금융위원회가 의결권 없는 주식의 발행이 필요하다고 인정하는

---

[64] "대통령령으로 정하는 방법"이란 주권상장법인과 주식을 신규로 상장하기 위하여 주식을 모집 또는 매출 하는 법인이 금융위원회가 정하여 고시하는 바에 따라 해외증권을 의결권 없는 주식으로 발행하는 것을 말한다(영176의16①).

[65] "대통령령으로 정하는 기준에 해당하는 법인"이란 다음의 어느 하나에 해당하는 법인을 말한다(영176의16 ②).
   1. 정부(한국은행·한국산업은행 및 공공기관운영법에 따른 공공기관을 포함)가 주식 또는 지분의 15% 이 상을 소유하고 있는 법인

법인이 주식을 발행하는 경우

(2) 발행한도 확대

위 제1항 각 호의 어느 하나에 해당하는 의결권 없는 주식과 상법 제344조의3 제1항에 따른 의결권이 없거나 제한되는 주식을 합한 의결권 없는 주식의 총수는 발행주식총수의 2분의 1을 초과하여서는 아니 된다(법165의15②).

(3) 발행방법의 제한

의결권이 없거나 제한되는 주식 총수의 발행주식총수에 대한 비율이 4분의 1을 초과하는 주권상장법인은 발행주식총수의 2분의 1 이내에서 대통령령으로 정하는 방법에 따라 신주인수권의 행사, 준비금의 자본전입 또는 주식배당 등의 방법으로 의결권 없는 주식을 발행할 수 있다(법165의15③).[66]

Ⅵ. 주식매수선택권의 부여신고 등

1. 자본시장법상 특례규정의 취지

자본시장법 제165조의17(주식매수선택권의 부여신고 등)의 취지는 주권상장법인이 그 임직원에게 주식매수선택권을 부여한 경우 그 사실을 금융위원회와 거래소에 신고하여 공시하도록 하고, 사외이사의 선임·해임, 그 자발적 퇴임에 관한 내용도 신고하게 하고 있다. 이는 주식매수선택권의 부여사실, 사외이사의 선·해임 등에 관한 사실이 주주, 투자자 등 이해관계자에게 중요한 정보라는 점에서 이의 공시를 강제하여 투자자를 보호하고자 한 것이다.

2. 주식매수선택권 부여의 신고

상법 제340조의2 또는 제542조의3에 따른 주식매수선택권을 부여한 주권상장법인은 주주총회 또는 이사회에서 주식매수선택권을 부여하기로 결의한 경우 대통령령으로 정하는 방법에 따라 금융위원회와 거래소에 그 사실을 신고하여야 하며, 금융위원회와 거래소는 신고일부터 주식매수선택권의 존속기한까지 그 사실에 대한 기록을 갖추어 두고, 인터넷 홈페이지 등을 이용하여 그 사실을 공시하여야 한다(법165의17①). 이 경우 해당 주권상장법인은 그 신고서에 주

---

2. 다른 법률에 따라 주식취득 또는 지분참여가 제한되는 사업을 하고 있는 법인
66) 의결권 없는 주식을 발행하는 방법은 다음과 같다(영176의16③).
  1. 주주 또는 사채권자에 의한 신주인수권·전환권 등의 권리행사
  2. 준비금의 자본전입
  3. 주식배당
  4. 주식매수선택권의 행사

주총회 의사록 또는 이사회 의사록을 첨부하여야 한다(영176의18①).

3. 사외이사 의제와 신고

(1) 사외이사의 의제

「공기업의 경영구조개선 및 민영화에 관한 법률」, 금융회사지배구조법, 그 밖의 법률에 따라 선임된 주권상장법인의 비상임이사 또는 사외이사는 상법에 따른 요건 및 절차 등에 따라 선임된 사외이사로 본다(법165의17②).

(2) 사외이사의 선임·해임 등의 신고

주권상장법인은 사외이사를 선임 또는 해임하거나 사외이사가 임기만료 외의 사유로 퇴임한 경우에는 그 내용을 선임·해임 또는 퇴임한 날의 다음 날까지 금융위원회와 거래소에 신고하여야 한다(법165의17③). 이는 사외이사의 변동사실이 주권상장법인의 지배구조의 변화와 경영의사결정과 밀접한 관련을 갖는 중요정보임을 고려하여 신속하게 신고하도록 한 것이다.

제4절 사채관련 특례규정

Ⅰ. 사채의 발행 및 배정

1. 준용규정

주권상장법인이 다음의 사채("주권 관련 사채권")를 발행하는 경우에는 주식의 발행 및 배정 등에 관한 특례(신주인수권증서 발행 특례 제외)인 제165조의6 제1항·제2항·제4항 및 주주에 대한 통지 또는 공고의 특례규정인 제165조의9를 준용한다(법165의10①).

1. 전환형조건부증권(법165의11①, 주식으로 전환되는 조건이 붙은 사채로 한정)
2. 상법 제469조 제2항 제2호(교환사채·상환사채), 제513조(전환사채) 및 제516조의2(신주인수권부사채)에 따른 사채

2. 신주인수권부사채 발행의 특례

신주인수권부사채는 사채의 발행조건으로서 사채권자에게 신주인수권을 부여하는 사채이다. 사채는 사채대로 존속하여 만기에 상환되므로 일반사채와 다름이 없고, 다만 신주인수권이 부여되어 있다는 점만이 다르다. 신주인수권부사채에는 분리형과 결합형이 있다. 결합형은 신

주인수권이 같이 하나의 사채권에 표창된 것이고, 분리형은 사채권에는 사채권만을 표창하고 신주인수권은 별도의 증권(신주인수권증권)에 표창하여 양자를 분리하여 양도할 수 있다. 분리형인 경우에는 회사는 채권과 함께 신주인수권증권을 발행하여야 한다(상법516의5①). 그러나 주권상장법인이 신주인수권부사채를 발행할 때 사채권자가 신주인수권증권만을 양도할 수 있는 사채는 사모의 방법으로 발행할 수 없다(법165의10②). 따라서 주권상장법인은 분리형 신주인수권부사채를 공모의 방법으로 발행할 수 있다.

Ⅱ. 조건부자본증권의 발행

1. 의의

주권상장법인(은행법 제33조 제1항 제2호·제3호 또는 금융지주회사법 제15조의2 제1항 제2호·제3호에 따라 해당 사채를 발행할 수 있는 자는 제외)은 정관으로 정하는 바에 따라 이사회의 결의로 상법 제469조 제2항(교환사채·전환사채), 제513조(전환사채) 및 제516조의2(신주인수권부사채)에 따른 사채와 다른 종류의 사채로서 해당 사채의 발행 당시 객관적이고 합리적인 기준에 따라 미리 정하는 사유가 발생하는 경우 주식으로 전환(전환형 조건부자본증권)되거나 그 사채의 상환과 이자지급 의무가 감면된다는 조건이 붙은 사채(상각형 조건부자본증권), 그 밖에 대통령령으로 정하는 사채를 발행할 수 있다(법165의11①). 이를 조건부자본증권이라고 한다.

2. 전환형 조건부자본증권

(1) 의의

전환형 조건부자본증권이란 해당 사채의 발행 당시 객관적이고 합리적인 기준에 따라 미리 정하는 사유가 발생하는 경우 주식으로 전환되는 조건이 붙은 사채를 말한다(영176의12①).

(2) 정관의 규정

전환형 조건부자본증권을 발행하려는 주권상장법인은 정관에 다음 사항을 규정하여야 한다(영176의12①).

1. 전환형 조건부자본증권을 발행할 수 있다는 뜻
2. 전환형 조건부자본증권의 총액
3. 전환의 조건
4. 전환으로 인하여 발행할 주식의 종류와 내용
5. 주주에게 전환형 조건부자본증권의 인수권을 준다는 뜻과 인수권의 목적인 전환형 조건부

자본증권의 액

6. 주주 외의 자에게 전환형 조건부자본증권을 발행하는 것과 이에 대하여 발행할 전환형 조
건부자본증권의 액

전환사유 발생에 따른 전환형 조건부자본증권의 주식으로의 전환가격, 그 밖에 전환형 조
건부자본증권의 발행 및 유통 등에 관하여 필요한 세부사항은 금융위원회가 정하여 고시한다
(영176의12⑧).[67]

(3) 주식전환사유의 기초

전환형 조건부자본증권을 발행하는 경우 그 조건부자본증권의 주식 전환사유는 적정한 방
법에 의하여 산출 또는 관찰이 가능한 가격·지표·단위·지수로 표시되는 것이거나 금융산업
구조개선법 제10조 제1항에 따른 적기시정조치 등의 사건("사유등")으로서 다음 기준을 모두 충
족하는 것이어야 한다(영176의12②).

1. 발행인, 그 발행인의 주주 및 투자자 등 전환형 조건부자본증권의 발행과 관련하여 이해관
계를 가지는 자의 통상적인 노력으로 변동되거나 발생할 가능성이 현저히 낮은 사유등으로
서 금융위원회가 정하여 고시하는 요건[68]에 부합할 것

---

67) 증권발행공시규정 제5-25조(전환형 조건부자본증권의 전환가액 결정 등) ① 전환형 조건부자본증권을 발
행하는 경우 주식의 전환가격은 전환사유별로 다음의 방법에 따라 정하여야 한다. 다만 전환으로 인하여
발행할 주식이 증권시장에서 시가가 형성되어 있지 않은 종목의 주식인 경우에는 제5-18조 제3항을 준용
한다.
  1. 전환사유가 발행인의 재무건전성 악화 등 제2항 제1호에 따른 사유 등에 해당하는 경우: 전환사유가 발
생한 때에 다음의 방법에 따라 산정한 가격 중 가장 높은 가격
    가. 전환사유 발생일 전 제3거래일부터 제5거래일까지의 가중산술평균주가를 기준으로 제5-22조 제2
항에 따른 할인율을 적용하여 산정한 가격
    나. 발행인이 전환으로 인하여 발행할 주식수의 예측 등을 위하여 조건부자본증권의 발행시 정한 가격
    다. 전환으로 인하여 발행할 주식의 액면가액(무액면주식 제외)
  2. 전환사유가 발행인의 경영성과 또는 재무구조의 개선 등 제2항 제2호에 따른 사유 등에 해당하는 경우:
다음의 방법에 따라 산정한 가격 중 가장 높은 가격 이상일 것. 다만 전환 전에 주식배당 또는 시가변
동 등 주식가치 하락사유가 발생하거나 감자·주식병합 등 주식가치 상승 사유가 발생한 경우 제5-23
조 또는 제5-23조의2를 준용한다.
    가. 조건부자본증권의 발행을 위한 이사회의 결의일 전일부터 과거 1개월 가중산술평균주가, 1주일 가
중산술평균주가 및 결의일 전일의 가중산술평균주가를 산술평균한 가액
    나. 조건부자본증권의 발행을 위한 이사회의 결의일 전일의 가중산술평균주가
    다. 청약일 전 제3거래일의 가중산술평균주가
68) "금융위원회가 정하여 고시하는 요건"이란 다음의 어느 하나에 해당하는 경우를 말한다(증권발행공시규정
5-25②).
  1. 다음의 어느 하나에 해당하는 경우
    가. 조건부자본증권을 발행한 발행인이 금융산업구조개선법 제2조 제2호 또는 예금자보호법 제2조 제5
호에 따른 부실금융기관으로 지정된 경우
    나. 조건부자본증권을 발행한 발행인이 기업구조조정 촉진법 제4조에 따라 주채권은행으로부터 부실징
후기업에 해당한다는 사실을 통보받은 경우

2. 사유등이 금융위원회가 정하여 고시하는 기준과 방법에 따라 증권시장 등을 통하여 충분히 공시·공표될 수 있을 것

(4) 등록발행

주권상장법인이 전환형 조건부자본증권을 발행하는 경우 전자등록의 방법으로 발행하여야 한다(영176의12③).

(5) 사채청약서·사채원부 기재사항

전환형 조건부자본증권의 사채청약서 및 사채원부에는 다음 사항을 적어야 한다(영176의12④).

1. 조건부자본증권을 주식으로 전환할 수 있다는 뜻
2. 전환사유 및 전환의 조건
3. 전환으로 인하여 발행할 주식의 종류와 내용

(6) 효력발생

전환형 조건부자본증권의 주식전환은 전환사유가 발생한 날부터 제3영업일이 되는 날에 그 효력이 발생한다(영176의12⑤).

(7) 등기사항

주권상장법인이 전환형 조건부자본증권을 발행한 경우에는 상법 제476조에 따른 납입이 완료된 날부터 2주일 이내에 본점 소재지에서 다음 사항을 등기하여야 한다(영176의12⑥).

1. 전환형 조건부자본증권의 총액
2. 각 전환형 조건부자본증권의 금액
3. 각 전환형 조건부자본증권의 납입금액
4. 제4항 각 호에 따른 사항

(8) 준용규정

전환형 조건부자본증권의 발행에 관하여는 상법 제424조, 제424조의2 및 제429조부터 제432조까지를 준용하며, 전환형 조건부자본증권의 주식으로의 전환에 관하여는 같은 법 제339조, 제346조 제4항, 제348조 및 제350조 제2항·제3항을 준용한다(영176의12⑦).

(9) 실권주 발행철회의 예외

실권주 발행철회의 예외를 규정한 제165조의6 제2항을 준용하는 경우 "금융위가 정하여

---

2. 그 밖에 발행인의 경영성과 또는 재무구조의 개선 등 조건부자본증권을 발행할 당시 미리 정한 일정시점에서의 목표수준에 관한 사항이 달성되는 경우

고시하는 방법에 따라 산정한 가격"이란 주권 관련 사채권을 통한 주식의 취득가격을 다음 방법을 통해 산정한 것을 말한다(증권발행공시규정5-15의4).

1. 전환형 조건부자본증권 중 전환사유가 제5-25조 제2항 제1호에 해당하는 사채: 제5-25조 제1항 제1호에 따라 산정한 가격
2. 전환형 조건부자본증권 중 전환사유가 제5-25조 제2항 제2호에 해당하는 사채: 제5-25조 제1항 제2호에 따라 산정한 가격
3. 상법 제469조 제2항 제2호(교환사채·상환사채), 제513조(전환사채) 및 제516조의2(신주인수권부사채)에 따른 사채: 제5-22조에 따라 산정한 가격

3. 상각형 조건부자본증권

(1) 의의

상각형 조건부자본증권이란 해당 사채의 발행 당시 객관적이고 합리적인 기준에 따라 미리 정하는 사유가 발생하는 경우 그 사채의 상환과 이자지급 의무가 감면된다는 조건이 붙은 사채를 말한다(영176의13①).

(2) 정관의 규정

상각형(償却型) 조건부자본증권을 발행하려는 주권상장법인은 정관에 다음 사항을 규정하여야 한다(영176의13①).

1. 상각형 조건부자본증권을 발행할 수 있다는 뜻
2. 상각형 조건부자본증권의 총액
3. 사채의 상환과 이자지급 의무가 감면("채무재조정")되는 조건
4. 채무재조정으로 인하여 변경될 상각형 조건부자본증권의 내용

(3) 사채청약서·사채원부 기재사항

상각형 조건부자본증권의 사채청약서 및 사채원부에는 다음 사항을 적어야 한다(영176의13②).

1. 상각형 조건부자본증권에 대한 채무재조정이 발생할 수 있다는 뜻
2. 채무재조정 사유 및 채무재조정의 조건
3. 채무재조정으로 인하여 변경될 상각형 조건부자본증권의 내용

(4) 효력발생

상각형 조건부자본증권의 채무재조정은 채무재조정 사유가 발생한 날부터 제3영업일이

되는 날에 그 효력이 발생한다(영176의13③).

(5) 준용규정

상각형 조건부자본증권의 채무재조정 사유에 관하여는 제176조의12 제2항(전환경 조건부자
본증권의 주식전환사유의 기준)을 준용하며, 상각형 조건부자본증권의 발행에 관하여는 같은 조
제3항(전환형 조건부자본증권의 등록발행)을 준용한다(영176의13④).

제5절 배당관련 특례규정

Ⅰ. 이익배당

1. 상법상 중간배당

(1) 의의

상법은 중간배당만 규정하고 분기배당은 규정하고 있지 않다. 중간배당이란 사업연도 중
간에 직전결산기의 미처분이익을 재원으로 하여 실시하는 이익배당을 말한다. 이익배당의 재
원 마련을 위한 회사의 부담을 평준화하고 증권시장에의 자본유입을 활성화한다는 목적을 가
진 제도이다. 그러나 중간배당은 당해 사업연도의 손익이 확정되기 전에 회사재산을 사외유출
시키는 것이고, 이사회의 결의만으로 가능하므로 자본충실을 해칠 위험이 높다. 따라서 엄격한
요건 아래서 가능하며 중간배당에 관하여는 이사에게 무거운 책임을 지우고 있다.

(2) 중간배당의 요건

(가) 연 1회 결산기를 정한 회사

연1회의 결산기를 정한 회사는 영업연도중 1회에 한하여 이사회의 결의로 일정한 날을 정
하여 그날의 주주에 대하여 이익을 배당("중간배당")할 수 있음을 정관으로 정할 수 있다(상법
462의3①).

(나) 정관의 규정

중간배당은 정관에 규정이 있을 때에 한하여 할 수 있다(상법462의3①).

(다) 이사회 결의

중간배당은 이사회의 결의를 요한다. 중간배당 여부는 다른 요건이 충족되는 한 이사회의
재량으로 정한다. 이사회의 결의로 확정되고 추후 주주총회의 추인이 필요하지 않다.

(3) 중간배당의 재원과 제한

중간배당은 직전 결산기의 대차대조표상의 순자산액에서 다음 금액을 공제한 액을 한도로 한다(상법462의3②).

1. 직전 결산기의 자본금의 액
2. 직전 결산기까지 적립된 자본준비금과 이익준비금의 합계액
3. 직전 결산기의 정기총회에서 이익으로 배당하거나 또는 지급하기로 정한 금액
4. 중간배당에 따라 당해 결산기에 적립하여야 할 이익준비금

회사는 당해 결산기의 대차대조표상의 순자산액이 제462조(이익배당) 제1항 각호의 금액의 합계액에 미치지 못할 우려가 있는 때에는 중간배당을 하여서는 아니된다(상법462의3③).

(4) 이사의 책임

당해 결산기 대차대조표상의 순자산액이 제462조(이익배당) 제1항 각호의 금액의 합계액에 미치지 못함에도 불구하고 중간배당을 한 경우 이사는 회사에 대하여 연대하여 그 차액(배당액이 그 차액보다 적을 경우에는 배당액)을 배상할 책임이 있다. 다만 이사가 제3항의 우려가 없다고 판단함에 있어 주의를 게을리하지 아니하였음을 증명한 때에는 그러하지 아니하다(상법462의3④).

2. 자본시장법상 분기배당

(1) 취지

법 제165조의12는 주권상장법인의 주주를 보호하고 투자자에게 배당투자를 유도하며, 결산기에 자금지급이 집중되는 문제를 해소하고 이와 관련된 기업의 재무정책을 지원하기 위하여 분기별 이익배당을 허용하고 있다.

(2) 분기배당의 의의

연 1회의 결산기를 정한 주권상장법인은 정관으로 정하는 바에 따라 사업연도 중 그 사업연도 개시일부터 3월, 6월 및 9월 말일 당시의 주주에게 이사회 결의로써 금전으로 이익배당("분기배당")을 할 수 있다(법165의12①).

(3) 분기배당의 요건

(가) 결산기의 요건

분기배당을 하기 위해서는 연 1회의 결산기를 정한 회사에 한하여 할 수 있으며, 정관에 분기배당에 관한 규정이 있어야 한다. 분기배당은 결산기 중 3월, 6월 및 9월 말일 당시에 주주에게 하여야 한다(법165의12①).

(나) 이사회 결의

분기배당을 위한 이사회 결의는 중 3월, 6월 및 9월 말일부터 45일 이내에 하여야 한다(법 165의12②).

(다) 지급시기

분기배당금은 이사회 결의일부터 20일 이내에 지급하여야 한다(법165의12③ 본문). 다만 정관에서 그 지급시기를 따로 정한 경우에는 그에 따른다(법165의12③ 단서).

(4) 분기배당의 한도와 재원

(가) 한도

분기배당은 직전 결산기의 대차대조표상의 순자산액에서 다음 금액을 뺀 금액을 한도로한다(법165의12④).

1. 직전 결산기의 자본의 액
2. 직전 결산기까지 적립된 자본준비금과 이익준비금의 합계액
3. 직전 결산기의 정기총회에서 이익배당을 하기로 정한 금액
4. 분기배당에 따라 해당 결산기에 적립하여야 할 이익준비금의 합계액

(나) 재원

해당 결산기의 대차대조표상의 순자산액이 상법 제462조 제1항 각 호의 금액의 합계액에 미치지 못할 우려가 있으면 분기배당을 하여서는 아니 된다(법165의12⑤).

(5) 분기배당에 관한 이사의 책임

해당 결산기의 대차대조표상의 순자산액이 상법 제462조 제1항 각 호의 금액의 합계액에 미치지 못함에도 불구하고 분기배당을 한다는 이사회 결의에 찬성한 이사는 해당 법인에 대하여 연대하여 그 차액(분기배당액의 합계액이 그 차액보다 적을 경우에는 분기배당액의 합계액)을 배상할 책임이 있다(법165의12⑥ 본문). 다만 그 이사가 상당한 주의를 하였음에도 불구하고 제5항의 우려가 있다는 것을 알 수 없었음을 증명하면 배상할 책임이 없다(법165의12⑥ 단서).

(6) 상법의 준용

상법 제340조 제1항(주식의 등록질), 제344조 제1항(종류주식), 제350조 제3항[주식전환시기(같은 법 제423조 제1항, 제516조 제2항 및 제516조의9에서 준용하는 경우를 포함)], 제354조 제1항(주주명부의 폐쇄와 기준일), 제458조(이익준비금), 제464조(이익배당기준) 및 제625조 제3호(위법배당에 대한 처벌)의 적용에 관하여는 분기배당을 같은 법 제462조 제1항에 따른 이익의 배당으로보고, 같은 법 제350조 제3항의 적용에 관하여는 제1항의 말일을 영업연도 말로 보며, 상법 제635조 제1항 제22호의2의 적용에 관하여는 제3항의 기간을 상법 제464조의2 제1항(배당금지급

시기)의 기간으로 본다(법165의12⑦). 제6항에 따라 이사가 연대책임을 지는 경우에 관하여는 상법 제399조 제3항(이사회결의 찬성추정) 및 제400조(이사책임의 면제)를 준용하고, 제4항을 위반하여 분기배당을 한 경우에 관하여는 상법 제462조 제2항 및 제3항(위법배당금 반환청구)을 준용한다(법165의12⑧).

(7) 주주총회 보고

주권상장법인이 상법 제462조 제2항 단서에 따라 이사회의 결의로 이익배당을 정한 경우 이사는 배당액의 산정근거 등 대통령령으로 정하는 사항[69]을 주주총회에 보고하여야 한다(법 165의12⑨).

Ⅱ. 주식배당

1. 취지

법 제165조의13은 주식배당에 관한 상법의 규정(상법462의2①)에 대한 특례로서 주권상장법인은 주식배당을 이익배당총액에 상당하는 금액까지 할 수 있도록 하여 현금배당으로 인한 회사재산의 사외유출을 막는 등 기업의 재무관리를 지원하고 있다. 다만 주식배당을 하는 회사의 주식의 시가가 액면액에 미달하는 경우에는 상법의 규정을 적용하도록 하여 주주들에게 현금배당을 받을 수 있는 권리를 보장하고 있다.

2. 이익배당총액 범위 내의 주식배당

주권상장법인은 상법 제462조의2 제1항 단서에도 불구하고 이익배당총액에 상당하는 금액까지는 새로 발행하는 주식으로 이익배당을 할 수 있다(법165의13① 본문).

3. 이익배당총액의 2분의 1 내 주식배당

해당 주식의 시가가 액면액에 미치지 못하면 상법 제462조의2 제1항 단서에 따른다(법165의13① 단서).

4. 주식의 시가 산정방법

주식으로 배당을 하는 경우 그 주식의 시가는 주식배당을 결의한 주주총회일의 직전일부

---

69) "배당액의 산정근거 등 대통령령으로 정하는 사항"이란 다음 사항을 말한다(영176의14①).
  1. 배당액의 산정근거
  2. 직전 회계연도와 비교하여 당기순이익 대비 배당액의 비율이 현저히 변동한 경우 변동 내역 및 사유
  3. 그 밖에 이익배당에 관한 주주의 권익을 보호하기 위한 것으로서 금융위원회가 정하여 고시하는 사항

터 소급하여 그 주주총회일이 속하는 사업연도의 개시일까지 사이에 공표된 매일의 증권시장
에서 거래된 최종시세가격의 평균액과 그 주주총회일의 직전일의 증권시장에서 거래된 최종시
세가격 중 낮은 가액으로 한다(영176의14②).

Ⅲ. 공공적 법인의 배당

1. 이익배당

공공적 법인은 이익이나 이자를 배당할 때 정부에 지급할 배당금의 전부 또는 일부를 상
법 제464조에도 불구하고 대통령령으로 정하는 방법에 따라 해당 법인의 주주 중 다음의 어느
하나에 해당하는 자에게 지급할 수 있다(법165의14①).

1. 해당 주식을 발행한 법인의 우리사주조합원
2. 연간소득수준 및 소유재산규모 등을 고려하여 대통령령으로 정하는 기준에 해당하는 자[70]

공공적 법인은 법 제165조의14 제1항에 따른 이익이나 이자를 배당할 필요가 있는 경우에
는 같은 항 각 호의 어느 하나에 해당하는 자가 정부(한국은행, 한국산업은행, 그 밖에 공공기관의
운영에 관한 법률에 따른 공공기관 중 금융위원회가 지정하는 기관이 그 소유하는 공공적 법인의 발행주
식을 매각한 경우에는 그 기관을 포함)로부터 직접 매수하여 계속 소유하는 주식 수에 따라 배당
한다(영176의15①).

2. 준비금의 자본전입

공공적 법인은 준비금의 전부 또는 일부를 자본에 전입할 때에는 정부에 대하여 발행할
주식의 전부 또는 일부를 상법 제461조 제2항에도 불구하고 대통령령으로 정하는 기준 및 방
법에 따라 공공적 법인의 발행주식을 일정 기간 소유하는 주주에게 발행할 수 있다(법165의14
②).

공공적 법인은 법 제165조의14 제2항에 따른 주식의 발행이 필요한 경우에는 같은 조 제1
항 각 호의 어느 하나에 해당하는 자가 정부로부터 직접 매수하여 계속 소유하는 주식 수에 따
라 배정한다(영176의15③). 법 제165조의14 제2항에 따라 주식을 취득한 자는 금융위원회가 정
하여 고시하는 바에 따라 취득일부터 5년간 그 주식을 보유해야 한다(영176의15④).

---

70) "대통령령으로 정하는 기준에 해당하는 자"란 다음의 어느 하나에 해당하는 자를 말한다(영176의15②).
   1. 한국주택금융공사법 시행령 제2조 제1항에 따른 근로자
   2. 농어가 목돈마련저축에 관한 법률 시행령 제2조 제1항에 따른 농어민
   3. 연간소득금액이 720만원 이하인 자

제6절 주권상장법인의 재무관리기준

Ⅰ. 제정과 준수의무

금융위원회는 투자자를 보호하고 공정한 거래질서를 확립하기 위하여 다음 사항에 관하여 주권상장법인 재무관리기준을 정하여 고시하거나 그 밖에 필요한 권고를 할 수 있다. 다만 제9조 제15항 제3호 나목(＝주권과 관련된 증권예탁증권이 증권시장에 상장된 경우에는 그 주권을 발행한 법인)에 따른 법인에 대하여는 주권상장법인 재무관리기준을 다르게 정할 수 있다(법165의16①).

1. 유상증자의 요건에 관한 사항
1의2. 주권 관련 사채권의 발행에 관한 사항
2. 배당에 관한 사항
3. 대통령령으로 정하는 해외증권71)의 발행에 관한 사항
4. 그 밖에 건전한 재무관리에 필요한 것으로서 대통령령으로 정하는 사항72)

주권상장법인은 재무관리기준에 따라야 한다(법165의16②).

Ⅱ. 적용범위 및 용어의 정의

[증권발행공시규정]
제5-16조(적용범위 및 용어의 정의) ① 법 제165조의16 및 영 제176조의17에 따른 주권상장법인의 재무관리기준에 관한 사항은 이 절에서 정하는 바에 따른다.
② 이 절에서 "주주배정증자방식"이란 법 제165조의6 제1항 제1호에 따라 신주를 발행하는 증자방식을 말하며, "제3자배정증자방식"이란 법 제165조의6 제1항 제2호에 따라 신주를 발행하는 증자방식을 말한다.
③ 이 절에서 "일반공모증자방식"이란 법 제165조의6 제1항 제3호에 따른 증자방식을 말하며, "주주우선공모증자방식"이란 법 제165조의6 제4항 제3호에 따른 방식을 말한다.
④ 이 절에서 "거래일"이란 증권시장에서 증권을 매매거래하는 날을 말한다.

---

71) "대통령령으로 정하는 해외증권"이란 주권상장법인이 해외에서 발행하는 주권, 주권 관련 사채권, 이익참가부사채권, 증권예탁증권, 그 밖에 이와 비슷한 증권을 말한다(영176의17①).
72) "대통령령으로 정하는 사항"이란 다음 사항을 말한다(영176의17②).
  1. 이익참가부사채권의 발행에 관한 사항
  2. 결손금에 관한 사항
  3. 계산서류 및 재무에 관한 사항의 신고 및 공시방법에 관한 사항

Ⅲ. 유상증자의 요건에 관한 사항

증권발행공시규정은 유상증자의 요건에 관한 사항으로서 유상증자의 발행가격의 결정, 신주인수권증서의 발행, 발행가액 등의 공고 및 통지에 관하여 규정하고 있다.

1. 유상증자의 발행가액의 결정

[증권발행공시규정]
제5-18조(유상증자의 발행가액 결정) ① 주권상장법인이 일반공모증자방식 및 제3자배정증자방식으로 유상증자를 하는 경우 그 발행가액은 청약일전 과거 제3거래일부터 제5거래일까지의 가중산술평균주가를 기준주가로 하여 주권상장법인이 정하는 할인율을 적용하여 산정한다. 다만 일반공모증자방식의 경우에는 그 할인율을 30% 이내로 정하여야 하며, 제3자배정증자방식의 경우에는 그 할인율을 10% 이내로 정하여야 한다.
② 제1항 본문에 불구하고 제3자배정증자방식의 경우 신주 전체에 대하여 제2-2조 제2항 제1호 전단의 규정에 따른 조치 이행을 조건으로 하는 때에는 유상증자를 위한 이사회결의일(발행가액을 결정한 이사회결의가 이미 있는 경우에는 그 이사회결의일로 할 수 있다) 전일을 기산일로 하여 과거 1개월간의 가중산술평균주가, 1주일간의 가중산술평균주가 및 최근일 가중산술평균주가를 산술평균한 가격과 최근일 가중산술평균주가 중 낮은 가격을 기준주가로 하여 주권상장법인이 정하는 할인율을 적용하여 산정할 수 있다.
③ 삭제 <2009. 7. 6, 구 제5-18조③ 삭제>
③ 제1항 및 제2항에 따라 기준주가를 산정하는 경우 주권상장법인이 증권시장에서 시가가 형성되어 있지 않은 종목의 주식을 발행하고자 하는 경우에는 권리내용이 유사한 다른 주권상장법인의 주식의 시가(동 시가가 없는 경우에는 적용하지 아니한다) 및 시장상황 등을 고려하여 이를 산정한다.
④ 주권상장법인이 다음의 어느 하나에 해당하는 경우에는 제1항 단서에 따른 할인율을 적용하지 아니할 수 있다.
1. 금융위원회 위원장의 승인을 얻어 해외에서 주권 또는 주권과 관련된 증권예탁증권을 발행하거나 외자유치 등을 통한 기업구조조정(출자관계에 있는 회사의 구조조정을 포함한다)을 위하여 국내에서 주권을 발행하는 경우
2. 기업구조조정촉진을 위한 금융기관협약에 의한 기업개선작업을 추진중인 기업으로서 금융산업구조개선법 제11조 제6항 제1호의 규정에 의하여 같은 법 제2조 제1호의 금융기관이 대출금 등을 출자로 전환하기 위하여 주권을 발행하거나, 기업구조조정촉진법에 의하여 채권금융기관 공동관리 절차가 진행 중인 기업으로서 채권금융기관이 채권재조정의 일환으로 대출금 등을 출자로 전환하기 위하여 주권을 발행하는 경우
3. 금융산업구조개선법 제12조 및 제23조의8, 예금자보호법 제37조 및 제38조에 따라 정부,

한국정책금융공사법에 의하여 설립된 정책금융공사 또는 예금보험공사의 출자를 위하여 주권을 발행하는 경우

4. 금융기관이 공동(은행법 제8조의 규정에 의하여 은행업을 인가받은 자를 1 이상 포함하여야 한다)으로 경영정상화를 추진중인 기업이 경영정상화계획에서 정한 자에게 제3자배정증자방식으로 주권을 발행하는 경우

5. 채무자회생법에 의한 회생절차가 진행 중인 기업이 회생계획 등에 따라 주권을 발행하는 경우

6. 코넥스시장에 상장된 주권을 발행한 법인이 다음 각 목의 어느 하나에 해당하면서 제3자배정증자방식(대주주 및 그의 특수관계인을 대상으로 하는 경우는 제외)으로 주권을 발행하는 경우

　　가. 신주가 발행주식총수의 20% 미만이고, 그 발행에 관한 사항을 주주총회의 결의로 정하는 경우

　　나. 신주가 발행주식총수의 20% 이상이고, 그 발행에 관한 사항을 주주총회의 특별결의로 정하는 경우

⑤ 제1항에도 불구하고 코넥스시장에 상장된 주권을 발행한 법인이 수요예측(대표주관회사가 협회가 정하는 기준에 따라 법인이 발행하는 주식 공모가격에 대해 기관투자자 등을 대상으로 해당 법인이 발행하는 주식에 대한 매입희망 가격 및 물량을 파악하는 것을 말한다)을 통해 일반공모증자방식으로 유상증자를 하는 경우에는 제1항을 적용하지 아니한다.

2. 신주인수권증서의 발행·상장

[증권발행공시규정]

제5-19조(신주인수권증서의 발행·상장 등) ① 주권상장법인이 주주배정증자방식의 유상증자를 결의하는 때에는 법 제165조의6 제3항에 따른 신주인수권증서의 발행에 관한 사항을 정하여야 한다.

② 제1항의 주권상장법인은 해당 신주인수권증서를 증권시장에 상장하거나 자기 또는 타인의 계산으로 매매할 금융투자업자(주권상장법인과 계열회사의 관계에 있지 아니한 금융투자업자)를 정하여야 한다.

③ 영 제176조의8 제4항 각 호 외의 부분 후단 중 "신주인수권증서의 상장 및 유통의 방법 등에 관하여 필요한 세부사항"이란 금융투자업자가 회사 내부의 주문·체결 시스템을 통하여 신주인수권증서를 투자자 또는 다른 금융투자업자에게 매매하거나 중개·주선 또는 대리하는 것을 말한다. 이 경우 인터넷 홈페이지·유선·전자우편 등을 통하여 신주인수권증서를 매수할 투자자 또는 다른 금융투자업자를 탐색하는 것을 포함한다.

3. 발행가액등의 공고·통지

[증권발행공시규정]

제5-20조(발행가액등의 공고·통지) ① 주주우선공모증자방식에 따라 신주를 발행하고자 하는 주권상장법인이 그 유상증자를 결의하는 때에는 우선 청약할 수 있는 주주를 정하기 위한 주주확정일을 정하고 그 확정일 2주 전에 이를 공고하여야 한다.

② 주주배정증자방식 또는 주주우선공모증자방식으로 유상증자를 하는 주권상장법인은 발행가액이 확정되는 때에 그 발행가액을 지체없이 주주에게 통지하거나 정관에 정한 신문에 공고하여야 한다.

③ 신주를 발행하는 주권상장법인은 그 발행가액이 확정되는 때에 그 내용을 지체없이 공시하여야 한다.

Ⅳ. 기타 건전한 재무관리에 필요한 사항

1. 감사의견의 표시

[증권발행공시규정]

제5-17조(감사의견의 표시) ① 주권상장법인이 결산주주총회에 제출하는 영업보고서에는 회계감사인의 감사의견과 감사 결과 수정된 당기순이익(당기순손실) 수정총액 및 주요 수정내용 등 감사보고서 본문을 기재하여야 한다.

② 주권상장법인이 상법 제449조 제3항에 따라 대차대조표를 공고하는 때에는 외감법 제14조 제2항에 따라 병기하여야 하는 회계감사인의 명칭과 감사의견 이외에 회계감사인의 감사결과 수정된 당기순이익(당기순손실) 및 감사결과 수정된 수정후 전기이월이익잉여금(수정후 전기이월결손금)을 부기하여야 한다.

2. 전환사채의 발행제한 및 전환금지기간

[증권발행공시규정]

제5-21조(전환사채의 발행제한 및 전환금지기간) ① 주권상장법인은 다음의 기간 중에는 상법 제513조의2 제1항에 따라 주주에게 사채의 인수권을 부여하여 모집하거나 법 제165조의6 제1항 제3호의 방법으로 사채를 모집하는 방식(이하 이 절에서 "공모발행방식"이라 한다) 외의 방법으로 전환사채를 발행할 수 없다.

1. 금융회사의 지배구조법 제33조에 따른 소수주주가 해당 주권상장법인의 임원의 해임을 위하여 주주총회의 소집을 청구하거나 법원에 그 소집의 허가를 청구한 때에는 청구시부터 해당 임원의 해임 여부가 결정될 때까지의 기간

2. 소수주주가 법원에 해당 주권상장법인의 임원의 직무집행의 정지를 청구하거나 주주총회결의의 무효·취소 등의 소를 제기하는 등 해당 주권상장법인의 경영과 관련된 분쟁으로 소송이 진행중인 기간

3. 제1호 및 제2호에 준하는 해당 주권상장법인의 경영권분쟁사실이 신고·공시된 후 그 절차가 진행중인 기간

② 주권상장법인이 전환사채를 발행하는 경우에는 그 발행 후 1년이 경과한 후에 전환할 수 있는 조건으로 이를 발행하여야 한다. 다만 공모발행방식으로 발행하는 경우에는 그 발행 후 1월이 경과한 후에 전환할 수 있는 조건으로 이를 발행할 수 있다.

3. 전환사채의 전환가액 결정

[증권발행공시규정]
제5-22조(전환사채의 전환가액 결정) ① 주권상장법인이 전환사채를 발행하는 경우 그 전환가액은 전환사채 발행을 위한 이사회결의일 전일을 기산일로 하여 그 기산일부터 소급하여 산정한 다음 가액 중 높은 가액(법 제165조의6 제1항 제3호의 방법으로 사채를 모집하는 방식으로 발행하는 경우에는 낮은 가액) 이상으로 한다. 다만 전환에 따라 발행할 주식이 증권시장에서 시가가 형성되어 있지 않은 종목의 주식인 경우에는 제5-18조 제3항을 준용한다.

1. 1개월 가중산술평균주가, 1주일 가중산술평균주가 및 최근일 가중산술평균주가를 산술평균한 가액

2. 최근일 가중산술평균주가

3. 청약일전(청약일이 없는 경우에는 납입일) 제3거래일 가중산술평균주가

② 제1항에 불구하고 주권상장법인이 발행하는 전환사채가 다음의 어느 하나에 해당하는 경우에는 전환가액을 제1항 본문의 규정에 의하여 산정한 가액의 90% 이상으로 할 수 있다.

1. 2 이상의 신용평가회사가 평가한 해당 채권의 신용평가등급(해당 채권의 발행일부터 과거 3월 이내에 평가한 채권의 등급이 있는 경우 그 등급으로 갈음할 수 있다)이 투기등급(BB+ 이하)인 경우

2. 해당 사채를 자산유동화법에 따라 발행하는 유동화증권의 기초자산으로 하는 경우

③ 다음의 어느 하나에 해당하는 주권상장법인이 금융기관의 대출금 또는 사채를 상환하기 위하여 전환사채를 발행하는 경우에는 제1항 및 제2항의 규정을 적용하지 아니할 수 있다.

1. 기업구조조정 촉진을 위한 금융기관협약에 의하여 기업개선작업을 추진중인 기업

2. 금융기관이 공동(은행법 제8조의 규정에 의하여 은행업을 인가받은 자를 1 이상 포함하여야 한다)으로 경영정상화를 추진중인 기업이 경영정상화계획에서 정한 자를 대상으로 전환사채를 발행하는 경우 해당 기업

4. 전환가액의 하향조정

[증권발행공시규정]

제5-23조(전환가액의 하향조정) 주권상장법인이 전환가액을 하향하여 조정할 수 있는 전환사채를 발행하는 경우에는 다음 방법에 따라야 한다.

1. 전환사채의 발행을 위한 이사회에서 증자·주식배당 또는 시가변동 등 전환가액을 하향조정하고자 하는 각 사유별로 전환가액을 조정할 수 있다는 내용, 전환가액을 조정하는 기준이 되는 날("조정일") 및 구체적인 조정방법을 정하여야 한다.

2. 시가하락에 따른 전환가액의 조정시 조정 후 전환가액은 다음 각 목의 가액 이상으로 하여야 한다.

   가. 발행당시의 전환가액(조정일 전에 신주의 할인발행 등 또는 감자 등의 사유로 전환가액을 이미 하향 또는 상향 조정한 경우에는 이를 감안하여 산정한 가액)의 70%에 해당하는 가액. 다만 정관의 규정으로 조정 후 전환가액의 최저한도("최저조정가액"), 최저조정가액을 적용하여 발행할 수 있는 전환사채의 발행사유 및 금액을 구체적으로 정한 경우 또는 정관의 규정으로 전환가액의 조정에 관한 사항을 주주총회의 특별결의로 정하도록 하고 해당 전환사채 발행시 주주총회에서 최저조정가액 및 해당 사채의 금액을 구체적으로 정한 경우에는 정관 또는 주주총회에서 정한 최저조정가액

   나. 조정일 전일을 기산일로 하여 제5-22조 제1항 본문의 규정에 의하여 산정(제3호는 제외)한 가액

5. 전환가액의 상향조정

[증권발행공시규정]

제5-23조의2(전환가액의 상향조정) ① 주권상장법인이 전환사채를 발행하는 경우에는 감자·주식병합 등 주식가치 상승사유가 발생하는 경우 감자·주식병합 등으로 인한 조정비율만큼 상향하여 반영하는 조건으로 이를 발행하여야 한다. 단, 감자·주식병합 등을 위한 주주총회 결의일 전일을 기산일로 하여 제5-22조 제1항 본문의 규정에 의하여 산정(제3호는 제외)한 가액(이하 이 항에서 "산정가액")이 액면가액 미만이면서 기산일 전에 전환가액을 액면가액으로 이미 조정한 경우(전환가액을 액면가액 미만으로 조정할 수 있는 경우는 제외)에는 조정 후 전환가액은 산정가액을 기준으로 감자·주식병합 등으로 인한 조정비율만큼 상향조정한 가액 이상으로 할 수 있다.

② 제1항에도 불구하고 주권상장법인이 정관의 규정으로 전환가액의 조정에 관한 사항을 주주총회의 특별결의로 정하도록 하고 해당 전환사채 발행시 주주총회에서 최저조정가액 및 해당 사채의 금액을 구체적으로 정한 경우에는 최저조정가액 이상으로 상향하여 반영하는 조건으로 이를 발행할 수 있다.

③ 주권상장법인이 기업구조조정 촉진법에 의한 부실징후기업의 관리, 채무자회생법에 의한 회생절차 개시 등 관련 법령에 의해 전환사채를 발행하는 경우에는 제1항 및 제2항을 적용하지 아니할 수 있다.

6. 신주인수권부사채의 발행

[증권발행공시규정]

제5-24조(신주인수권부사채의 발행) ① 제5-21조, 제5-22조 제1항, 제5-23조 및 제5-23조의2의 규정은 신주인수권부사채의 발행에 관하여 이를 준용한다.

② 주권상장법인이 신주인수권부사채를 발행하는 경우 각 신주인수권부사채에 부여된 신주인수권의 행사로 인하여 발행할 주식의 발행가액의 합계액은 각 신주인수권부사채의 발행가액을 초과할 수 없다.

제7절 주권상장법인에 대한 조치

Ⅰ. 의의

자본시장법은 주권상장법인에 대한 특례를 규정하면서 자본시장법상 규정이나 또는 금융위원회의 명령에 위반하는 경우에 금융위원회가 이에 대한 정정명령, 해당법인의 임원해임 권고 등의 행정조치를 취할 수 있는 권한을 규정한다.

Ⅱ. 조치사유

금융위원회는 다음의 어느 하나에 해당하는 경우에는 주권상장법인에 대하여 이유를 제시한 후 그 사실을 공고하고 정정을 명할 수 있으며, 필요하면 그 법인의 주주총회에 대한 임원의 해임 권고, 일정 기간 증권의 발행제한, 그 밖에 대통령령으로 정하는 조치(영138(3)(4)(5))를 할 수 있다. 이 경우 그 조치에 필요한 절차 및 조치기준은 총리령으로 정한다(법165의18).

1. 제165조의3 제2항을 위반하여 자기주식을 취득한 경우
2. 제165조의3 제4항을 위반하여 자기주식을 취득(자기주식을 취득하기로 한 신탁업자와의 신탁계약의 체결 포함)하거나 처분(자기주식을 취득하기로 한 신탁업자와의 신탁계약의 해지 포함)한 경우

3. 제165조의4 제1항을 위반하여 같은 항 각 호의 어느 하나에 해당하는 행위를 한 경우

4. 제165조의4 제2항을 위반하여 외부평가기관으로부터 평가를 받지 아니한 경우

5. 제165조의5 제2항을 위반하여 주식매수청구기간이 종료하는 날부터 1개월 이내에 해당 주식을 매수하지 아니한 경우

6. 제165조의5 제4항을 위반하여 대통령령으로 정하는 기간 이내에 주식을 처분하지 아니한 경우

7. 제165조의5 제5항의 절차를 위반하여 통지 또는 공고를 하거나, 같은 항에 따른 통지 또는 공고를 하지 아니한 경우

8. 제165조의6 제2항을 위반하여 실권주의 발행을 철회하지 아니한 경우

9. 제165조의6 제3항을 위반하여 신주인수권증서를 발행하지 아니하거나 유통될 수 있도록 하지 아니한 경우

10. 제165조의6 제4항을 위반하여 불특정 다수인(해당 주권상장법인의 주식을 소유한 자 포함)에게 신주를 배정한 경우

11. 제165조의7을 위반하여 우리사주조합원에 대하여 주식의 배정을 한 경우

12. 제165조의8 제1항 단서를 위반하여 액면미달의 가액으로 주식을 발행한 경우

13. 제165조의8 제2항을 위반하여 최저발행가액을 정하지 아니하거나 같은 항 후단에 따른 방법에 따라 산정하지 아니한 경우

14. 제165조의8 제3항을 위반하여 주주총회의 결의일부터 1개월 이내에 주식을 발행하지 아니한 경우

15. 제165조의10을 위반하여 사채를 발행한 경우

16. 제165조의11을 위반하여 조건부자본증권 등을 발행한 경우

17. 제165조의12 제1항 및 제2항을 위반하여 이사회 결의를 거치지 아니하고 분기배당을 한 경우

18. 제165조의12 제3항을 위반하여 분기배당금을 지급하지 아니한 경우

19. 제165조의12 제5항을 위반하여 분기배당을 한 경우

20. 제165조의13 제1항을 위반하여 주식배당을 한 경우

21. 제165조의13 제2항을 위반하여 주식의 시가를 산정한 경우

22. 제165조의15 제2항을 위반하여 의결권이 없거나 제한되는 주식을 발행한 경우

23. 제165조의16 제2항을 위반하여 재무관리기준에 따르지 아니한 경우

24. 제165조의17 제1항을 위반하여 같은 항에 따른 방법에 따라 주식매수선택권 부여에 관한 신고를 하지 아니한 경우

25. 제165조의17 제3항을 위반하여 사외이사의 선임·해임 또는 퇴임 사실을 신고하지 아니한 경우

제8절 이사회 및 상근감사

I. 사외이사 및 상근감사에 관한 특례

코넥스시장에 상장된 주권을 발행한 법인에 대하여는 상장회사의 사외이사에 관한 상법 제542조의8(제1항 단서, 제4항 및 제5항은 제외) 및 상근감사에 관한 제542조의10을 적용하지 아니한다(법165의19, 영176의19).

II. 이사회의 성별 구성에 관한 특례

최근 사업연도말 현재 자산총액[금융업 또는 보험업을 영위하는 회사의 경우 자본총액(대차대조표상의 자산총액에서 부채총액을 뺀 금액) 또는 자본금 중 큰 금액]이 2조원 이상인 주권상장법인의 경우 이사회의 이사 전원을 특정 성(性)의 이사로 구성하지 아니하여야 한다(법165의20).

제
6
장
／

내부자거래

제1절 서 설

Ⅰ. 의의 및 입법취지

1. 의의

내부자거래에는 두 가지 유형이 있다. 하나는 합법적인 내부자거래이고, 다른 하나는 불법적인 내부자거래이다. 여기서 문제되는 것은 후자의 경우이다. 불법적인 내부자거래는 상장법인의 임원·직원 또는 주요주주 등의 내부자가 자신의 지위 또는 담당하는 업무상 취득한 미공개 중요정보를 이용하여 자기 회사의 주식을 거래하는 것을 말한다.

주식의 가격은 여러 가지 변수에 의해 움직이지만 기본적으로 기업의 미래에 대한 전망에 의해 결정된다고 할 수 있다. 따라서 장차 기업의 자산·수익에 영향을 미칠 사정이 생기고, 그것이 자본시장에 알려진다면 주가는 예민하게 반응한다. 내부자는 이러한 정보가 시장에 공시되기 이전에 주식을 매매함으로써 정보의 공개 이후에 전개될 주가의 상승 또는 하락으로 인한 이익을 취할 수 있다.[1]

2. 입법취지

내부자거래를 규제하는 규정을 둔 취지는 기업 내부의 정보에 접근하기 쉬운 내부자와 이

---

[1] 이상복(2010), 「내부자거래」, 박영사(2010. 11), 81-82쪽.

로부터 정보를 전달받은 자가 당해 정보가 중요한 미공개정보인 점을 이용하여 이를 알지 못한 자와 불평등한 상태에서 거래를 하게 되면 이러한 거래는 정당한 거래가 아니고, 이러한 거래를 제한하지 않으면 증권시장 전체를 불건전하게 할 수 있으므로 증권거래에 참가하는 투자자의 이익을 보호하고 일반투자자의 증권시장에 대한 신뢰를 보호하여 증권시장이 국민경제의 발전에 기여하기 위한 것이다.[2]

3. 내부자거래규제의 목적

자본시장은 효율적이어야 하며 증권의 가격이 기업의 가치를 정확하게 반영하는 것을 보장할 필요가 있다. 또 모든 투자자들은 시장에서 정보에 접근할 수 있는 동등한 자격을 가지고 증권거래를 할 수 있어야 한다. 즉 모든 사람은 시장에서 중요한 정보에 대한 동등한 접근가능성을 가져야 한다. 이와 관련하여 내부자거래를 규제하는 몇 가지 목적이 있다.[3]

ⅰ) 누군가가 내부자거래의 결과로 손해를 본다면, 관련 법률은 손해를 입은 사람에게 구제받을 수 있는 수단을 제공할 필요가 있다. 따라서 손해를 본 사람에 대한 보상은 내부자거래 규제체계를 만드는 데 있어 중요한 목적이 될 수 있다. ⅱ) 얼굴을 마주하지 않는 비대면적 증권거래에서 발생하는 내부자거래를 규제하는 목적은 내부자거래가 투자자로 하여금 증권시장 시스템의 정직성에 대한 신뢰를 상실하게 함으로써 시장에 상처를 준다는 가정으로부터 나온다. ⅲ) 내부자거래가 부정행위로 생각되는 한, 내부자거래를 한 자에 대한 형벌과 그들의 부당이득에 대한 반환은 규제시스템의 중요한 목적이 된다. ⅳ) 미공개 중요정보를 신속하게 공시하도록 하는 것은 내부자거래를 규제하는 시스템의 목적이다.

Ⅱ. 연혁

1. 개요

내부자거래는 시세조종과 더불어 불공정한 증권거래의 대표적인 유형으로 증권시장을 개설하고 있는 모든 국가에서 공통적으로 발생하는 불법행위이다. 따라서 내부자거래를 규제해야 한다는 명제는 각국의 공통과제이다. 그러나 국가마다 내부자거래규제의 체계를 국내사정에 따라 조금씩 달리 정하고 있다. 이는 내부자거래규제의 근거에 관한 입장이 서로 다르기 때문이다.

내부자거래규제의 문제는 모든 나라에서 법률가, 경제학자, 증권거래소, 정부당국, 언론

---

2) 대법원 1994. 4. 26. 선고 93도695 판결.
3) Dennis S. Karjala, "Statutory Regulation of Insider Trading in Impersonal Market", Duke Law Journal, Vol. 1982, No 4(1982), pp.629-630.

및 방송의 지속적인 관심의 대상이 되어 왔다. 일부 학자들은 내부자거래의 경제적 유용성에 대한 주장을 하고 있지만, 대부분의 국가의 경우 국민, 의회, 그리고 정부당국 간에 일치된 생각은 내부자거래가 불공정한 게임으로 증권시장에 대한 투자자의 신뢰를 손상시킨다는 것이다. 이에 따라 시장에서의 투자자를 보호하고 기업의 내부자들과 일반주주들 사이의 공평한 게임의 장을 유지할 목적으로 내부자거래를 규제하는 법률을 제정하게 되었으며, 각국의 감독당국은 불공정하게 주식을 거래함으로써 투자자의 신뢰와 증권시장의 정직성을 침해하는 자들에게 매우 엄격하게 규제를 하고 있다.

2. 입법례

(1) 미국

미국은 내부자거래규제에 관한 가장 오랜 전통을 가지고 있다. 1934년 증권거래법 제정 당시 제16조에서 주요주주 및 임원에 대하여 소유주식보고의무((a)항), 단기매매차익 반환의무 ((b)항), 공매도금지((c)항) 등의 규정을 통해 내부자거래를 규제하였다. 그러나 위 조항이나 보통법상의 사기행위로 준내부자나 정보수령자 등의 내부자거래를 규제할 수 없게 되자 1942년 SEC는 1934년 증권거래법 제10조 (b)항을 근거로 Rule 10b-5를 제정하여 미공개정보를 이용한 내부자거래에 대한 형사제재의 근거로 삼았다. 1970년대 후반 공개매수 사례가 증가하면서 공개매수 관련 정보를 이용한 내부자거래의 효과적인 규제를 위하여 1980년 SEC는 Rule 14e-3을 제정하였다.[4]

그 후 1980년대[5] 들어 M&A 등 증권시장이 발달하면서 내부자거래가 빈발하자 SEC는 내부자거래에 대한 효과적인 제재수단이 필요하다고 판단하여 의회에 입법요청을 하였고, 의회는 1984년 "내부자거래제재법"(The Insider Trading Sanctions Act of 1984: ITSA)을 제정하였다. 이 법률은 SEC가 내부자거래로 얻은 이익 또는 회피한 손실액의 3배 이내의 민사벌(civil penalty)의 부과를 연방법원에 청구할 수 있도록 하는 규정을 1934년 증권거래법 제21조(d)(2)(A)로 편입하였다. 그러나 위 ITSA 제정 이후에도 내부자거래가 근절되지 않고 지속적으로 증가함에 따라 의회는 1988년 "내부자거래 및 증권사기집행법"(The Insider Trading and Securities Fraud

---

4) 박임출(2003), 36쪽 이하 참조.

5) 1980년대 미국에서는 적대적 M&A 열풍이 불었다. 이 기업인수 대전쟁의 시기 동안 몇몇의 내부자거래 사건은 미국 사회에 큰 충격을 주었다. 내부자거래는 1980년대의 대표적인 화이트칼라 범죄로 자리매김되었다. 이반 보에스키(Ivan Boesky)와 데니스 리바인(Dennis Levine), 마이클 밀켄(Michael Milken) 및 마틴 지겔(Martin Siegel) 사건은 내부자거래의 규모면에서 경이적인 사건으로 기록되었다. 그러나 내부자거래는 1980년대에 끝나지 않았고, 1990년대에도 큰 이슈를 남아 있었다. 1993년에는 골드만삭스의 전 임원이 내부자거래로 얻은 이익 중 110만 달러를 부당이득으로 반환하는 사건이 일어났으며, 1997년 6월 미국 대법원은 오헤이건(O'Hagan) 사건을 판결하면서 부정유용이론의 타당성을 인정하였다. 대법원은 내부자거래를 통해 이득을 본 오헤이건 변호사에게 책임을 인정하지 않았던 항소심 판결을 뒤집었던 것이다.

Enforcement Act of 1988: ITSFEA)을 제정하였다. 이 법은 내부자거래를 한 자 및 감독자에 대하여 SEC가 민사벌을 부과하기 위한 소송을 연방법원에 제기할 수 있도록 하였고(제21A조(a)(1)), 동시기 거래자(contemporaneous trader)에 대하여 명시적인 손해배상청구권을 인정하고(제20A조), 형사벌칙을 강화하는 한편(제32조(a)), 내부자거래 제보에 대한 포상제도(제21A조(e)) 등을 신설하였다.

　　SEC Rule 10b-5는 증권의 매수 또는 매도에 관한 시세조종적 또는 사기적 행위를 금지하는 포괄규정이기 때문에 내부자거래의 정의를 여기서 찾아볼 수 없다. 1980년대 대규모 내부자거래 사건이 이어져 규제를 강화한 시기에 내부자거래를 정의하는 입법제안이 수회 이루어졌으나, 현재까지 정의규정은 마련되지 않았다. 다만 미국의 1934년 증권거래법 제21A조에서 민사벌 부과대상행위를 "누구든지 중요한 미공개정보를 보유하면서 증권을 매수 또는 매도하거나 그러한 정보를 전달하는 행위"로 규정함으로써 간접적으로 내부자거래를 정의하고 있다. 그러나 1934년 증권거래법은 내부자나 내부정보에 대한 어떤 규정도 두고 있지 않기 때문에 이러한 개념은 모두 판례를 통해 형성되고 있다.

　　(2) EU

　　1989년 11월 13일 EC 내부자거래지침(이하 "EC지침"이라 한다)[6]이 채택되기 이전에 EC 회원국의 내부자거래규제 상황은 매우 상이하였다. 영국이나 프랑스와 같이 내부자거래에 형사제재를 가하는 국가도 있었고, 독일이나 네덜란드와 같이 자율규제(voluntary codes of conduct)에 의존하거나, 이탈리아, 아일랜드 등과 같이 내부자거래에 대한 규제가 전혀 없는 국가도 있었다.

　　이에 따라 EC는 단일시장 창설을 위하여 회원국 사이의 상이한 법규정을 조화시켜야 한다는 EC 설립조약 제100a조에 의거하여 회원국 상호간의 오랜 협상을 통하여 1989년 내부자거래에 관한 지침을 채택하였다.[7]

　　내부자거래규제 법제를 EC 차원에서 효과적으로 조정하는 문제에 대하여 회원국들은 시세에 영향을 주는 내부정보를 이용하는 거래를 규제하여야 한다는 원칙에는 동의하였으나, 내부자거래를 구체적으로 어떻게 규제할 것인가에 관해서는 견해의 대립이 있었다. 그러나 미국과 비교하여 증권시장의 규모가 작은 EC 회원국들은 내부자거래의 규제를 확대함에 따라 나타날 수 있는 증권시장 기능의 위축을 우려하여 각 회원국의 입장을 적절하게 조화시키는 방식

---

　6)　내부자거래지침의 명칭은 Council Directive of 13 November 1989 coordinating regulation on insider trading(89/592/EEC)이다.

　7)　EC는 1977년 내부자거래규제에 관한 권고서를 채택하였고, 그 후 영국(1980년), 노르웨이(1985년), 스웨덴(1985년), 덴마크(1986년) 등이 내부자거래를 형사처벌하기 위한 법을 제정함에 따라 내부자거래규제의 조화를 위하여 이와 같은 지침을 제정하게 되었다.

으로 EC지침을 완성하였다.

이 EC지침은 전문과 15개 조문으로 구성되어 있으며, 각 회원국은 이 지침을 최소기준으로 하여(제6조) 1992년 6월 1일 이전에 국내법으로 수용할 것을 의무화하고 있다(제14조).

그 후 유럽의 증권시장이 통합되고 국경간 거래증가로 인해 시세조종의 기회가 증가함에 따라 시세조종의 금지까지 포괄하는 새로운 규제법제를 마련하자는 주장이 제기되었다. 이에 따라 EC지침은 시세조종을 포함한 모든 시장남용행위를 규제하는 2003년의 EU 시장남용지침(이하 "EU 지침"이라 한다)[8]으로 대체되었다.

(3) 영국

영국은 오래전부터 내부자거래규제의 필요성을 인정하였으나, 1980년에 이르러서야 제정법에 의한 규제를 시작하였다. 즉 1980년 회사법(Companies Act) 제68조와 제69조에서 내부자거래에 대하여 형사제재를 부과하는 방식을 도입하였다. 이는 불법행위로부터 투자자를 보호한다는 의지를 보임으로써 일반투자자의 신뢰를 증진시키고자 한 것이다.

그 후 내부자거래규제에 관하여 1985년 회사증권(내부자거래)법[Company Securities (Insider Trading) Act]이 제정되었다. 이 법은 1986년 금융서비스법(Financial Services Act)에 의해 개정되었으며 1989년 회사법(Companies Act)을 개정하여 내부자거래 금지규정을 위반한 자에 대한 형사제재를 2년 이하의 징역에서 7년 이하의 징역으로 대폭 강화하였다. 또한 EC지침을 수용하여 현재는 형사사법법(Criminal Justice Act of 1993) 제5장(내부자거래) 제52조 내지 제60조에서 내부자거래규제에 관한 내용을 정하고 있다.

그러나 영국의 증권규제 또는 보다 광범위한 금융서비스 부문의 규제는 2000년 금융서비스시장법(Financial Service and Market Act of 2000)에 의해 이루어지고 있다. 이 법은 내부자거래를 시장남용(market abuse) 행위로 간주하여 규제하는 새로운 방식을 도입하였다. 시장남용은 내부자거래나 시세조종을 포함하는 새로운 규제개념으로 이를 위반한 경우에는 과징금 부과나 피해를 위한 원상회복명령 등 형사제재 이외의 규제조치가 가능하다. 시장남용행위는 미국의 SEC Rule 10b-5에 필적하는 시장에서의 광범위한 불공정한 거래를 규제하기 위한 것으로서 정보의 부당이용행위가 대표적인 예이다.

(4) 독일

독일에서는 1994년 EC지침을 국내법으로 수용할 때까지 내부자거래를 제정법으로 규제하지 않았다. 즉 1970년 이후 자율규제에 의한 내부자거래규제가 이루어지고 있었으나, 이를 위반하더라도 형사제재는 없었고, 위반자에 대하여 내부자거래로 얻은 재산적 이익을 회사에 반

---

8) 지침의 명칭은 Directive 2003/6 EC of EUROPEAN PARLIAMENT AND OF THE COUNCIL of 28 January 2003 on insider trading and market manipulation(market abuse)이다.

환하도록 하였을 뿐이다.

EC지침 제12조에 따라 1992년 6월 1일 이전까지 EC지침을 국내법으로 수용하여야 하나 독일은 그 기한을 준수하지 못하였고, 1994년에 이르러 제2자 자본시장진흥법(Zweites Finanzmarktforderungsgesetz)에 의거 Wertpapierhandelsgesetz(이하 "WpHG"라 한다)을 제정하였는데, 이 법 제3장(내부자의 감시) 제12조 내지 제20조에서 내부자거래규제에 관한 규정을 마련하였다. WpHG는 그 이외에 증권거래감독청을 설치하고 적시공시제도를 도입하여 증권거래감독청에 의한 감시하에 내부자거래 금지와 기업내용공시제도를 통해 내부정보의 부정이용을 방지하는 체계를 마련하였다.

(5) 일본

일본의 내부자거래규제의 역사는 다른 나라에 비하여 상대적으로 일천하다. 1987년 다데호 화학공업(주) 사건을 계기로 내부자거래에 대한 규제를 강화해야 한다는 요청의 결과로 1988년 5월 31일 증권취인법의 일부를 개정하는 법률이 공포되어 제정법에 의한 금지 근거를 마련하였다.

그 후 일본도 금융환경의 변화에 대응하기 위하여 우리나라의 자본시장법과 비슷한 금융상품거래법을 제정하고 증권취인법을 폐지하였다. 금융상품거래법은 제6장에서 시세조종행위 등과 더불어 내부자거래를 규정하고 있다.

3. 자본시장법의 연혁

내부자거래규제 근거는 1962년 증권거래법 제정 당시에는 존재하지 않았다. 1976년 증권거래법 개정으로 내부자거래의 개연성이 높은 임직원 및 주요주주에 대하여 공매도를 금지하고(증권거래법188①) 단기매매차익 반환의무를 제도화하였다(증권거래법188②).

1980년대 접어들어 내부자거래의 규제 필요성이 증대함에 따라 1982년 증권거래법 개정으로 상장법인의 임직원 및 주요주주에 대하여 소유주식상황 보고의무를 부과하였으나, 내부자거래를 직접규제하는 제도는 아니었다. 진정한 의미의 내부자거래규제제도는 1987년 증권거래법 개정에서 시세조종 등 불공정거래 금지규정인 제105조에 미국식의 미공개정보 이용금지 조항을 신설하여 미공개정보를 이용한 내부자거래를 직접 금지하는 제도를 최초로 도입하였다.

1990년대 들어 내부자거래에 대한 본격적인 단속의 필요성과 규제를 강화하는 것이 세계적인 흐름이었다. 이에 따라 우리나라도 1991년 12월 증권거래법의 전면적인 개정으로 현재와 같은 내부자거래규제체계를 마련하였다. 그 주요 골자는 내부자거래규제 조문의 통합, 내부자의 범위와 내부정보의 범위 등의 구체화, 그리고 처벌의 강화 등 통일적인 규제체계의 완성이었다.

그 후 1997년 1월 증권거래법 개정에서는 내부자거래에 대한 형사제재 규정을 강화하여 징역형의 상한을 3년에서 10년으로 상향조정하고, 내부자거래규제 위반으로 얻은 이익 또는 회피한 손실액의 3배 이내의 벌금에 처할 수 있는 근거를 신설하였다. 1999년 2월 개정 증권거래법에서는 자기주식의 매수 또는 매도과정에서 미공개정보를 이용할 가능성이 있어 내부자의 범위에 당해 법인을 포함시켰다.

나아가 사회적 물의를 일으킨 대형사건들이 발생하자 2002년 1월 증권거래법 개정으로 증권선물위원회에 강제조사권을 부여하고, 2002년 2월 개정으로 얻은 이익이나 회피한 손실이 5억원 이상 50억원 미만인 때에는 3년 이상의 유기징역을, 그 이익 또는 회피한 손실액이 50억원 이상인 때에는 무기징역 또는 5년 이상의 유기징역에 처하고, 10년 이하의 자격정지도 병과할 수 있도록 형사벌칙을 대폭 강화하였다.

자본시장법은 증권거래법상의 내부자거래규제체계를 유지하면서 계열회사의 임직원 및 주요주주 등과 당해 법인과 계약체결을 교섭 중인 자도 내부자에 포함시키는 등 내부자의 범위를 확대하고 외부정보의 규제범위를 대량취득·처분정보까지 확대하는 등의 증권거래법의 문제점을 보완하였다.

제2절 규제의 근거

Ⅰ. 내부자거래규제 논쟁

1. 의의

내부자거래규제와 관련하여 내부자거래를 자본주의에서 절대 용납할 수 없는 것으로 보는 견해가 있으며, 이와 반대로 내부자거래는 아무 문제가 없으므로 장려되어야 한다는 견해도 있다. 다만 후자의 견해는 미국의 경우 많은 내부자거래 사건에 대한 투자자의 저항으로 현재 거의 찾아 볼 수 없게 되었다. 그러나 일부 경제학자들은 1966년 Manne 교수의 "Insider Trading and the Stock Market"이 출간된 이후 경제적인 의미에서 내부자거래의 관행은 이익을 가져다주기 때문에 규제되어서는 안 된다고 주장하였다. 그 후 내부자거래규제 논쟁은 Manne 교수의 입장 내지는 이것의 변형된 견해를 주장하는 사람들, 경제적인 효율성 차원에서 내부자거래의 허용을 주장하는 사람들, 그리고 공정성 이론에 입각하여 시장통합과 시장에서의 도덕성은 내부자거래 금지에 의해 달성될 수 있다고 주장하는 사람들 사이에 격렬하게 진행되었다.

2. 기업에 대한 영향과 찬반론

내부자거래규제에 대한 반대론자들의 주장은 다음과 같다.

ⅰ) 내부자거래는 경영자들에게 최선의 이익을 낼 수 있게 하는 인센티브를 제공하고, 또 경영진의 노력을 보상하기 위한 가장 효율적인 방법이라고 주장한다. 즉 내부자거래가 기업가 정신을 장려한다는 것이다. 내부자거래만이 소유와 경영의 분리로 발생하게 되는 기업의 관료주의를 극복할 수 있고, 기술혁신적인 행위를 촉진하며, 자유로이 내부자거래를 할 수 있도록 허용하는 것이 기업시스템의 생존을 위한 요소임을 강조하였다(인센티브 제공수단).9)

ⅱ) 규제반대론자들은 내부자거래를 규제하지 않는 것이 대리인 비용을 감소시킨다고 주장한다. 대리인 비용은 소유와 경영의 분리로 인해 대리인의 자기이익과 본인의 이익추구가 일치하지 않기 때문에 발생하게 된다. 또한 대리인 비용은 경영자의 보수 협상으로부터 발생한다. 이 견해는 만일 내부자거래가 없다면, 경영자의 보수에 관해 영원한 재협상이 요구된다고 믿는다. 따라서 내부자거래는 다른 어떠한 형식의 보수보다 가장 확실한 형태의 보수인 것이고, 경영자에게 더 많은 인센티브를 제공하는 것이라고 한다(대리인 비용의 감소).10)

ⅲ) 규제반대론자들은 경제학 이론인 코오스 정리를 들어 내부자거래규제를 반대한다. 코오스 정리는 거래비용과 불확실성이 없는 세상에서 당사자들은 개인간의 합의된 계약이 자신들의 최고의 가치 있는 효용에 자원을 배분한다는 이론이다. 이 이론에 의하면 당사자들은 가장 최고의 가치를 가지는 이용자에게 자원을 재배분할 것이기 때문에, 법률이 처음으로 재산권을 배분하는 점은 문제가 되지 않는다고 한다. 또한 정부의 간섭이 없는 개인간의 협상은 사적인 권리의 최선의 배분을 달성할 것이라고 한다(코오스 정리).11)

그러나 내부자거래규제 찬성론자들은 다음의 이유를 들어 규제반대론자들을 비판하고 있으며, 찬성론이 널리 수용되는 것이 세계적인 추세이다.

ⅰ) 내부자거래가 보수에 대한 가장 효율적이고 가장 정확한 보상수단임을 지적하는 경험적인 증거는 존재하지 않는다고 주장한다. 또한 주식을 매수하기 위한 경제적인 능력은 경영자의 보수를 제한한다고 주장한다. 따라서 보수는 기본적으로 정보의 가치 또는 정보에 대한 공헌의 가치에 달려 있는 것이 아니라, 오히려 재산에 달려 있는 것이므로 자신들의 보수 패키지를 결정할 수 있는 경영자의 능력은 제한된다고 한다.12) 나아가 보수는 자본시장의 구조, 기업에

9) Henry G. Manne, "Insider Trading and the Stock Market"(1966).
10) Dennis W. Carlton & Daniel Fischel, "The Regulation of Insider Trading", 35 Stan. L. Rev. 857(1983).
11) Frank H. Easterbrook & Daniel R. Fischel, "The Economic Structure of Corporate Law", Harvard University Press(1991), pp. 254-255.
12) Stephen Bainbridge, "The Insider Trading Prohibition: A Legal and Economic Enigma", 38 Fla. L. Rev.

특유한 위험수당 및 매 기간당 평균 판매금액과 같은 외부요인들에 달려 있는 것이라고 한다.

ⅱ) 규제찬성론자들은 내부자거래를 허용하는 것이 오히려 기회비용과 대리인 비용을 증가시킬 것이라고 주장한다. 이 견해에 의하면 이익충돌의 문제로 인하여 대리인 비용은 증가한다. 또한 경영자들은 내부자거래로 이익을 내기 위하여 노력하면서 시간을 보낼 것이기 때문에, 기회비용은 증가할 것이다. 경영자들은 소유와 경영의 분리로 인하여 더 기회주의적으로 행동할 수 있게 되었고, 따라서 이익충돌은 경영자들이 주주의 이익이 아니라 자신들의 이익을 위하여 활동할 때 일어나게 된다고 한다.[13]

ⅲ) 규제찬성론자들은 코오스 정리가 이 상황에 적용될 수 없다고 말한다. 즉 경영자들과 주주들 사이의 협상은 거래비용을 발생시키고, 정보는 외부자와 내부자에게 모두 동일한 가치를 가진다고 한다. 또한 규제찬성론자들은 기업과 주주들 사이의 협상 결과는 다른 기업과 주주가 아닌 자들에게 영향을 미칠 수 있다는 점을 지적하고 있다. 따라서 코오스 정리는 정보의 영향을 받는 당사자들이 형식상 당사자들이라는 것을 가정하기 때문에, 내부자거래규제에 코오스 정리를 적용하는 것은 문제가 있다고 한다.[14]

3. 정보의 효율성과 찬반론

(1) 개요

자본시장은 일반적으로 두 가지 기능을 수행한다고 알려져 있다. 첫째, 자본시장은 기업에게 자본을 제공하고 투자자에게는 주식을 제공한다. 둘째, 자본시장은 이익을 가장 많이 내는 방향으로 자본을 이동하게 한다. 여기서는 내부자거래가 자본시장에 미치는 영향과 관련하여 정보의 효율성과 내부자거래규제의 찬반론을 살펴보기로 한다.

정보의 효율성은 "증권과 증권가격을 평가하기 위하여 사용할 수 있는 정보의 이용"이라고 설명될 수 있다. 시장의 효율성에 관한 내부자거래의 영향을 이해하기 위하여 효율적 자본시장 가설(Efficient Capital Market Hypothesis: ECMH)로 불리는 기초적인 시장가설을 간단히 살펴보는 것이 필요하다. 효율적 자본시장 가설은 세 가지 범주로 분류된다. 이 세 개의 다른 범주들은 약형, 강형 및 준강형가설이다.

(2) 약형가설(Weak Form ECMH)

약형가설은 "가격은 시장가격의 역사적 패턴에 포함되어 있는 모든 정보를 완전히 반영하

35(1986).

13) Marleen A. O'Connor, "Toward a More Efficient Deterrence of Insider Trading: The Repeal of Section 16(b)", 58 Fordham L. Rev. 309, 318(1989).

14) Harold Demsetz, "Corporate Control, Insider Trading, and Rate of Return", 76 Am. Econ. Rev. 313(1986).

고 있다"고 가정한다. 따라서 어느 투자자도 가격에 대한 과거의 진행과정을 보고 장래가격을 예측할 수 없다. 약형가설에 따르면 가격은 랜덤 워크(random walk: 주가예측에 관한 랜덤워크설)를 따르게 된다. 따라서 과거의 가격을 연구하는 것으로부터는 어떤 이익도 발생하지 않게 된다. 내부자들은 과거의 패턴에 기초하지 않고 미공개중요정보에 기초하여 투자결정을 하기 때문에, 약형가설은 내부자거래 상황과는 관계가 없다.15)

(3) 강형가설(Strong Form ECMH)

강형가설은 "증권가격은 미공개정보와 공개정보를 모두 반영하고 있다"고 말한다. 미공개정보는 내부자들에게만 이용될 수 있는데 반하여, 공개된 정보는 공식적인 또는 비공식적인 공시를 통하여 투자자들이 일반적으로 이용할 수 있는 모든 정보이다. 강형가설이 적용된다고 가정하면, 정보는 이미 주가에 반영되어 있기 때문에, 투자자는 내부자거래로부터 어떤 이익도 얻지 못한다. 증권가격이 공개적으로 이용할 수 있는 정보와 비공개적으로 이용할 수 있는 정보를 반영하고 있다는 것이 증명된다면, 내부자거래로부터 이익을 내는 것은 불가능할 것이다.

그러나 강형가설 테스트의 결과에 따르면, 일반적으로 기업 내부자들은 정보상의 이점 때문에 이익을 내게 된다는 것을 보여주고 있다. 정보상의 이점은 뒤에서 설명할 것이다.

(4) 준강형가설(Semistrong Form ECMH)

준강형가설은 "증권가격은 오로지 공개적으로 이용할 수 있는 정보만을 반영한다"고 주장한다. 공개적으로 이용할 수 있는 정보는 이미 가격에 반영되어 있기 때문에, 공개적으로 이용할 수 있는 정보에 기초한 분석은 평균이상의 수익을 끌어 낼 수 없다. 투자자들은 미공개정보에 기초하여 거래를 할 때만 평균이상의 수익을 얻을 수 있다. 준강형가설은 미공개정보를 가지고 있는 투자자들은 증권의 사실적 가치를 더 잘 평가할 수 있다는 것을 함축하고 있다. 따라서 그들은 미공개정보에 기초하여 거래를 할 때 과도한 수익을 얻게 된다. 준강형가설은 현대의 자본시장에 적용될 수 있는 것으로서 가장 널리 받아들여지고 있다.16)

효율적인 자본시장에서는 중요한 정보의 공개적인 발표 또는 공시는 언제나 주가에 즉시 영향을 미칠 것이다. 준강형가설에 의하면 주가는 발행회사에 관한 내부정보 또는 특정한 기업매수가 장래에 있을 것이라는 예상하지 못한 가능성과 같은 공개적으로 이용할 수 없는 정보를 반영하지 않는다. 따라서 내부자들은 자신들의 정보에 기초한 투자로부터 이익을 낼 수 있다.

---

15) Lewis D. Solomon et al., "Corporations, law and policy, materials and problems", 901-915(3d ed. 1994).

16) Robert M. Daines & Jon D. Hanson, "The Corporate Law Paradox: The Case for Restructuring Corporate Law", 102 Yale L. J. 577, 610(1992).

(5) 정보의 효율성과 규제찬반론

내부자거래 규제반대론자의 주장에 의하면 내부자거래의 금지는 자본시장에서 정보의 생산과 전달에 부정적인 영향을 미친다. 이 주장은 내부자거래를 "정보를 교환하는 메커니즘"으로 설명한다. 내부자거래의 허용은 내부자들이 정보로부터 이익을 내는 첫 번째 사람이 되기 위하여 적극적인 정보를 생산하는 인센티브를 제공한다. 규제반대론자들에 의하면 내부자거래는 주가를 올바른 방향으로 조정하기 때문에 주가를 올바른 방향으로 움직이게 한다. 즉 시장의 효율성을 증대시키는 것이다.[17]

내부자거래 규제찬성론자의 주장에 의하면 정보의 전달에 대한 내부자거래의 직접적인 영향은 처음에는 그럴듯하게 보인다. 그러나 내부자들은 자신의 주문을 숨기는데, 이에 의하여 새로운 정보를 감춘다. 내부자들은 자신들이 소유한 정보로부터 이익을 내기 위하여 은밀하게 주문을 낸다. 내부자거래는 주가에 대한 어떤 신호결과를 가져오지 않는다. 또한 규제찬성론자들은 내부자거래는 정보의 효율성을 달성할 수 있다는 것에 의문을 제기한다. 이는 "파생적으로 정보에 근거한 거래 메커니즘"에 근거를 두고 있다. 즉 이 메커니즘은 시장가격은 2단계의 절차로 영향을 받는다는 사실을 설명한다. 첫째, 내부자들은 시장가격에 최소한으로 영향을 주는 미공개정보에 기초하여 거래를 시작한다. 둘째, 외부자들은 정보제공, 누설 또는 시장관찰을 통하여 정보에 대하여 알게 된다. 이에 따라 시장은 반응한다. 그러나 중요한 문제는 파생적으로 정보에 근거한 거래는 느리고 산발적으로 일어난다. 따라서 내부자거래는 증권시장의 효율성에 영향을 주지 않는다.[18]

Ⅱ. 이론적 근거

1. 의의

내부자거래를 허용하여야 한다는 일부의 견해에도 불구하고 내부자거래를 규제하여야 한다는 점에 대하여는 대체로 의견의 일치가 이루어지고 있고, 세계 각국에서도 내부자거래에 대한 규제를 강화하는 추세이다.

내부자거래를 규제해야 하는 근거에 대하여는 크게 두 가지 입장이 있다. 하나는 미시적인 관점에서 관계개념에 입각하여 회사 또는 주주에 대한 신인의무위반으로 보는 견해, 다른 하나는 거시적인 관점에서 시장개념에 입각하여 증권거래의 공정성에 대한 투자자의 신뢰훼손

---

17) Daniel R. Fischel, "Insider Trading and Investment Analysts: An Economic Analysis of Dirks v. Securities and Exchange Commission", 13 Hofstra L. Rev. 127, 133(1984).
18) William J. Carney, "Signalling and Causation in Insider Trading", 36 Cath. U. L. Rev. 863, 885-891(1987).

으로 보는 입장이다. 전자는 미국의 이론이고, 후자는 EU 회원국, 일본, 우리나라의 자본시장법이 취하고 있는 입장이다. 그런데 내부자거래의 규제에 대한 역사가 일천한 대부분의 국가에서는 미국의 내부자거래규제에 자극을 받거나 미국의 영향을 받아 증권관계법에 내부자거래를 금지하는 명시적인 규정을 두고 있을 뿐이고, 내부자거래규제에 대한 찬반론 내지 규제근거에 대한 논의가 활발하게 이루어지지 않고 있다. 따라서 내부자거래규제의 이론적 근거를 이해하기 위해서는 이에 관한 논의가 활발한 미국에서의 논의를 살펴볼 필요가 있다.

2. 내부자거래규제의 법리

(1) 1934년 증권거래법 제10조 (b)항 및 Rule 10b-5

연방 차원의 증권법 제정을 위하여 의회는 청문회를 통하여 내부자거래가 불법임을 인식하고 내부자거래를 금지하는 연방법의 채택문제를 논의하였으나, 내부자거래 금지와 관련한 입법적 조치를 취하지는 않았다. 다만 1934년 증권거래법은 제13조에서 발행인의 계속보고의무를 규정하고, 제16조에서는 주요주주 및 임원에 대하여 소유주식보고의무, 단기매매차익 반환의무 및 공매도금지를 규정함으로써 정보의 완전공시를 통한 미공개정보 이용의 기회를 방지하고자 하였다. 그러나 의회는 1934년 증권거래법의 규정만으로는 내부자거래를 효율적으로 규제할 수 없음을 인식하고 1942년 증권거래법에 제10조 (b)항을 신설하였고, 이에 근거하여 SEC는 Rule 10b-5를 제정하였다.

미국은 내부자거래를 금지하는 명시적인 규정도 없고, 1934년 증권거래법이나 SEC Rule도 내부자거래에 관한 정의규정을 두고 있지 않다. 그러나 1934년 증권거래법 제10조 (b)항과 이에 따른 SEC Rule 10b-5는 미공개중요정보에 근거한 증권거래를 금지하고 있는 것으로 해석되어 왔으며, 법원의 판례를 통하여 발달하여 왔다. 이 규정들의 포괄적인 의미로 인하여 법원과 SEC는 이 조항의 적용에 중요한 역할을 해오고 있으며, 이 규정은 내부자거래에 대한 포괄적인 조항으로 기능을 하고 있다. 제10조 (b)항 및 Rule 10b-5는 일반적으로 ⅰ) 중요한 사실에 대한 어떤 허위설명, 또는 ⅱ) 증권의 매수 또는 매도와 관련된 조작 또는 다른 사기행위나 속임수를 금지하고 있다. 또한 제10조 (b)항은 피고가 "사기적 의도"(scienter)를 가지고 행위할 것을 요구한다.[19]

(2) Rule 10b5-1과 Rule 10b5-2

Rule 10b5-1은 정보에 관한 비밀을 지킬 의무를 위반하여 "증권 또는 발행회사에 관한 중요한 미공개정보에 기초하여" 증권을 거래하는 것은 불법임을 규정하고 있다. Rule 10b5-1은 내부자거래를 하는 시기에 내부자의 단순한 정보소유의 인식보다는 미공개중요정보에 대한 인

---

19) Ernst & Ernst v. Hochfelder, 425 U.S. 185(1976).

식에 근거한 일반원칙을 따르고 있다. 즉 미공개중요정보에 대한 인식은 정보이용을 가져오고, 따라서 이는 내부자거래 성립의 근거가 된다고 본 것이다. 그러나 일반적인 원칙에 의한 내부자거래가 성립한다고 추정되더라도 내부자는 거래가 내부정보에 기초하여 거래를 하였다는 추정을 번복할 수 있는 세 가지 안전항(safe harbor)의 입증을 통해 내부자거래의 책임을 면할 수 있다. 이 세 가지 예외는 거래자의 다음과 같은 상황을 포함한다. ⅰ) 거래자가 정해진 증권의 양을 매수 또는 매도하기 위한 구속력이 있는 계약을 체결하면서 그때 중요한 미공개정보를 알게 된 상황, ⅱ) 자신의 브로커에게 특정한 거래를 실행하기 위한 지시를 하면서 그때 중요한 미공개정보를 알게 된 상황, 또는 ⅲ 회사의 증권을 매수하거나 또는 매도하기 위한 문서화된 플랜을 준수하는 상황이다.

부정유용이론에 의하여 내부자의 범위를 확정하기 위하여는 어떠한 관계가 있어야 신인의무가 발생하는가를 명확히 할 필요가 있다. 따라서 SEC는 Rule 10b5-2를 제정하여 신인의무가 발생하는 상황을 예시하였다. 즉 SEC는 Rule 10b5-2의 제정을 통해 부정유용이론을 확대하여 가족 및 개인관계에 신인의무를 부과하였다.[20] Rule 10b5-2는 신인의무가 존재하는 세 가지 상황을 확인하고 있다. ⅰ) 당사자가 비밀을 유지하기로 합의한 때에는 언제나 신인의무가 발생하고, ⅱ) 정보수령자는 미공개중요정보에 대한 비밀을 유지하리라는 것을 정복제공자가 기대하고 있음을 알고 있거나 합리적으로 알 수 있는 정보공유의 역사, 친족관계의 유형 또는 관행이 존재하는 경우에는 신인인무를 인식하여야 하고, ⅲ) 배우자 사이, 부모와 자식 사이 및 형제자매 사이에 미공개중요정보를 수령한 자는 신인의무를 부담한다. 다만 정보의 비밀유지에 대한 정보제공자의 합리적인 기대가능성이 없음을 입증한 경우에는 그러하지 아니하다. 이 Rule 10b5-2는 Rule 10b-5를 집행하는 경우에만 적용된다. 이에 따라 부정유용이론에 의한 내부자의 범위를 명확해졌다.

3. 미국 연방법원의 규제이론

(1) 정보소유이론

(가) 의의

정보소유이론(possession theory)은 거래당사자 사이의 정보의 평등을 강조하기 때문에 정보평등이론(equal access or parity of information theory)이라고도 불린다. 이는 증권거래에 영향을 미치는 중요한 회사정보에 대하여 모든 투자자가 공평하게 접근하고 평등하게 알 수 있어야 한다는 점을 전제로 한다. 정보소유이론은 누구든지 중요한 미공개정보를 보유하면 이를 거래상대방에게 공시하여야 하며, 공시하지 않거나 공시할 수 없는 경우에는 그 정보를 알지 못

---

20) SEC Release No. 34-43154.

하는 상대방과 당해 증권을 거래해서는 안 된다는 이론이다. 만일 내부정보를 보유한 자가 내부정보를 공시하지 않고 거래하면 사기행위에 해당되어 SEC Rule 10b-5 위반이 된다. 따라서 중요한 미공개정보를 소유한 자는 이를 공시하거나 공시할 수 없으면 그 정보를 이용한 증권의 거래를 단념해야 한다는 소위「공시 또는 거래단념의 원칙(disclosure or abstain rule)」이 적용된다.[21]

정보소유이론은 1961년 SEC의 Cady, Roberts 사건의 심결에서 채택되어 연방 제2항소법원의 Texas Gulf Sulphur 사건의 판결을 통하여 그 법리가 확립되었다. 그러나 규제의 범위가 너무 광범위하여 증권거래의 자유를 제한한다는 비판을 받았고, 1980년 Chiarella 사건에서 연방대법원이 내부자거래 책임근거로서의 정보소유이론을 배척한 이후 사실상 폐기되었다.

(나) 주요 판례

① Cady, Roberts & Co.

1934년 증권거래법 제10조 (b)항의 의미를 발전시킨 중요한 조치는 공개시장에서의 내부자거래에 대한 SEC의 최초 결정인 In re Cady, Roberts & Co 사건에서 발견될 수 있다. SEC에 의하면 기업의 내부자들은 자신들에게 알려진 모든 중요한 정보를 공시하거나 또는 거래를 단념하여야 한다. SEC는 중요한 내부정보를 공시할 적극적인 의무가 있는 사람들에게 Rule 10b-5의 적용범위를 확대하였다.

이 사건에서 SEC는 내부자의 범위를 회사 외부자로 확대하면서 내부자거래의 책임을 부과하기 위한 두 가지 기준을 제시하였다. ⅰ) 개인의 이익이 아니라 회사의 목적을 위하여 이용되어야 할 정보에 직·간접적으로 접근할 수 있는 관계가 존재하고, ⅱ) 거래의 일방당사자는 상대방이 그 정보를 알지 못하는 사실을 알면서 그 정보를 이용하는 데에서 비롯되는 내재적인 불공정성을 기준으로 이에 해당하는 자가 내부자가 된다. 즉 내부자는 회사와 특별한 관계를 가지고 타인이 이용할 수 있는 회사정보에 직·간접적으로 접근할 수 있는 자이다.[22]

② SEC v. Texas Gulf Sulphur Co.

이 사건에서 법원은 위의 Cady, Roberts & Co 사건의 내용을 인용하였지만, 이 판결에서 정보에의 접근가능성을 주는 관계요건과 본질적인 불공정성이 거래에서 나타나야 한다는 요건은 필요하지 않다고 하였다. 법원은 Rule 10b-5에 근거해 내부자 또는 엄격하게 내부자가 아

---

21) 박임출(2003), 16쪽.

22) In re Cady, Roberts & Co. 40 SEC. 907(1961). 이 사건은 전형적인 내부자인 회사의 이사가 관련된 사건이다. Curtiss-Wright사의 이사회는 이익배당 삭감을 결의하였다. 이 결의에 참석하여 이익배당 삭감 결정이라는 내부정보를 알게 된 이사 Cowdin(다른 증권회사의 임원을 겸직하고 있었음)은 이사회 중 몰래 자신이 겸직 근무를 하고 있는 증권회사의 파트너인 Gintel에게 전화로 이 정보를 알렸다. 그 후 Gintel은 수령한 정보가 공시되기 이전에 주식을 매도하였다. 이익배당 삭감이라는 정보 공시 후 주가는 40달러에서 36달러로 하락하였다.

니지만 내부정보를 소유하고 있는 사람들은 거래를 해서는 안 된다고 판결하였다. 이 사건에서의 접근방식의 특징은 불공정한 거래상의 이익을 준다고 널리 인식되는 거의 모든 정보상의 불균형을 이용하는 것에 대한 단순한 원칙을 지지하고 있다는 것이다. 따라서 Rule 10b-5는 정보수령자, 금융인쇄업자(financial printers) 및 발행회사의 임원들에게 적용되었다. 또한 부정행위의 본질은 다른 거래자들 이상의 정보상의 유리한 지위를 이용하는 것에 있기 때문에, 그들은 정보가 기업의 외부로부터 나온다면 책임이 있다고 보았다.[23]

이 사건에서 제2항소법원은 내부자와 공모한 사실이 없는 정보수령자도 SEC Rule 10b-5의 적용을 받는 내부자에 해당한다고 판시하였다. 즉 중요한 미공개정보를 소유한 자는 누구든지 그 정보를 이용하여 이익을 얻은 때에는 내부자에 해당한다고 보았다.

(2) 신인의무이론
(가) 의의

내부정보를 공시할 의무의 근거를 거래상대방에 대한 신인의무(fiduciary duty)에서 찾는 견해이다. 연방대법원은 Chiarella 사건에서 이 이론을 적용하였으며, Dirks 사건 등에서 이를 재확인하였다. 신인의무이론(fiduciary duty theory)은 단순히 상대방이 소유하지 못한 정보를 소유하고 있다는 점에서가 아니라 정보를 소유하지 못한 상대방과 사이에 신인관계가 존재한다는 점에서 공시의무를 근거를 찾는다. 즉 정보의 소유자가 거래상대방과 신인관계에 있는 경우에만 공시의무를 부담한다는 입장을 견지함으로써 내부자거래의 책임범위를 제한하였다.[24]

신인의무이론에 의하면 ⅰ) 회사내부자라고 할 수 있는 이사·임원과 지배주주는 주주와 신인관계가 있으므로 전통적인 내부자에 속한다. 이러한 회사내부자는 내부정보에 접근이 용이한 수임자이므로 정보가 공시되지 않는 동안 이를 이용해서는 안 되는 신인의무를 부담한다. ⅱ) 준내부자인 증권회사, 변호사, 회계사와 같은 외부자도 신인의무가 있다. 이들은 단순히 공개되지 아니한 내부정보를 알게 되었기 때문에 신인의무를 부담하는 것이 아니라 회사 업무와 관련하여 특수한 신뢰관계를 갖고 있으며, 회사의 목적을 위해서만 내부정보에 접근이 허용되

---

23) SEC v. Texas Gulf Sulphur Co., 401 F.2d. 833, 859(2d Cir. 1968). 이 사건은 전형적인 내부자인 Texas Gulf Sulphur(이하 "TGS")사의 임직원들과 이들로부터 정보를 수령한 정보수령자에게 책임을 물은 사건이다. TGS사는 광물채굴업을 목적으로 하는 회사로서 구리 등이 저장된 광맥을 발견하였다. 그러나 그 사실을 공시하지 않은 채 임직원들은 회사의 주식을 매수하고, 그 정보를 타인에게 전달하여 정보수령자로 하여금 동사의 주식을 매수하게 하였다. 그 후 광물을 채굴하기 시작한 후 상당한 기간이 경과한 후에 광맥발견 사실을 공시하였다. 광맥발견 후 공시시점 사이의 기간 동안 주가는 17달러에서 44달러로 상승하였고, 임직원 등은 이득을 보았다.

이 사건은 미공개중요정보를 이용한 내부자거래가 1934년 증권거래법 제10조 (b)항과 이에 근거한 SEC Rule 10b-5 위반이라는 사실을 인정한 대표적인 판결임과 동시에 정보소유이론을 확립한 사건으로 알려져 있다. 또한 SEC가 내부자거래를 통해 얻은 이익을 주주 및 회사에 반환할 것을 강제하여 주식거래에 관한 손해배상청구소송이 가능하게 한 최초의 주요 사건으로 알려져 있다.

24) 박임출(2003), 18쪽.

기 때문에 신인의무를 부담한다.

따라서 신인의무이론에 의하면 미공개정보를 소유하고 있더라도 부정한 방법이 아닌 자기 자신의 노력으로 얻은 정보나 우연히 알게 된 정보를 기초로 증권거래를 하였다면 SEC Rule 10b-5 위반에 해당하지 않는다. 또한 거래당사자 사이에 신인관계를 전제하고 있기 때문에 주 주와 신인관계가 없는 회사외부자는 설사 내부정보를 알고 거래하더라고 책임이 없게 된다.

(나) 주요 판례

① Chiarella v. United States

대법원이 다룬 첫 번째 내부자거래 사건인 이 판결은 위의 두 사건의 접근이론인 정보소 유이론을 배척하였다. 진행 중인 기업매수에 관한 정보에 기초하여 거래를 한 인쇄회사의 직원 인 Chiarella에 대한 제1심[25]과 제2심[26]의 유죄판결을 파기하였다. 비록 법원이 Cady, Roberts & Co. 사건에서 설명된 의무를 인정하였지만, 그것은 이 사건과는 달리 기업의 내부자 이외의 외부자에게 이 의무를 확대하는 것을 배척하였다. 이 사건에서 법원의 다수의견은 내부자거래 를 규제하기 위한 근거로서 신인의무를 소개하였다. 신인의무 아래서 Rule 10b-5는 내부자가 거래에 관한 당사자들 사이의 관계에 기초하여 공시의무를 가질 때 미공개정보에 기초한 거래 를 금지한다는 것이다. 신인의무이론은 신인관계가 있는 경우에만 공시할 의무를 요구하는 보 통법상의 사기의 요건에 내부자거래법을 따르게 한 결과의 산물이다.[27]

이 판결은 대리인, 수임자, 기타 회사와 신뢰관계를 맺은 사람들을 내부자에 포함시키고 있다. 그리고 변호사, 회계사, 증권회사 등과 같이 회사를 위하여 업무를 수행하는 자들도 내부 정보에 적법하게 접근할 수 있는 경우에는 내부자로 취급한다.

---

25) 연방지방법원: 미공개중요정보를 소유한 피고인은 주식거래를 하기 이전에 모든 사람에게 그 정보를 공시 할 의무가 있다고 하여 정보평등이론을 적용하여 유죄판결을 선고하였다.

26) 연방고등법원: 미공개중요정보를 알게 된 자가 그 정보를 공시하지 않고 정보를 이용한다면, 그 자는 불공 정한 이익을 얻게 되므로 그 정보를 공시하기 전에는 주식거래를 할 수 없다고 하여 정보평등이론을 적용 하여 유죄판결을 선고하였다.

27) Chiarella v. United States, 445 U.S. 222(1980). Chiarella는 금융 관련서류를 인쇄하는 회사인 Pandick사에 서 직원으로 근무하는 자였다. 그가 맡은 인쇄원고 중에는 5건의 공개매수 관련서류가 포함되어 있었다. 그 가 이 서류를 받았을 때 공개매수 대상회사의 명칭은 공란 또는 가명으로 되어 있었다. 그러나 그는 여러 정보를 고려하여 대상회사의 이름을 알게 되었다. 그 후 그는 공개매수 사실이 공시되기 전에 대상회사의 주식을 매수하였고 공개매수 공시 후에 그 주식을 매각하여 14개월 사이에 약 3만 달러의 이익을 남겼다. 이 사건에서의 주요 쟁점은 1934년 증권거래법 제10조 (b)항과 SEC Rule 10b-5가 미공개중요정보에 대한 외부자의 단순한 소유에 대하여 「공시 또는 거래단념의 원칙」을 적용할 수 있는가였다. 그런데 공시의무 를 인정하려면 거래 당사자 사이에 신인관계가 있어야 한다. 이에 의하면 Chiarella는 대상회사의 내부자 이거나 또는 대상회사와의 사이에 신인관계를 갖고 있지 않으며, 또한 대상회사 주주들과의 사이에서도 신인관계를 갖지 않는다. 따라서 그는 대상회사와 그 회사 주주에 대하여 신인관계를 갖지 않은 외부자에 불과하기 때문에 「공시 또는 거래단념의 원칙」이 적용되지 않으므로 1934년 증권거래법 제10조 (b)항 및 Rule 10b-5를 위반한 것이 아니라고 판시하였다. 이 판결은 신인의무를 갖는 내부자에게만 공시의무를 인 정함으로써 내부자거래의 규제법리를 확립하였다는 점에 의미가 있다.

② Dirks v. United States

이 사건에서 대법원은 Chiarella 사건에서의 이론을 반복하였다. 또한 정보수령자에게 까지 책임을 확대하였다. 따라서 1934년 증권거래법 제10조 (b)항 및 Rule 10b-5상의 책임이 기업 외부에 있는 외부자에게까지 적용되게 되었다. 그러나 일시적 내부자인 외부자가 책임을 지기 위해서는 기업의 영업행위의 면에서 특별한 신뢰관계를 맺어야 하고, 오직 기업의 목적을 위하여서만 정보에 접근할 수 있어야 한다고 판시하였다. 이 책임은 기업의 외부자인 고문, 변호사 및 기타 관계자들에게 적용되며, 이들은 주주들에 대한 신뢰관계를 위반한 경우에만 책임을 지게 되는 것이다.[28]

(3) 부정유용이론

(가) 의의

위 Chiarella 사건과 Dirks 사건에 대한 연방대법원의 판결은 내부자거래를 규제하기 위한 전제로 발행회사나 그 주주에 대한 신인관계의 존재를 요구하고 있다. 그러나 이러한 신인관계의 요구는 회사의 내부자나 준내부자 이외의 자에 대한 거래를 규제하는데 있어서 장애가 된다. 신인의무이론의 이러한 난점을 해결하기 위하여 대안으로 제시된 이론이 부정유용이론(misappropriation theory)이다.

부정유용이론은 주로 회사의 외부자에 의한 거래에 적용하기 위한 것으로 SEC Rule 10b-5를 적용하는 근거를 거래상대방에 대한 사기에서 찾는 것이 아니라 미공개정보에 대한

---

28) Dirks v. United States, 463 U.S. 646(1983). 이 사건은 Chiarella사건이 확립한 신인의무이론을 분명히 한 데 의미가 있다. Dirks는 뉴욕소재 증권회사의 임원으로서 보험회사 주식에 대한 증권분석가였다. 그는 생명보험사인 Equity Funding of America(이하 "EFA")의 전직 임원인 Secrist로부터 EFA의 사기행위를 밝혀 일반에 알려달라는 부탁을 받았다. 그는 개인적으로 EFA의 직원들로부터 사기행위를 확인하였고, 자신은 EFA의 주식을 취급하지는 않았지만 다른 고객 등과 이 정보에 관한 정보를 교환하게 되었다. 그중 EFA의 주식을 거래하던 일부 투자자 등이 EFA의 주식을 매각하였다. 그 후 Dirks가 조사를 하고 사기혐의 사실이 널리 퍼진 2주간 사이에 EFA의 주가는 26달러에서 15달러로 하락하였고, 뉴욕증권거래소는 EFA의 주식을 거래정지하고, 보험감독당국은 EFA의 사기에 관한 증거를 찾아냈다. SEC는 EFA를 상대로 소송을 제기하고 Dirks에게는 행정제재를 가하였다. 그는 연방항소법원에 항소를 하였으나 연방항소법원은 Dirks의 주장을 기각하였고, 이에 Dirks는 연방대법원에 상고하였다.
연방대법원은 내부자의 증권분석가에 대한 정보제공과 그 증권분석가(정보수령자)의 고객에 대한 정보제공의 문제에 대하여 판단하였다. 이 사건에서의 쟁점은 회사의 내부자인 정보제공자가 자신의 이익을 위하여 회사의 내부정보를 제공하지 않은 경우, 그 내부정보를 입수한 정보수령자가 그 정보를 이용하여 주식거래를 하였다면 정보수령자는 Rule 10b-5를 위반하였는가 여부였다. ① 회사 내부의 정보제공자가 정보를 제공함으로써 주주에게 부담하는 신인의무를 위반하였고, ② 정보수령자도 정보제공자의 신인의무위반 사실을 알거나 알았어야 하는 경우에만 정보수령자의 정보공시가 내부자거래에 해당하는 것이고, ③ 회사 내부자로부터 미공개중요정보를 수령한 모든 자의 정보를 이용한 주식거래가 금지되는 것은 아니며, 내부자가 신인의무를 위반하였는가도 정보를 제공함으로써 금전적인 이익을 획득하였는가라는 객관적인 기준에 따라 결정되어야 한다. ④ 이 사건에서 정보제공자인 EFA의 전직 임원인 Secrist와 다른 직원들은 이익을 획득한 바 없기 때문에 주주에 대한 신인의무를 위반한 바 없고, 정보제공자의 의무로부터 파생되는 의무를 부담하는 정보수령자 Dirks는 신인의무를 위반하지 않았으므로 책임이 없다.

권리를 갖는 자, 즉 정보원(the source of information)에 대한 사기에서 찾는 것이다. 다시 말하면 거래당사자 사이에 신인의무관계가 없더라도 정보원의 동의 없이 정보 자체를 부정하게 유용한 경우에는 내부자거래가 성립할 수 있다. 따라서 기망을 당하는 자가 증권시장과 관계가 전혀 없는 경우에도 내부자거래가 성립할 수 있다. 그러나 이 이론은 신인의무이론을 배제하는 것이 아니라 신인의무이론의 한계를 보완하기 위한 이론이다.[29]

(나) 주요 판례

① Chiarella v. United States

부정유용이론은 Chiarella 사건에서 소수의견으로 최초로 제시되었다. Burger 대법관은 다수의견에 대한 반대의견에서 Rule 10b-5는 "미공개 정보를 유용한 사람은 정보에 대한 절대적인 공시의무 또는 거래를 단념해야 하는 절대적인 의무를 갖는다"고 제시하였다. Burger 대법관의 이와 같은 의견은 부정유용이론의 기초가 되었다. 그의 부정유용이론에 의하면 주식을 거래한 자가 다음의 요건을 구비하는 경우에 Rule 10b-5를 위반하게 된다. 첫째, 미공개중요 정보를 부정하게 유용하는 경우, 둘째, 신뢰관계로부터 발생하는 신인의무를 위반하는 경우, 셋째, 증권거래를 하는 경우 정보를 이용하여 자신이 거래하는 주식을 발행한 회사의 주주들에 대한 어떤 의무를 부담하는가에 관계없이 Rule 10b-5의 위반이 된다.[30]

② United States v. Newman

부정유용이론이 처음으로 제기되었던 판결은 Chiarella사건이지만, 이 이론을 최초로 수용하여 부정하게 얻은 공개매수에 관한 정보를 이용하여 주식을 거래한 자에 대하여 형사책임을 최초로 인정한 것은 Neman 사건이다.[31]

③ SEC v. Materia

이 사건에서 법원은 인쇄회사의 직원이 공개매수에 관한 정보를 부정하게 유용하여 주식거래를 하는 것은 Rule 10b-5 위반이라고 판시하였다. 법원은 피고가 비밀유지의무를 위반하여 인쇄회사의 명성을 훼손하였고, 이는 고용주인 인쇄회사에 대한 신인의무를 위반한 것이라

---

29) 박임출(2003), 20쪽.

30) Chiarella v. United States, 445 U.S. 222(1980). Chiarella는 의뢰인이 인쇄회사를 신뢰하고 맡긴 서류에 부분적으로 포함되어 있던 미공개정보를 부정유용하여 공개매수 대상회사를 알아내고 이를 자신의 주식거래에 이용한 것은 인쇄회사와의 고용관계에서 인정되는 것이 아니기 때문에 회사와의 사이에 존재하는 의무를 위반한 것이라는 검사의 주장이 있었다. 그러나 연방대법원은 검사의 주장이 항소심에서 배심원들의 평결로 취급되지 않은 이상 판단대상이 아니라는 이유로 판단하지 않았다.

31) United States v. Newman, 664 F.2d 12(2d Cir. 1981), cert. denied, 471 U.S. 863(1983). Morgan Stanley에서 직원으로 근무하고 있던 Courtois는 Deseret Pharmaceutial사에 대한 공개매수를 계획하고 있는 Warner-Lambert사를 위하여 업무를 수행하던 중 알게 된 공개매수정보를 Antoniu에게 전달하였고, Antoniu는 증권회사인 Neuman사를 통해 자신과 Courtois의 계산으로 대상회사인 Deseret Pharmaceutial사의 주식을 매수하였고 Neuman사도 주식을 매수하여 이익을 얻었다.

고 하였다.[32]

④ United States v. Carpenter

이 사건에서 연방항소법원은 부정유용이론을 채택하여 피고인들에게 형사책임을 인정하였다. 그러나 연방대법원은 부정유용이론을 채택할 것인가에 대한 의견이 4:4로 나뉘어져 부정유용이론에 대한 유보적인 태도를 취하였다. 이 사건은 부정유용이론이 아직 확립되지 않아 내부가거래가 아닌 우편전신사기법(Mail and Wire Fraud Statue) 위반으로 형사책임을 인정하였다.[33]

⑤ United States v. O'Hagan

연방대법원은 그동안 논의되었던 부정유용이론을 1997년 O'Hagan 사건에서 공식적으로 채택하였다. 정보의 부정유용은 자신을 신뢰하여 미공개중요정보를 제공한 정보제공자를 기망한 것으로서 정보제공자에 대한 신인의무위반이며, 신인의무위반은 미공개중요정보를 이용하여 주식을 거래하는 경우에 발생한다는 것이다.[34]

(다) 부정유용이론의 문제점과 보완

부정유용이론은 정보수령자가 미공개중요정보를 증권거래에 이용한 경우뿐만 아니라 증권거래가 있는 경우에 미공개중요정보를 단순히 소유하고 있음을 알고 있는 때에도 Rule 10b-5 위반의 책임을 묻는다는 문제가 있고, 업무와 관련하여 신인의무가 존재한다고 보기 어

---

32) SEC v. Materia, 745 F. 2d 197(2d Cir. 1984). 이는 인쇄회사의 직원인 Martia가 공개매수에 관한 서류를 교정하면서 추정한 대상회사의 정보를 이용하여 주식을 매수한 사건이다.

33) Carpenter v. United States, 484 U.S. 19(1987). 이는 경제전문지인 월스트리트저널의 주식전문 칼럼리스트인 Winnans가 칼럼 집필과 관련하여 회사 경영진과 면담하면서 알게 된 정보를 게재한 칼럼이 출간되기 이전에 뉴스 담당자인 Carpenter에게 전달하였고, Carpenter는 이 정보를 증권브로커인 Felis에게 전달하여 주식을 매매한 사건이다. 연방지방법원은 Rule 10b-5 위반으로 형사책임을 인정하였고, 피고인들은 항소하였으나 연방항소법원은 부정유용이론을 채택(Rule 10b-5는 내부자 이외의 외부자가 미공개 정보를 유용하는 경우에도 적용된다)하여 월스트리트저널 소유의 미공개중요정보를 유용하였기 때문에 Rule 10b-5 위반이라고 판시하였다. 그러나 대법원은 Rule 10b-5 위반이 아닌 우편전신사기법(Mail and Wire Fraud Statue) 위반으로 형사책임을 인정하였다.

34) United States v. O'Hagan, 521 U.S. 642(1997). Grand Metropolitan PLC("Grand Met")는 Pillsbury Company의 보통주를 위한 공개매수에서 자신을 대리하기 위하여 Dorsey & Whitney라는 로펌을 공개매수대리인으로 선임하였다. 이 공개매수 업무에 참여하지 않았던 위 로펌의 파트너인 피고 O'Hagan은 공개매수 사실이 공고되기 이전에 공개매수 대상회사인 Pillsbury 주식에 관한 콜옵션과 주식을 매수하였다. 그 후 곧바로 Grand Met는 자신의 공개매수를 발표하였고 Pillsbury사의 주식가격은 폭등하였다. O'Hagan은 430만 달러 이상의 이익을 내면서 자신의 콜옵션과 주식을 매도하였다.
그 후 O'Hagan은 증권사기, 우편사기, 돈세탁 등의 혐의로 기소되어 연방지방법원에서 41개월의 징역형을 선고받았다. O'Hagan은 이에 대하여 연방제8항소법원에 항소하였고, 항소법원은 Rule 10b-5 위반을 부정하였으나, 대법원은 부정유용이론을 내부자거래에 대한 효과적인 규제법리로 수용하고 내부자거래에 관한 연방제8항소법원의 판결을 파기하였다.
O'Hagan은 공개매수에 관한 중요한 미공개정보를 부정하게 유용함으로써 자신이 소속한 로펌과 로펌의 의뢰인인 Grand Met에 대한 신인의무를 위반했던 것이다.

려운 가족이나 친지간에 발생한 정보제공이나 정보수령에 대하여도 신인의무위반으로 판단해야 하는 문제가 있다. 또한 발행회사가 내부정보를 공시하기 전에 기관투자자 등에게 관행적으로 제공한 선택적 공시의 경우에도 정보제공자와 정보수령자간의 신인의무를 인정해야 하는 문제가 있다. SEC는 이러한 문제점을 보완하기 위하여 Rule 10b5-1과 Rule 10b5-2 및 Regulation FD를 제정하게 되었다.

Ⅲ. 현행 자본시장법상의 규제근거

자본시장법은 내부자거래를 금지하고 있고 이를 위반한 경우에는 형사책임과 민사책임을 묻는 규정을 두고 있다. 따라서 내부자거래규제 필요성에 대한 논의는 실익도 없을 뿐만 아니라 내부자거래를 허용하자는 주장이 제기되지도 않았다. 다만 내부자거래의 규제근거로서 투자자의 신뢰를 보호하기 위한 자본시장의 공정성은 형사제재의 측면에서 내부자거래규제의 보호법익 또는 가벌성의 근거가 된다.[35]

그리고 우리나라는 미국과 달리 자본시장법에 내부자거래를 금지하는 규정을 두고 있기 때문에 내부자거래를 규제하는 이론적 근거에 대한 논의의 현실적인 필요성이 크지 않다고 볼 수 있다. 다만 내부자거래는 자본시장의 공정성을 저해하는 불공정거래이기 때문에 규제되어야 한다는 것이 일반적인 견해이며, 내부자거래를 투자자의 정보평등접근권을 침해하는 위법행위로 보는 견해도 있으며, 법경제학적인 측면에서 배분적 정의와 시장질서를 유지하기 위하여 내부자거래를 규제하여야 한다는 견해 등도 있다.[36] 그러나 내부자거래규제의 취지는 증권거래에 있어서 정보의 평등성, 즉 대등한 처지에서 자유로운 경쟁원리에 의하여 공정한 거래를 하게 함으로써, 자본시장의 거래에 참여하는 자로 하여금 가능한 한 등등한 입장과 동일한 가능성 위에서 증권거래를 할 수 있도록 투자자를 보호하고 증권시장의 공정성을 확립하여 투자자에게 신뢰감을 갖게 하려는데 있는 것이다.[37] 따라서 내부자거래는 증권거래의 공정성과 건전성을 해치고 투자자를 시장에서 축출함으로써 자본시장의 존속을 위협할 수 있으므로 규제할 필요가 있는 것이다.

그런데 내부자거래규제의 이론적 근거가 되는 자본시장의 공정성을 확보하는 방안으로는 두 가지를 생각해 볼 수 있다. 하나는 정보원에 의해서 정보의 비대칭이 발생하지 않도록 수시공시를 의무화하는 것이다. 그러나 수시공시를 강화하더라도 자본시장에 존재하는 정보의 비

---

35) 박임출(2003), 25쪽.
36) 박임출(2003), 25쪽.
37) 헌법재판소 1997. 3. 27. 94헌바24 결정.

대칭을 완전히 제거할 수 없다. 따라서 아울러 요구되는 것이 내부자거래의 규제이다. 즉 자본시장에서 다소의 정보격차는 피할 수 없다고 하더라도 이를 이용한 거래를 방지할 수 있다면 자본시장에 대한 투자자의 신뢰는 유지될 수 있을 것이다.[38]

제3절 행위주체로서의 내부자

Ⅰ. 서설

1. 내부자의 범위와 열거주의

일반적으로 내부자거래의 행위주체가 되는 내부자는 회사의 내부정보에 접근할 수 있는 지위에 있는 자를 의미한다. 원래 내부자라는 용어는 미국 판례법상의 회사내부자(corporate insider)의 개념에서 나온 것으로서 처음에는 당해 법인의 임원, 직원과 지배주주를 의미하였다. 그러나 회사의 비밀정보를 불공정하게 이용할 수 있는 자가 회사내부자에 해당하지 않는 경우가 발생하여, 통상 회사와의 계약관계 및 기타 업무관계로 인하여 회사내부의 비밀정보에 합법적으로 접근이 가능한 모든 회사외부자를 의미하는 준내부자(quasi insider)와, 회사내부자 또는 준내부자로부터 내부정보를 전달받은 자를 의미하는 정보수령자(tippee)라는 개념이 등장하였다. 따라서 오늘날에는 내부자라는 용어는 회사내부자 이외에 준내부자와 정보수령자를 포함하는 의미로 사용되고 있다. 한편 공개매수정보와 같은 시장정보를 이용하는 경우에는 매매대상증권의 발행회사가 아닌 공개매수자 측에 소속한 시장내부자까지도 내부자에 포함하는 경향이 있다.[39]

그런데 이러한 내부자를 어느 범위까지 규제할 것인가의 여부는 입법정책적인 문제이다. 전술한 바와 같이 미국[40]은 포괄적 사기금지조항에 의하여 내부자거래를 규제하고 있기 때문에 내부자의 범위를 법원의 사법적 판단에 맡기고 있으며, 우리나라 자본시장법은 EU 회원국, 일본 등과 같이 내부자의 범위를 열거하는 입법형식을 취하고 있다. 이에 따라 일정한 지위를 가진 자만이 규제대상이 되는 신분범 형식으로 규정하고 있으며, 그와 같은 신분이 없는 자는 내부자거래의 단독정범이 될 수 없다.[41] 자본시장법 제174조 제1항은 내부자를 구체적으로 열

---

38) 김용진(1993), "내부자거래에 있어서 중요한 정보", 월간상장(1993. 2), 9쪽.
39) 곽민섭(2000), "증권거래법상의 내부자거래에 대한 민사책임", 증권법연구 제1권 제1호(2000. 12), 148쪽.
40) 미국의 SEC Rule 10b-5는 "누구든지"(anyone)라고 규정하여 포괄주의 입법형식을 취하고 있으며, 1933년 증권거래법 제21A조는 "누구든지 중요한 미공개정보를 소유하고 증권을 거래함으로써 이 규정을 위반한 자"라는 표현을 사용하고 있다. 따라서 구체적인 내부자의 범위는 판례의 축적을 통해 그 내용과 의미를 발전시켜 왔다.

거하는 방식을 취하고 있다. 이는 소송문화가 발달하지 않은 우리나라의 현실을 고려하여 내부자에 해당되는 자로 하여금 내부자거래 금지조항 위반 여부를 사전에 명확하게 판단할 수 있도록 함으로써 예방적 효과를 제고하고, 적발을 위한 감시활동도 용이하게 하기 위한 것이다.

2. 자본시장법상 내부자

내부자는 다음의 어느 하나에 해당하는 자(제1호부터 제5호까지의 어느 하나의 자에 해당하지 아니하게 된 날부터 1년이 경과하지 아니한 자를 포함)이다(법174①).

1. 그 법인(그 계열회사를 포함) 및 그 법인의 임직원·대리인으로서 그 직무와 관련하여 미공개중요정보를 알게 된 자
2. 그 법인(그 계열회사를 포함)의 주요주주로서 그 권리를 행사하는 과정에서 미공개중요정보를 알게 된 자
3. 그 법인에 대하여 법령에 따른 허가·인가·지도·감독, 그 밖의 권한을 가지는 자로서 그 권한을 행사하는 과정에서 미공개중요정보를 알게 된 자
4. 그 법인과 계약을 체결하고 있거나 체결을 교섭하고 있는 자로서 그 계약을 체결·교섭 또는 이행하는 과정에서 미공개중요정보를 알게 된 자
5. 제2호부터 제4호까지의 어느 하나에 해당하는 자의 대리인(이에 해당하는 자가 법인인 경우에는 그 임직원 및 대리인을 포함)·사용인, 그 밖의 종업원(제2호부터 제4호까지의 어느 하나에 해당하는 자가 법인인 경우에는 그 임직원 및 대리인)으로서 그 직무와 관련하여 미공개중요정보를 알게 된 자
6. 제1호부터 제5호까지의 어느 하나에 해당하는 자(제1호부터 제5호까지의 어느 하나의 자에 해당하지 아니하게 된 날부터 1년이 경과하지 아니한 자를 포함)로부터 미공개중요정보를 받은 자

자본시장법은 내부자의 범위를 회사내부자, 준내부자와 정보수령자로 구분하여 구체적으로 열거하고 있다. 위에서 열거된 자들은 상장법인 등이 발행한 증권의 투자판단에 영향을 미칠 수 있는 특별한 정보에 스스로 관여하거나 접근할 수 있는 지위로 인하여 그러한 정보를 취득함에 있어서 일반투자자보다 유리한 입장에 있기 때문이다. 따라서 그들이 미공개정보를 증권거래에 이용함으로써 초래될 수 있는 자본시장의 건전성 침해를 방지하고자 내부자로 규율하고 있는 것이다. 또한 내부자는 상장법인과 직접적인 관계를 맺고 있는 자들로 열거되어 있다. 이와 같이 최초의 정보접근자 내지 정보생산자라고 할 수 있는 내부자가 개별 상장법인 등을 위주로 규율된 것은 후술하는 바와 같이 미공개중요정보가 개별 상장법인 등의 업무수행

---

41) 박임출(2003), 115쪽.

또는 경영에 관한 사항을 중심으로 구성된 것과 궤를 같이 하는 것이다.[42]

또한 내부자거래의 행위주체로서 내부자의 개념은 중요한 의미를 갖는다. 즉 내부자의 미공개정보 이용행위를 규제할 뿐이고, 내부자가 아닌 자의 미공개정보 이용행위를 규제하는 것이 아니기 때문이다. 따라서 내부자와 내부자가 아닌 자의 구별은 내부자거래에 대한 민사상·형사상 책임을 부담해야 할 자의 인적범위를 제한하는 의미가 있다.

Ⅱ. 제1차 내부자

1. 회사내부자

(1) 당해 법인

당해 법인은 증권의 발행인을 말하며, 1999년 증권거래법 개정시 내부자에 포함되었다. 따라서 법인이 자기주식을 취득하거나 처분하는 과정에서 미공개중요정보를 이용하는 경우에 규제대상이 된다.

당해 법인을 내부자의 범위에 포함한 이유는 자본시장법이 상법상 자기주식 취득에 대한 규제를 완화하고 있기 때문이다. 즉 당해 법인은 이익배당을 할 수 있는 한도 이내에서 이사회 결의로 자기주식을 취득할 수 있어(법165의3①②, 영176의2①) 법인을 통한 내부자거래의 가능성이 크기 때문이다.

당해 법인의 임직원 또는 대리인이 미공개중요정보를 이용하여 법인의 업무에 관하여 자사의 주식을 매각하는 경우에도 그 법인의 임직원 또는 대리인은 형사처벌된다.[43] 즉 임직원 또는 대리인이 자신을 위한 매매가 아닌 법인을 위한 매매를 하더라도 형사처벌된다. 당해 법인이 내부자거래의 주체에 포함되었다고 해서 실제로 내부자거래를 행한 임직원 또는 대리인인 면책되는 것은 아니라는 점을 주의할 필요가 있다.

(2) 계열회사

"계열회사"라 함은 2이상의 회사가 동일한 기업집단에 속하는 경우에 이들 회사는 서로 상대방의 계열회사라 한다(공정거래법2(3)). 이 경우 "기업집단"이란 동일인(동일인이 회사인 경우 그 동일인과 그 동일인이 지배하는 하나 이상의 회사의 집단, 그리고 동일인이 회사가 아닌 경우 그 동일인이 지배하는 2이상의 회사의 집단)이 시행령 제3조에서 정하는 기준에 의하여 사실상 그 사업내용을 지배하는 회사의 집단을 말한다(공정거래법2(2)).

---

42) 김병태(2002), "관계회사와 관련된 내부자거래규정 적용상의 문제점", 증권법연구 제3권 제2호(2002. 12), 226-227쪽.
43) 대법원 2002. 4. 12. 선고 2000도3350 판결.

내부자거래의 주체에 계열회사를 포함시킨 것은 내부자거래규제를 회피하기 위하여 당해 법인이 계열회사로 하여금 내부자거래를 유도하는 자본시장의 현실적인 문제점을 해결하기 위한 것이다. 계열회사는 당해 법인의 내부자와 공모하거나 당해 법인으로부터 정보를 수령하지 않고서도 당해 법인 등의 미공개정보에 우선적으로 접근할 수 있고, 계열회사 자체가 미공개정보의 원천이 될 수 있기 때문에, 당해 법인의 증권거래에 있어서 미공개정보 취득의 면에서 일반투자자보다 훨씬 유리한 위치에 있다. 따라서 계열회사를 내부자의 범위에서 포함한 것은 정보의 불평등으로 인한 불공정한 증권거래의 방지를 취지로 하는 내부자거래규제의 취지에 부합한다.

또한 당해 법인의 내부자로부터 미공개중요정보를 수령한 자(1차 정보수령자)로부터 다시 당해 정보를 전달받은 자(2차 정보수령자)가 증권의 매매와 관련하여 수령한 정보를 이용하거나 다른 사람으로 하여금 이용하게 하는 행위는 자본시장법상 내부자거래규제 대상이 아니다. 2차 정보수령자는 1차 정보수령자와 형법 제33조의 공범관계도 성립하지 않는다.[44] 따라서 2차 수령자 이후의 자들은 내부자거래규제의 대상에 포함할 수 없는 법의 사각지대가 생긴다 (시장질서 교란행위의 금지에 해당되어 과징금 제제를 받는다). 특히 당해 법인의 계열회사나 그 임직원·대리인은 이에 해당할 가능성이 매우 높은 자들이기 때문에 자본시장법이 기존의 법인에 계열회사를 포함시킨 것은 매우 의미있는 변화라고 할 것이다.

(3) 법인(계열회사)의 임직원·대리인

임원은 이사 및 감사를 말한다(법9②). 임원은 주주총회에서 선임된 이사 및 감사와 이에 준하는 자를 말하며, 상근 여부, 등기 여부, 사내·사외이사 여부를 불문하고, 임시이사, 임시감사, 임시직무대행자도 임원에 해당한다.

직원은 당해 법인의 사용인을 의미하며, 지위나 직무에 의하여 미공개중요정보에 접근할 수 있는 자는 포함된다. 따라서 고용관계의 유무, 형식상의 직급이나 호칭을 불문하고 당해 법인의 지휘·명령하에 현실적으로 당해 법인의 업무에 종사하는 한, 임시고용인, 파견사원, 아르바이트 사원 등도 이에 포함된다. 그러나 당해 법인에서 다른 회사에 파견되어 다른 회사에 근무하는 직원은 해당되지 않는다고 보아야 한다.

대리인은 당해 법인으로부터 대리권을 수여받은 자로서 지배인, 변호사 등이 이해 해당한다.

(4) 당해 법인(계열회사)의 주요주주

(가) 주요주주의 의의

주요주주는 누구의 명의로 하든지 자기의 계산으로 법인의 의결권 있는 발행주식총수의

---

44) 대법원 2001. 1. 25. 선고 2000도90 판결.

10% 이상의 주식(그 주식과 관련된 증권예탁증권을 포함)을 소유하거나 임원의 임면 등의 방법으로 법인의 중요한 경영사항에 대하여 사실상의 영향력을 행사하는 주주로서 대통령령으로 정하는 자[45]를 말한다(법9①, 금융회사지배구조법2(6) 나목). 따라서 주요주주는 당해 법인의 10% 이상의 주식을 소유한 자와 사실상의 지배주주를 말한다.

여기서 "사실상 영향력을 행사하는 주주로서 대통령령이 정하는 자"(사실상의 지배주주)란 주요주주가 아니더라도 단독으로 또는 다른 주주와의 합의·계약 등에 따라 대표이사 또는 이사의 과반수를 선임한 주주이거나 경영전략·조직변경 등 주요 의사결정이나 업무집행에 지배적인 영향력을 행사한다고 인정되는 자를 말한다.

사실상의 지배주주를 주요주주에 포함시킨 것은 우리나라 재벌기업의 기업지배구조의 특성상 10% 이하의 적은 지분율을 소유하더라도 여러 계열회사를 사실상 지배하고 있는 현실을 고려한 것이다. 다만 사실상 지배주주도 주주인 이상 당해 법인의 주식을 1주 이상 보유하고 있어야 하며 임원의 임면 등의 방법으로 중요한 경영사항에 대하여 사실상의 영향력을 행사하고 있어야 한다. 영향력의 내용과 범위와 관련해서는 모든 업무에 대하여 결제하거나 지시할 필요는 없고 중대한 사항에 대해서만 보고를 받고 지시를 하는 것만으로도 충분하다.[46]

법원은 수인이 집합적으로 의결권을 행사하면서 임원의 임명 등 당해 법인에 주요 영향력을 행사하는 경우라도 이들이 주요주주에 해당하는지 여부를 판단할 때는 개별 주주 1인을 기준으로 판단하여야 한다고 하였다.[47]

그런데 주주는 자연인이든 법인이든 불문한다. 주요주주가 개인인 경우 그의 대리인, 사용인, 기타 종업원을 포함하고, 법인인 경우에는 그 임직원 및 대리인을 포함한다.

---

45) "대통령령으로 정하는 자"란 다음의 어느 하나에 해당하는 자를 말한다(금융회사지배구조법 시행령4).
   1. 혼자서 또는 다른 주주와의 합의·계약 등에 따라 대표이사 또는 이사의 과반수를 선임한 주주
   2. 다음의 구분에 따른 주주
      가. 금융회사가 자본시장법에 따른 금융투자업자(겸영금융투자업자는 제외)인 경우: 다음의 구분에 따른 주주
         1) 금융투자업자가 자본시장법에 따른 투자자문업, 투자일임업, 집합투자업, 집합투자증권에 한정된 투자매매업·투자중개업 또는 온라인소액투자중개업 외의 다른 금융투자업을 겸영하지 아니하는 경우: 임원(상법 제401조의2 제1항 각 호의 자 포함)인 주주로서 의결권 있는 발행주식 총수의 5% 이상을 소유하는 사람
         2) 금융투자업자가 자본시장법에 따른 투자자문업, 투자일임업, 집합투자업, 집합투자증권에 한정된 투자매매업·투자중개업 또는 온라인소액투자중개업 외의 다른 금융투자업을 영위하는 경우: 임원인 주주로서 의결권 있는 발행주식 총수의 1% 이상을 소유하는 사람
      나. 금융회사가 금융투자업자가 아닌 경우: 금융회사(금융지주회사인 경우 그 금융지주회사의 금융·지주회사법 제2조 제1항 제2호 및 제3호에 따른 자회사 및 손자회사를 포함)의 경영전략·조직 변경 등 주요 의사결정이나 업무집행에 지배적인 영향력을 행사한다고 인정되는 자로서 금융위원회가 정하여 고시하는 주주
46) 박임출(2003), 119쪽.
47) 서울고등법원 2008. 6. 24. 선고 2007노653 판결.

자본시장법이 주요주주를 내부자로 명시하고 있는 이유는 주요주주의 지위에서 미공개중요정보에 대한 우선적 접근권을 누릴 수 있기 때문이다.

(나) 10% 지분산정의 의미

자본시장법이 주요주주를 정의하는데 10% 이상의 수치를 사용하는 것은 미국과 일본의 입법례를 계수한 것으로 주식이 널리 분산된 상장법인에서 10% 정도의 주식소유는 회사에 대한 영향력을 행사하여 기업정보를 용이하게 취득할 수 있으리라는 데에서 그 타당성을 찾을 수 있다. 또한 명문의 규정이 없으므로 주요주주의 10% 지분비율을 산정함에 있어 일정한 인적관계가 있는 특수관계인의 지분은 산입하지 않는다.[48]

10%를 계산함에 있어 전환사채의 장래 전환권의 행사, 신주인수권부사채의 장래 신주인수권의 행사로 인한 권리를 합산해야 한다는 견해도 있으나, 자본시장법이 명문규정으로 10% 이상의 주식(그 주식과 관련된 증권예탁증권을 포함)을 소유한 자로 정의하고 있어 주식형사채를 보유하고 있는 상태에서는 주주가 아니기 때문에 주요주주에 해당한다고 볼 수 없으므로 합산할 수 없다고 보아야 한다.[49]

2. 준내부자

(1) 당해 법인에 대하여 법령에 따른 허가·인가·지도·감독, 그 밖의 권한을 가지는 자

일반적으로 상장법인 등에 대하여 법령에 의한 권한을 가지는 자는 그 권한행사에 의해 내부정보를 알 수 있는 지위에 있으므로 내부자거래의 행위주체가 된다. 여기서 법령이란 법률, 시행령, 시행규칙에 한정되지 않고 국가 또는 지방자치단체 기타 공공기관이 정하는 법규범을 말한다. 그리고 그 명칭 여하를 불문하고 조약이나 조례도 포함된다. 법령에 의한 권한이란 당해 권한의 존재가 법령에 명시될 필요가 없으며, 그 법령으로부터 당해 권한이 존재하고 있다고 해석될 수 있으면 족하다. 그 권한은 상장법인 등의 의무의 존재를 전제로 하지 않지만, 상장법인 등의 의사에 불구하고 권한을 행사할 수 있어야 한다. 예컨대 당해 법인의 업무에 대한 인허가권을 갖는 행정부의 공무원, 은행·금융투자업자·보험회사 등에 대한 감독기관의 임직원, 당해 법인에 대하여 조사권이나 심리권을 갖는 기관의 임직원, 그리고 행정부, 사법부, 입법부에서 당해 법인과 관련된 사항을 심의·조사·지도·수사 등의 권한을 가지는 자를 들 수 있다.[50]

법령에 의한 권한을 가지는 자란 법령상의 권한을 가지는 자뿐만 아니라 그자의 부하직원

---

48) 김병태(2002), 228쪽.
49) 고창현(1999), 67쪽.
50) 형남훈(1999), "내부자거래의 규제방안", 상장협연구(1999. 9), 7쪽.

또는 보조자로서 권한행사에 관여하는 자를 포함한다. 법령에 정하는 권한을 가지는 자가 아니라 법령에 의하여 권한을 가지는 자로 규정하고 있기 때문이다. 따라서 권한을 가지는 자는 공무원에 한정되지 않는다. 이러한 권한을 가지는 자에 당해 권한을 적극적으로 행사하는 자뿐만 아니라, 수동적으로 법령에 의해 제출되는 신고서 등을 수령하는 자도 포함된다.[51]

(2) 당해 법인과 계약을 체결하고 있거나 체결을 교섭하고 있는 자

당해 법인과 계약을 체결하고 있는 자가 계약의 체결 또는 이행과 관련하여 또는 계약의 체결을 교섭하고 있는 자가 교섭과정에서 미공개중요정보를 알게 된 경우에는 준내부자로 내부자거래의 규제를 받는다.

계약을 체결하고 있는 자는 법률자문계약을 체결하고 있는 변호사, 회계감사계약을 체결하고 있는 공인회계사, 금융거래계약을 체결하고 있는 은행 기타 금융기관, 제휴계약을 체결하고 있는 자 등이 포함된다. 그러나 이러한 보조적 업무와 관련된 계약뿐만 아니라 원재료의 공급회사, 제품의 판매회사, 제조 또는 가공을 위한 하청회사 등과 같은 영업과 관련된 계약의 상대방도 포함된다. 여기의 계약에는 계약의 내용이나 종류, 계약형태, 이행시기, 계약기간의 장단 등은 불문한다. 따라서 본 계약이 체결 전이라도 본 계약의 진행과 관련한 상호합의사항에 대한 비밀유지합의를 한 경우에는 중요한 정보에 접근할 수 있는 계약이므로 규제대상인 준내부자에 해당한다.[52]

여기서 중요한 정보의 지득은 계약체결 또는 이행 자체에 의하여 알게 된 경우 이외에 계약의 체결 또는 이행과 밀접하게 관련된 행위에 의해 알게 된 경우를 포함한다. 또한 계약체결을 위한 준비·조사·교섭 등의 과정에서 중요한 사실을 알게 된 경우도 포함한다. 왜냐하면 중요한 정보는 계약서가 작성되어야만 생성되는 것이 아니고, 계약체결의 교섭이 상당히 진행되거나 계약사항의 주요부분에 대한 합의가 이루어진 경우에 정보로서 생성된 것이라 할 수 있기 때문이다. 따라서 실제 계약체결을 교섭하는 과정에서 미공개정보를 취득하는 경우가 많은 현실을 반영한 것이다.

당해 법인과 계약체결을 교섭하고 있는 자를 내부자로 추가한 것은 어떤 회사가 상장법인 등의 신주를 인수함으로써 장래 당해 상장법인 등의 지배회사 또는 지분보유회사가 되려고 하는 경우에 그 회사의 관련자들을 내부자거래의 규제대상에 포함시킬 수 있고, 상장법인 등의 업무나 재산에 관한 중요한 계약관계의 교섭과정에서 당해 상장법인 등의 거래상대방 측면에서 발생할 수 있는 내부자거래를 규제하는 기능을 할 수 있기 때문이다.[53]

---

51) 박임출(2003), 120쪽.
52) 서울지방법원 2003. 6. 25. 선고 2002노9772 판결.
53) 김병태(2002), 265쪽.

636 제 3 편 금융시장규제

여기서의 계약은 유효한 계약을 전제로 한다는 하급심 판례가 있다. 즉 적법한 이사회 결의없이 체결한 신주인수계약은 무효이기 때문에 상대방은 준내부자의 지위를 취득할 수 없다고 판시하였다.[54] 그러나 준내부자를 규제하는 이유가 정보에 대한 접근가능성이기 때문에 당해 계약이 유효하지 않더라도 준내부자로 보는 것이 타당하다.[55]

3. 내부자의 대리인·사용인·종업원

제2호부터 제4호까지의 어느 하나에 해당하는 자의 대리인(이에 해당하는 자가 법인인 경우에는 그 임직원 및 대리인을 포함)·사용인, 그 밖의 종업원(제2호부터 제4호까지의 어느 하나에 해당하는 자가 법인인 경우에는 그 임직원 및 대리인)으로서 그 직무와 관련하여 미공개중요정보를 알게 된 자도 내부자거래규제의 대상이다(법174①(5)).

대리인은 본인으로부터 대리권을 수여받아 본인을 위하여 의사표시를 하고 그 효과를 직접 본인에게 발생시키는 자이다(민법114). 여기서 본인은 상장법인 등을 의미하므로 대리인이란 당해 상장법인 등으로부터 대리권을 수여받아 당해 법인을 위한 것임을 표시하여 법률행위를 하고 그 효과를 당해 법인에 귀속시키는 자이다. 따라서 업무제휴계약의 대리인, 중요한 재산의 처분 또는 양도의 대리인, 지배인 등을 들 수 있다. 이와 같이 대리인을 내부자로 포함시키는 이유는 당해 법인의 관계자를 모두 내부자로 간주하여 이들의 내부자거래를 규제하기 위한 것이다.[56]

사용인과 그 밖의 종업원은 당해 법인의 직무에 종사하는 자로서 당해 법인과의 계약형식과 종류를 불문하고, 계약관계가 존재하지 않더라도 사실상 종사하고 있으면서 법인의 감독하에 있으면 충분하며, 일시적이든 계속적이든 불문한다. 따라서 회사의 직원으로 채용된 적은 없어도 회사의 명시적 또는 묵시적 승인하에 회사 직원과 동일한 업무를 수행하면서 사실상 회사 직원으로 행세하여 온 사실이 있는 경우에는 종업원에 해당한다.

"대리인, 사용인 기타의 종업원"이라 함은 반드시 법인의 내부규정에 따라 정식 채용절차를 거친 직원 또는 임원에 한정되는 것은 아니다. 이에는 정식의 고용계약을 체결한 자뿐만 아니라 사실상 자기의 보조자로 사용하고 있으면서 직접 또는 간접으로 자기의 통제 또는 감독하에 있는 자도 포함되는 것이다.[57]

---

54) 서울중앙지방법원 2007. 7. 20. 선고 2007고합159 판결.
55) 김건식·정순섭(2009), 284쪽.
56) 박임출(2003), 121쪽.
57) 대법원 1993. 5. 14. 선고 93도344 판결.

4. 내부자 지위의 연장

제1호부터 제5호까지의 어느 하나의 자에 해당하지 아니하게 된 날부터 1년이 경과하지 아니한 자를 포함한다(법174①).

회사의 내부자 또는 준내부자는 그 지위를 상실한 경우에도 향후 일정기간 동안 내부자로서 규제를 받는다. 즉 회사내부자와 준내부자에 해당하지 아니하게 된 날로부터 1년이 경과하지 아니한 자도 여전히 내부자이다. 이는 회사내부자 및 준내부자가 그의 지위에서 내부정보를 지득하고 퇴직한 후 그 정보를 이용하여 증권을 거래하는 경우를 예정한 것이다. 따라서 회사내부자 및 준내부자가 그 지위를 상실한 지 1년이 경과하면 설령 회사내부자·준내부자의 지위에서 알게 된 내부정보를 이용하여 당해 증권을 거래하여도 내부자거래에 해당하지 않는다.[58]

5. 직무관련성

회사내부자와 준내부자는 미공개중요정보를 자신의 직무와 관련하여 알게 되었을 것을 필요로 하는 점에서 정보수령자와 다르다. 따라서 회사내부자와 준내부자가 직무와 관련없이 미공개중요정보를 알게 된 경우에는 회사내부자나 준내부자가 아닌 정보수령자로서 내부자거래의 규제대상이 된다. 직무관련성 요건을 규정하고 있는 취지는 회사내부자와 준내부자가 자신의 지위를 이용하여 미공개중요정보를 취득한 경우에 가벌성을 인정하려는 것이다.

자본시장법은 정보를 알게 된 과정을 회사내부자와 준내부자의 유형별로 직무관련성을 규정하고 있다.[59] 즉 자본시장법 제174조 제1항은 ⅰ) 당해 법인 및 그 법인의 임직원·대리인은 직무와 관련하여 미공개중요정보를 알게 된 자, ⅱ) 당해 법인의 주요주주는 그 권리를 행사하는 과정에서 미공개중요정보를 알게 된 자, ⅲ) 당해 법인에 대하여 법령에 따른 허가·인가·지도·감독, 그 밖의 권한을 가지는 자는 그 권한을 행사하는 과정에서 미공개중요정보를 알게 된 자, ⅳ) 당해 법인과 계약을 체결하고 있거나 체결을 교섭하고 있는 자는 그 계약을 체결·교섭 또는 이행하는 과정에서 미공개중요정보를 알게 된 자, ⅴ) 내부자의 대리인·사용인·종업원은 그 직무와 관련하여 미공개중요정보를 알게 된 자로 규정하고 있다.

직무관련성에서의 직무란 회사내부자와 준내부자가 취급할 수 있는 일체의 업무이고 현실적으로 담당하고 있지 않아도 상관없다. 즉 기획 및 입안과정에서 분석·검토·평가를 거쳐 최종적인 판단에 직·간접적으로 참여하거나 알 수 있는 역할상의 직무이다.[60] 따라서 회사내부

---

58) 내부자의 퇴직으로 인한 반사이익이 사라질 때까지 내부자거래규제 대상으로 하고 있는 것은 세계적인 경향이다.

59) 증권거래법은 직무관련성 요건을 내부자의 유형에 따라 구분하지 않고 "직무와 관련하여"라고 규정하여 모든 회사내부자와 준내부자에 대하여 획일적으로 규정하고 있었다(법188의2①).

자와 준내부자가 자신의 직무와 관련 없이 우연한 기회에 또는 도청이나 해킹과 같은 위법한 방법으로 미공개중요정보를 알게 된 경우에는 당해 내부자가 직무와 관련하여 내부정보를 알게 된 다른 내부자와 공모하거나 그로부터 내부정보를 수령하지 않는 한 내부자거래가 성립하지 않는다.[61]

하급심 판례의 의하면, 다른 직원이 담당하던 업무와 관련되는 정보라 하더라도 같은 부서의 같은 사무실 내에서 우연히 정보를 얻은 경우는 직무관련성이 인정되며,[62] 연구기관의 연구원이 사내 전산망을 통하여 정보를 얻은 경우에도 직무관련성이 인정된다.[63]

Ⅲ. 제2차 내부자(정보수령자)

1. 의의

정보수령자란 회사내부자 및 준내부자로부터 미공개중요정보를 전달받은 자이다. 즉 정보수령자란 자본시장법 제174조 제1항 제1호부터 제5호까지의 어느 하나에 해당하는 자(제1호부터 제5호까지의 어느 하나의 자에 해당하지 아니하게 된 날부터 1년이 경과하지 아니한 자를 포함)로부터 미공개중요정보를 받은 자이다(법174①(6)).

정보수령자를 내부자거래의 행위주체에 포함시킨 것은 회사내부자나 준내부자의 탈법행위를 방지하기 위한 것이다. 즉 회사내부자나 준내부자로부터 미공개정보를 전달받은 정보수령자가 당해 법인 등이 발행한 증권의 거래에 정보를 이용하는 행위를 내부자거래로 처벌하지 않는다면 회사내부자나 준내부자는 제3자에게 정보를 전달하는 방식으로 내부자거래를 회피할 것이기 때문이다.[64]

2. 정보수령자의 성립요건

(1) 개요

정보수령자는 자신의 직무와 관련하여 내부정보를 알게 된 회사내부자나 준내부자로부터 그 정보를 제공받기 때문에 당사자 사이에 직·간접적인 연결고리가 존재하고 있다. 따라서 정보수령자는 다음과 같은 요건을 구비하여야 내부자거래의 행위주체가 된다.[65] ⅰ) 정보제공자

---

60) 박임출(2003), 122쪽.
61) 김병태(2002), 229쪽.
62) 서울중앙지방법원 2002. 1. 23. 선고 2001고단10894 판결.
63) 서울중앙지방법원 2008. 11. 27. 선고 2008고합236 판결.
64) 대법원 2002. 1. 25. 선고 2000도90 판결.
65) 박임출(2003), 126쪽.

가 회사내부자나 준내부자이어야 하고, ⅱ) 정보는 회사내부자나 준내부자가 그 직무 또는 권한행사, 계약의 체결 등과 관련하여 알게 된 정보이어야 하며, ⅲ) 수령한 정보가 회사의 업무 등에 관한 중요사실이어야 하고, ⅳ) 정보는 공표되지 않았어야 하며, ⅴ) 정보수령자의 위 4가지 사실을 인식하고 정보를 전달받았었어야 하며, ⅵ) 정보제공자는 정보제공의 사실을 인식하고 있어야 한다.

(2) 정보제공자의 정보제공 사실의 인식

정보를 전달하는 회사내부자나 준내부자는 자신이 직무와 관련하여 알게 된 내부정보를 타인에게 제공한다는 사실을 인식하고 있어야 한다. 여기서 정보의 전달은 구두, 서면의 송부, 전화, 암호 등 그 방법을 묻지 않는다. 그러나 회사내부자나 준내부자로부터 직접적으로 정보전달이 이루어져야 하고 우연히 알게 된 경우에는 정보수령자가 아니다.[66]

정보수령자를 회사내부자나 준내부자로부터 "정보를 받은 자"라고 규정하고 있기 때문에 정보를 제공하는 내부자의 행위에 의하여 취득한 경우에는 모두 정보수령자가 될 수 있다. 즉 회사내부자나 준내부자의 정보제공 목적이 불법적이거나 대가의 취득일 필요는 없지만, "정보를 받은 자"라는 표현의 해석상 고의에 의한 정보제공행위임을 요한다.[67] 따라서 정보수령자가 정보를 전달받았다고 하기 위하여는 정보를 제공하는 자가 전달받은 자에 대하여 내부정보를 전달할 의사가 있어야 한다. 그러므로 남의 대화를 몰래 듣거나 우연한 기회에 들은 경우, 잃어버린 가방 속의 서류에서 내부정보를 알게 된 경우, 회사의 서류를 우연히 보게 된 경우 등은 이에 해당하지 않는다. 왜냐하면 정보제공자의 정보제공에 대한 의사나 정보를 전달받은 자의 정보수령에 대한 의사가 없었기 때문이다. 다만 전달하는 자가 전달받은 자의 성명이나 주소를 알 필요도 없고, 안면이 없더라도 족하며, 전달을 받은 자가 특정될 수 있으면 충분하다. 정보전달의 의사는 미필적 인식으로 충분하며, 내부정보를 알고 있는 회사내부자나 준내부자가 내부정보를 대화의 상대방이 인식할 수 있을 것이라고 예견하고 전달한다면 여기의 전달에 해당한다.[68]

(3) 정보수령자의 인식

정보수령자는 회사내부자나 준내부자로부터 미공개중요정보라는 사실을 인식하고 그 정보를 전달받았어야 한다. 따라서 정보수령자가 정보를 전달한 자를 당해 법인의 이사로 인식하였으나, 실제로는 당해 법인과 계약을 체결하고 있는 자의 직원이었던 경우는 사실의 착오의 문제이므로 행위자의 인식이 구성요건에 해당되고, 실제로 발생한 결과도 구성요건에 해당되

---

66) 곽민섭(2000), 149쪽.
67) 곽민섭(2000), 152쪽.
68) 박임출(2003), 127쪽.

는 이상 고의는 인정되기 때문에 정보수령자에 해당한다. 또한 미공개중요정보가 들어 있는 신문기사를 독자가 읽은 경우에 그 기사를 작성한 기자가 우연하게도 회사와 어떤 계약을 체결한 자이고, 이로 인하여 그 중요정보를 알고 있었더라도 그 독자는 기자가 회사내부자나 준내부자로부터 정보를 전달받았다는 인식이 없었기 때문에 정보수령자에 해당하지 않는다.[69]

(4) 정보의 구체성

정보수령자가 내부자거래의 규제를 받기 위하여는 회사내부자나 준내부자가 상당한 정도로 구체적인 정보를 수령자에게 제공하였어야 한다. 어느 정도의 구체성은 정보의 중요성 개념에 내재되어 있지만, 정보의 구체성은 독립적으로 의미를 갖는다. 정보가 구체성이 없을 경우에는 중요성의 구비 여부도 의문일 뿐만 아니라 정보제공을 인정하기 어려울 것이다.

(5) 정보수령자의 직무관련성 요건 여부

정보수령자는 직무관련성 요건이 필요하지 않다. 따라서 회사내부자나 준내부자가 직무와 관계없이 내부정보를 알게 된 경우에는 정보수령자가 될 수 있을 뿐이다. 또한 회사내부자나 준내부자가 아닌 자로부터 중요한 내부정보를 알게 된 자도 정보수령자가 아니다. 그러나 정보제공자가 회사내부자나 준내부자의 지위에 있을 뿐만 아니라 그 지위를 상실한 지 1년이 경과하지 않은 경우에도 그 자로부터 중요한 내부정보를 전달받은 자는 정보수령자가 된다.[70]

3. 조직을 상대로 정보를 제공하려는 의도였던 경우의 문제

회사내부자나 준내부자가 어느 조직에 소속된 개인에게 정보를 제공하였지만 실제로는 그 개인 아닌 조직을 상대로 정보를 제공할 의도였던 경우에는 그 조직의 모든 구성원을 제1차 정보수령자로 볼 수 있는가의 문제가 있다. 법 제174조 제1항 제5호에는 제1차 내부자가 법인인 경우에는 그 임원·직원 및 대리인을 포함하고 있으나, 정보수령자가 법인인 경우에는 그 임직원을 포함한다는 명시적인 표현이 없기 때문이다. 그러나 이와 같은 경우에도 내부정보를 받은 법인의 임직원은 일반투자자에 비하여 정보상의 우위에 있기 때문에 정보수령자로 보는 것이 타당하다. 이와 같이 해석하지 않으면 내부자거래규제의 취지는 퇴색되기 때문이다. 예컨대 회사의 대표이사가 신제품발명을 홍보할 목적으로 신문사의 기자에게 그 정보를 제공한 경우에는 당해 기자뿐만 아니라 그 신문사의 나머지 구성원들도 모두 정보수령자로 본다.[71]

---

69) 박임출(2003), 126쪽.
70) 박임출(2003), 127쪽.
71) 김건식·정순섭(2009), 286쪽.

제4절 미공개중요정보

Ⅰ. 의의

미공개중요정보란 투자자의 투자판단에 중대한 영향을 미칠 수 있는 정보로서 대통령령으로 정하는 방법에 따라 불특정 다수인이 알 수 있도록 공개되기 전의 것을 말하며, 상장법인[6개월 이내에 상장하는 법인 또는 6개월 이내에 상장법인과의 합병, 주식의 포괄적 교환, 그 밖에 대통령령으로 정하는 기업결합 방법에 따라 상장되는 효과가 있는 비상장법인("상장예정법인등")을 포함]의 업무 등과 관련된 정보이어야 한다(법174①). 즉 미공개중요정보(내부정보)는 일반인에게 공개되지 아니한 정보로 회사업무와 관련하여 투자자의 투자판단에 중대한 영향을 주는 정보이다. 내부정보는 당해 법인의 업무 등과 관련된 중요한 정보로서 이른바 회사관련정보(기업정보)를 말한다.[72]

내부자거래는 회사의 내부자가 미공개중요정보를 이용하여 증권을 거래하는 것이다. 따라서 내부정보의 개념은 내부자거래의 규제에서 핵심적인 요소이다. 그런데 회사의 정보가 모두 내부정보에 해당하는 것은 아니며, 내부자거래의 규제대상이 되는 내부정보에 해당하기 위하여는 중요성과 미공개성의 두 가지 요건을 구비할 필요가 있다. 여기서 중요성 요건은 정보의 객관적 내용에 관한 문제이고, 미공개성 요건은 정보의 시간적 범위에 관한 문제이다.[73]

Ⅱ. 상장법인의 업무 등과 관련된 정보

1. 상장법인

내부자거래규제 대상이 되는 법인은 상장법인이다. 여기의 법인에는 비상장법인을 포함하지 않지만 예외적으로 ⅰ) 6개월 이내에 상장하는 비상장법인, ⅱ) 6개월 이내에 상장법인과의 합병하는 비상장법인, ⅲ) 6개월 이내에 상장법인과의 주식의 포괄적 교환을 하는 비상장법인, ⅳ) 그 밖에 대통령령으로 정하는 기업결합 방법에 따라 상장되는 효과가 있는 비상장법인은 포함된다(법174①). 예외적으로 포함되는 비상장법인을 "상장예정법인등"이라고 한다.

위에서 "대통령령으로 정하는 기업결합 방법"이란 다음의 어느 하나에 해당하는 경우로서

---

72) 노태악(2001b), "증권거래법상 미공개 내부정보에 관하여", 증권법연구 제2권 제1호(2001. 6), 99쪽.
73) 최재경(2000), "증권거래법상 내부자거래의 형사처벌 관련문제", 법무연구 제27호(법무연수원, 2000), 56쪽.

그 결과 비상장법인의 대주주 또는 그의 특수관계인("대주주등")이 상장법인의 최대주주가 되는 방법을 말한다(영201①).

1. 상장법인이 비상장법인으로부터 법 제161조 제1항 제7호에 해당하는 중요한 영업을 양수하고, 그 대가로 해당 상장법인이 발행한 주식등을 교부하는 경우
2. 상장법인이 비상장법인의 대주주등으로부터 법 제161조 제1항 제7호에 해당하는 중요한 자산을 양수하고, 그 대가로 해당 상장법인이 발행한 주식등을 교부하는 경우
3. 비상장법인의 대주주등이 상법 제422조에 따라 상장법인에 현물출자를 하고, 그 대가로 해당 상장법인이 발행한 주식등을 교부받는 경우

비상장법인은 자본시장의 공정성과 건전성을 해하지 않고 투자자 보호의 문제도 없으므로 원칙적으로 규제대상에서 제외되지만, 예외적으로 포함되는 비상장법인("상장예정법인등")은 상장정보를 이용하여 내부자거래를 하는 현실을 고려한 입법이다.

그러나 상장법인과 합병을 통해 실질적인 상장의 효과를 누리는 우회상장은 죄형법정주의 원칙상 규제대상이 아니다. 내부자거래를 한 자는 형사제재의 대상이 되는데 형법의 기본원리인 죄형법정주의는 법관의 자의를 방지하고 국민의 예측가능성을 담보하기 위하여 범죄구성요건의 명확성을 요구하고 있기 때문이다.

미공개중요정보는 내부자가 관계가 있는 "상장법인"의 업무 등과 관련된 정보여야 한다. 따라서 상장법인의 계열회사에 관한 정보는 그 자체만으로 내부정보에 해당하지 않는다. 그러나 그것이 당해 상장법인의 업무 등과 관련된 것으로 인정되는 경우에는 내부정보가 될 수 있다.

2. 당해 법인의 업무관련성

미공개중요정보는 상장법인의 "업무 등"에 직·간접적으로 관련되는 정보를 의미한다. 따라서 회사의 영업성적이나 재산상태에 영향을 주는 내부정보는 이에 해당하고, 당해 법인이 자체적으로 작성한 영업환경 전망이나 예상실적 등은 내부정보가 될 것이다. 또한 업무 등에 관한 정보이어야 하므로, 내부정보는 정확하고 확실한 정보이어야 한다.[74] 따라서 단순한 풍문이나 추측은 내부정보가 아니다.

3. 시장정보

시장정보란 당해 상장법인의 업무 등에 관련된 정보가 아닌 사외정보로서 증권시장에서

---

74) 곽민섭(2000), 151쪽.

당해 법인이 발행한 증권의 수급에 영향을 줄 수 있는 정보 또는 기관투자자나 외국인 투자자의 동향과 같은 정보를 말한다. 따라서 통화신용정책, 금리정책, 외환정책, 관세정책, 무역수지 상황 등 특정산업 일반에 관한 정책이나 경제동향, 기관투자자의 투자동향, 펀드매니저의 추천종목 등 당해 상장법인의 업무 외의 사정에 관한 정보는 내부자거래규제 대상이 되는 미공개 중요정보에 해당하지 않는다. 따라서 당해 법인으로부터 발생한 정보나 그 법인의 재산상황에 관한 정보가 아닌 주식의 매매동향에 대한 시장정보는 이미 공개된 사실을 기초로 분석·연구한 성과이기 때문에 내부정보에 해당하지 않는다. 내부자거래의 규제는 사실에 대한 정보의 평등을 도모하는 것이며, 사실에 대한 분석·조사는 개인적 능력의 평등을 도모하는 것이 아니기 때문이다.[75] 따라서 시장정보는 증권의 가격에 영향을 미치더라도 내부정보가 아니다.

그러나 자본시장법은 예외적으로 시장정보 중 공개매수의 실시 또는 중지에 관한 정보와 주식등의 대량 취득·처분에 관한 정보를 별도의 규정에서 내부자거래규제 대상으로 하고 있다(법174②③). 이에 관하여는 뒤에서 살펴본다.

Ⅲ. 정보의 정확성

1. 정보의 성립시기

(1) 정보의 생성시점

자본시장법은 회사의 내부정보가 규제대상이 되는 "중요한" 미공개정보로 전환되는 시점에 관하여 규정하지 않고, 다만 "투자자의 투자판단에 중대한 영향을 미칠 수 있는 정보"라고만 규정하고 있다. 그런데 정보의 생성시점은 특정한 거래가 내부자거래규제의 대상이 되는지와 직접적인 관계를 갖기 때문에 어느 시점부터 "중요한" 내부정보로 볼 것인지는 상당한 의미를 갖는다.

일반적으로 정보는 어느 시점에 순간적으로 형성되는 것이 아니라 시간이 진행됨에 따라 시차를 두고 생성·발전한다. 따라서 "중요한" 정보에 대한 논의는 먼저 그 대상이 되는 "중요한" 정보의 생성시점이 문제된다. 예컨대 부도발생 또는 합병 등의 경우에 어느 시점에 "중요한" 정보가 되는가이다. 특히 합병은 대상회사의 물색, 대상회사의 기업내용의 조사·분석, 대상회사와의 예비접촉, 합병방법과 조건의 합의, 이사회 결의, 합병계약의 체결, 합병승인, 주주총회의 결의 등 여러 단계를 거쳐 이루어지는데 어느 단계에서 "중요한" 정보가 생성된 것으로 볼 것인가가 문제이다.

여기서 "중요한" 정보의 생성시점을 판단함에 있어서는 진행 중이어서 확정적인 평가가

---

75) 이형기(1999), "증권거래법상의 민사책임에 관한 고찰", 인권과 정의 제277호(1999), 57쪽.

어렵더라도 진행 중인 사실을 "중요한" 정보로 평가할 수 있는 것이다. 예컨대 부도발생 이전이라도 자금사정의 악화 등으로 부도발생의 개연성이 충분히 존재하는 시점[76]이나 합병에 관한 이사회 결의 전 단계라도 구체적인 상황에 따라 "중요한" 정보가 생성된 것으로 평가할 수있다. 즉 "중요한" 정보에 해당하기 위해서는 합리적인 투자자가 당해 증권을 매도 또는 매수할 것인가 아니면 계속 보유할 것인가를 결정할 수 있는 가치가 있어야 한다. 합리적인 투자자라면 이러한 평가를 하기 위하여 진행 중인 불확실한 사실이라 하더라도 그 판단의 대상에서배제하지 않을 것이기 때문이다.[77]

따라서 일반적으로 법인 내부에서 생성되는 중요정보란 갑자기 완성되는 것이 아니라 여러 단계를 거치는 과정에서 구체화되는 것으로서, 중요정보의 생성시기는 반드시 그러한 정보가 객관적으로 명확하고 확실하게 완성된 경우를 말하는 것이 아니라, 합리적인 투자자의 입장에서 그 정보의 중대성과 사실이 발생할 개연성을 비교 평가하여 유가증권의 거래에 관한 의사결정에 있어서 중요한 가치를 지닌다고 생각할 정도로 구체화되면 그 정보가 생성되었다고할 것이다.[78]

(2) 결정사항과 발생사항

자본시장법은 일본의 금융상품거래법과는 달리 결정사항인 정보와 발생사항인 정보를 구별하고 있지 않다. 그러나 정보의 일반적인 생성과정을 보면 "중요한" 미공개정보는 상장법인의 경영·재산 등에 관한 사항에 대하여 이사회 또는 이에 준하는 의사결정기관의 결정에 의하여 이루어지는 사항("결정사항")과 그러한 결정에 의하지 않고 발생하는 사항("발생사항")으로구분할 수 있다.[79]

"중요한" 미공개정보 중에서 발생사항의 경우(예를 들면 재해에 기인하는 손해 또는 업무수행과정에서 생긴 손해 등)는 대체로 발생에 이르기까지 점차로 성숙되고 구체화되는 과정의 경유없이 그 발생이 확정되는 시점에 즉시 "중요한" 미공개정보가 될 것이다. 그러나 결정사항의 경우(예를 들면 합병 등)는 여러 단계에 걸쳐서 그에 대한 결정 여부 및 결정내용이 점차로 구체화

---

76) 대법원 2000. 11. 24. 선고 2000도2827 판결: "증권거래법 제186조 제1항 제1호에서 규정하고 있는 상장법인 등이 발행한 어음 또는 수표가 부도처리되었을 때뿐만 아니라, 은행이 부도처리하기 전에 도저히 자금조달이 어려워 부도처리될 것이 거의 확실시되는 사정도 당해 법인의 경영에 중대한 영향을 미칠 수 있는 사실로서 합리적인 투자자라면 누구든지 당해 법인의 주식의 거래에 관한 의사를 결정함에 있어서 상당히 중요한 가치를 지니는 것으로 판단할 정보에 해당하는 것임이 분명하므로, 이러한 상황을 알고 있는 당해 법인의 주요주주 등이 그 정보를 공시하기 전에 이를 이용하여 보유주식을 매각하였다면 이는 미공개정보 이용행위를 금지하고 있는 같은 법 제188조의2 제1항을 위반하였다고 보지 않을 수 없다."

77) 김용진(1993), 16쪽.

78) 대법원 2008. 11. 27. 선고 2008도6219 판결; 대법원 2009. 7. 9. 선고 2009도1374 판결 등.

79) 일본의 금융상품거래법 제166조 제2항은 명시적으로 "결정에 관한 사항"과 "발생에 관한 사항"으로 구분하여 중요한 미공개정보를 열거하여 규정하고 있다.

되어 가는 것이 일반적일 것이다. 상장법인의 결정사항이 어느 시점에 "중요한" 정보가 될 것
인지는 개별 사안에 따라 구체적인 사정을 종합적으로 고려하여 판단하여야 할 것이다. 따라서
이사회나 의사결정기관이 공식적인 결정을 내리지 않았더라도 임원회의 등의 실질적인 결정기
관 또는 대주주에 의한 결정이 있고, 이러한 결정이 당해 결정사항의 실시가 확실하여 주가에
도 영향을 미치게 되는 경우에는 이를 "중요한" 정보로 인정할 필요가 있다.[80]

2. 정보의 진실성

자본시장법 제174조 제1항에는 미공개중요정보라고 규정하고 있을 뿐 그 정보가 진실한
정보일 것을 명시적으로 규정하고 있지는 않다. 그러나 진실한 정보만이 내부자거래규제의 대
상이 된다.

정보는 어떤 사실에 관하여 확실하고 진실한 것이어야 진정한 정보로서의 가치를 가진다.
특히 증권시장에 산재하는 정보는 여러 형태로 증권의 가격에 영향을 주지만, 사실과 다른 풍
문이나 추측정보와 같이 정확성 내지 진실성이 결여된 정보를 이용한 행위는 내부자거래규제
대상이 되지 않는다. 내부자거래는 본질적으로 공시의무의 존재를 전제로 한다. 따라서 공시의
무를 위반하여 공시를 하지 않은 것, 즉 부작위에 의한 내부자거래를 규제하는 것이고, 적극적
으로 허위표시나 중요사항의 누락을 이용하는 거래는 법 제176조의 시세조종으로 규제하고 있
기 때문이다. 이러한 점에서 공시의무의 대상이 되는 사실은 허위가 아닌 진정한 사실을 의미
하고, 중요정보의 기초가 되는 사실은 객관적으로 존재하여야 한다.[81]

그러나 정보의 진실성에 대하여는 정보의 실질적인 전부가 허위 또는 과장된 것이 아니라
그 일부에 허위 또는 과장된 부분이 포함된 경우에는 이를 이유로 정보의 중요성을 부정할 수
는 없다.[82]

실제로는 중요사실이 존재하지 않음에도 불구하고 존재한다고 오신하여 증권을 거래한 경
우에는 처벌되지 않는다. 예를 들어 회사의 계약체결자가 회사의 임원으로부터 이사회에서 대
규모 신주발행이 결정되었다는 말을 전해 듣고 거래한 경우, 실제로는 그와 같은 결정이 없었
거나 거래 당시에 아직 결정되지 않은 때에는 처벌되지 않는다. 또한 대표이사가 주가를 끌어
올리기 위하여 가공계약의 허위공시를 하는 과정에서 공시담당자가 그 가공계약이 진실한 것
으로 믿고 이를 이용하여 주식을 매수한 경우에 이를 내부자거래로 볼 수 있는가의 여부이다.
이 경우 공시담당자는 허위의 가공계약을 진실한 정보로 오신하여 이에 기초하여 주식을 매수

80) 박임출(2003), 135쪽.
81) 박임출(2003), 136쪽.
82) 서울중앙지방법원 2008. 11. 27. 선고 2008고합236 판결.

한 경우로서 구성요건 사실에 대한 착오가 있었기 때문에 불능미수 또는 불능범으로 보아야 할 것이다.[83]

Ⅳ. 정보의 중요성과 판단기준

1. 중요한 내부정보

(1) 법적용상 중요성 판단의 의의

자본시장법의 목적은 완전공시의 원칙을 채택하여 투자자를 보호하는 것이며, 내부자거래 규제도 미공시 또는 불완전공시를 규제하는 소극적인 방법이다. 그러나 기업내용의 공시를 무한정으로 요구할 수는 없다. 만약 제한 없는 공시를 요구한다면 공시의무의 이행을 위하여 많은 비용이 발생할 뿐만 아니라 현실적으로도 불가능하기 때문에 대부분의 회사와 경영진을 자본시장법의 위반사범으로 만들 위험이 있다. 또한 자본시장법상의 공시의무위반을 염려하는 회사나 경영진에 의하여 과다한 정보가 제공됨으로써 투자자는 투자판단에 도움이 되지 않는 정보의 홍수 속에 파묻히게 되어 오히려 투자자가 정보에 의하여 의사를 결정하는 것을 어렵게 만들 우려도 있다. 따라서 내부자거래를 규제하는 경우 내부자가 이용한 정보에 질적인 한계를 설정하여야 한다. 자본시장법이 내부자거래규제대상으로서의 정보를 "투자자의 투자판단에 중대한 영향을 미칠 수 있는 정보로서 대통령령으로 정하는 방법에 따라 불특정 다수인이 알 수 있도록 공개되기 전의 것"으로 규정한 것도 그러한 이유이다. 따라서 중요성은 내부자거래의 성립요건으로서 내부자의 행위의 위법성 나아가서는 가벌성 여부를 결정하는 기준이 된다.[84]

그런데 "투자자의 투자판단에 중대한 영향을 미칠 수 있는 정보"란 당해 증권을 매도할 것인가 또는 계속 보유하거나 매수할 것인가를 판단함에 있어 의존해야 할 자료나 정보를 말한다. 즉 이것은 투자자들이 일반적으로 안다고 가정할 경우 당해 증권의 가격에 중대한 영향을 미칠 수 있는 사실이다. 당해 증권의 가격에 중대한 영향을 미칠 수 있는 것이 아닌 평범한 정보는 투자자의 투자판단 자료로 이용할 가치가 별로 없기 때문이다. 그러나 자본시장법은 "투자자의 투자판단에 중대한 영향을 미칠 수 있는 정보"인가 아닌가를 어떻게 판단할 것인가에 대하여는 규정하지 아니하였기 때문에 해석론으로 객관성이 있는 기준을 찾아야 한다. 중요성의 판단은 내부자거래규제에서 판단이 어려운 사항으로 가장 핵심적인 부분이라고 할 수 있다.

---

83) 박임출(2003), 136쪽.
84) 김용진(1993), 10쪽.

(2) 입법형식

(가) 한정적 열거주의

규제의 대상이 되는 정보를 구체적으로 열거하여 그 열거된 정보만을 규제대상으로 삼는 방법이다.[85] 일본은 중요정보의 범위와 기준을 입법적으로 해결하는 한정적 열거주의를 취하고 있다.

한정적 열거주의는 행위자인 내부자가 피해자인 투자자의 사전판단을 가능하게 하여 내부자거래의 사전예방적 효과나 법적안정성을 도모할 수 있다. 그러나 여건 변화에 적절히 대응하면서 여건에 따라 구체적인 타당성을 기할 수 없는 것이 단점이다.

(나) 포괄주의

중요한 정보의 개념만을 정의하여 두고(또는 이와 병행하여 중요한 정보의 사례를 예시하고) 구체적인 사건에 당하여 법원으로 하여금 중요성의 해당 여부를 가리게 하는 방법이다.[86] 미국은 포괄주의를 취하고 있는 대표적인 경우에 해당한다.

중요성의 개념을 사법적으로 판단하는 포괄주의는 여건 변화에 적절히 대응하면서 현실적인 여건에 따라 구체적 타당성을 도모할 수 있다. 그러나 내부자거래의 사전예방적 효과나 법적 안정성을 도모하기 어렵다는 단점이 있다.

(다) 우리나라의 해석론

중요성의 개념을 정의하는 경우에 어떤 입법주의 형식을 취할 것인가는 각국의 법문화에 따른 입법정책의 문제라고 할 수 있다.

내부자거래의 규정은 포괄주의를 취하고 있는 미국의 입법례를 기본으로 하고 중요한 미공개정보의 개념을 포괄적·추상적으로 규정한 다음 중요한 미공개정보에 해당하는지 여부에 대한 구체적인 판단은 법원의 사법적 심사에 맡겨 개별 사안별로 판단하도록 하고 있다. 또한 대법원도 동일한 포괄주의를 취하고 있음을 명백히 하고 있다.[87]

"중요한" 정보에 관하여 포괄주의를 취하고 있는 이유는 여건 변화에 적절이 대응하여 구체적 타당성을 기하기 위한 것이고, 자본시장법 제174조 제1항이 "투자자의 투자판단에 중대한 영향을 미칠 수 있는 정보"를 중요한 정보로 규정하고 있으며, 입법기술의 한계상 불확정개념이 불가피한 점을 고려하면 자본시장법의 규정이 포괄주의를 취하고 있는 것은 죄형법정주의의 원칙에 위반된 것은 아니라고 할 것이다.

---

85) 대법원 1995. 6. 29. 선고 95도467 판결.
86) 대법원 1995. 6. 29. 선고 95도467 판결.
87) 대법원 1995. 6. 29. 선고 95도467 판결; 대법원 2000. 11. 24. 선고 2000도2827 판결; 대법원 2008. 11. 27. 선고 2008도6219 판결.

2. 중요성의 판단기준

(1) 포괄주의에서의 중요성의 판단기준

(가) 개요

내부자거래규제에 대한 입법형식에 있어 포괄주의를 채택하고 있는 미국의 경우, 정보의 중요성에 관한 판단은 법원의 판결을 거치면서 형성되었다.[88] 그러나 판례는 중요성의 판단에 있어서 논란을 거듭하여 왔다. 여기서는 미국의 대법원이 중요성에 관한 판단기준을 확립하는 과정과 그 내용에 대하여 살펴보기로 한다.

최초로 제2순회 항소법원이 Texas Gulf Sulphur 판결[89]에서 개연성/중대성 기준 (probability/magnitude test)을 정립한 이후 동 기준이 대체로 일관되게 적용되었다. 개연성/중대성 기준이라 함은 내부정보의 내용을 이루는 사실이 달성될 개연성이 있어야 하고, 달성될 사실이 당해 법인의 경영에 미치는 영향이 중대하여야 "중요한" 정보가 된다는 것이다. 그러나 이 판결은 중요성의 일반적인 기준일 뿐이었고, 중요성의 구체적인 기준을 제시하지는 못하였다. 그 후 대법원의 TSC 판결[90]은 기본적으로는 Texas Gulf Sulphur 판결을 수용하였지만 중요성의 완화경향을 제어하고 중요성의 판단범위를 객관적으로 정립하려고 시도하였다. 그러나 위 판결들은 중요성의 일반적인 기준일 뿐 중요성의 구체적인 기준을 제시하지는 못하였다. 여기에 내부정보의 중요성의 해석에서 중요하다는 명확성 기준(bright-line rule)을 제시함으로써 이 개연성/중대성의 범위를 제한하려는 하급심의 판례들이 나왔다.[91] 그 후 대법원의 Basic 판결[92]은 이 명확성의 기준을 배척하고 개연성/중대성의 기준을 확립하였다.

중요성에 관한 논의는 중요한 사실의 범주에 대하여 논란이 없었던 것은 아니었지만, 주로 그 사실이 생성되는 과정에서 어느 시점부터 중요한 사실로 되는가에 관한 것이었다. 예를 들어 합병의 경우에 합병이 진행되는 과정에서 어느 시점부터 중요한 사실이 되는가에 대한 논의였다.[93]

---

88) 미국의 1934년 증권거래법 제10b조 (b)항과 SEC Rule 10b-5는 중요한 사실에 관하여 허위표시를 하거나 또는 표시가 행하여진 당시 상황에 비추어 오해가 유발되지 않기 위하여 필요한 중요한 사실의 표시를 누락하는 것을 위법으로 규정함으로써 사기적인 행위인 내부자거래의 성립요건으로서 중요사실을 들고 있다. 여기서 중요사실에 대한 정의를 내리지 않고 있기 때문에 중요성(materiality)의 개념과 범위는 개별적인 사건에서 법원이 판단하게 되었다. 그동안 법원은 중요성을 결정하는 통일적인 기준을 설정하고자 노력하였지만, 정보의 중요성에 대한 공통적인 기준을 설정하지는 못하였다.

89) SEC v. Texas Gulf Sulphur Co., 401 F.2d 833(2d Cir. 1968).

90) TSC Industries, Inc. v. Northway, Inc., 426 U.S. 438(1976).

91) Stattin v. Greenberg, 672 F.2d. 1196, 1207(3d. Cir. 1982), Flamm, et al. v. Eberstadt, et al., 814 F.2d. 1169, 1174-1179(7th Cir. 1987) 등.

92) Basic Inc. v. Levinson, 485 U.S. 224(1988).

93) 김용진(1993), 11쪽. 이 논문은 포괄주의에서의 중요성 판단기준을 상세히 논하고 있다(이하 이 논문

(나) 정보내용의 개연성/중대성 기준(probability/magnitude test)

제2순회 항소법원은 Texas Gulf Sulphur라는 유황생산회사의 내부자거래 사건을 통해 최초로 중요성 판단기준으로 "개연성/중대성" 기준을 제시하였다. 이 사건의 중요 쟁점은 Texas Gulf Sulphur사가 개발 중이던 광산이 상업성이 있는지 여부가 유동적인 상태에서 내부자거래가 행하여졌던바, 이와 같이 성공 여부가 유동적인 개발사실이 투자자의 투자판단에 중대한 영향을 주는 중요한 정보인가에 관한 것이었다. 이와 관련하여 동 법원은 중요한 사실이란 회사의 가까운 장래에 영향을 미치는 사실과 투자자가 그 회사의 증권을 매매하거나 또는 보유하고자 하는 모든 사실을 포함하는 것이라는 논리를 전개하였다. 이러한 관점에서 중요한 사실이란 확정적일 필요는 없으며 중요성 여부는 그 일의 달성이 갖는 예상되는 중대성의 크기를 비교평가하여 그때마다 결정되어야 한다는 것이다.

따라서 동 법원은 시추표본에 의해 광대한 지역에 걸쳐 지표에서 가까운 지하에 막대한 양의 광물이 존재할 가능성을 알고 있다면 Texas Gulf Sulphur사의 주가에 영향을 미치는 것이 무리가 아닐 것이고 합리적인 투자자라면 주식을 매수할 것인가 또는 매도할 것인가, 아니면 계속 보유할 것인가의 여부를 결정함에 있어서 중요한 사실이 된다고 판시하였다.

(다) 투자행동의 개연성 기준(would/likelihood test)

중요성에 대한 판단은 그 평가방법에 따라 중요하다고 판단되는 사실의 범위를 무한하게 확대시킬 위험이 있다. TSC 판결은 이 점을 완화하고자 한 판결이다. 이 판결은 위임장권유와 관련한 중요한 사실의 부실표시에 대한 판례이다. 그러나 그 후 연방대법원이 Basic Inc. v. Levinson 사건에서 TSC 판결의 중요성 기준을 적용함으로써 중요성 기준에 대한 일반적인 선례가 되었다.

연방대법원은 "단지 가능성만 있고 실제로는 발생할 것 같이 않은 사실까지 포함하는" might 기준을 배척하고 합리적인 투자자라면 일반적으로 그의 행동방침을 결정함에 있어 부실표시 또는 누락된 사실에 중요성을 부여할(would)이라는 "상당한 개연성"(substantial likelihood) 이 있을 경우에 중요한 정보가 된다고 하는 would/likelihood 기준을 채택하였다.

TSC 판결은 Texas Gulf Sulphur 판결에서 제시된 중요성의 판단기준의 완화경향을 배척하고 중요성의 판단범위를 객관적으로 정립하려고 시도하였다. 그러나 기본적으로는 개연성/중대성 기준을 정립한 Texas Gulf Sulphur 판결의 입장을 그대로 유지하였다. 다만 would/likelihood test에 대하여는 어의적인 문제에 지나지 않으며 동기준이 중요성의 범위를 명확히 하는 데는 한계가 있다는 지적을 받았다.

11-14쪽 참조).

(라) 명확성 기준(bright-line rule)

명확성 기준이라 함은 문제가 되는 사실이 중요한 사실로 되기 위하여는 일정하게 표준화된 명확한 단계에 이르러야 한다는 원칙이다. 이는 주로 합병의 예비논의에서 문제되었던바, 합변의 조건과 구조에 대한 원칙적인 사항의 합의에 이르러야 비로소 중요한 사실로 된다는 것이다.

명확성 기준에 입각한 하급심 판례들에 의하면 합병이란 그 절차가 종료될 때까지는 위험한 가정에 지나지 않는다는 것을 설명해 준다고 하더라도 투자자는 이를 이해하지 못하는 미숙아로 본 것이다. 명확성 기준의 논거는 너무 일찍 공시를 하게 되면 협상을 결렬시킬 수 있으므로 합병논의는 비밀로 하여야 한다는 것이다. 이 기준은 공시시점을 정하는 데 명확한 기준을 제시한다. 그러나 이러한 논거는 투자자가 투자결정을 하는 데 있어서 원칙의 합의에 이르러야 합병논의에 관한 정보가 중요해진다는 이유를 설명하지 못하고 있다.

(마) 개연성/중대성 기준의 재확인

연방대법원은 Basic 판결에서 중요성의 문제에 대하여 개연성/중대성 기준을 확립하고, 사실판단의 문제임을 명백히 한 TSC 판결의 기준을 재확인하여 중요성의 문제에 대한 하급심의 혼란을 극복하였다.

미국의 판례는 전술한 바와 같이 중요성의 판단기준에 대하여 우여곡절이 있었으나 그 기준은 개연성/중대성 기준에 따르고 있다. 그런데 중요성의 기준은 단일화될 수 없으며 개별 사건에 있어서 구체적인 사실의 실체판단의 문제임을 확인하였다. 다만 미국의 판례가 중점을 둔 것은 어떤 정보의 사실성 자체가 아니라 정보의 형성과정이라고 할 수 있다. 따라서 미국의 판례는 중요한 정보의 구체적인 판단기준에 대하여 명시적인 언급을 하지는 않은 채 개연성/중대성의 기준에 따라 정보의 중요성을 판단해야 한다는 일반적인 원리만을 제시하고 있으며, 이러한 기준에의 해당 여부는 법원에서 사안에 따라 개별적으로 판단해야 한다.

(2) 중요한 정보(판례)

대법원의 판례는 중요한 정보를 "투자자의 투자판단에 중대한 영향을 미칠 수 있는 정보"라고 판시하고 있다. 여기서 "투자자의 투자판단에 중대한 영향을 미칠 수 있는 정보"라 함은, 합리적인 투자자라면 그 정보의 중대성과 사실이 발생할 개연성을 비교 평가하여 판단할 경우 유가증권의 거래에 관한 의사를 결정함에 있어서 중요한 가치를 지닌다고 생각하는 정보를 가리키는 것이다.[94] 대법원의 중요성 판단기준은 문제된 사실의 중대성과 그 사실이 발생할 개연성이다. 이러한 기준은 미국 연방대법원의 개연성/중대성 기준과 동일하다. 다만 "투자자의

---

94) 대법원 1994. 4. 26. 선고 93도695 판결; 대법원 1995. 6. 30. 선고 94도2792 판결; 대법원 2006. 5. 11. 선고 2003도4320 판결; 대법원 2008. 11. 27. 선고 2008도6219 판결.

투자판단에 중대한 영향을 미칠 수 있는 정보"란 합리적인 투자자가 당해 유가증권을 매수 또는 계속 보유할 것인가 아니면 처분할 것인가를 결정하는 데 있어서 중요한 가치가 있는 정보, 바꾸어 말하면 일반투자자들이 일반적으로 안다고 가정할 경우에 당해 유가증권의 가격에 중대한 영향을 미칠 수 있는 사실을 말한다고 하여 시세영향기준을 채택한 판례가 있다.[95] 그러나 이 판례가 있은 후 대법원은 일관되게 개연성/중대성 기준을 따르고 있다.

그리고 개연성과 중대성의 관계에서는 문제되는 사실이 기업경영이나 주가변동에 아무리 중대한 영향을 미칠 것이라 하더라도 전혀 발생할 가능성이 없는 사실은 투자자의 투자판단에 영향을 미칠 수 없으므로, 개연성의 존재와 그에 대한 평가는 중대성의 평가에 선행된다 할 것이다.[96]

3. 합리적인 투자자에 영향을 미칠 수 있는 정보(중요성의 판단방법)

중요성을 판단하는 주체는 합리적인 투자자이어야 한다. 정보는 여러 단계를 거치는 과정에서 구체화되는 것으로 반드시 객관적으로 명확한 것만 이용이 금지되는 중요한 미공개정보에 해당하는 것이 아니다. 합리적인 투자자라면 정보의 중요성과 사실이 발생할 개연성을 비교 평가하여 판단한 경우 증권의 거래에 관한 합리적인 의사를 결정함에 있어 중요한 가치를 지닌다고 생각하는 정보를 말한다.[97] 즉 중요성이 판단은 합리적인 투자자를 전제하여 객관적으로 판단하여야 한다.

여기서 합리적인 투자자란 반드시 증권에 문외한인 일반투자자만을 말하는 것이 아니라 전문투자자도 합리적인 투자자의 범주에 포함된다고 보아야 한다. 또한 합리적인 투자자란 어떤 범위의 투자자를 말하는가에 대하여 논란이 있다. 이는 중요성의 판단주체를 보수적인 투자자로 제한할 것인가, 또는 이에 투기자를 포함할 것인가에 관한 문제이다. 내부정보로서 중요한 사실은 확정적인 사실은 물론이고 발생 개연성이 있는 한 확정적인 사실이 아닌 경우에도 있을 수 있다. 이 경우 확정적인 사실이 아닌 불확실성은 투기자에게는 중요성 판단의 적극적인 자료가 될 것이다. 여기에서 보수적인 투자자를 중요성의 판단주체로 제한하는 경우 중요성의 범위가 좁게 해석될 것이고 투기자를 포함하는 투자자를 중요성의 판단주체로 보는 경우에는 그 범위가 확장될 여지가 크다. 그러나 모든 투자자에게는 불확실성을 투자의 기초로 삼아 보다 높은 수익을 올리고자 하는 내적 동기가 있고, 보수적인 투자자와 투기자를 구별하는 것은 쉽지 않을 뿐만 아니라 법률상 차별하여야 할 이유가 없으므로 투기자도 포함된다고 해석

---

95) 대법원 1995. 6. 29. 선고 95도467 판결.
96) 김용진(1993), 18쪽.
97) 대법원 1994. 4. 26. 선고 93도695 판결; 대법원 1995. 6. 30. 선고 94도2792 판결; 대법원 2006. 5. 11. 선고 2003도4320 판결; 대법원 2008. 11. 27. 선고 2008도6219 판결.

하는 것이 타당하다. 따라서 중요성의 판단은 구체적인 사안에 따라 합리적인 투자자의 객관적인 입장에서 개연성/중대성을 비교 평가하여 중요성의 유무를 가려야 한다.98)

Ⅴ. 정보의 미공개성

1. 미공개

자본시장법은 "대통령령이 정하는 방법에 따라 불특정 다수인이 알 수 있도록 공개되기 전의 것"(법174①)만을 내부자거래의 규제대상이 되는 내부정보로 하고 있다. 따라서 당해 법인이 대통령령이 정하는 방법에 따라 공개하기 전의 정보는 경제신문에 실제의 정보와 유사한 정보가 게재되었어도 공개된 정보는 아니다.

내부정보는 반드시 비밀정보임을 전제로 하지 않는다. 다만 내부정보의 부당이용에 대한 규제는 시간적으로 남보다 앞서서 내부정보를 부당하게 이용하는 행위를 방지하려는 것이기 때문에, 당해 정보를 이용하였을 때를 기준으로 그 이용시간에 타인도 그 정보에 접근할 수 있었는가의 여부가 위법성 유무를 결정하는 중요한 근거가 될 수 있다. 따라서 투자자의 투자판단에 중대한 영향을 미치는 중요한 정보라 할지라도 이미 공개된 것이라면 시장거래의 평등에 대한 부당한 침해가 없을 것이므로 그 이용은 규제할 필요가 없는 것이다.99)

2. 공개절차

(1) 공개방법과 대기기간

중요한 정보가 일반투자자에게 전달되려면 일정한 공시방법으로 공개되고 일정한 기간이 경과하여야 한다. 이와 같이 공개된 정보가 널리 전파되어 일반투자자가 주지할 수 있도록 제도적으로 보장되는 기간을 대기기간이라고 한다. 따라서 이 대기기간이 경과한 다음에는 정보가 널리 일반투자자에게 공시되었기 때문에 내부자도 매매거래를 할 수 있다.100)

이와 관련하여 시행령은 "해당 법인(해당 법인으로부터 공개권한을 위임받은 자를 포함) 또는

---

98) 박임출(2003), 139쪽.
99) 최재경(2000), 58쪽.
100) 위에서 살펴본 Texas Gulf Sulphur 사건의 경우, 광맥발견사실이 1964년 4월 16일 오전 10시부터 약 15분간 신문에 보도되었고, 이 정보가 전파되어 Dow Jones사의 속보테이프에 표시된 것이 오전 10시 54분이었다. 이에 대하여 제1심 법원은 신문보도가 있었던 10시 15분경에는 정보가 보도기관에 전달되었으므로 그 후에는 내부자가 매매거래를 해도 좋으며, 그 보도가 널리 전파되는 것을 기다릴 필요가 없다고 판시하였다. 그러나 제2심 항소법원은 회사가 정보를 공개한 후 그 정보가 일반투자자에게 전달되는 것이 충분히 확보되는 전파매체에 의하여 전파되었고, 기대되는 합리적인 시점까지 기다려야 한다고 판시하여, 신문기자에게 발표한 후 Dow Jones사의 속보테이프에 표시될 때까지의 사이에 거래를 한 내부자에게 책임을 인정하였다(SEC v. Texas Gulf Sulphur Co., 401 F.2d. 833, 859(2d Cir. 1968)).

그 법인의 자회사(상법 제342조의2 제1항에 따른 자회사를 말하며, 그 자회사로부터 공개권한을 위임받은 자를 포함)가 다음의 어느 하나에 해당하는 방법으로 정보를 공개하고 해당 호에서 정한 기간이나 시간이 지나는 것을 말한다"고 규정하고 있다(영201②).[101]

1. 법령에 따라 금융위원회 또는 거래소에 신고되거나 보고된 서류에 기재되어 있는 정보: 그 내용이 기재되어 있는 서류가 금융위원회 또는 거래소가 정하는 바에 따라 비치된 날부터 1일

2. 금융위원회 또는 거래소가 설치·운영하는 전자전달매체를 통하여 그 내용이 공개된 정보: 공개된 때부터 3시간

3. 신문 등의 진흥에 관한 법률에 따른 일반일간신문 또는 경제분야의 특수일간신문 중 전국을 보급지역으로 하는 둘 이상의 신문에 그 내용이 게재된 정보: 게재된 날의 다음 날 0시부터 6시간. 다만 해당 법률에 따른 전자간행물의 형태로 게재된 경우에는 게재된 때부터 6시간으로 한다.

4. 방송법에 따른 방송 중 전국에서 시청할 수 있는 지상파방송을 통하여 그 내용이 방송된 정보: 방송된 때부터 6시간

5. 뉴스통신진흥에 관한 법률에 따른 연합뉴스사를 통하여 그 내용이 제공된 정보: 제공된 때부터 6시간

(2) 상대거래에 대한 예외

공개시장에서의 거래가 아니라 거래당사자 간의 직접 협상에 의한 상대거래의 경우, 거래의 목적인 증권 관련 내부정보가 이미 거래당사자에게 알려진 상태에서 거래가 이루어졌다면 위 5가지 방법에 의하여 공개되지 않은 정보도 미공개정보로 보지 않는다.[102]

공개증권시장을 통하지 아니하고 거래가 이루어지는 이른바 "상대거래"의 경우에 증권시장의 공정성이나 일반투자자의 신뢰성의 문제는 발생되지 않으며, 따라서 정보의 불공정한 격차의 문제는 거래당사자 사이에서 판단하여야 하고, "미공개정보"인지 여부는 거래당사자가 이

---

101) 미국의 경우 증권규제법은 내부정보의 공시방법이나 공시로 중요한 정보가 일반적으로 유포되는 데에 어느 정도의 시간경과를 요하는지에 대한 규정을 두고 있지 않다. 다만 증권거래소에서 획일적인 대기기간을 권유하고 있다. 뉴욕증권거래소(NYSE)는 회사의 이사 또는 임원은 정보가 기재된 연차보고서, 반기보고서, 기타 사업보고서, 위임장설명서 등이 주주 등에게 광범위하게 배포된 후 매매거래를 하는 것이 적당하다고 하고 있다. 또한 뉴욕증권거래소의 상장규정과 아메리칸증권거래소(AMEX)의 상장규정은 공시방법에 관하여 규정하고 있다. AP, UPI, Dow Jones and Company, Reuters Economic Services에 통보하는 것을 공시로 인정하고 있다. 특히 아메리칸증권거래소는 그 외에 New York Times, Wall Street Journal, Moody's Investors Service, Standard and Poor's Corporation 등에 게재하는 것도 공시로 인정하고 있다. 그리고 아메리칸증권거래소는 내부자는 전국적 규모의 매체를 통한 공시가 있은 후 24시간 경과 후에 증권거래가 가능하고, 전국적 규모가 아닌 매체를 통한 공시는 최소한 48시간의 대기기간이 경과한 후에 거래하도록 권유하고 있다(Listing Standard, Policy and Requirement, Part4. Disclosure Policies 402(f)).

102) 서울고등법원 2003. 2. 17. 선고 2002노2611 판결.

를 알고 있었는지 여부에 따라 판단하여야 하며, 상대거래의 거래당사자가 모두 해당정보를 알고 있는 경우라면 해당 정보가 비록 공시되지는 않았다고 하더라도 내부자거래의 요건인 "미공개정보"에 해당된다고 할 수는 없는 것이다. 증권시장을 전제로 한 내부자거래규제가 상대거래에도 그대로 적용된다고 본 것은 잘못이다.[103]

3. 공개내용의 진실성

자본시장법은 당해 법인이 일반투자자에게 어느 정도 공개한 것을 공시로 볼 것인가에 관하여 규정을 하고 있지 아니하다. 다만 이와 관련하여 법령에 금융위원회 또는 거래소에 신고하거나 보고된 내용의 비치공시의 경우에는 법령에 의하여 서류의 기재사항이 정해져 있고, 거래소의 공시방송망을 통한 적시공시의 경우에는 거래소가 공시문안을 조정하고 공시업무편람에 따라 공시하여야 할 내용을 점검하고 있다.[104]

당해 법인이 직접 일간신문이나 방송을 통하여 내부정보를 공시하는 경우에는 투자자의 투자판단에 혼란을 주는 경우가 있다. 이 경우 거래소는 일간신문이나 방송의 보도내용이 사실인가의 여부를 당해 법인에 조회할 수 있고, 당해 법인의 확인내용을 기초로 공시문안을 조정하여 이를 다시 전자공시시스템이나 신문사, 방송사를 통하여 일반투자자에게 공시할 수 있다.

이와 같이 공시내용의 정확성을 담보하기 위한 제도적 장치가 마련되어 있지만, 원칙적으로 상장법인이 고의로 공시사항의 일부를 은폐하거나 왜곡시키는 경우에는 그 진상을 파악하는 것은 매우 어렵다. 따라서 이와 같은 공시의 실체부합성 및 충분성 여부는 문제된 정보의 중요요소에 의해 판단되어야 한다. 정보의 중요요소란 개연성/중대성의 논리를 기초로 하여 합리적인 투자자의 투자판단에 중대한 영향을 미칠 수 있는 부분으로 이해되어야 한다.[105]

4. 미공개와 적극적 부실표시

내부자거래의 규제는 중요한 미공개정보를 이용하는 행위를 금지하는 것으로, 이는 침묵에 의한 내부자거래를 규제하는 것이고, 적극적으로 거짓의 기재나 누락에 의한 경우에는 시세조종에 관한 제176조에서 규제를 하고 있다.

---

103) 서울지방법원 2003. 6. 25. 선고 2002노9772 판결.
104) 노태악(2001b), 103쪽.
105) 박임출(2003), 143쪽.

제5절 규제대상증권

Ⅰ. 특정증권등

자본시장법은 특정증권등을 내부자거래의 규제대상증권으로 하고 있다. 특정증권등은 상장법인 및 상장예정법인등이 발행한 해당 특정증권등을 포함한다(법174①). 특정증권등은 내부자의 단기매매차익 반환의무의 대상증권을 말한다(법 제172조 제1항 제1호부터 제4호까지). 즉 다음의 어느 하나에 해당하는 금융투자상품이 이에 해당한다.

1. 그 법인이 발행한 증권(대통령령으로 정하는 증권[106] 제외)
2. 제1호의 증권과 관련된 증권예탁증권
3. 그 법인 외의 자가 발행한 것으로서 제1호 또는 제2호의 증권과 교환을 청구할 수 있는 교환사채권
4. 제1호부터 제3호까지의 증권만을 기초자산으로 하는 금융투자상품

Ⅱ. 신규발행증권

자본시장법은 규제대상증권을 "그 법인이 발행한 증권"으로 규정하고 있기 때문에 법인이 이미 발행한 증권만을 의미하는 것으로 보아야 한다. 즉 중요한 미공개정보의 이용행위에 전제가 되는 매매, 그 밖의 거래는 법인이 발행한 증권을 대상으로 하고 있으므로 유통시장에서 이미 발행된 증권의 매매거래 등을 염두에 둔 것이다.

그런데 증권이 발행되는 때에 이를 취득하는 행위(원시취득)를 규제대상으로 할 것인가의 문제가 있다. 예를 들면 ⅰ) 주가하락의 요인이 되는 악재가 회사에 발생하였음에도 그 정보가 공개되기 전에 시가발행증자를 하는 경우이다. 이 경우 회사와 주주(취득자) 사이에는 정보의

---

106) "대통령령으로 정하는 증권"이란 다음의 증권을 말한다(영196).
　　1. 채무증권. 다만 다음의 어느 하나에 해당하는 증권은 제외한다.
　　　가. 전환사채권
　　　나. 신주인수권부사채권
　　　다. 이익참가부사채권
　　　라. 그 법인이 발행한 지분증권(이와 관련된 증권예탁증권 포함) 또는 가목부터 다목까지의 증권(이와 관련된 증권예탁증권 포함)과 교환을 청구할 수 있는 교환사채권
　　2. 수익증권
　　3. 파생결합증권(법 제172조 제1항 제4호에 해당하는 파생결합증권은 제외)

비대칭이 존재하는 것처럼 보이기 때문에 내부자거래로 볼 여지가 있다. 그러나 내부자거래는 중요한 미공개정보를 공시하지 않고 증권을 거래하는 일종의 부작위범이라는 점에서, 증권신 고서를 통하여 내부정보를 공시하지 않고 당해 증권을 매도한 것이므로 공시를 하지 아니하는 것을 전제로 하는 내부자거래로 볼 수는 없다. 다만 이 경우 증권신고서에 중요한 사항을 누락 하였거나 허위로 기재한 점에서 법 제119조의 규정을 위반한 행위로 볼 수는 있을 것이다. ⅱ) 주가를 상승시키는 사실이 회사에 발생하고 이를 알게 된 내부자가 그 정보가 공개되기 전에 그 당시의 시가로 증자에 응하는 경우이다. 이 경우 회사와 그 내부자 사이에는 정보의 비대칭 이 존재하지 않기 때문에 내부자거래로 볼 여지는 없다. 따라서 발행시장에서의 위법한 거래는 정보의 비대칭에 의한 내부자거래로 규제하기보다는 증권신고서의 허위기재의 문제로 취급하 는 것이 타당하다.[107]

제6절   내부자의 금지행위

Ⅰ. 매매 그 밖의 거래

내부자, 준내부자 및 정보수령자는 특정증권등의 매매, 그 밖의 거래에 이용하거나(정보이 용행위) 타인에게 이용하게(정보제공행위) 하여서는 아니 된다(법174①). "그 밖의 거래"란 매매 이외의 유상거래만을 의미하므로 교환 등 매매 이외의 취득 또는 처분, 전환사채권자의 전환권 의 행사, 신주인수권부사채권자의 신주인수권의 행사, 교환사채권자의 교환권의 행사 등을 포 함한다. 또한 일체의 양도와 담보권설정이나 담보권취득, 증권의 대차거래 등의 거래를 포함한 다. 그러나 무상거래인 증여는 포함되지 않는다.

Ⅱ. 정보이용행위

1. 정보를 이용한 매매

자본시장법은 정보이용행위 자체가 아니라 정보를 이용한 매매 그 밖의 거래행위를 금지 하고 있다. 즉 정보를 이용한 매매란 정보가 호재인 경우에는 증권을 매수하고 악재인 경우에 는 증권을 매도하는 것을 의미한다.

그리고 매매 그 밖의 거래와 관련하여 그 정보를 이용한다는 것은 적극적인 이용과 소극

---

107) 박임출(2003), 145쪽.

적인 이용을 포괄하는 것으로 볼 수 있다. 그러나 실제에 있어서 어떤 정보를 이용하여 증권을 매도하거나 매수하지 않는 소극적인 형태의 이용을 처벌하는 것을 곤란하므로 적극적인 형태의 정보이용행위만이 규제대상이 된다.[108]

2. 정보의 지득 여부 판단

미공개정보의 이용행위는 통상 회사 내부적으로 은밀하게 이루어지는 것이고, 특히 정보의 전달 및 지득은 사적인 장소에서 관련자들 사이의 대화에 의해서도 이루어질 수 있는 것이어서 관련자들이 범행을 부인하는 경우 정보의 전달 및 지득 여부에 대한 직접증거를 확보하기 곤란하다. 내부자거래 사건에서 정보의 전달 및 지득에 대한 직접적인 증거만을 요구하는 것은 내부자거래규제를 위반한 자들에게 사실상 면죄부를 주는 것이어서 합리성이 없다. 따라서 사물의 성질상 범의와 상당한 관련성이 있는 간접사실 또는 정황사실을 증명하는 방법에 의하여 이를 입증할 수밖에 없으며, 이때 무엇이 상당한 관련성이 있는 간접사실에 해당할 것인가는 정상적인 경험칙에 바탕을 두고 치밀한 관찰력이나 분석력에 의하여 사실의 연결상태를 합리적으로 판단하는 방법에 의하여야 할 것이다.[109]

3. 정보의 보유와 이용

정보의 이용은 증권의 매매 그 밖의 거래와 관련되어야 하므로 현실적인 거래행위의 존재를 전제로 하는 것이다. 매매 그 밖의 거래를 하지 않고 순수하게 정보를 이용한 경우, 예컨대 회사의 사업목적을 위하여 내부정보를 이용하는 경우는 이에 해당하지 않는다. 또한 내부정보를 이용하였다고 하기 위하여는 정보보유자의 거래가 전적으로 내부정보 때문에 이루어진 점을 입증할 필요는 없고, 단지 내부정보가 거래를 하게 된 하나의 요인이었다는 점을 입증하면 족하다. 즉 내부정보가 거래를 하게 된 요인이 아닌 경우에는 이에 해당하지 않는다. 그리고 정보보유자가 불가피하게 매매할 수밖에 없는 경우에는 정보의 이용을 인정할 수 없을 것이다.[110]

4. 정보이용의 고의

내부자, 준내부자 및 정보수령자는 매매 등과 관련하여 정보를 이용하는 것이 금지된다. 그런데 이들의 정보이용행위에는 고의가 필요하다. 따라서 내부자와 준내부자는 자신이 알고 있는 정보가 중요한 미공개정보라는 사실과 그 정보를 이용하여 증권의 매매 그 밖의 거래를

---

108) 최재경(2000), 59쪽.
109) 서울중앙지방법원 2007. 2. 9. 선고 2006고합332 판결.
110) 김건식·정순섭(2009), 293쪽.

한다는 인식이 있어야 한다. 정보수령자는 정보제공자가 제공한 정보가 중요한 미공개정보라는 사실뿐만 아니라 정보제공자가 그의 직무와 관련하여 알게 된 정보라는 사실도 인식하고 증권의 매매 그 밖의 거래에 이용한다는 인식이 있어야 한다.[111]

그러나 내부자, 준내부자 및 정보수령자는 중요한 미공개정보를 이용한 증권의 매매 그 밖의 거래를 통하여 이익을 취득하거나 손실을 회피할 의도를 갖고 있을 필요는 없다. 또한 결과적으로 이익을 취득하거나 손실을 회피한 사실의 존재도 필요하지 않다. 왜냐하면 자본시장법 제174조 제1항의 구성요건의 내용이 결과의 발생을 요하지 않고 법에 규정된 행위를 함으로써 충족되는 형식범의 형태이고, 법익침해의 일반적인 위험이 있으면 구성요건이 충족되는 추상적 위험범의 형태로 규정되어 있기 때문이다. 이와 같이 구성요건이 결과범의 형태가 아닌 형식범의 형태로 되어 있어 결과의 발생을 요건으로 하지 아니하므로 내부자의 중요한 미공개정보 이용행위가 있으면 범죄는 완성되어 바로 기수가 성립되고, 미수가 성립될 여지는 없다.

Ⅲ. 정보제공행위

1. 정보를 이용하게 하는 행위

내부자가 중요한 미공개정보를 타인에게 알려주어 그 타인이 이 정보를 이용하여 거래를 하게 하는 것을 의미한다. 내부자가 타인의 증권의 매매 기타 거래에 미공개중요정보를 이용하도록 제공하는 행위만으로 충분하고 달리 정보수령자가 그 정보를 이용하는 행위까지 필요로 하지는 아니한다. 타인으로 하여금 이를 이용하게 하는 행위에 해당하기 위해서는 정보제공행위뿐만 아니라 정보수령자의 이용행위 및 정보제공행위와 그 이용행위 사이의 인과관계가 인정되어야 한다. 이 경우 그 정보수령자도 규제를 받고, 정보를 이용하게 하는 행위에 반드시 대가를 요하지 않으며, 그 타인이 정보를 이용하여 거래를 하여야 하므로 그 타인의 거래가 없는 경우에는 그 타인은 물론 정보제공자의 책임도 없다.

즉 정보제공자인 내부자가 정보수령자인 상대방이 중요한 미공개정보를 이용하여 매매 그 밖의 거래를 할 것이라는 사실을 인식하거나 그렇게 믿을 만한 합리적인 이유가 있는 상황에서 상대방에게 정보를 제공하는 행위이다. 따라서 내부자가 정보를 전달하는 과정에서 상대방이 그 정보를 이용하여 매매 그 밖의 거래를 하지 않을 것으로 믿었거나 그렇게 믿을 만한 합리적인 이유가 있었던 경우에 그 상대방에게 정보를 알려주는 단순한 정보제공행위는 정보를 이용하게 하는 행위에서 제외된다.

그러나 단순한 정보제공행위와 타인으로 하여금 정보를 이용하게 하는 행위를 구분하는

---

111) 대법원 2017. 1. 25. 선고 2014도11775 판결.

것은 쉽지 않고, 내부자의 단순한 정보제공행위는 타인의 내부자거래를 조장할 위험성이 높다. 따라서 정당한 권한없이 중요한 미공개정보를 타인에게 제공하는 행위는 설사 그에게 내부자거래를 시킬 의도가 없었다 하더라도 규제할 필요가 있다는 견해가 있다.112) 그러나 정당한 권한없는 단순한 정보제공행위가 악용될 가능성이 크기 때문에 이를 규제할 필요성이 있겠지만, 현행법상 이와 같이 해석하는 것은 곤란하다고 본다. 예컨대 이와 같은 문제는 사실관계의 해석으로 보고, 중요한 미공개정보가 전달되는 상황에서 정보를 제공하는 자와 정보를 수령하는 자가 그 정보 또는 그 정보의 이용에 관하여 어떻게 인식하고 있었는가에 따라 위법성 여부를 구체적으로 판단하여야 할 것이다.113)

2. 정보제공자의 고의와 정보수령자의 고의

정보제공자는 정보를 수령하는 자가 그 정보를 이용하여 증권을 거래할 가능성이 있음을 인식하면서 정보를 전달하여야 한다. 그리고 정보수령자가 수령한 정보를 이용하여 매매 그 밖의 거래를 하는 경우에만 내부자거래가 성립하고 정보제공자의 책임이 인정된다. 이는 정보수령자가 거래를 하지 않은 경우에는 거래당사자 간의 정보의 비대칭문제가 없으므로 이에 대한 제재를 할 필요가 없기 때문이다.

또한 정보수령자는 그 정보를 전달한 정보제공자가 그 직무와 관련하여 알게 된 정보를 자신에게 전달한다는 사실을 인식하고 그 정보를 이용하여 거래한 경우에 한하여 내부자거래에 해당한다. 따라서 정보수령자가 그러한 사실을 인식하지 못한 경우에는 내부자거래가 성립하지 않는다.

제7절 공개매수 및 대량취득·처분의 특칙

Ⅰ. 공개매수의 경우

1. 의의

공개매수 관련자는 주식등에 대한 공개매수의 실시 또는 중지에 관한 미공개정보를 그 주식등과 관련된 특정증권등의 매매, 그 밖의 거래에 이용하거나 타인에게 이용하게 하여서는 아

---

112) 김건식·정순섭(2009), 295쪽.
113) 박임출(2003), 148쪽.

니 된다(법174② 본문). 다만 공개매수를 하려는 자("공개매수예정자")가 공개매수공고 이후에도 상당한 기간 동안 주식등을 보유하는 등 주식등에 대한 공개매수의 실시 또는 중지에 관한 미공개정보를 그 주식등과 관련된 특정증권등의 매매, 그 밖의 거래에 이용할 의사가 없다고 인정되는 경우에는 그러하지 아니하다(법174② 단서). 일반적인 내부자거래는 어떤 특정한 법인의 업무 등과 관련된 중요한 정보를 이용하는 행위를 규제하고 있으나, 공개매수의 실시 또는 중지에 대한 중요한 미공개정보 이용행위에 대하여 예외적으로 규제하고 있는 것이다.

내부자거래규제와 관련하여 중요한 미공개정보 이용의 규제대상은 회사의 내부정보이고 시장정보는 규제대상이 아니다. 그러나 시장정보 중에서 공개매수의 실시 또는 중지에 관한 미공개정보만은 내부자거래의 규제대상으로 하고 있다. 왜냐하면 공개매수정보는 주가에 큰 영향을 미치는 시장정보이기 때문이다. 우리나라의 경우 1992년 증권거래법 개정에서 공개매수정보를 이용한 내부자거래도 규제대상에 포함시켰다.

2. 규제대상주체

공개매수의 특칙의 경우 내부자거래의 주체는 일반적인 내부자거래의 주체와 동일하다. 다만 여기서의 내부자는 공개매수자에 관련된 다음과 같은 자이다(법174②). 즉 공개매수 대상 회사와 관련된 내부자, 준내부자 및 정보수령자가 아닌 대상회사 외부자인 공개매수자의 내부자, 준내부자 및 정보수령자가 공개매수의 실시 또는 중지에 관한 정보를 이용하거나 타인에게 이용하게 하는 것을 규제하는 것이다. 다만 공개매수자가 공개매수를 목적으로 거래하는 경우에는 내부자거래의 규제대상에서 제외되는데, 이는 공개매수자의 공개매수를 위한 증권의 사전매수 행위를 공개매수 준비행위로 인정할 수 있기 때문에 제외한 것이다.

1. 공개매수예정자(그 계열회사를 포함) 및 공개매수예정자의 임직원·대리인으로서 그 직무와 관련하여 공개매수의 실시 또는 중지에 관한 미공개정보를 알게 된 자
2. 공개매수예정자(그 계열회사를 포함)의 주요주주로서 그 권리를 행사하는 과정에서 공개매수의 실시 또는 중지에 관한 미공개정보를 알게 된 자
3. 공개매수예정자에 대하여 법령에 따른 허가·인가·지도·감독, 그 밖의 권한을 가지는 자로서 그 권한을 행사하는 과정에서 공개매수의 실시 또는 중지에 관한 미공개정보를 알게 된 자
4. 공개매수예정자와 계약을 체결하고 있거나 체결을 교섭하고 있는 자로서 그 계약을 체결·교섭 또는 이행하는 과정에서 공개매수의 실시 또는 중지에 관한 미공개정보를 알게 된 자
5. 제2호부터 제4호까지의 어느 하나에 해당하는 자의 대리인(이에 해당하는 자가 법인인 경우에는 그 임직원 및 대리인을 포함)·사용인, 그 밖의 종업원(제2호부터 제4호까지의 어느

하나에 해당하는 자가 법인인 경우에는 그 임직원 및 대리인)으로서 그 직무와 관련하여 공
개매수의 실시 또는 중지에 관한 미공개정보를 알게 된 자

6. 공개매수예정자 또는 제1호부터 제5호까지의 어느 하나에 해당하는 자(제1호부터 제5호까
지의 어느 하나의 자에 해당하지 아니하게 된 날부터 1년이 경과하지 아니한 자를 포함)로
부터 공개매수의 실시 또는 중지에 관한 미공개정보를 받은 자

3. 규제대상증권

규제대상증권은 "공개매수의 대상인 주식등과 관련된 특정증권등"이다. "공개매수의 대상
인 주식등"의 개념과 "특정증권등"의 개념은 매우 넓기 때문에 두 개의 개념을 결합한 개념인
"공개매수의 대상인 주식등과 관련된 특정증권등"의 범위를 확정하는 것은 쉽지 않다. 따라서
규제의 목적을 달성하기 위하여 가능한 한 넓게 해석하여야 할 것이다.

4. 규제대상정보

공개매수의 특칙과 관련된 내부정보는 "공개매수의 실시 또는 중지에 관한 미공개정보"를
말하고, 여기서의 미공개정보는 "대통령령이 정하는 방법"에 따라 불특정 다수인이 알 수 있도
록 공개되기 전의 것을 말한다(법174②). "대통령령으로 정하는 방법"이란 공개매수자(그로부터
공개권한을 위임받은 자를 포함)가 제2항 각 호의 어느 하나에 해당하는 방법으로 정보를 공개하
고 해당 호에서 정한 기간 또는 시간이 지나는 것을 말한다(영201③). 일반적인 내부자거래와
달리 정보의 중요성은 요건이 아니다.

Ⅱ. 대량취득·처분의 경우

1. 의의

규제대상자는 주식등의 대량취득·처분(경영권에 영향을 줄 가능성이 있는 대량취득·처분으로
서 대통령령으로 정하는 취득·처분)의 실시 또는 중지에 관한 미공개정보(대통령령으로 정하는 방법
에 따라 불특정 다수인이 알 수 있도록 공개되기 전의 것)를 그 주식등과 관련된 특정증권등의 매매,
그 밖의 거래에 이용하거나 타인에게 이용하게 하여서는 아니 된다(법174③ 본문). 다만 대량취
득·처분을 하려는 자가 제149조에 따른 공시 이후에도 상당한 기간 동안 주식등을 보유하는
등 주식등에 대한 대량취득·처분의 실시 또는 중지에 관한 미공개정보를 그 주식등과 관련된
특정증권등의 매매, 그 밖의 거래에 이용할 의사가 없다고 인정되는 경우에는 그러하지 아니하
다(법174③ 단서).

이는 주식등의 대량취득·처분으로 인한 주가의 변동가능성은 투자자들의 투자판단에 중대한 영향을 미치고, 주식등을 대량취득·처분하는 자와 투자자의 정보의 비대칭이 존재하므로, 경영권에 영향을 줄 가능성이 있는 정보를 이용한 거래행위를 규제하려는 것이다.

2. 규제대상주체

대량취득·처분의 특칙의 경우 내부자거래의 주체는 공개매수 특칙의 경우와 동일하다. 다만 여기서의 내부자는 주식등을 대량취득·처분을 하는 자와 관련된 다음과 같은 자이다(법174③).

1. 대량취득·처분을 하려는 자(그 계열회사 포함) 및 대량취득·처분을 하려는 자의 임직원·대리인으로서 그 직무와 관련하여 대량취득·처분의 실시 또는 중지에 관한 미공개정보를 알게 된 자

2. 대량취득·처분을 하려는 자(그 계열회사를 포함)의 주요주주로서 그 권리를 행사하는 과정에서 대량취득·처분의 실시 또는 중지에 관한 미공개정보를 알게 된 자

3. 대량취득·처분을 하려는 자에 대하여 법령에 따른 허가·인가·지도·감독, 그 밖의 권한을 가지는 자로서 그 권한을 행사하는 과정에서 대량취득·처분의 실시 또는 중지에 관한 미공개정보를 알게 된 자

4. 대량취득·처분을 하려는 자와 계약을 체결하고 있거나 체결을 교섭하고 있는 자로서 그 계약을 체결·교섭 또는 이행하는 과정에서 대량취득·처분의 실시 또는 중지에 관한 미공개정보를 알게 된 자

5. 제2호부터 제4호까지의 어느 하나에 해당하는 자의 대리인(이에 해당하는 자가 법인인 경우에는 그 임직원 및 대리인 포함)·사용인, 그 밖의 종업원(제2호부터 제4호까지의 어느 하나에 해당하는 자가 법인인 경우에는 그 임직원 및 대리인)으로서 그 직무와 관련하여 대량취득·처분의 실시 또는 중지에 관한 미공개정보를 알게 된 자

6. 대량취득·처분을 하려는 자 또는 제1호부터 제5호까지의 어느 하나에 해당하는 자(제1호부터 제5호까지의 어느 하나의 자에 해당하지 아니하게 된 날부터 1년이 경과하지 아니한 자 포함)로부터 대량취득·처분의 실시 또는 중지에 관한 미공개정보를 알게 된 자

3. 규제대상취득·처분

규제대상인 "경영권에 영향을 줄 가능성이 있는 대량취득·처분으로서 대통령령으로 정하는 취득·처분"이란 다음의 요건을 모두 충족하는 취득·처분을 말한다(영201④).

1. 보유목적이 경영권에 영향을 주기 위한 것(영154①)으로 할 것(취득의 경우만 해당)
2. 금융위원회가 정하여 고시하는 비율 이상의 대량취득·처분일 것[114]

---

114) 제2호의 규정에서 금융위가 정하여 고시하는 비율이란 다음의 비율 중 낮은 비율을 말한다(자본시장조사

3. 그 취득·처분이 주식등의 대량보유보고대상(법147①)에 해당할 것

4. 규제대상증권

규제대상증권은 "대량취득·처분의 대상인 주식등과 관련된 특정증권등"이다. 그 설명은 공개매수의 특칙의 경우와 동일하다.

5. 규제대상정보

대량취득·처분의 특칙과 관련된 내부정보는 "주식등의 대량취득·처분의 실시 또는 중지에 관한 미공개정보이다. 여기서 주식등의 대량취득·처분은 경영권에 영향을 줄 가능성이 있는 대량취득·처분으로서 대통령령으로 정하는 취득·처분을 말하고, 미공개정보는 대통령령이 정하는 방법에 따라 불특정 다수인이 알 수 있도록 공개되기 전의 것을 말한다(법174③). 일반적인 내부자거래와 달리 정보의 중요성은 요건이 아니다.

제8절 내부자거래에 대한 제재

Ⅰ. 민사제재

1. 서설

(1) 규정의 성격

내부자거래의 규제에 관한 법 제174조를 위반한 자는 해당 특정증권등의 매매, 그 밖의 거래를 한 자가 그 매매, 그 밖의 거래와 관련하여 입은 손해를 배상할 책임을 진다(법175①).

자본시장법상의 손해배상책임에 관한 규정은 내부자거래라는 불공정행위에 대한 공적규제의 불충분성을 사적규제에 의하여 보완하여 그 규제의 실효성을 제고하기 위한 것이므로, 그 법적 성격은 민법의 일반불법행위로 인한 손해배상청구권의 특칙으로서의 민사책임을 규정한 것이다. 따라서 이 규정은 일반불법행위책임의 규정에 의하여 보완될 수 있고, 당해 내부자거

업무규정54①).
1. 100분의 10(발행 주식등의 총수에 대한 취득·처분하는 주식등의 비율)
2. 취득·처분을 통하여 최대주주등이 되거나(발행 주식등의 총수를 기준으로 누구의 명의로 하든지 특수관계인 및 자기의 계산으로 소유하는 주식등을 합하여 그 수가 가장 많게 되는 경우) 되지 않게 되는 경우 그 변동비율

래가 직접거래에 의한 것인 경우에는 계약해제 및 그에 따른 손해배상청구도 가능하며, 양자는 경합한다.[115]

민법상의 일반불법행위책임을 물을 수 있음에도 불구하고 자본시장법이 특칙을 두고 있는 이유는 내부자거래로 인한 피해를 입은 자의 구제를 용이하게 하고 피해자에 의한 손해배상청구의 활성화를 통해 사적구제에 의한 내부자거래의 억제효과를 제고하기 위한 것이다. 이와 같은 자본시장법상 손해배상책임규정은 내부자거래를 한 자의 부당이득을 박탈함으로써 내부자거래를 억제하는 기능을 수행하는 동시에 이로 인하여 피해를 입은 선의의 투자자를 구제하는 기능을 수행하고 있다.[116]

(2) 민사책임 규정의 특징과 비판

(가) 내부자거래의 구조적 특징

내부자거래의 구조적 특성상 내부자거래로 피해를 입은 투자자가 손해배상을 실현하는 데는 어려움이 있다. 그 이유는 다음과 같다.

ⅰ) 대규모로 조직화된 거래소를 통하여 증권거래가 이루어지는 경우 투자자는 거래상대방과 직접적인 교섭이나 권유가 없는 상태에서 내부자의 거래와는 무관하게 단지 증권의 호가나 시황에 대한 독자적인 투자판단에 따라 자발적으로 주문을 내어 증권거래를 한다. 따라서 투자자의 거래가 내부자의 거래행위에 의하여 직접적인 영향을 받았다고 보기 어려운 경우가 많고, 또한 투자자의 입장에서는 내부자인 거래상대방을 확인하기도 어렵다. 그리고 거래상대방을 확인할 수 있다고 해도 특정한 투자자가 내부자의 상대방으로 되는 것을 거래소의 매매체결 전산시스템에 의한 우연한 사정에 기인한 것으로 볼 수 있다. 이와 같은 상황에서 내부자와 직접상대방이 된 자, 나아가 우연히 내부자의 직접 거래상대방으로 된 자에게 배상청구권을 인정하고 반대편 거래자에게 이를 부정하는 것은 공평하지 못하다. 그렇다고 하여 직접의 거래상대방을 포함한 모든 반대편 거래자에게 손해배상청구권을 인정하는 것은 내부자거래 행위자의 손해배상책임을 지나치게 확대하는 결과가 되어 피해자의 구제방법으로는 적당할지 모르나 내부자거래 행위자에게 지나치게 가혹하다고 할 수 있다. 나아가 이러한 손해는 내부자거래와 인과관계를 인정하기도 어렵다.[117]

ⅱ) 배상청구권자는 현실적으로 내부자거래가 발생했는지 여부를 알 수 없다는 점이다. 즉 감독당국이나 수사기관이 특정인의 내부자거래 혐의를 발표하기 이전에 일반투자자들은 특정 종목의 거래에서 내부자거래가 존재하였다는 사실을 알기 어렵다.

---

115) 곽민섭(2000), 147쪽.
116) 박임출(2003), 150쪽.
117) 박임출(2003), 150쪽.

iii) 감독당국이나 수사기관의 발표로 자신이 거래한 종목에 내부자거래가 있었다는 사실을 알게 된 경우에도, 자신의 거래가 내부자의 거래와 연결되어 거래가 되었는지는 거래소가 보유하고 있는 거래자료를 확보하지 않는 이상 알 수 없다. 그런데 배상청구권자는 이러한 거래정보자료를 쉽게 입수할 수 없다.[118)]

따라서 위와 같은 이유로 내부자거래의 민사책임에 관하여는 배상청구권자의 범위, 인과관계의 인정, 입증책임, 손해배상액의 범위 결정이 상호관련하에 논의되고 있다. 만일 내부자의 거래행위와 피해자의 손해 사이에 엄격한 인과관계의 입증을 요한다고 하면 상대거래를 제외한 거래소 거래의 경우에는 내부자거래의 손해배상책임에 관한 규정을 둔 자본시장법의 취지가 단지 손해배상책임의 법적 근거를 마련하고 있는 것에 지나지 않게 될 수도 있을 것이다.[119)]

(나) 민사책임 규정에 대한 비판

내부자거래에 대해서는 형사제재가 가능하면 내부자거래로 인해 취득한 이득은 몰수대상이 될 수 있는데, 이에 더하여 민사책임을 부가할 필요가 있는지에 대하여 의문을 제기하는 견해가 있다. 이는 내부자거래가 피해자가 없는 불법행위라는 견해와 맥락을 같이 하고 있다고 볼 수 있다.[120)]

ⅰ) 당해 법인이 중요한 정보를 공개하지 않은 상태에서 내부자거래가 발생한 경우, 주가는 전혀 내부정보에 의해 영향을 받지 않았기 때문에 특별히 피해가 발생했다고 주장하기가 어렵다는 점이다. 이 경우 설사 피해자가 있다고 하더라도 민사법에 의한 원고적격을 거래상대방에 한정될 것이다. ⅱ) 내부자가 이득을 얻었다고 하더라도 그 누구도 손해를 보지 않는 것이 가능하다는 점이다. 따라서 이러한 경우 이들에 대해서 부당이득반환책임을 청구할 수 있는 자가 없을 수 있다. ⅲ) 처벌의 측면에서도 내부자가 얻은 이득은 자본시장법 제447조의2의 몰수규정에 의해 몰수될 수 있으며, 이에 더하여 징역 또는 벌금형을 선고받을 수 있는 상황에서, 이에 추가하여 굳이 손해를 본 자도 없는 데 손해배상청구권을 인정할 이유가 없다는 비판이다.

민사책임을 인정하는 문제는 입법정책적인 문제이므로 재론의 여지는 없다고 본다. 다만 내부자가 얻은 이득은 필요적 몰수규정으로 규정하여 환수하는 것은 의미가 있다. 현재의 형사제재 규정이 중하게 되어 있지만, 실질적으로 법정형에 훨씬 미치지 못하는 현실을 고려할 때 부당이득을 전액 몰수하는 자본시장법상 필요적 몰수규정은 의미가 있다.

---

118) 권종호 외(2003), 91쪽.
119) 강대섭(1995), "내부자거래의 인과관계와 배상청구권자의 범위", 상거래법의 이론과 실제, 안동섭 교수 화갑기념논문집(1995), 91-92쪽.
120) 권종호 외(2003), 91-92쪽.

2. 책임당사자

(1) 배상책임자

자본시장법상 배상책임자는 법 제174조의 규정을 위반한 자인 내부자, 준내부자, 정보수령자이다. 즉 내부자거래의 행위주체가 배상책임자이다. 내부자, 준내부자, 정보수령자는 당해 상장법인의 업무 등과 관련된 미공개중요정보를 특정증권등의 매매, 그 밖의 거래에 이용하거나 타인에게 이용하게 하여야 한다. 2차 정보수령자는 내부자거래의 행위주체에 해당되지 아니하므로 배상책임자가 아니다.

(2) 배상청구권자

배상청구권자는 내부자, 준내부자 및 정보수령자와 해당 특정증권등의 매매, 그 밖의 거래를 한 자이다. 그러나 청구권자의 범위를 어디까지 인정할 것인가의 문제가 있는데, 이는 인과관계의 문제와 관련된다.

(가) 해당 특정증권등

해당 특정증권등"121)이라 함은 중요한 미공개정보를 이용하여 거래한 특정증권등으로서 비록 동일 발행회사가 발행한 특정증권등이더라도 다른 종류나 종목의 특정증권등은 손해배상의 대상이 되는 증권이 아니다. 따라서 어느 상장법인의 내부자가 중요한 미공개정보를 이용하여 당해 법인이 발행한 주식을 거래하였다면 당해 주식과 교환 또는 당해 주식으로 전환할 수 있는 사채권을 거래한 자는 그 내부자거래 행위자에게 손해배상청구를 할 수 없다. 또한 당해 상장법인이 수종의 주식을 발행하고 있는 경우 내부자가 중요한 미공개정보를 이용하여 특정 종목의 주식을 거래하였다면 당해 내부자거래 행위자에게 손해배상책임을 청구할 수 있는 자는 당해 특정 주식을 거래한 자만 해당한다.122)

(나) 매매 그 밖의 거래

매매란 특정증권등을 매도하거나 매수하는 것을 말하고, 그 밖의 거래란 매매 이외의 당해 특정증권등의 거래를 의미한다. 매매가 전형적인 특정증권등의 거래이지만 그 외에도 담보의 제공, 증권대차거래, 신용거래, 주식교환 등을 포함할 수 있을 것이다.

---

121) "특정증권등"이라 함은 다음의 어느 하나에 해당하는 금융투자상품을 말한다(법172①).
    1. 그 법인이 발행한 증권(대통령령으로 정하는 증권을 제외)
    2. 제1호의 증권과 관련된 증권예탁증권
    3. 그 법인 외의 자가 발행한 것으로서 제1호 또는 제2호의 증권과 교환을 청구할 수 있는 교환사채권
    4. 제1호부터 제3호까지의 증권만을 기초자산으로 하는 금융투자상품
122) 박임출(2003), 163쪽.

(다) 배상청구권자의 범위와 거래시점의 문제

1) 미국의 경우

가) 청구권자의 범위와 계약관계

배상청구권자의 범위에 관하여 미국에서는 손해배상청구권자가 내부자와 증권거래에 있어서 계약관계에 있어야 하는가의 문제로 논의되었다.[123] 보통법하에서는 사기 또는 부실표시에 의한 피해자는 그가 계약의 당사자인 경우에 계약의 타방당사자관계에 있는 자만을 상대로 소를 제기할 수 있었다. 그러나 증권거래는 거래의 신속성과 비대면성으로 인하여 이를 엄격하게 요구하면 매수인-매도인 관계를 확정하기 곤란하므로 내부자거래로 인한 피해자의 구제를 사실상 불가능하게 하는 결과가 초래되었다. 따라서 SEC Rule 10b-5를 해석하는 경우에 초기의 판례는 남소의 우려, 피고의 과도한 불이익, 입증문제 등을 고려하여 계약관계를 엄격히 요구하였으나 점차 이를 완화하는 판례가 나타나게 되었다. 그 후의 판례는 당사자 간의 계약관계를 포기하게 되는바, 그 이유는 증권거래와 관련한 사기, 부실표시의 피해자를 광범위하게 보호하고자 하는 증권규제의 목적을 달성하기 위함이었다.

그런데 어떠한 법적 관계가 배상책임자에게 책임을 부과하기 위한 전제로서 필요하다. 계약관계의 요건을 포기한다고 하여 누구에게나 손해배상청구를 할 수 있다거나 위반행위의 관련을 주장하지 않고 소를 제기할 수 있다는 것은 아니다. 배상책임자의 범위설정으로서의 한계는 다른 형태로 발전하였다. 계약관계의 참가, 지배, 교사 및 방조, 공모라는 더 완화된 형태로 남게 되었다. 동시에 책임의 범위를 제한하는 계약관계의 기능은 부분적으로 신뢰, 인과관계, 매수인-매도인 요건 등으로 변형되었다.

나) 동시기의 의미

미국의 1988년 내부자거래 및 증권사기집행법(Insider Trading and Securities Fraud Enforcement Act: ITSFEA)은 내부자거래와 동시기(during the same period)에 동일한 종류의 증권을 내부자와 반대방향으로 매매한 자는 내부자거래에 의하여 내부자가 취득한 이익 또는 회피한 손실의 범위 내에서 민사책임을 추급할 수 있는 것으로 규정하면서 피해자의 민사구제를 넓게 인정하고 있다(ITSFEA 제5조).

여기서 동시기의 의미에 관한 학설 또는 판례상의 논의는 ⅰ) 내부자가 거래를 시작한 날로부터 내부정보가 공개된 날까지로 해석하는 입장, ⅱ) 내부자가 거래를 종료 또는 중지한 경우에는 정보비대칭은 해소되어 시장은 정상적인 상태로 돌아오고 공시 또는 거래단념(disclose or abstain)의 의무를 위반하여 거래한 내부자라고 하더라도 그 거래활동을 종료한 후에 우연히

---

[123] 오영환(1994), "내부자거래와 민사책임에 관한 연구", 연세대학교 대학원 박사학위논문(1994. 12), 201쪽 이하 참조.

동일종목의 증권을 거래하게 된 투자자가 입은 손실에 대해서까지 사실상의 보험자가 되어서는 안 된다는 전제 아래 내부자의 거래를 종료하는 때에는 내부자는 자신이 시장에 참가하여 정보상의 비대칭을 발생시키는 경우에만 내부자와 거래하는 불특정의 투자자를 보호하기 위한 공시의무를 부담한다고 하여, 동시기는 내부자가 실제로 거래하고 있는 기간(내부정보가 공개되지 않고 있는 전기간이 아니라)을 의미한다는 입장 등이 있다.

2) 우리나라의 경우

가) 내부자거래의 발생시점과 청구권자의 범위

내부자거래가 발생한 시점을 기준으로 거래방향과 관련하여 다양한 종류의 거래자들이 있을 수 있다. 즉 내부자와 같은 방향으로 거래한 자, 내부자와 반대방향으로 거래한 자, 그리고 계속해서 특정증권등을 보유하고 있는 자로 구분할 수 있다.

그런데 내부자와 같은 방향으로 거래한 자는 내부자가 얻은 이익 또는 회피한 손실을 함께 누린다고 볼 수 있으므로 청구권자가 될 수 없다. 또한 내부자거래의 발생과 관계없이 계속해서 특정증권등을 보유하고 있는 자는 특별한 이익이나 손실이 발생하지 않았으므로 청구권자가 될 수 없다. 따라서 내부자와 반대방향으로 거래한 자는 내부자거래로 인하여 손실 발생 가능성이 있고, 또 증권거래의 특성상 상대방을 일일이 특정하는 것은 사실상 불가능하기 때문에 내부자와 특정증권등을 반대방향으로 거래한 자를 배상청구권자로 보아야 한다.124)

나) 거래시점의 문제

배상청구권자를 내부자와 반대방향으로 거래한 자로 한정한다고 하더라도 공개시장에서 불특정 다수인간에 이루어지는 증권거래의 특성을 고려하는 경우, 구체적으로 어느 시점에 내부자와 반대방향으로 거래한 자를 청구권자로 인정할 것인가의 문제가 있다.125)

ⅰ) 내부자와 현실적으로 거래한 상대방 거래자에 한정하는 입장이다. 이 견해는 배상청구권자의 확정을 명확하게 하는 장점은 있지만, 불특정 다수인들의 주문이 전산거래시스템을 통하여 처리되는 거래소시장에서의 거래에서 우연히 내부자의 주문과 매치(match)된 거래자에게만 배상청구권을 인정하는 문제점이 있다.

ⅱ) 내부자가 거래한 시점부터 내부정보가 공개된 시점까지의 모든 반대거래자를 포함하는 입장이다. 이는 청구권자의 범위를 확대시켜주는 장점이 있지만, 인과관계의 입증을 곤란하게 하고 내부자거래 행위자에게 과도한 손해배상책임을 부담시킬 가능성이 있다.

---

124) 박승배(2009), "자본시장법상 불공정거래행위로 인한 손해배상책임에 관한 연구", 연세대학교 대학원 박사학위논문(2009. 12), 281쪽.
125) 박승배(2009), 283쪽.

iii) 내부자와 거래한 동시기의 같은 종목의 증권을 거래한 자로 보는 입장이다.[126] 이 견해가 원칙적으로 타당하다고 본다. 다만 다양한 신종 금융투자상품의 출현에 따라 반드시 동시기에 거래한 대상을 "같은 종목"으로 한정할 필요는 없을 것이다. 예컨대 기초자산에 대한 중요한 미공개정보를 이용하여 기초자산에 기초한 파생금융상품으로 경제적 이득을 취할 가능성이 있으므로 동시기에 다른 종목을 반대방향으로 거래한 자에 대하여도 손해배상청구권을 인정해야 할 것이다. 그리고 이 경우 손해배상청구권의 지나친 확대를 방지하기 위해 내부자거래의 발생경위, 내부자가 취득한 이익과 회피한 손실액, 거래별 발생간격, 내부정보의 거래영향, 종목간 연계성 등을 고려하여 판단하여야 할 것이다.

다) 동시기의 의미

그런데 청구권자의 범위를 구체적으로 특정하기 위하여는 동시기의 개념을 확정할 필요가 있을 것이다. 여기서 동시기의 의미, 즉 시간적인 인접성의 정도가 무엇을 의미하는가에 대하여 다음과 같은 입장이 있다.[127]

ⅰ) 인과관계를 추인할 수 있는 범위에서 피해자의 구제와 내부자거래규제 목적도 달성할 수 있도록 내부자의 거래개시일부터 내부자의 거래종료일까지를 동시기로 보는 입장이다.[128] 그러나 이 견해는 내부자거래가 단기간에 종료될 경우 배상청구권자의 범위가 지나치게 좁아질 가능성이 있으며, 내부자거래와 내부정보의 공개시점과의 시간적 격차 등을 고려하지 않았다는 점이 지적될 수 있다.

ⅱ) 거래소의 거래에 있어서는 당사자관계를 입증하기 곤란하여 내부자거래를 근절시키기 위하여 내부정보가 공시되기까지 내부자와 반대방향의 거래를 한 자를 청구권자로 보는 입장이다.[129] 그러나 이 견해는 내부정보가 공시되기까지로 동시기를 확장하면 내부자거래규제의

---

126) 다음과 같은 견해가 있다. 내부자거래 행위자에 대하여 손해배상을 청구할 수 있는 자는 "해당 특정증권등의 매매, 그 밖의 거래와 관련하여 손해를 입은 자"이다. 여기서 "해당"이라는 문언이 "특정증권등"을 한정하고 있는가, 또는 "매매, 그 밖의 거래"를 한정하고 있는가의 여부에 따라 청구권자의 범위가 달라질 수 있다. 전자와 같이 해석하면 내부자거래 행위자가 거래한 특정증권등과 동일한 특정증권등을 거래한 자로서 손해를 입은 자 모두가 이에 포함될 수 있을 것이고, 후자와 같이 해석하면 내부자거래 행위자가 거래한 특정증권등과 동일한 특정증권등을 내부자거래 행위자와 거래한 자만이 이에 해당된다고 볼 수 있다. 따라서 전자의 해석에 의하면 당사자관계가 반드시 존재할 필요는 없으므로 청구권자의 범위가 지나치게 넓은 반면, 후자의 해석에 의하면 당사자관계가 존재하여야 하므로 청구권자의 범위가 지나치게 좁아지는 문제가 있다. 그리하여 전자의 해석과 후자의 해석을 절충한 안으로서 당사자관계를 의제할 수 있는 새로운 개념의 모색이 필요하게 된다. 즉 미국의 1934년 증권거래법 제20A조의 동시기 거래자(contemporaneous trader) 개념을 원용하여 청구권자의 범위를 형식적으로 인정하는 방법을 고려할 수 있을 것이다. 이와 같이 동시기 거래자 개념으로 청구권자를 결정하면 당사자관계는 물론 인과관계의 요건도 완화할 수 있어 거래소의 거래가 갖는 비대면적 특성을 해결할 수 있을 것이다(박임출(2003), 160쪽).

127) 박승배(2009), 284쪽.
128) 강대섭(1995), 354쪽.
129) 오영환(1994), 209쪽.

목적은 달성할 수 있지만, 내부자에게 과도한 책임이 발생하여 내부자에게 너무 가혹하다는 문제점이 지적된다.

iii) 내부자의 거래개시일부터 내부자의 거래종료일의 증권시장 종료시까지의 거래자를 청구권자로 보는 입장이다.[130] 동시기를 반드시 내부자의 거래종료일의 증권시장 종료시까지로 제한할 당위성은 없지만, 현실적으로 인과관계의 입증을 고려하면 이 견해가 설득력을 가진다.

이와 같이 동시기의 의미에 대하여 해석의 문제가 발생하지만, 내부자거래 민사책임의 특성상 실무상 복잡한 문제를 야기할 수 있으므로 입법으로 시기와 종기를 정하기보다는 법원이 개별적 사안에 따라 구체적으로 판단하는 것이 바람직할 것이다.

3) 결어

청구권자의 범위를 확정하는 경우에 거래소의 증권거래는 직접적인 인적거래가 이루어지지 않는 비대면적인 특성을 갖는 점, 매수인과 매도인 사이의 거래는 증권회사를 통하여 이루어지는데 그 대응관계는 우연히 성립하는 점을 고려하여야 할 것이다. 따라서 거래당사자 사이의 직접적인 계약관계를 요구하는 것은 규제의 목적을 사실상 포기하는 것이고, 우연적인 대응관계를 갖는 자만을 청구권자로 인정하는 것은 불합리하며, 모든 반대 거래자를 청구권자로 인정하는 것은 인과관계의 인정을 곤란하게 할 뿐 아니라 남소의 위험이 있어 당해 내부자거래 행위자에게 과도한 불이익을 과하는 결과를 발생하게 될 것이다. 그러므로 청구권자의 범위는 계약당사자 유사의 관계로서 내부자와 동시기에 반대방향으로 거래한 자로 제한하는 것이 타당하다.[131]

3. 객관적 요건(위법행위)

(1) 위법성

자본시장법은 내부자거래의 규제에 관한 법 제174조를 위반한 자는 손해배상책임을 지는 것으로 규정하고 있다(법175①). 자본시장법 제175조 제1항은 미공개중요정보 이용행위 금지규정의 위반이 곧바로 손해배상책임을 발생시킬 수 있는 위법한 행위임을 규정하고 있다. 중요한 미공개정보를 투자자에게 공개하여야 할 법적 의무를 위반한 것 자체가 위법성의 징표가 되는 것이다.

(2) 중요성

(가) 중요성 요건

손해배상책임이 발생하기 위해서는 미공개중요정보를 공개하지 않고 내부자, 준내부자,

---

130) 곽민섭(2000), 158쪽.
131) 곽민섭(2000), 158쪽.

정보수령자가 특정증권등의 매매, 그 밖의 거래를 함으로써 동시기에 반대방향으로 거래한 자가 손해를 입은 경우이어야 한다(법175①). 여기서 미공개중요정보와 관련하여 정보의 미공개성과 정보의 중요성은 전술한 바와 같다. 특히 자본시장법은 중요하지 않은 사실을 이유로 하여 제기되는 남소를 방지할 목적으로 중요성을 요건으로 하고 있다. 따라서 법의 취지는 중요성이 인정되는 경우에 손해배상책임이 발생하는 것으로 하고 있다.

자본시장법은 내부자거래와 관련하여 중요성을 "투자자의 투자판단에 중대한 영향을 미칠 수 있는" 정보로 정의하고 있다(법174①). 중요성은 내부자거래와 관련된 손해배상책임에 국한되는 것은 아니며 모든 정보공시에 공통된다. 발행공시책임과 관련해서는 전술한 바와 같다. 여기서는 미국의 경우를 중심으로 중요성의 판단기준을 살펴보기로 한다.

(나) 판단기준

중요성은 청구권자가 입증하여야 한다. 그러나 무엇이 중요성에 해당하는지에 대한 판단기준은 제시되어 있지 않다. 자본시장법의 목적이 개별적인 피해자구제뿐만 아니라 오히려 이를 통하여 증권에 관한 효과적인 정보공시를 달성함으로써 법의 목적을 달성함에 있다는 입장에서 손해배상청구소송에서는 중요성의 개념이 민·형법의 사기개념보다 확장되어야 할 것이다. 그러나 공개시장거래에 있어서는 사실상 다양한 자료, 평가 및 직관에 따라 거래하는 수많은 투자자에게 발생할 수 있는 잠재적인 거액의 책임가능성이 존재하기 때문에 중요성은 현저한 경우에 한하여 주의깊게 판단하여야 할 것이다.

미국의 판례는 중요성을 판단하기 위한 통일적인 기준을 확립하고 있지 않다. 그 대신 투자판단, 증권의 본질적 가치 또는 증권시장에 미치는 효과에 의하여 판단하는 객관적 기준과 투자자의 행위에 의하여 판단하는 주관적 기준을 채용하고 있다. 아래서는 미국 판례를 중심으로 중요성 기준을 살펴보기로 한다.

1) 주관적 기준

주관적 기준은 주로 직접적인 인적 거래에 사용되고 있는 기준이다. 미국 판례는 일정한 사실의 중요성을 그 사실을 알고 있는 자의 행위에 의하여 판단하는 주관적 기준을 채택한 경우가 있다. "광상발견에 관한 사실이 중요한 사실인가의 여부를 결정하기 위한 주요한 요소는 그것을 알고 있었던 자에 의하여 인정된 중요성이다. 이 발견을 알고 있는 자가 주식을 매수한 시기는 실제 회사내부자가 광상의 채굴결과에 의하여 영향을 받았다는 사실을 추측하게 한다. 이 내부자거래는 광상발견의 사실이 중요하다는 것을 나타내는 증거이다."[132] 이 주관적 기준은 내부자거래에 관하여 채택된 것이지만 다른 경우에도 응용되고 있다.

---

132) SEC v. Texas Gulf Sulphur Co., 401 F.2d 833, 851(2d Cir. 1968).

2) 객관적 기준

객관적 기준은 다음의 두 가지로 대별된다. ⅰ) 합리적인 투자자 기준으로 어느 사실이 합리적인 투자자가 투자판단을 함에 있어서 중요한가를 고려하는 기준이다. ⅱ) 시장가격기준으로 완전·정확한 공시가 시장가격에 미치는 영향을 고려하는 기준이다.

가) 합리적인 투자자 기준

합리적인 투자자 기준은 "합리적인 투자자의 투자판단에 영향을 미칠 것"이라는 성향을 중요성 결정의 표지로 한다.

나) 시장가격기준

시장가격기준은 특정한 사실이 시장가격에 미치는 영향도에 의하여 중요성을 결정한다. 미국의 판례[133]는 "회사의 주식 또는 증권의 가치에 영향을 미칠지도 모른다고 하는 것이 합리적·객관적으로 예기되는 사실"을 중요한 것으로 본다. 그리고 주식 또는 증권의 가치란 시장이 존재하는 때에는 시장가격을 의미한다.

다) 양기준의 관계

합리적인 투자자 기준은 개인에게 중점을 두어 중요성을 판단한다. 이는 시장에 있어서 정보의 불평등을 제거하고 투자이익을 동등하게 향유할 수 있게 하는 정책과 밀접한 관련이 있다. 개별적인 투자자가 총체적으로 시장을 형성하며 시장의 동향은 투자자 전체의 움직임을 반영한다는 점에서 보면, 합리적인 투자자 기준은 시장가격기준에 연결된다. 왜냐하면 합리적인 투자자에게 영향을 미칠 정보는 다수의 투자자로 하여금 증권의 시장가격에 영향을 미치기에 충분한 매수·매도를 하게 할 것이기 때문이다.

자본시장법이 지향하는 완전공시의 정책을 구현하고 투자자의 두터운 보호를 도모하기 위해서는 합리적인 투자자 기준이 타당하다. 이러한 이유에서 미국의 대법원은 시장가격기준을 일반적으로 채택하고 있지 않다. 시장에 영향을 미치는 많은 요소 중에서 특정한 요인에 의한 반응만을 분리시키는 것은 사실상 불가능하다며, 완전·정확한 공시 이전에 이미 거래가 행해지기 때문에 정보의 공시를 전제한 가격변동을 측정하는 것도 어렵다. 따라서 합리적인 투자자 기준이 중요성의 판단기준이 되어야 할 것이다.

라) 중요성의 입증

어떠한 사항이 중요한 사실이냐 아니냐는 구체적으로 결정할 사실문제에 속한다. 그러나 공시의무자인 피고가 투자자를 보호하기 위하여 공시하여야 할 것으로 정해진 사항은 중요한 사실로 추정하여야 할 것이다. 따라서 원고인 투자자는 중요사실에 관한 사항을 주장·입증하여 할 것이다.

---

133) SEC v. Texas Gulf Sulphur Co., 401 F.2d 833, 851(2d Cir. 1968).

3) 자본시장법의 입장

자본시장법에서 사용하는 중요성의 기준은 합리적인 투자자 기준이다. 내부자거래의 경우 "중요정보란 투자자의 투자판단에 중대한 영향을 미칠 수 있는 정보"라고 하여 다소 제한적인 기준을 규정하고 있다(법174①). 이 기준은 내부자거래의 금지에서 미공개정보의 중요성을 판단하는 기준이다.

4. 주관적 요건(유책성 요건)

(1) 의의

자본시장법 제125조 제1항은 발행공시책임의 경우 유책성의 요건을 규정하면서 유책성의 정도에 있어서 상당한 주의의 항변을 인정하고 있음에 반하여, 내부자거래로 인한 민사책임의 경우 면책가능성을 명시하고 있지 않다. 이 차이는 단순한 입증책임의 전환이라는 효과를 넘어, 배상책임자에게 손해배상책임을 지우기 위해서는 어느 정도의 유책성이 필요한가 하는 문제를 제기한다. 아래서는 미국에서의 논의를 검토한 후 자본시장법상의 입장을 살펴보기로 한다.

(2) 유책성의 정도(과실기준)

(가) 서설

1934년 증권거래법 제10조 (b)항과 관련하여 배상책임에서 논의되는 책임요건을 "사기적 의도"(scienter)요건이라고 한다. "사기적 의도"는 손해배상책임을 인정하기 위하여 어느 정도의 "의사"(intent)가 필요한가의 문제라고 할 수 있다.

이 요건을 고의 요건이라고도 하기도 하지만, 미국 증권관련법상으로는 일반적으로 고의보다는 넓은 개념으로 인정되고 있다. SEC Rule 10b-5는 규제의 대상으로서 행위유형을 정하고 있으나 배상책임자의 주관적 요건, 즉 유책성의 기준을 명시하지 않고 있다. 따라서 그 기준이 확립되지 아니한 채 과실(negligence)을 포함하는가의 여부에 관하여 다양한 기준이 하급심 판례에 의해 제시되었고, 그 후 연방대법원의 판례에 의하여 해결되었다.[134]

(나) 판례의 확립

하급심 판례의 경우 보통법상 사기의 요건과 비교하여 SEC Rule 10b-5에 의한 소송요건을 완화하는 경향은 "사기적 의도"요건에 관하여 명확하지 않다. 그러나 대체로 엄격한 유책성을 요구하는 입장을 취한 판례, 과실로서 충분하다는 입장을 취한 판례, 그리고 "사기적 의도"(scienter)요건을 포기하는 입장으로 구분할 수 있다.

"사기적 의도"요건에 관한 하급심의 입장 대립은 Ernst & Ernst v. Hochfelder판결[135]에서

---

134) 이상복(2004), 175쪽 이하에서 scienter와 recklessness에 관한 순회항소법원의 입장을 상세히 논하고 있다.
135) Ernst & Ernst v. Hochfelder, 425 U.S. 185, 193-194 n.12, 96 S.Ct. 1375, 47 L.Ed.2d 668(1976).

대법원에 의해 해결되었다. 이 판결에서 대법원은 1934년 증권거래법 제10조 (b)항 또는 Rule 10b-5에 근거한 민사소송을 제기하려는 원고는 피고가 "사기적 의도", 즉 "속이거나, 시세조종하거나 또는 사기를 할 의사를 포함하는 정신상태"(mental state embracing intent to deceive, manipulate, or defraud)를 가지고 행위하였음을 입증하여야 함을 분명히 하였다. 그 후 Aaron v. SEC 판결[136])에서, 대법원은 "사기적 의도"는 원고가 사적 당사자 또는 SEC인지에 관계없이, 그리고 구하는 구제수단(금전적인지 또는 형평법에 근거한 것인지)의 종류에 관계없이 1934년 증권거래법 제10조 (b)항 또는 Rule 10b-5를 근거로 한 소송에서 요구된다고 판결함으로써 Ernst & Ernst v. Hochfelder판결을 확대하였다. 그러나 대법원은 1934년 증권거래법 제10조 (b)항 및 Rule 10b-5 위반을 주장하는 한 소송에서, "사기적 의도"는 정황증거(circumstantial evidence)의 이용에 의해 증명될 수 있음을 명백히 하였다.[137])

이와 관련하여 법원이 "사기적 의도"를 입증하는 데 고려한 요소는 ⅰ) 매도로부터 얻은 거래이익의 크기, ⅱ) 주식 보유량 중 매도비율, ⅲ) 매도량의 변화, ⅳ) 매도한 내부자의 숫자, ⅴ) 차명거래 등이다.[138])

(다) 부주의(Recklessness)의 문제

1934년 증권거래법 제10조 (b)항 또는 Rule 10b-5에 근거한 배상청구를 하는 경우 주관적으로 요건으로서 과실(negligence)을 포함하는가는 분명하지 않다. 법원은 "과실"의 정신상태는 "사기적 의도"를 충족하기에 충분하다고 말하고 있다. 그러나 법원은 "부주의" (recklessness)는 사실상 "사기적 의도"요건을 충족한다는 입장을 인정하였다.[139]) 비록 순회항소법원들이 "부주의 기준"(recklessness standard)의 공식을 변경하였지만, 다음의 정의가 자주 인용되고 있다. "부주의한 행위(reckless conduct)는 단순하거나, 또는 심지어 변명할 수 없는 과실 (inexcusable negligence)뿐만 아니라, 통상의 주의(ordinary care) 기준에서 상당히 이탈(departure)된 것을 포함하는 매우 합리적인 행위로서 정의될 수 있으며, 이것은 피고에게 알려진 또는 행위자가 그것을 잘 알고 있어야 하는 것이 매우 명백한 매수인 또는 매도인들에게 오해를 유발한 위험을 제공한다".[140]) 또한 "사기적 의도"의 구성요소는 피고가 사기적인 행위(deceptive act)를 범하기 위한 "실제적인 의사"(actual intent)를 갖고 있었다는 것을 입증함으로써 충족될 수 있다.[141])

---

136) Aaron v. SEC, 446 U.S. 680, 691, 100 S.Ct. 1945, 64 L.Ed.2d 611(1980).

137) Herman & MacLean v. Huddleston, 459 U.S. 375, 390 n.3, 103 S.Ct. 683, 74 L.Ed.2d 548(1983).

138) 이상복(2004), 203쪽.

139) Herman & MacLean v. Huddleston, 459 U.S. 375, 378 n.4, 103 S.Ct. 683, 74 L.Ed.2d 548(1983). 현재 실질적으로 모든 연방 순회항소법원이 채택하고 있다.

140) Sundstrand Corp. v. Sun Chemical Corp., 533 F.2d 1033, 1045(7th Cir.), cert. denied 434 U.S. 875 (1977).

여기서 부주의(recklessness)는 현실적인 인식을 의미하는 고의와 단순한 과실 사이에 유책성의 정도에 차이가 있는 의식단계라고 할 수 있을 것이다. 즉 부주의(recklessness)는 미필적 고의와 인식있는 과실에 해당한다고 할 수 있다.

(3) 자본시장법의 입장

자본시장법은 내부자, 준내부자 및 정보수령자의 고의 또는 과실을 요건으로 규정하고 있지 않다. 그러나 민법상 일반불법행위책임에 의하면 고의 또는 과실을 요건으로 하므로, 자본시장법이 이를 규정하고 있지 않더라도 내부자거래가 불법행위의 성격을 갖는 이상 고의 또는 과실을 요건으로 한다. 다만 상대방의 특정이나 상대방의 손해의 발생에 대한 고의 또는 과실을 요하지 않고, 청구권자가 알고 있는 내부정보가 중요한 미공개정보라는 것과 이를 이용하거나 타인에게 이용하게 한다는 인식으로서 충분하다고 보아야 하고, 증권거래의 특성상 이는 추정된다고 할 것이다.[142] 따라서 청구권자는 내부자의 고의 또는 과실을 입증할 필요가 없다.

또한 상법상의 이사 및 감사의 제3자에 대한 책임(상법 제401조 및 제415조)과는 달리 배상책임자는 경과실에 대해서도 책임을 부담한다. 경과실에 대하여도 책임을 인정한 필요성은 내부자거래를 규제하는 것은 당해 상장법인의 공시의무를 전제로 하며 중요한 미공개정보를 이용한 내부자거래는 당연히 제3자에게 손해를 미치게 될 것이므로 배상책임자인 내부자, 준내부자 및 정보수령자는 이를 충분히 인식하여야 한다는 이유에 기인한다.

(4) 청구권자의 선의

내부자거래로 인한 손해배상청구에서 청구권자가 내부자와 선의로 매매 그 밖의 거래를 하였을 것이 요구된다고 하여 청구권자의 선의를 요하되 이를 추정한다는 견해가 있다.[143] 그러나 청구권자의 선의 또는 악의 여부는 인과관계의 문제의 하나로 파악하는 것이 간명하므로 청구권자의 선의 여부는 별도의 요건이 아니라고 할 것이다. 다만 내부자가 내부정보를 이용하여 당해 거래를 한다는 사실을 청구권자가 이미 알았다고 한다면 청구권자는 내부자의 거래행위와 관계없이 거래를 한 것으로 보아야 하므로 내부자의 거래행위와 청구권자의 거래 사이에는 인과관계가 없다고 보아야 한다.[144]

5. 신뢰의 요건

(1) 서설

투자자가 위법행위자의 부실표시를 믿고 증권거래를 하기에 이르렀다는 사실을 의미하는

---

141) SEC v. MacDonald, 699 F.2d 47, 50(1st Cir. 1983) 참조.
142) 곽민섭(2000), 148쪽.
143) 오영환(1994), 192쪽.
144) 곽민섭(2000), 158쪽.

신뢰는 1934년 증권거래법 제10조 (b)항과 SEC 10b-5에 의한 부실표시로 인한 배상책임에서 전통적으로 인정되는 소송요건이다. 손해의 배상을 묵적으로 하지 않는 행정제재나 형사제재에서는 의미가 없다.

신뢰의 입증은 위법행위와 손해 사이의 인과관계, 특히 거래인과관계를 입증하기 위하여 사용되는 개념이다. 신뢰의 요건은 중요성의 요건과 더불어 위법행위와 손해 사이에 사실상의 인과관계가 존재하는 상황에 대해 Rule 10b-5를 무제한으로 적용하는 것을 제한하는 기능을 수행한다. 신뢰의 요건은 그 정도와 내용에 있어서 차이가 인정된다. 즉 공개적으로 거래되지 않는 증권(비상장증권)의 인적거래와 조직화된 거래소시장에서의 거래, 적극적인 부실표시와 불표시, 개별적인 투자결정과 주주총회 등에서 이루어지는 집단적인 행위, 부실표시와 기타 이례적인 형태의 위반행위 등의 사이에 구별이 필요하다. 신뢰에는 투자자가 실제로 부실표시를 신뢰하였다는 주관적 요소를 요하는 현실의 신뢰와 통상인이 신뢰하였을 것이라는 개연성이 요구되는 합리적인 신뢰가 있다. 그리고 특정한 상황에서는 입증책임이 경감되는 신뢰의 추정이 넓게 인정되고 있으며, 신뢰의 요건을 배제하는 정도에 따른 시장사기이론이 채용되고 있다.[145]

(2) 신뢰와 인과관계

SEC Rule 10b-5에 근거한 묵시적 소권에 의한 손해배상청구소송에서 원고는 신뢰와 인과관계를 입증하여야 한다. Basic, Inc. v. Levinson 판결에서 대법원이 지적한 바와 같이, "신뢰는 피고의 부실표시와 원고의 손해 사이의 거래인과관계(causal connection)를 제공한다."[146] 따라서 신뢰는 일반적으로 "조건적 인과관계"(but-for causation) 또는 "사실상의 인과관계"(causation in fact)를 의미하는 것으로 이해된다. 이는 피고의 사기가 없었더라면, 증권거래가 일어나지 않았거나 또는 다른 조건에서 일어났을 것이라는 것을 의미한다. 일반적으로 더 넓은 인과관계의 개념은 직접인과관계(proximate causation) 또는 손해인과관계(loss causation)로 불리기도 하는데, 이것은 사기가 원고에게 금전상의 손해를 직접 발생시켰다는 것을 입증하는 것을 의미한다. 이와 같은 이유로 인하여, 많은 하급심 법원은 신뢰와 인과관계 사이의 차이점을 거래인과관계와 손해인과관계 사이의 차이점으로 불렀다.[147]

신뢰(조건적 인과관계 또는 거래인과관계)는 피고의 부실표시가 원고에게 손해를 발생시킨 과정을 결정하는 경우에 실질적인 원인이 무엇인지를 판단하는 것이다. 즉 피고가 중요한 정보를 공시하거나 또는 중요한 정보를 정확하게 표시하였다면, 원고는 다르게 행위를 하였을 것인가

---

145) 강대섭(1992), 152쪽.
146) Basic, Inc. v. Levinson. 485 U.S. 224, 243, 108 S.Ct. 978, 99 L.Ed.2d 194(1988).
147) Suez Equity Investors, L.P. v. Toronto Dominion Bank, 250 F.3d 87, 96(2d Cir. 2001); Ambassador Hotel Co., Ltd. v. Wei-Chuan Investment, 189 F.3d 1017, 1027(9th Cir. 1999) 참조.

또는 피고의 위반행위는 원고로 하여금 거래에 참가하도록 하는 원인이 되었는가의 문제이다.

인과관계(손해인과관계)는 원고가 "손해와 부실표시 사이의 직접적 또는 주된 관계(direct or proximate relationship)를 입증할 것으로 요구하고 있다."[148] 신뢰를 의미하는 거래인과관계로는 불충분하다. 신뢰 또는 거래인과관계와는 달리 손해인과관계는 본질적으로 사실상의 문제이고, 따라서 일반적으로 추정이 허용되지 않는다.

6. 인과관계

(1) 논의배경

인과관계라 함은 어떤 2개 또는 그 이상의 사실 사이의 서로 원인과 결과의 관계가 있는 것, 즉 그 어떤 사실이 있었기 때문에 그 결과로서 어떤 사실이 발생하게 되는 관계를 말한다. 그런데 인과관계가 문제되는 가장 중요한 경우는 불법행위의 성립요건으로서 가해행위와 발생된 손해 사이에 과연 위와 같은 인과관계가 존재하는가이다.

내부자거래의 피해자가 손해배상청구를 하는 경우에는 손해와 내부자거래 사이의 인과관계를 입증하여야 한다. 그런데 증권거래가 조직화된 증권시장을 통하여 이루어지는 경우에는 시장에 참가하는 불특정 다수의 투자자가 거래의 상대방이 되는 거래의 비대면성과 집단성으로 인하여 투자자가 이를 입증하여 내부자거래로 인한 불법행위책임을 묻는 것은 사실상 불가능에 가깝다. 왜냐하면 증권시장에서 내부자거래가 이루어진 경우에 내부자가 중요한 정보를 공시하지 않고 거래함으로써 얻은 이익과 그러한 정보를 가지지 못한 거래상대방이 입은 손해 사이의 인과관계는 통상 단절되고, 설사 누가 이익을 얻고 누가 손실을 입었는가를 명백히 할 수 있다 하여도 사후에 인과관계의 존재를 입증하는 것은 매우 곤란하기 때문이다.[149]

따라서 내부자거래의 경우 청구권자에게 민법에서 요구하는 인과관계의 증명을 요구하는 것은 바람직하지 않기 때문에, 일정한 수준에서 원고의 입증책임을 완화 또는 면제가 필요하다는 논의가 있다.

(2) 외국에서의 논의

(가) 미국

미국은 불법행위에 관하여 전통적으로 사실상의 인과관계와 근인관계가 사용되어 왔는데, 증권소송에서는 인과관계를 거래인과관계와 손해인과관계를 구분하고 양자의 입증을 요하는 것으로 하고 있다. 사실상의 인과관계를 확정하기 위하여 신뢰의 개념이 사용되고, 근인관계를

---

148) Wilson v. Ruffa & Hanover, P.C., 844 F.2d 81, 86(2d Cir. 1988).
149) 강대섭(1995), 349쪽.

확정하기 위하여 당사자관계가 사용되는 경우도 있으며, 이러한 신뢰는 증권거래의 경우, 불표시의 경우 및 집단소송의 경우에는 적극적인 신뢰의 입증을 요하지 않는 것으로 하여 인과관계를 사실상 추정하고 있다. 이에 따라 내부자거래의 경우에는 내부자와 투자자 사이에 실제로 매매가 이루어졌다는 당사자관계의 입증을 요하지 않는다고 한다.[150]

(나) 일본

일본에서는 불법행위의 인과관계는 불법행위의 성립요건으로서의 인과관계와 배상할 손해의 범위에 관한 인과관계로 구분한다. 전자의 사실적인 인과관계가 인정되기 위하여는 조건관계, 즉 당해 행위가 없었더라면 당해 결과가 발생하지 않았을 것이라는 점이 인정되어야 한다. 판례는 현행법상 내부자거래의 불법행위의 인과관계에 대하여 인과관계의 추정에 관한 명문규정이 없으므로 책임성립의 인과관계는 필요하다고 한다. 다만 내부자가 위법하게 매도한 주식을 원고가 취득하여 매수하였다는 사실이 입증되는 경우에는 내부자의 매도와 원고의 손해 사이에 인과관계를 인정할 수 있다고 한다.[151]

(3) 자본시장법 규정

(가) 손해인과관계

1) 의의

자본시장법은 "매매, 그 밖의 거래와 관련하여 입은 손해를 배상할 책임을 진다"고 규정하고 있다(법175①). 이는 내부자거래와 관련이 있는 손해인과관계의 증명을 요구하고 거래인과관계의 증명을 요구하고 있지는 않다. 따라서 청구권자는 배상책임자가 미공개정보를 이용하여 내부자거래를 한 사실과 내부자거래와 관련하여 손해를 입었다는 사실만을 증명하면 된다.

손해인과관계를 요구하는 것은 내부자거래로 인하여 손해를 입은 자를 보호하고 내부자거래와 관련이 없는 손해에 대하여는 내부자가 배상책임을 지는 것을 방지하기 위한 것이다.[152]

2) 입증책임의 완화 또는 추정

그런데 거래소시장의 거래의 경우 내부자거래와 피해자의 손해 사이의 인과관계를 증명하는 것은 용이하지 않다. 따라서 일정한 범위에서 인과관계를 완화하거나 추정할 필요가 있다.

증권시장에서의 내부자거래로 인한 청구권자의 손해는 내부정보의 부실공시, 사회·경제여건, 시장상황에 따른 주가의 급락, 당해 발행주식총수에 대한 내부자의 거래비중 등 다양한 요인 등이 상호작용하여 발생한 것이므로 내부자의 정보이용행위와 청구권자의 손해발생 사이의 인과관계를 증명하는 것은 매우 어려운 문제이다.[153]

---

150) 강대섭(1995), 349쪽.
151) 강대섭(1995), 350쪽.
152) 박임출(2003), 169쪽.
153) 곽민섭(2000), 160쪽.

자본시장법 제175조 제1항이 "그 매매, 그 밖의 거래와 관련하여"라고 표현하고 있는 것은 증권거래가 합리적인 투자자를 전제로 하고 대량의 신속한 거래를 특징으로 하고 있는 점 등을 고려하여 인과관계를 엄격하게 요구하지 않겠다는 취지로 풀이할 수 있다. 따라서 입법목적과 내부자의 책임범위를 적절히 조화한다는 면에서 투자자의 정보에 대한 선의는 추정된다고 보고, 내부자와 투자자 사이의 엄격한 계약당사자 관계는 요하지 않고 계약당사자 유사의 관계로서 동시기에 반대방향으로 매매를 하였음이 증명되면 인과관계는 일응 증명된 것으로 하여 인과관계의 증명을 완화 또는 추정하고, 내부자가 상대방의 악의 등을 반증에 의하여 번복하게 하는 것이 타당하다.154)

(나) 거래인과관계

거래인과관계란 청구권자가 배상책임자의 중요한 사실에 대한 부실표시를 신뢰하고 거래하였다는 사실을 말한다. 우리나라에서 거래인과관계가 전통적인 불법행위의 경우에도 문제가 되지 않은 것은 청구권자는 배상책임자의 행위를 당연히 신뢰하고 행동한 것으로 추정한 것으로 보인다.

자본시장법 제175조 제1항은 거래인과관계를 명시적으로 요구하지 않는다. 이는 내부자거래가 구조적으로 불공시를 통해서 발생하는 것이고, 청구권자가 내부자의 불공시를 신뢰하여 거래하였다는 사실의 증명은 상식적으로 불가능하므로 자본시장법은 이러한 신뢰요건을 면제해주고 있다고 볼 수 있을 것이다.155)

7. 손해배상의 범위

(1) 개요

내부자거래 금지규정을 위반한 자는 해당 특정증권등의 매매, 그 밖의 거래를 한 자가 "그 매매, 그 밖의 거래와 관련하여 입은 손해"를 배상할 책임을 진다(법175①). 따라서 내부자의 중요한 미공개정보 이용행위의 결과 청구권자에게 손해가 현실적으로 발생하여야 한다. 여기서 손해는 내부자의 내부자거래가 없었더라면 청구권자가 얻었을 이익이다. 청구권자는 자신이 입은 손해를 증명하여야 한다.

그런데 자본시장법은 내부자거래로 인한 손해배상책임에 대하여는 손해배상액의 산정방법에 관하여 규정하고 있지 않다. 이는 증권신고서 및 투자설명서의 중요사항에 관한 거짓의 기재 또는 표시가 있거나 중요사항이 기재 또는 표시되지 않은 경우 손해배상액 산정기준을 명시하고(법126①), 또한 사업보고서, 반기보고서, 분기보고서에 대해서도 동일한 방법을 규정

---

154) 곽민섭(2000), 161쪽.
155) 권종호 외(2003), 102쪽.

하고(법162①) 있는 것과 대조적이다. 따라서 내부자거래로 인한 민사책임의 경우 손해배상액의 산정방법에 대하여는 학설의 대립이 있으며 확립된 판례도 없는 실정이다.

(2) 배상액 산정방법

(가) 미국에서의 논의

1) 의의

1934년 증권거래법 제10조 (b)항과 Rule 10b-5는 손해배상에 관한 명시적인 규정을 두고 있지 않다. 따라서 다수의 투자자가 손해를 입었다고 주장하는 집단소송이 주류를 이루는 증권소송에서 적절한 손해배상액을 산정하기 위하여 다양한 방식이 논의되었다. 그런데 이와 같은 다양한 유형의 배상액 산정기준은 불공정거래 금지규정인 Rule 10b-5의 포괄성이 요구하는 특별한 접근방식에 기인하고 있다. 즉 원고의 손해, 피고의 이익 및 특수한 유형의 책임이 갖는 억지효과와 같은 요소를 고려하여 구체적인 사정에 적합한 방식을 제공하려고 하는 노력의 소산이다. 그러나 이 접근법은 다양한 기준을 적용하는 결과 동일한 사안을 통일적으로 다루지 못하는 단점이 있다.

판례와 학설을 통하여 다양하게 전개되는 배상액 산정방법의 실질적인 차이는 거래 후에 발생한 당해 증권의 가격변동을 당사자 사이에서 어떻게 배분할 것인가에 있다. 최근의 판례는 현실손해배상방식과 원상회복방식의 양 요소를 결합하는 경향을 보이고 있다. 그러나 내부자거래에 관한 한 부당이득반환방식이 고수되고 있다.

2) 배상액 산정방법의 유형

가) 현실손해배상방식(out of pocket loss)

Rule 10b-5에 의한 손해배상소송에서 전통적으로 이용되고 있는 배상액 산정방식이다. 이 방식은 매매한 증권의 가치와 거래시에 증권에 대해 지급하거나 수령한 대가의 공정한 가치의 차액을 배상액으로 한다. 증권의 공정한 가치는 거래시를 기준으로 한다. 따라서 청구권자가 증권의 매수인인 경우에는 매수가격에서 매매시의 증권의 실제가치를 공제한 금액이 배상액이 된다. 이 방식은 청구권자가 현실적으로 입은 손해에 중점을 두기 때문에 청구권자가 얻었을 이익(거래이익)은 배상되지 않는다.[156]

투자자는 일반적인 시장변동의 위험을 인수하고 오직 부실표시에 기인한 손해에 대해서만 전보받을 수 있다는 근거에서 부실표시와 무관한 시장가격의 하락으로 인한 손해는 이론상 배제된다. 이 점에서 정확한 배상방식이라고 할 수 있으나, 거래시의 증권의 실제가치를 확정해야 하는 어려운 문제가 있다.

---

156) 강대섭(1992), 190-199쪽 참조.

나) 원상회복방식(recession or rescissory damages)

부실표시에 의하여 거래된 증권이 이미 제3자에게 처분되어 계약의 취소와 원상회복이 불가능한 취소에 갈음하여 손해배상을 구할 때 사용되는 배상액 산정방식이다. 청구권자가 매수인인 경우 배상액은 당해 증권의 매수가격과 처분가격의 차액을, 청구권자가 매도인인 경우의 배상액은 그 매도가격과 판결일 현재 당해 증권의 공정한 가치의 차액을 기준으로 한다.

다) 거래이익배상방식(benefit of the bargain damages)

이 방식은 거래이익의 배상을 목적으로 하는데, 청구권자가 합리적으로 기대하였던 것과 현실적으로 수령한 것의 실제가치의 차액이 거래이익에 해당한다. 즉 청구권자가 매매한 증권의 표시가격(부실하게 표시된 가격)과 거래일 현재 증권의 실제가치의 차액을 배상액으로 산정하는 방식이다. 이 거래이익은 매우 확실하게 증명될 수 있는 경우에만 실손해로서 배상될 수 있다. 이 방식은 Rule 10b-5에 의한 소송에서 일반적으로 인정되지는 않는다.

라) 부당이득반환방식(disgorgement)

부당이득반환방식은 배상책임자가 사기적 거래에서 매수한 증권을 판결일 전에 제3자에게 처분함으로써 얻은 이익을 기망당한 청구권자에게 반환시키는 방식이다. 이는 현실손해배상방식의 변형으로, 우연한 이익(windfall profit) 개념에 근거하여 증권의 매수인이 실현한 추가이익 또는 매도인이 실현하였을 추가이익을 배상의 내용으로 한다.

(나) 우리나라의 경우

자본시장법이 배상액 산정방법을 규정하고 있지 않으므로 그 방법에 대하여 견해가 대립하고 있다. ⅰ) 거래상대방이 실제로 매매한 가격과 그가 정보를 알게 된 후 상당한 기간이 경과한 시점의 시장가격과의 차액으로 하자는 견해이다.[157] 이 견해는 상당한 기간을 어떻게 판단할 것인가의 문제가 있다. ⅱ) 상대방의 매매가격과 그로부터 상당한 기간이 경과 후 위반행위가 적발된 시점의 시가의 차액으로 하되 청구권자의 매매시점과 상당한 기간 경과시까지 사이에 가격등락이 내부자거래 이외의 사실에 의한 경우에는 당해 내부자의 증명에 따라 해당 부분에 대한 책임은 제외되도록 하자는 견해이다.[158] 이는 주가에 영향을 주는 요인이 매우 다양하고 실제 특정기간 내에 내부자거래 이외의 사실에 의한 주가의 변동을 분리하여 증명하는 것이 용이하지 않다는 점을 간과한 문제가 있다. ⅲ) 원칙적으로 청구권자가 취득한 가격과 내부자거래가 없었다면 형성되었을 정상가격과의 차액을 기초로 배상액을 산정해야 한다는 견해이다.[159] 이는 정상가격을 어떻게 산정할 것인가의 문제가 있다.

---

157) 신영무(1990), "내부자거래와 민사상책임", 상사법연구 제8집(1990), 162쪽.
158) 오영환(1994), 224쪽.
159) 김건식·정순섭(2009), 305쪽.

(다) 결어

현재로서는 내부자거래의 억제와 피해자 보호를 위하여 거래 상대방이 실제로 매매한 가격과 그가 정보를 알게 된 후 상당한 기간이 경과한 시점의 시장가격과의 차액을 손해액으로 하는 것이 타당하다. 다만 상당한 기간 경과시에는 변론종결시점이 될 수도 있지만 피해자의 자구노력의 정도 등 제반사정을 고려하여 법원이 결정하여야 할 것이다. 또한 배상책임자가 청구권자가 입은 손해액의 전부 또는 일부가 내부자거래로 인하여 발생한 것이 아님을 증명한 경우에는 그 부분에 대하여 배상책임을 부담하지 않음은 전술한 바와 같다. 그리고 상당한 기간 경과 전에 당해 증권을 반대매매한 경우에는 그때의 시가를 기준으로 하여야 할 것이다.[160]

(3) 배상액의 제한

내부자거래로 인한 손해배상책임은 불법행위의 성질을 가지므로 청구권자의 과실은 일반이론에 따라 과실상계가 허용된다.

시장가격의 이상폭락, 기업재무구조의 악화 등의 경우에도 그 위험을 배상책임자에게 부담시키는 것은 부당하다. 따라서 배상책임자가 해당 증권의 시장가격이 중요한 미공개정보 이용행위 이외의 사유로 하락하였음을 증명한 때에는 그 한도에서 배상책임을 면할 수 있다고 보는 것이 타당하다. 배상액의 제한을 인정하더라도 그 증명은 증권가격의 전반적인 급락을 초래한 경제 내·외부의 요인을 고려하고, 이에 관한 전문가의 조언 등에 의하여 이를 엄격히 제한하여 허용해야 할 것이다.

(4) 책임의 분배

(가) 부진정연대책임

자본시장법은 배상책임자가 내부자거래로 인하여 청구권자에게 손해를 발생시킨 경우 연대책임을 지는가에 관하여 명문의 규정을 두고 있지 않다. 일반적으로 법률이 다수인에게 객관적으로 동일한 배상책임을 인정하는 경우에 특히 연대책임으로 한다는 규정이 없는 경우에는 일반적으로 부진정연대채무가 있는 것으로 해석한다. 따라서 수인의 내부자가 있는 경우에는 부진정연대책임으로 보아야 할 것이다.

(나) 구상권과 부담부분

명문규정이 없더라도 자본시장법의 배상책임을 부진정연대책임으로 보는 한 배상책임자의 한 사람이 그 손해의 전액을 배상한 경우에는 다른 공동책임자에게 그 부담할 책임에 따라 구상권을 행사할 수 있다. 구상권을 인정하는 것이 공평할 뿐만 아니라 다른 배상책임자의 완전한 면책가능성을 줄임으로써 장래의 법규위반행위를 방지하는 것이 사회질서에 합치하기 때문이다. 부담부분은 형평을 기하기 위하여 각 사안에 따라 책임자의 유책성, 내부자거래에의

---

160) 곽민섭(2000), 162쪽.

관여도의 정도를 고려한 규범적 판단에 의하여 결정되어야 할 것이다.

(5) 배상청구권의 소멸

내부자거래로 인한 손해배상청구권은 청구권자가 제174조를 위반한 행위가 있었던 사실을 안 때부터 2년간 또는 그 행위가 있었던 때부터 5년간 이를 행사하지 아니한 경우에는 시효로 인하여 소멸한다(법175②).

(6) 단기매매차익 반환책임과의 경합

내부자거래로 인하여 단기매매차익을 얻은 경우에는 피해자에 대한 손해배상책임을 지는 것과 단기매매차익 반환책임은 경합하게 된다. 양자는 성립요건, 책임의 성격, 청구권자 등의 요건이 서로 다르고, 내부자거래규제 목적을 달성하기 위하여 경합을 인정할 실익이 있기 때문이다. 따라서 어느 한쪽의 책임을 이행하더라도 다른 쪽의 책임이 그만큼 감경되는 것도 아니며, 내부자가 양 책임을 모두 이행함으로써 자신이 실제로 취득한 금액보다 훨씬 더 많은 금액을 배상 또는 반환하는 결과가 생기더라도 이는 내부자거래의 억제를 위하여 필요한 것이지 동일한 행위에 대하여 이중으로 책임을 부담하는 것은 아니다.[161]

Ⅱ. 형사제재

1. 서설

(1) 구성요건의 체계

내부자거래는 내부자, 준내부자, 정보수령자가 상장법인의 업무 등과 관련된 중요한 정보를 안 후 당해 중요정보가 공개되기 전에 특정증권등의 매매, 그 밖의 거래에 이용하거나 타인에게 이용하게 함으로써 성립한다.

자본시장법은 내부자거래 규정을 위반한 자를 1년 이상의 유기징역 또는 그 위반행위로 얻은 이익 또는 회피한 손실액의 3배 이상 5배 이하에 상당하는 벌금에 처한다(법443① 본문). 다만 그 위반행위로 얻은 이익 또는 회피한 손실액이 없거나 산정하기 곤란한 경우 또는 그 위반행위로 얻은 이익 또는 회피한 손실액의 5배에 해당하는 금액이 5억원 이하인 경우에는 벌금의 상한액을 5억원으로 한다(법443① 단서).

또한 그 위반행위로 얻은 이익 또는 회피한 손실액이 5억원 이상인 경우에는 제1항의 징역을 다음의 구분에 따라 가중한다(법443②).

1. 이익 또는 회피한 손실액이 50억원 이상인 경우에는 무기 또는 5년 이상의 징역

---

161) 신영무(1990), 164쪽.

2. 이익 또는 회피한 손실액이 5억원 이상 50억원 미만인 경우에는 3년 이상의 유기징역

그리고 징역에 처하는 경우에는 10년 이하의 자격정지를 병과할 수 있다(법443③). 또한 징역과 벌금을 병과한다(법447①). 내부자거래로 취득한 재산은 몰수하며, 몰수할 수 없는 경우에는 그 가액을 추징한다(법447의2).

법인(단체를 포함)의 대표자나 법인 또는 개인의 대리인, 사용인, 그 밖의 종업원이 그 법인 또는 개인의 업무에 관하여 제443조부터 제446조까지의 어느 하나에 해당하는 위반행위를 하면 그 행위자를 벌하는 외에 그 법인 또는 개인에게도 해당 조문의 벌금형을 과한다(법448 본문). 다만 법인 또는 개인이 그 위반행위를 방지하기 위하여 해당 업무에 관하여 상당한 주의와 감독을 게을리하지 아니한 경우에는 그러하지 아니하다(법448 단서).

(2) 보호법익

내부자거래를 범죄로 규제하는 것은 자본주의 경제가 발달하면서 증권시장의 투명성을 확보하기 위하여 형성된 새로운 범죄라고 할 수 있다. 자본시장법의 목적은 "이 법은 자본시장에서의 금융혁신과 공정한 경쟁을 촉진하고 투자자를 보호하며 금융투자업을 건전하게 육성함으로써 자본시장의 공정성·신뢰성 및 효율성을 높여 국민경제의 발전에 이바지함을 목적으로 한다(법1조)." 그런데 내부자거래가 방치되면 자본시장법의 목적인 증권시장의 공정성과 신뢰성이 훼손되고 투자자의 신뢰를 상실하게 된다. 따라서 내부자거래의 보호법익은 증권시장의 공정성을 확보하여 투자자를 보호해야 하는 사회적 법익이다.

(3) 법적 성질

자본시장법 제174조와 제443조 등은 내부자거래를 금지하고 이를 위반한 자를 형사처벌하는 규정이다. 이들 규정은 첫째, 미공개 중요정보를 갖고 있는 자의 내부자거래를 금지하는 규제적 기능, 둘째, 일반투자자에 비하여 불공정한 내부자거래를 금지하고, 증권시장의 공정성과 건전성을 확보하며, 증권시장에 대한 투자자의 신뢰를 보호하는 보호적 기능, 셋째, 내부자거래규제 기타 형벌법규에 저촉되지 않는 행위에 대하여는 증권거래의 자유를 보장하는 보장적 기능을 수행하고 있다. 또한 내부자거래의 규제에는 징역, 벌금, 자격정지 등의 형사제재가 포함되기 때문에 다른 형벌법규와 마찬가지로 죄형법정주의의 원칙이 적용된다. 따라서 형사제재 규정의 해석은 첫째, 누구든지 처벌받는 행위를 예상할 수 있을 정도로 위반행위가 명확하고, 둘째, 위반행위에 대한 처벌이 합리적이어야 하며, 셋째, 내부자거래 금지규정에 대하여 유추해석을 해서는 안 된다. 따라서 투자자가 증권거래를 하는 시점에서 그 거래가 내부자거래로 처벌되는가의 여부를 명확히 판단할 수 있어야 한다.162)

---

162) 박임출(2003), 10쪽.

2. 객관적 구성요건

(1) 행위주체

내부자거래의 행위주체는 내부자, 준내부자 및 정보수령자로 한정된 신분범의 형태로 되어 있다. 신분범이란 행위주체에 일정한 신분을 요하는 범죄를 말한다. 여기서 신분이란 범인의 인적관계인 특수한 지위나 상태를 말한다. 신분범에는 진정신분범과 부진정신분범이 있다. 진정신분범이란 일정한 신분이 있는 자에 의하여만 범죄가 성립하는 경우를 말하며, 부진정신분범이란 신분 없는 자에 의하여도 범죄가 성립할 수는 있지만 신분 있는 죄를 범한 때에는 형이 가중되거나 감경되는 범죄이다.[163]

그런데 신분범에 있어서 신분 없는 자는 그 죄에 정범이 될 수는 없으나 공범이 될 수는 있다. 내부자거래는 신분을 가진 자만이 규제대상으로 하는 진정신분범의 형태로 되어 있다. 따라서 신분이 없는 자는 내부자거래의 단독정범이 될 수는 없고 공범이 될 수는 있다.

내부자, 준내부자, 정보수령자의 개념에 대하여는 전술한 바와 같다.

(2) 행위객체인 특정증권등

자본시장법은 상장법인이 발행한 특정증권등을 내부자거래의 규제대상증권으로 하고 있다(법174①). 따라서 거래 객체는 상장법인이 발행한 특정증권등에 한정된다. 행위객체가 되는 특정증권등에 관하여는 전술한 바와 같다.

(3) 행위

본죄의 행위는 상장법인의 업무 등과 관련된 중요한 정보를 안 후 당해 중요정보가 공개되기 전에 특정증권등의 매매, 그 밖의 거래에 이용하거나 타인에게 이용하게 하는 것이다. 상장법인의 업무 등과 관련되어야 하고, 중요한 미공개정보이어야 하며, 정보는 공개되기 전의 정보이어야 하며, 특정증권등의 매매, 그 밖의 거래에 이용하는 행위 또는 타인에게 이용하게 하는 행위에 대하여는 위에서 상술하였다.

3. 주관적 구성요건

본죄는 고의범이므로 객관적 구성요건에 대한 고의를 필요로 한다. 따라서 내부자, 준내부자 또는 정보수령자라는 신분에 대한 인식뿐만 아니라, 미공개중요정보를 이용하거나 타인에게 이용하게 한다는 점에 대한 인식도 고의의 내용이 된다. 반드시 확정적 고의임을 요하지 않고 미필적 고의로 족하다. 그러므로 오해 또는 착오에 의한 이용이나 기억이 분명하지 못하여 잘못 이용한 때에는 본죄가 성립하지 않는다. 공개된 정보를 미공개중요정보라고 믿고 이용한

---

163) 이재상(2001), 「형법총론」, 박영사(2001), 72쪽.

때에는 구성요건적 착오로서 고의가 조각된다. 이에 반하여 자신은 내부자, 준내부자 또는 정보수령자가 아니라고 오신한 때에는 법률의 착오에 해당할 수 있다.

4. 기수시기

본죄의 미수범은 처벌되지 않는다. 왜냐하면 자본시장법 제443조 및 제174조 제1항의 구성요건의 내용이 결과의 발생을 요하지 않고 법에 규정된 행위를 함으로써 충족되는 형식범의 형태이고, 법익침해의 일반적인 위험이 있으면 구성요건이 충족되는 추상적 위험범의 형태로 규정되어 있기 때문이다.

이와 같이 구성요건이 결과범의 형태가 아닌 형식범의 형태로 되어 있어 결과의 발생을 요건으로 하지 아니하므로 내부자가 중요한 미공개정보를 특정증권등의 매매, 그 밖의 거래에 이용하거나 타인에게 이용하게 하는 행위가 있으면 범죄는 완성되어 바로 기수가 성립되고, 미수가 성립될 여지는 없다. 따라서 이러한 행위에 의하여 이익을 얻거나 손실을 회피할 것을 요하지 않는다.

5. 위법성

내부자거래를 범죄로 규제하는 경우 이에 대한 구성요건에 해당하는 행위가 위법성이 조각되는 경우는 사실상 생각하기 어려울 것이다. 피해자의 승낙도 본죄의 위법성을 조각하지 않는다. 본죄의 주된 보호법익인 증권시장의 공정성을 확보하여 투자자를 보호해야 하는 사회적 법익은 처분할 수 없는 법익이기 때문이다.

6. 공범

(1) 정보이용행위와 공범의 성립 여부

내부자거래규제 위반죄는 내부자, 준내부자 및 정보수령자만 정범이 될 수 있다. 즉 여기서의 신분은 구성적 신분을 이루며, 이러한 의미에서 내부자거래규제 위반죄는 진정신분범이다. 따라서 신분 없는 자는 본죄의 단독정범이 될 수 없고, 공동정범·교사범 또는 종범이 될 수 있을 뿐이다(형법33 본문). 즉 신분자와 비신분자가 공동하여 본죄를 범한 때에는 비신분자도 내부자거래규제 위반죄의 공동정범이 된다. 또한 고의 없는 타인을 이용하여 간접적으로 정보를 이용하여 거래하는 경우에는 간접정범이 성립된다. 예컨대 중요사실을 직무에 관하여 알게 된 회사의 임직원이 중요사실을 알지 못하는 부하직원에게 지시하여 당해 증권 등을 매매하게 하는 경우이다.

공범의 성립 여부를 구체적으로 보면 다음과 같다. 내부자거래의 행위주체는 내부자, 준내부자 및 정보수령자로 한정된 진정신분범의 형태로 되어 있지만 중요한 미공개정보를 이용하여 매매 그 밖의 거래를 하는 과정에서 타인(비신분자)과 공모한 경우에는 공동정범이 성립한다. 또한 비신분자가 내부자, 준내부자 및 정보수령자에게 내부자거래의 결의를 가지게 하여 내부자 등이 내부자거래를 하거나 또는 내부자거래를 하는 내부자 등의 결의를 촉진·강화하여 내부자 등이 내부자거래를 하는 경우에는 교사범 또는 방조범이 성립한다. 이 경우 타인 또는 교사자나 방조자는 내부자의 범위에 속하지 않지만 내부자거래의 주체가 될 수 있다.

교사행위의 수단에는 제한이 없다. 내부자거래규제 위반죄의 결의에 영향을 줄 수 있으면 충분하다. 따라서 지시, 명령, 요청, 이익제공, 감언이설 등의 수단을 불문한다. 또한 방조행위의 방법에도 제한이 없다. 따라서 내부자거래를 할 수 있는 장소의 제공, 자신의 명의를 빌려주는 것 또는 매수자금을 빌려주는 것 등은 방조에 해당한다.

(2) 정보제공행위와 공범관계

(가) 연쇄적 정보제공

일반적으로 내부자 또는 준내부자가 타인에게 정보를 제공하였다면 그 내부자 또는 준내부자는 그 타인으로 하여금 정보를 이용하게 한 행위로, 그 정보를 수령한 사람은 정보수령자로서 정보를 이용한 행위로 규제받으므로 공범관계가 성립할 여지는 없다.

그러나 연쇄적 정보제공행위의 경우, 즉 내부자 또는 준내부자가 정보를 타인에게 전달하고, 그 타인이 다시 제3자에게 정보제공행위를 한 경우에 최초의 정보제공자도 책임을 지는가가 문제된다. 예컨대 최초의 정보제공자(내부자 또는 준내부자)가 그 제3자(2차 정보수령자)에게까지 그 정보가 전달될 것을 의도 내지 예상한 경우에는 그 제3자(2차 정보수령자)의 내부정보를 이용한 거래에 대하여 그 타인(1차 정보수령자)뿐만 아니라 최초의 정보제공자도 책임을 진다고 보는 것이 타당하다. 다만 1차 정보수령자만을 내부자의 범위에 포함시켜야 하므로, 내부자거래의 책임을 부담하는 정보제공자는 최초의 정보제공자(내부자 또는 준내부자) 및 2차 정보제공자(정보수령자)에 한하고, 그 제3자는 2차 정보수령자에 불과하여 내부자거래의 책임을 부담하지 않는다고 보아야 한다.[164]

(나) 2차 정보수령자 이후의 정보수령자

내부자 또는 준내부자로부터 중요한 미공개정보를 수령한 자(1차 정보수령자)로부터 다시 그 정보를 전달받은 자(2차 정보수령자)가 증권의 매매 그 밖의 거래와 관련하여 수령한 정보를 이용하거나 타인으로 하여금 이용하게 하는 행위는 내부자거래의 규제대상이 아니다. 이는 자본시장법 제178조의2의 시장질서 교란행위의 금지규정에 해당하게 되어 행정제재인 과징금을 부과받게 될 것이다.

---

164) 곽민섭(2000), 154쪽.

(다) 1차 정보수령자와 2차 정보수령자의 공범관계 성립 여부

2차 정보수령자는 1차 정보수령자와 형법 제33조의 공범관계도 성립하지 않는다. 이는 형법 제243조의 음화 등의 반포 등의 죄에 있어서 매도한 자만 처벌하는 것과 마찬가지로 대향범의 구조를 갖고 있는 것으로 보기 때문이다.

7. 죄수

동일 종목, 동일 종류의 특정증권등을 수회에 걸쳐 매매거래 등을 한 경우, 개별 거래별로 내부자거래가 성립하는지 또는 전체로서 1개의 내부자거래가 성립하는지가 문제된다. 대법원은 동일 죄명에 해당하는 수개의 행위를 단일하고 계속된 범의하에 일정기간 계속하여 행하고 그 피해법익도 동일한 경우에는 이들 각 행위를 통틀어 포괄일죄로 처단하여야 한다고 판시하였다.165) 이 판결은 시세조종행위에 관한 판례이지만 내부자거래의 경우에도 동일하게 포괄일죄로 처벌하여야 한다. 따라서 내부자가 내부자거래규제 위반죄에 해당하는 수개의 행위를 단일하고 계속된 범의하에서 일정기간 계속하여 범행을 반복하고, 또 피해법익의 동일성이 인정되어야 한다. 이 경우 내부자거래규제 위반죄의 보호법익은 개별 증권 소유자나 발행인 등 개개인의 재산적 법익은 직접적인 보호법익이 아니고, 증권시장에서의 증권거래의 공정성 및 유통성의 원활성 확보라는 사회적 법익이다.

8. 벌칙

(1) 징역·벌금·자격정지
(가) 자본시장법 규정

자본시장법은 내부자거래 규정을 위반한 자를 1년 이상의 유기징역 또는 그 위반행위로 얻은 이익 또는 회피한 손실액의 3배 이상 5배 이하에 상당하는 벌금에 처한다(법443① 본문). 다만 그 위반행위로 얻은 이익 또는 회피한 손실액이 없거나 산정하기 곤란한 경우 또는 그 위반행위로 얻은 이익 또는 회피한 손실액의 5배에 해당하는 금액이 5억원 이하인 경우에는 벌금의 상한액을 5억원으로 한다(법443① 단서).

또한 그 위반행위로 얻은 이익 또는 회피한 손실액이 5억원 이상인 경우에는 제1항의 징역을 다음의 구분에 따라 가중한다(법443②).

1. 이익 또는 회피한 손실액이 50억원 이상인 경우에는 무기 또는 5년 이상의 징역
2. 이익 또는 회피한 손실액이 5억원 이상 50억원 미만인 경우에는 3년 이상의 유기징역

---

165) 대법원 2002. 6. 14. 선고 2002도1256 판결.

그리고 징역에 처하는 경우에는 10년 이하의 자격정지를 병과할 수 있다(법443③). 또한 징역과 벌금을 병과한다(법447①).

(나) 가중처벌 규정의 취지

형사책임이란 측면에서 볼 때 일반적으로 시세조종행위, 미공개정보 이용행위 등 법이 금지한 행위가 개입된 거래에서 그 행위자가 얻은 시세차익이 많으면 많을수록 그 위반행위에 대한 비난가능성은 그만큼 높아진다. 자본시장법 제443조 규정의 문언을 살펴보면 벌금형의 상한 및 가중처벌 규정의 적용 여부의 기준이 되는 "이익", "회피손실액"에 대하여 "위반행위로 얻은 이익 또는 회피한 손실액"이라고 표현하고 있을 뿐 위반행위와 직접적인 인과관계가 있다거나 일시효과는 배제된 이익 또는 회피손실액만을 의미하는 것으로 한정하여 규정하고 있지 않다.[166]

또한 위 규정은 위반행위자와의 거래에서 그 거래상대방이 입은 손해에 대한 배상책임의 범위를 정하기 위한 조항이 아니며, 위반행위자가 얻은 부당이익 중에서 위반행위와 직접적인 인과관계가 있는 부당이익을 박탈하거나 환수하려는 조항도 아니다. 위 규정은 유가증권시장의 공정한 질서를 해치는 행위에 대한 제재인 형사처벌의 법정형에 관한 것으로서 그 보호법익은 구체적인 피해자를 위한 개인적 법익이 아니라 유가증권시장의 공정한 거래질서라는 사회적 법익이다. 따라서 유가증권시장의 공정성을 저해하는 행위를 효과적으로 규제하고 그에 대한 처벌의 실효성을 확보하기 위하여 위 규정이 벌금액의 상한이나 징역형의 법정형이 위반행위로 인한 부당이득액(이익 또는 회피손실액)에 따라 변동되는 연동제를 채택함에 있어서 위반행위와 직접적인 인과관계가 있는 부당이득액만을 그 변동의 요건으로 삼아야 할 필연성이 인정되지 않을 뿐만 아니라, 위반행위자가 받게 될 최종적인 형량은 법정형의 범위 내에서 구체적인 법관의 양형에 의하여 결정되는 것이지 위반행위로 인한 부당이득액 자체가 곧바로 위반행위자에 대한 형량으로 되는 것도 아니어서, 법정형의 차이로 인해서 구체적인 사건에서 나타날 수 있는 불합리한 점은 여러 양형인자를 고려한 법관의 적절한 양형에 의하여 합리적인 방향으로 조절하는 것이 가능하다.[167]

따라서 위반행위와 상당인과관계가 있는지 여부를 엄격히 따져 피해자가 입은 현실적인 손해 상당액만큼을 불법행위자로부터 박탈하여 피해자의 손해를 보전하는 것이 제도의 취지인 민사상의 손해배상책임이나 부당이득의 관점에서 위 규정을 바라보아야 할 이유가 없다.

---

166) 서울중앙지방법원 2007. 2. 9. 선고 2006고합332 판결.
167) 서울중앙지방법원 2007. 2. 9. 선고 2006고합332 판결.

(2) 이익 및 손실액의 산정

(가) 가중처벌 요건의 기준

내부자거래 금지규정은 형식범의 형태로 규정되어 있다. 따라서 내부자거래의 결과 내부자가 이익을 얻었거나 손실을 회피하였는지 여부를 요건으로 하지 않는다. 또한 주관적 고의 이외에 특정한 주관적 목적도 필요하지 않으므로 이익 또는 손실을 회피할 목적도 요건으로 하지 않는다. 다만 위반행위로 얻은 부당이득을 환수하기 위한 벌금형을 정하면서 죄책이 중하기 때문에 가중처벌기준으로 얻은 이익 또는 회피한 손실을 고려할 뿐이다.

일반적으로 범죄의 액수는 구성요건요소가 아니고 양형의 자료에 불과하지만 특정경제범죄법 위반죄의 경우 범죄의 액수는 구성요건요소로서 그 액수에 따라 적용될 법률조항이 달라지고 그 계산이 잘못되면 법률 적용의 착오로서 판결에 영향을 미친 법률위반이 된다. 이러한 취지에서 "위반행위로 얻은 이익 또는 회피한 손실액"은 구성요건의 일부가 된다.[168] 따라서 "위반행위로 얻은 이익 또는 회피한 손실액" 등의 액수에 따라 가중처벌하는 규정을 둠으로써 특히 그 이익의 액수는 범죄의 구성요건요소로서 중요한 의미를 가지게 되었다.

즉 상장법인의 내부자가 미공개정보를 이용하는 것은 기업공시제도를 훼손하고, 기업운영과 증권거래시장의 투명성을 저해하여 주주, 채권자, 거래당사자 등에게 예측하지 못한 손해를 입힐 뿐만 아니라 결국에는 기업에 대한 신뢰, 시장에 대한 신뢰를 떨어뜨림으로써 헌법상의 기본원리인 시장경제질서를 무너뜨리는 결과를 낳을 수도 있다는 점에서 그 죄책이 중하다.[169]

(나) 위반행위로 얻은 이익

자본시장법 제443조와 제447조에서 정한 "위반행위로 얻은 이익"이란 함께 규정되어 있는 "손실액"에 반대되는 개념으로서 당해 위반행위로 인하여 행위자가 얻은 이윤, 즉 그 거래로 인한 총수입에서 그 거래를 위한 총비용을 공제한 차액을 말한다.[170]

또한 "위반행위로 얻은 이익"이란 그 위반행위와 관련된 거래로 인한 이익을 말하는 것으로서 위반행위로 인하여 발생한 위험과 인과관계가 인정되는 것을 의미한다. 통상적인 경우에는 위반행위와 관련된 거래로 인한 총수입에서 그 거래를 위한 총비용을 공제한 차액을 산정하는 방법으로 인과관계가 인정되는 이익을 산출할 수 있다. 그러나 구체적인 사안에서 위반행위로 얻은 이익의 가액을 위와 같은 방법으로 인정하는 것이 부당하다고 볼 만한 사정이 있는 경우에는, 사기적 부정거래행위를 근절하려는 위 법 제443조와 제447조의 입법취지와 형사법의 대원칙인 책임주의를 염두에 두고 위반행위의 동기, 경위, 태양, 기간, 제3자의 개입 여부,

---

168) 대법원 2001. 1. 19. 선고 2000도5352 판결; 대법원 2003. 11. 28. 선고 2002도2215 판결.
169) 서울중앙지방법원 2007. 2. 9. 선고 2006고합332 판결.
170) 대법원 2009. 4. 9. 선고 2009도675 판결.

증권시장 상황 및 그 밖에 주가에 중대한 영향을 미칠 수 있는 제반 요소들을 전체적·종합적으로 고려하여 인과관계가 인정되는 이익을 산정해야 하며, 그에 관한 입증책임은 검사가 부담한다.[171]

(다) 위반행위로 회피한 손실액의 판단기준

자본시장법 제443조 제2항은 "위반행위로 얻은 이익 또는 회피한 손실액이 50억원 이상인 때에는 무기 또는 5년 이상의 징역에 처하고, 이익 또는 회피한 손실액이 5억원 이상 50억원 미만인 때에는 3년 이상의 유기징역에 처한다"고 규정하고 있다. 이와 같이 얻은 이익 또는 회피한 손실액이 범죄구성요건의 일부로 되어 있고 그 가액에 따라 그 죄에 대한 형벌도 매우 가중되어 있는 경우에, 이를 적용함에 있어서는 얻은 이익이나 회피한 손실의 가액을 엄격하고 신중하게 산정함으로써, 범죄와 형벌 사이에 적정한 균형이 이루어져야 한다는 죄형균형 원칙이나 형벌은 책임에 기초하고 그 책임에 비례하여야 한다는 책임주의 원칙이 훼손되지 않도록 유의하여 회피손실액을 산정하여야 하고(대법원 2007. 4. 19. 선고 2005도7288 판결 참조), 나아가 어느 정보가 공개되어 그 영향으로 인하여 주가가 상승 또는 하락함으로써 이익을 얻거나 손실을 회피하였는지 여부는 해당 정보가 충분히 시장에 공개된 이후 주가가 안정화된 시점을 기준으로 판단하여야 할 것이다.[172]

(라) 미실현이익

위반행위로 얻은 이익에는 위반행위 종료시점 당시까지 매도가 이루어지지 아니하여 주식을 보유 중인 경우 중요한 미공개정보를 이용한 매도시점 당시의 보유 중인 주식의 평가이익이 미실현이익도 포함된다.[173]

(마) 공소사실의 특정과 불고불리의 원칙

공소사실의 기재는 범죄의 일시·장소와 방법을 명시하여 사실을 특정할 수 있도록 하여야 한다(형사소송법254④). 이와 같이 규정한 취지는 심판의 대상을 한정함으로써 심판의 능률과 신속을 꾀함과 동시에 방어의 범위를 특정하여 피고인의 방어권 행사를 쉽게 해주기 위한 것이므로, 검사로서는 위 세 가지 특성요소를 종합하여 다른 사실과의 식별이 가능하도록 범죄구성요건에 해당하는 구체적 사실을 기재하여야 한다.[174] 특정의 정도는 다른 공소사실과 구

---

171) 대법원 2009. 7. 9. 선고 2009도1374 판결.
172) 서울고등법원 2008. 6. 24. 선고 2007노653 판결.
173) 그와 같은 이익의 산정에 있어서는 피고인의 이익실현행위를 기준으로 하여 그에 따른 구체적 거래로 인한 이익, 아직 보유 중인 미공개정보 이용 대상 주식의 가액, 미공개정보 이용행위와 관련하여 발생한 채권 등이 모두 포함되어야 하며, 이 경우 특별한 사정이 없는 한 아직 보유 중인 주식의 가액은 그와 동종 주식의 마지막 처분행위시를 기준으로, 주식양도를 목적으로 하는 채권의 가액은 그 약정이행기를 기준으로 산정함이 상당하다(대법원 2006. 5. 12. 선고 2004도491 판결).
174) 대법원 2004. 3. 26. 선고 2003도7112 판결.

별할 수 있는 정도, 즉 공소사실의 동일성을 인정할 수 있는 정도면 족하다. 따라서 공소사실로는 구체적인 범죄사실의 기재가 있어야 한다. 특정해야 할 공소사실은 범죄구성요건에 해당하는 사실에 한한다.

법원의 심판대상은 공소제기에 의하여 결정되고 법원은 이를 중심으로 심판하여야 한다는 원칙을 불고불리의 원칙이라고 한다. 따라서 법원의 심판대상은 공소장에 기재된 피고인과 공소사실에 제한되어야 한다.

(3) 양벌규정

(가) 의의

법인(단체를 포함)의 대표자나 법인 또는 개인의 대리인, 사용인, 그 밖의 종업원이 그 법인 또는 개인의 업무에 관하여 제443조부터 제446조까지의 어느 하나에 해당하는 위반행위를 하면 그 행위자를 벌하는 외에 그 법인 또는 개인에게도 해당 조문의 벌금형을 과한다(법448 본문).

여기서 법인이란 대표자, 대리인, 사용인, 그 밖의 종업원의 사업주인 법인이고, 대표자란 당해 법인의 대표권한을 가지는 자를 말하며, 개인이란 대리인, 사용인, 그 밖의 종업원의 사업주인 개인을 말하며, 대리인, 사용인, 그 밖의 종업원은 법 제174조 제1항 제5호의 해석으로 충분하지만, 법 제448조에는 임원이 그 행위자로서 명기되어 있지 않은 관계상 사용인 그 밖의 종업원에 법인의 임원이 포함된다고 해석하여야 한다. 왜냐하면 법인의 임원이 내부자거래를 한 경우 본조 소정의 내부자거래에서 제외할 이유가 없고, 제외한다면 사용인 그 밖의 종업원과 균형이 맞지 않기 때문이다.

(나) 업무관련성

양벌규정에서 "그 법인 또는 개인의 업무에 관하여"라는 의미는 법인의 대표자, 법인 또는 개인의 대리인, 사용인, 그 밖의 종업원이 개인적으로 한 내부자거래규제 위반행위를 제외하는 취지이다. 즉 내부자거래 행위가 그 법인 또는 개인의 업무에 관하여 이루어진 경우이다.

(다) 이익의 판단기준

법인에게 부과되는 벌금형은 법인이 대표자의 위반행위로 인하여 얻은 이익 또는 회피한 손실액을 기준으로 그 상한을 정하여야 한다.

(라) 면책

다만 법인 또는 개인이 그 위반행위를 방지하기 위하여 해당 업무에 관하여 상당한 주의와 감독을 게을리하지 아니한 경우에는 그러하지 아니하다(법448 단서).

(4) 몰수와 추징

(가) 의의

몰수는 범죄반복의 방지나 범죄에 의한 이득의 금지를 목적으로 범죄행위와 관련된 재산

을 박탈하는 것을 내용으로 하는 재산형이다. 원칙적으로 다른 형에 부가하여 과하는 부가형이
다. 몰수에는 필요적 몰수와 임의적 몰수가 있다. 벌금형은 재산형이지만 일정한 금액의 지불
의무를 부담하는데 그치며 재산권을 일방적으로 국가에 귀속시키는 효과를 가지는 않는다는
점에서 몰수와 구별된다.175) 추징은 몰수의 대상인 물건을 몰수하기 불가능한 경우에 그 가액
을 추징하는 것이다.

(나) 범죄수익은닉규제법

1) 목적

범죄수익은닉규제법은 특정범죄와 관련된 범죄수익의 취득 등에 관한 사실을 가장하거나
특정범죄를 조장할 목적 또는 적법하게 취득한 재산으로 가장할 목적으로 범죄수익을 은닉하
는 행위를 규제하고, 특정범죄와 관련된 범죄수익의 몰수 및 추징에 관한 특례를 규정함으로써
특정범죄를 조장하는 경제적 요인을 근원적으로 제거하여 건전한 사회질서의 유지에 이바지함
을 목적으로 한다(동법1).

2) 내부자거래와 중대범죄

내부자거래는 범죄수익은닉규제법 별표176)에 규정된 중대범죄로서 재산상의 부정한 이익
을 취득한 목적으로 한 범죄로서 특정범죄에 해당한다. 또한 중대범죄인 내부자거래로 생긴 재
산 또는 그 범죄행위의 보수로 얻은 재산은 범죄수익에 해당한다.

3) 범죄수익의 몰수와 추징

범죄수익은 몰수할 수 있으며(동법8), 몰수할 재산을 몰수할 수 없거나 그 재산의 성질, 사
용 상황, 그 재산에 관한 범인 외의 자의 권리 유무, 그 밖의 사정으로 인하여 그 재산을 몰수
하는 것이 적절하지 아니하다고 인정될 때에는 그 가액을 범인으로부터 추징할 수 있다(동법10
①). 따라서 내부자거래로 얻은 부당이득은 범죄수익으로 국가에 몰수될 수 있으며, 몰수할 수
없는 경우 등은 추징할 수 있다. 동법은 임의적 몰수를 규정하고 있다.

(다) 자본시장법 규정

내부자거래를 한 자가 해당 행위를 하여 취득한 재산은 몰수하며, 몰수할 수 없는 경우에
는 그 가액을 추징한다(법447의2).

---

175) 이재상(2001), 537-538쪽.
176) [별표] 중대범죄(제2조 제1호 관련) 제10호: 자본시장과 금융투자업에 관한 법률 제443조 및 제445조 제
42호의 죄.

시세조종행위

제1절 서 론

Ⅰ. 시세조종행위의 의의

　　시세조종행위는 자본시장에서 수요와 공급의 원칙에 따라 자유롭게 형성되어야 할 금융투자상품의 시세에 의도적으로 간섭하여 인위적으로 가격을 조작함으로써 타인들이 거래를 하도록 유인하는 행위라고 정의할 수 있다. 즉 시세조종행위는 타인이 특정 상장증권이나 장내파생상품 등 금융투자상품을 사거나 팔도록 유도하기 위하여 그 거래가 활발히 이루어지는 것과 같은 외관을 만드는 행위이다. 이는 금융투자상품의 공정한 가격형성을 저해함으로써 투자자에게 손실을 입히는 일종의 사기적 행위에 해당하는 불법행위이다.[1]

　　자본시장법은 시세조종행위의 개념에 대한 정의규정을 두고 있지 않다. 다만 시세조종행위로서 금지되는 구체적인 유형을 규정하고 있다(법176). 즉 자본시장법 제176조는 상장증권 또는 장내파생상품의 매매에 관하여, 제1항에서 타인에게 그릇된 판단을 하게 할 목적으로 하는 통정매매와 가장매매를 금지하고, 제2항에서 타인의 매매거래를 유인할 목적으로 변동거래(제1호), 시세변동 정보의 유포(제2호), 허위표시(제3호)를 금지하고, 제3항에서 시세의 고정이나 안정조작을 금지하는 한편, 제4항에서 파생상품과 기초자산 간의 연계시세조종행위(제1호 및 제2호), 증권과 증권 또는 그 증권의 기초자산 간의 연계시세조종행위(제3호 및 제4호), 파생상품

---

[1] 송호신(2009), "시세조종행위에 대한 자본시장통합법의 규제", 한양법학 제20권 제3집(2009. 8), 426쪽.

간의 연계시세조종행위(제5호)를 금지하고 있다.

Ⅱ. 시세조종행위 규제의 입법취지

자유롭고 공정한 자본시장에 개입하여 인위적으로 증권의 시세를 조작하는 것을 방지하려는 것이 시세조종을 규제하는 입법취지이다. 즉 증권거래에 참여하는 투자자는 자기의 투자지표가 되는 거래시세가 공정하게 형성된 것임을 전제로 하여 투자활동을 한다는 의미에서 시세조종은 일반투자자에게 사기행위가 된다는 것이 법적 규제의 이념적 기초이다.[2][3] 결국 시세조종행위는 자본시장에 대한 신뢰를 상실케 하여 투자자들이 시장을 떠나게 되는 요인이 되고, 자본시장에 대한 불신을 초래하여 시장의 기능을 파괴하여 국가경제를 위협하는 행위이므로 규제되어야 한다.

Ⅲ. 시세조종행위 규제의 연혁

시세조종은 증권시장의 역사만큼 오래전부터 존재하였고 오늘날에도 여전히 해결되지 않고 있는 고질적인 문제이다. 일찍이 증권거래소를 개설한 영국에서는 19세기 초반 나폴레옹 사망에 관한 풍문으로 인하여 투자자들이 피해를 입은 시세조종 사건이 있었고, 현재 가장 발전된 증권규제를 가진 미국에서도 20세기 초반에는 시세조종이 만연하였다. 이후 영국과 미국에서는 수많은 판례가 쌓여 사기이론(fraud theory)과 자유공개시장의 개념(free and open market concept)으로 시세조종 규제의 법리가 발전되었다.[4]

우리나라에서는 1962년 제정된 증권거래법에 시세조종을 금지하는 규정을 두었고, 이 규정은 여러 차례의 제·개정을 거쳐 현행 자본시장법에 계수되었다. 자본시장법 제176조는 한국거래소에 상장된 증권 또는 파생상품에 대한 시세조종을 금지하고, 제177조는 시세조종에 대한 손해배상책임을 규정하는 한편, 제443조는 시세조종에 대한 형사책임에 대하여 규정하고 있다.

---

2) 금융감독원(2008), "금융투자상품에 대한 불공정거래 규제", 금융감독원(2008. 12), 54쪽.
3) 주식에 대한 시세조종 등 불공정거래행위는 주식시장에서의 수요와 공급에 따른 공정한 가격형성을 방해하여 건전한 주식시장의 육성 및 발전을 저해할 뿐만 아니라 주식거래에 참여하고 있는 불특정 다수의 일반투자자들로 하여금 예측하지 못한 손해를 입게 하는 것으로서 엄정히 처벌되어야 할 중대한 범죄행위이다(서울중앙지방법원 2007. 2. 9. 선고 2006고합770 판결). 또한 시세조종행위는 불특정 다수의 다른 투자자들을 기망하여 재산적 이익을 얻는 것과 마찬가지로서 증권시장에 대한 불신을 가져와 결국 국민경제의 발전을 저해하게 되므로 엄히 처벌하여야 마땅하다(서울중앙지방법원 2007. 6. 22. 선고 2007고합11, 366 (병합) 판결).
4) 박임출(2011), "시세조종의 구성요건인 변동거래와 유인목적", 증권법연구 제12권 제2호(2011. 9), 213쪽.

Ⅳ. 시세조종행위의 동기

시세조종은 다음과 같은 동기에서 이루어진다. ⅰ) 증권을 시세보다 높게 발행 또는 매도하거나 시세보다 낮게 취득하고자 하는 경우, ⅱ) 자기의 매수에 의하여 시세를 상승시켜 상승한 시세로 전매하거나 자기의 매도에 의하여 시세를 하락시켜 하락한 시세로 매수함으로써 차익을 얻고자 하는 경우, ⅲ) 자기의 매수에 의하여 시세를 상승시킨 후 매수한 주식을 토대로 당해 주식 발행회사의 경영에 간섭할 태도를 보여 당해 주식을 그 회사 경영진 측에 고가로 매도함으로써 차익을 얻으려는 경우, ⅳ) 발행회사 또는 인수회사가 당해 증권의 모집·매출을 용이하게 하기 위하여 그 시세를 일정 수준으로 유지하고자 하는 경우, ⅴ) 결산기 또는 납세기에 보유주식의 장부가격을 위장하거나 조작하고자 하는 경우, ⅵ) 주식의 담보가격을 유리하게 하고자 하는 경우 등이다.[5]

우리나라의 시세조종 사건에서 시세조종의 동기로 판시하고 있는 판례들의 주요 내용은 대부분 금전적 이해관계에 기인하는 것이다. 예를 들면 보유주식의 고가매도,[6] 원활한 유상증자,[7] 전환사채의 조기상환 유도,[8] 전환사채 발행가의 상승,[9] 사채발행의 원활화,[10] 전환사채 가격조정에 의한 지분희석 방지,[11] 담보권자의 반대매매 방지,[12] 영업용순자본비율의 증가,[13] 전환사채의 발행가격을 높이거나 원활한 발행을 위한 경우,[14] 보유하거나 매집 중인 증권의 가격을 인위적으로 상승시킨 후 일반투자자에게 매도하여 차익을 얻는 것이나, 그 외에도 담보로 제공한 증권에 대한 사채업자의 담보권 실행을 방지하기 위한 경우,[15] 합병반대주주의 주식매수청구권 행사를 억제하기 위한 것[16] 등이 있다.

---

5) 사법연수원(2002), 「경제범죄론」, 2002, 155쪽.
6) 대법원 2002. 6. 14. 선고 2002도1256 판결; 대법원 2007. 11. 29. 선고 2007도7471 판결.
7) 대법원 2002. 7. 22. 선고 2002도1696 판결; 대법원 2002. 7. 26. 선고 2001도4947 판결.
8) 대법원 2006. 5. 11. 선고 2003도4320 판결.
9) 서울지방법원 2000. 5. 12. 선고 2000고단2008 판결.
10) 대법원 2004. 1. 27. 선고 2003도5915 판결.
11) 서울중앙지방법원 2004. 4. 16. 선고 2004고합261 판결.
12) 대법원 2001. 6. 26. 선고 99도2282 판결; 서울중앙지방법원 2006. 12. 19. 선고 20067고합729 판결.
13) 대법원 2003. 12. 12. 선고 2001도606 판결.
14) 대법원 2002. 12. 10. 선고 2002도5407 판결.
15) 서울중앙지방법원 2007. 1. 12. 선고 2006고합729 판결.
16) 서울중앙지방법원 2007. 6. 22. 선고 2007고합11, 366(병합) 판결.

제2절   시세조종행위의 유형별 규제

Ⅰ. 행위주체와 규제대상

1. 행위주체

자본시장법 제176조 제1항부터 제4항은 시세조종행위의 주체를 "누구든지"로 규정하고 있다. 따라서 증권전문가뿐만 아니라 증권시장에 참여하는 자는 누구나 행위주체가 될 수 있다. 실제거래에 참여하지 않은 자도 시세조종행위의 주체가 될 수 있으며, 단독으로 또는 수인이 공동으로 행위주체가 될 수 있다. "공동"은 공동의 계획 또는 공모보다 넓은 개념으로 이해되고 있다. 또한 자신을 위한 매매거래뿐만 아니라 대리인으로 거래하는 경우, 타인을 위하여 또는 타인의 요청에 의해 매매하는 경우도 행위주체에 포함된다.[17]

2. 규제대상상품

자본시장법 제176조 제1항부터 제3항은 규제대상을 상장증권 또는 장내파생상품으로 하고 있다. 시세조종은 시장에서 특정 금융투자상품에 대한 수요와 공급을 인위적으로 조작함으로써 가격을 조종하려는 행위이므로 시세조종의 규제대상이 되는 것은 상장증권과 장내파생상품에 한정된다. 따라서 장내거래인 거래소시장에서의 거래만이 규제대상이고 장외거래는 규제대상이 아니다. 그러나 거래소 외에서 매도옵션이나 매수옵션을 거래한 경우 거래소에 상장되어 있는 당해 매도 또는 매수옵션의 대상증권에 대한 시세조종이 된다.[18]

나아가 2013년 5월 개정을 통하여 자본시장법 제176조 제4항은 연계시세조종행위의 규제대상을 증권, 파생상품으로 함으로써 종전의 규제대상인 상장증권과 장내파생상품에 비하여 훨씬 규제의 범위를 확장하였다.

Ⅱ. 위장매매에 의한 시세조종

1. 의의

(1) 자본시장법 규정

누구든지 상장증권 또는 장내파생상품의 매매에 관하여 그 매매가 성황을 이루고 있는 듯

---

17) 윤영신·이중기(2000), 「증권거래법상 시세조종행위의 요건 및 제재에 관한 연구」, 한국법제연구원(2000.
   9), 17-18쪽.
18) 윤영신·이중기(2000), 18쪽.

이 잘못 알게 하거나, 그 밖에 타인에게 그릇된 판단을 하게 할 목적으로 다음의 어느 하나에 해당하는 행위를 하여서는 아니 된다(법176①).

1. 자기가 매도하는 것과 같은 시기에 그와 같은 가격 또는 약정수치로 타인이 그 증권 또는 장내파생상품을 매수할 것을 사전에 그 자와 서로 짠 후 매도하는 행위
2. 자기가 매수하는 것과 같은 시기에 그와 같은 가격 또는 약정수치로 타인이 그 증권 또는 장내파생상품을 매도할 것을 사전에 그 자와 서로 짠 후 매수하는 행위
3. 그 증권 또는 장내파생상품의 매매를 함에 있어서 그 권리의 이전을 목적으로 하지 아니하는 거짓으로 꾸민 매매를 하는 행위
4. 제1호부터 제3호까지의 행위를 위탁하거나 수탁하는 행위

자본시장법 제176조 제1항은 "위장매매에 의한 시세조종행위"를 금지하고 있다. 위장매매에 의한 시세조종이란 "누구든지 상장증권 또는 장내파생상품의 매매에 관하여 그 매매가 성황을 이루고 있는 듯이 잘못 알게 하거나 그 밖에 타인에게 그릇된 판단을 하게 할 목적으로 통정매매 또는 가장매매를 하는 것"이다. 통정매매와 가장매매를 통칭하여 위장매매라고 하며 구체적으로 통정매매와 가장매매, 통정매매·가장매매의 위탁 또는 수탁하는 행위를 금지하고 있다.

(2) 입법취지

위장매매는 그 자체로서 위법한 시세조종행위가 된다. 그러나 증권시장에서의 수요공급에 따른 거래가 아니면서 이로 인한 거래량과 가격변화가 증권시장에서의 수요공급에 따른 것으로 오인하게 하여 현실적인 시세조종을 용이하게 하기 때문에 이를 규제대상으로 하고 있다.[19] 통정매매 또는 가장매매라는 위장된 행위를 통하여 공개경쟁시장에서 자유로운 수요와 공급관계에 의해 가격과 거래량이 형성된 것처럼 타인을 오인하게 하는 외관을 나타내는 행위를 엄격하게 규제하려는 것이다. 또한 매매거래가 계약체결에 이를 것을 요하지 않으며, 매매주문 사실만으로 위험이 발생할 수 있으므로 위장매매행위는 금지된다.

2. 유형

(1) 통정매매(제1호 및 제2호)

(가) 의의

통정매매는 상장증권 또는 장내파생상품의 매매거래에 관하여 당사자가 미리 통정한 후 동일 상장증권 또는 장내파생상품에 대하여 같은 시기에 같은 가격으로 매수 또는 매도하는

---

19) 증권거래법 제188조의4 제1항은 공개경쟁시장에서의 자연적인 수요공급에 따른 거래가 아닌 통정매매 또는 가장매매로 인한 거래량 또는 가격의 변화가 자유로운 공개경쟁시장에서의 자율적인 수요공급에 따른 정상적인 것인 양 타인을 오도하여 현실적 시세조종을 용이하게 하는 위장거래행위를 금지하는 데에 그 취지가 있다(대법원 2001. 11. 27. 선고 2001도3567 판결).

행위를 말한다. 이러한 통정매매는 반드시 매도인과 매수인 사이에 직접적인 협의가 이루어져야 하는 것은 아니고 그 중간에 매도인과 매수인을 지배·장악하는 주체가 있어 그가 양자 사이의 거래가 체결되도록 주도적으로 기획·조종한 결과 실제 매매가 체결되는 경우도 포함한다고 해석함이 타당하다.[20) 가장매매가 1인에 의하여 이루어지는 데 반하여 통정매매는 매매당사자 사이의 통모에 이루어진다는 점이 구별된다.

통정은 명시적인 통정은 물론 부분적으로 하거나 묵시적으로 하는 것도 포함되며, 구두 또는 서면에 의한 통정도 가능하다. 이미 시장에 내어져 있는 주문에 대하여 통정한 후에 동일한 주문을 내어 계약을 성립시키는 것도 쌍방의 주문이 동일한 시기에 시장에 나와 서로 대응하여 계약이 성립하는 것이므로 통정매매에 해당한다.

증권회사의 반대매매 물량이 시장에 유통되는 것을 막기 위하여 증권회사 직원으로부터 통보받은 반대매매 시점과 수량에 맞추어 매수주문을 낸 경우에도 통정매매로 인정된다.[21)

(나) 같은 시기 및 같은 가격, 같은 수량

"같은 시기"는 매수와 매도주문이 반드시 동일한 시간이 아니더라도 시장에서 대응하여 성립할 가능성이 있는 정도의 시간대이면 족하다. 예를 들어 매도주문과 매수주문이 시간적인 간격을 두고 제출되어 기다리는 상황에서 그에 대응한 주문이 제출되어 거래가 성립하는 경우에는 같은 시기에 제출된 주문에 의한 매매는 아니지만 통정매매에 의한 시세조종은 성립한다.[22)

"같은 가격"도 반드시 매수호가와 매도호가가 같을 필요는 없다. 매매 쌍방의 주문이 대응하여 거래가 성립할 가능성이 있는 범위 내의 가격이면 족하다.

또한 "거래수량"과 관련하여 매수주문과 매도주문의 수량이 반드시 일치할 필요도 없다. 따라서 통정은 부분적으로 또는 묵시적으로 하는 것도 가능하므로 통정매매가 성립하기 위하여는 매수주문과 매도주문의 수량이 일치할 필요도 없다. 증권시장에서는 매도·매수주문에 대하여 가격우선의 원칙과 시간우선의 원칙에 의해 계약이 성립한다. 그런데 거래단위를 기준으로 하여 매도나 매수의 전체 수량이 체결되지 않을 경우에도 그 주문에 대하여 계약이 성립하고 그 체결된 일부 수량에 대하여 계약이 성립한다. 따라서 서로 다른 상이한 매수주문과 매도주문에 대하여도 수량이 일치하는 범위 내에서 통정매매가 성립한다.[23)

---

20) 대법원 2013. 9. 26. 선고 2013도5214 판결.
21) 서울중앙지방법원 2007. 2. 9. 선고 2006고합770 판결.
22) 통정매매에 있어 매도와 매수주문이 반드시 동일한 시기에 있어야 통정매매가 성립하는 것이 아니고 쌍방의 주문이 시장에서 대응하여 성립할 가능성이 있는 시간이면 통정매매가 성립한다(대법원 2004. 7. 9. 선고 2003도5831 판결).
23) 서울고등법원 2009. 1. 6. 선고 2008노1506 판결.

(다) 자전거래와의 구별

통정매매와 구별하여야 할 개념으로 자전매매가 있다. 자전매매는 한국거래소의 회원인 증권회사가 고객으로부터 동일한 종류의 주식에 대하여 동일수량의 매수주문과 매도주문을 동시에 받은 경우에 이루어지는 거래로서 거래소에 사전신고를 통해 동일종류, 동일수량, 동일가격의 매수와 매도를 동시에 실시하는 대량매매24)를 성립시키는 거래를 말한다. 자전거래는 동일 거래원이 동일가격으로 동일수량의 매도주문과 매수주문을 내어 매매계약을 체결시키는 경우를 말한다.

자전거래는 경쟁매매과정에서 처리하기 곤란하거나 경쟁매매에 의하면 주가의 급등락이 우려될 정도의 대량거래를 하고자 하는 경우 주가에 영향을 주지 아니하고 신속하게 주문을 처리할 수 있는 거래방식이다. 자전거래는 시장집중원칙과 경쟁매매원칙에 반하는 것으로서 거래당사자 간에 사전에 가격을 정하여 거래하므로 시장의 시세와 자전거래 가격이 다를 경우는 시세변동을 유발할 염려가 있다. 따라서 한국거래소는 일정한 요건에 의해 자전거래를 허용하고 있다. 한국거래소가 인정하는 자전거래에 해당하는 경우에는 당사자 간에 서로 거래조건을 정하였다고 하더라도 거래성황에 대한 오인 또는 오판의 목적이 없기 때문에 통정매매에 해당하지 않고, 자전매매로 인하여 시세변동의 결과가 발생하더라도 매매거래의 유인목적이 없기 때문에 시세조종행위에 해당하지 않는다.25)

(2) 가장매매(3호)

가장매매는 외관상 상장증권 또는 장내파생상품의 매매가 이루어진 것처럼 보이지만 실질적으로는 권리의 이전을 목적으로 하는 않는 매매를 말한다. 가장매매는 동일인이 동일 증권에 대하여 같은 시기에 같은 가격으로 매수 및 매도를 하고, 증권시장의 제3자에게는 독립의 매수인 및 매도인에 의하여 행하여진 현실의 거래와는 구별할 수 없는 형식상의 거래를 만드는 것이다. 가장매매에서 권리의 이전이란 권리의 주체면에서 실질적인 권리귀속주체의 변경을 의미하고, 실질적인 권리는 당해 증권에 대한 실질적인 처분권한을 의미한다.26)

가장매매는 동일인 명의의 증권계좌를 이용하여 이루어지기도 하나 1인이 다수의 차명계좌를 이용하거나 수인이 다수의 차명계좌를 이용하여 이루어지는 것이 일반적이다. 시세조종행위자는 서로 다른 증권회사에 수개의 차명계좌를 개설·운영하면서 매수주문과 매도주문을 분산시키는 점이 특징이다. 즉 A가 B와 C 명의의 차명으로 서로 다른 증권회사에 차명계좌를 개설한 후 B와 C 사이의 실제 거래를 이루어진 것으로 가장하는 것이다.27)

---

24) 유가증권시장 업무규정 제31조는 장중대량매매를 제35조는 시간외대량매매를 규정하고 있다.
25) 김정만(2001), "시세조종행위의 규제", 증권거래에 관한 제문제(하) 재판자료 제91집(2001), 197쪽.
26) 박삼철(1995), "우리나라의 시세조종행위 규제에 관한 고찰", 증권조사월보 제216호(1995), 22쪽.
27) 피고인 A는 2005. 1. 4. 09:10:51경 위 장소에서, B명의 계좌를 이용하여 주당 805원의 가격으로 5,000주를

(3) 통정매매나 가장매매의 위탁행위 또는 수탁행위(제4호)

통정매매 또는 가장매매가 성립하는 경우에만 제재대상이 되는 것이 아니라 투자중개업자에 대하여 위탁하는 행위도 제재대상이 된다. 증권시장에서는 거래사실뿐만 아니라 주문사실만으로도 투자자의 판단에 영향을 줄 수 있기 때문이다. 이 경우 위탁하는 고객뿐만 아니라 수탁을 하는 투자중개업자의 직원도 제재대상이 된다. 다만 직원의 경우 오인하게 할 목적을 결하고 있는 경우에는 시세조종행위로 제재할 수 없다.

3. 요건

(1) 매매거래

규제대상은 매매거래이다. 따라서 증여, 담보권의 설정과 취득은 규제대상이 아니다. 그러나 거래의 실질과 외관이 다른 경우 거래의 외관이 매매의 형태를 취한 경우에는 규제대상이 된다. 제1호부터 제3호까지의 행위는 매매거래를 전제로 하지만, 제4호의 통정매매 또는 가장매매의 위탁행위 또는 수탁행위는 위탁행위 또는 수탁행위를 규제대상으로 하므로 매매를 전제로 하지 않는다.

(2) 목적요건
(가) 오인목적

시세조종이 성립하기 위하여는 "매매가 성황을 이루고 있는 듯이 잘못 알게 하거나, 그 밖에 타인에게 그릇된 판단을 하게 할 목적"이라는 불법 목적을 가지고 있어야 한다. 이 목적은 객관적 구성요건요소에 대한 고의 이외에 목적범에서 요구되는 초과주관적 구성요건요소이다. 여기서 목적은 인위적인 통정매매 또는 가장매매에 의하여 거래가 일어났음에도 불구하고, 투자자들에게는 증권시장에서 자연스러운 거래가 일어난 것처럼 오인하게 할 의사로서, 그 목적의 내용을 인식함으로써 충분하다.[28] 즉 타인이 잘못된 판단을 할 가능성이 있는 정도의 인식

매수주문하고, 12초 후인 09:11:03에 C명의의 계좌를 이용하여 주당 805원에 3,000주를 매도주문하여 1,500주가 체결되도록 하는 등 별지 범죄일람표(3) 기재와 같이 2004. 12. 10.부터 2005. 1. 5.까지 총 84회에 걸쳐 합계 309,112주의 매매를 체결시키는 방법으로 가장매매를 하였다(서울고등법원 2008. 10. 15. 선고 2008노1447 판결).

28) 증권거래법 제188조의4 제1항 위반죄가 성립하기 위하여는 통정매매 또는 가장매매 사실 외에 주관적 요건으로 거래가 성황을 이루고 있는 듯이 오인하게 하거나, 기타 타인으로 하여금 그릇된 판단을 하게 할 목적이 있어야 함은 물론이나, 이러한 목적은 다른 목적과의 공존 여부나 어느 목적이 주된 것인지는 문제되지 아니하고, 그 목적에 대한 인식의 정도는 적극적 의욕이나 확정적 인식임을 요하지 아니하고 미필적 인식이 있으면 족하며, 투자자의 오해를 실제로 유발하였는지 여부나 타인에게 손해가 발생하였는지 여부 등도 문제가 되지 아니하고, 같은 조 제2항에서 요구되는 "매매거래를 유인할 목적"이나 제3항이 요구하는 "시세를 고정시키거나 안정시킬 목적", 그 밖에 "시세조종을 통하여 부당이득을 취득할 목적" 등이 요구되는 것도 아니고, 이러한 목적은 당사자가 이를 자백하지 않더라도 그 유가증권의 성격과 발행된 유가증권의 총수, 매매거래의 동기와 태양(순차적 가격상승주문 또는 가장매매, 시장관여율의 정도, 지속적인 종가

만으로도 위장매매의 요건이 충족되며 실제로 잘못된 판단을 하였는지는 위장매매의 성립과 관계가 없다.[29]

이러한 목적요건을 둔 것은 위장매매를 하더라도 그것이 투자자를 오인하게 하거나 그릇된 판단을 하게 할 목적을 가진 경우만을 시세조종으로 규제함으로써 시세조종의 범위가 지나치게 확대되는 것을 방지하고, 시세조종의 의도가 없는 선의의 대량매매를 규제대상에서 배제하기 위한 것이다.

(나) 목적의 정도

목적에 대한 인식의 정도는 적극적 의욕이나 확정적 인식임을 요하지 아니하고 미필적 인식이 있으면 족하다. 여기서의 목적은 다른 목적과의 공존 여부나 어느 목적이 주된 것인지는 문제되지 않는다. 또한 투자자의 오해를 실제로 유발하였는지 여부나 타인에게 손해가 발생하였는지 여부 등은 문제가 되지 아니하며, 같은 조 제2항에서 요구되는 "매매를 유인할 목적"이나 제3항의 "시세를 고정시키거나 안정시킬 목적" 또는 그 밖에 "시세조종을 통하여 부당이익을 취득할 목적" 등을 요구하지 않는다.

(다) 목적의 입증

현실적으로 목적성을 증명하는 것이 어렵기 때문에 위장매매의 객관적 요건이 증명되면 주관적 요건인 목적성이 추정되는 것으로 보아야 한다. 따라서 인식에 대한 입증은 시세조종 목적이 없었다고 주장하는 쪽에서 이를 부담하여야 한다. 예컨대 통정매매·가장매매를 수탁한 증권회사 직원도 처벌을 받지만 수탁받은 직원이 위장거래라는 인식을 하지 못한 경우라면 처벌받지 않는다.

III. 매매유인목적의 시세조종

1. 의의

(1) 자본시장법 규정

누구든지 상장증권 또는 장내파생상품의 매매를 유인할 목적으로 다음의 어느 하나에 해당하는 행위를 하여서는 아니 된다(법176②).

1. 그 증권 또는 장내파생상품의 매매가 성황을 이루고 있는 듯이 잘못 알게 하거나 그 시세(증권시장 또는 파생상품시장에서 형성된 시세, 다자간매매체결회사가 상장주권의 매매를

관여 등), 그 유가증권의 가격 및 거래량의 동향, 전후의 거래상황, 거래의 경제적 합리성 및 공정성 등의 간접사실을 종합적으로 고려하여 판단할 수 있다(대법원 2001. 11. 27. 선고 2001도3567 판결).

29) 대법원 2002. 7. 22. 선고 2002도1696 판결.

중개함에 있어서 형성된 시세, 그 밖에 대통령령으로 정하는 시세)를 변동시키는 매매 또는 그 위탁이나 수탁을 하는 행위

2. 그 증권 또는 장내파생상품의 시세가 자기 또는 타인의 시장 조작에 의하여 변동한다는 말을 유포하는 행위

3. 그 증권 또는 장내파생상품의 매매를 함에 있어서 중요한 사실에 관하여 거짓의 표시 또는 오해를 유발시키는 표시를 하는 행위

매매유인목적의 시세조종행위란 "누구든지 상장증권 또는 장내파생상품의 매매를 유인할 목적으로 현실매매, 시세조작의 유포, 거짓의 표시 또는 오해유발표시의 행위를 행하는 것"을 말한다. 자본시장법 제176조 제2항은 매매를 유인할 목적으로 시세를 변동시키는 매매 등에 대한 행위를 규정한다. 제1호는 현실거래에 의한 시세조종행위로 가장 많이 발생하는 유형 중의 하나이다. 제2호와 제3호는 "표시에 의한 시세조종행위"를 규제하는 규정이다. 제1호의 경우에 매매의 위탁이나 수탁도 금지되므로 매매의 성립은 요건이 아니고, 제2호와 제3호의 경우에는 행위유형상 행위자의 매매나 그 위탁은 요건이 아니며, 행위자의 매매유인행위에 의하여 타인이 실제 매매 또는 그 위탁을 하는 것도 요건이 아니다. 그리고 현실거래를 통하여 유가증권에 대한 권리가 이전된다는 점에서 위장매매와는 구별된다.

(2) 입법취지

현실매매에 의한 시세조종 등 매매거래 유인행위는 자본시장에 정상적인 수요와 공급에 따라 형성될 시세 및 거래량을 인위적으로 변동시키는 거래이므로 금지되고 있다. 그러나 금융투자상품 매매는 매매규모나 시점에 따라 다소간 시세에 영향을 줄 수 있다. 특히 대량의 매매주문은 시장에서의 수급불균형을 초래할 뿐만 아니라 호재나 악재의 존재를 추정시킴으로써 시세에 영향을 미친다. 따라서 시세에 영향을 준다는 것만을 이유로 현실적인 금융투자상품 매매를 모두 규제대상으로 삼을 수는 없을 것이다.[30]

2. 매매유인의 형태와 객관적 요건

자본시장법 제176조 제2항 각 호는 매매유인의 형태를 ⅰ) 현실매매, ⅱ) 시세조작의 유포, ⅲ) 거짓의 표시 또는 오해유발표시의 행위로 규정하고 있다. 여기에서 ⅱ)와 ⅲ)의 행위를 "표시에 의한 시세조종행위"라고 한다.

(1) 현실매매에 의한 매매유인행위

(가) 의의

현실매매에 의한 시세조종은 상장증권 또는 장내파생생품을 대량·집중적으로 매매하여

---

30) 김건식·정순섭(2009), 359쪽.

그 상장증권 또는 장내파생상품의 시장가격을 행위자가 의도하는 수준까지 인위적으로 상승·유지 또는 하락시키는 행위이다. 그런데 어떤 투자자가 상장증권 또는 장내파생상품을 대량으로 매매하는 때에 자기의 매매로 인하여 그 상장증권의 시세가 상승 또는 하락할 것이라는 점을 쉽게 예측할 수 있다. 그러나 그 투자자 이외의 다른 투자자는 상장증권 또는 장내파생상품의 시세가 변동되는 진정한 이유를 알지 못하기 때문에 그 상장증권 또는 장내파생상품의 시세 추이에 따라 자신의 투자 방향을 조정할 수밖에 없고, 그 결과 그 상장증권의 시세는 동일한 방향으로 탄력을 받을 가능성이 크다.[31][32]

현실매매에 의한 시세조종은 자본시장법이 금지하는 행위유형 가운데 가장 많이 이용될 수 있다. 하지만 현실매매에 의한 시세조종행위는 다양한 형태로 이루어지므로 실제 사안에서 정당한 매매거래와 외관상의 구분이 쉽지 않다. 모든 증권과 장내파생상품의 거래가 당해 증권 등의 시세에 영향을 줄 수 있으므로 위장매매나 거짓표시 등의 경우와 달리 행위의 형태만으로는 자본시장에서의 정당한 매매거래와 구별하기가 쉽지 않다는 점에서 법적용에 어려움이 있다.[33]

(나) 매매가 성황을 이루고 있는 듯이 잘못 알게 하는 행위

1) 개념

현실매매에 의한 행위가 시세조종행위로 인정되기 위해서는 "매매거래가 성황을 이루고 있는 듯이 잘못 알게 하는 행위"가 있거나 "그 시세를 변동시키는 매매거래의 행위" 또는 "그 위탁이나 수탁을 하는 행위"가 있어야 한다.[34] 현실의 시세조종행위에 있어서는 시세를 변동시키는 매매거래의 행위가 가장 문제되지만, 일반적으로 시세를 변동시키기 위해서는 매매거래가 성황을 이루고 있는 것처럼 보이게 하는 "바람잡이 거래"를 수반하는 것이 보통이다. 매매성황의 오인을 유발하는 행위는 이러한 "바람잡이 거래"를 시세조종행위의 규제대상으로 포함시킴으로써 시세조종행위의 규제범위를 확장하는 역할을 한다.[35]

---

31) 박임출(2011), 219쪽.
32) 자본시장법 제176조 제2항의 시세조종 금지규정은 1997년 1월 13일 증권거래법 개정(법률 제5254호)으로 도입되었다. 특히 동항 제1호는 미국의 1934년법 제9(a)(2)조, 일본의 금융상품거래법 제159조 제1항과 같이 "누구든지 상장증권 또는 장내파생상품의 매매를 유인할 목적으로 그 증권 또는 장내파생상품의 매매가 성황을 이루고 있는 듯이 잘못 알게 하거나 그 시세를 변동시키는 매매"를 금지하고 있다. 이러한 현실매매에 의한 시세조종은 증권시장에서 발생하는 대표적인 불공정거래행위이다. 이 규정은 현재 증권시장에서의 시세조종을 단속하고 처벌하는 핵심적인 장치로 기능하고 있고, 제178조의 포괄적 사기금지규정의 도입에도 불구하고 앞으로도 그 역할은 지대할 것으로 기대된다(박임출(2011), 232쪽).
33) 송호신(2009), 433쪽.
34) 대법원 2002. 6. 14. 선고 2002도1256 판결.
35) 남궁주현(2011), "현실매매에 의한 시세조종행위의 성립요건에 관한 고찰", 증권법연구 제12권 제2호 (2011. 8), 268쪽.

2) 판단방법

"매매가 성황을 이루고 있는 듯이 잘못 알게 하는 행위"인지 여부는 그 증권의 성격과 발행된 증권의 총수, 가격 및 거래량의 동향, 전후의 거래상황, 거래의 경제적 합리성과 공정성, 가장 혹은 허위매매 여부, 시장관여율의 정도, 지속적인 종가관리 등 거래의 동기와 태양 등의 간접사실을 종합적으로 고려하여 이를 판단하여야 한다.36) 예를 들어 현실매매의 거래가 있기 이전에 당해 종목의 거래상황에 비추어 정상적인 수요와 공급에 따른 거래량·가격변동보다 성황을 이루고 있는 듯이 평균적인 투자자를 오인시킬 수 있는지의 여부를 살펴보아야 한다. 매매거래에 대한 진실한 의사없이 주문을 내는 허수주문이나 매수가격을 부르는 허수호가 등이 대표적이다.37)

3) 매매가 성립할 것을 요구하는지 여부

매매성황의 오인을 유발하는 행위로는 일반적으로 통정매매와 가장매매가 빈번하게 이용된다. 실제로 매매가 이루어지면서 투자자를 오인시키는 행위가 대부분이지만, 실제로 매매가 이루어지지 않은 채 호가행위38)만으로도 타인을 오인시키는 것도 가능하므로 반드시 매매가 이루어질 것이 요구되는 것은 아니다.39)

(다) 시세를 변동시키는 매매

1) 개념

증권 또는 장내파생상품 시장에서 수요·공급의 원칙에 의하여 형성되는 증권 또는 장내파생상품의 가격을 인위적으로 상승 또는 하락시켜 왜곡된 가격을 형성하는 매매를 말한다.40) 시세를 변동시키는 매매거래의 행위는 현실거래나 실제거래를 통하여 인위적으로 증권이나 장내파생상품의 시세를 상승 또는 하락하도록 유인하는 행위이다.

유인목적의 매매가 되는 위법성 판단의 기준으로는 시세를 지배할 의도로 행하여 시세가 변동할 가능성 있는 거래라고 해석된다. ⅰ) 시장입회 전부터 직전일의 종가보다 높은 가격의 매수주문을 낸 행위, ⅱ) 매매의 동향을 보면서 직전 가격보다 높은 가격으로 주문을 내거나 매수주문의 가격을 높이는 행위, ⅲ) 순차적으로 일정액씩 높여서 매수주문을 내는 행위, ⅳ) 수차례로 분할하여 주문하는 행위, ⅴ) 매수지정가주문으로 주가의 하락을 막는 매매, ⅵ) 종

---

36) 대법원 1994. 10. 25. 선고 93도2516 판결; 대법원 2001. 6. 26. 선고 99도2282 판결; 대법원 2002. 7. 26. 선고 2001도4947 판결; 대법원 2002. 7. 22. 선고 2002도1696 판결; 대법원 2009. 4. 9. 선고 2009도675 판결.
37) 송호신(2009), 433쪽.
38) 호가행위에는 진정하게 매매거래의 의사를 가지고 하는 경우뿐만 아니라 진정한 매매거래의 의사 없이 주문을 내는 행위도 포함된다. 단지 매수주문량이 많은 것처럼 보이기 위하여 매수의사 없이 하는 "허수매수주문"도 현실매매에 의한 시세조종행위의 유형에 속한다(대법원 2002. 6. 14. 선고 2002도1256 판결).
39) 남궁주현(2011), 268쪽.
40) 대법원 1994. 10. 25. 선고 93도2516 판결.

가가 결정될 때에 고가로 매수하는 행위 등을 들 수 있다.[41]

    2) 시세를 변동시키는 결과가 발생하여야 하는지 여부

시세를 변동시키는 매매로 인하여 실제로 시세가 변동될 필요까지는 없고, 일련의 행위가 이어진 경우에는 그 행위로 인하여 시세를 변동시킬 가능성이 있으면 충분하다.[42] 실제로 시세변동의 결과가 발생하였다 하더라도 오로지 행위자의 행위에 의하여 시세가 변동되었다는 사실은 요구되지 않고, 시세변동의 다른 사정이 있더라도 행위자의 행위가 시세변동의 주된 요인으로 작용하면 된다. 행위에 대한 위탁이나 수탁도 포함되므로 실제로 매매거래가 체결되지 아니하고 위탁 단계에 머물더라도 시세조종행위가 성립될 수 있다. 이는 다른 투자자가 주문가격을 올리도록 하는 결과를 초래하기 때문이다.[43]

    3) 시세의 범위

자본시장법은 시세의 범위에 관하여 "증권시장 또는 장내파생상품시장에서 형성된 시세, 다자간매매체결회사(전자증권중개회사)가 상장주권의 매매를 중개함에 있어서 형성된 시세, 상장(금융위원회가 정하여 고시하는 상장을 포함)되는 증권에 대하여 증권시장에서 최초로 형성되는 시세"라고 규정하고 있다(법176②(1) 및 영202).

    4) 매매의 의미

    가) 문제제기

일반적으로 시세조종행위는 단일거래보다는 계속적인 거래에 의하여 이루어진다. 미국[44]이나 일본[45]의 경우에는 이를 반영하여 현실매매에 의한 시세조종행위가 성립하기 위한 요건으로 "일련의 거래"(a series of transaction)를 요구하고 있다. 그러나 자본시장법 제176조 제2항 제1호에서는 단순히 "매매"라고만 규정하고 있어 그 정확한 의미의 해석이 문제된다. 즉 현실매매에 의한 시세조종행위의 특성을 고려할 때 단일매매만으로는 시세조종행위가 성립할 수 없고, 일련의 의도로써 행하여진 계속적인 거래만을 "매매"라고 볼 것인지 문제된다. "매매"의 의미에 단일매매까지도 포함된다고 보는 경우 현실매매에 의한 시세조종행위의 적용범위가 확대되어 건전한 거래질서 확립 및 투자자 보호에 기여할 수 있다는 장점도 있지만, 정상적인 거래와 시세조종행위의 구별이 더욱 어려워져 과도한 규제에 의한 투자위축이 발생할 수 있다는 단점도 있다.[46]

41) 송호신(2009), 433-434쪽.
42) 대법원 2007. 11. 29. 선고 2007도7471 판결; 대법원 2008. 12. 11. 선고 2006도2718 판결.
43) 윤영신·이중기(2000), 18쪽.
44) 1934년 증권거래법 제9(a)(2).
45) 금융상품거래법 제159조 제2항 제1호.
46) 남궁주현(2011), 269-270쪽.

나) 학설

(a) 단일매매도 포함한다는 견해

현실매매에 의한 시세조종행위에 대하여 자본시장법은 미국 1934년 증권거래법과 일본 금융상품거래법과 달리 일련의 거래(a series of transaction)라는 요건을 규정하지 않으므로 단일 매매도 포함한다는 견해이다.[47] 단일매매보다는 대부분 일련의 거래를 통하여 시세조종이 이루어지겠지만, 주가변동을 위한 적극적인 행위라면 반드시 일련의 거래인 경우뿐 아니라 단일 매매(시가 또는 종가 형성에 영향을 주기 위한 주문을 하는 경우 포함)라도 가격을 급변시킬 수 있는데, 이러한 경우 단 1회의 거래라도 시세조종행위에 해당될 수 있다고 한다.[48]

(b) 일련의 거래(a series of transaction)가 요구된다는 견해

자본시장법이나 구 증권·선물거래법에는 미국과 같은 "일련의 거래"요건이 명시되어 있지 않지만 미국과 동일하게 적어도 수회의 거래를 요구하는 것으로 보아야 한다는 견해이다. 그렇지 않고 단 1회의 거래로도 성립될 수 있다고 보면 정상적인 매매거래와 불법적인 매매거래를 구분하기가 어렵고, 또한 시장의 매매거래를 크게 위축시킬 수도 있기 때문이라고 한다. 이 견해는 "일련의 거래"에는 적어도 3번의 거래는 필요하다고 본다.[49]

다) 판례

현실매매에 의한 시세조종행위에 관하여 단일매매만으로 시세조종행위가 성립한다고 본 직접적인 대법원의 판례는 없는 것으로 보인다.[50] 다만 대법원은 특정한 가격에 대량의 물량을 자전거래하기 위하여 먼저 주가를 인위적으로 상승시켜 고정해 놓은 후, 그 고정시킨 가격으로 대량의 물량을 자전시킨 사건에서 한 번의 매매에 의해서도 시세조종이 이루어질 수 있다고 한다.[51] 시세의 불법적인 고정·안정 여부를 놓고 다투었지만 단일매매만으로도 시세조종행위가 성립한다고 인정한 판례이다. 하급심 판례 중에서는 일방당사자가 넉아웃옵션계약에서 이익을 얻기 위하여 보유주식을 종가결정을 위한 동시호가시간대 마감 직전 하한가로 1회의 대량매도주문을 한 행위에 관하여 현실매매에 의한 시세조종행위를 인정하였다.[52]

라) 결어

자본시장법 제176조 제2항 제1호에서 "매매"라고만 규정하고 있을 뿐 "일련의 거래"라고

---

47) 임재연(2019), 915쪽.
48) 남궁주현(2011), 270쪽.
49) 성희활(2009), "자본시장법상 연계 불공정거래의 규제현황과 개선방향", 금융법연구 제6권 제2호(2009. 12), 49-50쪽.
50) 간접적으로는 "일련의 행위가 이어진 경우에는 전체적으로 그 행위로 인하여 시세를 변동시킬 가능성이 있으면 충분하다"고 하여 일련의 행위가 필수적인 요소는 아니라는 본다(대법원 2009. 4. 9. 선고 2009도 675 판결).
51) 대법원 2004. 10. 28. 선고 2002도3131 판결.
52) 서울중앙지방법원 2011. 1. 28. 선고 2010고합11 판결.

명시하지 않은 점, 거래량이 적은 경우 단 1회의 거래로 가격을 급변시킬 수 있는 점, 매매로 인하여 실제로 시세가 변동될 필요까지는 없는 점 등을 고려할 때 "매매"의 의미를 "일련의 매매"로 해석할 필요는 없다.

다만 시세변동의 가능성이 있는 단일매매는 정상적인 투자와 구별하기가 쉽지 않고 이를 시세조종행위로 검토할 경우 투자위축을 초래할 수 있으므로 주가변동을 위한 적극적인 행위인지, 그 유가증권의 성격과 발행된 유가증권의 총수, 매매거래의 동기와 유형, 그 유가증권의 가격의 동향, 종전 및 당시의 거래상황53) 등을 종합적으로 고려하고 목적의 존재 여부를 계속적 거래에 비하여 엄격하게 판단하여 선의의 피해자가 발생하지 않도록 해야 할 것이다.54)

(2) 시세조작유포에 의한 매매유인행위

시세조작유포의 행위는 그 증권 또는 장내파생상품의 시세가 자기 또는 타인의 시장 조작에 의하여 변동한다는 말을 유포하는 행위이다(법176②(2)). 시세가 변동할 가능성이 있다는 말을 유포하여 다른 사람에게 매매거래를 유인할 목적으로 하는 경우에 성립한다. 일반적으로 증권 또는 장내파생상품의 시세를 조종하기 위한 시장 조작에 대한 정보를 유포하는 행위가 이에 해당한다. 예를 들면 작전이 곧 행해질 것이라는 소문이나 내부정보를 가지고 고객에게 특정 주식의 매입을 권유하는 행위를 들 수 있다. 그러나 시세변동의 유포 대상자와 매매거래의 유인 대상자가 일치할 필요는 없다.

"증권 또는 장내파생상품의 시세"란 자본시장에서 형성되는 구체적인 가격을 말한다. "자기 또는 타인의 시장 조작에 의하여 변동한다는 말"은 단지 일반적인 풍문 수준의 말이 아니라 상당히 구체적인 내용이 요구된다. 유포에는 반드시 인쇄물·통신·기타 공개적인 매체에 의한 것뿐 아니라 개별접촉에 의한 구두전달행위도 포함된다. 그러나 시장 조작을 위한 실제적인 매매거래를 수반할 필요는 없어 유포를 한 후에 시장 조작이 실행되지 않더라도 시세조작유포에 의한 매매유인행위가 성립된다.55)

(3) 거짓표시 또는 오해유발표시에 의한 매매유인행위

(가) 행위유형

거짓표시 또는 오해유발표시의 행위는 그 증권 또는 장내파생상품의 매매를 함에 있어서 중요한 사실에 관하여 거짓의 표시 또는 오해를 유발시키는 표시를 하는 행위이다(법176②(3)). 거짓표시 또는 오해유발의 표시를 하여 다른 사람에게 매매거래를 유인할 목적으로 하는 경우

53) 대법원 2001. 6. 26. 선고 99도2282 판결.
54) 남궁주현(2011), 271-272쪽.
55) 송호신(2009), 434-435쪽.

에 성립한다. 거짓표시는 틀린 정보를 상대방에게 적극적으로 나타내어 그를 기망에 빠뜨리는
것을 말하고, 오해를 유발시키는 표시는 공시하지 아니하거나 공시를 하더라도 정보를 누락시
키는 것을 말한다. 그러나 중요사실의 거짓표시 대상자와 매매거래의 유인 대상자가 일치할 필
요는 없다. 즉 매매의 상대방이 아니더라도 거짓표시 또는 오해유발의 표시를 행하였다면 시세
조종행위가 성립한다.56)

(나) 중요한 사실

"매매를 함에 있어서 중요한 사실"이란 당해 법인의 재산·경영에 관하여 중대한 영향을 미
치거나 상장증권 등의 공정거래와 투자자 보호를 위하여 필요한 사항으로서 투자자의 투자판단
에 영향을 미칠 수 있는 사항을 의미한다.57) 따라서 중요한 사실이란 당해 증권 또는 장내파생
상품의 매매에 있어서 투자자의 투자판단에 영향을 미칠 만한 사실을 의미한다. 그렇지 아니한
사실(즉 투자자의 투자판단에 영향을 미치지 못하는 정도의 정보)이라면 규제의 대상이 되지 않는다.

3. 매매유인의 목적(주관적 요건)

매매거래의 유인에 의한 시세조종이 성립하려면 시장에서 매매거래를 유인할 목적이 필요
하다. 위의 3가지 유형 중에 "시세조작유포에 의한 행위"와 "거짓표시 또는 오해유발표시에 의
한 행위"는 각각의 행위가 있었다는 것만 입증되면 쉽게 목적의 존재가 인정된다. 하지만 위
"현실거래에 의한 행위"의 경우 일단 시세를 변동시킬 수 있는 거래가 행해지면 그 거래가 시
세조종행위에 해당하는지 또는 정상적인 투자거래의 일환으로 행하여졌는지의 여부가 유인목
적이 있는지에 따라 결정되어야 한다.

(1) 현실매매에 의한 매매유인행위

(가) 의의

현실매매에 의한 시세조종행위가 인정되기 위해서는 "매매를 유인할 목적"이라는 주관적
요건을 충족하여야 한다. "매매를 유인할 목적"이란 인위적으로 조작을 가하여 시세를 변동시
킴에도 불구하고 투자자에게는 그 시세가 유가증권시장에서의 자연적인 수요·공급의 원칙에
의하여 형성된 것으로 오인시켜 유가증권의 매매에 끌어들이려는 목적을 말한다.58) 위와 같은
목적은 그것이 행위의 유일한 동기일 필요는 없으므로, 다른 목적과 함께 존재하여도 무방하
고, 그 경우 어떤 목적이 행위의 주된 원인인지는 문제 되지 아니한다.59) 즉 자신의 매매거래

---

56) 신영무(1987), 302쪽.
57) 대법원 2018. 4. 12. 선고 2013도6962 판결.
58) 대법원 2006. 5. 11. 선고 2003도4320 판결; 대법원 2005. 11. 10. 선고 2004도1164 판결; 대법원 2002. 7.
   22. 선고 2002도1696 판결.
59) 대법원 2018. 4. 12. 선고 2013도6962 판결.

로 인해 타인으로 하여금 곧 주가의 상승 또는 하락이 있을 것이라는 판단을 유도하여 매매거래에 참여하도록 유인시킬 목적이 있어야 한다. 따라서 투자자를 조작된 가격으로 끌어들이려는 목적이 없는 매매는 비록 시세를 변동시키는 행위일지라도 시세조종으로 처벌되지 않는다. 또한 행위자에게 "매매를 유인할 목적"만 있으면 되며 투자자가 실제로 유인될 필요는 없다.

(나) 판단기준

"매매를 유인할 목적"은 주관적 요건으로서 행위자의 내심의 영역에 존재한다는 점에서 그 존재 여부를 판단하는 것이 쉽지 않다. 따라서 보통의 경우 직접적인 목적의 존재를 입증하기보다는 일정한 태양의 행위가 존재하면 그로부터 행위자에게 "매매를 유인할 목적"이 있었다고 사실상 추정하는 방식으로 입증하는 경우가 많다. 예를 들어 자본시장법 제176조 제2항 제2호 및 제3호에 해당하는 "그 증권 또는 장내파생상품의 시세가 자기 또는 타인의 시장조작에 의하여 변동한다는 말을 유포하는 행위"와 "그 증권 또는 장내파생상품의 매매를 함에 있어서 중요한 사실에 관하여 거짓의 표시 또는 오해를 유발시키는 표시를 하는 행위"의 경우 경제적인 합리성을 결여한 매매주문(통상의 거래관행을 벗어난 주문)이라는 점에서 행위자에게 "매매를 유인할 목적"이 있었다고 인정하는데 무리가 없다. 그러나 현실매매에 의한 시세조종행위는 외관상으로 정상적인 매매와 구분하기 곤란하므로 행위자의 자백이 없는 한 직접적인 증명이 사실상 불가능하다. 따라서 "매매를 유인할 목적"이라는 주관적 요건은 당사자가 이를 자백하지 않더라도 그 유가증권의 성격과 발행된 유가증권의 총수, 가격 및 거래량의 동향, 전후의 거래상황, 거래의 경제적 합리성과 공정성, 가장 혹은 허위매매 여부, 시장관여율의 정도, 지속적인 종가관리 등 거래의 동기와 태양 등의 간접사실을 종합적으로 고려하여 이를 판단하여야 한다.[60]

(다) 인식의 정도

목적에 대한 인식의 정도는 적극적 의욕이나 확정적 인식임을 요하지 아니하고, 미필적 인식이 있으면 족하다. 투자자의 오해를 실제로 유발하였는지나 실제로 시세 변경의 결과가 발생하였는지, 타인에게 손해가 발생하였는지 등도 문제가 되지 아니한다.[61]

(라) 입증의 방법

"매매를 유인할 목적"은 행위자의 주관적 의사이므로 행위자가 자백하지 않는 한 그 목적이 있었음을 직접적으로 입증하는 것은 쉽지 않다. 따라서 행위자가 자백하지 않는 한 매매거래의 유형과 동기 그리고 매매거래를 둘러싼 기타 정황으로 목적의 존재를 입증할 수밖에 없

---

60) 대법원 2002. 7. 26. 선고 2001도4947 판결; 대법원 2003. 12. 12. 선고 2001도606 판결; 대법원 2006. 5. 11. 선고 2003도4320 판결.
61) 대법원 2018. 4. 12. 선고 2013도6962 판결.

다. 대량매수로 주가가 상승한 후 즉시 주식을 처분한 경우에는 유인목적에 의한 시세조종이라고 인정할 수 있다. 그러나 대량매수 이후에 그 증권을 장기간 보유하는 경우에는 다른 상황을 고려하여 판단해야 할 것이다. 장기간 보유의 경우 유인목적 없이 투자목적으로 매수한 것으로 보아야 할 것이다.[62]

금전적 이해관계자가 가격변동을 일으킨 경우 대체로 유인목적이 있다고 추정된다. 예컨대 인수회사가 보유물량을 처분해야 했던 경우, 증권의 담보제공 이후 담보권자로부터 채무이행독촉을 받은 경우, 주식옵션의 행사가격보다 높은 가격으로 주식을 매수한 경우 등이다. 또한 여러 증권사를 통해 동시에 주문을 받거나, 시초가나 종가에 영향을 미치는 거래가 계속되거나, 단기간의 집중매매, 증권회사를 통하여 다른 투자자에게 매매를 권유하도록 하는 행위, 남아 있는 매매주문 잔량을 계속 전부 소화시키는 행위 등이 유인목적을 추정케 하는 행위들이라 할 수 있다.

위와 같은 행위들이 있다면 객관적으로 매매를 유인할 동기가 있다고 인정될 수 있다. 이러한 유인의 동기가 인정되면 일단 유인목적이 있는 것으로 추정되며 반대로 시세조종행위자는 당해 거래가 유인목적이 없었다는 사실을 입증하여야 책임을 면할 수 있다.[63]

현실매매에 의한 시세조종행위의 목적성을 입증함에 있어서 직접증거의 확보는 사실상 불가능하기 때문에 특정한 매매거래의 유형이 통상의 거래관행을 벗어나 발생한 경우, 이를 통하여 시세조종행위의 목적이 있었다는 것을 추정하는 데 정황증거가 중요한 의미를 갖는다.

(마) 장 마감 직전의 1회 매매와 "매매를 유인할 목적"

1) 문제점

장 마감 직전에 1회 매도를 한 행위에 대하여 "매매를 유인할 목적"을 인정할 수 있는지 여부가 문제된다. 장 마감 직전이라는 사정은 "당해 거래일"의 "매매를 유인할 목적"이 있다고 보기 어려운 점이 있고, 1회의 매도라는 사정도 "매매를 유인할 목적"의 입증을 어렵게 한다. 물론 장 마감 직전에 1회 매도를 하였다고 하더라도 당사자가 "매매를 유인할 목적"을 스스로 인정하는 등 직접적인 증거가 있는 경우에는 그 목적을 쉽게 인정할 수 있지만, 실제 사례에서 "매매를 유인할 목적"을 자백하는 경우는 거의 없다. 따라서 내심의 의사인 그 목적을 입증하는 것은 쉽지 않다.

그러나 장 마감 직전의 1회 매도주문에 대하여 "매매를 유인할 목적"을 입증하는 것이 전혀 불가능한 것은 아니다. 즉 장 마감 직전의 1회 매도주문행위라고 하더라도 행위자의 동기, 가격 및 거래량의 동향, 전후의 거래상황, 거래의 경제적 합리성과 공정성 등을 종합하여 행위

---

62) 송호신(2009), 436쪽.
63) 대법원 2001. 11. 27. 선고 2001도3567 판결.

자에게 "매매를 유인할 목적"을 인정할 수 있다.

서울중앙지방법원 2011. 1. 28. 선고 2010고합11 판결에서 피고인이 종가결정을 위한 동시호가시간대 마감 직전에 시장가로 1회의 대량매도주문을 낸 행위에 대하여 "매매를 유인할 목적"을 인정할 수 있는지 여부가 쟁점의 하나로 부각된 경우가 있었으므로, 여기서는 이 판결("도이치은행 대 대한전선 사건")을 중심으로 살펴본다.

2) 장 마감 직전의 매매와 "매매를 유인할 목적" 인정 여부

장 마감 직전이라는 사정은 당해 거래일의 "매매를 유인할 목적"이 있다고 보기 어려운 점이 사실이다. 그러나 매매를 유인하는 행위가 반드시 당해 거래일에만 국한하여 영향을 주어야 한다고 해석할 필요는 없다. 따라서 장 마감 직전의 행위가 당해 거래일 이후에라도 다른 투자자의 투자판단에 영향을 주어 매매거래를 유인할 사정이 존재한다면 당연히 행위자에대하여 "매매를 유인할 목적"을 인정할 수 있다.

법원도 "도이치은행 대 대한전선 사건"에서 "피고인의 대량매도주문으로 인하여 다음날에도 주식시장에서 일반투자자들의 매매거래를 유인할 개연성이 있는 점을 알 수 있는바"라고 판시하여 동시호가시간대 마감 직전의 행위라도 "매매를 유인할 목적"을 인정할 수 있다고 보았다.[64]

3) 1회 매매와 "매매를 유인할 목적" 인정 여부

앞에서 보았듯이 1회의 매매라고 하더라도 행위자의 동기, 가격 및 거래량의 동향, 전후의 거래상황, 거래의 경제적 합리성과 공정성 등을 종합하여 행위자에게 "매매를 유인할 목적"을 인정할 수 있는 경우가 있다. 법원도 "도이치은행 대 대한전선 사건"(피고인은 장 마감 직전 하한가로 1회의 대량매도주문을 냈다)에서, 1회의 매매라고 하더라도 매매를 유인할 목적이 인정된다는 취지로 판시하였다.

즉 법원은 이 사건에서 "피고인은 넉아웃옵션계약[65]의 체결 당사자인 대한전선의 자금팀장으로서, 35만주를 시장가로 대량매도주문을 제출함으로써 시세차익을 얻을 목적도 있었다고 보이나, 피고인으로서는 당일 한미은행 주식의 종가를 넉아웃 가격 이하로 형성시킬 필요성이 있었던 점,[66] 지정가주문이 아닌 시장가주문을 제출한 점, 직전 3일간의 종가 평균거래량이 약

---

64) 서울중앙지방법원 2011. 1. 28. 선고 2010고합11 판결.
65) 넉아웃(knock-out)옵션계약이란 주가가 특정지수를 넘어서면 넉아웃(knock-out)에 걸려 거래가 소멸하는 파생상품계약을 말한다.
66) 당시 자금 마련이 시급했던 대한전선은 보유 중이던 한미은행 주식 2,859,370주를 주당 7,930원에 도이치은행에 매도하되, 이를 되찾아올 생각으로 도이치은행과 1년 만기 콜옵션계약을 체결하였는데(행사가격 7,892원, 대상주식 2,859,370주, 콜옵션 매수가격으로 8억원을 도이치은행에 지급), 그 옵션계약은 1년 만기까지 한미은행의 주가가 행사가격의 200%인 15,784원을 초과하면 옵션계약이 무효로 되고, 도이치은행은 대한전선에 7억원을 반환하기로 하는 내용이 포함되어 있었다.

6만 6천주에 불과하였고, 피고인이 대량매도주문을 할 당시 예상체결수량은 251,960주에 불과한 상황에서 장 마감 무렵에 넉아웃을 방지하기 위하여 35만주의 대량매도주문을 제출하여 예상체결수량을 420,680주로 크게 증가시킬 경우 일반투자자들 입장에서 보면 한미은행 주식의 매매거래가 성황을 이루고 있는 것으로 오인하여 다른 사람들의 매매거래를 유인할 가능성이 있고, 피고인 또한 이러한 사정을 인식할 수 있었다고 보이는 점, 대한전선의 대량매도주문으로 인해 다음날에도 주식시장에서 일반투자자들의 매매거래를 유인할 개연성이 있는 점을 알 수 있는바, 이러한 사정을 종합하면 피고인은 위 대량매도주문으로 인하여 당해 주식의 매매거래에 제3자를 유인할 가능성이 있음을 미필적으로 인식한 상태에서 매도주문을 제출하였다고 보인다. 따라서 피고인에게 매매거래를 유인할 목적이 인정된다고 할 것이다"라고 판시함으로써 하한가로 1회의 대량매도주문을 한 행위라고 할지라도 "매매를 유인할 목적"을 인정할 수 있다고 보았다.[67]

(2) 시세조작유포 및 거짓표시 또는 오해유발표시에 의한 매매유인행위

시세조작유포 행위와 거짓표시 또는 오해유발표시 행위의 경우 시세조종이 성립하려면 매매거래를 유인할 목적으로 시세조종이 행하여져야 한다. 즉 행위자가 고의로 시세조작의 정보를 유포하거나 당해 유가증권의 매매에서 중요한 사실에 관하여 거짓의 표시 또는 오해를 유발하게 하는 표시를 한다는 인식을 가져야 한다.

실제로 자기나 타인의 시장 조작에 대한 정보가 진실한 것이었다고 하여도 이에 대해 매매거래의 유인목적을 가지고 행하였다면 이는 시세조종행위에 해당한다. 또한 표시가 거짓이거나 오해를 유발한다는 것을 알고 있거나 알 수 있었다고 믿을 만한 상당한 증거가 있는 경우에는 매매거래를 유인하는 목적이 있었다고 보아야 한다.

Ⅳ. 시세의 고정 또는 안정행위에 의한 시세조종

1. 시세의 고정 또는 안정행위의 금지

누구든지 상장증권 또는 장내파생상품의 시세를 고정시키거나 안정시킬 목적으로 그 증권 또는 장내파생상품에 관한 일련의 매매 또는 그 위탁이나 수탁을 하는 행위를 하여서는 아니 된다(법176③).

자본시장법 제176조 제3항에서는 유가증권의 시세를 고정시키거나 안정시킬 목적으로 하는 위탁 및 수탁에 대하여 규제하고 있다. 시세의 상승 또는 하락에 영향을 미치는 행위뿐만 아니라, 시세를 고정 또는 안정시키기 위한 거래도 증권시장의 공정하고 자유로운 가격결정체

---

67) 서울중앙지법 2011. 1. 28. 선고 2010고합11 판결.

계를 왜곡한다는 점에서 시세조종행위에 해당한다.

시세의 고정 또는 안정행위란 증권이나 장내파생상품의 모집·매출을 원활히 하기 위하여 증권이나 장내파생상품의 모집·매출 전에 일정기간 동안 모집·매출될 증권의 가격을 일정한 수준으로 고정 또는 안정시키는 것을 말한다. 자본시장법에는 그러한 행위의 형태로 ⅰ) 시세 고정 또는 안정조작을 위한 매매, ⅱ) 그 위탁이나 수탁의 행위를 규정하고 있다. 이러한 행위는 시세를 변동시키는 행위가 아니지만 자연스러운 수요와 공급에 의한 가격형성이 아니라 인위적으로 형성하는 가격이며, 매출된 증권의 매수를 다른 자에게 유인할 목적으로 행해지기 때문에 시세조종행위로 분류되어 금지된다.

2. 금지의 예외(안정조작 및 시장조성)

(1) 서설

(가) 입법취지

시세의 고정 또는 안정은 시세조종행위로서 원칙적으로 금지되나, 일정한 요건을 갖춘 안정조작과 시장조성의 경우는 예외가 인정된다. 안정조작과 시장조성은 시세에 대한 인위적인 간섭이기는 하나 공모(모집 및 매출)로 인한 시장충격을 완화하고 공모를 원활히 하는 순기능을 한다는 점을 고려하여 허용하는 것이다.

(나) 안정조작의 개념

안정조작이란 투자매매업자(모집 또는 매출되는 증권의 발행인 또는 소유자와 인수계약을 체결한 투자매매업자로서 대통령령으로 정하는 자에 한한다)가 대통령령으로 정하는 방법에 따라 그 증권의 모집 또는 매출의 청약기간의 종료일 전 30일의 범위에서 대통령령으로 정하는 날부터 그 청약기간의 종료일까지의 기간 동안 증권의 가격을 안정시킴으로써 증권의 모집 또는 매출을 원활하도록 하기 위한 매매거래를 말한다(법176③(1)).

(다) 시장조성의 개념

시장조성이란 투자매매업자가 대통령령으로 정하는 방법에 따라 모집 또는 매출한 증권의 수요·공급을 그 증권이 상장된 날부터 6개월의 범위에서 대통령령으로 정하는 기간 동안 조성하는 매매거래를 하는 경우를 말한다(법176③(2)).

(2) 안정조작 및 시장조성을 위해 허용되는 경우

다음과 같은 경우에는 예외적으로 허용된다(법176③ 단서).

1. 투자매매업자(모집 또는 매출되는 증권의 발행인 또는 소유자와 인수계약을 체결한 투자매매업자로서 대통령령으로 정하는 자에 한한다)가 대통령령으로 정하는 방법에 따라 그 증권의 모집 또는 매출의 청약기간의 종료일 전 30일의 범위에서 대통령령으로 정하는 날

부터 그 청약기간의 종료일까지의 기간 동안 증권의 가격을 안정시킴으로써 증권의 모집 또는 매출을 원활하도록 하기 위한 매매거래("안정조작")를 하는 경우

2. 투자매매업자가 대통령령으로 정하는 방법에 따라 모집 또는 매출한 증권의 수요·공급을 그 증권이 상장된 날부터 6개월의 범위에서 대통령령으로 정하는 기간 동안 조성하는 매매거래("시장조성")를 하는 경우

3. 모집 또는 매출되는 증권 발행인의 임원 등 대통령령으로 정하는 자가 투자매매업자에게 안정조작을 위탁하는 경우

4. 투자매매업자가 제3호에 따라 안정조작을 수탁하는 경우

5. 모집 또는 매출되는 증권의 인수인이 투자매매업자에게 시장조성을 위탁하는 경우

6. 투자매매업자가 제5호에 따라 시장조성을 수탁하는 경우

시세의 고정·안정은 일반적인 시세조종과 다른 측면이 있는데 증권의 모집 또는 매출에 있어 당해 증권의 가격이 일정 수준에 미치지 못하는 경우 대량 실권 등 기업의 자금조달에 현저한 장애가 초래될 수 있다. 따라서 예외적으로 허용하고 있는데 증권의 공모를 원활히 하기 위해 일정기간 동안 시장에 개입하여 가격의 안정을 꾀하는 안정조작이나 시장조성이 그 예이다. 대량의 증권이 시장에 유입되는 경우 수급의 균형이 깨지며 급격한 가격하락을 초래하여 증권의 모집이나 매출이 사실상 불가능해질 수 있음을 고려한 것이다.

3. 안정조작 및 시장조성을 할 수 있는 자와 안정조작을 위탁할 수 있는 자

모집 또는 매출되는 증권의 발행인 또는 소유자와 인수계약을 체결한 투자매매업자로서 안정조작 및 시장조성을 할 수 있는 자는 ⅰ) 증권신고서를 제출하는 경우에는 그 신고서에 안정조작이나 시장조성을 할 수 있다고 기재된 투자매매업자(제1호), ⅱ) 증권신고서를 제출하지 아니하는 경우에는 인수계약의 내용에 안정조작이나 시장조성을 할 수 있다고 기재된 투자매매업자(제2호)이다(영203). 이와 같은 제한은 시장조성 또는 안정조작을 이유로 들어 시장의 공정한 가격형성과 유통을 방해하는 것을 막기 위한 것이다

투자매매업자에게 안정조작을 위탁할 수 있는 자는 다음의 어느 하나에 해당하는 자를 말한다(영206).

1. 모집 또는 매출되는 증권의 발행인의 이사

2. 매출되는 증권의 소유자. 다만 인수계약에 따라 증권이 양도된 경우에는 그 증권을 양도한 자를 소유자로 본다.

3. 모집 또는 매출되는 증권의 발행인이 다른 회사에 대하여 또는 다른 회사가 그 발행인에 대하여 다음 각 목의 어느 하나에 해당하는 관계가 있는 경우에는 그 회사 또는 그 회사의 이사

가. 지분증권총수의 30%를 초과하는 지분증권을 소유하고 있는 관계

나. 지분증권총수의 10%를 초과하는 지분증권을 소유하고 있는 관계로서 제2조 제5호에 해당하는 관계

4. 모집 또는 매출되는 증권의 발행인 또는 소유자가 안정조작을 위탁할 수 있는 자로 지정하여 미리 금융위원회와 거래소에 통지한 자

4. 안정조작 및 시장조성의 투자설명서 기재

투자매매업자는 증권신고서를 제출하는 경우에는 그 증권의 투자설명서에 ⅰ) 안정조작 또는 시장조성을 할 수 있다는 뜻(제1호), ⅱ) 안정조작 또는 시장조성을 할 수 있는 증권시장의 명칭(제2호)을 모두 기재한 경우만 안정조작을 할 수 있다(영204① 본문). 다만 증권신고서를 제출하지 아니는 경우에는 인수계약의 내용에 이를 기재하여야 한다(영204① 단서 및 205③).

5. 안정조작 및 시장조성의 장소

투자매매업자는 투자설명서나 인수계약의 내용에 기재된 증권시장 외에서는 안정조작 또는 시장조성을 하여서는 아니 된다(영204② 및 205③).

6. 안정조작 및 시장조성의 기간

(1) 안정조작기간

증권의 모집 또는 매출의 청약기간의 종료일 전 30일의 범위에서 대통령령으로 정하는 날부터 그 청약기간의 종료일까지의 기간 동안이다(법176③(1)). 여기서 "대통령령으로 정하는 날"이란 모집되거나 매출되는 증권의 모집 또는 매출의 청약기간의 종료일 전 20일이 되는 날을 말한다(영204⑦ 본문). 다만 20일이 되는 날과 청약일 사이의 기간에 모집가액 또는 매출가액이 확정되는 경우에는 그 확정되는 날의 다음 날을 말한다(영204⑦ 단서).

(2) 시장조성기간

모집되거나 매출되는 증권이 상장된 날부터 1개월 이상 6개월 이하의 범위에서 인수계약으로 정하는 날까지의 기간이다(법176③(2), 영205④).

7. 안정조작 및 시장조성의 신고

(1) 안정조작신고

투자매매업자는 안정조작을 할 수 있는 기간("안정조작기간") 중에 최초의 안정조작을 한 경우에는 지체 없이 다음의 사항을 기재한 안정조작신고서를 금융위원회와 거래소에 제출하여

야 한다(영204③).

1. 안정조작을 한 투자매매업자의 상호
2. 다른 투자매매업자와 공동으로 안정조작을 한 경우에는 그 다른 투자매매업자의 상호
3. 안정조작을 한 증권의 종목 및 매매가격
4. 안정조작을 개시한 날과 시간
5. 안정조작기간
6. 안정조작에 의하여 그 모집 또는 매출을 원활하게 하려는 증권의 모집 또는 매출가격과 모집 또는 매출가액의 총액
7. 안정조작을 한 증권시장의 명칭

(2) 시장조성신고

투자매매업자는 시장조성을 하려는 경우에는 다음의 사항을 기재한 시장조성신고서를 미리 금융위원회와 거래소에 제출하여야 한다(영205①).

1. 시장조성을 할 투자매매업자의 상호
2. 다른 투자매매업자와 공동으로 시장조성을 할 경우에는 그 다른 투자매매업자의 상호
3. 시장조성을 할 증권의 종목
4. 시장조성을 개시할 날과 시간
5. 시장조성을 할 기간
6. 시장조성을 할 증권시장의 명칭

8. 안정조작 및 시장조성의 가격 제한

(1) 안정조작가격의 제한

투자매매업자는 다음에서 정하는 가격을 초과하여 안정조작의 대상이 되는 증권("안정조작증권")을 매수하여서는 아니 된다(영204④).

1. 안정조작개시일의 경우
   가. 최초로 안정조작을 하는 경우: 안정조작개시일 전에 증권시장에서 거래된 해당 증권의 직전 거래가격과 안정조작기간의 초일 전 20일간의 증권시장에서의 평균거래가격 중 낮은 가격. 이 경우 평균거래가격의 계산방법은 금융위원회가 정하여 고시한다.[68]

---

68) "금융위원회가 정하여 고시하는 평균거래가격"이란 다음의 가격을 말한다(증권발행공시규정2-21①).
 1. 증권시장에서 거래가 형성된 증권은 다음 각 목의 방법에 따라 산정된 가격의 산술평균가격
   가. 안정조작기간의 초일 전일부터 과거 20일(동 기간 중에 배당락, 권리락 또는 행사가격 조정 등으로 인하여 매매기준가격의 조정이 있는 경우로서 배당락, 권리락 또는 행사가격 조정 등이 있은 날부터 안정조작기간의 초일 전일까지의 기간이 7일 이상이 되는 경우에는 그 기간)간 공표된 매

　　나. 최초 안정조작 이후에 안정조작을 하는 경우: 그 투자매매업자의 안정조작 개시가격

　2. 안정조작개시일의 다음 날 이후의 경우: 안정조작 개시가격(같은 날에 안정조작을 한 투자매매업자가 둘 이상 있는 경우에는 이들 투자매매업자의 안정조작 개시가격 중 가장 낮은 가격)과 안정조작을 하는 날 이전에 증권시장에서 거래된 해당 증권의 직전거래가격 중 낮은 가격

(2) 시장조성가격의 제한

투자매매업자는 시장조성의 대상이 되는 증권의 모집 또는 매출가격을 초과하여 매수하거나 모집 또는 매출가격을 밑도는 가격으로 매도하여서는 아니 된다(영205② 본문). 다만 권리락·배당락 또는 이자락이 발생한 경우에는 이를 고려하여 계산한 가격을 기준으로 한다(영205② 단서).

9. 안정조작·시장조성보고서의 제출

투자매매업자는 안정조작을 한 증권시장마다 안정조작개시일부터 안정조작종료일까지의 기간 동안 안정조작증권의 매매거래에 대하여 해당 매매거래를 한 날의 다음 날까지 ⅰ) 안정조작을 한 증권의 종목(제1호), ⅱ) 매매거래의 내용(제2호), ⅲ) 안정조작을 한 투자매매업자의 상호(제3호)를 기재한 안정조작보고서를 작성하여 금융위원회와 거래소에 제출하여야 한다(영204⑤). 시장조성보고서도 동일한 방식으로 제출한다(영205③).

10. 신고서 및 보고서 공시

금융위원회와 거래소는 안정조작(또는 시장조성)신고서와 안정조작(또는 시장조성)보고서를 ⅰ) 신고서의 경우: 이를 접수한 날(제1호), ⅱ) 보고서의 경우: 안정조작(또는 시장조성) 종료일의 다음 날(제2호)부터 3년간 비치하고, 인터넷 홈페이지 등을 이용하여 공시하여야 한다(영204⑥, 205③).

　　　일의 증권시장에서 거래된 최종시세가격을 실물거래에 의한 거래량을 가중치로 하여 가중산술평균한 가격

　　나. 안정조작기간의 초일 전일부터 과거 7일간 공표된 매일의 증권시장에서 거래된 최종시세가격을 실물거래에 의한 거래량을 가중치로 하여 가중산술평균한 가격

　2. 증권시장에서 거래가 형성되지 아니한 주식은 해당 법인의 자산상태·수익성 기타의 사정을 참작하여 감독원장이 정하는 가격

V. 연계시세조종

1. 연계불공정거래

(1) 개념

연계불공정거래의 개념에 대해서 자본시장법은 별도의 정의규정을 두고 있지 않다. 다만 제176조 제4항에서 일정한 연계거래의 유형을 열거한 후 이를 금지하고 있어 이를 통하여 연계불공정거래의 일반적 개념을 도출할 수 있다. 자본시장법을 바탕으로 연계불공정거래를 정의하면, 자본시장법의 규제대상이 되는 금융투자상품간의 가격연계성을 이용하여 하나의 금융투자상품에 대한 포지션에서 이득을 얻고자 종류가 다른 금융투자상품의 가격에 인위적으로 영향을 미치는 것이라고 할 수 있다.[69] 연계불공정거래의 대부분은 시세조종과 관련이 있지만 연계내부자거래[70]나 연계선행매매[71]와도 관련이 있을 수 있다.[72]

연계불공정거래는 다양한 형태로 나타난다. 장내시장과 장외시장 간의 연계성을 이용하여 부당한 이익을 취하는 "장내외 연계", 국내시장과 국제시장 간의 연계성을 이용하여 부당한 이익을 취하는 "국내외 연계" 등의 형태로 나타나며, 현물과 선물 간의 연계성을 이용하여 부당한 이익을 도모하는 "현선연계"가 가장 대표적인 유형에 해당한다.[73] 자본시장법은 장내파생상품과 그 기초자산, 증권과 그 증권과 연계된 증권 간의 연계시세조종행위를 금지하고 있다(법176④).[74]

---

69) 한국거래소의 시장감시규정 제2조 제9항은 연계거래의 정의를 "가격 연동성이 있는 2개 이상으로서 증권의 종목간, 장내파생상품의 종목간 또는 증권의 종목과 장내파생상품의 종목간을 연계하는 거래"로 하고 있다.

70) 연계내부자거래란 개념은 흔치 않은데 굳이 정의하자면 특정 회사에 대한 미공개중요정보를 알게 된 내부자 등이 당해 회사가 발행한 주권 등을 거래하는 대신 그 주권등을 기초자산으로 하여 타인이 발행한 교환사채, 증권예탁증권(DR), 주식옵션이나 주식선물 등을 거래하는 것이라고 할 수 있을 것이다. 이처럼 미공개중요정보로 당해 회사가 아니라 타인이 발행한 증권이나 파생상품을 거래하는 내부자거래는 계속 규제의 공백이 이어지다가 자본시장법의 제정으로 규제의 공백이 메워졌다. 또한 단기매매차익 반환제도 관련 특정 주식을 매수한 내부자가 6개월 내 당해 주식을 매도하지 않고 당해 주식과 연계된 주식워런트증권(ELW)이나 주식선물, 주식옵션 등을 거래하여 이득을 취하는 것도 있다(성희활(2009), 51-52쪽).

71) 연계선행매매란 특정증권의 주문정보를 활용하여 그 증권의 매매거래 대신 그 증권과 가격연계성을 가진 다른 증권이나 파생상품을 매매거래 하는 것을 말한다(성희활(2009), 52쪽).

72) 성희활(2009), 49쪽.

73) 장내외 연계의 사례로는 2008년 11월 초 독일 자동차기업 포르쉐가 장외파생상품을 이용하여 폭스바겐 주식을 대량매수(cornering 내지 short squeeze 기법)하여 막대한 이익을 취득한 경우가 있다. 현선연계의 사례로는 미국의 Fenchurch Capital Management가 미국 재무성 중기채(Ten-Year U.S. Treasury Note)와 해당 중기채를 기초자산으로 하는 선물 간의 시세조종을 통해서 막대한 민사제재금이 부과된 사례 등이 대표적으로 논의되고 있다.

74) 김홍기(2010), "자본시장법상 연계불공정거래 규제체계 및 입법론, 해석론에의 시사점: 주가연계증권(ELS) 연계거래를 중심으로", 연세 글로벌 비즈니스 법학연구 제2권 제2호(2010. 12), 76쪽.

(2) 연혁

파생상품시장의 외연 확대와 함께 금융기법이 심화되고 파생상품 또는 파생결합증권의 거래량이 폭발적으로 증가하면서 연계시세조종에 관한 우려 역시 커졌다. 따라서 이러한 연계시세조종행위를 규율하기 위한 관련법령 역시 진화를 거듭하여 왔다. 특히 자본시장법 시행 전후를 비교하면 연계시세조종행위 규제와 관련하여 큰 변화를 발견할 수 있다. 예컨대 자본시장법 이전에 구 선물거래법은 선물에서 이익을 얻을 목적으로 해당 선물거래 대상품목의 시세고정·변동 행위를 규제하고 있었으나(선물거래법31①(5의2)), 증권거래법은 그 반대의 경우에 대해서 규제근거를 두고 있지 않았다(증권거래법188의4). 반면 자본시장법은 현선연계거래의 양방향 모두에 대하여 규율하는 근거를 마련하였으며(법176④), 나아가 2013년 5월 개정을 통하여 연계시세조종행위의 규제대상을 증권, 파생상품으로 함으로써 종전의 규제대상인 상장증권과 장내파생상품에 비하여 훨씬 규제의 범위를 확장하고 있다(법176④). 또한 2013년 5월 개정 자본시장법은 연계시세조종행위 규율대상인 시세조종행위의 "유형"도 대폭 확대하였다. 즉 개정 전에 그 증권 또는 파생상품에 관한 매매로 정하고 있었으나 개정으로 매매 외의 그 밖의 거래로 확대하였다. 따라서 법 제176조로 규율 가능한 시세조종행위의 양태를 대폭 확대하는 효과를 기대할 수 있게 되었다. 예컨대 ELS를 이용한 연계시세조종 혐의행위의 경우 ELS 기초자산에 관한 대량매도거래를 행하지만 추구하는 이익은 기초자산 자체가 아니라 이를 기초자산으로 하여 제작된 파생결합증권인 ELS의 상환금액을 변경시킴으로써 이익을 취하는 구조를 갖는다. 따라서 2013년 5월 자본시장법 개정으로 인하여 ELS 기초자산 시세조종의 규제 가부에 관한 논란이 입법적으로 해결되었다. 이와 같은 법의 진화 모습을 살펴보면 시세조종규제의 사각지대를 보완해 나감으로써 불법성이 강한 시세조종행위를 놓치지 않고 규율하려는 것이 추세임을 알 수 있다.[75]

(3) 특징

(가) 가격조작상품과 이익획득상품의 존재

연계불공정거래행위에 있어서는 일반적인 불공정거래행위에 있어서의 논의가 대부분 그대로 적용되지만, 일반적인 불공정거래행위와는 구분되는 특징이 있다. 가장 중요한 특징은 연계불공정거래행위에서는 가격조작상품과 이익획득상품이 존재한다는 것이다. 여기서 "가격조작상품"이란 이익획득상품에서 이익을 얻을 목적으로 가격을 조작하는 상품을 말하고, "이익획득상품"이란 가격조작상품의 가격조작을 통하여 이익을 획득할 수 있는 포지션에 있는 상품을 말한다. 예를 들어 갑이 자신이 보유하는 주식콜옵션에서 부당한 이익을 얻기 위해서 그 기초

---

75) 양기진(2016), "현선연계 시세조종행위에서 시세조종의도성의 판단: 외국 사례를 중심으로", 금융소비자연구 제6권 제1호(2016. 8), 168쪽.

자산인 현물주식을 대량으로 매수하여 주식콜옵션의 시장가격을 상승시키는 경우, 현물주식은 가격조작상품에 해당하고 이를 기초자산으로 하는 주식콜옵션은 이익획득상품에 해당한다.[76]

(나) 매매의도 파악의 어려움

연계불공정거래행위는 현물과 선물을 연계한 결합포지션의 구축을 통해 이루어지므로 거래당사자의 매매의도를 파악하기가 어렵다. 이와 관련하여 자본시장법은 연계불공정거래행위에 해당하려면 단순히 시세를 변동하거나 고정시키는 것 이외에 이익획득상품에서 "부당한 이익을 얻을 목적"을 요구하는데, 특정한 거래행위가 가격조작상품과 이익획득상품 간의 가격연계성을 이용하여 부당한 이익을 얻기 위한 것임을 입증하는 것은 현실적으로 매우 어려운 측면이 있다.[77]

따라서 감독당국이 시장참가자의 연계불공정거래 혐의를 입증하기 위해서는 현물과 선물시장에 대한 모니터링이 동시에 필요하다. 특정 현물이나 선물의 거래가 다른 현물이나 선물에서 "부당한 이익"을 얻기 위한 것임을 입증할 수 있도록 관련기관 간의 협조체계를 구축할 필요가 있다. 예컨대 돈육선물과 같이 그 기초자산이 장외에서 거래되는 현물상품인 경우에는 거래당사자의 돈육현물 포지션에 대한 파악이 필요하고, 돈육현물시장의 규제당국인 농림수산식품부 등의 협조 역시 필요하다.[78] 즉 거래당사자의 포지션 파악이 수월한 금융선물과는 달리 상품선물에 있어서는 금융감독당국이 현물시장에 대한 정보를 확보하고 관리나 감독의 근거를 마련할 수 있도록 규제체계를 보완할 필요성이 있다.[79]

(다) 대부분 시세조종 형태로 발현

연계불공정거래는 미공개중요정보 이용, 위계 등 부정한 행위 등 다양한 모습으로 발현될 수 있으나 상품종목 간의 가격연계성을 이용하는 특성상 시세조종의 형태를 가지는 경우가 대부분일 것이다. 자본시장법은 이익획득상품에서 부당한 이익을 얻을 목적으로 가격조작상품의 매매를 통한 "시세를 변동 또는 고정시키는 행위"인 시세조종(법176④) 내지 매매 또는 그 밖의

---

76) 김홍기(2009), "자본시장법상 파생상품 연계불공정거래행위에 관한 연구", 법조 제58권 제9호(2009. 9), 37-40쪽.

77) 증권 및 선물시장에서 가격은 매일, 매분, 매초마다 변하고, 매수인과 매도인의 상황 등 다양한 사정을 반영하기 때문에 실제 형성된 가격이 조작된 가격(artificial price)인지 또는 진정한 가격true price)인지를 판단하는 것은 거의 불가능하다. 이러한 상황에서 부당한 이익이라는 목적을 요구하게 되면 규제에 많은 어려움을 부과하는 것이다.

78) 돈육현물시장의 규제 근거법규인 농수산물유통 및 가격안정에 관한 법률에 의하면 중앙도매시장에 대한 개설허가권, 포괄적 감독·검사권은 농림수산식품부장관이 가지고(동법17, 79-83), 지방도매시장에 대한 개설허가권, 포괄적 감독·검사권은 시·도지사가 가지며(동법17, 79-83), 도매시장법인 지정 및 검사권, 중도매인 허가권 등은 시장개설자(지방자치단체)가 가지고 있다(동법22 등).

79) 예를 들어 한국거래소는 2009년 10월 1일부터 주가연계증권(ELS) 헤지거래 가이드라인을 제정·시행함으로써 금융당국과 협조하여 연계시세조종행위에 대한 자율규제를 강화하였다(한국거래소(2009), "주가연계증권(ELS) 헤지거래 가이드라인 제정 시행"(2009. 9. 21) 보도자료).

거래를 할 목적이나 그 시세의 변동을 도모할 목적으로 풍문의 유포, 위계의 사용 등 부정한 수단(법178②)을 금지하고 있다.

연계불공정거래 중 연계시세조종 및 부정한 수단에 의한 연계불공정거래는 가격조작상품을 대상으로 하고 그 목적은 이익획득상품에서 부당한 이익을 얻기 위함에 있다. 따라서 시세조종의 대상과 이익획득의 대상이 동일한 일반적인 시세조종 내지 단독 시세조종과는 차이가 있음을 명백히 구별하여야 한다.[80)]

(4) 규제의 필요성

연계불공정거래행위의 규제 필요성에 대해서는 의문이 있을 수 있다. 엄밀한 의미에서는 시장참가자의 경제활동은 다른 경제주체들의 경제활동에 영향을 미치게 마련이고, 특정 종목의 대량 매수나 매도를 통해서 다른 종목의 가격을 원하는 방향으로 조종하는 연계불공정거래행위가 실제로 가능한지에 대해서도 의문이 제기될 수 있기 때문이다. 가사 연계불공정거래행위가 발생하는 경우에도 일반적인 시세조종 금지규정으로 처벌하면 되지 별도로 연계불공정거래행위의 금지규정을 둘 필요가 있는지에 대해서도 의문이 제기될 수 있다. 미국과 일본에서도 연계불공정거래행위에 해당할 가능성이 높은 사례들이 내부자거래, 시세조종 등 일반적인 불공정거래행위 금지규정에 의해서 규제되고 있으며, 연계 형태의 불공정거래를 금지하는 규정을 별도로 두고 있지 않다.[81)]

그러나 일반적인 시세조종행위 금지규정을 연계불공정거래행위에 적용하는 것은 한계가 있다. 연계불공정거래행위는 가격조작상품과 이익획득상품이 다르고, 추상적인 연계성의 개념과 연결되어 다양한 형태로 발현되므로 가격조작상품과 이익획득상품이 "기본적으로 동일"할 것을 전제하는 전통적인 시세조종행위 금지규정만으로는 연계불공정거래행위를 모두 포함하는 것이 사실상 어렵기 때문이다.

(5) 자본시장법 규정

누구든지 증권, 파생상품 또는 그 증권·파생상품의 기초자산 중 어느 하나가 거래소에 상

---

80) 외환은행을 인수한 론스타 한국법인의 경영진은 2003. 11. 21.경 기자회견을 통해서 외환카드의 감자가능성을 밝혔고 이로 인하여 외환카드의 주가가 폭락하자 외환카드에 대한 감자조치 없이 외환카드의 2대 주주와 소액주주들로부터 낮은 가격에 외환카드의 주식을 매수하는 방법으로 합병을 하였다. 검찰은 피고인들(론스타 한국법인 경영진 등)이 외환카드의 감자를 고려하지 않았음에도 불구하고 감자계획이 있다는 취지로 발표한 것은 부당한 이득을 얻기 위해서 고의로 허위의 시세 또는 허위의 사실 기타 풍설을 유포하거나 위계를 쓰는 행위를 금지하는 증권거래법 제188조의4 제4항 제1호의 시세조종행위 금지규정에 위반한 것이라고 기소하였다. 이 사건은 부정한 수단에 의한 일반적인 시세조종 내지 단독 시세조종으로서 연계불공정거래로 보기 어렵다. 이 사건은 제1심에서 유죄(서울중앙지방법원 2008. 2. 1. 선고 2007고합71 판결), 항소심에서 무죄 선고되었으나(서울고등법원 2008. 6. 24. 선고 2008노518 판결), 상고되어 대법원에서 유죄취지로 파기환송(대법원 2011. 3. 10. 선고 2008도6355 판결) 후 서울고등법원에서 유죄 선고되어(서울고등법원 2011. 10. 6. 선고 2011노806 판결) 판결확정되었다

81) 김홍기(2009), 41-42쪽.

장되거나 그 밖에 이에 준하는 경우로서 대통령령으로 정하는 경우(영206의2: 거래소가 그 파생상품을 장내파생상품으로 품목의 결정을 하는 경우)에는 그 증권 또는 파생상품에 관한 매매, 그 밖의 거래("매매등")와 관련하여 다음의 어느 하나에 해당하는 행위를 하여서는 아니 된다(법176④).

1. 파생상품의 매매등에서 부당한 이익을 얻거나 제3자에게 부당한 이익을 얻게 할 목적으로 그 파생상품의 기초자산의 시세를 변동 또는 고정시키는 행위
2. 파생상품의 기초자산의 매매등에서 부당한 이익을 얻거나 제3자에게 부당한 이익을 얻게 할 목적으로 그 파생상품의 시세를 변동 또는 고정시키는 행위
3. 증권의 매매등에서 부당한 이익을 얻거나 제3자에게 부당한 이익을 얻게 할 목적으로 그 증권과 연계된 증권으로서 대통령령으로 정하는 증권 또는 그 증권의 기초자산의 시세를 변동 또는 고정시키는 행위
4. 증권의 기초자산의 매매등에서 부당한 이익을 얻거나 제3자에게 부당한 이익을 얻게 할 목적으로 그 증권의 시세를 변동 또는 고정시키는 행위
5. 파생상품의 매매등에서 부당한 이익을 얻거나 제3자에게 부당한 이익을 얻게 할 목적으로 그 파생상품과 기초자산이 동일하거나 유사한 파생상품의 시세를 변동 또는 고정시키는 행위

자본시장법 제176조 제4항은 파생상품과 기초자산 간의 연계시세조종행위(제1호 및 제2호), 증권과 증권 또는 그 증권의 기초자산 간의 연계시세조종행위(제3호 및 제4호), 파생상품 간의 연계시세조종행위(제5호)를 금지한다. 여기서는 제1호의 연계시세조종행위를 현·선 연계시세조종 순방향(제1호), 제2호의 연계시세조종행위를 현·선 연계시세조종 역방향(제2호), 제3호 및 제4호의 연계시세조종행위를 현·현 연계시세조종(제3호, 제4호), 제5호의 연계시세조종행위를 선·선 연계시세조종(제5호)으로 구분하기로 한다.

2. 유형

(1) 현·선 연계시세조종 순방향[순방향 현선연계(제1호)]

(가) 의의

순방향 현·선 연계시세조종행위란 현물의 가격을 조작해서 그와 연계된 선물에서 부당한 이익을 얻고자 하는 행위를 말한다. 제1호의 내용은 파생상품에서 이익을 얻을 목적으로 기초자산을 시세조종하는 행위이다. 연계시세조종 행위자는 기초상품의 시세를 조종하며 그 결과 연관된 파생상품에서 이득을 보게 된다.

(나) 유형

1) 개별종목 증권과 개별 파생상품의 연계

ⅰ) 개별종목의 시세를 조종하여 개별 파생상품의 거래에서 이득을 얻는 경우이다. 예를

들어 개별주식의 가격을 조작하여 관련 주식선물이나 주식옵션에서 이득을 취할 수 있다. 주식선물이나 주식옵션은 주식워런트증권(ELW)과 같이 기초자산보다 레버리지가 크므로 기초자산의 작은 가격변동에도 큰 이득을 얻을 수 있어 시세조종의 대상이 되기 쉽다. 특히 개별종목의 시세조종 위험에 대한 노출은 지수에 비해서 크다고 할 수 있다.[82] 실제 거래소가 주식옵션과 주식선물을 도입할 당시 이들이 지수파생상품에 비해서 시세조종의 위험이 현저히 크다는 점이 핵심 문제점으로 대두되기도 했다.[83]

ⅱ) 이 유형의 연계거래에서 한 가지 문제가 되는 것이 파생결합증권과 주식선물·옵션이 연계되는 경우이다. 이 유형은 순방향과 역방향 모두 문제가 될 수 있다. 그런데 ELW와 같은 파생결합증권과 주식선물 간 연계시세조종의 경우에는 ELW가 주식선물의 기초자산이 아니기 때문에 연계시세조종행위의 구성요건에 해당하지 않게 된다. 물론 양자 모두 파생적인 성격을 가지고 있기 때문에 현물증권의 시세가 직접적인 영향력을 가지는 것이지, 현물증권에 관계없이 ELW와 주식선물 간 직접적인 가격 연관성은 크지 않을 것이다. 그러나 자본시장법상 역방향의 현·선 연계거래 규제에서 보듯이, 파생적 상품은 가격신호효과(signaling effect)[84]를 가지는 경우가 많기 때문에 파생결합증권이나 파생상품의 가격변화가 현물증권의 가격변화를 가져올 수 있다고 보아야 할 것이다. 그런 측면에서 보면 파생결합증권과 파생상품 간의 연계시세조종도 충분히 가능하다. 따라서 이 부분에 대한 규제의 보완이 필요하다.[85]

2) 다수종목과 지수의 연계

파생상품시장의 거래대상이 개별 증권이 아니라 지수인 경우에는 시세조종의 위험이 크지 않다. 특히 KOSPI200과 같이 대형우량주 200종목으로 구성된 경우에는 연계시세조종이 발생

---

82) 양철원·유지연(2017), "연계시세조종행위에 대한 규제: 도이치은행 사례를 중심으로", 한국증권학회지 제46권 제1호(2017. 2), 221쪽.

83) 성희활(2009), 56쪽.

84) 가격신호효과 또는 가격예시효과는 헤지와 더불어 선물의 핵심적 기능 중 하나이다. 원래 선물가격은 그 자체가 미래의 예상가격이 아니라 현물가격에 보유비용을 합한 금액이어야 한다. 만일 선물가격과 현물가격의 괴리가 이론적인 수준을 넘으면 차익거래가 행해져 가격조정이 일어나게 된다. 그런데 선물가격은 많은 시장참여자, 특히 매매차익을 목적으로 하는 전문투자자들이 나름대로 치밀하게 정보를 수집·분석·평가하여 치열한 경쟁을 통하여 형성되며 현물시장에서보다 훨씬 저렴한 비용으로 거래가 이루어지므로 선물시장이 있음으로 인해 시장정보의 질과 양이 증대된다. 나아가 투기자 수의 증가와 시장정보의 증대는 가격예측 오차를 감소시키게 되어 선물가격은 선물거래가 없이 형성되는 현물시장의 가격 기대값보다 정확한 미래가격의 전망이 된다. 이러한 가격신호효과가 있을 때는 동 전문 기초자산을 대상으로 하는 파생결합증권(ELW)과 파생상품(개별 주식선물과 옵션)간에 가격 연관성이 생길 수 있다. 즉 주식선물의 거래가 활발하여 가격신호효과가 있을 때 보유 ELW의 가격을 조종하고자 먼저 주식선물의 가격에 영향을 준다. 그러면 기초자산인 주식의 가격이 변동되고 이어 이 주식을 기초자산으로 하는 ELW에 영향을 주게 되어 보유 ELW의 거래로 차익을 거둘 수 있게 되는 것이다. 이러한 관계는 ELW가 가격신호효과가 더 클 경우 역방향으로도 가능할 것이다(성희활(2009), 58쪽).

85) 성희활(2009), 57-58쪽.

할 가능성이 낮다.

그런데 프로그램매매를 이용하여 KOSPI200의 기초자산이 되는 종목들을 인위적으로 움직이는 경우가 있다. 즉 콜옵션 및 선물을 매수한 후 동 상품들의 가격상승을 위하여 대량의 프로그램 매수로 결제지수를 상승 유도하는 행위 또는 풋옵션 및 선물을 매도한 후 동 상품의 가격하락을 위하여 대량의 프로그램 매도로 결제지수를 하락 유도하는 행위가 종종 적발되고 있다. 여기에는 실제거래에 의하여 지수를 변동시키는 경우와 프로그램매매 신고는 하되 실제 주문은 체결가능성이 희박한 가격대에 제출하는 허수성 프로그램매매 주문에 의한 지수 변동 행위가 있다.[86]

3) 개별종목과 지수의 연계

앞에서 본 바와 같이 KOSPI200과 같은 많은 대형우량주로 구성된 지수를 움직이기 위하여 개별종목을 인위적으로 움직이는 것은 어렵지만, 예외적으로 기초자산 중 하나인 개별 증권의 지수 영향력이 막대할 경우 개별종목과 지수를 연계하여 이익을 얻는 시세조종거래가 가능하다.[87] 예를 들어 삼성전자나 SK텔레콤과 같은 대형우량주의 경우 지수에 미치는 영향이 작지 않다. 실제 KOSPI200 지수에 대한 콜옵션 매수 및 풋옵션 매도포지션을 취한 후, KOPSPI 200 지수영향력이 크면서 유통물량이 적어 시세조종하기 쉬운 모 주식을 대량매수하여 주가를 끌어올림으로써 동 주식이 편입되어 있는 KOSPI200 지수의 상승을 유도해 이익을 얻은 사례가 발생하기도 하였다.[88]

(2) 현·선 연계시세조종 역방향[역방향 현선연계(제2호)]

(가) 의의

역방향 현·선 연계시세조종행위란 선물의 가격을 조작해서 그와 연계된 현물에서 이익을 얻고자 하는 행위를 말한다. 제2호의 내용은 제1호의 경우와 반대로 기초자산에서 이익을 얻을 목적으로 파생상품을 시세조종하는 행위이다. 즉 현·선 역방향 시세조종은 파생상품의 시세를 조종하여 기초상품에서 이득을 보는 것이다.

---

86) 성희활(2009), 58쪽.
87) 세계적인 헤지펀드 에스팩트 캐피탈의 토드 대표는 "삼성전자 등 몇몇 종목의 영향력이 커 한국 선물시장 (KOSPI200)이 조작될 수 있다는 미국 선물협회의 규제 때문에 트레이딩을 하지 못하고 있다"면서 "하지만 이러한 제약이 풀린다면 한국시장에 참여할 생각"이라고 말했다(파이낸셜뉴스, "한국에 올 헤지펀드 500억 판매"(2006. 11. 22) 기사).
88) 한국거래소 시장감시위원회는 2005년『현·선 연계불공정거래 특별심리』에서 유통주식이 적은 A사의 주가를 조작하여 KOSPI200 옵션거래에서 부당이익을 취한 개인투자자를 적발하여 금융감독원에 통보한 바 있으며, 이 사건은 그 후 증권선물위원회 의결을 거쳐 검찰에 고발되었다.

(나) 유형

1) 지수와 개별종목의 연계거래

이 유형의 연계거래에서는 특정 현물종목에서의 이익을 위하여 그 종목이 포함된 지수의 시세를 조종한다는 것은 거의 불가능하고 무의미하다는 점에서 이 유형의 순방향 연계거래와는 크게 다르다.[89]

2) 지수와 다수 현물종목간 연계거래

이 유형의 연계거래에는 보유 현물의 고가매도를 위해 KOSPI200 선물지수를 상승시키고, 이후 순차적으로 베이시스 확대에 따른 프로그램 매수의 유입을 유도하여 KOSPI200 현물지수를 상승시키는 방법이 있다.

3) 개별 파생상품과 개별 증권의 연계거래

주식선물의 가격조작을 통하여 동 상품과 유사한 종목ELW에서 이익을 취득하는 경우가 대표적이라 할 수 있다. 이 유형 또한 순방향 거래에서 ELW의 가격에 영향을 미쳐 주식선물에서 이익을 취하는 연계거래와 방향만 다를 뿐 내용은 동일하다. 그리고 파생상품과 파생결합증권의 연계거래가 자본시장법상 규제의 허점이 있다는 지적 또한 순방향의 거래에서 본 바와 같다.

(다) 결어

앞의 현·선 순방향 시세조종과 달리 현·선 역방향 시세조종, 즉 현물거래에서 부당한 이득을 취하기 위한 선물거래 시세조종은 다음과 같은 이유로 그 발생가능성이 낮다고 할 수 있다. ⅰ) 선물시장에서는 수요와 공급이 무한대로 창출되어 시세조종이 현물시장보다 어렵다는 점이다. ⅱ) 선물시장 유동성 부족시 차익거래가 곤란하여 선물가격 조종에도 현물가격이 변동하지 않으면 연계거래에 의한 이득의 취득이 어려운 점도 있다. ⅲ) 선물시장의 유동성이 높은 경우 선물거래의 가격예시기능 및 차익거래 등으로 선물가격 조종시 현물가격도 변동하나 즉시 본질가치로 회귀하기 때문에 성공확률이 낮다는 점이다.

그러나 발생 가능성이 낮다는 것이지 그것이 불가능하다는 것은 아니고 또 향후 거래기법의 발달과 시장환경의 변화로 가능할 수도 있다.

(3) 현·현 연계시세조종(제3호, 제4호)

(가) 의의

현·현 연계시세조종은 현물상품들간의 가격연계성을 이용하여 한 증권의 시세를 조종하여 이와 연계된 다른 증권에서 이익을 얻는 행위이다. 제3호에서는 "그 증권과 연계된 증권으

---

89) 성희활(2009), 60-62쪽.

로서 대통령령으로 정하는 증권"이라고 명시하고 있는데, 여기서 언급한 가격연계성이 있는 증권의 대표적인 예로는 주식, 전환사채, 신주인수권부사채, ELW 등이 있다. 예를 들면 주식과 이 주식의 주가를 기반으로 하는 전환사채나 신주인수권부사채의 가격은 서로 연관되어 있다. 주식 매수를 통한 시세조종으로 주가를 상승시킨 후 이와 연관한 전환사채 등에서 이익을 실현할 수 있다.[90]

또한 ELW와 같은 파생결합증권 거래에서 기초자산(주식등)의 시세조종 후 관련 ELW 등의 가격변동을 통하여 부당이익을 얻거나, 반대로 ELW 등의 시세조종을 통하여 기초자산에서 시세차익을 얻는 행위를 들 수 있다. 이러한 파생결합증권의 경우는 레버리지 효과가 전환사채나 신주인수권부사채보다 훨씬 크기 때문에 연계시세조종의 유혹이 더욱 크다.[91]

2013년에 신설된 제4호는 일반상품 관련 연계시세조종행위를 규제하는 규정이다. 이는 일반상품 현물거래소의 개설로 인해 향후 일반상품과 연계한 증권도 등장할 수 있음을 대비한 것이다.

(나) 연계시세조종 대상증권

제3호의 규제대상인 증권은 다음과 같다(영207).

1. 전환사채권이나 신주인수권부사채권의 매매에서 부당한 이익을 얻거나 제3자에게 부당한 이익을 얻게 할 목적인 경우에는 그 전환사채권이나 신주인수권부사채권과 연계된 다음 각 목의 어느 하나에 해당하는 증권
   가. 그 전환사채권이나 신주인수권부사채권과 교환을 청구할 수 있는 교환사채권
   나. 지분증권
   다. 그 전환사채권이나 신주인수권부사채권을 기초자산으로 하는 파생결합증권
   라. 그 전환사채권이나 신주인수권부사채권과 관련된 증권예탁증권
2. 교환사채권의 매매에서 부당한 이익을 얻거나 제3자에게 부당한 이익을 얻게 할 목적인 경우에는 그 교환사채권의 교환대상이 되는 다음 각 목의 어느 하나에 해당하는 증권
   가. 전환사채권이나 신주인수권부사채권
   나. 지분증권
   다. 파생결합증권
   라. 증권예탁증권
3. 지분증권의 매매에서 부당한 이익을 얻거나 제3자에게 부당한 이익을 얻게 할 목적인 경우에는 그 지분증권과 연계된 다음 각 목의 어느 하나에 해당하는 증권
   가. 전환사채권이나 신주인수권부사채권

---

90) 양철원·유지연(2017), 222-223쪽.
91) 성희활(2009), 54쪽.

　　　나. 그 지분증권과 교환을 청구할 수 있는 교환사채권

　　　다. 그 지분증권을 기초자산으로 하는 파생결합증권

　　　라. 그 지분증권과 관련된 증권예탁증권

　　　마. 그 지분증권 외의 지분증권

　4. 파생결합증권의 매매에서 부당한 이익을 얻거나 제3자에게 부당한 이익을 얻게 할 목적인 경우에는 그 파생결합증권의 기초자산으로 되는 다음 각 목의 어느 하나에 해당하는 증권

　　　가. 전환사채권이나 신주인수권부사채권

　　　나. 교환사채권(가목, 다목 또는 라목과 교환을 청구할 수 있는 것만 해당)

　　　다. 지분증권

　　　라. 증권예탁증권

　5. 증권예탁증권의 매매에서 부당한 이익을 얻거나 제3자에게 부당한 이익을 얻게 할 목적인 경우에는 그 증권예탁증권의 기초로 되는 다음 각 목의 어느 하나에 해당하는 증권

　　　가. 전환사채권이나 신주인수권부사채권

　　　나. 교환사채권(가목, 다목 또는 라목과 교환을 청구할 수 있는 것만 해당)

　　　다. 지분증권

　　　라. 파생결합증권

(4) 선·선 연계시세조종(제5호)

　선·선 연계시세조종이란 특정 선물의 가격을 조작하여 다른 선물에서 이득을 얻고자 하는 행위이다. 예를 들면 선물의 경우 근월물의 가격을 조작하여 원월물에서 이익을 취할 수 있다. 기초자산 등의 모든 조건이 동일하고 만기만 다른 선물계약들은 서로 가격연계성이 강하기 때문에, 불공정거래자는 이익을 얻고자 하는 원월물 선물을 미리 매수한 후에 근월물을 매수하는 거래를 할 수 있다. 근월물의 매수 효과로 인하여 원월물의 가격도 상승하며, 거래자는 미리 매수하였던 원월물을 매도함으로써 이익을 실현할 수 있다. 이렇게 선·선 연계불공정거래행위는 선물과 선물 등 서로 같은 종목 간에 발생할 수 있다. 하지만 선물과 옵션 등 서로 다른 종목 간에도 발생이 가능하다. 예를 들면 선물거래를 통하여 지수가격에 영향을 준 후 미리 매수한 옵션포지션에서 이익을 취하는 형태의 불공정거래도 가능하다.[92]

3. 요건

(1) 객관적 요건

(가) 규제대상상품

　자본시장법상 연계시세조종행위의 규제대상인 증권은 "증권 또는 파생상품"이다. 기존 규

---

92) 양철원·유지연(2017), 223쪽.

정은 "상장증권 또는 장내파생상품의 매매와 관련하여"라고 규정하고 있었으나 2013년 5월 개정에서 범위를 확대하여 비상장증권이나 장외파생상품을 이용한 시세조종행위도 형사처벌의 대상이 됨을 명확히 하였다.

(나) 시세를 변동 또는 고정시키는 행위

자본시장법에서 규정한 "시세를 변동 또는 고정시키는 행위"이다. 시세에 관하여 자본시장법 제176조 제2항 제1호에서는 "증권시장 또는 장내파생상품시장에서 형성된 시세, 전자증권중개회사가 상장주권의 매매를 중개함에 있어서 형성된 시세, 그 밖에 대통령령으로 정하는 시세를 말한다"고 규정하고 있다. 따라서 "변동 또는 고정시키는"의 의미는 증권 또는 장내파생상품시장에서 수요공급의 원칙에 의하여 형성되는 증권 또는 장내파생상품의 가격을 인위적으로 상승 또는 하락시켜 왜곡된 가격을 형성하는 매매를 말한다. 주의할 점은 행위자의 매매로 인하여 실제로 시세가 변동되지 않더라도, 그 행위로 인해 시세를 변동시킬 가능성이 있다면 충분하다.[93] 또한 시세변동의 다른 사정들이 존재하더라도, 행위자의 행위가 시세변동의 주된 요인으로 작용하면 충분하다.

(2) 주관적 요건

(가) 목적의 존재

연계시세조종행위가 성립되기 위한 주관적 요건은 자본시장법에서 "매매에서 부당한 이익을 얻거나 제3자에게 부당한 이익을 얻게 할 목적"이라고 명시된 목적의 존재이다. 하지만 목적의 존재 여부는 행위자의 내심의 영역에 속한 것이므로 입증하기 쉽지 않다. 가장 명확히 입증할 수 있는 길은 행위자가 자백하거나 통화내역이나 메모 등의 "직접증거"를 확보하는 것이다. 하지만 이 또한 쉬운 일은 아니다. 따라서 일반적으로 목적의 존재를 직접 입증하는 방법보다는, 일정한 행위가 존재하는 경우 그 목적이 있다고 추정하는 방식인 "간접증거" 또는 "정황증거"를 사용하게 된다. 즉 행위자가 통상의 거래관행을 벗어난 경제적 합리성이 결여된 매매행위를 하였다고 그 사정이 입증될 경우, 이를 근거로 목적의 존재를 간접적으로 추론하는 것이다.

판례는 목적의 존재라는 주관적 요건은 "당사자가 이를 자백하지 않더라도, 그 유가증권의 성격과 발행된 유가증권의 총수, 가격 및 거래량의 동향, 전후의 거래상황, 거래의 경제적 합리성과 공정성, 가장 혹은 허위매매 여부, 시장관여율 정도, 지속적인 종가관리 등 거래의 동기와 태양 등의 간접사실을 종합적으로 고려하여 판단하여야 한다"고 판시하고 있다.[94]

---

93) 대법원 2007. 11. 29. 선고 2007도7471 판결; 대법원 2008. 12. 11. 선고 2006도2718 판결.
94) 대법원 2002. 7. 26. 선고 2001도4947 판결; 대법원 2003. 12. 12. 선고 2001도606 판결; 대법원 2006. 5. 11. 선고 2003도4320 판결.

(나) 인식의 정도

인식의 정도에 대해서는 다른 목적과 공존 여부나 어느 목적이 주된 것이냐에 상관없이 그 목적에 대한 인식이 존재하면 충분하다. 그 인식이 반드시 적극적 의욕이나 확정적인 인식일 필요는 없으며, 미필적 인식이 있으면 충분하다.[95]

제3절 시세조종행위에 대한 제재

Ⅰ. 민사제재

1. 의의

자본시장법 제176조의 시세조종행위 금지를 위반한 자는 다음의 구분에 따른 손해를 배상할 책임을 진다(법177①).

1. 그 위반행위로 인하여 형성된 가격에 의하여 해당 증권 또는 파생상품에 관한 매매등을 하거나 그 위탁을 한 자가 그 매매등 또는 위탁으로 인하여 입은 손해
2. 제1호의 손해 외에 그 위반행위(제176조 제4항 각 호의 어느 하나에 해당하는 행위로 한정)로 인하여 가격에 영향을 받은 다른 증권, 파생상품 또는 그 증권·파생상품의 기초 자산에 대한 매매등을 하거나 그 위탁을 한 자가 그 매매등 또는 위탁으로 인하여 입은 손해
3. 제1호 및 제2호의 손해 외에 그 위반행위(제176조 제4항 각 호의 어느 하나에 해당하는 행위로 한정)로 인하여 특정 시점의 가격 또는 수치에 따라 권리행사 또는 조건성취 여부가 결정되거나 금전등이 결제되는 증권 또는 파생상품과 관련하여 그 증권 또는 파생상품을 보유한 자가 그 위반행위로 형성된 가격 또는 수치에 따라 결정되거나 결제됨으로써 입은 손해

제1조는 전통적인 시세조종행위에 대한 배상책임을 규정한 것이다. 제2와 제3호는 연계시세조종행위에 대하여만 적용된다. 제3호는 ELS와 같은 상품의 경우 중도상환이나 만기상환일에 당해 ELS 기초자산인 상장주권의 가격 등을 조종하여 조건성취를 방해한 경우 등에 대한 배상책임을 인정한 것이다.

2. 배상청구권자

자본시장법 제177조 제1항 제1호는 "그 위반행위로 인하여 형성된 가격에 의하여 해당 증

95) 대법원 2007. 11. 29. 선고 2007도7471 판결.

권 또는 파생상품에 관한 매매등을 하거나 그 위탁을 한 자"이고, 제2호는 "그 위반행위로 인하여 가격에 영향을 받은 다른 증권, 파생상품 또는 그 증권·파생상품의 기초자산에 대한 매매등을 하거나 그 위탁을 한 자"로 규정한다. 즉 제1호와 제2호는 매매등을 하거나 그 위탁을 한자를 배상청구권자로 규정하고 있다. 이와 달리 제3호는 "그 증권 또는 파생상품을 보유한 자"를 배상청구권자로 규정한다. 즉 매매를 하지 않고 보유만 하고 있어도 배상청구를 할 수 있도록 하였다.

3. 손해배상청구 요건

(1) 시세조종행위의 존재
손해배상청구권자는 시세조종행위에 대해 손해배상책임을 주장하기 위해서는 시세조종행위가 존재한다는 사실을 증명해야 한다. 그러나 일반인의 입장에서 해당 행위가 시세조종행위인지의 여부를 판단하는 것은 매우 어렵다. 시세조종행위는 주관적 목적을 가지고 있을 때에 성립하는데, 이는 사람의 내심의 의사이므로 증명하는 것이 쉽지 않다. 따라서 시세조종행위가 존재한다는 사실은 금융감독원의 조사나 검찰 등의 수사를 통한 법원의 판결로 밝혀진다. 따라서 손해배상청구권자는 금융감독원 조사나 검찰 등의 수사에 기초하여 시세조종행위 금지규정을 위반하였음을 주장하면서 손해배상을 청구하는 경우가 많다.

(2) 인과관계
자본시장법 제177조 제1항은 "그 위반행위로 인하여 형성된 가격에 의하여 해당 상장증권 또는 장내파생상품의 매매를 하거나 위탁을 한 자가 그 매매 또는 위탁으로 인하여 입은 손해를 배상할 책임을 진다"고 규정하여 거래인과관계 증명책임을 면제해 주고 있다. 따라서 시세조종에 의한 가격으로 거래를 하였으면 거래인과관계가 성립하게 된다. 하지만 손해인과관계가 배상청구권자가 증명하여야 한다.

4. 손해배상책임의 범위

자본시장법에는 시세조종의 경우에 손해배상액을 산정하는 규정이 없다. 또한 증권관련 집단소송법 제34조(손해배상액의 산정)도 손해배상액의 산정에 관하여 자본시장법이나 그 밖의 다른 법률에 규정이 있는 경우에는 그에 따르고(제1항), 법원은 제1항에 따르거나 증거조사를 통하여도 정확한 손해액을 산정하기 곤란한 경우에는 여러 사정을 고려하여 표본적·평균적·통계적 방법 또는 그 밖의 합리적인 방법으로 손해액을 정할 수 있다(제2항)고 규정한다. 따라서 결국 법원의 판단에 맡기고 있다.

5. 소멸시효

손해배상청구권은 청구권자가 제176조를 위반한 행위가 있었던 사실을 안 때부터 2년간 또는 그 행위가 있었던 때부터 5년간 이를 행사하지 아니한 경우에는 시효로 인하여 소멸한다 (법177②).

Ⅱ. 형사제재

자본시장법 제176조를 위반한 자는 1년 이상의 유기징역 또는 그 위반행위로 얻은 이익 또는 회피한 손실액의 3배 이상 5배 이하에 상당하는 벌금에 처한다(법443① 본문). 다만 그 위반행위로 얻은 이익 또는 회피한 손실액이 없거나 산정하기 곤란한 경우 또는 그 위반행위로 얻은 이익 또는 회피한 손실액의 5배에 해당하는 금액이 5억원 이하인 경우에는 벌금의 상한액을 5억원으로 한다(법443① 단서). 위반행위로 얻은 이익 또는 회피한 손실액이 5억원 이상인 경우에는 제1항의 징역을 다음의 구분에 따라 가중한다(법443②).

1. 이익 또는 회피한 손실액이 50억원 이상인 경우에는 무기 또는 5년 이상의 징역
2. 이익 또는 회피한 손실액이 5억원 이상 50억원 미만인 경우에는 3년 이상의 유기징역

징역에 처하는 경우에는 10년 이하의 자격정지를 병과할 수 있다(법443③). 징역에 처하는 경우에는 벌금을 병과한다(법447①). 시세조종행위를 한자가 해당 행위를 하여 취득한 재산은 몰수하며, 몰수할 수 없는 경우에는 그 가액을 추징한다(법447의2).

제8장 / 부정거래행위와 공매도

제1절 부정거래행위

Ⅰ. 서설

1. 도입취지

자본시장법이 금융투자상품과 금융투자업을 포괄적으로 정의함에 따라 자본시장에는 종전보다 다양하고 복잡한 형태의 거래가 가능해졌다. 다종다양한 금융투자상품거래 일반에 대한 사기적 행위를 미리 상세하게 열거하고 이에 해당되는 행위만을 금지하는 것은 적당하지 않다. 미공개정보 이용행위나 시세조종은 전형적인 불공정거래로서 이들을 규제하기 위한 규정만으로는 새로운 유형의 불공정거래에 효과적으로 대처할 수 없었다. 이러한 문제점을 극복하기 위하여 포괄적 사기금지 규정으로서 제178조 제1항 제1호를 도입한 것이다.[1]

자본시장법상의 불공정거래는 금융투자상품의 거래와 관련된 형법상 사기죄의 특수한 유형이다. 즉 금융투자상품거래의 복잡성이나 고도의 기술을 수반하는 지능적 범죄라는 특수성 때문에 일반 형사법에서 요구하는 사기의 요건을 주장·입증하기 어렵다는 입법기술상 필요에 의해 규정된 것이다. 요컨대 앞으로 등장할 다양한 금융투자상품의 거래에 대비하는 한편, 구체적인 금지행위 유형별로 규제하는 경우 발생할 수 있는 규제의 공백을 제거하기 위하여 목적요건을 두지 않고 행위태양을 추상적으로 규정하였다. 이와 같은 입법취지는 미공개정보 이

---

[1] 박임출(2013), "자본시장법 제178조의 부정거래에 관한 연구", 증권법연구 제14권 제2호(2013. 8), 363쪽.

용행위와 시세조종, 부정거래행위의 관계를 정립할 때 고려되어야 할 사항이다.

2. 자본시장법 규정

누구든지 금융투자상품의 매매(증권의 경우 모집·사모·매출을 포함), 그 밖의 거래와 관련하여 다음의 어느 하나에 해당하는 행위를 하여서는 아니 된다(법178①).

1. 부정한 수단, 계획 또는 기교를 사용하는 행위
2. 중요사항에 관하여 거짓의 기재 또는 표시를 하거나 타인에게 오해를 유발시키지 아니하기 위하여 필요한 중요사항의 기재 또는 표시가 누락된 문서, 그 밖의 기재 또는 표시를 사용하여 금전, 그 밖의 재산상의 이익을 얻고자 하는 행위
3. 금융투자상품의 매매, 그 밖의 거래를 유인할 목적으로 거짓의 시세를 이용하는 행위

누구든지 금융투자상품의 매매, 그 밖의 거래를 할 목적이나 그 시세의 변동을 도모할 목적으로 풍문의 유포, 위계의 사용, 폭행 또는 협박을 하여서는 아니 된다(법178②).

금융투자상품의 거래와 관련하여 어느 행위가 자본시장법 제178조에서 금지하고 있는 부정행위에 해당하는지는, 해당 금융투자상품의 구조 및 거래방식과 경위, 그 금융투자상품이 거래되는 시장의 특성, 그 금융투자상품으로부터 발생하는 투자자의 권리·의무 및 그 종료 시기, 투자자와 행위자의 관계, 행위 전후의 제반 사정 등을 종합적으로 고려하여 판단하여야 한다.[2]

3. 부정거래의 체계적 지위

자본시장법은 불공정거래의 규제 제하의 제4편에서 제1장 내부자거래 등에 미공개정보 이용행위 금지조항(법174), 제2장 시세조종 등에 시세조종행위 등의 금지조항(법176)과 별도로 제3장 부정거래행위 등에 부정거래행위의 금지조항(법178)을 두고 있다. 그중에서 제178조는 미국의 1934년 증권거래법 제10조 (b)항에 근거한 SEC Rule 10b-5와 유사하게 추상적인 문언으로 규정되어 있지만, 실제 문언의 내용을 살펴보면 일본의 금융상품거래법 제157조, 제158조와 동일하다. 즉 일본 금융상품거래법과 같이 금융투자상품의 매매, 그 밖의 거래와 관련하여 부정한 수단 등의 사용 금지(제1호), 부실표시의 금지(제2호), 허위시세 이용금지(제3호) 등 3가지의 부정거래를 금지하는 조항(제1항)과 금융투자상품의 매매 또는 시세변동을 목적으로 위계의 사용 등을 금지하는 조항(제2항)으로 구성되어 있다. 즉 제178조는 보다 구체적인 유형의 금지규정인 제1항 제2호, 제3호 및 제2항을 두면서도 그와 동시에 제1항 제1호에서 포괄적으로 부정거래를 금지하고 있다. 이는 거래구조의 변화나 시장의 환경변화에 따라 다양하고 새로운

---

2) 대법원 2018. 9. 28. 선고 2015다69853 판결.

유형의 부정거래가 발생할 수 있는 개연성이 높은 반면, 모든 부정거래 유형을 사전에 일일이 열거하여 규제하는 것은 입법기술상 한계가 있는 점을 고려하여 자본시장법 제정과 함께 신설된 것이다.3)

　　제178조 제1항 제1호는 입법모델인 미국의 SEC Rule 10b-5, 일본의 금융상품거래법 제157조 제1호와 유사하지만 입법 연혁이나 그 적용사례에 있어 차이가 존재한다. 미국의 1934년 증권거래법 제10조 (b)항은 제정 당시 불법행위법상 사기의 개념이 법원에 의해 이미 확립되어 있었기 때문에 불공정한 증권거래에 널리 적용되어 왔다. 또한 일본에서는 증권취인법 제정 당시 이미 오늘날의 금융상품거래법 제157조가 도입되었음에도 구성요건이 명확하지 않다는 이유로 법원에서 거의 적용하지 않았고, 입법 당시 예상하지 못한 불공정한 행위가 문제될 때마다 새로운 조항을 추가하는 형태로 대처해 왔다. 그러나 우리나라는 일본과 반대로, 불공정한 거래를 금지하는 여러 조항을 지속적으로 신설해 왔음에도 새로운 불공정한 거래에 적절하게 대처하지 못한다는 지적에 따라 규제의 공백을 극복하기 위해 최근에야 제178조 제1항 제1호를 도입하였다. 종래 위계에 의한 사기적 부정거래를 금지하는 증권거래법 제188조의4는 일반적 사기금지 조항이라기보다는 시세조종을 규제하기 위한 보충적 성격의 규정으로 이해되었고, 미공개정보 이용행위에 대한 보충적 기능으로 이해되지는 않았다. 이에 따라 부정한 수단 등을 사용하는 행위를 금지하는 제178조 제1항 제1호를 도입하여 시세조종은 물론 금융투자상품의 거래 일반에 대하여 법익침해 가능성이 있는 부정행위를 포괄적으로 금지할 수 있는 장치를 갖추게 되었다. 이처럼 증권거래법 제188조의4보다 추상화의 정도가 높은 제178조 제1항 제1호는 우리나라 법체계에서 보기 드문 입법방식을 취함으로써 제1호의 적용범위는 크게 늘어났다. 그러나 제1호가 갖는 추상성 때문에 구체적인 해석과 적용에 있어서는 감독당국의 정책과 법원의 판단이 무엇보다도 중요하게 되었다.4)

4. 부정거래와 시세조종의 구별

　　제176조의 시세조종에 해당되는 행위가 부정거래에 해당될 수 있는지 여부의 문제가 있다. 여기에는 ⅰ) 제178조 제1항 제1호는 그 자체가 독립된 조항이므로 시세조종(제176조), 다른 부정거래행위(제178조 제1항 제2호·제3호와 제2항)의 적용 여부와 별개의 독립적인 제3의 유형으로 보고, 그 적용에 있어서는 병렬적 관계에 있다고 보는 입장, ⅱ) 제178조 제1항 제1호는 그 자체가 독립적인 규정이 아니라 신종 불공정거래에 대비하기 위한 입법기술적 관점에서 포괄규정의 형식으로 도입한 것으로서, 다른 불공정거래 조항과의 관계는 일반조항과 특별조

---

3) 서울고등법원 2013. 4. 5. 선고 2012노3521 판결.
4) 박임출(2013), 366쪽.

항의 관계에 있다고 보는 입장, iii) 제176조와 제178조의 법정형이 동일하며(제443조), 판례도 시세조종에 관한 증권거래법 제188조의4의 각 항이 규정하는 시세조종에 해당하는 수개의 시세조종은 포괄일죄가 성립한다고 보는 입장이 있다.[5]

미국에서는 시세조종을 직접 규제하고 있는 1934년법 제9조보다 동법 제10조 (b)항 및 SEC Rule 10b-5가 적용되는 경우가 많다. 일본에서는 금융상품거래법 제157조는 제159조 등과 적용범위가 중첩되지만 그 적용관계는 법조경합이 아니라, 상상적 경합으로 보아 시세조종을 금지하는 금융상품거래법 제159조에 해당되지 않더라도 죄질이 나쁜 행위에 대해서는 보다 중한 제재근거인 부정거래를 금지하는 제157조를 적용해야 한다고 한다.

살피건대 이론상 시세조종에 해당되는 행위가 부정거래에도 해당될 수 있다. 그러나 자본시장법 제정 당시 증권거래법 제188조의4 제4항의 사기적 부정거래를 여전히 존치하면서도 제178조 제1항 제1호를 도입한 취지가 규제의 공백을 방지하고자 하는 것이고, 객관적·추상적 문언을 사용한 점에 비추어 제176조를 적용할 수 없는 경우에 비로소 제178조 제1항 제1호를 적용하는(보충적 규정) 것이 타당하다고 본다.[6]

Ⅱ. 부정거래의 요건

1. 부정한 수단 등의 사용

제178조 제1항 제1호는 부정한 수단, 계획 또는 기교("부정한 수단 등")를 사용하는 행위를 금지하고 있다. "계획 또는 기교"는 "수단"과 같은 의미이며, 부정거래의 적용에 공백이 생기지 않도록 같은 호에 열거하고 있는 문언에 불과하다. 종래 일본의 다수설은 부정한 수단을 "유가증권 거래에 대해 타인을 기망하여 착오에 빠지게 하는 행위"라고 하였다. 이는 제2호, 제3호에서 구체적으로 열거하고 있는 모든 행위가 사기이기 때문에 제1호도 마찬가지로 해석해야 한다는 점을 근거로 하였다. 그러나 일본 최고재판소가 부정한 수단을 사회통념상 부정하다고 인정되는 일체의 수단이라고 판시한 바와 같이 부정한 수단을 넓게 해석하여 사기행위로 제한할 필요가 없다는 견해가 있다. 살피건대 제1호는 기망적 요소를 요건으로 하는 위계의 개념을 존속시키면서 부정한 수단 등을 사용하는 부정거래 유형을 별도의 부정거래 유형으로 신설하여 규제의 공백을 제거하고자 한 취지에 비추어 이와 같은 제한을 둘 필요는 없다고 본다.[7] 다만 부정한 수단 등은 추상적인 문언이어서 부정행위로 의심되는 행위가 이루어질 때마다 부정

---

5) 대법원 2018. 4. 12. 선고 2013도6962 판결; 대법원 2005. 11. 10. 선고 2004도1164 판결.
6) 임재연(2019), 981쪽.
7) 김건식·정순섭(2009), 378쪽.

한 수단 등에 해당되는지 여부를 그 당시 시점에서 판단할 수밖에 없고, 오히려 제1호는 이와
같은 처리를 예정하고 있다.[8]

2. 금융투자상품의 거래와 관련성

제178조 제1항 제1호는 금융투자상품의 매매, 그 밖의 거래와 관련하여 부정한 수단 등의
사용을 금지하여 시장의 공정성과 신뢰성을 확보하기 위한 일반조항이다. 따라서 부정한 수단
등을 누가 사용하는지, 어떤 금융투자상품에 부정한 수단 등을 사용하는지, 금융투자상품이 상
장되었는지, 금융투자상품이 거래되는 곳이 거래소인지, 또는 주식교환 등 어떤 유형의 거래에
대해 부정한 수단 등을 사용하는지를 묻지 않는다.

나아가 "관련하여"는 매매거래와의 관련성을 의미한다. "관련성"의 의미를 어떻게 해석하
느냐에 따라 부정거래의 적용범위를 확대시킬 수 있다. 즉 금융투자상품의 매매, 그 밖의 거래
를 하는 목적보다 넓은 개념으로 이해할 수 있다. 부정한 수단 등을 사용하는 자는 부정거래에
대한 인식이 필요하지만, 그자가 현실적으로 금융투자상품을 거래한 경우는 물론 금융투자상
품을 거래하지 않은 경우에도 인정될 수 있다. 이는 금융투자상품의 거래에 부정한 수단 등이
사용된 때는 그자가 직접 금융투자상품을 거래하지 않은 경우에도 투자자의 이익이 침해되어
공정하고 자유로운 자본시장의 형성을 방해할 위험이 존재하기 때문이다. 다만 부정한 수단 등
이 타인의 금융투자상품의 거래에 영향을 미치고, 이에 따라 타인이 금융투자상품의 거래에 관
하여 피해를 입은 것만으로는 제1호에 위반되지 않는다. 왜냐하면 부정한 수단 등을 사용한 자
가 금융투자상품을 거래한 때에 부정한 수단 등을 사용하는 것을 전제하고 있기 때문이다.[9]

3. 부정거래의 적용기준

부정한 수단 등을 사용하는 행위는 위계의 개념과 유사하다. 위계는 상대방을 기망하여
착오에 빠뜨리는 행위이다. 대법원은 위계를 상대방이나 불특정 다수의 투자자들을 기망하여
일정한 행위를 유인할 목적으로 수단, 계획, 기교 등을 사용하는 행위라고 하여, 제178조 제2
항의 위계를 제178조 제1항 제1호가 금지하는 행위 유형의 하나라고 판단하였다.[10] 이와 같은
위계는 사기와 유사하지만, 위계사용에 의한 부정거래는 목적범이고, 개인의 재산권이 아닌 사
회적 법익을 보호법익으로 하고 있다는 점에서 사기와 차이가 있다. 또한 부정거래행위의 다른
유형인 허위의 시세, 허위사실의 유포 기타 풍설 유포(이하 "부실표시")는 객관적으로 보아 진실

8) 박임출(2013), 367쪽.
9) 박임출(2013), 367-368쪽.
10) 대법원 2011. 3. 10. 선고 2008도6335 판결.

과 부합하지 않는 과거 또는 현재의 사실을 상대방 또는 다수인에게 표시하는 것을 말하므로[11] 위계의 개념은 이보다 더 넓다고 할 수 있다.

한편 부정거래를 주관적 요건의 유무를 기준으로 주관적 부정거래와 객관적 부정거래로 구분할 수 있고, 행위요건의 구체성을 기준으로 구체적 부정거래와 추상적 부정거래로 구분할 수 있다.[12] 이와 같은 구분에 따른 부정거래의 적용순서는 우선 주관적 부정거래에 해당되는지 여부를 판단하고, 다음으로 주관적 부정거래에 해당되는 경우 구체적 부정거래에 해당되는지 여부를 판단한다. 이 경우 구체적 부정거래는 구체적 행위를 요건으로 하고 있기 때문에 추상적 부정거래보다 우선 적용한다. 결과적으로 부정거래의 유형별 적용은 ⅰ) 주관적 부정거래, ⅱ) 주관적·구체적 부정거래, ⅲ) 주관적·추상적 부정거래, ⅳ) 객관적 부정거래 순으로 한다. 부정한 수단 등의 사용은 객관적·추상적 부정거래, 위계의 사용은 주관적·추상적 부정거래, 부실표시는 주관적·구체적 부정거래에 해당되기 때문에 제178조는 구체적 유형의 부실표시 → 위계 → 부정한 수단의 사용 순위로 적용할 수 있다. 반면 부정한 수단 등을 사용하는 행위를 풍문 유포나 위계 사용에 의한 행위에 적용할 수는 없다. 그 추상적 용어에 비추어 일반조항으로 봄이 타당하고 따라서 나머지 조항에 대해 보충적으로 적용하는 것이 타당하다.[13]

4. 부당이익의 요건

자본시장법 제443조는 부정한 수단 등을 사용하는 부정거래에 대해서도 다른 불공정거래 위반과 같이, 그 위반행위로 얻은 이익이 5억원 이상이면 벌금형의 상한이 높아지거나 그 징역형을 가중하도록 규정하고 있기 때문에 부정거래로 얻은 부당이익은 동조의 구성요건요소가 된다. 그런데 제443조는 벌금형의 법정상한을 높이고 징역형의 가중을 정하는 요소에 관하여 위반행위로 얻은 이익이라고 규정하고 있을 뿐 위반행위로 얻은 이익이 무엇을 의미하는지, 그 이익의 액수를 어떻게 산정해야 하는지에 관한 구체적인 규정을 두고 있지 않다. 이 때문에 위반행위로 얻은 이익과 그 산정방식을 둘러싸고 논란이 있을 수밖에 없다.

동조의 "위반행위로 얻은 이익"에 관하여 종래 대법원[14]은 "반드시 그 위반행위와 직접적인 인과관계가 있는 것만을 의미하는 것이 아니고, 그 위반행위가 개입된 거래로 인하여 얻은 이익에 해당하는 것이면 이에 해당되는 것"이라고 판시하여 헌법재판소의 결정[15]과 같이 직접

---

11) 대법원 2006. 12. 7. 선고 2006도3400 판결.
12) 정순섭(2010), "불공정거래법제의 현황과 해석론적 과제," 서울대학교 금융법센터 BFL 제43호(2010. 9), 13-17쪽.
13) 박임출(2013), 370-371쪽.
14) 대법원 2005. 4. 15. 선고 2005도632 판결; 대법원 2004. 9. 3. 선고 2004도1628 판결.
15) 유가증권의 시장가격은 매우 다양한 요인에 의해 영향을 받는다는 점을 고려하면 시세조종으로 이익을 얻은 경우 이것이 모두 시세조종에 의한 것이라고 말할 수는 없지만, 형사책임이란 측면에서 볼 때 위반행위

적인 인과관계가 인정되는 이익에 한정되지 않고 이를 넘어서는 이익도 포함된다고 판시하고, 구체적으로 어떤 인과관계 기준에 따라 이익의 범위를 확정할 것인지는 명시하지 않았다. 이후 대법원[16]은 "위반행위로 얻은 이익이란 통상적인 경우에는 위반행위와 관련된 거래로 인한 총수입에서 그 거래를 위한 총비용을 공제한 차액을 산정하는 방법으로 인과관계가 인정되는 이익을 산출할 수 있겠지만, 구체적인 사안에서 위반행위로 얻은 이익의 가액을 위와 같은 방법으로 인정하는 것이 부당하다고 볼 만한 사정이 있는 경우에는 사기적 부정거래를 근절하려는 증권거래법 제207조의2와 제214조의 입법취지와 형사법의 대원칙인 책임주의를 염두에 두고 위반행위의 동기, 경위, 태양, 기간, 제3자의 개입 여부, 증권시장 상황 및 그 밖에 주가에 중대한 영향을 미칠 수 있는 제반 요소들을 전체적·종합적으로 고려하여 인과관계가 인정되는 이익을 산정해야 한다"고 판시하여, 위반행위로 얻은 이익은 위반행위와 인과관계가 있다고 인정되는 이익에 한정되는 것임을 명확히 하였다. 이와 같은 맥락에서 헌법재판소[17]도 "위반행위로 얻은 이익이라는 문언 자체의 의미뿐만 아니라 입법목적이나 입법취지, 입법연혁, 그리고 법규범의 체계적 구조 등을 종합적으로 고려하는 해석방법에 의할 때 건전한 상식과 통상적인 법감정을 가진 일반인이라면 어렵지 않게 위반행위로 얻은 이익은 위반행위가 원인이 되어 그 결과로서 발생한 이익을 의미하는 것으로 해석할 수 있다"고 판시하였다.

한편 자본시장법(증권거래법도 동일)에 명시적 규정은 없지만 우리나라의 판례나 감독당국의 실무에서는 위반행위로 얻은 이익을 실현이익과 미실현이익으로 구분하여 산정하고 있다. 실현이익은 시세조종 대상인 금융투자상품의 총매도금액에서 총매수금액 및 그 거래비용을 공제한 나머지 순매매차익이고, 미실현이익은 시세조종 종료 이후 보유하고 있는 해당 금융투자상품의 평가금액이다. 실현이익은 매수와 매도가 완료되어 현실화된 이익이므로 특별히 문제될 것이 없지만, 미실현이익은 주가변동요인이 매우 다양하다는 점에서 보유주식의 평가기준을 어떻게 설정하느냐에 따라 금액이 달라지기 때문에 논란의 여지가 있다. 그런데 제178조 제1항 제1호의 부정거래는 제176조의 시세조종이나 제178조의 다른 부정거래에 해당되지 않는 신종 시세조종에 적용된다는 점에서 부당이익의 산정은 더욱 곤란할 뿐만 아니라 수범자의 예측가능성도 기대하기 어렵다. 따라서 위반행위와 직접적인 인과관계가 있는 이익액만을 명확하게 산정할 필요는 없으며 이익액을 산출해 낼 합리적 해석기준이 분명하면 충분하다고 본다. 다시 말하면 부당이

로 얻은 시세차익의 많고 적음이 그러한 위반행위를 한 자에 대한 형사책임의 경중을 결정하는 중요한 요소가 될 수 있으며, 이 사건 법률조항은 형사처벌의 법정형에 관한 조항이지 손해배상책임의 범위를 정하기 위한 조항이거나 위반행위와 직접적인 인과관계가 있는 이익액만을 벌금형 상한변동의 요건으로 삼아야 할 필연성이 인정되지 않는다(헌법재판소 2003. 9. 25. 선고 2002헌바69 결정).

16) 대법원 2009. 7. 9. 선고 2009도374 판결.

17) 헌법재판소 2011. 2. 24. 선고 2009헌바29 결정.

익은 반드시 그 위반행위와 직접적인 인과관계가 있는 것만을 의미하는 것이 아니고, 그 위반행위와 관련된 거래로 인하여 얻은 이익에 해당되면 충분하고, 다른 요인이 작용한 경우에는 해당 요인으로 인한 주가변동분을 명확하게 구분할 수 있는 한 이를 분리해서 산정할 수 있다.[18]

Ⅲ. 부정거래행위 유형

1. 부정한 수단·계획 또는 기교의 사용행위

(1) 의의

자본시장법 제178조 제1항 제1호는 부정한 수단, 계획, 또는 기교를 사용하는 행위를 금지한다.[19] 이는 그 행위가 부정한 것으로 보아 포괄적으로 규정하고 있다. 구체적으로 제1호와 제2호 및 제3호를 비교해 보면 제2호 및 제3호의 규정은 제1호보다 행위양태를 구체적으로 정하고 있다. 제2호와 제3호의 요건은 허위정보 또는 거짓의 시세를 이용하여야 하고 재산상의 이익취득이나 매매를 유인할 목적이 있어야 한다. 반면 제1호는 행위양태도 부정한 수단이라 하여 포괄적이고 재산상 이익취득이나 매매유인 등의 목적도 요건으로 하고 있지 않다. 따라서 행위자 자신이 재산상 이익을 취득하거나 제3자로 하여금 재산상 이익을 취득하게 하려는 목적이 없더라도 그 행위가 부정한 수단, 계획 또는 기교에 해당하는 한 제178조 제1항 제1호에 의해 금지된다.

여기서 "부정한 수단, 계획 또는 기교"란 사회통념상 부정하다고 인정되는 일체의 수단, 계획 또는 기교를 말한다. 이때 어떠한 행위를 부정하다고 할지는 그 행위가 법령 등에서 금지된 것인지, 다른 투자자들로 하여금 잘못된 판단을 하게 함으로써 공정한 경쟁을 해치고 선의의 투자자에게 손해를 전가하여 자본시장의 공정성, 신뢰성 및 효율성을 해칠 위험이 있는지를 고려해야 한다.[20]

(2) 수단·계획·기교의 개념

여기서 "부정한 수단, 계획 또는 기교"라 함은 거래상대방 또는 불특정 투자자를 기망하여 부지 또는 착오상태에 빠뜨릴 수 있는 모든 수단, 계획, 기교 또는 행위자의 지위·업무 등에 따른 의무나 관련법규에 위반한 수단, 계획, 기교를 말하는 것으로[21] 같은 법 제176조 및 제

---

18) 박임출(2013), 372-374쪽.
19) 자본시장법 제178조 제1항 제1호에서는 부정한 수단, 계획, 또는 기교를 사용하는 행위를 금지한다. 이 조항은 SEC Rule 10b-5와 일본 금융상품거래법 제157조 제1항과 동일하다. 자본시장법과 일본 금융상품거래법은 SEC Rule 10b-5의 "device, scheme, or artifice to defraud"를 그대로 계수한 것으로 보인다.
20) 대법원 2018. 4. 12. 선고 2013도6962 판결.
21) 대법원 2017. 3. 30. 선고 2014도6910 판결.

178조가 정하고 있는 나머지 행위들을 포괄하는 개념으로 보아야 한다.[22]

수단은 미국 SEC Rule 10b-5(a)의 "divice"와 일본 금융상품거래법 제57조의 "手段"과 같은 의미이다. 여기서 수단의 의미는 통상적으로 자본시장에서 불공정거래를 행할 목적의 수단이 아니라 불공정거래행위를 목적으로 행하여진 수단을 포함하는 것이다.[23]

계획이란 형법상 예비행위를 포함한 일련의 방조행위를 말하는데, 미국 SEC Rule 10b-5(a)의 "scheme"에 해당하는 것으로, 일본 금융상품거래법 제157조 제1호의 "計画"와 같은 의미이다. 부정한 계획의 일례로 M&A의 피인수기업으로 지목되면 주가가 상승하는 것이 일반적인데, 이 점을 이용하여 실제로는 M&A를 할 의사가 없으면서도 대상기업에 대하여 M&A를 하겠다고 소문을 퍼뜨리고, 대상기업의 주가가 상승하면 보유하고 있던 주식을 매각하여 차액을 챙기는 방법은 부정한 계획을 사용한 사례가 될 수 있다.[24]

기교란 미국 SEC Rule 10b-5(a)의 "artifice"에 해당하고, 일본 금융상품거래법 제57조 제1호의 "기교"와 같은 의미이다. 이에 해당하는 행위로는 선행매매(front running), 스캘핑, 과당매매 등이 있을 수 있다.[25]

(3) 부정한 수단과 사기(fraud)와의 관계

자본시장법 제178조 제1항 제1호의 "부정한 수단(device), 계획(scheme), 기교(artifice)"는 미국의 SEC Rule 10b-5(a)를 모델로 삼았기 때문에 부정한 수단이라는 것이 사기(fraud)를 의미하는 것인가 하는 의문이 생길 수 있다. 이에 대해 대법원은 "부정한 수단, 계획 또는 기교"란 사회통념상 부정하다고 인정되는 일체의 수단, 계획 또는 기교를 의미하는 것으로서 신뢰관계에 있는 자가 상대방을 착오에 빠뜨리는 사기행위에 한정되지 않는다고 하여 거의 같은 내용을 담고 있다.[26] 하급심 판례에 의하면 "부정한 수단, 계획 또는 기교"라 함은 "거래상대방 또는 불특정 투자자를 기망하여 부지 또는 착오상태에 빠뜨릴 수 있는 모든 수단, 계획, 기교 또는 행위자의 지위·업무 등에 따른 의무나 관련법규에 위반한 수단, 계획, 기교를 말하는 것"이라고 판시한 바 있다.[27]

이와 같이 판례는 부정한 수단에 대해 반드시 기망을 필수요건으로 하는 사기에 한정시키지 않고 있다. 또한 자본시장법 제178조 제2항에서 기망적 요소를 요건으로 하는 "위계"의 개념을 존속시키면서 "부정한 수단"을 별도의 유형으로 신설하였다는 점, 제178조 제2항은 위계

22) 서울중앙지방법원 2010. 10. 29. 선고 2010고합305, 2010고합412(병합) 판결.
23) 최원우(2013), "자본시장법상 불공정거래행위 금지규정에 관한 연구", 한양대학교 대학원 박사학위논문 (2013. 8), 20쪽.
24) 서울고등법원 2011. 6. 9. 선고 2010노3160 판결.
25) 서울고등법원 2011. 6. 9. 선고 2010노3160 판결.
26) 대법원 2011. 10. 27. 선고 2011도8109 판결.
27) 서울중앙지방법원 2010. 10. 29. 선고 2010고합305 판결.

외에 폭행, 협박까지 포함하고 있는 점에서 반드시 기망행위를 통한 부정거래만을 규제하고자 하는 것이 아님을 고려할 때 "부정한 수단"을 기망행위 내지는 사기행위로 한정하여 해석할 필요는 없다.

(4) "부정한"의 의미

자본시장법 제178조 제1항 제1호에 의하여 사용이 금지되는 "부정한 수단, 계획 또는 기교"란, 다른 투자자들의 이익을 부당하게 침해할 위험성이 있는 것으로서 제178조 제1항 제2호, 제3호 및 제2항에서 정한 부정거래행위에 준하는 정도의 불법성이 있는 행위라고 할 것이고, 나아가 금융투자상품의 매매와 관련한 어떠한 행위가 사회통념상 부정한 수단, 계획, 기교에 해당하는지 여부는 자본시장법의 취지, 목적 등을 바탕으로 해당 금융투자상품 거래 시장의 구조, 당해 행위가 거래 시장에 미치는 영향, 다른 투자자들의 이익을 침해할 위험성 등을 종합적으로 고려하여 판단하여야 할 것이다.[28]

2. 부실표시 사용행위

(1) 의의

자본시장법 제1항 제2호는 "중요사항에 관하여 거짓의 기재 또는 표시를 하거나 타인에게 오해를 유발시키지 아니하기 위하여 필요한 중요사항의 기재 또는 표시가 누락된 문서, 그 밖의 기재 또는 표시를 사용하여 금전, 그 밖의 재산상의 이익을 얻고자 하는 행위"를 금지하고 있다. 여기서 금지되는 행위는 거짓의 기재 또는 표시와 기재 또는 표시의 누락으로 구분할 수 있는데, 이를 통칭하여 부실표시라 한다.

제178조 제1항 제2호는 허위표시에 의한 시세조종을 금지하는 제176조 제2항 제3호와 규제 이념적으로는 동일하지만, "상장증권 또는 장내파생상품의 매매를 유인할 목적으로"라는 "매매유인목적"을 요구하지 않는 점 등 규제대상상품이나 거래장소에 제한이 없다는 점에서 적용범위가 넓다. 이 점에서 제176조 제2항 제3호에 의한 규제의 공백을 보완하는 기능을 한다.

(2) 중요사항

제178조 제1항 제2호의 부정거래는 중요사항을 허위기재한 것과 기재누락 행위가 규제대상이다. 여기서 "중요사항"이란 법 제174조 제1항 본문에서 미공개중요정보의 중요성에 관해 규정하는 "투자자의 투자판단에 중요한 영향을 미칠 수 있는 정보"와 동일하게 보아야 한다. 따라서 중요사항이라 함은 당해 법인의 재산·경영에 중대한 영향을 미치거나 투자자의 투자판단에 영향을 미칠 수 있는 사항이므로, 해당 기업 고유의 정보만이 아니라 동종업종의 전망 또

---

28) 서울고등법원 2013. 7. 26. 선고 2013노71 판결.

는 경쟁업체의 동향 등 기업외적인 정보도 포함된다.[29] 그러나 정보가 반드시 객관적으로 명확하고 확실할 것까지는 요구되지 않으며, 합리적인 투자자라면 정보의 중대성과 그 사실이 발생할 개연성을 비교 평가하여 투자 여부를 결정할 때 중요한 가치를 지닌다고 생각되면 충분하다.[30]

(3) 거짓 또는 부실표시

금지되는 행위는 중요사항에 관한 "거짓의 기재 또는 표시" 또는 "오해유발을 피하기 위해 필요한 중요사항의 기재 또는 표시가 누락된 경우"이다. "거짓"은 객관적으로 판단하여야 하고 행위자가 허위라고 생각하더라도 실제로 사실이면 금지대상이 되지 않는다.[31] 또한 적극적인 허위표시 외에 필요한 사실의 표시를 누락하는 소극적 행위도 금지된다.

(4) 금전, 그 밖의 재산상의 이익

"금전, 그 밖의 재산상의 이익"을 얻고자 하는 행위는 실제로 재산상의 이익을 얻을 것을 요구하는 것은 아니며, 이와 같은 적극적인 이익은 물론 손실 회피 목적의 소극적인 이익도 포함한다. 자본시장법 제443조에서 규정하는 "위반행위로 얻은 이익 또는 회피한 손실액"은 "유가증권의 처분으로 인한 행위자가 개인적이고 유형적인 경제적 이익에 한정되지 않고, 기업의 경영권 획득, 지배권 확보, 회사 내에서의 지위 상승 등 무형적인 이익, 손실회피 목적의 소극적 이득, 장래의 이득도 모두 포함하는 포괄적인 개념으로 해석"하는 것이 타당하다.[32]

3. 거짓의 시세를 이용하는 행위

(1) 의의

자본시장법 제178조 제1항 제3호는 금융투자상품의 매매, 그 밖의 거래를 유인할 목적으로 거짓의 시세를 이용하는 행위를 금지하고 있다. 거짓의 시세임에도 불구하고 진실한 시세인 것처럼 투자들을 오인시켜 거래에 끌어들이는 행위를 금지하는 부정거래의 한 유형으로 규정한 것이다. 시세와 관련해서는 한국거래소가 개설한 장내상품의 경우는 금융투자상품의 시세가 실시간으로 거래소를 통하여 공표되고 있어 거짓의 시세를 이용한다는 것이 어려울 것이나, 한국거래소에 상장되어 있지 않아 그 시세가 공표되지 않는 장외 금융투자상품의 경우에 거짓의 시세를 이용하는 행위가 가능하므로 본 규정은 이를 대상으로 규정한 것으로 보아야 한다.

(2) 유인목적

"유인할 목적"이란 거짓의 시세를 이용할 당시 포괄적인 의미에서 금융투자상품의 매매,

29) 대법원 2011. 7. 28. 선고 2008도5399 판결.
30) 대법원 1994. 4. 26. 선고 93도695 판결.
31) 대법원 2009. 7. 9. 선고 2009도1371 판결.
32) 대법원 2009. 7. 9. 선고 2009도1374 판결.

그 밖의 거래를 유인하려는 목적이 있으면 충분하고, 그 행위 당시부터 그 목적이 구체적이고 확정적으로 존재하여야 하는 것은 아니다. 또한 유인할 목적은 그것이 행위의 유일한 동기일 필요는 없으므로 다른 목적과 함께 존재하여도 무방하다. 유인목적은 제176조 제2항에서 규정하고 있는 "매매를 유인할 목적"과 개념적으로 차이가 없어 보이지만 제176조 제2항과는 다르게 "성황을 이루고 있는 듯이" 오인하게 하는 요건을 요구하지 않기 때문에 제176조 제2항보다 넓은 개념으로 적용이 가능하다. 또한 제176조 제2항과는 달리 거래장소도 거래소시장에 한정되지 않는 점에서 차이가 있다.

(3) 입증

매매를 유인할 목적은 행위자의 내심의 의사이므로 자백하지 않는 한 알기 어렵다. 따라서 실무상 행위자의 매매양태 분석을 통해 입증하고 있다. 즉 특정한 매매양태가 정상적인 거래라고 볼 수 없는 행위자의 거래행위로서 주가가 변동하였다는 사실을 증명하면, 이러한 간접사실로부터 행위자가 매매를 유인할 목적을 가졌다는 사실을 추정한다.

자백하지 않더라도 그 유가증권의 성격과 발행된 유가증권의 총수, 가격 및 거래량의 동향, 전후의 거래상황, 거래의 경제적 합리성과 고정성, 가장 혹은 허위매매 여부, 시장관여율의 정도, 지속적인 종가관리 등 거래의 동기와 태양 등의 간접사실을 종합적으로 고려하여 판단할 수 있다.[33]

4. 풍문의 유포, 위계의 사용 등의 행위

(1) 의의

자본시장법 제178조 제2항은 "누구든지 금융투자상품의 매매, 그 밖의 거래를 할 목적이나 그 시세의 변동을 도모할 목적으로 풍문의 유포, 위계의 사용, 폭행 또는 협박을 하지 못한다"고 규정한다. 이 조항은 기존의 시세조종 또는 미공개중요정보 이용행위가 정신적 활동에 의한 불공정거래 행위를 규제하는데서 더 나아가 폭행 또는 협박과 같은 육체적·물리적 활동에 의한 부정거래행위도 규제할 수 있도록 했다는데 그 의의가 있다.[34]

(2) 풍문의 유포

법 제178조는 단순히 "풍문의 유포"만 금지대상으로 규정하고 있는데, 여기서 "풍문"이란 진위 여부가 불확실한 소문이 떠돌아다니는 것을 말하는 것으로 소문은 여러 사람의 입에 오르내리며 세상에 떠도는 소식으로 그 자체에 대한 진위 여부는 포함하지 않는다. 즉 허위성이 명백하지 않아도 진위 여부가 불명확한 소문을 의미한다. 실제로 문제가 되는 풍문은 대부분

---

33) 대법원 2006. 5. 11. 선고 2003도4320 판결.
34) 변제호 외 4인(2009), 544쪽.

허위내용의 풍문에 해당될 것이나, 금융투자상품의 매매, 기타 거래 목적이나 시세변동 목적으로 유포하였다면 그 진위 여부는 문제 되지 않는다. 또한 단순한 의견이나 예측을 표시하는 행위는 풍문의 유포에 해당되지 않지만, 그것이 허위사실과 결합하여 단정적인 의견이나 예측을 피력하였다면 이에 해당될 수 있을 것이다.[35]

한편 "유포"는 일반적으로 불특정 다수인에게 전파하는 행위를 말하며, 풍문을 유포하는 행위란 주로 증권시장에서 거래되는 증권과 관련이 깊다. 허위로 행위자가 직접 불특정 다수인에게 허위사실을 전파하는 경우뿐만 아니라 불특정 다수인에게 풍문이 전파될 것을 인식하면서 기자들과 같은 특정인에게 전파한 것도 포함된다.[36] 따라서 유포의 방법이나 수단에는 제한이 없으므로 구두, 문서, 휴대폰문자, 이메일, 메신저 등 대부분의 방법이 포함된다.

(3) 위계사용행위

위계란 거래상대방 또는 불특정 투자자를 기망하여 오인, 착각, 부지(不知) 또는 교착상태에 빠뜨림으로써 일정한 행위를 유인할 목적의 수단·계획·기교 등을 쓰는 행위를 말한다.[37] 위계의 상대방은 위계로 인해 직접 손해를 입은 특정 당사자일 필요는 없으며, 불특정 다수인도 무방하다. 위계의 사용은 풍문의 유포와 분리되어 개별적으로 사용될 수도 있고 풍문의 유포가 위계의 수단으로 동시에 복합적으로 사용될 수도 있다.

(4) 폭행 또는 협박

자본시장법 제178조 제2항에서는 금융투자상품의 매매, 그 밖의 거래를 할 목적이나 그 시세의 변동을 목적으로 하는 "폭행 또는 협박"을 금지한다. 다소 이례적이지만 부정거래행위가 이루어질 수 있는 다양한 상황을 반영하여 자본시장법 제178조의 적용에 있어 규제의 공백이 없도록 하기 위한 규정이다.

Ⅳ. 부정거래행위에 대한 제재

1. 민사제재

(1) 의의

부정거래행위로 인한 손해배상책임을 규정한 제179조는 내부자거래로 인한 손해배상책임 규정인 제175조, 시세조종으로 인한 손해배상책임규정인 제177조와 같이 민법상 불법행위에 기한 손해배상책임과는 별도로 피해자에게 부여한 특칙이다. 즉 자본시장법상 허용되는 손해

---

35) 대법원 2011. 3. 10. 선고 2008도6355 판결.
36) 대법원 2011. 10. 27. 선고 2009도1370 판결.
37) 대법원 2008. 5. 15. 선고 2007도11145 판결.

배상청구권은 민법상 불법행위에 기한 손해배상청구권과는 별도로 인정되는 것이므로 원고는 자본시장법상 손해배상책임과 민법상 손해배상책임을 함께 물을 수 있다.

(2) 배상청구권자

자본시장법 제179조 제1항은 "금융투자상품의 매매, 그 밖의 거래를 한 자가 그 매매, 그 밖의 거래와 관련하여 입은 손해를 배상할 책임을 진다"라고 규정한다. 따라서 실제로 "매매, 그 밖의 거래"와 관련하여 손해를 입었을 것을 요구하고 있으며, 손해배상청구권은 실제로 "매매, 그 밖의 거래를 한 자"에 한한다. 또한 손해배상청구권자는 "매매, 그 밖의 거래"와 관련하여 손해를 입었어야 한다. 제179조가 "관련하여"라고 규정하고 있으므로 "매매, 그 밖의 거래"로부터 직접적인 손해가 발생한 경우는 물론이고 간접적 손해까지 포함되는 것으로 이해할 수 있다.

(3) 인과관계

거래인과관계는 추정되므로 증명이 필요 없다. 원고는 손해인과관계를 증명해야 하는데, 즉 원고는 피고의 위법행위 때문에 거래를 하게 되었고, 피고의 위법행위가 없었더라면 하지 않았을 거래의 결과로 손해를 입었다는 사실을 증명하는 것으로 충분하다.

(4) 손해배상책임의 범위

자본시장법 제179조는 제178조를 위반한 자는 그 위반행위로 인하여 금융투자상품의 매매, 그 밖의 거래를 한 자가 그 매매, 그 밖의 거래와 관련하여 입은 손해를 배상할 책임을 진다고 규정한다. 그러나 제179조는 별도의 손해배상액 산정방법에 대하여는 규정이 없다. 이에 관하여는 시세조종행위의 민사제재 부분이 그대로 타당하다.

(5) 소멸시효

손해배상청구권은 청구권자가 제178조를 위반한 행위가 있었던 사실을 안 때부터 2년간 또는 그 행위가 있었던 때부터 5년간 이를 행사하지 아니한 경우에는 시효로 인하여 소멸한다(법179②).

2. 형사제재

자본시장법 제178조를 위반한 자는 1년 이상의 유기징역 또는 그 위반행위로 얻은 이익 또는 회피한 손실액의 3배 이상 5배 이하에 상당하는 벌금에 처한다(법443① 본문). 다만 그 위반행위로 얻은 이익 또는 회피한 손실액이 없거나 산정하기 곤란한 경우 또는 그 위반행위로 얻은 이익 또는 회피한 손실액의 5배에 해당하는 금액이 5억원 이하인 경우에는 벌금의 상한액을 5억원으로 한다(법443① 단서). 위반행위로 얻은 이익 또는 회피한 손실액이 5억원 이상인 경우에는 제1항의 징역을 다음의 구분에 따라 가중한다(법443②).

1. 이익 또는 회피한 손실액이 50억원 이상인 경우에는 무기 또는 5년 이상의 징역
2. 이익 또는 회피한 손실액이 5억원 이상 50억원 미만인 경우에는 3년 이상의 유기징역

징역에 처하는 경우에는 10년 이하의 자격정지를 병과할 수 있으며(법443③), 벌금을 병과한다(법447①). 시세조종행위를 한자가 해당 행위를 하여 취득한 재산은 몰수하며, 몰수할 수 없는 경우에는 그 가액을 추징한다(법447의2).

제2절 공매도

Ⅰ. 서설

1. 공매도의 개념

공매도(short sale)란 특정 종목 주가의 하락을 예상하고 증권회사 등으로부터 주식을 빌려서 시장에 매도한 후 주가가 실제로 하락하면 저가로 주식을 다시 매수하여 증권회사 등에 빌린 주식을 되갚는 투자기법을 말한다.[38] 일반적인 주식투자에서는 주가가 상승해야 시세차익을 실현하는데 반해 공매도는 주가가 하락해야 이를 실현할 수 있다. 예상과 달리 주가가 상승하면 증권회사 등으로부터 빌린 주식을 기존 저가로 매수하여 증권회사 등에 되갚아야 하므로 주가 상승폭만큼 손해가 발생할 위험이 있다.[39][40]

주식시장에서 인정되고 있는 공매도는 매도하는 시점에 소유하지 않은 주식을 매도한다는 특징을 가진다. 소유하고 있지 않은 주식을 매도하였기 때문에 결제가 이루어지는 시점에 이를

---

38) 한국거래소 통계자료에 따르면 2018년도 공매도 거래대금과 거래량은 역대 최대규모로 각각 100조원과 40억 건을 넘어섰다. 관련 통계가 집계된 2009년부터 보면, 공매도 거래대금은 2009년 14조원에서 2018년 128조원까지 증가하였으며 2017년 95조원에 비해 34.7%까지 증가하였다. 공매도 거래량은 2012년부터 2018까지 7년 연속 역대 최대규모이며, 2018년 공매도 거래량은 46억 주로 1년 전에 비해 37.3% 증가하였다. 2018년 공매도 거래대금과 거래량이 전체 증시에서 차지하는 비중은 각각 1.59%, 4.57%로 가장 높다.

39) 최창수(2019), "공매도의 제한과 규제에 관한 비교법적 검토", 법학논총 제45집(2019. 9), 195쪽.

40) 증권선물위원회는 2018년 11월 영국 소재 외국인 투자자인 골드만삭스인터내셔널의 무차입 공매도 등에 대하여 사상 최대의 과태료인 75억 480만원을 부과하는 조치안을 의결하였다. 골드만삭스인터내셔널은 2018년 5월 30일-31일에 걸쳐 차입하지 않은 상장주식 156종목H(401억원)에 대한 매도주문을 제출하여 공매도 제한 규정을 위반하였다고 판단하였다. 위 과태료 금액은 공매도 제한규정 위반에 대한 74억 8,800만원의 과태료와 공매도 순보유잔고 보고의무 위반에 대한 1,680만원의 과태료가 합산된 것이다. 당초 금융감독원의 조사에 따라 골드만삭스인터내셔널에 10억원의 과태료를 부과하는 안건을 상정하였지만, 증권선물위원회는 재심에서 기존 과태료를 상향조정하였다. 이와 관련하여 시세조종 또는 미공개정보 이용 등 불공정거래와 연계된 혐의는 확인되지 않는다고 판단하였다.

이행하지 못하는 경우가 발생할 가능성이 있고, 가격의 하락이 예상되는 시점에 이루어지는 공매도의 특성상 가격하락을 의도적으로 일으킴으로써 불공정거래행위가 될 위험성이 있기 때문에 이러한 공매도는 금융시장을 불완전하게 만드는 행위로 인식되기도 한다.[41]

일반적인 주식투자자에 비하여 공매도자는 공매도한 증권의 가격이 하락하면 이익을 얻게 되고 공매도한 증권의 가격이 기대와 달리 상승하면 시장에서 높은 시세대로 매수하여 공매도 상대방에게 증권을 양도해야 하므로 예측이 빗나간 경우에는 손실을 보게 된다. 이러한 손실에 대비하면서 부당한 이익을 취하기 위해서 공매도를 하는 자가 미공개중요정보의 이용행위, 시세조종행위, 부정거래행위 등 각종 불공정거래행위와 결합하여 거래함으로써 이를 알지 못하는 다른 투자자에게 예상하지 못한 손해를 입힐 우려가 있기 때문에 선진국 금융시장에서는 공매도를 통상적인 투자기법으로 인정하면서도 그 장·단점을 감안하여 일정한 규제를 가하고 있다.

2. 공매도의 유형

자본시장법은 공매도를 ⅰ) 소유하지 아니한 상장증권의 매도는 무차입공매도(naked short sale)이고,[42] ⅱ) 차입한 상장증권으로 결제하고자 하는 매도는 차입공매도(covered short sale)[43]로 구분하여 규정한다(법180①).

자본시장법은 공매도를 매도 증권의 결제를 위해 대차거래[44] 등을 통해 해당 주식을 사전

---

41) 김병연(2019), "자본시장법상 공매도 제도에 대한 소고", 법학논총 제39권 제1호(2019. 2), 235쪽.

42) 무차입공매도는 다음과 같은 일련의 거래로 이루어진다. 매도자는 자신이 보유하고 있지 않은 주식을 매도하는데, 결제일 내에 거래를 결제할 일정한 양의 주식을 확보하지 않은 상태에서 매도하게 된다. 자신이 매도한 주식을 차입하지 않은 상태이기 때문에 공매도자는 일정한 차입수수료를 지급할 필요가 없다. 숏포지션(short position)을 청산할 시점이 되었을 때, 공매도자는 자신이 되사기 위하여(숏포지션을 상쇄하는) 이용될 수 있는 동일한 양의 주식에 의존하게 된다. 무차입공매도는 차입공매도가 갖지 않는 결제위험을 안고 있다. 무차입공매도는 종종 당일거래(intraday trading)를 위하여 이용되는데 반하여, 그 포지션은 공개(opened)되고, 그 후 당일 이후 일정한 시점에 상쇄(closed)된다(이상복(2009), "외국의 공매도 규제와 법적 시사점: 금융위기 이후 영국과 미국의 규제를 중심으로", 증권법연구 제10권 제2호(2009. 12), 59쪽).

43) 일반적으로 차입공매도는 다음과 같은 일련의 거래로 이루어진다. 첫 단계의 경우, 공매도자는 결제시에 주식을 매수자에게 인도할 수 있도록 공매도될 수 있는 주식을 정상적으로 차입한다. 그리고 공매도자는 주식을 인도할 때 현금을 수령하게 된다. 두 번째 단계의 경우, 공매도자는 주식을 공매도한다. 세 번째 단계의 경우, 공매도자는 최초의 대여자에게 상환하기 위하여 동일한 수의 주식을 매수한다. 네 번째 단계의 경우, 대체주식은 최초의 대여자에게 상환되고, 일련의 거래는 완성된다. 결국 위 두 유형의 차이점은 청산과 결제제도에 달려 있다고 볼 수 있다(이상복(2009), 58-59쪽).

44) 대차거래란 차입자가 증권을 비교적 장기로 보유(이에 반해 공매도는 단기 보유)하는 기관으로부터 일정한 수수료를 내고 증권을 빌린 후 계약이 종료되면 대여자에게 동일한 증권을 상환할 것을 약정하는 거래로 민법상 소비대차에 해당한다. 다만 대차거래가 매매거래의 결제, 차익거래, 헤지거래, 재대여 등 다양한 투자목적으로 활용되고 있으나 주식의 대차가 100% 공매도로 이어지는 것은 아니다. 이러한 대차거래는 우리나라의 경우 외국인과 기관투자자에게만 허용하고, 개인의 경우는 국내 소수 증권사에 한하여 신용계좌를 통하여 허용하고 있다(이용준(2009), "유가증권 대차거래제도", 월간상장(2009. 8), 108쪽).

에 차입하였는지 여부에 따라 차입공매도와 무차입공매도로 구분하고 있다. 전자는 국민연금
과 한국증권금융, 한국예탁결제원 등에서 차입한 주식으로 결제를 하는 제도로 공매도의 매도
자가 주식거래의 체결시점에서 무조건 행사 가능한 주식의 양도청구권을 가지고 매수인에 대
한 인도의무의 이행 가능성이 확보된 경우를 말한다.[45] 반면 후자는 소유하지 않는 증권을 매
도한 경우로 공매도의 매도인이 해당 양도청구권을 가지지 않고, 인도의무의 이행도 확보되지
않는 경우를 말한다. 우리나라에서 무차입공매도는 주식의 차입과정을 거치지 않아 다량의 급
격한 공매도를 일으킬 수 있으며 남용적 공매도와 결부될 가능성이 많고, 그 결과 결제불이행
을 초래할 가능성이 커서 금지하고 있다.[46]

3. 공매도의 기능

공매도의 순기능으로는 ⅰ) 자본시장에서 거래되는 주식에 대하여 가장 효율적인 가격형
성에 기여할 수도 있다. 시장참가자는 특정 주식이 과대평가되거나 기업의 가치가 제대로 반영
되지 않았다고 판단하는 경우 해당 기업의 주식에 대한 공매도를 행함으로써 경제적 이익을
취득할 수 있고, 시장에서 해당 기업의 평가정보를 얻을 수 있게 된다. ⅱ) 차입공매도의 경우
주식의 대차거래를 통해 시장에 주식을 공급함으로써 추가적인 유동성을 향상시킬 수 있다. 주
식의 가격은 시장에서 해당 주식의 유동성이 높을수록 실제의 가치(fundamental value)에 근접
하므로 시장유동성의 증가는 간접적으로 효율적 가격형성에 기여하게 된다. ⅲ) 공매도는 포트
폴리오의 리스크 대책을 위한 전략의 일부이기 때문에 기존의 보유주식의 주가가 변동하는 경
우 공매도 포지션을 취함으로써 손익이 상쇄되고 포트폴리오의 가치가 일정하게 유지될 수 있
다.[47]

반면 역기능으로는 ⅰ) 공매도는 경제적으로 주가에 대한 잠재적 영향력이 있으므로 주식
의 시장가격을 인위적으로 조작할 위험성을 갖고 있다. 특히 대량의 공매도(bear raids)는 다른
시장참가자에게 그 주식이 과대평가되었다는 신호가 되어 그 자체로 가격 폭락으로 이어져 시
장의 혼란을 초래할 수 있다. ⅱ) 주식의 매도포지션의 발생 및 증가는 주가의 하락을 초래하
고, 이는 금융시장의 유동성 부족으로 이어져, 금융기관은 해당 기업의 자금조달보다는 자기자
본의 비율 강화나 지급능력의 확보를 위하여 그만큼의 자본을 수용하게 될 수 있다. 결국 이는
금융시장의 안정성을 위협할 수 있다. ⅲ) 대량의 공매도는 주가의 급락을 의도적으로 야기하
는 리스크를 발생케 할 수도 있다.

---

45) 차입공매도는 주식을 차입하여야 하기 때문에 대차거래, 대주거래가 병행하게 된다.
46) 고재종(2016), "증권시장의 안정화 및 투명화를 위한 공매도제도의 검토", 증권법연구 제17권 제2호(2016.
    8), 176쪽.
47) 고재종(2016), 177쪽.

Ⅱ. 공매도 규제의 연혁

1. 미국

미국에서 공매도는 1934년 증권거래법에 의해 규제되고 있다. 증권거래위원회(SEC)는 광범위한 기준을 정하는 권한을 갖고 있는데, 규정(Regulations)의 형태로 공매도를 규제한다. 증권거래위원회는 1938년 "업틱룰(uptick rule)"을 채택하여, 증권거래에 미치는 부정적 영향을 최소화하기 위해 이전에 체결된 거래가격보다 높은 가격으로 호가를 제시하도록 하였다. 업틱룰은 2007년 Regulation SHO[48]가 시행되면서 폐지되었다. 2008년 금융위기 이후 SEC는 2010년 5월 10일부터 발효한 더 개선된 내용의 소위 "alternative uptick rule"을 채택하였다. 이에 관한 규정들이 미국 연방법상 공매도를 규제하는 현행 법규이다. 공매도 규제에 관한 "SHO 규정"은 연방규정집 제17편 제242장 242.200조(정의규정), 242.201조, 242.203조 및 242.204조에 편제되어 있다.[49]

연방규정집 제17편 제242.203조에서는 공매도 거래상 결제의 안정성을 강화하기 위해, 주식을 빌려서 파는 공매도 거래인 차입공매도는 엄격히 규제하지 않지만, 주식을 빌리지 않고 파는 무차입공매도는 매우 엄격히 규제하고 있다.

연방규정집 제17편 제242.204조에서는 결제의 안정성을 강화하기 위한 또 다른 방법으로, 거래 종결을 위한 의무사항들을 국내 자본시장법상 금융투자업자를 의미하는 증권회사 브로커나 딜러에게 부여하고 있다. 어음교환소(clearing agency)의 회원사인 증권회사의 브로커나 딜러가 해당 증권을 실제로 인도하지 못하는 경우, 동일한 종목의 증권을 매입 혹은 차입하여 결제를 완료할 의무를 부과하고 있다.[50]

연방규정집 제17편 제240.10b-3조 및 제240.10b-5조는 조작(操作)의 또는 사기적인 공매도 행위를 규제하여, 전자는 브로커나 딜러의 행위를, 후자는 그보다 포괄적으로 모든 관련자의 행위를 각각 규율한다. 특히 연방규정집 제17편 제240.10b-21조는 불법적인 공매도 거래를 규제하기 위한 별도의 조항이다.

SHO 규정 위반시 적용되는 처벌규정은 별도로 마련되어 있지 않으며, 현재의 1934년 증

---

48) Regulation SHO는 2005년 1월 3일 발효되었는데, 이는 무차입공매도로 인한 결제불이행을 방지하기 위해서 금융투자업자에게 결제에 필요한 증권의 확보요건(locate requirement)과 증권의 매도·매수의 상쇄거래요건(close-out requirement)을 요구함으로써 사실상 무차입공매도를 금지하는 것을 주된 목적으로 한다.

49) 최창수(2019), 202-203쪽.

50) 공매도 거래에서 i) 해당 증권의 10,000주 이상에 대한 결제가 완료되지 않고, ii) 총발행주식의 0.5% 이상이며, iii) 5일 이상 계속해서 결제가 완료되지 않는 경우, 이러한 증권은 소위 "threshold security"로 분류되며 그 리스트가 주식시장의 자율규제기관에 의해 시장에 공개되도록 하고 있다.

권거래법 위반행위에 적용되는 일반적인 처벌규정이 적용된다. 특히 사기적인 의도로 위반한 행위에는 민·형사상 처벌규정이 모두 적용된다.

공매도 규제 위반시 증권거래위원회로 하여금 행정적, 민사적, 형사적 제재수단을 활용할 수 있는 매우 강력한 집행권한을 부여한다. 증권거래위원회는 1934년 증권거래법 위반자에 대해 추가 위반행위의 금지, 불법행위로 취득한 부당이익의 환수, 민사상 벌금을 요구하는 등의 명령을 법원에 신청할 수 있다. 또한 증권거래위원회는 법 위반자를 상대로 민사상 벌금을 구하는 민사소송을 연방지방법원에 제기할 수 있다. 특히 매우 엄격한 형사상 제재를 부과할 수 있다. 증권거래위원회 규정을 고의로 위반한 경우, "미화 5백만 달러 이하의 벌금형" 또는 "20년 이하의 징역형"(병과 가능)으로 처벌할 수 있으며, 법인의 경우 최대 벌금형은 미화 2천5백만 달러로 하고 있다.[51]

2. 영국

유럽연합("EU")은 공매도를 규제하기 위한 별도의 법률로 「공매도 및 신용부도스왑에 관한 2012년 3월 14일자 유럽연합의회와 이사회 규정 제236/2012호」("EU 규정")를 두고 있다. 이 규정은 2012년 11월부터 시행되었으며, 현재 EU 회원국의 공매도 규제에 관한 법적 기준을 명시하고 있다.

영국의 현행 금융규제에 관한 기본법은 「2000년 금융서비스시장법(Financial Services and Markets Act 2000)」("금융서비스시장법")이다. 현재는 EU 회원국인 영국은 내국법으로서 「2000년 금융서비스시장법에 따른 2012년 공매도 규정(Financial Services and Markets Act 2000(Short Selling) Regulations 2012)」을 입법하였다. 여기서는 위 EU 규정을 그대로 채택하여 기존 금융서비스시장법의 일부 규정을 폐지하고 신규 규정을 제정하였다. 이에 따라 EU 규정은 영국의 공매도 규제에 관한 현행 법규이다.[52]

EU 규정 제12조, 제13조, 제14조는 무차입 공매도에 대한 제한규정이다. EU 규정 제41조에서는 각 EU 회원국이 내국법을 통해 EU 규정 위반행위에 대한 벌칙, 집행 및 행정조치에 관한 규정을 마련할 수 있는 권한을 부여한다. 이에 따라 제정된 영국의 내국법상 규정은 금융서비스시장법 제8A부(Part 8A)에 나타나 있다. 영국의 금융행위감독청(Financial Conduct Authority)은 주식 공매도에 대한 벌칙을 집행하는 기관이다. 금융행위감독청은 금융서비스시장법 집행을 위한 내부 지침서로 일명 "FCA Handbook"을 두고 있는데, 제2장에서 공매도에 대한 집행방법을 설명하고 있다.

---

51) 최창수(2019), 209-210쪽.
52) 최창수(2019), 205-206쪽.

금융서비스시장법 제8A부(Part 8A) 이하 제131G조에 따르면 공매도 관련 규정을 위반하거나, 또는 제131E조 및 제131F조에 의거하여 금융행위감독청의 정보·문서 제출요구권에 따라 관련자에 대한 요구를 따르지 않은 경우, 금융행위감독청은 그 위반자나 그 위반에 의도적으로 가담한 자를 상대로 벌금을 부과하거나, 아니면 그 대신에 관련자를 비난하는 성명서를 공개할 수 있는 권한을 가진다.

영국의 법제에서 특히 주목할 만한 점은 효과적인 법률 집행을 위해 별도의 엄격한 벌칙 규정을 두고 있다는 점이다. 금융서비스시장법은 관련자가 금융행위감독청에게 중대하게 허위적이거나 오도하는 정보라는 사실을 알면서 이를 제공하거나 이러한 정보를 부주의하게 제공한 경우 형사처벌할 수 있도록 하고 있다. 더욱이 금융행위감독청에게는 영장에 따른 사업장 출입·수색 권한을 부여하고 있으며, 이 권한을 고의로 방해한 자는 약식재판에 따라 3개월 이하의 징역형 및 무제한의 벌금형으로 처벌할 수 있도록 하고 있다.

3. 한국

(1) 개요

우리나라의 공매도 규제는 1976년 12월 증권거래법을 개정하면서 내부자거래를 방지하기 위한 장치로서 상장법인의 임직원 또는 주요주주가 주식을 소유하지 않고 매도하는 행위를 금지하면서 시작되었다. 이후 1996년 9월 1일 거래소 업무규정으로 공매도(무차입 및 차입공매도)에 대한 규제로서 업틱룰을 도입하여 가격규제를 하였다. 2000년 우풍상호신용금고의 성도이엔지 주식에 대한 무차입공매도로 인한 결제불이행 사태[53]를 계기로 무차입공매도를 전면 금지하기도 하였다. 2008년 10월 1일에는 거래소 업무규정을 통해 글로벌 금융위기로 인한 시황 급락 방지를 위한 시장안정화 목적으로 차입공매도를 한시적으로 금지한 바 있다.[54]

그 후 공매도에 대한 규제는 자본시장법 제정으로 변화를 하게 된다. 2009년 2월 4일 시행된 자본시장법은 공매도를 무차입공매도와 차입공매도로 구분하고, 무차입공매도를 원칙적

---

53) 이 사건은 2000년 3월 29일 우풍상호신용금고가 대우증권을 통하여 코스닥시장 상장종목인 성도이엔지 주식 340,000주(유통물량은 286,000주)를 공매도로 주문하여 체결이 이루어졌으나 동사 주식이 연속 상한가를 기록하게 되어 결제일까지 결제이행을 하지 못한 사안이다. 당시 성도이엔지 주식은 해당 공매도 이전 시점인 2000년 2월부터 동사 대주주 등이 인위적으로 주가를 조작하여 상승시키고 있던 중이었다. 그런데 우풍상호신용금고가 공매도하면서 성도이엔지의 주식을 급락시키자 이를 저지할 목적으로 매도물량을 전부 흡수하고 성도이엔지 대주주에 대한 보유주식 대차요구를 거부함으로써 공매도 결제불이행이 발생하게 되었다. 이 사건에서 성도이엔지의 대주주 측은 독자적으로 주가를 상승시키기 위한 시세조종행위를 하였고, 우풍상호신용금고 역시 주가를 하락시키기 위해 2차에 걸쳐(각각 31만주 및 3만주) 추가로 공매도하였다(엄세용(2010), "자본시장에서의 공매도 규제와 운영실태에 관한 소고: 실제 규제 사례를 중심으로", 서울대학교 금융법센터 BFL 제43호(2010. 9), 62쪽).

54) 이정수·김도윤, "공매도 규제에 관한 연구", 기업법연구 제31권 제4호(2017. 12), 306-308쪽.

제 8 장 부정거래행위와 공매도 **753**

으로 금지하며 공매도 표시의무, 가격 등 차입공매도에 대한 종합적인 규제를 하고 있다(법 180). 2009년 3월 16일에는 거래소 업무규정을 개정하여 공매도 주문처리시 차입 사실 및 결제 가능 여부 확인 및 증빙자료 의무화 등 차입공매도 규제를 강화하였다. 그리고 2009년 6월 1일 에는 금융위기시 금지되었던 비금융주에 대한 차입공매도 금지를 해제하였다. 다만 금융주에 대하여는 차입공매도 금지조치를 유지하였다. 2011년 8월 10일에는 전체 상장종목에 대하여 차입공매도를 금지하다가 2011년 11월 10일 비금융주에 대한 차입공매도 규제를 해제하고, 이 어서 2013년 11월경에는 금융주에 대한 차입공매도 금지도 해제하였다.

2016년 3월 개정 자본시장법에서는 차입공매도에 대해 원칙적 허용을 전제로 증권시장의 안정성 및 공정한 가격형성을 저해할 우려가 있는 경우에는 대통령령으로 정하는 바에 따라 차입공매도를 제한할 수 있는 근거를 마련하고, 공매도포지션에 대한 공시를 규제하였다.

(2) 증권거래법상 규제

증권거래법은 상장법인의 임직원·주요주주가 그 법인의 주권, 전환사채권, 신주인수권부 사채권 등을 자신이 소유하지 않으면서 매도하는 것을 금지하고(법188①), 이를 위반한 경우 형 벌(2년 이하의 징역 또는 1천만원 이하의 벌금)을 부과하고 있었다. 즉 증권거래법에서 공매도는 내부자거래규제의 연장선상에서 규제되었다. 이러한 내부자 이외의 일반투자자에 있어서 차입 한 상장증권으로 결제하고자 하는 매도의 경우에는 거래소의 업무규정으로 규제되었다.

(3) 자본시장법상 규제

자본시장법은 종전의 단편적인 내부자거래규제를 위한 공매도 규제 방식을 변경하여 공매 도가 갖는 결제위험 가중 및 가격 교란의 위험성에 착안하여 이를 종합적으로 규제하기 위한 틀을 마련함으로써 공매도 규제체계를 글로벌 기준에 맞게 정비하였다. 자본시장법은 모든 투 자자의 소유하지 않은 상장증권의 매도와 차입한 상장증권으로 결제하고자 하는 매도를 원칙 적으로 금지한다. 공매도 규제대상을 임직원 등 "내부자"에 한정하지 않고 일반화하여 "누구든 지"라고 규정함으로써 모든 투자자로 확대하고 있다. 공매도 규제대상증권도 종전의 주식 및 주식관련 사채권 외에 수익증권, 파생결합증권, 증권예탁증권 등을 추가하였다(법180①). 공매 도 규제 위반에 대한 제재에 있어서는 증권거래법상 형벌을 대신하여 행정벌인 1억원 이하의 과태료로 전환하였다(법449① 제39호, 제39의2호, 제39의3호, 제39의4호).

(4) 한국거래소의 업무규정

한국거래소는 1996년 유가증권시장 업무규정을 통해 "공매도 관련 가격제한제도"를 신설 하면서부터 공매도에 대해 최초로 규정하기 시작하였다. 2008년 9월 금융위기시 차입공매도로 인한 증권시장의 불완전성을 해소하고 투자자를 보호하기 위한 목적으로 차입공매도 호가 제 한의 근거 조항이 신설되고, 2009년 1월 28일 자본시장법 시행에 대비하여 공매도 규제와 관련된 시행령의 위임사항을 정하기 위한 동 업무규정이 개정되었다. 또한 2009년 3월 4일 공매도 규제의 실효성 제고를 위해 효율적인 공매도 확인방법과 공매도규정 준수 여부에 대한 점검체계를 마련하기 위한 개정이 이루어졌으며, 이후 2012, 2013, 2014, 2015년 등 계속적인 개정작업이 이루어져 왔다.

그 내용은 공매도 호가 제한(동규정 제17조, 제44조의2), 차입공매도 호가의 가격제한(동규정 제18조, 제44조의3), 공매도 호가의 사후관리(동규정 제18조의2) 등이다. 2015년 11일 4일 개정된 코스닥시장 업무규정도 공매도의 호가 제한(동규정 제9조의2), 차입공매도의 호가가격 제한(동규정 제9조의3), 공매도 호가의 사후관리(동규정 제9조의4)를 규정하고 있고, 코넥스시장 업무규정에서는 공매도의 호가 제한(동규정 제11조), 차입공매도 호가의 차입제한(동규정 제12조), 공매도 호가의 사후관리(동규정 제13조) 등 규정을 두고 있다.

Ⅲ. 공매도 규제

1. 공매도 규제체계

공매도 규제를 위해 자본시장법과 그 시행령은 투자자에 대해 무차입공매도를 금지하고 차입공매도를 예외적으로 허용한다. 또한 투자자에게 직접 공매도잔고 보고·공시의무를 부과하며, 공매도 적용 예외 및 제한 근거를 규정한다. 보다 구체적인 규정은 금융투자업규정과 거래소 업무규정에 위임하고 있다. 금융투자업규정은 공매도 판단기준 및 공매도잔고 보고 및 공시의무의 세부내용을 정한다. 거래소 업무규정은 공매도호가 방법 및 가격제한, 공매도 사후관리, 그리고 공매도 과열종목 지정제도를 두고 있다. 또한 공매도 시장관리방안으로 결제불이행 위험을 방지하기 위해 매도주문 수탁시 거래소 회원에게 확인의무 등을 부과하고 있다. 따라서 자본시장법에서 시작한 3단계의 규제체계는 유기적인 공매도 제한을 위한 원칙과 요령을 마련하고 있다고 볼 수 있다.

자본시장법 제449조 제1항 제39호는 "제180조를 위반하여 상장증권에 대하여 허용되지 아니하는 방법으로 공매도를 하거나 그 위탁 또는 수탁을 한 자"에 대해 1억원 이하의 과태료를 부과한다고 규정하고 있다.

이러한 경미한 행정제재는 자본시장법 제4편(불공정거래의 규제) 이하 제1장에 따른 내부자거래, 제2장에 따른 시세조종, 그리고 제3장에 따른 부정거래행위를 한 자에 대해 부과되는 엄격한 벌칙과 상반된다. 자본시장법 제443조는 내부자거래, 시세조종, 부정거래행위에 대해서는 "1년 이상의 유기징역" 또는 "그 위반행위로 얻은 이익 또는 회피한 손실액의 3배 이상 5배 이하에 상당하는 벌금"에서 시작하여, 손실액에 따라 그 징역형을 가중하고 이 경우 10년 이하의 자격정지까지 병과할 수 있도록 하고 있다.

또한 자본시장법 제175조는 내부자거래와 관련된 미공개중요정보 이용행위, 제177조는 시세조종행위, 그리고 제179조는 부정거래행위에 대한 배상책임을 각각 명시하고 있다. 그러나 공매도의 제한에 대해서는 이러한 규정이 없다. 따라서 제4편 이하 제3장에 규정된 공매도에 대해 행정제재인 1억원 이하의 과태료만을 부과하도록 하고 있을 뿐, 손해배상이나 형사제재에 대한 별도의 규정을 두고 있지 않다.

2. 공매도 규제의 내용

(1) 원칙적 금지

자본시장법은 "누구든지 증권시장(다자간매매체결회사에서의 증권의 매매거래를 포함)에서 상장증권에 대하여 ⅰ) 소유하지 아니한 상장증권의 매도(제1호: 무차입공매도), ⅱ) 차입한 상장증권으로 결제하고자 하는 매도(제2호: 차입공매도)를 하거나 그 위탁 또는 수탁을 하여서는 아니된다"고 규정한다. 따라서 차입공매도이든 무차입공매도이든 모든 공매도는 원칙적으로 금지된다(법180① 본문).

(2) 예외적으로 허용되는 차입공매도

(가) 자본시장법 관련 규정

차입공매도로서 증권시장의 안정성 및 공정한 가격형성을 위하여 "대통령령으로 정하는 방법"에 따르는 경우에는 이를 할 수 있다(법180① 단서). 즉 차입공매도의 경우에는 예외적으로 허용된다. 따라서 금지되는 공매도란 무차입공매도와 대통령령으로 정한 방법을 따르지 않는 차입공매도이다.

여기서 "대통령령으로 정하는 방법"이란 차입공매도에 대하여 한국거래소의 증권시장업무규정에서 정하는 가격으로 다음의 방법에 따라 하는 것을 말한다(영208②).

1. 투자자(거래소의 회원이 아닌 투자매매업자나 투자중개업자 포함)가 거래소의 회원인 투자중개업자에게 매도주문을 위탁하는 경우
    가. 증권의 매도를 위탁하는 투자자는 그 매도가 공매도인지를 투자중개업자에게 알릴 것. 이 경우 그 투자자가 해당 상장법인의 임직원인 경우에는 그 상장법인의 임직원임을 함께 알릴 것
    나. 투자중개업자는 투자자로부터 증권의 매도를 위탁받는 경우에는 증권시장업무규정으로 정하는 방법에 따라 그 매도가 공매도인지와 그 공매도에 따른 결제가 가능한지를 확인할 것
    다. 투자중개업자는 공매도에 따른 결제를 이행하지 아니할 염려가 있는 경우에는 공매도

의 위탁을 받거나 증권시장(다자간매매체결회사에서의 증권의 매매거래를 포함)에 공매도 주문을 하지 아니할 것

라. 투자중개업자는 투자자로부터 공매도를 위탁받은 경우에는 그 매도가 공매도임을 거래소에 알릴 것

2. 거래소의 회원인 투자매매업자나 투자중개업자가 매도에 관한 청약이나 주문을 내는 경우에는 그 매도가 공매도임을 거래소에 알릴 것

(나) 공매도 표시의무 및 결제가능 여부 확인의무

공매도는 결제불이행 위험을 수반하고, 해당 증권의 가격급락을 초래할 수 있는 거래이므로 이에 대한 세심한 주의가 필요하다. 가격제한 등 특별한 규제가 따르므로 일반 매도와는 구별되어 취급될 필요가 있다. 이와 같은 공매도에 대한 특별취급의 첫 단계로서 공매도는 주문단계에서부터 "공매도"임이 명확하게 표시되어야 한다. 공매도로 인한 결제불이행 사태를 방지하기 위하여는 주문단계부터 최종결제가 완료되는 시점(T+2)까지 결제가능 여부가 엄격하게 모니터링 되어야 한다.[55]

이러한 공매도 규제시스템 구축을 위하여 자본시장법은 투자자 및 그 주문을 처리하는 투자중개업 또는 직접 주문을 내는 투자매매업자에 대하여 공매도 표시의무와 결제가능 여부 확인의무를 부과한다(영208②(1)(2)). 투자자가 상장법인 임직원인 경우에는 그 상장법인의 임직원임을 투자중개업자에게 알리도록 하고 있다(영208②(1) 가목). 이는 상장법인 임원 등의 내부정보를 이용한 공매도를 체계적으로 규제하기 위한 장치로 증권거래법의 상장법인 임원 등의 공매도 제한의 취지를 유지하기 위한 규제라고 볼 수 있다.

거래소 업무규정은 공매도 표시의무와 결제이행 가능 여부 확인에 대하여 상세하게 규정한다(유가증권시장 업무규정17②③④).[56]

---

55) 이상복(2009), 89-90쪽.
56) 유가증권시장 업무규정 제17조(공매도호가의 제한) ② 회원은 법 제180조 제1항 제2호의 공매도("차입공매도")를 하거나 그 위탁을 받아 호가를 하는 경우에는 다음의 방법에 따라 호가를 하여야 한다.
　1. 회원이 위탁자로부터 매도주문을 위탁받는 경우
　　가. 그 매도가 차입공매도인지를 위탁자로부터 통보 받을 것. 이 경우 그 위탁자가 해당 상장법인의 임직원인 경우에는 그 사실을 포함하여 통보받을 것
　　나. 회원은 그 매도가 차입공매도인지와 그 차입공매도에 따른 결제가 가능한지를 확인할 것
　　다. 회원은 차입공매도에 따른 결제를 이행하지 아니할 염려가 있는 경우에는 차입공매도의 위탁을 받거나 차입공매도 호가를 제출하지 아니할 것
　　라. 회원은 그 매도가 차입공매도인 경우 이를 거래소에 알릴 것
　2. 회원이 차입공매도 호가를 제출하는 경우 그 매도가 차입공매도임을 거래소에 알릴 것
　③ 회원은 제2항 제1호 나목에 따른 확인을 다음의 방법으로 하여야 한다.
　1. 위탁자로부터 매도 주문 수탁시 차입공매도 여부, 차입계약 성립 여부를 통보 받을 것
　2. 제1호의 통보는 다음의 어느 하나의 방법으로 할 것
　　가. 문서에 의한 방법

(3) 공매도로 보지 않는 경우

자본시장법은 다음과 같은 경우에는 사실상 공매도의 형태임에도 불구하고 공매도로 보지 않는다(법180②). 즉 형식적으로는 소유하지 않는 증권의 매도이지만 결제불이행 위험이 없기 때문이다.

1. 증권시장에서 매수계약이 체결된 상장증권을 해당 수량의 범위에서 결제일 전에 매도하는 경우
2. 전환사채·교환사채·신주인수권부사채 등의 권리 행사, 유·무상증자, 주식배당 등으로 취득할 주식을 매도하는 경우로서 결제일까지 그 주식이 상장되어 결제가 가능한 경우
3. 그 밖에 결제를 이행하지 아니할 우려가 없는 경우로서 "대통령령으로 정하는 경우"

위 제3호에서 "대통령령으로 정하는 경우"란 다음의 어느 하나에 해당하는 매도로서 결제일까지 결제가 가능한 경우를 말한다(영280③).

1. 매도주문을 위탁받는 투자중개업자 외의 다른 보관기관에 보관하고 있거나, 그 밖의 방법으로 소유하고 있는 사실이 확인된 상장증권의 매도
2. 상장된 집합투자증권의 추가발행에 따라 받게 될 집합투자증권의 매도
3. 상장지수집합투자기구의 집합투자증권의 환매청구에 따라 받게 될 상장증권의 매도
4. 증권예탁증권에 대한 예탁계약의 해지로 취득할 상장증권의 매도
5. 대여 중인 상장증권 중 반환이 확정된 증권의 매도
6. 증권시장 외에서의 매매에 의하여 인도받을 상장증권의 매도
7. 제1항 제1호부터 제4호까지의 증권을 예탁하고 취득할 증권예탁증권의 매도
8. 그 밖에 계약, 약정 또는 권리 행사에 의하여 인도받을 상장증권을 매도하는 경우로서 증권시장업무규정으로 정하는 경우[57]

　나. 전화·전보·모사전송·전자우편 등의 방법
　다. 컴퓨터 그 밖의 이와 유사한 전자통신의 방법
3. 통보 받은 내용은 세칙에서 정하는 방법으로 기록·유지할 것
④ 제3항에도 불구하고 회원이 위탁자로부터 차입공매도 주문을 제출하지 아니한다는 확약을 받고 해당 위탁자 계좌에 대해 차입공매도 주문이 제출되지 않도록 전산조치를 한 경우에는 제2항 제1호 나목에 따른 확인을 이행한 것으로 본다. 다만 위탁자가 해당 계좌에서 공매도를 한 경우 회원은 그 사실을 안 날의 다음 매매거래일부터 120일간 제3항의 방법으로 제2항 제1호 나목에 따른 확인을 하여야 한다.
57) 유가증권시장 업무규정 제17조(공매도호가의 제한) ① 회원은 법 제180조 제1항 제1호의 공매도를 하거나 그 위탁을 받아 호가를 하여서는 아니 된다. 다만 다음의 어느 하나에 해당하는 경우에는 이를 공매도로 보지 아니한다.
1. 시장에서 매수계약이 체결된 상장증권을 해당 수량의 범위에서 결제일 전에 매도하는 경우
2. 전환사채·교환사채·신주인수권부사채 등의 권리행사, 유·무상증자, 주식배당 등으로 취득할 주식을 매도하는 경우로서 결제일까지 그 주식이 상장되어 결제가 가능한 경우
3. 결제일까지 결제가 가능한 경우로서 다음의 어느 하나에 해당하는 경우

(4) 차입공매도에 대한 거래제한조치

금융위원회는 증권시장의 안정성 및 공정한 가격형성을 해칠 우려가 있는 경우에는 거래소의 요청에 따라 상장증권의 범위, 매매거래의 유형 및 기한 등을 정하여 차입공매도를 제한할 수 있다(법180③, 영208④).[58] 이는 일시적이고 제한적인 범위의 공매도 제한조치이다. 금융위기 등 비상시에 대비하여 거래소는 금융위원회의 승인을 얻어 차입공매도 비중이 높거나 순보유잔고 비율이 낮은 종목 등에 대하여 차입공매도를 제한할 수 있는 권한을 부여받고 있다.

3. 적용대상 증권

공매도가 금지되는 상장증권은 ⅰ) 전환사채권, 신주인수권부사채권, 이익참가부사채권 또는 교환사채권(제1호), ⅱ) 지분증권(제2호), ⅲ) 수익증권(제3호), ⅳ) 파생결합증권(제4호), ⅴ) 증권예탁증권(제1호부터 제4호까지의 증권과 관련된 증권예탁증권만 해당)이다(법180①, 영208①). 이 규정은 증권시장 또는 다자간매매체결회사(ATS)에서 거래되는 상장증권에 대하여 적용된다. 따라서 상장증권이라 하더라도 장외에서는 행하여지는 공매도에 대하여는 적용되지 않는다. 다만 투자매매업자가 아닌 자는 보유하지 아니한 채권을 증권시장 및 다자간매매체결회사 외에서 매도할 수 없다(영185①).

4. 차입공매도호가의 가격제한: 업틱룰

공매도를 하는 경우 그 가격에 대하여는 이른바 업틱룰(uptick-rule)이 적용된다. 업틱룰은 공매도에 의한 인위적 가격급락 압력을 완화하기 위해 직전가 이하의 공매도 호가를 금지하는

가. 매도주문을 위탁받는 투자중개업자 외의 다른 보관기관에 보관하고 있거나, 그 밖의 방법으로 소유하고 있는 사실이 확인된 상장증권의 매도
나. 상장된 집합투자증권의 추가발행에 따라 받게 될 집합투자증권의 매도
다. 법 제234조에 따른 상장지수집합투자기구의 집합투자증권의 환매청구에 따라 받게 될 상장증권의 매도
라. 증권예탁증권에 대한 예탁계약의 해지로 취득할 상장증권의 매도
마. 대여 중인 상장증권 중 반환이 확정된 증권의 매도
바. 시장 외에서의 매매, 그 밖의 계약에 의하여 인도받을 상장증권의 매도
사. 법 시행령 제208조 제1항 제1호부터 제4호까지의 증권을 예탁하고 취득할 증권예탁증권의 매도
아. 회원이 호가를 하는 날의 장종료 후 시간외시장에서 상장증권을 매수하기로 위탁자와 약정한 경우로서 해당 수량 범위에서의 상장증권의 매도

58) 유가증권시장 업무규정 제17조(공매도호가의 제한) ⑥ 거래소는 제2항에 불구하고 다음의 어느 하나에 해당하는 종목에 대한 차입공매도를 제한할 수 있다. 다만 세칙으로 정하는 매매거래를 위한 차입공매도 호가의 경우에는 예외로 한다.
1. 주가하락률 및 차입공매도 비중 등이 세칙으로 정하는 기준에 해당하는 종목
2. 법 시행령 제208조 제4항에 따라 금융위원회가 증권시장의 안정성 및 공정한 가격형성을 해칠 우려가 있다고 판단하여 거래소의 요청에 따라 범위, 매매거래의 유형, 기한 등을 정하여 차입 공매도를 제한한 종목

것을 말한다. 거래소 업무규정은 회원이 차입공매도를 하거나 그 위탁을 받아 호가를 하는 경우에는 원칙적으로 직전의 가격 이하의 가격으로 호가할 수 없도록 하여 업틱룰을 적용하고 있다. 그러나 주가가 상승 중인 경우에도 직전가 이하로 호가하도록 하는 것은 불합리하므로, 이때에는 직전가로 공매도 호가를 할 수 있도록 하고 있다. 즉 직전의 가격이 그 직전의 가격 (직전의 가격과 다른 가격으로서 가장 최근에 형성된 가격을 말함)보다 높은 경우에는 직전의 가격으로 호가할 수 있다(유가증권시장 업무규정18①). 헤지 등을 위한 공매도는 가격하락을 유발하는 거래가 아니므로 공매도 가격제한의 예외가 인정되고 있다. 업무규정은 지수차익거래, ETF차익거래 등을 위하여 매도하는 경우 등 일정한 경우에는 직전의 가격 이하의 가격으로 호가할 수 있도록 하고 있다(동규정18②).[59)]

---

59) 유가증권시장 업무규정 제18조(차입공매도호가의 가격제한) ① 회원이 법 시행령 제208조 제2항에 따라 차입공매도를 하거나 그 위탁을 받아 호가를 하는 경우에는 직전의 가격 이하의 가격으로 호가할 수 없다. 다만 직전의 가격이 그 직전의 가격(직전의 가격과 다른 가격으로서 가장 최근에 형성된 가격)보다 높은 경우에는 직전의 가격으로 호가할 수 있다.
② 제1항의 규정에 불구하고 다음의 어느 하나에 해당하는 경우에는 직전의 가격 이하의 가격으로 호가할 수 있다.
1. 지수차익거래를 위하여 매도하는 경우
1의2. 섹터지수(주식시장 상장주권을 대상으로 산업군별 또는 유형별로 구분하여 산출한 지수) 구성종목의 주식집단과 섹터지수에 대한 선물거래 종목간 가격차이를 이용하여 이익을 얻을 목적으로 주식집단과 선물거래 종목을 연계하여 거래하는 것으로서 세칙으로 정하는 거래를 위하여 주식집단을 매도하는 경우
2. 기초주권과 당해 기초주권에 대한 선물거래종목 또는 옵션거래종목간의 가격차이를 이용하여 이익을 얻을 목적으로 기초주권과 선물거래종목 또는 옵션거래종목을 연계하여 거래하는 것으로서 세칙으로 정하는 거래를 위하여 기초주권을 매도하는 경우
3. 상장지수집합투자기구 집합투자증권을 매도하는 경우 또는 상장지수집합투자기구 집합투자증권과 당해 상장지수집합투자기구 집합투자증권이 목표로 하는 지수의 구성종목의 주식집단간의 가격차이를 이용하여 이익을 얻을 목적으로 상장지수집합투자기구 집합투자증권과 주식집단을 연계하여 거래하는 것으로서 세칙으로 정하는 거래를 위하여 주식집단을 매도하는 경우
3의2. 상장지수증권을 매도하는 경우 또는 상장지수증권과 해당 상장지수증권이 목표로 하는 지수의 구성종목의 주식집단간의 가격차이를 이용하여 이익을 얻으려는 목적으로 상장지수증권을 연계하여 거래하는 것으로서 세칙으로 정하는 거래를 위하여 주식집단을 매도하는 경우
4. 주식예탁증권(외국주식예탁증권을 포함)과 원주의 가격차이를 이용하여 이익을 얻을 목적으로 주식예탁증권과 원주를 연계하여 거래하는 것으로서 세칙으로 정하는 거래를 위하여 매도하는 경우
5. 제20조의2 제1항의 규정에 의한 유동성공급호가를 제출하는 경우
5의2. 제20조의9에 따른 시장조성호가를 제출하는 경우
6. 주식워런트증권에 대하여 제20조의2 제1항의 규정에 의한 유동성공급호가를 제출하는 회원이 매수하거나 매도한 주식워런트증권의 가격변동에 따른 손실을 회피하거나 줄이기 위하여 기초주권을 매도하는 경우
7. 상장지수집합투자기구 집합투자증권에 대하여 제20조의2 제1항의 규정에 의한 유동성공급호가를 제출하는 회원이 매수한 상장지수집합투자기구 집합투자증권의 가격변동에 따른 손실을 회피하거나 줄이기 위하여 기초주권을 매도하는 경우
7의2. 상장지수증권에 대하여 제20조의2 제1항에 따른 유동성공급호가를 제출하는 회원이 매수한 상장지수증권의 가격변동에 따른 손실을 회피하거나 줄이기 위하여 기초주권을 매도하는 경우

5. 공매도 관련 보고·공시의무

(1) 순보유잔고의 보고의무

상장증권을 차입공매도한 자("매도자", 대통령령으로 정하는 거래60)에 따라 증권을 차입공매도한 자는 제외)는 해당 증권에 관한 매수, 그 밖의 거래에 따라 보유하게 된 순보유잔고(영208의2③)가 발행주식 수의 일정 비율을 초과하는 경우에는 매도자의 순보유잔고에 관한 사항과 그 밖에 필요한 사항을 금융위원회와 거래소에 보고하여야 한다(법180의2①).

차입공매도를 한 자가 금융위원회와 거래소에 보고하여야 하는 "순보유잔고"는 상장증권의 종목별로 보유총잔고 수량에서 차입총잔고 수량을 차감하여 산정한다(영208의2③).61)

1. 보유총잔고: 매도자(상장증권을 차입공매도한 자)가 금융위원회가 정하여 고시하는 시점62)("기준시점")에 보유하고 있는 다음의 증권의 수량을 합한 수량
   가. 누구의 명의이든 자기의 계산으로 소유하고 있는 증권(법률의 규정이나 금전의 신탁계약·투자일임계약, 그 밖의 계약 등에 따라 해당 증권의 취득이나 처분에 대한 권한을 타인이 행사하는 경우는 제외)의 수량
   나. 법률의 규정이나 계약에 따라 타인에게 대여 중인 증권의 수량
   다. 법률의 규정이나 금전의 신탁계약·투자일임계약, 그 밖의 계약 등에 따라 타인을 위하여 해당 증권의 취득이나 처분의 권한을 가지는 경우 그에 상응하는 증권의 수량
   라. 그 밖에 법률의 규정이나 계약 등에 따라 인도받을 증권의 수량
2. 차입총잔고: 매도자가 기준시점에 인도할 의무가 있는 다음의 증권의 수량을 합한 수량
   가. 기준시점 전에 차입하고 기준시점에 해당 차입증권을 상환하지 아니한 증권의 수량

---

8. 파생상품시장 업무규정 제83조에 따른 시장조성자가 시장조성계좌를 통하여 매수한 선물거래종목 또는 매수하거나 매도한 옵션거래종목의 가격변동에 따른 손실을 회피하거나 줄이기 위하여 기초 주권을 매도하는 경우

60) "대통령령으로 정하는 거래"란 다음의 어느 하나에 해당하는 거래를 말한다(영208의2①).
   1. 상장주권이 아닌 증권의 거래
   2. 증권시장업무규정 및 법 제393조 제2항에 따른 파생상품시장업무규정에서 정한 유동성 공급 및 시장조성을 위한 상장주권의 거래
   3. 제2호에 따른 유동성공급 및 시장조성으로 인하여 미래에 발생할 수 있는 경제적 손실을 부분적 또는 전체적으로 줄이기 위한 상장주권의 거래
   4. 그 밖에 증권시장의 원활한 운영을 위하여 불가피하고 증권시장에 미치는 영향이 경미한 경우로서 금융위원회가 정하여 고시하는 상장주권의 거래

61) 금융투자업규정 제6-30조(공매도의 제한) ① 이 조에서 "공매도"란 해당 청약 또는 주문으로 인하여 영 제208조의2 제3항에 따른 해당 증권의 순보유잔고가 음수(−)의 값을 가지게 되거나 음수의 값을 가진 순보유잔고의 절대값이 증가하게 되는 청약 또는 주문을 말한다.

62) "금융위원회가 정하여 고시하는 시점"이란 매 영업일 24시를 말한다. 다만 매도자가 해당 청약 또는 주문이 공매도인지 여부를 판단하는 경우에는 해당 청약 또는 주문을 내기 직전을 말한다(금융투자업규정 6-30④).

나. 그 밖에 법률의 규정이나 계약 등에 따라 인도할 의무가 있는 증권의 수량

다음의 어느 하나에 해당하는 매도자는 순보유잔고에 관한 사항을 기재한 보고서를 금융위원회와 해당 증권이 상장된 거래소에 제출하여야 한다(영208의2④).

1. 해당 증권의 종목별 발행총수(기준시점에 증권시장에 상장되어 있는 수량으로 한정)에 대한 일별 순보유잔고의 비율("순보유잔고 비율")이 음수로서 그 절댓값이 1만분의 1 이상인 자. 다만 금융위원회가 정하여 고시하는 방법[63]에 따라 산정한 일별 순보유잔고의 평가액이 1억원 미만인 자는 제외한다.
2. 해당 증권의 순보유잔고 비율이 음수인 경우로서 금융위원회가 정하여 고시하는 방법에 따라 산정한 일별 순보유잔고의 평가액이 10억원 이상인 자

전문투자자로서 순보유잔고에 대한 보고의무가 있는 자는 5년 동안 순보유잔고 산정에 관한 자료를 보관하여야 하며 금융위원회가 자료의 제출을 요구하는 경우에는 이를 지체 없이 제출하여야 한다(법180의2③, 영208의2②).

(2) 순보유잔고의 공시의무

공시의무가 발생하는 공매도는 상장주권의 종목별 발행총수 대비 매도자의 해당 증권에 대한 종목별 순보유잔고의 비율이 대통령령으로 정하는 기준에 해당하는 경우(일별 순보유잔고 비율이 음수로서 그 절댓값이 1천분의 5 이상인 경우) 매도자는 매도자에 관한 사항, 순보유잔고에 관한 사항 등을 공시하여야 한다(법180의3①, 영208의3).[64]

6. 공매도에 대한 제재

공매도 금지규정을 위반하는 경우 1억원 이하의 과태료가 부과된다(법449①). 자본시장법은 공매도 규제에 위반하는 경우에는 과태료만 부과하고 있을 뿐 형사책임이나 민사책임에 대하여는 특별히 규정하지 않고 있다. 그러나 공매도가 시세조종이나 내부자거래에 이용된 경우

---

63) "금융위원회가 정하여 고시하는 방법"이란 매도자별 순보유잔고에 기준시점의 증권가격을 곱하는 방법을 말한다(금융투자업규정6-31①).
64) 금융투자업규정 제6-31조의2(순보유잔고의 공시) ① 영 제208조의3 제2항의 기준에 해당하는 자는 다음의 사항을 사유발생일로부터 제2영업일이 되는 날 증권시장(시간외 시장 포함)의 장 종료 후 지체 없이 해당 주권이 상장된 거래소를 통해 공시하여야 한다. 이 경우 제6-31조 제3항 각 호 외의 부분 단서의 규정에도 불구하고, 영 제208조의3 제2항의 기준에 해당하는지의 여부를 판단하기 위하여 순보유잔고비율을 산정할 때에는 고유재산과 각각의 투자자재산을 구분하지 아니한다.
　1. 해당 증권에 관한 사항
　2. 매도자에 관한 사항: 성명, 주소, 국적, 생년월일(법인의 경우에는 사업자등록번호, 외국인의 경우에는 외국인투자등록번호) 등의 인적사항(매도자의 대리인이 공시하는 경우 대리인의 인적사항을 포함)
　3. 매도자의 순보유잔고에 관한 사항: 순보유잔고가 영 제208조의3 제2항의 기준에 계속 해당하는 경우 최초로 기준에 해당하게 된 날

에는 당연히 당해 불공정거래에 따른 민사 또는 형사책임을 부담하게 될 것이다. 금융투자업자의 경우에는 공매도에 관한 법 제180조를 위반하여 공매도를 하거나 그 위탁 또는 수탁을 한 경우에는 금융위원회로부터 업무의 정지, 시정명령, 경고, 주의 등의 행정제재를 받을 수 있으며(법420③, 별표1 177호), 거래소 회원의 경우 공매도에 관한 거래소 업무규정에 위반한 때에는 회원제재금 등의 제재를 받을 수 있다.

　　미국의 경우 무차입공매도를 한 후에 결제를 이행하지 못하는 경우에는 500만 달러 이하의 벌금 또는 20년 이하의 징역에 처하고, 홍콩의 경우 10만 홍콩달러 이하의 벌금 또는 2년 이하의 징역에 처하고 있다. 이에 반해 우리나라의 경우 불법적인 공매도를 한 경우에도 형사처벌의 근거는 없다. 금융위원회는 2018년 골드만삭스와 삼성증권의 공매도 사태 이후 10년 이하의 징역 또는 불법적인 이득의 1.5배 과징금을 부과하고 과태료의 부과기준도 강화하겠다는 자본시장법령 개정을 진행하겠다는 계획을 밝힌 바 있다.[65] 아직 구체적으로 세부적인 내용이 확정되지는 않았지만, 불법적 공매도에 대한 예방효과를 높이기 위해서는 공매도로 인한 부당이익의 단순한 환수를 넘어서는 징벌적 손해배상의 부과, 위반행위의 횟수와 정도에 따라 규제 차원에서 영업정지 등의 조치를 취하는 등 제재수준의 강화를 적극적으로 검토할 필요가 있다. 또한 순기능적인 면에서의 공매도는 효율적인 가격발견기능을 하지만, 공매도를 통하여 고의적으로 주가를 하락시킴으로써 부당한 이득을 얻고자 하는 행위는 그 자체로 시장질서를 교란시키는 행위에 해당되므로 시세조종은 물론이고, 기존의 자본시장법상 시장질서 교란행위(법178의2)의 한 형태로 규율하는 방안도 검토할 수 있을 것이다.[66]

---

65) 금융위원회(2018), "주식 매매제도 개선방안 후속조치 점검회의 개최"(2018. 6. 7) 보도참고자료.
66) 김병연(2019), 253쪽.

시장질서 교란행위

제1절 서 설

Ⅰ. 시장질서 교란행위 금지제도 도입배경

시장질서 교란행위 금지규정의 도입은 2013년 2월 범정부 차원에서 강력히 추진해온 주가조작 등 불공정거래에 대한 종합대책의 완결판이라 할 수 있다. 2013년 4월 18일 정부는 관계기관(금융위원회·법무부·국세청·금융감독원·한국거래소 등)간 협업하에 「주가조작 등 불공정거래 근절 종합대책」을 마련·발표하였다. 이에 따라 4개 규제당국에 각각 특별조직이 신설되었으니, 검찰에는 "증권범죄합동수사단", 금융위원회에는 "자본시장조사단", 금융감독원에는 "특별조사국", 한국거래소에는 "특별심리부"가 만들어졌다. 하드웨어에 해당하는 이들 특별조직들은 그동안 불공정거래 제보 포상금 상한 확대, 사이버 감시 인프라 구축, 신종 불공정거래 적발, 패스트트랙(Fast Track) 등 조사절차 신속화 등 기존 법제에서 가능한 불공정거래 근절 노력을 적극 추진하였다. 시장질서 교란행위 규제와 과징금 부과 제도는 위 종합대책 중 불공정거래를 획기적으로 단속하고 응징할 수 있는 소프트웨어에 해당하는 것이다. 따라서 시장질서 교란행위 규제는 우리나라 불공정거래규제 역사에서 질적인 전환을 가져오는 입법조치 중 하나로 꼽을 수 있다.[1]

---

1) 성희활(2015), "2014년 개정 자본시장법상 시장질서교란행위 규제 도입의 함의와 전망", 증권법연구, 제16권 제1호(2015. 4), 137-138쪽.

Ⅱ. 시장질서 교란행위 금지규정의 입법취지

2014년 자본시장법은 기존의 불공정거래규제체계의 미비점을 보완하고 규제체계의 질적인 변화를 가져오기 위하여, 규제의 내용 면에서 시장질서 교란행위 금지규정을 도입하였다(법 178의2). 규제의 수단 측면에서는 과징금을 부과(법429의2)하는 등 금전제재를 강화(법447, 447의2)하는 규정을 신설하였다.

시장질서 교란행위에 관한 제178조의2의 규정은 ⅰ) 형사적으로는 범죄가 성립되기 어려운 경우라 하더라도 건전한 시장질서를 교란하는 부당행위를 제재함으로써 자본시장의 완전성을 유지하는데 도움을 주고, ⅱ) 사법적으로는 부당한 이익을 환수하거나 제재하기 어려운 행위에 대해서 행위의 부당성 정도에 따라 과징금을 부과함으로써 행위에 상응한 제재를 가하는 한편, ⅲ) 부당한 이익을 신속하게 환수할 수 있게 하는 기능을 할 것으로 기대되고 있다. 이러한 점에서 자본시장법은 불공정거래행위에 대하여 입법적으로는 어느 정도 정비되었다고 할 수 있다.

그동안 금융당국의 불공정거래 근절 노력에도 불구하고 건전한 시장질서를 교란시키는 행위의 유형과 수법이 다양해지고 있어 종전 법령으로는 이러한 시장질서 교란행위에 대처할 수 없기 때문에 이에 대한 효과적인 규제를 위해 행정제재의 대상으로서 시장질서 교란행위 금지제도를 도입하였다. 이로써 시장질서 교란행위에 대한 규제의 공백이 해소되어 자본시장의 건전성과 투자자의 신뢰가 회복될 것으로 기대된다.[2] 시장질서 교란행위에 대한 규제의 도입은 불공정한 증권거래에 대한 규제의 역사에서 획기적인 전환을 가져온 것으로 평가된다. 불공정거래행위에 대해 유일하게 형사제재만이 가능하던 종전 법제하에서 외국의 입법례와 같은 행정제재 수단의 도입에 관하여 학계 등의 요구가 없었던 것이 아니었기 때문이다.[3]

---

2) 금융위원회(2014), "시장질서 교란행위 규제를 위한 「자본시장과 금융투자업에 관한 법률」 일부개정 법률안 국무회의 통과"(2014. 12) 보도자료.
3) 박임출(2016), "시장질서 교란행위규제의 의의와 한계", 서울대학교 금융법센터 BFL 75호(2016. 1), 50쪽.

제2절 시장질서 교란행위의 유형

Ⅰ. 정보이용형 교란행위

1. 규제대상 상품

규제대상 금융투자상품의 범위도 확대하였다. 즉 미공개정보 이용행위의 경우 주권상장법인이 발행한 증권[채무증권(주식 관련 사채권 제외)·수익증권·파생결합증권 제외], 증권예탁증권, 앞의 증권과 교환을 청구할 수 있는 다른 법인이 발행한 교환사채권, 앞의 증권만을 기초자산으로 하는 금융투자상품(특정 증권)인 반면, 정보이용형 시장질서 교란행위의 경우 상장증권(상장 예정 법인 등이 발행한 증권 포함)뿐만 아니라 장내파생상품 또는 이를 기초자산으로 하는 파생상품("지정 금융투자상품")이다(법178의2①).

2. 규제대상 정보

(1) 정보의 중대성과 미공개성

시장질서 교란행위를 규제하기 위한 정보는 해당 정보가 지정 금융투자상품의 매매등 여부 또는 매매등의 조건에 중대한 영향을 미칠 가능성이 있고, 그 정보가 투자자들이 알지 못하는 사실에 관한 정보로서 불특정 다수인이 알 수 있도록 공개되기 전의 정보를 말한다(법178의2①(2) 가목 및 나목). 그러므로 해당 정보가 미공개정보라 하더라도 지정 금융투자상품의 매매등 여부나 매매등의 조건에 중대한 영향을 줄 가능성이 없으면 규제대상 정보에서 제외된다. 여기서의 정보는 그 출처나 성격에 무관하게 증권 등 금융투자상품의 거래에 있어서 투자자의 판단에 중대한 영향을 줄 수 있고, 투자자들이 알지 못하는 불특정 다수인에게 공개되기 전의 정보이다. 따라서 시장질서 교란행위에서 규제되는 정보는 종래와 달리 내부자거래규제상의 상장법인 업무관련성을 요하지 않는 점에서 정보의 범위가 상당히 확대되었다.[4]

따라서 미공개정보 이용행위의 규제대상 정보는 상장법인 등에 관한 정보로서 투자자의 투자판단에 영향을 미치는 정보인 반면, 정보이용형 시장질서 교란행위의 규제대상 정보는 매매 여부 또는 매매조건에 영향을 미치는 정보이기 때문에 해당 지정 금융투자상품의 거래에 이용할 수 있는 모든 정보라고 할 수 있다. 따라서 정보이용형 시장질서 교란행위를 하는 자는

---

4) 맹수석(2016), "개정 자본시장법상 시장질서 교란행위에 대한 법적 쟁점의 검토", 기업법연구 제30권 제1호(2016. 3), 154쪽.

해당 지정 금융투자상품의 거래에 어떤 정보를 이용한 이상 그 정보는 매매 여부 또는 매매조건에 영향을 미칠 수 있는 정보라고 추정할 수 있다.5)

(2) 시장정보

자본시장법 제174조는 제1항에서 "업무 등과 관련된" 미공개정보의 이용을 규제함으로써 이른바 "기업정보"의 이용금지를 목적으로 한다. 그리고 예외적으로 제174조 제2항과 제3항에서 "시장정보"에 해당하는 공개매수정보와 주식대량취득·처분 정보를 규제대상 정보로 하고 있다. 이와 같이 법 제174조가 원칙적으로 기업정보의 이용을 금지하면서 예외적으로 일부 시장정보의 이용만을 금지하다 보니, 다양한 유형의 미공개 시장정보를 이용한 불공정거래를 규제하는 못하는 한계가 있다. 시장정보는 규제대상증권을 발행한 회사의 업무내용과 직접 관련이 있지는 않지만, 주가나 투자판단에 미치는 영향은 기업정보와 다르지 않으므로 이용을 규제하는 것이 세계적인 추세이다.6)

시장정보 이용행위 규제논의와 관련하여 법 제178조의2 제1항은 제174조의 공백을 보완하고 있다. 제178조의2 제1항 제2호에서 규제대상 정보로 삼고 있는 "지정 금융투자상품의 매매등 여부 또는 매매등의 조건에 중대한 영향을 줄 가능성이 있는 정보"라 함은 정보의 출처나 성격에 관계없이 투자자의 투자판단에 중대한 영향을 미칠 수 있는 모든 정보를 말한다. 따라서 증권의 수요공급에 영향을 미치는 시장정보도 이에 포함된다. 법 제178조의2 제1항은 새롭게 시장정보를 포함한 모든 정보의 이용을 광범위하게 규제하면서도 다른 한편으로 그 직무관련성을 통해 규제범위를 합리적으로 조정하고 있다.7)

(3) 정책정보

법 제178조의2 제1항 나목의 "자신의 직무와 관련하여 제2호에 해당하는 정보를 생산하거나 알게 된 자"의 해석과 관련하여 과연 공무원 등 정책입안자에 의한 정책정보 이용행위가 규제대상에 포함되는지 문제된다. 상장법인에 대하여 법령에 따른 허가·인가·지도·감독, 그 밖의 권한을 가지는 자로서 그 권한을 행사하는 과정에서 미공개중요정보를 알게 된 자는 준내부자로서 내부자거래규제(법174①)를 받게 된다는 점에 의문이 없으나, 준내부자에 해당하지 않으면서 특정종목 또는 다수종목에 전체적으로 영향을 미칠 수 있는 정책입안자 등이 문제될 것이다.

생각건대 시장질서 교란행위 규제 도입취지가 설명된 「주가조작 등 불공정거래 근절 종합대책」(2013. 4. 18)이나 정무위원회 검토보고서8)를 보더라도 정책정보 이용행위를 규제하겠다

---

5) 박임출(2016), 54쪽.
6) 장근영(2016), "내부자거래 규제범위의 확대: 시장질서교란행위 및 정보전달행위와 거래권유행위를 중심으로", 경제법연구 제15권 3호(2016. 12), 73쪽.
7) 장근영(2016), 75-76쪽.

는 내용이 전혀 없어 입법자의 결단이 있었다고 보기 어려운 점, 현행 공직자윤리법 제14조의2
가 재산등록의무자인 공직자는 직무상 알게 된 비밀을 이용하여 재물이나 재산상 이익을 취득
하여서는 아니된다고 규정하고 있는 점 등을 근거로 정책정보 이용행위는 규제대상에 포함되
지 않는다는 견해도 있을 수 있다.

그러나 i)「주가조작 등 불공정거래 근절 종합대책」이나 정무위원회 검토보고서는 정책정
보를 규제대상으로 명시하지는 않았으나 "외부정보"라는 포괄적인 개념을 사용한 점, ii) 공직
자윤리법은 공직자의 청렴성을 보호법익으로 하는 반면 자본시장법상 시장질서 교란행위 규제
는 자본시장의 공정성과 신뢰성을 보호하고자 하는 것이므로 보호법익과 규제 취지가 상이하
다는 점, iii) 자본시장법은 파생상품의 시세에 영향을 미칠 수 있는 정책정보 이용행위를 이미
규제대상에 포섭하고 있다는 점(법173의2②) 등을 종합적으로 고려하면 공무원 등의 정책정보
이용행위도 규제대상에 포함된다고 해석함이 타당하다.[9]

따라서 정책정보도 규제대상에 포함되기 때문에 정부의 경제정책 입안과 결정에 관여하거
나, 환율이나 금리정책, 기타 각종 산업정책에 관여한 자 등 정책정보를 생산하거나 알게 된
자도 규제대상에 포함되게 되었다. 이러한 정책정보의 범위가 굳이 행정부에만 국한될 이유는
없으므로, 국회나 법원에서의 결정 등이 금융투자상품의 매매등 여부나 매매등의 조건에 중대
한 영향을 줄 수 있다면 이 정보를 이용하는 입법부와 사법부 내부자들도 모두 규제대상에 포
함된다.[10]

3. 규제대상자

(1) 미공개정보의 수령자 및 전득자(가목)

(가) 정보의 출처

규제대상자는 법 제174조 각 항의 미공개정보를 알고 있는 자로부터 나온 미공개정보인
점을 알면서 이를 받거나 전득한 자이다(법178의2①(1) 가목). 즉 미공개정보를 알고 있는 자로부
터 직간접적으로 해당 정보를 받은 정보수령자이다. 다만 법 제178조의2 제1항 단서에 의해 미
공개정보 이용행위는 제외되기 때문에 제1차 정보수령자는 형사제재의 대상이지만, 제2차 정보
수령자와 그 이후 다차 정보수령자는 행정제재의 대상이다. 또한 법 제173조의2 제2항에 해당
되는 행위도 제외되기 때문에 법 제178조의2 제1항 제1호 가목과 같은 별도의 규정이 없는 이

---

8) 국회 정무위원회(2013), 자본시장과 금융투자업에 관한 법률 일부개정법률안(의안번호5502) 검토보고서(2013. 12).
9) 정호경·이상수(2016), "자본시장법상 시장질서 교란행위에 관한 연구: 성립요건과 조사절차상 주요 쟁점 사항을 중심으로", 금융감독연구 제3권 제2호(2016. 10), 123쪽.
10) 성희활(2015), 154쪽.

상 장내파생상품의 시세에 영향을 미칠 수 있는 정보를 알고 있는 자 또는 그로부터 내부정보를 수령한 정보수령자는 물론 제2차 정보수령자 또는 다차 정보수령자는 규제대상이 아니다.[11]

(나) 다차 정보수령자의 범위

그런데 다차 정보수령자의 범위와 관련하여 다음과 같은 견해가 있다. "전득을 무한히 넓게 해석할 경우 정보가 널리 유통되어 사실상 시장정보가 되었음에도 불구하고, 아직 공개되기 전이라는 점 때문에 시장질서 교란행위로 처벌하여야 하는 문제가 있다. 또한 다차 정보수령자를 무한히 확장할 경우 정보의 정상적인 유통마저도 저해할 가능성이 있다. 따라서 시장질서 교란행위의 법문상 제2차 정보수령자로부터 다시 전달받은 제3차 정보수령자까지로 법이 선을 긋고 있다고 해석함이 타당하다"는 입장이다.[12]

그러나 종래 자본시장법상 미공개중요정보 이용행위의 규제 조항인 제174조가 그 대상을 "회사관계자" 중심의 제1차 정보수령자로 제한하였을 뿐만 아니라 "직무관련성"을 요구함으로써 지나치게 규제의 범위가 좁았던 것에 대한 반성적 고려로 시장질서 교란행위 규정이 도입되었다는 점을 감안한다면, 규제대상의 확대는 불가피하다고 본다. 또한 자본시장법은 모든 정보수령자를 규제대상으로 한 것이 아니라, "미공개정보인 정을 알면서" 전득한 자로 제한하고 있기 때문에 그것이 불특정 다수인이 알 수 있도록 공개되기 전의 정보라면 2차 수령자는 물론 다차 정보수령자 모두 규제의 대상에 포함된다. 이때 인터넷통신망, 메신저, SNS, 스마트폰 등을 통하여 정보를 취득하더라도 규제대상이 된다. 미공개정보이기만 하면 규제대상 정보로 되지만, 수령자 및 전득자는 미공개중요정보 또는 미공개정보인 정을 알면서 이를 받거나 전득하여야 규제대상자로 된다. 따라서 이러한 정보를 받았다 하더라도 수령자 및 전득자가 그 정보가 이미 공개된 정보라고 믿고 거래하였다면 그러한 자는 규제대상에서 제외된다. 이와 같이 2차 정보수령자와 그로부터 받은 3차, 4차 등 그 이후의 정보수령자는 차수와 상관없이 규제대상에 포섭하고 있으나, 지나치게 확대되는 것을 막기 위해 인식요건을 요하는 것으로 제한하고 있다.[13]

(다) 인식요건: 사정을 알면서

정보수령자는 미공개중요정보 또는 미공개정보가 "제174조 각 항 각 호의 어느 하나에 해당하는 자로부터 나온 사정을 알면서" 이를 받거나 전득하였어야 한다. 제174조 각 항 각 호를 구체적으로 알아야 할 필요는 없고, 해당 정보가 내부자로부터 나왔다는 것, 즉 미공개중요정보라는 사실을 알면서 이를 받거나 전득한 것이라는 인식이 있으면 충분하다.[14]

---

11) 박임출(2016), 54쪽.
12) 이정수, "시장질서 교란행위 도입과 관련한 몇 가지 쟁점들", 증권법연구 제16권 제2호(2015. 8), 6-7쪽.
13) 맹수석(2016), 151쪽.
14) 김정수(2016), 「내부자거래와 시장질서 교란행위」, SFL그룹(2016. 5), 372쪽.

"미공개중요정보 또는 미공개정보인 정을 알면서"라는 주관적 요건을 부가하고 있으므로 미공개중요정보 등에 해당한다는 사정을 알아야 규제대상에 포함되고, 이를 알지 못하였다면 규제대상에서 제외된다. 따라서 단순히 풍문을 전달받은 경우는 미공개중요정보 등에 해당한다는 사실을 알 수 있었다는 특별한 사정이 없는 한 규제대상에 포함되기 어려울 것으로 보인다.

(2) 직무관련 정보 생산자 및 취득자(나목)

(가) 직무 개념

자신의 직무와 관련하여 미공개중요정보를 생산하거나 알게 된 자가 해당 정보를 지정 금융투자상품의 매매등에 이용하거나 타인에게 이용하게 하는 행위를 의미한다(법178의2① 나목). 동 조항에서 말하는 미공개중요정보는 반드시 상장법인의 내부정보일 필요가 없고 행위주체도 상장법인의 내부자로 한정하지 않고 있기 때문에 동 조항을 문리해석하면 어떤 일을 하는 그 누구라도 자신의 직무와 관련하여 알게 된 정보가 공개되지 아니한 중요정보에 해당한다면 이를 이용하여서는 아니된다는 의미로 읽혀진다. 여기서 행위주체가 무한정 확장될 수 있어 그 자체로 명확성 원칙에 위배되어 과도하게 증권거래의 자유를 침해하는 것은 아닌지 문제된다.[15]

명확성 원칙은 법치국가원리, 권력분립원칙에 당연히 내재되어 있는 것으로서 헌법 제37조 제2항에 따라 기본권을 제한하는 입법을 하는 경우 법률의 내용으로부터 무엇이 금지되는 행위이고, 무엇이 허용되는 행위인지 수범자가 쉽게 알 수 있어야 하는 것을 의미한다. 또한 해당 법률내용이 제재처분의 요건이 되는 경우에는 보다 엄격하게 명확성 원칙이 준수되어야 한다. 그러나 다른 한편으로 법률은 복잡·다양한 규율대상을 포괄적으로 규제하면서도 그 의미와 내용을 함축적으로 표현해야 하므로 일반성과 포괄성을 띠는 것 또한 불가피한 측면이 있다. 따라서 해당 법률 내용의 규제배경, 처벌 정도, 규제대상의 특수성 등을 종합적으로 고려하여 보통의 상식과 합리성을 갖춘 사람이라면 규정내용을 알 수 있는지를 기준으로 명확성 원칙 위반 여부를 판단할 수밖에 없다.[16]

생각건대 자본시장법 제178조의2 제1항 제1호 나목은 "자신의 직무"라는 포괄적인 개념과 "제2호에 해당하는 정보(미공개중요정보)"라는 추상적인 개념이 결합하여 일반 국민들 입장에서 자신이 규제대상에 포함되는지 여부를 예측하기 어려워 입법적 보완이 필요하다. 다만 자본시장의 신뢰성 제고를 위해서는 불평등한 정보이용행위를 규제할 필요성이 크고, 다양한 요인에 의해 민감하게 영향을 받는 자본시장의 특성상 직무의 범위를 사전에 열거적으로 규정하는 것

---

15) 정호경·이상수(2016), 120쪽.
16) 정호경·이상수(2016), 121쪽.

이 오히려 불공평한 결과를 초래할 수도 있으므로 동 조항의 "직무"는 "해당 직무의 객관적 성질상 지정 금융투자상품의 매매등 여부 또는 매매등의 조건에 중대한 영향을 줄 가능성이 있는 정보(중요정보)를 생성, 수령할 고도의 개연성이 있는 직무"로 제한하여 해석, 운용하는 것이 바람직할 것으로 생각된다. 예컨대 치료과정에서 미공개중요정보를 지득한 정신과 의사가 동 정보를 지정 금융투자상품 매매에 이용하였다고 하는 경우 또는 시장에서 매우 큰 영향력이 있는 개인투자자가 특정 종목에 거액을 투자한다는 정보를 제3자에게 제공하여 이를 지정 금융투자상품 매매에 이용하게 한 경우에도 정신과 의사나 개인투자자는 그 직무의 객관적 성질상 중요정보를 생성, 수령할 개연성이 높은 직무가 아니므로 시장질서 교란행위로 규제되지 않는다. 개인투자자라고 하더라도 시장에서 매우 큰 영향력이 있는 경우라면 달리 보아야 한다는 이견이 있을 수 있으나 동 조항의 "직무" 개념은 객관적인 개념으로 이해되어야 하며, 시장에서 영향력 대소는 주관적 사정에 불과하므로 이를 고려할 것은 아니라고 본다.[17]

(나) 직무관련 정보 생산자 및 취득자

직무관련 정보생산자 및 정보취득자란 자신의 직무와 관련하여 금융투자상품의 매매등 여부에 중대한 영향을 줄 수 있는 미공개정보를 생산하거나 알게 된 자를 말한다(법178의2①(1)나목). 이는 가목이 내부자성의 연장선상에서 규율하는 것과 달리, 내부관련자 이외의 자라도 "자신의 직무와 관련"하여 시장에 중대한 영향을 줄 수 있는 미공개정보를 이용하는 것을 규제하기 위한 측면에서 규정된 것이다. 따라서 투자자의 투자판단에 중요한 영향을 미치는 미공개정보이면 업무관련성을 불문하고 규제대상 정보가 되고, 이러한 정보를 생산하거나 알게 된 자는 모두 규제대상에 포함된다.[18]

따라서 미공개정보 이용행위의 경우와 마찬가지로 직무관련성을 요하지만, 내부정보의 범위가 사실상 제한이 없어 내부정보를 가지고 있는 자 모두라고 할 수 있다.[19] 그러므로 투자판단에 중요한 미공개정보이면 상장법인의 업무관련성을 불문하고 규제대상 정보가 되고, 이러한 정보를 알게 된 자는 모두 규제대상자에 포함되어, 상장법인 내부자와 관련자 등 신분에 관계없이 중요정보를 알게 된 모든 자가 규제대상이다. 따라서 시장정보를 알게 되거나 생산한 사람들, 즉 법인영업부에서 기관투자자 주문을 받은 자, 조사분석보고서를 작성한 애널리스트, 연기금 등 기관투자자의 주문정보를 활용하는 자도 규제대상에 포함된다. 그리고 자본시장 관련 언론 기사가 투자자의 금융투자상품의 매매등 여부나 매매등의 조건에 중대한 영향을 줄 수 있다면 이 또한 시장정보로 규제되므로 언론사 내부자들이 이런 정보를 이용하면 마찬가지

---

17) 정호경·이상수(2016), 121-122쪽.
18) 맹수석(2016), 151-153쪽.
19) 박임출(2016), 54쪽.

로 규제대상이 된다.[20]

(3) 해킹 등 부정한 방법에 의한 정보취득자(다목)

해킹 등 부정한 방법에 의한 정보취득자란 해킹,[21] 절취(竊取), 기망(欺罔), 협박, 그 밖의 부정한 방법으로 정보를 알게 된 자를 말한다(법178의2①(1) 다목).[22] 해킹 등의 행위는 내부자성이나 직무관련성 등을 묻지 않고, 그 지득 방법에 관계없이 규제대상으로 하고 있다. 종래 해킹 등의 불법적인 방법으로 정보를 취득한 자의 경우 내부자거래규제대상이 아니었지만,[23] 이제는 자본시장법에 의해 금전제재가 가능하게 되었다. 다만 불법 또는 부정한 방법으로 정보를 지득하게 되는 경우만 해당하므로, 그러한 요소 없이 내부정보를 지득하게 되었다면 문제삼기 어려울 것이다.[24]

(4) 나목 및 다목에 해당한 자로부터 해당 정보를 취득하거나 전득한 자(라목)

직무관련 정보생산자 및 정보취득자나 부정한 방법에 의한 정보취득자로부터 나온 정보라는 것을 알면서 이를 받거나 전득한 자를 말한다(법178의2①(1) 라목). 이는 기존과 달리 회사내부자로부터 얻은 내부정보는 물론, 외부자로부터 나온 정보인 정을 알면서 이를 받거나 전득한 자에 대해서도 시장질서 교란행위로서 규제대상이 되도록 한 것이다. 이에 따라 내부정보의 다차 정보수령자는 물론 외부정보의 다차 정보수령자까지 규제대상에 포섭함으로써 규제범위가 대폭 확대되었다는 점에 의의가 있다. 다만 회사외부자로부터 정보를 수령하는 자의 범위를 대폭 확대하면서도 한편으로는 인식요건을 요구함으로써[25] 정보수령자의 규제대상을 무제한 확대하는 것을 제한하고 있다.[26]

4. 규제대상 행위의 범위

(1) 규제대상 행위: 정보이용행위

자본시장법상 정보이용형 교란행위로서 금지되는 행위는 미공개중요정보 또는 미공개정

---

20) 성희활(2015), 153-154쪽.

21) 해킹(hacking)의 경우 자본시장법상 제174조의 내부자거래나 제176조의 시세조종행위로 규율하기 어렵기 때문에, 해킹으로 미공개정보를 알게 된 자가 이를 이용하여 매매 그 밖의 거래를 한 경우를 시장질서 교란행위로서 규제대상으로 포함하고 있다.

22) 여기서 해킹, 절취, 기망, 협박 등은 부정한 방법의 예시이다. 해킹, 절취, 기망, 협박 등의 경우 부정거래행위에 대한 포괄적 규제조항인 제178조 제1항 제1호의 "부정한 수단, 계획 또는 기교를 사용하는 행위"에도 포섭될 수 있어 법조경합이 문제된다.

23) 따라서 이러한 경우 정보통신망법이나 형법에 의해 처벌할 수 있었을 뿐, 자본시장법상 규제는 할 수 없는 한계가 있었다

24) 맹수석(2016), 153쪽.

25) 따라서 예컨대 경기장 등에서의 주변 관중, 길을 가는 보행자로부터 우연하게 내부정보를 알게 된 경우 등은 규제대상에서 제외된다(성희활(2015), 156쪽).

26) 맹수석(2016), 153쪽.

보를 "지정 금융투자상품"의 "매매, 그 밖의 거래에 이용하거나 타인에게 이용하는 행위"이다. 여기서 "이용하는 행위"의 의미는 기존의 내부자거래에서의 미공개중요정보 이용행위의 "이용행위"와 동일하다. "타인에게 이용하게 하는 행위"도 정보의 이용행위에 포함된다. 이는 정보를 전달하면서 이를 적극적으로 매매, 그 밖의 거래에 이용하도록 직접 권유하는 경우뿐 아니라 정보수령자가 그 정보를 이용하여 거래를 할 수 있다고 생각하면서 정보를 제공하는 경우도 포함된다.

(2) 규제대상에서 제외되는 행위

투자자 보호 및 건전한 시장질서를 해할 우려가 없는 행위로서 "대통령령으로 정하는 경우" 및 그 행위가 제173조의2 제2항,[27] 제174조(미공개중요정보 이용행위) 또는 제178조(부정거래행위)에 해당하는 경우는 제외한다(법178의2① 단서).

여기서 "대통령령으로 정하는 경우"란 다음의 어느 하나에 해당하는 경우를 말한다(영207의2).

1. 법 제178조의2 제1항 제1호 가목에 해당하는 자가 미공개중요정보 또는 미공개정보(법 제174조 제2항 각 호 외의 부분 본문 또는 같은 조 제3항 각 호 외의 부분 본문에 따른 각 미공개정보)를 알게 되기 전에 다음 각 목의 어느 하나에 해당하는 행위를 함으로써 그에 따른 권리를 행사하거나 의무를 이행하기 위하여 지정 금융투자상품(법 제178조의2 제1항 각 호 외의 부분 본문에 따른 지정 금융투자상품)의 매매, 그 밖의 거래("매매등")를 하는 경우
   가. 지정 금융투자상품에 관한 계약을 체결하는 행위
   나. 투자매매업자 또는 투자중개업자에게 지정 금융투자상품의 매매등에 관한 청약 또는 주문을 제출하는 행위
   다. 가목 또는 나목에 준하는 행위로서 금융위원회가 정하여 고시하는 행위
2. 법 제178조의2 제1항 제1호 나목부터 라목까지의 규정에 해당하는 자가 법 제178조의2 제1항 제2호에 해당하는 정보를 생산하거나 그러한 정보를 알게 되기 전에 제1호 각 목에 해당하는 행위를 함으로써 그에 따른 권리를 행사하거나 의무를 이행하기 위하여 지정금융투자상품의 매매등을 하는 경우
3. 법령 또는 정부의 시정명령·중지명령 등에 따라 불가피하게 지정 금융투자상품의 매매등을

---

27) 법 제173조의2(장내파생상품의 대량보유 보고 등) ② 다음의 어느 하나에 해당하는 자로서 파생상품시장에서의 시세에 영향을 미칠 수 있는 정보를 업무와 관련하여 알게 된 자와 그 자로부터 그 정보를 전달받은 자는 그 정보를 누설하거나, 제1항에 따른 장내파생상품 및 그 기초자산의 매매나 그 밖의 거래에 이용하거나, 타인으로 하여금 이용하게 하여서는 아니 된다.
   1. 장내파생상품의 시세에 영향을 미칠 수 있는 정책을 입안·수립 또는 집행하는 자
   2. 장내파생상품의 시세에 영향을 미칠 수 있는 정보를 생성·관리하는 자
   3. 장내파생상품의 기초자산의 중개·유통 또는 검사와 관련된 업무에 종사하는 자

하는 경우

4. 그 밖에 투자자 보호 및 건전한 거래질서를 저해할 우려가 없는 경우로서 금융위원회가 정하여 고시하는 경우

Ⅱ. 시세관여형 교란행위

1. 규제대상 상품

시세관여형 교란행위의 규제대상 상품은 상장증권 또는 장내파생상품이므로 장외파생상품을 포함하는 정보이용형 교란행위의 규제대상 상품에 비해 그 범위가 좁다.

2. 주관적 요건(고의 및 목적) 불요

시세조종행위로 제재하기 위해서는 행위자에게 반드시 소정의 목적이 필요하지만, 시세관여형 교란행위의 경우 자본시장법 제178조의2 제2항 제3호의 통정매매형을 제외하고는 법문상 시세조종행위에서 요구하는 내용의 목적은 요구하지 않는다. 또 고의가 아닌 과실에 의해 시세관여형 교란행위로서의 외형이 충족되기만 하여도 시세관여형 교란행위에 해당하여 과징금이 부과될 수 있다.[28]

정보이용형 교란행위는 미공개중요정보임을 "알면서" 매매 등의 거래에 그 정보를 이용한 것을 제재하는 것이므로 고의성이 전제되지만, 시세관여형 교란행위에서는 행위자에게 주관적 요건으로서의 고의를 요구하지 않는다. 목적과 같은 행위자 내심의 의사를 직접 입증하는 것은 거의 불가능하므로, 주식등이 가격 및 거래량의 동향, 전후의 거래상황, 거래의 경제적 합리성 내지는 공정성 등에 대한 간접사실을 종합하여 간접적으로 목적요건의 존부를 추단하여 왔으나, 그 과정에서 입증되지 못해 제재하지 못하는 사례가 많았기 때문에 그러한 규제의 공백을 메우고자 시세관여형 교란행위가 도입되었기 때문이다. 따라서 행위자의 목적성 여부와 상관없이, 또 고의가 아닌 과실에 의한 경우라 하더라도 일단 행위의 외형이 객관적 구성요건을 충족하면 시세관여형 교란행위가 성립한다.

---

28) 김태진(2019), "자본시장법상 시장질서 교란행위: 구성요건의 분석과 주요 위반사례의 검토", 경영법률 제29집 제3호(2019. 4), 62-63쪽.

3. 규제대상 행위의 범위

(1) 규제대상 행위 유형

(가) 자본시장법 규정

누구든지 상장증권 또는 장내파생상품에 관한 매매등과 관련하여 다음의 어느 하나에 해당하는 행위를 하여서는 아니 된다(법178의2② 본문).

1. 거래 성립 가능성이 희박한 호가를 대량으로 제출하거나 호가를 제출한 후 해당 호가를 반복적으로 정정·취소하여 시세에 부당한 영향을 주거나 줄 우려가 있는 행위
2. 권리의 이전을 목적으로 하지 아니함에도 불구하고 거짓으로 꾸민 매매를 하여 시세에 부당한 영향을 주거나 줄 우려가 있는 행위
3. 손익이전 또는 조세회피 목적으로 자기가 매매하는 것과 같은 시기에 그와 같은 가격 또는 약정수치로 타인이 그 상장증권 또는 장내파생상품을 매수할 것을 사전에 그 자와 서로 짠 후 매매를 하여 시세에 부당한 영향을 주거나 영향을 줄 우려가 있는 행위
4. 풍문을 유포하거나 거짓으로 계책을 꾸미는 등으로 상장증권 또는 장내파생상품의 수요·공급 상황이나 그 가격에 대하여 타인에게 잘못된 판단이나 오해를 유발하거나 상장증권 또는 장내파생상품의 가격을 왜곡할 우려가 있는 행위

(나) 허위호가제출형(제1호)

허위호가제출의 시장질서 교란행위는 ⅰ) 거래 성립 가능성이 희박한 호가를 대량으로 제출하거나 ⅱ) 호가를 반복적으로 정정·취소하여 ⅲ) 시세에 부당한 영향을 주는 행위이다(제1호). 즉 시장참가자의 주문 및 체결 상황을 보여주는 호가창을 보고 호가를 제출하지만, 해당 호가에 의한 매수 체결 또는 매도 체결 의사가 처음부터 없었기 때문에 거래가 성립될 가능성이 희박한 호가를 대량으로 제출하거나, 거래 성립 가능성이 조금이라도 엿보이는 때에 이미 제출된 호가를 취소하고 거래 성립 가능성이 희박한 호가로 정정하는 행위로 이해할 수 있다. 이와 같은 허위호가제출이라도 해당 증권을 매매하는 다른 투자자의 시세 판단을 잘못하게 하는 원인을 제공할 수 있기 때문에 시세에 부당한 영향을 주거나 줄 우려가 있다고 볼 여지가 있다. 그러나 이와 같은 허위호가는 "거래" 자체가 아니고 "거래"도 존재하지 않는다.[29]

이 유형의 범주에는 매매유인의 목적을 불문하고 적정가에 비해 상당히 괴리를 보이는 호가로 체결가능성이 희박한 고가 매도호가 및 저가 매수호가를 대량으로 제출하거나 반복적으로 정정·취소하는 행위, 데이트레이딩을 이용하여 단기간에 반복적으로 직전가 대비 높은 주

---

29) 박임출(2016), 55-56쪽.

문을 낸 뒤 매도 후 주문을 취소하는 행위, 과실로 인한 시스템 에러 발생으로 과다한 허수호가가 이루어진 경우 등도 시세 등에 부당한 영향을 미치거나 미칠 우려가 있는 경우에는 규제대상이 될 수 있다. 이때 시세 등에 부당한 영향을 미치는지 여부는 거래량, 호가의 빈도·규모, 시장상황 및 기타 사정을 종합적으로 고려하여 정상적인 수요·공급 원칙에 따른 가격결정을 저해하거나 할 우려가 있는지를 살펴 판단하게 된다.[30]

(다) 가장매매형(제2호)

가장매매 시장질서 교란행위는 ⅰ) 권리의 이전을 목적으로 하지 않고 ⅱ) 거짓으로 꾸민 매매를 하여 ⅲ) 시세에 부당한 영향을 주는 행위이다(제2호). 즉 동일인이 동일한 증권에 대해 같은 시기에 같은 가격으로 매수주문과 매도주문을 제출하여 매매를 체결시키는 행위이다. 증권시장의 참가자가 보기에는 독립적인 매수자와 매도자에 의해 이루어지는 거래와 구별할 수 없는 기록상의 거래이기 때문에 외관상 거래량을 증가시키고 경우에 따라서는 시세를 변동시킬 수도 있다. 그러나 권리이전을 목적으로 하지 않아 해당 증권에 대한 실질적인 지배·처분의 변경이 없기 때문에, 이와 같은 거래로 인한 경제적 이익은 발생하지 않는다. 가장매매는 시세변동을 목적으로 이루어진다기보다는 거래가 성황을 이루고 있는 듯이 잘못 알게 하려는 동기에서 이루어지는 행위이기 때문에 이와 같은 동기 또는 목적이 입증되는 경우에는 시세조종에 해당된다.

종전에는 "타인으로 하여금 그 거래가 성황을 이루고 있는 듯이 잘못 알게 하거나, 기타 타인으로 하여금 그릇된 판단을 하게 할 목적"이 있는 가장매매(형식적으로는 매매거래의 외형을 갖추고 있으나, 실질적으로는 권리의 이전을 목적으로 하지 않는 매매)만을 처벌하여 왔다. 그러나 이 조항은 가장매매 역시 그 목적을 불문하고, "시세에 부당한 영향을 주거나 줄 우려가 있는 경우" 시장질서 교란행위로 규제할 수 있도록 하였다.

따라서 타인을 오인케 할 목적은 없었으나 시세에 부당하게 영향을 주는 가장매매도 과징금 부과 대상이 되며, 나아가 첨단 금융거래기법인 알고리즘거래(사전에 입력한 특정요건을 만족하면 자동으로 매매가 체결되는 거래형태)나 고빈도거래(컴퓨터 프로그램을 활용하여 실시간으로 데이터를 처리하여 수십만 건의 거래를 일순간에 처리하는 거래형태) 등을 활용한 가장매매로 시세에 부당한 영향을 주는 경우에도 시장질서 교란행위에 해당할 수 있다. 예를 들어 여러 트레이더와 알고리즘 트레이딩 프로그램에 의한 다량의 호가제출 과정에서 취소하지 못한 미체결 호가 등이 신규제출 호가와 교차체결되어 발생하였으나 일정한 한도를 벗어나 시세에 부당한 영향을 미쳤다면 동 조항에 따라 규제될 수 있다.[31]

---

30) 금융위원회 등(2015), 「안전한 자본시장 이용법-꼭 알아야 할 자본시장 불공정거래 제도 해설」(2015. 5), 50-51쪽.

(라) 통정매매형(제3호)

통정매매 시장질서 교란행위는 ⅰ) 손익 이전 또는 조세회피 목적으로 ⅱ) 자기가 매매하는 것과 같은 시기 같은 가격으로 ⅲ) 상대방과 짜고 매매하여 ⅳ) 시세에 부당한 영향을 주는 행위이다(제3호). 즉 자기의 매도 또는 매수와 같은 시기에 미리 상대방과 통정하여 그 상대방이 같은 가격으로 해당 증권을 매수 또는 매도하는 행위로서 외관상 거래량이 증가하고 시세를 변동시킬 가능성도 있다. 가장매매가 한 사람에 의해 이루어지는 행위인 반면, 통정매매는 복수의 사람이 통정하여 이루어지는 행위라는 점에서 차이가 있다.[32] 또한 같은 시기, 같은 가격이 요건이지만 약간의 시간 또는 가격의 차이가 있더라도 통정매매는 성립된다. 한편 법 제176조 제1항의 통정매매는 추상적인 성황 목적·오인 목적으로 규정하고 있는 반면, 시장질서 교란행위인 통정매매는 구체적인 목적요건으로 손익 이전 또는 조세회피를 두고 있는 점이 차이가 있다. 그러나 이와 같은 목적요건을 두고 있는 것은 입증을 용이하게 하려는 시장질서 교란행위의 도입 취지와 맞지 않고 다른 유형의 시세관여형 시장질서 교란행위와 정합성도 없다.

종전에는 "타인으로 하여금 그 거래가 성황을 이루고 있는 듯이 잘못 알게 하거나, 기타 타인으로 하여금 그릇된 판단을 하게 할 목적"의 통정매매(자기가 매매하는 것과 같은 시기에 그와 같은 가격 또는 약정수치로 타인이 그 증권등을 매매할 것을 사전에 서로 짠 후 매매하는 행위)를 금지하고 있었다. 그러나 이 조항은 위와 같은 타인을 오인케 할 목적 등이 없더라도, "손익 이전 또는 조세회피 목적"으로 시장참여자 간에 통정매매를 하여 그 매매행위로 시세에 부당한 영향을 주거나 영향을 줄 우려가 있는 경우에는 시장질서 교란행위로 규제하도록 하였다.

예를 들어 증권사 직원이 고객의 위탁계좌를 관리하던 계좌 중 손실이 과다하게 발생하자 그 특정계좌의 손실을 보전하기 위하여 해당 계좌에서 주식을 시가보다 높은 가격으로 매도주문을 내고 다른 고객의 계좌에서 이를 매수하는 통정매매를 반복적으로 하여 계좌간 손익을 이전시켰다면 이는 타인을 오인케 할 목적이 없는 통정매매이지만 시세에 부당한 영향을 줄 우려가 있는 경우 시장질서 교란행위로 과징금 부과 대상이 된다.

또한 조세를 회피할 목적으로 거래가 상대적으로 뜸하여 적정가격을 알기 어려운 금융투자상품을 매도자와 매수자 간에 터무니없이 높거나 낮은 가격에 서로 짜고 반복적으로 거래함으로써 대량의 자금을 이전하는 경우도 시장질서 교란행위에 해당할 수 있다.[33]

---

31) 금융위원회 등(2015), 50-51쪽.
32) 계산 주체가 다른 여러 계좌의 매매를 동일인이 위임받아 각 계좌 사이에 매매하는 경우에도 그 매매를 위임받은 사람이 매매 시간·가격·수량 등 다른 계산 주체 사이의 매매조건을 미리 계획하고, 그에 따른 매매를 한 이상 타인과 통정한 매매이다(서울고등법원 2009. 1. 6. 선고 2008노1506 판결).
33) 금융위원회 등(2015), 52-53쪽.

(마) 위계사용형(제4호)

위계 등의 사용행위는 ⅰ) 풍문을 유포하거나 거짓으로 계책을 꾸미는 등으로 ⅱ) 상장증권 등의 수요·공급 상황이나 그 가격에 대하여 타인에게 잘못된 판단이나 오해를 유발하거나, ⅲ) 가격을 왜곡할 우려가 있는 행위이다(제4호). 이는 법 제178조 제2항의 매매거래 등의 목적요건을 제외하면 거의 동일하다. 위계 등을 사용하여 주가를 상승시켜 보유주식을 매도하거나 담보주식의 처분을 방지하려는 등의 경우에는 법 제178조 제2항에 해당되기 때문에 동항을 적용할 수 있지만, 법 제178조의2는 적용할 수 없다. 따라서 위계 등의 사용행위는 입증할 수 있지만 이와 관련된 별도의 부당이득을 취득하고자 하는 행위, 즉 보유주식의 처분이나 담보주식의 처분을 방지하려는 등의 목적을 입증할 수 없는 제한된 경우에만 법 제178조의2를 적용할 수밖에 없을 것이다.

(2) 규제대상에서 제외되는 행위

법 제178의2 제2항이 규정하는 행위가 시세조종에 관한 제176조 또는 부정거래행위에 관한 제178조에 해당하는 경우는 제외한다(법178의2② 단서).

제3절 시장질서 교란행위에 대한 제재

Ⅰ. 과징금

시장질서 교란행위는 그 본질적 속성이 비형사범이라는 점에서 검찰과 법원의 형사제재가 아니라 행정청의 행정처분의 대상으로 하는 것이 효과적이고, 행정처분 중에서는 부당행위에 대한 제재와 부당이득의 환수라는 관점에서 과징금이 가장 효과적인 수단이라는 점이 제도 검토단계에서 공감대가 형성되어 법 개정안에 그대로 반영되었다. 부과할 수 있는 과징금의 크기는 자본시장법 제429조의2에서 정하고 있는데, 원칙적으로 5억원 이하의 과징금을 부과하되, 그 위반행위와 관련된 거래로 얻은 이익(미실현이익 포함) 또는 이로 인하여 회피한 손실액에 1.5배에 해당하는 금액이 5억원을 초과하는 경우에는 그 이익 또는 회피한 손실액의 1.5배에 상당하는 금액 이하의 과징금을 부과할 수 있다. 즉 부당이득액이 약 3억 4천만원 이상부터는 그 부당이득액의 1.5배까지 과징금을 부과할 수 있으므로, 부당이득액이 100억원이라면 150억원까지 과징금이 부과될 수 있는 것이다. 이는 과징금의 속성이 부당이득의 환수와 부당행위에 대한 징벌이라는 복합적 성격이 있음을 감안할 때 타당하다.[34]

---

34) 불공정거래행위에 대해서는 사법당국에 의한 형사제재만이 존재하였기 때문에 금융당국은 오래전부터 외국

Ⅱ. 형사제재와의 관계

시장질서 교란행위에 대해 형사제재를 배제하고 행정제재만 가능하기 때문에 과징금부과 처분은 금융위원회의 재량행위로 볼 수 있다. 시장질서 교란행위와 불공정거래행위가 이론적으로 구분되지만, 일정한 조사의 단서를 기초로 금융당국이 조사를 개시할 때 처음부터 시장질서 교란행위인지 아니면 불공정거래행위인지를 구별할 수 있는 것이 아니라, 조사결과에 따라 하나의 제재수단을 선택하지 않으면 안 된다. 그런데 금융당국의 임의조사는 한계가 있기 때문에 그 조사결과 또한 검찰의 수사단서에 불과하여 조사 결과와 수사 결과가 다를 수 있다.[35] 이와 같은 점을 감안하여 증권선물위원회는 시장질서 교란행위에 불공정거래행위의 혐의가 있다고 인정하는 경우에는 이를 검찰총장에게 통보하여야 한다(법178의3①).

Ⅲ. 민사제재

시장질서 교란행위로 인해 손해를 입은 피해자는 행위자를 상대로 손해배상청구소송을 제기할 수 있다. 다만 불공정거래와는 달리 손해배상책임의 특칙규정이 없으므로 민법 제750조의 일반불법행위책임을 물어야 할 것이다.

의 입법례와 같은 독자적인 행정제재 수단을 확보하기 위해 노력해 왔다. 이러한 맥락에서 불공정거래행위와 배타적으로 구별되는 행위이지만 자본시장의 건전성과 공정성을 훼손하는 시장질서 교란행위에 대해 금융위원회가 과징금 부과라는 행정제재 수단을 확보할 수 있게 된 것은 상당한 진전이라고 할 수 있다. 더욱이 시장질서 교란행위에 대해서는 형사제재 대신 행정제재만이 가능하기 때문에 장시간이 소요되는 형사절차, 재판절차에 비하여 보다 신속히 진행되는 행정절차에 의해 과징금을 부과할 수 있게 되었다. 일반적으로 불공정거래행위에 대한 형사제재는 금융감독원의 조사 → 증권선물위원회의 의결(검찰 이첩) → 검찰의 수사 및 기소 → 법원의 재판이라는 순서에 따라 처리절차가 진행되지만, 시장질서 교란행위는 금융당국의 조사 → 증권선물위원회의 의결(과징금 부과)이라는 순서에 따라 처리절차가 진행되므로 과징금의 처리기간을 대폭 단축할 수 있게 되었다. 이에 따라 시장질서 교란행위에 대해 금융당국이 적극적으로 권한을 행사하여 빠른 시일 내에 진압할 수 있는 효과적이고 기동적인 대처가 가능해졌다(박임출(2016), 59쪽).

35) 박임출(2016), 57쪽.

참고문헌

강대섭(1992), "증권시장에서의 부실표시로 인한 손해배상책임에 관한 연구", 고려대학교 대학원 박사학위논문(1992).

강대섭(1995), "내부자거래의 인과관계와 배상청구권자의 범위", 상거래법의 이론과 실제, 안동섭 교수 화갑기념논문집(1995).

강대섭(2005), "공정공시에 관한 연구", 상사판례연구 제18집 제1권(2005. 3).

강민우(2020), "외국환거래의 법적 규제에 관한 연구", 고려대학교 대학원 박사학위논문(2020. 2).

강현중(2005), "증권관련집단소송법에 관한 연구", 법학논총 제17집(2005. 2).

고재종(2016), "증권시장의 안정화 및 투명화를 위한 공매도제도의 검토", 증권법연구 제17권 제2호(2016. 8).

고창현(1999), "증권거래법상 단기차익반환의무", 인권과 정의(1999. 9).

곽민섭(2000), "증권거래법상의 내부자거래에 대한 민사책임", 증권법연구 제1권 제1호(2000. 12).

권기혁(2018), "한국 장외채권시장의 투명성 규제 제도 및 개선방안에 관한 연구", 연세대학교 경제대학원 석사학위논문(2018. 6).

권종호 외(2003), "증권손해배상책임의 실체법적 정비", 한국증권법학회 연구보고서(2003. 8).

금융감독원(2002), "공정공시제도 도입방안"(2002. 9. 9) 보도자료.

금융감독원(2008), "금융투자상품에 대한 불공정거래 규제", 금융감독원(2008. 12).

금융감독원(2010), 「기업공시 실무안내」 금융감독원(2010. 7).

금융감독원(2019), 「기업공시 실무안내」, 금융감독원(2019. 12).

금융감독원·코스닥등록법인협회의(2000), 「기업공시제도 해설」(2000. 12).

금융위원회(2014), "시장질서 교란행위 규제를 위한 「자본시장과 금융투자업에 관한 법률」 일부개정법률안 국무회의 통과"(2014. 12) 보도자료.

금융위원회(2018), "주식 매매제도 개선방안 후속조치 점검회의 개최"(2018. 6. 7) 보도참고자료.

금융위원회 등(2015), 「안전한 자본시장 이용법 – 꼭 알아야 할 자본시장 불공정거래제도 해설」(2015. 5).

국회 정무위원회(2013), "자본시장과 금융투자업에 관한 법률 일부개정법률안(의안번호 5502) 검토보고서"(2013. 12).

김건식·송옥렬(2001), 「미국의 증권규제」, 홍문사(2001. 7).

김건식·정순섭(2009), 「자본시장법」, 두성사(2009. 3).

김교창(2010), 「주주총회의 운영」, 한국상장회사협의회(2010. 1).

김병연(2019), "자본시장법상 공매도 제도에 대한 소고", 법학논총 제39권 제1호(2019. 2).

김병태(2002), "관계회사와 관련된 내부자거래규정 적용상의 문제점", 증권법연구 제3권 제2호(2002. 12).

김상곤(2005), "적대적 기업인수를 위한 위임장대결이 있는 상장법인 주주총회 운영과 문제점", 한국 상장회사협의회 계간상장협 2005년 추계호(2005. 9).

김성태(2010), "증권관련 집단소송에 있어서 대표당사자에 대한 연구", 숭실대학교 법학논총 제24집 (2010. 7).

김영도(2013), "국내 단기금융시장의 발전과 향후 과제: 단기지표금리 개선 과제를 중심으로", 한국금 융연구원 금융리포트(2013. 3).

김용진(1993), "내부자거래에 있어서 중요한 정보", 월간상장(1993. 2).

김용호(2007), "적대적 M&A에서 가처분이 활용되는 사례", BFL총서 3권: 적대적 기업인수와 경영권 방어(2007. 5).

김정만(2001), "시세조종행위의 규제", 증권거래에 관한 제문제(하) 재판자료 제91집(2001).

김정수(2002), 「현대증권법원론」, 박영사(2002. 12).

김정수(2016), 「내부자거래와 시장질서 교란행위」, SFL그룹(2016. 5).

김주영(2007), "증권관련집단소송제의 미활성화, 그 원인, 문제점 및 개선방안", 기업지배구조연구 winter(2007).

김태주·김효신(1994), "주식대량보유의 보고의무", 법학논고 제10집(1994. 12).

김태진(2019), "자본시장법상 시장질서 교란행위: 구성요건의 분석과 주요 위반사례의 검토", 경영법 률 제29집 제3호(2019. 4).

김학겸·안희준·장운욱(2015), "국고채시장의 시장조성활동이 가격발견기능과 유동성에 미치는 영향", 한국증권학회지 제44권 1호(2015. 2).

김홍기(2009), "자본시장법상 파생상품 연계불공정거래행위에 관한 연구", 법조 제58권 제9호(2009. 9).

김홍기(2010), "자본시장법상 연계불공정거래 규제체계 및 입법론, 해석론에의 시사점: 주가연계증권 (ELS) 연계거래를 중심으로", 연세 글로벌 비즈니스 법학연구 제2권 제2호(2010. 12).

김홍기(2012), "우리나라 증권관련집단소송의 현황과 개선과제", 경제법연구 제11권 제2호(2012. 12).

김희준(2011), "국제금융시장을 통한 회사자금조달의 법적 문제점과 해결방안: 회사법·자본시장법· 세법을 중심으로", 고려대학교 대학원 박사학위논문(2011. 12).

남궁주현(2011), "현실매매에 의한 시세조종행위의 성립요건에 관한 고찰", 증권법연구 제12권 제2호 (2011. 8).

노혁준(2004), "교환공개매수에 관한 연구", 상사법연구 제23권 제2호(2004).

노혁준(2008), "자기주식과 기업의 합병, 분할", 증권법연구 제9권 제2호(2008. 12).

노태악(2001a), "내부자거래 등 관련행위의 규제", 증권거래에 관한 제문제(상), 법원도서관(2001).

노태악(2001b), "증권거래법상 미공개 내부정보에 관하여", 증권법연구 제2권 제1호(2001. 6).

맹수석(2016), "개정 자본시장법상 시장질서 교란행위에 대한 법적 쟁점의 검토", 기업법연구 제30권 제1호(2016. 3).

박동민·이항용(2011), "전자단기사채제도 도입을 통한 기업어음시장 개선에 관한 연구", 한국증권학회지 제40권 1호(2011. 2).

박삼철(1995), "우리나라의 시세조종행위 규제에 관한 고찰", 증권조사월보 제216호(1995).

박승배(2009), "자본시장법상 불공정거래행위로 인한 손해배상책임에 관한 연구", 연세대학교 대학원 박사학위논문(2009. 12).

박임출(2003), "내부자거래 규제에 관한 비교법적 고찰", 성균관대학교 대학원 박사학위논문(2003).

박임출(2011), "시세조종의 구성요건인 변동거래와 유인목적", 증권법연구 제12권 제2호(2011. 9).

박임출(2013), "자본시장법 제178조의 부정거래에 관한 연구", 증권법연구 제14권 제2호(2013. 8).

박임출(2016), "시장질서 교란행위규제의 의의와 한계", 서울대학교 금융법센터 BFL 75호(2016. 1).

박재홍(2005), "의무공개매수제도의 도입에 관한 검토", 경성법학 제14집 제2호(2005. 12).

박준·한민(2019), 「금융거래와 법」, 박영사(2019. 8).

박철영(2013), "전자단기사채제도의 법적 쟁점과 과제", 상사법연구 제32권 제3호(2013. 11).

박휴상(2005), "증권관련 집단소송상 소송허가제도에 관한 고찰", 법학논총 제25집(2005. 12).

박휴상(2007), "증권인수인의 책임에 관한 고찰", 기업법연구 제21권 제3호(2007. 9).

법무부(2001), 「증권관련집단소송법 시안 해설」(2001. 11).

변제호 외 4인(2009), 「자본시장법」, 지원출판사(2009. 11).

사법연수원(2002), 「경제범죄론」, 사법연수원(2002).

서영숙(2013), "은행 외화차입과 주식시장 및 외환시장의 변동성에 관한 연구", 숭실대학교 대학원 박사학위논문(2013. 6).

서완석(2005), "공개매수의 정의와 범위에 관한 고찰", 성균관법학 제17권 제3호(2005. 12).

성희활(2004), "공정공시제의 발전적 개편방안에 관한 연구", 증권법연구 제5권 제2호(2004. 12).

성희활(2008), "자본시장과 금융투자업에 관한 법률의 수시공시 규제체계에 관한 고찰", 법과 정책연구 제8집 제1호(2008. 6).

성희활(2009), "자본시장법상 연계 불공정거래의 규제현황과 개선방향", 금융법연구 제6권 제2호(2009. 12).

성희활(2015), "2014년 개정 자본시장법상 시장질서교란행위 규제 도입의 함의와 전망", 증권법연구, 제16권 제1호(2015. 4).

송종준(2000), "예측정보의 부실공시와 민사책임구조", 증권법연구 제1권 제1호(2000. 12).

송종준(2005), "M&A법제의 현황과 보완과제", 상장협연구보고서(2005. 11).

송호신(2006), "적대적 기업매수에 관한 법리", 한양법학 제19집(2006. 8).

송호신(2009), "시세조종행위에 대한 자본시장통합법의 규제", 한양법학 제20권 제3집(2009. 8).

신영무(1987), 「증권거래법」, 서울대학교출판부(1987).

신영무(1990), "내부자거래와 민사상책임", 상사법연구 제8집(1990).

신우진(2007), "경영권 방어를 위한 자기주식의 제3자에 대한 처분의 법적 문제점", 기업법연구 제21
   권 제1호(2007. 3).

신종석(2009), "증권관련집단소송에 관한 연구", 법학연구 제34집(2009. 5).

양기진(2016), "현선연계 시세조종행위에서 시세조종의도성의 판단: 외국 사례를 중심으로", 금융소
   비자연구 제6권 제1호(2016. 8).

양만식(2009), "위임장권유와 주주총회결의의 취소", 기업법연구 제23권 제3호(2009. 9).

양철원·유지연(2017), "연계시세조종행위에 대한 규제: 도이치은행 사례를 중심으로", 한국증권학회
   지 제46권 제1호(2017. 2).

엄세용(2010), "자본시장에서의 공매도 규제와 운영실태에 관한 소고: 실제 규제 사례를 중심으로",
   서울대학교 금융법센터 BFL 제43호(2010. 9).

염상훈(2014), "한국 채권 발행시장의 특징과 전망", 주택금융월보 02 월간동향(2014. 2).

오영환(1994), "내부자거래와 민사책임에 관한 연구", 연세대학교 대학원 박사학위논문(1994. 12).

유석호(2005), "주식등의 대량보유상황보고 관련 법적 쟁점과 과제", 증권법연구 제6권 제2호(2005.
   12).

윤영신·이중기(2000), 「증권거래법상 시세조종행위의 요건 및 제재에 관한 연구」, 한국법제연구원
   (2000. 9).

이광중(2003), 「회사분할」, 삼일인포마인(2003. 7).

이동신(2001), "유가증권 공시서류의 부실기재에 관한 책임", 증권거래법에 관한 제 문제(상), 재판자
   료 90집(법원도서관, 2001).

이상복(2004), 「증권집단소송론」, 삼우사(2004. 7).

이상복(2006), "적대적 M&A 공격방법의 개선과제: 공개매수와 위임장권유를 중심으로", 기업법연구
   제20권 제3호(2006. 9).

이상복(2009), "외국의 공매도 규제와 법적 시사점: 금융위기 이후 영국과 미국의 규제를 중심으로",
   증권법연구 제10권 제2호(2009. 12).

이상복(2010), 「내부자거래」, 박영사(2010. 11).

이상복(2012), 「기업공시」, 박영사(2012. 6).

이성복(2013), "금융안정과 금융감독: 이론적 해석", 금융안정연구 제14권 제1호(2013. 6).

이용준(2009), "유가증권 대차거래제도", 월간상장(2009. 8).

이재상(2001), 「형법총론」, 박영사(2001).

이정수, "시장질서 교란행위 도입과 관련한 몇 가지 쟁점들", 증권법연구 제16권 제2호(2015. 8).

이정수·김도윤, "공매도 규제에 관한 연구", 기업법연구 제31권 제4호(2017. 12).

이준섭(2000), "공시책임에 관한 최근 판례의 분석과 비판", 상장협연구 제42호(2000).

이철송(2007), 「상법총칙·상행위」, 박영사(2007. 9).

이철송(2009), 「회사법강의」, 박영사(2009. 2).

이철송(2014), 「회사법강의」, 박영사(2014. 2).

이형기(1999), "증권거래법상의 민사책임에 관한 고찰", 인권과 정의 제277호(1999).

임재연(2019), 「자본시장법」, 박영사(2019. 3).

장근영(2016), "내부자거래 규제범위의 확대: 시장질서 교란행위 및 정보전달행위와 거래권유행위를 중심으로", 경제법연구 제15권 3호(2016. 12).

정순섭(2010), "불공정거래법제의 현황과 해석론적 과제," 서울대학교 금융법센터 BFL 제43호(2010. 9).

전원열(2005), "증권관련집단소송법 해설", 인권과정의 제345호(2005. 5).

정대인(2017), "한국의 달러/원 외환시장과 원화단기자금시장의 관계 분석: 글로벌 금융위기 전후의 비대칭성을 중심으로", 연세대학교 경제대학원 석사학위논문(2017. 12).

정동윤(2005), 「회사법」, 법문사(2005. 3).

정윤모·박기령(2005), "자기주식 소각규제의 완화방안", 자본시장포럼 제2권 제3호(증권연구원, 2005).

정찬형(2008), 「상법강의(상)」, 박영사(2008. 2).

정찬형·최동준·김용재(2009), 「로스쿨 금융법」, 박영사(2009. 9).

정충명(1999), "적대적 기업매수의 방어행위에 대한 법적 고찰: 제3자에 대한 신주발행의 적법성을 중심으로", 사법연구자료 25집(1999).

정호경·이상수(2016), "자본시장법상 시장질서 교란행위에 관한 연구: 성립요건과 조사절차상 주요 쟁점사항을 중심으로", 금융감독연구 제3권 제2호(2016. 10).

채동헌(2002), "증권거래법 제14조 소정의 손해배상청구권자인 '유가증권의 취득자'와 시장조성 포기로 인한 손해배상청구권자의 범위", 대법원판례해설 40호(법원도서관, 2002).

최민용(2006), "단기매매차익의 반환", 상사판례연구 제19집 제4권(2006. 12).

최원우(2013), "자본시장법상 불공정거래행위 금지규정에 관한 연구", 한양대학교 대학원 박사학위논문 (2013. 8).

최재경(2000), "증권거래법상 내부자거래의 형사처벌 관련문제", 법무연구 제27호(법무연수원, 2000).

최정식(2008), "증권관련집단소송법의 개선방안에 관한 고찰", 저스티스 통권 제102호 한국법학원 (2008. 2).

최창수(2019), "공매도의 제한과 규제에 관한 비교법적 검토", 법학논총 제45집(2019. 9).

한국거래소(2009), "주가연계증권(ELS) 헤지거래 가이드라인 제정 시행"(2009. 9. 21) 보도자료.

한국거래소(2017), 「손에 잡히는 파생상품시장」, 스톤비(2017. 10).

한국거래소(2019), 「한국의 채권시장」, 지식과 감성(2019. 1).

한국거래소(2019), 「2019 주식시장 매매제도의 이해」, 한국거래소(2019. 7).

한국은행(2015), 「한국의 거시건전성정책」, 한국은행(2015. 5).

한국은행(2016a), 「한국의 금융시장」, 한국은행(2016. 12).

한국은행(2016b), 「한국의 외환제도와 외환시장」, 한국은행(2016. 1).

한국은행(2018), 「한국의 금융제도」, 한국은행(2018. 12).

허화 · 박종해(2010), 「자본시장론」, 탑북스(2010. 2).

황성수(2014), "우리나라 파생상품 시장의 발전과정과 활성화 방안에 관한 고찰", 경영사학 제29집 제4호(2014. 12).

황세운 · 김준석 · 손삼호(2013), "국내 단기금융시장 금리지표의 개선에 관한 연구", 재무관리연구 제30권 제3호(2013. 9).

형남훈(1999), "내부자거래의 규제방안", 상장협연구(1999. 9).

파이낸셜뉴스, "한국에 올 헤지펀드 500억 판매"(2006. 11. 22) 기사.

찾아보기

저자소개

이상복

서강대학교 법학전문대학원 교수. 연세대학교 경제학과를 졸업하고, 고려대학교에서 법학 석사와 박사학위를 받았다. 사법연수원 28기로 변호사 일을 하기도 했다. 미국 스탠퍼드 로스쿨 방문학자, 숭실대학교 법과대학 교수를 거쳐 서강대학교에 자리 잡았다. 서강대학교 금융법센터장, 서강대학교 법학부 학장 및 법학전문대학원 원장을 역임하고, 재정경제부 금융발전심의회 위원, 기획재정부 국유재산정책 심의위원, 관세청 정부업무 자체평가위원, 한국공항공사 비상임이사, 금융감독원 분쟁조정위원, 한국거래소 시장감시위원회 비상임위원, 한국증권법학회 부회장, 한국법학교수회 부회장으로 활동했다. 현재 금융위원회 증권선물위원회 비상임위원으로 활동하고 있다.

저서로는 〈경제민주주의, 책임자본주의〉(2019), 〈기업공시〉(2012), 〈내부자거래〉(2010), 〈헤지펀드와 프라임 브로커: 역서〉(2009), 〈기업범죄와 내부통제〉(2005), 〈증권범죄와 집단소송〉(2004), 〈증권집단소송론〉(2004) 등 법학 관련 저술과 철학에 관심을 갖고 쓴 〈행복을 지키는 法〉(2017), 〈자유·평등·정의〉(2013)가 있다. 연구 논문으로는 '기업의 컴플라이언스와 책임에 관한 미국의 논의와 법적 시사점'(2017), '외국의 공매도규제와 법적시사점'(2009), '기업지배구조와 기관투자자의 역할'(2008) 등이 있다. 문학에도 관심이 많아 장편소설 〈모래무지와 두우쟁이〉(2005)와 에세이 〈방황도 힘이 된다〉(2014)를 쓰기도 했다.

금융법 강의 4
금융시장

초판발행	2020년 10월 10일
지은이	이상복
펴낸이	안종만·안상준
편 집	심성보
기획/마케팅	장규식
표지디자인	조아라
제 작	우인도·고철민·조영환
펴낸곳	(주) **박영사**
	서울특별시 종로구 새문안로3길 36, 1601
	등록 1959. 3. 11. 제300-1959-1호(倫)
전 화	02)733-6771
f a x	02)736-4818
e-mail	pys@pybook.co.kr
homepage	www.pybook.co.kr
ISBN	979-11-303-3693-0 93360

정 가   46,000원